COPTIC BIBLICAL TEXTS

IN THE

DIALECT OF UPPER EGYPT

COPTIC BIBLICAL TEXTS

IN THE

DIALECT OF UPPER EGYPT

EDITED BY

E. A. WALLIS BUDGE, M.A., Litt.D.

KEEPER OF THE EGYPTIAN AND ASSYRIAN ANTIQUITIES
IN THE BRITISH MUSEUM

WITH TEN PLATES

WIPF & STOCK · Eugene, Oregon

Wipf and Stock Publishers
199 W 8th Ave, Suite 3
Eugene, OR 97401

Coptic Biblical Texts in the Dialect of Upper Egypt
By Budge, E. A. Wallis
ISBN 13: 978-1-62564-278-3
Publication date 8/31/2013
Previously published by British Museum, 1912

PREFACE

THE present volume contains Coptic versions of the Books of Deuteronomy, Jonah, and the Acts of the Apostles, from the papyrus Codex Oriental No. 7594, and the Book of the Apocalypse from the paper manuscript, Oriental No. 6803; all of them are written in the dialect of Upper Egypt. The papyrus Codex was acquired by the Trustees in April last year, and the paper manuscript in the year 1907. The editing of the texts has been carried out by an arrangement with my colleague Dr. L. D. Barnett, Keeper of the Department of Oriental Printed Books and Manuscripts in the British Museum.

The texts in the papyrus Codex are of great importance, for the script in a Greek hand which comes at the end of the Acts of the Apostles proves that the volume cannot have been written later than the middle of the fourth century. Hence it is now certain that copies of some Books of the Old and New Testaments, written in Coptic, were in circulation among the Egyptian Christians early in the first half of this century; and it is legitimate to conclude that the origin of the version itself cannot be placed later than the third century. The Codex is, in fact, the oldest known copy of any translation of any considerable portion of the Greek Bible; indeed it is probably as early as any copy now in existence of any substantial part of the Bible.

PREFACE

In the Introduction an attempt has been made to show the relation of the Coptic texts to their Greek originals, to describe the principal variations of the Coptic version, and to indicate to which of the great Greek MSS. the texts are most akin. This work and the collations were drawn up under the advice of Dr. Kenyon, who made many friendly suggestions. I am also indebted to him for his authoritative notes on the age of the Codex, and on the value of the texts in it for textual criticism of the Septuagint and the New Testament. My thanks are due to Mr. H. I. Bell, of the Department of Manuscripts, for his description of the papyrus fragments which formed the binding of the Codex; and to the Rev. G. Horner, M.A., who placed at my disposal his transcript of the Sahidic Acts of the Apostles from an Oxford MS. of the twelfth or thirteenth century, with permission to print any part of it. How far I have availed myself of his kindness the notes to the Acts show.

E. A. WALLIS BUDGE.

DEPARTMENT OF EGYPTIAN AND
    ASSYRIAN ANTIQUITIES,
        BRITISH MUSEUM.
March 11*th*, 1912.

CONTENTS

	PAGE
PREFACE	v

INTRODUCTION:

I.	Description of the Papyrus Codex Oriental No. 7594	ix
II.	Mr. Bell's Description of the Papyrus Fragments which formed the Cover of the MS. Oriental No. 7594	xiv
III.	The Book of Deuteronomy	xvii
IV.	The Book of Jonah	xxix
V.	The Acts of the Apostles	xxxi
VI.	The Cursive Script at the End of the Acts .	lv
VII.	A Collation of the Sixty Select Passages from the Acts of the Apostles, with Remarks on the Textual Character by Dr. Kenyon. .	lvii
VIII.	The Apocalypse of Saint John	lxiv
IX.	Christianity in Egypt and the Coptic Version of the Old and New Testaments . . .	lxxii

COPTIC TEXTS:

I.	The Book of Deuteronomy	1
II.	The Book of Jonah	114
III.	The Book of the Acts of the Apostles . .	122
IV.	The Cursive Script at the End of the Acts .	270
V.	The Apocalypse of Saint John	272
VI.	List of Coptic Forms of Greek Words . .	331
VII.	List of Coptic Forms of Names of Persons, Countries, etc.	343

PLATES

[All the plates are reduced in scale, except No. II]

<table>
<tr><td></td><td></td><td>TO FACE PAGE</td></tr>
<tr><td>I.</td><td>Orient. 7594, Fol. 4 a (Deuteronomy v. 14–21)
This plate shows the arrangement of the Ten Commandments.</td><td>8</td></tr>
<tr><td>II.</td><td>Orient. 7594, Fol. 25 b (Deuteronomy xvii. 13–17)
This plate shows the exact size of the writing in Deuteronomy.</td><td>54</td></tr>
<tr><td>III.</td><td>Orient. 7594, Fol. 44 a (Deuteronomy xxx. 14–20)
This plate illustrates the worm-eaten condition of many of the leaves.</td><td>94</td></tr>
<tr><td>IV.</td><td>Orient. 7594, Fol. 53 b (Deuteronomy xxxiv. 11, 12; Jonah i. 1–4)
This plate illustrates the palm-leaf ornament and the capital letters of the title.</td><td>114</td></tr>
<tr><td>V.</td><td>Orient. 7594, Fol. 58 a (Acts i. 1–11)
This plate shows a part of the title of the Book, and the paragraph mark ↶, and the beginning of a new paragraph.</td><td>122</td></tr>
<tr><td>VI.</td><td>Orient. 7594, Fol. 70 a (Acts vii. 38–46)
This plate represents a typical complete page, and shows how a quotation is sometimes marked.</td><td>158</td></tr>
<tr><td>VII.</td><td>Orient. 7594, Fol. 96 b (Acts xx. 33—xxi. 4)</td><td>236</td></tr>
<tr><td>VIII.</td><td>Orient. 7594, Fol. 103 b (Acts xxiv. 8–16)
Plates VII and VIII represent two pages which are badly torn and partially obliterated.</td><td>256</td></tr>
<tr><td>IX.</td><td>Orient. 7594, Fol. 108 b (Acts xxviii. 30, 31)
This plate shows the title of the Book of Acts, and the first ten lines of the cursive script, whereby the latest date at which the Codex can have been written is fixed.</td><td>270</td></tr>
<tr><td>X.</td><td>Orient. 6803, Fol. 30 b (Revelation xix. 6–11)</td><td>318</td></tr>
</table>

INTRODUCTION

I. DESCRIPTION OF THE PAPYRUS CODEX ORIENTAL No. 7594.

THIS Codex, which is now in the Department of Oriental Printed Books and Manuscripts, was found in Upper Egypt, and was acquired by the Trustees of the British Museum in the spring of the year 1911. It contains the following Books of the Bible:

1. The **Book of Deuteronomy**. Fol. 1 a. The text is incomplete, and the following passages are wanting: Chap. I, vv. 1–38; Chap. II, v. 20—IV, v. 38; Chap. VIII, v. 3—IX, v. 6; Chap. XIII, v. 18—XIV, v. 17; Chap. XVIII, v. 11—XIX, v. 1; Chap. XX, v. 6—XXII, v. 2; and Chap. XXVI, v. 11—XXVII, v. 26. Several verses also are wanting on foll. 36 and 45. The title of the Book is given at the end of the text (fol. 53 b), ⲡⲧⲉⲧⲧⲉⲣⲟⲛⲟⲙⲓⲟⲛ, and is followed by an invocation (in Greek) of peace on the scribe and the reader, ⲉⲓⲣⲏⲛⲏ ⲧⲱ ⲅⲣⲁⲯⲁⲛⲧⲓ ⲕⲁⲓ ⲧⲱ ⲁⲛⲁⲅⲓⲛⲱⲥⲕⲟⲛⲧⲓ; both are written in large, bold letters, with short lines drawn above and below some of them (see Plate IV).

2. The **Book of Jonah**. Fol. 53 b. With the exception of a word or two the text is complete. The first few verses are written on the lower part of the last page of Deuteronomy, and above them in ordinary-sized letters is the word ⲓⲱⲛⲁⲥ (see Plate IV); the main title, however, is given at the end of the book (fol. 57 b), where it is written in large letters similar to those in the title of Deuteronomy.

3. The **Acts of the Apostles.** Fol. 58 a. The text is incomplete, and the following passages are wanting: Chap. XXIV, v. 17—XXVI, v. 32; Chap. XXVII, vv. 7–9, 17–21, and 27–29; besides these, portions of several verses from fol. 87 to the end have been eaten away by worms. The main title of the Book is given on fol. 108 b, ⲛⲉⲡⲣⲁⲝⲓⲥ ⲛⲁⲡⲟⲥⲧⲟⲗⲟⲥ, where it is written in letters of the ordinary size, and enclosed within a plain palm-leaf border, at each corner of which is the mark ⸌, ordinarily used for dividing paragraphs (see Plate IX).

4. **Colophon.** Fol. 108 b and fol. 109 a and b. Incomplete. This is written in cursive Greek characters, but the language is Coptic.

The Codex contains 109 leaves measuring from $10\frac{1}{2}$ in. to $11\frac{1}{2}$ in. in height, and from $5\frac{1}{2}$ in. to $6\frac{1}{2}$ in. in width; when they were new their average height must have been about 12 or $12\frac{1}{2}$ in., and they were about half an inch wider than now. When complete the Codex must have contained about 133 leaves, for the pagination and the lacunas in the texts indicate that 24 leaves are wanting. The greater number of the lacunas occur in the Book of Deuteronomy; see p. 1 (3 + 2 leaves), p. 5 (6 leaves), p. 20 (2 leaves), p. 42 (1 leaf), p. 57 (1 leaf), p. 62 (3 leaves), and p. 77 (2 leaves). In the Acts of the Apostles there is one lacuna; see p. 257 (4 leaves).

The pages were numbered by letters of the alphabet, and three distinct paginations may be identified. The first ran up to about ⲣⲁⲝⲉ, the second to ⲏ̄, and the third to ⲣⲓⲃ̄; nearly all the page numbers have disappeared.

When the Codex was found it was in a very dilapidated state, for all the leaves had broken away from the back of the cover, many were in several pieces, and all were so brittle that it was nearly impossible to turn them over without causing the ink to fly off from their surfaces. Many leaves were worm-eaten, little or much (see Plates

III, VIII, and IX), and the outer margins of several had been rubbed away by use in ancient days. The rounded corners of all of them suggest that the Codex was carried about by its owner, either wrapped up in cloth or in a rough leather wallet. As it was impossible to copy them in this state, it was decided to take the Codex to pieces, and to mount each leaf separately between two pieces of glass. The covers were formed of fragments of discarded papyrus documents, stuck together with gum, and covered over with a layer of thin kid-skin varnished. The back of the cover to which the quires had been sewn was formed of a strip of thick, dark brown leather, lined with two or three layers of papyrus. The covers were taken to pieces, and the fragments of inscribed papyrus of which they were formed supply valuable indications as to the age of the Codex. They have been examined by Mr. H. I. Bell, of the Department of Manuscripts, British Museum, and his description of them will be found at the end of this section.

The quires usually contained eight leaves, i.e. four sheets of papyrus measuring about $12\frac{1}{2}$ in. in height and 13 in. in width, folded in half, but some contained six leaves, and some only four. Whether the quires were signed by letters or numbers cannot be said, for no quire mark is preserved on any leaf. Several of the quires appear to have broken away from their binding in ancient times, and when the Codex was repaired these were strengthened before re-sewing by strips of very fine vellum gummed down their backs. Among the pieces of vellum used in strengthening the quires is a rectangular fragment on which are written vv. 17 and 18 of the first chapter of the Book of Daniel according to Theodotion; for the transcription of the text see p. xv.

Throughout the Codex there are no decorated margins, and no ornamental initials. The only attempts at ornamentation are found on fol. 53 *b* and fol. 57 *b*, where at the end of each text are drawn two or three palm branches, which are intended to serve as tail pieces.

The end of a section is marked by two dots following the last word ⁚, and often by one or other of the following signs : ⟨ p. 5, —— p. 8, ⌇— p. 11, ⌐— p. 24, ⟩— ⟩ p. 45, »— p. 89, and > p. 133; the mark most commonly used is ⌇—. The text of a new paragraph usually begins in the same line as that in which the preceding paragraph ends, but in the first complete line of the new paragraph the first letter of the first word is written a little outside the range of the beginnings of the other lines. The use of the paragraph mark ⌇— and the quotation mark are well illustrated by Plates V and VI.

Each page contains one column of writing, and the number of lines in it varies from 29 to 38. In Deuteronomy the average number of lines to the page is 32, in Jonah it is 29, and in the Acts of the Apostles 38. The size of the writing and the spacing of the letters vary, and in some places the letters are drawn more carefully than in others. Though there are many mistakes in the texts, erasures are few; the largest is on fol. 16 b. There are many irregularities in the surface of the papyrus, which at first sight appear to mark erasures, but the continuity of the text shows that the scribe avoided these merely to spare his pen. A careful examination of all the texts shows that they were written by one and the same hand.

In several places the leaves are so much rubbed that the text is illegible (see Plates VII and VIII), and in many words letters have flaked off, leaving nothing behind but the marks of the reed pen. Certain passages must have been illegible in ancient days, for on fol. 27 b (last line) the ⲧⲉ were retouched in ink of a different colour, and on fol. 28 b several of the letters have been similarly treated,

INTRODUCTION   xiii

but not very successfully, for the restored letters are ill-shaped and larger than those in the rest of the text. On fol. 29 a some reader appears to have noted the omission of a word, and to have added above the line (third from the bottom) ⲁⲓⲁⲛ for ⲁⲓⲟⲧⲁⲛ.

To assign anything like an exact date to the Codex is extremely difficult, because it is manifestly older than any other Coptic document available, and because we have nothing else of the same period with which to compare it. It is older than any of the MSS. illustrated by Professor Hyvernat in his *Album de Paléographie Copte*. For further remarks on the age of the Codex see p. lvii.

Among the many interesting characteristics of the Codex may be mentioned the following:

When the copyist came to the end of a line, and found that he had not space enough to finish the word in writing of the ordinary size, he reduced the size of his letters, and wrote them so close together that they are often illegible. Many instances of this will be found in the Book of Deuteronomy.

The copyist was very inconsistent in his use of the stroke over the letters ⲙ and ⲛ, and he frequently omits it when either of these letters follows a word ending in ⲉ or ⲓ. Its use and disuse appear to have assisted the rhythmical flow of the words in reading.

We find in many places throughout the Codex a mark like a comma placed after certain letters, e.g. ⲙ', ϥ', ⲣ', ⲕ', ⲗ', &c. Dr. Kenyon informs me that a similar mark is often placed between two consonants in Greek MSS., and also at the ends of undeclined foreign names. In our text, however, the use of this mark is general, and the following examples will illustrate it: ⲥⲱⲧⲙ' ⲧⲡⲉ, p. 100; ⲡⲕⲁϩ' ⲥⲱⲧⲙ', p. 100; ⲁϥ'ⲧⲁⲙⲉⲓⲟⲕ', p. 100; ⲛⲉⲕ'ϩⲗⲗⲟ, p. 100; ϥⲛⲁⲟⲩⲱⲙ' ⲛ̄ⲥⲁ, p. 102; ϭⲓⲝ' ⲉ ϩⲣⲁⲓ, p. 104; ⲡⲉϫⲁϥ ⲛⲁϥ' ϫⲉ, p. 110; ⲡⲉⲧ ⲃⲏⲕ' ⲉϫⲛ̄,

p. 111; ⲉϥⲛⲁⲧ'ⲁⲥⲧ[ⲉⲓⲗⲉ], p. 229; ⲉⲭⲛ̄ ⲧ'ⲁⲭⲁⲓ̈ⲁ, p. 221; ⲡⲃⲁⲡ'ⲧ'ⲓⲥⲙⲁ, p. 224; ⲧ'ⲏⲣⲟⲩ, p. 239; ⲛ̄ⲧ'ⲱⲣⲧⲣ̄, p. 242; ⲕⲁⲧ'ⲁ, p. 254; ϯ'ⲥⲟⲡ'ⲥ, p. 262; ⲧⲅⲁⲗⲁⲧ'ⲓⲁ, p. 222; ⲙⲟⲟⲩⲧ' ⲁⲩⲱ, p. 213; ⲧⲁⲛⲧ'ⲓⲟⲭⲓⲁ, p. 185; ⲡⲛⲟⲩⲧ'ⲉ, p. 181.

In the Song of Moses (pp. 100 ff.) there are evidences that an attempt was made to accent parts of the text, probably for singing purposes. Thus we have: ⲡⲣⲁ̂ⲛ, p. 100; ⲛ̄ⲕⲁⲩ̂ⲙⲁ, p. 101; ⲛ̄ⲛⲉϩ ⲉⲓ̂ⲉⲓⲃ' ⲙⲛ̄ ⲛ̄ⲟⲉⲓⲗⲉ, p. 101; ⲁϥⲥⲉⲓ̂ ⲁϥϩⲧⲁⲉⲓ, p. 101; ⲁ̂ⲛ, p. 102; ⲧⲁⲓⲁⲙⲟⲟⲩ̂ ϫⲉ ⲟⲩ̂, p. 102; ϣⲁ ⲟⲩⲁ̂, p. 103; ⲙ̄ ⲡϫⲓⲛⲃⲁ̂ ϯⲛⲁⲧⲟⲟ[ⲃⲉ] ⲛⲁⲩ̂, p. 104; ⲁⲩ̂ⲱ ⲛ̄ⲧⲁϫⲟⲟⲥ, p. 105; ⲛ̄ⲧⲁ̂ⲛⲧⲓⲗⲟϭⲓⲁ, p. 107; ⲛ̄ⲧⲟ̂ⲥ' ⲧⲉ ⲫⲩⲗⲏ ⲛ̄ⲓ̄ⲟⲩⲇⲁ̂, p. 107; ⲧⲉϥⲙⲁⲁ̂ⲩ, p. 108; ⲧⲉⲧⲛ̄ⲛⲁⲉⲡⲉⲓⲕⲁⲗⲓ ϩⲙ̄ ⲡⲙⲁ ⲉⲧ ⲙ̄ⲙⲁⲩ̂, p. 109; ⲡϣⲱ̂ⲧ', p. 110; ⲧⲡⲁⲣϩⲁⲗⲓ̂ⲁ, p. 110; ⲟⲩⲙⲟⲩ̂ⲉⲓ· ⲉⲁϥϩⲱⲣⲃ ⲛ̄ ⲟⲩϭⲃⲟⲉⲓ, p. 110; ⲡϫⲟⲉⲓⲥ, p. 110; ⲛⲉϥⲥⲛⲏⲟⲩ, p. 110; ⲧⲉϥⲟⲩⲉⲣⲏ̂ⲧⲉ, p. 110; ⲡⲉⲥⲧⲉⲣⲉⲱⲙⲁ, p. 111; ⲡⲉⲕϣⲟ̂ⲩ-ϣⲟ̂ⲩ, ⲡⲧⲟⲟⲩ ⲛ̄ⲁⲃⲁⲩ̂, ⲫⲁⲥⲕⲁ̂, ⲛⲉⲡⲑⲁⲗⲉⲓ̂ⲙ, ⲡⲕⲱⲧⲉ, ϩⲓⲉⲣⲓⲭⲱ̂, ⲧⲉⲫⲟⲓⲛⲓ̂ⲕⲏ, p. 111; ⲥⲛⲥⲱ̂ⲣ, ⲙ̄ⲫⲁ̄ⲃⲉ ⲙⲛ̄ ⲡⲣⲓ̂ⲙⲉ, ⲛⲁⲩϥ̄, p. 112; ϩⲟ̂ ϩⲓ ϩⲟ̂, p. 113.

The Song of Moses is written as if it were prose, and in many cases the ends of the members of the verses are not even marked by dots.

II. MR. BELL'S DESCRIPTION OF THE PAPYRUS FRAGMENTS WHICH FORMED THE COVER OF THE MS. ORIENTAL No. 7594.

1. A small vellum fragment, used to strengthen the papyrus in one place. It has writing on only one side, viz. Daniel (in Theodotion's version) i. 17, 18, with some *var. lectiones* not noted in the apparatus to Swete's *Septuagint* (Cambridge, 1894, vol. iii). I should assign it to the fourth century, and more probably to the first than to the second half of the century. There is no sign of the

heaviness characteristic of the fifth and following centuries, and the hand seems clearly earlier than either the Sinaiticus or the Alexandrinus; it is not dissimilar to the Vaticanus (generally dated middle fourth), though less neatly and finely written.

Daniel (according to Theodotion) i. 17, 18.

καὶ τὰ παιδά] [1]
[ρι]α ταῦτα οἱ τέσσαρες αὐτοὶ ἔδωκε[ν]
ὁ θεὸς αὐτοῖς φρόνησιν καὶ σύνε
[σ]ιν ἐν πάσῃ γραμματικῇ σο[φί]ᾳ
[κ]αὶ Δανιὴλ συνῆκεν ἐν πάσῃ ὁρά
[σ]ει καὶ ἐν ἐνυπνίοις. καὶ μετὰ τέ
[λο]ς τῶν ἡμερῶν ὧν εἶπεν ὁ βα[σι]
[λεὺ]ς εἰσαγαγεῖν αὐτοὺς καὶ εἰ[σ]ή[γα]
[γεν] αὐτοὺς ὁ ἀρχευνοῦχος ἔνα[ν]
[τίον Ναβουχοδονοσόρ.

2. Fifteen fragmentary Greek papyri in cursive script. With two exceptions they are all accounts. The exceptions are contracts, both very imperfect; one perhaps relates to an hypothecation, the other probably to landed or house property, as the βιβλιοφύλ(ακες) ἐγκτήσεων are mentioned. The accounts are in more than one hand, but as they are all of much the same character and similar entries frequently occur, it seems probable that they all belong to one account or series of accounts. One contains three place-names which are known as the names of villages in the Heracleopolite nome, but in another names of villages in the Hermopolite nome occur, and it seems clear that the accounts relate mainly to Hermopolis, and to the city rather than the nome. The senate is mentioned several times, also the prytanis, &c. The baths of Messal(ina) and Titus and the

[1] The following line is the first of the column, and these words must have been at the bottom of the preceding column (or page).

gymnasium are mentioned, also the temples and priests of Hermes and Aphrodite; and a 'public sophist' (δημοσίου σοφιστοῦ) occurs. The 'stable of the Greens' (the circus-faction) is also mentioned, and Hermopolis is named more than once. 'The cooks of the city' make payments several times. In one case a payment of 41 talents and 16 drachmae is made by 'the Hermopolitans through Silvanus the prytanis'.

It is not clear whether the accounts are private or official. Expenditure and receipts alike occur, and the mention of ἀπαιτηταί and of such payments as that by the city referred to above might suggest a taxing account, but the lists of expenses make this doubtful. It may be suggested as a mere conjecture that the accounts may be connected with one of the circus-factions. A closer study of the fragments than I have had time to undertake would perhaps yield more definite conclusions.

The fragments do not seem to contain any date whatever. The character of the handwriting suggests a date early in the fourth or late in the third century, and this conclusion seems to be confirmed by the following facts:

(1) The coinage is entirely in talents and drachmae, not in solidi and carats. The sums are high, suggesting a date not earlier than Diocletian, whose reforms in the coinage caused a rapid and astounding decline in the value of the old drachma-coinage. On the other hand the sums are not enormous. Later in the century sums of over 100 talents are common. Thus in *B.M.Cat.* ii, p. 316 (A.D. 337–350) two slaves cost 2400 talents; in Berlin Pap. 21 (A.D. 340) wages of 25, 15, &c. talents a month are paid, a xestes of wine costs 3 talents, &c. Here, except in totals or the payment by the Hermopolitans, the number of talents rarely exceeds 3 at most, and very many amounts are of less than a talent. Very similar amounts occur in P. Rainer E 2000 (A.D. 314), also from Hermopolis, published by

INTRODUCTION xvii

Wessely in *Sitzungsber. d. Phil.-Hist. Kl. d. Kais. Ak. d. Wiss.*, Wien, Bd. 149, Abh. v, p. 12. Moreover, no sums of drachmae higher than 5999 (6000 dr. = 1 tal.) are ever mentioned; there is no reckoning by 'myriads', such as is very common later.

(2) One of the fragments of contracts mentions the βιβλιοφύλ(ακες) ἐγκτήσεων. The latest hitherto recorded occurrence of these officials or their office is in A.D. 307, and the latest before that date is 289 (doubtful) or 275 (certain).

(3) The priests and παστοφόροι of Hermes and Aphrodite occur frequently, both as paying and as receiving money. On the other hand there are no Christian references. A name Paulus and a doubtful name Ἰσάκ are the only (possible) indications of the existence of Christianity that I have noticed. Paulus is not necessarily a Christian name, and the reading Ἰσάκ can be accepted only with great reserve; even if correct, it may be the name of a Jew. The inference seems not unlikely that Christianity was not as yet officially recognized or very widespread in Hermopolis. My conclusion would be that the papyri are unlikely to be of a later date than about 320, and may probably be as much as ten or twenty years earlier.

3. Some small scraps of no value. One is Coptic. Two contain writing in literary uncials which might be of the fifth century, but are not perhaps necessarily so (cf. P. Oxy. 661). They were, presumably, if of the fifth century, later insertions.

III. THE BOOK OF DEUTERONOMY[1].

The Coptic text of this book which is printed in the following pages does not appear to me to be an independent

---

[1] Portions of the text of this book are found in MSS. which vary in date from the eighth to the twelfth century, see Crum, *Catalogue of the Coptic MSS. in the British Museum*, pp. 4, 392;

c

xviii   INTRODUCTION

translation from the Greek, but a copy made for some devout person, for his private use, from some existing manuscript. An examination of the text shows that in several places there are omissions of one or two words, and that every here and there the Coptic has no equivalent for whole verses in the Greek. If we assume that our text is an independent translation from the Greek, the only explanation of such omissions possible is that the translator forgot to translate certain words and passages. If we assume that our text is a copy from some existing manuscript, then we must conclude that such words and passages were either wanting in the archetype, or that the scribe who made the present copy omitted them inadvertently. The following are examples of such omissions:

1. A part of v. 5 and the whole of v. 6 of chap. vi are omitted (see p. 12). In the Greek, v. 5, we have τῆς ψυχῆς σου, and in v. 6 we have τῇ ψυχῇ σου, and as our Codex omits the whole passage between these words, it seems clear that the eye of the Coptic translator or copyist travelled to ⲯⲩⲭⲏ ⲥⲟⲩ instead of to ⲯⲩⲭⲏⲥ ⲥⲟⲩ, the omission of one and a half verses in his text being the result. As the word ⲯⲩⲭⲏ was generally adopted by the Copts as their word for 'soul', the omission of the passage may be due quite as well to the copyist as to the original translator.

2. Chap. vii. 3. The Coptic has no equivalent for the Greek καὶ τὴν θυγατέρα αὐτοῦ οὐ λήμψῃ τῷ υἱῷ σου.

3. Chap. vii. 10. The Coptic has no equivalent for the Greek κατὰ πρόσωπον ἀποδώσει αὐτούς.

Wessely, *Griechische und Koptische Texte*, i, p. 28; Ciasca, *Fragmenta Copto-Sahidica*, vol. i, Rome, 1885, pp. 118 ff.; Erman, *Bruchstücke*, Göttingen, 1880, pp. 15–17; Maspero, *Mission*, tom. vi, pp. 115 ff.; Pleyte-Boeser, *MSS. Coptes*, 1897; Schleifer, *Sitzungsberichte*, Bd. 162 and 164; Lemm, *Sahidische Bibelfragmente*, iii (1906); *Journal of Theological Studies*, 1906, p. 73, and January, 1910, p. 246, &c.

4. Chap. xiii. 5. After ⲡⲉⲣⲉ ⲣⲁⲥⲟⲩ some word like ⲉϥⲉⲙⲟⲩ is wanting to represent the Greek ἀποθανεῖται.

5. Chap. xiii. 9. After ⲉⲙⲟⲟⲧϥ some word like ⲛ̄ϣⲟⲣⲡ̄ is wanting to represent the Greek ἐν πρώτοις.

6. Chap. xvii. 11. After ⲛ̄ⲙ̄ⲙⲁⲕ the words ⲕⲁⲧⲁ ⲡⲛⲟⲙⲟⲥ (Gr. κατὰ τὸν νόμον) are omitted.

7. Chap. xviii. 1. The Coptic has no equivalent for ὅλῃ φυλῇ Λευεί.

8. Chap. xix. 4. The Coptic has no equivalent for τοῦτο δὲ ἔσται τὸ πρόσταγμα τοῦ φονευτοῦ.

9. Chap. xix. 19. The Coptic has no equivalent for καὶ ποιήσετε αὐτῷ ὃν τρόπον ἐπονηρεύσατο ποιῆσαι κατὰ τοῦ ἀδελφοῦ αὐτοῦ.

10. Chap. xxiii. 21. The Coptic has no equivalent for ἐὰν δὲ μὴ θέλῃς εὔξασθαι.

In these places it seems clear that from one to three lines of Coptic are omitted, and that the original translator or the copyist may equally be the person to blame for the omissions. In the following examples the blame for the blunders seems to rest with the copyist.

1. Chap. i. 42. There is no Greek equivalent for the Coptic ⲕⲁⲧⲁ ϩⲱⲃ ⲛⲓⲙ ⲉⲛⲧⲁ ⲡϫⲟⲉⲓⲥ ⲡⲉⲕⲛⲟⲩⲧⲉ ϩⲱⲛ ⲙ̄ⲙⲟⲟⲩ ⲉ ⲧⲟⲟⲧⲛ̄; the words are unnecessary, and it seems that the scribe copied them inadvertently from the preceding verse.

2. Chap. ix. 26. The line of Coptic ⲉⲛⲧ ⲁⲕⲛ̄ⲧⲥ̄ ⲉ ⲃⲟⲗ ϩⲛ̄ ⲡⲕⲁϩ ⲛ̄ ⲕⲏⲙⲉ is two lines too low down, and it should follow the line ⲟⲥ ⲙⲛ̄ ⲧⲉⲕⲙⲉⲣⲓⲥ ⲧⲁⲓ ⲉⲛⲧ ⲁⲕⲥⲟⲧ[ⲡϥ].

3. Chap. x. 12. The words ⲉ ⲃⲟⲗ ϩⲛ̄ ⲡⲉⲕϩⲏⲧ ⲧⲏⲣϥ are obviously repeated from the preceding line.

4. Chap. xii. 13. ⲛⲉⲕϭⲓϫ, 'thy hands', is obviously a mistake for ⲛ̄ⲛⲉⲕϭⲗⲓⲗ, 'thy burnt-offerings', τὰ ὁλοκαυτώματα. This mistake was perpetuated in a manuscript used by Ciasca.

There are several other short passages omitted in the Coptic text, but as they are also omitted in the Greek codices which are called A and F in Prof. Swete's *Old Testament in Greek*, we may assume that they were wanting in the Greek manuscript from which the original Coptic translation was made. Of these the following are examples:

1. Chap. v. 14. ἐν γὰρ ἐξ ἡμέραις ἐποίησεν Κύριος τόν τε οὐρανὸν καὶ τὴν γῆν καὶ τὴν θάλασσαν καὶ πάντα τὰ ἐν αὐτοῖς.
2. Chap. ix. 15. ἕως τοῦ οὐρανοῦ.
3. Chap. ix. 29. καὶ ἐν τῇ χειρί σου τῇ κραταιᾷ.
4. Chap. xi. 4. καὶ τὴν δύναμιν αὐτῶν.
5. Chap. xii. 27. The Coptic text agrees in part with A and F, but has no equivalent for τὸ δὲ αἷμα τῶν θυσιῶν σου προσχεεῖς πρὸς τὴν βάσιν τοῦ θυσιαστηρίου κυρίου τοῦ θεοῦ σου (Swete, p. 370).

In several passages the Coptic text agrees with that of A or B, and F, e.g.:

1. Chap. v. 17–19. In the order of the sixth, seventh, and eighth Commandments, i.e. Thou shalt not commit adultery; Thou shalt do no murder; Thou shalt not steal. Here it agrees with B against AF.
2. Chap. xi. 25. A F τὸν φόβον ὑμῶν καὶ τὸν τρόμον ὑμῶν.
3. Chap. xii. 6. The Coptic text agrees with the Greek καὶ τὰς ὁμολογίας ὑμῶν καὶ τὰ θυσιάσματα ὑμῶν καὶ τὰς ἀπαρχὰς ὑμῶν καὶ τὰ ἑκούσια ὑμῶν (Swete, p. 368).
4. Chap. xiv. 25. A F ἐπὶ βουσὶ ἢ ἐπὶ προβάτοις ἐπὶ οἴνῳ ἢ ἐπὶ σίκερα ἢ ἐπὶ παντὸς οὗ ἐὰν ἐπιθυμῇ ἡ ψυχή σου.
5. Chap. xvii. 8. A F ἐπικληθῆναι τὸ ὄνομα αὐτοῦ.
6. Chap. xxiv. 17. A F καὶ οὐκ ἐνεχυρᾷς ἱμάτιον χήρας.
7. Chap. xxv. 16. B F ὅτι βδέλυγμα κυρίῳ τῷ θεῷ σου πᾶς ποιῶν ταῦτα πᾶς ποιῶν ἄδικον.
8. Chap. xxviii. 31. A F καὶ οὐκ ἔσται σοι ὁ βοηθῶν· οἱ υἱοί σου καὶ αἱ θυγατέρες σου δεδομέναι ἔθνει ἑτέρῳ.

9. Chap. xxxii. 42. A F καὶ ἡ μάχαιρά μου καταφάγεται κρέα ἀφ' αἵματος.

In many passages there are Coptic words for which there are no equivalents in the received Greek text, e.g.:

1. Chap. vii. 15. ⲉϫⲛ ⲛⲉⲕϫⲓϫⲉⲟⲩ ⲧⲏⲣⲟⲩ· ⲁⲩⲱ.
2. Chap. xi. 1. ⲛⲉ ⲛⲧ ⲁϥϩⲱⲛ ⲙⲙⲟⲟⲩ ⲉⲧⲟⲟⲧⲛ.
3. Chap. xi. 24. ⲉⲧⲛⲁϣⲱⲡⲉ ⲛ̄ ϩⲏⲧⲛ̄ ⲛ̄ⲧⲉ ⲛⲉⲕⲧⲟϣ ϣⲱⲡⲉ.
4. Chap. xii. 15. ⲕⲁⲧⲁ ⲡⲉⲧ ⲉϩⲛⲉ ⲧⲉⲕⲯⲩⲭⲏ.
5. Chap. xii. 18. ⲙⲛ̄ ⲡⲉⲕϣⲏⲣⲉ ⲁⲩⲱ ⲧⲉⲕϣⲉⲉⲣⲉ.
6. Chap. xvi. 20. ⲕⲁⲧⲁ ⲫⲩⲗⲏ· ⲁⲩⲱ ⲉⲛⲉⲕⲣⲓⲛⲉ ⲙ̄ ⲡⲗ[ⲁ]ⲟⲥ ϩⲛ̄ ⲟⲩϩⲁⲡ ⲙ̄ ⲙⲉ.

The translators of the Bible into Coptic borrowed from the Greek a great many words, which they reduced to their simplest forms and incorporated in their translations. In several passages we find Greek words which are different from those used in the parallel places in the received Greek text, e.g.:

1. Chap. i. 43. ⲁⲧⲉⲧⲛ̄ⲁⲛⲁⲥⲕⲁⲍⲉ represents παραβιασάμενοι.
2. Chap. ii. 8. ⲁⲛⲡⲁⲣⲁⲅⲉ represents παρήλθομεν.
3. Chap. ii. 13. ⲛ̄ⲧⲛ̄ⲡⲁⲣⲁⲅⲉ represents παραπορεύεσθε.
4. Chap. v. 8. ⲕⲗⲩⲡⲧⲟⲛ represents εἴδωλον.
5. Chap. v. 14. ⲡⲉⲡⲣⲟⲥⲏⲗⲩⲧⲟⲥ ⲉⲧ ⲡϩⲟⲧⲛ ⲛ̄ ⲛⲉⲕⲡⲩⲗⲏ represents ὁ προσήλυτος ὁ παροικῶν ἐν σοί. [In chap. xi. 20 ⲛⲉⲧⲛ̄ ⲙⲁ ⲛ̄ ⲟⲩⲟϩ = τῶν πυλῶν ὑμῶν.]
6. Chap. xviii. 1. ⲛⲉⲟⲩⲥⲓⲁ represents καρπώματα.

In some cases the Coptic translator missed the point of the Greek text or gave a different turn to the meaning, e.g.:

1. Chap. xi. 10. The Greek ὅταν σπείρωσιν τὸν σπόρον καὶ ποτίζωσιν τοῖς ποσὶν αὐτῶν ὡσεὶ κῆπον λαχανίας is rendered in the Coptic by 'thus they throw in the seed, and water it with suffering (or, severe labour), as [men water] a fine vegetable garden'.

2. Chap. xi. 24. καὶ ἕως τῆς θαλάσσης τῆς ἐπὶ δυσμῶν ἔσται τὰ ὁριά σου is rendered by 'and as far as the sea which riseth in the place of the setting [of the sun]'.

3. Chap. xxxiii. 23. θάλασσαν καὶ λίβα is rendered by ⲧⲉⲑⲁⲗⲗⲁⲥⲥⲁ ⲙⲛ̄ ⲡⲉⲙⲛ̄ⲧ, 'the sea and the west'; the Coptic translator thought that λίβα was Libya, or the west.

Many passages illustrate the care which the Coptic translator took to render correctly difficult words in the Greek text before him, e.g. ἵνα μακροημερεύσητε is translated by 'that ye may make (or, live) many days', ϫⲉ ⲉⲧⲉⲧⲛ̄ ⲉ ⲉⲓⲣⲉ ⲛ̄ ⲟⲩⲙⲏⲏϣⲉ ⲛ̄ϩⲟⲟⲩ (vi. 2, p. 11); ἡμέρα ἐκκλησίας by 'the day wherein ye gather in together', ⲡ[ⲉ]ϩⲟⲟⲩ ⲉⲛⲧⲁ ⲧⲉⲧⲛ̄ⲥⲱⲟⲩϩ ⲉϩⲟⲩⲛ (ix. 10, p. 21); ξύλων ἀσήπτων by 'pieces of wood which do not produce wood worms', ϩⲉⲛϣⲉ ⲉⲙ ⲉⲩⲣ̄ϫⲟⲟⲗⲉⲥ (x. 3, p. 24); τῷ ἀλλοτρίῳ by 'him that thou knowest not', ⲡⲉⲧⲉ ⲛⲅ̄ ⲥⲟⲟⲩⲛ ⲙ̄ⲙⲟϥ ⲁⲛ (xiv. 20, p. 43). Sometimes to make quite sure that he has given the exact meaning of a Greek word he gives a double rendering, e.g. καὶ τὸν θλιμμὸν ἡμῶν is translated by 'and our sufferings and our tribulations', ⲛⲙ̄ ⲡⲉⲛϩⲓⲥⲉ ⲛⲙ̄ ⲧⲉⲛⲑⲗⲓⲯⲉⲓⲥ (xxvi. 7, p. 76), thus adding a Greek word which does not appear in our received Greek text. And καὶ αἱ χεῖρες αὐτοῦ διακρινοῦσιν αὐτῷ is translated by 'his hands shall judge him, they shall take judgement with him', ⲛ̄ⲥⲉ ⲇⲓⲁⲕⲣⲓⲛⲉ ⲛⲁϥ' ⲛ̄ϭⲓ ⲛⲉϥϭⲓϫ ⲥⲉⲛⲁϫⲓ ϩⲁⲡ' ⲛⲙ̄ⲙⲁϥ' (xxxiii. 7, p. 108). Though well acquainted with the Greek word στήλη, which he uses twice (pp. 13, 16), in one place (xvi. 22, p. 52), he renders it by an old native word ⲟⲩⲟⲉⲓⲧ, in old Egyptian 𓅱𓏤𓉐. Sometimes he abbreviates a passage, e.g. Κύριος ὁ θεὸς ἡμῶν Κύριος εἷς ἐστιν, for which the Coptic has simply 'God is One', ⲟⲩⲁⲁ ⲡⲉ ⲡϫⲟⲉⲓⲥ (vi. 4, p. 12). Sometimes he translates a

INTRODUCTION

Greek root differently, e.g. ἄρξεις by 'thou shalt make thyself a governor', ⲉⲕⲉⲣ̅ ⲁⲣⲭⲱⲛ, and οὐκ ἄρξουσιν by 'they shall not make themselves lords', ⲛ̅ⲛⲉⲧⲣ̅ ⲝⲟⲉⲓⲥ (xv. 6, p. 45). Sometimes the two parts of a verse are inverted, e.g. in xv. 18 ⲝⲉ ⲛ̅ⲧⲁϥⲣ̅ϩⲙ̅ϩⲁⲗ ⲛⲁⲕ ⲛ̅ⲥⲟ ⲛ̅ⲣⲟⲙⲡⲉ = ἐδούλευσέν σοι ἐξ ἔτη, and ⲛⲑⲉ ⲛ̅ⲧϭⲓ ⲛϩⲱⲧⲣ̅ ⲛ̅ ⲟⲩⲣⲙ̅ ⲃⲉⲕⲉ ⲉϥϩⲟⲧⲣ̅ ⲧⲣ̅ ⲣⲟⲙⲡⲉ = ὅτι ἐφέτιον μισθὸν τοῦ μισθωτοῦ (p. 47). About the exact meaning of a word the translator seems sometimes to be in doubt, for in ii. 6 he renders 'silver' (λήμψεσθε παρ' αὐτῶν ἀργυρίου) by ϩⲟⲙⲛⲧ, 'brass, or bronze', and in xxviii. 23 he renders χαλκοῦς by the same word. In one passage the translator makes a curious mistake. In xvi. 1 the words ἐξῆλθες ἐξ Αἰγύπτου νυκτός are rendered by 'thou didst come forth from the land of Egypt for nothing', ⲁⲕⲉⲓ ⲉ ⲃⲟⲗ ϩⲛ̅ ⲡⲕⲁϩ ⲛ̅ ⲕⲏⲙⲉ ⲛ̅ ⲝⲓⲛⲝⲏ.

In a few places the Coptic translator has softened expressions which seemed to him to be coarse. Thus in xiii. 6 he renders ἡ γυνὴ ἡ ἐν κόλπῳ σου by 'thy wife who is with thee', ⲧⲉⲕⲥϩⲓⲙⲉ ⲉⲧ ⲛⲉⲙⲁⲕ. In xxiii. 12 are the words ⲁⲩⲱ ⲉⲣⲉ ⲟⲩⲙⲁ ⲛϣⲱⲡⲉ ⲛⲁⲕ ⲉ ⲃⲟⲗ ⲛ̅ ⲧⲡⲁⲣⲉⲙⲃⲟⲗⲏ· ⲁⲩⲱ ⲉⲕⲉⲃⲱⲕ ⲉ ⲃⲟⲗ ⲉ ⲡⲙⲁ ⲉⲧ ⲙ̅ⲙⲁⲩ, which represent the reading of BAF καὶ τόπος ἔσται σοι ἔξω τῆς παρεμβολῆς καὶ ἐξελεύσῃ ἐκεῖ ἔξω. In xxv. 11 καὶ ἐκτείνασα τὴν χεῖρα ἐπιλάβηται τῶν διδύμων αὐτοῦ is rendered by ⲛ̅ⲥ̅ⲥⲟⲩⲧⲛ̅ ⲧⲟⲟⲧⲥ̅ ⲉ ⲃⲟⲗ ⲛ̅ⲥ̅ϭⲉⲡ ⲕⲟⲩⲟⲩⲛϥ̅, 'she stretcheth out her hand, she toucheth his bosom'. And in xxviii. 27 πατάξαι σε Κύριος ἕλκει Αἰγυπτίῳ εἰς τὴν ἕδραν is rendered by ⲉⲣⲉ ⲡⲝⲟⲉⲓⲥ ⲑⲙ̅ⲥⲟⲕ ϩⲛ̅ ⲡⲥⲁϣ ⲛ̅ ⲕⲏⲙⲉ, 'God will inflict on thee the plague of Egypt', and for εἰς τὴν ἕδραν there is no equivalent in the Coptic. In xxiii. 18 the words τελεσφόρος and τελισκόμενος seem to have caused the Coptic translator some difficulty, for the former he translates inadequately, and the latter is omitted from the verse.

There are a number of interesting forms in the Coptic text, among which may be noted: ⲉⲧ ⲙ̄ⲙⲁⲩ for ⲉⲧ ⲙ̄ⲙⲁⲩ, pp. 2, 8; ⲛⲁⲟⲩ for ⲛⲁⲩ, p. 18; ⲙ̄ⲙⲟⲉⲓ for ⲙ̄ⲙⲟⲓ and ⲉⲣⲟⲉⲓ for ⲉⲣⲟⲓ, pp. 18, 22; ⲫⲟ for ⲡϩⲟ, p. 115; ⲫⲏⲧ for ⲡϩⲏⲧ, p. 117; ⲫⲁⲡ for ⲡϩⲁⲡ, p. 54; ⲥⲁϣⲉϥ for ⲥⲁϣϥ̄, p. 80; ⲉⲕⲉⲣⲟⲭⲟⲩ for ⲉⲕⲉⲣⲟⲕϩⲟⲩ, p. 19; ⲙⲁⲭ for ⲙⲁⲕϩ, p. 21; ⲣⲟⲭⲟⲩ for ⲣⲟⲕϩⲟⲩ, p. 34; ⲫⲱⲃ for ⲡϩⲱⲃ, p. 65; ⲫⲏⲕⲉ for ⲡϩⲏⲕⲉ, p. 72. The following examples of the use of ϩ in transcribing Greek forms of Hebrew proper names are also interesting: ϩⲉⲣⲙⲁ = Ἑρμά (p. 2), ϩⲣⲁⲫⲉⲓⲛ = Ῥαφαείν (p. 4), ϩⲛⲁⲕⲉⲓⲙ = Ἐνακείμ (p. 4), ⲉⲩϩⲁⲓⲟⲥ = Εὐαῖον (p. 15), ⲃⲁⲗϩⲁⲁⲙ = Βαλαάμ (p. 66), ⲙⲁⲣⲓϩⲁⲙ = Μαριάμ (p. 71), &c.

If we compare the text of Deuteronomy as it appears in this papyrus Codex with such portions as are extant of the versions which were current between the seventh and the eleventh centuries, we find that the differences which exist between them are comparatively slight, a fact which seems to indicate that when the papyrus was written the Coptic text of Deuteronomy had already been fixed. This need cause no surprise, for a Greek version of the Hebrew Pentateuch was in existence before the close of the third century B.C.[1], and versions of parts, or all of it, in the vernacular must have been known among Christian teachers at least in the early part of the third century A.D. The following extracts from the MS. Oriental No. 7594 and from the text of Ciasca illustrate the relationship of the later to the earlier form of the version.

[1] See Swete, *Introduction to the Old Testament in Greek*, pp. 10 ff.; and Kenyon, *Our Bible and the Ancient Manuscripts*, pp. 49 ff.

INTRODUCTION

MS. Oriental No. 7594.
(Chapter V. 1-24.)

1 ⲙⲱⲧⲥⲏⲥ ⲇⲉ ⲁϥⲙⲟⲩⲧⲉ ⲉⲡⲓⲥⲣⲁⲏⲗ ⲧⲏⲣϥ ⲡⲉϫⲁϥ
ⲛⲁⲩ ϫⲉ ⲥⲱⲧⲙ̄· ⲡⲓⲥⲣⲁⲏⲗ ⲉⲛⲇⲓⲕⲁⲓⲱⲙⲁ ⲙⲛ ⲛ̄ϩⲁⲡ
ⲛⲁⲓ ⲉϯⲛⲁⲧⲁⲟⲩⲟⲟⲩ ⲉ ⲛⲉⲧⲛ̄ⲙⲁⲁϫⲉ ϩⲣⲁⲓ ϩⲛ̄ ⲡⲟⲟⲩ
ⲛ̄ϩⲟⲟⲩ ϫⲉⲕⲁⲥ ⲉⲧⲉⲧⲛ̄ⲉⲥⲃⲟ ⲉⲣⲟⲟⲩ ⲁⲩⲱ ⲛ̄ⲧⲉⲧⲛ̄ ϩⲁⲣⲉϩ
ⲉⲣⲟⲟⲩ ⲉⲁⲁⲩ· 2 ⲡϫⲟⲉⲓⲥ ⲡⲉⲛⲛⲟⲩⲧⲉ ⲁϥϣⲙⲓⲛⲉ ⲛⲟⲩ-
ⲇⲓⲁⲑ[ⲏⲕⲏ] ⲛⲙ̄ⲙⲉⲛⲧⲛ̄ ⲛ̄ ⲭⲱⲣⲏⲃ· 3 ⲛ̄ⲧⲁ [ⲡϫⲟⲉⲓⲥ]
ⲥⲙⲓⲛⲉ ⲁⲛ ⲛ̄ⲧⲉⲓⲇⲓⲁⲑⲏⲕⲏ ⲙ [ⲛⲉ]ⲧⲛ̄ⲉⲓⲟⲧⲉ· ⲁⲗⲗⲁ
ⲛ̄ⲧⲁϥⲥⲙⲛ̄ⲧⲥ̄ [ⲛⲙ̄]ⲙⲉⲛⲧⲛ̄ ⲛ̄ⲧⲱⲧⲛ̄ ⲧⲏⲣⲧⲛ̄ ⲧⲉⲧⲛ̄[ⲱⲛϩ]
ⲙ̄ⲡⲟⲟⲩ ⲙ̄ⲡⲉⲓⲙⲁ· 4 ⲛ̄ϩⲟ ϩ[ⲓ ϩⲟ] ⲡϫⲟⲉⲓⲥ ϣⲁϫⲉ ⲛⲉⲙ-
ⲙⲏⲧⲛ̄ ϩⲓ [ⲡⲧⲟ]ⲟⲩ ⲛ̄ ⲧⲙⲏⲛⲧⲉ ⲛ̄ⲧⲥⲁⲧⲉ· 5 ⲁⲛⲟⲕ ϩⲱ
ⲛⲉⲓⲁϩⲉⲣⲁⲧ ϩⲛ̄ ⲧⲙⲏⲛⲧⲉ ⲙ̄ ⲡϫⲟⲉⲓⲥ ⲁⲩⲱ ϩⲛ̄ ⲧⲉⲧⲛ̄-
ⲙⲏⲛⲧⲉ ⲙ̄ ⲡⲟⲩⲟⲉⲓϣ ⲉⲧⲙ̄ⲙⲁⲩ ⲉⲧⲣⲁⲧⲁⲟⲩ [ⲉⲣⲱⲧ]ⲛ
ⲛ̄ⲛ̄ϣⲁϫⲉ ⲙ̄ⲡϫⲟⲉⲓⲥ [ⲁⲧⲉ]ⲧⲛ̄ⲣ̄ϩⲟⲧⲉ ϩⲁⲑⲏ ⲛ̄ⲧⲥⲁⲧⲉ
ⲁⲩⲱ ⲙ̄ⲡⲉⲧⲛ̄ⲃⲱⲕ ⲉϩⲣⲁⲓ ⲉⲡⲧⲟⲟⲩ· ⲉϥϫⲱ ⲙ̄ⲙⲟⲥ ϫⲉ·

Ciasca (Fragmenta, p. 125).
(Chapter V. 1-24.)

1 ⲙⲱⲩ̄ⲥⲏⲥ ⲇⲉ ⲁϥⲙⲟⲩⲧⲉ ⲉⲡⲓⲏ̄ⲗ ⲧⲏⲣϥ̄ ⲡⲉϫⲁϥ
ⲛⲁⲩ ϫⲉ ⲥⲱⲧⲙ̄ ⲡⲓⲏ̄ⲗ ⲉⲛⲇⲓⲕⲁⲓⲱⲙⲁ· ⲙⲛ ⲛ̄ϩⲁⲡ' ⲛⲁⲓ
ⲉϯⲛⲁⲧⲁⲟⲩⲟⲟⲩ ⲉⲛⲉⲧⲛ̄ⲙⲁⲁϫⲉ ϩⲣⲁⲓ ϩⲙ̄ ⲡⲟⲟⲩ ⲛ̄ϩⲟⲟⲩ·
ϫⲉⲕⲁⲥ ⲉⲧⲉⲧⲛⲉⲥⲃⲟ' ⲉⲣⲟⲟⲩ· ⲁⲩⲱ ⲛ̄ⲧⲉⲧⲛ̄ϩⲁⲣⲉϩ ⲉⲣⲟⲟⲩ
ⲉⲁⲁⲩ 2 ⲡϫⲟⲉⲓⲥ ⲡⲉⲧⲛ̄ⲛⲟⲩⲧⲉ ⲁϥⲥⲙⲓⲛⲉ ⲛⲟⲩⲇⲓⲁⲑⲏⲕⲏ
ⲛⲙ̄[ⲙⲉⲛ]ⲧⲛ̄ ϩⲛ̄ ⲭⲱⲣⲏⲃ· 3 ⲛ̄ⲧⲁ ⲡϫ[ⲟ]ⲉⲓⲥ ⲥⲙⲓⲛⲉ ⲁⲛ'
ⲛ̄ⲧⲉⲓⲇⲓ[ⲁ]ⲑⲏⲕⲏ ⲙⲛ̄ ⲛⲉⲧⲛ̄ⲉⲓⲟⲧⲉ· ⲁⲗⲗⲁ ⲛ̄ⲧⲁϥⲥⲙⲛ̄ⲧⲥ̄
ⲛⲙ̄ⲙⲉⲛⲧⲛ̄· ⲛ̄ⲧⲱⲧⲛ̄ ⲧⲏⲣⲧⲛ̄ ⲧⲉⲧⲛ̄ⲟⲛϩ ⲙ̄ⲡⲟⲟⲩ· ⲙ̄-
ⲡⲉⲓⲙⲁ 4 ⲛ̄ϩⲟ' ϩⲓ ϩⲟ· ⲁ ⲡϫⲟⲉⲓⲥ ϣⲁϫⲉ ⲛⲙ̄ⲙⲏⲧⲛ̄
ϩⲙ̄ ⲡⲧⲟⲟⲩ ϩⲛ̄ ⲧⲙⲏⲛⲧⲉ ⲛ̄ⲧⲥⲁⲧⲉ· 5 ⲁⲛⲟⲕ ϩⲱ ⲛⲉⲓⲁϩⲉ-
ⲣⲁⲧ' ϩⲛ̄ ⲧⲙⲏⲛⲧⲉ ⲙ̄ⲡϫⲟⲉⲓⲥ· ⲁⲩⲱ ϩⲛ̄ ⲧⲉⲧⲛ̄ⲙⲏⲛⲧⲉ
ⲙ̄ⲡⲉⲧⲟⲩⲟⲉⲓϣ ⲉⲧⲙ̄ⲙⲁⲩ ⲉⲧⲣⲁⲧⲁⲟⲩ' ⲉⲣⲱⲧⲛ̄ ⲛ̄ϣⲁϫⲉ ⲙ̄ⲡ-
ϫⲟⲉⲓⲥ· ϫⲉ ⲁⲧⲉⲧⲛ̄ⲣ̄ϩⲟⲧⲉ ϩⲁⲑⲏ ⲙ̄ⲡϫⲟⲉⲓⲥ· ⲁⲩⲱ ⲙ̄ⲡⲉ-

6 ⲁⲛⲟⲕ ⲡⲉ ⲡϫⲟⲉⲓⲥ ⲡⲉⲕⲛⲟⲩⲧⲉ ⲉ ⲁⲓ̈ⲛⲧⲕ̄ ⲉⲃⲟⲗϩⲙ̄
ⲡⲕⲁϩ ⲛ̄ⲕⲏⲙⲉ ⲉⲃⲟⲗϩⲛ̄ ⲡⲏⲉⲓ ⲛ̄ⲧⲉⲕⲙⲛ̄ⲧϩⲙ̄ϩⲁⲗ · ⲃ̄
7 [ⲛ̄]ⲛⲉⲧϣⲱⲡⲉ ⲛⲁⲕ ⲛ̄ϭⲓ ϩⲉⲛⲕⲉⲛⲟⲩ[ⲧ]ⲉ ⲙ̄ⲡⲁⲙⲧⲟ
ⲉⲃⲟⲗ · 8 ⲛ̄ⲛⲉⲕⲧⲁⲙⲓⲟ ⲕⲁⲅ̄ⲡⲧⲟⲛ ⲛⲁⲕ ⲟⲩⲧⲉ ⲛⲧⲟⲛ
[ⲧⲛ̄ ⲛ̄]ⲗⲁⲁⲩ ⲛ̄ⲛⲉⲧϣⲟⲟⲡ ϩⲛ̄ ⲧⲡⲉ ϩⲓϫⲱⲕ · ⲙⲛ̄ ⲛⲉⲧ-
ϣⲟⲟⲡ ⲙ̄ⲡⲕⲁϩ ⲙ̄ⲡⲉⲥⲛⲧ ⲁⲩⲱ ⲛⲉⲧϣⲟⲟⲡ ϩⲛ̄ ⲙ̄ⲙⲟⲩ-
ⲉⲓⲟⲟⲧⲉ ϩⲁⲣⲟϥ ⲙ̄ⲡⲕⲁϩ · 9 ⲛ̄ⲛⲉⲕⲟⲩⲱϣⲧ ⲛⲁⲩ · ⲟⲩⲧⲉ
ⲛ̄ⲛⲉⲕϣⲙ̄ϣⲉ ⲛⲁⲟⲩ ϫⲉ ⲁⲛⲟⲕ ⲡⲉ ⲡϫⲟⲉⲓⲥ ⲡⲉⲕⲛⲟⲩⲧⲉ
ⲟⲩⲛⲟⲩⲧⲉ ⲛ̄ⲣⲉϥⲕⲱϩ · ⲉϣⲁⲓ̈ⲧⲱⲱⲃⲉ ⲛ̄ⲛ̄ⲛⲟⲃⲉ ⲛ̄ⲛⲉⲓⲟⲧⲉ
ⲉϩⲣⲁⲓ̈ ⲉϫⲛ̄ ⲛⲉⲧϣⲏⲣⲉ ⲉϫⲛ̄ ϣⲟⲙⲧⲉ ⲁⲩⲱ ⲉϫⲛ̄ ϥⲧⲟ
ⲛ̄ⲅⲉⲛⲉⲁ ⲛ̄ⲛⲉⲧⲙⲟⲥⲧⲉ ⲙ̄ⲙⲟⲉⲓ · 10 ⲁⲩⲱ ⲉϣⲁⲓ̈ⲉⲓⲣⲉ
ⲛ̄ⲟⲩⲛⲁ ⲉϣⲟ ⲛ̄ⲅⲉⲛⲉⲁ · ⲛ̄ⲛⲉⲧⲙⲉ ⲙ̄ⲙⲟⲉⲓ ⲛⲙ̄ ⲛⲉⲧ-
[ϩⲁⲣ]ⲉϩ ⲉⲛⲁⲟⲩⲉϩⲥⲁϩⲛⲉ : ⲃ̄ 11 [ⲛ̄ⲛⲉ]ⲕϫⲓ ⲙ̄ⲡⲣⲁⲛ ⲙ̄-
ⲡϫⲟⲉⲓⲥ ⲡⲉⲕ[ⲛ̄]ⲟⲩⲧⲉ ⲉϫⲛ̄ ⲟⲩϩⲱⲃ ⲉϥϣⲟⲩⲉⲓⲧ ·
[ⲡ]ϫⲟⲉⲓⲥ ⲛ̄ ⲅⲁⲣ ⲛ̄ϥⲛⲁⲕⲱ ⲁⲛ ⲉⲃⲟⲗ [ⲙ̄]ⲡⲉⲧⲛⲁϫⲓ
ⲙ̄ⲡⲉϥⲣⲁⲛ ⲉϫⲛ̄ ϩⲱⲃ [ⲉ]ϥϣⲟⲩⲉⲓⲧ : ⲅ̄ 12 ϩⲁⲣⲉϩ

ⲧⲛ̄ⲃⲱⲕ' ⲉϩⲣⲁⲓ̈ ⲉⲡⲧⲟⲟⲩ : ⲉϥϫⲱ ⲙ̄ⲙⲟⲥ · 6 ϫⲉ ⲁⲛⲟⲕ
ⲡⲉ ⲡϫⲟⲉⲓⲥ ⲡⲉⲕⲛⲟⲩⲧⲉ · ⲁⲓ̈ⲛⲧⲕ̄ ⲉⲃⲟⲗϩⲙ̄ ⲡⲕⲁϩ ⲛ̄ⲕⲏ-
ⲙⲉ · ⲉⲃⲟⲗϩⲙ̄ ⲡⲏⲓ̈ ⲛ̄ⲧⲉⲕⲙⲛ̄ⲧϩⲙ̄ϩⲁⲗ · 7 ⲛ̄ⲛⲉϣⲱⲡⲉ
ⲛⲁⲕ ⲛ̄ϭⲓ ϩⲉⲛⲕⲉⲛⲟⲩⲧⲉ ⲙ̄ⲡⲁⲙⲧⲟ ⲉⲃⲟⲗ · 8 ⲛ̄ⲛⲉⲕⲧⲁⲙⲓⲉ
ⲅⲗⲩⲡⲧⲟⲛ ⲛⲁⲕ · ⲟⲩⲇⲉ ⲙ̄ⲡⲧⲟⲛ ⲧⲛ̄ ⲛ̄ⲗⲁⲁⲩ ⲛ̄ⲛⲉⲧϣⲟⲟⲡ'
ϩⲓ ⲧⲡⲉ ⲛ̄ⲧⲡⲉ · ⲙⲛ̄ ⲛⲉⲧϣⲟⲟⲡ ϩⲙ̄ ⲡⲕⲁϩ ⲙ̄ⲡⲉⲥⲏⲧ ·
ⲁⲩⲱ ⲛⲉⲧϣⲟⲟⲡ' ϩⲛ̄ ⲙ̄ⲙⲟⲩⲉⲓⲟⲟⲩⲉ ϩⲁⲣⲟϥ ⲙ̄ⲡⲕⲁϩ ·
9 ⲛ̄ⲛⲉⲕⲟⲩⲱϣⲧ ⲛⲁⲩ · ⲟⲩⲇⲉ ⲛ̄ⲛⲉⲕϣⲙ̄ϣⲉ ⲛⲁⲩ · ϫⲉ
ⲁⲛⲟⲕ ⲡⲉ ⲡϫⲟⲉⲓⲥ ⲡⲉⲕⲛⲟⲩⲧⲉ · ⲟⲩⲛⲟⲩⲧⲉ ⲛ̄ⲣⲉϥⲕⲱϩ ·
ⲉϣⲁⲓ̈ⲧⲱⲱⲃⲉ ⲛ̄ⲛ̄ⲛⲟⲃⲉ ⲛ̄ⲛⲉⲓⲟⲧⲉ ⲉϫⲛ̄ ⲛ̄ϣⲏⲣⲉ · ⲉϫⲛ̄
ϣⲟⲙⲧⲉ · ⲁⲩⲱ ⲉϫⲛ̄ ϥⲧⲟ ⲛ̄ⲅⲉⲛⲉⲁ · ⲛ̄ⲛⲉⲧⲙⲟⲥⲧⲉ ⲙ̄ⲙⲟⲓ̈ ·
10 ⲁⲩⲱ [ⲉ]ϣⲁⲓ̈ⲉⲓⲣⲉ ⲛⲟⲩⲛⲁ' ⲛ̄ϣⲟ [ⲛ̄]ⲅⲉⲛⲉⲁ · ⲛ̄ⲛⲉⲧⲙⲉ
ⲙ̄ⲙⲟⲓ̈ ⲙⲛ̄ ⲛⲉⲧϩⲁⲣⲉϩ' ⲉⲛⲁⲟⲩⲉϩⲥⲁϩⲛⲉ · 11 ⲛ̄ⲛⲉⲕϫⲓ
ⲡⲣⲁⲛ ⲙ̄ⲡϫⲟⲉⲓⲥ ⲡⲉⲕⲛⲟⲩⲧⲉ ⲉϫⲛ̄ ⲟⲩϩⲱⲃ ⲉϥϣⲟⲩⲉⲓⲧ ·
ⲡϫⲟⲉⲓⲥ ⲅⲁⲣ ⲛ̄ϥⲛⲁⲕⲱ ⲁⲛ ⲉⲃⲟⲗ · ⲙ̄ⲡⲉⲧⲛⲁϫⲓ ⲙ̄ⲡⲉϥ-
ⲣⲁⲛ' ⲉϫⲛ̄ ⲡϩⲱⲃ ⲉⲧϣⲟⲩⲉⲓⲧ' 12 ϩⲁⲣⲉϩ ⲉⲡⲉϩⲟⲟⲩ

єпє[ϩο]ογ ⲛ̄ⲡⲥⲁⲃⲃⲁⲧⲟⲛ ⲉⲧⲃ̄ⲃⲟⲩ ⲕⲁ[ⲧⲁ] ⲑⲉ ⲉⲛⲧⲁ
ⲡϫⲟⲉⲓⲥ ⲡⲉⲕⲛⲟⲩ[ⲧ]ⲉ ϩⲱⲛ ⲉⲧⲟⲟⲧ︤ⲕ︥· 13 ⲥⲟⲟⲩ ⲛ̄ϩⲟⲟⲩ
ⲉⲕⲉⲁⲁⲩ ⲉⲕⲣ̄ϩⲱⲃ ⲁⲩⲱ ⲉⲕⲉⲉⲓⲣⲉ ⲛ̄ϩⲏⲧⲟⲩ ⲛ̄ⲛⲉⲕϩ-
ⲃⲏⲟⲧⲉ [ⲧ]ⲏⲣⲟⲩ· 14 ϩ︤ⲙ︥ ⲡⲙⲉϩⲥⲁϣϥ̄ ⲇⲉ ⲛ̄ϩⲟⲟⲩ ⲛ̄
ⲥⲁⲃⲃⲁⲧⲟⲛ ⲡⲉ ⲙ̄ⲡϫⲟⲉⲓⲥ ⲡⲉⲕⲛⲟⲩⲧⲉ· ⲛ̄ⲛⲉⲕⲣ̄ ⲗⲁⲁⲩ
ⲛ̄ ϩⲱⲃ ⲛ̄ϩⲏⲧϥ̄· ⲛ̄ⲧⲟⲕ ⲙ︤ⲛ︥ ⲡⲉⲕϣⲏⲣⲉ· ⲙ︤ⲛ︥ ⲧⲉⲕ-
ϣⲉⲉⲣⲉ· ⲡⲉⲕϩ︤ⲙ︥ϩⲁⲗ ⲛ̄ϩⲟⲟⲩⲧ ⲙ︤ⲛ︥ ⲧⲉⲕϩ︤ⲙ︥ϩⲁⲗ
ⲛ̄ⲥϩⲓⲙⲉ· ⲡⲉⲕⲙⲁⲥⲉ ⲛ︤ⲙ︥ ⲡⲉⲕϭⲁⲓ̈ ⲛⲁϩⲃ̄ ⲁⲩⲱ ⲧ̄ⲃⲛⲏ
ⲛⲓⲙ ⲛ̄ⲧⲁⲕ· ⲁⲩⲱ ⲡⲉⲡⲣⲟⲥⲏⲗⲩⲧⲟⲥ ⲉⲧ ⲡⲣⲟⲧⲛ ⲛ̄ⲛⲉⲕ-
ⲡⲩⲗⲏ· ϫⲉⲕⲁⲥ ⲉⲣⲉ ⲡⲉⲕϩ︤ⲙ︥ϩⲁⲗ ⲙ̄ⲧⲟⲛ ⲙ̄ⲙⲟϥ
ⲛ̄ⲧⲉⲕϩⲉ ϩⲱⲱⲕ· 15 ⲁⲩⲱ ⲉⲕⲉⲣ̄ⲡⲙⲉⲉⲩⲉ ϫⲉ ⲛⲉⲕⲟ
ⲛ̄ϩ︤ⲙ︥ϩⲁⲗ ϩ︤ⲛ︥ ⲡⲕⲁϩ ⲛ̄ⲕⲏⲙⲉ· ⲁⲩⲱ ⲁ ⲡϫⲟⲉⲓⲥ ⲡⲉⲕ-
ⲛⲟⲩⲧⲉ ⲛ̄ⲧ︤ⲕ︥ ⲉⲃⲟⲗϩ︤ⲛ︥ ⲡⲙⲁ ⲉⲧ︤ⲙ︥ⲙⲁⲩ ϩ︤ⲛ︥ ⲟⲩϭⲓϫ
ⲉⲥϫⲟⲟⲣ· ⲁⲩⲱ ϩ︤ⲛ︥ ⲟⲩϭⲃⲟⲉⲓ ⲉϥϫⲟⲥⲉ· ⲉⲧⲃⲉ ⲡⲁⲓ̈ ⲁ
ⲡϫⲟⲉⲓⲥ ⲡⲉⲕⲛⲟⲩⲧⲉ ϩⲱⲛ ⲉⲧⲟⲟⲧ︤ⲕ︥ ⲉⲧⲣⲉⲕϩⲁⲣⲉϩ ⲉⲡⲉ-
ϩⲟⲟⲩ ⲛ̄ⲡⲥⲁⲃⲃⲁⲧⲟⲛ ⲁⲩⲱ ⲛ︤ⲕ︥ ⲧ̄ⲃⲃⲟϥ· ⲥ︥ 16 ⲧⲁⲓ̈ⲉ

ⲛ̄ⲡⲥⲁⲃⲃⲁⲧⲟⲛ' ⲉⲧⲃ̄ⲃⲟⲩ· ⲕⲁⲧⲁ ⲑⲉ ⲉⲛⲧⲁ ⲡϫⲟⲉⲓⲥ ⲡⲉⲕ-
ⲛⲟⲩⲧⲉ ϩⲱⲛ' ⲉⲧⲟⲟⲧ︤ⲕ︥· 13 ⲥⲟⲟⲩ ⲛ̄ϩⲟⲟⲩ ⲉⲕⲉⲁⲁⲩ ⲉⲕ-
ⲣ̄ϩⲱⲃ· ⲁⲩⲱ ⲉⲕⲉⲉⲓⲣⲉ ⲛ̄ϩⲏⲧⲟⲩ ⲛ̄ⲛⲉⲕϩⲃⲏⲧⲉ ⲧⲏⲣⲟⲩ·
14 ϩ︤ⲙ︥ ⲡⲙⲉϩⲥⲁϣϥ̄ ⲇⲉ ⲛ̄ϩⲟⲟⲩ ⲛ̄ⲥⲁⲃⲃⲁⲧⲟⲛ ⲡⲉ ⲙ̄-
ⲡϫⲟⲉⲓⲥ ⲡⲉⲕⲛⲟⲩⲧⲉ· ⲛ̄ⲛⲉⲕⲣ̄ ⲗⲁⲁⲩ ⲛ̄ϩⲱⲃ ⲛ̄ϩⲏⲧϥ̄·
ⲛ̄ⲧⲟⲕ ⲙ︤ⲛ︥ ⲡⲉⲕϣⲏⲣⲉ· ⲙ︤ⲛ︥ ⲧⲉⲕϣⲉⲉⲣⲉ· ⲡⲉⲕϩ︤ⲙ︥ϩⲁⲗ
ⲛ̄ϩⲟⲟⲩⲧ' ⲙ︤ⲛ︥ ⲧⲉⲕϩ︤ⲙ︥ϩⲁⲗ ⲛ̄ⲥϩⲓⲙⲉ· ⲡⲉⲕⲙⲁⲥⲉ· ⲙ︤ⲛ︥
ⲡⲉⲕϭⲁⲓ̈ ⲛⲁϩⲃ̄· ⲁⲩⲱ ⲧ̄ⲃⲛⲏ ⲛⲓⲙ ⲛ̄ⲧⲁⲕ· ⲁⲩⲱ ⲡⲉⲡⲣⲟⲥ-
ⲗⲏⲧⲟⲥ ⲉⲧ︤ⲙ︥ⲫⲟⲧⲛ' ⲛ̄ⲛⲉⲕⲡⲩⲗⲏ· ϫⲉⲕⲁⲥ ⲉⲣⲉ ⲡⲉⲕϩ︤ⲙ︥-
ϩⲁⲗ· ⲙ︤ⲛ︥ ⲧⲉⲕϩ︤ⲙ︥ϩⲁⲗ ⲙ̄ⲧⲟⲛ ⲙ̄ⲙⲟⲟⲩ ⲛ̄ⲧⲉⲕϩⲉ ϩⲱⲱⲕ·
15 ⲁⲩⲱ ⲉⲕⲉⲣ̄ⲡⲙⲉⲉⲩⲉ ϫⲉ ⲛⲉⲕⲟ ⲛ̄ϩ︤ⲙ︥ϩⲁⲗ ⲡⲉ ϩ︤ⲙ︥
ⲡⲕⲁϩ ⲛ̄ⲕⲏⲙⲉ· ⲁⲩⲱ ⲁ ⲡϫⲟⲉⲓⲥ ⲡⲉⲕⲛⲟⲩⲧⲉ ⲛ̄ⲧ︤ⲕ︥ ⲉⲃⲟⲗ
ϩ︤ⲙ︥ ⲡⲙⲁ ⲉⲧ︤ⲙ︥ⲙⲁⲩ ϩ︤ⲛ︥ ⲟⲩϭⲓϫ ⲉⲥϫⲟⲟⲣ' ⲙ︤ⲛ︥ ⲟⲩϭⲃⲟⲓ
ⲉϥϫⲟⲥⲉ· ⲉⲧⲃⲉ ⲡⲁⲓ̈ ⲁ ⲡϫⲟⲉⲓⲥ ⲡⲉⲕⲛⲟⲩⲧⲉ ϩⲱⲛ ⲉⲧⲟⲟⲧ︤ⲕ︥
ⲉⲧⲣⲉⲕϩⲁⲣⲉϩ ⲉⲡⲉϩⲟⲟⲩ ⲛ̄ⲡⲥⲁⲃⲃⲁⲧⲟⲛ· ⲁⲩⲱ ⲛ︤ⲕ︥ ⲧ̄ⲃⲃⲟϥ:
16 ⲧⲁⲓ̈ⲉ ⲡⲉⲕⲉⲓⲱⲧ ⲙ︤ⲛ︥ ⲧⲉⲕⲙⲁⲁⲩ ⲉⲛⲑⲉ ⲉⲛⲧⲁ ⲡϫⲟⲉⲓⲥ

пєкєιωτ мⲛ тєкмааⲩ ⲛⲑє єⲛⲧⲁ ⲡϫⲟєιс ⲡєк-
ⲛⲟⲩⲧє ϩⲱⲛ єⲧⲟⲟⲧⲕ· ϫєⲕⲁс єⲣє ⲡєⲧⲛⲁⲛⲟⲩϥ ϣⲱⲡє
ⲙⲙⲟⲕ· ⲁⲩⲱ ϫє єⲧⲉⲧⲛєєιⲣє ⲛ ⲟⲩⲛⲟϭ ⲛⲟⲩⲟєιϣ
ϩιϫⲙ ⲡⲕⲁϩ· ⲡⲁι єⲧєⲣє ⲡϫⲟєιс ⲡєⲕⲛⲟⲩⲧє ⲛⲁⲧⲁⲁϥ
ⲛⲁⲕ: ē 17 ⲛⲛєⲕⲣⲛⲟєιⲕ· 18 ⲛⲛєⲕϩⲱⲧⲃ· 19 ⲛⲛєⲕ-
ϫιⲟⲩє: 20 ⲛⲛєⲕⲣⲙⲛⲧⲣє ⲛⲛⲟⲩϫ єⲡєⲧϩιⲧⲟⲩⲱⲕ ⲛⲟⲩ-
ⲙⲛⲧⲙⲛⲧⲣє ⲛⲛⲟⲩϫ: ō 21 ⲛⲛєⲕєⲡιⲑⲩⲙєι єⲑιⲙє
ⲙⲡєⲧϩιⲧⲟⲩⲱⲕ· ⲟⲩⲇє ⲛⲛєⲕєⲡιⲑⲩⲙєι єⲡⲏι ⲙⲡєⲧ-
ϩιⲧⲟⲩⲱⲕ· ⲟⲩⲧє ⲧєϥⲥⲱϣє ⲟⲩⲇє ⲡєϥϩⲙϩⲁⲗ· ⲟⲩⲇє
ⲧєϥϩⲙϩⲁⲗ· ⲟⲩⲇє ⲡєϥⲙⲁсє· ⲟⲩⲇє ⲡєϥϭⲁι ⲛⲁⲣⲃ·
ⲟⲩⲇє ⲧⲃⲛⲏ ⲛιⲙ [ⲛⲧⲁϥ· ⲟⲩⲇ]є ⲗⲁⲁⲩ єϥϣⲟⲟⲡ ⲙ-
ⲡєⲧϩιⲧⲟⲩⲱⲕ· 22 ⲛⲁι ⲛє ⲛϣⲁϫє єⲛⲧⲁ ⲡϫⲟєιс
ϫⲟⲟⲩ єⲧєⲧⲛⲥⲛⲁⲅⲱⲅⲏ ⲧⲏⲣс ϩⲙ ⲡⲧⲟⲟⲩ єⲃⲟⲗ
ϩⲛ ⲧⲙⲏⲧє ⲛⲧсⲁⲧє· єⲁⲩⲕⲁⲕє ϣⲱⲡє ⲙⲛ ⲟⲩ-
ϭⲟсⲙ· ⲙⲛ ⲟⲩϩⲁⲧⲏⲩ ⲙⲛ ⲟⲩϩⲣⲟⲟⲩ· ⲁⲩⲱ ⲙⲡⲟⲩ-
ⲟⲩⲱϩ єϣⲱⲡє· ⲁⲩⲱ ⲁϥϩⲣⲁιсⲟⲩ єϫⲛ ⲡⲗⲁϩ сⲛⲧє

ⲡєⲕⲛⲟⲩⲧє ϩⲱⲛ' єⲧⲟⲟⲧⲕ· ϫєⲕⲁс єⲣє ⲡⲡєⲧⲛⲁⲛⲟⲩϥ'
ϣⲱⲡє ⲙⲙⲟⲕ· ⲁⲩⲱ ϫє єⲧєⲧⲛєєιⲣє ⲛⲟⲩⲛⲟϭ ⲛⲟⲩⲟєιϣ
ϩιϫⲙ ⲡⲕⲁϩ· ⲡⲁι ⲉ̄ⲧєⲣє ⲡϫⲟєιс ⲡєⲕⲛⲟⲩⲧє ⲛⲁⲧⲁⲁϥ
ⲛⲁⲕ: 17 ⲛⲛєⲕⲣⲛⲟєιⲕ· 18 ⲛⲛєⲕϩⲱⲧⲃ· 19 ⲛⲛєⲕ-
ϫιⲟⲩє· 20 ⲛⲛєⲕⲣⲙⲛⲧⲣє ⲛⲛⲟⲩϫ єⲡєⲧϩιⲧⲟⲩⲱⲕ
ⲛⲛⲟⲩⲙⲛⲧⲙⲛⲧⲣє ⲛⲛⲟⲩϫ· 21 ⲛⲛєⲕєⲡιⲑⲩⲙєι єⲑιⲙє
ⲙⲡєⲧϩιⲧⲟⲩⲱⲕ· ⲛⲛєⲕєⲡιⲑⲩⲙєι єⲡⲏι ⲙⲡєⲧϩιⲧⲟⲩⲱⲕ·
ⲟⲩⲇє ⲧєϥⲥⲱϣє· ⲟⲩⲇє ⲡєϥϩⲙϩⲁⲗ· ⲟⲩⲇє ⲧєϥϩⲙ-
ϩⲁⲗ· ⲟⲩⲇє ⲡєϥⲙⲁсє· ⲟⲩⲇє ⲡєϥϭⲁι ⲛⲁⲣⲃ· ⲟⲩⲇє
ⲧⲃⲛⲏ ⲛιⲙ' ⲛⲧⲁϥ· ⲟⲩⲇє ⲗⲁⲁⲩ єϥϣⲟⲟⲡ ⲙⲡєⲧϩι-
ⲧⲟⲩⲱⲕ: 22 ⲛⲁι ⲛє ⲛϣⲁϫє єⲛⲧⲁ ⲡϫⲟєιс ϫⲟⲟⲩ
єⲧєⲧⲛⲥⲛⲁⲅⲱⲅⲏ ⲧⲏⲣс ϩⲙ ⲡⲧⲟⲟⲩ єⲃⲟⲗ ϩⲛ ⲧⲙⲏⲧє
ⲛⲧсⲁⲧє· єⲁⲩⲕⲁⲕє ϣⲱⲡє ⲙⲛ ⲟⲩϭⲟсⲙ· ⲙⲛ ⲟⲩ-
ϩⲁⲧⲏⲩ ⲙⲛ ⲛⲟⲩⲛⲟϭ ⲛϩⲣⲟⲟⲩ· ⲁⲩⲱ ⲙⲡⲟⲩⲟⲩⲱϩ
єϣⲱⲡє· ⲁⲩⲱ ⲁϥϩⲣⲁιсⲟⲩ єϫⲛ ⲡⲗⲁϩ сⲛⲧє

ⲡⲱⲛⲉ ⲁϥⲧⲁⲁⲧ ⲛⲁⲓ· 23 ⲁⲩⲱ ⲁⲥϣⲱⲡⲉ ⲛ̄ⲧⲉⲣⲉⲧⲛ̄-
ⲥⲱⲧⲙ̄ ⲉ ⲧⲉⲥⲙⲏ ⲉⲃⲟⲗ ϩⲛ̄ ⲧⲙⲏⲧⲉ ⲛ̄ⲧⲥⲁⲧⲉ· ⲁⲩⲱ
ⲡⲧⲟⲟⲩ ⲉϥⲙⲟⲩϩ ϩⲛ̄ ⲟⲩⲥⲁⲧⲉ ⲁⲧⲉⲧⲛ̄ϯⲡⲉⲧⲛ̄ⲟⲩⲟⲉⲓ
ⲉⲣⲟⲉⲓ ⲛ̄ⲁⲣⲭⲱⲛ ⲛ̄ⲛⲉⲧⲛ̄ⲫⲩⲗⲏ ⲙⲛ̄ ⲛⲉⲧⲛ̄ϩⲗ̄ⲗⲟ·
24 ⲉⲧⲉⲧⲛ̄ϫⲱ ⲙ̄ⲙⲟⲥ ⲛⲁⲓ ϫⲉ ⲉⲓⲥ ϩⲏⲏⲧⲉ ⲁ ⲡϫⲟⲉⲓⲥ
ⲡⲉⲛⲛⲟⲩⲧⲉ ⲉⲧⲥⲁⲃⲟⲛ ⲉ ⲡⲉϥⲉⲟⲟⲩ ⲁⲩⲱ ⲡⲉϥϩⲣⲟⲟⲩ
ⲁⲛⲥⲱⲧⲙ̄ ⲉⲣⲟϥ ⲉⲃⲟⲗ ϩⲛ̄ ⲧⲙⲏⲧⲉ ⲛ̄ⲧⲥⲁⲧⲉ ⲉϩⲣⲁⲓ
ϩⲙ̄ ⲡⲟⲟⲩ ⲛ̄ϩⲟⲟⲩ ⲁⲛⲛⲁⲩ ϫⲉ ⲡⲛⲟⲩⲧⲉ ⲛⲁϣⲁϫⲉ ⲙⲛ̄
ⲣⲱⲙⲉ ⲛϥⲱⲛϩ̄·

ⲛ̄ⲡⲱⲛⲉ· ⲁϥⲧⲁⲁⲧ ⲛⲁⲓ· 23 ⲁⲩⲱ ⲁⲥϣⲱⲡⲉ ⲛ̄ⲧⲉ-
ⲣⲉⲧⲛ̄ⲥⲱⲧⲙ̄ ⲉⲧⲉⲥⲙⲏ' ⲉⲃⲟⲗ ϩⲛ̄ ⲧⲙⲏⲧⲉ ⲛ̄ⲧⲥⲁⲧⲉ·
ⲁⲩⲱ ⲡⲧⲟⲟⲩ ⲛⲉϥⲙⲟⲩϩ' ϩⲛ̄ ⲟⲩⲥⲁⲧⲉ ⲁⲧⲉⲧⲛ̄ϯ ⲙ̄-
ⲡⲉⲧⲛ̄ⲟⲩⲟⲓ ⲉⲣⲟⲓ ⲛ̄ⲁⲣⲭⲱⲛ' ⲛⲉⲧⲙ̄ⲫⲩⲗⲏ· ⲙⲛ̄ ⲛⲉⲧⲛ̄-
ϩⲗ̄ⲗⲟⲓ: 24 ⲉⲧⲉⲧⲛ̄ϫⲱ ⲙ̄ⲙⲟⲥ ⲛⲁⲓ· ϫⲉ ⲉⲓⲥ ϩⲏⲏⲧⲉ
ⲁ ⲡϫⲟⲉⲓⲥ ⲡⲉⲛⲛⲟⲩⲧⲉ ⲧⲥⲁⲃⲟⲛ' ⲉⲡⲉϥⲉⲟⲟⲩ· ⲁⲩⲱ ⲡⲉϥ-
ϩⲣⲟⲟⲩ ⲁⲛⲥⲱⲧⲙ̄ ⲉⲣⲟϥ ⲉⲃⲟⲗ ϩⲛ̄ ⲧⲙⲏⲧⲉ ⲛ̄ⲧⲥⲁⲧⲉ·
ϩⲣⲁⲓ ϩⲙ̄ ⲡⲟⲟⲩ ⲛ̄ϩⲟⲟⲩ ⲁⲛⲁⲩ ϫⲉ ⲡⲛⲟⲩⲧⲉ ⲛⲁϣⲁϫⲉ
ⲙⲛ̄ ⲣⲱⲙⲉ ⲛϥⲱⲛϩ̄·

IV. THE BOOK OF JONAH.

The text of this Book in the papyrus is complete, with the exception of two or three letters which are wanting in chap. i. 17 and chap. iv. 8. The first four verses are written on fol. 53 *b*, but fol. 54 *a* is, nevertheless, page a of the Book. The Coptic text agrees generally with the received Greek text (see Swete, *Old Testament in Greek*, vol. iii, p. 48), but there are many small variants which agree with readings given by A and Q. The style of the writing, the grammatical forms, and the spelling of Greek words, all prove that the copyist of this Book wrote also the copy of the Book of Deuteronomy which precedes it. It may be noted too that he made no attempt to indicate the poetical portions of each Book to the reader, for both the Song of Moses and the Prayer of Jonah are copied throughout continuously. The style of the translation is bald and abrupt. A portion of a Coptic version of the Book of Jonah in the dialect of Upper Egypt has been published by Ciasca (*Fragmenta*, tom. ii, pp. 343, 344), and the following extract from the text will illustrate the number and character of the variants:

Chap. i. 10. ⲁⲩⲱ ⲁⲩⲣ̄ϩⲟⲧⲉ ⲛ̄ϭⲓ ⲛ̄ⲣⲱⲙⲉ ϩⲛ̄ ⲟⲩⲛⲟϭ ⲛ̄ϩⲟⲧⲉ· ⲡⲉϫⲁⲩ ⲛ̄ⲓⲱⲛⲁⲥ· ϫⲉ ⲉⲧⲃⲉ ⲁ̄ⲕⲣ̄ ⲡⲁⲓ̈ ⲛⲁⲛ· ⲉⲡⲉⲓⲇⲁⲏ ⲁⲩⲉⲓⲙⲉ ⲛ̄ϭⲓ ⲛ̄ⲣⲱⲙⲉ ϫⲉ ⲛ̄ⲧⲁϥⲡⲱⲧ ⲛ̄ⲛⲁϩⲣⲙ̄ ⲡϩⲟ ⲙ̄ⲡϫⲟⲉⲓⲥ· ⲉⲃⲟⲗϫⲉ ⲛ̄ⲧⲁϥⲧⲁⲙⲓⲟⲩ.

11. ⲡⲉϫⲁⲩ ⲛⲁϥ ϫⲉ ⲟⲩ ⲡⲉⲧⲉⲧⲛ̄ⲛⲁⲁⲁϥ ⲛⲁⲕ ϫⲉ ⲉ̄ⲣⲉ ⲑⲁⲗⲁⲥⲥⲁ ⲛⲁⲗⲟ ⲉ̄ⲥⲟ ⲛ̄ϩⲟⲉⲓⲙ ⲉ̄ⲣⲟⲛ. ⲉⲃⲟⲗϫⲉ ⲑⲁⲗⲁⲥⲥⲁ ⲉⲥⲧⲱⲟⲩⲛ ⲛ̄ϩⲟⲩⲟ̄ ⲉⲥⲛⲉϩ ⲛⲉ ⲛ̄ⲟⲩⲛⲟϭ ⲛ̄ϩⲟⲉⲓⲙ.

12. ⲡⲉϫⲉ ⲓ̈ⲱⲛⲁⲥ ϫⲉ ϥⲓⲧ ⲛ̄ⲧⲉⲧⲛ̄ⲛⲟϫⲧ̄ ⲉ̄ⲑⲁⲗⲁⲥⲥⲁ· ⲁⲩⲱ ⲉⲥⲛⲁⲗⲟ ⲉ̄ⲥⲟ ⲛ̄ϩⲟⲉⲓⲙ ⲉ̄ⲣⲱⲧⲛ̄· ⲉⲃⲟⲗ ϫⲉ ⲁⲓ̈ⲉⲓⲙⲉ ⲁⲛⲟⲕ ϫⲉ ⲉⲧⲃⲏⲏⲧ ⲉ̄ⲣⲉ ⲡⲉⲓ̈ⲛⲟϭ ⲛ̄ϩⲟⲉⲓⲙ ϩⲓ̈ϫⲱⲛ.

13. ⲁⲩⲱ ⲛⲉⲧⲉⲓ̈ⲣⲉ ⲛ̄ⲁ̄ⲡⲁⲧⲟⲟⲧⲟⲩ ⲛ̄ⲣⲱⲙⲉ ⲉⲛⲧⲟⲟⲩ ⲉ̄ⲡⲉⲕⲣⲟ· ⲁⲩⲱ ⲙ̄ⲡⲟⲩⲉϣⲧⲟⲟⲩ ⲉⲃⲟⲗϫⲉ ⲧⲉⲑⲁⲗⲁⲥⲥⲁ ⲛⲥⲉⲣ̄ ϩⲟⲉⲓⲙ ⲉ̄ⲙⲁⲧⲉ ⲉ̄ϫⲱⲟⲩ.

14. ⲁⲩⲱ ⲁⲩⲟⲩⲱϣ ⲉϩⲣⲁⲓ̈ ⲉ̄ⲡⲟ̄ⲥ ⲉⲩϫⲱ ⲙ̄ⲙⲟⲥ ϫⲉ ⲙ̄ⲡⲣ̄ϭⲱⲛⲧ ⲉⲣⲟⲛ ⲛ̄ⲟ̄ⲥ ⲁⲩⲱ ⲙ̄ⲡⲉⲧⲣⲏⲙⲟⲩ ⲉⲧⲃⲉ ⲧⲉⲯⲩⲭⲏ ⲙ̄ⲡⲉⲓ̈ⲣⲱⲙⲉ· ⲙ̄ⲡⲣⲉⲓ̈ⲛⲉ ⲉϩⲣⲁⲓ̈ ⲉ̄ϫⲱⲛ ⲛⲟⲩⲥⲛⲟϥ ⲛ̄ⲁⲓ̈ⲕⲁⲓⲟⲥ ⲉⲃⲟⲗϫⲉ ⲛ̄ⲑⲉ ⲛ̄ⲧⲁⲕⲟⲩⲁϣⲥ̄ ⲡϫⲟⲉⲓⲥ ⲉ̄ⲕⲁⲁⲥ.

15. ⲁⲩⲱ ⲁⲩϫⲓ ⲛ̄ⲓⲱⲛⲁⲥ ⲁⲩⲛⲟϫϥ̄ ⲉϩⲣⲁⲓ̈ ⲉ̄ⲑⲁⲗⲁⲥⲥⲁ· ⲁⲩⲱ ⲁⲥⲗⲟ ⲛ̄ϭⲓ ⲑⲁⲗⲁⲥⲥⲁ ⲉ̄ⲥⲟ ⲛ̄ϩⲟⲉⲓⲙ.

16. ⲛ̄ⲣⲱⲙⲉ ⲇⲉ ⲁⲩⲣ̄ϩⲟⲧⲉ ϩⲏⲧϥ̄ ⲙ̄ⲡⲟ̄ⲥ ϩⲛ̄ ⲟⲩⲛⲟϭ ⲛ̄ϩⲟⲧⲉ· ⲁⲩⲱ ⲁⲩϣⲱⲱⲧ ⲛ̄ⲟⲩⲑⲩⲥⲓⲁ̄ ⲙ̄ⲡϫⲟⲉⲓⲥ· ⲁⲩⲉ̄ⲣⲏⲧ ⲛ̄ϩⲉⲛⲉⲣⲏⲧ.

Chap. ii. 1. ⲁⲩⲱ ⲁ̄ ⲡϫⲟⲉⲓⲥ ⲁϥⲟⲩⲉϩⲥⲁϩⲛⲉ ⲛ̄ⲟⲩⲛⲟϭ ⲛ̄ⲕⲏⲧⲟⲥ ⲁⲩⲱⲙⲕ̄ ⲛ̄ⲓⲱⲛⲁⲥ· ⲁⲩⲱ ⲛⲉⲣⲉ ⲓ̈ⲱⲛⲁⲥ ϣⲟⲟⲡ ϩⲛ̄ ϩⲏⲧϥ̄ ⲙ̄ⲡⲕⲏⲧⲟⲥ ⲛ̄ϣⲟⲙⲛ̄ⲧ ⲛ̄ⲟⲩϣⲏ.

V. THE ACTS OF THE APOSTLES.

The Coptic text of the Acts of the Apostles is well written, in a good hand, and appears to have been copied from an earlier document by the copyist who made the copies of the Books of Deuteronomy and Jonah, which have already been described. Mistakes in spelling both Greek and Coptic words are numerous, and there are many blunders in writing, which could only be made by a very careless copyist, or by one who was copying from an old and partly obliterated text. Omissions of words and whole lines are frequent, and only rarely are there signs that the copyist was conscious of the mistakes which he had made. Letters which he omitted in writing certain words are often added above the lines, but as the ink with which they are written is the same colour as the uncials, they cannot be regarded as evidence that a revision of the text was made either by the copyist himself or by some reader. Hence the blunders should probably be attributed to his archetype; and all the more since in the preceding books he has shown himself a careful copyist. As instances of blunders in copying the following are submitted:—

Acts i. 5. ⲁⲗⲁ for ⲁⲗⲗⲁ
i. 20. ϫⲉ ϫⲉ for ϫⲉ
i. 21. ⲉⲧⲟⲗ for ⲉⲃⲟⲗ
i. 23. ϯⲣⲓⲛϥ for ϯⲣⲁⲛϥ
ii. 12. ⲛ̄ⲛ̄ϩⲁⲣⲡ̄ⲛ for ⲛ̄ϩⲁⲣⲡ̄ⲛ
ii. 15. ϣⲡ̄ ϣⲟⲙⲧⲉ for ϫⲡ̄ ϣⲟⲙⲧⲉ
ii. 26. ⲉⲧⲓ ⲇⲉ ⲇⲉ for ⲉⲧⲓ ⲇⲉ
ii. 30. ⲧⲉϥⲡⲓⲡⲉ for ⲧⲉϥϯⲡⲉ
ii. 35. ⲛ̄ⲛⲉⲕϫⲁϫⲉ for ⲛ̄ⲛⲉⲕϫⲓϫⲉⲉⲩ

Acts ii. 41. ⲁϣⲙ̄ⲧ ϣⲟ for ϣⲙ̄ⲧ ϣⲟ
ii. 45. ⲁⲩⲧⲱϣ for ⲁⲩⲡⲱϣ or ⲉⲩⲡⲱϣ
iii. 2. ϫⲛ̄ for ϫⲓⲛ
iii. 11. ⲧⲉⲥⲧⲟ for ⲧⲉⲥⲧⲟⲁ
iii. 19. ⲛⲉⲧⲟⲉⲓϣ for ⲛⲉⲟⲩⲟⲉⲓϣ, and ⲛⲧⲟⲛ for ⲙ̄ⲧⲟⲛ
iv. 5. ⲉⲧⲣⲉⲩϣⲱⲡⲉ for ⲉⲧⲣⲉⲩⲥⲱⲟⲩϩ
iv. 9. ⲥⲉⲁⲛⲁⲕⲣⲓⲛⲉ for ⲥⲉⲁⲛⲁⲕⲣⲓⲛⲉ

Acts iv. 14. ⲉⲥⲱ for ⲉⲍⲱ
  iv. 16. ⲛ̄ⲣⲱⲙⲉ for ⲛ̄ⲛⲉⲓ-
    ⲣⲱⲙⲉ
  iv. 17. ⲉⲣⲉⲛⲡϣⲁϫⲉ for ⲛ̄-
    ⲛⲉⲛϣⲁϫⲉ
  iv. 22. ⲡⲧⲁⲕⲟ for ⲡⲧⲁⲗϭⲟ
  iv. 36. ⲉϣⲁⲧⲁϩⲙⲉϥ for
    ⲉϣⲁⲩⲧⲁϩⲙⲉϥ
  v. 3. ⲧⲧⲁⲥⲟⲩ for ⲧⲁⲥⲟⲩ
  v. 4. ⲛ̄ⲧⲉⲣⲉϥⲧⲁⲁϥ for ⲛ̄-
    ⲧⲉⲣⲉⲛⲧⲁⲁϥ
  v. 10. ⲁⲩⲧⲟⲙⲥ̄ for ⲁⲩ-
    ⲧⲟⲙⲥϥ̄
  v. 21. ⲁⲩⲥⲟⲧⲁϩ for ⲁⲩ-
    ⲥⲉⲧϩ
  v. 23. ⲛⲁⲟⲩⲛⲣ̄ϣⲉ for ⲛⲁ-
    ⲛⲟⲩⲣϣⲉ
  v. 25. ⲁⲩⲁ for ⲟⲩⲁ
  vii. 8. ⲡⲙⲁ ⲯⲙⲟⲩⲛ for
    ⲡⲙⲉϩ ⲯⲙⲟⲩⲛ
  vii. 16. ϩⲁⲧⲁⲥⲟⲩ for ϩⲁ-
    ⲟⲩⲁⲥⲟⲩ
  vii. 24. ⲉⲩⲁ for ⲉⲟⲩⲁ
  vii. 34. ⲁⲉⲓ̈ for ⲁⲓⲉⲓ
  vii. 36, 44. ⲡϫⲁⲉⲓⲉ for
    ⲡϫⲁⲓⲉ
  vii. 38. ⲧⲉⲣⲟⲥⲙⲟⲥ for ⲧⲉ-
    ⲣⲏⲙⲟⲥ
  vii. 39. ⲁⲗⲗⲁ ⲁⲗⲗⲁ for
    ⲁⲗⲗⲁ
  vii. 46. ⲁⲩⲁ for ⲁⲩⲱ
  vii. 53. ⲁⲣⳝⲉⲗⲟⲥ for ⲁⲅ-
    ⳝⲉⲗⲟⲥ
  vii. 56. ⲉⲧⲏⲛ for ⲉⲧⲟⲩⲏⲛ
  vii. 57. ⲧⲟⲧⲟⲩ for ⲧⲟⲟⲧⲟⲩ

Acts vii. 57. ⲁⲩϯ ⲧⲟⲟⲧⲟⲩ
    for ⲁⲩϯ ⲡⲉⲩⲟⲩⲟⲓ
  vii. 60. ⲉϥⲉⲡⲓⲕⲁⲗⲓ ⲉϥϫⲱ
    ⲙ̄ⲙⲟⲥ repeated from
    verse 59
  viii. 1. ⲟⲩⲑⲗⲓⲯⲓⲥ for ⲟⲩ-
    ⲛⲟϭ ⲛ̄ⲑⲗⲓⲯⲓⲥ
  viii. 14. ⲛ̄ⲧⲉⲣⲟⲩⲛⲁⲩ for
    ⲛ̄ⲧⲉⲣⲟⲩⲥⲱⲧⲙ̄ (Ἀκού-
    σαντες δὲ)
  viii. 14. ⲉⲣⲟⲟⲩ for ⲉⲣⲟⲥ
  viii. 19. ϫⲉⲛⲁⲁⲥ for ϫⲉⲛⲁⲥ
  viii. 20. ϩⲁⲡ for ϩⲁⲧ
  viii. 21. The second ⲙⲛ̄ is
    superfluous
  viii. 27. ⲛⲉϥⲁϥⲉⲓ for ⲛⲉ-
    ⲁϥⲉⲓ
  viii. 30. ⲛⲉϥⲟⲩⲟⲉⲓ for ⲡⲉ-
    ϥⲟⲩⲟⲓ
  viii. 39. ⲁⲩⲧⲱⲣⲡ for ⲁϥ-
    ⲧⲱⲣⲡ
  ix. 1. The copyist wrote
    ⲉⲛⲥⲧⲛⲁⳝⲱⳝⲏ, and then
    ϣⲁ ⲛⲥⲧⲛⲁⳝⲱⳝⲏ, but
    left ⲉⲛⲥⲧⲛⲁⳝⲱⳝⲏ un-
    deleted
  ix. 2. ⲉϥⲉϫⲓⲧⲟⲩ written
    twice
  ix. 3. ϣⲁ ⲉϫⲱϥ for ⲉϩ-
    ⲣⲁⲓ ⲉϫⲱϥ
  ix. 6, x. 20. ⲧⲱⲟⲩⲛⲕ̄ for
    ⲧⲱⲟⲩⲛ ⲛⲅ̄
  ix. 6. ⲡⲉⲧϣⲉ for ⲡⲉⲧⲉϣϣⲉ
  ix. 9. ϣⲟⲙⲛ̄ⲁⲉ for ϣⲟ-
    ⲙⲛ̄ⲧ

INTRODUCTION

Acts ix. 10. ⲛ̄ⲧⲟⲕ for ⲛ̄ⲧⲟϥ
ix. 11. ⲟⲩⲁⲁ for ⲓⲟⲩⲁⲁ
ix. 12. ⲉϥⲉⲛⲁⲩ for ⲁϥⲛⲁⲩ
ix. 18. ϩⲉⲛϩⲃ̄ⲥ̄ for ϩⲉⲛ- ϩⲃ̄ⲥ̄
ix. 28. ⲙ̄ⲙⲁⲩ for ⲛⲙ̄- ⲙⲁⲩ (μετ' αὐτῶν)
ix. 31. ϯⲟⲩⲇⲁⲓ̈ for ϯⲟⲩ- ⲇⲁⲓⲁ
ix. 33. ⲟⲩϭⲟⲗ for ⲟⲩϭⲗⲟϭ
ix. 34. ⲛ̄ⲧ̄ ⲡⲣϣ for ⲛ̄ⲧ̄ ⲡⲱⲣϣ
ix. 39. ⲉⲥⲧⲁⲙⲙⲓⲟⲟ for ⲉⲥ- ⲧⲁⲙⲓⲟ
ix. 42. ϣⲱ ϣⲱⲡⲉ for ϣⲱⲡⲉ
ix. 43, x. 6. ϩⲁϩⲧⲛ̄ for ϩⲁⲧⲛ̄
x. 3. ⲟⲩⲟⲩⲱⲛϩ̄ for ⲟⲩⲱⲛϩ̄
x. 3, 30. ⲝ̄ⲡⲥⲓⲧⲉ for ⲝ̄ⲡ- ⲯⲓⲧⲉ
x. 5, xii. 12. ⲡⲉϣⲁⲩⲙⲟⲩⲧⲉ for ⲡⲉⲧⲉϣⲁⲩⲙⲟⲩⲧⲉ
x. 11. ⲧⲟⲡ for ⲧⲁⲡ
x. 15. ⲙ̄ⲡⲣⲙⲉϩⲁϩⲙⲟⲩ for ⲙ̄ⲡⲣ̄ϩⲁϩⲙⲟⲩ
x. 16. ϣⲙ̄ⲧ ⲥⲱⲡ for ⲛϣⲙ̄ⲧ ⲥⲟⲟⲡ (?)
x. 21. ⲛ̄ⲥⲱⲓ̈ for ⲛ̄ⲥⲱϥ
x. 21. ⲧϭⲟⲉⲓⲗⲉ for ⲧⲗⲟ- ⲉⲓϭⲉ, i.e. 'sojourner' for 'cause'
x. 22. ⲁⲩⲧⲥ̄ⲃⲃⲟⲧϥ̄ for ⲉⲁⲩ- ⲧⲥⲁⲃⲉⲉⲓⲁⲧϥ̄, showing confusion between the words for 'to circum- cise' and 'to teach'
Acts x. 32. ⲧⲉⲛⲟⲩ for ⲛ̄ⲧⲉⲩ- ⲛⲟⲩ
x. 40. ⲡⲙⲁϩ ϣⲟⲙⲛ̄ⲧ for ⲡⲙⲉϩ ϣⲟⲙⲛ̄ⲧ
x. 48. ϩⲁⲧⲏⲩ for ϩⲁϩⲧⲏⲩ
xi. 2. ⲛⲉⲃⲟⲗ for ⲛⲉ ⲉⲃⲟⲗ
xi. 9. ⲡⲛⲟⲩⲧⲉⲧⲉ for ⲡⲛⲟⲩ- ⲧⲉ
xi. 9. ⲧⲃ̄ⲃⲟⲩ for ϯⲃ̄ⲃⲟⲟⲩ
xi. 10. ϣⲙⲛ̄ⲧ ⲥⲱⲡ for ϣⲟⲙⲛ̄ⲧ ⲛ̄ⲥⲟⲡ
xi. 11. ϣⲟⲙⲧ' for ϣⲟⲙⲛ̄ⲧ
xi. 17. ϯⲇⲱⲣⲉⲁ for ⲧⲉⲓ ⲇⲱⲣⲉⲁ
xi. 22. ⲁϥϫⲟⲟⲩ for ⲁⲩ- ϫⲟⲟⲩ
xi. 23. ⲁϥϣⲁϫⲉ for ⲁϥⲣⲁϣⲉ
xi. 25. ⲉϣⲓⲛⲉ for ⲉϥϣⲓⲛⲉ
xii. 1. ⲑⲙ̄ⲕⲉ for ⲑⲙ̄ⲕⲟ
xii. 6. ⲛⲉⲧⲣ̄ϣⲉ for ⲛⲁ- ⲛⲟⲩⲣ̄ϣⲉ
xii. 11. ⲁⲉⲓⲙⲉ for ⲁⲓ- ⲉⲓⲙⲉ
xii. 11. ⲁϥⲧⲛ̄ⲛⲟⲟⲩϥ for ⲁϥⲧⲛ̄ⲛⲟⲟⲩ
xii. 11. ⲁⲅⲣⲓⲡⲡⲟⲥ for ⲁⲅⲣⲓⲡⲡⲁⲥ
xii. 12. ⲉⲛⲉⲡⲉⲣⲉ for ⲉⲛⲉⲣⲉ
xii. 20. ⲛⲉⲩⲥⲁⲛϣ̄ for ⲛⲉⲩⲥⲁⲁⲛϣ̄
xii. 20. ϩⲛ̄ ⲁ ⲡⲣ̄ⲣⲟ for ϩⲛ̄ ⲛⲁⲡⲣ̄ⲣⲟ

e

Acts xii. 25. ⲉϩⲣⲁⲓ̈ for ⲉⲃⲟⲗ
xiii. 11. ⲟⲩⲟⲩⲟⲉⲓⲥ for ⲟⲩ-
ⲟⲩⲟⲉⲓϣ
xiii. 11. ϩⲃⲥ̄ for ϩⲃ̄ⲃⲥ̄
xiii. 13. ⲛⲁⲡⲟⲥⲗⲟⲥ for ⲛⲁⲡⲁⲩⲗⲟⲥ
xiii. 18. ⲁϥⲥⲁⲟⲟⲩϣⲟⲩ for ⲁϥⲥⲁⲛⲟⲩϣⲟⲩ
xiii. 22. ⲛ̄ⲧⲉⲣⲉϥⲡⲱⲛⲉ for ⲛ̄ⲧⲉⲣⲉϥⲡⲟⲟⲛⲉϥ
xiii. 25. ⲛ̄ⲧⲉϥϫⲱⲕ for ⲛ̄ⲧⲉⲣⲉϥϫⲱⲕ
xiii. 25. ϩⲣⲱⲧⲛ̄ for ⲁϩ-ⲣⲱⲧⲛ̄
xiii. 27. ⲙ̄ⲙⲟϥ for ⲙ̄-ⲙⲟⲟⲩ
xiii. 28. ⲁⲩⲁⲧⲓ for ⲁⲩⲁⲓ-ⲧⲉⲓ
xiii. 32. ⲙ̄ⲙ̄ⲙ̄ϫⲟⲉⲓⲥ for ⲙ̄ⲙ̄ⲡϫⲟⲉⲓⲥ
xiii. 36. ⲁϥⲛ̄ⲕⲟⲧⲛ̄ for ⲁϥ-ⲛ̄ⲕⲟⲧⲕ̄
xiii. 39. ⲙ̄ⲡⲛⲉϣⲙ̄ϭⲟⲙ for ⲙ̄ⲡⲉⲧⲛ̄ϣϭⲙ̄ϭⲟⲙ
xiii. 47. ⲛ̄ⲛⲟⲩⲟⲉⲓⲛ for ⲛ̄ⲛⲟⲩⲟⲩⲟⲉⲓⲛ
xiii. 51. ⲛⲛⲉⲩⲏⲣⲏⲧⲉ for ⲛ̄ⲛⲉⲩⲟⲩⲉⲣⲏⲧⲉ
xiv. 2. ⲁⲩⲧⲱⲟⲩⲛⲟⲩⲛⲟⲩ for ⲁⲩⲧⲱⲟⲩⲛ
xiv. 25. ⲉⲧⲧⲁⲁⲧⲗⲉⲁ for ⲉⲁⲧⲧⲁⲗⲓⲁ
xv. 3. ⲟⲩⲩϩⲡⲟⲟⲩ for ⲟⲩ-ⲑⲡⲟⲟⲩ
xv. 9. ⲟⲩⲧⲱⲟⲩ for ⲁⲩⲧⲱⲛ

Acts xv. 11. ⲛ̄ⲧⲟⲟⲩ repeated unnecessarily
xv. 13. ⲛⲉⲛ̄ⲛⲥⲁ for ⲙⲛ̄-ⲛ̄ⲥⲁ
xv. 14. ϭⲛ̄ⲡϣⲓⲛⲉ for ϭⲙ̄-ⲡϣⲓⲛⲉ
xv. 15. ⲥⲧⲙ̄ⲫⲱⲛⲓ for ⲥⲉ-ⲥⲧⲙ̄ⲫⲱⲛⲉⲓ
xv. 16. ϯⲛⲁⲕⲟⲧⲉ ⲧⲛⲁ-ⲕⲱⲧ for ϯⲛⲁⲕⲧⲟⲓ ⲧⲁ-ⲕⲱⲧ
xv. 20. ⲙ̄ⲙⲟϥ for ⲙ̄-ⲙⲟⲟⲩ
xv. 23. ⲭⲁⲓⲣⲁⲓⲧⲁ for ⲭⲁⲓⲣⲉⲧⲉ
xv. 24. ⲉⲓⲡⲓ ⲁⲛ for ⲉⲡⲉⲓ ⲁⲛ
xv. 25. ⲉⲧⲣⲉⲩⲥⲱⲧⲙ̄ for ⲉⲧⲣⲉⲛⲥⲱⲧⲙ̄
xv. 29. ⲉⲧⲉⲧⲛ̄ϣⲁϩⲁⲣⲉϩ for ⲉⲧⲉⲧⲛ̄ϣⲁⲛϩⲁⲣⲉϩ
xv. 29. ⲧⲉⲧⲛ̄ⲡⲣⲁϣ for ⲧⲉ-ⲧⲛⲁⲣϣⲁⲩ
xv. 30. ⲁⲩⲥⲉϩⲥ̄ for ⲁⲩ-ⲥⲉⲩϩ
xv. 35. ⲉⲩⲁⲅⲅⲉⲗⲓⲍⲉ for ⲉⲧⲉⲩⲁⲅⲅⲉⲗⲓⲍⲉ
xv. 39. ⲁⲩⲡⲟⲣϫⲩⲥⲙⲟⲥ for ⲁⲩⲡⲁⲣⲟϫⲩⲥⲙⲟⲥ
xv. 39. ⲁϥϭⲣⲏⲣ for ⲁϥ-ϭⲏⲣ
xvi. 13. ⲉⲛϣⲁⲛϣⲗⲏⲗ for ⲉϣⲁⲛϣⲗⲏⲗ
xvi. 21. ⲉⲩⲧⲁϣⲉⲟⲉⲓϣ for ⲁⲩⲱ ⲥⲉⲧⲁϣⲉⲟⲉⲓϣ

Acts xvi. 22. ⲉϩⲓⲟⲧ for ⲉϫⲱⲟⲧ
xvi. 27. ⲉⲟⲧⲏⲛ for ⲉⲧⲟⲧⲏⲛ
xvi. 32. ⲉⲧ ϩⲓ for ⲉⲧ ϩⲙ̄
xvi. 33. ⲙ̄ ⲡⲙⲁ for ⲙ̄ ⲡⲙⲁⲧ
xvi. 37. ⲥⲉⲛⲁⲛⲟϫⲛ̄ for ⲥⲉⲛⲟⲧϫⲉ
xvii. 4. ⲁⲧⲡⲓⲥⲧⲉⲧⲉ for ⲁⲧⲡⲉⲓⲑⲉ
xvii. 9. ϣⲡⲱⲣⲉ for ϣⲡ̄ⲧⲱⲣⲉ
xvii. 19. ⲧⲛ̄ⲟⲧⲉϣ for ⲧⲛ̄ⲟⲧⲱϣ
xvii. 20. The copyist first wrote ⲙ̄ⲃ̄ⲣ̄ⲣⲉ, then ⲛ̄ⲃ̄ⲣ̄ⲣⲉ, the correct form, and left ⲙ̄ⲃ̄ⲣ̄ⲣⲉ undeleted
xvii. 23. ⲉⲥⲥⲏϩ for ⲉϥⲥⲏϩ
xvii. 27. ⲛϥⲟⲧⲏⲛ for ⲛϥⲟⲧⲏⲧ
xviii. 3. ϩⲁⲧⲏⲧ for ϩⲁϩⲧⲏⲧ
xviii. 6. ⲉⲛⲛⲁⲃⲱⲕ ⲉⲓⲛⲁⲃⲱⲕ for ⲉⲓⲛⲁ ⲃⲱⲕ
xviii. 12. ⲁⲧⲛ for ⲁⲧⲉⲓⲛⲉ
xviii. 14. ⲉϥⲛⲁⲟⲧⲛ for ⲉϥⲛⲁⲟⲧⲱⲛ
xix. 16. ⲁϥϭⲱϭⲉ for ⲁϥϭⲱϭⲉ
xix. 19. ⲥⲟⲧⲟⲧⲛⲧⲟⲧ for ⲥⲟⲧⲛ̄ⲧⲟⲧ
xix. 21. ⲥⲉⲧⲡ̄ⲙ̄ⲛ̄ⲧⲉ̄ for ⲥⲙ̄ⲛ̄ⲧⲉ̄

Acts xix. 22. ⲁϥϫⲱ for ⲁϥϭⲱ
xix. 25. ⲁϥⲥⲱⲟⲧϩ for ⲁϥⲥⲉⲧϩ
xix. 31. ⲁⲧⲧⲁⲧⲟ for ⲁⲧⲧⲁⲧⲟⲟⲧ
xix. 33. ⲉⲧⲛⲉϫ for ⲁⲧⲛⲉϫ
xix. 33. ⲁⲗⲉϫⲁⲛⲁⲣⲟⲥ for ⲁⲗⲉϫⲁⲛⲁⲣⲟⲥ
xix. 37. ⲛ̄ⲛⲉⲓⲣⲉ ⲅⲁⲣ are superfluous
xix. 37. ⲟⲧϫⲁⲓⲟⲧⲁ for ⲟⲧϫⲓⲟⲧⲁ
xix. 38. ϩⲉⲛⲁⲅⲟⲣⲟⲥ for ϩⲉⲛⲁⲅⲟⲣⲁⲓⲟⲥ
xix. 40. ⲙ̄ⲡⲟⲧ for ⲙ̄ⲡⲟⲟⲧ
xx. 13. ⲉϥⲛⲁⲙⲟⲟϣⲉ̄ for ⲉϥⲛⲁⲙⲟⲟϣⲉ
xx. 36. ⲉϩⲟⲧⲉ ϫⲓ for ⲉϩⲟⲧⲉ ⲉϫⲓ
xx. 38. ⲁⲧϯⲡⲉ for ⲁⲧϯⲡⲉⲓ
xx. 38. ⲁϥϫⲟⲟⲧ for ⲁϥϫⲟⲟϥ
xxi. 6. ⲁⲛⲉⲗⲉ for ⲁⲛⲁⲗⲉ
xxi. 6. ⲉⲛⲉⲧⲛⲏⲉⲓ for ⲉⲛⲉⲧⲛⲓ
xxi. 7. ϩⲁⲧ'ⲏⲧ for ϩⲁϩⲧⲏⲧ
xxi. 8. ⲡⲣⲉϥⲧⲁϣⲟⲉⲓϣ for ⲡⲣⲉϥⲧⲁϣⲉⲟⲉⲓϣ
xxi. 8. ϩⲁⲧⲏϥ for ϩⲁϩⲧⲏϥ

Acts xxi. 12. ⲁⲛⲥⲉⲡⲥⲉⲡⲥⲱⲡϥ for ⲁⲛⲥⲉⲡⲥⲱⲡϥ
xxi. 15. ⲛⲙⲛⲥⲁ for ⲙⲛⲛⲥⲁ
xxi. 18. ⲛⲛⲉⲡⲣⲉⲥⲃⲩⲧⲉⲣⲟⲥ for ⲛϭⲓ ϩⲉⲛⲡⲣⲉⲥⲃⲩⲧⲉⲣⲟⲥ
xxi. 24. ⲉⲧⲣⲉⲩϩⲉⲕⲉ for ⲉⲧⲣⲉⲩϩⲉⲉⲕⲉ
xxi. 27. ⲁⲩⲥⲉⲩⲁϩ for ⲁⲩⲥⲉⲩϩ
xxi. 28. ⲃⲟⲏⲧⲓ for ⲃⲟⲏⲑⲉⲓ
xxi. 28. ⲉ ϯ for ⲉⲧ ϯ
xxi. 30. ⲁ ⲡⲟⲧⲱ for ⲁ ⲡⲟⲧⲁ
xxi. 33. ⲡⲉϥⲟⲧⲟⲉⲓ for ⲡⲉϥⲟⲧⲟⲓ
xxi. 33. ⲛϩⲁⲗⲩⲥⲓ ⲥⲛⲧⲉ for ⲛϩⲁⲗⲩⲥⲓⲥ ⲥⲛⲧⲉ
xxi. 37. ⲉⲧⲣⲁϫⲓ for ⲉⲧⲣⲁϫⲉ
xxi. 38. ⲉⲉⲓⲉ for ⲉⲓⲉ
xxii. 8. ⲁⲓ̈ⲟⲩⲱϣⲃ̄ for ⲁⲓⲟⲩⲱϣⲃ̄
xxii. 10. ⲁϥⲟⲩⲱϣϥ for ⲁϥⲟⲩⲱϣⲃ̄
xxii. 10. ⲛⲙⲙⲁⲩ for ⲛⲙⲙⲁⲕ
xxii. 16. ⲧⲱⲟⲩⲛⲕ̄ for ⲧⲱⲟⲩⲛ ⲛⲕ̄
xxii. 16. ⲛⲛⲉⲕⲙⲁⲑⲏⲧⲏⲥ for ⲛⲛⲉⲕⲛⲟⲃⲉ
xxii. 17. ⲟⲩⲉⲕⲧⲁⲥⲓⲥ for ⲟⲩⲉⲕⲥⲧⲁⲥⲓⲥ

Acts xxii. 18. ⲧⲙⲛⲧⲣⲉ for ⲙⲛⲧⲙⲛⲧⲣⲉ
xxii. 19. ⲥⲉⲥⲟⲟⲩⲁⲛ for ⲥⲉⲥⲟⲟⲩⲛ
xxii. 22. ⲉ ⲡⲉϫⲁⲩ, an unnecessary addition
xxii. 30. ⲥⲉⲛⲁⲧⲏⲣⲓ for ⲥⲉⲛⲁⲧⲅⲟⲣⲉⲓ
xxiii. 2. ϩⲁⲧⲛϥ for ϩⲁϩⲧⲛϥ
xxiii. 3. ⲕⲁⲧⲁ ⲡⲁⲣⲁ ⲛⲟⲙⲟⲥ for ⲡⲁⲣⲁⲡⲛⲟⲙⲟⲥ
xxiii. 6. ⲡⲕⲉⲩⲁ for ⲡⲕⲉⲟⲩⲁ
xxiii. 12. ⲛϭⲟⲓ̈ for ⲛϭⲓ
xxiii. 21. ⲛϭⲓⲁϩⲟⲧⲟ for ⲛϭⲓϩⲟⲧⲟ
xxiii. 24. ϣⲡ ϣⲟⲙⲧⲉ for ϫⲡ ϣⲟⲙⲧⲉ
xxiii. 24. ⲛⲥⲉϫⲟⲟⲧϥ for ⲛⲥⲉϫⲓⲧϥ
xxiii. 26. ⲭⲁⲓⲣⲁⲓ for ⲭⲁⲓⲣⲉⲧⲉ
xxiii. 27. ⲁⲉⲓ for ⲁⲓⲉⲓ
xxiii. 28. ⲉⲧⲟⲩⲉⲛⲧⲁⲗⲓ for ⲉⲧⲟⲩⲉⲧⲕⲁⲗⲉⲓ
xxiii. 29. ⲁⲓ̈ϭⲛⲧⲥ̄ ⲉⲧⲉⲛⲧⲁⲗⲓ for ⲁⲓϭⲛⲧϥ ⲉⲧⲉⲧⲕⲁⲗⲉⲓ
xxiii. 30. ⲁⲓ̈ⲧⲁⲟⲩⲟϥ for ⲁⲓⲧⲁⲩⲟϥ
xxiii. 30. ⲉⲓⲡⲁⲣⲁⲅⲗⲉⲓⲗⲉ for ⲉⲓⲡⲁⲣⲁⲅⲅⲉⲓⲗⲉ
xxiv. 2. ⲧⲉⲕⲡⲣⲟⲛⲟⲛⲟⲓⲁ for ⲧⲉⲕⲡⲣⲟⲛⲟⲓⲁ

INTRODUCTION   xxxvii

Acts xxiv. 3. ⲥⲉⲧⲁⲉⲓⲟ for ⲥⲉⲧⲁⲓⲟ

xxiv. 10. The copyist ought to have written ϫⲉ ⲉⲓⲥⲟⲟⲧⲛ ⲙ̄ⲙⲟⲕ, but he wrote ϫⲉ ⲉⲓⲥⲟⲟⲧⲛ ⲙ̄ⲙⲟⲥ, which he left undeleted, and then wrote the words following correctly.

Acts xxiv. 10. ⲟⲩⲙⲡⲟⲛ for ⲟⲩⲙ̄ⲧⲟⲛ

xxiv. 11. ⲙⲛ̄ⲧⲛⲟⲟⲩⲥ for ⲙⲛ̄ⲧⲥⲛⲟⲟⲩⲥ

xxiv. 13. ⲙ̄ⲙⲟⲟⲩ for ⲙ̄ⲙⲟⲓ

xxviii. 4. ⲙ̄ⲡ'ⲉⲡⲉϥⲙ̄ⲡϣⲁ for ⲙ̄ⲡⲉϥⲙ̄ⲡϣⲁ

xxviii. 10. ⲉ ϭⲱⲟⲩ ⲉ ⲃⲟⲗ for ⲉ ϭⲱ ⲉ ⲃⲟⲗ

The greater number of these mistakes may be the result of carelessness, but some of them suggest that the copyist did not always understand what he was writing, e.g. ⲧⲉⲓ ⲥⲙⲏ ⲥⲱⲟⲩϩ ⲁ ⲡⲙⲏⲏϣⲉ ϣⲧⲟⲣⲧⲣ̄ for ⲧⲉⲓ ⲥⲙⲏ ϣⲱⲡⲉ ⲁ ⲡⲙⲏⲏϣⲉ ⲥⲱⲟⲩϩ ⲁⲩⲱ ⲁⲩϣⲧⲟⲣⲧⲣ̄ (Acts ii. 6); ⲡⲧⲁⲕⲟ, 'the destruction', for ⲡⲧⲁⲗϭⲟ, 'the healing' (Acts iv. 22), i.e. the exact opposite of what he wished to write; ϩⲁⲡ, 'judgement', for ϩⲁⲧ, 'silver' (viii. 20); ϭⲟⲗ, 'theft', for ϭⲗⲟϭ, 'bed' (ix. 34); ⲛ̄ⲛⲉⲕⲙⲁⲑⲏⲧⲏⲥ, 'thy disciples', for ⲛ̄ⲛⲉⲕⲛⲟⲃⲉ, 'thy sins' (xxii. 16). He made no attempt to erase words which he had written wrongly or out of order, and thus we have such passages as ⲡ̄ⲧⲁⲯⲩⲭⲏ ϩⲛ̄ ⲛⲁⲯⲩⲭⲏ ⲛ̄ ⲙⲁⲙⲛ̄ⲧⲉ (ii. 27); ϩⲁⲧⲉϩⲛ ⲅⲁⲣ ⲛ̄ ⲟⲩⲕⲟⲩⲓ̈ ⲛ̄ ⲛⲉⲓ̈ϩⲟⲟⲩ (v. 36); and ⲁ ⲫⲓⲗⲓⲡⲡⲟⲥ ⲇⲉ ⲟⲩⲱⲛ ⲛ̄ ⲣⲱϥ ⲁϥⲁⲣⲭⲓ ⲉ ⲟⲩⲱⲛ ⲛ̄ ⲣⲱϥ ⲉ ⲃⲟⲗ (viii. 35). Little attention is paid to the quantity of vowels, and thus we have ⲛⲉⲩⲥⲟⲟⲙ for ⲛⲉⲩⲥⲱⲙ (ii. 45); ⲛⲉϥϣⲃⲏⲣ for ⲛⲉϥϣⲃⲉⲉⲣ (x. 24); ϣⲁ ⲣⲱⲓ for ϣⲁ ⲣⲟⲓ (xi. 6); ϩⲣⲟⲁⲛ for ϩⲣⲱⲁⲛ (xii. 14); ⲕⲁⲧⲁⲫⲣⲟⲛⲓⲧⲏⲥ for ⲕⲁⲧⲟⲫⲣⲟⲛⲏⲧⲏⲥ (xiii. 40), &c. The verb ⲕⲧⲉ, or ⲕⲧⲟ, is spelt wrongly throughout, e.g. ⲕⲉⲧ for ⲕⲧⲉ (iii. 19); ⲕⲟⲧϥ̄ for ⲕⲧⲟϥ (iii. 26); ⲉϥⲕⲟⲧϥ̄ for ⲉϥⲕⲧⲟϥ (viii. 28); ⲙⲁⲣⲛ̄ⲕⲟⲧⲛ̄ for ⲙⲁⲣⲛ̄ⲕⲧⲟⲛ (xv. 36); ⲉⲕⲱⲧϥ̄ for ⲉⲕⲧⲟϥ (xx. 3). In xii. 6 we have ⲁⲅⲣⲓⲡⲡⲁⲥ for ὁ Ἡρώδης in the received text, and in xv. 22, 25, and 33 we have the strange forms ⲁⲥⲡ̄ⲁⲉϭⲓ and ⲁⲥⲡ̄ⲁⲟϭⲓ instead of ⲁⲥⲁⲟⲕⲉⲓ = ἔδοξεν.

In transcribing proper names ϭ takes the place of ⲕ, e.g. ϭⲱϣ and ϭⲟⲟϣ, 'Cush' (viii. 7); ⲧ often takes the place of ⲕ and ⲧ of ⲁ, e.g. ⲧⲟⲣⲅⲁⲥ for ⲁⲟⲣⲕⲁⲥ (ix. 40); and the use of ⲟ̣ in the following examples is interesting: ⲟ̣ⲉⲛⲟ̣ⲣⲱⲙⲉ, p. 126; ⲟ̣ⲣⲱⲙⲁⲓⲟⲥ, p. 127; ⲟ̣ⲣⲱⲙⲁⲓⲟⲥ, p. 210; ⲟ̣ⲧⲡⲟⲡⲟⲁⲓⲟⲛ, p. 131; ⲟ̣ⲣⲉⲫⲁⲛ = Ῥεφάν, p. 158; ⲁⲣⲭⲓⲟ̣ⲉⲣⲉⲧⲥ, p. 169; ⲁϥⲡⲁⲣⲟ̣ⲏⲥⲓⲁⲍⲉ, p. 171; ⲉϥⲡⲁⲣⲟ̣ⲏⲥⲓⲁⲍⲉ, p. 172; ⲟ̣ⲣⲟⲁⲏ, p. 188; ⲟ̣ⲏⲣⲱⲁⲏⲥ, p. 189; ⲟ̣ⲓⲉⲣⲟⲧⲥⲁⲗⲏⲙ, p. 201; ⲟ̣ⲉⲣⲉⲥⲓⲥ, p. 102. The letter ⲟ̣ also interchanges with ϣ: thus in xx. 7 we have ⲟ̣ⲙ̄ ⲡⲡⲱⲟ̣ ⲙ̄ ⲡⲟⲉⲓⲕ for ⲟ̣ⲙ̄ ⲡⲡⲱϣ ⲙ̄ ⲡⲟⲉⲓⲕ, and in xx. 11 ⲁϥⲡⲱⲟ̣ for ⲁϥⲡⲱϣ. In xiii. 25 we have ⲃ̄ⲃⲟⲗ ⲉ ⲃⲟⲗ for ⲡ̄ ⲃⲟⲗ ⲉ ⲃⲟⲗ; in xv. 36 ⲃ̄ⲃⲁⲣⲛⲁⲃⲁⲥ for ⲡ̄ⲃⲁⲣⲛⲁⲃⲁⲥ; in xvii. 18 and 21 ⲃ̄ⲃ̄ⲣⲣⲉ for ⲡ̄ⲃ̄ⲣⲣⲉ; in x. 47 ⲗⲁⲁⲧ for ⲡ̄ⲗⲁⲁⲧ; in v. 19 ⲡ̄ⲣⲣⲟ for ⲡ̄ⲡⲣⲟ; in xiv. 11 ⲉⲓⲛ ⲡ̄ⲣⲱⲙⲉ for ⲉⲓⲛⲉ ⲡ̄ⲡⲣⲱⲙⲉ; in xvii. 30 ⲛ̄ⲣⲣⲱⲙⲉ for ⲡ̄ⲡⲣⲱⲙⲉ; and the influence of ⲃ on ⲙ is shown in the forms ⲙ̄ⲃ̄ⲣⲣⲉ for ⲡ̄ⲃ̄ⲣⲣⲉ (xvii. 20), and ⲁⲛⲁⲗⲁⲃⲃⲁⲛⲉ for ⲁⲛⲁⲗⲁⲙⲃⲁⲛⲉ (i. 2). In one case the copyist writes a Greek word as it is pronounced, i.e. ⲥⲧⲛⲅⲉⲛⲓⲁ for ⲥⲧⲅⲅⲉⲛⲓⲁ (vii. 3); he writes always ⲟ̣ⲟⲣⲟⲙⲁ for ⲟ̣ⲟⲣⲁⲙⲁ (vii. 31, &c.); and we have ⲕⲁⲧⲁⲫⲣⲟⲛⲓⲧⲏⲥ for ⲕⲁⲧⲁⲫⲣⲟⲛⲏⲧⲏⲥ (xiii. 40).

Omissions of words and whole lines are frequent, as the following examples show:

Acts i. 18. After ⲁϥⲡⲱϣ the words ⲟ̣ⲛ̄ ⲧⲉϥⲙⲏⲧⲉ are omitted.

ii. 5. We should expect ⲉⲧⲟⲩⲏⲟ̣ after 'in Jerusalem', as in Horner's transcript.

ii. 8. After ⲧⲛ̄ⲥⲱⲧⲙ̄ the words ⲡⲟⲩⲁ ⲡⲟⲩⲁ are wanting.

ii. 24. The copyist skipped from ⲡⲛⲟⲩⲧⲉ ⲁⲧⲉⲧⲛ̄-

ⲧⲁⲁϥ to ⲡⲛⲟⲩⲧⲉ ⲧⲟⲩⲛⲟⲥϥ, and so omitted the words

ⲁⲧⲉⲧⲛ̄ⲧⲁⲁϥ ⲉϩⲣⲁⲓ ⲉⲛ̄ϭⲓⲝ
ⲛ̄ⲛ̄ⲁⲛⲟⲙⲟⲥ ⲉⲁⲧⲉⲧⲛ̄ⲁϣⲧϥ̄
ⲁⲧⲉⲧⲛ̄ⲙⲟⲟⲩⲧϥ̄ ⲡⲛⲟⲩⲧⲉ.

Acts ii. 26. ⲕⲁⲥ is omitted after ϫⲉ.

ii. 38. ⲡⲟⲩⲁ ⲡⲟⲩⲁ is omitted, and ⲡⲉϫⲁϥ added.

iii. 2. After ⲙⲙⲟϥ the word ⲙⲙⲏⲛⲉ is omitted.

iii. 4. The copyist skipped from one ⲙⲛ̄ ⲓⲱϩⲁⲛⲛⲏⲥ to the next, and so omitted the words, which we have in Horner's transcript,

ⲉⲧⲛⲁⲃⲱⲕ ⲉϩⲟⲩⲛ ⲉⲡⲉⲣⲡⲉ ⲁϥ
ⲥⲡ̄ⲥⲱⲡⲟⲩ ⲉϥϯ ⲛⲁϥ ⲛ̄ⲟⲩⲙⲛ̄ⲧⲛⲁ·
ⲡⲉⲧⲣⲟⲥ ⲁϥⲉⲓⲱⲣⲙ̄ ⲉϩⲟⲩⲛ ⲉ
ϩⲣⲁϥ ⲙⲉⲛ ⲓⲱϩⲁⲛⲛⲏⲥ.

iii. 5. One line omitted—ⲛ̄ⲧⲟϥ ⲇⲉ ⲁϥϭⲱϣⲧ̄ ⲉⲣⲟⲟⲩ.

iii. 16. After ⲡⲁⲓ the words ⲉⲧⲉⲧⲛ̄ⲛⲁⲩ ⲉⲣⲟϥ ⲁⲩⲱ are omitted.

vii. 19. After ⲅⲉⲛⲟⲥ some words like ⲉⲙⲟⲩⲕϩ̄ ⲛ̄ⲛⲉⲛⲉⲓⲟⲧⲉ are omitted.

vii. 57. After ⲁⲩϯ ⲧⲟⲟⲧⲟⲩ some words like ϩⲛ̄ ⲟⲩⲛⲟϭ ⲛ̄ ⲥⲙⲏ are omitted.

ix. 2. After ⲉⲣⲟⲟⲩ the words ⲉⲃⲟⲗ ϩⲛ̄ ⲧⲉϩⲓⲏ are omitted.

ix. 21. After ⲥⲱⲧⲙ̄ ⲉⲣⲟϥ is omitted.

ix. 38. After ⲟⲩⲥⲱⲧⲙ̄ ⲛ̄ ⲛ̄ⲙⲁⲑⲏⲧⲏⲥ is omitted.

ix. 38. ⲁϥⲃⲱⲕ is omitted before ⲙⲙⲁⲩ.

x. 7. ⲉ ⲥⲛⲁⲩ is omitted after ⲛⲉϥϩⲙ̄ϩⲁⲗ.

x. 26. The copyist skipped the line ⲛⲁϥ · ⲡⲉⲧⲣⲟⲥ ⲇⲉ ⲁϥⲧⲟⲩⲛⲟⲥϥ, but added it between *caret* marks at the foot of the page.

xi. 19, 20. The copyist skipped from ⲕⲩⲡⲣⲟⲥ to ⲛ̄ⲛⲩⲡⲣⲓⲟⲥ, and so omitted the words, which we have in Horner's transcript,

ⲙⲛ̅ ⲧⲁⲛⲧⲓⲟⲭⲓⲁ ⲛ̅ⲥⲉϫⲱ ⲁⲛ
ⲛ̅ⲡϣⲁϫⲉ ⲉⲗⲁⲁⲧ ⲉⲓⲙⲏⲧⲓ
ⲛ̅ⲓⲟⲩⲇⲁⲓ ⲙⲁⲩⲁⲁⲩ · 20 ⲛⲉⲩⲛ̅
ϩⲟⲉⲓⲛⲉ ⲇⲉ ⲉⲃⲟⲗ ⲛ̅ϩⲏⲧⲟⲩ
ⲉϩⲉⲛⲣⲱⲙⲉ.

Acts xiv. 8. The copyist omitted the line ⲉⲧϭⲁⲗⲉ ⲡⲉ ϫⲓⲛ ⲉϥϩ̅ⲛ̅ⲧⲥ̅ ⲛ̅ⲧⲉϥⲙⲁⲩ.

xv. 5. ⲛ̅ⲛⲉⲛⲧⲁⲩⲡⲓⲥⲧⲉⲩⲉ is omitted after ϩⲟⲉⲓⲛⲉ, and ⲛ̅ⲥⲉⲡⲁⲣⲁⲅⲅⲉⲓⲗⲉ ⲛⲁⲩ after ⲁⲩⲱ.

xv. 25. ⲛⲙ̅ⲙ̅ ⲛⲉⲙⲉⲣⲁⲧⲉ is omitted after ϣⲁ ⲣⲱⲧⲛ̅.

xvi. 18. ⲁϥⲕⲧⲟϥ is omitted after ⲡⲁⲩⲗⲟⲥ.

xvi. 38. ⲛ̅ⲧⲉⲣⲟⲩⲥⲱⲧⲙ̅ is omitted after ⲁⲩⲣ̅ϩⲟⲧⲉ.

In xix. 1 the copyist copied a line twice, so

ⲁϥⲙⲉϣⲧ̅ ⲛ̅ⲥⲁ ⲉⲧ ϩⲙ̅ ⲡϫⲓⲥⲉ
ⲁϥⲙⲉϣⲧ̅ ⲛ̅ⲥⲁ ⲉⲧ ϩⲙ̅ ⲡϫ (sic).

xx. 8. ⲉⲛⲁϣⲱⲟⲩ is omitted after ϩⲉⲛⲗⲁⲙⲡⲁⲥ.

xxi. 30. The words ⲛ̅ⲧⲉⲩⲛⲟⲩ ⲁⲩϣⲧⲁⲙ ⲛ̅ⲡⲣⲟ are omitted after ⲡⲉⲣⲡⲉ · ⲁⲩⲱ.

xxi. 39, 40. The copyist skipped from ⲡⲗⲁⲟⲥ of v. 39 to ⲉ ⲡⲗⲁⲟⲥ of v. 40, and so omitted the words, which we have in Horner's transcript,

ⲛ̅ⲧⲉⲣⲉϥⲕⲁⲁϥ ⲇⲉ ⲛ̅ϭⲓⲡⲭⲓⲗⲓⲁ
ⲣⲭⲟⲥ ⲡⲁⲩⲗⲟⲥ ⲁϥⲁϩⲉⲣⲁⲧϥ̅
ⲉϫⲛ̅ ⲛ̅ⲧⲱⲣⲧⲣ̅ ⲁϥⲕⲓⲙ ⲛ̅ⲧⲉϥ
ϭⲓϫ ⲉⲡⲗⲁⲟⲥ.

xxiii. 17. ϫⲓ is omitted after ⲡⲉϫⲁϥ ⲇⲉ.

In several passages we have words for which there are no equivalents in the Greek text, e. g. ϩⲙ̅ ⲡⲉⲣⲡⲉ (v. 12); ⲡⲗⲁⲟⲥ ⲇⲉ ⲛ̅ⲧⲉⲣⲟⲩⲥⲱⲧⲙ̅ (vii. 57); ⲙ̅ ⲡⲙⲏⲛϣⲉ (viii. 25); ⲛ̅ⲧⲉⲩⲛⲟⲩ (ix. 18); ⲛ̅ⲓⲟⲩⲇⲁⲓ (ix. 20); ⲛ̅ⲓⲟⲩⲇⲁⲓ ⲛⲙ̅ⲙ̅ ⲛⲟⲩⲉⲉⲓⲉⲛⲓⲛ (xx. 24).

INTRODUCTION   xli

When the translator borrowed words from the Greek he usually took those which, presumably, were in the Greek text from which he was translating, but sometimes we find in the Coptic text Greek words which are different from those which we find in the received Greek texts. Examples are:

Acts ii. 46. ⲙⲛ̄ⲧϩⲁⲡⲗⲟⲩⲥ ⲛⲧⲉ ⲡⲉⲩϩⲏⲧ = ἀφελότητι καρδίας.

vii. 16. ϩⲙ̄ ⲡⲧⲁⲫⲟⲥ = ἐν τῷ μνήματι; but in ii. 29 τὸ μνῆμα is rendered by ⲙ̄ϩⲁⲁⲩ, the common Coptic word for 'sepulchre, tomb'.

xiii. 29. ϩⲛ̄ ⲟⲩⲧⲁⲫⲟⲥ = εἰς μνημεῖον.

xix. 13. ⲛⲉⲡⲛ̄ⲁ̄ ⲛ̄ⲁⲕⲁⲑⲁⲣⲧⲟⲛ = τὰ πνεύματα τὰ πονηρά. Horner's transcript has ⲛⲉⲡⲛ̄ⲁ̄ ⲙ̄ⲡⲟⲛⲏⲣⲟⲛ.

xix. 19. ϩⲉⲛⲙⲛ̄ⲧⲡⲉⲣⲧⲉⲣⲟⲥ = τὰ περίεργα.

xxii. 5. ⲉⲛⲧⲟⲗⲏ = ἐπιστολὰς.

xxii. 28. ⲛ̄ ⲟⲩⲛⲟϭ ⲛ̄ⲭⲣⲏⲙⲁ = πολλοῦ κεφαλαίου. In viii. 27 we find the word ⲭⲣⲏⲙⲁ used in rendering a foreign word for 'treasure' (τῆς γάζης αὐτῆς).

xxii. 29. ⲛ̄ϭⲓ ⲛⲉⲧⲛⲁⲃⲁⲥⲁⲛⲓⲍⲉ ⲙ̄ⲙⲟϥ = οἱ μέλλοντες αὐτὸν ἀνετάζειν, with which Horner's text agrees, ⲛ̄ϭⲓ ⲛⲉⲧⲛⲁϩⲉⲧⲁⲍⲉ.

What the Greek text was which is represented by ϩⲛ̄ ϩⲩⲡⲟⲧⲁⲅⲏ ⲛⲓⲙ in ii. 22 is not clear. Occasionally the translator rendered by an ordinary Coptic word a Greek word which he uses elsewhere, e.g. in vi. 4 we have ⲛ̄ⲧⲛ̄ⲥⲣϥⲉ = προσκαρτερήσομεν.

In a few passages the readings of the papyrus Codex are different from those given in the later MSS. of the Sahidic versions; sometimes these agree with the Greek, and sometimes they do not.

Acts vii. 2. The papyrus has 'God of our fathers', ⲡⲛⲟⲩⲧⲉ ⲛ̄ⲛⲉⲛⲉⲓⲟⲧⲉ, and the later versions 'God of

f

glory', ⲡⲛⲟⲩⲧⲉ ⲙ̄ⲡⲉⲟⲟⲩ, which agrees with the Greek.

Acts vii. 43. Here the papyrus has the strange rendering 'I will announce to you', ϯⲛⲁⲅⲅⲉⲗⲓ ⲉⲧⲏⲩⲧⲛ̄, of the Greek μετοικιῶ ὑμᾶς. The later MSS. have ϯⲛⲁⲡⲉⲉⲛⲉ ⲧⲏⲩⲧⲛ̄, which agrees with the Greek.

ix. 15. The papyrus has ⲡⲁⲓ ⲟⲩⲥⲕⲉⲩⲟⲥ ⲛⲁⲓ̈ ⲛ̄ⲥⲱⲧⲡ̄, which agrees with the Greek σκεῦος ἐκλογῆς ἐστί μοι οὗτος, but Horner's transcript has 'this is a chosen righteous man to me', ⲟⲩⲇⲓⲕⲁⲓⲟⲥ ⲛ̄ⲥⲱⲧⲡ̄ ⲛⲁⲓ ⲡⲉ.

x. 18. The papyrus has ⲁⲩϣⲓⲛⲉ, 'they asked'. Horner's text has 'they called and inquired of them', ⲁⲩ-ⲙⲟⲩⲧⲉ ⲁⲩⲱ ⲁⲩϫⲛⲟⲩⲟⲩ (φωνήσαντες ἐπυνθάνοντο).

x. 42. The papyrus has ϯⲥⲃⲱ, and the later text ⲉⲕⲏⲣⲩⲥⲥⲉ (κηρῦξαι).

x. 44. The papyrus has ϩⲉ ⲉϩⲣⲁⲓ̈, ἐπέπεσε, and the later text ⲉⲓ ⲉϩⲣⲁⲓ, 'come into'.

xi. 9. The papyrus has 'the voice answered', ἀπεκρίθη δὲ φωνὴ, and the later text has 'the voice was again to me', ⲁ ⲧⲉⲥⲙⲏ ⲇⲉ ⲟⲛ ϣⲱⲡⲉ ϣⲁⲣⲟⲓ.

xi. 25. The papyrus has ⲁϥϫⲓⲧϥ̄, and the later text ⲁϥⲛ̄ⲧϥ.

Often the readings of the papyrus are more correct than those of the later texts, e.g. ⲡⲉⲓ ϣⲟϫⲛⲉ, ἡ βουλὴ, is better than ⲡⲉⲓϣⲁϫⲉ, 'this word' (v. 38); ⲟⲩⲇⲉ ⲛⲉⲧⲛ̄-ⲧⲩⲣⲁⲛⲛⲟⲥ, οὔτε οἱ ἄρχοντες ὑμῶν (v. 39) is wanting in Horner's transcript; and in v. 42 ⲛⲉⲩⲕⲓⲙ ⲁⲛ is better than ⲛⲉⲩⲕⲏⲛ ⲁⲛ.

As examples of mistranslations and of inexact, expanded, and abbreviated renderings the following may be noted:

Acts viii. 9. ⲉϥϫⲱ ⲙ̄ⲙⲟⲥ ⲉ ⲣⲟϥ ϫⲉ ⲁⲛⲟⲕ ⲡⲉ, 'saying concerning himself, I am he', Gr. λέγων εἶναί τινα ἑαυτὸν μέγαν.

Acts ix. 20. ⲡⲁⲓ ⲡⲉ ⲡⲉⲭⲥ̄ ⲡϣⲏⲣⲉ ⲙ̄ ⲡⲛⲟⲩⲧⲉ, Gr. οὗτός ἐστιν ὁ υἱὸς τοῦ Θεοῦ.

ix. 31. ϩⲙ̄ ⲡⲥⲟⲡⲥ̄, 'in supplication', Gr. τῇ παρακλήσει.

xi. 7. ⲧⲱⲟⲩⲛ ⲛⲅ̄ ⲟⲩⲱⲙ, 'arise, eat', Gr. Ἀναστάς, Πέτρε, θῦσον καὶ φάγε. This reading may also be explained by assuming that the copyist left out the words ⲡⲉⲧⲣⲉ ⲛⲅ̄ϣⲱⲱⲧ.

xi. 23. ⲁⲩⲱ ⲛⲉϥⲥⲟⲡⲥ̄ ⲛ̄ ⲟⲩⲟⲛ ⲛⲓⲙ ⲉⲧⲣⲉⲩϭⲱ ϩⲙ̄ ⲡϫⲟⲉⲓⲥ· 'And he entreated every one to remain (or, abide) in God', Gr. παρεκάλει πάντας τῇ προθέσει τῆς καρδίας προσμένειν τῷ Κυρίῳ.

xii. 17. ⲉⲩⲙⲁ ⲛ̄ ϫⲁⲓⲉ, 'a desert place', Gr. εἰς ἕτερον τόπον.

xvi. 18. ⲡⲉϫⲁϥ ϩⲙ̄ ⲡⲉⲡⲛ̄ⲁ̄, 'he said in the Spirit', but in the Greek τῷ πνεύματι is constructed with ἐπιστρέψας.

xix. 2. ⲙ̄ⲡⲛ̄ⲥⲱⲧⲙ̄ ⲣⲱ ϫⲉ ϣⲁⲣⲉ ⲟⲩⲟⲛ ϫⲓ ⲡⲛ̄ⲁ̄ ⲉϥⲟⲩⲁⲁⲃ, 'we have certainly (or, ourselves) not heard if one hath received (or, any one is wont to receive) the Holy Spirit', thus missing the point of the Greek ἀλλ' οὐδὲ εἰ Πνεῦμα Ἅγιόν ἐστιν ἠκούσαμεν.

xx. 3. ϩⲙⲉ ⲛ̄ϩⲟⲟⲩ, 'forty days', Gr. μῆνας τρεῖς.

xxiii. 6. ⲑⲉⲗⲡⲓⲥ ⲛ̄ ⲧⲁⲛⲁⲥⲧⲁⲥⲓⲥ, 'hope of the resurrection', Gr. ἐλπίδος καὶ ἀναστάσεως.

ii. 24. λύσας τὰς ὠδῖνας τοῦ θανάτου. In the papyrus we have 'He raised Him up from the dead and the pains of death', ⲧⲟⲩⲛⲟⲥϥ ⲉⲃⲟⲗ ϩⲛ̄ ⲛⲉⲧⲙⲟⲟⲩⲧ ⲛⲙ̄ ⲛ̄ⲛⲁⲁⲕⲉ ⲙ ⲡⲙⲟⲩ. In Horner's transcript we have 'He raised Him up, He destroyed the pains of death', ⲧⲟⲩⲛⲟⲥϥ ⲉⲁϥⲃⲱⲗ ⲉⲃⲟⲗ ⲛ̄ⲛⲁⲁⲕⲉ ⲙ̄ⲡⲙⲟⲩ.

ii. 40. ἑτέροις τε λόγοις πλείοσι διεμαρτύρατο, καὶ παρεκάλει αὐτοὺς λέγων. The equivalent for this passage in the papyrus is 'In the days he spake to them a hundred words (or, things), and entreated (or, exhorted) them, saying'. In Horner's transcript we have 'he testified to them also in multitudes of words, and entreated (or, exhorted) them, saying', ϩⲣⲁⲓ ϩⲛ̄ ϩⲉⲛⲕⲉⲙⲏⲏϣⲉ ⲛ̄ϣⲁϫⲉ ⲛⲉϥⲣ̄ⲙⲛ̄ⲧⲣⲉ ⲁⲩⲱ ⲛⲉϥⲥⲟⲡⲥ̄ ⲙ̄ⲙⲟⲟⲩ ⲉϥϫⲱ ⲙ̄ⲙⲟⲥ.

In the Coptic translation the order of verbs and nouns is sometimes inverted, e.g. ix. 15 ⲛⲛⲉⲣⲱⲟⲩ ⲛⲙ̄ ⲛ̄ϩⲉⲑⲛⲟⲥ, Gr. τῶν ἐθνῶν τε καὶ βασιλέων; xix. 16 ⲁϥϭⲙ̄ϭⲟⲙ ⲉⲣⲟⲟⲩ ⲙ̄ⲡⲥⲁϣϥ̄ ⲁϥⲣ̄ϫⲟⲉⲓⲥ, 'he prevailed over them, the seven (sic), he made himself master', Gr. κατακυριεύσας ἀμφοτέρων ἴσχυσε κατ' αὐτῶν, &c.

Among readings which are illustrated by Prof. Souter's critical apparatus (*Novum Testamentum Graece*, Oxford, 1910) may be mentioned: i. 5 ϣⲁ ⲧⲡⲛ̄ⲧⲏⲕⲟⲥⲧⲏ; vi. 8 ⲉⲃⲟⲗ ϩⲓⲧⲛ̄ ⲡⲣⲁⲛ ⲙ̄ ⲡϫⲟⲉⲓⲥ; viii. 1 ⲉⲁⲧⲥⲱ ϩⲛ̄ ⲑⲓⲉⲣⲟⲩⲥⲁⲗⲏⲙ; x. 41 ⲛ̄ϩⲙⲉ ⲛ̄ϩⲟⲟⲩ; xv. 20 ⲁⲩⲱ ⲡⲉⲧⲉ ⲛ̄ⲥⲉⲟⲩⲁϣϥ̄ ⲁⲛ ⲉⲧⲣⲉϥϣⲱⲡⲉ ⲙ̄ⲙⲟϥ ⲉⲧⲙ̄ ⲧⲣⲉⲧⲁⲁϥ ϭⲉ; xv. 34 ⲁⲥⲡⲁϭⲓ ⲇⲉ ⲛ̄ⲥⲓⲗⲁⲥ ⲉⲧⲣⲉϥⲟⲩ ϩⲙ̄ ⲡⲙⲁ ⲉⲧ ⲙ̄ⲙⲁⲩ; and xxviii. 16 ⲁ ⲡϩⲉⲕⲁⲧⲟⲛⲧⲁⲣⲭⲟⲥ ϯ ⲛ̄ⲛⲉⲧⲙ̄ⲏⲣ ⲉ ⲧⲟⲟⲧϥ̄ ⲙ̄ ⲡⲁⲣⲭⲱⲛ ⲛ̄ⲙ̄ⲙⲁⲧⲟⲓ̈.

The name Jesus is always written ⲓⲥ̄, but in Horner's transcript we have once ⲓⲏⲥⲟⲩⲥ (vii. 45). Examples of the use of wrong gender are ⲧⲉⲛⲧⲁϥⲧⲁⲙⲓⲉ for ⲧⲉⲛⲧⲁⲥⲧⲁⲙⲓⲉ (vii. 50) and ⲁϥϯ for ⲁⲥϯ (iii. 16).

We may now compare the quotations from the Psalms which occur in the text of the Acts of the Apostles as found in our papyrus (Oriental 7594) with the versions of them given in the seventh-century Psalter, MS. Oriental No. 5000.

Psalm lxix. 25 (p. 125).

Oriental 7594.	Oriental 5000.
ⲙⲁⲣⲉ ⲧⲉϥⲣ̄ⲥⲱ ϣⲱⲡⲉ ⲛ̄ϫⲁⲉⲓⲉ ⲁⲩⲱ ⲙ̄ⲡⲣ̄ⲧⲣⲉϥϣⲱⲡⲉ ⲛ̄ϭⲓ ⲡⲉⲧⲟⲩⲏϩ ϩⲛ̄ ⲡⲉϥⲙⲁⲛ̄ϣⲱⲡⲉ·	ⲙⲁⲣⲉ ⲡⲉϥⲙⲁⲛ̄ϣⲱⲡⲉ ⲣ̄ϫⲁⲓ̈ⲉ· ⲛⲉϥⲧⲙ̄ϣⲱⲡⲉ ⲛ̄ϭⲓ ⲡⲉⲧⲟⲩⲏϩ ϩⲛ̄ ⲛⲉϥⲙⲁⲛ̄ϣⲱⲡⲉ·

INTRODUCTION

Psalm cix. 8 (p. 125).

ⲁⲩⲱ ⲧⲉϥⲙⲛ̄ⲧⲉⲡⲓⲥⲕⲟ-
ⲡⲟⲥ ⲙⲁⲣⲉ ⲕⲉⲟⲩⲁ ϫⲓⲧⲥ̄.

ⲛ̄ⲧⲉ ⲕⲉⲟⲩⲁ ϫⲓ ⲛ̄ⲧⲉϥ-
ⲙⲛ̄ⲧⲉⲡⲓⲥⲕⲟⲡⲟⲥ.

Psalm xvi. 8–11 (p. 129).

8 ⲛⲉⲓ̈ⲛⲁⲩ ⲉ ⲡϫⲟⲉⲓⲥ ⲡⲉ
ⲙ̄ⲡⲁⲙ̄ⲧⲟ ⲉⲃⲟⲗ ⲛ̄ⲟⲩⲟⲉⲓϣ
ⲛⲓⲙ ϫⲉ ϥϣⲟⲟⲡ ⲛ̄ⲥⲁ ⲟⲩ-
ⲛⲁⲙ ⲙ̄ⲙⲟⲓ̈ ϫⲉ ⲛ̄ⲛⲁⲕⲓⲙ·

9 ⲉⲧⲃⲉ ⲡⲁⲓ̈ ⲁ ⲡⲁϩⲏⲧ
ⲉⲩⲫⲣⲁⲛⲉ ⲁ ⲡⲁⲗⲁⲥ ⲧⲏ-
ⲗⲏⲗ ⲉⲧⲓ ⲇⲉ ⲇⲉ (sic) ⲧⲁⲕⲉ-
ⲥⲁⲣⲝ̄ ⲛⲁⲟⲩⲱϩ ϩⲛ̄ ⲟⲩ-
ϩⲉⲗⲡⲓⲥ·

10 ϫⲉ ⲛ̄ⲕ̄ ⲛⲁⲕⲱ ⲛ̄ⲥⲱⲕ
ⲁⲛ ⲛ̄ⲧⲁⲯⲩⲭⲏ ϩⲛ̄ ⲛⲁ-
ⲯⲩⲭⲏ ⲛ̄ ⲙⲁⲙⲛ̄ⲧⲉ· ⲟⲩⲇⲉ
ⲛ̄ⲕ̄ ⲛⲁϯ ⲁⲛ ⲙ̄ⲡⲉⲕⲡⲉ-
ⲧⲟⲩⲁⲁⲃ ⲉⲛⲁⲩ ⲉⲡⲧⲁⲕⲟ·

11 ⲁⲕⲟⲩⲱⲛϩ̄ ⲛⲁⲓ̈ ⲉⲃⲟⲗ
ⲛ̄ⲛⲉϩⲓⲟⲟⲩⲉ ⲙ̄ⲡⲱⲛϩ̄ ⲕⲛⲁ-
ϫⲟⲕⲧ̄ ⲉⲃⲟⲗ ⲙ̄ⲡⲟⲩⲛⲟϥ
ⲙ̄ⲡⲉⲕϩⲟ·

8 ⲛⲉⲓ̈ⲛⲁⲩ ⲉⲡϫⲟⲉⲓⲥ
ⲙ̄ⲡⲁⲙ̄ⲧⲟ ⲉⲃⲟⲗ ⲛ̄ⲟⲩⲟⲉⲓϣ
ⲛⲓⲙ· ϫⲉ ϥϩⲓ ⲟⲩⲛⲁⲙ
ⲙ̄ⲙⲟⲓ̈ ϫⲉ ⲛ̄ⲛⲁⲕⲓⲙ·

9 ⲉⲧⲃⲉ ⲡⲁⲓ̈ ⲁ ⲡⲁϩⲏⲧ
ⲉⲩⲫⲣⲁⲛⲉ ⲁ ⲡⲁⲗⲁⲥ ⲧⲉ-
ⲗⲏⲗ· ⲉⲧⲓ ⲇⲉ ⲧⲁⲕⲉⲥⲁⲣⲝ̄
ⲛⲁⲟⲩⲱϩ ϩⲛ̄ ⲟⲩϩⲉⲗⲡⲓⲥ·

10 ϫⲉ ⲛ̄ⲕ̄ ⲛⲁⲕⲱ̄ ⲛ̄ⲥⲱⲕ
ⲁⲛ ⲛ̄ⲧⲁⲯⲩⲭⲏ ϩⲛ̄ ⲁⲙⲛ̄-
ⲧⲉ· ⲟⲩⲇⲉ ⲛ̄ⲛⲉⲕϯ ⲙ̄ⲡⲉⲕ-
ⲡⲉⲧⲟⲩⲁⲁⲃ ⲉⲛⲁⲩ ⲉⲡ-
ⲧⲁⲕⲟ·

11 ⲁⲕⲟⲩⲱⲛϩ̄ ⲛⲁⲓ̈ ⲉⲃⲟⲗ
ⲛ̄ⲛⲉϩⲓⲟⲟⲩⲉ ⲙ̄ⲡⲱⲛϩ̄·
ⲕⲛⲁϫⲟⲕⲧ̄ ⲉⲃⲟⲗ ⲛ̄ⲟⲩⲟⲩ-
ⲛⲟϥ ⲙⲛ̄ ⲡⲉⲕϩⲟ· ⲟⲩⲙ̄ⲧⲟⲛ
ⲡⲉⲧϩⲛ̄ ⲧⲉⲕⲟⲩⲛⲁⲙ ϣⲁ
ⲃⲟⲗ·

Psalm cx. 1 (p. 131).

ⲡⲉϫⲉ ⲡϫⲟⲉⲓⲥ ⲙ̄ ⲡⲁ-
ϫⲟⲉⲓⲥ ϫⲉ ϩⲙⲟⲟⲥ ⲛ̄ⲥⲁ
ⲟⲩⲛⲁⲙ ⲙ̄ⲙⲟⲓ̈· ϣⲁⲛ
ϯⲕⲱ ⲛ̄ⲛⲉⲕϫⲁϫⲉ ⲛ̄ϩⲩⲡⲟ-
ⲡⲟⲇⲓⲟⲛ ⲛ̄ⲛⲉⲕⲟⲩⲉⲣⲏⲧⲉ.

ⲡⲉϫⲉ ⲡϫⲟⲉⲓⲥ ⲙ̄ⲡⲁ-
ϫⲟⲉⲓⲥ ϫⲉ ϩⲙⲟⲟⲥ ϩⲓ ⲟⲩ-
ⲛⲁⲙ ⲙ̄ⲙⲟⲓ̈ ϣⲁⲛ ϯⲕⲱ
ⲛ̄ⲛⲉⲕϫⲓϫⲉ ⲉⲩϩⲁⲡⲉⲥⲏⲧ
ⲛ̄ⲛⲉⲕⲟⲩⲉⲣⲏⲧⲉ.

Genesis xxii. 18 (p. 137).

ϩⲣⲁⲓ̈ ϩⲙ̄ ⲡⲉⲕⲥⲡⲉⲣⲙⲁ
ⲥⲉⲛⲁϫⲓ ⲥⲙⲟⲩ ⲛ̄ϭⲓ ⲛ̄-

ⲉⲩⲉϫⲓⲥⲙⲟⲩ ⲉϩⲣⲁⲓ̈ ϩⲙ̄
ⲡⲉⲕⲥⲡ̄ⲣⲙⲁ ⲛ̄ϭⲓ ⲛ̄ϩⲉⲑⲛⲟⲥ

xlv

патріа тнроу ⲙ̄ⲡⲕⲁϩ·   тнроу ⲉⲃⲟⲗ ϫⲉ ⲁⲕⲥⲱⲧⲙ̄
                        ⲛ̄ⲥⲁ ⲧⲁⲥⲙⲏ. (Ciasca,
                        Fragmenta, i, p. 22.)

Psalm ii. 1, 2 (p. 141).

ⲉⲧⲃⲉ ⲟⲩ ⲁⲛϩⲉⲑⲛⲟⲥ   ⲁϩⲣⲟⲟⲩ ⲛ̄ϩⲉⲑⲛⲟⲥ ⲁⲩ-
ϫⲓⲥⲉ ⲙ̄ⲙⲟⲟⲩ ⲁⲛⲗⲁⲟⲥ   ϫⲓⲥⲉ ⲛ̄ϩⲏⲧ· ⲁⲛⲗⲁⲟⲥ ⲙⲉ-
ⲙⲉⲧⲁⲗⲉⲧⲁ (sic) ⲛ̄ϩⲉⲛⲡⲉⲧ- ⲗⲉⲧⲁ ⲛ̄ϩⲉⲛⲙⲉⲧϣⲟⲩⲉⲓⲧ·
ϣⲟⲩⲉⲓⲧ· ⲁⲩⲁϩⲉ ⲣⲁⲧⲟⲩ   ⲁⲩⲁϩⲉ ⲣⲁⲧⲟⲩ ⲛ̄ϭⲓ ⲛⲉⲣ-
ⲛ̄ϭⲓ ⲛⲉⲣⲣⲱⲟⲩ ⲙ̄ⲡⲕⲁϩ   ⲣⲱⲟⲩ ⲙ̄ⲡⲕⲁϩ· ⲁⲩⲱ ⲁⲛ-
ⲁⲩⲱ ⲛ̄ⲁⲣⲭⲱⲛ ⲁⲩⲥⲱⲟⲩϩ   ⲁⲣⲭⲱⲛ ⲥⲱⲟⲩϩ ⲉⲧⲙⲁ
ⲉⲛⲉⲩⲉⲣⲏⲩ ⲉϥⲟⲩⲃⲉ ⲡ-   ⲛ̄ⲟⲩⲱⲧ· ⲉϥⲟⲩⲃⲉ ⲡϫⲟⲉⲓⲥ
ϫⲟⲉⲓⲥ ⲡⲉϥⲭ̄ⲥ̄:   ⲙⲛ̄ ⲡⲉϥⲭⲣⲥ·

Psalm lxxxix. 20 (p. 193).

ϫⲉ ⲁⲓ̈ϩⲉ ⲉ ⲇⲁⲩⲉⲓⲇ   ⲁⲓ̈ϭⲓⲛⲉ ⲛ̄ⲇⲁⲩⲉⲓⲇ ⲡⲁ-
ⲡϣⲏⲣⲉ ⲛ̄ ⲓ̈ⲉⲥⲥⲁⲓ̈ ⲉϥⲛⲏⲩ   ϩⲙ̄ϩⲁⲗ· and compare
ϩⲛ̄ ⲡⲁϩⲏⲧ ⲡⲁⲓ̈ ⲉⲧⲛⲁⲉⲓⲣⲉ   1 Sam. xiii. 14.
ⲛ̄ⲛⲁⲟⲩⲱϣ ⲧⲏⲣⲟⲩ·

Psalm ii. 7 (p. 194).

ⲛ̄ⲧⲟⲕ ⲡⲉ ⲡⲁϣⲏⲣⲉ ⲁⲛⲟⲕ   ⲛ̄ⲧⲟⲕ ⲡⲉ ⲡⲁϣⲏⲣⲉ ⲁⲛⲟⲕ
ⲁⲓ̈ϫⲡⲟⲕ ⲙ̄ⲡⲟⲟⲩ·   ⲁⲓ̈ϫⲡⲟⲕ ⲙ̄ⲡⲟⲟⲩ·

Psalm xvi. 10 (p. 195).

ⲛ̄ⲛⲉⲕϯ ⲙ̄ ⲡⲉⲕⲡⲉⲧⲟⲩ-   ⲛ̄ⲛⲉⲕϯ ⲙ̄ⲡⲉⲕⲡⲉⲧⲟⲩ-
ⲁⲁⲃ ⲉ ⲛⲁⲩ ⲉ ⲡⲧⲁⲕⲟ·   ⲁⲁⲃ ⲉⲛⲁⲩ ⲉⲡⲧⲁⲕⲟ·

And compare the following:

Habakkuk[1] i. 5 (p. 194).

ⲁⲛⲁⲩ ⲛ̄ⲕⲁⲧⲁⲫⲣⲟⲛⲓⲧⲏⲥ   ⲁⲛⲁⲩ ⲛⲉⲧⲕⲁⲧⲁⲫⲣⲟⲛⲉⲓ
ⲛ̄ⲧⲉⲧⲛ̄ⲣ ϣⲡⲏⲣⲉ ⲛ̄ⲧⲉⲧⲛ̄-   ⲛ̄ⲧⲉⲧⲛ̄ϯ ϩⲧⲏⲧⲛ̄ ⲛ̄ⲧⲉⲧⲛ̄-
ⲧⲁⲕⲟ ϫⲉ ϯⲛⲁⲣ ⲟⲩϩⲱⲃ   ⲛⲁⲩ ⲉϩⲛ̄ϣⲡⲏⲣⲉ· ⲛ̄ⲧⲉⲧⲛ̄-
ⲁⲛⲟⲕ ϩⲛ̄ ⲛⲉⲧⲛ̄ϩⲟⲟⲩ ⲟⲩ-   ⲧⲁⲕⲟ ϫⲉ ⲟⲩϩⲱⲃ ⲁⲛⲟⲕ
ϩⲱⲃ ⲉⲛ ⲛⲉⲧⲛ̄ⲡⲓⲥⲧⲉⲩⲉ   ϯⲛⲁⲉⲓⲣⲉ ⲙ̄ⲙⲟϥ ϩⲛ̄ ⲛⲉ-

[1] Not Isaiah xxix. 14 as said in note 1, p. 196.

ⲉⲣⲟϥ ⲉⲣϣⲁⲛ ⲟⲩⲁ ϫⲟⲟϥ ⲉⲣⲱⲧⲛ̅.   ⲧⲡ̅ⲣⲟⲟⲩ· ⲡⲁⲓ ⲛ̅ⲧⲉⲧⲛⲁ-
ⲡⲓⲥⲧⲉⲩⲉ ⲁⲛ ⲉⲣⲟϥ ⲉⲣϣⲁⲛ
ⲟⲩⲁ ⲧⲁⲟⲩⲟϥ ⲉⲣⲱⲧⲛ̅.
(Ciasca, *Fragmenta*, ii, p. 347.)

Isaiah lv. 3 (p. 195, l. 5).

ϯⲛⲁϯ ⲛⲏⲧⲛ̅ ⲛ̅ⲡⲉⲧ ⲟⲩⲁⲁⲃ ⲛ̅ⲇⲁⲩⲉⲓⲇ ⲉⲧⲛ̅ϩⲟⲧ·   ⲁⲩⲱ ϯⲛⲁⲥⲙⲓⲛⲉ ⲛⲙ̅-ⲙⲏⲧⲛ̅ ⲛ̅ⲟⲩⲇⲓⲁⲑⲏⲕⲏ ⲛ̅ϣⲁ ⲉⲛⲉϩ· ⲛⲉⲧⲟⲩⲁⲁⲃ ⲛ̅ⲇⲁⲩⲉⲓⲇ ⲉⲧⲛ̅ϩⲟⲧ· (Ciasca, *Fragmenta*, ii, p. 243.)

Isaiah xlix. 6 (p. 197).

ⲁⲓ̈ⲕⲱ ⲙ̅ⲙⲟⲕ ⲛ̅ⲟⲩⲟⲉⲓⲛ ⲛ̅ ⲛ̅ϩⲉⲑ[ⲛⲟⲥ ⲉⲧⲣⲉⲕ]ϣⲱⲡⲉ ⲉⲩⲟⲩϫⲁⲓ ϣⲁ ⲁⲣ[ⲏϫ]ϥ̅ ⲙ̅-ⲡⲕⲁϩ·   The Greek text is ἰδοὺ δέδωκά σε εἰς διαθήκην γένους, εἰς φῶς ἐθνῶν, τοῦ εἶναί σε εἰς σωτηρίαν ἕως ἐσχάτου τῆς γῆς.

The Coptic text has no equivalent for διαθήκην γένους.

In one place at least the original Coptic translator, or his copyist, alters the order of events which took place in connexion with the persecution of St. Paul at Jerusalem. When, according to the Greek text, the chiliarch found out that St. Paul was a Roman citizen, and that he had been bound, he became afraid, but he took no steps to release the prisoner until the next day. Then, wishing to know exactly what the charge was which the Jews had brought against St. Paul, he set him free, ἔλυσεν αὐτὸν, and the chief priests and all their council having appeared in answer to his command, he made St. Paul stand before them. According to the Coptic text the chiliarch, as the result of his fear, 'set him free straightway', [ⲁ]ⲩⲱ [ⲛ̅ⲧⲉ]ⲩⲛⲟⲩ ⲁϥⲃⲟⲗϥ̅ ⲉⲃⲟⲗ, Gr. καὶ παραχρῆμα ἔλυσεν αὐτόν. The Greek reading is given by Prof. Souter in his note to xxii. 29.

In the preceding pages an attempt has been made to

describe the principal characteristics of the Coptic version of the Book of the Acts of the Apostles as found in the papyrus Codex, but a comparison of this ancient text with that found in a good MS. of a later period reveals the existence in it of a very large number of small variants which are of considerable interest. As it is impossible to describe all these in this book, it has been decided to print two chapters from the papyrus side by side with the text of the Oxford Manuscript, according to the transcript of the Rev. G. Horner, the editor of the Oxford edition of the Sahidic New Testament.

Oriental 7594.

Chap. i. 1 ⲡϣⲟⲣⲡ ⲙⲉⲛ ⲡⲗⲟⲅⲟⲥ ⲁⲓⲧⲁⲙⲓⲟϥ ⲱ ⲑⲉⲟⲫⲓⲗⲉ ⲉⲧⲃⲉ ϩⲱⲃ ⲛⲓⲙ ⲛ̄ⲧⲁ ⲓ̅ⲥ̅ ⲁⲣⲭⲓ ⲛ̄ⲡⲁⲁⲩ ⲁⲩⲱ ⲛ̄ϥϯⲥⲃⲱ ⲛ̄ϩⲏⲧⲟⲩ·

2 ϣⲁϩⲣⲁⲓ ⲉⲡⲉϩⲟⲟⲩ ⲛ̄ⲧⲁⲩⲁⲛⲁⲗⲁⲃⲃⲁⲛⲉ ⲙ̄ⲙⲟϥ ⲁϥϩⲱⲛ ⲉⲧⲟⲟⲧⲟⲩ ⲛ̄ⲛⲉϥⲁⲡⲟⲥⲧⲟⲗⲟⲥ ϩⲓⲧⲛ̄ ⲡⲉⲡ̄ⲛ̄ⲁ̄ ⲉⲧⲟⲩⲁⲁⲃ ⲉⲧⲁϣⲉⲟⲉⲓϣ ⲙ̄ⲡⲉⲩⲁⲅⲅⲉⲗⲓⲟⲛ ⲛⲁⲓ̈ ⲛ̄ⲧⲁϥⲥⲟⲧⲡⲟⲩ·

3 ⲛⲁⲓ̈ ⲛ̄ⲧⲁϥⲧⲁϩⲟϥ ⲉⲣⲁⲧϥ ⲛⲁⲩ ⲉϥⲟⲛϩ̄ ⲙ̄ⲡ̄[ⲛ̄]ⲥⲁ ⲧⲣⲉϥⲙⲟⲩ ϩⲛ̄ ϩⲁϩ ⲙ̄ⲙⲁⲉⲓⲛ ⲛ̄ϩⲙⲉ ⲛ̄ϩⲟⲟⲩ ⲉϥⲟⲩⲱⲛϩ̄ ⲉⲃⲟⲗ ⲛⲁⲩ ⲁⲧⲁ ⲉϥϣⲁϫⲉ ⲉⲧⲃⲉ ⲧⲙⲛ̄ⲧⲉⲣⲟ ⲙ̄ⲡⲛⲟⲩⲧⲉ·

4 ⲁⲩⲱ ⲉϥⲟⲩⲱⲙ ⲛ̄ⲙ̄ⲙⲁⲩ ⲛⲉϥⲡⲁⲣⲁⲅⲅⲉⲓⲗⲉ ⲛⲁⲩ ⲉⲧⲙ̄ⲉⲓ ⲉⲃⲟⲗ ϩⲛ̄ ⲑⲓⲉⲣⲟⲥⲁⲗⲏⲙ ⲁⲗⲗⲁ ⲉϭⲱ ⲉⲡⲉⲣⲏⲧ ⲙ̄ⲡⲓⲱⲧ ⲡⲁⲓ ⲛ̄ⲧⲁⲧⲉⲧⲛ̄ⲥⲟⲧⲙⲉϥ:

5 ⲡⲉϫⲁϥ ϫⲉ ⲓ̈ⲱϩⲁⲛⲛⲏⲥ ⲙⲉⲛ ⲁϥⲃⲁⲡⲧⲓⲍⲉ ϩⲛ̄ ⲟⲩⲙⲟⲟⲩ ⲛ̄ⲧⲱⲧⲛ̄ ⲥⲉⲛⲁⲃⲁⲡⲧⲓⲍⲉ ⲙ̄ⲙⲱⲧⲛ̄ ϩⲛ̄ ⲟⲩⲡⲛⲁ ⲉϥⲟⲩⲁⲁⲃ ⲙ̄ⲡⲛ̄ⲥⲁ ϩⲁϩ

The Oxford Manuscript.

Chap. i. 1 Ⲡϣⲟⲣⲡ ⲙⲉⲛ ⲛ̄ⲗⲟⲅⲟⲥ ⲉⲁⲓⲧⲁⲙⲓⲟϥ ⲱ ⲑⲉⲟⲫⲓⲗⲉ ⲉⲧⲃⲉ ϩⲱⲃ ⲛⲓⲙ ⲛ̄ⲧⲁ ⲓ̅ⲥ̅ ⲁⲣⲭⲉⲓ ⲛ̄ⲡⲁⲁⲩ ⲁⲩⲱ ⲛ̄ϥϯⲥⲃⲱ ⲛ̄ϩⲏⲧⲟⲩ.

2 ϣⲁⲉϩⲣⲁⲓ ⲉⲡⲉϩⲟⲟⲩ ⲛ̄ⲧⲁⲩⲁⲛⲁⲗⲁⲙⲃⲁⲛⲉ ⲙ̄ⲙⲟϥ. ⲉⲁϥϩⲱⲛ ⲉⲧⲟⲟⲧⲟⲩ ⲛ̄ⲛⲁⲡⲟⲥⲧⲟⲗⲟⲥ ϩⲓⲧⲙ̄ ⲡⲉⲡ̄ⲛ̄ⲁ̄ ⲉⲧⲟⲩⲁⲁⲃ ⲉⲧⲁϣⲉⲟⲉⲓϣ ⲙ̄ⲡⲉⲩⲁⲅⲅⲉⲗⲓⲟⲛ. ⲛⲁⲓ ⲛ̄ⲧⲁϥⲥⲟⲧⲡⲟⲩ.

3 ⲛⲁⲓ ⲟⲛ ⲛⲉⲛⲧⲁϥⲧⲁϩⲟϥ ⲉⲣⲁⲧϥ ⲛⲁⲩ ⲉϥⲟⲛϩ̄ ⲙ̄ⲛ̄ⲛ̄ⲥⲁ ⲧⲣⲉϥⲙⲟⲩ ϩⲛ̄ ϩⲁϩ ⲙ̄ⲙⲁⲉⲓⲛ ⲛ̄ϩⲙⲉ ⲛ̄ϩⲟⲟⲩ. ⲉϥⲟⲩⲱⲛϩ̄ ⲛⲁⲩ ⲉⲃⲟⲗ ⲁⲩⲱ ⲉϥϣⲁϫⲉ ⲛ̄ⲙ̄ⲙⲁⲩ ⲉⲧⲃⲉ ⲧⲙⲛ̄ⲧⲉⲣⲟ ⲙ̄ⲡⲛⲟⲩⲧⲉ.

4 ⲁⲩⲱ ⲉϥⲟⲩⲱⲙ ⲛ̄ⲙ̄ⲙⲁⲩ. ⲛⲉϥⲡⲁⲣⲁⲅⲅⲉⲗⲉⲓ ⲛⲁⲩ ⲉⲧⲙ̄ⲉⲓ ⲉⲃⲟⲗ ϩⲛ̄ ⲑⲓⲗ̄ⲏ̄ⲙ̄. ⲁⲗⲗⲁ ⲉϭⲱ ⲙ̄ⲡⲉⲣⲏⲧ ⲙ̄ⲡⲉⲓⲱⲧ. ⲡⲁⲓ ⲛ̄ⲧⲁⲧⲉⲧⲛ̄ⲥⲟⲧⲙⲉϥ ⲛ̄ⲧⲟⲟⲧ.

5 ⲡⲉϫⲁϥ. ϫⲉ ⲓⲱϩⲁⲛⲛⲏⲥ ⲙⲉⲛ ⲁϥⲃⲁⲡⲧⲓⲍⲉ ϩⲛ̄ ⲟⲩⲙⲟⲟⲩ. ⲛ̄ⲧⲱⲧⲛ̄ ⲇⲉ ⲥⲉⲃⲁⲡⲧⲓⲍⲉ ⲙ̄ⲙⲱⲧⲛ̄ ϩⲛ̄ ⲟⲩⲡⲛⲁ ⲉϥⲟⲩⲁⲁⲃ ⲙ̄ⲛ̄ⲛ̄ⲥⲁ

INTRODUCTION xlix

ⲡⲣⲟⲟⲩ ⲁⲛ ⲁⲗⲁ (sic) ϣⲁ ⲧⲡⲡⲧⲏⲕⲟⲥⲧⲏ:

6 ⲡⲧⲟⲟⲩ ϭⲉ ⲁⲩⲥⲱⲟⲩϩ ⲁⲩϫⲛⲟⲩϥ ⲉⲩϫⲱ ⲙⲙⲟⲥ ϫⲉ ⲡϫⲟⲉⲓⲥ ⲉⲛ ⲉϩⲣⲁⲓ̈ ϭⲉ ϩⲙ ⲡⲉⲓ̈ⲟⲩⲟⲉⲓϣ ⲕⲛⲁϯ ⲛⲧⲙⲛⲧⲉⲣⲟ ⲙ̄ ⲡⲓⲥⲣⲁⲏⲗ·

7 ⲡⲉϫⲁϥ ⲛⲁⲩ ϫⲉ ⲙ̄ⲡⲱⲧⲛ ⲁⲛ ⲡⲉ ⲥⲟⲧⲛ ⲛⲟⲩⲟⲉⲓϣ ⲛⲙ ⲡⲉⲭⲣⲟⲛⲟⲥ ⲡⲁⲓ̈ ⲛⲧⲁ ⲡⲓⲱⲧ ⲕⲁⲁⲧ ϩⲁ ⲧⲉϥⲉⲝⲟⲩⲥⲓⲁ ⲙⲁⲧⲁⲁϥ·

8 ⲁⲗⲗⲁ ⲧⲉⲧⲛⲛⲁϫⲓ ⲛⲟⲩϭⲟⲙ ⲉⲣϣⲁⲛ ⲡⲉⲡⲛⲁ ⲉⲧⲟⲩⲁⲁⲃ ⲉⲓ ⲉϩⲣⲁⲓ̈ ⲉϫⲱⲧⲛ· ⲛⲧⲉⲧⲛϣⲱⲡⲉ ⲙ̄ⲛⲧⲣⲉ ⲛⲁⲓ̈ ϩⲛ ⲑⲓⲉⲣⲟⲩⲥⲁⲗⲏⲙ ⲛⲙ ⲧⲟⲩⲇⲁⲓⲁ ⲧⲏⲣⲥ ⲛⲙ ⲧⲥⲁⲙⲁⲣⲓⲁ ⲁⲩⲱ ϣⲁ ⲁⲣⲏϫϥ ⲙ̄ⲡⲕⲁϩ·

9 ⲡⲁⲓ̈ ⲛⲧⲉⲣⲉϥϫⲟⲟⲩ ⲁⲩⲕⲗⲟⲟⲗⲉ ϥⲓⲧϥ· ⲁⲩⲱ ⲁⲩϥⲓ ⲙ̄ⲙⲟϥ ⲉⲃⲟⲗ ϩⲓⲧⲟⲟⲧⲟⲩ·

10 ⲉⲧⲉⲓⲟⲣⲙ̄ ⲛⲥⲱϥ ⲉϥⲃⲏⲕ ⲉϩⲣⲁⲓ̈ ⲉⲧⲡⲉ· ⲉⲓⲥ ⲣⲱⲙⲉ ⲥⲛⲁⲩ ⲛⲉⲧⲁϩⲉⲣⲁⲧⲟⲩ ⲉϫⲱⲟⲩ ϩⲛ ϩⲉⲛϩⲃⲥⲱ ⲉⲩⲟⲩⲟⲃϣ·

11 ⲁⲩⲱ ⲡⲉϫⲁⲩ ⲛⲁⲩ ϫⲉ ⲛ̄ⲣⲱⲙⲉ ⲛ̄ⲅⲁⲗⲓⲗⲉⲟⲥ ⲁϩⲣⲱⲧⲛ ⲧⲉⲧⲛⲁϩⲉⲣⲁⲧⲧⲏⲩⲧⲛ ⲧⲉⲧⲛϭⲱϣⲧ ⲉϩⲣⲁⲓ̈ ⲉⲧⲡⲉ· ⲡⲁⲓ̈ ⲓⲥ ⲛⲧⲁⲩϥⲓⲧϥ ⲛⲧⲉⲧⲛⲧⲏⲩⲧⲛ ⲉϩⲣⲁⲓ̈ ⲉⲧⲡⲉ· ⲧⲁⲓ̈ ⲧⲉ ⲑⲉ ⲉⲧϥⲛⲏⲩ ⲙ̄ⲙⲟⲥ· ⲛⲑⲉ ⲛⲧⲁⲧⲉⲧⲛⲛⲁⲩ ⲉⲣⲟϥ ⲉϥⲛⲁⲃⲱⲕ ⲉϩⲣⲁⲓ̈ ⲉⲧⲡⲉ·

12 ⲧⲟⲧⲉ ⲁⲩⲕⲟⲧⲟⲩ ⲉϩⲣⲁⲓ̈ ⲉⲑⲓⲉⲣⲟⲩⲥⲁⲗⲏⲙ ⲉⲃⲟⲗ ϩⲙ ⲡⲧⲟⲟⲩ ⲉϣⲁⲩⲙⲟⲩⲧⲉ ⲉⲣⲟϥ ϫⲉ ⲡⲧⲟⲟⲩ ⲛ̄ⲛ̄ϫⲟⲉⲓⲧ· ⲉϥⲟⲩⲏⲟⲩ ⲉⲃⲟⲗ ⲛ̄ ⲑⲓⲉⲣⲟⲥⲁⲗⲏⲙ ⲛⲟⲩϩⲣⲓⲛ ⲛⲥⲁϣϥ ⲛ̄ⲡⲣⲟⲟⲧⲛ·

13 ⲁⲩⲱ ⲛ̄ⲧⲉⲣⲟⲩⲉⲓ ⲉϩⲣⲁⲓ̈

ϩⲁⲣ ⲁⲛ ⲡⲣⲟⲟⲩ. ⲁⲗⲗⲁ ϣⲁ ⲧⲡⲉⲛⲧⲏⲕⲟⲥⲧⲏ.

6 ⲡⲧⲟⲟⲩ ⲇⲉ ⲁⲩⲥⲱⲟⲩϩ ⲁⲩϫⲛⲟⲩϥ ⲉⲩϫⲱ ⲙⲙⲟⲥ. ϫⲉ ⲡϫⲟⲉⲓⲥ. ⲉⲡⲉ ϩⲣⲁⲓ ϩⲙ ⲡⲉⲓⲟⲩⲟⲉⲓϣ ⲕⲛⲁϯ ⲛ̄ⲧⲙⲛⲧⲉⲣⲟ ⲙ̄ ⲡⲓⲏⲗ.

7 ⲡⲉϫⲁϥ ⲛⲁⲩ. ϫⲉ ⲙ̄ⲡⲱⲧⲛ ⲁⲛ ⲡⲉ ⲉⲥⲟⲧⲛ ⲛⲉⲟⲩⲟⲉⲓϣ ⲙⲛ ⲡⲉⲭⲣⲟⲛⲟⲥ. ⲡⲁⲓ ⲛⲧⲁ ⲡⲉⲓⲱⲧ ⲕⲁⲁⲧ ϩⲛ ⲧⲉϥⲉⲝⲟⲩⲥⲓⲁ ⲙⲁⲧⲁⲁϥ.

8 ⲁⲗⲗⲁ ⲧⲉⲧⲛⲛⲁϫⲓ ⲛⲟⲩϭⲟⲙ ⲉⲣϣⲁⲛ ⲡⲉⲡⲛⲁ ⲉⲧⲟⲩⲁⲁⲃ ⲉⲓ ⲉϩⲣⲁⲓ ⲉϫⲱⲧⲛ. ⲛⲧⲉⲧⲛϣⲱⲡⲉ ⲛⲁⲓ ⲙⲙⲛⲧⲣⲉ ϩⲛ ⲑⲓⲗⲏⲙ ⲙⲛ ϯⲟⲩⲇⲁⲓⲁ ⲧⲏⲣⲥ ⲙⲛ ⲧⲥⲁⲙⲁⲣⲓⲁ ⲁⲩⲱ ϣⲁ ⲁⲣⲏϫϥ ⲙ̄ⲡⲕⲁϩ.

9 ⲡⲁⲓ ⲇⲉ ⲛⲧⲉⲣⲉϥϫⲟⲟⲩ ⲁⲩⲕⲗⲟⲟⲗⲉ ϫⲓⲧϥ. ⲁⲩⲱ ⲁⲩϫⲉⲓ ⲙ̄ⲙⲟϥ ⲉϩⲣⲁⲓ ⲉⲃⲟⲗ ϩⲓⲧⲟⲟⲧⲟⲩ.

10 ⲉⲧⲉⲓⲟⲣⲙ̄ ⲇⲉ ⲛⲥⲱϥ ⲉϥⲃⲏⲕ ⲉϩⲣⲁⲓ ⲉⲧⲡⲉ ⲉⲓⲥ ⲣⲱⲙⲉ ⲥⲛⲁⲩ ⲛⲉⲧⲁϩⲉⲣⲁⲧⲟⲩ ϩⲓϫⲱⲟⲩ ϩⲛ ϩⲉⲛϩⲃⲥⲱ ⲉⲩⲟⲩⲟⲃϣ.

11 ⲁⲩⲱ ⲡⲉϫⲁⲩ. ϫⲉ ⲛ̄ⲣⲱⲙⲉ ⲛ̄ⲅⲁⲗⲓⲗⲁⲓⲟⲥ ⲁϩⲣⲱⲧⲛ ⲉⲧⲉⲛⲁϩⲉⲣⲁⲧⲧⲏⲩⲧⲛ ⲉⲧⲉⲧⲛϭⲱϣⲧ ⲉϩⲣⲁⲓ ⲉⲧⲡⲉ. ⲡⲁⲓ ⲡⲉ ⲓⲥ ⲛⲧⲁⲩϥⲓⲧϥ ⲛⲧⲉⲧⲛⲧⲏⲩⲧⲛ ⲉϩⲣⲁⲓ ⲉⲧⲡⲉ. ⲧⲁⲓ ⲧⲉ ⲑⲉ ⲉⲧϥⲛⲏⲩ ⲙ̄ⲙⲟⲥ. ⲛⲑⲉ ⲛⲧⲁⲧⲉⲧⲛⲛⲁⲩ ⲉⲣⲟϥ ⲉϥⲛⲁⲃⲱⲕ ⲉϩⲣⲁⲓ ⲉⲧⲡⲉ.

12 ⲧⲟⲧⲉ ⲁⲩⲕⲟⲧⲟⲩ ⲉⲑⲓⲗⲏⲙ ⲉⲃⲟⲗ ϩⲙ ⲡⲧⲟⲟⲩ ⲉϣⲁⲩⲙⲟⲩⲧⲉ ⲉⲣⲟϥ ϫⲉ ⲡⲧⲟⲟⲩ ⲛ̄ⲛ̄ϫⲟⲉⲓⲧ. ⲉϥⲟⲩⲏⲧ ⲛ̄ⲑⲓⲗⲏⲙ ⲛⲟⲩϩⲣⲓⲛ ⲛⲥⲁϣϥ ⲛ̄ⲡⲣⲟⲟⲩⲛ.

13 ⲁⲩⲱ ⲛ̄ⲧⲉⲣⲟⲩⲉⲓ ⲉϩⲟⲩⲛ

INTRODUCTION

ⲁⲩⲃⲱⲕ ⲉϩⲣⲁⲓ ⲉⲡⲙⲁⲛⲧⲡⲉ·
ⲉⲡⲉⲧⲟⲩⲏϩ ⲡϩⲏⲧϥ· ⲡⲉⲧⲣⲟⲥ ⲛⲙ̄
ⲓⲱⲁⲛⲛⲏⲥ ⲛⲙ̄ ⲓ̈ⲁⲕⲱⲃⲟⲥ ⲛⲙ̄
ⲁⲛⲇⲣⲉⲁⲥ ⲫⲓⲗⲓⲡⲡⲟⲥ ⲛⲙ̄ ⲑⲱ-
ⲙⲁⲥ ⲃⲁⲣⲑⲟⲗⲟⲙⲁⲓⲟⲥ ⲛⲙ̄ ⲙⲁ-
ⲑⲁⲓⲟⲥ ⲓ̈ⲁⲕⲕⲱⲃⲟⲥ ⲡϣⲏⲣⲉ ⲛ̄ⲁⲗ-
ⲫⲁⲓⲟⲥ ⲁⲩⲱ ⲥⲓⲙⲱⲛ ⲡⲍⲏⲗⲱⲧⲏⲥ
ⲛⲙ̄ ⲓ̈ⲟⲩⲇⲁⲥ ⲡϣⲏⲣⲉ ⲛ̄ⲓ̈ⲁⲕⲕⲱ-
ⲃⲟⲥ·

14 ⲛⲁⲓ̈ ⲧⲏⲣⲟⲩ ⲟⲩⲡⲣⲟⲥⲕⲁⲣ-
ⲧⲉⲣⲉⲓ ⲉⲡⲉϣⲗⲏⲗ ⲛⲙ̄ ϩⲉⲛⲥϩⲓⲙⲉ
ⲁⲩⲱ ⲙⲁⲣⲓϩⲁⲙ ⲧⲙⲁⲁⲩ ⲛ̄ⲓ̄ⲥ̄ ⲛⲙ̄
ⲡⲉϥⲥⲛⲏⲩ ⲧⲏⲣⲟⲩ·

15 ϩⲣⲁⲓ̈ ⲇⲉ ⲛ̄ⲡⲉⲓ̈ϩⲟⲟⲩ ⲁϥ-
ⲧⲱⲟⲩⲛ ⲛ̄ϭⲓⲡⲉⲧⲣⲟⲥ ⲛ̄ⲧⲙⲏⲧⲉ
ⲛ̄ⲡⲉⲥⲛⲏⲩ ⲉⲟⲩ ⲟⲩⲙⲏⲏϣⲉ ⲛ̄-
ⲙⲁⲩ ⲉⲧⲛⲁⲣ ⲁϣⲏ ⲭⲟⲩⲱⲧ ⲛ̄ⲣⲁⲛ·
ⲁⲩⲱ ⲡⲉϫⲁϥ·

16 ϫⲉ ⲛ̄ⲣⲱⲙⲉ ⲛⲉⲥⲛⲏⲩ ⲛⲉ-
ϩⲁⲡⲥ̄ ⲉⲧⲣⲉ ⲧⲉⲅⲣⲁⲫⲏ ϫⲱⲕ ⲉⲃⲟⲗ
ⲧⲁⲓ̈ ⲛ̄ⲧⲁϥϫⲟⲟⲥ ϫⲓⲛ ⲛ̄ϣⲟⲣⲡ̄ ϩⲙ̄
ⲡⲉⲡⲛ̄ⲁ ⲉⲧⲟⲩⲁⲁⲃ ⲉⲃⲟⲗ ϩⲓⲧⲛ̄
ⲧⲧⲁⲡⲣⲟ ⲛ̄ⲇⲁⲩⲉⲓⲇ ⲉⲧⲃⲉ ⲓ̈ⲟⲩⲇⲁⲥ
ⲡⲉ ⲛ̄ⲧⲁϥϣⲱⲡⲉ ⲛ̄ⲣⲉϥϫⲓⲙⲟⲉⲓⲧ
ⲛ̄ⲛⲉⲛⲧⲁⲩϣⲱⲡⲉ ⲛⲓ̄ⲥ̄·

17 ϫⲉ ⲛⲉⲁⲟⲡϥ̄ ϩⲣⲁⲓ̈ ⲛ̄ϩⲏⲧⲛ̄·
ⲁⲩⲱ ⲁϥϫⲓ ⲙ̄ⲡⲉⲕⲗⲏⲣⲟⲥ ⲛ̄ⲧⲁⲉⲓ-
ⲇⲓⲁⲕⲟⲛⲓⲁ·

18 ⲡⲁⲓ̈ ϭⲉ ⲁϥϣⲱⲡ ⲛⲁϥ ⲛ̄ⲟⲩ-
ϭⲱⲙ ⲉⲃⲟⲗ ϩⲙ̄ ⲡⲃⲉⲕⲉ ⲙ̄ⲡⲉϥϫⲓ
ⲛ̄ϭⲟⲛⲥ̄· ⲁϥϩⲉ ⲉϫⲙ̄ ⲡⲉϥϩⲟ·
ⲁϥⲡⲱϣ ⲡⲉⲧⲛ̄ⲡⲉϥϭⲣⲟⲧⲛ̄ ⲧⲏⲣⲟⲩ
ⲁⲩⲡⲱⲛ ⲉⲃⲟⲗ·

19 ⲁⲩⲱ ⲁ ⲡⲉⲓ̈ϩⲱⲃ ϭⲱⲗⲡ̄
ⲉⲃⲟⲗ ⲙ̄ⲡⲉⲙⲧⲟ ⲉⲃⲟⲗ ⲛ̄ⲟⲩⲟⲛ
ⲛⲓⲙ ⲉⲧⲟⲩⲏϩ ⲛ̄ⲑⲓⲉⲣⲟⲩⲥⲁⲗⲏⲙ·
ϩⲱⲥⲧⲉ ⲛ̄ⲥⲉⲙⲟⲩⲧⲉ ⲉⲡϭⲱⲙ ⲉⲧ-
ⲙ̄ⲙⲁⲩ ϩⲛ̄ ⲧⲉⲧⲁⲥⲡⲉ ϫⲉ ⲁⲕⲗ-

ⲁⲩⲃⲱⲕ ⲉϩⲣⲁⲓ ⲉⲧⲙⲁ ⲛ̄ⲧⲡⲉ
ⲉⲡⲉⲧⲟⲩⲏϩ ⲡ̄ϩⲏⲧϥ̄ ⲛ̄ϭⲓⲡⲉⲧⲣⲟⲥ
ⲙⲛ̄ ⲓⲱⲁⲛⲛⲏⲥ ⲙⲛ̄ ⲓⲁⲕⲱⲃⲟⲥ
ⲁⲩⲱ ⲁⲛⲇⲣⲉⲁⲥ ⲫⲓⲗⲓⲡⲡⲟⲥ ⲙⲛ̄
ⲑⲱⲙⲁⲥ ⲃⲁⲣⲑⲟⲗⲟⲙⲁⲓⲟⲥ ⲙⲛ̄
ⲙⲁⲑⲁⲓⲟⲥ ⲓⲁⲕⲱⲃⲟⲥ ⲡϣⲏⲣⲉ
ⲛ̄ⲁⲗⲫⲁⲓⲟⲥ ⲁⲩⲱ ⲥⲓⲙⲱⲛ ⲡⲍⲏ-
ⲗⲱⲧⲏⲥ ⲙⲛ̄ ⲓⲟⲩⲇⲁⲥ ⲡϣⲏⲣⲉ
ⲛ̄ⲓⲁⲕⲱⲃⲟⲥ.

14 ⲛⲁⲓ ⲧⲏⲣⲟⲩ ⲛⲉⲧⲡⲣⲟⲥⲕⲁⲣ-
ⲧⲉⲣⲉⲓ ⲉⲡⲉϣⲗⲏⲗ. ⲙⲛ̄ ϩⲉⲛⲥϩⲓⲙⲉ
ⲙⲛ̄ ⲙⲁⲣⲓϩⲁⲙ ⲧⲙⲁⲁⲩ ⲛ̄ⲓ̄ⲥ̄. ⲁⲩⲱ
ⲡⲉϥⲥⲛⲏⲩ.

15 ϩⲣⲁⲓ ⲇⲉ ϩⲛ̄ ⲡⲉⲓϩⲟⲟⲩ
ⲁϥⲧⲱⲟⲩⲛ ⲛ̄ϭⲓⲡⲉⲧⲣⲟⲥ ϩⲛ̄ ⲧⲙⲏⲧⲉ
ⲛ̄ⲡⲉⲥⲛⲏⲩ. ⲉⲧⲛ̄ ⲟⲩⲙⲏⲏϣⲉ ⲛ̄-
ⲙⲁⲩ ⲉⲧⲛⲁⲣ̄ ϣⲉ ⲭⲟⲩⲱⲧ ⲛ̄ⲣⲁⲛ.
ⲁⲩⲱ ⲡⲉϫⲁϥ.

16 ϫⲉ ⲛ̄ⲣⲱⲙⲉ ⲛⲉⲥⲛⲏⲩ. ⲛⲉ-
ϩⲁⲡⲥ̄ ⲡⲉ ⲉⲧⲣⲉ ⲧⲉⲅⲣⲁⲫⲏ ϫⲱⲕ
ⲉⲃⲟⲗ ⲧⲁⲓ ⲉⲡⲧⲁϥϫⲟⲟⲥ ϫⲓⲛ ⲛ̄-
ϣⲟⲣⲡ̄ ⲛ̄ϭⲓⲡⲉⲡⲛ̄ⲁ ⲉⲧⲟⲩⲁⲁⲃ ⲉⲃⲟⲗ
ϩⲓⲧⲛ̄ ⲧⲧⲁⲡⲣⲟ ⲛ̄ⲇⲁⲧⲉⲓⲇ ⲉⲧⲃⲉ
ⲓⲟⲩⲇⲁⲥ. ⲡⲁⲓ ⲛ̄ⲧⲁϥϣⲱⲡⲉ ⲛ̄ⲣⲉϥ-
ϫⲓⲙⲟⲉⲓⲧ ϩⲏⲧⲟⲩ ⲛ̄ⲛⲉⲛⲧⲁⲩϭⲱⲡⲉ
ⲛⲓ̄ⲥ̄.

17 ϫⲉ ⲛⲉⲁⲧⲟⲡϥ̄ ϩⲣⲁⲓ ⲛ̄ϩⲏⲧⲛ̄.
ⲁⲩⲱ ⲁϥϫⲓ ⲙ̄ⲡⲉⲕⲗⲏⲣⲟⲥ ⲛ̄ⲧⲉⲓ-
ⲇⲓⲁⲕⲟⲛⲓⲁ.

18 ⲡⲁⲓ ⲇⲉ ⲁϥϣⲱⲡ ⲛⲁϥ ⲛ̄ⲟⲩ-
ϭⲱⲙ ϩⲙ̄ ⲡⲃⲉⲕⲉ ⲙ̄ⲡⲉϥϫⲓ
ⲛ̄ϭⲟⲛⲥ̄. ⲁⲩⲱ ⲁϥϩⲉ ⲉϫⲙ̄ ⲡⲉϥϩⲟ.
ⲁϥⲡⲱϣ ϩⲛ̄ ⲧⲉϥⲙⲏⲧⲉ. ⲁ ⲛⲉⲧ-
ⲙ̄ⲡⲉϥϭⲣⲟⲧⲛ̄   ⲧⲏⲣⲟⲩ   ⲡⲱⲛⲉ
ⲉⲃⲟⲗ.

19 ⲁⲩⲱ ⲁ ⲡⲉⲓϩⲱⲃ ϭⲱⲗⲡ̄
ⲉⲃⲟⲗ ⲛ̄ⲟⲩⲟⲛ ⲛⲓⲙ ⲉⲧⲟⲩⲏϩ ϩⲛ̄
ⲑⲓⲗⲏⲙ. ϩⲱⲥⲧⲉ ⲛ̄ⲥⲉⲙⲟⲩⲧⲉ ⲉⲡ-
ϭⲱⲙ ⲉⲧⲙ̄ⲙⲁⲩ ϩⲛ̄ ⲧⲉⲧⲁⲥⲡⲉ ϫⲉ
ⲁⲕⲉⲗⲇⲁⲙⲁⲭ. ⲉⲧⲉ ⲡⲁⲓ ⲡⲉ.

INTRODUCTION

ⲁⲙⲁⲕ ⲉⲧⲉ ⲡⲁⲓ ⲡⲉ ⲡϭⲱⲙ
ⲙ̄ⲡⲉⲥⲡⲟϥ·

20 ϥⲥⲏϩ ⲅⲁⲣ ϩⲙ̄ ⲡⲭⲱⲙⲉ
ⲙ̄ⲡⲉϥⲯⲁⲗⲙⲟⲥ ϫⲉ ϫⲉ ⲙⲁⲣⲉ
ⲧⲉϥⲣ̄ⲥⲱ ϣⲱⲡⲉ ⲛ̄ϫⲁⲓⲉ ⲁⲩⲱ
ⲙ̄ⲡⲣ̄ⲧⲣⲉϥϣⲱⲡⲉ ⲛ̄ϭⲓ ⲡⲉⲧⲟⲩⲏϩ
ϩⲛ̄ ⲡⲉϥⲙⲁⲛ̄ϣⲱⲡⲉ· ⲁⲩⲱ ⲧⲉϥ-
ⲙⲛ̄ⲧⲉⲡⲓⲥⲕⲟⲡⲟⲥ ⲙⲁⲣⲉ ⲕⲉⲟⲩⲁ
ϫⲓⲧⲥ̄·

21 ϣϣⲉ ϭⲉ ⲉⲃⲟⲗ ϩⲛ̄ ⲛ̄ⲣⲱⲙⲉ
ⲉⲧⲙⲟⲟϣⲉ ⲛⲙ̄ⲙⲁⲛ ⲙ̄ⲡⲉⲓ ⲟⲩ-
ⲟⲉⲓϣ ⲧⲏⲣϥ̄ ⲛ̄ⲧⲁϥⲉⲓ ⲉϩⲟⲩⲛ ⲁⲩⲱ
ⲁϥⲃⲱⲕ ⲉⲧⲟⲗ (sic) ϩⲓ ⲧⲟⲟⲧⲛ̄ ⲛ̄ϭⲓ
ⲡⲭⲟⲉⲓⲥ ⲓⲥ̄·

22 ⲉⲁϥⲁⲣⲭⲉⲓ ϫⲓⲛ ⲡⲃⲁⲡⲧⲓⲥ-
ⲙⲁ ⲛ̄ⲓ̈ⲱϩⲁⲛⲛⲏⲥ ϣⲁϩⲣⲁⲓ ⲉⲡⲉ-
ϩⲟⲟⲩ ⲉⲛⲧⲁⲩϥⲓⲧϥ̄ ⲉϩⲣⲁⲓ ϩⲓ
ⲧⲟⲟⲧⲛ̄ ⲉⲧⲣⲉ ⲟⲩⲁ ⲙ̄ⲡⲁⲓ ϣⲱⲡⲉ
ⲛⲁⲛ ⲙ̄ⲙⲛ̄ⲧⲣⲉ ⲛ̄ⲧⲉϥⲁⲛⲁⲥⲧⲁⲥⲓⲥ·

23 ⲁⲩⲱ ⲁⲩⲧⲁϩⲉ ⲥⲛⲁⲩ ⲉⲣⲁ-
ⲧⲟⲩ ⲓ̈ⲱⲥⲏⲥ ⲡⲉⲧⲉϣⲁⲩⲙⲟⲩⲧⲉ
ⲉⲣⲟϥ ϫⲉ ⲃⲁⲣⲥⲁⲃⲃⲁⲥ ⲡⲁⲓ ⲛ̄ⲧⲁⲩ-
ϯⲣⲓⲛϥ̄ ϫⲉ ⲓ̈ⲟⲩⲥⲧⲟⲥ ⲁⲩⲱ ⲙⲁ-
ⲧⲓⲁⲥ·

24 ⲁⲩϣⲗⲏⲗ ⲇⲉ ⲉⲩϫⲱ
ⲙ̄ⲙⲟⲥ ϫⲉ ⲡϫⲟⲉⲓⲥ ⲛ̄ⲧⲟⲕ ⲡⲉⲧ-
ⲥⲟⲟⲩⲛ ⲙ̄ⲡϩⲏⲧ ⲛ̄ⲟⲩⲟⲛ ⲛⲓⲙ
ⲟⲩⲱⲛϩ̄ ⲉⲃⲟⲗ ⲡⲟⲩⲁ ⲙ̄ⲡⲉⲓ̈ⲥⲛⲁⲩ
ⲡⲉⲛⲧⲁⲕⲥⲟⲧⲡϥ̄·

25 ⲉϫⲓ ⲡⲙⲁ ⲛ̄ⲧⲉⲓ̈ⲇⲓⲁⲕⲟⲛⲓⲁ
ⲁⲩⲱ ⲧⲙⲛ̄ⲧⲁⲡⲟⲥⲧⲟⲗⲟⲥ ⲉⲡⲧⲁ
ⲓ̈ⲟⲩⲇⲁⲥ ⲡⲁⲣⲁⲃⲁ ⲙ̄ⲙⲟⲥ ⲉⲧⲣⲉϥ-
ⲃⲱⲕ ⲉϩⲣⲁⲓ̈ ⲉⲡⲉϥⲙⲁ ⲙ̄ⲙⲓⲛ
ⲙ̄ⲙⲟϥ·

26 ⲁⲩⲱ ⲁⲩϯ ⲛⲁⲩ ⲙ̄ ⲡⲉⲧ-
ⲕⲗⲏⲣⲟⲥ ⲁ ⲡⲉⲕⲗⲏⲣⲟⲥ ⲉⲓ ⲉϫⲛ̄
ⲙⲁⲧⲓⲁⲥ· ⲁⲩⲟⲡϥ̄ ⲛⲙ̄ ⲡⲙⲛ̄ⲧⲟⲩⲉ
ⲛ̄ⲁⲡⲟⲥⲧⲟⲗⲟⲥ·

ⲡϭⲱⲙ ⲙ̄ⲡⲉⲥⲡⲟϥ.

20 ϥⲥⲏϩ ⲅⲁⲣ ϩⲙ̄ ⲡⲭⲱⲙⲉ
ⲙ̄ⲡⲉϥⲯⲁⲗⲙⲟⲥ. ϫⲉ ⲙⲁⲣⲉ ⲧⲉϥ-
ⲉⲣⲥⲱ ϣⲱⲡⲉ ⲛ̄ϫⲁⲓⲉ. ⲁⲩⲱ ⲙ̄ⲡⲣ̄-
ⲧⲣⲉϥϣⲱⲡⲉ ⲛ̄ϭⲓ ⲡⲉⲧⲟⲩⲏϩ ϩⲛ̄
ⲡⲉϥⲙⲁⲛ̄ϣⲱⲡⲉ. ⲁⲩⲱ ⲧⲉϥⲙⲛ̄-
ⲧⲉⲡⲓⲥⲕⲟⲡⲟⲥ ⲙⲁⲣⲉ ⲕⲉⲟⲩⲁ ϫⲓⲧⲥ̄.

21 ϣϣⲉ ϭⲉ ⲉⲃⲟⲗ ϩⲛ̄ ⲛ̄ⲣⲱⲙⲉ
ⲉⲧⲙⲟⲟϣⲉ ⲛⲙ̄ⲙⲁⲛ ϩⲛ̄ ⲡⲉⲓⲟⲩ-
ⲟⲉⲓϣ ⲧⲏⲣϥ̄ ⲉⲛⲧⲁϥⲉⲓ ⲉϩⲟⲩⲛ ⲁⲩⲱ
ⲁϥⲃⲱⲕ ⲉⲃⲟⲗ ϩⲓⲧⲟⲟⲧⲛ̄ ⲛ̄ϭⲓⲡ-
ϫⲟⲉⲓⲥ ⲓⲥ̄.

22 ⲉⲁϥⲁⲣⲭⲉⲓ ϫⲓⲛ ⲡⲃⲁⲡⲧⲓⲥ-
ⲙⲁ ⲛ̄ⲓ̈ⲱϩⲁⲛⲛⲏⲥ ϣⲁϩⲣⲁⲓ ⲉⲡⲉ-
ϩⲟⲟⲩ ⲛ̄ⲧⲁⲩϥⲓⲧϥ̄ ⲉϩⲣⲁⲓ ⲛ̄ⲧⲟⲟⲧⲛ̄.
ⲉⲧⲣⲉ ⲟⲩⲁ ⲙ̄ⲡⲁⲓ ϣⲱⲡⲉ ⲛⲙ̄ⲙⲁⲛ
ⲙ̄ⲙⲛ̄ⲧⲣⲉ ⲛ̄ⲧⲉϥⲁⲛⲁⲥⲧⲁⲥⲓⲥ.

23 ⲁⲩⲱ ⲁⲩⲧⲁϩⲉ ⲥⲛⲁⲩ ⲉⲣⲁ-
ⲧⲟⲩ. ⲓⲱⲥⲏⲥ ⲡⲉⲧⲉϣⲁⲩⲙⲟⲩⲧⲉ
ⲉⲣⲟϥ ϫⲉ ⲃⲁⲣⲥⲁⲃⲃⲁⲥ. ⲡⲁⲓ ⲛ̄-
ⲧⲁⲩϯⲣⲓⲛϥ̄ ϫⲉ ⲓⲟⲩⲥⲧⲟⲥ. ⲁⲩⲱ
ⲙⲁⲑⲑⲓⲁⲥ.

24 ⲁⲩϣⲗⲏⲗ ⲇⲉ. ⲉⲩϫⲱ ⲙ̄-
ⲙⲟⲥ. ϫⲉ ⲡϫⲟⲉⲓⲥ. ⲛ̄ⲧⲟⲕ ⲉⲧⲥⲟⲟⲩⲛ
ⲙ̄ⲫⲏⲧ ⲡ̄ⲟⲩⲟⲛ ⲛⲓⲙ. ⲟⲩⲱⲛϩ̄
ⲉⲃⲟⲗ ⲡⲟⲩⲁ ϩⲙ̄ⲡⲉⲓⲥⲛⲁⲩ ⲡⲉⲛ-
ⲧⲁⲕⲥⲟⲧⲡϥ̄.

25 ⲉϫⲓ ⲙ̄ⲡⲙⲁ ⲛ̄ⲧⲉⲓⲇⲓⲁⲕⲟ-
ⲛⲓⲁ. ⲁⲩⲱ ⲧⲙⲛ̄ⲧⲁⲡⲟⲥⲧⲟⲗⲟⲥ.
ⲛ̄ⲧⲁⲡⲁⲣⲁⲃⲁ ⲛ̄ϩⲏⲧⲥ̄ ⲛ̄ϭⲓⲓⲟⲩⲇⲁⲥ
ⲉⲧⲣⲉϥⲃⲱⲕ ⲉϩⲣⲁⲓ ⲉⲡⲉϥⲙⲁ ⲙ̄-
ⲙⲓⲛ ⲙ̄ⲙⲟϥ.

26 ⲁⲩⲱ ⲁⲩϯ ⲛⲁⲩ ⲛ̄ϩⲉⲛⲕⲗⲏ-
ⲣⲟⲥ. ⲁ ⲡⲉⲕⲗⲏⲣⲟⲥ ⲉⲓ ⲉϩⲣⲁⲓ ⲉϫⲛ̄
ⲙⲁⲑⲑⲓⲁⲥ. ⲁⲩⲟⲡϥ̄ ⲙⲛ̄ ⲡⲙⲛ̄ⲧⲟⲩⲉ
ⲛ̄ⲁⲡⲟⲥⲧⲟⲗⲟⲥ.

INTRODUCTION

Chap. iii. 1 ⲡⲉⲧⲣⲟⲥ ⲇⲉ ⲛⲙ̄
ⲓ̈ⲱϩⲁⲛⲛⲏⲥ ⲛⲉⲩⲛⲁⲃⲱⲕ ⲉϩⲣⲁⲓ̈
ⲉⲡⲉⲣⲡⲉ ⲙ̄ⲡⲛⲁⲩ ⲛ̄ϫⲡⲥⲓⲧⲉ ⲙ̄-
ⲡⲛⲁⲩ ⲙ̄ⲡⲉϣⲗⲏⲗ ·

2 ⲁⲩⲱ ⲡⲉⲧⲛ̄ ⲟⲩⲣⲱⲙⲉ ⲛ̄ϭⲁⲗⲉ
ϫⲙ̄ ⲉϥϩⲏⲧⲥ̄ ⲛ̄ⲧⲉϥⲙⲁⲁⲩ ⲉϣⲁⲩ-
ϥⲓⲧϥ̄ ⲡⲁⲓ̈ ⲛⲉⲧⲕⲱ ⲙ̄ⲙⲟϥ ϩⲓⲣⲙ̄
ⲡⲣⲟ ⲉⲧⲟⲩⲙⲟⲩⲧⲉ ⲉⲣⲟϥ ϫⲉ
ⲡⲉⲧⲛⲉⲥⲱϥ ⲛ̄ⲧⲉ ⲡⲉⲣⲡⲉ ⲉⲧⲣⲉϥ-
ϫⲓⲧ ⲙ̄ⲡ̄ⲛⲁ ⲉⲃⲟⲗ ϩⲓⲧⲛ̄ ⲛⲉⲧⲃⲱⲕ
ⲉϩⲟⲩⲛ ⲉ ⲡⲉⲣⲡⲉ ·

3 ⲡⲁⲓ̈ ⲛ̄ⲧⲉⲣⲉϥⲛⲁⲩ ⲉⲡⲉⲧⲣⲟⲥ
ⲙⲛ̄ ⲓ̈ⲱϩⲁⲛⲛⲏⲥ

4

ⲡⲉϫⲁⲩ ⲛⲁϥ ϫⲉ ϭⲱϣⲧ̄ ⲉⲣⲟⲛ
5
ⲉϥⲙⲉⲉⲩⲉ ϫⲉ ⲉϥⲛⲁϫⲓ ⲟⲩⲗⲁⲁⲩ
ⲛ̄ⲧⲟⲟⲧⲟⲩ ·

6 ⲡⲉⲧⲣⲟⲥ ⲇⲉ ⲡⲉϫⲁϥ ⲛⲁϥ ϫⲉ
ⲙⲛ̄ ϩⲁⲧ ⲟⲩⲇⲉ ⲙⲛ̄ ⲛⲟⲩⲃ ϣⲟⲟⲡ
ⲛⲁⲓ̈ ⲡⲉⲧⲉⲟⲩⲛⲧⲁⲉⲓϥ ⲇⲉ †ⲛⲁⲧⲁⲁϥ
ⲛⲁⲕ · ϩⲙ̄ ⲡⲣⲁⲛ ⲛ̄ⲓ̄ⲥ̄ ⲡⲛⲁⲍⲱ-
ⲣⲁⲓⲟⲥ ⲙⲟⲟϣⲉ ·

7 ⲁⲩⲱ ⲁϥⲁⲙⲁϩⲧⲉ ⲛ̄ⲧⲉϥϭⲓϫ
ⲛ̄ⲟⲩⲛⲁⲙ ⲁϥⲧⲟⲩⲛⲟⲥϥ̄ ⲁⲩⲱ ⲁⲩ-
ⲧⲁϫⲣⲟ ⲛ̄ϫⲓ ⲛⲉϥϭⲟⲡ ⲁⲩⲱ ⲛⲉϥ-
†ⲃⲥ̄ ·

8 ⲁⲩⲱ ⲁϥϧⲟϭϥ̄ ⲁϥⲁϩⲉⲣⲁⲧϥ̄
ⲁⲩⲱ ⲁϥⲙⲟⲟϣⲉ ⲁϥⲃⲱⲕ ⲛⲙ̄ⲙⲁⲩ
ⲉϩⲟⲩⲛ ⲉⲡⲉⲣⲡⲉ ⲉϥⲙⲟⲟϣⲉ ⲁⲩⲱ
ⲉϥϫⲓϭⲟⲥ̄ ⲁⲩⲱ ⲉϥⲥⲙⲟⲩ ⲉⲡ-
ⲛⲟⲩⲧⲉ ·

9 ⲁ ⲡⲗⲁⲟⲥ ⲧⲏⲣϥ̄ ⲛⲁⲩ ⲉⲣⲟϥ
ⲉϥⲙⲟⲟϣⲉ ⲁⲩⲱ ⲉϥⲥⲙⲟⲩ ⲉⲡ-
ⲛⲟⲩⲧⲉ ·

10 ⲁⲩⲥⲟⲩⲱⲛϥ̄ ϫⲉ ⲡⲁⲓ̈ ⲡⲉⲧ-
ϩⲙⲟⲟⲥ ⲉϥϣⲉⲧ ⲙ̄ⲡ̄ⲛⲁ ϩⲓⲣⲙ̄

Chap. iii. 1 ⲡⲉⲧⲣⲟⲥ ⲇⲉ ⲙⲛ̄
ⲓⲱϩⲁⲛⲛⲏⲥ ⲛⲉⲩⲛⲁⲃⲱⲕ ⲉϩⲣⲁⲓ
ⲉⲡⲉⲣⲡⲉ ⲛ̄ϫⲡ̄ⲯⲓⲧⲉ ⲙ̄ⲡⲛⲁⲩ ⲙ̄-
ⲡⲉϣⲗⲏⲗ.

2 ⲁⲩⲱ ⲛⲉⲧⲛ̄ ⲟⲩⲣⲱⲙⲉ ⲛ̄ϭⲁⲗⲉ
ϫⲓⲛ ⲉϥϩⲏⲧⲥ̄ ⲛ̄ⲧⲉϥⲙⲁⲁⲩ.
ⲉϣⲁⲩϥⲓⲧϥ̄. ⲡⲁⲓ ⲉⲛⲉⲧⲕⲱ ⲙ̄ⲙⲟϥ
ⲙ̄ⲙⲏⲛⲉ ϩⲓⲣⲙ̄ ⲡⲣⲟ. ⲉⲧⲟⲩⲙⲟⲩⲧⲉ
ⲉⲣⲟϥ ϫⲉ ⲡⲉⲧⲛⲉⲥⲱϥ ⲛ̄ⲧⲉ ⲡⲉⲣⲡⲉ.
ⲉⲧⲣⲉϥϫⲓⲧ ⲙ̄ⲡ̄ⲛⲁ ⲉⲃⲟⲗ ϩⲓⲧⲛ̄
ⲛⲉⲧⲃⲏⲕ ⲉϩⲟⲩⲛ ⲉⲡⲉⲣⲡⲉ.

3 ⲡⲁⲓ ⲛ̄ⲧⲉⲣⲉϥⲛⲁⲩ ⲉⲡⲉⲧⲣⲟⲥ
ⲙⲛ̄ ⲓⲱϩⲁⲛⲛⲏⲥ ⲉⲧⲛⲁⲃⲱⲕ ⲉϩⲟⲩⲛ
ⲉⲡⲉⲣⲡⲉ ⲁϥⲥⲡ̄ⲥⲱⲡⲟⲩ ⲉ† ⲛⲁϥ
ⲛ̄ⲟⲩⲙ̄ⲛⲧⲛⲁ

4 ⲡⲉⲧⲣⲟⲥ ⲁϥⲉⲓⲱⲣⲙ̄ ⲉϩⲟⲩⲛ
ⲉϩⲣⲁϥ ⲙⲛ̄ ⲓⲱϩⲁⲛⲛⲏⲥ ⲡⲉϫⲁⲧ
ⲛⲁϥ. ϫⲉ ϭⲱϣⲧ̄ ⲉⲣⲟⲛ

5 ⲡⲧⲟϥ ⲇⲉ ⲁϥϭⲱϣⲧ̄ ⲉⲣⲟⲟⲩ.
ⲉϥⲙⲉⲉⲩⲉ ϫⲉ ⲉϥⲛⲁϫⲓ ⲟⲩⲗⲁⲁⲩ
ⲛ̄ⲧⲟⲟⲧⲟⲩ.

6 ⲡⲉⲧⲣⲟⲥ ⲇⲉ ⲡⲉϫⲁϥ ⲛⲁϥ.
ϫⲉ ⲙ̄ⲙⲛ̄ ϩⲁⲧ ⲟⲩⲇⲉ ⲙ̄ⲙⲛ̄ ⲛⲟⲩⲃ
ϣⲟⲟⲡ ⲛⲁⲓ. ⲡⲉⲧⲉⲩⲛ̄ⲧⲁⲓϥ ⲇⲉ
†ⲛⲁⲧⲁⲁϥ ⲛⲁⲕ. ϩⲛ̄ ⲡⲣⲁⲛ ⲛ̄ⲓ̄ⲥ̄
ⲡⲉⲭ̄ⲥ̄ ⲡⲛⲁⲍⲱⲣⲁⲓⲟⲥ ⲙⲟⲟϣⲉ.

7 ⲁⲩⲱ ⲁϥⲁⲙⲁϩⲧⲉ ⲛ̄ⲧⲉϥϭⲓϫ
ⲛ̄ⲟⲩⲛⲁⲙ ⲁϥⲧⲟⲩⲛⲟⲥϥ̄. ⲛ̄ⲧⲉⲩⲛⲟⲩ
ⲇⲉ ⲁⲩⲧⲁϫⲣⲟ ⲛ̄ϭⲓ ⲛⲉϥϭⲟⲡ ⲙⲛ̄
ⲛⲉϥ†ⲃⲥ̄.

8 ⲁϥϧⲟϭϥ̄ ⲁϥⲁϩⲉⲣⲁⲧϥ̄ ⲁϥ-
ⲙⲟⲟϣⲉ. ⲁⲩⲱ ⲁϥⲃⲱⲕ ⲛⲙ̄ⲙⲁⲩ
ⲉϩⲟⲩⲛ ⲉⲡⲉⲣⲡⲉ. ⲉϥⲙⲟⲟϣⲉ ⲁⲩⲱ
ⲁϥϫⲓϭⲟⲥ̄. ⲉϥⲥⲙⲟⲩ ⲉⲡⲛⲟⲩⲧⲉ.

9 ⲁ ⲡⲗⲁⲟⲥ ⲧⲏⲣϥ̄ ⲛⲁⲩ ⲉⲣⲟϥ
ⲉϥⲙⲟⲟϣⲉ ⲁⲩⲱ ⲉϥⲥⲙⲟⲩ ⲉⲡ-
ⲛⲟⲩⲧⲉ.

10 ⲁⲩⲥⲟⲩⲱⲛϥ̄. ϫⲉ ⲡⲁⲓ ⲡⲉ
ⲉⲛⲉϥϩⲙⲟⲟⲥ ⲉϥϣⲉⲧ ⲙ̄ⲡ̄ⲛⲁ

INTRODUCTION   liii

ⲛ̄ⲧⲩⲗⲏ ⲉⲧⲡⲉⲥⲱⲥ ⲛ̄ⲧⲉ ⲡⲉⲣⲡⲉ·
ⲁⲧⲙⲟⲩϩ ⲡ̄ⲣⲟⲧⲉ ⲁⲩⲱ ⲁⲩⲡⲱϣⲧ̄
ⲉϩⲣⲁⲓ ⲉϫⲛ̄ ⲡϭⲱⲃ ⲛ̄ⲧⲁϥϣⲱⲡⲉ
ⲙ̄ⲙⲟϥ·

11 ⲉϥⲁⲙⲁϩⲧⲉ ⲇⲉ ⲙ̄ⲡⲉⲧⲣⲟⲥ
ⲙⲛ̄ ⲓ̈ⲱⲁⲛⲛⲏⲥ ⲁ ⲡⲗⲁⲟⲥ ⲧⲏⲣϥ̄
ⲥⲱⲟⲩϩ ⲉⲣⲟⲟⲩ ϩⲁ ⲧⲉⲥⲧⲟ[ⲁ]
ⲉⲧⲟⲩⲙⲟⲩⲧⲉ ⲉⲣⲟⲥ ϫⲉ ⲧⲁ ⲥⲟⲗⲟ-
ⲙⲱⲛ ⲉⲩϣⲧⲣ̄ⲧⲣ̄·

12 ⲛ̄ⲧⲉⲣⲉϥⲛⲁⲩ ⲇⲉ ⲛ̄ϭⲓ ⲡⲉ-
ⲧⲣⲟⲥ ⲡⲉϫⲁϥ ϫⲉ ⲛ̄ⲣⲱⲙⲉ ⲛ̄ⲧⲉ
ⲡⲓⲥⲣⲁⲏⲗ ⲁϩⲣⲱⲧⲛ̄ ⲧⲉⲧⲛ̄ⲣ̄ϣⲡⲏⲣⲉ
ⲉϫⲛ̄ ⲡⲁⲓ̈ ⲏ̄ ⲉⲧⲃⲉ ⲟⲩ ⲧⲉⲧⲛ̄ⲉⲓⲟⲣⲙ̄
ⲛ̄ⲥⲱⲛ ϩⲱⲥ ⲛ̄ⲧⲁⲛⲣ̄ ⲡⲁⲓ̈ ϩⲛ̄ ⲧⲉⲛ-
ϭⲟⲙ ⲏ ⲧⲉⲛⲙⲛ̄ⲧⲉⲩⲥⲉⲃⲏⲥ·

13 ⲡⲛⲟⲩⲧⲉ ⲛ̄ ⲁⲃⲣⲁϩⲁⲙ
ⲡⲛⲟⲩⲧⲉ ⲛ̄ⲓ̄ⲥⲁⲕ ⲡⲛⲟⲩⲧⲉ ⲛ̄ⲓ̄ⲁⲕⲱⲃ
ⲁⲩⲱ ⲡⲛⲟⲩⲧⲉ ⲛ̄ⲛⲉⲡⲉⲓⲟⲧⲉ ⲁϥ-
ϯⲉⲟⲟⲩ ⲙ̄ⲡⲉϥϣⲏⲣⲉ ⲓ̄ⲥ̄ ⲡⲁⲓ̈ ⲛ̄-
ⲧⲱⲧⲛ̄ ⲉⲛⲧⲁⲧⲛ̄ⲧⲁⲁϥ ⲉϩⲣⲁⲓ̈ ⲉⲛⲁⲣ-
ⲛⲁ ⲙ̄ⲙⲟϥ ⲁⲩⲱ ⲁⲧⲉⲧⲛ̄ⲥⲟϣϥ̄
ⲙ̄ⲡⲉⲙⲧⲟ ⲉⲃⲟⲗ ⲙ̄ⲡⲓⲗⲁⲧⲟⲥ ⲉⲁ
ⲡⲉⲧⲙ̄ⲙⲁⲩ ⲕⲣⲓⲛⲉ ⲉⲕⲁⲁϥ ⲉⲃⲟⲗ·

14 ⲛ̄ⲧⲱⲧⲛ̄ ⲇⲉ ⲡⲉⲧⲟⲩⲁⲁⲃ ⲁⲩⲱ
ⲡⲇⲓⲕⲁⲓⲟⲥ ⲁⲧⲉⲧⲛ̄ⲁⲣⲛⲁ ⲙ̄ⲙⲟϥ
ⲙ̄ⲡⲉⲙⲧⲟ ⲉⲃⲟⲗ ⲙ̄ⲡⲓⲗⲁⲧⲟⲥ
ⲉⲁⲧⲉⲧⲛ̄ⲁⲓⲧⲉⲓ ⲉⲕⲱ ⲛⲏⲧⲛ̄ ⲉⲃⲟⲗ
ⲛ̄ⲟⲩⲣⲱⲙⲉ ⲛ̄ⲣⲉϥϩⲱⲧⲃ̄·

15 ⲡⲁⲣⲭⲏⲅⲟⲥ ⲇⲉ ⲙ̄ⲡⲱⲛϩ̄
ⲁⲧⲉⲧⲛ̄ⲙⲟⲟⲩⲧⲧ ⲙ̄ⲙⲟϥ· ⲡⲁⲓ̈ ⲛ̄ⲧⲁ
ⲡⲛⲟⲩⲧⲉ ⲧⲟⲩⲛⲟⲥϥ̄ ⲉⲃⲟⲗ ϩⲛ̄
ⲛⲉⲧⲙⲟⲟⲩⲧ ⲡⲁⲓ̈ ⲁⲛⲟⲛ ⲉⲛϣⲟⲟⲛ
ⲛⲁϥ ⲙ̄ⲙⲛ̄ⲧⲣⲉ·

16 ⲁⲩⲱ ϩⲣⲁⲓ̈ ϩⲛ̄ ⲧⲡⲓⲥⲧⲓⲥ
ⲙ̄ⲡⲉϥⲣⲁⲛ ⲡⲁⲓ̈ ⲉⲧⲉⲧⲛ̄ⲥⲟⲟⲩⲛ
ⲙ̄ⲙⲟϥ· ⲁϥⲧⲁϫⲣⲟϥ(?) ⲛ̄ϭⲓ ⲡⲉϥ-
ⲣⲁⲛ ⲁⲩⲱ ⲧⲡⲓⲥⲧⲓⲥ ⲧ (sic) ⲉⲃⲟⲗ
ϩⲓⲧⲟⲟⲧϥ̄ ⲁϥϯ ⲛⲁϥ ⲙ̄ⲡⲉⲓ̈ⲟⲩϫⲁⲓ̈
ⲙ̄ⲡⲉⲧⲛ̄ⲙ̄ⲧⲟ ⲉⲃⲟⲗ ⲧⲏⲣϥ̄:

ϩⲓⲣⲛ̄ ⲧⲛ̄ⲧⲩⲗⲏ ⲉⲧⲡⲉⲥⲱⲥ ⲛ̄ⲧⲉ
ⲡⲉⲣⲡⲉ. ⲁⲧⲙⲟⲩϩ ⲇⲉ ⲡ̄ⲣⲟⲧⲉ ⲁⲩⲱ
ⲁⲩⲡⲱϣⲧ̄ ⲉϩⲣⲁⲓ ⲉϫⲛ̄ ⲡϭⲱⲃ
ⲛ̄ⲧⲁϥϣⲱⲡⲉ ⲙ̄ⲙⲟϥ.

11 ⲉϥⲁⲙⲁϩⲧⲉ ⲇⲉ ⲙ̄ⲡⲉⲧⲣⲟⲥ
ⲙⲛ̄ ⲓⲱⲁⲛⲛⲏⲥ ⲁ ⲡⲗⲁⲟⲥ ⲧⲏⲣϥ̄
ⲥⲱⲟⲩϩ ⲉⲣⲟⲟⲩ ϩⲁ ⲧⲉⲥⲧⲟⲁ ⲉⲧⲟⲩ-
ⲙⲟⲩⲧⲉ ⲉⲣⲟⲥ. ϫⲉ ⲧⲁ ⲥⲟⲗⲟⲙⲱⲛ
ⲉⲩϣⲧⲣ̄ⲧⲱⲣ.

12 ⲛ̄ⲧⲉⲣⲉϥⲛⲁⲩ ⲇⲉ ⲛ̄ϭⲓⲡⲉ-
ⲧⲣⲟⲥ ⲡⲉϫⲁϥ ⲛⲁⲩ. ϫⲉ ⲛ̄ⲣⲱⲙⲉ
ⲛ̄ⲧⲉ ⲡⲓⲏ̄ⲗ. ⲁϩⲣⲱⲧⲛ̄ ⲧⲉⲧⲛ̄ⲣ̄ϣ-
ⲡⲏⲣⲉ ⲉϩⲣⲁⲓ ⲉϫⲛ̄ ⲡⲁⲓ. ⲉⲓⲉ
ⲉⲧⲃⲉ ⲟⲩ ⲧⲉⲧⲛ̄ⲉⲓⲱⲣⲙ̄ ⲛ̄ⲥⲱⲛ. ϩⲱⲥ
ⲛ̄ⲧⲁⲛⲣ̄ ⲡⲁⲓ ϩⲛ̄ ⲧⲉⲛϭⲟⲙ ⲏ ⲧⲉⲛ-
ⲙⲛ̄ⲧⲉⲩⲥⲉⲃⲏⲥ.

13 ⲡⲛⲟⲩⲧⲉ ⲛ̄ ⲁⲃⲣⲁϩⲁⲙ ⲙⲛ̄
ⲓⲥⲁⲁⲕ ⲙⲛ̄ ⲓⲁⲕⲱⲃ. ⲡⲛⲟⲩⲧⲉ
ⲛ̄ⲛⲉⲡⲉⲓⲟⲧⲉ ⲁϥϯⲉⲟⲟⲩ ⲙ̄ⲡⲉϥ-
ϣⲏⲣⲉ ⲓ̄ⲥ̄. ⲡⲁⲓ ⲛ̄ⲧⲱⲧⲛ̄ ⲛ̄ⲧⲁⲧⲉⲧⲛ̄-
ⲧⲁⲁϥ ⲁⲩⲱ ⲁⲧⲉⲧⲛ̄ ⲁⲣⲛⲁ ⲙ̄ⲙⲟϥ
ⲙ̄ⲡⲉⲙⲧⲟ ⲉⲃⲟⲗ ⲙ̄ⲡⲓⲗⲁⲧⲟⲥ. ⲉⲁ
ⲡⲉⲧⲙ̄ⲙⲁⲩ ⲕⲣⲓⲛⲉ ⲉⲕⲁⲁϥ ⲉⲃⲟⲗ.

14 ⲛ̄ⲧⲱⲧⲛ̄ ⲇⲉ ⲡⲡⲉⲧⲟⲩⲁⲁⲃ
ⲁⲩⲱ ⲡⲇⲓⲕⲁⲓⲟⲥ ⲁⲧⲉⲧⲛ̄ⲁⲣⲛⲁ
ⲙ̄ⲙⲟϥ. ⲉⲁⲧⲉⲧⲛ̄ⲁⲓⲧⲉⲓ ⲉⲕⲱ ⲛⲏⲧⲛ̄
ⲉⲃⲟⲗ ⲛ̄ⲟⲩⲣⲱⲙⲉ ⲛ̄ⲣⲉϥϩⲱⲧⲃ̄.

15 ⲡⲁⲣⲭⲏⲅⲟⲥ ⲇⲉ ⲙ̄ⲡⲱⲛϩ̄
ⲁⲧⲉⲧⲛ̄ⲙⲟⲟⲩⲧⲧ ⲙ̄ⲙⲟϥ. ⲡⲁⲓ ⲉⲛⲧⲁ
ⲡⲛⲟⲩⲧⲉ ⲧⲟⲩⲛⲟⲥϥ̄ ⲉⲃⲟⲗ ϩⲛ̄ ⲛⲉⲧ-
ⲙⲟⲟⲩⲧ. ⲡⲁⲓ ⲁⲛⲟⲛ ⲉⲛϣⲟⲟⲡ
ⲛⲁϥ ⲙ̄ⲙⲛ̄ⲧⲣⲉ.

16 ⲁⲩⲱ ϩⲣⲁⲓ ϩⲛ̄ ⲧⲡⲓⲥⲧⲓⲥ
ⲙ̄ⲡⲉϥⲣⲁⲛ ⲡⲁⲓ ⲉⲧⲉⲧⲛ̄ⲛⲁⲩ ⲉⲣⲟϥ
ⲁⲩⲱ ⲉⲧⲉⲧⲛ̄ⲥⲟⲟⲩⲛ ⲙ̄ⲙⲟϥ ⲁϥ-
ⲧⲁϫⲣⲟ ⲛ̄ϭⲓ ⲡⲉϥⲣⲁⲛ. ⲁⲩⲱ ⲧⲡⲓ-
ⲥⲧⲓⲥ ⲉⲃⲟⲗ ϩⲓⲧⲟⲟⲧϥ̄ ⲁⲥϯ ⲛⲁϥ
ⲙ̄ⲡⲉⲓⲟⲩϫⲁⲓ ⲙ̄ⲡⲉⲧⲛ̄ⲙ̄ⲧⲟ ⲉⲃⲟⲗ
ⲧⲏⲣϥ̄.

17 ⲧⲉⲛⲟⲩ ϭⲉ ⲛⲁⲥⲛⲏⲩ ϯⲉⲓⲙⲉ
ϫⲉ ⲛ̄ⲧⲁ ⲧⲉⲧⲛ̄ⲁⲁⲥ ϩⲛ̄ ⲟⲩⲙⲛ̄ⲧⲁⲧ-
ⲥⲟⲟⲩⲛ ⲛ̄ⲑⲉ ⲛ̄ⲛⲉⲧⲛ̄ⲕⲉⲁⲣⲭⲱⲛ·

18 ⲡⲛⲟⲩⲧⲉ ⲇⲉ ⲛⲉⲛⲧⲁϥϫⲟⲟⲩ
ϫⲓⲛ ⲛ̄ϣⲟⲣⲡ̄ ⲉⲃⲟⲗ ϩⲓⲧⲛ̄ ⲧⲧⲁⲡⲣⲟ
ⲛ̄ⲛⲉⲡⲣⲟⲫⲏⲧⲏⲥ ⲧⲏⲣⲟⲩ ⲉⲧⲣⲉ
ⲡⲉϥⲭ̄ⲥ̄ ϣⲟⲡⲟⲩ ⲁϥϫⲟⲕⲟⲩ ⲉⲃⲟⲗ
ⲛ̄ⲧⲉⲓϩⲉ·

19 ⲙⲉⲧⲁⲛⲟⲓ̈ ϭⲉ ⲁⲩⲱ ⲛ̄ⲧⲉⲧⲛ̄
ⲕⲉⲧⲧⲏⲩⲧⲛ̄ ⲉⲧⲣⲉⲩϥⲱⲧⲉ ⲉⲃⲟⲗ
ⲛ̄ⲛⲉⲧⲛ̄ⲛⲟⲃⲉ ϫⲉⲕⲁⲥ ⲉⲩϣⲁⲛⲉⲓ
ⲛ̄ϭⲓ ⲛⲉⲩⲟⲉⲓϣ ⲙ̄ ⲛⲉⲩⲧⲟⲛ (sic)
ⲙ̄ⲡⲉⲙ̄ⲧⲟ ⲉⲃⲟⲗ ⲙ̄ⲡϫⲟⲉⲓⲥ·

20 ⲉϥⲉⲧⲛ̄ⲛⲟⲟⲩ ⲙ̄ⲡⲉⲛⲧⲁⲩ-
ⲧⲟϣϥ̄ ⲛⲁⲛ ⲡⲉ ⲡⲉⲭ̄ⲥ̄ ⲓ̄ⲥ̄·

21 ⲡⲁⲓ̈ ϩⲁⲡⲥ̄ ⲉⲧⲣⲉϥϣⲱⲡⲉ
ϩⲛ̄ ⲧⲡⲉ ϣⲁϩⲣⲁⲓ̈ ⲉⲡⲉⲟⲩⲟⲉⲓϣ
ⲙ̄ⲡϫⲱⲕ ⲉⲃⲟⲗ ⲛ̄ϩⲱⲃ ⲛⲓⲙ ⲉⲛⲧⲁ
ⲡⲛⲟⲩⲧⲉ ϫⲟⲟⲩ ϫⲓⲛ ⲉⲛⲉϩ ⲉⲃⲟⲗ
ϩⲓⲧⲛ̄ ⲧⲧⲁⲡⲣⲟ ⲙ̄ⲡⲉϥⲡⲣⲟⲫⲏⲧⲏⲥ
ⲉⲧⲟⲩⲁⲁⲃ·

22 ⲙⲱⲩⲥⲏⲥ ⲅⲁⲣ ⲁϥϫⲟⲟⲥ
ⲛ̄ⲛⲁϩⲣⲛ̄ ⲛⲉⲡⲉⲓⲟⲧⲉ· ϫⲉ ⲡϫⲟⲉⲓⲥ
ⲡⲉⲛⲛⲟⲩⲧⲉ ⲛⲁⲧⲟⲩⲛⲟⲥ ⲟⲩⲡⲣⲟ-
ⲫⲏⲧⲏⲥ ⲛⲏⲧⲛ̄ ⲉⲃⲟⲗ ϩⲛ̄ ⲛⲉⲧⲛ̄-
ⲥⲛⲏⲩ ⲛ̄ⲧⲁϩⲉ· ⲥⲱⲧⲙ̄ ⲛ̄ⲥⲱϥ ϣⲁϫⲉ
ⲛⲓⲙ ⲉⲧϥ̄ⲛⲁϫⲟⲟⲩ ⲛⲏⲧⲛ̄·

23 ⲉⲥⲉϣⲱⲡⲉ ⲇⲉ ⲯⲩⲭⲏ ⲛⲓⲙ
ⲉⲧⲉⲛϥ̄ⲛⲁⲥⲱⲧⲙ̄ ⲁⲛ ⲛ̄ⲥⲁ ⲡⲉⲡⲣⲟ-
ⲫⲏⲧⲏⲥ ⲉⲧⲙ̄ⲙⲁⲩ ⲥⲉⲛⲁϥⲟⲧⲥ̄
ⲉⲃⲟⲗ ϩⲙ̄ ⲡⲗⲁⲟⲥ·

24 ⲛⲉⲡⲣⲟⲫⲏⲧⲏⲥ ⲟⲛ ⲧⲏⲣⲟⲩ
ϫⲓⲛ ⲥⲁⲙⲟⲩⲏⲗ ⲁⲩⲱ ⲙ̄ⲛ̄ⲛ̄ⲥⲱϥ
ⲁⲩϣⲁϫⲉ ⲁⲩⲱ ⲁⲩⲧⲁϣⲉⲟⲉⲓϣ ϩⲛ̄
ⲛⲉϩⲟⲟⲩ·

25 ⲛ̄ⲧⲱⲧⲛ̄ ⲇⲉ ⲡⲉ ⲛ̄ϣⲏⲣⲉ ⲛ̄
ⲛⲉⲡⲣⲟⲫⲏⲧⲏⲥ ⲛⲙ̄ ⲧⲇⲓⲁⲑⲏⲕⲏ
ⲧⲁⲓ̈ ⲉⲛⲧⲁ ⲡⲛⲟⲩⲧⲉ ⲥⲙⲛ̄ⲧⲥ̄ ⲛⲙ̄
ⲛⲉⲡⲉⲓⲟⲧⲉ ⲉϥϫⲱ ⲙ̄ⲙⲟⲥ ⲛ̄ⲁⲃⲣⲁ-
ϩⲁⲙ ϫⲉ ϩⲣⲁⲓ̈ ϩⲙ̄ ⲡⲉⲕⲥⲡⲉⲣⲙⲁ

17 ⲧⲉⲛⲟⲩ ϭⲉ. ⲛⲁⲥⲛⲏⲩ. ϯⲉⲓⲙⲉ
ϫⲉ ⲛ̄ⲧⲁⲧⲉⲧⲛ̄ⲁⲁⲥ ϩⲛ̄ ⲟⲩⲙⲛ̄ⲧⲁⲧ-
ⲥⲟⲟⲩⲛ ⲛ̄ⲑⲉ ⲛ̄ⲛⲉⲧⲛ̄ⲕⲉⲁⲣⲭⲱⲛ.

18 ⲡⲛⲟⲩⲧⲉ ⲇⲉ ⲛⲉⲛⲧⲁϥϫⲟⲟⲩ
ϫⲓⲛ ⲛ̄ϣⲟⲣⲡ̄ ⲉⲃⲟⲗ ϩⲓⲧⲛ̄ ⲧⲧⲁⲡⲣⲟ
ⲛ̄ⲛⲉⲡⲣⲟⲫⲏⲧⲏⲥ ⲧⲏⲣⲟⲩ. ⲉⲧⲣⲉ
ⲡⲉϥⲭ̄ⲥ̄ ϣⲟⲡⲟⲩ. ⲁϥϫⲟⲕⲟⲩ ⲉⲃⲟⲗ
ⲛ̄ⲧⲉⲓϩⲉ.

19 ⲙⲉⲧⲁⲛⲟⲉⲓ ϭⲉ ⲁⲩⲱ ⲛ̄ⲧⲉⲧⲛ̄
ⲕⲧⲉⲧⲏⲩⲧⲛ̄ ⲉⲧⲣⲉⲩϥⲱⲧⲉ ⲉⲃⲟⲗ
ⲛ̄ⲛⲉⲧⲛ̄ⲛⲟⲃⲉ. ϫⲉⲕⲁⲥ ⲉⲩϣⲁⲛⲉⲓ
ⲛ̄ϭⲓⲛⲉⲟⲩⲟⲉⲓϣ ⲙ̄ⲡⲧⲟⲛ ⲙ̄ⲡⲉⲙ̄ⲧⲟ
ⲉⲃⲟⲗ ⲙ̄ⲡϫⲟⲉⲓⲥ.

20 ⲉϥⲉⲧⲛ̄ⲛⲟⲟⲩ ⲙ̄ⲡⲉⲛⲧⲁⲩ-
ⲧⲟϣϥ̄ ⲛⲁⲛ ⲡⲉⲭ̄ⲥ̄ ⲓ̄ⲥ̄.

21 ⲡⲁⲓ ⲉϩⲁⲡⲥ̄ ⲉⲧⲣⲉϥϣⲱⲡⲉ
ϩⲛ̄ ⲧⲡⲉ ϣⲁⲉϩⲣⲁⲓ ⲛⲉⲟⲩⲟⲉⲓϣ
ⲙ̄ⲡϫⲱⲕ ⲉⲃⲟⲗ ⲛ̄ϩⲱⲃ ⲛⲓⲙ ⲛ̄ⲧⲁ
ⲡⲛⲟⲩⲧⲉ ϫⲟⲟⲩ ϫⲓⲛ ⲛ̄ⲉⲛⲉϩ ⲉⲃⲟⲗ
ϩⲓⲧⲛ̄ ⲧⲧⲁⲡⲣⲟ ⲛ̄ⲛⲉϥⲡⲣⲟⲫⲏⲧⲏⲥ
ⲉⲧⲟⲩⲁⲁⲃ.

22 ⲙⲱⲩⲥⲏⲥ ⲙⲉⲛ ⲁϥϫⲟⲟⲥ
ⲛ̄ⲛⲁϩⲣⲛ̄ ⲛⲉⲡⲉⲓⲟⲧⲉ. ϫⲉ ⲡϫⲟⲉⲓⲥ
ⲡⲛⲟⲩⲧⲉ ⲛⲁⲧⲟⲩⲛⲉⲥ ⲟⲩⲡⲣⲟⲫⲏ-
ⲧⲏⲥ ⲛⲏⲧⲛ̄ ⲉⲃⲟⲗ ϩⲛ̄ ⲛⲉⲧⲛ̄ⲥⲛⲏⲩ
ⲛ̄ⲧⲁϩⲉ. ⲥⲱⲧⲙ̄ ⲛ̄ⲥⲱϥ ϩⲛ̄ ϣⲁϫⲉ
ⲛⲓⲙ ⲉⲧϥ̄ⲛⲁϫⲟⲟⲩ ⲛⲏⲧⲛ̄.

23 ⲉⲥⲉϣⲱⲡⲉ ⲇⲉ ⲯⲩⲭⲏ ⲛⲓⲙ
ⲉⲧⲉⲛ̄ⲥⲛⲁⲥⲱⲧⲙ̄ ⲁⲛ ⲛ̄ⲥⲁ ⲡⲉⲡⲣⲟ-
ⲫⲏⲧⲏⲥ ⲉⲧⲙ̄ⲙⲁⲩ ⲥⲉⲛⲁϥⲟⲧⲥ̄
ⲉⲃⲟⲗ ϩⲙ̄ ⲡⲗⲁⲟⲥ.

24 ⲛⲉⲡⲣⲟⲫⲏⲧⲏⲥ ⲇⲉ ⲟⲛ ⲧⲏ-
ⲣⲟⲩ ϫⲓⲛ ⲛ̄ⲥⲁⲙⲟⲩⲏⲗ ⲁⲩⲱ ⲡⲉⲧ-
ⲙⲛ̄ⲛ̄ⲥⲱϥ ⲁⲩϣⲁϫⲉ ⲁⲩⲱ ⲁⲩⲧⲁ-
ϣⲉⲟⲉⲓϣ ⲛ̄ⲛⲉⲓϩⲟⲟⲩ.

25 ⲛ̄ⲧⲱⲧⲛ̄ ⲇⲉ ⲛⲉⲛϣⲏⲣⲉ
ⲛ̄ⲛⲉⲡⲣⲟⲫⲏⲧⲏⲥ ⲁⲩⲱ ⲧⲇⲓⲁⲑⲏⲕⲏ
ⲛ̄ⲧⲁ ⲡⲛⲟⲩⲧⲉ ⲥⲙⲛ̄ⲧⲥ̄ ⲙⲛ̄ ⲛⲉⲛ-
ⲉⲓⲟⲧⲉ ⲉϥϫⲱ ⲙ̄ⲙⲟⲥ ⲛ̄ⲁⲃⲣⲁϩⲁⲙ.
ϫⲉ ⲉϩⲣⲁⲓ ϩⲙ̄ ⲡⲉⲕⲥⲡⲉⲣⲙⲁ

сепазисмот ⲛ̄ϫⲓⲙ̄ⲡⲁⲧⲣⲓⲁ ⲧⲏ-   сепазисмот ⲛ̄ϭⲓⲙ̄ⲡⲁⲧⲣⲓⲁ ⲧⲏ-
ⲣⲟⲩ ⲙ̄ⲡⲕⲁϩ·   ⲣⲟⲩ ⲙ̄ⲡⲕⲁϩ.

26 ⲛ̄ⲧⲱⲧⲛ̄ ⲛ̄ϣⲟⲣⲡ̄ ⲡⲛⲟⲩⲧⲉ   26 ⲛ̄ⲧⲱⲧⲛ̄ ⲛ̄ϣⲟⲣⲡ̄ ⲁ ⲡⲛⲟⲩⲧⲉ
ⲧⲟⲩⲛⲟⲥ ⲡⲉϥϣⲏⲣⲉ ⲛⲏⲧⲛ̄ ⲁϥⲧⲛ̄-   ⲧⲟⲩⲛⲉⲥ ⲡⲉϥϣⲏⲣⲉ ⲛⲏⲧⲛ̄ ⲁϥⲧⲛ̄-
ⲛⲟⲟⲩϥ ⲉϥⲥⲙⲟⲩ ⲉⲣⲱⲧⲛ̄ ϩⲙ̄   ⲛⲟⲟⲩϥ ⲉϥⲥⲙⲟⲩ ⲉⲣⲱⲧⲛ̄. ϩⲙ̄
ⲡⲧⲣⲉ ⲡⲟⲩⲁ ⲡⲟⲩⲁ ⲕⲟⲧϥ̄ ⲉⲃⲟⲗ   ⲡⲧⲣⲉ ⲡⲟⲩⲁ ⲡⲟⲩⲁ ⲙ̄ⲙⲱⲧⲛ̄ ⲕⲧⲟϥ
ϩⲛ̄ ⲛⲉϥⲡⲟⲛⲏⲣⲓⲁ·   ⲉⲃⲟⲗ ϩⲛ̄ ⲛⲉϥⲡⲟⲛⲏⲣⲓⲁ.

VI. THE CURSIVE SCRIPT AT THE END OF THE ACTS.

On fol. 108 b (see Plate IX), on the lower half of the page, is the opening part of a short composition, written in Coptic but in a cursive Greek hand, which certainly covered the whole of fol. 109 a, and probably of fol. 109 b also; the first 16 lines are almost complete, but all the remainder are more or less mutilated. The following is a rendering of the opening lines:

'The Word of the Lord was to me, saying: Speak thou this unto My people. Why do ye commit sin? Ye add sin to your sin[1], ye make to be wroth the Lord God, Who hath created you. Love not the world, nor the things which are in the world[2], for the glory of the world belongeth to the Devil, and the destruction thereof. Remember that the Lord hath showed compassion upon you; it is He Who hath created everything, in order that He might deliver us from the captivity of this age. For many times the Devil wisheth to prevent the sun from rising on the earth, neither would he allow the earth ... He wisheth to swallow up men ... he pursueth kings (?), he wisheth to swallow them up like water. For this reason God hath showed compassion upon us, in sending (?) His Son into the world that He might deliver us from the captivity of this [age, and from the end which is coming ?].'

In the portion of the text which follows the break in the

---

[1] Compare Jer. xliv. 7, 8.   [2] Compare 1 John ii. 15.

leaf, the writer refers to certain teachings which are not those of God, and which have no divine authority. In the lines following it is said that 'fasting is nothing, and God did not ordain it', and that [those who practise it] 'make themselves strangers to the Covenant of God'. The mutilated condition of the text here makes it difficult to say whether the writer is condemning those who declared that fasting is an ordinance of men, and not of God, or whether his opinion on the matter agrees with theirs. The general meaning of the later lines seems to suggest that he thinks that men ought not to destroy themselves by fasting, for thereby they defraud themselves of the glorious fruits which they might otherwise acquire by faith; besides this they inflict suffering and tribulation on their bodies, and God hath not approved of fasting, since He created the heavens. If this inference be correct the writer of this text must have held the views expressed in the first of the Six Laws which the angel gave to Pachomius when he commanded him to found the Monastery at Tabenna in the Thebaïd: 'Let every man eat and drink whensoever he wisheth, and according to the strength of those who eat and drink impose work; and thou shalt restrain them neither from eating nor fasting. Furthermore, on those who are strong thou shalt impose severe labours; and upon those who are of inferior strength, and upon those who fast, thou shalt impose light labours[1].'

From the above it is clear that this script supplies no information about our Codex, and that its contents have nothing to do with the texts in it. Its chief importance to us is the evidence which it affords as to the date of the Codex. Dr. Kenyon has examined the script very carefully, and, as will be seen from his note on p. lxiii, after comparing it with a large number of dated papyri, he has come to

[1] Migne, *Pat. Graec.*, tom. xxxiv, col. 1101; Budge, *Paradise*, vol. i, p. 144.

the conclusion that it was written about the middle of the fourth century. Of the accuracy of this conclusion there is no room for doubt, and, if the script were added to the Codex immediately after the completion of the copying, it is clear that the Codex was written about A.D. 350. Dr. Kenyon further examined the script with the view of discovering any difference in the colour of the ink used, or any indication which would suggest that a considerable interval of time had elapsed between the copying of the Codex and the addition of the script, and decided that the evidence to be derived from it on this point was inconclusive. We know from Syriac and Ethiopic manuscripts that their readers often took the opportunity of writing prayers, hymns, &c., on any blank space or page which they found at the beginning or end of a book [1], and there is the possibility that the script at the end of our Codex may have been added by some reader into whose hands it fell some considerable time after it was copied.

VII. A COLLATION OF THE SIXTY SELECT PASSAGES FROM THE ACTS OF THE APOSTLES SET OUT IN PROF. SANDAY'S 'APPENDICES AD NOVUM TESTAMENTUM STEPHANICUM', WITH REMARKS ON THE TEXTUAL CHARACTER OF THE CODEX BY DR. KENYON.

In order to facilitate an examination into the textual character of the Codex, a statement is appended of its readings in the sixty select passages set out in Prof Sanday's invaluable *Appendices ad Novum Testamentum Stephani-*

---

[1] Thus in Add. MS. 14425, fol. 116 *a*, a manuscript dated A.D. 464, there is a prayer for the Church, the clergy, kings and judges, rich and poor; in Add. MS. 17102, fol. 60 *b*, written A.D. 599, there is an anathema on Nestorius; in Add. MS. 14434, fol. 29 *b*, there is a quotation in Latin from Psalm xl

cum (Oxford, 1889), which includes all the most important variants of the chief authorities. In Sanday's collation the readings of the Sahidic version are taken from Tischendorf, who had no MS. earlier than the twelfth century. The following table shows that our Codex confirms the readings of the Sahidic version as hitherto known in almost every instance. The only variations are as follows: In vii. 46 it has the strange reading τῷ οἴκῳ Ἰακώβ, with ℵBDH, against practically all other authorities; in xii. 25 it has the equally improbable εἰς Ἱερουσαλήμ, with ℵB and others; in xvi. 13 its reading is nearer to ἐνομίζετο προσευχή than to ἐνομίζομεν προσευχήν; in xx. 4 it has 'Sosipatros son of Pyrrha' (a break in the papyrus leaves it doubtful whether it read Ἐφέσιοι just afterwards); in xxvii. 16 it has Κλαῦδα, with ℵA; in xxvii. 39 ἐκσῶσαι, with BC; in xxviii. 1 Μελίτη; and in xxviii. 16 it has the passage with regard to the delivery of the prisoners to the στρατοπεδάρχης, which is omitted in all other early authorities (including the Bohairic), except the Old Latin. For this passage (which, in view of Mommsen's demonstration of the historical accuracy of the reference to the στρατοπεδάρχης, is of some interest) its evidence in support of the Old Latin is of considerable importance.

Acts ii. 30. There is no equivalent for τὸ κατὰ σάρκα ἀναστήσειν τὸν Χριστόν.

iii. 1. Ἐπὶ τὸ αὐτὸ forms the ending of chap. ii, and chap. iii begins with Πέτρος δὲ.

(xli); in MS. Orient. 494, fol. 1 a, is a copy of the first chapter of the Ḳur'ân; in MS. Orient. 525, foll. 108 b and 109 a, there are several prayers; in MS. Orient. 523, fol. 79 b, there is a prayer against hail; in MS. Orient. 529, fol. 97 a, there are written copies of deeds in Amharic; in MS. Orient. 637, foll. 2 a, 105 b, and 106 a, there are copies of deed of gifts, lists of furniture and books, &c. All these additions are written at periods far later than the manuscripts.

INTRODUCTION

Acts iv. 1. 'Priests', ⲛⲟⲩⲏⲏⲃ = ἱερεῖς.

iv. 25. 'Who spake by the Holy Spirit in the mouth of our father David, Thy servant, Thou sayest', ⲡⲉⲛⲧⲁ-ϥϫⲟⲟⲥ ⲉⲃⲟⲗ ϩⲓⲧⲛ̄ ⲡⲉⲡⲛ̄ⲁ̄ ⲉⲧⲟⲩⲁⲁⲃ ϩⲛ̄ ⲧⲧⲁⲡⲣⲟ ⲙ̄ⲡⲉⲛⲉⲓⲱⲧ ⲇⲁⲩⲉⲓⲇ ⲡⲉⲕϩⲙ̄ϩⲁⲗ ⲉⲕϫⲱ ⲙ̄ⲙⲟⲥ.

vii. 26. 'He would have quieted (or, pacified) them to peace', ⲁϥϩⲟⲧⲡⲟⲩ ⲉⲩⲉⲓⲣⲏⲛⲏ.

vii. 46. 'He asked to find a habitation in the house of Jacob', ⲁϥⲁⲓⲧⲓ ⲉϭⲓⲛⲉ ⲛⲟⲩⲙⲁⲛϣⲱⲡⲉ ⲙ̄ⲡⲏⲓ̈ ⲛ̄ⲓ̈ⲁ-ⲕⲱⲃ. Horner's transcript has 'in the God of Jacob', ⲙ̄ⲡⲛⲟⲩⲧⲉ ⲛ̄ⲓⲁⲕⲱⲃ.

viii. 5. 'Philip came into a city (ⲉⲩⲡⲟⲗⲓⲥ) of Samaria.'

viii. 10. 'This is the great power of God', or 'this man is the great one of the power of God', ⲡⲁⲓ̈ ⲡⲉ ⲧⲛⲟϭ ⲛ̄ϭⲟⲙ ⲛ̄ⲧⲉ ⲡⲛⲟⲩⲧⲉ (Horner ⲛ̄ϭⲟⲙ ⲙ̄ⲡⲛⲟⲩⲧⲉ). The Coptic has no equivalent for ἡ καλουμένη.

viii. 37. This verse is omitted in the Coptic version.

ix. 5. The Coptic has no equivalent for σκληρόν σοι πρὸς κέντρα λακτίζειν.

ix. 31. 'Now the church which was in all Judaea, and Galilee, and Samaria was in peace', ⲧⲉⲕⲕⲗⲏⲥⲓⲁ ϭⲉ ⲉⲧ ϩⲛ̄ ⲛ̄ ϯⲟⲩⲇⲁⲓ̈ ⲧⲏⲣⲥ̄ ⲛⲙ̄ ⲧⲅⲁⲗⲓⲗⲉⲁ ⲛⲙ̄ ⲧⲥⲁⲙⲁⲣⲓⲁ.

x. 36. 'For His word He sent it to the children of Israel, He preached peace by Jesus the Christ, this is the Lord of every one.'

x. 37. 'It began from Galilee', ⲁϥⲁⲣⲭⲓ ϫⲓⲛ ⲧⲅⲁ-ⲗⲓⲗⲉⲁ.

xi. 20. 'And having come to Antioch they spake with the Greeks (ⲟⲩⲉⲉⲓⲉⲛⲓⲛ, i.e. 'Ionians' [1]), they preached the Lord Jesus.'

---

[1] The country of Ionia is in Demotic 𓊖𓏤𓏤 ... : see Griffith, *Catalogue*, p. 420.

Acts xii. 25. 'Barnabas and Saul turned into Jerusalem to Antioch, they completed the service.' Horner's transcript has 'they turned out of Jerusalem to Antioch', ⲁⲩⲕⲟⲧⲟⲩ ⲉⲃⲟⲗ ϩⲛ̄ ⲑⲓⲗⲏⲙ ⲉⲧⲁⲛⲧⲓⲟⲭⲓⲁ.

xiii. 18. 'He nursed them (ⲁϥⲥⲁⲟⲟⲩϣⲟⲩ for ⲁϥⲥⲁⲛⲟⲩϣⲟⲩ) for forty years in the desert.'

xiii. 19. 'He gave their land to them for an inheritance.'

xiii. 20. 'For four hundred [and] fifty years, and He gave them judges up to Samuel the prophet.'

xiii. 33. 'In the second Psalm', ϩⲙ̄ ⲡⲙⲉϩ ⲥⲛⲁⲩ ⲙ̄ⲯⲁⲗⲙⲟⲥ.

xv. 18. 'He Who manifesteth these things from ever', ⲡⲉⲧⲟⲩⲱⲛϩ ⲉⲃⲟⲗ ⲛ̄ⲛⲁⲓ ϫⲓⲛ ⲉⲛⲉϩ.

xv. 20. The Coptic adds 'and that which they do not wish to be to them, not to do', ⲁⲩⲱ ⲡⲉⲧⲉ ⲛ̄ⲥⲉⲟⲩⲁϣϥ̄ ⲁⲛ ⲉⲧⲣⲉϥϣⲱⲡⲉ ⲙ̄ⲙⲟϥⲩ (sic) ⲉⲧⲙ̄ ⲧⲣⲉⲩⲁⲁϥ.

xv. 34. 'It seemed good to Silas to remain in that place', ⲁⲥⲛ̄ⲁⲟϭⲓ ⲇⲉ ⲛ̄ⲥⲓⲗⲁⲥ ⲉⲧⲣⲉϭⲱ ϩⲙ̄ ⲡⲙⲁ ⲉⲧⲙ̄ⲙⲁⲩ.

xvi. 6. 'And they came out by Phrygia and the country of Galatia; they were held back by the Holy Spirit, not to speak the word in Asia.'

xvi. 7. The top of the leaf (fol. 87 b) is eaten away, and two lines of text are wanting, but the reading 'the Spirit' (*without* 'Holy') is certain.

xvi. 13. 'On the day of the Sabbath we came out outside the gate, on the river, to a place wherein we might pray', ⲙ̄ⲡⲉ ϩⲟⲟⲩ ⲇⲉ ⲛ̄ⲛⲥⲁⲃⲃⲁⲧⲟⲛ ⲁⲛⲉⲓ ⲉⲃⲟⲗ ⲡⲃⲟⲗ ⲛ̄ⲧⲡⲩⲗⲏ ⲉϫⲛ̄ ⲡⲉⲣⲟ ⲉⲩⲙⲁ ⲉⲛϣⲁⲛϣⲗⲏⲗ ⲛ̄ϩⲏⲧϥ̄·

xvii. 1. 'We came to Thessalonica, a place wherein there was a synagogue of the Jews.'

xviii. 5. 'Paul was persevering in the word, he was testifying to the Jews that Jesus was the Christ.'

INTRODUCTION lxi

Acts xviii. 7. The papyrus is broken, but there is hardly room for the name 'Justus'.

xviii. 17. 'All the Hellenes (ⲚϦⲉⲗⲗⲏⲛ) seized Sosthenes.'

xviii. 21. The Coptic has no equivalent for 'I must by all means keep this feast that cometh in Jerusalem'.

xviii. 28. A part of this verse is eaten away; what remains reads: 'the brethren encouraged him to be pleased to go to Achaia, and they wrote to the brethren to re[ceive] him'. Horner's transcript has 'when he had come there he helped greatly those who had believed through grace'.

xix. 16. 'He prevailed over the seven, he made himself lord over them', ⲁϥϭⲙϭⲟⲙ ⲉⲣⲟⲟⲩ ⲙ̄ⲡⲥⲁϣϥ ⲁϥⲣ̄-ⲍⲟⲉⲓⲥ ⲉϩⲣⲁⲓ̈ ⲉϫⲱⲟⲩ.

xix. 33. 'Out of the multitude the Jews thrust forward Alexander', ⲉⲃⲟⲗ ⲇⲉ ϩⲙ̄ ⲡⲙⲏⲏϣⲉ ⲉⲩⲛⲉϫ ⲁⲗⲉ-ⲝⲁⲛⲇⲣⲟⲥ (sic) ⲉϩⲟⲩⲛ ⲛ̄ϭⲓ ⲛ̄ⲓⲟⲩⲇⲁⲓ̈.

xix. 39. 'But if it be some other matter about which ye would inquire.'

xx. 4. 'Now there followed him Sosipatros, the son of Pyrrha, from Berea, from Thessalonica Aristarchus, and Secundus, and Gaius of Derbe, and Tim . . . . (text eaten away).

xx. 5. Text eaten away. Horner's transcript has 'now these preceded, they waited for us in Troas'.

xx. 15. Text much broken.

xx. 28. 'Church of the Lord (ⲡϫⲟⲉⲓⲥ), which He hath acquired through His own Blood', ⲛ̄ⲧⲉⲕⲕⲗⲏⲥⲓⲁ ⲙ̄ⲡϫⲟⲉⲓⲥ· ⲧⲉⲛⲧⲁϥ [ϫⲡⲟⲥ] ⲛⲁϥ ⲉⲃⲟⲗ ϩⲓⲧⲛ̄ ⲡⲉϥ-ⲥⲛⲟϥ ⲙ̄[ⲙⲓⲛ] ⲙ̄ⲙⲟϥ·

xxi. 3. 'Having come up to Cyprus, we left it on the left of us, we sailed to Syria, we came into Tyre, for the ship was to be unloaded there.'

xxi. 15. 'After these things we made ourselves ready, we went into Jerusalem.'

Acts xxi. 16. 'The disciples who were in Caesarea took us to an old disciple, a Cyprian, Nemason, that we might sojourn with him.'

xxi. 22. 'They will assuredly hear that thou hast come.'

xxiv. 2. 'The things which are good.'

xxiv. 6–8. As a portion of the upper part of fol. 103 *b* is eaten away, it is impossible to say exactly what words are missing, but the first line undoubtedly contained the words 'tried to pollute the temple', ⲡⲉⲓⲣⲁⲍⲉ ⲉϫⲱϩⲙ̄ ⲙ̄ⲡⲉⲣⲡⲉ. The Coptic text continues, 'this is he whom we seized. Now thou thyself wilt be able to examine him, to know concerning all these things of which we accuse him. And the Jews themselves made answer, saying, "These things did take place in this manner"'. There certainly is no room in the papyrus for verse 7 in its entirety.

xxiv. 12. 'And they did not find me speaking with any one in the temple, or gathering together the multitude neither in the synagogue nor in the city.'

xxv. 5. ⎫
xxv. 13. ⎪ After fol. 103 four leaves are wanting; these
xxvi. 16. ⎬ contained the text from chap. xxiv. 16—
xxvi. 28. ⎪ xxvi. 32. In the Oxford MS. the text is
xxvi. 29. ⎭ wanting from ⲁϥⲛⲉϫ, chap. xxiv. 10— xxvi. 3, and from ⲉⲁⲓⲛⲉϫ ϩⲁϩ ϩ, chap. xxvi. 10 to the end of the chapter.

xxvii. 15. 'Ourakulon', ⲟⲩⲣⲁⲕⲩⲗⲱⲛ.

xxvii. 16. 'Klauda', ⲕⲗⲁⲧⲁⲁ.

xxvii. 37. The remaining letters of the second line of this verse show that the reading was 'seventy-six souls'. Horner's transcript also gives ⲛⲁϣϥⲉⲧⲁⲥⲉ ⲙ̄ⲯⲩⲭⲏ, 'seventy-six souls'.

xxvii. 39. 'And they took counsel to see whether they would be able to save the ship in there', ⲁⲩⲱ ⲁⲩϫⲓ-ϣⲟϫⲛⲉ ⲉⲛⲁⲩ ϫⲉ ⲥⲉⲛⲁϣⲙ̄ⲙⲟⲙ ⲉ ⲧⲟⲩϫⲉ ⲡϫⲟⲓ ⲉϩⲟ̄ ⲉⲙⲁⲩ. Horner's transcript reads ⲁⲩⲱ ⲁⲩϫⲓϣⲟϫⲛⲉ ⲛⲁⲩ ϫⲉ ⲉⲛⲉⲥⲉⲛⲁϣⲧⲟϫⲉ ⲡϫⲟⲓ ⲉϩⲟⲩⲛ ⲉⲙⲁⲩ.

Acts xxviii. 1. 'Then we knew that the name of the island was ⲙⲉⲗⲓⲧⲏ.'

xxviii. 13. 'We sailed from that place, we came directly to Rhegium.'

xxviii. 16. 'The hekatontarchos gave those who were bound into the hand of the archon of the soldiers. He sent away (or, permitted) Paul to remain by himself with the soldier who guarded him', ⲁⲡϩⲉⲕⲁⲧⲟⲛⲧⲁⲣⲭⲟⲥ ✝ ⲛⲛⲉⲧⲙⲏⲣ ⲉⲧⲟⲟⲧϥ̄ ⲙ̄ⲡⲁⲣⲭⲱⲛ ⲛ̄ⲙ̄ ⲙⲁⲧⲟⲓ· ⲁϥⲕⲁ ⲡⲁⲩⲗⲟⲥ ⲉⲧⲣⲉϥϭⲱ ϩⲁⲣⲓ ϩⲁⲣⲟϥ ⲛ̄ⲙ̄ ⲡⲙⲁⲧⲟⲓ ⲉⲧϩⲁⲣⲉϩ ⲉⲣⲟϥ·

xxviii. 29. About twelve lines of the upper part of fol. 108 have been eaten away.

The general result of the collation is to confirm the evidence of the later Sahidic MSS., on which we have hitherto been dependent, and to establish still further the character of this version as one of the best authorities for the text of the New Testament. But, in addition, our Codex is of great importance for the evidence which it gives as to the age of the Sahidic version itself. The cursive script which follows the end of Acts can be dated with practical certainty, from comparison with a large number of dated Greek papyri, about the middle of the fourth century. This gives a *terminus ante quem* for the Bible text, which otherwise one would hardly have ventured to place so early. Since the character of the mistakes in this Codex (see pp. xviii ff., xxxi ff.) is such as to preclude the possibility of its being an original translation, it is fair to argue that the version itself must, in all probability, have come into existence before the end of the third century; while it may, of course, be yet older. Our MS. therefore tends to support the earlier rather than the

lxiv   INTRODUCTION

later of the dates that have been assigned to the origin of the vernacular Bible in Egypt. A fuller discussion of this question is given in another part of this Introduction (see p. lxx ff.).

VIII. THE APOCALYPSE OF SAINT JOHN.

The Sahidic text of the Apocalypse printed in this volume is edited from the MS. Oriental 6803, which was found in Upper Egypt, and is now in the Department of Oriental Printed Books and Manuscripts. This manuscript contains 36 paper leaves, measuring 10 in. to 10½ in. in height, and from 5½ in. to 6 in. in width; one leaf at each end is wanting. The pages are numbered by letters, from ⲉ̅ to ⲟ̅ⲁ̅; the numbers on the first four pages have been torn off. The colour of the paper used in the manuscript resembles that of a light-coloured papyrus; the paper is thick and water lines are clearly visible in it. Each page contains one column of writing of 25 or 26 lines. A few leaves are water-stained, and foll. 1–3 are more or less damaged at the top. The manuscript is written in a fine bold hand of the twelfth century (see Plate X)[1]. Two paragraphs have large, ornamental initials, in which there are remains of a red colour, but the greater number of the initials are in monochrome. On fol. 18 b (p. ⲗ̅ⲏ̅) is a drawing in black and red, which is intended to represent the 'woman clothed with the sun' described in chap. xii. 1. Her head is enveloped in a red and black shawl, and her mouth is covered; of her face only the nose and eyes are visible. The manuscript is without punctuation throughout, and periods are indicated by blank spaces of varying width. The short lines which are usually written over ⲁⲉ̅, ⲛ̅, and other letters are wanting in a very large

[1] Two pages of this MS. have been reproduced photographically in Rustafjaell, *Light of Egypt*, p. 109.

INTRODUCTION

number of cases. The text of the Apocalypse in this MS. is complete with the exception of vv. 1-8 of chap. i and vv. 15-21 of chap. xxii.

A collation of the Coptic version given in this MS. with Prof. Souter's text supplies the following:

Chap. i. 15. ὅμοιοι χαλκολιβάνῳ, Copt. ⲉⲓⲛⲉ ⲛ ⲟⲩϩⲟⲙⲛⲧ ⲛ ⲃⲁⲣⲱⲧ, 'like brass of brass'.

i. 18. καὶ τοῦ ᾅδου = ⲙⲛ ⲁⲙⲛⲧ, 'and Ament'.

ii. 1. There is no Greek for ⲛϭⲓ ⲡϫⲟⲉⲓⲥ, 'the Lord'.

ii. 2. τοὺς λέγοντας ἑαυτοὺς ἀποστόλους, Copt. ⲁⲛⲟⲛ ϩⲉⲛ-ⲁⲡⲟⲥⲧⲟⲗⲟⲥ, 'we are apostles'.

ii. 2. καὶ οὐκ εἰσί, Copt. ⲛϩⲟⲓⲛⲉ ⲁⲛ ⲛⲉ, 'some they are not'.

ii. 4. κατὰ σοῦ, Copt. ϩⲉⲛⲕⲟⲩⲓ ⲉⲣⲟⲕ, 'some little things against thee'.

ii. 7. τοῦ Θεοῦ, Copt. ⲙ ⲡⲁ ⲛⲟⲩⲧⲉ, 'of my God'.

ii. 9. Ἰουδαίους εἶναι ἑαυτούς, καὶ οὐκ εἰσίν, Copt. ⲁⲛⲟⲛ ϩⲉⲛⲓⲟⲩⲇⲁⲓ ⲛϩⲟⲓⲛⲉ ⲁⲛ ⲛⲉ, 'we are Jews, some they are not'.

ii. 13. The Coptic does not mention Antipas, and reads: 'Thou hast kept hold upon my name, thou hast not denied my faith, and thou didst stand firm in the days in which my faithful martyr was put to death among you; the place in which the throne of Satan is set up'.

ii. 14. Βαλαάμ = ⲃⲁⲗⲁϩⲁⲙ.

ii. 17. We should expect ϫⲉ ⲟⲩ ⲡⲉⲧ ⲉⲣⲉ ⲡⲉⲡⲛⲁ ϫⲱ ⲙⲙⲟⲥ ⲛ ⲛⲉⲕⲕⲗⲏⲥⲓⲁ.

There is no Greek for ⲉⲧⲣⲉϥⲟⲩⲱⲙ, 'to eat'.

ii. 17. ψῆφον, Copt. ⲯⲩⲫⲟⲥ.

ii. 19. πλείονα, Copt. ⲛⲁⲁⲩ, 'greater'.

ii. 20. τὴν γυναῖκα, Copt. ⲧⲉⲥϩⲓⲙⲉ, 'the woman'.

ii. 20. ἡ λέγουσα ἑαυτὴν προφῆτιν, Copt. 'who saith of herself, I am a prophet'.

Chap. ii. 22. Copt. 'to repent of her fornication'. There is no equivalent for καὶ οὐ θέλει μετανοῆσαι.

ii. 22. ἐκ τῶν ἔργων αὐτῆς, Copt. 'of her works'.

ii. 27. Copt. 'with a rod of iron, and he shall break them as the vessels of the potter are smashed, breaking them according to what I myself have received from my Father'.

ii. 29. See note to verse 17.

iii. 4. ὀνόματα, Copt. 'men', ⲛⲣⲱⲙⲉ.

iii. 8. Copt. 'for little is thy strength'.

iii. 11. ἵνα μηδεὶς λάβῃ τὸν στέφανόν σου, Copt. 'keep hold on what is in thy hand, that nothing thereof fall out'.

iii. 12. Copt. 'the new Jerusalem which cometh out of heaven'.

iii. 14. ὁ ἀμήν, Copt. ⲡϧⲁⲙⲏⲛ.

iii. 17. ὁ ταλαίπωρος, Copt. ⲡⲧⲁⲗϯⲡⲟⲣⲟⲥ.

iv. 1. Copt. 'the things which shall be after these'. δεῖ is not translated.

iv. 3. σαρδίῳ, Copt. ⲥⲁⲣⲁⲓⲛⲟⲥ; ἶρις, Copt. ⲟⲩⲟⲉⲓⲛ, 'light'; ὅμοιος ὁράσει σμαραγδίνῳ, Copt. 'it was like a sardion'.

iv. 8. Copt. 'from their claws round about they were filled with eyes in their insides'.

v. 2. κηρύσσοντα ἐν φωνῇ μεγάλῃ, Copt. 'he cried out five times with a loud voice'.

v. 6. 'Copt. 'seven eyes, which are the seven spirits of God'.

v. 11. Copt. 'the elders and the beasts'.

vi. 2. Copt. 'I saw, and behold'.

vi. 6. Copt. 'a measure of wheat for a stater'.

vi. 9. Copt. omits 'I saw'.

vi. 12. Copt. 'and the moon became blood'.

vii. 13. Copt. 'who are these'?

vii. 17. Copt. 'the Lamb ... shall go with them, shall pasture them, and shall guide them to the fountain', &c.

Chap. viii. 7. The Coptic has no equivalent for καὶ πᾶς χόρτος χλωρὸς κατεκάη.

viii. 13. Copt. 'saying with a loud voice, Woe, three times'.

ix. 11. Ἑβραϊστὶ Ἀβαδδών, Copt. ⲙ ⲙⲛⲧϩⲉⲃⲣⲁⲓⲟⲥ ⲃⲁⲧⲧⲱⲛ, Ἀπολλύων, ⲡⲉⲧⲧⲁⲕⲟ.

ix. 16. Copt. 10000 × 10000 twice.

ix. 17. θειώδεις, Copt. ⲑⲏⲛ, 'pitch'.

ix. 20. τὰ δαιμόνια, καὶ τὰ εἴδωλα, Copt. 'the demons of gold and silver'. There is no equivalent in the Coptic for τὰ εἴδωλα.

ix. 21. οὐ μετενόησαν, Copt. ⲙⲡ ⲟⲩⲙⲉ. The scribe forgot to finish the word ⲙⲉⲧⲁⲛⲟⲓ.

ix. 21. φαρμάκων, Copt. ϩⲓⲕ, 'enchantments'.

The Coptic has no equivalent for οὔτε ἐκ τῶν κλεμμάτων αὐτῶν.

x. 2. βιβλαρίδιον, Copt. ⲟⲩϫⲱⲱⲙⲉ, 'a book'.

x. 2. ἐπὶ τῆς γῆς, Copt. ϩⲓ ⲟⲩⲕⲣⲟ, 'on the shore'.

x. 4. ἔμελλον γράφειν, Copt. 'I was coming that I might write the things which the seven thunders said'.

x. 6. The Coptic adds 'Amen' after 'for ever and ever'.

x. 8. For καὶ λέγουσαν the Coptic has no equivalent.

x. 9. Copt. 'I went to the angel, he said to me, "Give me the book"'.

xi. 2. ἔκβαλε ἔξωθεν, Copt. 'cast it behind'.

xi. 8. τὸ πτῶμα, Copt. ⲛⲧⲉ ⲛⲉⲩⲥⲱⲙⲁ.

xi. 9. πτώματα, Copt. ⲛⲉⲩⲥⲱⲙⲁ.

xi. 13. ὀνόματα ἀνθρώπων, Copt. 'of men'.

xi. 18. τῶν νεκρῶν κριθῆναι, Copt. 'to judge the living and the dead'.

xi. 19. ὁ ἐν τῷ οὐρανῷ, Copt. 'from heaven'.

xii. 15. Copt. 'to make it (i.e. the river) swallow her'.

xiii. 7. The Coptic has no equivalent for καὶ ἐδόθη αὐτῷ ποιῆσαι πόλεμον μετὰ τῶν ἁγίων, καὶ νικῆσαι αὐτούς.

Chap. xiii. 10. Copt. 'he who slayeth with the sword shall be slain by the sword'.

xiii. 11. ἀναβαῖνον ἐκ τῆς γῆς, Copt. 'coming into the sea'.

xiii. 15. The Coptic has no equivalent for τῇ εἰκόνι.

xiii. 18. Copt. 'He who hath understanding, let him count the number of the name of the beast; for it is the number of a man, it maketh six hundred, six, sixty'.

xiv. 16. The Coptic has no equivalent for καὶ ἐθερίσθη ἡ γῆ.

xiv. 18. The Coptic has no equivalent for τὸ ὀξύ.

xv. 3. δίκαιαι καὶ ἀληθιναὶ αἱ ὁδοί σου, ὁ βασιλεὺς τῶν αἰώνων, Copt. 'righteous and true are Thy works, and Thy ways are everlasting' (?).

xv. 4. ὅσιος, Copt. 'holy and righteous'.

xv. 5. The Coptic has no equivalent for εἶδον καὶ.

xv. 6. Copt. 'white clothing'. See Souter's variant.

xvi. 1. The Coptic has no equivalent for εἰς τὴν γῆν.

xvi. 16. The Coptic has no equivalent for εἰς τὸν τόπον.

xvii. 4. καὶ κεχρυσωμένη χρυσίῳ, Copt. 'and gold'.

xvii. 4. λίθῳ τιμίῳ, Copt. 'true stones', i.e. 'real stones'. Copt. ⲛⲁⲡⲕⲁϩ, 'and the things of the earth'.

xvii. 5. Copt. 'There was a name of mystery written upon her forehead'.

xvii. 6. The Coptic has no equivalent for θαῦμα μέγα.

xvii. 13. οὗτοι μίαν γνώμην ἔχουσι, καὶ τὴν δύναμιν καὶ ἐξουσίαν αὐτῶν τῷ θηρίῳ διδόασιν is not rendered in the Coptic.

xvii. 14. Copt. 'for the Lord is our Lord'.

xvii. 15. Copt. ⲧⲡⲟⲗⲓⲥ, a mistake for ⲧⲡⲟⲣⲛⲏ (ἡ πόρνη) λαοὶ καὶ ὄχλοι εἰσὶ καὶ ἔθνη καὶ γλῶσσαι, Copt. 'peoples, and tribes, and tongues'.

xvii. 17. τὴν γνώμην αὐτοῦ, Copt. 'his wish', ⲉⲉ ⲡⲉϥⲟⲩⲱϣ.

xvii. 18. Copt. 'having in her the riches of the kings of the earth'.

INTRODUCTION lxix

Chap. xviii. 2. The Coptic has no equivalent for φυλακὴ.

xviii. 3. Copt. 'By the wine of the wrath of her fornication all nations have fallen'.

xviii. 7. The Coptic has no equivalent for βασίλισσα.

xviii. 13. The Coptic has no equivalent for καὶ σῖτον. Copt. 'and horses, and mules, and camels, and chariots, and servants'.

xviii. 14. καὶ πάντα τὰ λιπαρὰ καὶ τὰ λαμπρὰ ἀπώλετο ἀπὸ σοῦ, Copt. 'and many great delicacies are destroyed, and shall no more be found'.

xviii. 16. καὶ κεχρυσωμένη χρυσίῳ, Copt. 'and gold'.

xviii. 17. καὶ πᾶς ὁ ἐπὶ τόπον πλέων, Copt. 'and those who sail on the rivers'.

xviii. 18. Copt. 'What is there that can be compared to this great city, wherein all the governors have become rich? And they cast dust on their heads, they cry out, they weep, they mourn, saying, Woe, woe, to the great city, wherein have become rich those who had ships on the sea through its riches; for in one hour it hath been laid waste'.

xviii. 22. αὐλητῶν καὶ σαλπιστῶν, Copt. 'singers and trumpets'.

xviii. 22. φωνὴ μύλου, Copt. ϩⲣⲟⲟⲩ ⲙ̄ ⲙⲁⲭⲁⲧⲏ.

xviii. 23. In the Coptic bride and bridegroom are mentioned before the lighting of the lamp.

xix. 8. καθαρόν, Copt. 'it was holy'.

xix. 9. The Coptic has 'feast of the bride of the Lamb'.

xix. 10. Copt. 'Jesus the Christ'.

xix. 13. Copt. 'touched with blood'.

xix. 19. ἐπὶ τοῦ ἵππου, Copt. 'on the white horse'.

xx. 8. πλανῆσαι τὰ ἔθνη, Copt. 'to deceive the world'. The Coptic has no equivalent for τὰ ἐν ταῖς τέσσαρσι γωνίαις τῆς γῆς.

Copt. 'to gather together to battle Gog and Magog from

his mountain of the corner of the earth, they are like the sand of the sea'.

Chap. xx. 9. Copt. 'fire out of heaven from God'.

xx. 10. Copt. 'they shall not take rest for ever and ever'.

xxi. 6. Copt. 'He said to me, I am Alpha and Omega'.

xxi. 11. κρυσταλλίζοντι, Copt. 'it was like a crystal'.

xxi. 12. τεῖχος μέγα καὶ ὑψηλόν, Copt. 'a high wall'.

Copt. 'it had twelve gates, there were twelve angels on the gates'.

xxi. 18. χρυσίον καθαρόν, Copt. 'good gold'.

xxi. 19. σάπφειρος, Copt. ⲥⲁⲡⲡⲓⲣⲟⲥ; χαλκηδών, Copt. ⲭⲁⲣⲭⲏⲇⲱⲛ; σαρδόνυξ, Copt. ⲥⲁⲣⲇⲟⲛⲓⲝ; χρυσόλιθος, Copt. ⲭⲣⲩⲥⲟⲗⲓⲛⲑⲟⲥ; τοπάζιον, Copt. ⲧⲟⲡⲁⲍⲓⲟⲛ; ὑάκινθος, Copt. ⲩⲁⲕⲓⲛⲑⲓⲛⲟⲛ.

xxi. 25. Copt. 'there shall be no night there'.

The following extracts from the texts of the Apocalypse, published by Goussen, Ciasca, and Delaporte from Sahidic MSS. of various dates, will illustrate the extent and degree in which these texts vary from the text of Oriental 6803.

Berlin MS. Or. oct. 408.	Borgian MS. No. LXXXVII.
(H. Goussen, *Studia Theologica*, Fasc. I; and see W. E. Crum, *Catalogue of Coptic MSS.*, No. 142, p. 29.)	(Balestri, *Fragmenta*, tom. iii, p. 462.)
Chap. iv. 1 ⲙⲙⲛⲛⲥⲁ ⲛⲁⲓ ⲁⲓⲛⲁⲩ ⲉⲧⲣⲟ ⲉϥⲟⲩⲏⲛ ϩⲛ ⲧⲡⲉ ⲁⲩⲱ ⲧϣⲟⲣⲡ ⲛⲥⲙⲏ ⲉⲛⲧⲁⲓⲥⲱⲧⲙ ⲉⲣⲟⲥ ⲛⲑⲉ ⲛⲟⲩⲥⲁⲗⲡⲓⲅⲝ ⲉⲥϣⲁϫⲉ ⲛⲙⲙⲁⲓ ⲉⲥϫⲱ ⲙⲙⲟⲥ ϫⲉ ⲁⲙⲟⲩ ⲉϩⲣⲁⲓ ⲉⲡⲉⲓⲙⲁ ⲧⲁⲧⲥⲁⲃⲟⲕ ⲉⲡⲉⲧⲛⲁϣⲱⲡⲉ ⲙⲛⲛⲥⲁ ⲛⲁⲓ:	Chap. iv. 1 ⲙⲛⲛⲥⲁ ⲛⲁⲓ ⲁⲓⲛⲁⲩ ⲉⲧⲣⲟ ⲉϥⲟⲩⲱⲛ ϩⲣⲁⲓ ϩⲛ ⲧⲡⲉ· ⲁⲩⲱ ⲧϣⲟⲣⲡ ⲛⲥⲙⲏ ⲛⲧⲁⲓⲥⲱⲧⲙ ⲉⲣⲟⲥ· ⲛⲑⲉ ⲛⲟⲩⲥⲁⲗⲡⲓⲅⲝ ⲉⲥϣⲁϫⲉ ⲛⲙⲙⲁⲓ ⲉⲥϫⲱ ⲙⲙⲟⲥ· ϫⲉ ⲁⲙⲟⲩ ⲉϩⲣⲁⲓ ⲉⲡⲉⲓⲙⲁ· ⲛⲧⲁⲧⲥⲁⲃⲟⲕ ⲉⲡⲉⲧⲛⲁϣⲱⲡⲉ ⲙⲛⲛⲥⲁ ⲛⲁⲓ.
2 ⲛⲧⲉⲩⲛⲟⲩ ⲁⲓϣⲱⲡⲉ ϩⲙ ⲡⲉⲡⲛⲁ ⲁⲩⲱ ⲉⲓⲥ ϩⲏⲏⲧⲉ ⲡⲉⲧⲛ ⲟⲩⲑⲣⲟⲛⲟⲥ ⲉϥⲕⲏ ⲉϩⲣⲁⲓ ϩⲛ ⲧⲡⲉ ⲉⲣⲉ ⲟⲩⲁ ϩⲙⲟⲟⲥ ϩⲓ ⲡⲉⲑⲣⲟⲛⲟⲥ·	2 ⲛⲧⲉⲩⲛⲟⲩ ⲁⲓϣⲱⲡⲉ ϩⲙ ⲡⲉⲡⲛⲁ· ⲁⲩⲱ ⲉⲓⲥ ϩⲏⲏⲧⲉ ⲡⲉⲧⲛ ⲟⲩⲑⲣⲟⲛⲟⲥ ⲕⲏ ⲉϩⲣⲁⲓ ϩⲛ ⲧⲡⲉ· ⲉⲣⲉ ⲟⲩⲁ ϩⲙⲟⲟⲥ ϩⲓ ⲡⲉⲑⲣⲟⲛⲟⲥ

INTRODUCTION lxxi

3 ⲁⲩⲱ ⲡⲉⲧϩⲙⲟⲟⲥ ⲉϥⲉⲓⲛⲉ
ⲛ̄ⲑⲟⲣⲁⲥⲓⲥ ⲛ̄ⲟⲩⲱⲛⲉ ⲛ̄ⲓ̈ⲁⲥⲡⲓⲥ
ⲁⲩⲱ ⲛ̄ⲥⲁⲣⲇⲁⲓⲛⲟⲥ: ⲉⲣⲉ ⲟⲩⲟⲉⲓⲛ
ⲕⲱⲧⲉ ⲉⲡⲉⲑⲣⲟⲛⲟⲥ ⲉϥⲟ ⲛ̄ⲑⲉ
ⲙ̄ⲡⲓⲛⲉ ⲛ̄ⲟⲩⲥⲁⲣⲇⲉⲓⲛⲟⲥ·

4 ⲁⲩⲱ ⲉⲣⲉ ϫⲟⲩⲧⲁϥⲧⲉ ⲛ̄ⲟⲣⲟ-
ⲛⲟⲥ ⲙ̄ⲡⲕⲱⲧⲉ ⲙ̄ⲡⲉⲑⲣⲟⲛⲟⲥ· ⲉⲣⲉ
ϩⲉ̄ ⲡⲣⲉⲥⲡⲩⲧⲉⲣⲟⲥ ϩⲙⲟⲟⲥ ϩⲓ
ⲡϫⲟⲩⲧⲁϥⲧⲉ ⲛ̄ⲑⲣⲟⲛⲟⲥ ⲉⲧϭⲟⲟⲗⲉ
ⲛ̄ϩⲉⲛϩⲟⲓ̈ⲧⲉ ⲟⲩⲱⲃϣ̄ ⲉⲣⲉ ϩⲉⲛ-
ⲕⲗⲟⲙ ⲛ̄ⲛⲟⲩⲃ ϩⲓϫⲛ̄ ⲡⲉⲧⲁⲡⲏⲧⲉ·

5 ⲁⲩⲱ ⲡⲉⲧⲛⲏⲧ ⲉⲃⲟⲗ ϩⲙ̄
ⲡⲉⲑⲣⲟⲛⲟⲥ ⲛ̄ϭⲓ ϩⲉⲛⲃ̄ⲣⲏϭⲉ ⲛ̄ⲙ̄
ϩⲉⲛⲥⲙⲏ ⲛ̄ⲙ̄ ϩⲉⲛϩⲣⲟⲧⲃⲁⲓ̈ ⲉⲣⲉ
ⲥⲁϣϥⲉ ⲛ̄ⲗⲁⲙⲡⲁⲥ ⲛ̄ⲕⲱϩⲧ̄ ⲙⲟⲩϩ
ⲙ̄ⲡⲉⲙⲧⲟ ⲉⲃⲟⲗ ⲙ̄ⲡⲉϥⲑⲣⲟⲛⲟⲥ
ⲉⲧⲉ ⲡⲁⲓ̈ ⲡⲉ ⲡⲉⲡ̄ⲛ̄ⲁ̄ ⲙ̄ⲡⲛⲟⲩⲧⲉ

6 ⲁⲩⲱ ⲙ̄ⲡⲉⲙⲧⲟ ⲉⲃⲟⲗ ⲙ̄ⲡⲉ-
ⲑⲣⲟⲛⲟⲥ ⲡⲉⲟⲩⲛ̄ ⲟⲩⲑⲁⲗⲁⲥⲥⲁ
ⲛ̄ⲁⲃⲁϭⲛⲉⲓⲛ ⲉⲥⲉⲓⲛⲉ ⲛ̄ⲟⲩⲕⲣⲩ-
ⲥⲧⲁⲗⲗⲟⲥ: ⲁⲩⲱ ⲛ̄ⲧⲙⲏⲧⲉ ⲙ̄ⲡⲉ-
ⲑⲣⲟⲛⲟⲥ ⲛⲙ̄ ⲡⲉϥⲕⲱⲧⲉ ⲡⲉⲧⲛ̄
ϥⲧⲟⲟⲩ ⲛ̄ⲍⲱⲟⲛ ⲉⲩⲙⲉϩ ⲃ̄ⲃⲁⲗ
ϩⲓⲑⲏ ⲁⲩⲱ ϩⲓⲡⲁϩⲟⲩ·

7 ⲡϣⲟⲣⲡ̄ ⲛ̄ⲍⲱⲟⲛ ⲉϥⲉⲓⲛⲉ ⲛ̄ⲟⲩ-
ⲙ̄ ⲡⲙⲉϩⲥⲛⲁⲩ ⲛ̄ⲍⲱⲟⲛ ⲉϥⲉⲓⲛⲉ
ⲛ̄ⲟⲩⲙⲁⲥⲉ· ⲡⲙⲉϩϣⲟⲙⲛ̄ⲧ ⲛ̄ⲍⲱⲟⲛ
ⲉϥⲟ ⲛ̄ⲑⲉ ⲛ̄ⲟⲩϩⲟ ⲛ̄ⲣⲱⲙⲉ· ⲡⲙⲉϩ-
ϥⲧⲟⲟⲩ ⲛ̄ⲍⲱⲟⲛ ⲉϥⲉⲓⲛⲉ ⲛ̄ⲟⲩ-
ⲁⲉⲧⲟⲥ ⲉϥϩⲏⲗ

8 ⲁⲩⲱ ⲡⲉϥⲧⲟⲟⲩ ⲛ̄ⲍⲱⲟⲛ
ⲡⲉⲧⲛ̄ⲡⲧⲉ ⲡⲟⲩⲁ ⲡⲟⲩⲁ ⲙ̄ⲙⲟⲟⲩ
ⲥⲟⲟⲩ ⲛ̄ⲧⲛ̄ϩ ϩⲛ̄ ⲡⲉⲧⲉⲓⲃ ⲙ̄ⲡⲉⲧ-
ⲕⲱⲧⲉ ⲉⲩⲙⲉϩ ⲃ̄ⲃⲁⲗ ⲙ̄ⲡⲉⲧϩⲟⲩⲛ
ⲁⲩⲱ ⲙⲉⲧⲕⲁⲧⲟⲟⲧⲟⲩ ⲉⲃⲟⲗ ⲙ̄ⲡⲉ-
ϩⲟⲟⲩ ⲛⲙ̄ ⲧⲉⲩϣⲏ ⲉⲩϫⲱ ⲙ̄ⲙⲟⲥ
ϫⲉ ϥⲟⲩⲁⲁⲃ ϥⲟⲩⲁⲁⲃ ϥⲟⲩⲁⲁⲃ
ⲛ̄ϭⲓ ⲡϫⲟⲉⲓⲥ ⲡⲛⲟⲩⲧⲉ: ⲡⲡⲁⲛⲧⲱ-

3 ⲁⲩⲱ ⲡⲉⲧϩⲙⲟⲟⲥ ⲉϥⲉⲓⲛⲉ
ⲛ̄ⲑⲟⲣⲁⲥⲓⲥ ⲛ̄ⲟⲩⲱⲛⲉ ⲛ̄ⲓ̈ⲁⲥⲡⲓⲥ·
ⲁⲩⲱ ⲛ̄ⲥⲁⲣⲇⲁⲓⲛⲟⲥ· ⲉⲣⲉ ⲟⲩⲟⲉⲓⲛ
ⲕⲱⲧⲉ ⲉⲡⲉⲑⲣⲟⲛⲟⲥ· ⲉ̄ϥⲟ̄ ⲛ̄ⲑⲉ
ⲙ̄ⲡⲉⲓⲛⲉ ⲛ̄ⲟⲩⲥⲙⲁⲣⲁⲕⲧⲟⲥ.

4 ⲁⲩⲱ ⲉⲣⲉ ϫⲟⲩⲧⲁϥⲧⲉ ⲛ̄ⲟⲣⲟ-
ⲡⲟⲥ ⲙ̄ⲡⲕⲱⲧⲉ ⲙ̄ⲡⲉⲑⲣⲟⲛⲟⲥ·
ⲉⲣⲉ ϫⲟⲩⲧⲁϥⲧⲉ ⲙ̄ⲡⲣⲉⲥⲃⲩⲧⲉⲣⲟⲥ
ϩⲙⲟⲟⲥ ϩⲓϫⲛ̄ ⲛⲉⲑⲣⲟⲛⲟⲥ· ⲉⲧ-
ϭⲟⲟⲗⲉ ⲛ̄ϩⲉⲛϩⲟⲓⲧⲉ ⲛ̄ⲟⲩⲟⲃϣ̄·
ⲉⲣⲉ ϩⲉⲛⲕⲗⲟⲙ ⲛ̄ⲛⲟⲩⲃ ϩⲓϫⲛ̄
ⲡⲉⲧⲁⲡⲏⲧⲉ·

5 ⲁⲩⲱ ⲡⲉⲧⲛⲏⲧ ⲉⲃⲟⲗ ϩⲙ̄
ⲡⲉⲑⲣⲟⲛⲟⲥ ⲛ̄ϭⲓ ϩⲉⲛⲃ̄ⲣⲏϭⲉ ⲙⲛ̄
ϩⲉⲛⲥⲙⲏ· ⲙⲛ̄ ϩⲉⲛϩⲣⲟⲩⲃⲃⲁⲓ·
ⲉⲣⲉ ⲥⲁϣϥ ⲛ̄ⲗⲁⲙⲡⲁⲥ ⲛ̄ⲕⲱϩⲧ
ⲙⲟⲩϩ ⲙ̄ⲡⲉⲙⲧⲟ ⲉⲃⲟⲗ ⲙ̄ⲡⲉ-
ⲑⲣⲟⲛⲟⲥ ⲉⲧⲉ ⲡⲁⲓ ⲡⲉ ⲡⲉⲡ̄ⲛ̄ⲁ̄
ⲙ̄ⲡⲛⲟⲩⲧⲉ.

6 ⲁⲩⲱ ⲙ̄ⲡⲉⲙⲧⲟ ⲉⲃⲟⲗ ⲙ̄ⲡⲉ-
ⲑⲣⲟⲛⲟⲥ ⲡⲉⲧⲛ̄ ⲟⲩⲑⲁⲗⲁⲥⲥⲁ ⲛⲁ-
ⲃⲁϭⲛⲉⲓⲛ ⲉⲥⲉⲓⲛⲉ ⲛ̄ⲟⲩⲕⲣⲩⲥⲧⲁⲗ-
ⲗⲟⲥ· ⲁⲩⲱ ⲛ̄ⲧⲙⲏⲧⲉ ⲙ̄ⲡⲉⲑⲣⲟⲛⲟⲥ
ⲙⲛ̄ ⲡⲉϥⲕⲱⲧⲉ ⲡⲉⲧⲛ̄ ϥⲧⲟⲟⲩ
ⲛ̄ⲍⲱⲟⲛ ⲉⲩⲙⲉϩ ⲛ̄ⲃⲁⲗ ϩⲓⲑⲏ ⲁⲩⲱ
ϩⲓⲡⲁϩⲟⲩ.

7 ⲡϣⲟⲣⲡ̄ ⲛ̄ⲍⲱⲟⲛ ⲉϥⲉⲓⲛⲉ
ⲛ̄ⲟⲩⲙⲟⲩⲓ̈· ⲡⲙⲉϩⲥⲛⲁⲩ ⲛ̄ⲍⲱⲟⲛ
ⲉϥⲉⲓⲛⲉ ⲛ̄ⲟⲩⲙⲁⲥⲉ· ⲡⲙⲉϩϣⲟⲙⲛ̄ⲧ
ⲛ̄ⲍⲱⲟⲛ ⲉϥⲟ ⲡ̄ⲣⲟ ⲛ̄ⲣⲱⲙⲉ· ⲡⲙⲉϩ-
ϥⲧⲟⲟⲩ ⲛ̄ⲍⲱⲟⲛ ⲉϥⲉⲓⲛⲉ
ⲛ̄ⲟⲩⲁⲓⲧⲟⲥ ⲉϥϩⲏⲗ.

8 ⲁⲩⲱ ⲡⲉϥⲧⲟⲟⲩ ⲛ̄ⲍⲱⲟⲛ
ⲡⲉⲟⲩⲧⲡⲉ ⲡⲟⲩⲁ ⲡⲟⲩⲁ ⲙ̄ⲙⲟⲟⲩ·
ⲥⲟⲟⲩ ⲛ̄ⲧⲛ̄ϩ̄ ϫⲉ ⲡⲛⲉⲧⲉⲓⲃ ⲙ̄ⲡⲉⲧ-
ⲕⲱⲧⲉ ⲉⲩⲙⲉϩ ⲛ̄ⲃⲁⲗ ⲙ̄ⲡⲉⲧϩⲟⲩⲛ
ⲁⲩⲱ ⲙⲉⲧⲕⲁⲧⲟⲟⲧⲟⲩ ⲉⲃⲟⲗ ⲙ̄ⲡⲉ-
ϩⲟⲟⲩ ⲙⲛ̄ ⲧⲉⲩϣⲏ ⲉⲩϫⲱ ⲙ̄ⲙⲟⲥ
ϫⲉ ϥⲟⲩⲁⲁⲃ· ϥⲟⲩⲁⲁⲃ· ϥⲟⲩⲁⲁⲃ
ⲛ̄ϭⲓ ⲡϫⲟⲉⲓⲥ ⲡⲛⲟⲩⲧⲉ ⲡⲡⲁⲛⲧⲟ-

ⲕⲣⲁⲧⲱⲣ· ⲡⲉⲧϣⲟⲟⲡ ⲁⲧⲱ ⲡⲉⲧⲉ-
ⲛⲉϥϣⲟⲟⲡ· ⲡⲉⲧⲛⲏⲧ

9 ⲁⲧⲱ ⲉⲣϣⲁⲛ ⲡ︤ⲍ︥ ⲱⲟⲡ ϯ ⲙ︦-
ⲡⲉⲟⲟⲩ ⲛ︦ⲙ︦ ⲡⲧⲁⲓⲟ ⲛ︦ⲙ︦ ⲧⲉⲩ-
ⲭⲁⲣⲓⲥⲧⲓⲁ: ⲙ︦ⲡⲉⲧϩⲙⲟⲟⲥ ⲉϫⲙ︦
ⲡⲉⲑⲣⲟⲛⲟⲥ ⲉⲧⲟⲛ︤ϩ︥ ϣⲁ ⲛⲓⲉⲛⲉϩ
ⲛ︦ⲛⲓⲉⲛⲉϩ·

10 ϣⲁⲩⲡⲁϩⲧⲟⲩ ⲛ︦ϭⲓ ⲡϫⲟⲩ-
ⲧⲁϥⲧⲉ ⲙ︦ⲡⲣⲉⲥⲃⲩⲧⲉⲣⲟⲥ ⲙ︦ⲡⲉⲙⲧⲟ
ⲉⲃⲟⲗ ⲙ︦ⲡⲉⲧϩⲙⲟⲟⲥ ϩⲓ ⲡⲉⲑⲣⲟ-
ⲛⲟⲥ ⲛ︦ⲥⲉⲟⲩⲱϣⲧ︥ ⲙ︦ⲡⲉⲧⲟⲛ︤ϩ︥ ϣⲁ
ⲛⲓⲉⲛⲉϩ ⲛ︦ⲛⲓⲉⲛⲉϩ: ⲁⲧⲱ ⲛ︦ⲥⲉ-
ⲛⲟⲩϫⲉ ⲛ︦ⲛⲉⲧⲕⲗⲟⲙ ⲙ︦ⲡⲉⲙⲧⲟ
ⲉⲃⲟⲗ ⲙ︦ⲡⲉⲑⲣⲟⲛⲟⲥ ⲉⲩϫⲱ
ⲙ︦ⲙⲟⲥ:

11 ϫⲉ ⲕ︦ⲙ︦ⲡϣⲁ ⲡϫⲟⲉⲓⲥ ⲡⲉⲛ-
ⲛⲟⲩⲧⲉ ⲉϫⲓ ⲙ︦ⲡⲉⲟⲟⲩ ⲛ︦ⲙ︦ ⲡⲧⲁⲓⲟ
ⲛ︦ⲙ︦ ⲧϭⲟⲙ ϫⲉ ⲛ︦ⲧⲟⲕ ⲁⲕⲥⲛ︦ⲧ ⲛ︦ⲕⲁ
ⲛⲓⲙ: ⲁⲧⲱ ⲉⲧϣⲟⲟⲡ ⲁⲧⲱ ⲛ︦ⲧⲁⲩ-
ⲥⲱⲛⲧ︥ ⲉⲧⲃⲉ ⲡⲉⲕⲟⲩⲱϣⲉ·

ⲕⲣⲁⲧⲟⲣ· ⲡⲉⲧϣⲟⲟⲡ· ⲁⲧⲱ ⲡⲉⲧⲉ-
ⲛⲉϥϣⲟⲟⲡ ⲁⲧⲱ ⲡⲉⲧⲛⲏⲧ.

9 ⲁⲧⲱ ⲉⲣϣⲁⲛ ⲡ︤ⲍ︥ ⲱⲟⲡ ϯ ⲙ︦-
ⲡⲉⲟⲟⲩ ⲙ︦ⲛ︦ ⲡⲧⲁⲉⲓⲟ̅ ⲙ︦ⲛ︦ ⲧⲉⲩ-
ⲭⲁⲣⲓⲥⲧⲓⲁ ⲙ︦ⲡⲉⲧϩⲙⲟⲟⲥ ⲉϫⲙ︦
ⲡⲉⲑⲣⲟⲛⲟⲥ ⲉ̄ⲧⲟⲛ︤ϩ︥ ϣⲁ ⲛⲓⲉⲛⲉϩ
ⲛ︦ⲛⲓⲉⲛⲉϩ.

10 ϣⲁⲩⲡⲁϩⲧⲟⲩ ⲛ︦ϭⲓ ⲡϫⲟⲩ-
ⲧⲁϥⲧⲉ ⲙ︦ⲡⲣⲉⲥⲃⲩⲧⲉⲣⲟⲥ ⲙ︦ⲡⲉⲙⲧⲟ
ⲉⲃⲟⲗ ⲙ︦ⲡⲉⲧϩⲙⲟⲟⲥ ϩⲓϫⲙ︦ ⲡⲉ-
ⲑⲣⲟⲛⲟⲥ· ⲛ︦ⲥⲉⲟⲩⲱϣⲧ︥ ⲙ︦ⲡⲉⲧⲟⲛ︤ϩ︥
ϣⲁ ⲛⲓⲉⲛⲉϩ ⲛ︦ⲛⲓⲉⲛⲉϩ· ⲁⲧⲱ
ⲛ︦ⲥⲉⲛⲟⲩϫⲉ ⲛ︦ⲛⲉⲧⲕⲗⲟⲙ ⲙ︦ⲡⲉⲙ-
ⲧⲟ ⲉ̄ⲃⲟⲗ ⲙ︦ⲡⲉⲧϩⲙⲟⲟⲥ ϩⲓ ⲡⲉⲑⲣⲟ-
ⲛⲟⲥ ⲉⲩϫⲱ ⲙ︦ⲙⲟⲥ.

11 ϫⲉ ⲕ︦ⲙ︦ⲡϣⲁ ⲡϫⲟⲉⲓⲥ
ⲡⲛⲟⲩⲧⲉ ⲉϫⲓ ⲙ︦ⲡⲉⲟⲟⲩ ⲙ︦ⲛ
ⲡⲧⲁⲉⲓⲟ· ⲙ︦ⲛ︦ ⲧϭⲟⲙ ϫⲉ ⲛ︦ⲧⲟⲕ
ⲁⲕⲥⲛ︦ⲧ ⲛ︦ⲕⲁ ⲛⲓⲙ· ⲁⲧⲱ ⲉⲧϣⲟⲟⲡ·
ⲁⲧⲱ ⲛ︦ⲧⲁⲧϣⲱⲡⲉ ⲉⲧⲃⲉ ⲡⲉ-
ⲕⲟⲩⲱϣ·

IX. CHRISTIANITY IN EGYPT AND THE COPTIC VERSION OF THE OLD AND NEW TESTAMENTS.

Muḥammadan writers have for many centuries agreed in calling the natives of Egypt who embraced Christianity by the name of 'Al-Ḳubṭ' القبط, and from this our name for an Egyptian Christian is derived. 'Ḳubṭ' is the Arabic transcription of Αἰγύπτιος, the Greek name for an 'Egyptian', no matter what his religion might be, or in fact of any native of the country watered by the Nile, which the Greeks called Αἴγυπτος. Among the earliest of the Greeks to use the name Αἴγυπτος is Homer, but he makes the masculine form apply to the Nile (*Odys.* iv. 477), and the feminine to the country itself (*Odys.* iv. 478). As Muḥammadan writers called the Egyptian

Christian Al-Ḳubṭ, so they called their writing and language 'Al-Ḳubṭiyyah' القبطية or 'Coptic'. Briefly, Coptic is the language, much modified, it is true, which was written in hieroglyphics, and in hieratic, the cursive form of hieroglyphic writing, that is to say, it is the native language of Egypt. In Pharaonic times the Egyptians employed a hieroglyphic script for monumental and ceremonial purposes, and a cursive form of hieroglyphic script, which is commonly called hieratic. About the XXVIth dynasty, or perhaps a little earlier, another kind of script was used in business documents, &c., and to this the name of 'demotic' is usually given. In the Greek text of the Stele of Canopus (l. 74) the characters employed in this writing are called '$Aἰγύπτια$', and in the Greek text of the Rosetta Stone (l. 54) '$ἐγχώρια$', i. e. the symbols used in native Egyptian writing throughout the country for everyday purposes.

Now, the demotic syllabary was difficult to learn, and to all but the expert documents written in the demotic script were as hard to read then as they are now. Greek was widely used in Egypt during the Ptolemaïc Period, and the Egyptians soon recognized the advantages of an alphabet in which every character had a simple form. Exactly when and how it came about cannot be said, but probably by the end of the first century after Christ the Egyptians had adopted the entire Greek alphabet, and added to it six letters, which were taken from the demotic syllabary, to express certain Egyptian sounds for which the Greeks had no equivalents. The earliest example of this mixed alphabet is found in a horoscope written on the back of a Papyrus in the British Museum. Goodwin, who first studied it[1], assigned the document to the year A. D. 154, but Dr. Kenyon says that the horoscope was calculated for a nativity in either

---

[1] See Chabas, *Mélanges*, 2ᵉ Sér., p. 294; *Äg. Zeit.*, iv, p. 18.

A. D. 95 or A. D. 155, the former being the more probable of the two[1]. The alphabetic characters here employed became, after certain modifications, the Coptic alphabet.

The Copts assert traditionally that the first Patriarch of their Church was Ananius, who was appointed by St. Mark, who is said to have visited Alexandria about the year A. D. 64, and to have preached the Gospel in the city and in the districts round about it, and to have established Christianity in Egypt. That this tradition is substantially true there is no good reason for doubting, especially if it be considered in connexion with the passage in the Acts which mentions Apollos (xviii. 24-28). This Alexandrian Jew had some knowledge of the preaching of our Lord, and it is impossible to assume that he was the only person in Alexandria who had. It is nearly certain that reports of the events which took place in Jerusalem in connexion with the preaching and teaching of Christ and His Apostles were carried immediately to Alexandria, and especially to the Jews of that city, who must have been curious, at least, about the growth of the new doctrine. And it is probable that when St. Mark arrived there he found many people ready to listen to his preaching and willing to increase their knowledge of the Founder of Christianity and His work. The language used by St. Mark was Greek, and the greater number of those who listened willingly to his doctrine must have been Alexandrian Jews who were dissatisfied with the Judaism as taught at that time in Alexandria. Little by little the doctrine of Christ became known to the Alexandrian Greeks, and from them it passed to the Greeks who were settled in other parts of the Delta, and subsequently to those who were in Upper Egypt. So long as conversion to Christianity was confined to the Jews of Alexandria,

---

[1] Kenyon, *Textual Criticism of the New Testament*, p. 152.

it was unnecessary to translate the history of the life of Christ and of His miracles into the Egyptian language, for every educated member of the Jewish community in Alexandria could read Greek. And a Greek version of their Scriptures, the Septuagint, had been in use for more than two hundred years when the first accounts of Christ's ministry reached Alexandria. It is possible, too, that a very limited number of native Egyptians would know enough Greek to understand the preaching of the earliest teachers of the Church of Alexandria.

But the Gospel message was directed to the Gentiles as well as to the House of Israel, and the propagandists of the new religion would spare no pains in carrying it to the illiterate Egyptians who dwelt round about Alexandria. From these the news of the new doctrine passed from village to village, and merchants travelling by caravan to Upper Egypt and the Egyptian Sûdân told the inhabitants of these lands what they had heard, and thus long before the end of the second century an account of the new religion, in some form or other, must have reached all parts of Egypt and Northern Nubia. The man of Ethiopia who was baptized by Philip (Acts viii. 38) must have proclaimed the Gospel at Meroë and the efficacy of baptism, before the close of the first century. Whilst Christianity was thus spreading a demand arose for an Egyptian version of the Gospels and of certain books of the Old Testament, especially the Psalms. And when bishops were appointed, about the end of the second century, and Egyptians were made teachers of native congregations, written narratives of the life and death of Christ, and of the preaching of the Apostles, became an absolute necessity. These proceedings took place about the end of the second century and beginning of the third century, and to this period must be assigned the first translation of the Books of the Old and New Testaments from

Greek into Egyptian, or Coptic. The need for an Egyptian version of the Holy Scriptures must have been felt acutely in the second century by the leaders of companies of men who had begun to forsake the world, and to retire to the mountains and islands in the Nile where, unmolested and undisturbed, they could lead lives full of the sternest ascetic labours. A tradition states that during the reign of Antoninus Pius (138–161), an abbot called Fronto (Frontonius) gathered together seventy brethren, and led them into the Nitrian Desert [1], where they cultivated the ground, and lived exceedingly austere lives [2]. For one systematically arranged 'flight from the world' such as this, there must have been hundreds carried out by individuals, or small groups of men, of which no record now exists.

It is commonly asserted that the founder of monasticism in Egypt was Anthony the Great, who was born about 250, and this is no doubt true so far as organized monasticism is concerned; but the histories of the holy men contained in the Paradise of the Fathers, compiled by Palladius early in the fifth century from information acquired by him in Egypt, at first hand, in the last quarter of the fourth century, prove that there were many Christian monks living in the deserts of Egypt long before Anthony was born. Among these was Paul the anchorite who, according to the Syriac version of the Lausiac history [3], 'was educated in the learning of the Greeks and Egyptians', being the son of wealthy parents. It is impossible to reconcile the statements which are made about the time of his death, for in one place he is said to have died in the reign of Decius (249–253) or Valerianus (253–260), and in

---

[1] The Wâdî Naṭrûn, about two days' journey by camel from Cairo.

[2] *Acta Sanctorum*, April 14.

[3] See Budge, *Paradise of the Fathers*, vol. i, p. 197.

another he is said to have visited Anthony when he was 113 years old, Anthony himself being ninety years old at the time. The history of his life is valuable as showing that an old tradition declared him to be the father of the monks of the Egyptian desert, and there is no reason for doubting that he was many years older than Anthony. It is important to note too that Paul is said to have been educated in the learning of the Greeks and Egyptians, and that his flight into the desert probably took place before the close of the second century.

In the third century we touch firmer ground, for organized monasticism was established by St. Anthony, who was born in Upper Egypt about 250. He was a pure Egyptian, and the son of parents who were possessed of lands and slaves, and who were Christians; he was reared in the fear of God and, according to St. Athanasius[1], he observed fittingly all the seasons of the Church both as a child and as a young man. When he was eighteen or twenty years old his parents died, leaving to him all their possessions, and the charge of his little sister. For six months he debated in his mind what he should do with his property, and the problem was one of difficulty to him until one Sunday, when he went into the local church to meditate upon it. Whilst there he heard read the service and the Gospel for the day, and in the latter were the words, 'If thou wouldst be perfect, go, sell that thou hast', &c. (St. Matt. xix. 21). In obedience to this command he sold his estate of 300 acres and his household goods, and gave the proceeds of the sale to the poor, with the exception of a small sum, which he reserved for his sister's use. Soon after this he was in church on another Sunday, and heard the Gospel for the day read, which

[1] See his *Life of Saint Anthony* in Montfaucon's edition, tom. ii, pp. 450-505, and the Latin version by Evagrius in Rosweyde's *Vitae Patrum*, pp. 26-74.

contained the words, 'Take no thought for the morrow' (St. Matt. vi. 25, 31, 34; St. Luke xii. 21, 22). This command he obeyed literally, for he went and gave to the poor the money which he had set aside for the use of his sister, placed her in the charge of certain holy women who lived in the neighbourhood, and adopted the life of a solitary monk. As there were no monasteries in existence at that time, he retired first of all to a mountain near his village, next to a cemetery, and finally to the desert between the Nile and the Red Sea. During the first years of his ascetic career he was greatly helped by the counsel and example of a certain old man, who lived as an anchorite at no great distance from Anthony's village.

These statements are of special interest in connexion with the history of the Egyptian version of the Scriptures, for they suggest that, when Anthony was a young man, i.e. about the year 270, there was a church in his village in which the service and the Gospels were read, Sunday by Sunday, in a language which was 'understanded of the people', and that that language was Egyptian. It has been argued that the reader of the service and the passages from the Gospels, which Anthony heard in his village church, was reading from a written service-book, not in Egyptian but in Greek, and that he translated the Greek text before him into Egyptian as he proceeded with the service. This is possible, but very improbable. The reader in a village church in Upper Egypt towards the close of the third century is far more likely to have been a native of the district, who knew no Greek, or at least not enough to translate it at sight, than one who knew Greek well. Anthony himself was, according to St. Athanasius, an uneducated man, γράμματα μὲν μαθεῖν οὐκ ἠνέσχετο, but this can only mean that he could not read or write Greek, for Athanasius himself tells us that Anthony wrote letters to Imperial Personages, though he could not write quickly.

INTRODUCTION lxxix

When certain men who knew no Egyptian came to consult him about the Christian religion, he was obliged to send for a skilled interpreter to translate his answers to their questions into Greek, but there is good reason for thinking that Anthony could read and write his native language [1]. And his extensive and exact knowledge of the Scriptures makes it almost certain that he learned the Psalms, at least, from an Egyptian translation of them.

About the year 300, when many monks gathered about Anthony, and emulated his life and example, the cells of the monks, as Athanasius tells us, were filled with the singing of psalms, hymns, and spiritual songs. The Histories of the monks compiled by Palladius prove also that there must have been many Christian anchorites in Egypt about this time, and that many of them were thoroughly well versed in the Holy Scriptures. Thus Isidore, who had been an ascetic in the Nitrian Valley in his early years, 'possessed the knowledge of the Holy Scriptures'; he was seventy years old when he met Palladius in 388, and must therefore have learned the Bible early in the fourth century. Didymus, who had been blind from his fourth year, had been taught by his fellow monks, and could interpret the Old and New Testaments, word by word, and could repeat by heart many passages of Scripture; he was eighty years old when Palladius visited him in 388. Ammonius, the disciple of Pambo, could repeat the Old and New Testaments by heart, and he was versed in the Ten thousand and six hundred Sayings of the Fathers which were compiled by Stephen the monk. Dorotheos, the monk, had in 388 lived in a cave for sixty years, and in 391 Benjamin, another monk, had lived the life of an ascetic at Nitria for eighty years. All these men, with the exception of Didymus, must have

[1] See the interesting remarks of Tillemont in *Mémoires Ecclésiastiques*, tom. vii, p. 166.

had access to some Egyptian version of the Scriptures which they could study in their cells.

About the year 320 Pachomius, an Egyptian, founded the famous monastery at Tabenna, an island in the Nile, not far from the modern town of Denderah in Upper Egypt. He was born a few years before the close of the third century, and as soon as his age permitted it he assumed the garb of the monk. In obedience to the command of an angel, he gathered together as many of the wandering monks as he could find, and he taught them to live an ascetic life, according to the Six Rules which the angel gave him cut on a tablet of metal. The parent monastery contained 1,300 monks, and to every three a cell was apportioned. The whole body of monks was divided into twenty-four grades, each of which was known by one of the twenty-four letters of the Greek alphabet. Among the monks many followed the trades of gardeners, blacksmiths, bakers, carpenters, washermen, net-makers, basket-makers, and one monk made sandals for the whole community, and one was a scribe. As these worked at their trades they repeated the Psalms and other Books of the Old and New Testaments. The duty of the scribe was to write copies of the Scriptures and service-books, and he probably conducted the Abbot's business correspondence. It is impossible to think that the service-books of the monastery were written in Greek, and were translated or paraphrased by the reader in the church or assembly-hall. Pachomius himself knew no Greek when he founded his monastery, and we may be quite sure that the thirty-six sections of the Psalter, which were the least amount that every monk had to recite during each twenty-four hours, were learnt from copies written in Egyptian, that is to say, Coptic. And the copies of the Scriptures written in the monastery of Pachomius were not made from new manuscripts.

INTRODUCTION lxxxi

Among the books which formed the monastic library were collections of the Sayings of the Fathers, and the Answers which the 'old men' were supposed to have made to novices and others who asked them questions on points of ascetic theory and practice. In these Sayings there are many allusions to books, and from a Syriac *Corpus*[1], which contains about thirteen hundred and forty Sayings and Questions and Answers, the following notes concerning famous monks who flourished during the fourth century are taken: Abbâ Serapion went into a brother's cell, and saw a hollow in the wall filled with books, and when the brother said to him, 'Speak one word to me whereby I may live', he replied, 'What have I to say to thee? For thou hast taken that which belonged to the orphans and widows and laid it up in a hole in the wall' (p. 35). Abbâ Theodore of Parmê possessed some beautiful books, and he went to Abbâ Macarius and said to him, 'Father, I have three books, and I gain profit from them, and the brethren borrow them from me, and they also have profit from them: tell me, now, what shall I do with them?' The old man replied, 'Ascetic labours are beautiful, but the greatest of them all is voluntary poverty'; and Theodore went and sold the books, and gave the price of them to the poor (p. 35). A certain father had a book containing the Old and New Testaments which was worth eighteen darics[2] (p. 40). Mark, the disciple of Abbâ Sylvanus, was a scribe, and copied books in his cell (p. 53). An old man used to say, 'The Prophets composed the Scriptures, the Fathers copied them, and the men who came after them learned to repeat them by heart; but

---

[1] Budge, *Paradise of the Fathers*, vol. ii.

[2] This is perhaps the book which Ruffinus saw with the Abbot Anastasius in the Nitrian Desert in 372, 'Habebat codicem in pergamenis valde optime scriptum, qui decem et octo valebat solidis'. Migne, *Vitae Patrum*, tom. lxxiii, col. 757.

this generation putteth them into cupboards as useless things' (p. 56). Abbâ Agathon mentions the cells of monks which were whitewashed, and contained cupboards filled with books of the Holy Scriptures and service-books (p. 69). A certain father went to an anchorite in Scete, and boasted that he could repeat the Old and the New Testaments by heart, and a second father boasted that he had copied the whole of the Old and New Testaments (p. 205). A certain brother possessed an Evangeliarium, which he sold, and he devoted the proceeds to setting up a memorial to a brother who had broken into his cell, and stolen his money (p. 215). A certain teacher gave a rich man the Book of the Wisdom of Solomon to read (p. 241), and when Abbâ Agathon was sick the Book of Genesis was read to him (p. 253). The brethren enumerated nine spiritual excellences, and among these were (No. 5) 'the recital of the whole Book of the Psalms seven times during the night and day', and (No. 6) 'the reading of the Holy Books between times' (p. 294).

If we summarize the above statements we arrive at the following:

1. Apollos the Alexandrian Jew had knowledge of the baptism of John, and had been instructed in the way of the Lord, before A. D. 70.
2. Philip baptized the 'man of Ethiopia, a eunuch of great authority under Candace, queen of the Ethiopians', before A. D. 70, and when the eunuch returned to Meroë he undoubtedly described his experience and baptism.
3. Christianity was preached by St. Mark in Alexandria before A. D. 70, and a church was established there, and a Patriarch appointed.
4. Before the end of the second century the churches were so numerous that it was necessary for the Patriarch

INTRODUCTION lxxxiii

of Alexandria to appoint bishops, and Christians retired to the desert to lead ascetic lives.

5. The spread of the Gospel among the native Egyptians was so rapid during the second century that the demand for a translation of the Scriptures into the vernacular became general.

6. The systematic translating of the Scriptures from Greek into Egyptian, that is to say, Coptic, was begun about the year 200. This view has been held by many Coptic scholars, among them being Schwartze, Lightfoot, Hyvernat, and others, and its general correctness is supported by the palaeographic and other evidence adduced by Dr. Kenyon, who, after referring to the pre-Origenian character of the Sahidic Old Testament, says, 'If, therefore, we put the origin of the Coptic versions about A.D. 200, we shall be consistent with all the extant evidence, and probably shall not be very far wrong'[1].

7. Anthony and other native Egyptians who knew no Greek were well versed in the Scriptures, and daily recited the Psalter, in whole or in part, before the end of the third century.

8. About 320 Pachomius founded the great monastery at Tabenna. The Scriptures were read to the coenobites at meal times and during the evening, and each monk recited a part or all of the Psalter daily in his native tongue. The solitaries studied the Bible in their cells, and many of them learned the Scriptures by heart. A scribe was on the staff of the monastery.

We may now summarize the general evidence which can be fairly deduced from our papyrus Codex, and compare it with the above conclusions. It is tolerably certain that the Codex was not used as a service-book in a church, for it is

[1] *Textual Criticism of the New Testament*, p. 154.

not large enough, and the extraordinary selection of books of the Bible in it suggests that it was written for or by a private individual, most probably a monk who was a trained scribe, for private use. Whoever the owner was, the worn and mutilated condition of the leaves shows that the Codex was well used, so well, in fact, that it was necessary to strengthen the backs of some of the quires by strips of fine vellum when the binding was repaired. The distinct paginations of each of the three books suggest that they were copied at different times, though it is clear that one and the same scribe wrote all three. The omissions, additions, repetitions, and mistakes in the text prove, in my opinion, that the Codex does not contain independent translations from the Greek, but texts copied from some existing Coptic manuscript, which was probably one of the earliest Coptic Bible MSS. in Upper Egypt. The text of Deuteronomy contains relatively few mistakes or blunders, and this fact suggests that the text in the archetype was in a good state of preservation. The text of Jonah is good, and the MS. from which it was copied was probably well preserved and easy to read. The text of the Acts seems to indicate either that the manuscript from which the copyist worked was old and partly obliterated, or that the copyist himself was extremely careless. The writing is good, and looks like the work of a skilled scribe, but the letters in the lines are more crowded than in the texts of Deuteronomy and Jonah, and there are several more lines to the page. The script in cursive Greek at the end of the Acts of the Apostles is hard to explain, but this text is invaluable, for it has enabled Dr. Kenyon to fix the latest date at which the Codex can possibly have been written, namely, the middle of the fourth century. As, however, there is no proof that the script was written immediately after the completion of the copying of the Codex, it may have been added some time later. The subject-matter of it suggests to me that this was the case. At all events, the Codex proves that copies of the Egyptian, that is to say, Coptic, translation of some of the books of the Old and New Testaments were in use among Egyptian Christians in the early part of the fourth century; therefore the origin of the version itself cannot be placed later than the third century. Thus there is good reason for believing that Anthony did hear the Scriptures read in his village church in his native tongue, and that many of the earliest monks in the deserts of Nitria, the Red Sea, and Upper Egypt, learned to repeat the Psalms and whole Books of the Bible by heart from Coptic and not from Greek manuscripts. The evidence afforded by our papyrus Codex tends to confirm early monastic traditions concerning the spread of Christianity in Egypt, and indicates that the Coptic version of the Scriptures is older than some have supposed.

ΠΤΕΥΤΕΡΟΝΟΠΙΟΝ

ERRATA.

P. 13, strike out note 1; p. 43, note 3 refers to ⲛϥ︤ⲥⲟⲟⲩⲛ ⲙ̄-ⲙⲟϥ ⲁⲛ, note 4 to ⲧⲛ̄ ⲣⲟⲙⲡⲉ, and strike out note 5; p. 125, note 11, for κλῆρον read τόπον; p. 125, l. 1, read ⲁⲕⲗ̄ⲁⲙⲁⲕ ⲉⲧⲉ ⲡⲁï; p. 136, l. 10, read ⲉⲩϣⲁⲛⲉⲓ.

[ⲠⲦⲈⲨⲦⲈⲢⲞⲚⲞⲘⲒⲞⲚ]

(Brit. Mus. MS. Orient. 7594)

Chap. I. 39 ⲁⲩⲱ ϣⲏⲣⲉϣⲏⲙ ⲛⲓⲙ ⲛ̄ⲃⲣⲣⲉ ⲉⲧⲉ ⲛ̄ϥⲥⲟⲟⲩⲛ ⲁⲛ ⲙ̄ ⲡⲟⲟⲩ ⲙ̄ⲡⲉⲧ ⲛⲁ ⲛⲟⲩϥ ⲏ[1] ⲙ̄ ⲡⲡⲉⲑⲟⲟⲩ· ⲛⲁⲓ̈ ⲛⲉ [ⲉⲧ] ⲛⲁⲃⲱⲕ ⲉ ϩⲟⲩⲛ ⲉ ⲣⲟϥ· ⲁⲩ[ⲱ ⲡ̄] ⲧⲟⲟⲩ ⲛⲉ ⲉ ϯⲛⲁⲧⲁⲁϥ ⲛⲁⲩ [ⲉ ⲣ] 40 ⲕⲗⲏⲣⲟⲛⲟⲙⲓ ⲙ̄ⲙⲟϥ· ⲁⲩⲱ ⲛ̄ⲧⲱ ⲧⲛ̄ ⲁⲧⲉⲧⲛ̄ⲕⲧⲉ ⲧⲏⲟⲩⲧⲛ̄ ⲁ[ⲧⲉ] ⲧⲛ̄ⲙⲟⲟϣⲉ ϩⲓ ⲧⲉⲣⲏⲙⲟⲥ ⲉ ⲧⲉϩⲓⲏ ⲉⲧ ϫⲓ ⲉϫⲛ̄ ⲧⲉⲣⲩⲑⲣⲁ ⲑⲁⲗⲗⲁⲥⲥⲁ· 41 ⲁⲩⲱ ⲁⲧⲉⲧⲛ̄ⲟⲩⲱϣⲃ̄ ⲉⲧⲉⲧⲛ̄ϫⲱ ⲙ̄ⲙⲟⲥ ⲛⲁⲓ̈ ϫⲉ ⲁⲛⲣ̄ ⲛⲟⲃⲉ ⲙ̄ⲡⲉ ⲙ ⲧⲟ ⲉ ⲃⲟⲗ ⲙ̄ ⲡϫⲟⲉⲓⲥ ⲡⲉⲛⲛⲟⲩⲧⲉ· ⲁⲛⲟⲛ ⲡⲉ ⲉⲧ ⲛⲁ[2] ⲉ ϩⲣⲁⲓ̈ ⲉ ⲙⲓϣⲉ ⲛⲉⲙⲁⲩ ⲕⲁⲧⲁ ϩⲱⲃ ⲛⲓⲙ ⲉⲛⲧⲁ ⲡϫⲟⲉⲓⲥ ⲡⲉⲛⲛⲟⲩⲧⲉ ϩⲱⲛ ⲙ̄ ⲙⲟⲟⲩ ⲉ ⲧⲟⲟⲧⲛ̄ ⲁⲩⲱ ⲁ ⲡⲟⲩⲁ ⲡⲟⲩⲁ ⲙ̄ⲙⲱⲧⲛ̄ ϫⲓ ⲛ̄ ⲛⲉϥϩⲛⲁⲁⲩ ⲙ̄ⲙⲓϣⲉ ⲁⲧⲉⲧⲛ̄ⲥⲱⲟⲩϩ' ⲉ ϩⲟⲩⲛ 42 ⲁⲧⲉⲧⲛ̄ⲃⲱⲕ ⲉ ϩⲣⲁⲓ̈ ⲉ ⲡⲧⲟⲟⲩ· ⲁⲩⲱ ⲡⲉϫⲉ ⲡϫⲟⲉⲓⲥ ⲛⲁⲓ̈ ϫⲉ ⲁϫⲓⲥ ⲛⲁⲩ ϫⲉ ⲙ̄ⲡⲣ̄ ⲃⲱⲕ ⲉ ϩⲣⲁⲓ̈ ⲟⲩⲧⲉ[3] ⲙ̄ⲡⲣ̄ ⲙⲓϣⲉ ⲛⲉⲙⲁⲩ ⲕⲁⲧⲁ[4] ϩⲱⲃ ⲛⲓⲙ

Fol. 1a
[ⲓ̄ⲁ̄]

---

[1] There is a small mark above ⲛ like a small ϥ.
[2] ⲃⲱⲕ omitted? [3] οὐδέ.
[4] Of the passage beginning with ⲕⲁⲧⲁ and ending with ⲉ ⲧⲟⲟⲧⲛ̄ there is no equivalent in the Greek; the scribe seems to have repeated it inadvertently from the preceding verse.

B

DEUTERONOMY I. 42—II. 1

ενта пχοεις пенноυτε
ϩωн ⲙⲙοοⲩ ε тοοτⲛ̄ ⲛ̄ϯ пε
ⲙⲏтⲛ̄ ан ⲙⲏпοτε ⲛ̄ τετⲛοⲩ
ωωϥ ⲙ̄пε ⲙ̄тο ε ⲃοⲗ ⲛ̄ нεκ

43 χιχεοⲩ · аιωаχε ⲇε нεⲙⲏ
тⲛ̄ аⲩω ⲙ̄пε тⲛ̄сωтⲙ̄ наï [тε]
тⲛ̄пαραβα ⲙ̄ пωаχε ⲙ̄ пχο[εις]
атετⲛ̄анасκαζε¹ ⲙⲙωтⲛ̄
атετⲛ̄ⲃωκ ε ϩраï ε птοο[ⲩ] ·

Fol. 1 b
[ⲓⲃ]

44 [аⲩ]ω аϥει ε ⲃοⲗ ⲛ̄ϭι пαⲙοϱϱ[αιος]²
пετ ουⲏϩ ϩⲙ̄ птοοⲩ ετ ⲙ̄ⲙαⲩ
ε тρε ϥⲙιωε нεⲙⲏтⲛ̄ аⲩω аⲩ
пωт ⲛ̄са тⲛουтⲛ̄ ⲛ̄ⲑε ε ωа
³ . . . . аϥ ⲛ̄ εⲃιω ⲗаас · аⲩκωнс ⲙ̄
[ⲙ]ωтⲛ̄ χιн сηειρ ωа ϩраï ε

45 [ϩε]ρⲙα⁴ · аⲩω атετⲛ̄ϩⲙοος
[ε ϩ]ραï ετετⲛ̄ⲣιⲙε ⲙ̄пε ⲙ̄тο
ε ⲃοⲗ ⲙ̄ пχοεις⁵ · аⲩω ⲙ̄пε пχο
εις сωтⲙ̄ ε петⲛ̄ϩροοⲩ οⲩ

46 тε ⲙ̄п ϥ̄ϯ ϩтηϥ ε ρωтⲛ̄ · аⲩω а
тετⲛ̄ϩⲙοос ϩⲛ̄ κаⲇⲏс ⲛ̄ ϩεн
ϩοοⲩ εнαωοοⲩ κатα нεϩο
οⲩ ενта тετⲛ̄αаⲩ ϩⲙ̄ пⲙа ετ ⲙ̄

Chap. II. 1 ⲙаⲩ⁶ · анктοн ⲇε анⲙοοωε ε ϩ
ραï ε теρηⲙος ⲛ̄ теϩιн ε теⲣⲩ
ⲑρα ⲑаⲗⲗасса · ⲙ̄ пεсⲙοт⁷ ен

---

¹ Swete's text has καὶ παραβιασάμενοι.   ² ὁ Ἀμορραῖος.

³ Two letters at least wanting.

⁴ i.e. Ἑρμά, Heb. חָרְמָה, Khormâh; traces of ε are found on the broken edge.

⁵ Κυρίου τοῦ Θεοῦ ἡμῶν.

⁶ ὅσας ποτὲ ἡμέρας ἐνεκάθησθε ἐκεῖ. The form ετ ⲙ̄ⲙаⲩ = ετ ⲙ̄ⲙаⲩ.

⁷ ὃν τρόπον.

ⲧⲁ ⲡϫⲟⲉⲓⲥ ϣⲁϫⲉ ⲛⲉⲙⲁⲓ̈ ⲁⲩⲱ
ⲁⲛⲕⲱⲧⲉ ⲉ ⲡⲧⲟⲟⲩ ⲛ̄ ⲥⲏⲉⲓⲣ ϩⲛ̄

2 ϩⲉⲛϩⲟⲟⲩ ⲉⲛⲁϣⲱⲟⲩ· ⲡⲉϫⲉ
3 ⲡϫⲟⲉⲓⲥ ⲇⲉ ⲛⲁⲓ̈ ϫⲉ ϩⲱ ⲉ ⲣⲱⲧⲛ̄
ⲉⲧⲉⲧⲛ̄ⲕⲱⲧⲉ ⲉ ⲡⲉⲓ̈ ⲧⲟⲟⲩ· ⲕⲧⲉ
4 ⲧⲏⲟⲩⲧⲛ̄ ϭⲉ ⲉ ⲡⲉⲙϩⲓⲧ· ⲁⲩⲱ ϩⲱⲛ
ⲉ ⲧⲟⲟⲧϥ̄ ⲙ̄ ⲡⲗⲁⲟⲥ ⲉⲕϫⲱ ⲙ̄ⲙⲟⲥ
ϫⲉ ⲛ̄ⲧⲱⲧⲛ̄ ⲉⲧⲉⲧⲛ̄ⲛⲁⲙⲟⲟϣⲉ
ⲉ ⲃⲟⲗ ϩⲓⲧⲛ̄ ⲛ̄ⲧⲟϣ ⲛ̄ ⲛⲉⲧⲛ̄ⲥⲛⲏ
ⲟⲩ ⲛ̄ ϣⲏⲣⲉ ⲛ̄ ⲏⲥⲁⲩ ⲛⲉⲧ ⲟⲩⲏϩ
ϩⲛ̄ ⲥⲏⲉⲓⲣ· ⲥⲉⲛⲁⲣϩⲟⲧⲉ ϩⲏⲧ'
[ⲧ]ⲏⲟⲩⲧⲛ̄ ⲁⲩⲱ ⲥⲉⲛⲁϣⲗⲁϩ ⲉⲙⲁ
5 ⲧⲉ· ⲙ̄ⲡⲣ̄ ⲣ̄ ⲡⲟⲗⲉⲙⲟⲥ ⲛⲉⲙⲁⲩ ⲛ̄
ϯⲛⲁϯ ⲅⲁⲣ ⲛⲏⲧⲛ̄ ⲁⲛ ⲉ ⲃⲟⲗ ϩⲙ̄
ⲡⲉⲧⲕⲁϩ ⲛ̄ ⲟⲩⲧⲁϭⲥⲉ ⲛ̄ ⲟⲩ[ⲉ]
[ⲣ]ⲏⲧⲉ· ϫⲉ ⲡⲧⲟⲟⲩ ⲛ̄ ⲅⲁⲣ ⲛ̄[ⲥⲏ]
ⲉⲓⲣ ⲛ̄ⲧ ⲁⲓ̈ⲧⲁⲁϥ ⲛ̄ ⲛ̄ϣⲏⲣⲉ ⲛ̄ ⲏⲥⲁⲩ
6 ⲛ̄ ⲕⲗⲏⲣⲟⲛⲟⲙⲓⲁ· ⲉⲧⲉⲧⲛ̄ⲁϣⲱⲡ
ⲛ̄ⲧⲟⲟⲧⲟⲩ ⲛ̄ⲛⲉⲧⲉⲧⲛ̄ⲁⲟⲩⲟⲙ[1]··
ⲉⲩⲱⲙ ⲁⲩⲱ ⲛ̄ⲧⲉⲧⲛ̄ϫⲓ ⲛ̄ ⲧⲟⲟ[ⲧⲟⲩ]
ⲛ̄ ⲟⲩⲙⲟⲟⲩ ϩⲛ̄ ⲟⲩϣⲓ ϩⲁ ϩⲟⲙ[ⲛⲧ][2]
7 ⲛ̄ⲧⲉⲧⲛ̄ⲥⲟⲟⲩ· ⲡϫⲟⲉⲓⲥ ⲅⲁⲣ ⲡⲉⲛ
ⲛⲟⲩⲧⲉ ⲁϥⲥⲙⲟⲩ ⲉ ⲣⲟⲕ ϩⲛ̄ ⲛ[ⲉϩ]
ⲃⲏⲟⲩⲉ ⲧⲏⲣⲟⲩ ⲛ̄ⲛⲉⲕϭⲓϫ ϥ[ⲉⲓⲙⲉ]
ϫⲉ ⲛ̄ⲧⲁⲕⲙⲟⲟϣⲉ ⲛ̄ ⲁϣ ⲛ̄ ϩⲉ ϩⲛ̄
ⲧⲉⲓ̈ ⲉⲣⲏⲙⲟⲥ ⲉⲧ ⲛⲁϣⲱⲥ ⲉⲧ ⲟ
ⲛ̄ ϩⲟⲧⲉ ⲉⲓⲥ ϩⲙⲉ ⲛ̄ ⲣⲟⲙⲡⲉ ⲡϫⲟ
ⲉⲓⲥ ⲡⲉⲕⲛⲟⲩⲧⲉ ⲛⲉⲙⲁⲕ ⲙ̄
8 ⲡ ⲛ̄ϣⲱⲱⲧ ⲛ̄ ⲟⲩϣⲁϫⲉ· ⲁⲩⲱ
ⲁⲛⲡⲁⲣⲁⲅⲉ[3] ⲛ̄ ⲛⲉⲛⲥⲛⲏⲟⲩ[4] ⲛ̄ ϣⲏ

Fol. 2 a
[ⲅ̄]

---

[1] One or two letters wanting; the first is ο (?).
[2] λήμψεσθε παρ' αὐτῶν ἀργυρίου.
[3] παρήλθομεν.   [4] ἀδελφοὺς ὑμῶν.

ρε ⲛ̄ ⲏⲥⲁⲩ¹ ⲛⲉⲧ ⲟⲩⲏϩ ϩⲛ̄ ⲥⲉⲓⲣ
ϩⲁⲧⲛ̄ ⲧⲉϩⲓⲏ ⲛ̄ ⲁⲣⲁⲃⲁ ϫⲓⲛ ⲁⲓⲗⲱⲛ
ⲁⲩⲱ ϫⲓⲛ ⲅⲁⲥⲓⲱⲛ ⲅⲁⲃⲉⲣ'²· ⲁⲩⲱ ⲛ̄
ⲧⲉⲣⲉ ⲛⲕⲧⲟⲛ ⲁⲛⲡⲁⲣⲁⲅⲉ ⲛ̄ⲧⲉ

9 ϩⲓⲏ ⲛ̄ ⲧⲉⲣⲏⲙⲟⲥ ⲙ̄ ⲙⲱⲁⲃ'· ⲁⲩⲱ
ⲡⲉϫⲉ ⲡϫⲟⲉⲓⲥ ⲛⲁⲓ̈ ϫⲉ ⲙ̄ⲡⲣ̄ ⲣ̄
ϫⲁϫⲉ ⲉ ⲙⲱⲁⲃⲓⲧⲓⲥ³ ⲁⲩⲱ ⲙ̄ⲡⲣ̄
ⲣ̄ ⲡⲟⲗⲉⲙⲟⲥ ⲛⲉⲙⲁⲩ ⲛ̄ⲛⲁϯ ⲕⲗⲏ
ⲣⲟⲥ ⲅⲁⲣ ⲛⲏⲧⲛ̄ ⲉ ⲃⲟⲗ ϩⲙ̄ ⲡⲟⲩⲕⲁϩ
ⲛ̄ ϣⲏⲣⲉ ⲅⲁⲣ ⲛ̄ ⲗⲱⲧ ⲁⲓ̈ϯ ⲛⲁⲩ ⲛ̄
ⲥⲉⲓⲣ ⲉ ⲧⲣⲉ ⲩⲕⲗⲏⲣⲟⲛⲟⲙⲉⲓ

10 ⲙ̄ⲙⲟⲥ· ⲛⲉⲧ ⲟⲩⲙⲟⲩⲧⲉ ⲉ ⲣⲟⲟⲩ⁴
ϫⲉ ⲟⲙⲙⲉⲓⲛ⁵ ⲛⲉⲧ ⲟⲩⲏϩ ⲛ̄ ϣⲟⲣⲡ
ϩⲓ ϫⲱⲥ· ⲟⲩⲛⲟϭ ⲛ̄ ϩⲉⲑⲛⲟⲥ ⲉ

11 ⲛⲁϣⲱϥ ⲁⲩⲱ ⲉϥϫⲟⲟⲣ· ⲛ̄ⲧⲟⲟⲩ
ϩⲱⲟⲩ ⲉⲩⲛⲁⲧⲛ̄ⲧⲱⲛⲟⲩ ⲉⲛ
ϩⲣⲁⲫⲁⲉⲓⲛ⁶ ⲉⲧ ϩⲛ̄ⲁⲕⲉⲓⲙ⁷ ⲁⲩ
ⲱ ⲙ̄ ⲙⲱⲁⲃⲓⲧⲓⲥ ⲥⲉⲛⲁⲙⲟⲩⲧⲉ

12 [ⲉ] ⲣⲟⲟⲩ ϫⲉ ⲟⲙⲙⲉⲓⲛ· ⲁⲩⲱ
ⲭⲟⲣⲣⲁⲓⲟⲥ⁸ ⲡⲉϥⲟⲩⲏϩ ⲛ̄ ϣⲟⲣⲡ ⲡⲉ
ϩⲛ̄ ⲥⲉⲓⲣ ⲁⲩⲱ ⲛ̄ϣⲏⲣⲉ ⲛ̄ ⲏⲥⲁⲩ
ⲁⲩⲧⲁⲕⲟⲟⲩ ⲁⲩⲱ ⲁⲩⲟⲩⲟϣϥⲟⲩ
[ϩⲓ] ϩⲏ ⲙ̄ⲙⲟⲟⲩ ⲁⲩⲱ ⲁⲩⲟⲩⲱϩ
[ϩⲛ̄] ⲡⲉⲩⲙⲁ ⲙ̄ ⲡⲉⲥⲙⲟⲧ ⲉⲛⲧⲁ
ⲡⲓⲥⲣⲁⲏⲗ ⲁⲁϥ ϩⲙ̄ ⲡⲕⲁϩ ⲛ̄ ⲧⲉϥ
[ⲕⲗⲏ]ⲣⲟⲛⲟⲙⲓⲁ· ⲡⲁⲓ̈ ⲉⲛⲧⲁ ⲡϫⲟ

13 ⲉⲓⲥ ⲧⲁⲁϥ ⲛⲁⲩ· ⲧⲉⲛⲟⲩ ϭⲉ ⲧ[ⲱ]ⲟⲩⲛ
ⲑⲏⲩⲧⲛ̄ ⲛ̄ ⲧⲉⲧⲛ̄ ⲥⲃ̄ⲧⲉ ⲧⲏⲩ
ⲧⲛ̄ ⲛ̄ⲧⲛ̄ⲡⲁⲣⲁⲅⲉ⁹ ⲙ̄ ⲡⲉⲓⲁ¹⁰ ⲛ̄ ⲍⲁ

Fol. 2b
[ⲓ̄ⲃ̄]

---

¹ Ἡσαύ.   ² עֶצְיֹן־גָּבֶר, Γασιὼν Γάβερ.   ³ Μωαβείταις.
⁴ The Greek has no equivalent for ⲛⲉⲧ ⲟⲩⲙⲟⲩⲧⲉ ⲉ ⲣⲟⲟⲩ ϫⲉ.
⁵ אֵמִים, Ὀμμείν.   ⁶ Ῥαφαείν.   ⁷ Ἐνακείμ.
⁸ חֹרִים, Χορραῖος.   ⁹ παραπορεύεσθε τὴν φάραγγα.
¹⁰ ⲛ altered into ⲓⲁ.

DEUTERONOMY II. 13—V. 1

  ρεⲁ[1]· ⲁⲩⲱ ⲁⲛⲡⲁⲣⲁϭⲉ ⲙ̄ ⲡⲉⲓⲁ
14 ⲡ̄ ⲍⲁⲣⲉⲁ· ⲁⲩⲱ ⲛ̄ⲛⲉϩⲟⲟⲩ ⲉⲛ
  ⲧ ⲁⲛⲉⲓ ⲉ ⲃⲟⲗ ϩⲙ̄ ⲕⲁⲇⲉⲥ ⲃⲁⲣⲛⲏ[2]
  ϣⲁ ⲡⲉϩⲟⲟⲩ ⲉⲛⲧ ⲁⲛⲉⲓ ⲉ ⲃⲟⲗ ϩⲙ̄
  ⲡⲉⲓⲁ ⲛ̄ ⲍⲁⲣⲉⲁ· ⲙⲁⲃ ϣⲙⲏⲛ
  ⲛⲉ ⲛ̄ ⲣⲟⲙⲡⲉ ϣⲁⲛⲧ ⲥ̄ⲧⲁⲕⲟ ⲛ̄ϭⲓ
  ⲧ'ⲅⲉⲛⲉⲁ ⲧⲏⲣⲥ̄ ⲛ̄ ⲣ̄ ⲣⲱⲙⲉ ⲛ̄
  ⲣⲉϥⲙⲓϣⲉ ⲉ ⲃⲟⲗ ϩⲛ̄ ⲧⲡⲁⲣⲉⲙ
  ⲃⲟⲗⲏ ⲕⲁⲧⲁ ⲑⲉ ⲉⲛⲧⲁ ⲡⲛⲟⲩ
15 ⲧⲉ ⲱⲣⲕ ⲛⲁⲩ· ⲁⲩⲱ ⲧϭⲓⲝ ⲙ̄ ⲡⲛⲟⲩ
  ⲧⲉ ⲛⲉⲥ ϩⲓ ϫⲱⲟⲩ· ⲉ ϥⲟⲧⲟⲩ ⲉ ⲃⲟⲗ
  ϩⲛ̄ ⲧⲡⲁⲣⲉⲙⲃⲟⲗⲏ[3] ϣⲁⲛⲧ ⲟⲩ
16 ⲧⲁⲕⲟ· ⲁⲩⲱ ⲁⲥϣⲱⲡⲉ ⲛ̄ ⲧⲉⲣ ⲟⲩ
  ⲧⲁⲕⲟ ⲛ̄ϭⲓ ⲛ̄ⲣⲱⲙⲉ ⲧⲏⲣⲟⲩ ⲛ̄
  ⲣⲉϥⲙⲓϣⲉ ⲉ ⲙⲟⲩⲟⲩⲧ ⲙ̄ⲙⲟⲟⲩ
17 ϩⲛ̄ ⲧⲙⲏⲧⲉ ⲙ̄ ⲡⲗⲁⲟⲥ· ⲁⲩⲱ ⲡϫⲟ
  ⲉⲓⲥ ϣⲁϫⲉ ⲛⲉⲙⲁⲓ̈ ⲉϥϫⲱ ⲙ̄ⲙⲟⲥ
18 ϫⲉ· ⲛ̄ⲧⲟⲕ ⲉⲧ ⲛⲁⲙⲟⲟϣⲉ ⲙ̄ⲡⲟ
  ⲟⲩ ϩⲛ̄ ⲡ̄ ⲧⲟϣ ⲙ̄ ⲙⲱⲁⲃ ⲛ̄ ⲥⲛⲉⲓⲣ·
19 ⲁⲩⲱ ⲛ̄ⲧⲉⲧⲛ̄ϩⲱⲛ ⲉ ϩⲟⲩⲛ ⲉⲛ ϣⲏ
  ⲣⲉ ⲛ̄ ⲁⲙⲙⲁⲛ[4]· ⲙ̄ⲡⲣ̄ ⲣ̄ ϫⲁϫⲉ ⲉⲣⲟ
  ⲟⲩ ⲟⲩⲇⲉ ⲙ̄ⲡⲣ̄ ⲣ̄ ⲡⲟⲗⲉⲙⲟⲥ ⲛ[ⲉ]
  [ⲙ]ⲁⲩ ⲛ̄ ϯⲛⲁϯ ⲕⲗⲏⲣⲟⲛⲟⲙ[ⲉⲓ]··

   [Six leaves wanting]

Chap. IV. ⲛ̄ ⲥⲛⲱⲛ[5] ⲉⲧⲉ ⲛ̄ⲧⲟϥ ⲡⲉ ⲁⲉⲣⲙⲱⲛ[6]
  49 ⲧⲁⲣⲁⲃⲁ[7] ⲧⲏⲣⲥ̄ ⲛ̄ⲙ̄ ⲡⲉⲕⲣⲟ ⲙ̄ ⲡⲓ
   ⲟⲣⲇⲁⲛⲏⲥ ⲕⲁⲧⲁ ⲛ ⲙⲁ ⲛ ϣⲁ ⲙ̄ ⲡⲣⲏ
   ϫⲓⲛ ⲁⲥⲛⲁϩⲱ⳰ⲑ[8] ⲧⲉⲧ ⲕⲉϧⲕⲱϩ:
Chap. ⲙ̄ⲱⲩⲥⲏⲥ ⲇⲉ ⲁϥⲙⲟⲩⲧⲉ ⲉ ⲡⲓⲥⲣⲁⲏⲗ
V. 1   ⲧⲏⲣϥ̄ ⲡⲉϫⲁϥ ⲛⲁⲩ ϫⲉ ⲥⲱⲧⲙ̄ ⲡⲓⲥ

---

[1] זֶרֶד, Ζάρετ.   [2] Καδὴς Βαρνή.
[3] ἐκ μέσου τῆς παρεμβολῆς.   [4] Ἀμμάν.   [5] שִׂיאֹן, Σηών.
[6] חֶרְמוֹן, Ἀερμών.   [7] עֲרָבָה, Ἀραβά.   [8] אַשְׁדֹּת, Ἀσηδώθ.

DEUTERONOMY V. 1-9

ραηλ εηδικαιωμα μη πϩαπ
ναϊ ε ϯнαтатоот ε нετнммα
αχε ϩραϊ ϩπ ποοτ π ϩοοτ χε κας
πτετπεςϐο ε ροοτ ατω πτετπ

2 ϩαρεϩ εροοτ ε λαατ· πχοεις πεн
ноттε αϥςмінε π οτδιαθ[ηκη]

3 нⲙⲙηтⲛ н Χωρηϐ[1] · πτα [πχοεις][2]
ϲмine an π τεϊ διαθηκη м [пе]
τнειοτε· αλλα πταϥςмнтε [нмм]
мнтⲛ πτωτⲛ τηρτⲛ τετⲛ[ωнеϩ][3]

4 м ποοτ м πεϊ мα· π ϩο ϩ[ι ϩο]
πχοεις ϣαχε нεммнтⲛ ϩι [πτο]

5 ο т тмнтε п тςατε· αн[ок]
ϩω неϊαϩε ρατ ϩп тмнтε м [πχο]
εις ατω ϩп τετпмнтε м ποт
οειϣ ετ ммατοт ε τρα τατο [ερω]
[т]п п пϣαχε м πχοεις [ετε]
тп ρ ϩοτε ϩαθη п тςατε ατω
[м]пе тпвωк ε ϩραϊ ε πτοοτ· εϥχω

6 ммος χε· αнοк πε πχοεις
πεκноттε ε αϊптκ ε вολ [ϩм]
πκαϩ п кнмε ε вολ ϩп πнει н
τεκмнтϩмϩαλ · ᾱ

7 [π]ε τϣωπε нακ нϭι ϩεн κε нот

8 [т]ε ⲙ̄πα мто ε вολ · ⲙ̄пε κταмιо
κλτπτοн[4] нακ οттε н τοн[τⲛ]
[п] λαατ п нετ ϣοοπ ϩп τπε ϩι χωκ[5]
мп нετϣοοп м πκαϩ м πεςнт
ατω нετ ϣοοπ ϩп ⲙ̄мοτειοοτε

9 ϩα ροϥ м πκαϩ· ⲙ̄пε κοτωϣт нατ
οттε ⲙ̄пε κϣⲙ̄ϣε нαοτ[6] χε αнοк
πε πχοεις πεκноттε οτноттε

[1] Χωρήβ. [2] διέθετο Κύριος. [3] ὑμεῖς ... ζῶντες.
[4] εἴδωλον. [5] ἐν τῷ οὐρανῷ ἄνω. [6] Unusual form of нατ.

ⲛ̄ ⲣⲉϥⲕⲱϩ ⲉ ϣⲁⲓ̈ⲧⲱⲱⲃⲉ[1] ⲛ̄ ⲛ̄ⲛⲟ
ⲃⲉ ⲛ̄ ⲛ̄ⲉⲓⲟⲧⲉ ⲉ ϩⲣⲁⲓ̈ ⲉϫⲛ̄ ⲛⲉⲧϣⲏ
ⲣⲉ ⲉϫⲛ̄ ϣⲟⲙⲧⲉ ⲁⲩⲱ ⲉϫⲛ̄ ϥⲧⲟ ⲛ̄

10 ⲅⲉⲛⲉⲁ ⲛ̄ ⲛⲉⲧ ⲙⲟⲥⲧⲉ ⲙ̄ⲙⲟⲉⲓ[2] ⲁⲩ
ⲱ ⲉϣⲁⲓ̈ⲉⲓⲣⲉ ⲛ̄ ⲟⲩⲛⲁ ⲉ ϣⲟ[3] ⲛ̄ ⲅⲉ
ⲛⲉⲁ ⲛ̄ ⲛⲉⲧ ⲙⲉ ⲙ̄ⲙⲟⲉⲓ ⲛⲙ̄ ⲛⲉⲧ
[ϩⲁⲣ]ⲉϩ ⲉ ⲛⲁ ⲟⲩⲉϩⲥⲁϩⲛⲉ: ⲃ̄

11 [ⲛ̄ⲛⲉ] ⲕϫⲓ ⲙ̄ ⲡⲣⲁⲛ ⲙ̄ ⲡϫⲟⲉⲓⲥ ⲡⲉⲕ
[ⲛ]ⲟⲩⲧⲉ ⲉϫⲛ̄ ⲟⲩϩⲱⲃ ⲉϥϣⲟⲩⲉⲓⲧ
[ⲡ]ϫⲟⲉⲓⲥ ⲛ̄ ⲅⲁⲣ ⲛϥ̄ⲛⲁⲕⲱ ⲁⲛ ⲉ ⲃⲟⲗ
[ⲙ̄]ⲡⲉⲧ ⲛⲁϫⲓ ⲙ̄ ⲡⲉϥⲣⲁⲛ ⲉϫⲛ̄ ⲫⲱⲣ(?)[4]

12 [ⲉ]ϥϣⲟⲩⲉⲓⲧ:[4] ⲛ̄   ϩⲁⲣⲉϩ ⲉ ⲡⲉ
[ϩⲟ]ⲟⲩ ⲛ̄ ⲛ̄ⲥⲁⲃⲃⲁⲧⲟⲛ ⲉ ⲧⲃ̄ⲃⲟϥ ⲕⲁ
[ⲧⲁ] ⲑⲉ ⲉⲛⲧⲁ ⲡϫⲟⲉⲓⲥ ⲡⲉⲕⲛⲟⲩ

13 [ⲧ]ⲉ ϩⲱⲛ ⲉ ⲧⲟⲟⲧⲕ̄·   ⲥⲟⲟⲩ ⲛ̄ ϩⲟ
ⲟⲩ ⲉⲕⲉⲁⲁⲩ ⲉⲕⲣ̄ ϩⲱⲃ ⲁⲩⲱ ⲉⲕⲉ
ⲉⲓⲣⲉ ⲛ̄ ϩⲏⲧⲟⲩ ⲛ̄ ⲛⲉⲕϩⲃⲏⲟⲩⲉ

14 [ⲧ]ⲏⲣⲟⲩ· ϩⲙ̄ ⲡⲙⲉϩ ⲥⲁϣϥ̄ ⲇⲉ ⲛ̄
ϩⲟⲟⲩ ⲛ̄ⲥⲁⲃⲃⲁⲧⲟⲛ ⲡⲉ ⲙ̄ ⲡϫⲟⲉⲓⲥ
ⲡⲉⲕⲛⲟⲩⲧⲉ· ⲛ̄ⲛⲉ ⲕⲣ̄ⲗⲁⲁⲩ ⲙ̄
ϩⲱⲃ ⲛ̄ ϩⲏⲧϥ̄. ⲛ̄ⲧⲟⲕ ⲙⲛ̄ ⲡⲉⲕ
ϣⲏⲣⲉ ⲙⲛ̄ ⲧⲉⲕϣⲉⲉⲣⲉ· ⲡⲉⲕ
ϩⲙ̄ϩⲁⲗ ⲛ̄ ϩⲟⲟⲩⲧ ⲙⲛ̄ ⲧⲉⲕϩⲙ̄
ϩⲁⲗ ⲛ̄ ⲥϩⲓⲙⲉ· ⲡⲉⲕⲙⲁⲥⲉ ⲛⲙ̄
ⲡⲉⲕ ϥⲁⲓ̈ ⲛⲁϩⲃ̄ ⲁⲩⲱ ⲧⲃ̄ⲛⲏ ⲛⲓⲙ
ⲛ̄ⲧⲁⲕ· ⲁⲩⲱ ⲡⲉⲡⲣⲟⲥⲏⲗⲩⲧⲟⲥ
ⲉⲧ ⲡⲣⲟⲩⲛ ⲛ̄ ⲛⲉⲕⲡⲩⲗⲏ[5] ϫⲉ

---

[1] ἀποδιδούς.   [2] Unusual form for ⲙ̄ⲙⲟⲓ.   [3] εἰς χιλιάδας.

[4] For ⲉϫⲛ̄ ⲟⲩϩⲱⲃ ⲉϥϣⲟⲩⲉⲓⲧ and ⲉϫⲛ̄ ⲫⲱⲣ(?) ⲉϥϣⲟⲩⲉⲓⲧ the Greek has in each case ἐπὶ ματαίῳ. The true reading may be ⲫⲱⲃ = ⲡⲣⲱⲃ, like ⲫⲁⲡ = ⲡⲣⲁⲡ.

[5] ὁ προσήλυτος ὁ παροικῶν ἐν σοί. The Coptic contains no equivalent for the Greek ἐν γὰρ ἓξ ἡμέραις ἐποίησεν Κύριος τόν τε οὐρανὸν καὶ τὴν γῆν καὶ τὴν θάλασσαν καὶ πάντα τὰ ἐν αὐτοῖς.

Fol. 4a
[ⲕⲑ]

ⲕⲁⲥ ⲉⲣⲉ ⲡϩⲙ̄ϩⲁⲗ ⲙ̄ⲧⲟⲛ ⲙ̄
15 ⲙⲟϥ ⲛ̄ ⲧⲉⲕϩⲉ ϩⲱⲱⲕ. ⲁⲩⲱ ⲉⲕⲉ
ⲣ̄ ⲡⲙⲉⲉⲩⲉ ϫⲉ ⲛⲉⲕⲟ ⲛ̄ ϩⲙ̄ϩⲁⲗ
ϩⲛ̄ ⲡⲕⲁϩ ⲛ̄ ⲕⲏⲙⲉ ⲁⲩⲱ ⲁ ⲡϫⲟ
ⲉⲓⲥ ⲡⲉⲕⲛⲟⲩⲧⲉ ⲛ̄ⲧⲕ̄ ⲉ ⲃⲟⲗ
ϩⲛ̄ ⲡⲙⲁ ⲉⲧ ⲙ̄ⲙⲁⲩ [1] ϩⲛ̄ ⲟⲩϭⲓϫ
ⲉⲥϫⲟⲟⲣ ⲁⲩⲱ ϩⲛ̄ ⲟⲩϭⲃⲟⲉⲓ ⲉϥ
ϫⲟⲥⲉ· ⲉ ⲧⲃⲉ ⲡⲁⲓ̈ ⲁ [2] ⲡϫⲟⲉⲓⲥ ⲡⲉⲕⲛⲟⲩ
ⲧⲉ ϩⲱⲛ ⲉ ⲧⲟⲟⲧⲕ̄ ⲉ ⲧⲣⲉ ⲕϩⲁⲣⲉϩ
ⲉ ⲡⲉϩⲟⲟⲩ ⲛ̄ ⲛ̄ⲥⲁⲃⲃⲁⲧⲟⲛ [3] ⲁⲩⲱ
ⲛⲧ̄ ⲧⲃ̄ⲃⲟϥ· ⲗ̄

16 ⲧⲁⲓ̈ ⲉ ⲡⲉⲕⲉⲓⲱⲧ ⲙⲛ̄ ⲧⲉⲕⲙⲁⲁⲩ ⲛ̄
ⲑⲉ ⲉⲛⲧⲁ ⲡϫⲟⲉⲓⲥ ⲡⲉⲕⲛⲟⲩⲧⲉ
ϩⲱⲛ ⲉ ⲧⲟⲟⲧⲕ̄· ϫⲉ ⲕⲁⲥ ⲉⲣⲉ ⲡⲉ
ⲧ ⲛⲁⲛⲟⲩϥ ϣⲱⲡⲉ ⲙ̄ⲙⲟⲕ ⲁⲩⲱ
ϫⲉ ⲉⲧⲉⲧⲛ̄ ⲉ ⲉⲓⲣⲉ ⲛ̄ ⲟⲩⲛⲟϭ
ⲛ̄ ⲟⲩⲟⲉⲓϣ ϩⲓϫⲙ̄ ⲡⲕⲁϩ ⲡⲁⲓ̈ ⲉⲧ
ⲉⲣⲉ ⲡϫⲟⲉⲓⲥ ⲡⲉⲕⲛⲟⲩⲧⲉ ⲛⲁⲧⲁ

18 ⲁϥ ⲛⲁⲕ: ⲉ̄ ⲛ̄ⲛⲉ ⲕⲣ̄ ⲛⲟⲉⲓⲕ [4]
17, 19 ⲛ̄ⲛⲉ ⲕϩⲱⲧⲃ̄: ⲛ̄ⲛⲉ ⲕϫⲓⲟⲩⲉ:
20 ⲛ̄ⲛⲉ ⲕⲣ̄ ⲙⲛ̄ⲧⲣⲉ ⲛ̄ⲛⲟⲩϫ ⲉ ⲡⲉⲧ
ϩⲓⲧⲟⲩⲱⲕ ⲛ̄ ⲟⲩⲙⲛ̄ⲧⲙⲛ̄ⲧⲣⲉ
21 ⲛ̄ ⲛⲟⲩϫ: ⲑ̄ ⲛ̄ⲛⲉ ⲕⲉⲡⲉⲓⲑⲩ
ⲙⲓ ⲉ ⲑⲉⲓⲙⲉ ⲙ̄ ⲡⲉⲧ ϩⲓⲧⲟⲩⲱⲕ
ⲟⲩⲇⲉ ⲛ̄ⲛⲉ ⲕⲉⲡⲉⲓⲑⲩⲙⲉⲓ ⲉ ⲡⲏⲓ̈
ⲙ̄ ⲡⲉⲧ ϩⲓⲧⲟⲩⲱⲕ ⲟⲩⲧⲉ ⲧⲉϥⲥⲱ
ϣⲉ ⲟⲩⲇⲉ ⲡⲉϥϩⲙ̄ϩⲁⲗ· ⲟⲩⲇⲉ ⲧⲉϥ
[ϩ]ⲙ̄ϩⲁⲗ· ⲟⲩⲇⲉ ⲡⲉϥⲙⲁⲥⲉ· ⲟⲩⲇⲉ

---

[1] For ⲉⲧ ⲙ̄ⲙⲁⲩ.
[2] Written above the line.
[3] τὴν ἡμέραν τῶν σαββάτων.
[4] The sixth, seventh, and eighth Commandments are unnumbered, but the number which follows the ninth shows that numbers were assigned to them.

ⲕⲁⲥⲉⲣⲉⲡⲉⲕϩⲙϩⲁⲗ ⲙⲧⲟⲛ ⲛ̄
ⲙⲟⲩⲛ̄ⲧⲉⲕϩⲉϣⲱϣ ⲕ̄ ⲁⲩⲱ ⲉⲕⲉ
ⲣ̄ⲡⲙⲉⲉⲩⲉ ϫⲉ ⲛⲉⲕⲟⲛ ϩⲙ̄ϩⲁⲗ
ϩⲙ̄ ⲡⲕⲁϩ ⲛ̄ⲕⲏⲙⲉ ⲁⲩⲱ ⲁ ⲡϫⲟ
ⲉⲓⲥ ⲡⲉⲕⲛⲟⲩⲧⲉ ⲛ̄ⲧⲕ̄ ⲉⲃⲟⲗ
ϩⲛ̄ ⲡⲙⲁ ⲉⲧⲙ̄ⲙⲁⲩ ϩⲛ̄ ⲟⲩϭⲓϫ
ⲉⲥϫⲟⲟⲣ ⲁⲩⲱ ϩⲛ̄ ⲟⲩϭⲃⲟⲉⲓ ⲉϥ
ϫⲟⲥⲉ ⲉⲧⲃⲉ ⲡⲁⲓ ⲡϫⲟⲉⲓⲥ ⲡⲉⲕⲛⲟ
ⲧⲉ ϫⲱⲛⲉ ⲧⲟⲟⲧⲕ̄ ⲉⲧⲣⲉⲕϩⲁⲣⲉϩ
ⲉ ⲡⲉϩⲟⲟⲩ ⲛ̄ⲛ̄ⲥⲁⲃⲃⲁⲧⲟⲛ ⲁⲩⲱ
ⲛ̄ⲅ̄ⲧⲃ̄ⲃⲟϥ · ⲓ̄ⲇ̄
ⲧⲁⲉⲓⲉ ⲡⲉⲕⲉⲓⲱⲧ ⲙⲛ̄ ⲧⲉⲕⲙⲁⲁⲩ ⲛ̄
ⲑⲉ ⲛ̄ⲧⲁ ⲡϫⲟⲉⲓⲥ ⲡⲉⲕⲛⲟⲩⲧⲉ
ϩⲱⲛ ⲉⲧⲟⲟⲧⲕ̄ ϫⲉⲕⲁⲥ ⲉⲣⲉⲡⲉ
ⲧⲛⲁⲛⲟⲩϥ ϣⲱⲡⲉ ⲙ̄ⲙⲟⲕ ⲁⲩⲱ
ⲁⲥⲉ ⲧⲉⲕϩⲉ ⲉⲓⲣⲉ ⲛ̄ⲟⲩⲛⲟϭ
ⲛ̄ⲟⲩⲟⲉⲓϣ ϩⲓϫⲙ̄ ⲡⲕⲁϩ ⲡⲁⲓ ⲉⲧⲉ
ⲣⲉ ⲡϫⲟⲉⲓⲥ ⲡⲉⲕⲛⲟⲩⲧⲉ ⲛⲁ
ⲁϥ ⲛⲁⲕ · ⲓ̄ⲉ̄ ⲛ̄ⲛⲉⲕⲣ̄ ⲛⲟⲉⲓⲕ
ⲛ̄ⲛⲉⲕ . . . . . ⲛ̄ⲛⲉⲕϫⲓⲟⲩⲉ
ⲛ̄ⲛⲉⲕⲣ̄ . . . ⲧⲣⲉⲛ̄ⲛⲟⲩϫ ⲉⲡⲉⲧ
. . . . . . ⲱ ⲛ̄ⲟⲩⲙⲛ̄ⲧⲙ̄ⲛⲧⲣⲉ
ⲛ̄ⲛⲟⲩϫ · ⲓ̄ϛ̄   ⲛ̄ⲛⲉⲕⲉⲡⲓⲑⲩ
ⲙⲉⲓ ⲉⲧⲉⲥϩⲓⲙⲉ ⲙ̄ⲡⲉⲧϩⲓⲧⲟⲩⲱⲕ
. . ⲟⲩⲇⲉ ⲛ̄ⲛⲉⲕⲉⲡⲓⲑⲩⲙⲉⲓ ⲉⲡⲏⲓ
ⲙ̄ⲡⲉⲧ ϩⲓⲧⲟⲩⲱⲕ ⲟⲩⲧⲉ ⲧⲉϥ . . .
. . . . . ⲉϥⲧⲙ̄ϩⲁⲗ ⲟⲩⲇⲉ ⲧⲉϥ
. . . . . . ⲟⲩⲇⲉ ⲡⲉϥⲙⲁⲥⲉ ⲟⲩⲇⲉ
. . . . . . ⲕ̄ ⲟⲩⲇⲉ ⲧⲃ̄ⲛⲏ ⲛⲓⲙ
ⲉⲁⲗⲗⲁ ⲩ ⲉϥϣⲟⲟⲡ
. . . . . . ⲱⲕ̄ ⲛⲁⲓⲛⲉ ⲛ̄ϣⲁϫ

DEUTERONOMY V. 21–26

пєϥ[ϭⲁï ⲛⲁϩ]ⲃ̄· ⲟⲩⲇⲉ ⲧⲃ̄ⲛⲏ ⲛⲓⲙ
[ⲛ̄ⲧⲁϥ] [ⲟⲩⲇ]ⲉ ⲗⲁⲁⲩ ⲉϥϣⲟⲟⲡ ⲛ̄

22 [ⲡⲉⲧ ϩⲓⲧ]ⲟⲩⲱⲕ¹· ⲛⲁï ⲛⲉ ⲛ̄ϣⲁϫⲉ
ⲉⲛⲧⲁ ⲡϫⲟⲉⲓⲥ ϫⲟⲟⲩ ⲉ ⲧⲉⲧⲛ̄ⲥⲩⲛⲁ
ⲅⲱⲅⲏ ⲧⲏⲣⲉⲥ (sic) ϩⲙ̄ ⲡⲧⲟⲟⲩ ⲉ ⲃⲟⲗ ϩⲛ̄
ⲧⲙⲏⲧⲉ ⲛ̄ ⲧⲥⲁⲧⲉ· ⲉ ⲁⲩⲛⲁⲕⲉ ϣⲱⲡⲉ
ⲙⲛ̄ ⲟⲩϭⲟⲥⲙ̄· ⲙⲛ̄ ⲟⲩⲅⲛⲟⲫⲟⲥ ⲙⲛ̄
ⲟⲩϩⲣⲟⲟⲩ²· ⲁⲩⲱ ⲙ̄ⲡ ⲟⲩⲟⲩⲱϩ ⲉ ϣⲱ
ⲡⲉ· ⲁⲩⲱ ⲁϥⲥϩⲁïⲥⲟⲩ ⲉⲝⲛ̄ ⲡⲗⲁϩ³

Fol. 4 b

[ⲗ̄]

23 ⲥⲛ̄ⲧⲉ ⲛ̄ ⲱⲛⲉ ⲁϥⲧⲁⲁⲩ ⲛⲁï· ⲁⲩⲱ ⲁⲥ
ϣⲱⲡⲉ ⲛ̄ ⲧⲉⲣⲉ ⲧⲛ̄ⲥⲱⲧⲙ̄ ⲉ ⲧⲉⲥ
ⲙⲏ ⲉ ⲃⲟⲗ ϩⲛ̄ ⲧⲙⲏⲧⲉ ⲛ̄ ⲧⲥⲁⲧⲉ ⲁⲩ
ⲱ ⲡⲧⲟⲟⲩ ⲉϥⲙⲟⲩϩ ϩⲛ̄ ⲟⲩⲥⲁⲧⲉ
ⲁⲧⲉⲧⲛ̄ ϯ ⲡⲉⲧⲛ̄ⲟⲩⲟⲉⲓ ⲉ ⲣⲟⲉⲓ ⲛ̄
ⲁⲣⲭⲱⲛ ⲛ̄ ⲛ̄ⲛⲉⲧⲛ̄ⲫⲩⲗⲏ⁴ ⲙⲛ̄ ⲛⲉ

24 ⲧⲛ̄ ϩⲗ̄ⲗⲟ· ⲉⲧⲉⲧⲛ̄ ϫⲱ ⲙ̄ⲙⲟⲥ ⲛⲁï
ϫⲉ ⲉⲓⲥ ϩⲏⲏⲧⲉ ⲁ ⲡϫⲟⲉⲓⲥ ⲡⲉⲛ
ⲛⲟⲩⲧⲉ ⲉⲧⲥⲁⲃⲟⲛ ⲉ ⲡⲉϥⲉⲟⲟⲩ ⲁⲩ
ⲱ ⲡⲉϥϩⲣⲟⲟⲩ ⲁⲛⲥⲱⲧⲙ̄ ⲉ ⲣⲟϥ
ⲉ ⲃⲟⲗ ϩⲛ̄ ⲧⲙⲏⲧⲉ ⲛ̄ ⲧⲥⲁⲧⲉ ⲉ ϩⲣⲁï
ϩⲙ̄ ⲡⲟⲟⲩ ⲛ̄ ϩⲟⲟⲩ ⲁⲛⲛⲁⲩ ϫⲉ ⲡⲛⲟⲩ
ⲧⲉ ⲛⲁϣⲁϫⲉ ⲙⲛ̄ ⲣⲱⲙⲉ ⲛ̄ϥⲱⲛϩ·

25 ⲧⲉⲛⲟⲩ ϭⲉ ϫⲉ ⲙ̄ⲡⲉ ⲛⲙⲟⲩ ⲛ̄ⲧⲉ ⲧⲉï
ⲛⲟϭ ⲛ̄ⲥⲁⲧⲉ ϥⲟⲧⲛ̄ ⲉ ⲃⲟⲗ ⲉⲛϣⲁ
ⲛⲟⲩⲱϩ ⲁⲛⲟⲛ ⲉ ⲧⲟⲟⲧⲛ̄ ⲉ ⲥⲱⲧⲙ̄ ⲟⲛ
ⲉ ⲧⲉⲥⲙⲏ ⲙ̄ ⲡϫⲟⲉⲓⲥ ⲡⲉⲛⲛⲟⲩⲧⲉ·

26 ⲧⲛ̄ⲛⲁⲙⲟⲩⲧⲟⲩ ⲡⲉ· ⲁϣ ⲛ̄ ⲥⲁⲣ ⲛ̄ⲥⲁ
ⲣⲝ ⲏ ⲛⲓⲙ ⲡⲉ ⲛ̄ⲧⲁϥⲥⲱⲧⲙ̄ ⲉ ⲧⲉⲥ
ⲙⲏ ⲙ̄ ⲡⲛⲟⲩⲧⲉ ⲉⲧ ⲟⲛϩ ⲉϥϣⲁϫⲉ

---

¹ This Commandment is without number.

² φωνὴ μεγάλη.

³ Two tablets of stone = πλακας λιθίνας given in Swete's footnote (2nd edit., p. 353).

⁴ ἡγούμενοι τῶν φυλῶν.

ⲉ ⲃⲟⲗ ϧⲛ ⲧⲙⲏⲧⲉ ⲛ̄ ⲧⲥⲁⲧⲉ ⲛ̄ ⲧⲉⲓ̈
27 ϩⲉ ⲁⲩⲱ ⲁϥⲱⲛϩ̄ · ϯ ⲡⲉⲕ[ⲟⲩ]ⲟⲉⲓ ϭⲉ
ⲛ̄ⲧⲟⲕ ⲉ ϩⲟⲩⲛ ⲛ̄ⲅ̄ ⲥⲱⲧ[ⲙ̄] ⲉ ⲛⲉⲧ
ⲛⲁϫⲟⲟⲩ ⲛⲁⲕ ⲛ̄ϭⲓ ⲡϫⲟⲉⲓⲥ ⲡⲉⲛ
ⲛⲟⲩⲧⲉ · ⲁⲩⲱ ⲛ̄ⲧⲟⲕ ⲛ̄ⲅ̄ ϣⲁϫⲉ ⲛⲉ
ⲙⲁⲛ ⲕⲁⲧⲁ ϩⲱⲃ ⲛⲓⲙ ⲉⲧ ϥ̄ⲛⲁϫⲟⲟⲩ
ⲛⲁⲕ ⲛ̄ϭⲓ ⲡϫⲟⲉⲓⲥ ⲡⲉⲛⲛⲟⲩⲧⲉ ⲛ̄
28 ⲧⲛ̄ⲥⲱⲧⲙ̄ ⲉ ⲣⲟⲟⲩ ⲛ̄ⲧⲛ̄ⲁⲁⲩ · ⲁⲩⲱ
ⲡϫⲟⲉⲓⲥ ⲁϥⲥⲱⲧⲙ̄ ⲉ ⲡⲉϩⲣⲟⲟⲩ ⲛ̄
ⲛⲉⲧⲛ̄ϣⲁϫⲉ ⲉⲧⲉⲧⲛ̄ϫⲱ ⲙ̄ⲙⲟⲟⲩ
ⲛⲁⲓ̈ · ⲡⲉϫⲁϥ ⲛⲁⲓ̈ ⲛ̄ϭⲓ ⲡϫⲟⲉⲓⲥ ϫⲉ
ⲁⲓ̈ⲥⲱⲧⲙ̄ ⲉ ⲡⲉϩⲣⲟⲟⲩ ⲛ̄ ⲛⲉⲧ ⲛ̄ϣⲁ
ϫⲉ ⲛ̄ ⲡⲉⲓ̈ ⲗⲁⲟⲥ ⲛ̄ ⲛⲉ ⲛⲧ ⲁⲩϫⲟⲟⲩ
ⲛⲁⲕ · ⲛⲁⲛⲟⲩ ⲛ̄ϣⲁϫⲉ ⲧⲏⲣⲟⲩ ⲉⲛ
29 ⲧ ⲁⲩϫⲟⲟⲩ · ⲛⲓⲙ ⲡⲉ ⲉⲧ ⲛⲁϯ ⲙ̄ ⲡⲉⲧ
ϩⲏⲧ ⲉ ⲧⲣⲉ ϥϣⲱⲡⲉ ϩⲓ ⲛⲁⲓ̈ ⲛ̄ ϩⲏⲧⲟⲩ
ⲉ ⲧⲣⲉ ⲩⲣ̄ϩⲟⲧⲉ ϩⲏⲧ ⲁⲩⲱ ⲛ̄ⲥⲉ ϩⲁⲣⲉϩ
ⲉ ⲛⲁ ⲉⲛⲧⲟⲗⲏ ⲛ̄ ⲛⲉⲩϩⲟⲟⲩ ⲧⲏⲣⲟⲩ
ϫⲉ ⲕⲁⲥ ⲉⲣⲉ ⲡⲉⲧ ⲛⲁⲛⲟⲩϥ ϣⲱⲡⲉ
ⲙ̄ⲙⲟⲟⲩ ⲙⲛ̄ ⲛⲉⲩ ⲕⲉ ϣⲏⲣⲉ ϣⲁ ⲉ
30 ⲛⲉϩ · ⲛ̄ⲧⲟⲕ ⲙⲟⲟϣⲉ ⲛ̄ⲅ̄ ϫⲟⲟⲥ
ⲛⲁⲩ ϫⲉ ⲕⲧⲉ ⲧⲏⲟⲩⲧⲛ̄ ⲛ̄ⲧⲱⲧⲛ̄
31 ⲉ ⲛⲉⲧⲛ̄ ⲙⲁ ⲛ̄ ϣⲱⲡⲉ · ⲛ̄ⲧⲟⲕ ⲇⲉ
ⲁϩⲉ ⲣⲁⲧⲕ̄ ⲙ̄ ⲡⲉⲓ̈ ⲙⲁ ⲛⲙ̄ⲙⲁⲓ̈ ϫⲉ
ⲉⲓ̈ⲉⲧⲁⲩⲟ ⲉ ⲣⲟⲕ ⲛ̄ ⲛⲁ ⲉⲛⲧⲟⲗⲏ
ⲙⲛ̄ ⲛ̄ⲇⲓⲕⲁⲓⲱⲙⲁ ⲙⲛ̄ ⲛ̄ϩⲁⲡ ⲛⲁ[ⲓ̈]
ⲉⲧ ⲕ̄ⲛⲁⲧⲥⲃⲟⲟⲩ ⲉ ⲣⲟⲟⲩ ⲉ ⲧⲣⲉ ⲩ
ⲁⲁⲩ ϩⲙ̄ ⲡⲕⲁϩ ⲡⲁⲓ̈ ⲉ ϯⲛⲁⲧⲁⲁϥ
32 ⲛⲁⲩ ⲛ̄ ⲕⲗⲏⲣⲟⲛⲟⲙⲓⲁ · ⲁⲩⲱ ⲉⲧⲉ
ⲧⲛ̄ ⲉ ϩⲁⲣⲉϩ ⲉ ⲉⲓⲣⲉ ⲕⲁⲧⲁ ⲡⲉⲥⲙⲟⲧ
ⲉⲛⲧⲁ ⲡϫⲟⲉⲓⲥ ⲡⲉⲕⲛⲟⲩⲧⲉ ϩⲱⲛ
ⲙ̄ⲙⲟϥ ⲉ ⲧⲟⲟⲧⲛ̄ · ⲛ̄ⲛⲉ ⲕⲣⲁⲕⲧⲕ
33 ⲉ ⲟⲩⲛⲁⲙ . ⲟⲩⲇⲉ ⲉ ϩⲃⲟⲩⲣ . ⲁⲗⲗⲁ

ⲕⲁⲧⲁ ⲧⲉϩⲓⲏ ⲧⲏⲣⲥ̄ ⲉⲛⲧⲁ ⲡϫⲟⲉⲓⲥ
ⲡⲉⲛⲛⲟⲩⲧⲉ ϩⲱⲛ ⲙ̄ⲙⲟⲥ ⲉ ⲧⲟⲟⲧⲛ̄
ⲉ ⲧⲣⲉ ⲛ̄ⲙⲟⲟϣⲉ ⲛ̄ ϩⲏⲧⲥ̄ ϫⲉ ⲛⲁⲥ ⲉϥⲉ
† ⲙ̄ⲧⲟⲛ ⲛⲁⲕ ⲛ̄ⲧⲉ ⲡⲉⲧ ⲛⲁⲛⲟⲩϥ
ϣⲱⲡⲉ ⲙ̄ⲙⲟⲕ ⲛ̄ⲧⲉⲧⲛ̄ⲉⲓⲣⲉ ⲛ̄ ⲟⲩ
ⲙⲏⲏϣⲉ ⲛ̄ ϩⲟⲟⲩ ϩⲓϫⲛ̄ ⲡⲕⲁϩ ⲡⲁⲓ̈
ⲉⲧⲉⲧⲛ̄ⲁⲕⲗⲏⲣⲟⲛⲟⲙⲓ ⲙ̄ⲙⲟϥ·

Chap. ⲁⲩⲱ ⲛⲁⲓ̈ ⲛⲉ ⲛⲉⲛⲧⲟⲗⲏ ⲙⲛ̄ ⲛ̄ⲇⲓⲕⲁⲓ
VI. 1 ⲱⲙⲁ ⲉⲛⲧⲁ ⲡϫⲟⲉⲓⲥ ⲡⲉⲛⲛⲟⲩⲧⲉ
ϩⲱⲛ ⲙ̄ⲙⲟⲟⲩ ⲉ ⲧⲟⲟⲧ ⲉ ⲧⲥⲁⲃⲱ
ⲧⲛ̄ ⲉ ⲣⲟⲟⲩ ⲉ ⲧⲣⲉ ⲧⲛ̄ⲉⲓ̈ⲣⲉ ⲙ̄ⲙⲟ
ⲟⲩ ϩⲓ ⲡⲁⲓ̈ ϩⲛ̄ ⲡⲕⲁϩ ⲡⲁⲓ̈ ⲛ̄ⲧⲱⲧⲛ̄ ⲉ
ⲧⲉⲧⲛ̄ⲁⲃⲱⲕ ⲉ ϩⲟⲩⲛ ⲉ ⲣⲟϥ ⲉ ⲕⲗⲏ
2 ⲣⲟⲛⲟⲙⲓ ⲙ̄ⲙⲟϥ· ϫⲉ ⲛⲁⲥ ⲉⲧⲉⲧⲛ̄ⲉ
ⲣ̄ ϩⲟⲧⲉ ϩⲏⲧϥ̄ ⲙ̄ ⲡϫⲟⲉⲓⲥ ⲡⲉⲛⲛⲟⲩ
ⲧⲉ ⲉ ϩⲁⲣⲉϩ ⲉ ⲛⲉϥⲇⲓⲕⲁⲓⲱⲙⲁ ⲧⲏ
ⲣⲟⲩ ⲙⲛ̄ ⲛⲉϥⲉⲛⲧⲟⲗⲏ ⲛⲁⲓ̈ ⲁⲛⲟⲕ
ⲉ †ⲛⲁⲧⲁⲁⲩ ⲉ ⲧⲟⲟⲧⲛ̄ ⲙ̄ ⲡⲟⲟⲩ·
ⲛ̄ⲧⲟⲕ ⲛⲙ̄ ⲛⲉⲕϣⲏⲣⲉ¹ ⲁⲩⲱ ⲛ̄ ϣⲏ
ⲣⲉ ⲛ̄ ⲛⲉⲕϣⲏⲣⲉ ⲛ̄ ⲛⲉϩⲟⲟⲩ ⲧⲏ
ⲣⲟⲩ ⲙ̄ ⲡⲉⲧⲱⲛϩ̄²· ϫⲉ ⲉⲧⲉⲧⲛ̄ ⲉ ⲉⲓ
3 ⲣⲉ ⲛ̄ ⲟⲩⲙⲏⲏϣⲉ ⲛ̄ ϩⲟⲟⲩ³· ⲥⲱⲧⲙ̄
ϭⲉ ⲡⲓⲥⲣⲁⲏⲗ ⲛ̄ⲅ̄ ϩⲁⲣⲉϩ ⲉ ⲉⲓⲣⲉ ϫⲉ
ⲛⲁⲥ ⲉⲣⲉ ⲡⲉⲧ ⲛⲁⲛⲟⲩϥ ϣⲱⲡⲉ ⲙ̄
ⲙⲟⲕ ⲁⲩⲱ ϫⲉ ⲛⲁⲥ ⲉⲧⲉⲧⲛ̄ ⲉ ⲁϣⲁⲓ
ⲉⲙⲁⲧⲉ ⲕⲁⲧⲁ ⲑⲉ ⲉⲛⲧ ⲁϥϣⲁϫⲉ ⲛⲉ
ⲙⲁⲕ ⲛ̄ϭⲓ ⲡϫⲟⲉⲓⲥ ⲡ[ⲉⲕ]ⲛⲟⲩⲧⲉ ⲛ̄ ⲛⲉⲕ
ⲉⲓⲟⲧⲉ ⲉ ⲧⲣⲉ ϥ† ⲛⲁⲕ ⲛ̄ ⲟⲩⲕⲁϩ
ⲉϥϣⲟⲩⲧⲉ ⲉ ⲣⲱⲧⲉ ⲉ ⲃⲟⲗ ϩⲓ ⲉⲃⲓⲱ:
4 ⲛⲁⲓ̈ ⲛⲉ ⲛ̄ⲇⲓⲕⲁⲓⲱⲙⲁ ⲙⲛ̄ ⲛ̄ⲣⲁⲛ ⲉⲛ
ⲧⲁ ⲙⲱⲧⲥⲏⲥ ϩⲱⲛ ⲙ̄ⲙⲟⲟⲩ ⲉ ⲧⲟⲟⲧⲟⲩ

---

¹ οἱ υἱοί. ² τῆς ζωῆς σου.
³ ἵνα μακροημερεύσητε.

Fol. 6 a
[ⲗⲋ̄]

ⲡ̄ ⲡ̄ϣⲏⲣⲉ ⲙ̄ ⲡⲓⲥⲣⲁⲏⲗ ϩⲙ̄ ⲧⲉⲣⲏⲙⲟⲥ
ⲡ̄ ⲧⲉⲣ ⲟⲩⲉⲓ ⲉ ⲃⲟⲗ ϩⲙ̄ ⲡⲕⲁϩ ⲛ̄ ⲕⲏⲙⲉ
ⲥⲱⲧⲙ̄ ⲡⲓⲥⲣⲁⲏⲗ · ⲟⲩⲁⲁ ⲡⲉ ⲡϫⲟⲉⲓⲥ[1] ·

5 ⲁⲩⲱ ⲉⲕⲉⲙⲉⲣⲉ ⲡϫⲟⲉⲓⲥ ⲡⲉⲕⲛⲟⲩ
ⲧⲉ ϩⲙ̄ ⲡⲉⲕϩⲏⲧ ⲧⲏⲣϥ̄[2] ⲛⲙ̄ ⲡⲉⲕ
ⲙⲉⲉⲩⲉ ⲧⲏⲣϥ̄ ⲁⲩⲱ ϩⲙ̄ ⲧⲉⲕψⲩ

7 ⲭⲏ ⲧⲏⲣⲥ̄[3] · ⲉ ⲧⲣⲉ ⲕⲧⲥⲁⲃⲉ ⲛⲉⲕϣⲏ
ⲣⲉ ⲉ ⲣⲟⲟⲩ ⲁⲩⲱ ϫⲉ ⲕⲁⲥ ⲉⲕⲉϣⲁϫⲉ
ⲛ̄ϩⲏⲧⲟⲩ ⲉⲕϩⲙⲟⲟⲥ ϩⲙ̄ ⲡⲉⲕⲏⲉⲓ
ⲁⲩⲱ ⲉⲕⲙⲟⲟϣⲉ ϩⲓ ⲧⲉϩⲓⲏ ⲛⲙ̄ ϩⲣⲁⲓ̈
ϩⲓϫⲛ̄ ⲡⲉⲕ ⲙⲁ ⲛ̄ ⲡⲕⲟⲧⲕ̄ ⲁⲩⲱ ⲛⲙ̄

8 ⲉⲕⲛⲁⲧⲱⲟⲩⲛ · ⲉ ⲧⲣⲉ ⲕⲥϩⲁⲓ̈ ⲥⲟⲩ
ⲟⲛ ⲉⲩⲙⲁⲉⲓⲛ ⲉϫⲛ̄ ⲧⲉⲕϭⲓϫ ⲁⲩⲱ
ⲉⲩⲧⲁϫⲣⲏⲟⲩ ⲙ̄ⲡⲉ ⲙⲧⲟ ⲉ ⲃⲟⲗ ⲛ̄

9 ⲛⲉⲕⲃⲁⲗ · ⲁⲩⲱ ⲉⲕⲉⲥϩⲁⲓ̈ ⲥⲟⲩ ⲉ
ⲛⲉⲧⲟⲩⲁ ⲛ̄ ⲛⲉⲧⲛ̄ⲏⲉⲓ ⲙⲛ̄ ⲛ̄ⲣⲱⲟⲩ

10 ⲛ̄ ⲛⲉⲧⲛ̄ ⲙⲁ ⲛ̄ ϣⲱⲡⲉ · ⲁⲩⲱ ⲉϥ
ϣⲁⲛϣⲱⲡⲉ ⲉϥϣⲁⲛϫⲓⲧⲕ̄ ⲉ ϩⲟⲩ[ⲛ]
ⲛ̄ϭⲓ ⲡϫⲟⲉⲓⲥ ⲡⲉⲕⲛⲟⲩⲧⲉ ⲉ ⲡⲕⲁϩ
ⲉⲛⲧⲁ ⲡϫⲟⲉⲓⲥ ⲡⲉⲕⲛⲟⲩⲧⲉ ⲱⲣⲕ̄
ⲉ ⲧⲃⲏⲏⲧϥ̄ ⲛ̄ ⲛⲉⲕⲉⲓⲟⲧⲉ ⲁⲃⲣⲁ
ϩⲁⲙ[4] ⲙⲛ̄ ⲓ̈ⲥⲁⲕ[5] ⲙⲛ̄ ⲓ̈ⲁⲕⲱⲃ ⲉ ⲧⲣⲉⲩ
ϯ ⲛⲁⲕ ⲛ̄ ϩⲉⲛⲛⲟϭ ⲙ̄ ⲡⲟⲗⲓⲥ ⲁⲩⲱ
ⲉⲛⲁⲛⲟⲩⲟⲩ ⲛⲁⲓ̈ ⲉⲧⲉ ⲙ̄ⲡ ⲛ̄ⲕⲟⲧⲟⲩ ·

11 ϩⲉⲛⲏⲉⲓ ⲉⲩⲙⲉϩ ⲛ̄ ⲁⲅⲁⲑⲟⲛ[6] ⲛⲓⲙ

---

[1] Κύριος ὁ Θεὸς ἡμῶν Κύριος εἷς ἐστιν.

[2] Usually ⲧⲏⲣϥ̄.

[3] The copyist has omitted part of v. 5 and the whole of v. 6: καὶ ἐξ ὅλης τῆς δυνάμεώς σου. 6 καὶ ἔσται τὰ ῥήματα ταῦτα, ὅσα ἐγὼ ἐντέλλομαί σοι σήμερον, ἐν τῇ καρδίᾳ σου καὶ ἐν τῇ ψυχῇ σου. Ciasca's text has: ⲁⲩⲱ ⲉ ⲃⲟⲗ ϩⲙ̄ ⲧⲉⲕϭⲟⲙ ⲧⲏⲣⲥ̄ ⲙⲛ̄ ⲡⲉⲓ̈ϣⲁϫⲉ ⲉϯⲣⲱⲡ ⲙ̄ⲡⲟⲟⲩ ⲉⲧⲟⲟⲧⲕ̄ ⲙ̄ⲡⲟⲟⲩ ⲙⲁⲣⲟⲩϣⲱⲡⲉ ϩⲙ̄ ⲡⲉⲕϩⲏⲧ ⲁⲩⲱ ϩⲙ̄ ⲧⲉⲕψⲩⲭⲏ.

[4] Ἀβραάμ.   [5] Ἰσαάκ.   [6] πάντων ἀγαθῶν.

DEUTERONOMY VI. 11–17

ⲛⲁⲓ ⲉⲧⲉ ⲙ̄ⲡ ⲕ̄ⲙⲁϩⲟⲧ ϧⲉⲛ
ϣⲏⲉⲓ ⲉⲧϭⲏⲕ ⲛⲁⲓ ⲉⲧⲉ ⲙ̄ⲡ ⲕ̄ⲥⲟ
ⲕⲟⲧ· ⲁⲩⲱ ϩⲉⲛⲙⲁ ⲛ̄ ⲉⲗⲟⲟⲗⲉ ⲙⲛ̄
ϩⲉⲛϣⲗⲏ ⲛ̄ ϫⲟⲉⲓⲧ ⲛⲁⲓ ⲉⲧⲉ ⲙ̄ⲡ ⲕ̄
ⲧⲟϭⲟⲩ· ⲁⲩⲱ ⲉⲕϣⲁⲛⲟⲩⲱⲙ ⲛ̄ⲅ̄

12 ⲥⲉ¹· †ϩⲧⲏⲕ ⲉ ⲣⲟⲕ ⲉ ⲧⲙ̄ ⲣ̄ ⲡⲱⲃϣ̄
ⲙ̄ ⲡϫⲟⲉⲓⲥ ⲡⲉⲕⲛⲟⲩⲧⲉ ⲡⲉ ⲛⲧⲁϥⲛ̄   Fol. 6 b
ⲧⲕ̄ ⲉ ⲃⲟⲗ ϩⲛ̄ ⲡⲕⲁϩ ⲛ̄ ⲕⲏⲙⲉ ⲉ ⲃⲟⲗ ϩⲙ̄   [ⲗⲃ]

13 ⲡⲏⲉⲓ ⲛ̄ ⲧⲉⲕⲙⲛ̄ⲧϩⲙ̄ϩⲁⲗ· ⲡϫⲟⲉⲓⲥ
ⲡⲉⲕⲛⲟⲩⲧⲉ ⲉⲕⲉ ⲣ̄ ϩⲟⲧⲉ ϩⲏⲧϥ̄·
ⲁⲩⲱ ⲉⲕⲉϣⲙ̄ϣⲉ ⲛⲁϥ ⲛ̄ⲟⲩⲁⲁϥ
ⲁⲩⲱ ⲉⲕⲉⲧⲟϭⲛ̄ ⲉ ⲣⲟϥ ⲛⲅ̄ ⲱⲣⲕ̄ ⲙ̄

14 ⲡⲉϥⲣⲁⲛ· ⲛ̄ⲛⲉ ⲧⲛ̄ⲃⲱⲕ ⲉⲟⲩⲁϩ
ⲧⲏⲩⲧⲛ̄ ⲛ̄ⲥⲁϩⲉ ⲛⲕⲉ ⲛⲟⲩⲧⲉ ⲉ
ⲃⲟⲗ ϩⲛ̄ ⲛ̄ⲛⲟⲩⲧⲉ ⲛ̄ ⲛ̄ϩⲉⲑⲛⲟⲥ

15 ⲛⲁⲓ ⲉⲧ ϩⲛ̄ ⲡⲉⲧⲛ̄ ⲡⲕⲱⲧⲉ· ϫⲉ ⲟⲩ
ⲛⲟⲩⲧⲉ ⲛ̄ ⲣⲉϥⲕⲱϩ ⲡⲉ ⲡϫⲟⲉⲓⲥ
ⲡⲉⲕⲛⲟⲩⲧⲉ ⲉⲧ ⲛ̄ ϩⲏⲧⲕ̄²· ⲙⲏⲡⲟ
ⲧⲉ ⲛϥ̄ⲛⲟⲩϭⲥ̄ ⲉ ⲣⲟⲕ ϩⲛ̄ ⲟⲩϭⲱⲛⲧ̄
ⲛ̄ϭⲓ ⲡϫⲟⲉⲓⲥ ⲡⲉⲕⲛⲟⲩⲧⲉ ⲛϥ̄ϥⲟ

16 ⲧⲕ̄ ⲉ ⲃⲟⲗ ϩⲓϫⲙ̄ ⲡⲕⲁϩ· ⲛ̄ⲛⲉ ⲕⲡⲉⲓ
ⲣⲁⲍⲉ³ ⲙ̄ ⲡϫⲟⲉⲓⲥ ⲡⲉⲕⲛⲟⲩⲧⲉ ⲙ̄
ⲡⲉⲥⲙⲟⲧ ⲉⲛⲧⲁ ⲧⲉⲧⲛ̄ ⲡⲉⲓⲣⲁⲍⲉ

17 ⲙ̄ⲙⲟϥ ϩⲙ̄ ⲡⲡⲓⲣⲁⲥⲙⲟⲥ⁴· ϩⲛ̄ ⲟⲩ
ϩⲁⲣⲉϩ ⲉⲕⲉϩⲁⲣⲉϩ⁵ ⲉⲛⲟⲩⲉϩⲥⲁϩ
ⲛⲉ ⲙ̄ ⲡϫⲟⲉⲓⲥ ⲡⲉⲕⲛⲟⲩⲧⲉ ⲛⲙ̄
ⲛⲉϥⲙⲛ̄ⲧⲙⲛ̄ⲧⲣⲉ⁶ ⲛⲙ̄ ⲛⲉϥϫⲓ

---

¹ The Coptic has no equivalent for καὶ ἐμπλησθείς.

² The Greek adds μὴ ὀργισθεὶς θυμωθῇ Κύριος ὁ Θεός σού σοι: for this the Coptic has no equivalent.

³ οὐκ ἐκπειράσεις.

⁴ בַּמַּסָּה, ἐν τῷ πειρασμῷ.

⁵ שָׁמוֹר תִּשְׁמֹר, φυλάσσων φυλάξῃ.

⁶ τὰ μαρτύρια.

ⲕⲁⲓⲱⲙⲁ· ⲉⲛⲧ ⲁϥⲣⲱⲛ ⲙ̄ⲙⲟⲟⲩ

18 ⲉ ⲧⲟⲟⲧⲛ̄· ⲁⲩⲱ ⲉⲕⲉⲉⲓⲣⲉ ⲙ̄
ⲡⲉⲧ ⲣ̄ⲁⲛⲁϥ ⲁⲩⲱ ⲡ ⲡⲉⲧ ⲛⲁⲛⲟⲩϥ
ⲙ̄ⲡⲉ ⲙⲧⲟ ⲉ ⲃⲟⲗ ⲙ̄ ⲡϫⲟⲉⲓⲥ ⲡⲉⲕ
ⲛⲟⲩⲧⲉ ϫⲉ ⲕⲁⲥ ⲉⲣⲉ ⲡ ⲡⲉⲧ ⲛⲁ
ⲛⲟⲩϥ ⲉϥⲉϣⲱⲡⲉ ⲙ̄ⲙⲟⲕ ⲁⲩⲱ
ⲛ̄ⲧ ⲃⲱⲕ ⲉ ϩⲟⲩⲛ ⲛ̄ⲧ ⲕⲗⲏⲣⲟⲛⲟⲙⲓ
ⲙ̄ ⲡⲕⲁϩ ⲉⲧ ⲛⲁⲛⲟⲩϥ ⲧⲁⲓ̈ ⲉⲛ
ⲧ ⲁϥⲱⲣⲕ ⲉ ⲧⲃⲏⲏⲧϥ̄ ⲛ̄ ⲛⲉⲕⲉⲓⲟⲧⲉ·

19 ⲉ ⲧⲣⲉ ϥⲛⲟⲩϫⲉ ⲉ ⲃⲟⲗ ⲛ̄ ⲛⲉⲕϫⲓ
ϫⲉⲟⲩ ⲧⲏⲣⲟⲩ ϩⲓ ϩⲏ ⲙ̄ⲙⲟⲕ

Fol. 7 a
ⲗ̄ⲉ

20 ⲕⲁⲧⲁ ⲑⲉ ⲉⲛⲧ ⲁϥϣⲁϫⲉ· ⲁⲩⲱ ⲉ
ⲥⲉϣⲱⲡⲉ ⲉϥϣⲁⲛϫⲛⲟⲩⲕ ⲛ̄ ⲣⲁⲥ
ⲧⲉ ⲛ̄ϭⲓ ⲡⲉⲕϣⲏⲣⲉ ⲉϥϫⲱ ⲙ̄ⲙⲟⲥ
ϫⲉ ⲟⲩ ⲛⲉ ⲛⲉⲓ̈ ⲙⲛ̄ⲧⲙⲛ̄ⲧⲣⲉ ⲛⲙ̄ ⲛⲉⲓ̈
ⲇⲓⲕⲁⲓⲱⲙⲁ ⲙⲛ̄ ⲛⲉⲓ̈ ϩⲁⲡ ⲛⲁⲓ̈ ⲉⲛ
ⲧ ⲁ ⲡϫⲟⲉⲓⲥ ⲡⲉⲛⲛⲟⲩⲧⲉ ϩⲱⲛ ⲙ̄

21 ⲙⲟⲟⲩ ⲉ ⲧⲟⲟⲧⲛ̄· ⲁⲩⲱ ⲉⲕⲉϫⲟⲟⲥ
ⲙ̄ ⲡϣⲏⲣⲉ ϫⲉ ⲛⲉⲛⲟⲟⲡⲉ ⲛ̄ϩⲙ̄
ϩⲁⲗ ⲙ̄ ⲫⲁⲣⲁⲱ ϩⲙ̄ ⲡⲕⲁϩ ⲛ̄ ⲕⲏⲙⲉ
ⲁⲩⲱ ⲡϫⲟⲉⲓⲥ ⲁϥⲛ̄ⲧⲛ̄ ⲉ ⲃⲟⲗ ϩⲛ̄
ⲡⲙⲁ ⲉⲧ ⲙ̄ⲙⲁⲩ ϩⲛ̄ ⲟⲩϭⲓϫ ⲉⲥ

22 ϫⲟⲟⲣ ⲙⲛ̄ ⲟⲩϭⲃⲟⲉⲓ ⲉϥϫⲟⲥⲉ· ⲁⲩⲱ
ⲡϫⲟⲉⲓⲥ ⲁϥϯ ⲛ̄ ϩⲉⲛ ⲙⲁⲉⲓⲛ ⲙⲛ̄
ϩⲉⲛⲛⲟϭ ⲛ̄ ϣⲡⲏⲣⲉ ⲉⲩⲛⲁϣⲧ' ¹
ϩⲛ̄ ⲡⲕⲁϩ ⲛ̄ ⲕⲏⲙⲉ ϩⲛ̄ ⲫⲁⲣⲁⲱ ⲁⲩ
ⲱ ϩⲛ̄ ⲛⲁ ⲡⲉϥⲏⲉⲓ ⲙ̄ⲡⲉⲛ ⲙ̄ⲧⲟ

23 ⲉ ⲃⲟⲗ· ⲁⲛⲟⲛ ⲇⲉ ⲁϥⲛ̄ⲧⲛ̄ ⲉ ⲃⲟⲗ ϩⲙ̄
ⲡⲙⲁ ⲉⲧ ⲙ̄ⲙⲁⲩ ϫⲉ ⲉϥⲉϫⲓⲧⲛ̄ ⲉ
ϩⲟⲩⲛ ² ⲉ ⲧⲣⲉ ϥϯ ⲛⲁⲛ ⲙ̄ ⲡⲉⲓ̈ ⲕⲁϩ
ⲡⲉ ⲛⲧ ⲁϥⲱⲣⲕ ⲉ ⲧⲃⲏⲏⲧϥ̄ ⲉ ⲧⲁ

¹ καὶ πονηρά.
² ⲉⲧ ⲙ̄ⲙⲁⲩ ϫⲉ ⲉϥⲉϫⲓⲧⲛ̄ ⲉ ϩⲟⲩⲛ = εκειθεν] + ινα εισαγαγη ημας;
see Swete's variant (vol. i, p. 356).

24 ⲁϥ ⲛ̄ ⲛⲉⲛⲉⲓⲟⲧⲉ· ⲁⲩⲱ ⲁ ⲡϫⲟⲉⲓⲥ
ϩⲱⲛ ⲉ ⲧⲟⲟⲧⲛ̄ ⲉ ⲧⲣⲉ ⲛⲉⲓⲣⲉ ⲛ̄
ⲛⲉⲓ ⲇⲓⲕⲁⲓⲱⲙⲁ ⲧⲏⲣⲟⲩ ⲉ ⲧⲣⲉ
ⲣ̄ ϩⲟⲧⲉ ϩⲏⲧϥ̄ ⲙ̄ ⲡϫⲟⲉⲓⲥ ⲡⲉⲛ
ⲛⲟⲩⲧⲉ ϫⲉ ⲉⲣⲉ ⲡⲉⲧ ⲛⲁⲛⲟⲩϥ
ϣⲱⲡⲉ ⲙ̄ⲙⲟⲛ ⲛ̄ ⲛⲉϩⲟⲟⲩ ⲧⲏ
ⲣⲟⲩ ϫⲉ ⲉⲛⲉⲱⲛϩ̄ ⲛ̄ ⲑⲉ ⲙ̄ ⲡⲟⲟⲩ

25 ⲛ̄ϩⲟⲟⲩ· ⲛ̄ⲧⲉ ⲟⲩⲛ ⲁ ϣⲱⲡⲉ ⲛⲁⲛ
ⲉ ϣⲁⲛ⳨ⲟⲧⲏⲛ ⲉ ⲉⲓⲣⲉ ⲛ̄ ⲛⲉⲓ
ⲟ[ⲩⲉ]ϩⲥⲁϩⲛⲉ ⲧⲏⲣⲟⲩ ⲙ̄ⲡⲉ ⲙ
ⲧⲟ ⲉ ⲃⲟⲗ ⲙ̄ ⲡϫⲟⲉⲓⲥ ⲡⲉⲛⲛⲟⲩⲧⲉ ⲕⲁ
ⲧⲁ ⲑⲉ ⲉⲛⲧⲁ ⲡϫⲟⲉⲓⲥ ϩⲱⲛ ⲉ ⲧⲟⲟⲧⲛ̄

Chap. VII. 1 ⲉϥϣⲁⲛϫⲓⲧⲛ̄ ⲇⲉ ⲉ ϩⲟⲩⲛ ⲛ̄ϭⲓ ⲡϫⲟ
ⲉⲓⲥ ⲡⲉⲛⲛⲟⲩⲧⲉ ⲉ ⲡⲕⲁϩ ⲡⲁⲓ̈ ⲉⲧ ⲛ̄
ⲛⲁⲃⲱⲕ ⲛ̄ⲧⲟⲕ ⲉ ϩⲟⲩⲛ ⲉ ⲣⲟϥ ⲉ ⲕⲗⲏ
ⲣⲟⲛⲟⲙⲉⲓ ⲙ̄ⲙⲟϥ[1]· ⲁⲩⲱ ⲛϥ̄ϥⲓ ⲙ̄ⲙⲁⲩ
ϩⲓ ϩⲏ ⲙ̄ⲙⲟⲕ ⲛ̄ ⲛ̄ⲛⲟϭ ⲛ̄ ϩⲉⲑⲛⲟⲥ
ⲁⲩⲱ ⲉⲧ ⲛⲁϣⲱⲟⲩ[2] ⲡⲉⲭⲉⲧⲧⲁⲓⲟⲥ·
ⲙⲛ̄ ⲡⲅⲉⲣⲅⲉⲥⲁⲓⲟⲥ· ⲙⲛ̄ ⲡⲁⲙⲟⲣ
ⲣⲁⲓⲟⲥ· ⲙⲛ̄ ⲡⲉⲭⲁⲛⲁⲛⲁⲓⲟⲥ· ⲛⲙ̄
ⲡⲉⲫⲉⲣⲉⲍⲁⲓⲟⲥ· ⲙⲛ̄ ⲡⲉⲩⲅⲁⲓⲟⲥ[3]
ⲛⲙ̄ ⲡⲓⲉⲃⲟⲩⲥⲁⲓⲟⲥ· ⲥⲁϣϥ̄ ⲛ̄ϩⲉ
ⲑⲛⲟⲥ ⲉⲛⲁϣⲱⲟⲩ ⲁⲩⲱ ⲉⲧϫⲟⲟⲣ

2 ⲉⲣⲱⲧⲛ̄· ⲁⲩⲱ ⲡϥ̄ⲧⲁⲁⲩ ⲉ ϩⲣⲁⲓ̈ ⲉ
ⲧⲟⲟⲧⲛ̄ ⲛ̄ϭⲓ ⲡϫⲟⲉⲓⲥ ⲡⲉⲛⲛⲟⲩⲧⲉ
ⲛⲕ̄ϣⲁⲁⲣⲉ ⲉ ⲣⲟⲟⲩ ⲁⲩⲱ ⲛⲕ̄ ⲧⲁⲕⲟ
ⲟⲩ ϩⲛ̄ ⲟⲩⲧⲁⲕⲟ· ⲛ̄ⲛⲉ ⲕⲥⲙⲛ̄ ⲇⲓ
ⲁⲑⲏⲕⲏ ⲛ̄ⲙ̄ⲙⲁⲩ· ⲟⲩⲧⲉ ⲛ̄ⲛⲉ ⲕ ⲉ

3 ⲛⲁ ⲛⲁⲩ· ⲧⲉⲕϣⲉⲉⲣⲉ ⲛ̄ⲛⲉ ⲕⲧⲁ
4 ⲁⲥ ⲙ̄ ⲡⲉϥϣⲏⲣⲉ[4] ⲥⲛⲁϥⲓ ⲡⲉⲕϣⲏ

Fol. 7 b
ⲗⲋ

---

[1] κληρονομησαι αυτην; Swete, op. cit., p. 356.

[2] και πολλα, ibid.   [3] Εὐαῖον.

[4] There is no equivalent here for καὶ τὴν θυγατέρα αὐτοῦ οὐ λήμψῃ τῷ υἱῷ σου.

ⲣⲉ ⲅⲁⲣ ⲛ̄ ⲧⲟⲟⲧⲕ̄¹ ⲛϥ̄ϣⲙ̄ϣⲉ ⲛ̄[ϩⲛ̄]:
ⲕⲉ ⲛⲟⲩⲧⲉ· ⲁⲩⲱ ⲡϫⲟⲉⲓⲥ ϥⲛⲁ
ⲛⲟⲩϭⲥ̄ ⲉ ⲣⲱⲧⲛ̄ ϩⲛ̄ ⲟⲩϭⲱⲛⲧ

5 ⲛϥ̄ϥⲟⲧⲕ̄ ⲉ ⲃⲟⲗ ϩⲛ̄ ⲟⲩϭⲉⲡⲏ· ⲁⲗ
ⲗⲁ ⲧⲁⲓ ⲧⲉ ⲑⲉ ⲉⲧⲉⲧⲛ̄ⲁⲁⲥ ⲛⲁⲩ
ⲛⲉⲩϣⲏⲟⲩⲉ ⲉⲧⲉⲧⲛ̄ ⲉ ϣⲣϣⲟ
ⲣⲟⲩ· ⲛⲉⲩⲥⲧⲏⲗⲏ ⲉⲧⲉⲧⲛ̄ⲟⲩⲟ
ϭⲡⲟⲩ· ⲛⲉⲩⲕⲉⲉⲓ ⲉⲩϣⲏⲛ² ⲉⲧⲉ
ⲧⲛ̄ⲕⲟⲟⲣⲟⲩ· ⲛ̄ⲕⲉ ⲛⲕⲗⲩⲡⲧ[ⲟ]ⲛ³
ⲛ̄ ⲛⲉⲩⲛⲟⲩⲧⲉ ⲉⲧⲉⲧⲛ̄ⲣⲟⲕϩⲟⲩ

6 ϩⲛ̄ ⲟⲩⲥⲁⲧⲉ· ϫⲉ ⲛ̄ⲧⲕ̄ ⲡ̄[ⲟⲩⲗⲁⲟ]ⲥ
ⲉϥⲟⲩⲁⲁⲃ ⲛ̄ ⲡϫⲟⲉⲓⲥ ⲡⲉⲕⲛ̄[ⲟⲩ]ⲧⲉ
ⲁⲩⲱ ⲛ̄ⲧⲟⲕ ⲡⲉ ⲉⲛⲧⲁ ⲡϫⲟⲉⲓⲥ ⲡⲉⲕ
ⲛⲟⲩⲧⲉ ⲥⲟⲧⲡⲕ̄ ⲉ ⲧⲣⲉ ⲕϣⲱⲡⲉ
ⲛⲁϥ ⲛ̄ ⲟⲩⲗⲁⲟⲥ ⲉϥⲧⲁⲓⲏⲟⲩ ⲡⲁⲣⲁ
ⲛ̄ϩⲉⲑⲛⲟⲥ ⲧⲏⲣⲟⲩ ⲉⲧ ϣⲟⲟⲡ ϩⲓ

7 ϫⲙ̄ ⲡⲕⲁϩ· ⲟⲩⲭ ⲟⲧⲓ ϫⲉ ⲉⲧⲉⲧⲛ̄ⲟϣ
ⲁⲛ ⲉⲙⲁⲧⲉ ⲡⲁⲣⲁ ⲛ̄ϩⲉⲑⲛⲟⲥ ⲧⲏ
ⲣⲟⲩ· ⲛ̄ⲧⲁ ⲡϫⲟⲉⲓⲥ ⲟⲩⲉϣ ⲧⲏⲟⲩ
ⲧⲛ̄ ⲁⲩⲱ ⲁϥⲥⲉⲧⲡ̄ ⲧⲏⲟⲩⲧⲛ̄· ⲛ̄ⲧⲱ
ⲧⲛ̄ ⲅⲁⲣ ⲧⲉⲧⲛ̄ⲥⲟⲃⲕ̄ ⲛ̄ ⲏⲡ⁴ ⲉ ⲡⲁ

8 ⲣⲁ ⲛ̄ ⲛⲉϩⲉⲑⲛⲟⲥ· ⲁⲗⲗⲁ ⲉ ⲃⲟⲗ ϫⲉ
ⲡϫⲟⲉⲓⲥ ⲙⲉ ⲙ̄ⲙⲱⲧⲛ̄ ⲁⲩⲱ
ϥϩⲁⲣⲉϩ ⲉ ⲡⲁⲛⲁϣ ⲉⲛⲧ ⲁϥⲱⲣⲕ̄
ⲙ̄ⲙⲟϥ ⲛ̄ ⲛⲉⲧⲛ̄ⲉⲓⲟⲧⲉ· ⲁ ⲡϫⲟⲉⲓⲥ
ⲛ̄ ⲧⲏⲟⲩⲧⲛ̄ ⲉ ⲃⲟⲗ ϩⲛ̄ ⲟⲩϭⲓϫ ⲉⲥ
ϫⲟⲟⲣ ⲙⲛ̄ ⲟⲩϭⲃⲟⲉⲓ ⲉϥϫⲟⲥⲉ
ⲁϥⲥⲟⲧⲕ̄ ⲉ ⲃⲟⲗ ϩⲛ̄ ⲡⲏⲉⲓ ⲛ̄ ⲧⲉⲕ
ⲙⲛ̄ⲧϩⲙ̄ϩⲁⲗ ⲛ̄ ⲧⲟⲟⲧϥ̄ ⲛ̄ ⲫⲁⲣⲁⲱ

9 ⲡⲣ̄ⲣⲟ ⲛ̄ ⲕⲏⲙⲉ· ⲁⲩⲱ ⲕⲛⲁⲉⲓⲙⲉ⁵

---

[1] ἀποστήσει γὰρ τὸν υἱόν σου ἀπ' ἐμοῦ. Copt. 'For she will carry thy son from thee, he will serve other gods,' &c.

[2] τὰ ἄλση.   [3] τὰ γλυπτά.

[4] ὀλιγοστοί.   [5] γνώσεσθε σήμερον.

ϫⲉ ⲡϫⲟⲉⲓⲥ ⲡⲉⲕⲛⲟⲩⲧⲉ ⲛ̄ⲧⲟϥ
ⲡⲉ ⲡⲛⲟⲩⲧⲉ ⲡⲛⲟⲩⲧⲉ ⲙ̄ ⲡⲓⲥⲧⲟⲥ
ⲡⲉⲧ ϩⲁⲣⲉϩ ⲉ ⲧⲉϥⲇⲓⲁⲑⲏⲕⲏ ⲛⲙ̄
ⲡⲉϥⲛⲁ ⲛ̄ ⲛⲉⲧ ⲙⲉ ⲙ̄ⲙⲟϥ ⲁⲩⲱ
ⲛⲉⲧ ϩⲁⲣⲉϩ ⲉ ⲛⲉϥⲟⲩⲉϩⲥⲁϩⲛⲉ

10 ⲛ̄ ϩⲉⲛϣⲟ ⲛ̄ ⲅⲉⲛⲉⲁ· ⲁⲩⲱ ⲉϥⲧⲱ
ⲱⲃⲉ ⲛ̄ ⲛⲉⲧ ⲙⲟⲥⲧⲉ ⲉ ⲧⲣⲉ ϥϥⲟ
ⲧⲟⲩ ⲉ ⲃⲟⲗ ϩⲓ ϩⲏ ⲙ̄ⲙⲟϥ¹· ⲁⲩⲱ
ⲉⲛ ϥ̄ⲛⲁⲱⲥⲕ ⲁⲛ ⲉ ⲧⲣⲉ ϥⲧⲱⲱⲃⲉ

11 ⲛ̄ ⲛⲉⲧⲙⲟⲥⲧⲉ ⲙ̄ⲙⲟϥ²· ⲁⲩⲱ ⲉ
ⲧⲉⲧⲛ̄ ⲉ ϩⲁⲣⲉϩ ⲉ ⲛⲉⲓ̈ ⲉⲛⲧⲟⲗⲏ
ⲙⲛ̄ ⲛⲉⲓ̈ ⲇⲓⲕⲁⲓⲱⲙⲁ ⲙⲛ̄ ⲛⲉⲓ̈
ϩⲁⲡ ⲛⲁⲓ̈ ⲉ ϯϩⲱⲛ ⲙ̄ⲙⲟⲟⲩ ⲉ
ⲧⲟⲟⲧⲛ̄ ⲙ̄ⲡⲟⲟⲩ ⲉ ⲧⲣⲉ ⲕⲁⲁⲩ·

12 ⲁⲩⲱ ⲉⲥⲉϣⲱⲡⲉ ⲉⲧⲉⲧⲛ̄ ϣⲁⲛⲥⲱⲧⲙ̄
ⲉ ⲛⲉⲓ̈ ⲇⲓⲕⲁⲓⲱⲙⲁ ⲧⲏⲣⲟⲩ ⲁⲩⲱ ⲛ̄ⲧⲉ
ⲧⲛ̄ ϩⲁⲣⲉϩ ⲉ ⲣⲟⲟⲩ ⲁⲩⲱ ⲛ̄ⲧⲉⲧⲛ̄ⲁⲁⲩ·
ⲡϫⲟⲉⲓⲥ ⲡⲉⲕⲛⲟⲩⲧⲉ ϥⲛⲁϩⲁⲣⲉϩ ⲛⲁⲕ
ⲉ ⲧⲉϥⲇⲓⲁⲑⲏⲕⲏ ⲛⲙ̄ ⲡⲉϥⲛⲁ ⲕⲁⲧⲁ ⲑⲉ

13 ⲉⲛⲧ ⲁϥⲡ̄ⲉⲓⲟⲧⲉ· ⲁⲩⲱ ⲛϥ̄
ⲙⲉⲣⲓⲧⲛ̄ ⲛϥ̄ⲥⲙⲟⲩ ⲉ ⲣⲟⲕ ⲁⲩⲱ ⲛϥ̄
ⲧⲁϣⲟⲕ ⲁⲩⲱ ϥⲛⲁⲥⲙⲟⲩ ⲉ ⲛⲉϫⲡⲟ
ⲛ̄ ϩⲏⲧⲛ̄· ⲁⲩⲱ ⲉ ⲡⲕⲁⲣⲡⲟⲥ ⲙ̄ ⲡⲉⲕ
ⲕⲁϩ· ⲉ ⲡⲉⲕⲥⲟⲩⲟ ⲙⲛ̄ ⲡⲉⲕⲏⲣⲡ ⲙⲛ̄
ⲡⲉⲕⲛⲉϩ· ⲁⲩⲱ ⲉ ⲛⲉⲣⲥⲟⲟⲩⲉ ⲛ̄ ⲛⲉⲕ
ⲉϩⲟⲟⲩ ⲙⲛ̄ ⲛ̄ ⲛⲟϩⲉ ⲛ̄ ⲛⲉⲕ ⲉⲥⲟⲟⲩ
ϩⲓϫⲛ̄ ⲡⲕⲁϩ ⲡⲁⲓ̈ ⲉⲛⲧⲁ ⲡϫⲟⲉⲓⲥ ⲱⲣⲕ̄
ⲉⲧⲃⲏⲏⲧϥ̄ ⲛ̄ ⲛⲉϥⲉⲓⲟⲧⲉ ⲉ ⲧⲣⲁ ⲧⲁ

14 ⲁϥ ⲛⲁⲕ· ⲁⲩⲱ ⲕⲛⲁϣⲱⲡⲉ ⲉⲕⲥⲙⲁ
ⲙⲁⲁⲧ ⲡⲁⲣⲁ ⲛ̄ ϩⲉⲑⲛⲟⲥ ⲧⲏⲣⲟⲩ
ⲛ̄ⲧⲉ ⲧⲙ̄ ⲧⲙ̄ⲛ̄ⲧ ⲁⲧ ϣⲏⲣⲉ ϣⲱⲡⲉ

Fol. 8 b
[ⲗⲏ]

---
¹ κατὰ πρόσωπον ἐξολοθρεῦσαι αἰτούς.
² There is no equivalent for κατὰ πρόσωπον ἀποδώσει αὐτοῖς.

D

ⲛ̄ϩⲏⲧ ⲧⲛⲟⲩⲧⲛ̄ ⲟⲩⲧⲉ ⲧⲁⲙⲛ̄ⲧ
ⲁϭⲣⲏⲛ ⲛ̄ϩⲏⲧ ⲧⲛⲟⲩⲧⲛ̄ ⲟⲩⲇⲉ

15 ϩⲛ̄ ⲛⲉⲕⲧⲃ̄ⲛⲟⲟⲩⲉ· ⲁⲩⲱ ⲡϫⲟ
ⲉⲓⲥ ⲛⲁϥⲓ ⲉ ⲃⲟⲗ ϩⲓ ϫⲱⲕ ⲛ̄ϣⲱⲛⲉ
ⲛⲓⲙ ϩⲓ ⲗⲟϫⲗⲉϫ ⲛⲓⲙ ⲙⲛ̄ ⲡⲥⲁϣ
ⲉⲑⲟⲟⲩ ⲛ̄ ⲕⲏⲙⲉ[1] ⲛⲉ ⲛⲧ ⲁⲕⲛⲁⲩ
ⲉ ⲣⲟⲟⲩ ⲁⲩⲱ ⲁⲕⲥⲟⲩⲱⲛⲟⲩ ⲛϥ̄
ⲛⲁⲡ̄ⲧⲟⲩ ⲁⲛ ⲉ ϩⲣⲁⲓ̈ ⲉ ϫⲱⲕ· ⲁⲗ
ⲗⲁ ⲁϥⲛⲁⲡ̄ⲧⲟⲩ ⲉϫⲛ̄ ⲛⲉⲕϫⲓϫⲉⲟⲩ
ⲧⲏⲣⲟⲩ[2] ⲁⲩⲱ ⲉϫⲛ̄ ⲟⲩⲟⲛ ⲛⲓⲙ ⲉⲧ

16 ⲙⲟⲥⲧⲉ ⲙ̄ⲙⲟⲕ· ⲁⲩⲱ ⲕⲛⲁⲟⲩⲱⲙ
ⲛ̄ ⲛ̄ϣⲟⲗⲉⲥ ⲧⲏⲣⲟⲩ ⲛ̄ ⲛ̄ϩⲉⲑⲛⲟⲥ
ⲛⲁⲓ̈ ⲉⲧ ⲉⲣⲉ ⲡϫⲟⲉⲓⲥ ⲡⲉⲕⲛⲟⲩⲧⲉ
ⲛⲁⲧⲁⲁⲩ ⲛⲁⲕ ⲛ̄ⲧⲉ ⲧⲙ̄ ⲡⲉⲕⲃⲁⲗ
†ⲥⲟ ⲉ ⲣⲟⲟⲩ ⲛ̄ⲡⲉ ⲕϣⲙ̄ϣⲉ ⲛ̄
ⲛⲉⲩⲛⲟⲩⲧⲉ ϫⲉ ⲡⲁⲓ̈ ⲟⲩϫⲣⲟⲡ ⲡⲉ

Fol. 9 a
ⲗ̄ⲑ

17 ⲉⲕϣⲁⲛϫⲟⲟⲥ ⲇⲉ ϩⲙ̄ ⲡⲉⲕϩⲏⲧ
ϫⲉ ⲡⲉⲓ̈ ϩⲉⲑⲛⲟⲥ ⲛⲁϣⲱϣ ⲉⲣⲟⲉⲓ[3]·

18 ⲉⲓ̈ⲛⲁϭⲟⲧϥ̄ ⲉ ⲃⲟⲗ ⲛ̄ ⲁϣ ⲛ̄ ϩⲉ ⲛ̄
ⲡⲉ ⲕⲣ̄ ϩⲟⲧⲉ ϩⲏⲧⲟⲩ ϩⲛ̄ ⲟⲩⲣ̄
ⲡⲙⲉⲉⲩⲉ ⲉⲕⲉⲣⲡⲙⲉⲉⲩⲉ ⲛ̄ⲛⲉ ⲛ̄
ⲧⲁ ⲡϫⲟⲉⲓⲥ ⲡⲉⲕⲛⲟⲩⲧⲉ ⲁⲁⲩ
ⲙ̄ ⲫⲁⲣⲁⲱ ⲙⲛ̄ ⲡ ⲣⲙ̄ ⲛ̄ ⲕⲏⲙⲉ

19 ⲧⲏⲣⲟⲩ· ⲛ̄ ⲛⲟϭ ⲙ̄ ⲡⲉⲓⲣⲁⲥⲙⲟⲥ
ⲉⲛⲧⲁ ⲛⲉⲕⲃⲁⲗ ⲛⲁⲩ ⲉ ⲣⲟⲟⲩ·
ⲛⲓⲙⲁⲉⲓⲛ ⲙⲛ̄ ⲛⲓⲛⲟϭ ⲛ̄ ϣⲡⲏ
ⲣⲉ ⲁⲩⲱ ⲧϭⲓϫ ⲉⲧ ⲧⲁϫⲣⲏⲟⲩ
ⲙⲛ̄ ⲡⲉϭⲃⲟⲉⲓ ⲉⲧ ϫⲟⲥⲉ ⲛ̄ⲑⲉ ⲉⲛ
ⲧⲁ ⲡϫⲟⲉⲓⲥ ⲡⲉⲕⲛⲟⲩⲧⲉ ⲉⲓⲛⲉ
ⲙ̄ⲙⲟⲕ ⲉ ⲃⲟⲗ ⲧⲁⲓ̈ ⲧⲉ ⲉⲧ ϥ̄

[1] καὶ πάσας νόσους Αἰγύπτου.
[2] There is no equivalent in the Greek for ⲉϫⲛ̄ ⲛⲉⲕϫⲓϫⲉⲟⲩ ⲧⲏⲣⲟⲩ· ⲁⲩⲱ.
[3] For ⲉⲣⲟⲓ̈.

ⲛⲁⲁⲥ ⲛ̄ϭⲓ ⲡϫⲟⲉⲓⲥ ⲡⲉⲛⲛⲟⲩⲧⲉ
ⲛ̄ ⲛ̄ ⲕⲉ ϩⲉⲑⲛⲟⲥ ⲧⲏⲣⲟⲩ ⲛⲁⲓ
ⲛ̄ⲧⲟⲕ ⲉⲧ ⲕⲟ ⲛ̄ ϩⲟⲧⲉ ϩⲏⲧⲟⲩ ·

20 ⲁⲩⲱ ⲡϫⲟⲉⲓⲥ ⲡⲉⲕⲛⲟⲩⲧⲉ ⲛⲁ
ϫⲟⲟⲩ ⲉ ϩⲟⲩⲛ ⲉ ⲣⲟⲟⲩ ⲛ̄ ⲛⲁⲙⲏ
ϣⲁⲛⲧ ⲟⲩϥⲥⲱⲃ' ⲛ̄ϭⲓ ⲛⲉ ⲛⲧⲁⲩ
ϣⲱϫⲡ ⲁⲩⲱ ⲛⲉ ⲛⲧ ⲁⲩϩⲟⲡⲟⲩ ⲉ

21 ⲣⲟⲕ · ⲛ̄ⲅ̄ ⲛⲁϭⲱⲧⲡ̄ ⲁⲛ ϩⲁ ⲧⲉⲩϩ
ⲉ ⲃⲟⲗ ϫⲉ ⲡϫⲟⲉⲓⲥ ⲡⲉⲕⲛⲟⲩⲧⲉ
ϣⲟⲟⲡ ⲛⲉⲙⲁⲕ · ⲉⲩⲛⲟϭ ⲡⲉ ⲡⲛⲟⲩ

22 ⲧⲉ ⲉϥⲧⲁϫⲣⲏⲟⲩ · ⲁⲩⲱ ⲡϫⲟⲉⲓⲥ
ⲡⲉⲕⲛⲟⲩⲧⲉ ⲛⲁϥⲱⲧⲉ ⲉ ⲃⲟⲗ ⲛ̄
ⲛⲉ[ϩ]ⲉⲑⲛⲟⲥ ϩⲓ ϩⲏ ⲙ̄ⲙⲟⲕ ϣⲏⲙ
ϣⲏⲙ · ⲛ̄ⲅ̄ ⲛⲁϣϭⲟⲧⲟⲩ ⲁⲛ ⲉ ⲃⲟⲗ
ⲛ̄ⲧⲉⲩⲛⲟⲩ ϫⲉ ⲛ̄ⲛⲉ ⲡⲕⲁϩ ⲣ̄ ϫⲁⲓⲉ
ⲉ ⲣⲟⲕ ⲛ̄ⲧⲉ ⲛⲉⲑⲏⲣⲓⲟⲛ ⲛ̄ⲁⲅⲣⲓⲟⲛ

23 ⲁϣⲁⲉⲓ ⲉ ϩⲣⲁⲓ̈ ⲉϫⲱⲕ · ⲡϫⲟⲉⲓⲥ
[ⲡⲉ]ⲕⲛⲟⲩⲧⲉ ϥⲛⲁⲧⲁⲁⲩ ⲉ ϩⲣⲁⲓ̈
ⲉⲧⲟⲟⲧⲕ̄ ⲛϥ̄ⲧⲁⲕⲟⲟⲩ · ϩⲛ̄ ⲟⲩⲛⲟϭ

24 ⲛ̄ⲧⲁⲕⲟ ϣⲁⲛⲧ ϥ̄ϥⲟⲧⲟⲩ ⲉ ⲃⲟⲗ · ⲁⲩ
ⲱ ⲛⲉⲩⲣ̄ⲣⲱⲟⲩ ϥⲛⲁⲧⲁⲁⲩ ⲉ ϩⲣⲁⲓ̈ ⲉ
ⲧⲉⲧⲛ̄ⲟⲩⲧⲛ̄ · ⲛ̄ⲧⲉⲧⲛ̄ϥⲱⲧⲉ ⲉ ⲃⲟⲗ
ⲙ̄ ⲡⲉⲩⲣⲁⲛ ϩⲛ̄ ⲡⲙⲁ ⲉⲧ ⲙ̄ⲙⲁⲩ ⲛ̄
ⲛⲉ ⲗⲁⲁⲩ ⲁϩⲉ ⲣⲁⲧϥ̄ ⲉ ⲣⲟⲕ ϣⲁⲛ

25 ⲧ ⲕ̄ϥⲟⲧⲟⲩ ⲉ ⲃⲟⲗ · ⲛⲉⲕⲗⲩⲡⲧⲟⲛ [1]
ⲛ̄ ⲛⲉⲩⲛⲟⲩⲧⲉ ⲉⲕⲉⲣⲟⲭⲟⲩ [2] ϩⲛ̄
ⲟⲩⲥⲁⲧⲉ · ⲛ̄ⲛⲉ ⲕⲉⲡⲉⲓⲑⲩⲙⲉⲓ ⲉⲩ
ϩⲁⲧ ⲟⲩⲧⲉ ⲉⲩⲛⲟⲩⲃ ⲉ ⲃⲟⲗ ⲛ̄ ϩⲏⲧⲟⲩ
ⲁⲩⲱ ⲛ̄ⲛⲉ ⲕϫⲓ ⲛⲁⲕ ⲛ̄ ϩⲏⲧⲟⲩ
ϫⲉ ⲛ̄ⲛⲉ ⲕⲣ̄ ⲛⲟⲃⲉ ⲉ ⲧⲃⲏⲏⲧϥ̄ ·

Fol. 9 b
ⲓ̄ⲑ̄

---

[1] τὰ γλυπτά.

[2] ⲣⲟⲭ, an unusual form = ⲣⲟⲕϩ̄(?); compare Chap. VII, v. 5.

ϫⲉ ⲟⲩⲃⲟⲧⲉ ⲡⲉ ⲙ̄ ⲡϫⲟⲉⲓⲥ ⲡⲉⲕ
26 ⲛⲟⲩⲧⲉ· ⲛ̄ⲛⲉ ⲕϫⲓ ⲃⲟⲧⲉ ϭⲉ ⲉ ϩⲟ[ⲩⲛ]
ⲉ ⲡⲉⲕⲏⲉⲓ· ϫⲉ ⲛⲉⲕϣⲱⲡⲉ ⲇⲉ
ⲉⲕⲟ ⲛ̄ ⲃⲟⲧⲉ ⲛ̄ⲑⲉ ⲙ̄ ⲡⲁⲓ̈· ϩⲛ̄ ⲟⲩ
ⲙⲟⲥⲧⲉ ⲉⲕⲉⲙⲉⲥⲧⲱϥ ⲁⲩⲱ ϩⲛ̄
ⲟⲩⲃⲟⲧⲉ ⲉⲕⲉⲃⲟⲧϥ̄ ϫⲉ ϥϫⲁϩⲙ̄·

Chap. ⲛⲉⲛⲧⲟⲗⲏ ⲧⲏⲣⲟⲩ ⲛⲁⲓ ⲉ ϯϩⲱⲛ
VIII. 1 ⲙ̄ⲙⲟⲟⲩ ⲉⲧⲛ̄ⲧⲏⲟⲩⲧⲛ̄ ⲙ̄ ⲡⲟ
ⲟⲩ ⲉⲧⲉⲧⲛ̄ ⲉ ϩⲁⲣⲉϩ ⲉ ⲣⲟⲟⲩ ⲉ
ⲁⲁⲩ ϫⲉ ⲕⲁⲥ ⲉⲧⲉⲧⲛ̄ ⲉ ⲱⲛϩ̄
ⲛ̄ⲧⲉⲧⲛ̄ ⲁϣⲁⲓ̈ ⲉⲙⲁⲧⲉ· ⲁⲩⲱ
ⲛ̄ⲧⲉⲧⲛ̄ⲃⲱⲕ ⲉ ϩⲟⲩⲛ ⲙ̄ ⲧⲉⲧⲛ̄
ⲕⲗⲏⲣⲟⲛⲟⲙⲓ ⲙ̄ ⲡⲕⲁϩ ⲡⲁⲓ ⲉⲛ
ⲧⲁ ⲡϫⲟⲉⲓⲥ ⲱⲣⲕ̄ ⲛ̄ ⲛⲉⲧⲛ̄ⲉⲓⲟⲧⲉ
2 ⲉ ⲧⲃⲏⲏⲧϥ̄· ⲁⲩⲱ ⲉⲕⲉⲣ ⲡⲙⲉⲉⲩⲉ
ⲛ̄ ⲧⲉϩⲓⲏ ⲧⲏⲣⲉⲥ ⲉⲛⲧⲁ ⲡϫⲟⲉⲓⲥ
ⲡⲉⲕⲛⲟⲩⲧⲉ ⲧⲣⲉ ⲕⲙⲟ[ⲟϣ]ⲉ ⲛ̄
ϩⲏⲧⲥ̄ ⲉⲧ ⲧⲙⲉϩ ϩⲙⲉ ⲛ̄[ⲣⲟⲙⲡ]ⲉ
ⲧⲉ ⲧⲁⲓ̈ ϩⲛ̄ ⲧⲉⲣⲏⲙⲟⲥ ϫⲉ ⲕⲁⲥ [ⲛϥ̄]
ⲙⲟⲕϩ̄ ⲁⲩⲱ ⲛϥ̄ϫⲓϫⲛⲓⲧ ⲙ̄
ⲙⲟⲕ ⲛ̄ⲧⲉ ⲛⲉⲧ ϩⲙ̄ ⲡⲉⲕϩⲏⲧ
ⲟⲩⲱⲛϩ̄ ⲉ ⲃⲟⲗ ϫⲉ ⲕⲛⲁϩⲁⲣ[ⲉϩ]
ⲉ ⲛⲉϥⲉⲛⲧⲟⲗⲏ ϫⲉ¹ ⲙ̄ⲙⲟⲛ· ⲁⲩ[ⲱ]
3 ⲁϥⲉⲙ̄ⲕⲟⲕ [ⲁϥ]ⲕⲁⲁ[ⲕ] ⲉⲕϩⲟ.

Chap. [Two leaves wanting]

Fol. 10 a
[ⲙⲉ] IX. 7 ⲉⲁ ⲧⲉⲧⲛ̄ϭⲱ ⲉⲧⲉⲧⲛ̄ⲟ ⲛ̄ ⲁⲧ ⲥⲱⲧⲙ̄ ⲛ̄
8 ⲥⲁ ⲡϫⲟⲉⲓⲥ· ⲁⲩⲱ ⲟⲛ ϩⲛ̄ ⲭⲱⲣⲏⲃ ⲁⲧⲉ
ⲧⲛ̄ ϯ ⲛⲟⲩϭⲥ̄ ⲙ̄ ⲡϫⲟⲉⲓⲥ· ⲁⲩⲱ ⲡϫⲟ
ⲉⲓⲥ ⲁϥϭⲱϣⲧ ⲉϫⲛ̄ ⲧⲏⲟⲩⲧⲛ̄ ⲉϥⲉⲧ
9 ⲧⲏⲟⲩⲧⲛ̄ ⲉ ⲃⲟⲗ· ⲙ̄ ⲡⲥⲟⲡ ⲉⲓ̈ⲛⲁⲃⲱⲕ
ⲉ ϩⲣⲁⲓ̈ ⲉ ⲡⲧⲟⲟⲩ ⲉ ⲧⲣⲁ ϫⲓ ⲛ̄ ⲧⲉⲡⲗⲁⲝ
ⲥⲛ̄ⲧⲉ ⲛ̄ ⲱⲛⲉ² ⲛⲉⲡⲗⲁⲝ ⲛ̄ ⲧⲁⲓⲁⲑⲏ

---

¹ ϫⲉ is written above the line.
² τὰς πλάκας τὰς λιθίνας.

ⲕⲏ ⲛⲁⲓ̈ ⲉⲛⲧⲁ ⲡϫⲟⲉⲓⲥ ⲥⲙ̅ⲛ̅ⲧⲟⲩ ⲛⲙ̅-
ⲙⲏⲧⲛ̅· ⲁⲩⲱ ⲁⲓ̈ϭⲱϧ ⲙ̅ ⲡⲧⲟⲟⲩ ⲛ̅
ϩⲙⲉ ⲛ̅ϩⲟⲟⲩ ⲙⲛ̅ ϩⲙⲉ ⲛ̅ ⲟⲩϣⲏ ⲉⲙ-
ⲡ ⲓⲟⲩⲉⲙ ⲟⲉⲓⲕ ⲁⲩⲱ ⲉⲙⲡ ⲓⲥⲉ ⲙⲟ-

10 ⲟⲩ· ⲁⲩⲱ ⲡϫⲟⲉⲓⲥ ⲁϥϯ ⲛⲁⲓ̈ ⲛ̅ ⲧⲉⲡⲗⲁⲝ
ⲥⲛ̅ⲧⲉ ⲛ̅ ⲱⲛⲉ ⲉⲩⲥⲏϩ ⲙ̅ ⲡⲧⲏⲏⲃⲉ
ⲙ̅ ⲡⲛⲟⲩⲧⲉ· ⲁⲩⲱ ⲉⲧⲥⲏϩ ⲉ ⲣⲟⲟⲩ
ⲛ̅ϭⲓ ⲛ̅ ϣⲁϫⲉ ⲧⲏⲣⲟⲩ ⲉⲛⲧⲁ ⲡϫⲟⲉⲓⲥ
ϫⲟⲟⲩ ⲉ ⲣⲱⲧⲛ̅ ϩⲛ̅ [ⲡⲧⲟⲟⲩ] ⲙ̅ ⲡ[ⲉ]-
ϩⲟⲟⲩ ⲉⲛⲧⲁ ⲧⲉⲧⲛ̅ⲥⲱⲟⲩϩ ⲉϩⲟⲩⲛ¹·

11 ⲁⲩⲱ ⲁⲥϣⲱⲡⲉ ⲙⲛ̅ⲛ̅ⲥⲁ ϩⲙⲉ ⲛ̅ϩⲟ-
ⲟⲩ ⲁⲩⲱ ϩⲙⲉ ⲛ̅ⲟⲩϣⲏ ⲡϫⲟⲉⲓⲥ
ⲁϥϯ ⲛⲁⲓ̈ ⲛ̅ ⲧⲉⲡⲗⲁⲝ ⲥⲛ̅ⲧⲉ ⲛ̅ⲱⲛⲉ

12 ⲛⲉⲡⲗⲁⲝ ⲛ̅ ⲧⲇⲓⲁⲑⲏⲕⲏ· ⲁⲩⲱ ⲡⲉ-
ϫⲉ ⲡϫⲟⲉⲓⲥ ⲛⲁⲓ̈ ϫⲉ ⲧⲱⲟⲩⲛ ⲛⲅ̅ ⲙⲟ-
ⲟϣⲉ ⲉ ⲡⲉⲥⲏⲧ ϩⲛ̅ ⲟⲩϭⲉⲡⲏ ⲉ ⲃⲟⲗ ϩⲛ̅
ⲡⲉⲓ̈ ⲙⲁ ϫⲉ ⲁϥⲁⲛⲟⲙⲉⲓ² ⲛ̅ϭⲓ ⲡⲉⲕⲗⲁ-
ⲟⲥ ⲡⲁⲓ̈ ⲉⲛⲧ ⲁⲕⲛ̅ⲧϥ̅ ⲉ ⲃⲟⲗ ϩⲛ̅ ⲡⲕⲁϩ
ⲛ̅ ⲕⲏⲙⲉ ⲁⲩⲡⲁⲣⲁⲃⲁ³ ⲛ̅ⲧⲉⲩⲛⲟⲩ
ⲉ ⲃⲟⲗ ϩⲛ̅ ⲧⲉϩⲓⲏ ⲉⲛⲧ ⲁⲕϩⲱⲛ ⲙ̅-
ⲙⲟⲥ ⲉ ⲧⲟⲟⲧⲟⲩ· ⲁⲩⲧⲁⲙⲓⲟ ⲛⲁⲩ ⲛ̅

13 ⲟⲩⲛⲟⲩⲧⲉ ⲛ̅ ⲟⲩⲱⲧϩ̅⁴· ⲁⲩⲱ ⲡⲉ-
ϫⲉ ⲡϫⲟⲉⲓⲥ ⲛⲁⲓ̈ ϫⲉ ⲁⲓ̈ϣⲁϫⲉ ⲛⲉⲙⲁⲕ
ⲛ̅ ⲟⲩⲥⲟⲡ ⲁⲩⲱ ⲡ̅ⲥⲛⲁⲩ ⲉⲓ̈ϫⲱ ⲙ̅-
ⲙⲟⲥ ϫⲉ ⲁⲓ̈ⲛⲁⲩ ⲉ ⲡⲉⲓ̈ ⲗⲁⲟⲥ ⲁⲩⲱ
ⲉⲓⲥ ϩⲏⲏⲧⲉ ⲟⲩⲗⲁⲟⲥ ⲛ̅ ⲛⲁϣⲧ ⲙⲁⲭ⁵ ⲡⲉ· Fol. 10 b
[ⲙⲥ̅]

14 ⲕⲁⲁⲧ ⲛ̅ⲧⲁⲧⲁⲕⲟⲟⲩ ⲛ̅ⲧⲁϥⲱⲧⲉ ⲙ̅
ⲡⲉⲩⲣⲁⲛ ⲉ ⲃⲟⲗ ϩⲁ ⲣⲟⲥ ⲛ̅ⲧⲡⲉ· ⲛ̅ⲧⲁ
ⲕⲁⲁⲕ ⲉⲧⲛⲟϭ ⲛ̅ ϩⲉⲑⲛⲟⲥ ⲉϥϫⲟⲟⲣ
ⲁⲩⲱ ⲉⲛⲁϣⲱϥ ⲉⲙⲁⲧⲉ ⲉ ϩⲟⲧⲉ ⲡⲁⲓ̈·

---

¹ ἡμέρᾳ ἐκκλησίας.
² ἠνόμησεν.
³ παρέβησαν.
⁴ χώνευμα.
⁵ = ⲛⲁϣⲧ ⲙⲁⲕϩ̅ = σκληροτράχηλος; compare ⲣⲟⲭ for ⲣⲟⲕϩ̅, Chap. VII, v. 25.

DEUTERONOMY IX. 15–21

15 ⲁⲩⲱ ⲛ̄ⲧⲉⲣ ⲓⲛⲧⲟⲉⲓ ⲁⲓ̈ⲉⲓ ⲉ ⲡⲉ ⲥⲏⲧ
ϩⲓ ⲡⲧⲟⲟⲩ ⲁⲩⲱ ⲡⲧⲟⲟⲩ ⲛⲉϥⲙⲟⲩϩ
ϩⲛ̄ ⲟⲩⲥⲁⲧⲉ¹ ⲉⲣⲉ ⲧⲉⲡⲗⲁⲝ ⲥⲛ̄ⲧⲉ ϩⲛ̄

16 ⲛⲁ ϭⲓϫ· ⲁⲩⲱ ⲛ̄ ⲧⲉⲣ ⲓⲛⲁⲩ ϫⲉ ⲁⲧⲉⲧⲛ̄
ⲣ̄ ⲛⲟⲃⲉ ⲙ̄ ⲡⲉ ⲙ̄ⲧⲟ ⲉ ⲃⲟⲗ ⲙ̄ ⲡϫⲟⲉⲓⲥ
ⲡⲉⲧⲛ̄ⲛⲟⲩⲧⲉ ⲁⲩⲱ ⲁⲧⲉⲧⲛ̄ ⲧⲁⲙⲓⲟ
ⲛⲏⲧⲛ̄ ⲛ̄ ⲟⲩⲛⲟⲩⲧⲉ ⲛ̄ ⲟⲩⲱⲧϩ̄²· ⲁⲧⲉⲧⲛ̄
ⲕⲱ ⲛ̄ⲥⲱⲧⲛ̄ ⲛ̄ ⲧⲉϩⲓⲏ ⲉⲛⲧⲁ
ⲡϫⲟⲉⲓⲥ ϩⲱⲛ ⲙ̄ⲙⲟⲥ ⲉⲧⲉⲧⲛⲟⲩⲧⲛ̄·

17 ⲁⲓϯ ⲧⲟⲟⲧ' ⲛ̄ ⲧⲉⲡⲗⲁⲝ ⲥⲛ̄ⲧⲉ ⲛ̄ ⲱⲛⲉ
ⲁⲓⲛⲟϫⲟⲩ ⲉ ⲃⲟⲗ ϩⲛ̄ ⲛⲁϭⲓϫ ⲁⲓ̈ⲟⲩⲟϭ

18 ⲡⲟⲩ ⲙ̄ⲡⲉ ⲙ̄ⲧⲟ ⲉ ⲃⲟⲗ· ⲁⲩⲱ ⲁⲓ̈
ⲧⲱⲃϩ̄ ⲙ̄ⲡⲉ ⲙ̄ⲧⲟ ⲉ ⲃⲟⲗ ⲙ̄ ⲡϫⲟⲉⲓⲥ ⲛ̄
ⲡⲙⲉϩ ⲥⲉⲡ ⲥⲛⲁⲩ ⲛ̄ ϩⲙⲉ ⲛ̄ ϩⲟⲟⲩ
ⲙⲛ̄ ϩⲙⲉ ⲛ̄ⲟⲩϣⲏ ⲙⲛ ⲓⲟⲩⲱⲙ
ⲟⲉⲓⲕ ⲁⲩⲱ ⲉⲙⲡ ⲓⲥⲉ ⲙⲟⲟⲩ ⲁⲩⲱ ⲉⲓ̈ⲧⲱ
ⲃϩ̄ ⲉϫⲛ̄ ⲛⲉⲧⲛ̄ ⲛⲟⲃⲉ ⲧⲏⲣⲟⲩ ⲉⲛ
ⲧⲁ ⲧⲉⲧⲛ̄ⲁⲁⲩ ⲉ ⲁⲧⲉⲧⲛ̄ⲉⲓⲣⲉ ⲙ̄ ⲡⲡⲟ
ⲛⲏⲣⲟⲛ ⲙ̄ⲡⲉ ⲙ̄ⲧⲟ ⲉ ⲃⲟⲗ ⲙ̄ ⲡϫⲟⲉⲓⲥ

19 ⲡⲉⲧⲛ̄ⲛⲟⲩⲧⲉ ⲉ ϯ ϭⲱⲛⲧ̄ ⲛⲁϥ· ⲁⲩⲱ
ϯⲟ³ (sic) ⲛ̄ ϩⲟⲧⲉ ⲉ ⲧⲃⲉ ⲡϭⲱⲛⲧ̄ ⲙⲛ̄ ⲧⲟⲣⲅⲏ
ϫⲉ ⲁ ⲡϫⲟⲉⲓⲥ ⲛⲟⲩϭⲥ̄ ⲉϫⲛ̄ ⲧⲏⲟⲩⲧⲛ̄⁴
ⲉϥⲉⲧ ⲧⲏⲟⲩⲧⲛ̄ ⲉ ⲃⲟⲗ· ⲁⲩⲱ ⲟⲛ ⲡϫⲟ
ⲉⲓⲥ ⲁϥⲥⲱⲧⲙ̄ ⲉⲣⲟⲉⲓ ϩⲙ̄ ⲡⲉⲩⲟⲉⲓϣ

20 ⲉⲧ ⲙ̄ⲙⲁⲩ· ⲁ ⲡϫⲟⲉⲓⲥ ⲇⲉ ⲟⲛ ϭⲱⲛⲧ̄
ⲉⲙⲁⲧⲉ ⲉϫⲙ̄ ⲡⲕⲉ ⲁⲁⲣⲱⲛ ⲙ̄ ⲡⲉⲩⲟ

21 ⲉⲓϣ ⲉⲧ ⲙ̄ⲙⲁⲩ· ⲁⲩⲱ ⲡⲉⲧⲛ̄ ⲛⲟⲃⲉ ⲉⲛ
ⲧⲁ ⲧⲉⲧⲛ̄ ⲁⲁϥ ⲉⲧⲉ ⲡⲙⲁⲥⲉ ⲡⲉ ⲁⲓ̈ϫⲓⲧϥ̄
ⲁⲓ̈ⲣⲟⲕϩϥ̄ ϩⲛ̄ ⲟⲩⲥⲁⲧⲉ ⲁⲓ̈ⲁⲁϥ ⲛ̄ ϣⲏⲙ ϣⲏⲙ
ϣⲁⲛⲧ ϥ̄ϣⲙⲁ ⲉⲙⲁⲧⲉ ⲁⲓ̈ⲁⲁϥ ⲛ̄ⲑⲉ ⲛ̄ ⲟⲩ
ϣⲟⲉⲓϣ· ⲁⲓ̈ⲛⲟϫⲉ ⲙ̄ ⲡϣⲟⲉⲓϣ ⲉ ϩ

Fol. 11 a
[ⲕⲍ]

---

¹ There is no equivalent for ἕως τοῦ οὐρανοῦ, which is omitted both by A (Codex Alexand.) and by F (Codex Ambrosianus).

² χωνευτόν.   ³ For ϯ ⲣ.   ⁴ = ⲧⲏⲩⲧⲛ̄.

DEUTERONOMY IX. 21-27

ⲣⲁⲓ̈ ⲉ ⲡⲉⲭⲉⲓⲙⲁⲣⲣⲟⲥ¹ ⲡⲉⲧ ⲛⲏⲟⲩ ⲉ
22 ⲡⲉⲥⲏⲧ ⲉ ⲃⲟⲗ ϩⲙ ⲡⲧⲟⲟⲩ · ⲁⲩⲱ ϩⲛ ⲡⲕⲱ
ϩⲧ̄² ⲛⲙ̄ ⲡⲡⲉⲓⲣⲁⲥⲙⲟⲥ³ ⲁⲩⲱ ϩⲛ ⲛⲉⲣ
ⲡⲙⲉⲉⲩⲉ ⲛ̄ⲧ ⲉⲡⲉⲓⲑⲩⲙⲓⲁⲛ⁴ ⲉⲧⲉ
ⲧⲛ̄ ϯ ⲛⲟⲩϭⲥ̄ ⲙ̄ ⲡⲭⲟⲉⲓⲥ ⲡⲉⲧⲛ̄ⲛⲟⲩ
23 ⲧⲉ ⲡⲉ · ⲁⲩⲱ ⲛ̄ ⲧⲉⲣⲉ ⲡⲭⲟⲉⲓⲥ ϫⲉⲩ ⲧⲏ
ⲟⲩⲧⲛ̄ ⲉ ⲃⲟⲗ ϩⲛ ⲕⲁⲇⲉⲥ ⲃⲁⲣⲛⲏ ⲉϥ
ϫⲱ ⲙ̄ⲙⲟⲥ ⲛⲏⲧⲛ̄ ϫⲉ ⲃⲱⲕ ⲉ ϩⲣⲁⲓ̈ ⲛ̄
ⲧⲉⲧⲛ̄ⲕⲗⲏⲣⲟⲛⲟⲙⲓ ⲙ̄ ⲡⲕⲁϩ ⲡⲁⲓ̈
ⲉ ϯⲛⲁⲧⲁⲁϥ ⲛⲏⲧⲛ̄ ⲙ̄ⲡⲉ ⲧⲛ̄ⲥⲱⲧⲙ̄
ⲛ̄ⲥⲁ ⲡϣⲁϫⲉ ⲙ̄ ⲡⲭⲟⲉⲓⲥ ⲡⲉⲧⲛ̄ ⲛⲟⲩⲧⲉ
ⲁⲩⲱ ⲙ̄ⲡⲉ ⲧⲉⲛⲡⲓⲥⲧⲉⲩⲉ ⲉ ⲣⲟϥ ⲟⲩⲇⲉ
24 ⲙ̄ⲡⲉ ⲧⲛ̄ⲥⲱⲧⲙ̄ ⲛ̄ⲥⲁ ⲡⲉϥϩⲣⲟⲟⲩ · ⲛ̄
ⲧⲉⲧⲛ̄ⲟ ⲛ̄ ⲁⲧ ⲛⲁϩⲧⲉ ⲡⲉ ⲉ ⲡⲭⲟⲉⲓⲥ
ϫⲓⲛ ⲡⲉϩⲟⲟⲩ ⲉⲛⲧ ⲁϥⲟⲩⲟⲛϩϥ̄ ⲉⲣⲱ
25 ⲧⲛ̄ · ⲁⲩⲱ ⲁⲓ̈ⲧⲱⲃϩ̄ ⲙ̄ⲡⲉ ⲙⲧⲟ ⲉ ⲃⲟⲗ
ⲙ̄ ⲡⲭⲟⲉⲓⲥ ⲛ̄ ϩⲙⲉ ⲛ̄ ϩⲟⲟⲩ · ⲙⲛ ϩⲙⲉ
ⲛ̄ ⲟⲩϣⲏⲉ ⲁⲓ̈ⲁⲁⲩ ⲉⲓ̈ⲧⲱⲃϩ · ⲁ ⲡⲭⲟⲉⲓⲥ
26 ⲅⲁⲣ ϫⲟⲟⲥ ⲉϥⲉⲧ ⲧⲏⲟⲩⲧⲛ̄ ⲉ ⲃⲟⲗ · ⲁⲩⲱ
ⲁⲓ̈ϣⲗⲏⲗ ⲉ ϩⲣⲁⲓ̈ ⲉ ⲡⲛⲟⲩⲧⲉ ⲉⲓ̈ϫⲱ ⲙ̄
ⲙⲟⲥ ϫⲉ ⲡⲭⲟⲉⲓⲥ ⲡⲭⲟⲉⲓⲥ⁵ ⲡⲣ̄ⲣⲟ ⲛ̄ ⲛ̄
ⲛⲟⲩⲧⲉ ⲙ̄ⲡⲣ̄ ϥⲱⲧⲉ ⲉ ⲃⲟⲗ ⲙ̄ ⲡⲉⲕⲗⲁ
ⲟⲥ ⲙⲛ ⲧⲉⲕⲙⲉⲣⲓⲥ ⲧⲁⲓ̈ ⲉⲛⲧ ⲁⲕⲥⲟⲧ[ⲡϥ̄]
ϩⲛ ⲧⲉⲕϭⲟⲙ ⲁⲩⲱ ϩⲛ ⲧⲉⲕϭⲓϫ ⲉⲥϫⲟ
ⲟⲣ ⲁⲩⲱ ϩⲛ ⲡⲉⲕϭⲃⲟⲉⲓ ⲉⲧ ϫⲟⲥⲉ ⲧⲁⲓ̈
ⲉⲛⲧ ⲁⲕⲛ̄ⲧⲥ̄ ⲉ ⲃⲟⲗ ϩⲛ ⲡⲕⲁϩ ⲛ̄ ⲛⲏⲙⲉ⁶ ·
27 ⲉ ⲁⲕⲣ̄ ⲡⲙⲉⲉⲩⲉ ⲛ̄ ⲁⲃⲣⲁϩⲁⲙ ⲙⲛ ⲓⲥⲁⲕ
ⲙⲛ ⲓ̈ⲁⲕⲱⲃ ⲛⲉⲕ ϩⲙ̄ϩⲁⲗ ⲛⲁⲓ̈ ⲉⲛⲧⲁⲩ

---

¹ εἰς τὸν χειμάρρουν.   ² ἐν τῷ Ἐνπυρισμῷ.
³ ἐν τῷ Πειρασμῷ.
⁴ ἐν τοῖς Μνήμασιν = בְּקִבְרֹת הַתַּאֲוָה.
⁵ Κυριε] + ⲕⲉ A F (Swete, op. cit., p. 363).
⁶ This line, the equivalent of οὓς ἐξήγαγες ἐκ γῆς Αἰγύπτου, is out of place; it should follow ⲁⲕⲥⲟⲧ[ⲡϥ̄].

Fol. 11 b
[ⲙⲏ]

ⲱⲣⲕ ⲙ̅ⲙⲟⲕ ⲛⲁⲩ ⲙ̅ⲡⲣ̅ ϭⲱⲛⲧ ⲉϫⲛ̅
ⲡⲉⲛϣⲟⲧ ⲙ̅ ⲡⲉⲓ ⲗⲁⲟⲥ ⲛⲙ̅ ⲛⲉⲩⲙⲛ̅ⲧ

28 ϣⲁϥⲧⲉ ⲙⲛ̅ ⲛⲉⲩⲛⲟⲃⲉ· ⲙⲏⲡⲟⲧⲉ ⲛ̅
ⲥⲉϫⲟⲟⲥ ⲛ̅ϭⲓ ⲛⲉⲧ ⲟⲩⲏϩ ϩⲓϫⲛ̅ ⲡⲕⲁϩ
ⲙ̅ ⲡⲙⲁ ⲉⲛⲧ ⲁⲕⲛ̅ⲧⲛ̅ ⲉ ⲃⲟⲗ ⲛ̅ ϩⲏⲧϥ̅
ⲉⲩϫⲱ ⲙ̅ⲙⲟⲥ ϫⲉ ⲉⲧⲃⲉ ϫⲉ ⲙⲛ̅ ϣϭⲟⲙ
ⲙ̅ ⲡϫⲟⲉⲓⲥ ⲉ ϫⲓⲧⲟⲩ ⲉ ϩⲟⲩⲛ ⲉ ⲡⲕⲁϩ
ⲉⲛⲧ ⲁϥϫⲟⲟⲥ ⲛⲁⲩ ⲉ ⲧⲃⲏⲏⲧϥ̅ ⲁⲩⲱ
ⲉ ⲃⲟⲗ ϫⲉ ⲡϫⲟⲉⲓⲥ ⲙⲟⲥⲧⲉ ⲙ̅ⲙⲟⲟⲩ
ⲁϥⲛ̅ⲧⲟⲩ ⲉ ⲃⲟⲗ ⲉⲙⲟⲟⲩⲧⲟⲩ ϩⲛ̅ ⲡⲉⲓ

29 ϫⲁⲓⲉ· ⲁⲩⲱ ⲡⲁⲓ ⲡⲉ ⲡⲉⲕⲗⲁⲟⲥ ⲁⲩⲱ
ⲧⲉⲕⲕⲗⲏⲣⲟⲛⲟⲙⲓⲁ ⲛⲁⲓ ⲉⲛⲧ ⲁⲕⲛ̅
ⲧⲟⲩ ⲉ ⲃⲟⲗ ϩⲛ̅ ⲡⲕⲁϩ ⲛ̅ ⲕⲏⲙⲉ ϩⲛ̅ ⲧⲉⲕ
ⲛⲟϭ ⲛ̅ ϭⲟⲙ¹ ⲁⲩⲱ ϩⲛ̅ ⲡⲉⲕϭⲃⲟⲉⲓ ⲉⲥ

Chap. X. 1 ϫⲟⲥⲉ· ϩⲙ̅ ⲡⲉⲩⲟⲉⲓϣ ⲉⲧ ⲙ̅ⲙⲁⲩ ⲁ
ⲡϫⲟⲉⲓⲥ ϫⲟⲟⲥ ⲛⲁⲓ ϫⲉ ⲕⲁϩⲛ̅ ⲛⲁⲕ
ⲙ̅ ⲡⲗⲁϩ ⲥⲛ̅ⲧⲉ ⲛ̅ ⲱⲛⲉ ⲛ̅ⲑⲉ ⲛ̅ ⲛⲁ ⲛ̅
ϣⲟⲣⲡ ⲛ̅ⲅ̅ ⲉⲓ ⲉ ϩⲣⲁⲓ ϣⲁ ⲣⲟⲉⲓ² ⲉ ϩⲣⲁⲓ
ⲉϫⲛ̅ ⲡⲧⲟⲟⲩ· ⲁⲩⲱ ⲉⲕⲉⲧⲁⲙⲓⲟ

2 ⲛⲁⲕ ⲛ̅ ⲟⲩϭⲓⲃⲱⲧⲟⲥ ⲛ̅ ϣⲉ³· ϫⲉ ⲉⲓⲉ
ⲥϩⲁⲓ⁴ ⲉ ⲛⲉⲡⲗⲁϩ ⲛ̅ ⲛ̅ϣⲁϫⲉ ⲉⲧ ϩⲛ̅ ⲛⲉ
ⲡⲗⲁϩ ⲛ̅ ϣⲟⲣⲡ ⲛⲁⲓ ⲉⲛⲧ ⲁⲕⲟⲩⲟϭ
ⲡⲟⲩ ϫⲉ ⲉⲕⲉⲛⲟϫⲟⲩ ⲉ ϩⲟⲩⲛ ⲉ ⲧϭⲓ

3 ⲃⲱⲧⲟⲥ· ⲁⲩⲱ ⲁⲓⲧⲁⲙⲓⲟ ⲛ̅ ⲧϭⲓⲃⲱ
ⲧⲟⲥ ⲉ ⲃⲟⲗ ϩⲛ̅ ϩⲉⲛϣⲉ ⲉⲙ ⲉⲩⲣ̅ϫⲟ
ⲟ[ⲗⲉⲥ]⁵· ⲁⲩⲱ ⲁⲓⲕⲁϩⲕ̅ ⲛ̅ ⲧⲉⲡⲗⲁϩ
ⲥⲛ̅ⲧⲉ ⲛ̅ ⲱⲛⲉ ⲛ̅ⲑⲉ ⲛ̅ ⲛⲁ ⲡϣⲟⲣⲡ' ⲁⲓ
ⲃⲱⲕ ⲉ ϩⲣⲁⲓ ⲉ ⲡⲧⲟⲟⲩ ⲁⲩⲱ ⲧⲉⲡⲗⲁϩ

4 ⲥⲛ̅ⲧⲉ ⲛⲉⲧ ϩⲛ̅ ⲛⲁ ϭⲓϫ· ⲁⲩⲱ ⲁϥⲥϩⲁⲓ
ⲛ̅ ⲛⲉⲡⲗⲁϩ ⲕⲁⲧⲁ ⲧⲉ ⲅⲣⲁⲫⲏ ⲛϣⲟ

---

¹ The Coptic and A F have no equivalent for καὶ ἐν τῇ χειρί σου τῇ κραταιᾷ.

² = ϣⲁ ⲣⲟⲓ̈.   ³ κιβωτὸν ξυλίνην.

⁴ As in A F γραψω.   ⁵ ξύλων ἀσήπτων.

DEUTERONOMY X. 4-10   25

ρπ' ⲙ̄ ⲡⲙⲛⲧ ⲛ̄ ϣⲁϫⲉ ⲉⲛⲧⲁ ⲡϫⲟⲉⲓⲥ   Fol. 12 a
ⲧⲁⲩⲟⲟⲩ ⲉ ⲣⲱⲧⲛ̄ ϩⲛ̄ ⲡⲧⲟⲟⲩ ⲉ ⲃⲟⲗ   ⲙ̄ⲑ̄
ϩⲛ̄ ⲧⲙⲏⲧⲉ ⲛ̄ ⲧⲥⲁⲧⲉ ⲁⲩⲱ ⲡϫⲟ

5 ⲉⲓⲥ ⲁϥⲧⲁⲁⲩ ⲛⲁⲓ· ⲁⲓ̈ⲕⲧⲟⲉⲓ ⲁⲓ̈ⲉⲓ ⲉ ⲡⲉ
ⲥⲏⲧ ϩⲓ ⲡⲧⲟⲟⲩ ⲁⲓ̈ⲛⲟⲩϫ ⲉ ⲛ̄ ⲛⲉⲡⲗⲁⲝ
ⲉ ϩⲟⲩⲛ ⲉ ⲧϭⲓⲃⲱⲧⲟⲥ ⲧⲁⲓ ⲉⲛⲧ ⲁⲓ̈ⲧⲁ
ⲙⲓⲟⲥ ⲁⲩⲱ ⲛⲉⲩ ⲛ̄ ϩⲏⲧⲥ̄ ⲕⲁⲧⲁ ⲑⲉ ⲉⲛ

6 ⲧⲁ ⲡϫⲟⲉⲓⲥ ϩⲱⲛ ⲉ ⲧⲟⲟⲧ· ⲁⲩⲱ ⲛ̄ϣⲏ
ⲣⲉ ⲙ̄ ⲡⲓⲥⲣⲁⲏⲗ ⲁⲩⲧⲱⲟⲩⲛ ⲉ ⲃⲟⲗ ϩⲛ̄
ⲃⲏⲣⲱⲑⲁ¹ ⲛ̄ ϣⲏⲣⲉ ⲛ̄ ⲓ̈ⲁⲕⲉⲓⲙ² ⲙⲉ
ⲥⲁϫⲉ³ ⲛ̄ⲧ ⲁⲁⲣⲱⲛ ⲙⲟⲩ ϩⲛ̄ ⲡⲙⲁ ⲉⲧ ⲙ̄
ⲙⲁⲩ· ⲁⲩⲧⲟⲙⲥϥ̄ ⲙ̄ⲙⲁⲩ· ⲁ ⲉⲗⲉⲁⲍⲁⲣ
ⲡⲉϥϣⲏⲣⲉ ϣⲱⲡⲉ ⲉ ⲡⲉϥⲙⲁ ϩⲛ̄

7 ⲧⲙⲛ̄ⲧ ⲟⲩⲏⲏⲃ'· ⲁⲩⲱ ⲡⲱⲱⲛⲉ ⲇⲉ ⲉ ⲃⲟⲗ
ϩⲛ̄ ⲡⲙⲁ ⲉⲧ ⲙ̄ⲙⲁⲩ ⲁⲩⲉⲓ ⲉ ϩⲣⲁⲓ ⲉ ⲅⲁⲇ
ⲧⲁⲅ'⁴ ⲉ ϩⲣⲁⲓ ⲉ ⲧⲉⲃⲁⲑⲁ⁵· ⲟⲩⲭⲓⲙⲁⲣⲟⲥ⁶

8 ⲛ̄ ⲙⲟⲟⲩ· ϩⲛ̄ ⲡⲉⲧⲟⲉⲓ[ϣ ⲉⲧ ⲙ̄ⲙⲁⲩ]
ⲁ ⲡϫⲟⲉⲓⲥ ⲛⲟⲩϩⲉ ⲉ ⲃⲟⲗ ⲛ̄ⲧⲉⲫ[ⲩⲗⲏ]
ⲛ̄ ⲗⲉⲩⲉⲓ ⲉ ⲧⲣⲉ ϥϥⲓ ⲛ ⲧϭⲓⲃⲱⲧ[ⲟⲥ]
ⲛ̄ ⲧⲇⲓⲁⲑⲏⲕⲏ ⲙ̄ ⲡϫⲟⲉⲓⲥ ⲉ ⲧⲣ[ⲉ ⲩⲁϩⲉ]
ⲣⲁⲧⲟⲩ ⲙ̄ⲡⲉ ⲙⲧⲟ ⲉ ⲃⲟⲗ ⲙ̄ ⲡϫ[ⲟⲉⲓⲥ]
ⲉⲩϣⲙ̄ϣⲉ ⲁⲩⲱ ⲉⲩϣⲗⲏⲗ ϩⲙ̄ [ⲡⲉϥ]

9 ⲣⲁⲛ ϣⲁ ϩⲣⲁⲓ ⲉ ⲡⲟⲟⲩ ⲛ̄ ϩⲟⲟⲩ· [ⲉ ⲃⲟⲗ]
ϫⲉ ⲛⲁⲓ ⲙⲛ̄ ⲙⲉⲣⲓⲥ ϩⲓ ⲕⲗⲏⲣⲟⲥ ϣⲟ
ⲟⲡ ⲛ̄ ⲛ̄ⲗⲉⲩⲉⲓⲧⲏⲥ ϩⲛ̄ ⲛⲉⲩⲥⲛⲏⲟⲩ
ⲡϫⲟⲉⲓⲥ ⲛ̄ⲧⲟϥ ⲡⲉ ⲡⲉϥⲕⲗⲏⲣⲟⲥ

10 ⲕⲁⲧⲁ⁷ ⲑⲉ ⲉⲛⲧ ⲁϥϫⲟⲟⲥ ⲛⲁⲩ· ⲁⲛⲟⲕ
ⲇⲉ ⲛⲉⲓ̈ⲁϩⲉ ⲣⲁⲧ' ϩⲓ ⲡⲧⲟⲟⲩ ⲛ̄ ϩⲙⲉ
ⲛ̄ ϩⲟⲟⲩ ⲛⲙ̄ ϩⲙⲉ ⲛ̄ ⲟⲩϣⲏ ⲁⲩⲱ

¹ Βηρώθ.   ² Ἰακείμ.
³ Μεισαδαί, Heb. מֹסֵרָה. The LXX read ד for ר.
⁴ Γαδγάδ, Heb. הַגִּדְגָּדָה.
⁵ Ταιβάθα, Heb. יָטְבָתָה.   ⁶ A F χειμάρρου.
⁷ A F κατα.

E

ⲡϫⲟⲉⲓⲥ ⲁϥⲥⲱⲧⲙ̄ ⲉⲣⲟⲉⲓ[1] ϩⲙ̄ ⲡⲉⲩ
ⲟⲉⲓϣ ⲉⲧ ⲙ̄ⲙⲁⲩ ⲉⲙⲡⲉ ⲡϫⲟⲉⲓⲥ

11 ⲣ̄ ϩⲛⲁϥ ⲉϥⲉⲧ ⲑⲟⲩⲧⲛ̄ ⲉ ⲃⲟⲗ· ⲁⲩⲱ
ⲡⲉϫⲉ ⲡϫⲟⲉⲓⲥ ⲛⲁⲓ̈ ϫⲉ ⲙⲟⲟϣⲉ ⲛⲧ̄
ⲥⲱⲕ ϩⲁ ϫⲱϥ ⲙ̄ ⲡⲉⲓ ⲗⲁⲟⲥ ⲛ̄ⲥⲉⲃⲱⲕ
ⲉ ϩⲟⲩⲛ ⲛ̄ⲥⲉⲕⲗⲏⲣⲁⲛⲟⲙⲓ ⲙ̄ ⲡⲕⲁϩ
ⲡⲁⲓ̈ ⲉⲛⲧ ⲁⲓ̈ⲱⲣⲕ ⲛ̄ ⲛⲉⲧⲉⲓⲟⲧⲉ ⲉ ⲧ

12 ⲃⲏⲏⲧⲩ̄ ⲉ ⲧⲁⲁⲩ ⲛⲁⲩ· ⲧⲉⲛⲟⲩ ϭⲉ
ⲡⲓⲥⲣⲁⲏⲗ ⲟⲩ ⲡⲉ ⲉⲧ ⲉⲣⲉ ⲡϫⲟⲉⲓⲥ
ⲡⲉⲕⲛⲟⲩⲧⲉ ⲟⲩⲁϣϥ̄ ⲛ̄ ⲧⲟⲟⲧⲕ̄
ⲛ̄ⲥⲁ ⲧⲣⲉ ⲕⲣ̄ ϩⲟⲧⲉ ϩⲏⲧϥ̄ ⲙ̄ ⲡϫⲟ
ⲉⲓⲥ ⲡⲉⲕⲛⲟⲩⲧⲉ ⲛⲅ̄ ⲙⲟⲟϣⲉ ϩⲓ
ⲛⲉϥϩⲓⲟⲟⲩⲉ ⲧⲏⲣⲟⲩ ⲛⲅ̄ ⲙⲉⲣⲓⲧϥ̄
ⲁⲩⲱ ⲛⲅ̄ ϣⲙ̄ϣⲉ ⲙ̄ ⲡϫⲟⲉⲓⲥ ⲡⲉⲕ
ⲛⲟⲩⲧⲉ ⲉ ⲃⲟⲗ ϩⲛ̄ ⲡⲉⲕϩⲏⲧ ⲧⲏⲣϥ̄
ⲁⲩⲱ ⲉ ⲃⲟⲗ ϩⲛ̄ ⲧⲉⲕⲯⲩⲭⲏ ⲧⲏⲣⲥ̄·

13 ⲉ ⲧⲣⲉ ⲕϩⲁⲣⲉϩ ⲉ ⲛⲉⲛⲧⲟⲗⲏ ⲙ̄ ⲡϫⲟ
ⲉⲓⲥ ⲡⲉⲕⲛⲟⲩⲧⲉ ⲛⲙ̄ ⲛⲉϥⲇⲓⲕⲁⲓⲱ
ⲙⲁ ⲛⲁⲓ̈ ⲁⲛⲟⲕ ⲉ ϯ ϩⲱⲛ ⲙ̄ⲙⲟⲟⲩ ⲉ
ⲧⲟⲟⲧⲕ̄· ⲙ̄ⲡⲟⲟⲩ ϫⲉ ⲕⲁⲥ ⲉⲣⲉ ⲡ

14 [ⲡⲉⲧ] ⲛⲁⲛⲟⲩϥ' ϣⲱⲡⲉ ⲙ̄ⲙⲟⲕ· ⲉⲓⲥ
[ⲧⲡⲉ][2] ⲧⲁ ⲡϫⲟⲉⲓⲥ ⲡⲉⲕⲛⲟⲩⲧⲉ ⲧⲉ
[ⲁⲩⲱ] ⲧⲡⲉ ⲛ̄ ⲧⲡⲉ ⲁⲩⲱ ⲡⲕⲁϩ ⲙⲛ̄
[ⲛ̄ⲛ̄ⲕ]ⲁ ⲛⲓⲙ ⲉⲧ ϣⲟⲟⲡ' ⲛ̄ ϩⲏⲧⲟⲩ[3]·

15 [ⲡⲗⲏ]ⲛ ⲛⲉⲧⲛ̄ⲉⲓⲟⲧⲉ ⲁ ⲡϫⲟⲉⲓⲥ ⲥⲟⲧ
[ⲡⲟⲩ][4] ⲉ ⲙⲉⲣⲓⲧⲟⲩ ⲁⲩⲱ ⲁϥⲥⲱⲧⲡ̄ ⲙ̄
[ⲡⲉ]ⲩ ⲥⲡⲉⲣⲙⲁ ⲙⲛ̄ⲛ̄ⲥⲱⲟⲩ ⲉⲧⲉ ⲛ̄
ⲧⲱⲧⲛ̄ ⲡⲉ ⲡⲁⲣⲁ ⲛ̄ϩⲉⲑⲛⲟⲥ ⲧⲏⲣⲟⲩ

16 ⲛ̄ⲑⲉ ⲙ̄ⲡⲟⲟⲩ ⲛ̄ ϩⲟⲟⲩ· ⲛ̄ⲧⲉⲧⲛ̄ⲥⲃ̄

---

[1] = ⲉⲣⲟⲓ̈.
[2] Space for three letters only.
[3] ἡ γῆ καὶ πάντα ὅσα ἐστὶν ἐν αὐτῇ.
[4] πλὴν τοὺς πατέρας ὑμῶν.

DEUTERONOMY X. 16—XI. 1

ⲃⲉ ⲙ̄ ⲡⲉⲧⲛ̄ϩⲏⲧ' ⲉⲧⲛⲁϣⲧ ⲁⲩⲱ
ⲛ̄ⲧⲉⲧⲛ̄ ⲧⲙ̄ ⲕⲉⲧ ⲧⲛⲟⲩⲧⲛ̄ ⲉⲣ ⲛⲁϣⲧ

17 ⲛ[ⲙⲁⲕ]ϩ· ⲡϫⲟⲉⲓⲥ ⲅⲁⲣ ⲡⲉⲧⲛ̄ ⲛⲟⲩⲧⲉ
ⲡⲁⲓ̈ ⲡⲉ ⲡⲛⲟⲩⲧⲉ ⲛ̄ ⲛ̄ⲛⲟⲩⲧⲉ ⲁⲩⲱ
ⲡϫⲟⲉⲓⲥ ⲛ̄ ⲛ̄ϫⲓⲥⲟⲟⲩⲉ· ⲡⲛⲟϭ ⲛ̄
ⲛⲟⲩⲧⲉ ⲙⲁⲩⲁⲁϥ'¹ ⲉⲧ ⲧⲁϫⲣⲏⲟⲩ
ⲡⲣⲉϥϯ ϩⲟⲧⲉ· ⲡⲁⲓ̈ ⲉⲧ ⲉⲙ[ⲡ] ⲉϥϫⲓ ϩⲟ

18 ⲟⲩⲇⲉ ⲛ̄ϥ̄ⲛⲁϫⲓ ⲧⲁⲓ̈ⲟ ⲁⲛ· ⲉϥⲉⲓⲣⲉ
ⲙ̄ⲫⲁⲡ' ⲙ̄ ⲡⲣⲙ̄ ⲛ̄ ϭⲟⲉⲓⲗⲉ ⲛⲙ̄ ⲡⲟⲣⲫⲁ
ⲛⲟⲥ ⲛⲙ̄ ⲧⲉⲭⲏⲣⲁ· ⲁⲩⲱ ϥⲙⲉ ⲙ̄ ⲡⲉ
ⲡⲣⲟⲥⲏⲗⲩⲧⲟⲥ ⲉ ⲧⲣⲉ ϥϯⲟⲉⲓⲕ ⲛⲁϥ

Fol. 13 a
ⲛ̄ⲁ

19 ϩⲓ ϩⲃ̄ⲥⲱ· ⲁⲩⲱ ⲉⲧⲉⲧⲛ̄ ⲉ ⲙⲉⲣⲉ ⲡⲉ
ⲡⲣⲟⲥⲏⲗⲩⲧⲟⲥ ϫⲉ ⲛ̄ⲧⲱⲧⲛ̄ ⲅⲁⲣ
ϩⲱⲧ ⲧⲛⲟⲩⲧⲛ̄ ⲛⲉⲧⲉⲧⲛ̄ⲟ ⲛ̄ ⲡⲣⲟⲥ
ⲏⲗⲩⲧⲟⲥ ⲡⲉ ϩⲛ̄ ⲡⲕⲁϩ ⲛ̄ ⲕⲏⲙⲉ·

20 ⲡϫⲟⲉⲓⲥ ⲡⲉⲕⲛⲟⲩⲧⲉ ⲁⲣⲓ ϩⲟⲧⲉ ϩⲏ
ⲧϥ̄ ⲁⲩⲱ ⲛ̄ⲅ̄ ϣⲙ̄ϣⲉ ⲛⲁϥ ⲙ̄ ⲟⲩⲁⲁϥ
ⲛ̄ⲅ̄ ⲧⲟϭⲕ̄ ⲉ ⲣⲟϥ ⲁⲩⲱ ⲛ̄ⲅ̄ ⲱⲣⲕ̄ ⲙ̄

21 ⲡⲉϥⲣⲁⲛ· ⲛ̄ⲧⲟϥ ⲡⲉ ⲡⲉⲕϣⲟⲩ
ϣⲟⲩ ⲁⲩⲱ ⲛ̄ⲧⲟϥ ⲡⲉ ⲡⲉⲕ ⲛⲟⲩ
ⲧⲉ· ⲡⲉ ⲛⲧ ⲁϥⲣ̄ ⲛⲉⲓ̈ ⲛⲟϭ [ⲛ̄]ϣⲡⲏⲣⲉ
ϩⲓⲱⲱⲕ ⲛⲉ ⲛⲧⲁ ⲛⲉⲕⲃⲁⲗ ⲛⲁⲩ ⲉ

22 ⲣⲟⲟⲩ· ϫⲉ ⲛ̄ⲧⲁ ⲛⲉⲕⲉⲓⲟⲧⲉ ⲁⲩⲉⲓ
ⲉ ϩⲣⲁⲓ̈ ⲉ ⲕⲏⲙⲉ ϩⲛ̄ ϣϥⲉ ⲙ̄ ⲯⲩⲭⲏ
ⲧⲉⲛⲟⲩ ⲇⲉ ⲁ ⲡϫⲟⲉⲓⲥ ⲡⲉⲕⲛⲟⲩⲧⲉ
ⲁⲁⲩ ⲛ̄ⲑⲉ ⲛ̄ⲥⲓⲟⲩ ⲛ̄ ⲧⲡⲉ ϩⲛ̄ ⲧⲉⲩ

Chap.
XI. 1
ⲁϣⲏ· ⲁⲩⲱ ⲉⲕⲉⲙⲉⲣⲉ ⲡϫⲟⲉⲓⲥ ⲡⲉⲕ
ⲛⲟⲩⲧⲉ ⲛ̄ⲅ̄ ϩⲁⲣⲉϩ ⲉ ⲛⲉϥ ⲟⲩⲉϩⲥⲁϩ
ⲛⲉ ⲛⲉ ⲛⲧ ⲁϥϩⲱⲛ ⲙ̄ⲙⲟⲟⲩ ⲉ[ⲧⲟⲟⲧⲛ̄]²
ⲙⲛ̄ ⲛⲉϥⲇⲓⲕⲁⲓⲱⲙⲁ· ⲙⲛ̄ ⲛⲉϥⲉⲛ

---

¹ Great God Alone, ὁ Θεὸς ὁ μέγας.

² There is no equivalent in the Greek for ⲡⲉ ⲛⲧ ⲁϥϩⲱⲛ ⲙ̄ⲙⲟⲟⲩ ⲉⲧⲟⲟⲧⲛ̄.

ⲧⲟⲗⲏ[1] ⲙⲛ̄ ⲛⲉϥϩⲁⲡ ϩⲣⲁⲓ̈ ϩⲛ̄ ⲛⲉⲕ
2 ϩⲟⲟⲩ ⲧⲏⲣⲟⲩ· ⲁⲩⲱ ⲉⲧⲉⲧⲛ̄ ⲉ ⲉⲓⲙⲉ
ⲙ̄ⲡⲟⲟⲩ ϫⲉ ⲛ̄ⲧⲁ ⲡϫⲟⲉⲓⲥ ⲉⲓⲣⲉ
ⲁⲛ ⲛⲙ̄ ⲛⲉⲧⲛ̄ϣⲏⲣⲉ ⲛ̄ ⲛⲉⲓ̈ ϩⲃⲛⲟⲩⲉ[2]
ⲛⲁⲓ̈ ⲉⲧⲉ ⲛⲥⲉⲓ̈ⲙⲉ ⲁⲛ ⲟⲩⲧⲉ ⲙ̄[ⲡ ⲟⲩ]
ⲛⲁⲩ ⲉ ⲧⲉⲥⲃⲱ ⲙ̄ ⲡϫⲟⲉⲓⲥ ⲡⲉⲕⲛⲟⲩ
ⲧⲉ ⲁⲩⲱ ⲛⲉⲓ̈ ϩⲃⲛⲟⲩⲉ ⲛⲟϭ ⲙⲛ̄ ⲧⲉϥ
ϭⲓϫ ⲉⲧ ⲧⲁϫⲣⲏⲩⲧ ⲁⲩⲱ ⲡⲉϥϭⲃⲟⲉⲓ
3 ⲉⲧ ϫⲟⲥⲉ· ⲙⲛ̄ ⲛⲉϥⲙⲁⲉⲓⲛ ⲁⲩⲱ ⲛⲉϥ
ϣⲡⲏⲣⲉ ⲉⲛⲧ ⲁϥⲁⲁⲩ ϩⲛ̄ ⲧⲙⲏⲏⲧⲉ
ⲛ̄ ⲕⲏⲙⲉ ϩⲛ̄ ⲫⲁⲣⲁⲱ ⲡⲣ̄ⲣⲟ ⲛ̄ ⲕⲏⲙⲉ
4 ⲙⲛ̄ ⲡⲉϥⲕⲁϩ ⲧⲏⲣϥ̄· ⲁⲩⲱ ⲛ̄ ⲕⲉ ϩⲃⲛ
ⲟⲩⲉ ⲉⲛⲧ ⲁϥⲁⲁⲩ ϩⲛ̄ ⲧⲉϥϭⲟⲙ ⲛ̄ ⲣ̄
ⲣⲙ̄ ⲛ̄ ⲕⲏⲙⲉ ⲙⲛ̄ ⲛⲉⲩϩⲁⲣⲙⲁ ⲙⲛ̄
ⲛⲉⲩϩⲧⲱⲣ[3]· ⲛ̄ⲑⲉ ⲉⲛⲧⲁ ⲡⲙⲟⲟⲩ ⲛ̄
ⲧⲉⲣⲑⲣⲁ ⲑⲁⲗⲗⲁⲥⲥⲁ ϩⲱⲃⲥ̄ ⲉ ⲃⲟⲗ
ⲉ ϫⲱⲟⲩ ⲉⲩⲡⲏⲧ' ⲛ̄ⲥⲱⲛ ϩⲓ ⲡⲁϩⲟⲩ
ⲁⲩⲱ ⲡϫⲟⲉⲓⲥ ⲁϥⲙⲟⲟⲩⲧⲟⲩ ϣⲁ
5 ϩⲣⲁⲓ̈ ⲉ ⲡⲟⲟⲩ ⲛ̄ ϩⲟⲟⲩ· ⲁⲩⲱ ⲛ̄ ⲕⲉ
ϩⲃⲛⲟⲩⲉ ⲉⲛⲧ ⲁϥⲁⲁⲩ ⲛⲏⲧⲛ̄ ϩⲛ̄ ⲧⲉ
ⲣⲏⲙⲟⲥ ϣⲁⲛ ⲧⲉⲧⲛ̄ⲉⲓ̈ ⲉ ϩⲣⲁⲓ̈ ⲉ ⲡⲉⲓ̈
6 ⲙⲁ· ⲁⲩⲱ ⲛ̄ ⲕⲉ ϩⲃⲛⲟⲩⲉ ⲉⲛⲧ ⲁϥⲁ
ⲁⲩ ⲛ̄ ⲇⲁⲑⲁⲛ ⲙⲛ̄ ⲁⲃⲓⲣⲱⲛ[4] ⲛ̄ ϣⲏ
ⲣⲉ ⲛ̄ ⲉⲗⲓⲁⲃ' ⲡϣⲏⲣⲉ ⲛ̄ ϩⲣⲟⲩⲃⲏⲛ
ⲛ̄ⲑⲉ ⲉⲛⲧⲁ ⲡⲕⲁϩ ⲟⲩⲱⲛ ⲛ̄ ⲣⲱϥ ⲁϥ
ⲟⲙⲕⲟⲩ ⲙⲛ̄ ⲛⲉⲩⲙⲁ ⲛ̄ ϣⲱⲡⲉ ⲙⲛ̄
ⲛⲉⲩⲥⲕⲏⲛⲏ ⲙⲛ̄ ⲡⲉⲧ ⲛ̄ ⲧⲁⲩ ⲧⲏ
ⲣϥ̄ ϩⲛ̄ ⲧⲙⲏⲧⲉ ⲙ̄ ⲡⲓⲥⲣⲁⲏⲗ ⲧⲏ
7 ⲣϥ̄· ⲕⲉ ⲛⲉⲧⲛ̄ⲃⲁⲗ ⲛⲉⲩⲛⲁⲩ ⲉⲛ

---

[1] = καὶ τὰς ἐντολὰς αὐτοῦ (A F).

[2] Perhaps ϩⲃⲛⲟⲩⲉⲓ; the end of the word is illegible.

[3] The Coptic gives no rendering of καὶ τὴν δύναμιν αὐτῶν, which words are also omitted by A F.

[4] Ἀβειρών.

DEUTERONOMY XI. 7–12

ⲛⲟϭ ⲛ̄ ϩⲃⲏⲟⲩⲉ ⲧⲏⲣⲟⲩ ⲙ̄ ⲡϫⲟ
ⲉⲓⲥ ⲛⲉ ⲛⲧ ⲁϥⲁⲁⲩ ⲛⲏⲧⲛ̄ ⲙ̄ ⲡⲟⲟⲩ.

8 ⲁⲩⲱ ⲉⲧⲉⲧⲛ̄ ⲉ ϩⲁⲣⲉϩ ⲉ ⲛⲉϥⲉⲛⲧⲟ
ⲗⲏ ⲧⲏⲣⲟⲩ ⲛⲁⲓ ⲁⲛⲟⲛ ⲉ ϯϩⲱⲛ ⲙ̄
ⲙⲟⲟⲩ ⲉ ⲧⲉⲧⲛⲟⲩⲧⲛ̄ ⲙ̄ ⲡⲟⲟⲩ
ϫⲉ ⲕⲁⲥ ⲉⲧⲉⲧⲛ ⲉ ⲱⲛⲁϩ ⲛ̄ ⲧⲉⲧⲛ̄
ⲁϣⲁⲓ ⲉⲙⲁⲧⲉ ⲛ̄ⲧⲉⲧⲛ̄ ⲃⲱⲕ ⲉ ϩⲟⲩⲛ
ⲛ̄ⲧⲉⲧⲛ̄ ⲕⲗⲏⲣⲟⲛⲟⲙⲉⲓ ⲙ̄ ⲡⲕⲁϩ
[ⲡⲁ]ⲓ̈ ⲉⲧⲉⲧⲛ̄ⲛⲁϫⲓⲟⲟⲣ ⲙ̄ ⲡⲓⲟⲣⲇⲁ
ⲛⲏⲥ ⲉ ϩⲟⲩⲛ ⲉ ⲣⲟϥ ⲉ ⲕⲗⲏⲣⲟⲛⲟ

9 ⲙⲉⲓ ⲙ̄ⲙⲟϥ · ϫⲉ ⲕⲁⲥ ⲉⲧⲉⲧⲛ̄ ⲉ ⲉⲓⲣⲉ
ⲛ̄ ⲟⲩⲁϣⲏ ⲛ̄ ϩⲟⲟⲩ ϩⲓϫⲙ̄ ⲡⲕⲁϩ
ⲡⲁⲓ̈ ⲉⲛⲧⲁ ⲡϫⲟⲉⲓⲥ ⲱⲣⲕ̄ ⲛ̄ ⲛⲉⲧⲛ̄
ⲉⲓⲟⲧⲉ ⲉ ⲧⲃⲛⲏⲧⲩ̄ ⲉ ⲧⲁⲁϥ ⲛⲁⲩ ⲙⲛ̄
ⲡⲉⲩⲥⲡⲉⲣⲙⲁ ⲙ̄ⲡⲛ̄ⲥⲱⲟⲩ ⲟⲩⲕⲁϩ
ⲉϥϣⲟⲩⲉ ⲉⲣⲱⲧⲉ ⲉ ⲃⲟⲗ ϩⲓ ⲉⲃⲓⲱ ϫⲉ ·

Fol. 14 a
ⲛ̄ⲉ̄

10 ⲡⲕⲁϩ ⲅⲁⲣ ⲉⲧ ⲕ̄ⲛⲁⲃⲱⲕ ⲉ ϩⲟⲩⲛ
ⲉ ⲣⲟϥ ⲉ ⲕⲗⲏⲣⲟⲛⲟⲙⲉⲓ ⲙ̄ⲙⲟϥ ⲛ̄ⲑⲉ
ⲁⲛ ⲡⲉ ⲙ̄ ⲡⲕⲁϩ ⲛ̄ ⲕⲏⲙⲉ ⲡⲉ ⲛⲧ ⲁⲕ
ⲉⲓ ⲉ ⲃⲟⲗ ⲛ̄ ϩⲏⲧϥ̄ ⲛ̄ⲑⲉ ⲉϣⲁⲩϫⲉ ⲡϫⲟ
ⲉ ϩⲣⲁⲓ ⲁⲩⲱ ⲛ̄ⲥⲉⲧⲥⲟϥ ϩⲛ̄ ⲟⲩϩⲓⲥⲉ
ⲛ̄ⲑⲉ ⲛ̄ ⲟⲩϣⲛⲏ ⲛ̄ ⲟⲩⲟⲟⲧⲉ ⲛ̄ⲥⲁ[1].

11 ⲡⲕⲁϩ ⲇⲉ ⲛ̄ⲧⲟϥ ⲉⲧ ⲛ̄ⲛⲁⲃⲱⲕ ⲉ ϩⲟⲩⲛ
ⲉ ⲣⲟϥ ⲉ ⲕⲗⲏⲣⲟⲛⲟⲙⲉⲓ ⲙ̄ⲙⲟϥ ⲟⲩⲕⲁϩ
ⲉϥϩⲓ ⲡϫⲓⲥⲉ ⲡⲉ ϩⲓ ⲡⲥⲟⲛ · ⲉϥⲥⲉ ⲙⲟ

12 ⲟⲩ ⲉ ⲃⲟⲗ ϩⲛ̄ ⲡϩⲟⲩ ⲛ ⲡⲉ ⲟⲩⲕⲁϩ ⲉⲣⲉ
ⲡϫⲟⲉⲓⲥ ⲡⲉⲕⲛⲟⲩⲧⲉ ϭⲓⲛⲉ ⲙ̄ ⲡⲉϥ
ϣⲓⲛⲉ ⲛ̄ ⲟⲩⲟⲉⲓϣ ⲛⲓⲙ · ⲉⲣⲉ ⲛ̄ⲃⲁⲗ
ⲙ̄ ⲡϫⲟⲉⲓⲥ ⲡⲉⲕⲛⲟⲩⲧⲉ ϭⲱϣⲧ ⲉ
ϫⲱϥ ⲛ̄ ⲟⲩⲟⲉⲓϣ ⲛⲓⲙ · ⲉⲣⲉ ⲛ̄ⲃⲁⲗ ⲙ̄

---

[1] ὅταν σπείρωσιν τὸν σπόρον καὶ ποτίζωσιν τοῖς ποσὶν αὐτῶν ὡσεὶ κῆπον λαχανίας. The Coptic translator has missed the point here, and renders 'They throw in the seed, and water it with severe labour, as [men water] a fine vegetable garden'.

ⲡϫⲟⲉⲓⲥ ⲡⲉⲕⲛⲟⲩⲧⲉ ϭⲱϣⲧ ⲉ ϫⲱϥ
ϫⲓⲛ ⲛ̄ ϧⲏ ⲛ̄ ⲧⲉⲣⲟⲙⲡⲉ ϣⲁ ⲡϫⲱⲕ

13 ⲛ̄ ⲧⲉⲣⲟⲙⲡⲉ· ⲉϣⲱⲡⲉ ⲇⲉ ϩⲛ̄ ⲟⲩⲥⲱ
ⲧⲙ̄ ⲉⲧⲉⲧⲛ̄ϣⲁⲛⲥⲱⲧⲙ̄ ⲛ̄ⲥⲁ ⲡⲉϥ ⲉⲛ
ⲧⲟⲗⲏ ⲧⲏⲣⲟⲩ ⲛⲁⲓ̈ ⲁⲛⲟⲕ ⲉ ϯϩⲱⲛ
ⲙ̄ⲙⲟⲟⲩ ⲉ ⲧⲟⲟⲧⲛ̄ ⲙ̄ ⲡⲟⲟⲩ ⲉ ⲧⲣⲉ ⲕ
ⲙⲉⲣⲉ ⲡϫⲟⲉⲓⲥ ⲡⲉⲕⲛⲟⲩⲧⲉ ⲁⲩⲱ
ⲛⲧ̄ ϣⲙ̄ϣⲉ ⲛⲁϥ· ⲉ ⲃⲟⲗ ⲛ̄ ⲡⲉⲕϩⲏⲧ
ⲧⲏⲣϥ ⲁⲩⲱ ⲉ ⲃⲟⲗ ϩⲛ̄ ⲧⲉⲕⲯⲩⲭⲏ ⲧⲏⲣⲥ̄·

14 ϯⲛⲁϯ ⲙ̄ ⲡⲣⲟⲩ ⲛ̄ ⲡⲉ ⲙ̄ ⲡⲉⲕⲕⲁϩ
ⲙ̄ⲡⲉϥⲧⲉ ⲛ̄ⲥⲩⲁⲁϥ ⲛ̄ ϣⲟⲣⲡ̄ ⲁⲩⲱ ⲛ̄
ϩⲁⲉ¹· ⲁⲩⲱ ⲕⲛⲁⲱⲗ ⲙ̄ ⲡⲉⲕⲥⲟⲩⲟ ⲉ
ϩⲟⲩⲛ ⲙⲛ̄ ⲡⲉⲕⲏⲣⲡ̄ ⲙⲛ̄ ⲡⲉⲕⲛⲉϩ·

15 ⲁⲩⲱ ϯⲛⲁ ⲧⲣⲉ ϩⲣⲉ ϣⲱⲡⲉ ⲛ̄ ⲛⲉⲕ
ⲧⲃ̄ⲛⲟⲟⲩⲉ ϩⲛ̄ ⲡⲉⲕⲥⲱϣⲉ· ⲁⲩⲱ

16 ⲉⲕϣⲁⲛⲟⲩⲱⲙ ⲛ̄ⲧ̄ ⲥⲉⲓ ϯ ϩⲧⲏⲕ ⲉ
ⲣⲟⲕ ⲙ̄ⲡⲣ̄ ⲧⲣⲉ ⲡⲉⲕϩⲏⲧ ⲟⲩⲱϣⲥ̄
ⲉ ⲃⲟⲗ ⲛ̄ⲧⲉⲧⲛ̄ ⲡⲁⲣⲁⲃⲁ ⲛ̄ⲧⲉⲧⲛ̄ϣⲙ̄
ϣⲉ ⲛ̄ ϩⲉⲛ ⲕⲉ ⲛⲟⲩⲧⲉ ⲛ̄ⲧⲉⲧⲛ̄ⲟⲩⲱϣⲧ

17 ⲛⲁⲩ· ⲛ̄ⲧⲉ ⲡϫⲟⲉⲓⲥ ⲛⲟⲩϭⲥ̄ ϩⲛ̄ ⲟⲩϭⲱ
ⲛⲧ̄ ⲉϫⲛ̄ ⲧⲏⲟⲩⲧⲛ̄ ⲛ̄ϥ̄ϣⲧⲁⲙ ⲛ̄ ⲧⲡⲉ
ⲛ̄ⲧⲉ ⲧⲙ̄ ϩⲱⲟⲩ ϣⲱⲡⲉ ⲛⲏⲧⲛ̄ ⲁⲩⲱ
ⲡⲕⲁϩ ⲛϥ̄ ⲧⲙ̄ ϯ ⲙ̄ ⲡⲉϥⲕⲁⲣⲡⲟⲥ ⲛ̄
ⲧⲉⲧⲛ̄ⲧⲁⲕⲟ ⲛ̄ ⲧⲉⲩⲛⲟⲩ ⲉ ⲃⲟⲗ ϩⲓϫⲛ̄
ⲡⲕⲁϩ ⲉⲧ ⲛⲁⲛⲟⲩϥ ⲡⲁⲓ̈ ⲉⲛⲧⲁ ⲡϫⲟ

18 ⲉⲓⲥ ⲧⲁⲁϥ ⲛⲏⲧⲛ̄· ⲁⲩⲱ ⲉⲧⲉⲧⲛ̄ ⲉ
ⲕⲱ ⲛ̄ ⲛⲉⲓ̈ ϣⲁϫⲉ ϩⲛ̄ ⲡⲉⲧⲛ̄ϩⲏⲧ
ⲁⲩⲱ ϩⲛ̄ ⲧⲉⲧⲛ̄ⲯⲩⲭⲏ· ⲛ̄ⲧⲉⲧⲛ̄
ⲙⲟⲣⲟⲩ ⲙ̄ ⲙⲁⲉⲓⲛ ⲉϫⲛ̄ ⲛⲉⲧⲛ̄ϭⲓⲝ
ⲛ̄ⲥⲉϣⲱⲡⲉ ⲉⲩⲧⲁϫⲣⲏⲟⲩ ⲙ̄ⲡⲉ ⲙ̄

19 ⲧⲟ ⲉ ⲃⲟⲗ ⲛ̄ ⲛⲉⲧⲛ̄ⲃⲁⲗ· ⲛ̄ⲧⲉⲧⲛ̄ⲧⲥⲁ
ⲃⲉ ⲛⲉⲧⲛ̄ϣⲏⲣⲉ ⲉ ⲣⲟⲟⲩ ⲉⲧⲣⲉ ⲩϣⲁ

¹ καθ' ὥραν πρόιμον καὶ ὄψιμον.

ⲍⲉ ⲛ̄ ϩⲏⲧⲟⲩ · ⲉⲧⲣ̄ⲙⲟⲟⲥ ϩⲙ̄ ⲡⲉⲩ
ⲏⲉⲓ ⲁⲩⲱ ⲉⲩⲙⲟⲟϣⲉ ϩⲓ ⲧⲉ ϩⲓⲏ
ⲁⲩⲱ ϩⲛ̄ ⲛⲉⲧⲙⲁ ⲛ̄ ⲛ̄ⲕⲟⲧⲕ̄ ⲙⲛ̄

20 ⲛⲉⲧⲙⲁ ⲛ̄ ⲧⲱⲟⲩⲛ · ⲛ̄ⲧⲉⲧⲛ̄ⲥϩⲁⲓ̈
ⲥⲟⲩ ⲉ ⲛⲉⲧⲟⲩⲁ ⲛ ⲛⲉⲧⲛ̄ⲏⲉⲓ ⲙⲛ̄

21 ⲛ̄ⲣⲟⲩⲛ ⲛ̄ ⲛⲉⲧⲛ̄ ⲙⲁ ⲛ̄ ⲟⲩⲱϩ¹ · ⲍⲉ
ⲕⲁⲥ ⲉⲧⲉⲧⲛ ⲉ ⲣ̄ ϩⲁϩ ⲛ̄ ϩⲟⲟⲩ ⲁⲩⲱ
ⲛⲉϩⲟⲟⲩ ⲛ̄ ⲛⲉⲧⲛ̄ϣⲏⲣⲉ ⲛⲥⲉ ⲁ
ϣⲁⲓ̈ ϩⲓⲍⲛ̄ ⲡⲕⲁϩ ⲡⲁⲓ̈ ⲉⲛⲧⲁ ⲡⲍⲟ
ⲉⲓⲥ ⲱⲣⲕ̄ ⲉⲧⲃⲏⲏⲧϥ̄ ⲛ̄ ⲛⲉⲕⲉⲓⲟⲧⲉ
ⲉ ⲧⲁⲁϥ ⲛⲁⲕ ⲛ̄ⲑⲉ ⲛ̄ ⲛⲉϩⲟⲟⲩ ⲛ ⲧⲡⲉ

22 [ϩⲓⲍ]ⲛ̄ ⲡⲕⲁϩ · ⲉϣⲱⲡⲉ ⲍⲉ ⲉⲧⲉⲧⲛ̄
ϣⲁⲛⲥⲱⲧⲙ̄² ⲛ̄ⲥⲁ ⲛⲉⲛⲧⲟⲗⲏ ⲧⲏ
ⲣⲟⲩ ⲛⲁⲓ̈ ⲁⲛⲟⲕ ⲉ ϯϩⲱⲛ ⲙ̄ⲙⲟⲟⲩ
ⲛ̄ⲧⲉⲧⲛⲟⲩⲧⲛ̄ ⲙ̄ ⲡⲟⲟⲩ ⲉ ⲁⲁⲩ ⲉ ⲙⲉ
ⲣⲉ ⲡⲍⲟⲉⲓⲥ ⲡⲉⲕⲛⲟⲩⲧⲉ ⲉ ⲙⲟⲟϣⲉ
ϩⲛ̄ ⲛⲉϥⲉⲛⲧⲟⲗⲏ ⲧⲏⲣⲟⲩ ⲁⲩⲱ ⲉ ⲧⲣⲉ

23 ⲧⲛ̄ⲧⲉϭ ⲧⲏⲩⲧⲛ̄ ⲉ ⲣⲟϥ ⲁⲩⲱ ⲡⲍⲟⲉⲓⲥ
ⲛⲁⲛⲟⲩⲍⲉ ⲉ ⲃⲟⲗ ⲛ̄ ⲛⲉⲓ̈ ϩⲉⲑⲛⲟⲥ ⲧⲏ
ⲣⲟⲩ ϩⲓ ϩⲏ ⲙ̄ ⲙⲱⲧⲛ̄ ⲁⲩⲱ ⲧⲉⲧⲛ̄ⲁ
ⲕⲗⲏⲣⲟⲛⲟⲙⲓ ⲛ̄ ϩⲉⲛⲛⲟϭ ⲛ̄ ϩⲉⲑⲛⲟⲥ

24 ⲉⲩⲍⲟⲟⲣ ⲉ ⲣⲱⲧⲛ̄ ⲉⲙⲁⲧⲉ · ⲡⲙⲁ ⲧⲏ
ⲣϥ̄ ⲉⲧ ⲉⲣⲉ ⲧⲧⲁϭⲥⲉ ⲛ̄ ⲛⲉⲧⲛ̄ⲟⲩⲉⲣⲏ
ⲧⲉ ⲛⲁϣⲱⲡⲉ ⲛ̄ ϩⲏⲧϥ̄ · ⲉⲩⲛⲁϣⲱⲡⲉ
ⲛ̄ ϩⲏⲧⲛ̄ ⲛ̄ⲧⲉ ⲛⲉⲕⲧⲟϣ ϣⲱⲡⲉ³ ⲍⲓⲛ
ⲡⲍⲁⲓ̈ⲉ ⲙⲛ̄ ⲡⲁⲛⲧⲓⲗⲓⲃⲁⲛⲟⲥ ⲁⲩⲱ
ⲍⲓⲛ ⲡⲉⲓ̈ ⲉⲣⲟ ⲡⲛⲟϭ ⲛ̄ ⲉⲓⲉⲣⲟ ⲡⲉⲩ
ⲫⲣⲁⲧⲏⲥ ⲁⲩⲱ ϣⲁ ⲧⲉⲑⲁⲗⲁⲥⲥⲁ

25 ⲉⲧⲍⲓ ⲉ ϩⲣⲁⲓ̈ ⲉⲛⲙⲁ ⲛ̄ ϩⲱⲧⲡ̄⁴ · ⲛ̄ⲧⲉ
ⲧⲙ̄ ⲗⲁⲁⲩ ⲁϩⲉ ⲉⲣⲁⲧϥ̄ ⲉ ⲣⲟⲕ · ⲧⲉⲧⲛ̄

---

¹ καὶ τῶν πυλῶν ὑμῶν.   ² ἐὰν ἀκοῇ ἀκούσητε.
³ ⲉⲩⲛⲁϣⲱⲡⲉ ⲛ̄ ϩⲏⲧⲛ̄ ⲛ̄ⲧⲉ ⲛⲉⲕⲧⲟϣ ϣⲱⲡⲉ = ὑμῖν ἔσται.
⁴ An inadequate rendering of καὶ ἕως τῆς θαλάσσης τῆς ἐπὶ δυσμῶν ἔσται τὰ ὅριά σου.

ϩⲟⲧⲉ ⲙⲛ̄ ⲡⲉⲧⲛ̄ ⲥⲧⲱⲧ'[1] ⲉ ⲣⲉ ⲡⲭⲟ
ⲉⲓⲥ ⲡⲉⲧⲛ̄ⲛⲟⲩⲧⲉ ⲛ̄ⲧⲟⲩ ⲉϫⲛ̄ ⲡϩⲟ
ⲙ̄ ⲡⲕⲁϩ ⲧⲏⲣϥ̄ ⲡⲁⲓ̈ ⲉⲧⲉⲧⲛ̄ⲛⲁ
ⲃⲱⲕ ⲉϩⲟⲩⲛ ⲉⲣⲟϥ · ⲕⲁⲧⲁ ⲑⲉ ⲉⲛ
ⲧⲁ ⲡϫⲟⲉⲓⲥ ϣⲁϫⲉ ⲛⲉⲙⲙⲏⲧⲛ̄ ·

26 ⲉⲓⲥ ϩⲏⲏⲧⲉ ⲁⲛⲟⲕ ϯⲛⲁϯ ⲙ̄ ⲡⲟⲟⲩ
ⲙ̄ ⲡⲉⲧⲛ̄ ⲙ̄ⲧⲟ ⲉ ⲃⲟⲗ ⲛ̄ ϩⲉⲛⲥⲙⲟⲩ

27 ⲙⲛ̄ ϩⲉⲛⲥⲁϩⲟⲩ · ⲡⲉ ⲥⲙⲟⲩ ⲙⲉⲛ
ⲉⲧⲉⲧⲛ̄ϣⲁⲛⲥⲱⲧⲙ̄ ⲛ̄ⲥⲁ ⲛ̄ⲉⲛⲧⲟ
ⲗⲏ ⲙ̄ ⲡϫⲟⲉⲓⲥ ⲡⲉⲧⲛ̄ⲛⲟⲩⲧⲉ ⲛⲁⲓ̈
ⲁⲛⲟⲕ ⲉ ϯϩⲱⲛ ⲛ̄ⲙ̄ⲙⲟⲟⲩ ⲉⲧⲉ

28 ⲧⲏⲩⲧⲛ̄ ⲙ̄ ⲡⲟⲟⲩ · ⲛ̄ⲥⲁϩⲟⲩ ⲇⲉ
ϩⲱⲱϥ ⲉⲧⲉⲧⲛ̄ϣⲁⲛ ⲧⲙ̄ ⲥⲱⲧ[ⲙ̄]
ⲛ̄ⲥⲁ ⲛⲉⲛⲧⲟⲗⲏ ⲙ̄ ⲡϫⲟⲉⲓⲥ ⲡⲉⲧ[ⲛ̄]
ⲛⲟⲩⲧⲉ ⲛⲁⲓ̈ ⲁⲛⲟⲕ ⲉ ϯϩⲱⲛ ⲙ̄
ⲙⲟⲟⲩ ⲉⲧⲉⲧⲛⲟⲩⲧⲛ̄ · ⲁⲩⲱ ⲛ̄
ⲧⲉⲧⲛ̄ⲡⲗⲁⲛⲁ[2] ⲉ ⲃⲟⲗ ϩⲛ̄ ⲧⲉϩⲓⲏ
ⲧⲁⲓ ⲉⲛⲧ ⲁⲓ̈ϩⲱⲛ ⲙ̄ⲙⲟⲥ ⲉⲧⲉⲧⲛⲟⲩⲧⲛ̄
ⲉ ⲁⲧⲉⲧⲛ̄ⲃⲱⲕ ⲉ ϣⲙ̄ϣⲉ ⲉ ϩⲉⲛⲕⲉ
ⲛⲟⲩⲧⲉ ⲉⲛⲧⲉ ⲧⲛ̄ⲥⲟⲟⲩⲛ ⲙ̄ⲙⲟⲟⲩ ⲁⲛ ·

29 ⲉⲥϣⲁⲛϣⲱⲡⲉ ⲇⲉ ⲛ̄ⲧⲉ ⲡϫⲟⲉⲓⲥ ⲡⲉⲕ
ⲛⲟⲩⲧⲉ ϫⲓⲧⲕ ⲉ ϩⲟⲩⲛ ⲉ ⲡⲕⲁϩ ⲡⲁⲓ̈
ⲉⲧ ⲕ̄ⲛⲁϫⲓⲟⲟⲣ ⲉ ϩⲟⲩⲛ ⲉ ⲣⲟϥ ⲉ ⲕⲗⲏ
ⲣⲟⲛⲟⲙⲉⲓ ⲙ̄ⲙⲟϥ · ⲉⲕⲉϯ ⲙ̄ ⲡⲉⲥⲙⲟⲩ
ⲉϫⲛ̄ ⲡⲧⲟⲟⲩ ⲛ̄ ⲅⲁⲣⲓⲍⲉⲓⲛ ⲁⲩⲱ ⲡⲥⲁ

30 ϩⲟⲩ ⲉϫⲛ̄ ⲡⲧⲟⲟⲩ ⲛ̄ ⲅⲁⲓⲃⲁⲗ · ⲉⲓⲥ ϩⲏ
ⲏⲧⲉ ⲥⲉ ϩⲓ ⲡⲓⲕⲣⲟ ⲙ̄ ⲡⲓⲟⲣⲇⲁⲛⲏⲥ ϩⲓ
ⲡⲁϩⲟⲩ ⲛ̄ ⲧⲉϩⲓⲏ ⲉⲧ ϫⲓ ⲛ̄ ⲡⲙⲁ ⲛ̄ ϩⲱ
ⲧⲡ̄[3] ⲙ̄ ⲡⲣⲏ ϩⲛ̄ ⲡⲕⲁϩ ⲛ̄ⲭⲁⲛⲁⲁⲛ
ⲡⲉⲧ ϣⲟⲟⲡ ϩⲛ̄ ⲡⲥⲁ ⲙ̄ⲡⲉⲙⲛ̄ⲧ[4]

Fol. 15 b
ⲡⲋ

---

[1] The reading here agrees with the readings of A F τον
φοβον υμων και τον τρομον υμων.

[2] πλανηθῆτε.   [3] ὀπίσω ὁδὸν δυσμῶν ἡλίου.

[4] ἐπὶ δυσμῶν.

DEUTERONOMY XI. 30—XII. 3

ⲉⲧ ϩⲏⲛ ⲉ ϩⲟⲩⲛ ⲉ ⲅⲟⲗⲅⲟⲗ ϩⲁⲧⲛ̄

31 ⲡϣⲏⲛ¹ ⲉⲧ ϫⲟⲥⲉ · ⲛ̄ⲧⲱⲧⲛ̄ ⲅⲁⲣ ⲧⲉ
ⲧⲛ̄ⲛⲁϫⲓⲟⲟⲣ ⲙ̄ ⲡⲓⲟⲣⲇⲁⲛⲏⲥ ⲛ̄ⲧⲉ
ⲧⲛ̄ⲃⲱⲕ ⲉ ϩⲟⲩⲛ ⲉ ⲕⲗⲏⲣⲟⲛⲟⲙⲓ ⲙ̄
ⲡⲕⲁϩ ⲡⲁⲓ̈ ⲉⲧ ⲉⲣⲉ ⲡϫⲟⲉⲓⲥ ⲡⲉⲧⲛ̄
ⲛⲟⲩⲧⲉ ⲛⲁⲧⲁⲁϥ ⲛⲏⲧⲛ̄ ϩⲛ̄ ⲟⲩⲕⲗⲏ
ⲣⲟⲥ ⲛ̄ⲛⲉⲧⲛ̄ϩⲟⲟⲩ ⲧⲏⲣⲟⲩ ⲛ̄ⲧⲉⲧⲛ̄

32 ⲟⲩⲱϩ ϩⲓ ϫⲱϥ · ⲁⲩⲱ ⲛ̄ⲧⲉⲧⲛ̄ ϯ ϩⲧⲏⲧⲛ̄
ⲉ ⲉⲓⲣⲉ ⲛ̄ ⲛⲉⲓ̈ ⲟⲩⲉϩⲥⲁϩⲛⲉ ⲧⲏⲣⲟⲩ
ⲙⲛ̄ ⲛⲉⲓ̈ ϩⲁⲡ' ⲛⲁⲓ̈ ⲁⲛⲟⲕ ⲉ ϯϩⲱⲛ ⲙ̄
ⲙⲟⲟⲩ · ⲉⲧⲛ̄ⲧⲛⲟⲩⲧⲛ̄ ⲙ̄ ⲡⲟⲟⲩ ·

Chap. ⲛⲁⲓ̈ ⲇⲉ ⲛⲉ ⲛ̄ⲟⲩⲉϩⲥⲁϩⲛⲉ ⲙⲛ̄ ⲛ̄ϩⲁⲡ
XII. 1 ⲉⲧⲉⲧⲛ̄ⲛⲁϯ ϩⲧⲏⲧⲛ̄ ⲉ ⲣⲟⲟⲩ ⲉ ⲁⲁⲩ
ϩⲓϫⲙ̄ ⲡⲕⲁϩ² ⲡⲁⲓ̈ ⲉⲧ ⲉⲣⲉ ⲡϫⲟⲉⲓⲥ
ⲡⲛⲟⲩⲧⲉ ⲛ̄ ⲛⲉⲕⲉⲓⲟⲧⲉ ⲛⲁⲧⲁⲁϥ
[ⲛⲉ]ⲧⲛ̄ ϩⲛ̄ ⲟⲩⲕⲗⲏⲣⲟⲥ ⲛ̄ ⲛⲉϩⲟⲟⲩ
[ⲧ]ⲏⲣⲟⲩ ⲛⲁⲓ̈ ⲉⲧⲉⲧⲛ̄ⲁⲁⲩ ⲛ̄ⲧⲱⲧⲛ̄

2 ⲉⲧⲉⲧⲛ̄ⲟⲛⲁϩ'³ ϩⲓϫⲙ̄ ⲡⲕⲁϩ · ϩⲛ̄ ⲟⲩ
ⲧⲁⲕⲟ ⲉⲧⲉⲧⲛ̄ ⲉ ⲧⲁⲕⲟ ⲛ̄ ⲛⲉⲩⲙⲁ
[ⲧ]ⲏⲣⲟⲩ ⲛ̄ⲧⲁⲩϣⲙ̄ϣⲉ ⲛ̄ ϩⲏⲧⲟⲩ
ⲛ̄ ⲛⲉⲩⲛⲟⲩⲧⲉ ⲛ̄ϭⲓ ⲛ̄ ϩⲉⲑⲛⲟⲥ⁴
ⲛⲁⲓ̈ ⲛ̄ⲧⲱⲧⲛ̄ ⲉⲧⲉⲧⲛ̄ⲁⲕⲗⲏⲣⲟⲛⲟ
ⲙⲓ ⲙ̄ⲙⲟⲟⲩ · ⲉϣⲁⲩⲧⲁⲗⲉ ⲟⲩⲥⲓⲁ ⲉ
ϩⲣⲁⲓ̈ ⲉϫⲛ̄ ⲛ̄ⲧⲟⲩⲉⲓⲏ ⲉⲧ ϫⲟⲥⲉ ⲁⲩⲱ
ϩⲓϫⲛ̄ ⲛⲉⲕⲣⲱⲟⲩ ⲛ̄ ⲧⲉⲑⲁⲗⲁⲥⲥⲁ⁵ ·
ⲁⲩⲱ ϩⲁ ⲣⲟⲟⲩ ⲛ̄ ⲛ̄ϣⲏⲛ ⲉⲧⲟ ⲛ̄ ϩⲁⲓ̈

3 ⲃⲉⲥ⁶ · ⲛⲉⲩϣⲟⲩⲏⲟⲩⲉ ⲉⲧⲉⲧⲛ̄ ⲉ ϣⲣ̄ϣⲱ
ⲣⲟⲩ ⲁⲩⲱ ⲛⲉⲩⲥⲧⲏⲗⲏ ⲉⲧⲉⲧⲛ̄ ⲉ ⲟⲩ
ⲟϭⲡⲟⲩ · ⲛⲉⲩ ⲕⲉ ⲉⲓⲉϩ ϣⲏⲛ ⲉⲧⲉ

Fol. 16 a

---

¹ τῆς δρυὸς τῆς ὑψηλῆς.
² = επι της γης (F).   ³ For ⲟⲛϩ̄.
⁴ See the readings of A and F.
⁵ ἐπὶ τῶν θινῶν.
⁶ 'The trees which have shade', δένδρου δασέος.

F

ⲧⲛ̄ ⲉ ⲣⲟⲭⲟⲩ¹ ⲁⲩⲱ ⲛⲉⲕⲗⲩⲡⲧⲟⲛ² ⲛ̄
ⲛⲉⲧⲛⲟⲩⲧⲉ ⲉⲧⲉⲧⲛ̄ ⲉ ⲣⲟⲭⲟⲩ¹ ϩⲛ̄
ⲟⲩⲥⲁⲧⲉ ⲛ̄ ⲧⲉⲧⲛ̄ϥⲱⲧⲉ ⲉ ⲃⲟⲗ ⲛ̄

4 ⲛⲉⲩⲣⲁⲛ ϩⲛ̄ ⲙⲁ ⲉⲧ ⲙ̄ⲙⲁⲩ· ⲛ̄ⲛⲉ
ⲧⲛ̄ ⲉⲓⲣⲉ ϩⲓ ⲛⲁⲓ ⲙ̄ ⲡϫⲟⲉⲓⲥ ⲡⲉⲧⲛ̄

5 ⲛⲟⲩⲧⲉ· ⲁⲗⲗⲁ ϩⲛ̄ ⲡⲙⲁ ⲉⲧ ϥ̄ⲛⲁⲥⲟ
ⲧⲡϥ̄ ⲛ̄ϭⲓ ⲡϫⲟⲉⲓⲥ ⲡⲉⲧⲛ̄ⲛⲟⲩⲧⲉ
ϩⲛ̄ ⲟⲩⲉⲓ ⲛ̄ ⲛⲉⲧⲛ̄ⲫⲩⲗⲏ ⲉ ⲧⲣⲉ ⲩ
ⲧⲁⲩ ⲉ ⲡⲉϥⲣⲁⲛ ⲙ̄ ⲡⲙⲁ ⲉⲧ ⲙ̄ⲙⲁⲩ
ⲛ̄ⲥⲉ ⲉⲡⲉⲓⲕⲁⲗⲉⲓ ⲙ̄ⲙⲟⲩ ⲛ̄ⲧⲉⲧⲛ̄
† ⲟⲩⲟⲉⲓ ⲛ̄ⲧⲉⲧⲛ̄ⲃⲱⲕ ⲉ ϩⲟⲩⲛ

6 ⲉ ⲡⲙⲁ ⲉⲧ ⲙ̄ⲙⲁⲩ· ⲛ̄ⲧⲉⲧⲛ̄ϫⲓ ⲉ[ⲙ]
ⲙⲁⲩ³ ⲛ̄ ⲛⲉⲧⲛ̄ϭⲗⲓⲗ ⲙⲛ̄ ⲛⲉⲧⲛ̄
ⲑⲩⲥⲓⲁ ⲙⲛ̄ ⲛⲉⲧⲛ̄ⲁⲡⲁⲣⲭⲏ⁴ ⲙⲛ̄
ⲛⲉⲧⲛ̄ ⲣⲉ ⲙⲛ̄ⲧ ⲙⲛ̄ ⲛⲉⲧⲛ̄ⲟⲩⲱϣⲙ
ⲁⲩⲱ ⲛ̄ϣⲣⲡ̄ ⲙ̄ ⲙⲓⲥⲉ ⲛ̄ ⲛⲉⲧⲛ̄ⲉϩⲟ

7 ⲟⲩ ⲙⲛ̄ ⲛⲉⲧⲛ̄ⲉⲥⲟⲟⲩ· ⲛ̄ⲧⲉⲧⲛ̄ⲟⲩⲱⲙ
ϩⲛ̄ ⲡⲙⲁ ⲉⲧ ⲙ̄ⲙⲁⲩ ⲙ̄ⲡⲉ ⲙ̄ⲧⲟ [ⲉ]
ⲃⲟⲗ ⲙ̄ ⲡϫⲟⲉⲓⲥ ⲡⲉⲧⲛ̄ⲛⲟⲩⲧⲉ
ⲛ̄ⲧⲉⲧⲛ̄ⲉⲩⲫⲣⲁⲛⲉ ⲉϫⲛ̄ ⲛⲉϩⲃⲛⲟⲩⲉ
ⲧⲏⲣⲟⲩ ⲉⲧⲉⲧⲛ̄ϩⲓ ⲧⲟⲧ ⲧⲏⲩⲧⲛ̄
ⲉ ⲣⲟⲟⲩ ⲛ̄ ⲧⲱⲧⲛ̄ ⲙⲛ̄ ⲛⲉⲧ[ⲛ̄ϣⲏ]
ⲣⲉ⁵ ⲉ ⲃⲟⲗ ϫⲉ ⲁ ⲡϫⲟⲉⲓⲉ ⲡⲉⲕⲛⲟⲩⲧⲉ

Fol. 16 b
ⲛ̄ⲏ̄

8 ⲥⲙⲟⲩ ⲉ ⲣⲟⲕ· ⲛ̄ⲛⲉⲧⲛ̄ⲉⲓⲣⲉ ⲛ̄ϩⲱⲃ ⲛⲓⲙ·
ⲉⲧⲉⲧⲛ̄ⲉⲓⲣⲉ ⲙ̄ⲙⲟⲟⲩ ⲛ̄ⲧⲱⲧⲛ̄ ⲙ̄
ⲡⲉⲓ ⲙⲁ ⲙ̄ ⲡⲟⲟⲩ ⲡⲟⲩⲁ ⲡⲟⲩⲁ ⲙ̄ ⲡⲉ

9 ⲧ ⲣⲁⲛⲁϥ ⲙ̄ⲡⲉϥ ⲙ̄ⲧⲟ ⲉ ⲃⲟⲗ· ⲙ̄ⲡⲁⲧⲉ
ⲧⲛ̄ⲉⲓ ⲅⲁⲣ ϣⲁ ⲧⲉⲛⲟⲩ ⲉ ϩⲟⲩⲛ ⲉ ⲡⲉ
ⲧⲛ̄ⲙⲁ ⲛ̄ ⲙ̄ⲧⲟⲛ ⲁⲩⲱ ⲉ ϩⲟⲩⲛ ⲉ ⲧⲉ
ⲧⲛ̄ⲕⲗⲏⲣⲟⲛⲟⲙⲓⲁ ⲧⲁⲓ ⲉⲧ ⲉⲣⲉ ⲡϫⲟ

---

¹ = ⲣⲟⲕϩⲟⲩ.   ² τὰ γλυπτά.   ³ ἐκεῖ (A F).
⁴ Reading, with A, και τας ομολογιας υμων και τα θυσιασματα
υμων και τας απαρχας υμων και τα εκουσια υμων.
⁵ οἶκος ὑμῶν.

DEUTERONOMY XII. 9–14

ⲉⲓⲥ ⲡⲉⲧⲛ̄ⲛⲟⲩⲧⲉ ⲛⲁⲧⲁⲁⲥ ⲛⲏ

10 ⲧⲛ̄· ⲁⲩⲱ ⲛ̄ⲧⲉⲧⲛ̄ϫⲓⲟⲟⲣ ⲙ̄ ⲡⲓⲟⲣ
ⲇⲁⲛⲏⲥ ⲛ̄ⲧⲉⲧⲛ̄ⲟⲩⲱϩ ϩⲓϫⲛ̄ ⲡⲕⲁϩ
ⲡⲁⲓ̈ ⲉⲧ ⲉⲣⲉ ⲡϫⲟⲉⲓⲥ ⲡⲉⲧⲛ̄ⲛⲟⲩ
ⲧⲉ ⲛⲁⲧⲁⲁϥ ⲛⲏⲧⲛ̄ ⲛ̄ⲕⲗⲏⲣⲟⲛⲟⲙⲓⲁ·
ⲁⲩⲱ ⲛϥ̄ⲙⲉϩ ⲛ̄ⲧⲛⲟⲩⲧⲛ̄ ⲉ ⲃⲟⲗ ϩⲛ̄
ⲛⲉⲧⲛ̄ϫⲓϫⲉⲟⲩ ⲧⲏⲣⲟⲩ ⲉⲧ ϩⲛ̄ ⲡⲉ
ⲧⲛ̄ⲕⲱⲧⲉ ⲛ̄ⲧⲉⲧⲛ̄ⲟⲩⲱϩ ϩⲛ̄ ⲟⲩ

11 ⲱⲣϫ̄· ⲁⲩⲱ ⲛⲥ̄ϣⲱⲡⲉ ϩⲛ̄ ⲡⲙⲁ ⲉⲧ ⲉ
ⲣⲉ ⲡϫⲟⲉⲓⲥ ⲡⲉⲧⲛ̄ⲛⲟⲩⲧⲉ ⲛⲁⲥⲟ
ⲧⲡϥ̄ ⲉ ⲧⲣⲉ ⲩⲧⲁⲩ ⲉ ⲡⲉϥⲣⲁⲛ ⲛ̄ ϩⲏⲧϥ̄
ⲉⲧⲉⲧⲛ̄ ⲉ ϫⲓ ⲉ ⲡⲙⲁ ⲉⲧ ⲙ̄ⲙⲁⲩ ⲛ̄ ⲡⲕⲁ
ⲛ̄ ⲛⲓⲙ ⲉ ϯ ϩⲱⲛ ⲙ̄ⲙⲟⲟⲩ ⲉⲧⲛ̄ⲧⲛⲟⲩ
ⲧⲛ̄ ⲙ̄ ⲡⲟⲟⲩ ⲛⲉⲧⲛ̄ϭⲗⲓⲗ ⲙⲛ̄ ⲛⲉⲧⲛ̄
ⲟⲩϣⲁ ⲙⲛ̄ ⲛⲉⲧⲛ̄ ⲣⲉ ⲙⲛⲧ'[1] ⲁⲩⲱ
ⲛ̄ⲁⲡⲁⲣⲭⲏ ⲛ̄ ⲛⲉⲧⲛ̄ϭⲓϫ ⲁⲩⲱ ⲛ̄ⲕⲁ
ⲛⲓⲙ ⲉⲧ ⲥⲟⲧⲡ ⲛⲉⲧⲛ̄ⲇⲱⲣⲟⲛ ⲉⲧⲉ
ⲧⲛ̄ⲛⲁⲉⲣⲏⲧ ⲙ̄ⲙⲟⲟⲩ ⲧⲏⲣⲟⲩ ⲙ̄

12 ⲡⲉⲛⲛⲟⲩⲧⲉ· ⲉⲧⲉⲧⲛ̄ ⲉ ⲉⲩⲫⲣⲁⲛⲉ
[erasure   ] ⲙ̄ⲡⲉ ⲙ̄ⲧⲟ ⲉ ⲃⲟⲗ
ⲙ̄ ⲡϫⲟⲉⲓⲥ ⲡⲉⲧⲛ̄ⲛⲟⲩⲧⲉ ⲛ̄ⲧⲱ
ⲧⲛ̄ ⲙⲛ̄ ⲛⲉⲧⲛ̄ϣⲏⲣⲉ ⲙⲛ̄ ⲛⲉⲧⲛ̄
ϣⲉⲉ[ⲣ]ⲉ ⲁⲩⲱ ⲛⲉⲧⲛ̄ ϩⲙ̄ϩⲁⲗ ⲛ̄
ϩⲟⲟⲩⲧ' ⲙⲛ̄ ⲛⲉⲧⲛ̄ϩⲙ̄ ϩⲁⲗ ⲛ̄
ⲛ̄ⲥϩⲓⲙⲉ ⲁⲩⲱ ⲡⲗⲉⲩⲉⲓⲧⲏⲥ ⲉⲧ ϩⲓⲣⲛ̄
ⲛⲉⲧⲛ̄ⲡⲩⲗⲏ ϫⲉ ⲙⲛ̄ ⲙⲉⲣⲓⲥ ϣⲟⲟⲡ
ⲛⲁϥ ⲟⲩⲇⲉ ⲕⲗⲏⲣⲟⲥ ⲛⲙ̄ ⲙⲏⲧⲛ̄·

13 ϯ ϩⲧⲏⲕ ⲉ ⲣⲟⲕ' ⲉ ⲧⲙ̄ ⲧⲣⲉ ⲕⲧⲁⲗⲟ ⲉ ϩ
ⲣⲁⲓ̈ ⲛ̄ ⲛⲉⲕϭⲓϫ (sic)[2] ϩⲛ̄ ⲙⲁ ⲛⲓⲙ ⲉⲧ ⲛ̄ⲛⲁ

14 ⲛⲁⲩ ⲉ ⲣⲟϥ· ⲁⲗⲗⲁ ϩⲙ̄ ⲡⲙⲁ ⲉⲧ ⲉⲣⲉ

---

[1] τὰ ἐπιδέκατα.

[2] 'Take heed that thou liftest not up thy hands.' ⲛ̄ ⲛⲉⲕϭⲓϫ is a mistake for ⲛ̄ ⲛⲉⲕ ϭⲗⲓⲗ = τὰ ὁλοκαυτώματα. Ciasca's text has ⲛ̄ⲛⲉⲕϭⲗⲓϭ, which he corrects in a note.

DEUTERONOMY XII. 14–18

ⲡϫⲟⲉⲓⲥ ⲡⲉⲕⲛⲟⲩⲧⲉ ⲛⲁⲥⲟⲧⲡϥ
ϧⲙ̄ ⲟⲩⲉⲓ ⲛ̄ ⲛⲉⲕⲡⲟⲗⲓⲥ ⲉⲕⲛⲁⲧⲁⲗⲟ
ⲉ ϩⲣⲁⲓ̈ ϧⲛ̄ ⲡⲙⲁ ⲉⲧ ⲙ̄ⲙⲁⲩ ⲛ̄ⲛⲉⲕ
ϭⲗⲓⲗ ⲁⲩⲱ ⲉⲕⲛⲁⲉⲓⲣⲉ ⲙ̄ ⲡⲙⲁ ⲉⲧ ⲙ̄
ⲙⲁⲩ ⲛ̄ ϩⲱⲃ ⲛⲓⲙ ⲉ ϯⲛⲁϩⲱⲛ ⲙ̄
15 ⲙⲟⲟⲩ ⲉ ⲧⲟⲟⲧⲕ̄ ⲙ̄ ⲡⲟⲟⲩ · ⲁⲗⲗⲁ ϧⲛ̄
ⲡⲉⲕⲟⲩⲱϣ ⲧⲏⲣϥ̄ ⲉⲕⲉϣⲱⲱⲧ ⲛ̄ⲧ̄
ⲟⲩⲉⲙ ⲁϥ ̓ ⲕⲁⲧⲁ ⲡⲉⲧ ⲉϩⲛⲉ ⲧⲉⲕⲯⲩⲭⲏ¹
ⲕⲁⲧⲁ ⲡⲉⲥⲙⲟⲩ ⲙ̄ ⲡϫⲟⲉⲓⲥ ⲡⲉⲕ
ⲛⲟⲩⲧⲉ ⲡⲁⲓ̈ ⲉⲛⲧ ⲁϥⲧⲁⲁϥ ⲛⲁⲕ
ϧⲛ̄ ⲛⲉⲕⲡⲟⲗⲓⲥ ⲧⲏⲣⲟⲩ · ⲡⲉⲧ ϫⲁ
ϧⲙ̄ ⲉⲧ ⲛⲉⲙⲁⲕ ⲁⲩⲱ ⲡⲉⲧⲧⲃ̄ⲃⲏⲟⲩ
ⲉⲟⲩⲱⲙ̓ ϩⲓ ⲛⲉⲧⲉⲣⲛⲟⲩ ⲛ̄ⲑⲉ ⲛ̄
ⲟⲩϩⲣⲟⲥ̓ ⲉⲩⲟⲩⲱⲙ̓ ⲙ̄ⲙⲟⲥ ⲏ̈ ⲟⲩ
16 ⲉⲓⲟⲩⲗ² · ⲡⲗⲏⲛ ⲡⲉⲥⲛⲟϥ ⲛ̄ⲛⲉ ⲧⲛ̄
ⲟⲩⲱⲙϥ̄ · ⲁⲗⲗⲁ ⲉⲧⲉⲧⲛ̄ ⲉ ⲡⲟⲛϥ̄ ⲉ
ⲃⲟⲗ ⲉϫⲛ̄ ⲡⲕⲁϩ ⲛ̄ⲑⲉ ⲛ̄ⲟⲩⲙⲟⲟⲩ ·
17 ⲛ̄ⲛⲉ ⲕⲉϣⲟⲩⲱⲙ̓ ϧⲛ̄ ⲛⲉⲕⲡⲟⲗⲓⲥ
ⲧⲏⲣⲟⲩ ⲛ̄ ⲡⲣⲉ ⲙⲛⲧ ̓ ⲙ̄ ⲡⲉⲕⲥⲟⲩⲟ
ⲙⲛ̄ ⲡⲉⲕⲏⲣⲡ ⲙⲛ̄ ⲡⲉⲕⲛⲉϩ ̓ [ⲙⲛ̄] ⲛ̄ϣ[ⲣⲡ]
ⲙ̄ ⲙⲓⲥⲉ ⲛ̄ ⲛⲉⲕⲉϩⲟⲟⲩ ⲙⲛ̄ ⲛⲉⲕ[ⲉⲥⲟ]
ⲟⲩ³ ⲁⲩⲱ ⲛⲉⲣⲏⲧ ⲧⲏⲣⲟⲩ ⲉⲧⲉⲧⲛ̄
ⲛⲁⲉⲣⲏⲧ ⲙ̄ⲙⲟⲟⲩ ⲙⲛ̄ ⲛⲉⲧⲛ̄
ϩⲟⲙⲟⲗⲟⲅⲓⲁ ⲁⲩⲱ ⲛⲁⲡⲁⲣⲭ[ⲏ ⲛ̄]
18 ⲛⲉⲧⲛ̄ϭⲓϫ · ⲁⲗⲗⲁ ⲉⲕⲛⲁⲟⲩⲟⲙⲟⲩ
ⲙ̄ⲡⲉ ⲙ̄ⲧⲟ ⲉ ⲃⲟⲗ ⲙ̄ ⲡϫⲟⲉⲓⲥ ⲡⲉⲕ
ⲛⲟⲩⲧⲉ ϧⲛ̄ ⲡⲙⲁ ⲉⲧ ϥ̄ⲛⲁⲥⲟⲧⲡϥ̄

Fol. 17 b
[ⲍ̄]

---

¹ For ⲕⲁⲧⲁ ⲡⲉⲧ ⲉϩⲛⲉ ⲧⲉⲕⲯⲩⲭⲏ there is no equivalent in the Greek texts.

² ὡς δορκάδα ἢ ἔλαφον. The ⲉⲓⲟⲩⲗ was a horned animal. This name was applied to several horned animals, e.g. ram, stag, and oryx, and is found in most Semitic dialects, e.g. *a-a-lu* in Assyrian, ዋሬ: in Ethiopic, &c.

³ As in A F καὶ τῶν προβάτων.

ⲛⲁϥ ⲛϭⲓ ⲡϫⲟⲉⲓⲥ ⲡⲉⲕⲛⲟⲩⲧⲉ ⲛⲧⲟⲕ
ⲙⲛ ⲡⲉⲕϣⲏⲣⲉ ⲁⲩⲱ ⲧⲉⲕϣⲉⲉⲣⲉ
ⲡⲉⲕϩⲙϩⲁⲗ ⲙⲛ ⲧⲉⲕϩⲙϩⲁⲗ·
ⲁⲩⲱ ⲡⲣⲟⲥⲏⲗⲩⲧⲟⲥ ⲉⲧ ϩⲛ ⲡⲉⲕ
ⲡⲟⲗⲓⲥ· ⲛⲅ ⲉⲩⲫⲣⲁⲛⲉ ⲙⲡⲉ ⲙⲧⲟ
ⲉⲃⲟⲗ ⲙ ⲡϫⲟⲉⲓⲥ ⲡⲉⲕⲛⲟⲩⲧⲉ ⲛ
ⲧⲟⲕ ⲙⲛ ⲡⲉⲕϣⲏⲣⲉ ⲁⲩⲱ ⲧⲉⲕϣⲉ
ⲉⲣⲉ[1] ⲉϫⲛ ϩⲱⲃ ⲛⲓⲙ ⲉⲧ ⲛⲕⲁϩⲓ ⲧⲟ

19 ⲟⲧⲛ ⲉ ⲣⲟⲟⲩ· † ϩⲧⲏⲕ ⲉ ⲣⲟⲕ' ⲉ ⲧⲙ
ⲕⲱ ⲛⲥⲱⲕ ⲙ ⲡⲗⲉⲩⲉⲓⲧⲏⲥ ⲙ ⲡⲉⲟⲩⲟ
ⲉⲓϣ ⲧⲏⲣϥ ⲉⲧ ⲕⲛⲁⲁϥ ⲉⲕⲟⲛⲁϩ ϩⲓϫⲙ

20 ⲡⲕⲁϩ· ⲉⲣⲉ ϣⲁⲛ ⲡϫⲟⲉⲓⲥ ⲇⲉ ⲡⲉⲕ
ⲛⲟⲩⲧⲉ ⲟⲩⲱϣⲥ ⲉⲃⲟⲗ ⲛ ⲛⲉⲕⲧⲟϣ
ⲕⲁⲧⲁ ⲑⲉ ⲉⲛⲧ ⲁϥϣⲁϫⲉ ⲛⲉⲙⲁⲕ' ⲁⲩⲱ
ⲛⲅ ϫⲟⲟⲥ ϫⲉ ⲉⲓ ⲛⲁⲟⲩⲉⲙ ⲁϥ' ⲉⲣⲉ
ϣⲁⲛ ⲧⲉⲕⲯⲩⲭⲏ ⲉⲡⲉⲓⲑⲩⲙⲉⲓ ⲉ ⲁϥ'
ⲣ ⲛⲧⲉⲡⲓⲑⲩⲙⲓⲁ ⲧⲏⲣⲥ[2] ⲛ ⲧⲉⲕ

21 ⲯⲩⲭⲏ ⲉⲕⲉⲟⲩⲉⲙ ⲁϥ· ⲉϣⲱⲡⲉ ⲇⲉ
ⲉⲣⲉ ⲡⲙⲁ ⲟⲩⲏⲟⲩ ⲙⲙⲟⲕ' ⲉⲛⲧⲁ
ⲡϫⲟⲉⲓⲥ ⲡⲉⲕⲛⲟⲩⲧⲉ ⲥⲟⲧⲡϥ ⲉ ⲧ
ⲣⲉ ⲩⲧⲁⲩ ⲉ ⲡⲉϥⲣⲁⲛ ϩⲛ ⲡⲙⲁ ⲉⲧ ⲙ
ⲙⲁⲩ· ⲉⲕⲉϣⲱⲱⲧ' ⲉⲃⲟⲗ ϩⲛ ⲛⲉⲕⲉϩⲟ
ⲟⲩ ⲁⲩⲱ ⲉⲃⲟⲗ ϩⲛ ⲛⲉⲕⲉⲥⲟⲟⲩⲉ ⲛ
ⲧⲉⲣⲉ ⲡϫⲟⲉⲓⲥ ⲡⲉⲕⲛⲟⲩⲧⲉ ⲛⲧⲁⲁⲩ
[ⲛⲁ]ⲕ ⲙ ⲡⲉⲥⲙⲟⲧ' ⲉⲛⲧ ⲁⲓϩⲱⲛ ⲉⲧⲟ
ⲟⲧⲛ ⲁⲩⲱ ⲉⲕⲉⲟⲩⲱⲙ ϩⲛ ⲛⲉⲕⲡⲟ
ⲗⲓⲥ ⲕⲁⲧⲁ ⲧⲉⲡⲉⲓⲑⲩⲙⲓⲁ ⲛ ⲧⲉⲕ

22 ⲯⲩⲭⲏ· ⲛⲑⲉ ⲛ ⲟⲩϩⲣⲟⲥ ⲉϣⲁⲩⲟⲩⲟ
[ⲙⲟ]ⲩ ⲁⲩⲱ ⲟⲩⲉⲓⲟⲩⲗ' ⲧⲁⲓ ⲧⲉ ⲑⲉ ⲉⲧ

---

[1] The Greek has no equivalent for ⲙⲛ ⲡⲉⲕϣⲏⲣⲉ ⲁⲩⲱ ⲧⲉⲕϣⲉⲉⲣⲉ.

[2] A defective rendering of ἐὰν ἐπιθυμήσῃ ἡ ψυχή σου ὥστε φαγεῖν κρέα, ἐν πάσῃ ἐπιθυμίᾳ. ⲧⲏⲣⲥ is written ⲧ ⲏⲣⲥ.

DEUTERONOMY XII. 22-28

Fol. 18 a
[ⲗⲁ]

ⲛ̄ⲛⲁⲥⲧⲟⲙⲟⲩ ⲡⲉⲧ ϫⲁⲣⲙ̄ ⲛⲉⲙⲁⲕ [1]
ⲁⲩⲱ ⲡⲉⲧ ⲧⲃ̄ⲃⲏⲧ ⲉⲧⲉⲟⲩⲱⲙ' ϩⲓ ⲛⲁⲓ̈·

23 † ϩⲧⲏⲕ ⲉ ⲣⲟⲕ' ⲉⲙⲁⲧⲉ [2] ⲉ ⲧⲙ̄ ⲟⲩⲉⲙ ⲥⲛⲟϥ
ⲉ ⲃⲟⲗ ϫⲉ ⲡⲉⲥⲛⲟϥ ⲧⲉϥⲯⲩⲭⲏ ⲧⲉ · ⲛ̄
ⲛⲉ ⲧⲛ̄ⲟⲩⲱⲙ ϭⲉ ⲛ̄ ⲧⲉϥⲯⲩⲭⲏ ⲛⲙ̄ ⲛ ⲁϥ'

24 ⲛ̄ⲛⲉ ⲧⲛ̄ⲟⲩⲟⲙϥ̄ ⲉⲧⲉⲧⲛ̄ ⲉ ⲛⲁϩⲧϥ̄ ⲉϫⲙ̄

25 ⲡⲕⲁϩ ⲛ̄ⲑⲉ ⲛ̄ ⲟⲩⲙⲟⲟⲩ · ⲛ̄ⲛⲉ ⲕⲟⲩⲱⲙ
ⲙ̄ⲙⲟϥ ϫⲉ ⲕⲁⲥ ⲉⲣⲉ ⲡⲉⲧ ⲛⲁⲛⲟⲩϥ ϣⲱ
ⲡⲉ ⲙ̄ⲙⲟⲕ ⲙⲛ̄ ⲛⲉⲕϣⲏⲣⲉ ⲙⲛ̄ ⲛ̄ⲥⲱⲕ ·
ⲉⲕϣⲁⲛⲉⲓⲣⲉ ⲙ̄ ⲡ ⲡⲉⲧ ⲛⲁⲛⲟⲩϥ · ⲁⲩⲱ
ⲡⲉⲧ ⲣ̄ ⲁⲛⲁϥ ⲙ̄ ⲡϫⲟⲉⲓⲥ ⲡⲉⲕⲛⲟⲩⲧⲉ·

26 ⲡⲗⲏⲛ ⲛⲉⲕⲉⲣⲏⲧ' [3] ⲉⲧ ⲛⲁϣⲱⲡⲉ ⲛⲁⲕ'
ⲁⲩⲱ ⲛⲉⲧⲟⲩⲁⲁⲃ · ⲛ̄ⲧⲁⲕ' ⲉⲕⲉϫⲓⲧⲟⲩ
ⲛ̄ⲅ̄ ⲉⲓ ⲉ ϩⲣⲁⲓ̈ ⲉ ⲡⲙⲁ ⲉⲧ ϥ̄ⲛⲁⲥⲟⲧⲡϥ̄
ⲛⲁϥ ⲛ̄ϭⲓ ⲡϫⲟⲉⲓⲥ ⲡⲉⲕⲛⲟⲩⲧⲉ ⲉ ⲧ
ⲣⲉ ⲧⲉⲡⲓⲕⲁⲗⲓ ⲙ̄ ⲡⲉϥⲣⲁⲛ ϩⲙ̄ ⲡⲙⲁ

27 ⲉⲧ ⲙ̄ⲙⲁⲩ · ⲁⲩⲱ ⲉⲕⲉⲥ̄ⲃⲧⲉ ⲛⲉⲕϭⲗⲓⲗ
ⲛⲁϥ ⲛ̄ⲅ̄ ⲧⲁⲗⲟⲟⲩ ⲉ ϩⲣⲁⲓ̈ ⲉϫⲛ̄ ⲡⲉⲑⲩ
ⲥⲓⲁⲥⲧⲏⲣⲓⲟⲛ ⲙ̄ ⲡϫⲟⲉⲓⲥ ⲡⲉⲕⲛⲟⲩⲧⲉ

28 ⲛⲁϥ' ϫⲉ ⲉⲕⲉⲟⲩⲟⲙⲟⲩ [4] · ϩⲁⲣⲉϩ ⲁⲩⲱ
ⲛ̄ⲅ̄ ⲥⲱⲧⲙ̄ ⲛ̄ⲅ̄ ⲉⲓⲣⲉ ⲛ̄ ⲛ̄ϣⲁϫⲉ ⲧⲏⲣⲟⲩ
ⲛⲁⲓ̈ ⲁⲛⲟⲕ ⲉ †ϩⲱⲛ ⲙ̄ⲙⲟⲟⲩ ⲉ ⲧⲟⲟⲧⲛ̄
ⲙ̄ⲡⲟⲟⲩ ϫⲉ ⲕⲁⲥ ⲉⲣⲉ ⲡⲉⲧ ⲛⲁⲛⲟⲩϥ ϣⲱ
ⲡⲉ ⲙ̄ⲙⲟⲕ ⲙⲛ̄ ⲛⲉⲕϣⲏⲣⲉ ⲛ̄ ϣⲁ ⲉ
ⲛⲉϩ · ⲉⲕϣⲁⲛⲉⲓⲣⲉ ⲙ̄ ⲡ ⲡⲉⲧ ⲛⲁⲛⲟⲩϥ
ⲁⲩⲱ ⲡⲉⲧ ⲣ̄ ⲁⲛⲁϥ ⲙ̄ⲡⲉ ⲙⲧⲟ ⲉ ⲃⲟⲗ ⲙ̄

---

[1] Reading doubtful after ⲡⲉ. Ciasca's text gives ⲛⲙ̄ⲙⲁⲕ = ἐν σοί.

[2] = ἰσχυρῶς.

[3] ⲡⲉⲕⲉⲣⲏⲧ' and ⲡⲉⲧⲟⲩⲁⲁⲃ are out of order: the former = τὰς εὐχάς and the latter τὰ ἅγια.

[4] The Coptic agrees in part with A F, but has no equivalent for το δε αιμα των θυσιων σου προσχεεις προς την βασιν του θυσιαστηριου κ̄υ του θ̄υ σου.

29 ⲡϫⲟⲉⲓⲥ ⲡⲉⲕⲛⲟⲩⲧⲉ· ⲉⲣⲉ ϣⲁⲛ ⲡϫⲟ
ⲉⲓⲥ ⲡⲉⲕⲛⲟⲩⲧⲉ ϥⲱⲧⲉ ⲉ ⲃⲟⲗ ⲛ̄
ⲛ̄ϩⲉⲑⲛⲟⲥ ⲧⲏⲣⲟⲩ ⲛⲁⲓ̈ ⲛ̄ⲧⲟⲕ ⲉⲧ ⲛ̄
ⲛⲁⲃⲱⲕ ⲉ ϩⲟⲩⲛ ⲉ ⲣⲟⲟⲩ ⲉ ⲕⲗⲏ[ⲣⲟ]
ⲛⲟⲙⲓ ⲙ̄ ⲡⲉⲧⲛⲁϩ· ⲁⲩⲱ ⲛ̄ⲧ̄ ⲕⲗⲏⲣ[ⲟ]
ⲛⲟⲙⲓ ⲙ̄ⲙⲟⲟⲩ ⲛ̄ⲧ̄ ⲟⲩⲱϩ[1] ϩⲛ̄ ⲡⲉⲧⲛⲁϩ·

30 ϯ ϩⲧⲏⲕ ⲉ ⲣⲟⲕ' ⲉ ⲧⲙ̄ ⲧⲣⲉ ⲕⲛⲱⲧⲉ ⲛ̄
ⲥⲁ ⲑⲉ ⲛ̄ⲟⲩⲁϩⲛ̄ ⲛ̄ⲥⲱⲟⲩ ⲙⲛ̄[ⲛⲥⲁ].
ϥⲟⲧⲟⲩ ⲉ ⲃⲟⲗ ϩⲓ ϩⲏ ⲙ̄ⲙⲟⲕ ⲙ̄ⲡⲣ̄ ⲕⲱⲧⲉ   Fol. 18 b
ⲛ̄ⲥⲁ ⲛⲉⲩⲛⲟⲩⲧⲉ ⲉⲕϫⲱ ⲙ̄ⲙⲟⲥ· ϫⲉ   [ⲍⲃ]
ⲉⲣⲉ ⲛⲉⲓ̈ ϩⲉⲑⲛⲟⲥ ⲉⲓⲣⲉ ⲛ̄ ⲁϣ ⲛ̄ ⲥⲙⲟⲧ

31 ⲛ̄ ⲛⲉⲩⲛⲟⲩⲧⲉ ⲉ ⲧⲣⲁⲉⲓⲣⲉ ϩⲱ· ⲛ̄ⲛⲉ ⲕ
ⲉⲓⲣⲉ ϭⲉ ϩⲓ ⲛⲁⲓ̈ ⲙ̄ ⲡϫⲟⲉⲓⲥ ⲡⲉⲕⲛⲟⲩⲧⲉ
ⲛ̄ ⲃⲟⲧⲉ ⲅⲁⲣ ⲉⲛⲧⲁ ⲡϫⲟⲉⲓⲥ ⲙⲉⲥⲧⲱⲟⲩ
ⲛ̄ⲧ ⲁⲧⲁⲁⲩ ⲛ̄ ⲛⲉⲩⲛⲟⲩⲧⲉ· ϫⲉ ⲛⲉⲩ
ⲕⲉ ϣⲏⲣⲉ ⲙⲛ̄ ⲛⲉⲩ ⲕⲉ ϣⲉⲉⲣⲉ ⲥⲉⲣⲱ
ⲕϩ̄ ⲙ̄ⲙⲟⲟⲩ ϩⲛ̄ ⲡⲕⲱϩⲧ ⲛ̄ⲛⲁϩ ⲛⲉⲩ

32 ⲛⲟⲩⲧⲉ· ϣⲁϫⲉ ⲛⲓⲙ ⲉ ϯϩⲱⲛ ⲙ̄ⲙⲟ
ⲟⲩ ⲉ ⲧⲟⲟⲧⲛ̄ ⲙ̄ ⲡⲟⲟⲩ ⲡⲁⲓ̈ ⲡⲉ ⲉⲧⲛ̄
ⲛⲁϩⲁⲣⲉϩ ⲉ ⲣⲟϥ ⲉ ⲁⲁϥ ⲛ̄ⲛⲉ ⲕⲟⲩⲱϩ
ⲉ ϩⲣⲁⲓ̈ ⲉ ϫⲱϥ ⲟⲩⲇⲉ ⲛ̄ⲛⲉ ⲕϥⲓ ⲛ̄ ϩⲏⲧϥ̄·

Chap.   ⲉⲣⲉ ϣⲁⲛ ⲟⲩⲡⲣⲟⲫⲏⲧⲏⲥ ⲇⲉ ⲧⲱ
XIII. 1 ⲟⲩⲛ ⲛ̄ ϩⲏⲧⲛ̄ ⲏ̄ ⲟⲩⲣⲉϥ ⲡⲉⲣⲉ ⲣⲁⲥⲟⲩ[2]
ⲛϥ̄ϯ ⲛⲁⲕ ⲛ̄ ⲟⲩⲙⲁⲉⲓⲛ ⲏ̄ ⲟⲩϣⲡⲏⲣⲉ·

2 ⲁⲩⲱ ⲛ̄ⲧⲉ ⲡⲙⲁⲉⲓⲛ ⲉⲓ̂ ⲁⲩⲱ ⲧⲉϣⲡⲏ
ⲣⲉ ⲉⲛⲧ ⲁϥϫⲟⲟⲥ ⲉ ⲣⲟⲕ ⲉϥϫⲱ ⲙ̄ⲙⲟⲥ
ϫⲉ ⲙⲁⲣⲟⲛ ⲛ̄ⲧⲉⲧⲛ̄ϣⲙ̄ϣⲉ ⲛ̄ ϩⲉⲛ ⲕⲉ
ⲛⲟⲩⲧⲉ ⲛⲁⲓ̈ ⲉⲛⲧⲉⲧⲛ̄ⲥⲟⲟⲩⲛ ⲙ̄ⲙⲟ

3 ⲟⲩ ⲁⲛ· ⲛ̄ ⲛⲉⲧⲛ̄ⲥⲱⲧⲙ̄ ⲛ̄ⲥⲁ ⲛ̄ϣⲁϫⲉ

---

[1] A κατοικησεις.

[2] i. e. an 'interpreter of dreams'. ⲡⲉⲣⲉ = 'to declare', and ⲣⲁⲥⲟⲩ = 'dream'.

ⲙ̄ ⲡⲉⲡⲣⲟⲫⲏⲧⲏⲥ ⲉⲧ ⲙ̄ⲙⲁⲩ ⲏ ⲡⲣⲉϥ
ⲡⲉⲣⲉ ⲣⲁⲥⲟⲩ ϫⲉ ⲉϥϫⲓⲭⲛ̄ⲓⲧ ⲙ̄ⲙⲱ
ⲧⲛ̄ ⲛ̄ϭⲓ ⲡϫⲟⲉⲓⲥ ⲡⲉⲧⲛ̄ⲛⲟⲩⲧⲉ ⲉ ⲧ
ⲣⲉ ⲧⲛ̄ⲟⲩⲱⲛϩ̄ ⲉ ⲃⲟⲗ ϫⲉ ⲛⲉⲧⲉⲧⲛ̄ⲙⲉ
ⲙ̄ ⲡϫⲟⲉⲓⲥ ⲡⲉⲧⲛ̄ⲛⲟⲩⲧⲉ ⲉ ⲃⲟⲗ ϩⲛ̄
ⲡⲉⲧⲛ̄ϩⲏⲧ ⲧⲏⲣϥ̄ · ⲁⲩⲱ ⲉ ⲃⲟⲗ ϩⲛ̄ ⲧⲉ

4 ⲧⲛ̄ⲯⲩⲭⲏ ⲧⲏⲣⲥ̄ · ⲉⲧⲉⲧⲛ̄ ⲉ ⲟⲩⲉϩ
ⲑⲟⲩⲧⲛ̄ ⲛ̄ⲥⲁ ⲡϫⲟⲉⲓⲥ ⲡⲉⲧⲛ̄ⲛⲟⲩⲧⲉ
ⲁⲩⲱ ⲛ̄ⲧⲟϥ ⲡⲉ ⲉⲧⲉⲧⲛ̄ⲁⲣ ϩⲟⲧⲉ ϩⲛ̄
[ⲧϥ̄ ⲛ̄]ⲧⲉⲧⲛ̄ϩⲁⲣⲉϩ ⲉ ⲛⲉϥⲉⲛⲧⲟⲗⲏ¹

5 [ⲛ̄]ⲧⲉⲧⲛ̄ⲥⲱⲧⲙ̄ ⲛ̄ⲥⲁ ⲡⲉϥϩⲣⲟⲟⲩ² · ⲁⲩⲱ
ⲡⲉⲡⲣⲟⲫⲏⲧⲏⲥ ⲉⲧ ⲙ̄ⲙⲁⲩ ⲏ ⲡⲣⲉϥ
ⲡⲉⲣⲉ ⲣⲁⲥⲟⲩ³ · ϫⲉ ⲛ̄ⲧⲁϥϣⲁϫⲉ ⲅⲁⲣ
[ⲉⲡⲗⲁⲛ]ⲁ ⲙ̄ⲙⲟⲛ ⲉ ⲃⲟⲗ ϩⲛ̄ ⲡϫⲟⲉⲓⲥ
ⲡⲉⲕⲛⲟⲩⲧ[ⲉ ⲡⲉ] ⲛⲧ ⲁϥⲛ̄ⲧⲕ̄ ⲉ ⲃⲟⲗ ϩⲛ̄
ⲡⲕⲁϩ ⲛ̄ ⲕⲏⲙⲉ ⲡⲉ ⲛⲧ ⲁϥⲥⲟⲧⲕ̄ ⲉ ⲃⲟⲗ
ϩⲛ̄ ⲧⲉⲕⲙ̄ⲛ̄ⲧ ϩⲙ̄ϩⲁⲗ ⲉⲣⲉ ⲡⲏ ⲟⲩⲉϣ
ⲛⲟϫⲕ̄ ⲉ ⲃⲟⲗ ϩⲛ̄ ⲧⲉ ϩⲓⲏ ⲉⲛⲧ ⲁϥϩⲱⲛ
ⲙ̄ⲙⲟⲥ ⲉ ⲧⲟⲟⲧⲕ̄ ⲛ̄ϭⲓ ⲡϫⲟⲉⲓⲥ ⲡⲉⲕ
ⲛⲟⲩⲧⲉ ⲉ ⲧⲣⲉ ⲕⲙⲟⲟϣⲉ ⲛ̄ ϩⲏⲧⲥ̄ · ⲁⲩⲱ
ⲉⲧⲉⲧⲛ̄ ⲉ ⲧⲁⲕⲉ ⲡⲡⲟⲛⲏⲣⲟⲥ ⲉ ⲃⲟⲗ

6 ϩⲛ̄ ⲧⲉⲧⲛ̄ⲙⲏⲧⲉ · ⲉϥϣⲁⲛⲥⲉⲡⲥⲱ
ⲡⲕ̄ ⲇⲉ ⲛ̄ϭⲓ ⲡⲉⲕⲥⲟⲛ ⲛ̄ ϣⲛ̄ ⲉⲓⲱⲧ ⲏ
ⲛ̄ϣⲛ̄ ⲙⲁⲁⲩ ⲏ ⲡⲉⲕ'ϣⲏⲣⲉ⁴ ⲉ ⲧⲉⲕϣⲉ
ⲉⲣⲉ ⲏ̄ ⲧⲉⲕⲥϩⲓⲙⲉ ⲉⲧ ⲛⲉⲙⲁⲕ⁵ ⲏ ⲧⲉⲕ
ϣⲃⲏⲣ⁶ ⲉⲧ ⲛⲏⲩ ⲉ ϩⲏⲧⲕ̄ ⲉϥϫⲱ ⲙ̄ⲙⲟⲥ

---

¹ The text agrees with A F καὶ τὰς ἐντολὰς αὐτοῦ φυλάξεσθε.

² The Coptic has no equivalent for καὶ αὐτῷ προστεθήσεσθε or for και αυτω δουλουσετε (A F).

³ Some word like ⲉϥⲉⲙⲟⲩ (= ἀποθανεῖται) has dropped out of the text.

⁴ A mistake for ⲏ.

⁵ ἢ ἡ γυνὴ ἡ ἐν κόλπῳ σου.

⁶ 'Thy neighbour', φίλος ἴσος τῆς ψυχῆς.

DEUTERONOMY XIII. 6–13

ⲛⲁⲕ ⲛ̄ϫⲓⲟⲧⲉ ϫⲉ ⲙⲁⲣⲟⲛ ⲛⲧ̄ ϣⲙ̄
ϣⲉ¹ ⲛ̄ ϩⲉⲛ ⲕⲉ ⲛⲟⲩⲧⲉ ⲉⲛⲡ̄ ⲥⲟⲟⲩⲛ
ⲙ̄ⲙⲟⲟⲩ ⲁⲛ² ⲛ̄ⲧⲟⲕ ⲙⲛ̄ ⲛⲉⲕⲉⲓⲟⲧⲉ·

7 ⲉ ϩⲉⲛ ⲉ ⲃⲟⲗ ⲛⲉ ⲛ̄ ⲛ̄ⲛⲟⲩⲧⲉ ⲛ̄ ⲛ̄ϩⲉⲑⲛⲟⲥ
ⲉⲧ ϩⲛ̄ ⲡⲉⲧⲛ̄ⲕⲱⲧⲉ· ⲛⲉⲧ ϩⲏⲛ ⲉⲣⲟⲩ
ⲛⲙ̄ ⲛⲉⲧ ⲟⲩⲏⲟⲩ ⲉ ⲃⲟⲗ ⲙ̄ⲙⲟⲕ ϫⲓⲛ
ϫⲱϥ ⲙ̄ ⲡⲕⲁϩ ϣⲁ ϫⲱϥ ⲙ̄ ⲡⲕⲁϩ

8 ⲙ̄ⲡⲉ ⲕⲡⲉⲓⲑⲉ ⲛⲁϥ· ⲙ̄ⲡⲉ ⲕⲥⲱⲧⲙ̄ ⲛ̄
ⲥⲱϥ· ⲙ̄ⲡⲉ ⲡⲉⲕⲃⲁⲗ ϯⲥⲟ ⲉ ⲣⲟϥ· ⲁⲩⲱ
ⲙ̄ⲡⲉ ⲕⲙⲉⲣⲓⲧϥ̄³ ⲟⲩⲇⲉ ⲙ̄ⲡⲉ ⲕϩⲱⲡ' ⲉ

9 ϫⲱϥ· ϩⲛ̄ ⲟⲩⲧⲁⲙⲟ ⲉⲕⲉⲧⲁⲙⲟⲟⲩ ⲉ ⲧ
ⲃⲏⲏⲧϥ̄ ⲁⲩⲱ ⲉⲣⲉ ⲛⲉⲕϭⲓϫ' ϣⲱⲡⲉ
ⲉ ϫⲱϥ⁴ ⲉ ⲙⲟⲟⲩⲧϥ̄· ⲁⲩⲱ ⲙⲛ̄ⲛ̄ⲥⲱⲕ
ⲉⲣⲉ ⲡⲗⲁⲟⲥ ⲧⲏⲣϥ̄· ⲛ̄ ⲧⲟⲟⲧϥ̄ ⲉ ϫⲱϥ'

10 ⲛ̄ⲥⲉϩⲓ ⲱⲛⲉ ⲉ ⲣⲟϥ ϩⲛ̄ ϩⲉⲛ ⲱⲛⲉ ⲛϥ̄
ⲙⲟⲩ ⲉ ⲃⲟⲗ ϫⲉ ⲁϥⲕⲱⲧⲉ ⲛ̄ⲥⲁ ⲑⲉ ⲛϥ̄[ⲥ]
ⲧⲏ ⲛ̄ⲥⲁ ⲃⲟⲗ ⲙ̄ ⲡϫⲟⲉⲓⲥ ⲡⲉⲕⲛⲟⲩⲧⲉ
ⲡⲉ ⲛ̄ⲧ ⲁϥⲛ̄ⲧⲕ̄ ⲉ ⲃⲟⲗ ϩⲛ̄ ⲡⲕⲁϩ ⲛ̄ ⲕⲏ
ⲙⲉ ⲉ ⲃⲟⲗ ϩⲛ̄ ⲡⲏⲉⲓ ⲛ̄ⲧⲉⲕⲙⲛ̄ⲧϩⲙ̄

11 ϩⲁⲗ· ⲁⲩⲱ ⲡⲓⲥⲣⲁⲏⲗ ⲧⲏⲣϥ̄ ⲉϥϣ[ⲁⲛⲥⲱ]
ⲧⲙ̄ ϥⲛⲁⲣ ϩⲟⲧⲉ ⲁⲩ[ⲱ ⲛⲥ]ⲉⲡⲁⲟⲩⲱϩ ⲁⲛ⁵
ⲉ ⲧⲟⲟⲧⲟⲩ ⲉ ⲉⲓⲣⲉ ⲛ̄ ϩⲏⲧ ⲧⲏⲟⲩⲧⲛ̄⁶ ⲕⲁ

12 ⲧⲁ ⲡⲉⲓ ϣⲁϫⲉ ⲉⲑⲟⲟⲩ· ⲉⲕϣⲁⲛⲥⲱ
ⲧⲙ̄ ⲇⲉ ϩⲛ̄ ⲟⲩⲉⲓ ⲛ̄ ⲛⲉⲕⲡⲟⲗⲓⲥ ⲛⲁⲓ ⲉ
ⲧ ⲉⲣⲉ ⲡϫⲟⲉⲓⲥ ⲡⲉⲕⲛⲟⲩⲧⲉ ⲛⲁⲧⲁⲁⲩ
ⲛⲁⲕ ⲉ ⲧⲣⲉ ⲕⲟⲩⲱϩ ϩⲛ̄ ⲡⲙⲁ ⲉⲧⲙ̄ⲙⲁⲩ

13 ⲉⲩϫⲱ ⲙ̄ⲙⲟⲥ ϫⲉ· ⲁ ϩⲉⲛⲣⲱⲙⲉ ⲙ̄ ⲡⲁ
ⲣⲁⲛⲟⲙⲟⲥ ⲉⲓ ⲉ ⲃⲟⲗ ⲛ̄ ϩⲏⲧⲛ̄ ⲁⲩⲱ
ⲁⲩⲡⲉϣⲥ̄ ⲡϩⲏⲧ ⲛ̄ ⲛⲉⲧⲟⲩⲏϩ ⲧⲏ

Fol. 19 b
[ⲗⲃ]

---

¹ λατρεύσωμεν. ² 'Thou hast not known.'
³ οὐκ ἐπιποθήσεις.
⁴ The Coptic has no equivalent for ἐν πρώτοις; some word like ⲛ̄ϣⲟⲣⲡ̄ has dropped out.
⁵ Reading doubtful. ⁶ For ⲧⲏⲩⲧⲛ̄.

G

DEUTERONOMY XIII. 13—XIV. 19

ⲣⲟⲧ ϩⲛ̄ ⲛⲉⲧⲡⲟⲗⲓⲥ¹ ⲉⲩⲱ ⲙ̄ⲙⲟⲥ
ⲛⲁⲩ ϫⲉ ⲙⲁⲣⲛ̄ⲃⲱⲕ ⲛ̄ⲧⲛ̄ϣⲙ̄ϣⲉ
ⲛ̄ ϩⲉⲛ ⲕⲉ ⲛⲟⲩⲧⲉ ⲛⲁⲓ ⲉⲧⲉ ⲛ̄ⲧⲉ ⲥⲟ

14 ⲟⲩⲛ ⲙ̄ⲙⲟⲟⲩ ⲁⲛ· ⲉⲕⲉ ⲁϩⲉ ⲣⲁⲧⲕ̄
ⲛ̄ⲧⲉ ϣⲓⲛⲉ ⲁⲩⲱ ⲛ̄ⲧⲉ ϩⲟⲧϩ̄ⲧ ⲉⲙⲁⲧⲉ·
ⲁⲩⲱ ⲉⲓⲥ ϩⲏⲏⲧⲉ ⲡϣⲁϫⲉ ⲟⲩⲙⲉ
ⲉ² ⲡⲉ ⲁ ⲧⲉⲓ ⲃⲟⲧⲉ ϣⲱⲡⲉ ⲛ̄ ϩⲏⲧ

15 ⲧⲏⲟⲩⲧⲛ̄ ϩⲛ̄ ⲟⲩⲙⲟⲩⲟⲩⲧ ⲉⲕⲉ
ⲙⲟⲩⲟⲩⲧ ⲛ̄ ⲛⲉⲧ ⲟⲩⲏϩ ⲧⲏⲣⲟⲩ
ϩⲛ̄ ⲧⲡⲟⲗⲉⲓⲥ³ ⲉⲧ ⲙ̄ⲙⲁⲩ ϩⲛ̄ ⲟⲩϩⲱ
ⲧⲃ̄ ⲛ̄ ⲥⲏϥⲉ ⲁⲩⲱ ϩⲛ̄ ⲟⲩⲃⲱⲧⲉ ⲉⲧⲉ
ⲧⲛ̄ ⲉ ⲃⲟⲧⲥ̄ ⲛⲙ̄ ⲛⲉⲧⲟⲩⲏϩ ⲧⲏⲣⲟⲩ ⲛ̄

16 ϩⲏⲧⲥ̄· ⲁⲩⲱ ⲛⲉⲥϣⲱⲗ ⲧⲏⲣⲟⲩ ⲉⲛ
ⲥⲟⲟⲩϩⲟⲩ ⲉ ϩⲟⲩⲛ ⲉ ⲛⲉⲥϩⲓⲟⲟⲩⲉ ⲛ̄ⲧⲉ
ⲣⲟⲕϩ̄ ⲛ̄ ⲧⲡⲟⲗⲓⲥ ∴ (sic) ϩⲛ̄ ⲟⲩⲥⲁⲧⲉ ⲙⲛ̄
ⲛⲉⲥϣⲱⲗ ⲧⲏⲣⲟⲩ· ⲛⲙ̄ ⲡⲉⲧ ⲛ̄ ϩⲏⲧⲥ̄
ⲙ̄ⲡⲉ ⲙⲧⲟ ⲉ ⲃⲟⲗ ⲙ̄ ⲡϫⲟⲉⲓⲥ ⲡⲉⲕⲛⲟⲩⲧⲉ
ⲛ̄ⲥϣⲱⲡⲉ ⲉⲥϣⲏϥ ϣⲁ ⲉⲛⲉϩ ⲛ̄ⲥⲉ ⲧⲙ̄

17 ⲕⲟⲧⲟⲩ ⲉ ⲕⲟⲧⲥ̄· ⲛ̄ⲛⲉ ⲗⲁⲁⲩ ⲗⲱϫϥ
ⲉ ⲛⲉⲕϭⲓϫ· ⲉ ⲃⲟⲗ ϩⲙ̄ ⲡⲉⲓ ⲁⲛⲁⲑⲉⲙⲁ⁴
ϫⲉ ⲕⲁⲥ ⲉⲣⲉ ⲡϫⲟⲉⲓⲥ ⲕⲧⲟϥ ⲉ ⲃⲟⲗ ϩⲛ̄
ⲡϭⲱⲛⲧ̄ ⲛ̄ⲧⲉϥⲟⲣⲅⲏ· ⲛϥ̄ϯ ⲛⲁⲕ ⲛ̄

[One leaf wanting]

Chap.
Fol. 20 a XIV. 17 ⲙ̄ⲙⲟϥ ⲁⲩⲱ ⲡⲡ[ⲟⲣⲫ]ⲩⲣⲓⲱⲛ⁵· [ⲛ]ⲙ̄ ⲧϭⲓⲛ
[ⲕ̄ⲍ̄]
18 ϭⲗⲱ· ⲛⲁⲓ ⲧⲏⲣⲟⲩ ϩⲛ̄ ⲛ̄ϩⲁⲗⲁⲧⲉ⁶ ⲛ̄ⲥⲉ
ⲟⲩⲁⲁⲃ ⲁⲛ ⲛⲏⲧⲛ̄ ⲛ̄ⲛⲉ ⲧⲛ̄ⲟⲩⲱⲙ
19 ⲉ ⲃⲟⲗ ⲛ̄ ϩⲏⲧⲟⲩ· ϩⲁⲗⲏⲧ ⲛⲓⲙ ⲉϥⲟⲩ

---

¹ As A F.   ² As A F (ἀληθής).
³ As A F (πολει).   ⁴ ἀπὸ τοῦ ἀναθέματος.
⁵ πορφυρίωνα.
⁶ Some words have dropped out here. Gr. πάντα τὰ ἑρπετὰ τῶν πετεινῶν

DEUTERONOMY XIV. 20-24

20 ⲗⲁⲃ' ⲉⲧⲉⲧⲛ̄ ⲉ ⲟⲩⲟⲙϥ · ⲁⲩⲱ ⲡ̄ⲕⲁ ⲛ̄
ⲛⲓⲙ ⲉϥⲟⲩⲁⲁⲃ ⲁⲛ ⲛ̄ⲛⲉ ⲧⲛ̄ⲟⲩⲟⲙϥ ·
ⲙⲛ̄ ⲛⲉⲧ ⲙⲟⲟⲩⲧ[1] ⲉⲩⲉⲧⲁⲁϥ ⲙ̄ ⲡⲉϣⲙ̄
ⲙⲟ[2] ⲉⲧ ϩⲛ̄ ⲛⲉⲕⲡⲟⲗⲓⲥ[3] ⲛ̄ϥⲟⲩⲟⲙϥ
ⲏ ⲉⲕⲉⲧⲁⲁϥ ⲛ̄ ⲡⲉⲧⲉ ⲛ̄ϥ̄ ⲥⲟⲟⲩⲛ ⲙ̄ⲙⲟϥ[4] ⲁⲛ
ϫⲉ ⲛ̄ⲧⲛ̄ ⲟⲩⲗⲁⲟⲥ ⲛ̄ⲧⲟⲕ ⲉϥⲟⲩⲁⲁⲃ
ⲙ̄ ⲡϫⲟⲉⲓⲥ ⲡⲉⲕⲛⲟⲩⲧⲉ · ⲛ̄ⲛⲉ ⲕⲡⲓ
ⲥⲉ ⲛ̄ ⲟⲩϩⲉⲓⲃ ϩⲛ̄ ⲡⲉⲣⲱⲧⲉ ⲛ̄ ⲧⲉϥⲙⲁ
21 ⲁⲩ · ⲉⲕⲉⲧ ⲙ̄ ⲡⲣⲉ ⲙⲏⲧ ⲛ̄ ϭⲉⲛⲏⲙⲁ
[ⲛ]ⲓⲙ ⲛ̄ⲧⲉ ⲡⲉⲕϭⲣⲟϭ · ⲡϭⲉⲛⲏⲙⲁ
ⲛ̄ ⲧⲉⲕⲥⲱϣⲉ ⲧⲛ̄ ⲣⲟⲙⲡⲉ[5] · ⲛ̄ϥ̄ ⲟⲩⲟⲙϥ
22 ⲙ̄ ⲡⲉⲙⲧⲟ ⲉ ⲃⲟⲗ ⲙ̄ ⲡϫⲟⲉⲓⲥ ⲡⲉⲕⲛⲟⲩ
[ⲧⲉ] ϩⲛ̄ ⲡⲙⲁ ⲉⲧ ϥ̄ⲛⲁⲥⲟⲧⲡϥ̄ ⲛⲁϥ ⲛ̄
[ϫⲓ] ⲡϫⲟⲉⲓⲥ ⲡⲉⲕⲛⲟⲩⲧⲉ ⲉ ⲧⲣⲉ ϥⲉⲡⲉⲓ
ⲕⲁⲗⲓ ⲙ̄ ⲡⲉϥⲣⲁⲛ ⲛ̄ ϩⲏⲧϥ̄ ⲉⲧⲉⲧⲛ̄
ⲛⲁⲉⲓⲛⲉ (sic) ⲉ ⲡⲙⲁ ⲉⲧ ⲙ̄ⲙⲁⲩ ⲛ̄ⲡⲣⲉ
ⲙⲏⲧ ⲙ̄ ⲡⲉⲕⲥⲟⲩⲟ ⲙⲛ̄ ⲡⲉⲕⲏⲣⲡ
ⲙⲛ̄ ⲡⲉⲕⲛⲉϩ · ⲁⲩⲱ ⲛ̄ϣⲣⲡ ⲙ̄ⲙⲓ
ⲥⲉ ⲛ̄ ⲛⲉⲕⲉϩⲟⲟⲩ ⲛⲙ̄ ⲛⲉⲕⲉⲥⲟⲟⲩ
ⲁⲩⲱ ϫⲉ ⲕⲁⲥ ⲉⲕⲉⲥⲃⲟ ⲉ ⲣ̄ ϩⲟⲧⲉ ϩⲏ
ⲧϥ̄ ⲙ̄ ⲡϫⲟⲉⲓⲥ ⲡⲉⲕⲛⲟⲩⲧⲉ ϩⲛ̄ ⲛⲉϩⲟ
23 ⲟⲩ ⲧⲏⲣⲟⲩ · ⲉϣⲱⲡⲉ ⲇⲉ ⲧⲉϩⲓⲏ ⲟⲩⲏⲟⲩ
ⲙ̄ⲙⲟⲟⲩ ⲁⲩⲱ ⲛ̄ϥ̄ ⲛⲁϣϫⲓⲧⲟⲩ ⲁⲛ
ⲉ ⲡⲙⲁ ⲉⲧ ⲙ̄ⲙⲁⲩ ϫⲉ ⲡⲙⲁ ⲟⲩⲏⲟⲩ
ⲙ̄ⲙⲟⲕ ⲉⲧ ⲉⲣⲉ ⲡϫⲟⲉⲓⲥ ⲡⲉⲕⲛⲟⲩ
ⲧⲉ ⲛⲁⲥⲟⲧⲡϥ̄ ⲉ ⲧⲣⲉ ⲩⲧⲁⲩ ⲉ ⲡⲉϥ
ⲣⲁⲛ ⲙ̄ ⲡⲙⲁ ⲉⲧ ⲙ̄ⲙⲁⲩ ϫⲉ ⲁ ⲡϫⲟ
24 ⲉⲓⲥ ⲡⲉ[ⲕⲛ]ⲟⲩⲧ[ⲉ ⲥⲙ]ⲟⲩ ⲉ ⲣⲟⲕ · ⲉⲕⲉⲧⲁ

Fol. 20 b
[ⲍⲏ]

---

[1] A paraphrastic rendering of Πᾶν θνησιμαῖον οὐ φάγεσθε.
[2] τῷ παροίκῳ.   [3] τῷ ἀλλοτρίῳ.
[4] = ἐνιαυτὸν κατ' ἐνιαυτόν.
[5] The Coptic has no equivalent for the end of the verse, ἵνα μάθῃς, κ.τ.λ.

DEUTERONOMY XIV. 24—XV. 2

ⲁϥ ⲉ ⲃⲟⲗ ϩⲁ ϩⲟⲙⲛⲧ¹ ⲁⲩⲱ ⲉⲕⲉϫⲓ ⲙ̅ ⲡ
ϩⲟⲙⲛⲧ' ϩⲛ̅ ⲛⲉⲕϭⲓϫ ⲛ̅ⲅ̅ ⲙⲟⲟϣⲉ ⲉ ϩ
ⲣⲁⲓ̈ ⲉ ⲡⲙⲁ ⲉⲧ ⲉⲣⲉ ⲡϫⲟⲉⲓⲥ ⲡⲉⲕⲛⲟⲩ

25 ⲧⲉ ⲛⲁⲥⲟⲧⲡϥ̅· ⲛ̅ⲅ̅ † ⲙ̅ ⲡϩⲟⲙⲛⲧ ϩⲁ ⲡ
ⲕⲁ ⲛ̅ ⲛⲓⲙ ⲉⲧ ⲉⲣⲉ ⲧⲉⲕⲯⲩⲭⲏ ⲛⲁⲉⲡⲉⲓ
ⲟⲩⲙⲉⲓ ⲉ ⲣⲟⲟⲩ ⲉϫⲛ̅ ϩⲉⲛⲉϩⲟⲟⲩ ⲏ ⲉϫⲛ̅
ϩⲉⲛⲉⲥⲟⲟⲩ· ⲏ̂ ⲉϫⲛ̅ ⲟⲩⲏⲣⲡ· ⲏ̂ ⲉϫⲛ̅
ⲟⲩⲥⲓⲕⲉⲣⲁ· ⲏ̂ ⲉϫⲛ̅ ⲛ̅ⲕⲁ ⲛ̅ ⲛⲓⲙ' ⲉⲧ ⲉ
ⲣⲉ ⲧⲉⲕⲯⲩⲭⲏ ⲛⲁⲉⲡⲉⲓⲟⲩⲙⲉⲓ ⲉⲣⲟϥ²
ⲛ̅ⲅ̅ ⲟⲩⲟⲙϥ̅ ⲙ̅ ⲡⲙⲁ ⲉⲧ ⲙ̅ⲙⲁⲩ ⲙ̅ ⲡⲉ ⲙ
ⲧⲟ ⲉ ⲃⲟⲗ ⲙ̅ ⲡϫⲟⲉⲓⲥ ⲡⲉⲕⲛⲟⲩⲧⲉ
ⲛ̅ⲅ̅ ⲉⲩⲫⲣⲁⲛⲉ ⲛ̅ⲧⲟⲕ ⲙⲛ̅ ⲡⲉⲕϣⲏ

26 ⲣⲉ· ⲁⲩⲱ ⲡⲗⲉⲩⲉⲓⲧⲏⲥ ⲉⲧ ϩⲛ̅ ⲛⲉⲕ
ⲡⲟⲗⲓⲥ ϫⲉ ⲙⲛ̅ ⲙⲉⲣⲓⲥ ϣⲟⲟⲡ ⲛⲁϥ

27 ⲛⲙ̅ⲙⲁⲕ' ⲟⲩⲇⲉ ⲕⲗⲏⲣⲟⲥ· ⲙⲛ̅ⲛ̅ⲥⲁ
ϣⲟⲙⲧⲉ ⲛ̅ ⲣⲟⲙⲡⲉ ⲉⲕⲉⲓⲛⲉ ⲉ ⲃⲟⲗ
ⲙ̅ ⲡⲣⲉ ⲙⲏⲧ ⲧⲏⲣϥ̅ ⲛ̅ ⲡⲉⲕⲅⲉⲛⲏ
ⲙⲁ ⲛ̅ⲧⲉ ⲣⲟⲙⲡⲉ ⲉⲧ ⲙ̅ⲙⲁⲩ ⲛ̅ⲅ̅ ⲕⲁ

28 ⲁϥ ⲉ ϩⲣⲁⲓ̈ ϩⲛ̅ ⲛⲉⲕⲡⲟⲗⲓⲥ· ⲁⲩⲱ ϥⲛⲁⲉⲓ
ⲛ̅ϭⲓ ⲡⲗⲉⲩⲉⲓⲧⲏⲥ ⲉ ⲧⲃⲉ ϫⲉ ⲙⲛ̅ⲧϥ̅
ⲙⲉⲣⲓⲥ ⲟⲩⲇⲉ ⲙⲛ̅ⲧϥ̅ ⲕⲗⲏⲣⲟⲥ ⲛⲉ
ⲙⲁⲕ ⲁⲩⲱ ⲡⲉⲡⲣⲟⲥⲏⲗⲩⲧⲟⲥ ⲙⲛ̅
ⲡⲟⲣⲫⲁⲛⲟⲥ ⲙⲛ̅ ⲧⲉⲭⲏⲣⲁ ⲉⲧ ϩⲛ̅
ⲛⲉⲕⲡⲟⲗⲓⲥ ⲛ̅ⲥⲉⲟⲩⲱⲙ ⲛ̅ⲥⲉⲥⲉⲓ ϫⲉ
ⲕⲁⲥ ⲉⲣⲉ ⲡϫⲟⲉⲓⲥ ⲡⲉⲕⲛⲟⲩⲧⲉ
[ⲥ]ⲙⲟⲩ ⲉ ⲣⲟⲕ ϩⲛ̅ ⲛⲉⲕϩⲃⲛⲟⲩⲉ ⲧⲏ

Chap. ⲣⲟⲩ ⲉⲧ ⲕ̅ⲛⲁⲁⲩ· ϩⲓϫⲛ̅ ⲥⲁϣϥⲉ ⲛ
XV. 1 ⲣⲟⲙⲡⲉ ⲉⲕⲉⲉⲓⲣⲉ ⲛ̅ ⲟⲩⲕⲱ ⲉ ⲃⲟⲗ·
2 ⲁⲩⲱ ⲧⲁⲓ̈ ⲧⲉ ⲑⲉ ⲙ̅ ⲡⲉⲡⲣⲟⲥⲧⲁⲅⲙⲁ

---

¹ i.e. copper. Gr. καὶ ἀποδώσῃ αὐτὰ ἀργυρίου.

² The text here agrees with AF επι βουσι η επι προβατοις επι οινω η επι σικερα η επι παντος ου εαν επιθυμη η ψυχη σου. The word ⲥⲓⲕⲉⲣⲁ comes into Coptic from the Greek, whence it was borrowed from the Hebrew, שֵׁכָר.

DEUTERONOMY XV. 2-8   45

[ⲙ̄] ⲡⲕⲱ ⲉ ⲃⲟⲗ ⲉⲕⲉⲕⲱ ⲉ ⲃⲟⲗ ⲙ̄ⲡⲉ
ⲧⲉ ⲟⲩⲛⲧⲁⲕ ⲉ ⲣⲟϥ ⲛ̄ ⲥϩⲁⲓ ⲛⲓⲙ [ⲙ̄ ϩⲟⲙⲛ̄ⲧ]   Fol. 21 a
ⲉϥ ⲉ ⲣⲟϥ· ⲙ̄ ⲡⲉⲧϩⲓⲧⲟⲩⲱⲕ [ⲁⲩⲱ ⲡⲉⲕ]   [ⲍ̄ⲑ̄]
ⲥⲟⲛ ⲙ̄ⲡⲉ ⲕϣⲁⲧϥ̄ ϫⲉ ⲟⲩⲧⲁ[ϣⲉⲟⲉ]
[ⲓϣ] ⲛ̄ ⲕⲱ ⲉ ⲃⲟⲗ ϩⲓⲧⲛ̄ ⲡϫ[ⲟⲉⲓⲥ ⲡⲉⲕⲛⲟⲩ]
3 ⲧⲉ· ⲡϣⲙ̄ⲙⲟ ⲉⲕⲉ[ϣⲁⲧϥ̄ ⲙ̄ ⲡⲉⲧⲉ ⲟⲩⲛ]
[ⲧ]ⲁⲕ ⲉ ⲣⲟϥ· ⲡⲉⲕ[ⲥⲟⲛ ⲇⲉ ⲉⲕⲉⲕⲱ ⲛⲁϥ]
ⲉ ⲃⲟⲗ ⲙ̄ ⲡⲉⲧⲉ ⲟⲩ[ⲛⲧⲁⲕ ⲉ ⲣⲟϥ ϫⲉ ⲛ]
4 ⲛⲉϥϣⲱⲡⲉ ⲛ̄ ϩⲏⲧⲛ̄ [ⲡⲉⲧ ⲣ̄ϩⲣⲱϩ]
ϫⲉ ⲉ ⲧⲃⲉ ⲡⲉⲓ̈ ϣⲁϫⲉ ⲉϥⲛ[ⲁⲥⲙⲟⲩ ⲉ ⲣⲟⲕ]
ⲛ̄ϭⲓ ⲡϫⲟⲉⲓⲥ ⲡⲉⲕⲛⲟⲩ[ⲧⲉ ϩⲙ̄ ⲡⲕⲁϩ]
ⲉⲧ ϥ̄ⲛⲁⲧⲁⲁϥ ⲛⲁⲕ ϩⲛ̄ ⲟⲩ [ⲕⲗⲏⲣⲟⲥ ⲉ ⲧ]
5 ⲣⲉ ⲕⲕⲗⲏⲣⲟⲛⲟⲙⲓ ⲙ̄ⲙ[ⲟ]ϥ· [ϩⲛ̄ ⲟⲩⲥⲱ]
ⲧⲙ̄ ⲇⲉ ⲉⲧⲉⲧⲛ̄ ϣⲁⲛⲥⲱ[ⲧⲙ̄] [ⲛ̄ⲥⲁ ⲡⲉ]
ϩⲣⲟⲟⲩ ⲙ̄ ⲡϫⲟⲉⲓⲥ ⲡⲉⲧⲛ̄ⲛⲟⲩ[ⲧⲉ]
ⲉ ϩⲁⲣⲉϩ ⲁⲩⲱ ⲉ ⲉⲓ̈ⲣⲉ ⲛ̄ ⲛⲉϥⲉⲛⲧⲟⲗ[ⲏ]
ⲧⲏⲣⲟⲩ ⲛⲁⲓ̈ ⲁⲛⲟⲕ ⲉ ϯϩⲱⲛ ⲙ̄ⲙⲟⲟⲩ
6 ⲉ ⲧⲟⲟⲧⲛ̄ ⲙ̄ⲡⲟⲟⲩ· ϫⲉ ⲁ ⲡϫⲟⲉⲓⲥ
ⲡⲉⲕⲛⲟⲩⲧⲉ ⲥⲙⲟⲩ ⲉ ⲣⲟⲕ ⲕⲁⲧ[ⲁ]
ⲑⲉ ⲉⲛⲧ ⲁϥϣⲁϫⲉ ⲛⲉⲙⲁⲕ· ⲁⲩⲱ ⲉ[ⲕⲉ]
ϯ ϩⲁ ⲧⲉⲙⲛ̄ⲥⲉ¹ ⲛ̄ ϩⲉⲛϩⲉⲑⲛⲟⲥ ⲉⲛⲁ
ϣⲱⲟⲩ ⲛ̄ⲧⲟⲕ ⲇⲉ ⲛ̄ⲛⲉⲕϫⲓ ⲉ ϫⲱ[ⲕ]
ⲉ ⲙⲛ̄ⲥⲉ· ⲁⲩⲱ ⲉⲕⲉⲣ ⲁⲣⲭⲱⲛ² ⲉϫⲙ̄
ⲟⲩⲙⲏⲏϣⲉ ⲛ̄ ϩⲉⲑⲛⲟⲥ ⲛ̄ⲧⲟⲕ ⲇⲉ
7 ⲛ̄ⲛⲉ ⲩⲣ̄ ϫⲟⲉⲓⲥ³ ⲉ ϫⲱⲕ· ⲉⲣⲉ ϣⲁⲛ
ⲟⲩⲁ ⲇⲉ ϩⲛ̄ ⲛⲉⲕⲥⲛⲏⲟⲩ ϣⲱⲡⲉ
ⲣ̄ϩⲣⲱϩ· ⲛ̄ ϩⲏⲧⲛ̄ ϩⲛ̄ ⲟⲩⲉⲓ̈ ⲛ̄ ⲛⲉⲕ
ⲡⲟⲗⲓⲥ· ϩⲙ̄ ⲡⲕⲁϩ ⲉⲧ ⲉⲣⲉ ⲡϫⲟⲉⲓ[ⲥ]
ⲡⲉⲕⲛⲟⲩⲧⲉ ⲛⲁⲧⲁⲁϥ ⲛ[ⲁⲕ ⲛ̄ⲛⲉ]
ⲕⲧⲉ ⲡⲉⲕϩⲏⲧ ⲉ ⲃⲟⲗ ⲙ̄ⲙⲟ[ϥ ⲟⲩⲇⲉ]
ⲛ̄ⲛⲉ ⲕϭⲉⲡ ⲧⲟⲟⲧⲛ̄ ⲉ [ⲡⲉⲕⲥⲟⲛ ⲛ̄]
8 [ⲡⲉⲧⲉ ⲣ̄ϩⲣ]ⲱϩ· ϩⲛ̄ ⲟⲩⲱⲛ ⲉⲕⲉⲟⲩⲱⲛ ⲛ̄ⲧⲟ   Fol. 21 b
                                                  [ⲟ̄]

¹ καὶ δανιεῖς ἔθνεσιν.   ² καὶ ἄρξεις.   ³ σοῦ δὲ οὐκ ἄρξουσιν.

[отк̄'] н̄]ач· екеϯ нач е мнсе м̄
9 [петеqнаадє· на]ч ката пеqр̄ϭρωϩ· ϯ ϩтнк
   [ϫε ε ρок м̄пр̄] тре оушаϫε εϥϩ[нπ]
   [шωπε ϩп̄ πεκ]ϩнт оушаϫε н̄
   [оуаноміа εкϫω м̄]мос· ϫε тмεϩ
   [шомте π̄ρομπε] м̄ πκω ε βολ·
   [асϩωн ϫε εϩоу]н· ауω н̄те πεκβαλ
   [понπρε]ϭε ε πεκсон· ετ ρ̄ϭρωϩ
   [н̄ϥ τм̄ ϯ н̄]ач· ауω н̄ϥωш ε ϩραϊ ε
   [πϫοεις] ε τβннтн̄ н̄ϥшωπε нак
10 [н̄ оуно]ϭ н̄ноβε· алλа ϩн̄ оуϯ ε
   εκεϯ нач ауω ϩн̄ оуϯ ε мнсε
   εκεϯ нач ε мнсε· м̄ πετ ϥ̄[н̄]α αϩε
   нач ауω н̄πε πεκϩнт λуπει¹
   εκϯ нач· ϫε ετβε πεϊ шаϫε ερε
   πϫοεις πεκноуте насмоу
   [εp]ок ϩн̄ некϩβноуε тнроу
   [ауω] ϩн̄ ϩωβ нім ετ κ̄ναϩι το
11 отк̄ ε ροου· н̄πεϥωϫ̄н̄ ɢар π̄
    ϭι ρωμε εϥρ̄ϭρωϩ ϩιϫн̄ πκαϩ·
    ετβε παϊ анок ϯϩωн ε το
    отк̄ м̄ πεϊ шаϫε εϊϫω м̄мос
    [ϫε] ϩн̄ оуоуωн εκεоуωн н̄ то
    отк̄ м̄ πεκсон н̄ ϩнκε н̄ім
12 [π]ετ ρ̄ϭρωϩ ϩιϫн̄ πεκκαϩ· ετ
    [ша]н ϯ ϫε нак ε βολ м̄ πεκσοη²
    [ϩεβραι]ος ἠ τϩεβραια· εϥερ ϩμ̄
    [ϩαλ] нак н̄ σο π̄ ρομπε· ϩн̄ тмεϩ
    [сашϥ]ε π̄ ρομπε εκεϩοοуϥ

Fol. 22 a 13 ε βολ м̄мок· [εϥο] π̄ ρμϩ[ε· εκшан]
[οā]   оуоотϥ̄ ϫε ε βολ м̄мок εϥο н̄ ρμ̄ϩ
             ϫε н̄πε κκααϥ ε βολ εϥшоуειτ·

¹ καὶ οὐ λυπηθήσῃ.   ² In the MS. πεκοη.

DEUTERONOMY XV. 14–19

14 ϩⲛ ⲟⲩϯ ⲉⲕⲉϯ ⲛⲁϥ ⲙ̄ ⲡⲉⲧ ϥ̄[ⲛ]ⲁϩⲉ ⲛⲁϥ
[ⲉ ⲃ]ⲟⲗ ϩⲛ ⲛⲉⲕⲉⲥⲟⲟⲩ ⲁⲩⲱ [ⲉ ⲃⲟⲗ ϩⲙ̄]
ⲡⲉⲕⲥⲟⲧⲟ· ⲁⲩⲱ [ⲉ ⲃⲟⲗ ϩⲙ̄ ⲧⲉⲕϩ̄ⲣⲱⲧ[1]]
ⲕⲁⲧⲁ ⲑⲉ ⲛ̄ⲧ ⲁϥ[ⲥⲙⲟⲩ ⲉ ⲣⲟⲕ ⲛ̄ϫⲓ]
ⲡϫⲟⲉⲓⲥ ⲡⲉⲕⲛⲟⲩ[ⲧⲉ ⲉⲕⲉϯ ⲛⲁϥ]·

15 ⲁⲩⲱ ⲉⲕⲉⲣⲡⲙⲉⲉⲩⲉ ϫ[ⲉ ⲛⲉⲕⲟ ⲛ]
ϩⲙ̄ϩⲁⲗ ⲡⲉ ϩⲛ̄ ⲡⲕⲁϩ ⲛ̄ⲕ[ⲏⲙⲉ ⲁⲩⲱ]
ⲁ ⲡϫⲟⲉⲓⲥ ⲡⲉⲕⲛⲟⲩⲧ[ⲉ ⲥⲟⲧⲕ̄ ⲉ]
ⲃⲟⲗ ϩⲛ ⲡⲙⲁ ⲉⲧ ⲙ̄ⲙⲁⲩ [ⲉ ⲧⲃⲉ ⲡⲁⲓ̈]
ϭⲉ ϯϩⲱⲛ ⲉ ⲧⲟⲟⲧⲕ̄ ⲉ ⲧⲣ [ⲉ ⲕⲉⲓ̈ⲣⲉ]

16 ⲙ̄ ⲡⲉⲓ̈ ϣⲁϫⲉ· ⲉϥϣⲁⲛϫⲟⲟⲥ ⲇⲉ
ⲛⲁⲕ ϫⲉ ⲛ̄ ϯⲛⲁ ⲣ̄ ⲡⲉⲕⲃⲟⲗ ⲁⲛ ⲉ ⲃⲟⲗ
ϫⲉ ⲁⲓ̈ⲙⲉⲣⲓⲧⲕ̄ ⲁⲩⲱ ⲁⲓ̈ⲙⲉⲣⲉ ⲡⲉⲕ

17 ⲏⲉⲓ ϫⲉ ϥⲙⲟⲧⲛ̄ ϩⲁ ϩⲧⲏⲕ· ⲉⲕⲉϫⲓ
ⲙ̄ ⲡⲉⲛⲕⲁ ⲛ̄ ⲟⲩⲱⲧϥ[2] ⲛ̄ⲧ ⲟⲩⲱⲧ[ϥ]
ⲙ̄ ⲡⲉϥⲙⲁⲁϫⲉ ϩⲓⲣⲛ̄ ⲡⲣⲟ ⲛ̄ϥ̄ⲣ ϩ[ⲙ̄]
ϩⲁⲗ ⲛⲁⲕ ϣⲁ ⲉⲛⲉϩ· ⲁⲩⲱ ⲧⲉⲕϩⲙ̄
ϩⲁⲗ ⲉⲕⲉⲉⲓ̈ⲣⲉ ⲛⲁⲥ ⲕⲁⲧⲁ ⲡⲉⲓ̈ ⲥⲙⲟⲧ·

18 ⲛ̄ⲛⲉ ⲕⲧⲣⲉ ⲡϩⲱⲃ ⲛ̄ ϣⲟⲧ ⲛ̄ ⲛⲁϩ
ⲣⲁⲕ ⲉⲧⲛⲁⲃⲱⲕ ⲉ ⲃⲟⲗ ϩⲓⲧⲟⲟⲧⲕ̄
ⲉⲧⲟ ⲛ̄ ⲣⲙ̄ϩⲉ· ϫⲉ ⲛ̄ⲧⲁϥ ⲣ̄ ϩⲙ̄ϩⲁⲗ
ⲛⲁⲕ ⲛ̄ⲥⲟ ⲛ̄ⲣⲟⲙⲡⲉ ⲛ̄ⲑⲉ[3] ⲛ̄ⲧϭⲓ [ⲛ]
ϩⲱⲧⲣ̄ ⲛ̄ ⲟⲩⲣⲙ̄ ⲃⲉⲕⲉ ⲉϥϩⲟⲧⲣ̄ ⲧⲣ̄
ⲣⲟⲙⲡⲉ[4]· ⲁⲩⲱ ⲡϫⲟⲉⲓⲥ ⲡⲉⲕⲛⲟⲩ
ⲧⲉ ⲛⲁⲥⲙⲟⲩ ⲉ ⲣⲟⲕ ϩⲛ̄ ϩⲱⲃ ⲛⲓⲙ ⲉ

19 ⲧ ⲕ̄ⲛⲁⲁⲩ· ϣⲣⲡ̄ ⲙ̄ ⲙⲓⲥⲉ ⲛ[ⲓⲙ ⲉⲧⲟⲩ]
ⲛⲁϫⲡⲟⲟⲩ ⲛⲁⲕ ϩⲛ̄ ⲛⲉⲕⲉϩ[ⲟⲟⲩ]
ⲁⲩⲱ ϩⲛ̄ ⲛⲉⲕⲉⲥⲟⲟⲩ· ⲛ̄ϩ[ⲟⲟⲩⲧ ⲇⲉ]

---

[1] Wine-vat =τῆς ληνοῦ; the usual reading is ἀπὸ τοῦ οἴνου σου.
[2] τὸ ὀπήτιον.   [3] = ὅτι.
[4] The order of this part of the verse is inverted. ϫⲉ ⲛ̄ⲧⲁϥ ⲣ̄ ϩⲙ̄ϩⲁⲗ ⲛⲁⲕ ⲛ̄ⲥⲟ ⲛ̄ⲣⲟⲙⲡⲉ = ἐδούλευσέν σοι ἐξ ἔτη, and ⲛ̄ⲑⲉ ⲛ̄ⲧϭⲓ ⲛϩⲱⲧⲣ̄ ⲛ̄ ⲟⲩⲣⲙ̄[ⲛ̄] ⲃⲉⲕⲉ ⲉϥϩⲟⲧⲣ̄ ⲧⲣ̄ ⲣⲟⲙⲡⲉ = ὅτι ἐφέτιον μισθὸν τοῦ μισθωτοῦ. ⲧⲣ̄ ⲣⲟⲙⲡⲉ = ⲧⲣⲟⲙⲡⲉ.

DEUTERONOMY XV. 19—XVI. 3

Fol. 22 b
[oβ]

[ⲉⲕⲉⲧⲃ̄ⲃ̄]ⲟⲟⲩ ⲙ̄ ⲡϫⲟⲉⲓⲥ ⲡⲉⲕⲛⲟⲩⲧⲉ
ⲙ̄ⲡⲉ ⲕⲣ̄ ϩⲱⲃ ϩⲙ̄ ⲡⲉⲕⲙⲁⲥⲉ ⲛ̄ ϣⲣⲡ̄
ⲙ̄ ⲙⲓⲥⲉ· ⲁⲩⲱ ⲙ̄ⲡⲉ ⲕϭⲱⲱⲕⲉ ⲙ̄ ⲡ

20 ϣ[ⲣⲡ̄] ⲙ̄ ⲙⲓⲥⲉ ⲛ̄ ⲛⲉⲕⲉⲥⲟⲟⲩ· ⲁⲗ[ⲗⲁ]
[ⲉⲕⲉⲟⲩⲟ]ⲙϥ̄ ⲙ̄ⲡⲉ ⲙⲧⲟ ⲉ ⲃⲟⲗ ⲙ̄
[ⲡϫⲟⲉⲓⲥ ⲡⲉⲕⲛ]ⲟⲩⲧⲉ ϫⲓⲛ ⲣⲟ[ⲙⲡⲉ]
[ⲣⲟⲙⲡⲉ ϩⲙ̄ ⲡ]ⲙⲁ ⲉⲧ ϥ̄ⲛⲁⲥⲟⲧⲡϥ̄

21 [ⲛⲁϥ ⲛ̄ϭⲓ ⲡ]ϫⲟⲉⲓⲥ ⲡⲉⲕⲛⲟⲩⲧⲉ ⲛ̄
[ⲧⲟⲕ ⲙⲛ̄ ⲛⲁ ⲡ]ⲉⲕⲏⲉⲓ· ⲉϣⲱⲡⲉ ⲇⲉ ⲉⲣⲉ
[ⲟⲩϫⲃⲓⲛ ϩ]ⲓⲱⲱϥ ⲛ̄ ⲟⲩ[ϭ]ⲁⲗⲉ ⲡⲉ
[ⲏ ⲟⲩⲃⲗ̄]ⲗⲉ ⲡⲉ ⲏ ϭⲉ ⲗⲁⲁⲧ ⲛ̄ ϫⲃⲓⲛ

22 [ⲉϥϩⲟⲟⲩ ⲛ̄ⲛⲉ ⲕⲁⲁϥ ⲛⲟⲩ]ⲥⲓⲁ ⲙ̄ ⲡϫⲟⲉⲓⲥ ⲡⲉ
[ⲕⲛⲟⲩⲧ]ⲉ· ⲁⲗⲗⲁ ⲉⲕⲉⲟⲩⲟⲙϥ̄ ϩⲛ̄
ⲛⲉⲕⲡⲟⲗⲓⲥ· ⲁⲩⲱ ⲡⲉⲧ ϫⲁϩⲙ̄ ⲉⲧ
ⲛⲉⲙⲁⲕ ⲛⲙ̄ ⲡⲉⲧ ⲧⲃ̄ⲃⲏⲟⲩ ⲉⲧⲉ
ⲟⲩⲟⲙ ϩⲱⲟⲩ ϩⲓ ⲡⲁⲓ̈ ⲛ̄ⲑⲉ ⲛ̄ ⲟⲩ
ϭⲣⲟⲥ ⲉⲧⲟⲩⲱⲙ ⲙ̄ⲙⲟⲥ ⲏ ⲟⲩⲉⲓ
ⲟⲩⲗ· ⲡⲉⲥⲛⲟϥ ⲇⲉ ⲛ̄ⲛⲉ ⲕⲟⲧⲙ̄
ⲙ̄ⲙⲟϥ ⲉⲕⲉⲡⲁϩⲧϥ̄ ⲉϫⲛ̄ ⲡⲕⲁϩ ⲛ̄

Chap.
XVI. 1

ⲑⲉ ⲛ̄ⲟⲩⲙⲟⲟⲩ· ⲉⲕⲉϩⲁⲣⲉϩ ⲉ ⲡⲉ
ⲃⲟⲧ ⲛ̄ⲃⲣ̄ⲣⲉ ⲛ̄ⲧ̄ ⲉⲓⲣⲉ ⲙ̄ ⲡⲡⲁⲥⲭⲁ
ⲛ̄ ⲡϫⲟⲉⲓⲥ ⲡⲉⲕⲛⲟⲩⲧⲉ ϫⲉ ϩⲣⲁⲓ̈
ϩⲛ̄ ⲡⲉⲓ̈ ⲉⲃⲟⲧ ⲛ̄ⲃⲣ̄ⲣⲉ ⲛ̄ⲧⲁⲕⲉⲓ ⲉ
[ⲃ]ⲟⲗ ϩⲛ̄ ⲡⲕⲁϩ ⲛ̄ ⲕⲏⲙⲉ ⲛ̄ ϫⲓⲛ

2 ϫⲏ[1]· ⲉⲕⲉϣⲱⲱⲧ ⲙ̄ ⲡⲡⲁⲥⲭⲁ ⲙ̄ ⲡϫⲟ
ⲉⲓⲥ ⲡⲉⲕⲛⲟⲩⲧⲉ ⲉ ϩⲉⲛⲉⲥⲟⲟⲩ ⲙⲛ̄
ϩⲉⲛⲉϩⲟⲟⲩ ϩⲙ̄ ⲡⲙⲁ ⲉⲧ ⲉⲣⲉ ⲡϫⲟ
[ⲉⲓⲥ ⲡ]ⲉⲕⲛⲟⲩⲧⲉ ⲛⲁⲥⲟⲧⲡϥ̄
[ⲛⲁϥ] ⲉ ⲧⲣⲉⲩⲧⲁⲩⲉ ⲡⲉϥⲣⲁⲛ ⲙ̄

Fol. 23 a
[oⲩ]

3 [ⲡⲙⲁ] ⲉⲧ ⲙ̄ⲙⲁⲩ· ⲛ̄ⲛⲉ ⲕⲟⲩⲱⲙ [ⲁ]
ⲑⲁⲃ ϩⲛ̄ ⲡ[ⲙⲁ ⲉⲧ ⲙ̄]ⲙⲁⲩ ⲥⲁϣϥ̄ ⲛ̄[ϩⲟⲟⲩ]

---

[1] Literally 'free' or 'for nothing', but the Greek has ἐξῆλθες ἐξ Αἰγύπτου νυκτός.

ⲉⲕⲉⲁⲁⲧ ⲉⲕⲉ[ⲟⲩⲱⲙ ⲁⲑⲁⲃ ⲟⲩⲟⲉⲓⲕ]
ⲙ̄ ⲙⲟⲕϩ̄ ϫⲓⲛ [ⲧⲉⲧⲛ̄ⲉⲓ ⲉ ⲃⲟⲗ]
ⲡⲕⲁϩ ⲛ̄ⲕⲏⲙⲉ ϩⲛ̄ ⲟⲩϣⲧⲟⲣⲧⲣ̄ ϫⲉ]
ⲕⲁⲥ ⲉⲧⲉⲧⲛ [ⲣ̄ⲟⲩⲟ ϩⲙ̄ ⲡⲣ̄ⲡⲙⲉⲉⲩⲉ ⲙ̄ ⲡⲉϩⲟ]
ⲟⲩ ⲙ̄ ⲡⲉⲧⲛ̄ⲉⲓ ⲉ ⲃⲟⲗ ϩⲛ̄ ⲡⲕⲁϩ ⲛ̄ ⲕⲏ]

4 ⲙⲉ ⲛ̄ ⲛⲉϩⲟⲟⲩ ⲧⲏ[ⲣⲟⲩ ⲙ̄ⲡⲉⲧⲛ̄ⲱⲛⲁϩ ⲛ̄]
ⲛⲉ ⲑⲁⲃ ϣⲱⲡⲉ ⲛ̄ ⲛⲁ[ϩⲣⲁⲕ ϩⲛ̄ ⲛⲉⲕ]
ⲧⲟϣ ⲧⲏⲣⲟⲩ ⲁⲩⲱ ⲛ̄[ⲛⲉ ⲁϥ ϣⲱϫⲡ̄]
ⲉ ⲡⲁϩⲟⲩ ⲉ ⲃⲟⲗ ϩⲛ̄ ⲛ[ⲁϥ ⲛⲁⲓ ⲉⲧ ⲉⲕⲛⲁ]
ϣⲁⲁⲧⲟⲩ ⲙ̄ ⲡⲛⲟⲩ [ⲛ̄ ⲣⲟⲩϩⲉ ⲙ̄]
ⲡϣⲟⲣⲡ̄ ⲛ̄ϩⲟⲟⲩ ⲙ̄ ⲡⲛⲁⲩ [ⲛ̄ ϩⲧⲟⲟⲩⲉ]

5 ⲛ̄ⲛⲉ ⲕⲉϣⲟⲙϣ̄ⲙ̄ⲥⲟⲙ ⲉϣϣⲱⲧ [ⲛ̄ ⲡ]
ⲡⲁⲥⲭⲁ ϩⲛ̄ ⲟⲩⲉⲓ ⲛ̄ ⲛⲉⲕⲡⲟⲗⲓ[ⲥ]
ⲉⲧ ⲉⲣⲉ ⲡϫⲟⲉⲓⲥ ⲡⲛⲟⲩⲧⲉ ⲛⲁⲧⲁⲁϥ

6 ⲛⲁⲕ · ⲁⲗⲗⲁ ϩⲙ̄ ⲡⲙⲁ ⲉⲧⲉⲣⲉ ⲡϫⲟ
ⲉⲓⲥ ⲡⲉⲕⲛⲟⲩⲧⲉ ⲛⲁⲥⲟⲧⲡϥ̄ ⲛⲁϥ
ⲉ ⲧⲣⲉ ⲩⲧⲁⲩ ⲉ ⲡⲉϥⲣⲁⲛ ⲛ̄ ϩⲏⲧϥ̄ [ⲉⲕ]
ⲛⲁϣⲱⲧ ⲛ̄ ⲡⲡⲁⲥⲭⲁ ϩⲛ̄ ⲡⲙⲁ ⲉ
ⲧ ⲙ̄ⲙⲁⲩ ⲙ̄ ⲡⲛⲟⲩ ⲛ̄ ⲣⲟⲩϩⲉ · ⲛ̄ ϩⲱⲧⲡ
ⲙ̄ ⲡⲣⲏ ⲙ̄ ⲡⲉⲩⲟⲉⲓϣ ⲉⲛⲧ ⲁⲕⲉⲓ ⲉ ⲃ[ⲟⲗ]

7 ⲛ̄ ϩⲏⲧϥ̄ ⲙ̄ ⲡⲕⲁϩ ⲛ̄ ⲕⲏⲙⲉ · ⲁⲩⲱ ⲉⲕ[ⲉ]
ⲡⲉⲓⲥⲉ ⲛ̄ϥ̄ ϭⲱϭ ⲛ̄ϥ̄ ⲟⲩⲱⲙ¹ ϩⲛ̄ [ⲡⲙⲁ]
ⲉⲧ ϥ̄ⲛⲁⲥⲟⲧⲡϥ̄ ⲛ̄ϭⲓ ⲡϫⲟⲉⲓⲥ ⲡⲉⲕ[ⲛⲟⲩⲧⲉ]
ⲁⲩⲱ ⲉⲕⲉⲕⲟⲧⲕ̄ ⲉ ϩⲧⲟⲟⲩⲉ ⲛ̄ϥ̄ ⲃⲱ[ⲕ]

8 ⲉ ϩⲣⲁⲓ ⲉ ⲡⲉⲕⲙⲁ · ⲥⲟⲟⲩ ⲛ̄ ϩⲟⲟⲩ ⲉⲕⲉ
ⲁⲁⲩ ⲉⲕⲟⲩⲱⲙ ⲁⲑⲁⲃ · ⲁⲩⲱ ⲡⲙⲉϩ
ⲥⲁϣϥ̄ ⲛ̄ ϩⲟⲟⲩ ⲉⲛⲧ ⲁⲕⲉⲓ ⲉ ⲃ[ⲟⲗ ⲛ̄]
ϩⲏⲧϥ̄ ⲡϣⲁϫⲉ² ⲙ̄ ⲡϫⲟⲉⲓⲥ ⲡⲉⲕⲛ[ⲟⲩ]
ⲧⲉ ⲡⲉ · ⲛ̄ⲛⲉ ⲕⲣ̄ ⲗⲁⲁⲩ ⲛ̄ ϩⲱⲃ ⲛ̄ ϩ[ⲏⲧϥ̄]
ϣⲁⲧⲛ̄ ⲛⲉϩⲃⲏⲟⲩⲉ ⲉⲧ ϣⲉ ⲉ ⲧⲣⲉ (?)³

---

[1] καὶ ἑψήσεις καὶ ὀπτήσεις καὶ φάγῃ.
[2] So originally, but altered into ϣⲁⲓ.
[3] Gr. ποιηθήσεται ψυχῇ.

DEUTERONOMY XVI. 9–14

Fol. 23 b
[ⲥⲅ̅]

9 ⲯⲩⲭⲛⲁⲁⲩ[1]· ⲥⲁϣϥⲉ ⲛ̅ ϩⲉⲃⲇⲟ[ⲙⲁⲁⲥ]
ⲉⲕⲉⲟⲡⲟⲩ ⲛⲁⲕ ϫⲓⲛ ⲉⲕⲛⲁϩⲓ ▓▓▓[2]
▓▓▓▓▓▓▓▓▓▓▓ⲁⲱⲡ ⲛ̅ ⲥⲁϣ

10 [ϥ] [ⲛ̅ϩⲉⲃⲇⲟⲙⲁⲁⲥ]▓▓ⲓⲣⲉ ⲙ̅ ⲡⲥⲁϣϥ̅ ⲛ̅
[ϩⲉⲃⲇⲟⲙⲁⲁⲥ]▓▓▓ⲛⲟⲩⲧⲉ ⲕⲁⲧⲁ ⲑⲉ
▓▓▓▓▓▓▓▓▓ⲥⲟⲙ· ⲡⲉⲧϥ̅ⲛⲁ
▓▓▓▓▓▓▓▓ⲥⲙⲟⲩ ⲉⲛⲧ ⲁϥ
▓▓▓▓▓▓▓[ⲡϫⲟⲉ]ⲓⲥ ⲡⲉⲕⲛⲟⲩ

11 [ⲧⲉ· ⲁⲩⲱ ⲉⲕⲉⲩ]ⲫⲣⲁⲛⲉ ⲙ̅ⲡⲉ ⲙⲧⲟ
[ⲉ ⲃⲟⲗ ⲡϫⲟⲉ]ⲓⲥ ⲡⲉⲕⲛⲟⲩⲧⲉ ⲛ̅ⲧⲟⲕ
[ⲁⲩⲱ ⲡⲉⲕϣⲏⲣ]ⲉ ⲁⲩⲱ ⲧⲉⲕϣⲉⲉⲣⲉ ⲡⲉⲕ
[ϩⲙ̅ϩⲁⲗ ⲙⲛ̅ ⲧ]ⲉⲕϩⲙ̅ϩⲁⲗ ⲁⲩⲱ ⲡⲗⲉⲩ
[ⲉⲓⲧⲏⲥ ⲉⲧ ϩ]ⲛ̅ ⲛⲉⲕⲡⲟⲗⲓⲥ ⲁⲩⲱ
[ⲡ]ⲉⲡⲣⲟⲥⲏⲗⲩⲧⲟⲥ ⲛⲙ̅ ⲡⲟⲣⲫⲁ
[ⲛⲟ]ⲥ ⲛⲙ̅ ⲧⲉⲭⲏⲣⲁ ⲉⲧ ⲛⲉⲙⲏⲧⲛ̅ ϩⲙ̅
[ⲡ]ⲙⲁ ⲉⲧ ⲉⲣⲉ ⲡϫⲟⲉⲓⲥ ⲡⲉⲕⲛⲟⲩⲧⲉ
[ⲛ]ⲁⲥⲟⲧⲡϥ̅ ⲛⲁϥ ⲉ ⲧⲣⲉ ⲩⲧⲁⲩ ⲉ ⲡⲉϥ

12 [ⲣ]ⲁⲛ ⲙ̅ ⲡⲙⲁ ⲉⲧ ⲙ̅ⲙⲁⲩ· ⲁⲩⲱ ⲉⲕⲉ
[ⲣ̅ ⲡ]ⲙⲉⲉⲩⲉ ϫⲉ ⲛⲉⲕⲟⲟⲡⲉ ⲛ̅ ϩⲙ̅
[ϩ]ⲁⲗ ϩⲛ̅ ⲡⲕⲁϩ ⲛ̅ ⲕⲏⲙⲉ· ⲁⲩⲱ ⲉⲕⲉ
[ϩ]ⲁⲣⲉϩ ⲛ̅ⲧⲛ̅ ⲉⲓⲣⲉ ⲛ̅ ⲛⲉⲓ ⲟⲩⲉϩⲥⲁϩⲛⲉ

13 [ⲧ]ⲏⲣⲟⲩ· ⲉⲕⲉⲉⲓⲣⲉ ⲙ̅ ⲡϣⲁ ⲛ̅ ⲛⲉⲥ
ⲕⲏⲛⲏ[3] ⲛ̅ⲧⲛ̅ ⲉⲓⲣⲉ ⲛⲁⲕ ⲛ̅ⲥⲁϣϥ̅ ⲛ̅ϩⲟ
[ⲟ]ⲩ ϩⲙ̅ ⲡⲧⲣⲉ ⲕⲱⲗ ⲉ ϩⲟⲩⲛ ⲛ̅ ⲛⲉⲕ
[ϩ]ⲛⲟⲟⲩ ⲁⲩⲱ ⲉ ⲃⲟⲗ ϩⲛ̅ ⲧⲉⲕϩⲣⲱⲧ'

14 ⲁⲩⲱ ⲉⲕⲉⲩⲫⲣⲁⲛⲉ ϩⲛ̅ ⲡⲉⲕϣⲁ
ⲛ̅ⲧⲟⲕ ⲙⲛ̅ ⲡⲉⲕϣⲏⲣⲉ ⲁⲩⲱ ⲧⲉⲕ
ϣⲉⲉⲣⲉ ⲡⲉⲕϩⲙ̅ϩⲁⲗ ⲙⲛ̅ ⲧⲉⲕϩⲙ̅
[ϩⲁⲗ] ⲁⲩⲱ ⲡⲗⲉⲩⲉⲓⲧⲏⲥ ⲛⲙ̅ ⲡⲉⲡⲣⲟⲥ
[ⲏⲗⲩⲧ]ⲟⲥ ⲁⲩⲱ ⲡⲟⲣⲫⲁⲛⲟⲥ ⲛⲙ̅

---

[1] An unusual form of the plural.
[2] Three or four letters wanting.
[3] Ἑορτὴν σκηνῶν ποιήσεις.

DEUTERONOMY XVI. 15-19

15 [τε]χηρα ετ ϩⲛ ⲛⲉⲕⲡⲟⲗⲓⲥ· ⲥⲁϣϥ
ⲛ ⲉϩⲟⲟⲩ ⲉⲕⲉⲁⲁⲩ ⲛ ϣⲁ ⲙ̄ ⲡϫⲟⲉⲓⲥ
[ⲡⲉⲕ]ⲛⲟⲩⲧⲉ ϩⲛ ⲡⲙⲁ ⲉⲧ ϥ̄ⲛⲁⲥⲟⲧⲡϥ̄
[ⲛⲁϥ] ⲛ̄ϭⲓ ⲡϫⲟⲉⲓⲥ ⲡⲉⲕⲛⲟⲩⲧⲉ ⲉϥϣⲁⲛ
ⲥⲙⲟⲩ ⲇⲉ ⲉ ⲣⲟⲕ ⲛ̄ϭⲓ ⲡϫⲟⲉⲓⲥ ⲡⲉⲕⲛⲟⲩ
ⲧⲉ ϩⲛ ⲛⲉⲕⲅⲉⲛⲏⲙⲁ[1] ⲧⲏⲣⲟⲩ ⲁⲩⲱ ϩⲛ̄
ⲛⲉϩⲃⲏⲩⲉ ⲧⲏⲣⲟⲩ ⲛ̄ ⲛⲉⲕϭⲓϫ ⲕⲛⲁ

16 ϣⲱⲡⲉ ⲉⲕⲉⲩⲫⲣⲁⲛⲉ: ϣⲟⲙⲛ̄ⲧ
ⲛ̄ⲟⲩⲟⲉⲓϣ ⲛ̄ⲧⲉ ⲣⲟⲙⲡⲉ ⲉⲣⲉ ϩⲟⲟⲩⲧ
[ⲛ]ⲓⲙ ⲁϩⲉ ⲣⲁⲧⲟⲩ ⲙ̄ⲡⲉ ⲙ̄ⲧⲟ
ⲙ̄ ⲡϫⲟⲉⲓⲥ ⲡⲉⲕⲛⲟⲩⲧⲉ ϩⲛ̄ ⲡⲙ[ⲁ]
ⲉⲧ ϥ̄ⲛⲁⲥⲟⲧⲡϥ̄ ⲛⲁⲕ ⲛ̄ϭⲓ ⲡϫⲟⲉⲓⲥ ⲡⲉ
ⲕⲛⲟⲩⲧⲉ ϩⲛ̄ ⲡϣⲁ ⲛ̄ ⲛ̄ⲁⲑⲁⲃ ⲁⲩⲱ
ϩⲙ̄ ⲡϣⲁ ⲛ̄ ⲁⲛⲥⲁϣϥ̄[2] ⲛⲙ̄ ⲡϣⲁ ⲛ̄ⲧⲉ ⲥ
ⲕⲏⲛⲟⲡⲏⲅⲓⲁ ⲛ̄ⲛⲉ ⲕⲁϩⲉ ⲣⲁ[ⲧ]ⲕ̄[3] ⲙ̄
ⲡⲉ ⲙ̄ⲧⲟ ⲉ ⲃⲟⲗ ⲙ̄ ⲡϫⲟⲉⲓⲥ ⲡⲉⲕ[ⲛⲟⲩⲧⲉ]

17 ⲉⲕϣⲟⲩⲉⲓⲧ· ⲡⲟⲩⲁ ⲡⲟⲩⲁ[4] ⲕⲁⲧⲁ
ⲧϭⲟⲙ ⲛ̄ ⲧⲉϥϭⲓϫ ⲕⲁⲧⲁ ⲡⲉⲥⲙⲟⲧ ⲛ̄
ⲡϫⲟⲉⲓⲥ ⲡⲉⲕⲛⲟⲩⲧⲉ ⲉⲛⲧ ⲁϥⲁⲁⲩ

18 ⲛⲁⲕ· ⲛ̄ⲛⲉ ⲧⲏⲣ ⲣⲉϥϯ ϩⲁⲡ ⲙⲛ̄ ⲛ̄ ⲣⲉϥ
ⲥⲱⲕ[5] ϩⲏⲧ ⲧⲏⲟⲩⲧⲛ̄ ϩⲛ̄ ⲧⲉⲥⲃⲱ ⲉⲕⲉ
ⲕⲁⲑⲓⲥⲧⲁ[6] ⲙ̄ⲙⲟⲟⲩ ⲉ ϫⲱⲕ ϩⲛ̄ ⲛⲉⲕ
ⲡⲟⲗⲓⲥ ⲧⲏⲣⲟⲩ ⲛⲁⲓ ⲉⲧ ⲉⲣⲉ ⲡϫⲟⲉⲓⲥ
ⲡⲉⲕⲛⲟⲩⲧⲉ ⲛⲁⲧⲁⲁⲩ ⲛⲁⲕ ⲕⲁⲧⲁ
ⲛⲉⲕⲫⲩⲗⲏ ⲁⲩⲱ ⲉⲩⲉϯ ϩⲁⲡ ⲉ ⲡⲗⲁ

19 ⲟⲥ ϩⲛ̄ ⲟⲩϩⲁⲡ ⲙ̄ⲙⲉ· ⲛ̄ⲛⲉ ⲩϭⲙ̄ⲙⲉ
ϩⲁⲡ[7]· ⲛ̄ⲛⲉ ⲩϫⲓ ϩⲟ· ⲟⲩⲇⲉ ⲛ̄ⲛⲉ ⲩϫⲓ

Fol. 24 a
[ⲟⲉ]

---

[1] γενήμασιν.
[2] ἐν τῇ ἑορτῇ τῶν ἑβδομάδων.
[3] Thou shalt not set thy foot; Gk. οὐκ ὀφθήσῃ.
[4] One one; Gr. ἕκαστος.
[5] Literally, a 'rower' or 'oarsman'; Gr. γραμματοεισαγωγεῖς.
[6] καταστησεις A F.
[7] ⲛ̄ⲛⲉ ⲩϭⲙ̄ⲙⲉ ϩⲁⲡ has no equivalent in the Greek.

DEUTERONOMY XVI. 19—XVII. 3

ⲇⲱⲣⲟⲛ· ϫⲉ ⲛ̄ ⲇⲱⲣⲟⲛ ⲅⲁⲣ ϣⲁⲧ
ⲧⲱⲙⲉ ⲛ̄ ⲛ̄ⲃⲁⲗ ⲛ̄ ⲛ̄ⲥⲁⲃⲉⲉⲧ ⲁⲩⲱ
ϣⲁϥϫⲓ ⲙ̄ⲙⲁⲩ ⲛ̄ ⲛ̄ϣⲁϫⲉ ⲛ̄ ⲧⲙⲉ·

20 ⲉⲕⲉϥ ϭⲧⲏⲕ ⲉⲣ ⲡⲇⲁⲡ ϩⲛ̄ ⲟⲩⲙⲉ
ϫⲉ ⲕⲁⲥ ⲉⲧⲉⲧⲛ̄ ⲉ ⲱⲛⲁϩ· ⲁⲩⲱ ⲛ̄ⲧⲉ
ⲧⲛ̄ⲃⲱⲕ ⲉ ϩⲟⲩⲛ ⲛ̄ⲧⲉⲧⲛ̄ⲕⲗⲏⲣⲟ
ⲛⲟⲙⲓ ⲙ̄ ⲡⲕⲁϩ· ⲡⲁⲓ ⲉⲧ ⲉⲣⲉ ⲡϫⲟ
ⲉⲓⲥ ⲡⲉⲕⲛⲟⲩⲧⲉ ⲛⲁⲧⲁⲁϥ ⲛⲁⲕ ⲕⲁ
ⲧⲁ¹ ⲫⲩⲗⲏ· ⲁⲩⲱ ⲉⲧⲉⲕⲣⲓⲛⲉ ⲙ̄ ⲡⲗ[ⲁ]

Fol. 24 *b*
[ⲟⲋ]

21 ⲟⲥ ϩⲛ̄ ⲟⲩϩⲁⲡ ⲙ̄ ⲙⲉ· ⲛ̄ⲡⲉ ⲕⲧⲱϭ
ⲛⲁⲕ ⲛ̄ⲟⲩⲉⲓⲉⲣ ϣⲏⲛ ϩⲛ̄ϣⲏⲛ (?)
ⲛⲓⲙ ϩⲁⲧⲉ ⲧⲉⲑⲩⲥⲓⲁⲥⲧⲏⲣⲓⲟⲛ ⲙ̄
ⲡϫⲟⲉⲓⲥ ⲡⲉⲕⲛⲟⲩⲧⲉ· ⲛ̄ⲡⲉ ⲕⲧⲁⲙⲓⲟ

22 ⲛⲁⲕ ϩⲓ ⲡⲁⲓ· ⲛ̄ⲡⲉ ⲕⲧⲁϩⲟ ⲛⲁⲕ ⲉ ⲣⲁⲧϥ̄
ⲛ̄ⲟⲩⲟⲉⲓⲧ² ⲡⲁⲓ ⲉⲛⲧ ⲁϥⲙⲉⲥⲧⲱ
ⲟⲩ ⲛ̄ϭⲓ ⲡϫⲟⲉⲓⲥ ⲡⲉⲕⲛⲟⲩⲧⲉ·

Chap.
XVII. 1

[ⲛ̄ⲡⲉ] ⲕϣⲱⲱⲧ ⲙ̄ⲙⲁϩ ⲡϫⲟⲉ[ⲓⲥ]
[ⲡ]ⲉⲕⲛⲟⲩⲧⲉ ⲛ̄ ⲟⲩⲙⲁⲥⲉ ⲏ ⲟⲩⲉ
ⲥⲟⲟⲩ ⲉⲣⲉ ϫⲃⲓⲛ ϣⲟⲟⲡ ⲛ̄ϩⲏⲧϥ̄·
ϣⲁϫⲉ ⲛⲓⲙ ⲙ̄ⲡⲟⲛⲏⲣⲟⲛ ϩⲉⲛⲃⲟ

2 ⲧⲉ ⲛⲉ ⲙ̄ ⲡϫⲟⲉⲓⲥ ⲡⲉⲕⲛⲟⲩⲧⲉ· ⲉⲩ
[ϣⲁⲛ]ⲧⲁϩⲟ ⲇⲉ ϩⲛ̄ ⲟⲩⲉⲓ ⲛ̄ ⲛⲉⲕⲡⲟ
ⲗⲓⲥ ⲛⲁⲓ ⲉⲧ ⲉⲣⲉ ⲡϫⲟⲉⲓⲥ ⲡⲉⲕⲛⲟⲩ
ⲧⲉ ⲛⲁⲧⲁⲁⲧ ⲛⲁⲕ ⲛ̄ ⲟⲩϩⲟⲟⲩⲧ· ⲏ ⲟⲩ
ⲥϩⲓⲙⲉ ⲡⲁⲓ ⲉⲧ ⲛⲁⲉⲓⲣⲉ ⲙ̄ ⲡⲡⲟⲛⲏⲣⲟⲛ
ⲙ̄ⲡⲉ ⲙ̄ⲧⲟ ⲉ ⲃⲟⲗ ⲙ̄ ⲡϫⲟⲉⲓⲥ ⲡⲉⲕ
ⲛⲟⲩⲧⲉ· ⲉ ⲧⲣⲉ ⲧⲕⲱ ⲛ̄ⲥⲱⲟⲩ ⲛ̄

3 ⲧⲉϥⲇⲓⲁⲑⲏⲕⲏ· ⲛ̄ⲥⲉⲃⲱⲕ ⲛ̄ⲥⲉϣⲙ̄
ϣⲉ ⲛ̄ ϩⲉⲛ ⲕⲉⲧ ⲛⲟⲩⲧⲉ· ⲁⲩⲱ ⲛ̄
ⲥⲉⲟⲩⲱϣⲧ' ⲛⲁⲩ ⲏ̂ ⲙ̄ ⲡⲣⲏ ⲏ̂ ⲙ̄

---

¹ The words ⲕⲁⲧⲁ ... ⲙ̄ ⲙⲉ have no equivalent in the Greek.
² οὐ στήσεις σεαυτῷ στήλην. The Coptic text gives here the rare native word for 'pillar' instead of στήλη, as in many places.

ⲡⲟⲟϩ · ⲏ̅ ⲛⲉⲧ ⲏⲡ ⲧⲏⲣⲟⲩ ⲉ ⲡⲕⲟⲥ
ⲙⲟⲥ ⲛ̅ ⲧⲡⲉ · ⲛⲁⲓ̈ ⲉⲧⲉ ⲙ̅ⲡⲓ ⲟⲩⲱⲛ

4 ⲉ ⲧⲃⲏⲏⲧⲟⲩ[1] · ⲁⲩⲱ ⲛ̅ⲥⲉⲧⲁⲙⲟⲕ ⲉ
ϩⲟⲧϩ̅ ⲉⲙⲁⲧⲉ ⲁⲩⲱ ⲉⲕϣⲁⲛϩⲉ
ⲉ ⲣⲟⲥ ⲉⲁ ⲡϣⲁϫⲉ ϣⲱⲡⲉ ⲛⲁⲙⲉ ⲁ
ⲧⲉⲓ̈ ⲃⲟⲧⲉ ϣⲱⲡⲉ ⲛ̅ ⲧⲉⲓ̈ ϩⲉ ϩⲙ̅ ⲡⲓⲥⲣⲁ

5 ⲏⲗ' · ⲉⲕⲉⲉⲓⲛⲉ ⲉ ⲃⲟⲗ ⲙ̅ ⲡⲣⲱⲙⲉ ⲉⲧ ⲙ̅
ⲙⲁⲩ ⲏ̅ ⲧⲉⲥϩⲓⲙⲉ ⲉⲧ ⲙ̅ⲙⲁⲩ ⲛ̅ⲥⲉ ϩⲓ
ⲱⲛⲉ ⲉ ⲣⲟⲟⲩ ϩⲙ̅ ϩⲉⲛⲱⲛⲉ ⲛ̅ⲥⲉ

6 ⲙⲟⲩ · ϩⲓ ⲙⲛ̅ⲧⲣⲉ ⲥⲛⲁⲩ ⲁⲩⲱ ϩⲓ ϣⲟ
ⲙⲛ̅ⲧ ⲛ̅ ⲙⲛ̅ⲧⲣⲉ ⲙⲁⲣⲉϥⲙⲟⲩ ⲛ̅ϭⲓ
ⲡⲉⲧ ⲟⲩⲛⲁⲙⲟⲟⲩⲧϥ̅ ⲛ̅ⲛⲉ ϥⲙⲟ

7 ⲟⲩⲧ ⲛ̅ ⲟⲩⲙⲛ̅ⲧⲣⲉ ⲛ̅ ⲟⲩⲱⲧ · ⲁⲩⲱ ϩ
ⲛ̅ ⲛ̅ⲙⲛ̅ⲧⲣⲉ ⲉⲧⲉⲥⲉϣⲱⲡ (sic) ⲉ ϫⲱϥ
ⲛ̅ ϣⲟⲣⲡ̅ ⲉⲙⲟⲟⲩⲧϥ̅ · ⲁⲩⲱ ⲧϭⲓϫ
ⲙ̅ ⲡⲗⲁⲟⲥ ⲧⲏⲣϥ̅ ⲉⲥⲉϣⲱⲡⲉ ϩⲓ ϫⲱϥ
ⲙⲛ̅ⲛ̅ⲥⲱⲥ · ⲁⲩⲱ ⲉⲕⲉϥⲓ ⲙ̅ ⲡⲡⲟⲛⲏ

8 ⲣⲟⲥ ⲉ ⲃⲟⲗ ϩⲛ̅ ⲧⲉⲧⲛ̅ⲙⲛ̅ⲧⲉ · ⲉⲣⲉ
ϣⲁⲛ ⲟⲩϣⲁϫⲉ ⲇⲉ ⲣ̅ ⲁⲧ ϭⲟⲙ ⲙ̅[ⲙⲟϥ]
[ⲛ̅]ⲁⲕ ⲡⲁⲣⲁ ⲧⲉⲕϭⲟⲙ' ϩⲛ̅ ⲧⲙⲛ̅ⲧ[ⲉ]
ⲟⲩⲥⲛⲟϥ ⲙⲛ̅ ⲟⲩⲥⲛⲟϥ · ⲁⲩⲱ ϩⲛ̅
ⲧⲙⲛ̅ⲧⲉ ⲛ̅ ⲟⲩϩⲁⲡ ⲙⲛ̅ ⲟⲩϩⲁⲡ[2] ⲛ̅ⲙ̅
ⲧⲙⲛ̅ⲧⲉ ⲛ̅ ⲟⲩⲙⲛ̅ⲧⲗⲁ ⲛ̅ⲙ̅ ⲟⲩⲗⲁ[3] ·
ⲏ̅ ⲛ̅ ⲧⲙⲛ̅ⲧⲉ ⲛ̅ ⲟⲩϩⲗⲟⲧⲱ ⲛ̅ⲙ̅ ⲟⲩϩⲗ
ⲟⲧⲱ[4] · ϩⲉⲛϣⲁϫⲉ ⲛ̅ ϩⲁⲡ ϩⲛ̅ ⲛⲉⲕⲡⲟ
ⲗⲓⲥ ⲉⲕⲉⲧⲱⲟⲩⲛ ⲛ̅ⲅ̅ ⲃⲱⲕ ⲉ ϩⲣⲁⲓ̈
ⲉ ⲡⲙⲁ ⲉⲧ ⲉⲣⲉ ⲡϫⲟⲉⲓⲥ ⲡⲉⲕⲛⲟⲩ
ⲧⲉ ⲛⲁⲥⲟⲧⲡϥ̅ ⲛⲁϥ ⲉ ⲧⲣⲉ ⲩⲉⲡⲉ
ⲕⲁⲗⲉⲓ ⲙ̅ ⲡⲉϥ ⲣⲁⲛ ⲙ̅ ⲡⲙⲁ ⲉⲧ ⲙ̅

9 ⲙⲁⲩ[5] · ⲁⲩⲱ ⲉⲕⲉⲃⲱⲕ ⲉ ⲣⲁⲧⲟⲩ ⲛ̅ⲛ̅

Fol. 25
[ⲟⲍ̅]

---

[1] ἃ οὐ προσέταξεν.
[2] Between judgement and judgement, ἀνὰ μέσον κρίσις κρίσεως.
[3] ἀφὴ ἀφῆς.   [4] ἀντιλογία ἀντιλογίας.
[5] As in A F ἐπικληθῆναι τὸ ὄνομα αὐτοῦ.

ⲗⲉⲅⲉⲓⲧⲏⲥ[1] ⲏ̄ ⲉ ⲣⲁⲧϥ ⲙ̄ ⲡⲉⲕⲣⲓⲧⲏⲥ
ⲡⲉⲧⲛⲁϣⲱⲡⲉ ϩⲛ̄ ⲛⲉϩⲟⲟⲩ ⲉⲧ ⲙ̄
ⲙⲁⲩ· ⲁⲩⲱ ⲉⲩⲉϩⲟⲧϩⲧ̄ ⲛ̄ⲥⲉⲧⲁⲙⲟⲕ

10 ⲉⲫⲁⲡ· ⲛ̄ⲅ̄ ⲉⲓⲣⲉ ⲕⲁⲧⲁ ⲡⲟⲩⲉϩⲥⲁϩ
ⲛⲉ ⲉⲧⲟⲩⲛⲁⲧⲁⲩⲟϥ ⲉ ⲣⲟⲕ ϩⲙ̄ ⲡⲙⲁ
ⲉⲛⲧⲁ ⲡϫⲟⲉⲓⲥ ⲡⲉⲕⲛⲟⲩⲧⲉ ⲥⲟ
ⲧⲡϥ̄ ⲉ ⲧⲣⲉ ⲩⲧⲁⲩ ⲉ ⲡⲉϥⲣⲁⲛ ⲛ̄ ϩⲏ
ⲧϥ[2]· ⲁⲩⲱ ⲉⲕⲉϩⲁⲣⲉϩ ⲉⲙⲁⲧⲉ ⲉ ⲧⲣⲉ ⲕ
ⲉⲓⲣⲉ ⲛ̄ ϩⲱⲃ ⲛⲓⲙ· ⲕⲁⲧⲁ ⲡⲉⲥⲙ
ⲛⲉ ⲙ̄ ⲡⲛⲟⲙⲟⲥ ⲡⲁⲓ̈ ⲉⲧⲟⲩⲛⲁⲥ

11 ⲙ̄ⲡϥ̄ ⲛⲙ̄ⲙⲁⲕ· ⲁⲩⲱ ⲕⲁⲧⲁ ⲡϩⲁⲡ[3]
ⲉⲧⲟⲩⲛⲁϫⲟⲟϥ ⲉ ⲣⲟⲕ' ⲉⲕⲉⲁⲁϥ ⲛ̄
ⲛⲉ ⲕⲣⲁⲕⲧⲛ̄ ⲉ ⲃⲟⲗ ⲙ̄ ⲡϣⲁϫⲉ
ⲉⲧⲟⲩⲛⲁϫⲟⲟϥ ⲉ ⲣⲟⲕ ⲉ ⲟⲩⲛⲁⲙ

12 ⲟⲩⲇⲉ ⲉ ϩⲃⲟⲩⲣ· ⲡⲣⲱⲙⲉ ⲇⲉ ⲉⲧ ⲛⲁ
ⲉⲓⲣⲉ ϩⲛ̄ ⲟⲩⲙⲛ̄ⲧϫⲁⲥⲓϩⲏⲧ[4] ⲉ ⲧⲙ̄ ⲥⲱ
ⲧⲙ̄ ⲛ̄ⲥⲁ ⲡⲟⲩⲏⲏⲃ· ⲡⲉⲧ ⲁϩⲉ ⲣⲁⲧϥ̄
ⲉⲧ ϣⲙ̄ϣⲉ ϩⲙ̄ ⲡⲣⲁⲛ ⲙ̄ ⲡϫⲟⲉⲓⲥ
ⲡⲉⲕⲛⲟⲩⲧⲉ· ⲏ̄ ⲡⲉⲕⲣⲓⲧⲏⲥ ⲉⲧ ⲛⲁ
[ϣ]ⲱⲡⲉ ⲛ̄ ⲛⲉϩⲟⲟⲩ ⲉⲧ ⲙ̄ⲙⲁⲩ ⲛϥ̄ ⲧⲙ̄
[ⲥ]ⲱⲧⲙ̄ ⲛ̄ⲥⲱⲟⲩ· ⲉϥⲉⲙⲟⲩ ⲛ̄ϭⲓ ⲡⲣⲱ
ⲙⲉ ⲉⲧ ⲙ̄ⲙⲁⲩ· ⲁⲩⲱ ⲉⲕⲉϥⲓ ⲙ̄ⲡⲡⲟ

13 ⲛⲏⲣⲟⲥ ⲉ ⲃⲟⲗ ϩⲙ̄ ⲡⲓⲥⲣⲁⲏⲗ· ⲡⲗⲁⲟⲥ
ⲇⲉ ⲧⲏⲣϥ̄ ⲉϥϣⲁⲛⲥⲱⲧⲙ̄ ϥⲛⲁⲣ ϩⲟⲧⲉ

14 ⲛϥ̄ ⲧⲙ̄ ⲕⲟⲧϥ̄ ϭⲉ ⲉⲣϣⲁϥⲧⲉ· ⲉⲕϣⲁⲛ
ⲃⲱⲕ ⲇⲉ ⲉϩⲟⲩⲛ ⲉ ⲡⲕⲁϩ ⲡⲁⲓ̈ ⲉⲧ ⲉⲣⲉ
ⲡϫⲟⲉⲓⲥ ⲡⲉⲕⲛⲟⲩⲧⲉ ⲛⲁⲧⲁⲁϥ ⲛⲁⲕ
ϩⲛ̄ ⲟⲩⲕⲗⲏⲣⲟⲛⲟⲙⲓⲁ ⲉ ⲧⲣⲉ ⲕⲕⲗⲏ
ⲣⲟⲛⲟⲙ ⲙ̄ⲙⲟϥ[5]· ⲛ̄ⲅ̄ ⲟⲩⲱϩ ϩⲓ ϫⲱϥ
ⲁⲩⲱ ⲛ̄ⲅ̄ ϫⲟⲟⲥ ⲉ ϯⲛⲁⲉⲓⲛⲉ ⲉ ⲃⲟⲗ

---

[1] As in A F τοις ιερεις τους Λευιτας.
[2] See note 5, p. 53.   [3] κατὰ τὸν νόμον καὶ κατὰ τὴν κρίσιν.
[4] ἐν ὑπερηφανίᾳ.   [5] καὶ κληρονομήσῃς.

]ⲏⲣⲟⲥ ⲉⲃⲟⲗ ϨⲘ ⲡⲓⲥⲣⲁⲏⲗ ⲅⲅⲉⲗⲟⲥ
]ⲉⲧⲏⲣϥ ⲉⲩϣⲁⲛⲥⲱⲧⲙ̄ ⲟⲩⲛ ⲁⲣⲭⲱⲛ
]ⲏ̄ⲧⲙ̄ ⲕⲟⲧϥ̄ ⲇⲉ ⲉⲣ ϣⲁⲩ ⲧⲉ· ⲉⲕϣⲁⲛ
]ϣⲕⲁ ⲉⲉⲧⲟⲩ ⲛ̄ ⲉⲡⲓ ⲕⲁⲧⲁ ⲡⲁⲓ ⲉ ⲧⲉⲣⲉ
]ⲧⲭ ⲉⲓⲥ ⲡⲉⲕⲛⲟⲩ̄ⲧⲉ ⲛⲁ ⲧⲁⲁⲩ ⲛⲁⲧ
]ⲛ̄ⲟⲩ ⲕⲗⲏⲣⲟⲛⲟⲙⲓⲁ ⲉⲧⲣⲉⲕ ⲕⲗⲏ
]ⲟⲛⲟⲙⲓⲛ̄· ⲙⲟⲩⲛ̄ⲅ ⲟⲩⲱ ϨⲢⲀⲒ ⲭⲱⲩ
]ⲁⲩⲱ ⲛ̄ⲅ ⲭⲟⲟⲥ ⲭⲉ ϯⲛⲁⲉⲓⲛⲉ ⲉⲃⲟⲗ
]ⲓ ⲭⲱⲉⲓ ⲛ̄ ⲟⲩⲁⲣⲭⲱⲛ ⲛ̄ⲑⲉ ⲛ̄ ⲛ̄ⲕⲉ
]ⲉⲑⲛⲟⲥ ⲉⲧ ⲖⲀ ⲡⲁⲕⲱⲧⲉ· ⲉⲛⲟⲩ
]ⲕ ⲁ ⲱ ⲥⲧⲭⲱⲉⲓⲛⲉ ⲛ̄ ⲟⲩⲁⲣⲭⲱⲛ·
]ⲁⲓ ⲉⲧⲓ ⲛⲁⲥⲟⲧⲡϥ̄ ⲛ̄ϭⲓ ⲡⲭⲟⲉⲓⲥ
]ⲉⲕⲛⲟⲩⲧⲉ· ⲉⲕⲉ ⲕⲁⲑⲓⲥⲧⲁ ⲘⲠⲀⲢ
]ⲱⲛ ⲉ ϨⲢⲀⲒ ⲉⲭⲱⲕ ⲉⲕⲟⲗ ⲚⲚⲈⲔ
]ⲛⲏⲟⲩ ⲛⲛⲉⲕ ϣⲛⲏⲣ ⲱⲙ ⲉⲛ ϣⲙ̄
]ⲟ ⲉⲃⲟⲗ ⲉⲭⲱⲕ ⲭⲉ ⲘⲠⲈⲔ ⲥⲟⲛ ⲁⲛ
]ⲉ· ⲭⲉⲛ ϥⲛⲁⲧⲁϣⲟ ⲛⲁⲩ ⲁⲛ ⲡⲁⲣⲉⲛ
]ⲧⲱⲣ· ⲟⲩ ⲇⲉ ⲛ̄ϥⲛⲁⲕⲧⲟ ⲁⲛ Ⲙ̄ⲠⲖⲀ
]ⲉϨⲢⲀⲒ ⲉ ⲕⲏⲙⲉ· ⲭⲉⲕⲁⲥ ⲉⲛ ⲛⲉⲩ
]ϣⲟⲛⲁⲩⲛ ⲁⲛ ⲉⲛ ϨⲢⲀⲒ ⲧⲱⲣ· ⲡⲭⲟⲉⲓⲥ ⲇⲉ
]ⲭⲟⲟⲥ ⲭⲉⲛ̄ ⲛⲉⲧⲛ̄ⲟⲩⲱϣ ⲉⲧⲉⲧⲛ̄
]ⲩⲧⲛ̄ ⲉⲕⲧⲉⲧⲏⲟⲩⲧⲛ̄ ⲟⲛ ⲉ ⲡⲁ
]ⲟⲩ ⲥⲓⲧⲉ· ⲥⲓ ⲏ ⲁⲩⲱ ⲛ̄ⲛⲉϥⲧⲁϣ
]ⲙⲉⲛⲁⲩ ⲟⲩⲇⲉ ⲛ̄ⲛⲉⲡⲓⲉϥ
]ⲓⲃⲉ· ⲁⲩⲱ ⲟⲩϨⲀⲦ ⲙⲛ̄ ⲟⲩⲛⲟⲩⲃ̄

ϩⲓϫⲱⲉⲓ¹ ⲛ̄ ⲟⲩⲁⲣⲭⲱⲛ ⲛ̄ⲑⲉ ⲛ̄ ⲛ̄ ⲕⲉ
15 ϩⲉⲑⲛⲟⲥ ⲉⲧ ϩⲛ̄ ⲡⲁ ⲕⲱⲧⲉ· ϩⲛ̄ ⲟⲩⲕⲱ
ⲉⲕⲉⲕⲱ ϩⲓϫⲱⲕ ⲛ̄ ⲟⲩⲁⲣⲭⲱⲛ·
ⲡⲁⲓ̈ ⲉⲧ ϥ̄ⲛⲁⲥⲟⲧⲡϥ̄ ⲛ̄ϭⲓ ⲡϫⲟⲉⲓⲥ
ⲡⲉⲕⲛⲟⲩⲧⲉ· ⲉⲕⲉⲕⲁⲑⲓⲥⲧⲁ² ⲙ̄ ⲡⲁⲣ
ⲭⲱⲛ ⲉ ϩⲣⲁⲓ̈ ⲉ ϫⲱⲕ ⲉ ⲃⲟⲗ ϩⲛ̄ ⲛⲉⲕ
ⲥⲛⲏⲟⲩ ⲛ̄ⲛⲉ ⲕⲉϣⲛ̄ϭⲉ ⲣⲱⲙⲉ ⲛ̄ ϣⲙ̄ⲙ
ⲙⲟ ⲉ ⲃⲟⲗ ⲉ ϫⲱⲕ ϫⲉ ⲙ̄ ⲡⲉⲕⲥⲟⲛ ⲁⲛ

16 ⲡⲉ· ϫⲉ ⲛϥ̄ⲛⲁⲧⲁϣⲟ ⲛⲁϥ ⲁⲛ ⲛ̄ ϩⲉⲛ
ϩⲧⲱⲣ· ⲟⲩⲇⲉ ⲛϥ̄ⲛⲁⲕⲧⲟ ⲁⲛ ⲙ̄ ⲡⲗⲁ
ⲟⲥ ⲉ ϩⲣⲁⲓ̈ ⲉ ⲕⲏⲙⲉ ϫⲉ ⲕⲁⲥ ⲉⲛⲛⲉ ϥ
ⲧⲁϣⲟ ⲛⲁϥ ⲛ̄ ϩⲉⲛϩⲧⲱⲣ· ⲡϫⲟⲉⲓⲥ ⲇⲉ
ⲁϥϫⲟⲟⲥ ϫⲉ ⲛ̄ ⲛⲉⲧⲛ̄ⲟⲩⲱϩ ⲉⲧⲉⲧⲛ
ⲟⲩⲧⲛ̄ ⲉⲕⲧⲉⲧⲛⲟⲩⲧⲛ̄ (sic) ⲟⲛ ⲉ ⲡⲁ

17 ϩⲟⲩ ϩⲓ ⲧⲉⲓ̈ ϩⲓⲏ· ⲁⲩⲱ ⲛ̄ⲛⲉ ϥⲧⲁϣⲉ
ⲥϩⲓⲙⲉ ⲛⲁϥ· ⲟⲩⲇⲉ ⲛ̄ⲛⲉ ⲡⲉϥϩⲏⲧ
ϣⲓⲃⲉ· ⲟⲩϩ ⲟⲩϩⲁⲧ ⲙⲛ̄ ⲟⲩⲛⲟⲩⲃ·

18 ⲡⲉϥⲧⲁϣⲟϥ ⲛⲁϥ ⲉⲙⲁⲧⲉ· ⲁⲩⲱ ⲉϥ
ϣⲁⲛϩⲙⲟⲟⲥ ⲉϫⲛ̄ ⲧⲉϥ ⲁⲣⲭⲏ· ⲉϥⲉ
[ⲥ]ϩⲁⲓ ⲛⲁϥ ⲙ̄ ⲡⲉⲓ̈ ⲇⲉⲩⲧⲉⲣⲟⲛⲟⲙⲓⲟⲛ
ⲉⲧϫⲱⲙⲙⲉ ⲛ̄ ⲧⲟⲟⲧⲟⲩ ⲛ̄ ⲛ̄ⲟⲩⲏ

Fol. 26 a
[ⲟⲉ]

19 [ⲛ]ⲃ̄ ⲡⲗⲉⲩⲉⲓⲧⲏⲥ· ⲛϥ̄ϣⲱⲡⲉ ⲛⲉⲙⲁϥ
[ⲁ]ⲩⲱ ⲛϥ̄ⲱϣ ⲛ̄ ϩⲏⲧϥ̄ ⲛ̄ ⲛⲉϩⲟⲟⲩ
[ⲧⲏ]ⲣⲟⲩ ⲙ̄ ⲡⲉϥⲱⲛⲁϩ· ϫⲉ ⲉϥⲉⲥⲃⲟ
ⲉⲣ ϩⲟⲧⲉ ϩⲏⲧϥ̄ ⲙ̄ ⲡϫⲟⲉⲓⲥ ⲡⲉⲕⲛ[ⲟⲩ]
ⲧⲉ ⲉ ⲧⲣⲉ ϥϩⲁⲣⲉϩ ⲉ ⲛⲉⲓ̈ ⲉⲛⲧⲟⲗⲏ ⲧⲏ

20 ⲣⲟⲩ ⲙⲛ̄ ⲛⲉⲓ̈ ⲇⲓⲕⲁⲓⲱⲙⲁ ⲉ ⲁⲁⲩ· [ϫⲉ]
ⲕⲁⲥ ⲉⲛⲛⲉ ⲡⲉϥϩⲏⲧ ϫⲓⲥⲉ ⲉϫⲛ̄
ⲛⲉϥⲥⲛⲏⲟⲩ· ⲁⲩⲱ ϫⲉ ⲕⲁⲥ ⲉⲛ
ⲛⲉ ϥⲣ̄ ⲡⲃⲟⲗ³ ⲛ̄ ⲛ̄ⲉⲛⲧⲟⲗⲏ ⲉ ⲟⲩ
ⲛⲁⲙ ⲏ̂ ⲉ ϩⲃⲟⲩⲣ· ϫⲉ ⲉϥⲉⲣ̄ ⲟⲩⲛⲟϭ

---

¹ καταστήσω ἐπ' ἐμαυτόν.   ϩⲓϫⲱⲉⲓ = ϩⲓϫⲟⲓ̈.
² καταστήσεις.   ³ ἵνα μὴ παραβῇ.

DEUTERONOMY XVII. 20—XVIII. 6

ⲛ̄ ⲟⲩⲟⲉⲓϣ ϩⲛ̄ ⲧⲉϥ ⲁⲣⲭⲏ · ⲛ̄ⲧⲟϥ
ⲙⲛ̄ ⲛⲉϥϣⲏⲣⲉ ⲛⲉⲙⲁϥ ϩⲛ̄ ⲧⲙⲏ-

Chap. XVIII. 1 ⲧⲉ ⲙ̄ ⲡⲓⲥⲣⲁⲏⲗ ·: ⲛ̄ⲛⲉ ⲙⲉⲣ[ⲓⲥ]
ⲟⲩⲇⲉ ⲛ̄ⲛⲉ ⲕⲗⲏⲣⲟⲥ ϣⲱⲡⲉ ⲛ̄
ⲛ̄ⲟⲩⲏⲏⲃ ⲛ̄ ⲗⲉⲩⲉⲓⲧⲏⲥ[1] ⲛ̄ⲙ̄ ⲡⲓⲥ-
ⲣⲁⲏⲗ ⲛⲉⲟⲩⲥⲓⲁ[2] ⲙ̄ ⲡϫⲟⲉⲓⲥ ⲡⲉ
ⲡⲉⲩⲕⲗⲏⲣⲟⲥ ⲛ̄ⲧⲟⲟⲩ ⲛⲉ ⲉⲧⲟⲩ-

2 ⲛⲁⲟⲩⲟⲙⲟⲩ · ⲛ̄ⲛⲉ ⲕⲗⲏⲣⲟⲥ ⲇⲉ ϣ[ⲱ]-
ⲡⲉ ⲛⲁϥ · ⲛ̄ ⲛⲉϥⲥⲛⲏⲟⲩ ⲡϫⲟⲉⲓⲥ
ⲛ̄ⲧⲟϥ ⲡⲉ ⲡⲉϥⲕⲗⲏⲣⲟⲥ ⲕⲁⲧⲁ

3 ⲑⲉ ⲉⲛⲧ ⲁϥϫⲟⲟⲥ ⲛⲁϥ · ⲁⲩⲱ ⲡⲁⲓ
ⲡⲉ ⲡϩⲁⲡ ⲛ̄ ⲛ̄ⲟⲩⲏⲏⲃ ⲉⲧⲛⲁϫⲓ
ⲛ̄ ⲧⲟⲟⲧϥ̄ ⲙ̄ ⲡⲗⲁⲟⲥ ⲛ̄ ⲧⲟⲟⲧⲟⲩ
ⲛ̄ ⲛⲉⲧ ⲛⲁϣⲱⲱⲧ ⲛ̄ ⲛⲉⲧ ⲟⲩⲛⲁ
ϣⲁⲁⲧ ⲉⲧⲉϣⲱⲡⲉ ⲟⲩⲙⲁⲥⲉ ⲡⲉ
ⲏ̄ ⲉϣⲱⲡⲉ ⲟⲩⲉⲥⲟⲟⲩ ⲡⲉ ⲉϥⲉϯ ⲙ̄
[ⲡⲟ]ⲩⲏⲏⲃ ⲙ̄ ⲡⲉϥⲃⲥⲉ ⲛ̄ⲙ̄ ⲛ̄ ⲥⲛⲁⲩ

Fol. 26 b 4 ⲟⲩⲟϭⲉ ⲛ̄ⲙ̄ ⲑⲉ · ⲁⲩⲱ ⲛⲁⲡⲁⲣⲭⲏ ⲙ̄[ⲡⲉⲕ]-
[ⲡ̄] ⲥⲟⲩⲟ ⲛ̄ⲙ̄ ⲡⲉⲕⲏⲣⲡ ⲛ̄ⲙ̄ ⲡⲉⲕⲛⲉϩ [ⲛ̄ⲙ̄]
ⲛⲁⲡⲁⲣⲭⲏ ⲛ̄ ⲡ̄ⲥⲟⲣⲧ · ⲛ̄ ⲛⲉⲕⲉⲥⲟⲟⲩ

5 ⲉⲕⲉⲧⲁⲁⲥ ⲛⲁϥ · ϫⲉ ⲛ̄ⲧⲟϥ ⲡⲉ ⲛ̄ⲧⲁϥ[ⲥⲟⲧ]-
ⲡϥ̄ ⲛ̄ϭⲓ ⲡϫⲟⲉⲓⲥ ⲡⲉⲕⲛⲟⲩⲧⲉ ⲉ ⲃⲟ[ⲗ ϩⲛ̄]
ⲛⲉⲕⲫⲩⲗⲏ ⲧⲏⲣⲟⲩ ⲉ ⲧⲣⲉ ϥⲁϩⲉ ⲣ[ⲁⲧϥ̄]
ⲙ̄ⲡⲉ ⲙ̄ⲧⲟ ⲉ ⲃⲟⲗ ⲙ̄ ⲡϫⲟⲉⲓⲥ ⲡⲉⲕ[ⲛⲟⲩ]-
ⲧⲉ ⲉ ϣⲙ̄ϣⲉ ⲁⲩⲱ ⲉⲥⲙⲟⲩ ϩⲙ̄ ⲡⲉϥ
ⲣⲁⲛ · ⲁⲩⲱ ⲛⲉϥ ⲕⲉ ϣⲏⲣⲉ ϩⲛ̄ ⲛ̄ϣⲏⲣⲉ
ⲙ̄ ⲡⲓⲥⲣⲁⲏⲗ · ⲛ̄ⲛⲉϩⲟⲟⲩ ⲧⲏⲣⲟⲩ[3] ·

6 ⲉⲣⲉϣⲁⲛ ⲡⲗⲉⲩⲉⲓⲧⲏⲥ ⲇⲉ ⲉⲓ̄ ϣⲁ ⲣⲟ[ⲕ]
ⲉ ⲃⲟⲗ ϩⲛ̄ ⲟⲩⲉⲓ̄ ⲛ̄ ⲛⲉⲧⲛ̄ ⲡⲟⲗⲓⲥ

---

[1] ἱερεῦσιν τοῖς Λευείταις; the Coptic has no equivalent for ὅλῃ φυλῇ Λευεί.

[2] καρπώματα.

[3] There is no Greek for ⲛ̄ⲛⲉϩⲟⲟⲩ ⲧⲏⲣⲟⲩ.

DEUTERONOMY XVIII. 6—XIX. 4

ⲛ̄ ⲛ̄ϣⲏⲣⲉ ⲧⲏⲣⲟⲩ ⲙ̄ ⲡⲓⲥⲣⲁⲏⲗ ⲉ ⲡ[ⲙⲁ]
ⲛ̄ⲧⲟϥ ⲉⲧ ϥ̄ⲛⲁⲥⲟⲉⲓⲗⲉ ⲉⲣⲟϥ ⲕⲁⲧⲁ
ⲑⲉ ⲉⲧ ⲉⲣⲉ ⲧⲉϥⲯⲩⲭⲏ ⲟⲩⲁϣⲟ[ⲩ]
ϩⲙ̄ ⲡⲙⲁ ⲉⲧ ⲉⲣⲉ ⲡϫⲟⲉⲓⲥ ⲡⲉⲕⲛⲟⲩ

7 ⲧⲉ ⲛⲁⲥⲟⲧⲡϥ̄· ⲉ ⲧⲣⲉ ϥϣⲙ̄ϣⲉ ϩⲙ̄
ⲡⲣⲁⲛ ⲙ̄ ⲡϫⲟⲉⲓⲥ ⲡⲉϥⲛⲟⲩⲧⲉ· ⲛ̄ⲑⲉ[ⲉ]
ⲛ̄ ⲛⲉϥⲥⲛⲏⲟⲩ ⲧⲏⲣⲟⲩ ⲛ̄ ⲗⲉⲩⲉⲓⲧⲏ[ⲥ]
ⲛⲉⲧ ⲁϩⲉ ⲣⲁⲧⲟⲩ ⲙ̄ ⲡⲙⲁ ⲉⲧ ⲙ̄ⲙⲁⲩ

8 ⲙ̄ⲡⲉ ⲙ̄ⲧⲟ ⲉ ⲃⲟⲗ ⲙ̄ ⲡϫⲟⲉⲓⲥ· ⲉϥⲉ
ⲟⲩⲱⲙ ⲛ̄ ⲟⲩⲙⲉⲣⲓⲥ ⲉⲥⲡⲟⲣϫ¹ ϣⲁ
ⲁⲧ ⲙ̄ⲡⲉϥ² ⲧⲕⲁⲁϥ ⲉ ϩⲣⲁⲓ̈ ⲕⲁⲧⲁ

9 ⲙ̄ ⲙⲛ̄ⲧⲉⲓⲱⲧ³· ⲉⲕϣⲁⲛⲃⲱⲕ ⲇⲉ
ⲉ ϩⲟⲩⲛ ⲉ ⲡⲕⲁϩ ⲡⲁⲓ̈ ⲉⲧ ⲉⲣⲉ ⲡϫⲟ
ⲉⲓⲥ ⲡⲉⲕⲛⲟⲩⲧⲉ ⲛⲁⲧⲁⲁϥ ⲛⲁⲕ
ⲛ̄ⲛⲉ ⲕⲥⲃⲟ ⲉ ⲉⲓⲣⲉ ⲕⲁⲧⲁ ⲛ̄ⲃⲟⲧⲉ

10 ⲛ̄ ⲛ̄ϩⲉⲑⲛⲟⲥ ⲉⲧ ⲙ̄ⲙⲁⲩ· ⲛ̄ⲛⲉ ⲟⲩϩⲉ
ⲉⲣⲉ ϥⲉϣⲉⲓ ⲉⲣⲃⲟⲥⲟⲛ ⲉ ϩⲣⲁⲓ̈
ⲛ̄ϩⲏⲧⲛ̄ ⲉϥϩⲱⲛⲧ̄ ⲙ̄ ⲡⲉϥϣⲏⲣ[ⲉ]

[One leaf wanting]

Chap. ⲛⲉⲩⲡⲟⲗⲉⲓⲥ ⲛⲙ̄ ⲛⲉⲩⲏⲉⲓ· ϣⲟⲙ
XIX. 1, 2 ⲧⲉ ⲙ̄ ⲡⲟⲗⲉⲓⲥ· ⲉⲕⲉⲡⲟⲣϫⲟⲩ ⲛⲁⲕ
ⲉ ⲃⲟⲗ ϩⲛ̄ ⲧⲙⲏⲧⲉ ⲙ̄ ⲡⲕⲁϩ ⲡⲁⲓ̈ ⲉ
ⲧ ⲉⲣⲉ ⲡϫⲟⲉⲓⲥ ⲡⲉⲕⲛⲟⲩⲧⲉ ⲛ[ⲁⲧⲁ]

3 ⲁϥ ⲛⲁⲕ· ⲧⲉϣ ⲧⲉϩⲓⲏ⁴ ⲛⲁⲕ ⲁⲩ[ⲱ]
ⲛ̄ⲅ̄ ⲉⲓⲣⲉ ⲛ̄ ϣⲟⲙⲧⲉ ⲛ̄ⲧⲟ ⲛ̄ ⲛ̄▮▮▮⁵
ⲙ̄ ⲡⲉⲕⲕⲁϩ· ⲡⲁⲓ̈ ⲉⲧ ⲉⲣⲉ ⲡϫⲟⲉⲓⲥ
ⲡⲉⲕⲛⲟⲩⲧⲉ ⲛⲁⲧⲟϣϥ̄ ⲛⲁⲕ ϩ▮▮▮⁵
ⲉⲧⲉϣⲱⲡⲉ ⲛ̄ ⲙⲁ ⲙ̄ ⲡⲱⲧ ⲛ̄[ⲟⲩ]

4 ⲟⲛ ⲛⲓⲙ ⲉϥⲛⲁϩⲱⲧⲃ̄· ⲡⲉⲧ ⲛⲁ[ⲡⲱⲧ]

---

¹ = μερίδα μεμερισμένην. ² One letter wanting, ⲁ (?).
³ A paraphrase of πλὴν τῆς πράσεως τῆς κατὰ πατρίαν.
⁴ στόχασαί σοι τὴν ὁδόν.
⁵ Two or three letters wanting.

ⲉ ⲡⲙⲁ ⲉⲧ ⲙ̄ⲙⲁⲩ [ⲉ]ϥⲛⲁⲱⲛϩ̄ [1] [ⲡⲉⲧ]
ⲛⲁⲣⲱⲧ ⲙ̄ ⲡⲉⲧ ϩⲓⲧⲟⲩⲱϥ ⲉⲛ ϥ̄
ⲥⲟⲟⲩⲛ ⲁⲛ · ⲁⲩⲱ ⲡⲁⲓ̈ ⲛⲉϥⲙⲟⲥⲧ[ⲉ]
ⲁⲛ ⲙ̄ⲙⲟϥ ⲡⲉ ϩⲁ ⲑⲏ ⲛ̄ⲥⲁϥ ⲙ̄ⲛ̄

5 ϣⲙ̄ⲧⲉ ⲡⲟⲟⲩ ⲛ̄ϩⲟⲟⲩ [2] · ⲁⲩⲱ ⲡⲉ[ⲧ]
ⲛⲁⲃⲱⲕ ⲉ ϩⲟⲩⲛ ⲛⲙ̄ ⲡⲉⲧ ϩⲓⲧⲟⲩ
ⲱϥ · ⲉⲧⲙⲁ ⲛ̄ ϣⲏⲛ [3] ⲉⲧⲕⲉⲣⲉϣⲉ
ⲁⲩⲱ ⲛ̄ⲧⲉ ⲧⲉϥϭⲓϫ ϫⲱⲣⲡ̄ ⲉϥⲕⲱ
ⲱⲣⲉ ⲛ̄ ⲡϣⲉ ϩⲙ̄ ⲡⲕⲉⲗⲉⲃⲓⲛ [4] ⲁⲩ
ⲱ ⲛ̄ⲧⲉ ⲡⲡⲉⲛⲓⲡⲉ ⲛⲟⲧϩⲉ ⲉ ⲃⲟⲗ
ⲛ̄ ⲧⲧⲱⲣⲉ ⲛ̄ϥ̄ⲣⲁϩⲧ ⲡⲉⲧ ϩⲓⲧⲟⲩ
ⲱϥ ⲛ̄ϥⲙⲟⲩ · ⲡⲁⲓ̈ ⲉϥⲉⲡⲱⲧ ⲉⲧⲉⲓ̈

6 ⲛ̄ ⲛⲉⲓ̈ ⲡⲟⲗⲓⲥ ⲛ̄ϥⲱⲛϩ̄ · ϫⲉ ⲕⲁⲥ ⲉ
ⲛⲉ ⲡⲉⲧ ϫⲓ ⲉ ϩⲟⲩⲛ ⲉ ⲡⲁⲓ̈ ⲉⲛⲧ[ⲁϥ]
ⲙⲟⲩ ⲛ̄ⲛⲉ ϥⲡⲱⲧ ⲛ̄ⲥⲁ ⲡⲉ ⲛⲧ[ⲁϥ]
ⲙⲟⲟⲩⲧ ⲉ ⲧⲣⲉ ϫⲉⲗ ⲡⲉϥ[ϩⲏⲧ]
ⲉ ⲣⲟ[ϥ] ⲁⲩⲱ ⲛ̄ϥ ⲧⲁϩⲟϥ ⲉϣ[ⲱⲡⲉ]
ⲧⲉϩⲓⲏ ⲟⲩⲏⲟⲩ ⲙ̄ⲙⲟϥ ⲛ̄ϥ▩ [5]
[ⲧⲉ]ϥⲯⲩⲭⲏ ⲛ̄ϥⲙⲟⲩ · ⲡⲉ▩ [6]

Fol. 27 b
[ⲡⲁ]

ⲡⲉⲓ̈ ⲕⲉ ⲛ̄ⲛⲉ ⲧⲟⲡϥ̄ ⲉ ⲣⲟϥ ⲉⲧⲙⲟⲩ ϫⲉ
ⲛ̄ⲛⲉ ϥⲙⲟⲥⲧⲉ ⲙ̄ⲙⲟϥ ⲁⲛ ϩⲁ ⲑⲏ ⲛ̄ⲥⲁϥ

7 ⲙⲛ̄ ϣⲙ̄ⲧⲉ ⲡⲟⲟⲩ ⲛ̄ ϩⲟⲟⲩ · ⲉ ⲧⲃⲉ ⲡⲁⲓ̈
ϭⲉ ⲁⲛⲟⲕ ϯϩⲱⲛ ⲉ ⲧⲟⲟⲧⲕ̄ ⲙ̄ ⲡⲉⲓ̈ ϣⲁ
[ϫ]ⲉ ⲉⲓ̈ϫⲱ ⲙ̄ⲙⲟⲥ ϫⲉ ϣⲟⲙⲧⲉ ⲙ̄ ⲡⲟⲗⲓⲥ

8 [ⲡⲟ]ⲣϫⲟⲩ ⲛⲁⲕ ⲉ ⲃⲟⲗ · ⲉⲣⲉ ϣⲁⲛ ⲡϫⲟ
[ⲉⲓⲥ] ϫⲉ ⲡⲉⲕⲛⲟⲩⲧⲉ ⲟⲩⲱϣⲥ̄ ⲉ ⲃⲟⲗ
[ⲛ̄]ⲛⲉⲕⲧⲟϣ ⲙ̄ ⲡⲉⲥⲙⲟⲧ ⲉⲛⲧⲁ ⲡϫⲟ
[ⲉⲓ]ⲥ ⲡⲉⲕⲛⲟⲩⲧⲉ ⲱⲣⲕ̄ ⲛ̄ ⲛⲉⲕⲉⲓⲟⲧⲉ

---

[1] The Coptic has no equivalent for τοῦτο δὲ ἔσται τὸ πρόσταγμα τοῦ φονευτοῦ.

[2] ⲛ̄ⲥⲁϥ ⲙⲛ̄ ϣⲙ̄ⲧⲉ ⲡⲟⲟⲩ ⲛ̄ϩⲟⲟⲩ = ἐχθὲς καὶ τρίτης = שִׁלְשֹׁם שִׁלְשׁוֹם

[3] 'Place of trees' = τὸν δρυμόν.   [4] τῇ ἀξίνῃ.

[5] Three or four letters wanting.

[6] Two or three letters wanting.

DEUTERONOMY XIX. 8–14

ⲉⲧⲉ ⲡϫⲟⲉⲓⲥ ϯ ⲛⲁⲕ ⲙ̄ ⲡⲕⲁϩ ⲧⲏⲣϥ̄
ⲡⲁⲓ̈ ⲉⲛⲧⲁ ⲡϫⲟⲉⲓⲥ ϫⲟⲟⲥ ⲉ ⲧⲃ̄ⲛⲏⲧϥ̄

9 ⲉ ⲧⲁⲁϥ ⲛ̄ ⲛⲉⲕⲉⲓⲟⲧⲉ· ⲉⲕϣⲁⲛⲥⲱⲧⲙ̄
ⲉ ⲉⲓ̂ⲣⲉ ⲛ̄ ⲛⲉⲓ̈ ⲉⲛⲧⲟⲗⲏ ⲧⲏⲣⲟⲩ ⲛⲁⲓ̈
ⲁⲛⲟⲕ ϯϩⲱⲛ ⲙ̄ⲙⲟⲟⲩ ⲉ ⲧⲟⲟⲧⲕ̄
ⲙ̄ⲡⲟⲟⲩ ⲉ ⲙⲉⲣⲉ ⲡϫⲟⲉⲓⲥ ⲡⲉⲕ ⲛⲟⲩ
ⲧⲉ ⲁⲩⲱ ⲉ ⲙⲟⲟϣⲉ ϩⲓ ⲛⲉϥϩⲓⲟⲟⲩⲉ ⲧⲏ
ⲣⲟⲩ ⲛ̄ ⲛⲉⲕϩⲟⲟⲩ ⲧⲏⲣⲟⲩ· ⲉⲕⲉⲟⲩⲟϩ
ⲕⲉ ϣⲟⲙⲧⲉ ⲙ̄ ⲡⲟⲗⲓⲥ ⲉ ⲧⲟⲟⲧⲕ̄ ⲉⲣⲁ

10 ⲧⲟⲩ ⲛ̄ ⲧⲉⲓ̈ ϣⲟⲙⲧⲉ ⲙ̄ ⲡⲟⲗⲉⲓⲥ· ⲛ̄ϥ̄ ⲧⲙ̄
ⲡⲱⲛ ⲉ ⲃⲟⲗ ⲛ̄ϭⲓ ⲟⲩⲥⲛⲟϥ ⲛ̄ ⲁⲧ ⲛⲟⲃⲉ
ϩⲙ̄ ⲡⲉⲕⲕⲁϩ ⲡⲉⲓ̈ ⲉⲧ ⲉⲣⲉ ⲡϫⲟⲉⲓⲥ ⲡⲉ
ⲕⲛⲟⲩⲧⲉ ⲛⲁⲧⲁⲁϥ ⲛⲁⲕ ϩⲛ̄ ⲟⲩⲕⲗⲏⲣⲟⲥ·
ⲁⲩⲱ ⲛ̄ⲛⲉ ϥϣⲱⲡⲉ ϩⲛ̄ ⲧⲉⲕⲙⲛ̄ⲧⲉ ⲛ̄
ϭⲓ ⲡⲉⲧ ϭⲏⲡⲉ ⲟⲩⲥⲛⲟϥ ⲉ ⲁϥⲡⲟⲛϥ̄

11 ⲉ ⲃⲟⲗ· ⲉⲣⲉ ϣⲁⲛ ⲟⲩⲣⲱⲙⲉ ⲇⲉ ϣⲱ
ⲡⲉ ⲉⲧ ⲙⲟⲥⲧⲉ ⲙ̄ ⲡⲉⲧ ϩⲓⲧⲟⲩⲱϥ ⲁⲩⲱ
ⲛϥ̄ⲣ̄ ⲕⲣⲟϥ ⲉ ⲣⲟϥ ⲛϥ̄ⲧⲱⲟⲩⲛ ⲉ ϫⲱϥ ⲛϥ̄
[ⲡ]ⲁⲧⲁⲥⲥⲉ ⲛ̄ⲧⲉϥⲯⲩⲭⲏ ⲛϥ̄ⲙⲟⲩ· ⲛϥ̄

12 [ⲡ]ⲱⲧ ⲉ ϩⲟⲩⲛ ⲉⲧⲁ ⲛ̄ ⲛⲉⲓ̈ ⲡⲟⲗⲉⲓⲥ· ⲉⲣⲉ
[ⲛⲉϩⲗ̄ⲗⲟ] ⲛ̄ ⲧⲉϥⲡⲟⲗⲉⲓⲥ ϫⲟⲟⲩ ⲛ̄ⲥⲉϫⲓ
[ⲧϥ̄ ⲉ] ⲃⲟⲗ ϩⲛ̄ ⲡⲙⲁ ⲉⲧ ⲙ̄ⲙⲁⲩ· ▓▓▓[1]
[2]▓▓ [ⲉ ϩ]ⲣⲁⲓ̈ ⲉ ⲧⲟⲟⲧϥ̄ ⲙ̄ ⲡⲣⲱⲙⲉ[3] ⲙ̄ [ⲡ]

13 [ⲉⲧ ϫⲓ ⲉ ϩⲟⲩⲛ ▓▓[4] ⲙⲟ]ⲟⲩⲧϥ̄[5] ⲛ̄ⲛⲉ
ⲡⲉⲕⲃⲁⲗ ϯⲥⲟ ⲉ ⲣⲟϥ· ⲁⲩⲱ ⲉⲕⲉⲧ̄ⲃ̄ⲃⲟ
ⲙ̄ ⲡⲉⲥⲛⲟϥ ⲛ̄ ⲁⲧ ⲛⲟⲃⲉ ⲉ ⲃⲟⲗ ϩⲙ̄ ⲡⲓⲥ
ⲣⲁⲏⲗ ϫⲉ ⲉⲣⲉ ⲡⲉⲧ ⲛⲁⲛⲟⲩϥ ϣⲱⲡⲉ ⲙ̄

14 ⲙⲟⲕ· ⲛ̄ⲛⲉ ⲕⲡⲱⲱⲛⲉ ⲉ ⲃⲟⲗ ⲛ̄ ⲛ̄ⲧ[ⲟϣ]

Fol. 28 a
[ⲡⲉ]

---

[1] Five or six letters wanting; a piece of the papyrus has flaked off. The equivalent of the missing words is καὶ παραδώσουσιν αὐτόν.   [2] Perhaps one letter wanting.

[3] In the singular with ⲡ ; Gr. τῶν ἀγχιστευόντων.

[4] Three or four letters wanting.

[5] The letters ⲧϥ̄ have been retouched on the papyrus.

ⲙ̄ ⲡⲉⲧ ϩⲓⲧⲟⲩⲱⲕ· ⲛⲁⲓ̈ ⲉⲛⲧ ⲁⲩⲧ[ⲁϩⲟ]
ⲟⲩ ⲉ ⲣⲁⲧⲟⲩ ⲛ̄ϭⲓ ⲛⲉⲧ ϩⲁ ⲧⲉⲕϩⲏ ϩ▮[¹]
ⲕⲗⲏⲣⲟⲛⲟⲙⲓⲁ ⲧⲁⲓ̈ ⲉⲛⲧⲁⲩⲧⲁⲁⲥ ⲛ[ⲁⲕ]
ϩⲛ̄ ⲡⲕⲁϩ ⲉⲧ ⲉⲣⲉ ⲡϫⲟⲉⲓⲥ ⲡⲉⲕⲛ[ⲟⲩ]
ⲧⲉ ⲛⲁⲧⲁⲁϥ ⲛⲁⲕ' ϩⲛ̄ ⲟⲩⲕⲗⲏⲣⲟⲥ· ⲛ̄

15 ⲛⲉ ⲟⲩⲙ̄ⲛ̄ⲧⲣⲉ ⲛ̄ ⲟⲩⲱⲧ' ⲣⲱϣⲉ ⲉ ⲧⲣⲉ [ϥ]
ⲣ̄ ⲙⲛ̄ⲧⲣⲉ ⲉⲧⲣⲱⲙⲉ ⲉⲧⲃⲉ ⲁⲇⲓⲕⲓⲁ ⲛⲓⲙ
ⲁⲩⲱ ⲉ ⲧⲃⲉ ⲛⲟⲃⲉ ⲛⲓⲙ ⲉⲧ ϥ̄ⲛⲁⲁⲩ· ⲁⲗ
ⲗⲁ ϣⲁϫⲉ ⲛⲓⲙ ⲉⲧⲉⲣⲙⲉ² ϩⲓⲧⲛ̄ ⲧⲧⲁ
ⲡⲣⲟ ⲙ̄ ⲙⲛ̄ⲧⲣⲉ ⲥⲛⲁⲩ ⲁⲩⲱ ϩⲓⲧⲛ̄

16 ⲧⲧⲁⲡⲣⲟ ⲛ̄ ϣⲟⲙⲛ̄ⲧ ⲙⲛ̄ⲧⲣⲉ· ⲉⲣⲉ ϣⲁⲛ
ⲟⲩⲙⲛ̄ⲧⲣⲉ ⲇⲉ ⲛ̄ ⲁⲇⲓⲕⲟⲥ ⲁϩⲉ ⲣⲁⲧϥ̄
ⲉⲧⲣⲱⲙⲉ ⲉϥⲥⲟⲟϩⲉ³ ⲉ ⲣⲟϥ· ⲉ ⲧⲃⲉ ⲟⲩ

17 ⲙⲛ̄ⲧϣⲁϥⲧⲉ· ⲉⲣⲉ ⲡⲣⲱⲙⲉ ⲥⲛⲁⲩ ⲁ
ϩⲉ ⲣⲁⲧⲟⲩ ⲛⲉⲧ' † ⲛ̄ⲙ̄ ⲛⲉⲧⲉⲣⲛⲟⲩ·
ⲙ̄ⲡⲉ ⲙⲧⲟ ⲉ ⲃⲟⲗ ⲙ̄ ⲡϫⲟⲉⲓⲥ ⲁⲩⲱ
ⲙ̄ⲡⲉ ⲙ̄ⲧⲟ ⲉ ⲃⲟⲗ ⲛ̄ ⲛ̄ⲟⲩⲏⲏⲃ· ⲁⲩⲱ
ⲙ̄ⲡⲉ ⲙ̄ⲧⲟ ⲉ ⲃⲟⲗ ⲛ̄ⲣ̄ ⲣⲉϥϯ ϩⲁⲡ' ⲛⲉⲧ
ⲛⲁϣⲱⲡⲉ ⲛ̄ ⲛⲉϩⲟⲟⲩ ⲉⲧ ⲙ̄ⲙⲁⲩ·

18 ⲁⲩⲱ ⲉⲩⲉϣⲓⲛⲉ ϩⲛ̄ ⲟⲩⲱⲣϫ' [ⲛ̄ϭⲓ] ⲛⲉ
ⲕⲣⲓⲧⲏⲥ ⲁⲩⲱ ⲉⲓⲥ ϩⲏⲏⲧⲉ ⲟⲩ[ⲛ ⲙ]ⲛ̄ⲧⲣⲉ
ⲛ̄ ⲁⲇⲓⲕⲟⲥ ⲡⲉ ⲛ̄ⲧⲁϥⲣ̄ ⲙⲛ̄[ⲧⲣⲉ] ⲛ̄
ϩⲉⲛϫⲓⲛϭⲟⲛⲥ̄· ⲉ ⲁϥⲁϩⲉ ⲣⲁⲧ[ϥ̄ ⲉ ⲡⲉϥ]

19 ⲥⲟⲛ· ⲁⲩⲱ ⲉⲕⲉϥⲓ ⲙ̄ ⲡⲡⲟⲛⲏ[ⲣⲟⲥ ⲉ ⲃⲟⲗ]

20 ϩⲛ̄ ⲧⲉⲧⲛ̄ⲙⲏⲧⲉ⁴· ⲁⲩⲱ ⲛ̄ ⲕ[ⲉ ⲥⲏⲡⲉ ⲉⲩ]
ϣⲁⲛⲥⲱⲧⲙ̄ ⲥⲉⲛⲁⲣϩⲟⲧⲉ ϩⲏⲧⲟⲩ ▮[⁵]
ⲟⲩⲱϩ ϭⲉ ⲉ ⲧⲟⲟⲧⲟⲩ ⲉ ⲉⲓⲣ[ⲉ] ▮[⁶]
▮[⁷] ϫⲟ ϩⲛ̄ ⲧⲉⲧⲛ̄ⲙⲏⲧⲉ· ⲛ̄[ⲛⲉ ⲡⲉⲕⲃⲁⲗ]

---

[1] Two or three letters wanting.

[2] 'Made true'; Gr. στήσεται.   [3] καταλέγων.

[4] The Coptic has no equivalent for the first section of the verse: καὶ ποιήσετε αὐτῷ ὃν τρόπον ἐπονηρεύσατο ποιῆσαι κατὰ τοῦ ἀδελφοῦ αὐτοῦ.   [5] One or two letters wanting.

[6] Four or five letters wanting.   [7] Two or three letters wanting.

DEUTERONOMY XIX. 21—XX. 5   61

21 ⲃⲁⲗ ⲧⲥⲟ ⲉⲣⲟϥ· ⲉ ϯ ⲛ̄ ⲟⲩⲯⲩⲭⲏ ϩⲁ ⲟⲩ   Fol. 28 b
   ⲯⲩⲭⲏ· ⲟⲩⲃⲁⲗ· ⲉ ⲡⲙⲁ ⲛ̄ ⲟⲩⲃⲁⲗ· ⲟⲩ   [ⲡⲉ]
   ⲟⲃϩⲉ ⲉ ⲡⲙⲁ ⲛ̄ ⲟⲩⲟⲃϩⲉ· ⲟⲩϭⲓⲝ
   [ⲉ ⲡ]ⲙⲁ ⲛ̄ ⲟⲩϭⲓⲝ· ⲟⲩⲉⲣⲏⲧⲉ ⲉ ⲡⲙⲁ ⲛ̄

Chap. [ⲟⲩⲉ]ⲣⲏⲧⲉ: ⲉⲛϣⲁⲛⲃⲱⲕ' ⲇⲉ ⲉ ⲃⲟⲗ
XX. 1 [ⲉ ⲡ]ⲡⲟⲗⲉⲙⲟⲥ ⲉ ⲙⲓϣⲓ ⲛⲙ̄ ⲛⲉⲕϫⲓϫⲉ
       [ⲟⲩⲉ] ⲁⲩⲱ ⲛⲅ̄ ⲛⲁⲩ ⲛ̄ⲩϩⲧⲟ ⲙⲛ̄ ⲡⲉⲧ ϩⲓ
       [ⲱ]ⲱϥ· ⲁⲩⲱ ⲟⲩⲙⲏⲏϣⲉ ⲉϥⲟϣ ⲉ ⲣⲟⲕ·
       [ⲛ̄ⲛⲉ] ⲕ ⲣ̄ ϩⲟⲧⲉ ϩⲏⲧⲟⲩ ⲉ ⲃⲟⲗ ϫⲉ [ⲡϫⲟ]
       [ⲉ]ⲓⲥ ⲡⲉⲕⲛⲟⲩⲧⲉ ϣⲟⲟⲡ ⲛⲉⲙⲁⲕ· ⲡⲉ ⲛ

2 ⲧ ⲁϥⲛ̄ⲧ ⲉ ⲃⲟⲗ ϩⲛ̄ ⲡⲕⲁϩ ⲛ̄ ⲕⲏⲙⲉ· ⲁⲩ
   ⲱ ⲉⲕϣⲁⲛϩⲱⲛ ⲉ ϩⲟⲩⲛ ⲉ ⲡⲡⲟⲗⲉⲙⲟⲥ
   ⲉⲣⲉ ⲡⲟⲩⲏⲏⲃ ϯ ⲙ̄ⲡⲉϥⲟⲩⲟⲉⲓ ⲉ ϩⲟⲩⲛ

3 ⲉ ⲡⲗⲁⲟⲥ· ⲁⲩⲱ ⲉϥⲉϣⲁϫⲉ ⲛⲉⲙⲁⲩ· ⲉϥ
   ϫⲱ ⲙ̄ⲙⲟⲥ ⲛⲁⲩ· ϫⲉ ⲥⲱⲧⲙ̄ ⲡⲓⲥⲣⲁⲏⲗ
   ⲛ̄ⲧⲱⲧⲛ̄ ⲉⲧⲉⲧⲛ̄ⲁⲙⲟⲟϣⲉ ⲙ̄ ⲡⲟ
   ⲟⲩ ⲉ ⲣⲱⲟⲩ ⲛ̄ ⲛⲉⲧⲉⲛϫⲓϫⲉⲟⲩ ⲉ ⲙⲓϣⲉ
   ⲛⲉⲙⲁⲩ· ⲙ̄ⲡⲣ̄ ⲧⲣⲉ ⲡⲉⲧⲛ̄ ϩⲏⲧ' ϣⲧⲟⲣ
   ⲧⲣ̄ ⲁⲩⲱ ⲙ̄ⲡⲣ̄ ⲧⲣⲉ ϥϭⲃ̄ⲃⲉ ⲙ̄ⲡⲣ̄ ⲣ̄
   ϩⲟⲧⲉ ϩⲏⲧⲟⲩ· ⲁⲩⲱ ⲙ̄ⲡⲣ̄ ϣⲗⲁϩ· ⲙ̄

4 ⲡⲣ̄ ⲥⲱⲧⲡ' ϩⲁ ⲧⲉⲧⲛ̄ϩ· ϫⲉ ⲡϫⲟⲉⲓⲥ
   ⲡⲉ ⲛⲉⲧⲛ̄ⲛⲟⲩⲧⲉ ⲡⲉⲧ ⲙⲟⲟϣⲉ ϩⲓ
   ϩⲏ ⲙ̄ⲙⲱⲧⲛ̄ ϥⲛⲁϯ ⲧⲟⲟⲧϥ̄ ⲛⲙ̄ⲙⲏ
   ⲧⲛ̄ ⲉ ⲙⲓϣⲉ ⲛⲙ̄ ⲛⲉⲧⲛ̄ϫⲓϫⲉⲟⲩ ⲛ̄ϥⲛⲁ
   ϩⲙ̄ ⲧⲏⲟⲩⲧⲛ̄· ⲁⲩⲱ ⲛⲉⲅⲣⲁⲙⲙⲁ

5 ⲧⲉⲩⲥ[1] ⲉⲩϣⲁϫⲉ ⲙⲛ̄ ⲡⲗⲁⲟⲥ· ⲉⲩϫⲱ
   ⲙ̄ⲙ[ⲟⲥ ϫ]ⲉ ⲛⲓⲙ ⲡⲉ ⲡⲣⲱⲙⲉ· ⲉⲛⲧ ⲁϥ
   [ⲕⲱⲧ ⲛ̄] ⲟⲩⲏⲉⲓ ⲛ̄ ⲃⲣ̄ⲣⲉ ⲁⲩⲱ ⲉⲙⲡ ϥ̄

2 ▓▓▓[ⲁ]ⲉⲓⲕ' ⲉ ⲃⲟⲗ ⲙⲁⲣⲉϥⲙⲟⲟϣⲉ

3 ▓▓▓ ⲉ ϩⲣⲁⲓ̈ ⲉ ⲡⲉϥⲏⲉⲓ ⲙ̄ⲡⲣ̄ ⲧⲣⲉ ϥ

---

[1] οἱ γραμματεῖς.   [2] Four letters wanting.

[3] Five or six letters wanting. Several letters on the left-hand side of the page have been retouched by a later hand, in a paler ink.

DEUTERONOMY XX. 5—XXII. 8

[ⲙⲟⲟⲩⲧ ⲉ] ⲡⲡⲟⲗⲉⲙⲟⲥ ⲛ̄ⲧⲉ ⲕⲉ ⲣⲱⲙⲉ
6 [ⲁⲉⲓ]ⲕ ⲉⲃⲟⲗ· ⲁⲩⲱ ⲛⲓⲙ ⲡⲉ ⲡⲣⲱⲙⲉ
[ⲉ ⲡⲉ ⲛⲧ]ⲁϥⲧⲱϭⲉ ⲛ̄ ⲟⲩⲙⲁ ⲛ̄ ⲉⲗⲟ[ⲟⲗⲉ]

[Three leaves wanting]

Chap.
Fol. 29 a XXII. 3 [ⲁ]ϥⲥⲱⲣⲙ̄ ⲧⲏⲣϥ̄ ⲛ̄ ⲧⲟⲟⲧϥ̄· ⲙ̄ⲡⲉⲕ
ϙⲅ̄ [ⲥ]ⲟⲛ ⲛ̄ ⲛⲉⲧ ⲛⲁⲥⲱⲣⲙ̄ ⲛ̄ ⲧⲟⲟⲧϥ̄ ⲁⲩⲱ
[ⲛ̄]ⲧ̄ ϩⲉ ⲉ ⲣⲟⲟⲩ ⲛ̄ⲛⲉ ⲕⲙⲟⲟϣⲉ ⲉⲕⲁⲁⲩ·
4 [ⲛ̄]ⲛⲉ ⲕ ⲛⲁⲩ ⲉ ⲡⲉⲓⲱ ⲙ̄ ⲡⲉⲕⲥⲟⲛ ⲏ ⲡⲉϥ
[ⲙ]ⲁⲥⲉ ⲉ ⲁϥϩⲉ· ϩⲛ̄ ⲧⲉ ϩⲓⲏ ⲛⲧ̄ ⲟⲃϣⲕ ⲉ ⲣ[ⲟ]
[ⲟ]ⲩ· ⲁⲗⲗⲁ ⲉⲕⲉϯ ⲧⲟⲟⲧⲛ̄ ⲛⲙ̄ⲙⲁϥ ⲛ̄ⲧ̄
5 [ⲧ]ⲟⲩⲛⲟⲟⲥⲉ· ⲛ̄ⲛⲉ ⲥⲕⲉⲩⲏ ⲉ ⲡⲁ ⲡⲣⲟ
[ⲟ]ⲩⲧ' ⲡⲉ ϣⲱⲡⲉ ϩⲓⲭⲛ̄ ⲥϩⲓⲙⲉ· ⲟⲩⲇⲉ
[ⲛ̄]ⲛⲉ ϩⲟⲟⲩⲧ' ϯ ϩⲓⲱⲱϥ ⲙ̄ ⲡⲣ̄ⲃⲥⲱ ⲛ̄ⲥϩⲓ
[ⲙ]ⲉ[1]· ϫⲉ ⲟⲩⲃⲟⲧⲉ ⲡⲉ ⲙ̄ ⲡⲭⲟⲉⲓⲥ ⲡⲉ
[ⲕ]ⲛⲟⲩⲧⲉ ⲡⲉ ⲟⲩⲟⲛ ⲛⲓⲙ ⲉϥⲉⲓⲣⲉ
6 ⲉ ⲛⲁⲓ̈· ⲉⲕϣⲁⲛⲉⲓ ⲇⲉ ⲉϫⲛ̄ ⲟⲩⲙⲁϩ'
ⲛ̄ ϩⲁⲗⲏⲧ ⲉϥϩⲓ ϩⲛ̄ ⲙ̄ⲙⲟⲕ' ϩⲓ ⲧⲉ ϩⲓⲏ
ⲛ̄ ϩⲓϫⲛ̄ ϣⲏⲛ ⲛⲓⲙ ⲛ̄ ϩⲓϫⲛ̄ ⲡⲕⲁϩ
ⲛ̄ ϩⲉⲛⲙⲁϩ ⲛ̄ ϩⲉⲛⲥⲟⲟⲩϩⲉ· ⲁⲩⲱ ⲉⲣⲉ
[ⲧ]ⲙⲁⲁⲩ ⲑⲁⲗⲡⲉⲓ[2] ϩⲓϫⲛ̄ ⲛⲉⲥⲙⲁϩ ⲛ̄
[ϩ]ⲓϫⲛ̄ ⲛ̄ⲥⲟⲟⲩϩⲉ· ⲛ̄ⲛⲉ ⲕϫⲓ ⲛ̄ ⲧⲙⲁ
7 [ⲁ]ⲩ ⲙⲛ̄ ⲡ̄ϣⲏⲣⲉ· ⲁⲗⲗⲁ ϩⲛ̄ ⲟⲩⲕⲱ
[ⲉ ⲃⲟⲗ] ⲉⲕⲉⲕⲱ ⲉ ⲃⲟⲗ ⲛ̄ ⲧⲙⲁⲁⲩ ⲛⲉⲥ
[ϣ]ⲏⲣⲉ ⲇⲉ ⲉⲕⲉϫⲓⲧⲟⲩ ⲛⲁⲕ ϫⲉ ⲕⲁ[ⲥ]
ⲉⲣⲉ ⲡⲉⲧ ⲛⲁⲛⲟⲩϥ ϣⲱⲡⲉ ⲙ̄ⲙⲟⲕ·
[ⲉⲕⲉⲉⲓⲣⲉ] ⲛ̄ ϩⲉⲛϩⲟⲟⲩ ⲉⲛⲁϣⲱⲟⲩ·
8 [ⲉ]ⲕϣⲁⲛⲕⲱⲧ ⲇⲉ ⲛ̄ ⲟⲩⲏⲉⲓ ⲛ̄ ⲃ̄ⲣ̄ⲣⲉ
[ⲉ]ⲕⲉⲕⲧⲟ ⲡⲗⲱⲃϣ ⲛ̄ ⲧⲉϥϫⲉⲛⲉⲡⲱⲣ[3]
[ϫ]ⲉ ⲛ̄ⲛⲉ ⲟⲩⲙⲟⲩ ϣⲱⲡⲉ ϩⲙ̄ ⲡⲉⲕ
[ⲏ]ⲉⲓ ⲉⲣⲉ ϣⲁⲛ ⲡⲉⲧ ⲛⲁϩⲉ ϩⲉ ⲉ ⲃⲟⲗ

---

[1] 'Apparel of a woman' = στολήν.   [2] ἡ μήτηρ θάλπῃ.
[3] 'Thou shalt surround with a protecting wall thy roof' = καὶ ποιήσεις στεφάνην τῷ δώματί σου.

DEUTERONOMY XXII. 9-17

9 ⲡϩⲏⲧϥ· ⲛ̄ⲛⲉ ⲕ̄ϫⲟ ⲙ̄ ⲡⲉⲕⲙⲁ ⲛ̄ ⲉ
   [ⲗ]ⲟⲟⲗⲉ ϩⲛ̄¹ ⲥⲣⲟⲥ ϫⲉ² ⲛ̄ⲛⲉ ⲡϭⲉⲛ
   [ⲛⲏ]ⲙⲁ ϫⲱϩⲙ̄· ⲁⲩⲱ ⲡⲉ ⲥⲣⲟⲥ ⲉⲧ ⲛ̄
   [ⲛⲁϫⲟ]ϥ ⲛⲙ̄ ⲡϭⲉⲛⲛⲏⲙⲁ ⲙ̄ ⲡⲉⲕ ⲙⲁ

10 ⲙ̄ ⲡⲉⲕ ⲙⲁ (sic) ⲛ̄ ⲉⲗⲟⲟⲗⲉ· ⲛ̄ⲛⲉ ⲕ̄ⲥⲕⲁ[ⲓ]   Fol. 29 b
   ⲛ̄ ⲟⲩⲙⲁⲥⲉ ⲏ ⲉⲩⲉⲓⲱ ϩⲓ ⲟⲩⲛⲁϩⲃ̄ ϩⲓ [ⲟⲩ]   ϙ̄ⲃ̄

11 ⲥⲟⲡ· ⲛ̄ⲛⲉ ⲕ̄ϯ ϩⲃ̄ⲥⲱ ⲉϥⲥⲛⲏϣ³ ϩⲓ [ⲱⲱⲕ]
   ⲟⲩⲥⲟⲣⲧ ⲙⲛ̄ ⲟⲩⲛ̄ ⲉⲓⲁⲁⲩ ⲉⲧⲧⲁ[ⲗ]■⁴

12 ϩⲓ ⲟⲩⲥⲟⲡ· ⲉⲕⲉⲕⲱ ⲛ̄ ϩⲉⲛⲗⲟⲟⲩ[ⲉ ϩⲓ]
   ⲡⲉϥⲧⲟⲟⲩ ⲛ̄ⲥⲁ ⲙ̄ ⲡ̄ⲧⲱⲧⲉ ⲙ̄ ⲡⲉ[ⲕ]
   ϩⲟⲉⲓⲧⲉ ⲉⲧ ⲕ̄ⲛⲁⲧⲁⲁⲩ ϩⲓⲱⲱⲕ·

13 ⲉⲣⲉ ϣⲁⲛ ⲟⲩⲁ ϫⲉ ϫⲓ ⲛ̄ ⲟⲩⲥϩⲓⲙⲉ ⲛ[ϥ]
   ϣⲱⲡⲉ ⲛⲉⲙⲁⲥ ⲁⲩⲱ ⲛϥ̄ⲙⲉⲥⲧⲱⲥ· [ⲛϥ̄]

14 ⲧⲏⲥ ϩⲉⲛϣⲁϫⲉ ⲛ̄ ⲗⲟⲉⲓϭⲉ ⲉ ϩⲟⲩⲛ [ⲉ ⲣⲟⲥ]
   ⲛϥ̄ ⲉ ⲣ̄ ⲟⲩⲣⲁⲛ ⲉⲧϩⲟⲟⲩ ⲛ̄ⲥⲱⲥ ⲉϥϫⲱ
   ⲙ̄ⲙⲟⲥ ϫⲉ ⲧⲉⲓ ⲥϩⲓⲙⲉ ⲁⲓϫⲓⲧⲥ̄ ⲉ ϩ[ⲉ ⲉ ⲣ]
   ⲟⲥ ⲛⲉⲙⲁⲥ ⲛ̄ ⲧⲉⲣ ⲓϯ ⲡⲁ [ⲟ]ⲩⲟⲉⲓ ϭⲉ
   ⲉ ⲣⲟⲥ ⲙ̄ⲡ ϩⲉ ⲉ ⲧⲉⲥⲙⲛ̄ⲧⲡⲁⲣⲑ[ⲉⲛⲉ]

15 ϩⲓⲱⲱⲥ· ⲁⲩⲱ ⲡⲉⲓⲱⲧ· ⲛ̄ ⲧϣⲉⲉⲣⲉ
   ϣⲏⲙ· ⲙⲛ̄ ⲧⲉⲥⲙⲁⲁⲩ ⲉⲩⲉϫⲓ ⲙ̄ ⲡⲉⲥ
   ⲙⲟⲧ· ⲛ̄ ⲧⲙⲛ̄ⲧⲡⲁⲣⲑⲉⲛⲉ ⲛ̄ ⲧϣⲉⲉ[ⲣⲉ]
   ϣⲏⲙ ⲛ̄ⲥⲉ ⲟⲩⲟⲛϩϥ̄ ⲉ ⲃⲟⲗ ⲙ̄ ⲛⲁ[ϩ]

16 ⲣⲛ̄ ⲛ̄ⲛⲟϭ ϩⲛ̄ ⲙ̄ ⲙⲁ ⲛ̄ ⲥⲱⲟⲩϩ⁵· ⲁⲩⲱ
   ⲉⲣⲉ ⲡⲉⲓⲱⲧ· ⲛ̄ ⲧϣⲉⲉⲣⲉ ϣⲏⲙ· ϫ[ⲱ ⲙ̄ⲙ]
   ⲟⲥ ⲛ̄ ⲛⲁϩⲣⲛ̄ ⲛ̄ ⲛⲟϭ· ϫⲉ ⲧⲁ ϣⲉⲉⲣ[ⲉ ϣⲏⲙ]
   ⲧⲁⲓ ⲁⲓⲧⲁⲁⲥ ⲙ̄ ⲡⲉⲓ ⲣⲱⲙⲉ ⲛ̄ ⲥϩⲓⲙⲉ

17 ⲁⲩⲱ ⲛ̄ ⲧⲉⲣⲉ ϥⲙⲉⲥⲧⲱⲥ· ⲧⲉⲛⲟ[ⲩ ϫⲉ]
   ϥⲧⲱϭⲉ ⲉ ⲣⲟⲥ ⲛ̄ ϩⲉⲛϣⲁϫⲉ ⲛ̄ ⲗⲟⲉⲓϭⲉ]
   ⲉϥϫⲱ ⲙ̄ⲙⲟⲥ ϫⲉ ⲙ̄ⲡ ϩⲉ ⲉ ⲧⲙⲛ̄ⲧⲡⲣⲟ]

---

¹ After ϩⲛ̄ ϭⲉ is written and erased.
² Above ϫⲉ is added in blacker ink ⲁⲓⲥⲁⲛ for ⲁⲓⲟⲩⲁⲛ (δίφορον).
³ κίβδηλον.   ⁴ Space for two letters at least.
⁵ Place of gathering together; Gr. ἐπὶ τὴν πύλην.

ⲟⲩⲛⲉ ⲛ̄ ⲧⲉⲕϣⲉⲉⲣⲉ ⲙ̄ⲙⲟⲥ· ⲉⲓⲥ
ⲛⲁⲓ̈ ⲥⲉ ⲛⲉ ⲡⲉⲥⲙⲟⲧ'[1] ⲛ̄ ⲧⲁ ϣⲉⲉⲣⲉ ⲛ̄
ⲧⲙⲛ̄ⲧⲡⲁⲣⲑⲉⲛⲟⲥ· ⲁⲩⲱ ⲉⲧⲉⲥⲗⲡ̄ ⲡ'ϩ▮[2]
ⲉ ⲃⲟⲗ ϩⲓ ⲑⲏ ⲛ̄ ⲡⲛⲟϭ ⲛ̄ⲧⲉ ⲡⲉϥ[ⲡⲟⲗⲓⲥ]·

18 ⲁⲩⲱ ⲉⲣⲉ ⲡⲛⲟϭ ⲙ̄ ⲧⲡⲟⲗⲓⲥ ⲉⲧ [ⲙ̄ⲙⲁⲩ ⲉⲩ]
ϫⲓ ⲙ̄ ⲡⲣⲱⲙⲉ ⲉⲧ ⲙ̄ⲙⲁⲩ ⲛ̄ⲥⲉ ϯ[ⲥⲃⲱ][3]

19 ⲛⲁϥ ⲛ̄ⲥⲉⲛⲟϫϥ̄ ⲉ ⲃⲟⲗ ⲛ̄ ⲟⲩⲟⲥⲉ [ⲛ̄ ϣⲟⲩ]
ⲛ̄ⲥⲓⲕⲗⲟⲥ[4] ⲛ̄ⲥⲉⲧⲁⲁϥ ⲙ̄ ⲡⲉⲓⲱⲧ' ⲛ̄ ⲧϣ
ⲉⲣⲉ ϣⲏⲙ· ϫⲉ ⲟⲩⲣⲁⲛ ⲉϥϩⲟⲟⲩ ⲁϥⲥⲟ
ⲣϥ̄ ⲛ̄ⲥⲁ ⲟⲩⲡⲁⲣⲑⲉⲛⲟⲥ ⲛ̄ⲧⲉ ⲡⲓⲥⲣⲁⲏⲗ
ⲁⲩⲱ ⲉⲥⲉⲣⲥϩⲓⲙⲉ ⲛⲁϥ ⲛ̄ϥ̄ ⲧⲙ̄ ⲉ ϣⲛⲟ

20 ⲧⲥ̄ ⲉ ⲃⲟⲗ ⲙ̄ ⲡⲉϥⲟⲩⲟⲉⲓϣ ⲧⲏⲣϥ̄· ⲉϣⲱ
ⲡⲉ ⲇⲉ ⲡⲉⲓ̈ ϣⲁϫⲉ ⲉϥϣⲁⲛ ⲣ̄ ⲙⲉ ⲛ̄ⲥⲉ
ⲧⲙ̄ ϭⲉ ⲉ ⲧⲙⲛ̄ⲧⲡⲁⲣⲑⲉⲛⲟⲥ ⲛ̄ ⲧϣⲉⲉⲣⲉ

21 ϣⲏⲙ· ⲉⲧⲉⲛ̄ ⲧϣⲉⲉⲣⲉ ϣⲏⲙ' ⲉ ⲃⲟⲗ
ⲉⲣ ⲛ̄ ⲡⲣⲟ ⲙ̄ ⲡⲏⲉⲓ ⲙ̄ ⲡⲉⲥⲉⲓⲱⲧ' ⲁⲩⲱ
ⲉⲧⲉϩⲓ ⲱⲛⲉ ⲉ ⲣⲟⲥ ϩⲛ̄ ϩⲉⲛⲱⲛⲉ ⲛ̄ϭⲓ
ⲛ̄ⲣⲱⲙⲉ ⲛ̄ ⲧⲉⲥⲡⲟⲗⲓⲥ ⲛ̄ⲥⲉⲙⲟⲟⲩⲧⲥ̄
ϫⲉ ⲁⲥⲉⲓⲣⲉ ⲛ̄ ⲟⲩⲙⲛ̄ⲧⲁⲑⲏⲧ' ϩⲛ̄ ⲛ̄
ϣⲏⲣⲉ ⲙ̄ ⲡⲓⲥⲣⲁⲏⲗ· ⲉ ⲧⲣⲉ ⲥⲉⲓⲣⲉ ⲛ̄ ⲟⲩ
ⲡⲟⲣⲛⲓⲁ ϩⲙ̄ ⲡⲏⲉⲓ ⲙ̄ ⲡⲉⲥⲉⲓⲱⲧ' ⲁⲩⲱ
ⲉⲕⲉϥⲓ ⲙ̄ ⲡⲡⲟⲛⲏⲣⲟⲥ ⲉ ⲃⲟⲗ ϩⲛ̄ ⲧⲉ

22 ⲧⲙ̄ⲙⲏⲧⲉ: ⲉⲩϣⲁⲛⲧⲁϩⲉ ⲟⲩⲣⲱ
ⲙⲉ ⲇⲉ ⲉϥⲛ̄ⲕⲟⲧⲕ̄ ⲙⲛ̄ ⲟⲩⲥϩⲓⲙⲉ ⲉⲧ ⲥ̄
ⲟⲩⲏϩ ⲙⲛ̄ ⲡⲉⲥϩⲁⲓ̈ ⲉⲧⲉⲧⲛ̄ ⲉ ⲙⲟⲟⲩⲧⲟⲩ
ϩⲓ ⲟⲩⲥⲟⲡ' ⲡⲣⲱⲙⲉ ⲉⲧ ⲛ̄ⲕⲟⲧⲕ̄
ⲙⲛ̄ ⲧⲉⲥϩⲓⲙⲉ· ⲁⲩⲱ ⲟⲛ ⲧⲏⲉ ⲥϩⲓⲙⲉ
ⲛ̄ⲧⲛ̄ ϥⲓ ⲙ̄ ⲡⲡⲟⲛⲏⲣⲟⲥ ⲉ ⲃⲟⲗ ϩⲛ̄ ⲧⲉ

---

[1] ⲡⲉⲥⲙⲟⲧ' ⲛ̄ ⲧⲁ ϣⲉⲉⲣⲉ ⲛ̄ ⲧⲙⲛ̄ⲧⲡⲁⲣⲑⲉⲛⲟⲥ = τὰ παρθένια.

[2] Two or three letters wanting; Gr. τὸ ἱμάτιον.

[3] παιδεύσουσιν αὐτόν.

[4] ἑκατὸν σίκλους, כֶּסֶף מֵאָה 'a hundred [pieces of] silver'. ⲥⲓⲕⲗⲟⲥ = שֶׁקֶל.

23 ⲧⲙ̄ⲙⲏⲧⲉ· ⲉⲥϣⲁⲛϣⲱⲡⲉ ⲇⲉ ⲛ̄
ⲟⲩϣⲉⲉⲣⲉ ϣⲏⲙ' ⲙ̄ ⲡⲁⲣⲑⲉⲛⲟⲥ ⲉⲥ
ⲁⲩϣⲡ ⲧⲟⲟⲧⲥ̄ ⲛ̄ ϩⲁⲓ¹ ⲁⲩⲱ ⲛ̄ⲧⲉ ⲟⲩ
ⲣ[ⲱ]ⲙⲉ ϩⲉ ⲉ ⲣⲟⲥ ϩⲛ̄ ⲧⲡⲟⲗⲓⲥ ⲛ̄ϥ̄ⲛ̄
24 ⲕ[ⲟⲧ]ⲕ̄ ⲛ̄ⲙ̄ⲙⲁⲥ· ⲉⲧⲉⲧⲛ̄ⲉⲛ̄ⲧⲟⲩ
ⲉ ⲣ[ⲟⲟⲩ] ⲙ̄ ⲡⲉⲥⲛⲁⲩ ⲉⲣ ⲛ̄ ⲧⲡⲩⲗⲏ ⲛ̄ⲧ
ⲡ[ⲟⲗⲓ]ⲥ· ⲁⲩⲱ ⲉⲧⲉϩⲓ ⲱⲛⲉ ⲉ ⲣⲟⲟⲩ ϩⲛ̄
ϩⲉⲛⲱⲛⲉ ⲛ̄ⲥⲉⲙⲟⲟⲩⲧⲟⲩ ⲧϣⲉ
ⲉⲣⲉ ⲙⲉⲛ ϣⲏⲙ ϫⲉ ⲙ̄ⲡ ⲥⲭⲓϣⲕⲁⲕ'
ⲉ ⲃⲟⲗ ϩⲛ̄ ⲧⲡⲟⲗⲓⲥ· ⲡⲣⲱⲙⲉ ⲇⲉ ϫⲉ
ϫⲉ (sic) ⲁϥϫⲃ̄ⲃⲓ ⲉ ⲑⲓⲙⲉ ⲙ̄ ⲡⲉⲧϩⲓⲧⲟⲩⲱϥ
ⲁⲩⲱ ⲉⲕⲉϥⲓ ⲙ̄ ⲡⲟⲛⲏⲣⲟⲥ ⲉ ⲃⲟⲗ
25 ϩⲛ̄ ⲧⲉⲧⲛ̄ⲙⲏⲧⲉ· ⲉⲣⲉ ϣⲁⲛ ⲟⲩⲣⲱⲙⲉ
ⲇⲉ ϭⲛ̄ ⲧϣⲉⲉⲣⲉ ϣⲏⲙ ϩⲛ̄ ⲧⲥⲱϣⲉ ⲧⲉ ⲛ
ⲧ ⲁⲩϣⲡ ⲧⲟⲟⲧⲥ̄ ⲁⲩⲱ ⲛϥ̄ϫⲓⲧⲥ̄ ⲛ̄ϫ
ⲛⲁϩ ⲛ̄ϥ̄ⲛⲕⲟⲧⲕ̄ ⲛⲉⲙⲁⲥ ⲉⲧⲉⲧⲛ ⲉ
ⲙⲟⲟⲩⲧ' ⲙ̄ ⲡⲣⲱⲙⲉ ⲙⲁⲩ'ⲁⲁϥ ⲉⲛ
26 ⲧⲁϥⲛ̄ⲕⲟⲧⲕ̄ ⲛ̄ⲙ̄ⲙⲁⲥ· ⲁⲩⲱ ⲧϣⲉ
ⲉⲣⲉ ϣⲏⲙ ⲙ̄ⲡⲉ ⲧⲏⲣ ⲗⲁⲁⲩ ⲛⲁⲥ ⲙ̄ⲛ̄
ⲛⲟⲃⲉ ⲙ̄ⲙⲟⲩ ϫⲓ ⲉ ϩⲟⲩⲛ ⲉ ⲣⲟⲥ ϫⲉ
ⲙ̄ ⲡⲉⲥⲙⲟⲩ' ⲛ̄ ⲟⲩⲣⲱⲙⲉ ⲉϥⲛⲁⲧⲱ
ⲟⲩⲛ ⲉϫⲛ̄ ⲡⲉⲧ ϩⲓⲧⲟⲩⲱϥ· ⲛ̄ϥ̄ϩⲱ
ⲧⲃ̄ ⲛ̄ⲧⲉϥⲯⲩⲭⲏ· ⲧⲁⲓ̈ ⲧⲉ ⲑⲉ ⲉⲛ̄ⲧⲁ
27 ⲫⲱⲃ ϣⲱⲡⲉ· ϫⲉ ⲛ̄ⲧⲁϥϩⲉ ⲉ ⲣⲟⲥ
ϩⲛ̄ ⲧⲥⲱϣⲉ· ⲁⲩⲱ ⲧϣⲉⲉⲣⲉ ϣⲏⲙ
ⲁⲥⲱϣ ⲉ ⲃⲟⲗ ⲧⲉ ⲛ̄ⲧⲁⲩϣⲡ ⲧⲟⲟⲧⲥ̄
ⲙ̄ⲡ ⲥ̄ϭⲉ ⲇⲉ ⲉ ⲡⲉⲧ ⲛⲁⲃⲟⲏⲑⲉⲓ ⲉ ⲣⲟⲥ·
28 ⲉⲣⲉ ϣⲁⲛ ⲟⲩⲁ ⲇⲉ ϭⲛ̄ ⲟⲩϣⲉⲉⲣⲉ ϣⲏⲙ
ⲙ̄ ⲡⲁⲣⲑⲉⲛⲟⲥ ⲉⲙⲡ ⲟⲩϣⲡ ⲧⲟⲟⲧⲥ̄
ⲁⲩⲱ ⲛϥ̄ϫⲓⲧⲥ̄ ⲛ̄ϫⲛⲁϩ ⲛ̄ϥ̄ⲛⲕⲟⲧⲕ̄
ⲛⲉⲙⲁⲥ ⲛ̄ⲥⲉⲧⲁϩⲟϥ (sic)· ⲡⲣⲱⲙⲉ ⲉⲛ
29 ⲧ ⲁϥⲛ̄ⲕⲟⲧⲕ̄ ⲛ̄ⲙ̄ⲙⲁⲥ· ⲉϥⲉϯ ⲙ̄ ⲡⲉⲓⲱⲧ

¹ μεμνηστευμένη ἀνδρί.

DEUTERONOMY XXII. 29—XXIII. 6

  ⲛ̄ ⲧϣⲉⲉⲣⲉ ϣⲏⲙ ⲡ̄ⲧⲁⲓⲟⲩ ⲛ̄ⲥⲁⲧⲉ
  ⲉⲣⲉ ⲡ̄ ϩⲁⲧ'[1]· ⲁⲩⲱ ⲉⲥⲉⲣϩⲓⲙⲉ ⲛⲁϥ ⲉ ⲃⲟⲗ
  ϫⲉ ⲁϥⲑⲃ̄ⲃⲉⲓⲟⲥ ⲛϥ̄ ⲧⲙ̄ ⲉϣⲛⲟⲧⲉ̄ [ⲉ ⲃⲟⲗ]
30 ⲙ̄ ⲡⲉϥⲟⲩⲟⲉⲓϣ ⲧⲏⲣϥ̄: ⲙ̄ⲡⲉ [ⲣⲱ]
  ⲙⲉ ϫⲓ ⲛ̄ϩⲓⲙⲉ ⲙ̄ ⲡⲉⲧ' ϩⲓⲧⲟⲩ[ⲱϥ ⲏ]
  ⲙ̄ ⲡⲉϥⲉⲓⲱⲧ'[2]· ⲁⲩⲱ ⲙ̄ⲡⲉ ϥϭⲱ[ⲣ]ⲃ̄

Chap. ⲙ̄ ⲡⲉⲡⲣⲏϣ ⲙ̄ ⲡⲉϥⲉⲓⲱⲧ'· ⲙ̄[ⲡⲉ ⲣⲱ]
XXIII. 1 ⲙⲉ ⲉϥⲥⲟⲃϩ' ⲁⲩⲱ ⲉϥϣⲁⲁⲧ' ⲉ ⲃⲟⲗ'
  ⲃⲱⲕ ⲉ ϩⲟⲩⲛ ⲉ ⲧⲉⲕ[ⲕ]ⲗⲏⲥⲓⲁ ⲙ̄ ⲡϫⲟ
2 ⲉⲓⲥ· ⲙ̄ⲡⲉ ⲉ ⲃⲟⲗ ϩⲙ̄ ⲡⲟⲣⲛⲏ ⲃⲱⲕ'
3 ⲉ ϩⲟⲩⲛ ⲉ ⲧⲉⲕⲕⲗⲏⲥⲓⲁ ⲙ̄ ⲡϫⲟⲉⲓⲥ[3]· ⲙ̄

Fol. 31 a ⲡⲉ ⲁⲙ'ⲙⲁⲛⲓⲧⲏⲥ ⲁⲩⲱ ⲙⲱⲁⲃⲓⲧⲏⲥ
[ϥⲍ] ⲃⲱⲕ' ⲉ ϩⲟⲩⲛ ⲉ ⲧⲉⲕⲕⲗⲏⲥⲓⲁ ⲙ̄ ⲡϫⲟⲉⲓⲥ
  ϣⲁ ⲧⲙⲉϩ ⲙⲛ̄ⲧⲥ̄ⲛⲟⲟⲩⲥ ⲛ̄ ⲅⲉⲛⲉⲁ ⲁⲩ
4 ⲱ ϣⲁ ⲉⲛⲉϩ· ⲉ ⲃⲟⲗ ϫⲉ ⲙ̄ⲡⲟⲧⲉⲓ̈ ⲉ ⲃⲟⲗ
  ϩⲏⲧ' ⲧⲏⲟⲩⲧⲛ̄ ⲛ̄ⲙ̄ ϩⲉⲛⲟⲉⲓⲕ' ⲛ̄ⲙ̄ ⲟⲩ
  ⲙⲟⲟⲩⲉ ⲉ ⲧⲉ ϩⲓⲛ ⲉⲧⲉⲧⲛ̄ⲛⲏⲟⲩ ⲉ ⲃⲟⲗ
  ϩⲛ̄ ⲕⲏⲙⲉ· ⲁⲩⲱ ϫⲉ ⲁⲩⲑⲙ̄ⲡⲉ ⲃⲁⲗ
  ϩⲁⲙ'[4] ⲡϣⲏⲣⲉ ⲛ̄ ⲃⲉⲱⲣ· ⲡⲉⲃⲟⲗ ϩⲙ̄
  ⲧⲙⲉⲥⲟⲡⲟⲧⲁⲙⲓⲁ ⲛ̄ ⲧⲥⲩⲣⲓⲁ[5] ⲉ ⲧⲣⲉ ϥ
5 ⲥϩⲟⲩⲱⲣⲕ̄· ⲁⲩⲱ ⲙ̄ⲡ ϥ̄ⲣ̄ϩⲛⲁϥ ⲛ̄ϭⲓ
  ⲡϫⲟⲉⲓⲥ ⲡⲉⲕⲛⲟⲩⲧⲉ ⲉ ⲥⲱⲧⲙ̄ ⲛ̄
  ⲥⲁ ⲃⲁⲁⲗϩⲁⲙ· ⲁⲩⲱ ⲡϫⲟⲉⲓⲥ ⲡⲉⲕⲛⲟⲩ
  ⲧⲉ ⲁϥⲕⲧⲉ ⲡ̄ⲥⲁϩⲟⲩ ⲉ ϩⲉⲛⲥⲙⲟⲩ ⲉ ⲃⲟⲗ
  ϫⲉ ⲁ ⲡϫⲟⲉⲓⲥ ⲡⲉⲕⲛⲟⲩⲧⲉ ⲙⲉⲣⲓⲧⲛ̄·
6 ⲙ̄ⲡⲉ ⲕϫⲉ ⲗⲁⲁⲩ ⲛ̄ ϣⲁϫⲉ ⲛ̄ ⲉⲓⲣⲏⲛⲓ

---

[1] חֲמִשִּׁים כָּסֶף 'fifty pieces of silver', πεντήκοντα δίδραχμα. The Coptic word here used ⲥⲁⲧⲉⲉⲣⲉ = στατήρ.

[2] Wife of his neighbour or of his father. Gr. τὴν γυναῖκα τοῦ πατρὸς αὐτοῦ.

[3] ουκ εισελευσεται εκ πορνης εις εκκλησιαν κυ; see the note to verse 2 in Swete (vol. i, p. 389). This verse is omitted in most of the Greek texts.

[4] Βαλαάμ.   [5] The Greek texts omit 'of Syria'.

ⲕⲉ[1] ⲛⲉⲣⲟⲟⲩ ⲁⲩⲱ ⲉϥⲟ ⲛ̄ ⲛⲟϥⲣⲉ
ⲛⲁⲩ ⲛ̄ ⲛⲉϩⲟⲟⲩ ⲧⲏⲣⲟⲩ ϣⲁ ⲉⲛⲉϩ·

7 ⲟⲩⲓ̈ⲇⲟⲩⲙⲁⲓⲟⲥ ⲛ̄ⲛⲉ ⲕⲃⲟⲧϥ̄ ϫⲉ ⲡⲉ
ⲕⲥⲟⲛ ⲡⲉ ⲟⲩⲣⲙ̄ ⲛ̄ ⲕⲏⲙⲉ ⲛ̄ⲛⲉ ⲕ[ⲃ]
ⲟⲧϥ̄ ϫⲉ ⲁⲕⲣ̄ ⲣⲙ̄ ⲛ̄ ϭⲟⲉⲓⲗⲉ ϩⲙ̄ ⲡⲉϥ

8 ⲕⲁϩ· ϩⲉⲛϣⲏⲣⲉ ⲉⲩϣⲁⲛϫⲡⲟⲟⲩ ⲛⲁⲩ
ϩⲛ̄ ⲧⲙⲉϩ ϣⲟⲙⲧⲉ ⲛ̄ ⲅⲉⲛⲉⲁ ⲉⲩⲉⲃⲱ[ⲕ]
ⲉ ϩⲟⲩⲛ ⲉ ⲧⲉⲕⲕⲗⲏⲥⲓⲁ ⲙ̄ ⲡϫⲟⲉⲓⲥ·

9 ⲉⲕϣⲁⲛⲃⲱⲕ' ⲇⲉ ⲉ ⲃⲟⲗ ⲉⲣ ⲛ̄ ⲛⲉⲕϫⲓ
ϫⲉⲟⲩ ⲉ ⲙⲓϣⲉ ⲛⲉⲙⲁⲩ· ⲉⲕⲉϩⲁⲣⲉ[ϩ]
ⲉ ⲣⲟⲕ ⲉ ϣⲁϫⲉ ⲛⲓⲙ ⲙ̄ ⲡⲟⲛⲏⲣⲟⲛ·

10 ⲉϣⲱⲡⲉ ⲟⲩⲛ ⲟⲩⲣⲱⲙⲉ ⲛ̄ⲙ̄ⲙⲁⲕ
ⲉⲛϥ̄ ⲧⲃ̄ⲃⲏⲩ̄ ⲁⲛ ⲉ ⲡⲉϥϫⲱϩⲙ̄ ⲛ̄ ⲧⲝⲱⲣϩ
ⲉϥⲉ ⲥⲱ ⲛ̄ⲥⲁ ⲃⲟⲗ ⲛ̄ ⲧⲡⲁⲣⲉⲙⲃⲟⲗⲏ· ⲛϥ̄

11 ⲧⲙ̄ ⲣ̄ ⲡⲉ ⲉ ϩⲟⲩⲛ· ⲁⲩⲱ ϩⲙ̄ ⲡⲛⲁⲩ ⲛ̄
ⲣⲟⲩϩⲉ ⲉϥⲉϫⲉⲕⲙ̄ ⲡⲉϥⲥⲱⲙⲁ ⲛ̄ ⲟⲩ
ⲙⲟⲟⲩ ⲁⲩⲱ ⲡⲣⲏ ⲉϥⲛϩⲱⲧⲡ̄ ⲉϥ[ⲉ]

12 ⲃⲱⲕ ⲉ ϩⲟⲩⲛ ⲉ ⲧⲡⲁⲣⲉⲙⲃⲟⲗⲏ· [ⲁⲩⲱ   Fol. 31 b
ⲉⲣⲉ ⲟⲩⲙⲁ [ⲛ] ϣⲱⲡⲉ ⲛⲁⲕ' ⲡⲃⲟⲗ' ⲛ̄   [ϥⲏ]
ⲧⲡⲁⲣⲉⲙⲃⲟⲗⲏ· ⲁⲩⲱ ⲉⲕⲉⲃⲱⲕ' ⲉ

13 ⲃⲟⲗ' ⲉ ⲡⲙⲁ ⲉⲧ ⲙ̄ⲙⲁⲩ][2] ⲛ̄ⲧⲉ ⲟⲩϣⲙⲟⲩ
ϣⲱⲡⲉ ϩⲓϫⲛ̄ ⲧⲉⲕⲛ̄ⲥⲱⲛⲏ[3] ⲉⲧ ⲙⲱⲣ
ⲙ̄ⲙⲟⲕ ⲁⲩⲱ ⲉⲕϣⲁⲛϩⲙⲟⲟⲥ ϩⲓ
ⲃⲟⲗ' ⲉⲕⲉϣⲓⲕⲉ ⲛ̄ ϩⲏⲧⲥ̄ ⲛ̄ⲧ̄ ⲡⲛ̄ⲧ̄
ⲕⲁϩ ⲉ ϩⲣⲁⲓ̈ ⲛⲧ̄ ϩⲱⲃⲥ̄ ⲛ̄ⲧⲉⲕⲁⲥⲭⲏ

14 ⲙⲟⲥⲩⲛⲏ[4] ϩⲣⲁⲓ̈ ⲛ̄ ϩⲏⲧⲥ̄· ⲉ ⲃⲟⲗ ϫⲉ
ⲡϫⲟⲉⲓⲥ ⲡⲉⲕⲛⲟⲩⲧⲉ ⲉϥⲛⲁⲥⲉⲓⲛⲉ
ϩⲛ̄ ⲧⲉⲕ'ⲡⲁⲣⲉⲙⲃⲟⲗⲏ ⲉ ⲧⲣⲉ ϥ
ϩⲁⲣⲉϩ ⲉ ⲣⲟⲕ ⲁⲩⲱ ⲉ ⲧⲣⲉ ϥϯ ⲙ̄ ⲡⲉⲕ

---

[1] οὐ προσαγορεύσεις εἰρηνικά.

[2] The words within brackets (ⲁⲩⲱ ... ⲙ̄ⲙⲁⲩ) represent και τοπος εσται σοι εξω της παρεμβολης και εξελευση εκει εξω B A F.

[3] ἐπὶ τῆς ζώνης σου.   [4] τὴν ἀσχημοσύνην σου.

ⲕⲁⲕⲉ ⲉ ϩⲣⲁⲓ̈ ⲉ ⲧⲟⲟⲧⲕ̄· ⲁⲩⲱ ⲧⲉⲕ
ⲡⲁⲣⲉⲙⲃⲟⲗⲏ ⲥⲛⲁϣⲱⲡⲉ ⲉⲥⲟⲩ
ⲁⲁⲃ ⲛ̄ⲥⲉ ⲧⲙ̄ ϭⲛ̄ ϩⲱⲃ' ⲉⲡⲉⲥⲱϥ¹ ϩⲣⲁⲓ̈
ⲛ̄ ϩⲏⲧⲕ̄' ⲛϥ̄ⲕⲧⲟϥ' ⲉ ⲃⲟⲗ ⲙ̄ⲙⲟⲕ':

15 ⲛ̄ⲛⲉ ⲕϯ ⲛ̄ ⲟⲩϩⲙ̄ϩⲁⲗ ⲉ ϩⲣⲁⲓ̈ ⲧⲟ
ⲟⲧϥ̄ ⲙ̄ ⲡⲉϥϫⲟⲉⲓⲥ ⲉⲁ ⲡⲉϥϫⲟⲉⲓⲥ

16 ϭⲁⲗⲱⲱⲛ' ⲉⲣⲟⲕ'· ⲉϥⲉⲟⲩⲱϩ ⲛⲙ̄
ⲙⲁⲕ ⲉϥϣⲱⲡⲉ ϩⲁ ⲧⲉⲧⲏⲩⲧⲛ̄ ϩⲛ̄
ⲙⲁ ⲛⲓⲙ ⲉⲧ ⲛⲁⲣⲁⲛⲁϥ· ⲛ̄ⲛⲉ ⲕⲙⲟⲕϩϥ̄:

17 ⲛ̄ⲛⲉ ⲡⲟⲣⲛⲏ ϣⲱⲡⲉ ⲉ ⲃⲟⲗ' ϩⲛ̄ ⲛ̄ϣⲉ
ⲉⲣⲉ ⲙ̄ ⲡⲓⲥⲣⲁⲏⲗ ⲁⲩⲱ ⲛ̄ⲛⲉ ⲡⲟⲣⲛⲟⲥ
ϣⲱⲡⲉ ϩⲛ̄ ⲛ̄ϣⲏⲣⲉ ⲙ̄ ⲡⲓⲥⲣⲁⲏⲗ·

18 ⲛ̄ⲛⲉ ⲥϩⲓⲙⲉ ϣⲱⲡⲉ ⲉ ⲃⲟⲗ' ⲛ̄ ⲛ̄ϣⲉ
ⲉⲣⲉ ⲙ̄ ⲡⲓⲥⲣⲁⲏⲗ ⲉⲥϯ ⲧⲉⲗⲟⲥ ⲏ ⲉⲥϫⲓ²
ⲁⲩⲱ ⲛ̄ⲛⲉ ⲣⲱⲙⲉ ϣⲱⲡⲉ³ ⲉ ⲃⲟⲗ' ϩⲛ̄
ⲛ̄ϣⲏⲣⲉ ⲙ̄ ⲡⲓⲥⲣⲁⲏⲗ· ⲉⲩϯ ⲧⲉⲗⲟⲥ ⲏ
ⲧϩⲛⲟ ⲙ̄ ⲡⲟⲣⲛⲏ ⲟⲩⲇⲉ ⲁⲥⲟⲩ ⲛ̄ ⲟⲩ
ϩⲟⲣ ⲛ̄ⲛⲉ ⲕϫⲓⲧⲟⲩ ⲉ ϩⲟⲩⲛ ⲉ ⲡⲏⲉⲓ
ⲙ̄ ⲡϫⲟⲉⲓⲥ ⲡⲉⲕⲛⲟⲩⲧⲉ ⲛ̄ⲗⲁⲁⲩ
ⲛ̄ ⲛⲉⲣⲏⲧ' ϫⲉ ϩⲉⲛⲃⲟⲧⲉ ⲙ̄ ⲡϫⲟⲉⲓⲥ

19 ⲡⲉⲕⲛⲟⲩⲧⲉ ⲛⲉ· ⲛ̄ⲛⲉ ⲕⲕⲧⲉ ⲡⲉⲕ[ⲥⲟⲛ]?
ⲟⲩⲙⲏⲥⲉ ⲛ̄ ϩⲟⲙⲛ̄ⲧ' ⲟⲩⲇⲉ ⲛ̄ⲃ̄ⲣⲁ⁴· ⲁⲩⲱ
ⲟⲩⲙⲏⲥⲉ ⲛ̄ ϩⲛⲁⲁⲩ ⲛⲓⲙ' ⲉⲧ ⲛ̄ⲛⲁⲧⲁ

20 ⲁϥ ⲉ ⲙⲏⲥⲉ ⲙ̄ ⲡⲉⲕⲥⲟⲛ· ⲡϣⲙ̄ⲙⲟ ⲉⲕⲉⲧ'
ⲧⲉϥⲙⲏⲥⲉ· ⲡⲉⲕⲥⲟⲛ ⲇⲉ ⲛ̄ⲛⲉ ⲕⲧⲟϥ
ϫⲉ⁵ ⲉϥⲉⲥⲙⲟⲩ ⲉ ⲣⲟⲕ ⲛ̄ϭⲓ ⲡϫⲟⲉⲓⲥ ⲡⲉ
ⲕⲛⲟⲩⲧⲉ ϩⲛ̄ ⲛⲉⲕϩⲃⲏⲟⲩⲉ ⲧⲏⲣⲟⲩ
ϩⲓϫⲛ̄ ⲡⲕⲁϩ ⲡⲁⲓ̈ ⲉⲧ ⲕ̄ⲛⲁⲃⲱⲕ ⲉ ϩ[ⲟⲩⲛ]

Fol. 32 a
[ϥⲑ]

---

¹ ἀσχημοσύνη πράγματος.

² 'She shall give [her] price [which] she shall take'; Gr. οὐκ ἔσται τελεσφόρος ἀπὸ θυγατέρων Ἰσραήλ.

³ 'Be outside'; Gr. τελισκόμενος ἀπὸ υἱῶν Ἰσραήλ.

⁴ τόκον βρωμάτων.

⁵ ⲕⲁⲥ seems to have dropped out.

DEUTERONOMY XXIII. 21—XXIV. 3

21 ⲉ ⲣⲟϥ ⲉⲕⲗⲏⲣⲟⲛⲟⲙⲓ ⲙ̄ⲙⲟϥ· ⲉ[ⲕϣⲁⲛ]¹
ⲉ ⲣⲏⲧ' ⲇⲉ ⲛ̄ ⲟⲩⲉⲣⲏⲧ' ⲙ̄ ⲡϫⲟⲉⲓⲥ ⲡⲉ
ⲕⲛⲟⲩⲧⲉ ⲛ̄ⲛⲉ ⲕⲱⲥⲕ̄ ⲉ ⲧⲁⲁϥ· ϫⲉ ϩⲛ̄
ⲟⲩϭⲟⲧϭⲧ' ⲡϫⲟⲉⲓⲥ ⲡⲉⲕⲛⲟⲩⲧⲉ ⲛⲁ

22 ϭⲉⲧϭⲧ' ⲛⲉⲕϩⲃⲏⲟⲩⲉ ⲧⲏⲣⲟⲩ²· ⲉⲙ
ⲙⲟⲛ ⲟⲩⲛ ⲟⲩⲛⲟⲃⲉ ⲛⲁϣⲱⲡⲉ ϩⲓⲭ[ⲛ̄]

23 ⲛⲉⲧ ⲛⲛⲟⲩ ⲉ ⲃⲟⲗ ϩⲛ̄ ⲛⲉⲕⲥⲡⲟⲧⲟⲩ³·
ϩⲁⲣⲉϩ ⲉ ⲣⲟⲟⲩ ⲉ ⲧⲣⲉ ⲕⲁⲁⲩ ⲙ̄ ⲡⲉⲥⲙⲟⲧ'
ⲉⲛⲧ ⲁⲕⲉⲣⲏⲧ ⲙ̄ ⲡϫⲟⲉⲓⲥ ⲡⲉⲕⲛⲟⲩ
ⲧⲉ· ⲡϣⲁϫⲉ ⲉⲛⲧⲁⲕⲧⲁⲟⲩⲟϥ ϩⲛ̄ ⲧⲉⲕ

24 ⲧⲁⲡⲣⲟ· ⲉⲕϣⲁⲛⲃⲱⲕ' ⲇⲉ ⲉϩⲟⲩⲛ
ⲉ ⲡⲉⲓⲱϩⲉ ⲙ̄ ⲡⲉⲧ' ϩⲓⲧⲟⲩⲱⲕ' ⲉⲕⲉ
ϭⲛ̄ϭ ϩⲙ̄ⲥ̄ ⲛ̄ⲛⲉⲕϭⲓϫ ⲛ̄ⲧ̄ ⲟⲩⲱⲙ ⲛ̄ⲧ̄
ⲧⲙ̄ ϫⲓ ⲟⲣϭ̄ ⲇⲉ ⲉ ⲡⲉⲓⲱϩⲉ ⲙ̄ ⲡⲉⲧ ϩⲓⲱ

25 ⲱⲕ' ⲉⲕ ϣⲁⲛⲃⲱⲕ ⲇⲉ ⲉϩⲟⲩⲛ ⲉ ⲡⲙⲁ
ⲛ̄ ⲉⲗⲟⲟⲗⲉ ⲙ̄ ⲡⲉⲧ ϩⲓⲧⲟⲩⲱⲕ ⲉⲕⲉ
ⲟⲩⲉⲙ ⲉⲗⲟⲟⲗⲉ ⲡⲉⲧ ⲉⲣⲉ ⲧⲉⲕⲯⲩⲭⲏ

Chap. ⲛⲁⲉϣⲟⲧⲙⲉϥ ⲉⲥⲉⲓ ⲛⲧ̄ ⲧⲙ̄ ϫⲱⲱⲗⲉ
XXIV. 1 ⲇⲉ ⲉϩⲛⲁⲁⲩ ⲛ̄ⲧⲁⲕ· ⲉⲣⲉ ϣⲁⲛ ⲟⲩⲁ ⲇⲉ
ϫⲓ ⲛ̄ ⲟⲩⲥϩⲓⲙⲉ ⲛ̄ϥⲟⲩⲱϩ ⲛⲉⲙⲁⲥ· ⲁⲩⲱ
ⲉⲥ ϣⲁⲛ ⲧⲙ̄ ϭⲛ̄ ⲭⲁⲣⲓⲥ ⲙ̄ⲡⲉ ϥⲙ̄ⲧⲟ ⲉ ⲃⲟⲗ
ϫⲉ ⲁϥϭⲛ̄ ⲟⲩϩⲱⲃ ⲉⲛⲉϣⲱϥ' ϩⲓⲱⲱⲥ ⲉϥ
ⲥϩⲁⲓ̈ ⲛⲁⲥ ⲛ̄ ⲟⲩⲭⲱⲱⲙⲉ ⲛ̄ ⲧⲟⲩⲉⲓⲟ ⲛϥ̄
ⲧⲁⲁϥ ⲉ ϩⲣⲁⲓ̈ ⲉ ⲧⲟⲟⲧⲉ̄ ⲛϥ̄ϫⲟⲟⲩⲥ ⲉ ⲃⲟⲗ

2 ϩⲙ̄ ⲡⲉϥⲏⲉⲓ· ⲁⲩⲱ ⲉⲥϣⲁⲛⲃⲱⲕ' ⲛ̄ⲥϩⲙⲟ

3 ⲟⲥ ⲙⲛ̄ ⲕⲉ ϩⲁⲓ̈· ⲛ̄ⲧⲉ ⲡⲕⲉ ⲙⲉϩ ⲥⲛⲁⲩ
ⲙⲉⲥⲧⲱⲥ· ⲁⲩⲱ ⲛϥ̄ⲥϩⲁⲓ̈ ⲛⲁⲥ ⲛ̄ ⲟⲩⲭⲱ
ⲱⲙⲉ ⲛ̄ ⲧⲟⲩⲉⲓⲟ ⲛϥ̄ⲧⲁⲁϥ' ⲉ ϩⲣⲁⲓ̈ ⲉⲧⲟⲟⲧⲉ̄

Fol. 32 b
[ⲣ̄]

---

¹ Ἐὰν δὲ εὔξῃ.

² 'The Lord thy God shall certainly inquire into all thy works.' There is no equivalent here for ἐὰν δὲ μὴ θέλῃς εὔξασθαι.

³ 'Let there be therefore no sin on that which cometh forth from thy lips.'

ⲁⲩⲱ ⲛϥϫⲟⲟⲧⲥ ⲉ ⲃⲟⲗ ϩⲙ ⲡⲉϥⲏⲉⲓ·
ⲏ̄ⲧⲉ ⲡⲙⲉϩ ⲥⲛⲁⲩ ⲛ̄ ϩⲁⲓ̈ ⲙⲟⲩ ⲡⲉ ⲛ

4 ⲧⲁϥ ϫⲓⲧⲥ̄ ⲛⲁϥ ⲛ̄ ⲥϩⲓⲙⲉ· ⲛ̄ⲛⲉ ϣ (sic) ⲡϣⲟ
ⲣⲡ̄ ⲛ̄ ϩⲁⲓ̈ ⲉⲛⲧ ⲁϥⲛⲟⲧⲥ̄ ⲉ ⲃⲟⲗ' ⲕⲟⲧϥ̄
ⲉ ⲣⲟⲥ ⲉ ⲧⲣⲉ ϥϫⲓⲧⲥ ⲛⲁϥ ⲛ̄ ⲥϩⲓⲙⲉ ⲙⲉⲛⲛ̄ (sic)
ⲛ̄ⲥⲁ ⲧⲣⲉ ⲥϫⲱϩⲙ̄ ϫⲉ ⲟⲩⲃⲟⲧⲉ ⲡⲉ
ⲡⲁⲓ̈ ⲙ̄ⲡⲉ ⲙ̄ⲧⲟ ⲉ ⲃⲟⲗ ⲙ̄ ⲡϫⲟⲉⲓⲥ ⲡⲉ
ⲕⲛⲟⲩⲧⲉ· ⲁⲩⲱ ⲛ̄ ⲛⲉⲧⲛ̄ϫⲱϩⲙ̄ ⲙ̄
ⲡⲕⲁϩ ⲡⲁⲓ̈ ⲉⲧ ⲉⲣⲉ ⲡϫⲟⲉⲓⲥ ⲡⲉⲧⲛ̄
ⲛⲟⲩⲧⲉ ⲛⲁⲧⲁⲁϥ ⲛⲏⲧⲛ̄ ϩⲛ̄ ⲟⲩⲕⲗⲏ

5 ⲣⲟⲥ: ⲉⲣⲉ ϣⲁⲛ ⲟⲩⲁ ⲇⲉ ϫⲓ ⲛ̄ ⲟⲩⲥϩⲓⲙⲉ
ⲛ̄ ⲃ̄ⲣⲣⲉ ⲛ̄ⲛⲉ ϥⲃⲱⲕ' ⲉ ⲃⲟⲗ ⲉ ⲡⲡⲟⲗⲉ
ⲙⲟⲥ ⲉ ⲙⲓϣⲉ ⲁⲩⲱ ⲛ̄ⲛⲉ ⲩⲛⲉϫ ⲗⲁⲁⲩ ⲛ̄
ϩⲱⲃ ⲉ ϫⲱϥ· ⲉϥⲉⲣ ⲟⲩⲣⲟⲙⲡⲉ ϩⲙ̄ ⲡⲉϥ
ⲏⲉⲓ ⲉⲙⲛ̄ ϩⲱⲃ ϫⲓ ⲉ ϩⲟⲩⲛ ⲉ ⲣⲟϥ· ⲉϥⲉⲣ
ⲫⲣⲁⲛⲉ ⲙⲛ̄ ⲧⲉϥⲥϩⲓⲙⲉ ⲉⲛⲧ ⲁϥϫⲓⲧⲥ̄·

6 ⲛ̄ⲛⲉ ⲕϫⲓ ⲛ̄ ⲟⲩⲱⲛⲉ ⲛ̄ ⲥⲓⲕⲉ[1] ⲛ̄ ⲉⲧⲱ ⲟⲩⲇⲉ
ⲡⲉϣϫⲁⲧⲛⲟⲩⲧ' ϩⲓⲱⲱϥ[2]· ϫⲉ ⲉⲣⲉ ⲡⲁⲓ̈

7 † ⲛ̄ ⲟⲩⲯⲩⲭⲏ ⲛ̄ ⲉⲧⲱ· ⲉϣⲁⲛ ⲧⲁϩⲉ
ⲟⲩⲣⲱⲙⲉ ⲇⲉ ⲉϥϥⲓ ⲛ̄ ⲟⲩⲯⲩⲭⲏ ⲛ̄ϫⲓⲟⲩⲉ
ⲉ ⲃⲟⲗ ϩⲛ̄ ⲛⲉϥⲥⲛⲏⲟⲩ ⲛ̄ ϣⲏⲣⲉ ⲛ̄ⲧⲛ̄
ⲡⲓⲥⲣⲁⲏⲗ' ⲁⲩⲱ ⲛϥϭⲙ̄ϭⲟⲙ' ⲉ ⲣⲟϥ
ⲛϥ̄ⲧⲁⲁϥ ⲉ ⲃⲟⲗ ⲉϥⲉⲙⲟⲩ ⲛ̄ϭⲓ ⲡⲣⲉϥ
ϫⲓⲟⲩⲉ ⲉⲧ ⲙ̄ⲙⲁⲩ ⲁⲩⲱ ⲉⲕⲉϥⲓ ⲙ̄ ⲡ
ⲡⲟⲛⲏⲣⲟⲥ ⲉ ⲃⲟⲗ ϩⲛ̄ ⲧⲉⲧⲛ̄ⲙⲏⲧⲉ·

8 †ϩⲧⲏⲕ' ⲉⲣⲟⲕ' ϩⲙ̄ ⲡϩⲱⲃ ⲙ̄ ⲡⲥⲱⲃϩ̄·
ⲉⲧⲉⲧⲛ̄ ⲉ ϩⲁⲣⲉϩ' ⲉⲙⲁⲧⲉ ⲉ ⲧⲣⲉ ⲧⲛ̄ⲉⲓⲣⲉ
ⲕⲁⲧⲁ ⲡⲛⲟⲙⲟⲥ ⲧⲏⲣϥ̄ ⲡⲁⲓ̈ ⲉⲧ ⲟⲩ
ⲛⲁⲧⲁⲟⲩϥ ⲉ ⲣⲱⲧⲛ̄ ⲛ̄ϭⲓ ⲛ̄ⲟⲩⲏⲏⲃ
ⲛ̄ ⲗⲉⲩⲉⲓⲧⲏⲥ ⲙ̄ ⲡⲉⲥⲙⲟⲧ' ⲉⲛⲧ ⲁⲓ̈ϩⲱⲛ

9 ⲉⲧⲛ̄ⲧⲏⲩⲧⲛ̄ ⲉ ⲧⲣⲉ ⲧⲛ̄ⲉⲓⲣⲉ· ⲁⲣⲓ
ⲡⲙⲉⲉⲩⲉ ⲛ̄ ⲛⲉ ⲛ̄ⲧ ⲁⲩⲁⲁⲧ ⲛ̄ϭⲓ ⲡϫⲟⲉⲓⲥ

[1] μύλον.   [2] ἐπιμύλιον.

пекноυте ⲙ̄ ⲙⲁⲣⲓϩⲁⲙ¹· ϩⲛ ⲧⲉϩⲓⲏ
10 ⲉⲧⲉⲧⲛ̄ⲛⲏⲟⲩ ⲉ ⲃⲟⲗ ϩⲛ ⲕⲏⲙⲉ· ⲉⲣϣⲱ
ⲡⲉ ⲇⲉ ⲉⲟⲩⲛ̄ⲧⲕ̄ ⲟⲩϩⲟⲙⲛ̄ⲧ' ⲉ ⲡⲉⲧ
ϩⲓⲧⲟⲩⲱⲕ' ⲛ̄ ⲡⲉⲧⲉ ⲟⲩⲛ̄ⲧⲁⲕ' ⲉ ⲣⲟϥ
ⲛ̄ⲡⲉ ⲕ'ⲃⲱⲕ' ⲉ ϩⲟⲩⲛ ⲉ ⲡⲉϥⲏⲉⲓ ⲉϥ[ⲓ]
11 ⲛ̄ⲧⲉϥⲉϭⲱ· ⲁⲗⲗⲁ ⲉⲕⲉⲁϩⲉ ⲣⲁⲧⲕ̄
ϩⲓ ⲃⲟⲗ ⲁⲩⲱ ⲡⲣⲱⲙⲉ ⲉⲧⲉ ⲟⲩⲛ̄ⲧⲁⲕ'
ⲉ ⲣⲟϥ ⲉϥ'ⲉⲛ̄ ⲧⲉϥⲉϭⲱ ⲛⲁⲕ' ⲉ ⲃⲟⲗ·
12 ⲉϣⲱⲡⲉ ⲇⲉ ⲡⲣⲱⲙⲉ ⲙⲟⲕϩ̄ ⲛ̄ⲡⲉ ⲕ
13 ⲛⲕⲁ ⲧⲉϥⲉϭⲱ ⲙ̄ ⲡⲉⲕϩⲟⲩⲛ· ϩⲛ̄
ⲟⲩϯ ⲉⲕⲉϯ ⲛⲁϥ' ⲙ̄ ⲡⲉϥϩⲟⲉⲓⲧⲉ
ϩⲙ̄ ⲡⲣⲏ ⲉϥⲛⲁϩⲱⲧⲡ'· ϫⲉ ⲉⲣⲉ ⲡⲉϥ
ϩⲟⲉⲓⲧⲉ ϣⲱⲡⲉ ϩⲓ ϫⲱϥ ⲛ̄ϥ̄ⲥⲙⲟⲩ
ⲉⲣⲟⲕ' ⲛ̄ⲧⲉ ⲟⲩⲙⲛ̄ⲧⲛⲁ ϣⲱⲡ' ⲉ ⲣⲟⲕ'
ⲙ̄ⲡⲉ ⲙ̄ⲧⲟ ⲉ ⲃⲟⲗ ⲙ̄ ⲡϫⲟⲉⲓⲥ ⲡⲉ
14 ⲕⲛⲟⲩⲧⲉ· ⲛ̄ⲡⲉ ⲕϫⲓ ⲛ̄ϭⲟⲛⲥ̄ ϩⲙ̄
ⲡⲕⲉⲕⲉ ⲙ̄ ⲡϩⲏⲕⲉ ⲉⲧ ⲣ̄ ϭⲣⲱϩ ⲉ ⲃⲟⲗ
ϩⲛ ⲛⲉⲕⲥⲛⲏⲟⲩ ⲏ̈ ⲉ ⲃⲟⲗ ϩⲙ̄ ⲡⲉⲡⲣⲟⲥ
15 ⲏⲗⲩⲧⲟⲥ ⲉⲧ ϩⲛ̄ ⲛⲉⲕ' ⲡⲟⲗⲓⲥ· ⲉⲕⲉ
ϯⲛⲁϥ ⲙ̄ ⲡⲉϥⲃⲉⲕⲉ ⲛ̄ⲧⲉⲩⲛⲟⲩ² ⲉⲙ
ⲡⲁⲧⲉ ⲡⲣⲏ ϩⲱⲧⲡ̄ ϫⲉ ϥⲙⲟⲕϩ̄ ⲁⲩⲱ
ⲉⲣⲉ ⲡⲉϥⲱⲛϩ̄ ⲛ̄ ϩⲏⲧϥ̄ ⲙⲏⲡⲟⲧⲉ
ⲛ̄ϥⲱϣ ⲉ ⲃⲟⲗ ⲉ ϩⲣⲁⲓ̈ ⲉ ⲡϫⲟⲉⲓⲥ ⲉ ϫⲱⲕ'
16 ⲛ̄ϥ̄ⲱⲡ' ⲉ ⲣⲟⲕ³ [ⲉⲧⲛ̄ ⲛ]ⲟⲃⲉ· ⲛ̄ⲡⲉ ⲛ̄ⲉⲓⲟ
ⲧⲉ ⲙⲟⲩ ϩⲁ ⲛ̄ϣⲏ[ⲣⲉ] ⲁⲩⲱ ⲛ̄ϣⲏⲣⲉ
ⲛ̄ⲡⲉ ⲩⲙⲟⲩ ϩⲁ ⲛⲉⲩⲉⲓⲟⲧⲉ· ⲡⲟⲩⲁ
ⲡⲟⲩⲁ ⲉϥⲛⲁⲙⲟⲩ ϩⲁ ⲡⲉϥⲛⲟⲃⲉ ⲙ̄
17 ⲙⲓⲛ ⲙ̄ⲙⲟϥ· ⲛ̄ⲡⲉ ⲕ ⲧⲁⲕⲟ ⲙ̄ ⲫⲁⲡ
ⲙ̄ ⲡⲉⲡⲣⲟⲥⲏⲗⲩⲧⲟⲥ ⲛⲙ̄ ⲡⲟⲣ
ⲫⲁⲛⲟⲥ ⲛⲙ̄ ⲧⲉⲭⲏⲣⲁ ⲁⲩⲱ ⲛ̄ⲡⲉ ⲕ'
ϫⲓ ⲡϩⲟⲉⲓⲧⲉ ⲛ̄ ⲟⲩⲭⲏⲣⲁ ⲛ̄ ⲉⲩⲱ⁴·

¹ Μαριάμ. ² 'Immediately'; Gr. αὐθημερόν.
³ καὶ ἔσται ἐν σοί. ⁴ As in AF καὶ ουκ ενεχυρας ιματιον χηρας.

Fol. 33 b
[ρ̄β̄]

18 ⲁⲩⲱ ⲉⲕⲉⲣ ⲡⲙⲉⲉⲧⲉ ϫⲉ ⲛⲉⲕⲟ ⲛ̄ ϩⲙ̄
ϩⲁⲗ' ⲡⲉ ϩⲛ̄ ⲡⲕⲁϩ ⲛ̄ⲕⲏⲙⲉ· ⲁⲩⲱ ⲁ
ⲡϫⲟⲉⲓⲥ ⲡⲉⲕⲛⲟⲩⲧⲉ ⲥⲟⲧⲕ̄' ⲉ ⲃⲟⲗ'
ϩⲙ̄ ⲡⲙⲁ ⲉⲧ ⲙ̄ⲙⲁⲩ· ⲉⲧⲃⲉ ⲡⲁⲓ̈ ϭⲉ
ⲁⲛⲟⲕ' ϯϩⲱⲛ ⲉ ⲧⲟⲟⲧⲕ̄' ⲉ ⲧⲣⲉ ⲕⲉⲓ

19 ⲣⲉ ⲙ̄ ⲡⲉⲓ̈ ϣⲁϫⲉ: ⲉⲕϣⲁⲛⲱϩⲥ̄ ⲇⲉ
ⲙ̄ ⲡⲉⲕⲱϩⲥ̄ ϩⲛ̄ ⲧⲥⲱϣⲉ ⲛ̄ⲅ̄ ⲣ̄ ⲡⲱⲃϣ̄
ⲛ̄ ⲟⲩⲕⲛⲁⲁⲩ ϩⲛ̄ ⲧⲥⲱϣⲉ· ⲙ̄ⲡⲉ ⲕⲕⲟ
ⲧⲕ̄' ⲉ ϭⲓⲧϥ̄' ⲁⲗⲗⲁ ⲉⲕⲉⲕⲁⲁϥ ⲉ ⲡⲁϩⲟⲩ
ⲙ̄ ⲫⲛⲕⲉ[1] ⲛⲙ̄ ⲡⲉⲡⲣⲟⲥⲏⲗⲩⲧⲟⲥ
ⲛⲙ̄ ⲡⲟⲣⲫⲁⲛⲟⲥ ⲛⲙ̄ ⲧⲉⲭⲏⲣⲁ· ϫⲉ
ⲕⲁⲥ ⲉϥⲉⲥⲙⲟⲩ ⲉ ⲣⲟⲕ' ⲛ̄ϭⲓ ⲡϫⲟⲉⲓⲥ
ⲡⲉⲕⲛⲟⲩⲧⲉ ϩⲛ̄ ⲛⲉⲕϩⲃⲛⲟⲩⲉ

20 ⲧⲏⲣⲟⲩ[2]· ⲉⲕϣⲁⲛⲉⲓ ⲇⲉ ⲉⲕⲛⲁⲕⲟⲧϥ̄
ⲙ̄ ⲡⲉⲕⲙⲁ ⲛ̄ ϫⲟⲉⲓⲧ' ⲛ̄ⲛⲉ ⲕⲕⲟⲧⲕ̄'
ⲉ ⲡⲁϩⲟⲩ ⲉⲥⲣⲓⲧ' ⲛ̄ ⲛ̄ϣⲱϫⲡ' ⲁⲗⲗⲁ
ⲉⲕⲉ ⲕⲁⲁⲩ ⲙ̄ ⲡⲉⲡⲣⲟⲥⲏⲗⲩⲧⲟⲥ
ⲛⲙ̄ ⲡⲟⲣⲫⲁⲛⲟⲥ ⲛⲙ̄ ⲧⲉⲭⲏⲣⲁ·
ⲁⲩⲱ ⲉⲕⲉⲣ̄ ⲡⲙⲉⲉⲧⲉ ϫⲉ ⲛⲉⲕⲟ ⲛ̄
ϩⲙ̄ϩⲁⲗ ⲡⲉ ϩⲛ̄ ⲡⲕⲁϩ ⲛ̄ ⲕⲏⲙⲉ·
ⲉ ⲧⲃⲉ ⲡⲁⲓ ϭⲉ ⲁⲛⲟⲕ' ϯϩⲱⲛ ⲉ ⲧⲟ
ⲟⲧⲕ̄ ⲉ ⲧⲣⲉ ⲕⲉⲓⲣⲉ ⲙ̄ ⲡⲉⲓ̈ ϣⲁϫⲉ·

21 ⲉⲕϣⲁⲛϫⲱⲱⲗⲉ ⲇⲉ ⲙ̄ ⲡⲉⲕⲙⲁ
ⲛ̄ ⲉⲗⲟⲟⲗⲉ· ⲛ̄ⲛⲉ ⲕⲕⲟⲧⲕ̄ ⲉ ⲡⲁ
ϩⲟⲩ ⲉⲥⲣⲁⲧ' ⲁⲗⲗⲁ ⲛ̄ϣⲱϫⲡ' ⲉⲧⲉ
ϣⲱⲡⲉ ⲛ̄ ⲡⲉ[ⲡⲣ]ⲟⲥⲏⲗⲩⲧⲟⲥ ⲛⲙ̄

22 ⲡⲟⲣⲫⲁⲛⲟⲥ ⲛⲙ̄ ⲧⲉⲭⲏⲣⲁ· ⲁⲩⲱ
ⲉⲕⲉⲣ ⲡⲙⲉⲉⲧⲉ ϫⲉ ⲛⲉⲕⲟ ⲛ̄ ϩⲙ̄
ϩⲁⲗ ⲡⲉ ϩⲛ̄ ⲡⲕⲁϩ ⲛ̄ ⲕⲏⲙⲉ· ⲉ ⲧⲃⲉ
ⲡⲁⲓ̈ ϭⲉ ⲁⲛⲟⲕ ϯϩⲱⲛ ⲉ ⲧⲟⲟⲧⲕ̄

Chap. ⲉ ⲧⲣⲉ ⲕⲉⲓⲣⲉ ⲙ̄ ⲡⲉⲓ̈ ϣⲁϫⲉ: ⲉⲣⲉ
XXV. 1 ϣⲁⲛⲟⲩϩⲗⲟⲩⲱ ⲇⲉ ϣⲱⲡⲉ ⲛ̄ ⲧⲙⲏ

[1] There is no Greek for ⲫⲛⲕⲉ.
[2] The Coptic omits 'of thy hands'.

DEUTERONOMY XXV. 1-8

те ⲛ̄ ϩⲉⲛⲣⲱⲙⲉ ⲛ̄ⲥⲉⲉⲓ ⲉ ϫⲓ ϩⲁⲡ· ⲁⲩⲱ
ⲥⲉϯϩⲁⲡ· ⲉ ⲣⲟⲟⲩ ⲛ̄ⲥⲉⲧⲙⲁⲓ̈ ⲉ ⲡⲁⲥⲉ

2 ⲃⲏⲥ ⲙⲛ̄ ⲡⲇⲓⲕ'ⲁⲓⲟⲥ· ⲛ̄ⲥⲉⲧϭⲁⲓ̈ⲟⲩ · ⲁⲩⲱ
ⲉϣⲱⲡⲉ ⲡⲁⲥⲉⲃⲏⲥ ⲙ̄ⲡϣⲁ ⲙ̄ ϩⲉⲛⲥⲏ
ϣⲉ ⲉⲕⲉⲑⲙ̄ⲥⲟϥ· ⲉ ϩⲣⲁⲓ̈ ⲙ̄ⲡⲉ ⲙⲧⲟ ⲉ
ⲃⲟⲗ ⲛ̄ⲡⲉⲕⲣⲓⲧⲏⲥ ⲁⲩⲱ ⲉⲩⲉⲙⲁⲥⲧ[ⲓ]
ⲅⲟⲩ ⲙ̄ⲙⲟϥ¹· ⲙ̄ⲡⲉⲩ ⲙ̄ⲧⲟ ⲉ ⲃⲟⲗ' ⲕ[ⲁ]

3 ⲧⲁ ⲧⲉϥⲙⲛ̄ⲧϣⲁϥⲧ· ⲛ̄ⲥⲉϯ ϩⲙⲉ ⲛⲁϥ ⲛ̄
ⲥⲁϣ ⲛ̄ⲥⲉ ⲧⲙ̄ ⲟⲩⲱϩ ⲉ ϫⲱⲟⲩ ⲉⲩϣⲁⲛ
ⲟⲩⲱϩ ⲇⲉ ⲉ ⲧⲟⲟⲧⲟⲩ ⲉ ⲙⲁⲥⲧⲓ
ⲅⲟⲩ² ⲙ̄ⲙⲟϥ ⲛ̄ ϩⲟⲩⲟ ⲉ ⲛⲉⲓ̈ ⲥⲏϣⲉ
ⲡⲉⲕ'ⲥⲟⲛ ⲛⲁⲁⲥⲭⲏⲙⲟⲛⲉⲓ³ ⲙ̄ ⲡⲉϥ

4 ⲙ̄ⲧⲟ ⲉ ⲃⲟⲗ· ⲛ̄ⲛⲉ ⲕϣⲧⲙ̄ ⲣⲱϥ ⲛ̄ ⲟⲩ

5 ⲙⲁⲥⲉ ⲉϥϩⲉ· ⲉⲣⲉ ϣⲁⲛ ϩⲉⲛⲥⲛⲏⲟⲩ
ⲇⲉ ⲟⲩⲱϩ ⲛ̄ⲙ̄ ⲛⲉⲧⲉⲣⲏⲟⲩ ⲁⲩⲱ ⲛ̄ⲧⲉ
ⲟⲩⲁ ⲛ̄ϩⲏⲧⲟⲩ ⲙⲟⲩ ⲉⲙⲛ̄ ϥ̄ⲕⲁ ⲥⲡⲉⲣ
ⲙⲁ· ⲛ̄ⲛⲉ ⲧⲉϥⲥϩⲓⲙⲉ ϫⲓ ⲕⲉ ϩⲁⲓ̈ ϩⲓ ⲃⲟⲗ
ⲛ̄ ϣⲙ̄ⲙⲟ· ⲡⲥⲟⲛ ⲙ̄ ⲡⲉⲥϩⲁⲓ̈ ⲉϥⲉⲃⲱⲕ
ⲉ ϩⲟⲩⲛ ϣⲁ ⲣⲟⲥ ⲛ̄ϥ̄ϫⲓⲧⲥ̄ ⲛⲁϥ ⲛ̄ ⲥϩⲓ

6 ⲙⲉ· ⲛ̄ϥ̄ϣⲱⲡⲉ ⲇⲉ ⲛⲉⲙⲁⲥ· ⲁⲩⲱ ⲡϣⲏ
ⲣⲉ ⲕⲟⲩⲓ ⲉⲧ ⲟⲩⲛⲁϫⲡⲟϥ ⲉⲧⲉ
ⲙⲟⲧⲧⲉ ⲉ ⲣⲟϥ ⲙ̄ ⲡⲣⲁⲛ ⲙ̄ ⲡⲉ ⲛⲧ ⲁϥ
ⲙⲟⲩ· ⲛ̄ⲧⲉ ⲧⲙ̄ ⲡⲉϥⲣⲁⲛ ϥⲱⲧⲉ ⲉ ⲃⲟⲗ

7 ϩⲙ̄ ⲡⲓⲥⲣⲁⲏⲗ· ⲉϣⲁⲛ ⲧⲙ̄ ⲣ̄ ϩⲛⲁϥ
ⲇⲉ ⲛ̄ϭⲓ ⲡⲣⲱⲙⲉ ⲛ̄ ϫⲓ ⲑⲓⲙⲉ ⲙ̄ ⲡⲉϥ
ⲥⲟⲛ· ⲉⲣⲉ ⲧⲉⲥϩⲓⲙⲉ ⲃⲱⲕ' ⲉ ⲣⲁⲧⲥ̄ ⲁⲥ
ⲧⲥⲟⲟⲩϩⲥ̄ ⲛ̄ ⲛⲟϭ· ⲁⲩⲱ ⲉⲥⲉϫⲟ
ⲟⲥ ϫⲉ ⲡⲥⲟⲛ ⲙ̄ ⲡⲉⲥϩⲁⲓ̈ ⲛ̄ϥ̄ⲟⲩⲱϣ
ⲁⲛ ⲉ ⲧⲟⲩⲛⲉⲥ ⲡⲣⲁⲛ ⲙ̄ ⲡⲉϥⲥⲟⲛ
ϩⲙ̄ ⲡⲓⲥⲣⲁⲏⲗ· ⲙ̄ⲡ ϥ̄ⲟⲩⲱϣ ⲉ ⲣ̄ ⲡⲏⲓ

8 ⲛ̄ϭⲓ ⲡⲥⲟⲛ ⲙ̄ ⲡⲉⲥϩⲁⲓ̈· ⲁⲩⲱ ⲉⲧⲉ

---

[1] As in A F μαστιγωσαι αυτον.
[2] μαστιγῶσαι.   [3] ἀσχημονήσει.

Fol. 34 b
[ⲣⲁ]

ⲙⲟⲩⲧⲉ ⲉ ⲣⲟϥ ⲛϭⲓ ⲛⲛⲟϭ ⲙ̅ ⲡⲟⲗⲓⲥ
ⲉⲧ ⲙ̅ⲙⲁⲩ ⲛ̅ⲥⲉϫⲟⲟⲥ ⲛⲁϥ· ⲛ̅ⲧⲟϥ ⲇⲉ
ⲛϥⲁϩⲉ ⲣⲁⲧϥ̅ ⲛϥ̅ ϫⲟⲟⲥ ϫⲉ ⲡ̅ ⲣ̅ ϩⲛⲁⲓ̈ ⲁⲛ

9 ⲉϫⲓⲧⲥ̅· ⲉⲣⲉ ⲑⲓⲙⲉ ⲙ̅ ⲡⲉϥⲥⲟⲛ † ⲙ̅
ⲡⲉⲥⲟⲩⲟⲉⲓ ⲉ ϩⲟⲩⲛ ⲉ ⲣⲟϥ ⲙ̅ⲡⲉ ⲙ
ⲧⲟ ⲉ ⲃⲟⲗ ⲛ̅ ⲛ̅ⲛⲟϭ ⲁⲩⲱ ⲉⲥⲉ ⲃⲱⲗ ⲉ
ⲃⲟⲗ ⲛ̅ ⲧⲡⲟϭⲉ ⲛ̅ⲧⲟⲟⲩⲉ ⲛⲧⲉϥⲟⲩⲉ
ⲣⲏⲧⲉ· ⲁⲩⲱ ⲉⲥⲉⲛⲉϫⲧⲁϥ ⲉ ϩⲟⲩⲛ
ⲉ ϩⲣⲁϥ ⲁⲩⲱ ⲉⲥⲉϫⲟⲟⲥ ϫⲉ ⲧⲁⲓ̈ ⲧⲉ
ⲑⲉ ⲉⲧ ⲟⲩⲛⲁⲁⲥ ⲙ̅ ⲡⲣⲱⲙⲉ ⲉⲧⲉ
ⲛϥ̅ⲛⲁⲕⲉⲧ' ⲡⲏⲉⲓ ⲁⲛ ⲙ̅ ⲡⲉϥⲥⲟⲛ¹·

10 ⲁⲩⲱ ⲉⲩⲉⲙⲟⲩⲧⲉ ⲉ ⲡⲉϥⲣⲁⲛ
ϩⲙ̅ ⲡⲓⲥⲣⲁⲏⲗ ϫⲉ ⲡⲏⲉⲓ ⲙ̅ⲡⲉ ⲛⲧ ⲁⲩ

11 ⲃⲱⲗ ⲉ ⲃⲟⲗ ⲙ̅ ⲡⲉϥⲧⲟⲟⲩⲉ²· ⲉⲣⲉ ϣⲁⲛ
ⲣⲱⲙⲉ ⲇⲉ ⲥⲛⲁⲩ ⲙⲓϣⲉ ⲙⲛ̅ ⲛⲉⲧⲉ
ⲣⲏⲟⲩ ⲟⲩⲣⲱⲙⲉ ⲙⲛ̅ ⲡⲉϥⲥⲟⲛ
ⲁⲩⲱ ⲛ̅ⲧⲉ ⲑⲓⲙⲉ ⲛ̅ ⲟⲩⲁ ⲙ̅ⲙⲟⲟⲩ ⲣ̅
ⲡⲉⲥⲟⲩⲟⲉⲓ ⲉ ϩⲟⲩⲛ ⲉ ⲧⲟⲩϫⲉ ⲡⲉⲥ
ϩⲁⲓ̈ ⲛ̅ ⲧⲟⲟⲧϥ̅ ⲙ̅ ⲡⲉⲧ ϩⲓⲟⲩⲉ ⲉ ⲣⲟϥ
ⲛⲥ̅ ⲥⲟⲩⲧⲛ̅ ⲧⲟⲟⲧⲥ̅ ⲉ ⲃⲟⲗ ⲛ̅ϭⲉⲡ

12 ⲕⲟⲩⲟⲩⲛϥ̅³· ⲉⲕⲉⲥⲗ̅ⲡ ⲧⲉⲥϭⲓϫ ⲉ ⲃⲟⲗ
ⲙ̅ⲙⲟⲥ ⲛ̅ⲧⲉ ⲧⲙ̅ ⲡⲉⲕⲃⲁⲗ †ⲥⲟ ⲉ ⲣⲟⲥ·

13 ⲛ̅ⲛⲉ ⲛⲟϭ ⲛ̅ ϣⲓ ϩⲓ ⲕⲟⲩⲉⲓ ⲛ̅ⲛⲉ ϣⲱ

14 ⲡⲉ ϩⲛ̅ ⲧⲉⲕⲧⲱⲱⲙⲉ· ⲁⲩⲱ [ⲛ̅]ⲛⲉ ⲟⲉⲓ
ⲡⲉ ⲉϥϣⲟⲃⲉ ϣⲱⲡⲉ ϩⲛ̅ ⲡⲉⲕⲏⲉⲓ

15 ⲛⲟϭ ϩⲓ ⲕⲟⲩⲉⲓ· ⲟ[ⲩ]ϣⲓ ⲙ̅ⲙⲉ ⲁⲩⲱ ⲛ̅
ⲇⲓⲕⲁⲓⲟⲛ ⲉϥⲉϣⲱⲡⲉ ⲛⲁⲕ' ⲟⲩⲟⲉⲓ
ⲡⲉ ⲙ̅ⲙⲉ ⲁⲩⲱ ⲛ̅ ⲇⲓⲕⲁⲓⲟⲛ ⲉⲥⲉϣⲱ
ⲡⲉ ⲛⲁⲕ' ϫⲉ ⲛⲁⲥ ⲉⲕⲉⲉⲓⲣⲉ ⲛ ⲟⲩⲁϣⲁⲓ

---

[1] 'In Israel' omitted, as in A F.

[2] A loose rendering of οἶκος τοῦ ὑπολυθέντος τὸ ὑπόδημα.

[3] 'The fore-part of his body', an inadequate rendering of τῶν διδύμων αὐτοῦ.

ⲛ̄ϩⲟⲟⲩ ϩⲓϫⲛ̄ ⲡⲕⲁϩ ⲡⲁⲓ̈ ⲉⲧ ⲉⲣⲉ
ⲡϫⲟⲉⲓⲥ ⲡⲉⲕⲛⲟⲩⲧⲉ ⲛⲁⲧⲁⲁϥ ⲛⲁⲕ

16 ϩⲛ̄ ⲟⲩⲕⲗⲏⲣⲟⲥ · ϫⲉ¹ ⲟⲩⲃⲟⲧⲉ ⲙ̄ ⲡϫⲟ
ⲉⲓⲥ ⲡⲉⲕⲛⲟⲩⲧⲉ ⲡⲉ ⲟⲩⲟⲛ ⲛⲓⲙ
ⲉⲧ ⲉⲓⲣⲉ ⲛ̄ⲛⲁⲓ̈ · ⲟⲩⲟⲛ ⲛⲓⲙ ⲉⲧ ⲉⲓⲣⲉ

17 ⲛ̄ ⲛ̄ϫⲓⲛϭⲟⲛⲥ̄ · ⲁⲣⲓ ⲡⲙⲉⲉⲩⲉ ⲛ̄ ⲛⲉ ⲛ
ⲧⲁϥⲁⲁⲩ ⲛⲁⲕ ⲛ̄ϭⲓ ⲡⲁⲙⲁⲗⲏⲕ ⲉⲛ̄ ⲧⲉ

18 ϩⲓⲏ ⲉⲕⲛ̄ⲛⲏⲟⲩ ⲉ ⲃⲟⲗ ϩⲛ̄ ⲕⲏⲙⲉ · ⲛ̄ⲑⲉ
ⲉⲛⲧ ⲁϥϯ ⲛⲉⲙⲁⲕ ϩⲓ ⲧⲉϩⲓⲏ ⲁⲩⲱ ⲁϥ
ⲧⲁⲕⲟ ⲛ̄ ⲛⲉⲧ ϩⲓ ⲡⲁϩⲟⲩ ⲙ̄ⲙⲟⲕ ⲉⲧ
ϩⲟⲥⲉ · ⲛ̄ⲧⲟⲕ ⲇⲉ ⲛⲉⲕϩⲟⲣⲡ̄ ⲡⲉ ⲁⲩⲱ
ⲡⲉⲕϩⲟⲥⲉ ϩⲓ ⲡⲁⲓ̈ ⲟⲛ ⲙ̄ⲡ ⲛ̄ ⲣ̄ ϩⲟ

19 ⲧⲉ ϩⲏⲧϥ̄ ⲙ̄ ⲡⲛⲟⲩⲧⲉ · ⲁⲩⲱ ⲉⲥϣⲁⲛ
ϣⲱⲡⲉ ⲛ̄ⲧⲉ ⲡϫⲟⲉⲓⲥ ⲡⲉⲕⲛⲟⲩⲧⲉ
† ⲙ̄ⲧⲟⲛ ⲛⲁⲕ ⲛ̄ ⲛⲁϩⲣⲛ̄ ⲛⲉⲕϫⲓϫⲉ
ⲟⲩ ⲧⲏⲣⲟⲩ ⲉⲧ ⲕⲱⲧⲉ ⲉ ⲣⲟⲕ ϩⲙ̄
ⲡⲕⲁϩ ⲉⲧ ⲉⲣⲉ ⲡϫⲟⲉⲓⲥ ⲡⲉⲕⲛⲟⲩⲧⲉ
ⲛⲁⲧⲁⲁϥ ⲛⲁⲕ ϩⲛ̄ ⲟⲩⲕⲗⲏⲣⲟⲥ ⲉ ⲕⲗⲏ
ⲣⲟⲛⲟⲙⲓ ⲙ̄ⲙⲟϥ · ⲉⲕⲉϥⲱⲧⲉ ⲉ ⲃⲟⲗ
ⲙ̄ ⲡⲣⲁⲛ ⲙ̄ ⲡⲁⲙⲁⲗⲏⲕ ϩⲁ ⲣⲟⲥ ⲛ̄

Chap. ⲧⲡⲉ · ⲁⲩⲱ ⲛ̄ⲛ̄ ⲧⲙ̄ ⲣ̄ ⲡⲱⲃϣ̄ ⲉⲥϣⲁⲛ

XXVI. 1 ϣⲱⲡⲉ ⲇⲉ ⲉ ⲧⲣⲉ ⲕⲃⲱⲕ ⲉ ϩⲟⲩⲛ
ⲉ ⲡⲕⲁϩ ⲡⲁⲓ̈ ⲉⲧ ⲉⲣⲉ ⲡϫⲟⲉⲓⲥ ⲡⲉⲕ
ⲛⲟⲩⲧⲉ ⲛⲁⲧⲁⲁϥ ⲛⲁⲕ ϩⲛ̄ ⲟⲩⲕⲗⲏ
ⲣⲟⲥ ⲉ ⲕⲗⲏⲣⲟⲛⲟⲙⲓ ⲙ̄ⲙⲟϥ · ⲁⲩⲱ

2 ⲛ̄ⲅ̄ ⲟⲩⲱϩ ϩⲓ ϫⲱϥ · ⲉⲕⲉϫⲓ ⲉ ⲃⲟⲗ
ϩⲛ̄ ⲧⲁⲡⲁⲣⲭⲏ ⲛ̄ ⲛ̄ⲕⲁⲣⲡⲟⲥ ⲉⲧⲛ̄
ⲛⲁⲡ̄ⲧⲟⲩ ⲉ ϩⲣⲁⲓ̈ ϩⲉⲛ ⲡⲉⲕⲕⲁϩ ·
ⲡⲁⲓ̈ ⲉⲧ ⲉⲣⲉ ⲡϫⲟⲉⲓⲥ ⲡⲉⲕⲛⲟⲩⲧⲉ
ⲛⲁⲧⲁⲁϥ ⲛⲁⲕ ϩⲛ̄ ⲟⲩⲕⲗⲏⲣⲟⲥ ⲁⲩⲱ
ⲉⲕⲉⲛⲟϫϥ̄ ⲉ ϩⲣⲁⲓ̈ ⲉⲧⲕⲟⲧ ⲛ̄ⲧ̄ ⲙⲟ

---

¹ Verse 16 as in B F οτι βδελυγμα κω̄ τω θω̄ σου πας ποιων ταυτα πας ποιων αδικον.

ⲟⲩϣⲉ ⲉ ϩⲣⲁⲓ̈ ⲉ ⲡⲙⲁ ⲉⲧ ⲉⲣⲉ ⲡϫⲟ
ⲉⲓⲥ ⲡⲉⲕⲛⲟⲩⲧⲉ ⲛⲁⲥⲟⲧⲡϥ̄ ⲛⲁϥ·
ⲉ ⲧⲣⲉ ⲅⲉⲡⲓⲕⲁⲗⲉⲓ[1] ⲙ̄ ⲡⲉϥⲣⲁⲛ

3 ϩⲙ̄ ⲡⲙⲁ ⲉⲧ ⲙ̄ⲙⲁⲩ· ⲁⲩⲱ ⲉⲕⲉϯ
ⲙ̄ ⲡⲉⲕⲟⲩⲟⲉⲓ ⲉ ⲡⲟⲩⲏⲏⲃ ⲉⲧ
ϣⲟⲟⲡ ϩⲛ̄ ⲛⲉϩⲟⲟⲩ ⲉⲧ ⲙ̄ⲙⲁⲩ
ⲛⲧϥ̄ ϫⲟⲟⲥ ⲛⲁϥ ϫⲉ ϯⲛⲁⲟⲩⲱⲛϩ̄ ⲉ ⲃⲟⲗ ⲙ̄
ⲡϫⲟⲉⲓⲥ ⲡⲁ ⲛⲟⲩⲧⲉ ϫⲉ ⲁⲓ̈ⲉⲓ ⲉ ϩⲟⲩⲛ
ⲉ ⲡⲕⲁϩ ⲉⲛⲧⲁ ⲡϫⲟⲉⲓⲥ ⲱⲣⲕ ⲉ ⲧⲃⲏ

4 ⲛⲧϥ̄ ⲛ̄ ⲛⲉⲛⲉⲓⲟⲧⲉ ⲉ ⲧⲁⲁϥ ⲛⲁⲛ· ⲁⲩ
ⲱ ⲉⲣⲉ ⲡⲟⲩⲏⲏⲃ ϫⲓ ⲙ̄ ⲡⲕⲟⲧ ⲛ̄ ⲧⲟⲟⲧⲕ̄
ⲛϥ̄ⲕⲁⲁϥ ⲉ ϩⲣⲁⲓ̈ ⲙ̄ⲡⲉ ⲙ̄ⲧⲟ ⲉ ⲃⲟⲗ ⲙ̄
ⲡⲉⲑⲩⲥⲓⲁⲥⲧⲏⲣⲓⲟⲛ ⲙ̄ ⲡϫⲟⲉⲓⲥ

5 ⲡⲉⲕⲛⲟⲩⲧⲉ· ⲁⲩⲱ ⲉⲕⲉⲟⲩⲱϣⲃ̄ ⲛ̄ⲅ̄
ϫⲟⲟⲥ ⲙ̄ⲡⲉ ⲙ̄ⲧⲟ ⲉ ⲃⲟⲗ ⲙ̄ ⲡϫⲟⲉⲓⲥ
ⲡⲉⲕⲛⲟⲩⲧⲉ ϫⲉ ⲁ ⲡⲁ ⲓ̈ⲱⲧ' ⲕⲁ ⲧⲥⲩ
ⲣⲓⲁ ⲛ̄ⲥⲱϥ' ⲁⲩⲱ ⲁϥⲉⲓ ⲉ ϩⲣⲁⲓ̈ ⲉ ⲕⲏⲙⲉ
ⲁϥϭⲟⲉⲓⲗⲉ ⲉ ⲡⲙⲁ ⲉⲧ ⲙ̄ⲙⲁⲩ ϩⲛ̄ ⲟⲩ
ϭⲟⲡ ⲉⲛⲟⲧⲉⲓ ⲛ̄ ⲣⲱⲙⲉ ⲁⲩⲱ ⲁϥ
ϣⲱⲡⲉ ϩⲛ̄ ⲡⲙⲁ ⲉⲧ ⲙ̄ⲙⲁⲩ ⲉⲩⲛⲟϭ
ⲛ̄ϩⲉⲑⲛⲟⲥ ⲛⲙ̄ ⲟⲩⲙⲏⲏϣⲉ ⲉϥⲟϣ

6 ⲁⲩⲱ ⲉⲛⲁϣⲱϥ· ⲁⲩⲱ ⲑⲙ̄ⲕⲟⲛ
ⲛ̄ϭⲓ ⲛ̄ⲣⲙ̄ ⲛ̄ ⲕⲏⲙⲉ ⲁⲩⲑⲃ̄ⲃⲓⲟ ⲛⲁⲩ
ⲛⲟⲩϫⲉ ⲉ ϩⲣⲁⲓ̈ ⲉ ϫⲱⲛ ⲛ̄ ϩⲉⲛϩⲃⲏ

7 ⲟⲩⲉ ⲉⲩⲛⲁϣⲧ'· ⲁⲩⲱ ⲁⲛⲱϣ ⲉ ⲃⲟⲗ
ⲉ ϩⲣⲁⲓ̈ ⲉ ⲡϫⲟⲉⲓⲥ ⲡⲛⲟⲩⲧⲉ ⲛ̄ ⲛⲉⲛ
ⲉⲓⲟⲧⲉ· ⲁⲩⲱ ⲡϫⲟⲉⲓⲥ ⲁϥⲥⲱⲧⲙ̄ ⲉ
ⲡⲉⲛϩⲣⲟⲟⲩ ⲁϥⲛⲁⲩ ⲉ ⲛⲉⲛⲑⲃ̄ⲃⲓⲟ
ⲛⲙ̄ ⲡⲉⲛϩⲓⲥⲉ ⲛⲙ̄ ⲧⲉⲛⲑⲗⲓⲯⲉⲓⲥ[2]·

8 ⲁ ⲡϫⲟⲉⲓⲥ ⲛ̄ⲧⲛ̄ ⲉ ⲃⲟⲗ ϩⲛ̄ ⲕⲏⲙⲉ
ϩⲛ̄ ⲟⲩⲛⲟϭ ⲛ̄ϭⲟⲙ ⲁⲩⲱ ϩⲛ̄ ⲟⲩϭⲓϫ

---

[1] ἐπικληθῆναι.
[2] ⲛⲙ̄ ⲧⲉⲛⲑⲗⲓⲯⲉⲓⲥ = καὶ τὸν θλιμμὸν ἡμῶν.

DEUTERONOMY XXVI. 8—XXVIII. 6

ⲉⲥϫⲟⲟⲣ' ⲙⲛ̄ ⲟⲩϭⲃⲟⲉⲓ ⲉϥϫⲟⲥⲉ·
ⲁⲩⲱ ϩⲛ̄ ϩⲉⲛⲛⲟϭ ⲛ̄ ϩⲟⲣⲟⲙⲁ[1] ⲙⲛ̄
9 ϩⲉⲛⲙⲁⲉⲓⲛ· ⲛⲙ̄ ϩⲉⲛϣⲡⲏⲣⲉ· ⲁϥ
ⲛ̄ⲧⲛ̄ ⲉ ϩⲟⲩⲛ ⲉ ⲡⲉⲓ̈ ⲙⲁ ⲁϥϯ ⲛⲁⲛ
ⲙ̄ ⲡⲉⲓ̈ ⲕⲁϩ' ⲟⲩⲕⲁϩ ⲉϥϣⲟⲩϭⲉ ⲣⲱ
10 ⲧⲉ ⲉ ⲃⲟⲗ ϩⲓ ⲉⲃⲓⲱ· ⲁⲩⲱ ϯⲛⲟⲩ ⲉⲓⲥ
ϩⲏⲏⲧⲉ ⲁⲓ̈ⲉⲓⲛⲉ ⲛ̄ⲧⲁⲡⲁⲣⲭⲏ ⲛ̄
ⲛ̄ⲅⲉⲛⲛⲏⲙⲁ ⲙ̄ ⲡⲕⲁϩ· ⲡⲁⲓ̈ ⲛ̄ⲧⲟⲕ

[Two leaves wanting, pp. ⲣ̄ⲍ–ⲣ̄ⲓ̄]

Chap. ▓▓▓▓▓ ⲛ̄ ⲉⲓⲣⲉ ⲛ̄ ⲛⲉϥⲉⲛⲧⲟ Fol. 36 a
XXVIII, 1 [ⲗⲉ ⲧⲏⲣⲟⲩ ⲛⲁⲓ̈] ⲁⲛⲟⲕ ⲉ ϯϩⲱⲛ ⲙ̄ⲙⲟ [ⲣ̄ⲓⲁ]
[ⲟⲩ ⲉ ⲧⲟⲟⲧⲕ] ⲙ̄ ⲡⲟⲟⲩ· ⲁⲩⲱ ⲡϫⲟⲉⲓⲥ
[ⲡⲉⲕⲛⲟⲩⲧⲉ] ▓▓ ⲛⲁⲕⲁⲁⲕ' ϩⲓⲧⲛ̄ ⲛ̄
2 [ϩⲉⲑⲛⲟⲥ ⲧⲏⲣⲟⲩ] ⲛ̄ⲧⲉ ⲡⲕⲁϩ· ⲁⲩⲱ
▓▓▓▓ ϫⲱⲕ ⲛ̄ϭⲓ ⲛⲉⲓ̈ ⲥⲙⲟⲩ
▓▓▓▓ ⲟⲩ ⲉ ⲣⲟⲕ' ⲉⲕϣⲁⲛ
[ⲥⲱⲧⲙ̄ ⲉ ⲡ]ϩⲣⲟⲟⲩ ⲙ̄ ⲡϫⲟⲉⲓⲥ
3 [ⲡⲉⲕⲛⲟⲩⲧⲉ ⲕⲛⲁϣⲱⲡⲉ ⲛ̄ⲧⲟⲕ
▓▓▓▓ ⲛ̄ ⲧⲡⲟⲗⲓⲥ ⲁⲩⲱ ⲉ[ⲕ]
▓▓▓▓ ⲡ]ⲉⲕⲥⲱϣⲉ· ⲁⲩⲱ
4 ▓▓▓▓ [ⲥ]ⲙⲁⲙⲁⲁⲧ ⲛ̄ϭⲓ ⲛⲉϫⲡⲟ
▓▓▓▓ ⲅⲉⲛⲛⲏⲙⲁ ⲙ̄ ⲡⲉⲕ
▓▓▓▓ ⲟⲟⲧⲉ ⲛ̄ ⲛⲉⲕⲉϩⲟⲟⲩ
▓▓▓▓ ⲉⲥⲟⲟⲩ ⲁⲩⲱ ⲉⲉ
5 ▓▓▓▓ [ⲥ]ⲙⲁⲙⲁⲁⲧ ⲛ̄ϭⲓ ▓▓
▓▓▓▓ ⲛⲉ ⲛ̄ⲧⲁⲕϣⲟϫⲡ̄
6 ▓▓▓▓ ⲛⲁϣⲱⲡⲉ ⲉⲕⲥⲙⲁ
[ⲙⲁⲁⲧ] ▓▓▓▓ ⲃⲱⲕ ⲉ ϩⲟⲩⲛ

[About 14 lines wanting]

---

[1] = καὶ ἐν ὁράμασιν.

Fol. 36 b
[ριβ]

9 ⲛ̄ ⲛⲉⲕⲉⲓⲟⲧⲉ· ⲉⲕ[ϣⲁⲛⲥⲱⲧⲙ̄ ⲉ]
ⲡⲉϩⲣⲟⲟⲩ ⲙ̄ ⲡϫⲟⲉ[ⲓⲥ ⲡⲉⲕⲛⲟⲩⲧⲉ]
ⲁⲩⲱ ⲛⲅ̄ ⲙⲟⲟϣⲉ ϩ[ⲛ̄ ⲛⲉϥ]

10 ⲥⲉⲛⲁⲛⲁⲩ ⲛ̄ϭⲓ ⲛ̄[ϩⲉⲑⲛⲟⲥ ⲧⲏⲣⲟⲩ]
ⲙ̄ ⲡⲕⲁϩ ϫⲉ ⲡⲣⲁⲛ [ⲙ̄ ⲡϫⲟⲉⲓⲥ ⲡⲉ]
ⲕⲛⲟⲩⲧⲉ ⲁⲩⲧⲁⲩ

11 ⲛ̄ⲥⲉⲣ̄ ϩⲟⲧⲉ ϩⲏⲧ[ϥ̄]· [ⲁⲩⲱ ⲡϫⲟⲉⲓⲥ]
ⲡⲉⲕⲛⲟⲩⲧⲉ ⲁϥ   [ⲁ]
ⲧⲁϣⲟⲕ ⲉϫⲛ̄ ⲛⲉⲭ[ⲟⲓⲗⲓⲁ]
ⲉϫⲛ̄ ⲛ̄ⲅⲉⲛⲛⲏⲙ[ⲁ   ⲁⲩ]
ⲱ ⲉϫⲛ̄ ⲛⲉⲕϫⲡⲟ ⲛ̄
ϩⲓϫⲙ̄ ⲡⲕⲁϩ ⲧⲁⲓ̈ [ⲛⲧ ⲁϥⲱⲣⲕ̄]
ⲉ ⲧⲃⲏⲏⲧϥ̄ ⲛ̄ ⲛⲉ[ⲕⲉⲓⲟⲧⲉ   ⲉ]

12 ⲧⲁⲁϥ ⲛⲁⲕ· ⲉϥⲉⲟ[ⲩⲱⲛ   ]
ⲡϫⲟⲉⲓⲥ ⲙ̄ ⲡⲉϥ
ⲧⲡⲉ ⲉⲧⲉ ⲉ ⲧⲣⲉ ϥ
ⲡⲉⲕⲕⲁϩ ⲙ̄ ⲡ
ⲉϥⲉⲥⲙⲟⲩ ⲉ [ⲛⲉϩⲃⲏⲟⲩⲉ ⲧⲏⲣⲟⲩ]
ⲛ̄ ⲛⲉⲕϭⲓϫ

[Several lines wanting]

Fol. 37 a
[ρⲓⲅ]

14 [ⲧⲏ]ⲩⲧⲛ̄ ⲙ̄ⲡⲟⲟⲩ ⲉ ⲟⲩⲛⲁⲙ ⲏ ⲉ ϩⲃⲟⲩⲣ
ⲉ ⲧⲣⲉ ⲧⲛ̄ⲃⲱⲕ' ⲉⲧⲉϩ ⲧⲛⲟⲩⲧⲛ̄ ⲛ̄ⲥⲁ
ϩⲉⲛ ⲕⲉ ⲛⲟⲩⲧⲉ ⲛ̄ϣⲙ̄ⲙⲟ ⲉ ϣⲙ̄

15 ϣⲉ ⲛⲁⲩ· ⲉϣⲱⲡⲉ ⲇⲉ ⲉⲧⲉⲧⲛ̄ ϣⲁⲛ
ⲧⲙ̄ ⲥⲱⲧⲙ̄ ⲛ̄ⲥⲁ ⲡⲉϩⲣⲟⲟⲩ ⲙ̄ⲡϫⲟ
ⲉⲓⲥ ⲡⲉⲧⲛ̄ⲛⲟⲩⲧⲉ· ⲉ ϩⲁⲣⲉϩ ⲁⲩⲱ
ⲉ ⲉⲓⲣⲉ ⲛ̄ ⲛⲉϥⲉⲛⲧⲟⲗⲏ ⲧⲏⲣⲟⲩ ⲛⲁⲓ̈
ⲁⲛⲟⲕ ⲉ ϯϩⲱⲛ ⲙ̄ⲙⲟⲟⲩ ⲉ ⲧⲟⲟⲧⲛ̄
ⲙ̄ⲡⲟⲟⲩ ⲥⲉⲛⲁⲉⲓ ⲉ ϩⲣⲁⲓ̈ ⲉ ϫⲱⲕ' ⲛ̄

16 ϭⲓ ⲛⲉⲓ̈ ⲥⲁϩⲟⲩ ⲛ̄ⲥⲉⲧⲁϩⲟⲕ· ⲛⲅ̄ ϣⲱ
ⲡⲉ ⲉⲕⲥϩⲟⲩⲟⲣⲧ' ⲛ̄ⲧⲟⲕ ϩⲛ̄ ⲡⲟ
ⲗⲓⲥ ⲁⲩⲱ ⲉⲕⲥϩⲟⲩⲟⲣⲧ ⲛ̄ⲧⲟⲕ ϩⲛ̄

17 ⲧⲥⲱϣⲉ· ⲥⲉⲛⲁϣⲱⲡⲉ ⲉⲧⲥϩⲟⲩⲟⲣⲧ

DEUTERONOMY XXVIII. 17-24

ⲛϭⲓ ⲡⲉⲕⲁⲡⲟⲑⲏⲕⲉ¹ ⲁⲩⲱ ⲛⲉⲧ ϣⲟ
18 ⲟⲡ' ⲛ̄ⲧⲁⲕ' ⲛ̄ϧⲏⲧⲟⲩ· ⲥⲉⲛⲁϣⲱ
 ⲡⲉ ⲉⲧⲥϩⲟⲩⲟⲣⲧ' ⲛ̄ϭⲓ ⲛⲉϫⲡⲟ ⲛ̄ϧⲏ
 ⲧⲕ̄²· ⲁⲩⲱ ⲛ̄ⲥⲉⲛⲛⲏⲙⲁ ⲙ̄ ⲡⲉⲕⲕⲁϩ
 ⲛⲉⲣⲥⲟⲟⲧⲉ ⲛ̄ⲛⲉⲕⲉϩⲟⲟⲩ ⲁⲩⲱ
19 ⲛ̄ⲟϩⲉ ⲛⲉⲛⲉⲥⲟⲟⲩ· ⲕⲛⲁϣⲱⲡⲉ
 ⲉⲕⲥϩⲟⲩⲟⲣⲧ' ⲛ̄ⲧⲟⲕ ϩⲙ̄ ⲡⲉⲕ ⲉⲓ̂ ⲉ ϩⲟⲩⲛ
 ⲁⲩⲱ ⲉⲕⲥϩⲟⲩⲟⲣⲧ ϩⲙ̄ ⲡⲉⲕⲃⲱⲕ
20 ⲉ ⲃⲟⲗ· ⲉⲣⲉ ⲡϫⲟⲉⲓⲥ ⲡⲉⲕⲛⲟⲩⲧⲉ ⲧ
 ⲁⲟⲩⲟ ⲉ ϩⲣⲁⲓ̈ ⲉ ϫⲱⲕ ⲙ̄ ⲡⲉϭⲣ[ⲱⲱϩ]
 ⲡⲉϩⲕⲟ ⲁⲩⲱ ⲡϣⲱⲧⲉ³ ⲉ ⲃⲟⲗ ⲉϫⲛ̄
 ϩⲱⲃ ⲛⲓⲙ ⲉⲧ ⲛ̄ⲛⲁϩⲣⲓ ⲧⲟⲟⲧⲕ̄ [ⲉ ϫⲟⲩϥ]
 ⲛ̄ ⲛⲉⲧ ⲛ̄ⲛⲁⲁⲩ ϣⲁⲛⲧ ϥ̄ϫⲟⲧⲉ
 ⲉ ⲃⲟⲗ ⲁⲩⲱ ⲛϥ̄ⲧⲁⲕⲟⲕ ⲛ̄ⲧⲉⲩ[ⲛⲟⲩ]
 ⲉ ⲧⲣⲉ ⲛⲉⲕϩⲃⲏⲟⲩⲉ ⲉⲑⲟⲟⲩ ⁴
21 ⲁⲕ'ⲕⲁⲁⲧ' ⲛ̄ⲥⲱⲕ'· ⲉⲣⲉ ⲡϫⲟ[ⲉⲓⲥ ⲛⲟⲩ]
 ϫⲉ ⲉ ϩⲟⲩⲛ ⲉⲣⲟⲕ ⲙ̄ ⲡⲙⲟⲩ ϣⲁⲛ
 ⲧ ϥ̄ϫⲟⲧⲕ' ⲉ ⲃⲟⲗ ϩⲓⲧⲛ̄ ⲡⲕⲁϩ
 ⲛ̄ⲧⲟⲕ' ⲉⲧ ⲛ̄ⲛⲁⲃⲱ[ⲕ] [ⲉ ϩⲟⲩⲛ ⲉ ⲣⲟϥ]
22 [ⲉ ⲕⲗⲏ]ⲣⲟⲛⲟⲙⲉⲓ [ⲙ̄ⲙⲟϥ]· [ⲉⲣⲉ ⲡϫⲟⲉⲓⲥ]
 [ⲑⲙ̄ⲕⲟⲕ ϩⲛ̄]
 ⲙⲛ̄ ⲟⲩϩⲙⲟⲙ ⲛ̄ⲡϣⲱⲛⲉ ⲛⲙ̄ ⲟⲩⲁⲣⲟ[ϣ]
 ⲛⲙ̄ ⲟⲩⲛⲟⲩϣⲥ̄ ⲛⲙ̄ ⲟⲩϩⲱⲧⲃ̄⁵ ⲛⲙ̄
 ⲟⲩϩⲱⲙⲉ ⲉ ⲃⲟⲗ ⲛⲙ̄ ⲟⲩⲟⲩⲟⲧⲉⲧ
 ⲁⲩⲱ ⲉⲣⲉ ⲛⲁⲓ̈ ⲉⲓ̂ ⲉ ϩⲣⲁⲓ̈ ⲉ ϫⲱⲕ' ϣⲁⲛ
23 ⲧ ⲟⲩϥⲟⲧⲕ̄ ⲉ ⲃⲟⲗ· ⲁⲩⲱ ⲧⲡⲉ ⲉⲧ ⲛ̄ ⲡⲉⲕ'
 ⲉⲧⲡⲉ ⲥⲛⲁϣⲱⲡⲉ ⲛ̄ ϩⲟⲙⲛⲧ'⁶ ϩⲓ ϫⲱⲕ'
 ⲁⲩⲱ ⲡⲕⲁϩ ⲉⲧ' ϩⲁ ⲣⲁⲧⲕ ϥⲛⲁⲣ ⲑⲉ
24 ⲙ̄ ⲟⲩⲡⲉⲛⲓⲡⲉ· ⲉⲣⲉ ⲡϫⲟⲉⲓⲥ ϯ ⲛⲟⲩ
 ϣⲟⲉⲓϣ ⲙ̄ ⲡⲉⲕⲕⲁϩ ⲛ̄ⲧⲉ ⲟⲩⲕⲁϩ

---

¹ ἀποθῆκαί σου.   ² ἔκγονα τῆς κοιλίας.
³ τὴν ἔνδειαν καὶ τὴν ἐκλιμίαν καὶ τὴν ἀνάλωσιν.
⁴ διὰ τὰ πονηρὰ ἐπιτηδεύματά σου.
⁵ = και φονω of A F.   ⁶ χαλκοῦς.

ϣⲟⲧⲟ ⲉ ϫⲱⲕ ⲉ ⲃⲟⲗ ϩⲛ̄ ⲧⲡⲉ ϣⲁⲛ
ⲧⲉϥⲧⲁⲕⲟⲕ· ⲁⲩⲱ ϣⲁⲛⲧ ϥ̄ϥⲟⲧⲕ̄

25 ⲉ ⲃⲟⲗ¹ ⲉⲣⲉ ⲡϫⲟⲉⲓⲥ † ⲛ̄ ⲛⲉⲕϫⲓϫⲉ
ⲟⲩ ⲛ̄ⲥⲱⲕ ⲉⲕⲉⲉⲓ ⲉ ⲃⲟⲗ ϣⲁ ⲣⲟⲟⲩ²
ϩⲛ̄ ⲟⲩϩⲓⲏ ⲛ̄ ⲟⲩⲱⲧ ⲁⲩⲱ ⲉⲕⲉⲥⲱ
ⲧⲡ̄ ϩⲁ ⲧⲉⲩϩⲏ ⲉⲕⲡⲏⲧ ⲛ̄ ⲥⲁϣϥ̄³
ⲛ̄ϩⲓⲏ· ⲁⲩⲱ ⲉⲕⲉϣⲱⲡⲉ ⲉⲕϫⲟ
ⲟⲣ ⲉ ⲃⲟⲗ ϩⲛ̄ ⲛ̄ ⲙⲛ̄ⲧⲉⲣⲱⲟⲩ ⲧⲏ

26 ⲣⲟⲩ ⲙ̄ ⲡⲕⲁϩ· ⲁⲩⲱ ⲛⲉⲧⲛ̄ ⲣⲉϥ
ⲙⲟⲟⲩⲧ· ⲉⲩⲉϣⲱⲡⲉ ⲛ̄ϩⲣⲉ ⲛ̄ ⲛ̄
ϩⲁⲗⲁⲧⲉ ⲛ̄ ⲧⲡⲉ ⲁⲩⲱ ⲛ̄ ⲛⲉⲑⲏⲣⲓⲟⲛ
ⲛ̄ ⲡⲕⲁϩ ⲛ̄ⲧⲉ ⲧⲙ̄ ⲗⲁⲁⲩ ⲛⲟϣⲡⲟⲩ

27 ⲉ ⲃⲟⲗ ϩⲓϫⲱⲟⲩ· ⲉⲣⲉ ⲡϫⲟⲉⲓⲥ ⲑⲙ̄
ⲥⲟⲕ ϩⲛ̄ ⲡⲥⲁϣ ⲛ̄ ⲕⲏⲙⲉ⁴ ⲁⲩⲱ ϩⲛ̄
ⲟⲩⲯⲱⲣⲁ ⲉⲥⲛⲁϣⲧ·⁵ ⲙⲛ̄ ⲟⲩϩⲱϩ⁶
ϩⲱⲥⲧⲉ ⲛ̄ϥ̄ ⲧⲙ̄ ⲉϣϭⲙ̄ϭⲟⲙ ⲙ̄ⲧⲟⲛ⁷

28 ⲛ̄ϩⲏⲧⲟⲩ· ⲡϫⲟⲉⲓⲥ ⲉϥⲉⲉⲓⲛⲉ ⲉ ϩ
ⲣⲁⲓ ⲉ ϫⲱⲕ ⲛ̄ ⲟⲩⲛⲟϭ ⲙ̄ ⲟⲛϣ̄ ⲙⲛ̄
ⲟⲩⲕⲣⲟⲙⲣⲙ̄ ϩⲛ̄ ⲟⲩⲡⲱϣⲥ̄ ⲛ̄ ϩⲏⲧ·

29 ▓▓▓▓▓▓▓▓▓▓▓ ⲡⲉ ⲉⲕϭⲟⲙϭⲙ̄
▓▓▓▓▓▓▓▓▓▓▓ ⲉⲣⲉ ⲛ̄ⲑⲉ ⲙ̄ ⲡ
▓▓▓▓▓▓▓▓▓▓▓ ⲡⲕⲁⲕⲉ ▓▓▓
▓▓▓▓▓▓▓▓▓▓▓▓▓▓▓▓▓▓▓

[ϣ]ⲱⲡⲉ ϩⲙ̄ ⲡⲉⲧⲟⲉⲓϣ ⲉⲧⲙ̄ⲙⲁⲩ ⲉⲕ▓▓
▓ⲛⲟⲩ ⲁⲩⲱ ⲉⲧϣⲱⲗ ⲙ̄ⲙⲟⲕ ⲛ̄ ⲛⲉϩⲟ
ⲟⲩ ⲧⲏⲣⲟⲩ ⲛϥ̄ ⲧⲙ̄ ϣⲱⲡⲉ ⲛ̄ϭⲓ ⲡⲉⲧ ⲛⲁ

30 ⲃⲟⲏⲑⲉⲓ ⲉⲣⲟⲕ· ⲕⲛⲁϫⲓ ⲛ̄ ⲟⲩⲥϩⲓⲙⲉ
ⲛ̄ⲧⲉ ⲕⲉⲩ ⲁϥϫⲓⲧⲥ̄ ⲛ̄ ⲧⲟⲟⲧⲕ̄· ⲕⲛⲁ

Fol. 38 a
[ⲣⲓⲉ]

---

¹ A F omit ἐν τάχει, and the Coptic has no equivalent for these words.

² δῴη σε Κύριος ἐπισκοπὴν ἐναντίον τῶν ἐχθρῶν.

³ For the more usual ⲥⲁϣϥ̄.   ⁴ ἕλκει Αἰγυπτίῳ.

⁵ ψώρᾳ ἀγρίᾳ. The Coptic has no equivalent for εἰς τὴν ἕδραν.

⁶ κνήφῃ.   ⁷ 'Unable to sit still'; Gr. ἰαθῆναι.

DEUTERONOMY XXVIII. 30-36

ⲕⲱⲧ' ⲛ̄ ⲟⲩⲏⲓ ⲁⲩⲱ ⲛ̄ⲧⲟⲕ' ⲛ̄ⲅ̄ ⲛⲁ
ⲟⲩⲱϩ ⲁⲛ ⲛ̄ ϩⲏⲧϥ̄· ⲕⲛⲁⲧⲱϭⲉ ⲛ̄
ⲟⲩⲙⲁ ⲛ̄ ⲉⲗⲟⲟⲗⲉ ⲁⲩⲱ ⲛ̄ⲛⲉ ⲕϫⲟⲟⲗⲉϥ·

31 ⲡⲉⲕⲙⲁⲥⲉ ⲉϥϣⲁⲁⲧ' ⲙ̄ⲡⲉⲕ ⲙ̄ⲧⲟ
ⲉ ⲃⲟⲗ ⲛ̄ⲅ̄ ⲧⲙ̄ ⲟⲩⲱⲙ' ⲉ ⲃⲟⲗ ⲛ̄ ϩⲏⲧϥ̄·
ⲡⲉⲕⲉⲓⲱ ⲉ ⲁⲩⲧⲟⲣⲡϥ̄ ⲛ̄ ⲧⲟⲟⲧⲕ̄
ⲁⲩⲱ ⲛ̄ⲥⲉ ⲧⲙ̄ ⲧⲁⲁϥ ⲛⲁⲕ· ⲛⲉⲕⲉⲥ
ⲟⲩⲉ ⲁⲩⲧⲁⲁⲩ ⲉ ⲧⲟⲟⲧⲟⲩ ⲛ̄ ⲛⲉⲕ
ϫⲓϫⲉⲟⲩ ⲛ̄ⲅ̄ ⲧⲙ̄ ϭⲉ ⲉ ⲡⲉⲧ ⲛⲁⲃⲟⲏⲑⲓ
ⲛⲁⲕ· ⲛⲉⲕϣⲏⲣⲉ ⲙⲛ̄ ⲛⲉⲕϣⲉⲉⲣⲉ
ⲥⲉⲛⲁⲧⲁⲁⲩ ⲉ ⲧⲟⲟⲧϥ̄ ⲛ̄ ⲕⲉ ϩⲉⲑⲛⲟⲥ[1]·

32 ⲛ̄ⲧⲉ ⲧⲙ̄ ⲛⲉⲕⲃⲁⲗ ⲛⲁⲩ ⲉ ⲣⲟⲟⲩ ⲛ̄
ⲥⲉϣⲱⲡⲉ ⲉⲩⲥⲟⲙϣ̄ (sic) ⲛ̄ⲥⲱⲟⲩ ⲛ̄ⲧⲉ
ⲧⲙ̄ ⲧⲉⲕϭⲓϫ ϭⲙ̄ϭⲟⲙ ⲉⲣ ⲗⲁⲁⲩ ⲛ̄ ϩⲱⲃ

33 ⲛ̄ⲡⲣⲁⲧⲉ ⲛ̄ ⲛⲉⲕⲥⲱϣⲉ ⲛⲙ̄ ⲛⲉⲕϩⲓⲥⲉ
ⲧⲏⲣⲟⲩ ⲉϥⲉⲟⲩⲟⲙⲟⲩ ⲛ̄ϭⲓ ⲕⲉ ϩⲉ
ⲑⲛⲟⲥ ⲉⲛ ϥ̄ⲥⲟⲟⲩⲛ ⲙ̄ⲙⲟϥ ⲁⲛ· ⲕⲛⲁ
ϣⲱⲡⲉ ⲉⲩⲑⲙ̄ⲕⲟ ⲙ̄ⲙⲟⲕ' ⲁⲩⲱ ⲉⲩ
ⲟⲩⲱϣϥ̄ ⲙ̄ⲙⲟⲕ' ⲛ̄ ⲛⲉⲕϩⲟⲟⲩ ⲧⲏ

34 ⲣⲟⲩ· ⲛ̄ⲅ̄ ϣⲱⲡⲉ ⲉⲕⲥⲟϣⲙ̄ ϩⲛ̄ ⲛⲉ
ⲧ ⲉⲣⲉ ⲛⲉⲕⲃⲁⲗ ⲛⲁⲩ ⲉ ⲣⲟⲟⲩ ⲛⲉⲧ

35 ⲛⲏⲟⲩ ⲛ̄ ⲛⲁϩⲣⲁⲕ[2]· ⲉⲣⲉ ⲡϫⲟⲉⲓⲥ
ⲉⲓⲛⲉ· ⲉ ϩⲣⲁⲓ̈ ⲉ ϫⲱⲕ ⲛ̄ ⲟⲩⲥⲁϣ ⲉϥ
ϩⲟⲟⲩ ⲉϫⲛ̄ ⲛⲉⲕⲡⲁⲧ ⲁⲩⲱ ⲉϫⲛ̄
ⲡ̄ⲥⲛⲃⲉ ⲛ̄ ⲣⲁⲧⲕ̄ ⲛ̄ⲅ̄ ⲧⲙ̄ ⲉϣϭⲙ̄ϭⲟⲙ
ⲉⲗⲟ ϫⲓⲛ ⲉⲓⲉⲃⲏ ⲛ̄[ⲣⲁⲧ]ⲕ̄ ϣⲁ ⲧⲥⲟ

36 ⲟⲩϩⲉ ⲛ̄ ϫⲱⲕ· ⲉⲣⲉ [ⲡϫⲟⲉⲓⲥ ⲛⲁϫⲓⲧⲕ]
▓▓▓ ⲛ̄ⲡⲉⲕ ⲕⲉ ▓▓▓▓▓▓▓▓
ⲧⲟⲩ ⲉ ⲃⲟⲗ ⲉ ϫⲱⲕ ⲉ ϩⲣⲁⲓ̈ ⲉⲩϩⲉⲑⲛⲟⲥ [ⲉⲕ] Fol. 38 b
ⲥⲟⲟⲩⲛ ⲙ̄ⲙⲟϥ ⲁⲛ ⲛ̄ⲧⲟⲕ ⲙⲛ̄ ⲛⲉⲕⲉ[ⲓⲟ] [ⲣⲓ̄ⲥ̄]

---

[1] As in A F και ουκ εσται σοι ο βοηθων· οι υιοι σου και αι θυγ. τον δεδομεναι εθνει ετερω.

[2] There is no equivalent in the Greek for ⲡⲉⲧ ⲛⲏⲟⲩ ⲛ̄ ⲛⲁϩⲣⲁⲕ.

ⲧⲉ ⲛ̄ⲧ̄ ϣⲙ̄ϣⲉ ⲙ̄ ⲡⲙⲁ ⲉⲧ ⲙ̄ⲙⲁⲩ ⲛ̄ ϩⲉⲛ
ⲕⲉⲩ ⲛⲟⲩⲧⲉ ⲛ̄ ϩⲉⲛϣⲉ ⲙⲛ̄ ϩⲉⲛⲱⲛⲉ·

37 ⲁⲩⲱ ⲕⲛⲁϣⲱⲡⲉ ϩⲛ̄ ⲡⲙⲁ ⲉⲧ ⲙ̄ⲙⲁⲩ
ⲉⲩⲥⲙⲟⲩ'[1] ⲕⲙ̄ ⲟⲩⲡⲁⲣⲁⲃⲟⲗⲏ ϩⲛ̄ ⲟⲩ
ϭⲓⲛϣⲁϫⲉ· ⲙⲛ̄ ⲛ̄ϩⲉⲑⲛⲟⲥ ⲧⲏⲣⲟⲩ
ⲛⲁⲓ ⲉⲧ ⲉⲣⲉ ⲡϫⲟⲉⲓⲥ ⲛⲁϫⲓⲧⲛ̄ ⲉ ϩⲟⲩⲛ

38 ⲉ ⲣⲟⲟⲩ· ⲕⲛⲁϫⲓ ⲉ ⲃⲟⲗ' ⲉ ⲧⲉⲕⲥⲱϣⲉ
ⲛ̄ ⲟⲩϭⲣⲟϭ ⲉⲛⲁϣⲱϥ· ⲁⲩⲱ ϩⲉⲛⲕⲟⲩⲓ̈
ⲛⲉ ⲉⲧ ⲕ̄ⲛⲁⲟⲗⲟⲩ ⲉ ϩⲟⲩⲛ ϫⲉ ⲡⲉϣϫⲉ[2]

39 ⲛⲁⲟⲩⲟⲙⲟⲩ· ⲕⲛⲁⲧⲱϭⲉ ⲛ̄ ⲟⲩⲙⲁ ⲛ̄ ⲉ
ⲗⲟⲟⲗⲉ ⲛ̄ⲧ̄ ⲣ̄ ϩⲱⲃ ⲉ ⲣⲟϥ· ⲛ̄ⲧ̄ ⲧⲙ̄ ⲥⲉ
ⲡⲉϥⲏⲣⲡ'· ⲟⲩⲇⲉ ⲛ̄ⲧ̄ ⲧⲙ̄ ⲟⲩⲛⲟϥ
ⲉ ⲃⲟⲗ ⲛ̄ ϩⲏⲧϥ̄· ϫⲉ ⲧϥ̄ⲛⲧ̄[3] ⲛⲁⲟⲩⲟⲙⲟⲩ·

40 ϩⲉⲛϣⲏⲛ ⲛ̄ ϫⲟⲉⲓⲧ' ⲥⲉⲛⲁϣⲱⲡⲉ
ϩⲛ̄ ⲛⲉⲕⲧⲟϣ ⲧⲏⲣⲟⲩ ⲁⲩⲱ ⲛ̄ⲧ̄ ⲧⲙ̄
ⲧⲁϩⲥⲕ̄ ⲉ ⲃⲟⲗ ϩⲙ̄ ⲡⲉⲩⲛⲉϩ· ϫⲉ ⲧⲉⲕ
ⲃⲱ ⲛ̄ ϫⲟⲉⲓⲧ ⲥⲛⲁⲥⲣⲟϥⲣⲉϥ ⲉ ⲡⲕⲁϩ·[4]

41 ϩⲉⲛϣⲏⲣⲉ ⲙⲛ̄ ϩⲉⲛϣⲉⲉⲣⲉ ⲕⲛⲁϫⲡⲟ
ⲟⲩ ⲛ̄ⲥⲉ ⲧⲙ̄ ⲕⲁⲁⲩ ⲛⲁⲕ· ⲥⲉⲛⲁϥⲓⲧⲟⲩ

42 ⲅⲁⲣ ϩⲛ̄ ⲟⲩⲁⲓⲭⲙⲁⲗⲱⲥⲓⲁ· ⲛⲉⲕϣⲏⲛ
ⲧⲏⲣⲟⲩ ⲛⲙ̄ ⲛ̄ⲅⲉⲛⲛⲏⲙⲁ ⲧⲏⲣⲟⲩ ⲙ̄
ⲡⲉⲕⲕⲁϩ ⲡⲡⲛⲏⲣϣ[5] ⲛⲁϥⲟⲧⲟⲩ ⲉ ⲃⲟⲗ

43 ⲡⲉⲡⲣⲟⲥⲏⲗⲩⲧⲟⲥ· ⲉⲧ ⲛⲉⲙⲁⲕ ϥⲛⲁⲣ
ϩⲓ ϫⲱⲕ ⲉⲙⲁⲧⲉ· ⲉⲙⲁⲧⲉ[6]· ⲛ̄ⲧⲟⲕ ⲇⲉ
ⲛ̄ⲧ̄ ⲣ̄ ⲡⲉⲥⲏⲧ ⲙ̄ⲙⲟϥ ⲉⲙⲁⲧⲉ ⲉⲙⲁⲧⲉ[7]·

44 ⲡⲁⲓ̈ ⲛⲁϯ ⲛⲁⲕ' ⲉ ⲙⲏⲥⲉ· ⲛ̄ⲧⲟⲕ ⲇⲉ
ⲛ̄ⲧ̄ ⲧⲙ̄ ϯ ⲛⲁϥ' ⲉ ⲙⲏⲥⲉ· ⲡⲁⲓ̈ ϥⲛⲁⲣ ⲁⲡⲉ
ⲉ ϫⲱⲕ ⲛ̄ⲧⲟⲕ ⲇⲉ ⲕⲛⲁⲣ ⲑⲉ ⲛ̄ ⲟⲩⲥⲁⲧ·

45 ⲁⲩⲱ ⲥⲉⲛ[ⲁⲉⲓ ⲉ ϩⲣ]ⲁⲓ̈ ⲉ ϫⲱⲕ ⲛ̄ϭⲓ ⲛⲉⲓ̈
[ⲥϩⲟⲩⲟⲣⲧ] ▆▆▆ⲉ ⲡⲱⲧ' ⲛ̄ⲥⲱⲕ ⲁⲩⲱ

---

[1] ἐν αἰνίγματι. [2] ἀκρίς. [3] σκώληξ.
[4] 'Wither in the earth.' [5] ἐρυσίβη.
[6] 'Much, much'; Gr. ἄνω ἄνω. [7] κάτω κάτω.

ϣⲁⲛⲧ ⲟⲩⲧⲁⲕⲟⲕ· ϫⲉ ⲙ̄ⲡ ⲛ̄ⲥⲱⲧⲙ̄
ⲛ̄ⲥⲁ ⲡⲉϩⲣⲟⲟⲩ ⲙ̄ ⲡϫⲟⲉⲓⲥ ⲡⲉⲕⲛⲟⲩ
ⲧⲉ ⲉ ϩⲁⲣⲉϩ ⲉ ⲡⲉϥⲉⲛⲧⲟⲗⲏ ⲙⲛ̄ ⲛⲉϥ
ⲇⲓⲕⲁⲓⲱⲙⲁ· ⲛⲁⲓ̈ ⲉⲛⲧ ⲁϥϩⲱⲛ ⲙ̄ⲙⲟ

46 ⲟⲩ ⲉ ⲧⲟⲟⲧⲕ̄· ⲁⲩⲱ ⲥⲉⲛⲁϣⲱⲡⲉ
ⲉ ϩⲉⲛⲙⲁⲉⲓⲛ ϩⲣⲁⲓ̈ ⲛ̄ ϩⲏⲧⲕ̄ ⲛⲙ̄ ϩⲉⲛ
ϣⲡⲏⲣⲉ· ⲁⲩⲱ ϩⲛ̄ ⲡⲉⲕⲥⲡⲉⲣⲙⲁ

47 ϣⲁ ⲉⲛⲉϩ· ⲉ ⲃⲟⲗ ϫⲉ ⲙ̄ⲡ ⲛ̄ϣⲙ̄ϣⲉ ⲙ̄
ⲡϫⲟⲉⲓⲥ ⲡⲉⲕⲛⲟⲩⲧⲉ· ϩⲛ̄ ⲟⲩⲟⲩⲛⲟϥ
ⲁⲩⲱ ϩⲛ̄ ⲟⲩϩⲏⲧ' ⲉⲛⲁⲛⲟⲩϥ ⲉ ⲧⲃⲉ
ⲡⲁϣⲁⲓ̈ ⲛ̄ ⲛⲉ ⲛⲧⲁⲕⲁⲁⲩ ⲧⲏⲣⲟⲩ· ⲁⲩⲱ

48 ⲕⲛⲁϣⲙ̄ϣⲉ ⲙ̄ ⲡⲙⲁ ⲉⲧ ⲙ̄ⲙⲁⲩ ⲛ̄
ⲛⲉⲕϫⲓϫⲉⲟⲩ ⲛⲁⲓ̈ ⲉⲧ ⲉⲣⲉ ⲡϫⲟⲉⲓⲥ
ⲛⲁⲡ̄ⲧⲟⲩ ⲉ ϩⲣⲁⲓ̈ ⲉ ϫⲱⲕ' ϩⲛ̄ ⲟⲩϩⲉ
ⲃⲱⲱⲛ ⲁⲩⲱ ϩⲛ̄ ⲟⲩⲉⲓⲃⲉ ⲁⲩⲱ ϩⲛ̄
ⲟⲩⲕⲱ ⲕⲁ ϩⲏⲟⲩ¹ ⲁⲩⲱ ϩⲛ̄ ⲟⲩ ϭⲣⲱϩ
ⲛ̄ ⲛ̄ⲕⲁ ⲛⲓⲙ²· ⲁⲩⲱ ϥⲛⲁⲛⲟⲩ ϫⲉ ⲛ̄
ⲟⲩⲕⲗⲁⲗ³ ⲙ̄ ⲡⲉⲛⲓⲡⲉ ⲉ ⲡⲉⲕⲙⲁⲕϩ

49 ϣⲁⲛⲧ ϥ̄ϭⲟⲧⲕ̄ ⲉ ⲃⲟⲗ· ⲡϫⲟⲉⲓⲥ ⲛⲁ
ⲉⲓⲛⲉ ⲉ ϩⲣⲁⲓ̈ ⲉ ϫⲱⲕ ⲛ̄ ⲟⲩϩⲉⲑⲛⲟⲥ
ⲉϥⲟⲩⲏⲟⲩ ϫⲓⲛ ⲁⲣⲏϫϥ̄ ⲙ̄ ⲡⲕⲁϩ
ⲉⲣⲉ ⲡⲉϥⲟⲩⲟⲉⲓⲟ ⲛ̄ⲑⲉ ⲙ̄ ⲡⲟⲩⲟⲉⲓ
ⲛ̄ ⲟⲩⲁⲉⲧⲟⲥ⁴· ⲟⲩϩⲉⲑⲛⲟⲥ ⲉⲛ ⲕ̄ⲛⲁϣ

50 ⲥⲱⲧⲙ̄ ⲁⲛ ⲉ ⲡⲉϥϩⲣⲟⲟⲩ· ⲟⲩϩⲉⲑⲛⲟⲥ
ⲉϥⲟ ⲛ̄ ⲛⲁϣⲧ' ϩⲣⲁϥ ⲉⲛ ϥ̄ⲛⲁϣⲡⲉ
ⲁⲛ ϩⲏⲧϥ̄ ⲛ̄ ⲟⲩϩⲗ̄ⲗⲟ· ⲁⲩⲱ ⲉⲛϥ̄ ⲛⲁ

51 ⲛⲁ ⲁⲛ ⲛ̄ ⲟⲩϣⲏⲣⲉ ϣⲏⲙ· ⲁⲩⲱ ϥⲛⲁ
ⲟⲩⲙ̄' ⲛ̄ ⲛⲉⲕϫⲡⲟ ⲛ̄ ⲛⲉⲕⲧⲃ̄ⲛⲟⲟⲩⲉ
ⲁⲩⲱ ⲛⲉϭⲣⲱϭ ⲙ̄ ⲡⲉⲕⲕⲁϩ ⲉⲧ ⲙ̄ⲡ ⲉϥ
ϣⲉϫⲡ ⲗⲁⲁⲩ ⲛ̄ⲥⲟⲩⲟ ⲛⲁⲕ' ⲉⲡⲁϩⲟⲩ

---

¹ ϩⲛ̄ ⲟⲩⲉⲓⲃⲉ ⲁⲩⲱ ϩⲛ̄ ⲟⲩⲕⲱ ⲕⲁ ϩⲏⲟⲩ = και εν διψει και εν γυμνοτητι (F).

² εν εκλείψει πάντων.   ³ κλοιόν.

⁴ 'His swoop like the swoop of an eagle.'

ϩⲓ ⲏⲣⲡ ϩⲓ ⲛⲉϩ· ⲁⲩⲱ ⲛⲉⲕⲡⲟ ⲛ̄ ⲛⲉⲕ
ⲉϩⲟⲟⲩ ⲛⲙ̄ ⲡ̄ⲟϩⲉ [ⲛ ⲛⲉ]ⲕⲉⲥⲟⲟⲩ

52 ϣⲁⲛⲧϥ̄ⲧⲁⲕⲟ[ⲕ ⲁⲩ]ⲱ ⲛϥ̄ⲟ̄ⲗ̄[ⲕⲟⲕ]
ϩⲛ̄ ⲛⲉⲕ ⲡⲟⲗⲓⲥ ϣⲁⲛⲧ ⲟⲩϣⲣ̄ϣⲣ̄ ⲛⲉⲕ
ⲡⲟⲗⲓⲥ¹ ⲉⲧ ϫⲟⲥⲉ ⲁⲩⲱ ⲉⲧ ⲟⲣϫ' ⲛⲁⲓ̈
ⲉⲧ ⲕ̄ⲧⲏⲕ' ⲛ̄ ϩⲏⲧ ⲙ̄ⲙⲟⲟⲩ ϩⲙ̄ ⲡⲉⲕ
ⲕⲁϩ ⲧⲏⲣϥ̄· ⲁⲩⲱ ϥ̄ⲛⲁⲑⲗⲓⲃⲉ ⲙ̄ⲙⲟⲕ
ϩⲛ̄ ⲛⲉⲕⲡⲟⲗⲓⲥ ⲧⲏⲣⲟⲩ ⲉⲛⲧⲁ ⲡϫⲟ

53 ⲉⲓⲥ ⲡⲉⲕⲛⲟⲩⲧⲉ ⲧⲁⲁⲩ ⲛⲁⲕ· ⲁⲩⲱ
ⲕⲛⲁⲟⲩⲱⲙ ⲛ̄ⲥⲁ ⲛⲉⲕⲡⲟ ⲛ̄ ϩⲏⲧⲕ̄
ⲛ̄ ⲁϥ ⲛ̄ ⲛⲉⲕϣⲏⲣⲉ ⲛⲙ̄ ⲛⲉⲕϣⲉⲉⲣⲉ
ⲛⲉ ⲛⲧⲁ ⲡϫⲟⲉⲓⲥ ⲧⲁⲁⲩ ⲛⲁⲕ ϩⲙ̄
ⲡⲉⲕϩⲱϫ ⲉⲕⲛⲁⲟⲩⲟⲙⲟⲩ· ⲁⲩⲱ
ϩⲛ̄ ⲧⲉⲑⲗⲓⲯⲉⲓⲥ ⲉⲧ ⲉⲣⲉ ⲡϫⲁϫⲉ

54 ⲛⲁⲑⲗⲓⲃⲉ ⲙ̄ⲙⲟⲕ ⲛ̄ ϩⲏⲧⲉ̄· ⲡⲣⲱ
ⲙⲉ ⲉⲧ ϭⲏⲛ ⲁⲩⲱ ⲉⲧ ⲥⲗⲉϭⲗⲱϭ ⲉ
ⲙⲁⲧⲉ· ϥⲛⲁⲣⲉⲓ ⲉⲣⲃⲟⲟⲛ ⲉ ⲡⲉϥ
ⲥⲟⲛ ⲙⲛ̄ ⲧⲉϥⲥϩⲓⲙⲉ ⲉⲧ ϩⲛ̄ ⲕⲟⲩ
ⲟⲩⲛϥ̄ ⲁⲩⲱ ⲉⲛϣⲏⲣⲉ ⲉⲛⲧⲁⲩⲥⲉ

55 ⲉⲡⲉ ⲛ̄ⲛⲉⲧ ⲛⲁϣⲱϫⲡ· ϩⲱⲥⲧⲉ
ⲉ ϯ ⲟⲩⲁ ⲛ̄ϩⲏⲧⲟⲩ ⲉ ⲃⲟⲗ ϩⲛ̄ ⲛ̄ⲥⲁ
ⲣⲝ ⲛ̄ ⲛⲉϥϣⲏⲣⲉ ⲛⲁⲓ̈ ⲉⲧ ϥ̄ⲛⲁⲟⲩⲟ
ⲙⲟⲩ ϫⲉ ⲙ̄ⲛ ⲟⲩⲕⲁⲁⲩ ⲛⲁϥ ⲉ ⲡⲁ
ϩⲟⲩ ϩⲙ̄ ⲡⲉⲕϩⲱϫ ⲁⲩⲱ ϩⲛ̄ ⲧⲉⲕ
ⲑⲗⲓⲯⲉⲓⲥ ⲉⲧ ⲉⲣⲉ ⲛⲉⲕϫⲓϫⲉⲟⲩ
ⲛⲁⲑⲗⲓⲃⲉ ⲙ̄ⲙⲟⲕ ⲛ̄ϩⲏⲧⲟⲩ ϩⲛ̄ ⲛⲉⲕ

56 ⲡⲟⲗⲓⲥ ⲧⲏⲣⲟⲩ· ⲁⲩⲱ ⲧⲉ ⲧϭⲏⲛ ⲉⲧ ⲛⲙ̄
ⲙⲏⲧⲛ̄ ⲉⲧ ⲥⲗⲉϭⲗⲱϭ ⲧⲁⲓ̈ ⲉⲧⲉ ⲙ̄
ⲡ ⲥ̄ϫⲟⲛⲧⲉ̄ ⲗⲁⲁⲩ ⲉ ⲕⲁ ⲣⲁⲧⲥ̄ ⲉ
ⲡⲕⲁϩ ⲉ ⲧⲃⲉ ⲡⲉⲥϭⲛⲟⲛ ⲙ̄ ⲡⲉⲥ
ⲥⲗⲟϭⲗⲉϭ· ⲥⲛⲁⲣⲉⲓ̂ ⲉⲣⲃⲟⲟⲛ ⲉ ⲡⲉⲥ
ϩⲁⲓ̈ ⲉⲧ ϩⲛ̄ ⲕⲟⲩⲟⲩⲛⲥ̄ ⲁⲩⲱ ⲡⲉⲥ

¹ τείχη τὰ ὑψηλὰ καὶ τὰ ὀχυρά.

DEUTERONOMY XXVIII. 57–63

57 ϣⲏⲣⲉ ⲛⲓ̅ⲙ̅ ⲧⲉⲥϣⲉⲉⲣⲉ· ⲁⲩⲱ ⲉⲓ (?)
ⲙⲁⲁⲩ ⲉⲛⲧ[ⲁⲩ]ⲉⲓ̈ ⲉ ⲃⲟⲗ ϩⲛ̅ ⲛⲉⲥ
[ⲙⲏⲣ]ⲟⲥ· [⸺]¹ ⲡⲕⲉⲕⲉ· ⲉⲧⲉ
ⲭⲡⲟⲩ· ⲥⲛⲁⲟⲩⲟⲙⲩ̄· ⲡ̄ⲧⲉⲩⲛⲟⲩ ⲡ̄ϩⲱⲡ·
ⲉ ⲧⲃⲉ ⲡⲉϭⲣⲱϩ· ⲛ̄ ⲛ̄ⲕⲁ ⲛ̄ ⲛⲓⲙ· ϩⲙ̅
ⲡⲉⲕϩⲱⲃ· ⲁⲩⲱ ϩⲛ̅ ⲧⲉⲕϑ[ⲗⲓ]ⲯⲓⲥ
ⲉⲧ ⲉⲣⲉ ⲡⲉⲕϫⲁϫⲉ ⲛⲁⲑ[ⲗⲓ]ⲃⲉ ⲙ̅

58 ⲙⲟⲕ· ⲛ̄ ϩⲏⲧⲥ̅· ϩⲛ̅ ⲛⲉⲕ'ⲡⲟ[ⲗⲓ]ⲥ· ⲉⲧⲉ
ⲧⲛ̅ ϣⲁⲛⲥⲱⲧⲙ̅² ⲉ ⲉⲓⲣⲉ ⲛ̄ ⲛⲉⲓ̈ ϣⲁϫⲉ
ⲧⲏⲣⲟⲩ ⲙ̄ ⲡⲉⲓ̈ ⲛⲟⲙⲟⲥ ⲉⲧ'
ⲥⲏϩ ϩⲙ̅ ⲡⲉⲓ̈ ϫⲱⲙⲉ ⲉ ⲧⲣⲉ ⲕⲣ̄
ϩⲟⲧⲉ ϩⲏⲧϥ̄ ⲙ̄ ⲡⲉⲓ̈ ⲛⲟϭ ⲛ̄ ⲣⲁⲛ·
ⲉⲧ' ⲧⲁⲓ̈ⲏⲩ ⲛ̄ ϣⲡⲏⲣⲉ ⲉⲧⲉ ⲡϫⲟ

59 ⲉⲓⲥ ⲡⲉⲕⲛⲟⲩⲧⲉ ⲡⲉ· [ⲁⲩⲱ] ⲡϫⲟ
ⲉⲓⲥ ⲛⲁⲧⲁϣⲟ ⲛ̄ ⲛⲉⲕⲥⲏϣⲉ ⲛⲓ̅ⲙ̅
ⲛ̄ⲥⲏϣⲉ ⲙ̄ ⲡⲉⲕⲥⲡⲉⲣⲙⲁ· ϩⲉⲛ
ⲛⲟϭ ⲛ̄ ⲥⲏϣⲉ ⲉⲩⲛⲁϣⲧ' ⲁⲩⲱ ϩⲉⲛ

60 ϣⲱⲛⲉ ⲉⲩⲛⲁϣⲧ' ⲉⲩ ⲡ̄ϩⲟⲧ'· ⲁⲩ
ⲱ ϥⲛⲁⲕ'ⲧⲟ ⲉ ϩⲣⲁⲓ̈ ⲉ ϫⲱⲕ ⲙ̄ ⲡⲉⲙ
ⲕⲁϩ ⲛ̄ ϩⲏⲧ' ⲧⲏⲣϥ̄ ⲛ̄ ⲕⲏⲙⲉ ⲉⲧ
ⲛⲁϣⲧ' ⲡⲁⲓ̈ ⲉⲛ ⲉⲕⲟ ⲛ̄ ϩⲟⲧⲉ ϩⲏ

61 ⲧϥ̄ ⲛ̄ⲥⲉⲉⲓ ⲉ ϫⲱⲕ· ⲁⲩⲱ ⲗⲟϫⲗⲉϫ
ⲛⲓⲙ· ϩⲓ ⲡⲗⲏⲅⲏ ⲛⲓⲙ ⲉⲧⲉ ⲛ̄ⲥⲉ ⲥⲏϩ
ⲁⲛ ϩⲙ̅ ⲡϫⲱⲙⲉ ⲙ̄ ⲡⲉⲓ̈ ⲛⲟⲙⲟⲥ
ⲡϫⲟⲉⲓⲥ ⲛⲁⲛ̄ⲧⲟⲩ ⲉ ϩⲣⲁⲓ̈ ⲉ ϫⲱⲕ

62 ϣⲁⲛⲧ ϥ̄ϭⲟⲧⲕ̄ ⲉ ⲃⲟⲗ· ⲁⲩⲱ ⲥⲉⲛⲁ
ⲕⲁ ⲧⲏⲩⲧⲛ̄ ϩⲛ̅ ⲟⲩⲕⲟⲩⲉ ⲛ̄
ⲏⲡ ⲉϫⲉⲛ ⲉⲧⲉⲧⲛ̄ⲟⲟⲡⲉ ⲛ̄ⲑⲉ ⲛ
ⲛ̄ⲥⲓⲟⲩ ⲛ̄ ⲧⲡⲉ ϩⲛ̅ ⲧⲉⲩⲁϣⲏ· ⲉ
ⲧⲃⲉ ϫⲉ ⲙ̄ⲡⲉ ⲧⲛ̄ⲥⲱⲧⲙ̅ ⲛ̄ⲥⲁ ⲡⲉϩⲣⲟ
ⲟⲩ ⲙ̄ ⲡϫⲟⲉⲓⲥ ⲡⲉⲧⲛ̄ ⲛⲟⲩⲧⲉ·

63 ⲁⲩⲱ ⲙ̄ ⲡⲉⲥⲙⲟⲧ' ⲉⲛⲧⲁ ⲡϫⲟ

Fol. 40 *a*
[ⲣⲓⲑ]

¹ Three or four letters wanting.
² Written with a space between ⲁⲛⲥ and ⲱⲧⲙ̅.

DEUTERONOMY XXVIII. 63-67

ⲉⲓⲥ ⲟⲩⲛⲟϥ ⲉϫⲛ̄ ⲧⲏⲟⲩⲧⲛ̄ ⲉ ⲉⲓ
ⲣⲉ ⲛⲏⲧⲛ̄ ⲙ̄ ⲡⲉⲧ ⲛⲁⲛⲟⲩϥ ⲛⲓⲙ
ⲁⲩⲱ ⲉ ⲧⲁϣⲉ ⲧ[ⲏⲟⲩⲧ]ⲛ̄ ▓▓▓▓
ⲟⲛ ⲧⲉ ⲑⲉ ⲉⲧ▓▓▓▓▓▓▓▓▓▓
ⲛ▓▓▓▓▓▓▓▓▓▓▓▓▓▓

Fol. 40 b
[ⲣⲏ]

ⲉ ⲃⲟⲗ· ⲁⲩⲱ ⲥⲉⲛⲁϫⲉⲧ' ⲧⲏⲟⲩⲧⲛ̄ ⲉ ⲃ[ⲟⲗ]
ϩⲓϫⲛ̄ ⲡⲕⲁϩ ⲡⲁⲓ̈ ⲉⲧⲉ ⲧⲛ̄ⲛⲁⲃⲱⲕ ⲉ
ϩⲟ[ⲩ]ⲛ ⲉ ⲣⲟϥ ⲉ ⲕⲗⲏⲣⲟⲛⲟⲙⲓ ⲙ̄ⲙⲟϥ·

64 ⲁⲩ[ⲱ ⲡ]ϫⲟⲉⲓⲥ ⲡⲉⲕⲛⲟⲩⲧⲉ ⲛⲁϫⲟⲟ
ⲣⲉ[ⲕ ⲉ] ⲃⲟⲗ' ⲉ ϩⲉⲛϩⲉⲑⲛⲟⲥ ⲧⲏⲣⲟⲩ
ϫⲓⲛ [ϫ]ⲱϥ ⲙ̄ ⲡⲕⲁϩ ϣⲁ ϫⲱϥ ⲙ̄ ⲡⲕⲁϩ
ⲁⲩⲱ ⲕⲛⲁⲣ ϩⲙ̄ϩⲁⲗ' ⲙ̄ ⲡⲙⲁ ⲉⲧⲙ̄
ⲙⲁⲩ ⲛ̄ ϩⲉⲛ ⲕⲉ ⲛⲟⲩⲧⲉ ⲛ̄ ϩⲉⲛϣⲉ
ⲙⲛ̄ ϩⲉⲛⲱⲛⲉ ⲛⲁⲓ̈ ⲛ̄ⲧⲉ ⲥⲟⲟⲩⲛ ⲙ̄ⲙⲟ

65 ⲟⲩ ⲁⲛ ⲟⲩⲇⲉ ⲛⲉⲕⲉⲓⲟⲧⲉ· ⲛϥ̄ⲛⲁϯ ⲙ̄
ⲧⲟⲛ [ⲛ]ⲁⲕ ⲁⲛ ϩⲛ̄ ⲡ̄ ⲕⲉ ϩⲉⲑⲛⲟⲥ ⲉⲧ ⲙ̄
ⲙⲁⲩ· ⲟⲩⲇⲉ ⲛ̄ ⲣⲁⲧⲛ̄ ⲛⲁⲥⲙⲓⲛⲉ ⲁⲛ
ϩⲛ̄ ⲡⲙⲁ ⲉⲧ ⲙ̄ⲙⲁⲩ[1]· ⲁⲩⲱ ⲡϫⲟⲉⲓⲥ
ⲛⲁϯ ⲛⲁⲕ' ⲙ̄ ⲡⲙⲁ ⲉⲧ ⲙ̄ⲙⲁⲩ ⲛ̄ ⲟⲩ
ⲟⲩⲱⲗⲥ̄ ⲛ̄ ϩⲏⲧ' ⲁⲩⲱ ϩⲉⲛⲃⲁⲗ ⲉⲩ

66 ϫⲟⲧϩ̄ ⲛⲙ̄ ⲟⲩⲯⲩⲭⲏ ⲉⲥⲟϣⲙ̄· ⲁⲩ
ⲱ ⲡⲉⲕⲱⲛϩ̄ ϥⲛⲁϣⲱⲡⲉ ⲉϥⲁϣⲉ ⲙ̄
ⲡⲉ ⲙⲧⲟ ⲉ ⲃⲟⲗ ⲛ̄ ⲛⲉⲕ'ⲃⲁⲗ· ⲛ̄ⲧⲉ ⲣ̄ ϩⲟⲧⲉ
ⲙ̄ ⲡⲉϩⲟⲟⲩ ⲙⲛ̄ ⲧⲉⲩϣⲏ ⲛ̄ⲧⲉ ⲧⲙ̄

67 ⲡⲓⲥⲧⲉⲩⲉ ⲉ ⲡⲉⲕⲱⲛϩ̄· ⲕⲛⲁϫⲟⲟⲥ
ⲛ̄(?)[2] ϩⲧⲟⲟⲩⲉ ϫⲉ ⲉⲣⲉ ⲣⲟⲩϩⲉ ⲛⲁϣⲱⲡⲉ
ⲧⲛⲁⲩ· ⲁⲩⲱ ⲕⲛⲁϫⲟⲟⲥ ⲙ̄ ⲡⲛⲁⲩ ⲛ̄
ⲣⲟⲩϩⲉ ϫⲉ ⲉⲣⲉ ϩⲧⲟⲟⲩⲉ ⲛⲏⲟⲩ ⲧⲛⲁⲩ
ⲉ ⲃⲟⲗ ϩⲛ̄ ⲑⲟⲧⲉ ⲙ̄ ⲡⲉⲕϩⲏⲧ' ϩⲁ ⲛⲉⲧ ⲕ̄
ⲛⲁⲣϩⲟⲧⲉ ϩⲏⲧⲟⲩ· ⲁⲩⲱ ⲉ ⲃⲟⲗ ϩⲛ̄

---

[1] 'Neither shall he establish thy foot in that place'; Gr. οὐ μὴ γένηται στάσις τῷ ἴχνει τοῦ ποδός σου.

[2] τὸ πρωὶ ἐρεῖς Πῶς ἂν γένοιτο ἑσπέρα.

DEUTERONOMY XXVIII. 67—XXIX. 5

ⲛ̅ϩⲟⲣⲟⲙⲁ¹ ⲛ̅ ⲛⲉⲕⲃⲁⲗ' ⲛⲁⲓ̈ ⲉⲧ ⲕ̅ⲛⲁ
68 ⲛⲁⲩ ⲉ ⲣⲟⲟⲩ· ⲁⲩⲱ ⲡϫⲟⲉⲓⲥ ϥⲛⲁⲕⲧⲟⲕ'
ⲉ ϩⲣⲁⲓ̈ ⲉ ⲕⲏⲙⲉ ϩⲛ̅ ϩⲉⲛⲉϫⲏⲟⲩ· ⲁⲩⲱ
ϩⲛ̅ ⲧⲉϩⲓⲏ ⲛⲧⲁⲓ̈ϫⲟⲟⲥ ⲉ ⲧⲃⲏⲏⲧⲛ̅
ϫⲉ ⲛ̅ⲛⲉ ⲧⲛ̅ⲟⲩⲱϩ ⲉⲧⲛ̅ⲧⲛⲟⲩⲧⲛ̅ ⲉⲓ̈ⲟ
[ⲣⲁ]ϥ ⲥ· ⲁⲩ[ⲱ] ϯⲛⲁϯ ⲧⲏⲩⲧⲛ̅ ⲉ ⲃ[ⲟⲗ]
▓▓▓▓▓▓▓▓▓▓▓▓ⲛⲉⲧⲛ̅ϫⲓϫⲉⲟⲩ
▓▓▓▓▓▓▓▓▓▓▓▓▓ⲛ̅ϩⲙ̅
ϩⲁⲗ ⲛ̅ϭⲣⲙⲙⲉ ⲉⲙⲛ̅ ⲗⲁⲁⲩ ⲛⲁϫⲓ ⲧⲏⲩⲧⲛ̅·   Fol. 41 a
Chap. ⲛⲁⲓ̈ ⲛⲉ ⲛ̅ϣⲁϫⲉ ⲛ̅ ⲧⲇⲓⲁⲑⲏⲕⲏ ⲉⲛⲧⲁ   [ⲣⲕⲁ]
XXIX. 1 ⲡϫⲟⲉⲓⲥ ϩⲱⲛ ⲙ̅ⲙⲟⲟⲩ ⲉ ⲧ[ⲟⲟ]ⲧϥ̅ ⲙ̅
ⲙⲱⲩ̈ⲥⲏⲥ ⲉ ⲧⲁϩⲟⲟⲩ ⲉ ⲣⲁⲧ[ⲟⲩ] ⲛ̅ ⲛ̅
ϣⲏⲣⲉ ⲙ̅ ⲡⲓⲥⲣⲁⲏⲗ ϩⲛ̅ ⲡ[ⲕⲁϩ] ⲙ̅ ⲙⲱ
ⲁⲃ· ⲙ̅ⲡ̅ⲛ̅ⲥⲁ ⲧⲇⲓⲁⲑⲏⲕⲏ ⲉ[ⲧ ⲁϥⲥ]ⲙⲛ̅
2 ⲧⲥ̅ ⲛⲙ̅ⲙⲁⲩ ϩⲛ̅ ⲭⲱⲣⲏⲃ· ⲁⲩ[ⲱ] ⲁϥⲙⲟⲩ
ⲧⲉ ⲛ̅ϭⲓ ⲙⲱⲩ̈ⲥⲏⲥ ⲉⲛϣⲏⲣⲉ ⲧⲏⲣⲟⲩ
ⲙ̅ ⲡⲓⲥⲣⲁⲏⲗ ⲡⲉϫⲁϥ ⲛⲁⲩ ϫⲉ ⲛ̅ⲧⲱ
ⲧⲛ̅ ⲁⲧⲉⲧⲛ̅ⲛⲁⲩ ⲉ ⲛⲉϩⲃ[ⲏⲟⲩⲉ²] ⲉⲛ
ⲧⲁ ⲡϫⲟⲉⲓⲥ ⲁⲁⲩ ϩⲛ̅ ⲡⲕⲁϩ ⲛ̅ ⲕⲏⲙⲉ
ⲙ̅ⲡⲉ ⲙ̅ⲧⲟ ⲉ ⲃⲟⲗ ⲙ̅ ⲫⲁⲣⲁⲱ ⲛⲙ̅ ⲛⲉϥ
3 ϩⲙϩⲁⲗ'³ ⲙⲛ̅ ⲡⲉϥⲕⲁϩ ⲧⲏⲣϥ̅· ⲛ̅ⲛⲟϭ
ⲙ̅ ⲡⲉⲓⲣⲁⲥⲙⲟⲥ ⲉⲛⲧⲁ ⲛⲉⲕⲃⲁⲗ' ⲛⲁⲩ
ⲉ ⲣⲟⲟⲩ· ⲙ̅ⲙⲁⲉⲓⲛ ⲙⲛ̅ ⲛ̅ⲛⲟϭ ⲛ̅ϣⲡⲏ
4 ⲣⲉ ⲉⲧ' ⲙ̅ⲙⲁⲩ· ⲁⲩⲱ ⲙ̅ⲡⲉ ⲡϫⲟⲉⲓⲥ
ⲡⲛⲟⲩⲧⲉ ϯϩⲧ' ⲛⲏⲧⲛ̅ ⲉ ⲥⲟⲩⲱⲛϥ̅
ⲁⲩⲱ ϩⲉⲛⲃⲁⲗ' ⲉ ⲛⲁⲩ ⲁⲩⲱ ϩⲉⲛⲙⲁ
ⲁϫⲉ ⲉ ⲥⲱⲧⲙ̅· ϣⲁ ϩⲣⲁⲓ̈ ⲉ ⲡⲟⲟⲩ ⲛ̅ϩⲟ
5 ⲟⲩ· ⲁⲩⲱ ⲁϥϫⲓ ⲙⲟⲉⲓⲧ' ϩⲏⲧ' ⲧⲏⲩ
ⲧⲛ̅ ⲛ̅ ϩⲙⲉ ⲛ̅ⲣⲟⲙⲡⲉ ϩⲓ ⲧⲉⲣⲏⲙⲟⲥ
ⲙ̅ⲡⲉ ⲛⲉⲧⲛ̅ϩⲟⲉⲓⲧⲉ ϩⲓⲧⲉ· ⲁⲩⲱ
ⲛⲉⲧⲛ̅ⲧⲟⲟⲩⲉ ⲙ̅ⲡ ⲟⲩⲣ̅ ⲡⲗ̅ϭⲉ ⲛ̅

---
¹ ἀπὸ τῶν ὁραμάτων.   ² 'The works'; Gr. πάντα ὅσα.
³ 'His servants'; Gr. καὶ τοῖς θεράπουσιν.

DEUTERONOMY XXIX. 6–12

6 ⲣⲁⲧ ⲧⲏⲩⲧⲛ̄· ⲟⲩⲟⲉⲓⲕ ⲙ̄ⲡⲉ ⲧⲛ̄
ⲟⲩⲟⲙϥ̄· ⲁⲩⲱ ⲟⲩⲏⲣⲡ ⲛⲙ̄ ⲟⲩⲥⲓ
ⲕⲉⲣⲁ¹ ⲙ̄ⲡⲉ ⲧⲛ̄ⲥⲟⲟϥ· ϫⲉ ⲕⲁⲥ ⲉⲧⲉ
ⲧⲛ̄ ⲉ ⲉⲓⲙⲉ ϫⲉ ⲡϫⲟⲉⲓⲥ ⲛ̄ⲧⲟϥ ⲡⲉ

7 ⲡⲉⲧⲛ̄ⲛⲟⲩⲧⲉ²· ⲁⲩⲱ ⲁⲧⲉⲧⲛ̄ⲡⲱϩ
ϣⲁ ϩⲣⲁⲓ̈ ⲉ ⲡⲉⲓ̈ ⲙⲁ· ⲁⲩⲱ ⲁϥⲉⲓ ⲉ ⲃⲟⲗ
ⲛ̄ϭⲓ ⲥⲏⲱⲛ ⲡ'ⲣ̄ⲣⲟ ⲛ̄ ⲉⲥⲉⲃⲱⲛ ⲁⲩⲱ
ⲱⲅ' ⲡⲣ̄ⲣⲟ ⲛ̄ ⲧⲃⲁ[ⲥⲁ]ⲛ· ⲉ ⲙⲓ[ϣ]ⲉ
ⲛⲙ̄ⲙⲁⲛ· ⲁⲩ[ⲱ] ▬▬▬▬▬▬▬

8 ⲟⲩ ▬▬▬▬▬▬▬▬▬▬
ⲣⲟⲛⲟⲙⲓⲁ ⲛ̄ ϩⲣⲟⲩⲃⲏⲛ ⲙⲛ̄ ⲅⲁⲇ³ ⲛⲙ̄

Fol. 41 b
[ⲣⲕⲃ]

9 ⲡⲁϣⲉ ⲛ̄ ⲫⲩⲗⲏ ⲛ̄ ⲙⲁⲛⲁⲥⲥⲏ· ⲁⲩ
ⲱ [ⲉⲧ]ⲉⲧⲛ̄ ⲉ ϩⲁⲣⲉϩ ⲉ ⲉⲓⲣⲉ ⲛ̄ ⲛ̄ϣⲁ
ϫ[ⲉ ⲧⲏ]ⲣⲟⲩ ⲛ̄ ⲧⲉⲓ̈ ⲇⲓⲁⲑⲏⲕⲏ ϫⲉ ⲕ[ⲁⲥ]
ⲉⲧ[ⲉⲧ]ⲛ̄ ⲉ ⲉⲓⲙⲉ ⲉ ⲛⲉϩⲃⲏⲧⲉ ⲧⲏⲣ[ⲟⲩ]

10 ⲉ[ⲧⲉⲧⲛ̄]ⲛⲁⲁⲩ· ⲛ̄ⲧⲱⲧⲛ̄ ⲧⲏⲣⲧⲛ̄
ⲧ[ⲁⲣ] ⲁϩⲉ ⲣⲁⲧ ⲧⲏⲩⲧⲛ̄ ⲙ̄ ⲡⲟⲟⲩ
ⲙ̄ⲡ[ⲉ ⲙ̄]ⲧⲟ ⲉ ⲃⲟⲗ ⲙ̄ ⲡϫⲟⲉⲓⲥ ⲡⲉⲧⲛ̄
ⲛⲟⲩⲧⲉ· ⲛ̄ⲁⲣⲭⲱⲛ ⲛ̄ ⲛⲉⲧⲛ̄ⲫⲩⲗⲏ
ⲙⲛ̄ ⲛⲉⲧⲛ̄ϩⲗⲗⲟⲉⲓ⁴· ⲙⲛ̄ ⲛⲉⲧⲛ̄ⲕⲣⲓ
ⲧ[ⲉⲓⲥ· ⲁ]ⲩⲱ ⲛⲉⲧⲛ̄ⲅⲣⲁⲙⲙⲁⲧⲉⲩⲥ
ⲛ̄ ⲣⲉϥϯⲥⲃⲱ⁵ ⲛ̄ⲣⲱⲙⲉ ⲛⲓⲙ ⲛ̄ⲧⲉ ⲡⲓⲥ

11 ⲣⲁⲏⲗ· ⲛⲉⲧⲛ̄ϩⲓⲟⲙⲉ ⲁⲩⲱ ⲛⲉⲧⲛ̄
ϣⲏⲣⲉ ⲁⲩⲱ ⲡⲉⲡⲣⲟⲥⲏⲗⲩⲧⲟⲥ
ⲉⲧ ϩⲛ̄ ⲧⲙⲛ̄ⲧⲉ ⲛ̄ⲧⲉⲧⲛ̄ⲡⲁⲣⲉⲙ
ⲃⲟⲗⲏ· ϫⲓⲛ ⲡⲉⲧⲛ̄ⲣⲉϥϭⲗ̄ϣⲟ

12 ϣⲁ ⲡⲉⲧⲛ̄ⲣⲉϥⲙⲉϩⲙⲟⲟⲩ· ⲉ ⲧⲣⲉ ⲕ
ⲙⲟⲟϣⲉ ϩⲛ̄ ⲧⲇⲓⲁⲑⲏⲕ'ⲏ ⲙ̄ ⲡϫⲟ
ⲉⲓⲥ ⲡⲉⲕⲛⲟⲩⲧⲉ ⲁⲩⲱ ϩⲛ̄ ⲛⲉϥ
ⲁⲛⲁϣ ⲛⲁⲓ̈ ⲉⲧ ⲉⲣⲉ ⲡϫⲟⲉⲓⲥ

---

¹ σίκερα = שֵׁכָר.   ² No equivalent for ἐγώ.
³ τῷ Γαδδεί.   ⁴ An unusual form of the plural.
⁵ οἱ γραμματοεισαγωγεῖς.

DEUTERONOMY XXIX. 12-19

ⲡⲉⲕⲛⲟⲩⲧⲉ ⲛⲁⲥⲙⲛ̄ⲧⲟⲩ ⲛⲙ̄ⲙ̄

13 ⲙⲁⲕ ⲙ̄ⲡⲟⲟⲩ· ϫⲉ ⲛⲁⲥ ⲉϥⲉⲧⲁϩⲟⲕ
ⲉ ⲣⲁⲧⲕ̄ ⲛ̄ ⲟⲩⲗⲁⲟⲥ ⲛⲁϥ ⲁⲩⲱ ⲛ̄ⲧⲉϥ
ⲛ̄ϣⲱⲡⲉ ⲛⲁⲕ' ⲛ̄ ⲛⲟⲩⲧⲉ ⲉⲙ ⲡⲉⲥ
ⲙⲟⲧ ⲉⲛⲧ ⲁϥϫⲟⲟⲥ ⲛⲁⲕ· ⲁⲩⲱ ⲛ̄
ⲑⲉ ⲉⲛⲧ ⲁϥⲱⲣⲕ̄ ⲛ̄ ⲡⲉⲕⲉⲓⲟⲧⲉ ⲁⲃ

14 ⲣⲁϩⲁⲙ ⲙⲛ̄ ⲓ̈ⲥⲁⲕ ⲙⲛ̄ ⲓ̈ⲁⲕⲱⲃ· ⲁⲩ
ⲱ ⲁⲛⲟⲕ' ⲛⲉⲓ̈ⲛⲁⲥⲙⲓⲛⲉ ⲁⲛ ⲛⲏⲧⲛ̄
ⲙⲁⲩⲁⲧ' ⲧⲏⲩⲧⲛ̄ ⲛ̄ ⲧⲉⲓ̈ ⲇⲓⲁⲑⲏ

15 ⲕⲏ ⲛⲙ̄ ⲛⲉⲓ̈ ⲁⲛⲁⲟⲩϣ· ⲁⲗⲗⲁ ⲛⲙ̄
ⲛ̄[   ]ⲟⲩⲥⲉ ⲙ̄ ⲡⲉⲓ̈ ⲙⲁ ⲛⲙ̄ⲙⲛ̄ⲧ[ⲛ̄]
[ⲙ̄ⲡⲟⲟⲩ ⲙ̄ⲡⲉ ⲙ̄ⲧⲟ] ⲉ ⲃⲟⲗ ⲙ̄ ⲡⲭⲟ
[ⲉⲓⲥ ⲡⲉⲧⲛ̄ⲛⲟⲩⲧⲉ ⲁⲩⲱ ϩⲉⲛⲕⲉ]ⲟⲟⲧⲉ
ⲉⲧⲉ ⲛ̄ⲥⲉ ⲛ ⲡⲉⲓ̈ ⲙⲁ ⲁⲛ ⲛⲙ̄ⲙⲏⲧⲛ̄ ⲙ̄

16 ⲡⲟⲟⲩ· ϫⲉ ⲛ̄ⲧⲱⲧⲛ̄ ⲧⲉⲧⲛ̄ⲥⲟⲟⲩⲛ
ⲛ̄ⲑⲉ ⲉⲛⲧⲁⲛⲟⲩⲱϩ ϩⲛ̄ ⲡ[ⲕⲁϩ ⲛ̄]ⲕⲏ
ⲙⲉ· ⲁⲩⲱ ⲛ̄ⲑⲉ ⲉⲛⲧ [ⲁⲛⲡⲁⲣⲁⲓ ⲙ̄]
ⲙⲛ̄ⲧⲉ ⲛ̄ ⲛ̄ϩⲉⲑⲛⲟ[ⲥ   ⲉⲧ]ⲉ

17 ⲧⲛ̄ⲡⲁⲣⲁⲓ· ⲉⲁ ⲧⲉⲧⲛ̄[ⲁⲩ ⲛ̄ ⲛⲉⲩⲃⲟ]ⲧⲉ
ⲛⲙ̄ ⲛⲉⲩⲉⲓⲇⲱⲗⲟⲛ ⲟⲩ[ϣⲉ ⲛⲙ̄ ⲟⲩ]
ⲱⲛⲉ· ⲁⲩⲱ ⲟⲩϩⲁⲧ' ⲙⲛ̄ ⲟⲩ[ⲛⲟⲩ]ⲃ

18 ⲛⲁⲓ̈ ⲉⲧ ϣⲟⲟⲡ' ⲛⲁⲩ· ⲙⲏⲧ[ⲓ ⲟ]ⲩⲛ ⲣⲱ
ⲙⲉ ⲛ̄ϩⲏⲧ' ⲧⲏⲩⲧⲛ̄· ⲏ̄ ⲥ[ϩⲓⲙⲉ ⲏ] ⲟⲩ
ⲡⲁⲧⲣⲓⲁ· ⲏ̄ ⲟⲩⲫⲩⲗⲏ ⲉⲁ ⲡ[ϩⲏⲧ] ⲗⲁ
ⲁⲩ ⲣⲁⲕⲧϥ' ⲉ ⲃⲟⲗ' ⲙ̄ ⲡⲭⲟⲉⲓⲥ ⲡⲉⲧⲛ̄
ⲛⲟⲩⲧⲉ ⲉ ⲃⲱⲕ' ⲉ ϣⲙ̄ϣⲉ ⲛ' ⲛ̄ⲛⲟⲩⲧⲉ
ⲛ̄ ⲛ̄ϩⲉⲑⲛⲟⲥ ⲙⲏ ⲟⲩⲛ ⲗⲁⲁⲩ ⲛ̄ ϩⲏⲧ'
ⲧⲏⲩⲧⲛ̄ ⲉⲩⲛⲟϭⲛⲉ ⲡⲉ ⲉⲥϯⲟⲩⲱ

19 ⲛ̄ⲥⲁ ⲧ'ⲡⲉϩ ⲛ̄ ⲟⲩⲭⲟⲗⲏ ⲙⲛ̄ ⲟⲩⲥⲓϣⲉ[1]·
ⲁⲩⲱ ⲉϥϣⲁⲛⲥⲱⲧⲙ̄ ⲉⲛϣⲁϫⲉ ⲉⲛ
ⲧⲁⲓ̈ ⲥⲁϩⲟⲩ ⲁⲩⲱ ⲛϥ̄ϯ ⲛ̄ ⲟⲩⲥⲟⲉⲓⲧ'

Fol. 42 a
[ⲣⲕⲏ̄]

---

[1] A somewhat inexact rendering of μή τίς ἐστιν ἐν ὑμῖν ῥίζα ἄνω φύουσα ἐν χολῇ καὶ πικρίᾳ.

ⲉϥϫⲱ ⲙ̄ⲙⲟⲥ ϩⲙ̄ ⲡⲉϥϩⲏⲧ· ϫⲉ ⲉⲣⲉ
ⲟⲩⲧⲃ̄ⲃⲟ ϣⲱⲡⲉ ⲛⲁⲓ̈ ϫⲉ ⲉⲓ̈ⲛⲁⲙⲟ
ⲟϣⲉ ϩⲙ̄ ⲡⲟⲩⲱϣ ⲙ̄ ⲡⲁ ϩⲏⲧ· ϫⲉ
ⲛⲉ ⲡⲣⲉϥⲣ̄ⲛⲟⲃⲉ ⲧⲁⲕⲟ ⲛ̄ⲙ̄ⲙⲁϥ·

20 ⲛⲙ̄ ⲡⲁⲧ ⲛⲟⲃⲉ ⲛ̄ⲧⲉ ⲧⲙ̄ ⲡⲛⲟⲩⲧⲉ
ⲣ̄ ϩⲛⲁϥ ⲉ ⲕⲱ ⲛⲁϥ· ⲉ ⲃⲟⲗ· ⲁⲗⲗⲁ ⲙ̄ ⲡⲉ
ϩⲟⲟⲩ ⲉⲧ ⲙ̄ⲙⲁⲩ ⲧⲟⲣϭⲛ̄ ⲙ̄ ⲡϫⲟⲉⲓⲥ
ⲛⲁⲙⲟⲩϩ ⲛⲙ̄ ⲡⲉϥⲕⲱϩ ϩⲙ̄ ⲡⲣⲱⲙⲉ
ⲉⲧ ⲙ̄ⲙⲁⲩ· ⲁⲩⲱ ⲛ̄ⲥⲉ ⲉⲓ̈ ⲉ ϩⲣⲁⲓ̈ ⲉ ϫⲱϥ
ⲛ̄ϭⲓ ⲛ̄ⲥⲁϩⲟⲩ ⲧⲏⲣⲟⲩ ⲛ̄ ⲧⲉⲇⲓⲁ
ⲑⲏⲕⲏ ⲛⲉⲧ ⲥⲏϩ ϩⲙ̄ ⲡϫⲱⲱⲙⲉ
ⲙ̄ ⲡⲉⲓ ⲛⲟⲙⲟⲥ ⲁⲩⲱ ⲡϫⲟⲉⲓⲥ [ⲛⲁ]
[ϥ]ⲱⲧⲉ ⲉ ⲃⲟⲗ ⲙ̄ ⲡⲉϥⲣⲁⲛ ϩⲁ[ⲧⲙ̄ ⲡⲉ]·

21 ⲁⲩⲱ ⲡϫⲟⲉⲓⲥ ϥⲛⲁⲡⲱⲣϫ ⲉ ⲃⲟⲗ ⲛ̄ ϩⲉⲛ
ⲡⲉⲑⲟⲟⲩ ⲟⲩⲧⲉ ⲛ̄ϣⲏⲣⲉ ⲧⲏⲣⲟⲩ[1] ⲙ̄
ⲡ[ⲓⲥⲣⲁ]ⲏⲗ· ⲕⲁⲧⲁ ⲛ̄ⲥⲁϩⲟⲩ ⲧⲏⲣⲟⲩ ⲛ̄
ⲧ[ⲉⲇⲓⲁⲑⲏ]ⲕⲏ ⲛ̄ ⲛⲉⲧ ⲥⲏϩ ϩⲙ̄ ⲡϫⲱ

22 [ⲱⲙⲉ ⲙ̄ ⲡⲉⲓ̈ ⲛ]ⲟⲙⲟⲥ· ⲁⲩⲱ ⲉⲥⲉϫⲟ
[ⲟⲥ ⲛ̄ ⲧⲉⲧⲛ̄ⲅⲉⲛⲉ]ⲁ ⲛ̄ ⲛⲉⲧⲛ̄ϣⲏⲣⲉ ⲛⲉ
▬▬▬▬ ⲙⲛ̄ⲛ̄ⲥⲱⲧⲛ̄ ⲁⲩⲱ ⲡϣⲙ̄
[ⲙⲟ ⲡⲉⲧ] ⲛⲁⲉⲓ ⲉ ⲃⲟⲗ ϩⲛ̄ ⲟⲩⲕⲁϩ ⲉϥ
[ⲟⲩⲏⲟⲩ]· ⲁⲩⲱ ⲉⲩⲉⲛⲁⲩ ⲉ ⲛⲉⲡⲗⲏⲅⲏ
ⲙ̄ ⲡⲕⲁϩ· ⲉⲧ ⲙ̄ⲙⲁⲩ ⲁⲩⲱ ⲛⲉϥϣⲱⲛⲉ[2]
ⲉⲛ[ⲧⲁ] ⲡϫⲟⲉⲓⲥ ⲧⲛ̄ⲛⲟⲟⲩⲥⲉ ⲉ ϩⲣⲁⲓ̈

23 [ⲉ ϫⲱϥ ⲟ]ⲩⲑⲏⲛ ⲙⲛ̄ ⲟⲩϩⲙⲟϭ ⲉⲧ ⲣⲟⲕϩ̄
ⲡ[ⲕⲁϩ] ⲧⲏⲣϥ̄ ⲉⲧ ⲙ̄ⲙⲁⲩ ⲛ̄ⲛⲉⲩϫⲟϥ·
ϫⲉ ⲛ̄ⲛⲉ ⲗⲁⲁⲩ ⲛ̄ ⲟⲩⲟⲧⲟⲩⲉⲧ· ϯⲟⲩⲱ
ϩⲣⲁⲓ̈ ⲛ̄ ϩⲏⲧϥ̄ ⲛ̄ⲑⲉ ⲉⲛⲧⲁⲩⲧⲁⲕⲟ ⲛ̄ ⲥⲟ
ⲇⲟⲙⲁ ⲙⲛ̄ ⲅⲟⲙⲟⲣⲣⲁ· ⲁⲩⲱ ⲁⲇⲁⲙⲁ
ⲙⲛ̄ ⲥⲉⲃⲱⲉⲓⲛ[3]· ⲛⲁⲓ̈ ⲉⲛⲧⲁ ⲡϫⲟⲉⲓⲥ

24 ⲧⲁⲕⲟⲟⲩ ϩⲛ̄ ⲟⲩϭⲱⲛⲧ̄ ⲙⲛ̄ ⲟⲩⲟⲣⲅⲏ·
ⲁⲩⲱ ⲥⲉⲛⲁϫⲟⲟⲥ ⲛ̄ϭⲓ ⲛ̄ϩⲉⲑⲛⲟⲥ ⲧⲏ

---

[1] ἐκ πάντων υἱῶν.   [2] τὰς νόσους αὐτῆς.   [3] Σεβωείμ.

ⲣⲟⲧ ⲙ̄ ⲡⲕⲁϩ ϫⲉ ⲉ ⲟⲃⲉ ⲟⲩ ⲁ ⲡϫⲟⲉⲓⲥ
ⲉⲓⲣⲉ ϩⲓ ⲛⲁⲓ̈ ⲙ̄ ⲡⲉⲓ̈ ⲕⲁϩ· ⲟⲩ ⲡⲉ ⲡⲉⲓ̈

25 ⲛⲟϭ ⲛ̄ ϭⲱⲛⲧ̄ ⲙⲛ̄ ⲧⲉⲓ̈ ⲟⲣⲅⲏ· ⲁⲩⲱ ⲉⲩⲉ
ϫⲟⲟⲥ ϫⲉ ⲉ ⲃⲟⲗ ϫⲉ ⲁⲩⲕⲱ ⲛ̄ⲥⲱⲟⲩ
ⲛ̄ ⲧⲇⲓⲁⲑⲏⲕⲏ ⲙ̄ ⲡϫⲟⲉⲓⲥ ⲡⲉⲩⲛⲟⲩⲧⲉ
ⲡⲛⲟⲩⲧⲉ ⲛ̄ ⲛⲉⲩⲉⲓⲟⲧⲉ ⲛⲉ ⲛⲧ ⲁϥⲥⲙⲛ̄
ⲧⲟⲩ ⲛⲙ̄ⲙⲁϥ ⲛ̄ ⲧⲉⲣⲉ ϥⲛ̄ⲧⲟⲩ ⲉ ⲃⲟⲗ

26 ϩⲙ̄ ⲡⲕⲁϩ ⲛ̄ ⲕⲏⲙⲉ· ⲁⲩⲱ ⲁⲩⲃⲱⲕ' ⲁⲩ
ϣⲙ̄ϣⲉ ⲛ̄ ϩⲉⲛ ⲕⲉⲛ ⲛⲟⲩⲧⲉ ⲁⲩⲟⲩⲱϣⲧ
ⲛⲁⲩ ⲛⲁⲓ̈ ⲉⲧⲉ ⲉⲛⲥⲉⲥⲟⲟⲩⲛ ⲙ̄ⲙⲟⲟⲩ ⲁⲛ

27 ⲟⲩⲇⲉ ⲙ̄ⲡⲉ ϥ̄ⲧⲟϣⲟⲩ ⲛⲁⲩ· ⲁⲩⲱ ⲡϫⲟⲓ̈ⲥ¹
ⲁϥϭⲱⲛⲧ̄ ϩⲛ̄ ⲟⲩⲟⲣⲅⲏ ⲉ ⲡⲕⲁϩ ⲉⲧ ⲙ̄ⲙⲁⲩ
ⲉ ⲧⲣⲉ ϥⲉⲓⲛⲉ ⲉ ϩⲣⲁⲓ ⲉ ϫⲱϥ' ⲕⲁⲧⲁ ⲛ̄ⲥⲁ
[ϩⲟⲩ ⲧ]ⲏⲣⲟⲩ ⲉⲧ ⲥⲏϩ ϩⲙ̄ ⲡϫⲱⲱⲙⲉ

28 [ⲛ̄]ⲧ[ⲉ ⲡⲉⲓ̈] ⲛⲟⲙⲟⲥ· ⲁⲩⲱ ⲡϫⲟⲉⲓⲥ ⲁϥϥⲓⲧⲟⲩ
[ⲉ ⲃⲟⲗ] ϩⲙ̄ ⲡⲉⲩⲕⲁϩ· ϩⲛ̄ ⲟⲩϭⲱⲛⲧ̄ ⲛⲙ̄
ⲟⲩⲟⲣⲅⲏ ⲁⲩⲱ ϩⲛ̄ ⲟⲩⲛⲟϭ ⲉⲙⲁⲧⲉ ⲛ̄
ϭⲛⲁⲧ· ⲁϥⲛⲟϫⲟⲩ ⲉ ϩⲣⲁⲓ̈ ⲉ ⲕⲉ ⲕⲁϩ ⲛ̄ⲑⲉ

29 ⲉⲧ ⲟⲩⲟ ⲙ̄ⲙⲟⲥ ⲧⲉⲛⲟⲩ: [ⲛⲉⲧ ϩⲱ]ⲡ
ⲉⲧⲏⲡ' ⲉ ⲡϫⲟⲉⲓⲥ ⲡⲉⲛⲛⲟⲩ[ⲧⲉ ⲛⲉⲧ ⲟⲩⲟ]
[ⲛ]ⲁϩ ⲇⲉ ⲉⲧⲏⲡ' ⲉ ⲣⲱ[ⲧⲛ]
ϣⲏⲣⲉ ⲛ̄ ϣⲁ ⲉⲛⲉϩ

Chap. XXX. 1 ⲛ̄ϣⲁϫⲉ ⲧⲏⲣⲟⲩ ⲙ̄ ⲡⲉⲓ̈ [ⲛⲟⲙⲟⲥ]· [ⲁⲩ]
ⲱ ⲉⲩϣⲁⲛⲉⲓ ⲉ ϩⲣⲁⲓ ⲉ ϫⲱ[ⲕ]
ϫⲉ ⲧⲏⲣⲟⲩ ⲙ̄ ⲡⲉⲥⲙⲟⲩ· ⲛ̄
ⲙ̄ ⲛⲉ ⲛⲧ ⲁⲓⲧⲁⲁⲩ ϩⲓ ϩⲏ ⲙ̄ⲙ[ⲟⲕ]
ⲕⲁⲁⲧ ϩⲙ̄ ⲡⲉⲕϩⲏⲧ' ϩⲛ̄ ⲛ̄ϩ[ⲉⲑⲛⲟⲥ]
ⲧⲏⲣⲟⲩ· ⲉⲧ ⲉⲣⲉ ⲡϫⲟⲉⲓⲥ [ⲁϥⲛⲟϫⲛ̄]

2 ⲉ ⲃⲟⲗ ⲛ̄ ϩⲏⲧⲟⲩ· ⲁⲩⲱ ⲉⲕⲉⲕⲟⲧⲕ̄ ⲉ
ⲡϫⲟⲉⲓⲥ ⲡⲉⲕⲛⲟⲩⲧⲉ ⲛ̄ⲅ̄ ⲥⲱⲧⲙ̄ ⲛ̄
ⲥⲁ ⲡⲉϥϩⲣⲟⲟⲩ· ⲕⲁⲧⲁ ϣⲁϫⲉ ⲛⲓⲙ
ⲉϯ ϩⲱⲛ ⲙ̄ⲙⲟⲟⲩ ⲉ ⲧⲟⲟⲧⲕ̄ ⲙ̄ ⲡⲟ

---

¹ For ⲡϫⲟⲉⲓⲥ.

ⲟⲩ ϩⲙ̄ ⲡⲉⲕϩⲏⲧ' ⲧⲏⲣϥ̄ ⲁⲩⲱ ϩⲙ̄
3 ⲧⲉⲕⲯⲩⲭⲏ ⲧⲏⲣⲥ̄· ⲁⲩⲱ ⲡϫⲟⲉⲓⲥ
ϥⲛⲁⲕⲱ ⲉ ⲃⲟⲗ ⲛⲁⲕ' ⲛ̄ ⲛⲉⲕⲛⲟⲃⲉ·
ⲛϥ̄ⲛⲁ ⲛⲁⲕ' ⲁⲩⲱ ⲟⲛ ϥ̄ⲛⲁⲥⲟⲟⲩϩⲕ'
ⲉ ϩⲟⲩⲛ ⲉ ⲃⲟⲗ' ϩⲛ̄ ⲛ̄ ϩⲉⲑⲛⲟⲥ ⲧⲏⲣⲟⲩ
ⲛⲉ ⲛ̄ⲧⲁ ⲡϫⲟⲉⲓⲥ ϫⲟⲟⲣⲕ' ⲉ ⲃⲟⲗ ⲛ̄
4 ϩⲏⲧⲟⲩ· ⲁⲩⲱ ⲉϣⲱⲡⲉ ⲉⲣⲉ ⲡⲉⲕϫⲱ
ⲱⲣⲉ ⲉ ⲃⲟⲗ ϣⲟⲟⲡ' ϫⲓⲛ ϫⲱⲥ ⲛ̄ ⲧⲡⲉ
ϣⲁ ϫⲱⲥ ⲛ̄ ⲧⲡⲉ· ϥⲛⲁⲥⲟⲟⲩϩⲕ' ⲉ ϩⲟⲩⲛ
ⲉ ⲃⲟⲗ ϩⲛ̄ ⲡⲙⲁ ⲉⲧ ⲙ̄ⲙⲁⲩ· ⲛ̄ϭⲓ ⲡϫⲟⲉⲓⲥ
5 ⲡⲉⲕⲛⲟⲩⲧⲉ· ⲛϥ̄ϫⲓⲧⲕ̄ ⲉ ϩⲟⲩⲛ ⲉ ⲡⲕⲁϩ
ⲛ̄ϭⲓ ⲡϫⲟⲉⲓⲥ ⲡⲉⲕⲛⲟⲩⲧⲉ ⲡⲁⲓ̈ ⲉⲛⲧⲁⲩ
ⲕⲗⲏⲣⲟⲛⲟⲙⲓ ⲙ̄ⲙⲟϥ ⲛ̄ϭⲓ ⲛⲉⲕⲉⲓⲟⲧⲉ·
ⲛ̄ⲧ ⲕⲗⲏⲣⲟⲛⲟⲙⲓ ⲙ̄ⲙⲟϥ· ⲁⲩⲱ ϥⲛⲁⲉⲓ
ⲣⲉ ⲛⲁⲕ' ⲙ̄ ⲡⲡⲉⲧ ⲛⲁⲛⲟⲩϥ'
6 ⲧⲁϣⲟⲕ' ⲉϩⲟⲧⲉ ⲛⲉⲕⲉⲓⲟⲧⲉ· ⲁⲩⲱ [ⲉϥ]
ⲛⲁⲧⲃ̄ⲃⲉ ⲡⲉⲕϩⲏⲧ ⲁⲩⲱ ⲡϩⲏ[ⲧ ⲛ̄ ⲡⲉⲕ]
ⲥⲡⲉⲣⲙⲁ ⲉ ⲧⲣⲉⲕ'ⲙⲉⲣⲉ ⲡϫⲟ[ⲉⲓⲥ]
ⲡⲉⲕⲛⲟⲩⲧⲉ· ⲉ ⲃⲟⲗ' ϩⲙ̄ ⲡⲉⲕ[ϩⲏⲧ ⲧⲏ]
ⲣϥ̄ ⲛⲙ̄ ⲧ[ⲉⲕⲯⲩ]ⲭⲏ ⲧⲏⲣⲥ̄ ϫⲉ [ⲕⲁⲥ]
Fol. 43 b
[ⲡ̄ⲕⲉ̄]
7 ⲱⲛⲁϩ ⲛ̄ⲧⲟⲕ' ⲙⲛ̄ ⲡⲉⲕⲥⲡⲉⲣⲙⲁ· ⲁⲩⲱ
ⲡϫⲟⲉⲓⲥ ⲡⲉⲕⲛⲟⲩⲧⲉ ϥⲛⲁϯ ⲛ̄ ⲛⲉⲓ̈
[ⲥⲁϩⲟⲩ] ⲉϫⲛ̄ ⲛⲉⲕϫⲓϫⲉⲟⲩ ⲁⲩⲱ ⲉϫⲛ̄
[ⲛⲉⲧ ⲙ]ⲟⲥⲧⲉ ⲙ̄ⲙⲟⲕ' ⲛⲉ ⲛ̄ⲧⲁⲩⲇⲓⲱⲕⲉ
8 [ⲙ̄ⲙⲟⲕ· ⲁⲩⲱ ⲛ̄ⲧ̄] ⲛⲁⲕⲟⲧⲕ̄ ⲛ̄ⲧ̄ ⲥⲱⲧⲙ̄
[ⲉ ⲡⲉϩⲣⲟⲟⲩ] ⲙ̄ ⲡϫⲟⲉⲓⲥ ⲡⲉⲕ
[ⲛⲟⲩⲧⲉ ⲉ ⲉⲓⲣⲉ] ⲛ̄ ⲛⲉϥⲉⲛⲧⲟⲗⲏ ⲛⲁⲓ̈ ⲁ
[ⲛⲟⲕ ⲉ]ϯ ϩⲱⲛ ⲙ̄ⲙⲟⲟⲩ ⲉ ⲧⲟⲟⲧⲕ̄
9 [ⲙ̄ⲡⲟⲟⲩ]· ⲁⲩⲱ ⲡϫⲟⲉⲓⲥ ⲡⲉⲕⲛⲟⲩⲧⲉ
ⲉϩ' ⲉⲣⲟⲕ' ⲉⲙⲁⲧⲉ[1]· ϩⲛ̄ ⲛⲉϩ
[ⲃⲏⲟⲩ]ⲉ ⲧⲏⲣⲟⲩ ⲛ̄ ⲛⲉⲕ'ϭⲓϫ' ⲁⲩⲱ
[ϩⲛ̄ ⲡϫ]ⲡⲟ ⲛ̄ ϩⲏⲧⲕ̄· ⲁⲩⲱ ϩⲛ̄ ⲛ̄

---

[1] καὶ εὐλογήσει σε Κύριος ὁ Θεός.

[ⲅⲉⲛⲛ]ⲏⲙⲁ ⲙ̅ ⲡⲉⲕⲕⲁϩ· ⲁⲩⲱ ϩⲙ̅
ⲙ̅ ⲙⲓⲥⲉ ⲛ̅ ⲛⲉⲕⲧⲃ̅ⲛⲟⲟⲧⲉ· ϫⲉ ϥⲛⲁ
ⲕⲧⲟϥ' ⲛ̅ϭⲓ ⲡϫⲟⲉⲓⲥ ⲡⲉⲕⲛⲟⲩⲧⲉ
ⲉ ⲧⲣⲉϥⲉⲩⲫⲣⲁⲛⲉ ⲉ ϩⲣⲁⲓ̈ ⲉ ϫⲱⲕ·
ⲉ ϩⲉⲛⲁⲅⲁⲑⲟⲛ ⲕⲁⲧⲁ ⲑⲉ ⲛⲧ ⲁϥⲉⲩ
10 ⲫⲣⲁⲛⲉ ⲉϫⲛ̅ ⲛⲉⲕⲉⲓⲟⲧⲉ· ⲉⲕϣⲁⲛ
ⲥⲱⲧⲙ̅ ⲛ̅ⲥⲁ ⲡⲉϩⲣⲟⲟⲩ ⲙ̅ ⲡϫⲟⲉⲓⲥ
ⲡⲉⲕⲛⲟⲩⲧⲉ ⲉ ϩⲁⲣⲉϩ ⲁⲩⲱ ⲉ ⲉⲓ̂ⲣⲉ
ⲛ̅ ⲛⲉϥⲉⲛⲧⲟⲗⲏ ⲙⲛ̅ ⲛⲉϥⲇⲓⲕⲁⲓⲱ
ⲙⲁ¹ ⲛⲁⲓ̈ ⲉⲧ ⲥⲏϩ ϩⲙ̅ ⲡϫⲱⲱⲙⲉ ⲙ̅
ⲡⲉⲓ̈ ⲛⲟⲙⲟⲥ· ⲉⲕ'ϣⲁⲛ ⲕⲟⲧⲕ' ⲉ
ⲡϫⲟⲉⲓⲥ ⲡⲉⲕⲛⲟⲩⲧⲉ ⲉ ⲃⲟⲗ ϩⲙ̅
ⲡⲉⲕϩⲏⲧ ⲧⲏⲣϥ̅ ⲙⲛ̅ ⲧⲉⲕⲯⲩⲭⲏ
11 ⲧⲏⲣⲥ̅· ϫⲉ ⲧⲉⲓ̈ ⲉⲛⲧⲟⲗⲏ ⲧⲁⲓ̈ ⲁⲛⲟⲕ
ⲉ ϯϩⲱⲛ ⲙ̅ⲙⲟⲥ ⲉ ⲧⲟⲟⲧⲕ̅ ⲙ̅ⲡⲟⲟⲩ·
ⲛ̅ϭϩⲟⲣϣ' ⲁⲛ ⲉ ϫⲱⲕ' ⲟⲩⲇⲉ ⲛ̅ⲉⲟⲩⲏⲟⲩ
12 ⲁⲛ ⲙ̅ⲙⲟⲕ'² ⲉ ⲧⲣⲉ ⲕϫⲟⲟⲥ ϫⲉ ⲛⲓⲙ ⲛ̅
ϩⲏⲧⲛ̅ ⲡⲉ ⲉⲧ ⲛⲁⲃⲱⲕ' ⲉ ϩⲣⲁⲓ̈ ⲉ ⲧⲡⲉ·
[ϥⲛⲁⲛ]ⲧϥ̅ ⲛⲁⲛ ⲛ̅ⲧⲛ̅ⲥⲱⲧⲙ̅ ⲉ ⲣⲟϥ ⲛ̅
13 [ⲧⲛ̅ⲁ]ⲁϥ³· ⲟⲩⲇⲉ ⲛ̅ⲛⲉ ϥ ϩⲙ̅ ⲁⲣⲏⲧⲥ̅ ⲁⲛ
[ⲛ̅] ⲑⲁⲗⲁⲥⲥⲁ ⲉ ⲧⲣⲉ ⲕϫⲟⲟⲥ ϫⲉ ⲛⲓⲙ
[ⲛ̅ ϩⲏⲧ]ⲛ̅ ⲡⲉ ⲉⲧ ⲛⲁϫⲓⲟⲟⲣ ⲙ̅ ⲡⲓⲕⲣⲟ
[ⲛ̅ ⲑⲁ]ⲗⲁⲥⲥⲁ· ⲛ̅ϥϫⲓⲧϥ̅ ⲛⲁⲛ ⲛⲉϥ ⲧⲣⲉ
14 [ⲛ̅ⲥⲱⲧ]ⲙ̅ ⲉ ⲣⲟϥ ⲛ̅ⲧ[ⲛ̅ⲉⲓⲣⲉ]· ⲁⲗⲗⲁ ⲡϣⲁϫⲉ
ϩⲏⲛ ⲉ ϩⲟⲩⲛ ⲉ ⲣⲟⲕ' ⲉⲙⲁⲧⲉ ϩⲛ̅ ⲧⲉⲕ
[ⲧⲁⲡⲣ]ⲟ ⲁⲩⲱ ϩⲙ̅ ⲡⲉⲕ'ϩⲏⲧ [ⲁⲩⲱ ϩ]ⲛ̅
15 [ⲡⲉ]ⲕϭⲓϫ ⲉ ⲧⲣⲉ ⲕⲁⲁⲧ' [ⲉⲓⲥ ⲁⲛⲟⲕ]
[ⲁⲓ̈]ϯ ⲙ̅ⲡⲟⲟⲩ ⲙ̅[ⲡⲉ ⲙⲧⲟ ⲉ ⲃⲟⲗ ⲙ̅ⲙⲟⲕ]
ⲙ̅ⲡⲱⲛϩ̅ ⲙⲛ̅ ⲡⲙ[ⲟⲩ ⲁⲩⲱ ⲡⲉⲧ ⲛⲁ]

Fol. 44 a
[ⲣⲕⲅ]

---

¹ The Coptic has no equivalent for καὶ τὰς κρίσεις.

² The Coptic has no equivalent for οὐκ ἐν τῷ οὐρανῷ ἄνω ἐστίν, and reads, 'It is not [so] heavy as thee, neither is it [so] far from thee, to make thee say, Who of us shall go into heaven?' &c.   ³ ποιήσομεν.

DEUTERONOMY XXX. 16-20

16 ⲛⲟⲧϥ· ⲙⲛ̄ ⲡⲡⲉⲑⲟⲟⲩ· ⲉ[ⲣⲉ ϫⲉ ⲉⲕ]
ϣⲁⲛⲥⲱⲧⲙ̄ ⲛ̄ⲥⲁ ⲛⲉⲛⲧ[ⲟⲗⲏ][1] ▓
ⲡϫⲟⲉⲓⲥ ⲡⲉⲕⲛⲟⲩⲧⲉ· ⲛⲁ[ⲓ̈ ⲁⲛⲟⲕ]
ⲉ ϯϩⲱⲛ ⲙ̄ⲙⲟⲟⲩ ⲉ ⲧⲟⲟⲧ[ⲕ̄ ⲙ̄ⲡⲟ]
ⲟⲩ ⲉ ⲙⲉⲣⲉ ⲡϫⲟⲉⲓⲥ ⲡⲉⲕ[ⲛⲟⲩⲧⲉ]
ⲉ ⲙⲟⲟϣⲉ ϩⲓ ⲛⲉϥϩⲓⲟⲟⲩⲉ [ⲧⲏⲣⲟⲩ]
ⲁⲩⲱ ⲉ ϩⲁⲣⲉϩ ⲉ ⲛⲉϥⲇⲓⲕⲁⲓⲱⲙⲁ [ⲁⲩⲱ][2]
ⲛⲉϥϩⲁⲡ ⲧⲉⲧⲛ̄ⲁⲱⲛϩ̄ ⲛ̄ⲧⲉⲧⲛ̄
ⲁϣⲁⲓ. ⲁⲩⲱ ϥⲛⲁⲥⲙⲟⲩ ⲉ ⲣⲟⲕ ⲛ̄ϭⲓ
ⲡϫⲟⲉⲓⲥ ⲡⲉⲕⲛⲟⲩⲧⲉ ϩⲙ̄ ⲡⲕⲁϩ ⲧⲏ
ⲣϥ̄ ⲡⲁⲓ̈ ⲉⲧ ⲕ̄ⲛⲁⲃⲱⲕ ⲉ ϩⲟⲩⲛ ⲉ ⲣⲟϥ

17 ⲉ ⲕⲗⲏⲣⲟⲛⲟⲙⲓ ⲙ̄ⲙⲟϥ· ⲉⲣⲉ ϣⲁⲛ
ⲡⲉⲕϩⲏⲧ ⲇⲉ ϣⲓⲃⲉ ⲉ ⲧⲙ̄ ⲥⲱⲧⲙ̄ ⲁⲗⲗⲁ
ⲛⲧⲉ ⲡⲗⲁⲛⲁ[3] ⲛ̄ⲧⲉ ⲟⲩⲱϣⲧ̄ ⲛ̄ ϩⲉⲛ
ⲕⲉⲩ ⲛⲟⲩⲧⲉ ⲁⲩⲱ ⲛ̄ⲧⲉ ϣⲙ̄ϣⲉ ⲛ[ⲁⲩ]·

18 ϯⲧⲁⲙⲟ ⲙ̄ⲙⲟⲕ' ⲙ̄ ⲡⲟⲟⲩ ϫⲉ ϩⲛ̄ ⲟ[ⲩ]
ⲧⲁⲕⲟ ⲕⲛⲁⲧⲁⲕⲟ ⲁⲩⲱ ⲛ̄ ⲧⲉⲧⲛ̄ ⲧⲙ̄
ⲣ̄ ⲟⲩϩ ⲛ̄ ϩⲟⲟⲩ ϩⲓϫⲛ̄ ⲡⲕⲁϩ· ⲡⲁⲓ̈ ⲉ[ⲧ] ⲉ
ⲣⲉ ⲡϫⲟⲉⲓⲥ ⲡⲉⲕⲛⲟⲩⲧⲉ ⲛⲁⲧⲁ[ⲁϥ]
ⲛⲁⲕ· ⲡⲁⲓ̈ ⲉⲧⲉⲧⲛ̄ⲁϫⲓⲟⲟⲣ ⲙ̄ ⲡⲓ
ⲟⲣⲇⲁⲛⲏⲥ ⲉ ⲃⲱⲕ ⲉ ϩⲟⲩⲛ ⲉ ⲣⲟϥ·

19 ⲉ ⲕⲗⲏⲣⲟⲛⲟⲙⲓ ⲙ̄ⲙⲟϥ· ϯ ⲣ̄ ⲙⲛ̄ⲧⲣⲉ
ⲛⲏⲧⲛ̄ ⲙ̄ ⲡⲟⲟⲩ ⲛ̄ ⲧⲡⲉ ⲙⲛ̄ ⲡⲕⲁϩ
ⲡⲱⲛϩ̄ ⲙⲛ̄ ⲡⲙⲟⲩ ⲁⲓ̈ⲧⲁⲁⲩ ϩⲓ [ϩⲏ] ⲙ̄
ⲙⲱⲧⲛ̄ ⲡⲉⲥⲙⲟⲩ ⲙⲛ̄ ⲡⲥⲁϩⲟ[ⲩ ⲥⲟ]
ⲧⲡ' ⲇⲉ ⲛⲁⲕ' ⲙ̄ ⲡⲱⲛϩ̄ ϫⲉ ⲉⲕⲉ[ⲱⲛϩ̄]

20 ⲛ̄ⲧⲟⲕ ⲙⲛ̄ ⲡⲉⲕⲥⲡⲉⲣⲙⲁ· ⲉ ⲙ[ⲉⲣⲉ]
ⲡϫⲟⲉⲓⲥ ⲡⲉⲕⲛⲟⲩⲧⲉ ⲉ ⲥⲱⲧ[ⲙ̄ ⲉ]
ⲡⲉϥϩⲣⲟⲟ[ⲩ] [ⲉⲕ]ⲉϭⲟⲗⲉϫⲛ̄· ⲛ̄[ⲧⲟϥ]
ϫⲉ ⲡⲁⲓ̈ ⲡⲉ ⲡⲱⲛϩ̄ ⲁⲩⲱ ⲧⲁϣⲏ ⲛ̄ ⲛⲉⲕϩⲟ
ⲟⲩ ⲉ ⲧⲣⲉ ⲕⲱⲛⲁϩ ϩⲓϫⲛ̄ ⲡⲕⲁϩ ⲡⲁⲓ̈ ⲉⲛ
[ⲧⲁ ⲡϫⲟ]ⲉⲓⲥ ⲱⲣⲕ' ⲉ ⲧⲃⲛⲏⲧϥ̄ ⲁⲃⲣⲁ

---

[1] One or two letters wanting. [2] καὶ τὰς κρίσεις. [3] πλανηθείς.

MS. Oriental 7594, Fol. 44a (Deuteronomy xxx. 14–20)

[ϩⲁⲁⲙ ⲙⲛ̄ ⲓ̈ⲥⲁⲁⲕ] ⲙⲛ̄ ⲓ̈ⲁⲕⲱⲃ· ⲉ ⲧ[ⲁⲁϥ]
Chap. [ⲛ̄ ⲛⲉⲕⲉⲓⲟⲧⲉ· ⲙⲱⲩ̈ⲥ]ⲏⲥ ⲇⲉ ⲁϥϫⲱⲕ' ⲉ [ⲃⲟⲗ]
XXXI. 1 [ⲛ̄ ⲛⲉⲓ̈ ϣⲁϫⲉ] ⲧⲏⲣⲟⲩ ⲉϥⲧⲁⲩⲟ ⲙ̄ⲙⲟ
[ⲟⲩ ⲛ̄ ⲛⲉϣ]ⲏⲣⲉ ⲧⲏⲣⲟⲩ ⲙ̄ ⲡⲓⲥⲣⲁⲏⲗ·
2 [ⲁⲩⲱ ⲡ]ⲉϫⲁϥ ⲛⲁⲩ ϫⲉ ϯ ϩⲛ̄ ϣⲉ ⲕⲱ
[ⲟⲩⲧ] ⲛ̄ ⲣⲟⲙⲡⲉ ⲁⲛⲟⲕ ⲙ̄ ⲡⲟⲟⲩ·
[ⲁⲩⲱ ⲙ̄ⲡⲓ ⲁⲓ̈]ϣϭⲙ̄ϭⲟⲙ ⲁⲛ ϭⲉ ⲉ ⲃⲱⲕ ⲉ ϩⲟⲩⲛ
[ⲟⲩⲇⲉ ⲉ] ⲉⲓ̂ ⲉ ⲃⲟⲗ· ⲡϫⲟⲉⲓⲥ ⲇⲉ ⲁϥϫⲟ
ⲟⲥ ⲛⲁⲓ̈ ϫⲉ ⲛⲅ̄ ⲛⲁϫⲓⲟⲟⲣ' ⲁⲛ ⲙ̄ ⲡⲓⲟⲣ
3 ⲇⲁⲛⲏⲥ· ⲡϫⲟⲉⲓⲥ ⲡⲉⲕⲛⲟⲩⲧⲉ ⲡⲉⲧⲙⲟ
ⲟϣⲉ ϩⲓ ϩⲏ ⲙ̄ⲙⲟⲕ· ⲛ̄ⲧⲟϥ ⲡⲉ ⲉⲧ ⲛⲁ
ϥⲱⲧⲉ ⲉ ⲃⲟⲗ ⲛ̄ ⲛⲉⲓ̈ ϩⲉⲑⲛⲟⲥ ϩⲓ ϩⲏ ⲙ̄ⲙⲟⲕ
ⲛϥ̄ ⲧⲣⲉ ⲕ' ⲕⲗⲏⲣⲟⲛⲟⲙⲓ ⲙ̄ⲙⲟⲟⲩ·
ⲁⲩⲱ ⲓ̈ⲏⲥⲟⲩⲥ ⲡⲉⲧ ⲙⲟⲟϣⲉ ϩⲓ ϩⲏ ⲙ̄
ⲙⲟⲟⲩ ⲕⲁⲧⲁ ⲑⲉ ⲉⲛⲧⲁ ⲡϫⲟⲉⲓⲥ ϣⲁ
4 ϫⲉ· ⲁⲩⲱ ⲡϫⲟⲉⲓⲥ ⲉϥⲛⲁⲉⲓ̂ⲣⲉ ⲛⲁⲩ̂ ⲕⲁ
ⲧⲁ ⲑⲉ ⲉⲛⲧ ⲁϥⲁⲁⲥ ⲛ̄ⲥⲏⲱⲛ ⲙⲛ̄ ⲱⲅ
ⲡⲣ̄ⲣⲟ ⲥⲛⲁⲩ̂ ⲛ̄ ⲁⲙⲟⲣⲣⲁⲓⲟⲥ ⲛⲉⲧ ϣⲟ
ⲟⲡ' ϩⲓ ⲡⲉⲕⲣⲟ ⲙ̄ ⲡⲓⲟⲣⲇⲁⲛⲏⲥ ⲛⲙ̄
ⲛⲉⲩⲕⲁϩ ⲕⲁⲧⲁ ⲑⲉ ⲛ̄ⲧ ⲁϥϥⲟⲧⲟⲩ
5 ⲉ ⲃⲟⲗ· ⲁⲩⲱ ⲡϫⲟⲉⲓⲥ ⲁϥⲧⲁⲁⲧ ⲉ ϩⲣⲁⲓ̈
ⲉⲧⲉⲧⲛⲟⲩⲧⲛ̄· ⲁⲩⲱ ⲉⲧⲉⲧⲛ ⲉ ⲉⲓ̂
ⲣⲉ ⲛⲁⲩ̂ ⲕⲁⲧⲁ ⲑⲉ ⲉⲛⲧ ⲁⲓ̈ϩⲱⲛ ⲉⲧⲉ
6 [ⲧⲏ]ⲟⲩⲧⲛ̄· ϭⲙ̄ϭⲟⲙ' ⲛ̄ⲧ ⲧⲁϫⲣⲟ·
[ⲙ̄ⲡⲣ̄] ϩⲟⲧⲉ ⲟⲩⲧⲉ ⲙ̄ⲡⲣ̄ ϣⲗⲁϩ'...
[ⲙ̄ⲡⲣ̄] ϣⲧⲟⲣⲧⲣ̄ ϩⲁ ⲧⲉⲩϩⲏ ϫⲉ ⲡ[ϫⲟ]
[ⲉⲓⲥ ⲡⲉ]ⲕⲛⲟⲩⲧⲉ ⲡⲉ ⲛ̄ⲧ ⲛⲉⲙⲏⲧⲛ̄
[ⲛ̄ⲧⲟϥ] ⲡⲉ ⲉⲧ ⲛⲁⲙⲟⲟϣⲉ ϩⲓ ϩⲏ ⲙ̄ⲙ[ⲟⲕ]
[ⲛ̄ⲛⲉ ϥ]ⲛⲁⲥⲁϩⲱ[ϥ] ⲉ ⲃⲟⲗ ⲙ̄ⲙⲟⲕ
7 ⲛϥ̄ⲛⲁⲕⲁⲁⲕ [ⲁⲛ ▓ ⲥⲱ ▓ ⲁⲩⲱ (?)
▓▓▓▓▓▓▓▓▓▓▓[ⲓ̈ⲏ]ⲥⲟⲩⲥ ⲡ[ⲉ]
[ϫⲁϥ ⲛⲁϥ]¹ ⲙ̄ⲡⲉ ⲙⲧⲟ ⲉ [ⲃⲟⲗ ⲙ̄ ⲡⲓⲥ

Fol. 45 α
[ⲣⲕⲏ]

---

¹ οὔτε μή σε ἀνῇ οὔτε μή σε ἐνκαταλίπῃ· καὶ ἐκάλεσεν Μωυσῆς Ἰησοῦν.

ραηλ] τηρϥ ϫε ⲥⲙⲥⲟ[ⲙ ⲁⲩⲱ] ⲛⲧ[ⲁϫⲣⲟ
[ⲛⲧ]ⲟⲕ' ⲡ̄ ⲅⲁⲣ ⲡⲉⲧ ⲛ[ⲁⲙ]ⲟⲟϣⲉ
[ϩⲓ ϩⲏ] ⲙ̄ ⲡⲉⲓ ⲗⲁⲟⲥ ⲉ   ⲉ ⲡⲕ[ⲁϩ
ⲉⲛⲧⲁ ⲡϫⲟⲉⲓⲥ ⲱⲣ[ⲕ̄ ⲉ ⲧ]ⲃⲏⲏ[ⲧϥ̄
ⲛ̄ ⲛⲉⲛⲉⲓⲟⲧⲉ ⲉ ⲧⲁⲁϥ ⲛⲁⲩ
ⲛ̄ⲧⲟⲕ ⲡⲉ ⲉⲧ ⲛⲁⲡⲟϣϥ̄ ⲉ ϩ[ⲟⲩⲛ

8 ⲕⲗⲏⲣⲟⲛⲟⲙⲓⲁ · ⲁⲩⲱ ⲡ[ϫⲟⲉⲓⲥ]
ⲡⲉⲕⲛⲟⲩⲧⲉ ⲡⲉⲧ ⲙⲟⲟ[ϣⲉ ⲛⲉⲙⲁⲕ]
ⲛϥ̄ⲛⲁⲥⲁϩⲱϥ ⲁⲛ ⲉ ⲃⲟ[ⲗ   ⲟⲩ]
ϫⲉ ⲛϥ̄ⲛⲁⲕⲁⲁⲕ' ⲁⲛ ⲡ̄[ⲛⲉ ⲉⲕⲉ]

9 ⲣ̄ϩⲟⲧⲉ ⲟⲩⲇⲉ ⲙ̄ⲡⲣ̄ ϣⲗⲁϩ · ⲙⲱ
ⲩ̈ⲥⲏⲥ ⲇⲉ ⲁϥⲥϩⲁⲓ̈ ⲛ̄ ⲛ̄ϣⲁϫⲉ ⲙ̄ ⲡⲉⲓ
ⲛⲟⲙⲟⲥ ⲉⲩϫⲱⲱⲙ[ⲉ ⲁϥ† ⲛ̄]
ⲁϥ ⲛ̄ ⲛ̄ⲟⲩⲏⲏⲃ ⲛ̄ϣ[ⲏⲣⲉ ⲛ̄ ⲗⲉⲩⲉⲓ]
ⲛⲉⲧϥⲓ ⲛ̄ ⲧϭⲓⲃⲱⲧⲟⲥ [ⲛ̄ ⲧⲇⲓⲁⲑⲏⲕⲏ
ⲙ̄ ⲡϫⲟⲉⲓⲥ ⲁⲩⲱ ⲛⲉ[ⲧϩⲗ̄ⲗⲟ?

10 ⲛ̄ ⲛ̄ϣⲏⲣⲉ ⲙ̄ ⲡⲓⲥⲣⲁ[ⲏⲗ · ⲁⲩⲱ ⲙⲱ
ⲩ̈ⲥⲏⲥ ⲁϥϩⲱⲛ ⲉ ⲧⲟⲟⲧⲟⲩ ⲁϥ]
[ϫ]ⲟⲟⲩ

[Several lines wanting]

12 ⲛⲉⲩϣⲏ[ⲣⲉ ⲙⲛ̄ ⲡⲡⲣⲟⲥⲏⲗⲩⲧⲟⲥ]
ⲉⲧ ϩⲛ̄ ⲛ[ⲉⲧⲛ̄ ⲡⲟⲗⲓⲥ
ⲥⲱⲧⲙ̄ ⲛ(?) [ⲥⲃ]ⲟ ⲉⲣ ϩⲟⲧⲉ ϩⲏ[ⲧϥ̄ ⲙ̄
ⲡϫⲟⲉⲓⲥ [ⲡⲉⲧⲛ̄]ⲛⲟⲩⲧⲉ · ⲁⲩⲱ
ⲥⲱⲧⲙ̄ ⲉ [ⲉⲓ̈ⲣⲉ] ⲛ̄ ⲛ̄ϣⲁϫⲉ ⲧⲏ[ⲣⲟⲩ ⲙ̄

13 [ⲡ]ⲁⲓ̈ ⲛⲟ[ⲙⲟⲥ · ⲁⲩⲱ ⲛⲉⲩϣⲏⲣⲉ
    ⲉⲛ ⲥⲟⲟⲩⲛ ⲁⲛ ⲥⲉⲛⲁⲥⲱⲧⲙ̄
    ⲥⲃⲱ ⲉ ⲣ̄ ϩⲟⲧⲉ ϩⲏⲧϥ̄ ⲙ̄ ⲡϫⲟⲉⲓⲥ
[ⲡⲉⲧⲛ̄]ⲛⲟⲩⲧⲉ ⲛ̄ ⲛⲉϩⲟⲟⲩ ⲧⲏⲣⲟⲩ
       ⲁⲁⲩ ⲉⲧⲟⲛⲁϩ ϩⲓϫⲛ̄ ⲡⲕⲁϩ
       ⲧⲛ̄ ⲉⲧⲉⲧⲛ̄ⲁϫⲓⲟⲟⲣ ⲙ̄ ⲡⲓ
[ⲟⲣⲇⲁⲛⲏⲥ] ⲉ ⲃⲱⲕ ⲉ ϩⲟⲩⲛ ⲉ ⲣⲟϥ ⲉ

14 [ⲕⲗⲏⲣⲟⲛ]ⲟⲙⲉⲓ ⲙ̄ⲙⲟϥ· ⲁⲩⲱ ⲡⲉ
[ϫⲁϥ ⲡϫⲟⲉⲓ]ⲥ ⲛ̄ ⲙⲱⲩ̈ⲥⲏⲥ ϫⲉ ⲉⲓⲥ ϩⲏ
[ⲏⲡⲉ] ▓▓▓▓ ⲛ ⲉ ϩⲟⲩⲛ ⲛ̄ϭⲓ ⲛⲉϩⲟ
[ⲟⲩ] ▓▓▓▓ ⲕⲙⲟⲩϯ ⲙⲟⲧⲧⲉ ⲉ ⲓ̈ⲏⲥⲟⲩⲥ
▓▓▓▓ [ⲁϩ]ⲉ ⲣⲁⲧ' ⲧⲏⲩⲧⲛ̄ ϩⲁⲧⲛ̄
▓▓▓▓ ⲥⲕⲏⲛⲏ ⲙ̄ ⲡⲙⲛ̄ⲧⲣⲉ ⲁⲩⲱ
▓▓▓▓ ⲧⲟⲟⲧϥ̄ ⲁⲩⲱ ⲁϥⲃⲱⲕ
[ⲙⲱⲩ̈ⲥ]ⲏⲥ ⲙⲛ̄ ⲓ̈ⲏⲥⲟⲩⲥ ⲉⲓ ⲉ ⲥ
▓▓▓▓ ⲉ ⲣⲁⲧⲟⲩ ▓▓▓▓
15 ▓▓▓▓ⲁⲩⲱ(?)▓▓▓

[Several lines wanting]

ⲉⲕⲗⲏⲣⲟⲛⲟⲙⲉⲓ ⲙ̄ⲙⲟϥ· ⲁⲩⲱ ⲥⲉⲛⲁ   Fol. 46 a
ⲕⲁⲁⲧ' ⲛ̄ⲥⲱⲟⲩ ⲛ̄ⲥⲉϫⲱⲱⲣⲉ ⲉ ⲃⲟⲗ   [ⲣⲗ]
ⲛ̄ ⲧⲁ ⲇⲓⲁⲑⲏⲕⲏ ⲧⲁⲓ̈ ⲉⲛⲧ ⲁⲓ̈ⲥⲙⲛ̄ⲧⲥ̄
17 ⲛ̄ⲙ̄ⲙⲁⲩ· ⲁⲩⲱ ϯⲛⲁⲟⲩϭⲥ̄ ⲉ ⲣⲟⲟⲩ
ϩⲛ̄ ⲟⲩϭⲱⲛⲧ̄ ϩⲙ̄ ⲡⲉϩⲟⲟⲩ ⲉⲧ ⲙ̄
ⲙⲁⲩ ⲛ̄ⲧⲁⲕⲁⲁⲩ ⲛ̄ⲥⲱⲉⲓ[1] ⲁⲩⲱ ⲛ̄ⲧⲁⲕⲧⲉ
ⲡⲁϩⲟ ⲉ ⲃⲟⲗ ⲙ̄ⲙⲟⲟⲩ ⲛ̄ⲥⲉϣⲱⲡⲉ ⲛ̄
ⲉⲩⲟⲩⲱⲙ' ⲛ̄ⲥⲱⲟⲩ ⲁⲩⲱ ⲛⲁϣⲉ ⲛ̄
ⲙⲟⲕϩⲥ̄ ⲉⲧ ⲛⲁⲧⲁϩⲟⲟⲩ ⲙⲛ̄ ⲛⲉⲑⲗⲓ
ⲯⲉⲓⲥ· ⲁⲩⲱ ⲥⲉⲛⲁϫⲟⲟⲥ ϩⲙ̄ ⲡⲉϩⲟⲟⲩ
ⲉⲧ ⲙ̄ⲙⲁⲩ̈ ⲉ ⲧⲃⲉ ϫⲉ ⲙ̄ ⲡϫⲟⲉⲓⲥ ⲡⲁ ⲛⲟⲩ
ⲧⲉ ⲛ̄ⲙ̄ⲙⲁⲛ ⲁⲛ ⲁ ⲛⲉⲓ̈ ϩⲓⲥⲉ ⲧⲁϩⲟⲉⲓ̈[2]
18 ⲁⲛⲟⲕ' ⲇⲉ ϩⲛ̄ ⲟⲩⲕⲧⲟ ϯⲛⲁⲕⲧⲉ ⲡⲁ
ϩⲟ ⲉ ⲃⲟⲗ' ⲙ̄ⲙⲟⲟⲩ ϩⲙ̄ ⲡⲉϩⲟⲟⲩ ⲉⲧ ⲙ̄
ⲙⲁⲩ̈ ⲉ ⲧⲃⲉ ⲛ̄ⲕⲁⲕⲓⲁ[3] ⲧⲏⲣⲟⲩ ⲉⲛⲧⲁⲩ
ⲁⲁⲩ ϫⲉ ⲁⲩⲛ̄ⲧⲟⲟⲩ ⲉ ⲣⲁⲧⲟⲩ ⲛ̄ ϩⲉⲛ
19 [ⲛ]ⲟⲩⲧⲉ ⲛ̄ ϣⲙ̄ⲙⲟ· ⲧⲉⲛⲟⲩ ϭⲉ ⲛ̄[ⲧⲉ]
ⲧⲛ̄ⲥϩⲁⲓ̈ ⲛ̄ ⲡϣⲁϫⲉ ⲛ̄ ⲧⲉⲓ̈ ⲱⲇⲏ ⲛ̄ⲧⲉ
ⲧⲛ̄ⲧⲥⲁⲃⲉ ⲛ̄ ϣⲏⲣⲉ ⲙ̄ ⲡⲓⲥⲣⲁ[ⲏⲗ]
ⲁⲩⲱ ⲛ̄ⲧⲉⲧⲛ̄ⲧⲁⲁⲥ ⲉⲧⲉ[ⲧⲛ̄ⲧⲁⲡⲣⲟ]
ϫⲉ ⲕⲁⲥ ⲉⲣⲉ ⲧⲉⲓ̈ ⲱⲇⲏ ϣ[ⲱⲡⲉ]

---

[1] For ⲛⲥⲱⲓ̈.   [2] For ⲧⲁϩⲟⲓ̈·   [3] τὰς κακίας.

ⲉⲧⲙⲛⲧⲙⲛⲧⲣⲉ ϩⲛ ⲛ̄ϣⲏⲣⲉ [ⲙ̄]

20 ⲡⲓⲥⲣⲁⲏⲗ · ϯⲛⲁϫⲓⲧⲟⲩ ⲅⲁⲣ ⲉ [ϩⲟⲩⲛ]
[ⲉ]ⲡⲕⲁϩ ⲉⲧ ⲛⲁⲛⲟⲩϥ ⲡⲁⲓ ⲉⲛ[ⲧ ⲁⲓ]
[ⲱⲣ]ⲕ̄ ⲉ ⲧⲃⲏⲏⲧϥ̄ ⲛ̄ ⲛⲉⲧⲉⲓⲟ[ⲧⲉ]
[ⲕⲁ]ϩ ⲉϥϣⲟⲧⲉ ⲉ ⲣⲱⲧⲉ ⲉⲃ[ⲉⲓⲱ]
ⲁⲩⲱ ⲥⲉⲛⲁⲟⲩⲱⲙ ⲛ̄ⲥⲉ ⲥⲟ (?) ▓▓▓▓▓
▓▓▓ⲟⲩⲟ ⲛ̄ⲥⲉⲕⲧⲟⲟⲩ ▓▓▓▓▓▓▓▓▓
ⲛⲟⲩⲧⲉ ⲛ̄ϣⲙ̄ⲙⲟ ⲛ̄ⲥⲉϣⲙ̄[ϣⲉ ▓▓▓]
[ⲛ̄ⲥⲉ]ϯ ⲟⲩϫⲛ̄ ⲛⲁⲓ ⲛ̄ⲥⲉ[ϫⲱⲱⲣⲉ ⲉ ⲃⲟⲗ]

21 ⲧⲁ ⲇⲓⲁⲑⲏⲕⲏ · ▓▓▓▓▓▓▓▓▓▓▓▓
▓▓▓ⲁⲣⲁⲧⲉ (?) ▓▓▓▓▓▓▓▓▓▓▓▓
ⲉ ⲣⲟⲟⲩ ⲛ̄ⲥⲉⲛⲁⲣ ⲡⲉⲥⲱⲃϣ ⲅⲁⲣ ⲁⲛ ϩⲛ
ⲧⲁⲡⲣⲟ ⲙ̄ ⲡⲉⲩⲥⲡⲉⲣⲙⲁ ⲁⲛⲟⲕ· ⲅⲁⲣ ϯ
ⲥⲟⲟⲩⲛ ⲛ̄ ⲛⲉⲩⲡⲟⲛⲏⲣⲓⲁ ⲛⲉⲧ ⲟⲩⲉ[ⲓ]
ⲣⲉ ⲙ̄ⲙⲟⲟⲩ ⲙ̄ⲡⲟⲟⲩ ⲉⲙⲡⲁϯϫⲓⲧⲟ[ⲩ]
ⲉ ϩⲟⲩⲛ ⲉ ⲡⲕⲁϩ ⲉⲧ ⲛⲁⲛⲟⲩϥ ⲡⲁⲓ ⲉⲛ
ⲧ ⲁⲓⲱⲣⲕ̄ ⲉ ⲧⲃⲏⲏⲧϥ̄ ⲛ̄ ⲛⲉⲧⲉⲓⲟⲧⲉ·

22 ⲁϥⲥϩⲁⲓ ⲇⲉ ⲛ̄ϭⲓ ⲙⲱⲩ̈ⲥⲏⲥ ⲛ̄ ⲧⲉⲓ ⲱⲇⲏ
ⲙ̄ ⲡⲉϩⲟⲟⲩ ⲉⲧ ⲙ̄ⲙⲁⲩ ⲁⲩⲱ ⲁϥⲧⲥⲁ

23 ⲃⲉ ⲛ̄ϣⲏⲣⲉ ⲙ̄ ⲡⲓⲥⲣⲁⲏⲗ ⲉ ⲣⲟⲥ · ⲉⲁ[ϥ]
ϩⲱⲛ ⲉ ⲧⲟⲟⲧϥ̄ ⲛ̄ ⲓ̈ⲏⲥⲟⲩⲥ ⲡϣⲏ[ⲣⲉ]
ⲛ̄ ⲛⲁⲩⲏ ⲉϥϫⲱ ⲙ̄ⲙⲟⲥ· ϫⲉ ⲧⲱⲕ' ⲛ̄
ϩⲏⲧ' ⲛⲅ̄ ⲧⲁϫⲣⲟ · ⲛ̄ⲧⲟⲕ' ⲛ̄ ⲅⲁⲣ ⲡ[ⲉⲧ]
ⲛⲁϫⲓ ⲛ̄ ⲛ̄ϣⲏⲣⲉ ⲙ̄ ⲡⲓⲥⲣⲁⲏⲗ ⲉ [ϩⲟⲩⲛ]
ⲉ ⲡⲕⲁϩ ⲡⲁⲓ ⲉⲛⲧⲁ ⲡϫⲟⲉⲓⲥ ⲱ[ⲣⲕ̄]
ⲛⲁⲩ ⲉ ⲧⲃⲏⲏⲧϥ̄ ⲁⲩⲱ ⲛ̄ⲧⲟϥ ⲡⲉ ⲛ

24 [ⲧ ⲁϥ]ϣⲱⲡⲉ ⲛⲉⲙⲁⲕ. ⲛ̄ ⲧⲉⲣⲉ ⲙ
[ⲱⲩ̈ⲥⲏ]ⲥ ⲇⲉ ⲟⲩⲱ (sic) ⲉϥⲥϩⲁⲓ̈ ⲛ̄ ⲛ̄ϣ[ⲁϫⲉ]
[ⲧⲏ]ⲣⲟⲩ ⲙ̄ ⲡⲉⲓ ⲛⲟⲙⲟⲥ ϣⲁ ⲡⲉⲧ[ϫⲱⲕ]

25 [ⲙ̄ ⲡ]ⲁⲓ ⲉⲩϫⲱⲱⲙⲉ · ⲁϥϩⲱⲛ ⲉ[ⲧⲟ]
[ⲟⲧ]ⲟⲩ ⲛ̄ ⲛ̄ⲗⲉⲩⲉⲓⲧⲏⲥ ⲛⲉⲧ ϥⲓ ⲛ̄[ⲧ]
[ϭⲓⲃ]ⲱⲧⲟⲥ ⲛ̄ ⲧⲁⲓ ⲇⲓⲁⲑⲏⲕⲏ ⲙ̄ ⲡϫ[ⲟ]

26 [ⲉⲓⲥ] ⲉϥϫⲱ ⲙ̄ⲙⲟⲥ · ϫⲉ ϫⲓ ⲙ̄ ⲡϫ[ⲱ]

DEUTERONOMY XXXI. 26-30

[ⲱ]ⲙⲉ ⲙ̄ ⲡⲉⲓ̈ ⲛⲟⲙⲟⲥ ⲛ̄ⲧⲉⲧⲛ̄ ▮▮▮
▮▮ ⲛ̄ⲥⲁ ⲥⲡⲓⲣ' ⲛ̄ ⲧϭⲓⲃⲱⲧⲟⲥ ⲛ̄ ⲧ[ⲇⲓ]
[ⲁ]ⲑⲏⲕⲏ ⲙ̄ ⲡⲭⲟⲉⲓⲥ ⲡⲉⲧⲛ̄ⲛⲟⲩ[ⲧⲉ]
[ⲉ ⲧ]ⲣⲉ ⲥϣⲱⲡⲉ ⲙ̄ ⲡⲙⲁ ⲉⲧ ⲙ̄[ⲙⲁⲩ]

27 [ⲙ̄]ⲙⲛ̄ⲧⲙⲛ̄ⲧⲣⲉ ⲉ ⲣⲟⲕ'· ϫⲉ ⲁⲛ[ⲟⲕ]
[ϯ]ⲥⲟⲟⲩⲛ ⲛ̄ ⲧⲉⲕⲙⲛ̄ⲧⲛⲁϣⲧ ⲙ̄[ⲁⲕ]
[ϩ] ⲙⲛ̄ ⲡⲉⲛϣⲟⲧ ⲙ̄ ⲡⲉⲕ'ⲙⲁⲕ[ϩ]
[ⲉⲧⲓ] ⲅⲁⲣ ⲁⲛⲟⲕ' ⲉⲓ̈ⲟⲛⲁϩ' ⲛ̄ⲙⲙ[ⲏ]
[ⲧⲛ̄ ⲙ̄ ⲡⲟⲟⲩ] ▮▮ ⲧⲉⲧⲛ̄ ϯ ⲛ̄ⲟⲩ[ⲃⲉ]
[ⲡϫⲟⲉⲓⲥ] ▮▮ ⲁⲩⲱ ⲡⲁϣϫⲉ ▮
▮▮▮ ⲙⲟⲩ ⲉⲛⲧ ▮

28 ⲛⲁϯⲛⲟⲩϭ[ⲉ ▮▮]ⲛ ⲥ[ⲱⲟ]ⲩϩ ϭⲉ ⲉ ϩⲟⲩⲛ   Fol. 47 a
ⲉ ⲣⲁⲧⲛ̄ ⲛ̄ [ⲛϩⲗ̄ⲗⲟ] ⲛ ⲛ̄ [ⲛⲉ]ⲧⲛ̄ⲫⲩⲗⲏ [1]   [ⲣⲗⲃ]
ⲙⲛ̄ ⲛⲉⲧⲛ̄ⲡⲣⲉⲥⲃⲩⲧⲉⲣⲟⲥ [2] ⲙⲛ̄ ⲛⲉ
ⲧⲛ̄ⲕⲣⲓⲧⲏⲥ ⲙⲛ̄ ⲛⲉⲧⲛ̄ⲅⲣⲁⲙⲙⲁ
ⲧⲉⲩⲥ ⲛ̄ ⲣⲉϥϯⲥⲃⲱ [3] ϫⲉ ⲕⲁⲥ ⲉⲓ̈ⲛⲁⲧⲁⲩⲟ
ⲉ ⲛⲉⲩⲙⲁⲁϫⲉ ⲛ̄ ⲡⲉⲓ̈ ϣⲁϫⲉ ⲧⲏⲣⲟⲩ
ⲁⲩⲱ ⲛ̄ⲧⲁⲣ ⲙⲛ̄ⲧⲣⲉ ⲛⲁⲩ ⲛ̄ⲧⲡⲉ

29 ⲙⲛ̄ ⲡⲕⲁϩ· ϯⲥⲟⲟⲩⲛ ⲅⲁⲣ ϫⲉ ⲙⲛ̄ⲛ̄
ⲥⲁ ⲡⲁ ⲙⲟⲩ ϩⲛ̄ ⲟⲩⲁⲛⲟⲙⲓⲁ ⲧⲉⲧⲛ̄
ⲛⲁⲁⲛⲟⲙⲉⲓ̈ [4] ⲁⲩⲱ ⲧⲉⲧⲛ̄ⲁⲕⲱ ⲛ̄
ⲥⲱⲧⲛ̄ ⲛ̄ ⲧⲉϩⲓⲏ ⲉⲛⲧ ⲁⲓ̈ϩⲱⲛ ⲙ̄ⲙⲟⲥ
ⲉⲧⲉⲧⲛⲟⲩⲧⲛ̄ ⲁⲩⲱ ⲡⲉⲓ̈ ⲙⲟⲕϩ̄ ⲛⲁ
ⲧⲁϩⲱⲧⲛ̄ ϩⲛ̄ ⲑⲁⲏ ⲛ̄ ⲛⲉϩⲟⲟⲩ· ⲉ ⲧⲃⲉ
ϫⲉ ⲧⲉⲧⲛ̄ⲛⲁⲉⲓⲣⲉ ⲙ̄ ⲡⲡⲟⲛⲏⲣⲟⲛ
ⲙ̄ⲡⲉ ⲙ̄ⲧⲟ ⲉ ⲃⲟⲗ ⲙ̄ ⲡϫⲟⲉⲓⲥ ⲉ ϯⲛⲟⲩ
ϭⲉ ⲛⲁϥ' ϩⲛ̄ ⲛⲉϩⲃⲏⲟⲩⲉ ⲛ̄ ⲛⲉⲧⲛ̄ϭⲓϫ·

30 ⲁⲩⲱ ⲙⲱⲩ̈ⲥⲏⲥ ⲁϥⲧⲁⲩⲟ ⲉⲛⲙⲁⲁϫⲉ
ⲛ̄ⲧⲉⲕ[ⲕ]ⲗⲏⲥⲓⲁ ⲧⲏⲣⲥ̄ ⲛ̄ ⲛ̄ϣⲁϫⲉ ⲛ̄
[ⲧⲁⲓ̈] ⲱⲇⲏ ϣⲁ ⲡⲉⲥϫⲱⲕ·

---

[1] φυλάρχους ὑμῶν.
[2] Reading, with A F, καὶ τοὺς πρεσβυτέρος υμων.
[3] τοὺς γραμματοεισαγωγεῖς.   [4] ἀνομίᾳ ἀνομήσετε.

ⲧⲱⲇⲏ

Chap. XXXII.
1 ⲥⲱⲧⲙ̄' ⲧⲡⲉ ⲁⲧⲱ ϯⲛⲁϣⲁϫⲉ· ⲙⲁⲣⲉ
ⲡⲕⲁϩ' ⲥⲱⲧⲙ̄' ⲉⲛϣⲁϫⲉ ⲛ̄ ⲧⲁⲧⲁⲡⲣⲟ·
2 ⲙⲁⲣⲉϥϭⲱϣⲧ ⲉ ⲃⲟⲗ' ϩⲏⲧϥ̄ ⲛ̄ ⲡⲁϩⲣⲟ
ⲟⲩ ⲛ̄ⲑⲉ ⲛ̄ ⲟⲩϩⲣⲟⲩ ⲙ ⲡⲉ· ⲁⲧⲱ ⲙⲁⲣⲉ
ⲛⲁ ϣⲁϫⲉ ⲉⲓ ⲉ ϩⲣⲁⲓ̈ ⲛ̄ⲑⲉ ⲛ̄ ⲟⲩⲉⲓⲱⲓⲉ¹
ⲛ̄ⲑⲉ ⲛ̄ ⲟⲩⲙⲟⲟⲩ ⲉϫⲛ̄ ⲟⲩⲡⲧ[ϭ ⲁⲩ]
ⲱ ⲛ̄ⲑⲉ ⲛ̄ ⲟⲩⲛⲓϥ'² ⲉϫⲛ̄ ⲟⲩⲭⲟⲣⲧⲟⲥ·
3 ϫⲉ ⲡⲣⲁⲛ ⲙ̄ ⲡϫⲟⲉⲓⲥ ⲁⲓ̈ⲧⲁⲩⲉⲣⲓⲛϥ'·
4 ϯ ⲛ̄ ⲟⲩⲙⲛ̄ⲧⲛⲟϭ ⲙ̄ ⲡⲉⲛⲛⲟⲩⲧⲉ· ⲡⲛⲟⲩ
ⲧⲉ ⲛⲉϥϩⲃⲏⲟⲩⲉ ϩⲉⲛⲙⲉⲉ ⲛⲉ· ⲁⲧⲱ
ⲛⲉϥϩⲃⲏⲟⲩⲉ ⲧⲏⲣⲟⲩ ϩⲉⲛϩⲁⲡ·
ⲟⲩⲛⲟⲩⲧⲉ ⲙ̄ ⲡⲓⲥⲧⲟⲥ ⲡⲉ ⲉⲙ ⲛ̄ϫⲓ ⲛ
ϭⲟⲛⲥ̄ ⲛ̄ ϩⲏⲧϥ̄· ⲟⲩⲇⲓⲕⲁⲓⲟⲥ ⲡⲉ ⲡϫⲟⲉⲓⲥ
ⲁⲧⲱ ϥⲟⲩ[ⲁⲁ]ⲃ'· ⲁ[ⲧⲣ̄ⲛⲟ]ⲃⲉ ⲉ ⲡ̄ϣⲏⲣⲉ

Fol. 47 b
[ⲣⲗⲩ]
5 ⲉⲛⲧ ⲁⲩϫ[ⲱϩⲙ̄]· ⲛ̄▓ϥ' ⲁⲛ ⲛⲉ³
ⲧⲅⲉⲛⲉⲁ ⲉⲧ ϭⲟⲟϭ ⲁⲧⲱ ⲉⲧ ϭⲟⲟⲙⲉ·
6 ⲛⲁⲓ̈ ⲛⲉ ⲉⲧⲉⲧⲛ̄ⲛⲁⲧⲟⲩⲉⲓⲟⲟⲩ ⲙ̄
ⲡϫⲟⲉⲓⲥ· ⲧⲁⲓ̈ ⲧⲉ ⲑⲉ ⲛ̄ ⲟⲩⲗⲁⲟⲥ ⲛ̄
ⲥⲟϭ· ⲉⲧⲉ ⲛ̄ⲟⲩⲥⲁⲃⲉ ⲁⲛ ⲡⲉ· ⲙ̄ ⲡⲁⲓ̈
ⲁⲛ ⲡⲉ ⲡⲉⲕⲉⲓⲱⲧ' ⲉⲁϥⲕⲁⲁⲕ' ⲛⲁϥ'
ⲁⲧⲱ ⲁϥ'ⲧⲁⲙⲉⲓⲟⲕ' ⲁϥⲥⲟⲛⲧ̄⁴ ⲁⲣⲓ
7 ⲡⲙⲉⲉⲧⲉ ⲛ̄ ⲛⲉϩⲟⲟⲩ ⲙ̄ ⲡⲉⲱⲛ⁵·
ϯϩⲧⲏⲕ' ⲉⲛⲣⲙ̄ⲡⲟⲟⲩⲉ ⲛ̄ ⲛ̄ϫⲱⲙ'
ⲛ̄ ϫⲱⲙ· ϣⲛ̄ ⲉ ⲡⲉⲕⲉⲓⲱⲧ' ⲁⲧⲱ ϥⲛⲁ
ϫⲱ ⲉ ⲣⲟⲕ· ⲙⲁ ϣⲛ̄ ⲉ ⲛⲉⲕ'ϩⲗ̄ⲗⲟ
8 ⲧⲁⲣⲟⲩϫⲟⲟⲥ ⲛⲁⲕ'· ⲛ̄ ⲧⲉⲣⲉ ⲡⲉⲧ'
ϫⲟⲥⲉ ⲡⲉϣ' ⲛ̄ ϩⲉⲑⲛⲟⲥ· ⲛ̄ⲑⲉ ⲉⲛ
ⲧ ⲁϥϫⲱⲱⲣⲉ ⲉ ⲃⲟⲗ ⲛ̄ ⲛ̄ϣⲏⲣⲉ

---

¹ = ⲉⲓⲱⲧⲉ.
² 'Like a wind'; Gr. ὡσεὶ νιφετὸς ἐπὶ χόρτον.
³ οὐκ αὐτῷ τέκνα, μωμητά.
⁴ As in A F ἔκτισεν σε.   ⁵ = αἰῶνος.

DEUTERONOMY XXXII. 8-15

ⲛ̄ ⲁⲇⲁⲙ'· ⲁϥⲧⲁϩⲟ ⲉ ⲣⲁⲧⲟⲩ ⲛ̄ ⲛ̄
ⲧⲟϣ ⲛ̄ ⲛ̄ϩⲉⲑⲛⲟⲥ · ⲕⲁⲧⲁ ⲧⲏⲡⲉ

9 ⲛ̄ ⲛ̄ⲁⲅ'ⲅⲉⲗⲟⲥ ⲙ̄ ⲡⲛⲟⲩⲧⲉ · ⲁ [ⲡⲙⲉ]
ⲣⲓⲥ ⲙ̄ ⲡϫⲟⲉⲓⲥ ϣⲱⲡⲉ ⲙ̄ ⲡⲉϥⲗⲁ
ⲟⲥ ⲓ̈ⲁⲕⲱⲃ · ⲡⲧⲟϣ ⲛ̄ ⲧⲉϥⲕⲗⲏⲣⲟ

10 ⲛⲟⲙⲓⲁ ⲡⲉ ⲡⲓⲥⲣⲁⲏⲗ · ⲁϥⲣⲱϣⲉ
ⲉ ⲣⲟϥ' ϩⲛ̄ ⲧⲉⲣⲏⲙⲟⲥ · ϩⲛ̄ ⲟⲩⲉⲓⲃⲉ ⲛ̄
ⲕⲁⲩⲙⲁ · ⲁϥⲕⲱⲧⲉ ⲡⲉⲙⲁϥ[1] ϩⲛ̄ ⲟⲩⲙⲁ
ⲉ ⲙⲛ̄ ⲙⲟⲟⲩ ⲛ̄ ϩⲏⲧϥ̄ · ⲁⲩⲱ ⲁϥϯⲥⲃⲱ
[ⲛ]ⲁϥ' ⲁϥϩⲁⲣⲉϩ' ⲉ ⲣⲟϥ' ⲛ̄ⲑⲉ ⲛ̄ ⲟⲩⲕⲉⲕⲉ[2]

11 ⲛ̄ⲃⲁⲗ · ⲛ̄ⲑⲉ ⲛ̄ ⲟⲩⲁⲉⲧⲟⲥ ⲉϥⲛⲁⲡⲟⲣ
ϣϥ̄ ⲉ ⲃⲟⲗ' ⲉϫⲛ̄ ⲛⲉϥϣⲏⲣⲉ · ⲁⲩⲱ ⲁϥ
ϭⲱ ϩⲓϫⲛ̄ ⲛⲉϥⲙⲁⲥ · ⲁϥⲡⲱⲣϣ ⲉ ⲃⲟⲗ
ⲛ̄ ⲛⲉϥⲧⲛ̄ϩ ⲁϥϣⲟⲡⲟⲩ ⲉ ⲣⲟϥ' ⲁϥⲧⲁ

12 ⲗⲟⲟⲩ ⲉϫⲛ̄ ⲛⲉϥⲛⲁϩⲃ̄ · ⲡϫⲟⲉⲓⲥ
ⲙⲁⲩⲁⲁϥ' ⲡⲉ ⲛ̄ⲧ ⲁϥⲙⲟⲟⲛⲉ ⲙ̄ⲙⲟⲥ ·
ⲁⲩⲱ ⲛⲉ ⲙⲛ̄[ⲟⲛ ⲛⲟ]ⲩⲧ[ⲉ ⲛ̄]ϣⲙ̄ⲙⲟ ⲛⲙ̄   Fol. 48 a

13 ⲙⲁⲩ · ⲁϥϫ▓[3] [ⲉ] ϩⲣⲁ[ⲓ̈] ⲛ̄ ⲧϭⲟⲙ' ⲙ̄   [ⲣⲗⲁ]
ⲡⲕⲁϩ · ⲁϥⲧ[ⲣⲉ ⲧ]ⲟⲩⲙ(?) ▓ ⲅⲉⲛⲛⲏⲙⲁ
ⲛ̄ ⲛ̄ⲥⲱϣⲉ · ⲁϥⲧⲣⲉ ⲧⲟⲩⲱⲙ' ⲛ̄ ⲟⲩⲉⲃⲓⲱ
ⲉ ⲃⲟⲗ ϩⲛ̄ ⲟⲩⲡⲉⲧⲣⲁ · ⲁⲩⲱ ⲟⲩⲛⲉϩ

14 ⲉ ⲃⲟⲗ ϩⲛ̄ ⲟⲩⲡⲉⲧⲣⲁ ⲛ̄ ⲟⲩⲥⲓϥⲧ' · ⲟⲩⲥⲁⲉⲓ
ⲣⲉ ⲛ̄ ⲉϩⲉ ⲙⲛ̄ ⲟⲩⲉⲣⲱⲧⲉ ⲛ̄ ⲉⲥⲟⲟⲩ ·
ⲙⲛ̄ ⲡⲱⲧ' ⲛ̄ⲛⲉϩ ⲛ̄ ⲉⲓⲉⲓⲃ' ⲙⲛ̄ ⲛ̄ⲃⲉⲓⲗⲉ ·
ⲛ̄ϣⲏⲣⲉ ⲛ̄ⲙ̄ⲙⲁⲥⲉ ⲙⲛ̄ ⲛ̄ϭⲓⲉ ⲙⲛ̄
ⲡⲱⲧ' ⲙ̄ ⲡⲕⲛ̄ⲛⲉ ⲙ̄ ⲡⲉⲥⲟⲩⲟ̂ · ⲁⲩⲱ
ⲡⲏⲣⲡ' ⲡⲉⲥⲛⲟϥ' ⲙ̄ ⲡⲉⲗⲟⲟⲗⲉ ⲁϥ

15 ⲥⲟⲟϥ · ⲁϥⲟⲩⲱⲙ' ⲛ̄ϭⲓ ⲓ̈ⲁⲕⲱⲃ' ⲁϥⲥⲉⲓ ·
ⲁϥϩⲧⲁⲉⲓ ⲁϥⲛⲉϫⲧ' ⲃⲏⲣ' ⲉ ⲃⲟⲗ' ⲛ̄ϭⲓ
ⲡⲙⲉⲣⲓⲧ · ⲁϥⲕⲛ̄ⲛⲉ ⲁϥϩⲧⲁⲉⲓ ⲁϥⲟⲩ

---

[1] ⲁϥⲕⲱⲧⲉ ⲡⲉⲙⲁϥ (ἐκύκλωσεν αὐτὸν) should come before ⲁⲩⲱ ⲁϥϯⲥⲃⲱ.

[2] 'The black of the eye', i.e. pupil.   [3] ἀνεβίβασεν.

DEUTERONOMY XXXII. 15–23

ⲱϣⲧ ⲉ ⲃⲟⲗ· ⲁϥⲕⲱ ⲛ̄ ⲥⲱϥ· ⲙ̄ ⲡⲛⲟⲩ
ⲧⲉ ⲉⲛⲧ ⲁϥⲧⲁⲙⲓⲟϥ· ⲁϥⲥⲁϩⲱϥ ⲉ ⲃⲟⲗ·

16 ⲙ̄ ⲡⲛⲟⲩⲧⲉ ⲡⲉϥⲥⲱⲧⲏⲣ· ⲁⲩϯⲛⲟⲩϫϥ[1]
ⲛⲁⲓ ⲉϫⲛ̄ ϩⲉⲛϣⲙⲙⲟ· ⲁⲩⲱ ⲁⲩϯ

17 [ϫ]ⲱⲛⲧ ⲛⲁⲓ ϩⲉⲛ ⲛⲉⲩⲃⲟⲧⲉ· ⲁⲩⲧⲁ
ⲗⲉ ⲟⲩⲥⲓⲁ ⲉ ϩⲣⲁⲓ ⲛ̄ ⲛ̄ⲇⲁⲓⲙⲟⲛⲓⲟⲛ
ⲙ̄ ⲡⲛⲟⲩⲧⲉ ⲁⲛ· ⲛ̄ ϩⲉⲛⲛⲟⲩⲧⲉ ⲉⲛ
ⲥⲉⲥⲟⲟⲩⲛ ⲙ̄ⲙⲟⲟⲩ ⲁⲛ· ϩⲉⲛ ⲃ̄ⲣ̄ⲣⲉ
ⲉⲁⲩⲛⲉⲣⲥⲉ ⲁⲩⲉⲓ· ⲉⲛ ⲛⲉⲧⲉⲓⲟⲧⲉ [ⲥⲟ]

18 ⲟⲩⲛ ⲙ̄ⲙⲟⲟⲩ ⲁⲛ· ⲡⲛⲟⲩⲧⲉ ⲇⲉ
ⲉⲛⲧ ⲁϥⲥⲟⲛⲧⲕ̄ ⲁⲕⲕⲁⲁϥ ⲛ̄ⲥⲱϥ·
ⲁⲩⲱ ⲁⲕⲣ̄ⲡⲱⲃϣ̄ ⲙ̄ ⲡⲛⲟⲩⲧⲉ ⲉⲧ [ⲥⲁⲁ]

19 ⲛϣ̄ ⲙ̄ⲙⲟⲕ· ⲁϥⲛⲁⲩ ⲛ̄ϭⲓ ⲡϫⲟⲉⲓⲥ
ⲁϥⲕⲱϩ· ⲁϥϭⲱⲛⲧ ⲉ ⲧⲃⲉ ⲧⲟⲣⲅⲏ ⲛ̄

20 ⲛⲉϥϣⲏⲣⲉ ⲙⲛ̄ ⲛⲉϥϣⲉⲉⲣⲉ· ⲁϥϫⲟ
ⲟⲥ ϫⲉ ϯⲛⲁⲕ̄ⲧⲉ ⲡⲁϩⲟ ⲉ ⲃⲟⲗ ⲙ̄[ⲙⲟ]
ⲟⲩ· ⲧⲁⲓⲁⲙⲟⲟⲩⲧ ϫⲉ ⲟⲩ ⲡⲉⲧ ⲛⲁ[ϣⲱ]
ⲡⲉ ⲙ̄ⲙⲟⲟⲩ ϩⲛ̄ ⲑⲁⲏ· ϫⲉ ⲟⲩⲅⲉⲛⲉⲁ
ⲧⲉ ⲉⲥϭⲟ[ⲟⲙ]ⲉ· ϩⲉ[ⲛϣⲏ]ⲣⲉ ⲛⲉ ⲉⲙⲛ̄

21 ⲛⲁϩⲧⲉ ⲛ̄[ϩⲏ]ⲧⲟⲩ· [ⲙ̄ⲙⲟ]ⲟⲩ ⲁⲩϯⲕⲱϩ
ⲛⲁⲓ ⲉϫⲛ̄ ⲡⲉⲧⲉ ⲛ̄ ϩⲉⲛⲛⲟⲩⲧⲉ ⲁⲛ
ⲡⲉ· ⲁⲩⲱ ⲁⲩϯϭⲱⲛⲧ ⲛⲁⲓ ϩⲛ̄ ⲛⲉⲩ
ⲉⲓⲇⲱⲗⲟⲛ· ⲁⲛⲟⲕ ϩⲱ ϯⲛⲁϯ ⲕⲱϩ
ⲛⲁⲩ ⲉϫⲛ̄ ⲟⲩϩⲉⲑⲛⲟⲥ ⲁⲛ· ϯⲛⲁϯ
ⲛⲟⲩϭⲥ̄ ⲛⲁⲩ ⲉϫⲛ̄ ⲟⲩϩⲉⲑⲛⲟⲥ ⲛ̄

22 ⲁⲑⲏⲧ· ϫⲉ ⲁⲩⲕⲱϩⲧ ϫⲉⲣⲟ ⲉ ⲃⲟⲗ
ϩⲙ̄ ⲡⲁ ϭⲱⲛⲧ· ϥⲛⲁⲣⲱⲕϩ̄ ϣⲁ ⲡⲉ
ⲥⲏⲧ ⲉ ⲁⲙⲛ̄ⲧⲉ[2]· ϥⲛⲁⲟⲩⲱⲙ ⲛ̄ⲥⲁ
ⲡⲕⲁϩ ⲙⲛ̄ ⲛⲉϥⲅⲉⲛⲛⲏⲙⲁ· ϥⲛⲁ
ϫⲟ ⲉ ⲃⲟⲗ ⲛ̄ ⲛ̄ⲥⲛ̄ⲧⲉ ⲛ̄ ⲛ̄ⲧⲟⲩⲉⲓⲏ·

23 ϯⲛⲁⲥⲱⲟⲩϩ ⲉ ϩⲟⲩⲛ ⲉ ⲣⲟⲟⲩ ⲛ̄
ϩⲉⲛⲡⲉⲑⲟⲟⲩ· ⲛ̄ⲧⲁⲟϫⲛⲟⲩ ϩⲓ

---

[1] Two letters doubtful. [2] ἕως ᾅδου.

24 ⲧⲛ̄ ⲛⲁ ⲥⲟⲧⲉ· ⲉⲧϣⲟⲥⲙ̄ ϩⲁ ⲡϩⲉ
ⲃⲱⲱⲛ ⲁⲩⲱ ⲉⲩⲟ ⲛ̄ϩⲣⲉ ⲛ̄ ⲛ̄ϩⲁ
ⲗⲁⲧⲉ· ⲉⲧⲱⲗⲛ̄ ⲙ̄ⲙⲟⲟⲩ· ⲛ̄[ⲥⲁ]¹
πάρου ἐμπτοῦ ⲙ̄ⲧⲟⲛ· ⲛ̄ⲟⲃϩⲉ
ⲛ̄ⲉⲑⲏⲣⲓⲟⲛ ϯⲛⲁⲕⲁⲁⲩ ⲉ ϩⲟⲩⲛ
ⲉ ⲣⲟⲟⲩ· ⲛⲙ̄ ⲡϭⲱⲛⲧ̄ ⲛ̄ ⲛⲉⲧ ⲥⲱ

25 ϣⲉ ϩⲓϫⲙ̄ ⲡⲕⲁϩ· ⲟⲩⲛ ⲟⲩⲥⲏϥⲉ
ⲛⲁⲁⲩ ⲛ̄ ⲁⲧ ϣⲏⲣⲉ ϩⲓ ⲃⲟⲗ· ⲁⲩⲱ
ⲟⲩϩⲟⲧⲉ ⲉ ⲃⲟⲗ ϧⲛ̄ ⲛⲉⲩⲧⲁⲙⲓⲟⲛ²·
ⲟⲩϩⲣ̄ϣⲓⲣⲉ ⲙⲛ̄ ⲟⲩⲡⲁⲣⲑⲉⲛⲟⲥ·
ⲁⲩⲱ ⲟⲩⲁ ⲉϥϫⲓ ⲉ ⲕⲓⲃⲉ ⲙⲛ̄ ⲟⲩϩⲗ̄

26 ⲗⲟ ⲉ ⲁϥⲙ̄ⲛ̄ⲧϥ̄³· ⲁⲓ̈ϫⲟⲟⲥ ϫⲉ ϯⲛⲁ
ϫⲟⲟⲣⲟⲩ ⲉ ⲃⲟⲗ· ⲧⲁϥⲓ ⲙ̄ ⲡⲉⲩⲣ̄
ⲡⲙⲉⲉⲩⲉ ⲉ ⲃⲟⲗ ϩⲛ̄ ⲛ̄ⲣⲱⲙⲉ·

27 ⲛ̄ⲥⲁⲃⲏⲗ̄ ⲛ̄ [ⲛⲟⲣⲅⲏ]ⲛⲉ]ⲧϫⲓϫⲉⲟⲩ
ϫⲉ ⲕⲁⲥ ⲉ[ⲛⲛⲉ ⲩ]ⲉⲓⲣ[ⲉ ⲛ̄]ⲟⲩⲛⲟϭ ⲛ̄
ⲟⲩⲟⲉⲓϣ· [ⲛ̄]ⲛⲉ ⲛⲉⲩϫⲓϫⲉⲟⲩ
ⲧⲱⲟⲩⲛ ⲉ ϫⲱⲟⲩ· ⲛ̄ⲥⲉ ϫⲟⲟⲥ ϫⲉ
ⲧⲉⲛϭⲓϫ̄ ϫⲟⲥⲉ· ⲁⲩⲱ ⲙ̄ ⲡϫⲟⲉⲓⲥ
ⲁⲛ ⲡⲉ ⲛ̄ⲧ ⲁϥⲧⲁⲙⲓⲉ ⲛⲁⲓ̈ ⲧⲏⲣⲟⲩ·

28 ϫⲉ ⲟⲩϩⲉⲑⲛⲟⲥ ⲉⲁϥⲕⲁ ⲡϣⲟϫⲛⲉ
ⲛ̄ ⲥⲱϥ· ⲁⲩⲱ ⲙⲛ̄ ⲙⲛ̄ⲧⲥⲁⲃⲉ ⲛ̄ ϩⲏ

29 ⲧⲟⲩ· ⲙ̄ⲛ̄ ⲟⲩⲙⲉⲕ'ⲙⲟⲩⲕⲟⲩ ⲉ ⲧⲣⲉ ⲩ
ⲥⲟⲧⲛ ⲛⲁⲓ̈· ⲙⲁⲣⲟⲩϣⲟⲡⲟⲩ ⲉ ⲣⲟⲟⲩ

30 ⲉ ⲡⲉⲩⲟⲉⲓϣ ⲉⲧ ⲛⲏⲟⲩ· ϫⲉ ⲙⲛ̄ ⲉⲣⲉ
ϣⲁ ⲟⲩⲁ̂ ⲡⲱⲧ ⲛ̄ⲥⲁ ϣⲟ⁴· ⲏ ⲛ̄ⲧⲉ ⲥⲛⲁⲩ
ϫⲉⲣⲉ ⲟⲩⲧⲃⲁ ⲉ ⲃⲟⲗ· ⲛ̄ ⲥⲁⲃⲏⲗ̄ ϫⲉ ⲁ
ⲡⲛⲟⲩⲧⲉ ⲧⲁⲁⲩ· ⲁⲩⲱ ⲁ ⲡϫⲟⲉⲓⲥ ⲡⲁ

31 ⲣⲁϫⲓϫⲟⲩ ⲙ̄ⲙⲟⲟⲩ· ⲛⲉⲩⲛⲟⲩⲧⲉ
ⲛⲉⲧⲟ ⲁⲛ ⲛ̄ⲑⲉ ⲙ̄ ⲡⲉⲛⲛⲟⲩⲧⲉ· ⲛⲉⲛ

---

¹ Two or three letters wanting.   ² ἐκ τῶν ταμείων.
³ A paraphrase of θηλάζων μετὰ καθεστηκότος πρεσβύτου.
⁴ πῶς διώξεται εἰς χιλίους.

32 ⲇⲓⲭⲉⲟⲩ ⲇⲉ ϩⲛ̄ ⲁⲑⲏⲧ' ⲡⲉ· ⲧⲉⲧⲃⲱ ⲛ̄
ⲉⲗⲟⲟⲗⲉ ⲅⲁⲣ ⲟⲩ ⲉ ⲃⲟⲗ' ⲧⲉ ϩⲛ̄ ⲧⲃⲱ ⲛ̄ ⲉ
ⲗⲟⲟⲗⲉ ⲛ̄ ⲥⲟⲇⲟⲙⲁ· ⲁⲩⲱ ⲡⲉⲩϣⲗⲏ̄
ⲟⲩ ⲉ ⲃⲟⲗ ⲡⲉ ϩⲛ̄ ⲅⲟⲙⲟⲣⲣⲁ· ⲡⲉⲧⲉⲗⲟ
ⲟⲗⲉ ⲟⲩⲉⲗⲟⲟⲗⲉ ⲡⲉ ⲛ̄ⲭⲟⲗⲏ· ⲟⲩⲥⲙⲁϩ

33 ⲛ̄ⲥⲓϣⲉ ⲡⲉⲧ ϣⲟⲟⲡ' ⲛⲁⲩ· ⲡⲉⲧⲏⲣⲡ
ⲟⲩϭⲱⲛⲧ̄ ⲡⲉ ⲛ̄ⲇⲣⲁⲕⲱⲛ· ⲁⲩⲱ ⲟⲩ

34 ⲙⲁⲧⲟⲩ ⲛ̄ ϩⲟϥⲧⲉ ⲉⲙⲉⲥⲗⲟ· ⲙⲏ ⲛ̄
ⲛⲁⲓ̈ ⲥⲟⲟⲩϩ' ⲁⲛ ⲉ ϩⲟⲩⲛ ϩⲁⲧⲏⲉⲓ· ⲁⲩ

35 ⲱ ⲥⲉⲧⲥⲟⲃⲉ ϩⲛ̄ ⲛⲁ ϩⲱⲣ· ⲁⲩⲱ ϩⲙ̄
ⲡⲉϩⲟⲟⲩ ⲙ̄ ⲡϫⲓⲕⲃⲁ̂ ϯⲛⲁⲧⲟⲟ[ⲃⲉ]
ⲛⲁⲩ̂· ⲙ̄ ⲡⲉⲩⲟⲉⲓϣ ⲉⲣⲉ ⲣⲁⲧⲟⲩ ⲛⲁ
ⲡⲱϣⲥ̄ ⲉ ⲃⲟⲗ· ϫⲉ ⲡⲉϩⲟⲟⲩ ⲙ̄ ⲡⲉⲩ
ⲧⲁⲕⲟϥ ϩⲏⲛ ⲉ ϩⲟⲩⲛ· ⲁⲩⲱ ⲥⲉϣⲟ

36 ⲟⲡ ⲉⲩⲥⲃ̄ⲧⲱⲧ' ⲛⲏⲧⲛ̄· ϫⲉ ⲡϫ[ⲟⲉⲓⲥ]
ⲛⲁⲕⲣⲓⲛⲉ ⲙ̄ ⲡⲉϥⲗⲁⲟⲥ· ⲁⲩⲱ ⲥⲉ
ⲛⲁⲥⲗ̄ⲥⲱⲗ[ϥ ⲉ]ϫⲛ̄ [ⲛⲉϥϩⲙ̄]ϩⲁⲗ· ⲁϥⲛⲁⲩ
ⲅⲁⲣ ⲉ ⲣⲟⲟ[ⲩ] ⲉⲩⲃ[ⲱⲗ ⲉ ⲃⲟ]ⲗ· ⲁⲩⲱ ⲉⲁⲩ
ⲱϫⲛ̄ ϩⲛ̄ [ⲟ]ⲩⲧⲙ̄ⲕⲟ ⲉⲁⲧⲕⲁ ⲧⲟⲟⲧⲟⲩ

37 ⲉ ⲃⲟⲗ'· ⲡⲉϫⲁϥ ⲛ̄ϭⲓ ⲡϫⲟⲉⲓⲥ ϫⲉ ⲉⲧ
ⲧⲱⲛ ϭⲉ ⲛⲉⲩⲛⲟⲩⲧⲉ· ⲉⲛⲧ ⲁⲩⲛⲁϩ

38 ⲧⲉ ⲉ ⲣⲟⲟⲩ'· ⲉⲁⲧⲉⲧⲛ̄ⲟⲩⲱⲙ' ⲙ̄ ⲡⲱⲧ'
ⲛ̄ ⲛⲉⲑⲩⲥⲓⲁ· ⲁⲩⲱ ⲉⲁⲧⲉⲧⲛ̄ⲥⲱ ⲙ̄
ⲡⲏⲣⲡ' ⲙ̄ⲡⲟⲩⲧⲱⲧⲛ̄ ⲉ ⲃⲟⲗ· ⲙⲁⲣⲟⲩ
ⲧⲱⲟⲩⲛ ⲛ̄ⲥⲉⲃⲟⲏⲑⲉⲓ ⲉ ⲣⲱⲧⲛ̄· ⲛ̄ⲥⲉ
ϣⲱⲡⲉ ⲛⲏⲧⲛ̄ ⲛ̄ⲥⲕⲉⲡⲁⲥⲧⲏⲥ[1]·

39 ⲁⲛⲁⲩ ⲁⲛⲁⲩ ϫⲉ ⲁⲛⲟⲕ' ⲡⲉ· ⲁⲩⲱ ⲙⲛ̄
ⲕⲉ ⲛⲟⲩⲧⲉ ⲛ̄ⲃⲗ̄ⲗⲁⲓ̈[2]· ⲁⲛⲟⲕ' ⲡⲉ
ⲉⲧ ⲛⲁⲙⲟⲩⲧⲟⲩⲧ' ⲁⲩⲱ ⲛ̄ⲧⲁⲧⲁⲛϩⲟ·
ϯⲛⲁⲡⲁⲧⲁⲥⲥⲉ[3]· ⲁⲩⲱ ⲟⲛ ϯⲛⲁⲧⲁⲗϭⲟ·
ⲉⲙⲛ̄ ⲡⲉⲧ ⲛⲁϣϭⲓ ⲉ ⲃⲟⲗ' ϩⲛ̄ ⲛⲁ ϭⲓϫ·

40 ϫⲉ ϯⲛⲁϥⲓ ⲛ̄ ⲧⲁ ϭⲓϫ' ⲉ ϩⲣⲁⲓ̈ ⲉ ⲧⲡⲉ· ⲛ̄

---

[1] σκεπασταί.   [2] πλὴν ἐμοῦ.   [3] πατάξω.

ⲧⲁⲱⲣⲕ' ⲛ̄ ⲧⲁ ⲟⲩⲛⲁⲙ· ⲁⲩⲱ ⲛ̄ⲧⲁ
ϫⲟⲟⲥ ϫⲉ ϯⲟⲛϩ̄ ⲁⲛⲟⲕ' ϣⲁ ⲉⲛⲉ[ϩ]·

41 ϫⲉ ϯⲛⲁϫⲱⲣ' ⲛ̄ ⲧⲁ ⲥⲏϥⲉ ⲛ̄ⲑⲉ ⲛ̄[ⲟⲩ]
ⲃⲣⲏϭⲉ· ⲛ̄ⲧⲉ ⲧⲁ ϭⲓϫ ⲁⲙⲁϩⲧⲉ ⲛ̄ ⲟⲩ
ϩⲁⲡ' ⲛ̄ⲧⲁⲧⲱⲱⲃⲉ ⲛ̄ ⲟⲩϩⲁⲡ' ⲛ̄ ⲛⲁ
ϫⲓϫⲉⲟⲩ· ⲁⲩⲱ ⲛⲉⲧ ⲙⲟⲥⲧⲉ ⲙ̄ⲙⲟ

42 ⲉⲓ̈ ϯⲛⲁⲧⲱⲱⲃⲉ ⲛⲁⲩ· ϯⲛⲁ ⲧⲣⲉ
ⲛⲁ ⲥⲟⲧⲉ ϯϩⲉ ⲉ ⲃⲟⲗ ϩⲛ̄ ⲡⲉⲥⲛⲟϥ·
ⲁⲩⲱ ⲧⲁ ⲥⲏϥⲉ ⲛⲁⲟⲩⲱⲙ' ⲛ̄ ϩⲉⲛⲁϥ'
ⲉ ⲃⲟⲗ' ϩⲛ̄ ⲡⲉⲥⲛⲟϥ¹· ⲛ̄ ⲛⲉ ⲛⲧ ⲁⲩⲣⲁϩ
ⲧⲟⲩ ⲛⲙ̄ ⲟⲩⲁⲓⲭⲙⲁⲗⲱⲥⲓⲁ ϫⲓⲛ

43 ⲧⲁⲡⲉ ⲛ̄ ⲛ̄ⲁⲣⲭⲱⲛ ⲛ̄ ϫⲁϫⲉ· ϫⲉ ⲡⲏ
ⲟⲧⲉ ⲉⲩⲫⲣⲁⲛⲉ ⲛⲉⲙⲁϥ· ⲁⲩⲱ ⲙⲁ
ⲣⲟⲩ ϣⲱⲱⲧ' ⲛⲁϥ ⲛ̄ϭⲓ ⲛ̄ ϣⲏⲣⲉ ⲧⲏ
ⲣⲟⲩ ⲙ̄ ⲡⲛⲟⲩⲧⲉ· ⲛ̄ϩⲉⲑⲛⲟⲥ ⲉⲩ
ⲫⲣⲁⲛⲉ ⲛⲙ̄ ⲡⲉϥⲗⲁⲟⲥ· ⲁⲩⲱ ⲙⲁ
ⲣⲟⲩ ⲧⲁϫⲣ[ⲟ] [ⲙ̄ⲙⲟϥ ⲛ̄] ⲛ̄[ⲁⲅⲅ]ⲉⲗⲟⲥ ⲧⲏⲣⲟⲩ   Fol. 50 a
ⲙ̄ⲡⲛⲟⲩ[ⲧⲉ]· ϫⲉ ⲡⲉ[ⲥⲛ]ⲟϥ' ⲛ̄ ⲛⲉϥ   [ⲣⲗⲏ]
ϣⲏⲣⲉ ⲥⲉⲛⲁⲣ ⲡⲉϥⲕⲃⲁ²· ⲁⲩⲱ ϥⲛⲁ
ⲧⲱⲱⲃⲉ ⲛ̄ ⲟⲩϩⲁⲡ' ⲛ̄ ⲛ̄ϫⲓϫⲉⲟⲩ· ⲁⲩⲱ
ⲛⲉⲧ ⲙⲟⲥⲧⲉ ⲙ̄ⲙⲟϥ' ϥⲛⲁⲧⲱⲱⲃⲉ ⲛⲁⲩ·
ⲛϥ̄ⲧⲃ̄ⲃⲟ ⲙ̄ ⲡⲕⲁϩ ⲙ̄ ⲡⲉϥⲗⲁⲟⲥ:

44 ⲁϥⲥϩⲁⲓ̈ ϫⲉ ⲛ̄ϭⲓ ⲙⲱⲩ̈ⲥⲏⲥ ⲛ̄ ⲧⲉⲓ̈
ⲱⲇⲏ ⲙ̄ ⲡⲉϩⲟⲟⲩ ⲉⲧ ⲙ̄ⲙⲁⲩ ⲁϥⲧⲥⲁ
ⲃⲉ ⲛ̄ϣⲏⲣⲉ ⲙ̄ ⲡⲓⲥⲣⲁⲏⲗ' ⲉ ⲣⲟⲥ· ⲁⲩ
ⲱ ⲙⲱⲩ̈ⲥⲏⲥ ⲁϥⲃⲱⲕ' ⲉ ϩⲟⲩⲛ ⲁϥ'
ⲧⲁⲧⲟ ⲛ̄ ⲛϣⲁϫⲉ ⲧⲏⲣⲟⲩ ⲙ̄ ⲡⲉⲓ̈
ⲛⲟⲙⲟⲥ ⲉⲛ ⲙⲁⲁϫⲉ ⲙ̄ ⲡⲗⲁⲟⲥ
ⲛ̄ⲧⲟϥ ⲙⲛ̄ ⲓ̈ⲏⲥⲟⲩⲥ ⲡϣⲏⲣⲉ ⲛ̄

45 ⲛⲁⲩⲏ· ⲁⲩⲱ ⲛ̄ ⲧⲉⲣⲉ ⲙⲱⲩ̈ⲥⲏⲥ
ⲟⲩⲱ ⲉϥϣⲁϫⲉ ⲛⲙ̄ ⲡⲓⲥⲣⲁⲏⲗ' ⲧⲏ

---

¹ As in A F και η μαχαιρα μου καταφαγεται κρεα αφ αιματος.
² An inadequate rendering of ἐκδικᾶται, καὶ ἐκδικήσει.

46 ⲣϥ· ⲡⲉϫⲁϥ ⲛⲁⲩ ϫⲉ ϯⲧⲏⲧⲛ̄ ϩⲙ̄
ⲡⲉⲧⲛ̄ ϩⲏⲧ' ⲉ ⲛⲉⲓ̈ ϣⲁϫⲉ ⲧⲏⲣⲟⲩ
ⲡⲁⲓ̈ ⲁⲛⲟⲕ' ⲉ ϯ ⲣ̄ ⲙⲛ̄ⲧⲣⲉ ⲛⲏⲧⲛ̄
ⲙ̄ⲙⲟⲟⲩ ⲙ̄ ⲡⲟⲟⲩ ⲉ ⲧⲣⲉ ⲧⲛ̄ϩⲱⲛ
ⲙ̄ⲙⲟⲟⲩ ⲉ ⲧⲟⲟⲧⲟⲩ ⲛ̄ ⲛⲉⲧⲛ̄
ϣⲏⲣⲉ· ⲉ ⲧⲣⲉ ⲩϩⲁⲣⲉϩ ⲁⲩⲱ ⲛ̄ⲥⲉ
ⲉⲓ̂ⲣⲉ ⲛ̄ ⲛ̄ϣⲁϫⲉ ⲧⲏⲣⲟⲩ ⲙ̄ ⲡⲉⲓ̈

47 ⲛⲟⲙⲟⲥ· ϫⲉ ⲛ̄ ⲟⲩϣⲁϫⲉ ⲉϥϣⲟⲩ
ⲉⲓⲧ' ⲁ̂ⲛ ⲡⲉ ⲡⲁⲓ ⲛⲏⲧⲛ̄ ϫⲉ ⲡⲁⲓ̈ ⲡⲉ
ⲡⲉⲧⲛ̄ⲱⲛϩ̅· ⲁⲩⲱ ⲉ ⲧⲃⲉ ⲡⲉⲓ̈ ϣⲁ
ϫⲉ ⲉⲧⲉⲧⲛ̄ ⲛⲁⲉⲓ̂ⲣⲉ ⲛ̄ ⲟⲩⲁϣⲏ ⲛ̄
ϩⲟⲟⲩ ϩⲓⲍⲛ̄ ⲡⲕⲁϩ· ⲡⲁⲓ̈ ⲉⲧⲉⲧⲛ̄
ⲛⲁϫⲓⲟⲟⲣ ⲙ̄ ⲡⲓⲟⲣⲇⲁⲛⲏⲥ ⲉ ⲃⲱⲕ
ⲉ ϩⲟⲩⲛ ⲉ ⲣⲟϥ ⲉ ⲕⲗⲏⲣⲟⲛⲟⲙⲉⲓ ⲙ̄

48 ⲙⲟϥ: ⲁϥϣⲁϫⲉ ⲇⲉ ⲛ̄ϭⲓ ⲡϫⲟⲉ[ⲓⲥ]
ⲙⲛ̄ ⲙⲱⲩ̈ⲥⲏⲥ ⲙ̄ ⲡⲉϩⲟⲟⲩ ⲉⲧ ⲙ̄

49 ⲙⲁⲩ ⲉϥϫⲱ ⲙ̄ⲙⲟⲥ· ϫⲉ ⲃⲱⲕ' ⲉ ϩ
ⲣⲁⲓ̈ ⲉϫⲛ̄ ⲡⲧⲟⲟⲩ ⲛ̄ ⲁⲃⲁⲣⲓⲛ[1] ⲡⲁⲓ̈
ⲡⲉ ⲡⲧⲟⲟⲩ [ⲛ]ⲁⲃⲁ[ⲩ ⲉⲛⲧ ⲙ̄]ⲡⲕⲁϩ ⲙ̄ ⲙⲱ
ⲁⲃ[2] ⲙ̄ⲡⲉ ⲙ[ⲧ]ⲟ ⲉ ⲃⲟ[ⲗ ⲙ̄ ⲡϩⲓ]ⲉⲣⲓⲭⲱ[3]
ⲛ̄ⲅ̄ ⲛⲁⲩ̂ ⲉ ⲡⲕⲁϩ ⲛ̄ ⲭⲁⲛⲁⲁⲛ ⲡⲁⲓ̈
ⲉⲧⲛⲁⲧⲁⲁϥ' ⲁⲛⲟⲕ ⲛ̄ ⲛ̄ϣⲏⲣⲉ ⲙ̄
ⲡⲓⲥⲣⲁⲏⲗ' ⲉ ⲧⲣⲉ ⲩⲕⲗⲏⲣⲟⲛⲟⲙⲉⲓ ⲙ̄

50 ⲙⲟϥ· ⲛ̄ⲅ̄ ⲙⲟⲩ̂ ϩⲛ̄ ⲡⲧⲟⲟⲩ ⲡⲁⲓ̈ ⲉⲧ ⲕ̄
ⲛⲁⲃⲱⲕ' ⲉ ϩⲣⲁⲓ̈ ⲉ ⲣⲟϥ· ⲛ̄ⲥⲉⲟⲩⲁϩⲕ̄
ϩⲁⲧⲉ ⲡⲉⲕⲗⲁⲟⲥ ⲙ̄ ⲡⲉⲥⲙⲟⲧ' ⲉⲛ
ⲧ ⲁϥⲙⲟⲩ̂ ⲛ̄ϭⲓ ⲁⲁⲣⲱⲛ ⲡⲉⲕⲥⲟⲛ
ϩⲙ̄ ⲡⲧⲟⲟⲩ ⲛ̄ ⲱⲣ· ⲁⲩⲱ ⲁⲩⲟⲩⲁ

51 ϩϥ̄ ϩⲁⲧ' ⲛ̄ ⲡⲉϥⲗⲁⲟⲥ· ⲉ ⲧⲃⲉ ϫⲉ ⲙ̄ⲡⲉ
ⲧⲛ̄ⲛⲁϩⲧⲉ ⲉ ⲡϣⲁϫⲉ ⲛ̄ ⲛ̄ϣⲏⲣⲉ
ⲙ̄ ⲡⲓⲥⲣⲁⲏⲗ' ϩⲓⲍⲛ̄ ⲡⲙⲟⲟⲩ ⲛ̄ⲧⲁⲛ

---

[1] Ἀβαρείν.   [2] As in A F.
[3] Ἰερειχώ.

DEUTERONOMY XXXII. 51—XXXIII. 7

ⲧⲓⲗⲟⲅⲓⲁ ⲛ̄ ⲕⲁⲇⲏⲥ[1] ϩⲛ̄ ⲧⲉⲣⲏⲙⲟⲥ
ⲛ̄ⲥⲓⲛⲁ[2]· ⲉ ⲧⲃⲉ ϫⲉ ⲙ̄ⲡⲉ ⲧⲛ̄ⲧⲃ̄ⲃⲟⲓ̈

52 ϩⲛ̄ ⲛ̄ϣⲏⲣⲉ ⲙ̄ ⲡⲓⲥⲣⲁⲏⲗ'. ⲕⲛⲁ
ⲛⲁⲩ̈ ⲉ ⲡⲕⲁϩ ϩⲓ ϩⲏ ⲙ̄ⲙⲟⲕ' ⲛ̄ⲅ̄ ⲧⲙ̄

Chap. XXXIII.1 ⲃⲱⲕ' ⲇⲉ ⲉ ϩⲟⲩⲛ ⲉ ⲣⲟϥ'· ⲁⲩⲱ ⲡⲁ
ⲡⲉ ⲡⲉⲥⲙⲟⲩ ⲉⲛⲧ ⲁϥⲧⲁⲟⲩϥ ⲉⲛ
ϣⲏⲣⲉ ⲙ̄ ⲡⲓⲥⲣⲁⲏⲗ' ⲉϥⲥⲙⲟⲩ ⲉ ⲣⲟ
ⲟⲩ ⲛ̄ϭⲓ ⲙⲱⲩ̈ⲥⲏⲥ ⲡⲣⲱⲙⲉ ⲙ̄

2 ⲡⲛⲟⲩⲧⲉ ⲉⲙⲡⲁⲧ ϥⲙⲟⲩ̈'· ⲁⲩⲱ ⲡⲉ
ϫⲁϥ ϫⲉ ⲡϫⲟⲉⲓⲥ ⲁϥⲉⲓ̈ ⲉ ⲃⲟⲗ ϩⲛ̄ ⲥⲓ
ⲛⲁ[3]· ⲁⲩⲱ ⲁϥⲟⲩⲟⲛⲁϩϥ̄ ⲉ ⲣⲟⲛ ⲉ ⲃⲟⲗ
ϩⲛ̄ ⲥⲛⲉⲓ̂ⲣ· ⲁⲩⲱ ⲁϥϯ ⲙ̄ ⲡⲉϥⲟⲩⲟⲉⲓ
ⲉ ⲃⲟⲗ ϩⲛ̄ ⲡⲧⲟⲟⲩ ⲙ̄ ⲫⲁⲣⲣⲁⲛ[4] ⲙⲛ̄
ⲛⲉⲧⲃⲁ̂ ⲛ̄ ⲕⲁⲇⲏⲥ· ⲉⲣⲉ ⲛⲉϥⲁⲅⲅⲉ
ⲗⲟⲥ ⲛⲉⲙⲁϥ· ⲛ̄ⲥⲁ· ⲟⲩⲛⲁⲙ' ⲙ̄ⲙⲟϥ·

3 ⲁⲩⲱ ⲁ ⲡϫⲟⲉⲓⲥ ϯⲥⲟ ⲉ ⲡⲉϥ'ⲗⲁⲟⲥ·
ⲁⲩⲱ ⲛⲉⲛⲧⲁⲩⲧⲃ̄ⲃⲟⲟⲩ ⲧⲏⲣⲟⲩ
ⲥⲉ ϩⲁ ⲛⲉⲕ'ϭⲓϫ· ⲛ̄ⲧⲟⲟⲩ ϩⲱⲟⲩ
ⲥⲉϣⲟⲟⲡ' ϩⲁ ⲣⲁⲧⲕ̄· ⲁⲩⲱ ⲁϥϫⲓ ⲉ(?)

4 ⲃⲟⲗ' ϩⲛ̄ ⲛ[ⲉⲕϣⲁ]ϫⲉ· ⲛ̄ ⲟⲩⲛⲟⲙⲟⲥ
ⲡⲁⲓ̈ ⲉⲛⲧ ⲁϥϩⲱⲛ ⲙ̄ⲙⲟϥ ⲉ ⲧⲟⲟⲧⲛ̄
ⲛ̄ϭⲓ ⲙⲱⲩ̈ⲥⲏⲥ· ⲛ̄ ⲕⲗⲏⲣⲟⲛⲟⲙⲓⲁ·

Fol. 51a [ⲣⲙ̄]

5 ⲙⲛ̄ ⲛ̄ ⲥⲩⲛⲁⲅⲱⲅⲏ ⲛ̄ ⲓ̈ⲁⲕⲱⲃ· ⲁⲩ
ⲱ ϥⲛⲁϣⲱⲡⲉ ⲉϥⲟ ⲛ̄ ⲁⲣⲭⲱⲛ
ϩⲙ̄ ⲡⲙⲉⲣⲓ̂ⲧ ⲁⲩⲥⲱⲟⲩϩ ⲛ̄ϭⲓ ⲛ̄ⲁⲣ
ⲭⲱⲛ ⲙ̄ ⲡ̄ⲗⲁⲟⲥ· ⲛⲙ̄ ⲛⲉ ⲫⲩⲗⲏ ⲙ̄

6 ⲡⲓⲥⲣⲁⲏⲗ· ⲙⲁⲣⲉ ϩⲣⲟⲩⲃⲏⲛ[5] ⲱ
ⲛⲉϩ' ⲁⲩⲱ ⲙ̄ⲡⲣ̄ ⲧⲣⲉ ϥⲙⲟⲩ̈ ⲛ̄ϥϣⲱ

7 ⲡⲉ ⲉϥⲟϣ' ϩⲛ̄ ⲧⲉϥⲁⲡⲉ· ⲁⲩⲱ ⲡ
ⲧⲟⲥ' ⲧⲉ ⲫⲩⲗⲏ ⲛ̄ ⲓ̈ⲟⲩⲇⲁ̂· ⲡϫⲟⲉⲓⲥ
ⲥⲱⲧⲙ̄' ⲉ ⲡⲉϩⲣⲟⲟⲩ ⲛ̄ ⲓ̈ⲟⲩⲇⲁ· ⲁⲩ

---

[1] ἐπὶ τοῦ ὕδατος Ἀντιλογίας Καδής. [2] Σείν.
[3] Σεινά. [4] Φαράν. [5] Ῥουβήν.

ⲱ ⲛ̄ⲧ̄ ϫⲓⲧϥ︦ ⲉ ϩⲣⲁⲓ ⲉ ⲡⲉϥⲗⲁⲟⲥ·
ⲛ̄ⲥⲉⲇⲓⲁⲕⲣⲓⲛⲉ ⲛⲁϥ' ⲛ̄ϭⲓ ⲛⲉϥϭⲓϫ
ⲥⲉⲛⲁϫⲓ ϩⲁⲡ' ⲛ̄ⲙ̄ⲙⲁϥ'[1] ⲁⲩⲱ ⲛ̄ⲧⲟⲕ
ⲡⲉⲧ ⲛⲁϣⲱⲡⲉ ⲛⲁϥ' ⲛ̄ ⲃⲟⲏⲑⲟⲥ·
ⲉ ⲃⲟⲗ' ϩⲛ̄ ⲛⲉϥϫⲓϫⲉⲟⲩ· ⲁⲩⲱ ⲡⲉ

8 ϫⲁϥ' ⲛ̄ ⲗⲉⲩⲉⲓ· ϫⲉ ϯ ⲛ̄ ⲗⲉⲩⲉⲓ ⲛ̄ ⲛⲉϥ
ⲙⲁⲉⲓⲛ· ⲁⲩⲱ ⲧⲉϥⲙⲉ̂· ⲙ̄ ⲡⲣⲱⲙⲉ
ⲉⲧ ⲟⲩⲁⲁⲃ' ⲡⲁⲓ ⲉⲛⲧ ⲁⲩⲡⲉⲓⲣⲁⲍⲉ
ⲙ̄ⲙⲟϥ' ϩⲛ̄ ⲟⲩⲡⲉⲓⲣⲁⲍⲉ[2]· ⲁⲩⲥⲁϩⲟⲩ
ⲙ̄ⲙⲟϥ' ϩⲓϫⲙ̄ ⲡⲙⲟⲟⲩ ⲛ̄ ⲧⲁⲛⲧⲓⲗⲟ

9 ⲅⲓⲁ· ⲡⲉⲧ ϫⲱ ⲙ̄ⲙⲟⲥ ⲙ̄ ⲡⲉϥⲉⲓⲱⲧ
ⲙⲛ̄ ⲧⲉϥⲙⲁⲁⲩ ϫⲉ ⲙ̄ⲡ ⲓⲛⲁⲩ ⲉ ⲣⲟϥ·
ⲁⲩⲱ ⲛⲉϥ ⲥⲛⲏⲟⲩ ⲙ̄ⲡⲉ ϥⲥⲟⲩⲱⲛⲟⲩ
ⲛⲉϥⲕⲉϣⲏⲣⲉ ⲁϥⲕⲁⲁⲩ ⲛ̄ⲥⲱϥ·
ⲉϥⲉϩⲁⲣⲉϩ' ⲉ ⲛⲉⲕ'ϣⲁϫⲉ· ⲁⲩⲱ

10 ⲁϥⲁⲙⲁϩⲧⲉ ⲛ̄ ⲧⲉⲕⲇⲓⲁⲑⲏⲕⲏ· ⲥⲉⲛⲁ
ⲧⲁⲧⲟ ⲛ̄ ⲛⲉⲕⲇⲓⲕⲁⲓⲱⲙⲁ ⲉ ⲓ̈ⲁⲕ[ⲱⲃ]·
ⲁⲩⲱ ⲡⲉⲕ'ⲛⲟⲙⲟⲥ ⲉ ⲡⲓⲥⲣⲁⲏⲗ' ⲥⲉ
ⲛⲁⲧⲁⲗⲉ ϣⲟⲩϩⲏⲛⲉ ⲉ ϩⲣⲁⲓ̈ ϩⲛ̄
ⲧⲉⲕ' ⲟⲣ[ⲅⲏ] ⲟⲩ▬▬ⲙ' ⲉϫⲛ̄

Fol. 51b
[ⲣⲙⲁ]

11 ⲡⲉⲕⲑⲩⲥⲓⲁⲥⲧⲏⲣⲓ[ⲟⲛ· ⲡ]ϫⲟⲉⲓⲥ ⲥⲙⲟⲩ
ⲉ ⲧⲉϥϭⲟⲙ· ⲁⲩⲱ ⲛⲉϩ[ⲃⲏⲟⲟ]ⲩⲉ ⲛ̄ ⲛⲉϥ
ϭⲓϫ' ϣⲟⲡⲟⲩ ⲉ ⲣⲟⲕ· ⲛ̄ⲧ ⲟⲩⲱ ⲟⲡ' ⲛ̄ ⲛ̄
ϯⲡⲉ ⲛ̄ ⲛⲉϥϫⲓϫⲉⲟⲩⲉ· ⲛ̄ⲧ ⲁⲩⲧⲱⲟⲩⲛ
ⲉ ϫⲱϥ· ⲁⲩⲱ ⲛⲉⲧ ⲙⲟⲥⲧⲉ ⲙ̄ⲙⲟϥ ⲙ̄ⲡⲣ̄

12 ⲧⲣⲉ ⲧⲩⲓ ϫⲱⲟⲩ ⲉ ϩⲣⲁⲓ̈: ⲁⲩⲱ ⲡⲉϫⲁϥ
ⲛ̄ ⲃⲉⲛⲓⲁⲙⲉⲓⲛ· ϫⲉ ⲡⲙⲉⲣⲓⲧ ⲛ̄ ⲧⲟⲟⲧϥ̄
ⲛ̄ ⲡϫⲟⲉⲓⲥ ϥⲛⲁⲟⲩⲱϩ ϩⲛ̄ ⲟⲩⲧⲁϫⲣⲟ·
ⲁⲩⲱ ⲡⲛⲟⲩⲧⲉ ⲛⲁⲣ̄ ϩⲁⲓ̈ⲃⲉⲥ ⲉ ⲃⲟⲗ' ⲉ
ϫⲱϥ' ϩⲛ̄ ⲛⲉϩⲟⲟⲩ ⲧⲏⲣⲟⲩ· ⲁⲩⲱ ⲁϥ
ⲙ̄ⲧⲟⲛ ⲙ̄ⲙⲟϥ' ϩⲛ̄ ⲧⲙⲏⲧⲉ ⲛ̄ ⲛⲉϥⲧⲟⲩⲉⲓⲏ·

---

[1] A kind of double rendering of καὶ αἱ χεῖρες αὐτοῦ διακρινοῦσιν αὐτῷ.   [2] ἐπείρασαν αὐτὸν ἐν Πείρᾳ.

13 ⲁⲩⲱ ⲡⲉϫⲁϥ ⲛ̄ ⲓ̈ⲱⲥⲏⲫ' ϫⲉ ⲉⲣⲉ ⲡⲉϥ
ⲕⲁϩ ϣⲟⲟⲡ' ⲉ ⲃⲟⲗ' ϩⲙ̄ ⲡⲉⲥⲙⲟⲩ ⲙ̄
ⲡϫⲟⲉⲓⲥ· ⲉ ⲃⲟⲗ' ϩⲛ̄ ⲛ̄ ⲧⲱϣ' ⲛ̄ ⲧⲡⲉ
ⲙⲛ̄ ϯⲱⲧⲉ· ⲁⲩⲱ ⲉ ⲃⲟⲗ' ϩⲛ̄ ⲛ̄ ⲡⲏⲅⲏ

14 ⲙ̄ ⲡⲛⲟⲩⲛ¹ ⲉⲧ ⲛⲁϣⲱϥ' ⲁⲩⲱ ⲛⲉϥ
ⲅⲉⲛⲏⲙⲁ ⲉⲧϣⲟⲟⲡ' ϩⲛ̄ ⲡⲛⲟⲩⲧⲉ²
ⲉ ⲃⲟⲗ' ϩⲛ̄ ⲛ̄ ⲕⲟⲧⲥ̄ ⲙ̄ ⲡⲣⲏ· ⲁⲩⲱ ⲉ

15 ⲃⲟⲗ' ϩⲙ̄ ⲡϫⲱⲕ' ⲛ̄ ⲛⲉⲃⲁⲧⲉ³· ⲉ ⲃⲟⲗ' ϩⲙ̄
ⲡϫⲓⲥⲉ ⲛ̄ ⲛ̄ϫⲱⲟⲩ ⲛ̄ ⲛ̄ⲧⲟⲩⲉⲓⲏ· ⲁⲩⲱ
ⲉ ⲃⲟⲗ' ϩⲙ̄ ⲡϫⲓⲥⲉ ⲛ̄ ⲛ̄ⲃⲟⲩⲛⲟⲥ⁴ ⲛ̄

16 ϣⲁ ⲉⲛⲉϩ· ⲁⲩⲱ ⲛ̄ ⲧⲡⲉ⁵ ⲙⲛ̄ ⲡϫⲱⲕ' ⲙ̄
ⲡⲕⲁϩ· ⲁⲩⲱ ⲛⲉⲧ' ϣⲏⲡ' ⲛ̄ ⲧⲟⲟⲧϥ̄ ⲙ̄
ⲡⲉ ⲛⲧ ⲁϥⲟⲩⲱⲛϩ̄ ⲉ ⲃⲟⲗ' ϩⲛ̄ ⲡⲃⲁⲧⲟⲥ⁶·
ⲉⲧⲉⲉⲓ̂ ⲉϫⲛ̄ ⲧⲁⲡⲉ ⲛ̄ ⲓ̈ⲱⲥⲏⲫ· ⲁⲩⲱ
ⲉϫⲛ̄ ⲧⲙⲛ̄ⲧⲉ ⲛ̄ ϫⲱϥ ⲉⲁϥϫⲓ ⲉⲟⲟⲩ ϩⲛ̄

17 ⲛⲉϥⲥⲛⲏⲟⲩ· ⲉⲣⲉ ⲡⲉϥ'ⲥⲁ ⲟ̄ ⲛ̄ⲑⲉ ⲛ̄ ⲟⲩϣⲣⲡ
ⲙ̄ ⲙⲓⲥⲉ ⲙ̄ ⲙⲁⲥⲉ· ⲁⲩⲱ ⲛⲉϥⲧⲁⲡ' ⲉⲧⲟ ⲛ̄
ⲑⲉ ⲛ̄ ⲟⲩⲧⲁⲡ' ⲛ̄ ⲙⲟⲛⲟⲕⲉⲣⲱⲧⲟⲥ·
ⲉϥⲛⲁⲕⲱⲛⲥ̄ ⲛ̄ ϩⲏⲧⲟⲩ ⲛ̄ ⲛ̄ϩⲉⲑⲛⲟⲥ
ⲧⲏⲣⲟⲩ ϩⲓ ⲟⲩⲥⲟⲡ' ϣⲁ ⲁⲣⲏϫϥ̄ ⲙ̄
ⲡⲕⲁϩ· ⲛⲁⲓ̈ ⲡⲉ ⲛⲉⲧⲃⲁ̂ ⲛ̄ⲉⲫⲣⲁⲓⲙ'
ⲁⲩⲱ ⲛⲁⲓ̈ ⲡⲉ ⲛ̄ϣⲟ ⲛ̄ ⲙⲁⲛⲁⲥⲥⲏ·

18 ⲁⲩⲱ ⲡⲉϫⲁϥ ⲛ̄ ⲥⲁⲃⲟⲩⲗⲱⲛ⁷ ϫⲉ ⲉⲩ
ⲫⲣⲁⲛⲉ ⲛ̄ [ⲥⲁⲃⲟⲩⲗⲱ]ⲛ ϩⲙ̄ ⲡⲉⲕ'ⲉⲓ̂ ⲉ ⲃⲟⲗ'· ⲁⲩⲱ

19 ⲉⲓⲥⲥⲁ[ⲭⲁⲣ⁸ ϩⲛ̄] ⲛⲉϥⲙⲁ ⲛ̄ ϣⲱⲡⲉ· ϩⲛ̄
ϩⲉⲑⲛⲟⲥ ⲥⲉⲛⲁϥⲟⲧⲟⲩ ⲉ ⲃⲟⲗ· ⲁⲩⲱ ⲧⲉⲧⲛ̄
ⲛⲁⲉⲡⲉⲓⲕⲁⲗⲓ ϩⲙ̄ ⲡⲙⲁ ⲉⲧ ⲙ̄ⲙⲁⲩ̂· ⲛ̄ⲧⲉ
ⲧⲛ̄ϣⲱⲱⲧ' ⲛ̄ ⲟⲩⲑⲩⲥⲓⲁ ⲛ̄ ⲇⲓⲕⲁⲓⲟ

Fol. 52 a
[ⲣⲙⲃ]

---

¹ ἀβύσσων πηγῶν.

² There is no equivalent for ⲡⲛⲟⲩⲧⲉ in the Greek—καθ' ὥραν γενημάτων ἡλίου τροπῶν.

³ 'Fulfilment of the months'; Gr. συνόδων μηνῶν.

⁴ βουνῶν ἀενάων.   ⁵ Without equivalent in the Greek.

⁶ ἐν τῷ βάτῳ.   ⁷ Ζαβουλών.   ⁸ Ἰσσαχάρ.

ⲥⲧⲏⲛ· ⲍⲉ ⲁ ⲧⲙⲛ̄ⲧⲣⲙ̄ⲙⲁⲟ ⲛ̄ ⲑⲁⲗⲗⲁⲥ
ⲥⲁ ⲛ ⲁⲧ ⲥⲛ̄ⲕⲟⲕ· ⲁⲩⲱ † ⲉ ⲡϣⲱⲧ· ⲛ̄

20 ⲛⲉⲧ ⲟⲩⲏϩ ϩⲛ̄ ⲧⲡⲁⲣϩⲁⲗⲓⲁ[1]· ⲁⲩⲱ
ⲅⲁⲇ· ⲡⲉϫⲁϥ ⲛⲁϥ· ⲍⲉ ϥⲥⲙⲁⲙⲁⲁⲧ· ⲛ̄
ϭⲓ ⲅⲁⲇ· ⲉϥⲟⲩⲱϣⲥ ⲉ ⲃⲟⲗ· ⲁϥⲙ̄ⲧⲟⲛ
ⲙ̄ⲙⲟϥ ⲛ̄ⲑⲉ ⲛ̄ ⲟⲩⲙⲟⲩⲉⲓ· ⲉⲁϥϩⲱⲣⲃ̄

21 ⲛ̄ ⲟⲩⲃ̄ⲟⲉⲓ ⲙⲛ̄ ϩⲉⲛⲁⲣⲭⲱⲛ· ⲁⲩⲱ
ⲁϥⲛⲁⲩ ⲉ ⲧⲁⲣⲭⲏ[2]· ⲍⲉ ⲛ̄ⲧⲁⲩⲡⲉϣ
ⲡⲕⲁϩ· ϩⲙ̄ ⲡⲙⲁ ⲉⲧ ⲙ̄ⲙⲁⲩ ⲛ̄ ⲁⲣⲭⲱⲛ·
ⲛⲁⲥⲱⲟⲩϩ ⲉ ϩⲟⲩⲛ ⲙⲛ̄ ⲛ̄ⲁⲣⲭⲏ
ⲅⲟⲥ ⲙⲛ̄ ⲛ̄ⲗⲁⲟⲥ[3]· ⲁϥⲉⲓⲣⲉ ⲛ̄ ⲧⲁⲓⲕⲁⲓ
ⲟⲥⲩⲛⲏ ⲙ̄ ⲡϫⲟⲉⲓⲥ ⲁⲩⲱ ⲡⲉϥϩⲁⲡ·

22 ⲙⲛ̄ ⲡⲓⲥⲣⲁⲏⲗ· ⲁⲩⲱ ⲇⲁⲛ· ⲡⲉϫⲁϥ
ⲛⲁϥ· ⲍⲉ ⲟⲩⲙⲁⲥ ⲙ̄ⲙⲟⲩⲉⲓ ⲡⲉ ⲇⲁⲛ·
ⲉϥⲛⲁϥⲟϭϥ̄ ⲉ ⲃⲟⲗ· ϩⲛ̄ ⲧⲃⲁⲥⲁⲛ·

23 ⲁⲩⲱ ⲛⲉⲡⲑⲁⲗⲉⲓⲙ[4] ⲡⲉϫⲁϥ ⲛⲁϥ·
ⲍⲉ ⲛⲉⲡⲑⲁⲗⲉⲓⲙ· ⲡⲉ ⲉⲓⲛⲉ ⲛ̄ ⲛⲉⲧ·
ϣⲏⲡ· ⲁⲩⲱ ⲙⲁⲣⲉϥⲉⲓ ϩⲛ̄ ⲡⲉⲥ
ⲙⲟⲩ ⲛ̄ⲧⲛ̄ ⲡϫⲟⲉⲓⲥ· ⲧⲉⲑⲁⲗⲗⲁⲥ
ⲥⲁ ⲙⲛ̄ ⲡⲉⲙⲛ̄ⲧ[5] ϥⲛⲁⲕⲗⲏⲣⲟⲛⲟ

24 ⲙⲉⲓ ⲙ̄ⲙⲟⲟⲩ· ⲁⲩⲱ ⲁⲥⲏⲣ ⲡⲉϫⲁϥ
ⲛⲁϥ· ⲍⲉ ⲁⲥⲏⲣ· ⲥⲙⲁⲙⲁⲁⲧ· ⲛ̄ ⲧⲟⲟⲧⲟⲩ
ⲛ̄ ⲛⲉϥϣⲏⲣⲉ· ⲁⲩⲱ ϥⲛⲁϣⲱⲡⲉ ⲉϥ
ⲥⲙⲁⲙⲁⲁⲧ· ϩⲛ̄ ⲛⲉϥⲥⲛⲏⲟⲩ[6]· ϥⲛⲁ
ϩⲱⲣⲡ̄ ⲛ̄ ⲧⲉϥⲟⲩⲉⲣⲏⲧⲉ ϩⲛ̄ ⲟⲩ

25 ⲛⲉϩ· ⲡⲉϥⲧⲟⲟⲩ ⲛⲁϣⲱⲡⲉ ⲉⲩ ⲡⲉ
ⲛⲓⲡⲉ ⲡⲉ ⲙⲛ̄ ⲟⲩϩⲟⲙⲛ̄ⲧ· ⲉⲣⲉ
ⲧⲉⲕϭⲟⲙ· ō ⲛ̄ⲑⲉ ⲛ̄ ⲛⲉⲕⲉϩⲟⲟⲩ:

---

[1] παράλιον κατοικούντων. [2] ἴδεν ἀπαρχὴν αὐτοῦ.
[3] ἀρχηγοῖς λαῶν. [4] Νεφθαλείμ.
[5] καὶ λίβα. The Coptic translator considered λίβα to mean
'west', ⲁⲙⲛ̄ⲧ, or ⲉⲙⲛ̄ⲧ, or Libya. The Heb. has יָם וְדָרוֹם.
[6] For ⲥⲛⲏⲩ.

26 ⲙⲛ̄ ⲟⲩⲟⲛ ⲛ̄ⲑⲉ ⲙ̄ ⲡⲛⲟⲩⲧⲉ ⲡ]ⲙⲉⲣⲓⲧ·
ⲡⲉⲧ ⲃⲏⲕ· ⲉⲭⲛ̄ ⲧⲡⲉⲉ ⲡⲉ ⲡⲉⲕⲃⲟⲏ
ⲑⲟⲥ ⲁⲩⲱ ⲡⲉⲟⲟⲩ ⲙ̄ ⲡⲉⲥⲧⲉⲣⲉⲱⲙⲁ·

27 ⲁⲩⲱ ⲧⲉⲥⲕⲏⲡⲏ[1] ⲛ̄ ⲧⲁⲣⲭⲏ ⲙ̄ ⲡⲛⲟⲩ
ⲧⲉ· ϥⲛⲁϣⲱⲡⲉ ϩⲁ ⲧ'ϭⲟⲙ· ⲙ̄ ⲡⲉⲕ·
ϭⲃⲟⲉⲓ ϣⲁ ⲉⲛⲉϩ· ⲁⲩⲱ ϥⲛⲁⲛⲟⲩ
ϫⲉ ⲉ ⲃⲟⲗ ϩⲓ ϩⲏ ⲙ̄ⲙⲟⲕ· ⲙ̄ ⲡϫⲁϫⲉ· ⲉϥ

28 ϫⲱ ⲙ̄ⲙⲟⲥ ϫⲉ ⲉⲕⲉⲧⲁⲕⲟ· ⲁⲩⲱ ⲡⲓⲥ
ⲣⲁⲏⲗ· ⲛⲁⲟⲩⲱϩ· ⲙⲁⲩⲁⲁϥ· ⲉϥⲧⲁϫⲣⲏⲩ
ϩⲛ̄ ⲡⲕⲁϩ ⲛ̄ ⲓ̈ⲁⲕⲱⲃ· ϩⲓϫⲛ̄ ⲟⲩⲕⲁϩ ⲛ̄
ⲥⲟⲩⲟ ϩⲓ ⲏⲣⲡ· ⲁⲩⲱ ⲧⲡⲉ ⲥⲛⲁⲡⲱⲣϣ̄
ⲉ ⲃⲟⲗ· ⲛ̄ ⲕⲗⲟⲟⲗⲉ· ⲛ̄ϭⲣⲱⲟⲩ ⲛⲁⲕ· ⲛ̄

29 ⲟⲩⲉⲓⲱⲧⲉ· ⲛⲁⲓ̈ⲁⲧⲕ̄ ⲛ̄ⲧⲟⲕ· ⲡⲓⲥⲣⲁⲏⲗ·
ⲛⲓⲙ ⲡⲉ ⲡⲕⲉ ⲗⲁⲟⲥ ⲉⲧⲛ̄ⲧⲱⲛ ⲉ ⲣⲟⲕ·
ⲉⲣⲉ ⲡϫⲟⲉⲓⲥ ⲛⲟⲩϩⲙ̄ ⲙ̄ⲙⲟϥ· ϥⲛⲁ
ⲙⲓϣⲉ ⲉ ϫⲱⲕ· ⲛ̄ϭⲓ ⲡⲉⲕⲃⲟⲏⲑⲟⲥ·
ⲁⲩⲱ ⲧⲥⲏϥⲉ ⲙ̄ ⲡⲉⲕϣⲟⲩϣⲟⲩ[2]· ⲛⲉⲕ
ϫⲓϫⲉⲟⲩ ⲛⲁϫⲓϭⲟⲗ· ⲉ ⲣⲟⲕ· ⲁⲩⲱ ⲛ̄ⲧⲟⲕ

Chap ⲕ'ⲛⲁⲣⲱⲙ'ϫ ⲙ̄ ⲡⲉⲩⲕⲁϩ· ⲙⲱⲥⲏⲥ
XXXIV. 1 ⲇⲉ ⲁϥⲡⲱⲧ· ⲉ ϩⲣⲁⲓ̈ ⲉϫⲛ̄ ⲁⲣⲁⲙⲱⲑ[3]
ⲛ̄ⲧⲉ ⲙⲱⲁⲃ· ⲉϫⲛ̄ ⲡⲧⲟⲟⲩ ⲛ̄ⲁⲃⲁⲩ·
ⲉϫⲛ̄ ⲡⲕⲟⲟϩ ⲛ̄ ⲫⲁⲥⲅⲁ[4] ⲉⲧ ⲙ̄ⲡⲉ ⲙⲧⲟ
ⲉ ⲃⲟⲗ ⲛ̄ ϩⲓⲉⲣⲓⲭⲱ· ⲁⲩⲱ ⲡϫⲟⲉⲓⲥ ⲁϥ
ⲧⲟⲩⲟϥ ⲉ ⲡⲕⲁϩ ⲧⲏⲣϥ̄ ⲛ̄ ⲅⲁⲗⲁⲁⲇ

2 ϣⲁ ϩⲣⲁⲓ̈ ⲉ ⲇⲁⲛ· ⲁⲩⲱ ⲡⲕⲁϩ· ⲧⲏⲣϥ̄
ⲛ· ⲛⲉⲡⲑⲁⲗⲉⲓⲙ·[5] ⲙⲛ̄ ⲡⲕⲁϩ ⲛ̄ ⲉⲫⲣⲁⲓ̈ (=ⲓⲙ)
ⲙⲛ̄ ⲙⲁⲛⲁⲥⲥⲏ· ⲁⲩⲱ ⲡⲕⲁϩ ⲧⲏⲣϥ̄

3 ⲛ̄ ⲓ̈ⲟⲩⲇⲁ ϣⲁ ⲧⲉⲑⲁⲗⲗⲁⲥⲁ ⲛ̄ ϩⲁⲏ· ⲛⲙ̄
ⲧⲉⲣⲏⲙⲟⲥ ⲙⲛ· ⲡⲕⲱⲧⲉ ⲛ̄ ϩⲓⲉⲣⲓⲭⲱ
ⲧⲡⲟⲗⲓⲥ ⲛ̄ ⲛ̄ⲣⲙ̄ ⲛ̄ ⲧⲉⲫⲟⲓⲛⲓⲕⲏ[6]

---

[1] καὶ σκεπάσει. [2] μάχαιρα καύχημά σου.
[3] Ἀραβὼθ Μωὰβ. [4] Φασγά.
[5] As in A F Νεφθαλειμ. [6] πόλιν φοινίκων.

DEUTERONOMY XXXIV. 4–10

Fol. 53 a
[ρπε]

4 ϣⲁ ϩⲣⲁï ⲉ ⲥⲏⲅⲱⲣ· ⲡⲉϫⲉ ⲡϫⲟⲉⲓⲥ
ⲇⲉ ⲛ̄ ⲙⲱⲩⲥⲏⲥ ϫⲉ ⲡⲁï ⲡⲉ ⲡⲕⲁϩ ⲉⲛ
ⲧ ⲁïⲱⲣⲕ̄ ⲉ ⲧⲃⲏⲏⲧϥ̄ ⲛ̄ ⲁⲃⲣⲁϩⲁⲙ[1]
ⲙⲛ̄ ⲓ̈ⲥⲁⲕ' ⲙⲛ̄ ⲓ̈ⲁⲕⲱⲃ' ⲉïϫⲱ ⲙ̄ⲙⲟⲥ
ⲛⲁⲩ ϫⲉ †[ⲛⲁ†ⲛⲁⲥϥ ⲙ̄] ⲡⲉⲧⲛ̄ⲥⲡⲉⲣⲙⲁ
ⲁï ⲧⲣⲉ ⲛ[ⲉⲕⲃⲁ]ⲗ' ⲛⲁⲩ ⲉ ⲣⲟϥ ⲛ̄ⲅ̄ ⲧⲙ

5 ⲃⲱⲕ' ⲇ[ⲉ] ⲉ ϩⲟⲩⲛ ⲉ ⲣⲟϥ' ⲁⲛ· ⲁⲩⲱ ⲁϥ
ⲙⲟⲩ ϩⲙ̄ ⲡⲙⲁ ⲉⲧ ⲙ̄ⲙⲁⲩ ⲛ̄ϭⲓ ⲙⲱ
ⲩ̈ⲥⲏⲥ ⲡϩⲙ̄ϩⲁⲗ' ⲙ̄ ⲡϫⲟⲉⲓⲥ ϩⲙ̄ ⲡⲕⲁϩ
ⲙ̄ ⲙⲱⲁⲃ' ϩⲓⲧⲛ̄ ⲡϣⲁϫⲉ ⲙ̄ ⲡϫⲟⲉⲓⲥ·

6 ⲁⲩⲱ ⲁⲩⲧⲟⲙⲥϥ̄ ϩⲛ̄ ⲅⲁⲓ, ϩⲓⲧⲟⲩⲛ,
ⲡⲏⲓ ⲙ̄ ⲫⲟⲅⲱⲣ' ⲁⲩⲱ ⲙⲡ̄ ⲗⲁⲁⲩ ⲥⲟ
ⲟⲩⲛ ⲛ̄ ⲧⲉϥⲕⲁⲓⲥⲉ ϣⲁ ϩⲣⲁï ⲉ ⲡⲟⲟⲩ·

7 ⲙⲱⲩ̈ⲥⲏⲥ ⲇⲉ ⲛⲉϥ ϩⲛ̄ ϣⲉ ϫⲟⲩⲧⲉ
ⲛ̄ ⲣⲟⲙⲡⲉ ⲛ̄ ⲧⲉⲣⲉ ϥⲙⲟⲩ ⲁⲩⲱ ⲛⲉϥ
ⲃⲁⲗ' ⲙ̄ⲡ ⲟⲩⲣ̄ϩⲗⲟⲥⲧⲛ̄· ⲟⲩⲧⲉ ⲙ̄

8 ⲡ ⲟⲩⲧⲁⲕⲟ· ⲁⲩⲱ ⲛ̄ ϣⲏⲣⲉ ⲙ̄ ⲡⲓⲥ
ⲣⲁⲏⲗ' ⲁⲩⲣⲓⲙⲉ ⲙ̄ ⲙⲱⲩ̈ⲥⲏⲥ ϩⲛ̄ ⲁⲣⲁ
ⲃⲱⲑ' ⲛ̄ⲧⲉ ⲙⲱⲁⲃ' ϩⲓϫⲛ̄ ⲡⲓⲟⲣⲇⲁ
ⲛⲏⲥ ⲙ̄ⲡⲉ ⲙ̄ⲧⲟ ⲉ ⲃⲟⲗ ⲛ̄ ϩⲓⲉⲣⲓⲭⲱ
ⲙⲁⲁⲃ ⲛ̄ϩⲟⲟⲩ· ⲛ̄ ⲧⲉⲣ ⲟⲩϫⲱⲕ' ⲇⲉ
ⲉ ⲃⲟⲗ' ⲛ̄ϭⲓ ⲛⲉϩⲟⲟⲩ ⲙ̄ⲫⲁⲃⲉ ⲙ̄ⲡ

9 ⲡⲣⲓⲙⲉ ⲙ̄ ⲙⲱⲩ̈ⲥⲏⲥ, ⲁⲩⲱ ⲓ̈ⲏⲥⲟⲩⲥ
ⲡϣⲏⲣⲉ ⲛ̄ ⲛⲁⲩⲏ ⲁϥⲙⲟⲩϩ' ⲛ̄ ⲡⲛⲁ
ⲙ̄ ⲙⲛ̄ⲧ ⲣⲙ̄ ⲛ̄ ϩⲏⲧ' ⲁ ⲙⲱⲩ̈ⲥⲏⲥ
ⲅⲁⲣ ⲕⲁ ⲧⲟⲟⲧϥ̄ ϩⲓ ϫⲱϥ' ⲁⲩⲱ ⲁⲩ
ⲥⲱⲧⲙ̄ ⲛ̄ⲥⲱϥ ⲛ̄ϭⲓ ⲛ̄ ϣⲏⲣⲉ ⲙ̄ ⲡⲓⲥ
ⲣⲁⲏⲗ' ⲉⲁⲩⲉⲓⲣⲉ ⲕⲁⲧⲁ ⲑⲉ ⲉⲛⲧⲁ
ⲡϫⲟⲉⲓⲥ ϩⲱⲛ ⲉ ⲧⲟⲟⲧϥ̄ ⲙ̄ ⲙⲱⲩ̈ⲥⲏⲥ.

10 ⲁⲩⲱ ⲙ̄ⲡⲉ ⲕⲉ ⲡⲣⲟⲫⲏⲧⲏⲥ ⲧⲱ
ⲟⲩⲛ ϩⲛ̄ ⲡⲓⲥⲣⲁⲏⲗ' ⲛ̄ⲑⲉ ⲙ̄ ⲙⲱ
ⲩ̈ⲥⲏⲥ ⲉⲁ ⲡϫⲟⲉⲓⲥ ⲥⲟⲩⲱⲛϥ̄ ⲛ

[1] Ἀβραάμ.

11 ϩⲇ ϩⲓ ϩⲇ· ϩⲛ̄ ϩⲉⲛⲙⲁⲉⲓⲛ ⲧⲏⲣⲟⲩ
ⲙⲛ̄ ϩⲉⲛϣⲡⲏⲣⲉ ⲡⲁⲓ̈ ⲉⲛⲧⲁ ⲡϫⲟ
ⲉⲓⲥ ϫⲟⲟⲩϥ· ⲉ ⲧⲣⲉ ϥⲁⲁⲩ ϩⲛ̄ ⲡⲕⲁϩ
ⲛ̄ ⲕⲏⲙⲉ ϩⲛ̄ ⲫⲁⲣⲁⲱ ⲙⲛ̄ ⲛⲉϥ
12 ϩⲙ̄ϩⲁⲗ'¹ ⲧⲏⲣ[ⲟ]ⲩ [ⲁⲩⲱ ⲙⲛ̄ ⲛ]ⲉϥϭⲁϩ'· ⲛ̄
ⲛⲟϭ ⲛ̄ϣⲡⲏⲣⲉ ⲁ[ⲩⲱ] [ⲧⲉϥ]ϭⲓϫ' ⲉⲧ
ϫⲟⲟⲣ' ⲉⲛⲧⲁ ⲙⲱⲩ̈ⲥⲏⲥ ⲁⲁⲩ ⲙ̄
ⲡⲉ ⲙⲧⲟ ⲉ ⲃⲟⲗ ⲙ̄ ⲡⲓⲥⲣⲁⲏⲗ'
ⲧⲏⲣϥ̄· ✠✠✠✠✠✠✠✠✠

Ⲛ̄ⲦⲈⲨⲦⲈ :

: ⲢⲞⲚⲞⲘⲒⲞⲚ ² :

: ⲈⲒⲢⲎⲚⲎ ⲦⲰ ⲦⲢⲀⲮⲀⲚⲦⲒ :

: ⲔⲀⲒ ⲦⲰ :

: ⲀⲚⲀⲦⲒⲚⲰⲤⲔⲞⲚⲦⲒ :

Fol. 53 b

[ⲣⲙⲉ]

---

¹ τοῖς θεράπουσιν αὐτοῦ.
² The name of the book is written below the text as in B A F.

ⲒⲰⲎⲀⲤ

Chap. I. 1 ⲡϣⲁϫⲉ ⲙ̄ ⲡϫⲟⲉⲓⲥ ⲁϥϣⲱⲡⲉ ϣⲁ
ⲓ̈ⲱⲛⲁⲥ ⲡϣⲏⲣⲉ ⲛ̄ ⲁⲙⲁⲑⲉⲓ ⲉϥϫⲱ

2 ⲙ̄ⲙⲟⲥ ϫⲉ· ⲧⲱⲟⲩⲛ [ⲛ̄]ⲅ̄ ⲃⲱⲕ ⲉ ϩⲣⲁⲓ̈
ⲉ ⲧⲛⲓⲛⲉⲩⲏ ⲧⲛⲟϭ ⲙ̄ ⲡⲟⲗⲉⲓⲥ· ⲛ̄ⲅ̄
ⲕⲏⲣⲩⲥⲥⲉ [ⲉ] ϩⲣⲁⲓ̈ ⲛ̄ ϩⲏⲧⲥ̄ ϫⲉ ⲁ ⲡⲉⲧⲟ
ⲉⲓϣ ⲛ̄ ⲧⲉⲥⲕⲁϭⲓⲁ¹ ⲉⲓ̈ ⲉ ϩⲣⲁⲓ̈ ⲙ̄ⲡⲁ ⲙ̄

3 ⲧⲟ ⲉ ⲃⲟⲗ· ⲁⲩⲱ ⲁϥⲧⲱⲟⲩⲛ ⲛ̄ϭⲓ
ⲓ̈ⲱⲛⲁⲥ ⲉ ⲡⲱⲧ ⲉ ⲑⲁⲣⲥⲉⲓⲥ² ⲛ̄ ⲛⲁϩ
ⲣⲛ̄ ⲡⲣⲟ ⲙ̄ ⲡϫⲟⲉⲓⲥ· ⲁⲩⲱ ⲁϥⲃⲱⲕ
ⲉ ϩⲣⲁⲓ̈ ⲉ ⲓ̈ⲟⲡⲏ³· ⲁϥϭⲛ̄ ⲟⲩϫⲟⲉⲓ ⲉϥⲛⲁ
ⲥϭⲏⲣ ⲉ ⲑⲁⲣⲥⲉⲓⲥ· ⲁϥϯ ⲧⲉⲧϩⲙ̄ⲙⲉ ⲉϥ
ⲧⲁⲗⲉ ⲉ ⲣⲟϥ· ⲉⲥϭⲏⲣ ⲛ̄ⲙ̄ⲙⲁϥ ⲉ ⲑⲁⲣⲥⲉⲓⲥ

4 ⲛ̄ ⲛⲁϩⲣⲛ̄ ⲡⲣⲟ ⲙ̄ ⲡϫⲟⲉⲓⲥ· ⲁⲩⲱ ⲡϫⲟ
ⲉⲓⲥ ⲁϥⲧⲟⲩⲛⲟⲥ ⲟⲩⲛⲟϭ ⲛ̄ ⲧⲏⲟⲩ
ⲉ ϩⲣⲁⲓ̈ ⲉⲓ ⲉ ⲑⲁⲗⲗⲁⲥⲥⲁ ⲁⲩⲛⲟϭ ⲛ̄
ϩⲟⲉⲓⲙ [ϣⲱⲡⲉ] ⲉ ϩⲣⲁⲓ̈ ⲛ̄ ϩⲏⲧⲥ̄ ⲁⲩⲱ

5 ⲡϫⲟⲉⲓ ⲁϥϭⲓⲛⲇⲩⲛⲉⲩⲉ⁴ ⲉ ⲧⲁⲕⲟ· ⲁⲛ
ⲛⲉⲉϥ ⲣ̄ ϩⲟⲧⲉ ϩⲛ̄ ⲟⲩⲛⲟϭ ⲛ̄ ϩⲟⲧⲉ
ⲁⲩⲱ ⲁⲩⲱϣ ⲉ ⲃⲟⲗ ⲛ̄ϭⲓ ⲡⲟⲩⲁ ⲡⲟⲩⲁ
ⲉ ϩⲣⲁⲓ̈ ⲉ ⲡⲉϥⲛⲟⲩⲧⲉ· ⲁⲩⲱ ⲁⲩⲛⲟⲩ
ϫⲉ ⲉ ⲃⲟⲗ ϩⲛ̄ ⲛⲉⲥⲕⲉⲩⲏ ⲉⲧ ϩⲛ̄ ⲡϫⲟⲉⲓ
ⲉ ⲧⲉⲑⲁⲗⲗⲁⲥⲥⲁ· ⲉ ⲧⲣⲉ ⲡϫⲟⲓ ⲁⲥⲁⲓ
ⲉ ⲣⲟⲟⲩ· ⲓ̈ⲱⲛⲁⲥ ⲇⲉ ⲁϥⲃⲱⲕ ⲉ ϩⲣⲁⲓ̈ ⲉ
ⲡⲟⲩⲛ̄ⲧ ⲙ̄ ⲡϫⲟⲉⲓ ⲁϥⲛ̄ⲕⲟⲧⲕ̄ ⲁϥ

6 ϩⲣⲟⲣ̄· ⲁⲩⲱ ⲁϥϯ ⲡⲉϥⲟⲩⲟⲉⲓ ⲉ ⲣⲟϥ

Fol. 54 a
ⲁ̄

---

¹ τῆς κακίας. ² Θαρσὶς.
³ εἰς Ἰόππην. ⁴ ἐκινδύνευε.

ⲥⲙⲅⲁⲗⲧⲏⲣ   ⲁⲩⲱ
ⲛⲟϭⲛϣⲡⲏⲣⲉ   ⲛⲓⲭⲉⲧ
ⲭⲟⲟⲣⲉⲛⲧⲁⲙⲱⲩⲥⲏⲥⲁⲁⲩⲙ
ⲡⲉⲙⲧⲟⲉⲃⲟⲗⲙⲡⲓⲥⲣⲁⲏⲗ
ⲧⲏⲣϥ ⳾⳾⳾⳾⳾⳾⳾⳾
⳾⳾⳾⳾⳾   ⳾⳾⳾⳾⳾

ⲡⲉⲩⲧⲉ
ⲣⲟⲛⲟⲙⲓⲟⲛ
ⲉⲓⲣⲏⲛⲏ ⲛⲧⲱ ⲅⲣⲁ ⲁⲛⲧⲓ
ⲕⲁⲓ ⲧⲱ
ⲁⲛⲁⲧⲓⲛⲱⲥⲕⲟⲛⲧⲓ

ⲓⲱⲛⲁⲥ

ⲡϣⲁϫⲉ ⲙⲡϫⲟⲉⲓⲥ ⲁϥϣⲱⲡⲉ ϣⲁ
ⲓⲱⲛⲁⲥ ⲡϣⲏⲣⲉ ⲛ̄ⲁⲙⲁⲑⲓ ⲉϥϫⲱ
ⲙ̄ⲙⲟⲥ ϫⲉ ⲧⲱⲟⲩⲛ ⲅ̄ ⲃⲱⲕ ⲉϩⲣⲁⲓ
ⲉⲧ ⲛⲓⲛⲉⲩⲏ ⲧⲛⲟϭ ⲙ̄ⲡⲟⲗⲉⲓⲥ ⲛ̄ⲅ̄
ⲕⲏⲣⲩⲥⲥⲉ ⲉϩⲣⲁⲓ ⲛ̄ϩⲏⲧⲥ ϫⲉ ⲁⲡⲉⲩ
ⲉⲓϣⲛⲧⲉⲥ ⲕⲁϭⲓⲁ ⲉⲓ ⲉϩⲣⲁⲓ ⲙⲡⲁⲙ
ⲧⲟ ⲉⲃⲟⲗ· ⲁⲩⲱ ⲁϥⲧⲱⲟⲩⲛ ⲛϭⲓ
ⲓⲱⲛⲁⲥ ⲉⲡⲱⲧ ⲉⲑⲁⲣⲥⲉⲓⲥ ⲛ̄ⲛⲁϩ
ⲣⲛ̄ⲧⲥⲟ ⲙ̄ⲡϫⲟⲉⲓⲥ· ⲁⲩⲱ ⲁϥⲃⲱⲕ
ⲉϩⲣⲁⲓ ⲉⲓⲟⲡⲏ ⲁϥϩⲛⲟⲩ ⲭⲟⲉⲓⲉ ⲛⲁ
ⲥⲟϩⲣⲉ ⲃⲁϥⲧⲉⲓⲥ ⲁⲗⲉ ⲉϫⲱⲥ ⲙⲉⲧ
ⲧⲁⲗⲉ ⲉⲣⲟⲥ ⲉⲥⲟ ⲛⲣⲙ̄ⲙⲁⲉ ⲉⲃⲟⲣϭ
ⲛⲛⲁϩⲣⲛ̄ ⲡϫⲟ ⲙ̄ⲡϫⲟⲉⲓⲥ ⲁⲩⲱ
ⲁⲡϫⲟⲉⲓⲥ ⲟⲩⲛⲟϥ ⲛ̄ⲧⲛⲟϥ
ⲉϩⲣⲁⲓ ⲥⲓⲉ ⲃⲁⲗⲗⲁⲥⲥⲁ ⲁⲩⲱ ⲛⲟϭ

ⲛϭⲓ ⲡⲛⲉⲉϥ ⲉⲧ ϩⲓ ϩⲏ¹ ⲉϥϫⲱ ⲙ̄ⲙⲟⲥ
ⲛⲁϥ ϫⲉ ⲉ ⲧⲃⲉ ⲟⲩ ⲛ̄ⲧⲟⲕ ⲕϩⲣ̄ϩⲣ̄· ⲧⲱ
ⲟⲩ[ⲛ] ⲛⲅ̄ ⲉⲡⲉⲓⲕⲁⲗⲉⲓ ⲙ̄ ⲡⲉⲕⲛⲟⲩⲧⲉ
ⲙⲉϣⲁⲕ² ⲉϥⲉⲛⲁϩⲙ̄ⲛ ⲛϭⲓ ⲡⲉⲕⲛⲟⲩ

7 ⲧⲉ ⲛ̄ⲧⲛ̄ ⲧⲙ̄ ⲙⲟⲩ· ⲡⲉϫⲉ ⲡⲟⲩⲁ ⲡⲟⲩⲁ
ⲙ̄ ⲡⲉⲧ ϩⲓⲧⲟⲩⲱϥ ϫⲉ ⲁⲙⲏⲉⲓⲧⲛ̄ ⲛ̄
ⲧⲛ̄ⲛⲉϫ ⲕⲗⲏⲣⲟⲥ ⲧⲁⲣⲛ̄ ⲉⲓⲙⲉ ϫⲉ ⲉ
ⲧⲃⲉ ⲟⲩ ⲛ̄ ϩⲱⲃ ⲧⲉⲕⲁϭⲓⲁ³ [ϩⲓ ϫⲱⲛ]·
ⲁⲩⲛⲉϫ ⲕⲗⲏⲣⲟⲥ ⲁⲩⲱ ⲁ ⲡⲉⲕⲗ[ⲏⲣⲟⲥ]

8 ⲉⲓ ⲉϫⲛ̄ ⲓ̈ⲱⲛⲁⲥ· ⲡⲉϫⲁⲩ ⲛⲁϥ ϫⲉ [ⲧⲁ]
ⲙⲟⲛ ϫⲉ ⲉ ⲧⲃⲉ ⲟⲩ ⲛ̄ ϩⲱⲃ ⲧⲉⲕ[ⲁ]
ϭⲓⲁ ϩⲓ ϫⲱⲛ· ⲟⲩ ⲧⲉ ⲧⲉⲕⲉⲓⲟⲡⲉ· ⲁ[ⲩⲱ]
ⲛ̄ⲧⲁⲕⲉⲓ ⲧⲱⲛ· ⲁⲩⲱ ⲉⲕⲛⲁⲃ[ⲱⲕ]
ⲉ ⲧⲱⲛ⁴· ⲛ̄ⲧⲕ̄ ⲟⲩ ⲉ ⲃⲟⲗ ⲛ̄ⲧⲟⲕ· ⲛ̄
ⲁϣ ⲛ̄ ⲭⲱⲣⲁ· ⲁⲩⲱ ⲉ ⲃⲟⲗ ϩⲛ̄ ⲛ̄ ⲁϣ ⲛ

9 ⲗⲁⲟⲥ· ⲁⲩⲱ ⲡⲉϫⲁϥ ⲛⲁⲩ ϫⲉ ⲁⲛⲅ̄
ⲡⲣⲙ̄ϩⲁⲗ ⲁⲛⲟⲕ ⲙ̄ ⲡϫⲟⲉⲓⲥ ⲁⲩⲱ
ⲡϫⲟⲉⲓⲥ ⲡⲛⲟⲩⲧⲉ ⲛ̄ ⲧⲡⲉ· ⲉⲓ̈ϣⲙ̄ⲙ̄
ϣⲉ ⲛⲁϥ ⲁⲛⲟⲕ ⲡⲁⲓ̈ ⲉⲛⲧ ⲁϥⲧⲁⲙⲓⲟ

10 ⲑⲁⲗⲗⲁⲥⲥⲁ· ⲛⲙ̄ ⲡⲉⲧ ϣⲟⲩⲱⲟⲩ· ⲁⲩⲱ
ⲁⲩⲣ̄ ϩⲟⲧⲉ ⲛ̄ϭⲓ ⲛ̄ⲣⲱⲙⲉ ϩ[ⲛ̄ ⲟⲩ]ⲛⲟϭ ⲛ̄ ϩⲟ Fol. 54b
ⲧⲉ· ⲡⲉϫⲁⲩ ⲛⲁϥ ϫⲉ ⲉ ⲧⲃⲉ ⲟⲩ ⲁⲕⲣ̄ ⲡⲁⲓ̈   ⲃ̄
ⲉⲡⲉⲓ⁵ ⲁⲩⲉⲓⲙⲉ ⲛ̄ϭⲓ ⲛ̄ⲣⲱⲙⲉ ϫⲉ ⲛ̄ⲧⲁϥ
ⲡⲱⲧ ⲛ̄ ⲛⲁϩⲣⲛ̄ ⲫⲟ⁶ ⲙ̄ ⲡϫⲟⲉⲓⲥ ⲉ ⲃⲟⲗ

11 ϫⲉ ⲁϥⲧⲁⲙⲟⲟⲩ· ⲡⲉϫⲁⲩ ⲛⲁϥ ϫⲉ ⲟⲩ
ⲡⲉ ⲉⲧ ⲛ̄ⲛⲁⲁϥ ⲛⲁⲕ ϫⲉ ⲉⲣⲉ ⲑⲁⲗ
ⲗⲁⲥⲥⲁ ⲗⲟⲉⲥⲟ ⲛ̄ϩⲟⲉⲓⲙ ⲉ ⲣⲟⲛ· ⲉ ⲃⲟⲗ
ϫⲉ ⲧⲉⲑⲁⲗⲗⲁⲥ[ⲥⲁ] ⲛⲉⲥⲧⲱⲟⲩⲛ ⲛ̄ϩⲟⲩⲟ

12 ⲉⲥⲛⲉϩⲥⲉ ⲛ̄ ⲟⲩⲛⲟϭ ⲛ̄ϩⲟⲉⲓⲙ· ⲡⲉ

πρωρεύς.   ² 'Perhaps'; Gr. ὅπως.
κακία.
'Whither goest thou'; an addition to the usual text.
διότι.   ⁶ = ⲫϩⲟ; compare ⲫⲏⲧ = ⲫⲣⲏⲧ (ii. 4).

ϫⲉ ⲓ̈ⲱⲛⲁⲥ ⲛⲁⲩ ϫⲉ ϥⲓⲧ ⲛ̄ⲧⲉⲧⲛ̄
ⲛⲟϫⲧ ⲉ ⲑⲁⲗⲗⲁⲥⲥⲁ· ⲁⲩⲱ ⲥⲛⲁⲗⲟ
ⲉⲥⲟ ⲛ̄ϩⲟⲉⲓⲙ ⲉ ⲣⲱⲧⲛ̄· ⲉ ⲃⲟⲗ ϫⲉ ⲁⲓ̈
ⲉⲓⲙⲉ ⲁⲛⲟⲕ' ϫⲉ ⲉ ⲧⲃⲏⲏⲧ' ⲉⲣⲉ ⲡⲉⲓ̈

13 ⲛⲟϭ ⲛ̄ϩⲟⲉⲓⲙ ϩⲓ ϫⲱⲧⲛ̄· ⲁⲩⲱ ⲛⲉⲩ
ⲉⲓⲣⲉ ⲛ̄ ⲁⲡⲁ ⲧⲟⲟⲧⲟⲩ[1] ⲛ̄ϭⲓ ⲛ̄ⲣⲱⲙⲉ
ⲉⲕⲧⲟⲟⲩ ⲉ ⲡⲉⲕⲣⲟ· ⲁⲩⲱ ⲙ̄ⲡ ⲟⲩϣ
ⲕⲧⲟⲟⲩ ⲉ ⲃⲟⲗ ϫⲉ ⲧⲉⲑⲁⲗⲗⲁⲥⲥⲁ ⲛⲉⲥ

14 [ⲣ̄]ϩⲟⲉⲓⲙ ⲉⲙⲁⲧⲉ ⲉ ϫⲱⲟⲩ· ⲁⲩⲱ ⲁⲩ
[ⲱ]ϣ ⲉ ⲃⲟⲗ ⲉ ϩⲣⲁⲓ̈ ⲉ ⲡϫⲟⲉⲓⲥ ⲉⲩϫⲱ
ⲙ̄ⲙⲟⲥ ϫⲉ ⲙ̄ⲡⲣ̄ ϭⲱⲛⲧ ⲉ ⲣⲟⲛ
[ⲡ]ϫⲟⲉⲓⲥ[2]· ⲙ̄ⲡⲣ̄ ⲧⲣⲉ ⲛⲙⲟⲩ ⲉ ⲧⲃⲉ ⲧⲉ
[ⲯ]ⲩⲭⲏ ⲙ̄ ⲡⲉⲓ̈ ⲣⲱⲙⲉ· ⲙ̄ⲡⲣ̄ ⲉⲓⲛⲉ ⲉ
ϩⲣⲁⲓ̈ ⲉ ϫⲱⲛ ⲛ̄ ⲟⲩⲥⲛⲟϥ ⲛ̄ ⲇⲓⲕⲁⲓ
ⲟⲛ· ⲉ ⲃⲟⲗ ϫⲉ ⲛ̄ⲑⲉ ⲛ̄ⲧⲟⲕ ⲡϫⲟⲉⲓⲥ ⲉⲛ

15 ⲧⲁⲕⲟⲩⲁϣϥ̄ ⲁⲕⲁⲁⲥ· ⲁⲩⲱ ⲁⲩϥⲓ
ⲛ̄ ⲓ̈ⲱⲛⲁⲥ ⲁⲩⲛⲟϫϥ̄ ⲉ ϩⲣⲁⲓ̈ ⲉ ⲑⲁⲗ
ⲗⲁⲥⲥⲁ· ⲁ ⲧⲉ ⲑⲁⲗⲗⲁⲥⲥⲁ ⲗⲟⲉⲥⲟ ⲛ̄

16 ϩⲟⲉⲓⲙ· ⲁⲩⲱ ⲛ̄ⲣⲱⲙⲉ ⲁⲩⲣ̄ ϩⲟⲧⲉ ϩⲏ
ⲧϥ̄ ⲙ̄ ⲡϫⲟⲉⲓⲥ ϩⲛ̄ ⲟⲩⲛⲟϭ ⲛ̄ ϩⲟⲧⲉ ⲁⲩ
ⲱ ⲁⲩϣⲱⲧ ⲛ̄ ⲟⲩⲑⲩⲥⲓⲁ ⲙ̄ ⲡϫⲟⲉⲓⲥ

17 ⲁⲩⲉⲣⲏⲧ ⲛ̄ ⲛⲉⲣⲏⲧ· ⲁⲩⲱ ⲡϫⲟⲉⲓⲥ

Fol. 55 a

Chap. II. 1 ⲁϥⲟⲩⲉϩⲥⲁϩⲛⲉ ⲛ̄ ⲟⲩⲛⲟϭ ⲛ̄ ⲕⲏ
ⲧⲟⲥ ⲁϥⲱⲙⲛ̄ ⲛ̄ ⲓ̈ⲱⲛⲁⲥ· ⲁⲩⲱ ⲛⲉ
ⲣⲉ ⲓ̈ⲱⲛⲁ ⲛ̄ ϩⲏⲧϥ̄ ⲙ̄ ⲕⲏⲧⲟⲥ ⲛ̄ ϣⲟ
ⲙⲛⲧ ⲛ̄ϩⲟⲟⲩ ⲙⲛ̄ ϣⲟⲙⲧⲉ ⲛ̄ⲟⲩϣⲏ·

2 ⲁⲩⲱ ⲁϥϣⲗⲏⲗ ⲛ̄ϭⲓ ⲓ̈ⲱⲛⲁ ⲉ ⲡϫⲟ
ⲉⲓⲥ ⲡⲉϥⲛⲟⲩⲧⲉ ⲉϥⲛ̄ ϩⲏⲧϥ̄ ⲙ̄

3 ⲡⲕⲏⲧⲟⲥ· ⲉϥϫⲱ ⲙ̄ⲙⲟⲥ ϫⲉ ⲁⲓ̈ϫⲓϣ
ⲕⲁⲕ ⲉ ⲃⲟⲗ ϩⲛ̄ ⲧⲁ ⲑⲗⲓⲯⲉⲓⲥ ⲉ ϩⲣⲁⲓ̈
ⲉ ⲡϫⲟⲉⲓⲥ ⲡⲁ ⲛⲟⲩⲧⲉ· ⲁϥⲥⲱⲧⲙ̄

---

[1] παρεβιάζοντο.
[2] 'Be not wroth with us, O Lord'; Gr. μηδαμῶς Κύριε.

JONAH II. 3-11

ⲉ ⲣⲟⲉⲓ· ⲁⲓⲱϣ ⲉ ⲃⲟⲗ ⲉⲓ ⲛ ϩⲏⲧϥ̄ ⲛ̄
ⲁⲙⲛ̄ⲧⲉ· ⲁⲩⲱ ⲁⲕⲥⲱⲧⲙ̄ ⲉ ⲡⲁ ϩⲣⲟ·

4 ⲟⲩ ⲁⲕⲛⲟϫⲧ ⲉ ϩⲣⲁⲓ ⲉⲛϣⲓⲕ ⲙ̄
ⲫⲏⲧ¹ ⲛ̄ ⲑⲁⲗⲗⲁⲥⲥⲁ· ⲁⲩⲱ ϩⲉⲛⲉⲓⲉ
ⲣⲱⲟⲩ ⲁⲩⲕⲱⲧⲉ ⲉⲣⲟⲉⲓ ⲛⲉⲕϩⲟ
ⲧⲉ ⲧⲏⲣⲟⲩ ⲙⲛ̄ ⲛⲉⲕϩⲟⲉⲓⲙ ⲁⲩⲉⲓ ⲉ

5 ϩⲣⲁⲓ ⲉ ϫⲱⲉⲓ· ⲁⲛⲟⲕ ϩⲱ ⲁⲓ̈ϫⲱ [ⲙ̄ⲙⲟⲥ]
ϫⲉ ⲁⲩⲛⲟϫⲧ ⲉ ⲃⲟⲗ ⲛ̄ ⲛⲁϩⲣⲛ̄ ⲛ[ⲉⲕϩⲟ]
ⲁⲣⲁ ϯⲛⲁⲟⲩⲱϩ ⲉ ⲧⲟⲟⲧ' ⲉ ϭⲱ[ϣⲧ]

6 ⲉ ⲡⲉⲕⲣ̄ⲡⲉ ⲉⲧ ⲟⲩⲁⲁⲃ· ⲁ ϩⲉⲛⲙⲙⲟⲩ
ⲉⲓ ⲉ ϩⲟⲩⲛ ⲛⲁⲓ ϣⲁ ⲧⲁ ⲯⲩⲭⲏ· ⲁ ⲡⲛⲟⲩⲛ
ⲛ̄ ϩⲁⲉ ⲕⲱⲧⲉ ⲉⲣⲟⲉⲓ· [ⲟⲩϩⲩⲗⲟⲥ² ⲁϥ]

7 ⲕⲱⲧⲉ ⲉ ⲧⲁ ⲁⲡⲉ: ⲁⲓ̈ⲃ[ⲱⲕ ⲉ ⲡⲉⲥⲏⲧ]
ⲉⲛⲟⲩⲱϣ[ⲛ̄] ⲛ̄ⲧⲟⲩⲉⲓⲏ· ⲉ ⲡⲉ ⲥⲏ[ⲧ]·
ⲉⲧⲕⲁϩ ⲉⲣⲉ ⲛⲉϥⲙⲟⲭⲗⲟⲥ ⲁⲙⲁϩⲧⲉ
ϣⲁ ⲉⲛⲉϩ· ⲁⲩⲱ ⲕⲛⲁⲉⲓⲛⲉ ⲙⲙⲁ ⲛ
ⲱⲛϩ̄ ⲉ ϩⲣⲁⲓ ϩⲛ̄ ⲡⲧⲁⲕⲟ ⲉ ϩⲣⲁⲓ ϣⲁ

8 ⲣⲟⲕ ⲡϫⲟⲉⲓⲥ ⲡⲁ ⲛⲟⲩⲧⲉ· ϩⲙ̄ ⲡ
ⲧⲣⲉ ⲧⲁ ⲯⲩⲭⲏ ϣⲱ[ⲛⲉ (?) ⲛ̄] ⲧⲟⲟⲧ ⲁⲓ̈ⲣ   Fol. 55 b
ⲡⲙⲉⲉⲩ[ⲉ] ⲙ̄ ⲡϫⲟⲉⲓⲥ ⲁⲩⲱ ⲙⲁⲣⲉ ⲡⲁ
ϣⲗⲏⲗ ⲉⲓ ⲉ ϩⲣⲁⲓ ϣⲁ ⲣⲟⲕ ⲛ̄ ⲛⲁϩⲣⲛ̄

9 ⲡⲉⲕⲣ̄ⲡⲉ ⲉⲧ ⲟⲩⲁⲁⲃ'· ⲛⲉⲧ ϩⲁⲣⲉϩ
ⲉⲙ ⲡⲉⲧ ϣⲟⲩⲉⲓⲧ ⲙⲛ̄ ⲛ̄ϭⲟⲗ ⲁⲩ

10 ⲕⲱ ⲛ̄ⲥⲱⲟⲩ ⲙ̄ ⲡⲉⲩⲛⲁ· ⲁⲛⲟⲕ
ϫⲉ ϩⲛ̄ ⲟⲩϩⲣⲟⲟⲩ ⲛ̄ ⲧⲱⲃϩ̄ ϩⲓ ⲉϩⲟⲙⲟ
ⲗⲟⲅⲏⲥⲉⲓⲥ³ ϯⲛⲁϣⲱⲱⲧ ⲛⲁⲕ ⲛ̄
ⲟⲩⲑⲩⲥⲓⲁ ⲛ̄ ⲟⲩϫⲁⲓ ⲛⲉ ⲛⲧ ⲁⲓ̈ⲉⲣⲏⲧ
ⲙ̄ⲙⲟⲟⲩ ϯⲛⲁⲧⲁⲁⲩ ⲛⲁⲕ ⲉ ⲡⲁ ⲟⲩ

11 ϫⲁⲓ ⲡϫⲟⲉⲓⲥ· ⲁⲩⲱ ⲁϥϩⲟⲧⲉϩ
ⲥⲁϩⲛⲉ ⲙ̄ ⲡⲕⲏⲧⲟⲥ ⲁϥⲛⲟⲩϫⲉ
ⲛ̄ ⲓ̈ⲱⲛⲁⲥ ⲉϫⲛ̄ ⲡⲉⲧ ϣⲟⲩϣⲟⲩ·

¹ = ϥϩⲏⲧ.
² See Ciasca, *Fragmenta*, ii, p. 344. Swete's Greek text has ἔδυ ἡ κεφαλή μου εἰς σχισμὰς ὀρέων.   ³ ἐξομολογήσεως.

Chap. III. 1 ⳹ ⲁⲩⲱ ⲡϣⲁϫⲉ ⲙ̄ ⲡϫⲟⲉⲓⲥ ⲁϥϣⲱ
ⲡⲉ ϣⲁ ⲓ̈ⲱⲛⲁⲥ ⲙ̄ ⲡⲙⲉϩ ⲥⲉⲡ ⲥⲛⲁⲩ

2 ⲉϥϫⲱ ⲙ̄ⲙⲟⲥ ⲛⲁϥ· ϫⲉ ⲧⲱⲟⲩⲛ
ⲛⲅ̄ ⲃⲱⲕ ⲉ ϩⲣⲁⲓ̈ ⲉ ⲛⲓⲛⲉⲩⲏ ⲧⲛⲟϭ
ⲙ̄ ⲡⲟⲗⲉⲓⲥ ⲛⲅ̄ ⲕⲏⲣⲩⲥⲥⲉ ⲛⲁⲥ
ⲕⲁⲧⲁ ⲡⲕⲏⲣⲩⲅⲙⲁ ⲛ̄ ϣⲟⲣⲡ̄

3 ⲡⲁⲓ̈ ⲉⲛⲧ ⲁⲓ̈ϫⲟⲟϥ ⲉ ⲣⲟⲕ· ⲁⲩⲱ ⲁϥ
ⲧⲱⲟⲩⲛϥ̄ ⲛ̄ϭⲓ ⲓ̈ⲱⲛⲁⲥ ⲁϥⲙⲟ
ⲟϣⲉ ⲉ ϩⲣⲁⲓ̈ ⲉ ⲛⲓⲛⲉⲩⲏ· ⲕⲁⲧⲁ ⲑⲉ
[ⲉⲛⲧⲁ] ⲡϫⲟⲉⲓⲥ ϣⲁϫⲉ ⲛⲉⲙⲁϥ·
[ⲛⲓⲛⲉⲩⲏ] ⲇⲉ ⲛ ⲉⲧⲛⲟϭ ⲙ̄ ⲡⲟⲗⲉⲓⲥ
ⲡⲉ ⲙ̄ ⲡϫⲟⲉⲓⲥ¹· ⲉⲥⲛⲁⲥⲟⲧϩⲓ ⲛ̄ⲛϣⲟ

4 ⲙⲛ̄ⲧ ⲛ̄ϩⲟⲟⲩ ⲙ̄ ⲙⲟⲟϣⲉ· ⲁⲩⲱ ⲁϥ
ϫⲱⲛⲧϥ̄ ⲓ̈ⲱⲛⲁⲥ ⲉ ⲃⲱⲕ ⲉ ϩⲟⲩⲛ
ⲉ ⲧⲡⲟⲗⲉⲓⲥ ⲛ̄(?) ϩⲟⲟⲩ ⲟⲩⲁ ⲙ̄ ⲙⲟⲟϣⲉ
ⲁⲩⲱ ⲁϥⲕⲏⲣⲩⲥⲥⲉ ⲉϥϫⲱ ⲙ̄ⲙⲟⲥ ϫⲉ
ⲉⲧⲓ ϣⲟⲙⲛ̄ⲧ ⲛ̄ϩⲟⲟⲩ ⲁⲩⲱ ⲛⲓⲛⲉⲩⲏ

Fol. 56 a
[ⲉ̄]

5 ⲥⲉⲛⲁⲧⲁⲕⲟⲥ· ⲛ̄ ⲣⲱⲙⲉ ⲛ̄
ⲛⲓⲛⲉⲩⲏ ⲁⲩⲡⲓⲥⲧⲉⲩⲉ ⲉ ⲡⲛⲟⲩ
ⲧⲉ ⲁⲩⲕⲏⲣⲩⲥⲥⲉ ⲛ̄ ⲟⲩⲛⲏⲥⲧⲓⲁ
ⲁⲩⲱ ⲁⲩϯ ϩⲓⲱⲟⲩⲧ ⲛ̄ ϩⲉⲛϭⲟⲟⲩⲛⲉ
ϫⲓⲛ ⲡⲉⲧⲛⲟϭ ϣⲁ ⲡⲉⲧⲕⲟⲩⲉⲓ·

6 ⲁⲩⲱ ⲡϣⲁϫⲉ ⲁϥⲡⲱϩ ϣⲁ ⲡⲣ̄ⲣⲟ
ⲛ̄ ⲛⲓⲛⲉⲩⲏ ⲁⲩⲱ ⲁϥⲧⲱⲟⲩⲛ ⲉ
ⲃⲟⲗ ϩⲓϫⲛ̄ ⲡⲉϥⲑⲣⲟⲛⲟⲥ· ⲁϥⲕⲁ
ⲁϥ ⲕⲁ ϩⲏⲟⲩ ⲛ̄ ⲧⲉϥϩⲃ̄ⲥⲱ ⲁϥϭⲟⲟ
ⲗⲉϥ ⲛ̄ ⲟⲩϭⲟⲟⲩⲛⲉ ⲁϥϩⲙⲟⲟⲥ ϩⲓ

7 ϫⲛ̄ ⲟⲩⲕⲣ̄ⲙⲉⲥ²· ⲁⲩⲱ ⲁⲩⲕⲏⲣⲩⲥ
ⲥⲉ ϩⲛ̄ ⲛⲓⲛⲉⲩⲏ· ⲉ ⲃⲟⲗ ϩⲓ ⲧⲟⲟⲧϥ̄
ⲙ̄ⲡⲣ̄ⲣⲟ ⲙⲛ̄ ⲛⲉϥⲙⲉⲅⲓⲥⲧⲁⲛⲟⲥ³
ⲛ̄ ⲟⲩϣⲁϫⲉ ⲉϥϫⲱ ⲙ̄ⲙⲟⲥ ϫⲉ ⲡⲣⲱ

---

¹ πόλις μεγάλη τῷ Θεῷ.   ² ἐπὶ σποδοῦ.
³ τῶν μεγιστάνων.

JONAH III. 7—IV. 3

ⲙⲉ ⲙⲛ̄ ⲡ̄ ⲧⲃ̄ⲛⲟⲟⲧⲉ ⲁⲧⲱ ⲛⲉϩⲟⲟⲩ
ⲛⲓ̄ⲙ ⲛⲉⲥⲟⲟⲩ ⲙⲛ̄ ⲛⲉϩⲟⲟⲩ ⲙ̄ⲡⲣ̄
ⲧⲣⲉ ⲧⲟⲩⲱⲙ ⲗⲁⲁⲩ ⲟⲩⲇⲉ ⲙ̄ⲡⲣ̄
ⲧⲣⲉ ⲧⲙⲟⲟⲛⲉ ⲙ̄ⲙⲟⲟⲩ ⲁⲧⲱ ⲙ̄

8 ⲡⲣ̄ ⲧⲣⲉ ⲧⲥⲉ ⲙⲟⲟⲩ· ⲁⲧⲱ ⲁⲩⲧ[ϭⲟ]¹
ⲟⲗⲟⲩ ⲛ̄ ϩⲉⲛϭⲟⲟⲩⲛⲉ ⲛ̄ϭⲓ ⲛ̄ⲣⲱ
ⲙⲉ ⲙⲛ̄ ⲡ̄ ⲧⲃ̄ⲛⲟⲟⲧⲉ ⲁⲧⲱ ⲁⲩⲛⲥ̄
ⲧⲉⲧⲉ ⲁⲧⲱϣ ⲉ ⲃⲟⲗ ⲉ ⲙⲁⲧⲉ ⲉ ϩⲣⲁⲓ̈
ⲉ ⲡϫⲟⲉⲓⲥ· ⲁⲧⲱ ⲁϥⲕⲧⲟϥ ⲛ̄ϭⲓ ⲡⲟⲩⲁ
ⲡⲟⲩⲁ ⲉ ⲃⲟⲗ ϩⲛ̄ ⲧⲉϥϩⲓⲏ ⲉⲑⲟⲟⲩ
ⲛⲓ̄ⲙ ⲡϫⲓ ⲛ̄ϭⲟⲛⲥ̄ ⲉⲧ ⲟ ⲛ̄ ⲛⲉⲩϭⲓϫ·

9 ⲁⲧⲱ ⲡⲉϫⲁϥ ϫⲉ ⲛⲓⲙ ⲡⲉⲧ ⲛⲁϣⲁ
ϫⲉ ϥⲛⲁⲣ ϩⲧⲏϥ ⲛ̄ϭⲓ ⲡⲛⲟⲩⲧⲉ ⲛϥ̄
ⲕⲧⲟϥ ⲉ ⲃⲟⲗ ⲛ̄ ⲧⲟⲣϭⲏ ⲙ̄ ⲡⲉϥϭⲱⲛⲧ̄

10 ⲛ̄ⲧⲛ̄ ⲧⲙ̄ ⲙⲟⲩ· ⲁⲧⲱ ⲡⲛⲟⲩⲧⲉ ⲁⲩ
ⲛⲁⲩ ⲉ ⲛⲉⲩϩⲃⲏⲟⲩⲉ ϫⲉ ⲁⲩⲕⲧⲟ
ⲟⲩ ⲉ ⲃⲟⲗ ϩⲓ ⲛⲉⲩϩⲓⲟⲟⲩⲉ ⲉⲑⲟⲟⲩ
ⲁⲧⲱ ⲁϥⲣ̄ ϩⲧⲏϥ ⲛ̄ϭⲓ ⲡⲛⲟⲩⲧⲉ
ⲉϫⲛ̄ ⲙ̄ ⲡⲉⲑⲟⲟⲩ ⲉⲛⲧ ⲁϥϣⲁ
ϫⲉ ⲉ ⲁⲁⲩ ⲛⲁⲩ· ⲁⲧⲱ ⲙ̄ⲡ ϥ̄ⲁⲁⲩ·

Chap.   ⲁⲧⲱ ⲁϥⲗⲩⲡⲉⲓ ⲛ̄ϭⲓ ⲓ̈ⲱⲛⲁⲥ
IV. 1   ϩⲛ̄ ⲟⲩⲛⲟϭ ⲛ̄ ⲗⲩⲡⲉⲓ ⲁⲧⲱ ⲁϥ
2 ⲙ̄ ⲕⲁϩ ⲛ̄ ϩⲏⲧ· ⲁϥϣⲗⲏⲗ ⲉ ϩⲣⲁⲓ̈
ⲉ ⲡϫⲟⲉⲓⲥ ⲉϥϫⲱ ⲙ̄ⲙⲟⲥ ϫⲉ ⲱ̂
ⲡϫⲟⲉⲓⲥ ⲙⲏ ⲛ̄ ⲡⲁⲓ̈ ⲁⲛ ⲡⲉ ⲛ̄
ϣⲁϫⲉ ⲉⲧⲓ ⲉⲓ̈ϣⲟⲟⲡ ϩⲙ̄ ⲡⲕⲁϩ
ⲉ ⲧⲃⲉ ⲡⲁⲓ̈ ⲁⲓ̈ⲣ̄ ϣⲟⲣⲡ̄ ⲉ ⲡⲱⲧ ⲉ
ϩⲣⲁⲓ̈ ⲉ ⲑⲁⲣⲥⲉⲓⲥ· ⲉ ⲃⲟⲗ ϫⲉ ⲁⲓ̈ⲉⲓ
ⲙⲉ ϫⲉ ⲛ̄ⲧⲕ̄ ⲟⲩⲛⲁⲏⲧ ⲛ̄ⲧⲟⲕ ⲁⲩ
ⲱ ⲛ̄ⲧⲕ̄ ⲟⲩϣⲁⲛϩⲧⲏϥ· ⲛ̄ⲧⲕ̄ ⲟⲩ
ϩⲁⲣϣ ϩⲏⲧ ⲉ ⲛⲁϣⲉ ⲡⲉⲕⲛⲁ· ⲉⲕⲉⲓ̈

3 ⲣⲉ ⲡ̄ϩⲧⲏⲕ ⲉϫⲛ̄ ⲡⲕⲁϭⲓⲁ· ⲧⲉ

---

¹ καὶ περιεβάλοντο σάκκους.

JONAH IV. 3–9

ⲛⲟⲩ ϭⲉ ⲡϫⲟⲉⲓⲥ ϫⲓ ⲧⲁ ⲯⲩⲭⲏ ⲛ̄
ⲧⲟⲟⲧ ⲉ ⲃⲟⲗ ϫⲉ ⲛⲁⲛⲟⲩⲥ ⲛⲁⲓ̈

4 ⲉ ⲙⲟⲩ ⲉϩⲟⲩⲉ ⲱⲛϩ̄· ⲁⲩⲱ ⲡⲉϫⲉ
ⲡϫⲟⲉⲓⲥ ⲛ̄ ⲓ̈ⲱⲛⲁ ϫⲉ ⲉⲛⲉ ⲁⲕⲙ̄ⲙ̄

5 ⲕⲁϩ ⲛ̄ ϩⲏⲧ ⲛ̄ⲧⲟⲕ ⲉⲙⲁⲧⲉ· ⲁⲩⲱ
ⲓ̈ⲱⲛⲁⲥ ⲁϥⲣ ⲡⲃⲟⲗ ⲛ̄ ⲧⲡⲟⲗⲉⲓⲥ
ⲁϥϩⲙⲟⲟⲥ ⲙ̄ⲡⲉ ⲙⲧⲟ ⲉ ⲃⲟⲗ ⲛ̄ ⲧⲡⲟ
ⲗⲉⲓⲥ ⲁⲩⲱ ⲁϥⲧⲁⲙⲓⲟ ⲛⲁϥ ⲙ̄ ⲡⲙⲁ
ⲉⲧ ⲙ̄ⲙⲁⲩ ⲛ̄ ⲟⲩⲥⲕⲏⲛⲏ· ⲁϥϩⲙⲟⲟⲥ
ϩⲁ ⲣⲟⲥ ⲉϥϫⲓ ϩⲁⲓ̈ⲃⲉⲥ ϩⲁ ⲣⲟⲥ ϣⲁⲛ
ⲧ ϥ̄ⲛⲁⲩ ϫⲉ ⲟⲩ ⲡⲉⲧ ⲛⲁϣⲱⲡⲉ ϩⲛ̄

6 ⲧⲡⲟⲗⲉⲓⲥ· ⲁⲩⲱ ⲡϫⲟⲉⲓⲥ ⲁϥⲟⲩⲉϩ
ⲥⲁϩⲛⲉ ⲛ̄ ⲟⲩⲃⲛ̄ⲧ ⲛ̄ ⲉϭⲗⲟϭ ⲁⲩⲱ
ⲁϥϯⲟⲩⲱ ⲉϫⲛ̄ ⲓ̈ⲱⲛⲁ· ⲉ ⲧⲣⲉ ϥ ⲣ̄ ϩⲁⲓ̈
ⲃⲉⲥ ⲉ ϫⲱϥ ⲉ ⲃⲟⲗ ϩⲛ̄ⲛ ⲛⲉϥϩⲓⲥⲉ· ⲁⲩⲱ
ⲁϥⲣⲁϣⲉ ⲛ̄ϭⲓ ⲓ̈ⲱⲛⲁⲥ ϩⲛ̄ ⲟⲩ
ⲛⲟϭ ⲛ̄ ⲣⲁϣⲉ ⲉϫⲛ̄ ⲡⲃⲛ̄ⲧ ⲛ̄ ⲉϭ

7 ⲗⲟϭ· ⲁⲩⲱ ⲡⲛⲟⲩⲧⲉ ⲁϥⲟⲩⲉϩ
ⲥⲁϩⲛⲉ ⲛ̄ ⲟⲩϥⲛ̄ⲧ ⲙ̄ ⲡⲛⲁⲩ ⲛ̄
ϩⲧⲟⲟⲩⲉ ⲙ̄ ⲡⲉϥⲣⲁⲥⲧⲉ ⲁϥⲟⲩ
ϩⲧⲙ̄ ⲡⲃⲛ̄ⲧ ⲛ̄ ⲉϭⲗⲟϭ ⲁϥϣⲟ

8 ⲟⲩⲉ· ⲁⲩⲱ ⲁⲥϣⲱⲡⲉ ⲉⲣⲉ ⲡⲣⲏ
ⲛⲁϣⲁ ⲡⲛⲟⲩⲧⲉ ⲁϥⲟⲩⲉϩⲥⲁ[ϩⲛⲉ]
ⲛ̄ ⲟⲩ ⲧⲏⲩ ⲉϥⲣⲟⲕϩ̄ ⲁⲩⲱ ▬▬[1]
ⲣⲟⲟⲃ· ⲁⲩⲱ ⲁ ⲡⲣⲏ ϩⲓⲟⲩⲉ ⲉ[ⲧⲁ]
ⲡⲉ ⲛ̄ ⲓ̈ⲱⲛⲁ ⲁϥϣⲱⲥⲙ̄ ⲛ̄[ϩⲏⲧ]
ⲁⲩⲱ ⲁϥⲛⲁ ⲧⲟⲟⲧϥ̄ ⲉ ⲃⲟⲗ ⲡⲉϫ[ⲁϥ]
ϫⲉ ⲛⲁⲛⲟⲩⲥ ⲛⲁⲓ̈ ⲉ ⲙⲟⲩ ⲉ ϩⲟ[ⲧⲉ]

9 ⲱⲛϩ̄· ⲁⲩⲱ ⲡⲉϫⲉ ⲡϫⲟⲉⲓⲥ [ⲡⲛⲟⲩ]
ⲧⲉ ⲛ̄ ⲓ̈ⲱⲛⲁ ϫⲉ ⲉⲛⲉ ⲁⲕⲙ̄ⲙ̄ⲕⲁ[ϩ]
ⲛ̄ ϩⲏⲧ ⲛ̄ⲧⲟⲕ ⲉⲙⲁⲧⲉ ⲉϫⲛ̄ ⲡⲃⲛ̄ⲧ
ⲛ ⲉϭⲗⲟϭ· ⲁⲩⲱ ⲡⲉϫⲁϥ ϫⲉ ⲁⲓ̈ⲙ̄ⲙ̄

Fol. 57 a
[ⲍ̄]

---

[1] Two or three letters wanting. Gr. συνκαίοντι.

ⲕⲁϩ ⲛ̄ ϩⲏⲧ ⲉⲙⲁⲧⲉ ⲁⲛⲟⲕ ϣⲁ
10 ϩⲣⲁⲓ ⲉ ⲡⲙⲟⲩ· ⲡⲉϫⲉ ⲡϫⲟⲉⲓⲥ
ⲛⲁϥ ϫⲉ ⲛ̄ⲧⲟⲕ ⲁⲕϣⲛ̄ϩⲧⲏⲕ
ⲉϫⲛ̄ ⲡⲃⲛ̄ⲧ ⲛ̄ ⲉϭⲗⲟϭ ⲉⲙⲛ̄ ⲕ
ϣⲡ ϩⲓⲥⲉ ⲉ ϫⲱϥ ⲟⲩⲇⲉ ⲙ̄ⲡ ⲕ
ⲥⲁⲛⲟⲩϣϥ· ⲛ̄ⲧ ⲁϥϯⲟⲩⲱ
ϩⲛ̄ ⲟⲩⲟⲩϣⲏ· ⲁϥⲙⲟⲩ ⲟⲛ
11 ϩⲛ̄ ⲟⲩϣⲏ· ⲁⲛⲟⲕ ϭⲉ ⲛ̄ ⲛⲁϯ
ⲥⲟ ⲉ ⲧⲛⲓⲛⲉⲩⲏ ⲧⲛⲟϭ ⲙ̄ⲙ ⲡⲟ
ⲗⲉⲓⲥ ⲉⲧⲡ̄ϩⲏⲧⲥ̄ ⲛ̄ϭⲓ ⲁϩⲟⲩⲟ
ⲉ ⲙⲛ̄ⲧⲥ̄ⲛⲟⲟⲩⲥ ⲛ̄ ⲧⲃⲁ[1] ⲛ̄
ⲣⲱⲙⲉ· ⲛⲁⲓ ⲉⲧⲉ ⲙ̄ⲡ ⲟ[ⲩⲥ]ⲟⲩⲛ
ⲧⲉⲩⲟⲩⲛⲁⲙ· ⲙⲛ̄ ⲧⲉⲩϩ[ⲃⲟⲩ]ⲣ
ⲙⲛ̄ ϩⲉⲛⲧⲃ̄ⲛⲟⲟⲩⲉ ⲉⲛⲁϣⲱ
ⲟⲩ· ✥✥✥✥✥✥✥—:

:Ⲓⲱ̄ⲛⲁⲥ:

[1] δώδεκα μυριάδες.

⟩ⲚⲈⲠⲢⲀⲜⲈⲒⲤ Ⲛ̄[ⲚⲀⲠⲞⲤⲦⲞⲖⲞⲤ⟨]

Fol. 58 a Chap. I. 1 ⲡϣⲟⲣⲡ̄ ⲙⲉⲛ ⲛ̄ ⲗⲟⲅⲟⲥ ⲁⲓ̈ⲧⲁⲙⲓⲟϥ
ⲁ̄   ⲱ ⲑⲉⲟⲫⲓⲗⲉ ⲉ ⲧⲃⲉ ϩⲱⲃ ⲛⲓⲙ ⲛ̄ⲧⲁ ⲓ̄ⲥ̄
                 ⲁⲣⲭⲓ¹ ⲛ̄ ⲁⲁⲩ ⲁⲧⲱ ⲛ̄ ϯⲥⲃⲱ ⲛ̄ ϩⲏⲧⲟⲩ·
              2 ϣⲁ ϩⲣⲁⲓ̈ ⲉ ⲡⲉϩⲟⲟⲩ ⲛ̄ⲧⲁⲧⲁⲛⲁⲗⲁⲃⲃⲁ²
                 ⲛⲉ ⲙ̄ⲙⲟϥ ⲁϥϩⲱⲛ ⲉ ⲧⲟ̇ⲟ̇ⲧ⳿ ⲛ̄ ⲛⲉϥⲁ
                 ⲡⲟⲥⲧⲟⲗⲟⲥ ϩⲓⲧⲛ̄ ⲡⲉⲡⲛ̄ⲁ̄ ⲉⲧ ⲟⲩ
                 ⲁⲁⲃ ⲉⲧⲁϣⲉⲟⲉⲓϣ ⲙ̄ ⲡⲉⲩⲁⲅⲅⲉⲗⲓⲟⲛ
              3 ⲛⲁⲓ̈ ⲛ̄ⲧ ⲁϥⲥⲟⲧⲡⲟⲩ· ⲛⲁⲓ̈ ⲛ̄ⲧ ⲁϥⲧⲁ
                 ϩⲟϥ ⲉ ⲣⲁⲧϥ̄ ⲛⲁⲩ ⲉϥⲟⲛϩ̄ ⲙ̄ⲡ[ⲛ̄]ⲥⲁ ⲧⲣⲉϥ
                 ⲙⲟⲩ ϩⲛ̄ ϩⲁϩ ⲙ̄ ⲙⲁⲉⲓⲛ ⲛ̄ϩⲙⲉ ⲛ̄ ϩⲟⲟⲩ
                 ⲉϥⲟⲩⲱⲛϩ̄ ⲉ ⲃⲟⲗ ⲛⲁⲩ ⲁⲩⲱ ⲉϥϣⲁϫⲉ
              4 ⲉ ⲧⲃⲉ ⲧⲙ̄ⲛ̄ⲧⲉⲣⲟ ⲙ̄ ⲡⲛⲟⲩⲧⲉ· ⲁⲩⲱ
                 ⲉϥⲟⲩⲱⲙ ⲛ̄ⲙⲙⲁⲩ ⲛⲉϥⲡⲁⲣⲁⲅⲅⲉⲓⲗⲉ³
                 ⲛⲁⲩ ⲉ ⲧⲙ̄ ⲉⲓ ⲉ ⲃⲟⲗ ϩⲛ̄ ⲑⲓⲉⲣⲟⲩⲥⲁⲗⲏⲙ
                 ⲁⲗⲗⲁ ⲉϭⲱ ⲉ ⲡⲉⲣⲏⲧ ⲙ̄ ⲡⲓⲱⲧ ⲡⲁⲓ̈
                 ⲛ̄ⲧⲁ ⲧⲉⲧⲛ̄ⲥⲟⲧⲙⲉϥ: ⲡⲉϫⲁϥ ϫⲉ
              5 ⲓ̈ⲱϩⲁⲛⲛⲏⲥ ⲙⲉⲛ ⲁϥⲃⲁⲡⲧⲓⲍⲉ ϩⲛ̄ ⲟⲩ
                 ⲙⲟⲟⲩ ⲛ̄ⲧⲱⲧⲛ̄ ⲥⲉⲛⲁⲃⲁⲡⲧⲓⲍⲉ
                 ⲙ̄ⲙⲱⲧⲛ̄ ϩⲛ̄ ⲟⲩⲡⲛ̄ⲁ̄ ⲉϥⲟⲩⲁⲁⲃ
                 ⲙⲛ̄ⲛ̄ⲥⲁ ϩⲁϩ ⲛ̄ϩⲟⲟⲩ ⲁⲛ ⲁⲗⲁ (sic) ϣⲁ ⲧⲡⲛ̄
              6 ⲧⲏⲕⲟⲥⲧⲏ⁴: ⲛ̄ⲧⲟⲟⲩ ϭⲉ ⲁⲩⲥⲱⲟⲩϩ
                 ⲁⲩϫⲛⲟⲩϥ ⲉⲩϫⲱ ⲙ̄ⲙⲟⲥ ϫⲉ ⲡϫⲟⲉⲓⲥ

¹ H ⲁⲣⲭⲉⲓ, ἤρξατο.   ² H ⲛ̄ⲧⲁⲧⲁⲡⲁⲗⲁⲙⲃⲁⲛⲉ, ἀνελήμφθη.
³ H ⲛⲉϥⲡⲁⲣⲁⲅⲅⲉⲗⲉⲓ, παρήγγειλεν.
⁴ ϣⲁ ⲧⲡⲛ̄ⲧⲏⲕⲟⲥⲧⲏ has no equivalent in the Greek.

ⲡⲉϫⲁϥ ⲣⲓⲧⲙⲉⲛⲛⲁⲥⲧⲩⲥⲁⲓⲧⲁⲙⲓⲟⲩ
ⲛ̄ϩⲟϥⲁⲕⲉⲉⲧⲕⲉⲥⲱⲛⲉⲓⲙⲛ̄ⲧⲁⲓⲥ
ⲁⲣⲭⲏ ⲛⲁⲁⲩⲁⲩⲱⲛⲧⲟⲕⲱⲛⲓ̈ϩⲧⲟⲩ
ⲉⲩⲉⲣⲁⲓⲉⲡⲉⲥⲟⲩⲛⲧⲁⲩⲁⲛⲁⲗⲁⲕⲃⲁ
ⲛⲉⲙⲙⲟϥⲁⲩϭⲱⲛⲉⲧⲟⲟⲩⲛ ⲛⲉϥⲁ
ⲡⲟⲥⲧⲟⲗⲟⲥ ⲥⲓⲧⲛ̄ⲡⲉⲡⲛⲁⲥⲧⲟⲩ
ⲁⲁⲃ ⲉⲧⲁϣⲉⲟⲉⲓϣ ⲙ̄ⲡⲉⲩⲁⲅⲅⲉⲗⲓⲟ
ⲛⲁⲓ ⲛ̄ⲧⲁϥⲟⲩⲱⲛϩ̄ⲛⲁⲩⲛ̄ⲧⲁϥⲧⲁ
ⲩⲟⲩⲉⲣⲁⲧϥⲁⲩⲉϥⲟⲛϩ ⲙⲛ̄ⲥⲁⲧⲣⲉϥ
ⲙⲟⲩ ϩ̄ⲛ̄ⲧⲁⲍⲙⲙⲁⲉⲓⲛ ⲛⲁϩⲙⲉⲛⲓⲍⲟⲟⲩ
ⲉϥⲟⲩⲱⲛϩⲉⲃⲟⲗ ⲛⲁⲩ ⲁⲩⲱⲉϥϣⲁϫⲉ
ⲉⲧⲃⲉⲧⲙⲛ̄ⲧⲉⲣⲟⲙ̄ⲡⲛⲟⲩⲧⲉⲁⲩⲱ
ⲉϥⲟⲩⲱⲙⲛⲙⲁⲩⲛⲉϥⲡⲁⲣⲁⲅⲅⲉⲓⲗⲉ
ⲛⲁⲩⲉⲧⲙ̄ⲉⲓⲉⲃⲟⲗ ϩ̄ⲛ̄ϩⲓⲉⲣⲟⲩⲥⲁⲗⲏⲙ
ⲁⲗⲗⲁⲉϭⲱⲉⲡⲉⲣⲏⲧⲙ̄ⲡⲓⲱⲧⲡⲁⲓ
ⲛ̄ⲧⲁⲧⲉⲧⲛ̄ⲥⲟⲧⲙⲉϥ· ⲡⲉϫⲁϥϫⲉ
ϫⲉⲓⲱϩⲁⲛⲛⲏⲥⲙⲉⲛⲁϥⲕⲁⲡⲧⲓⲍⲉ ⲛ̄ⲟⲩ
ⲙⲟⲟⲩⲛ̄ⲧⲱⲧⲛ̄ⲥⲉⲛⲁⲃⲁⲡⲧⲓⲍⲉ
ⲙ̄ⲙⲱⲧⲛ̄ϩⲙ̄ⲛⲟⲩⲡⲛⲁⲉϥⲟⲩⲁⲁⲃ
ⲙⲛ̄ⲛⲥⲁⲍⲁⲉⲓⲥⲟⲩⲁⲛⲁⲗⲁϣⲉϭⲡⲉ
ⲛ̄ⲧⲕⲟⲥⲧⲏ· ⲛ̄ⲧⲟⲟⲩϭⲉⲁⲩⲥⲱⲟⲩ
ⲛ̄ⲭⲛⲟⲩϥⲉⲩⲭⲱⲙ̄ⲙⲟⲥϫⲉⲧⲁϫⲟⲉⲓⲥ
ⲉⲛⲉϩⲣⲁⲓⲥⲉⲙ̄ⲡⲉⲓⲟⲩⲉⲓϣⲕⲛⲁ
ⲛ̄ⲧⲙⲛ̄ⲧⲉⲣⲟⲙ̄ⲡⲓⲥⲣⲁⲏⲗⲁ ⲡⲉⲭⲁ
ⲛⲁⲩⲭⲉⲙ̄ⲡⲱⲧⲛ̄ⲁⲛ̄ⲧⲡⲉⲥⲟⲩⲛⲛⲓ
ⲟⲩⲉⲓϣⲛⲙ̄ⲛⲉⲭⲣⲟⲛⲟⲥ ⲛⲁⲓ ⲛⲧⲁ
ⲡⲓⲱⲧ ⲕⲁⲁⲩⲥⲁⲧⲉϥⲉϫⲟⲩⲥⲓⲁⲙⲁⲩ
ⲁϥϫⲁⲁⲧⲉⲧⲛ̄ⲁϫⲓⲛⲟⲩϭⲟⲙ
ⲉⲣⲁϫⲛ̄ⲡⲉⲡⲛⲁⲉⲧⲟⲩⲁⲁⲃⲉϥⲉⲓ
ⲉϫⲱⲧⲛ̄ⲛ̄ⲧⲉⲧⲛ̄ϣⲱⲧⲥⲙ̄ⲙⲁ
ⲣⲉⲙⲛ̄ⲍⲏ̄ϩ̄ⲛ̄ⲑⲓⲉⲣⲟⲩⲥⲁⲗⲏⲙ ⲛⲙ̄
ϯⲟⲩⲇⲁⲓⲁⲧⲏⲣⲥ̄ⲛⲙ̄ⲧⲥⲁⲙⲁⲣⲓⲁ
ⲁⲩⲱϣⲁⲁⲣⲏϫⲙ̄ⲡⲕⲁϩ ⲛⲁⲓ ⲛ̄ⲧⲉ
ⲣⲉϥϫⲟⲟⲩⲁⲩⲕⲗⲟⲟⲗⲉϥⲓⲧϥ̄ⲁⲩⲱ
ⲁϥϥⲓ ⲙ̄ⲙⲟϥⲉⲃⲟⲗ ϩ̄ⲓⲧⲟⲟⲧⲟⲩⲉⲩⲓ̄
ⲁⲧⲓⲟⲩϥⲉⲩϫⲛ̄ⲓⲕⲉ ⲉⲣⲁⲓⲉⲧⲡⲉ
ⲉⲓⲥⲣⲱⲙⲉⲥⲛⲁⲩⲛⲉⲩⲥⲉⲣⲁⲧⲟⲩ
ⲉϫⲱⲟⲩⲛⲍⲉⲛϩ̄ⲃⲥⲱⲉϥⲟⲩⲟⲃϣ
ⲛ̄ⲱⲧⲥⲭⲁⲩⲛⲁⲩϫⲉⲛ̄ⲣⲱⲙⲉⲛ̄ⲧⲁⲅ

ACTS I. 6–13

ⲉⲛ ⲉ ϩⲣⲁⲓ̈ ϭⲉ ϩⲙ̄ ⲡⲉⲓ̈ ⲟⲩⲉⲓϣ ⲕⲛⲁϯ
7 ⲛ̄ ⲧⲙⲛ̄ⲧⲉⲣⲟ ⲙ̄ ⲡⲓⲥⲣⲁⲏⲗ· ⲡⲉϫⲁϥ
ⲛⲁⲩ ϫⲉ ⲙ̄ⲡⲱⲧⲛ̄ ⲁⲛ ⲡⲉ ⲥⲟⲩⲛ ⲡⲟⲩ
ⲟⲉⲓϣ ⲛⲙ̄ ⲛⲉⲭⲣⲟⲛⲟⲥ[1] ⲛⲁⲓ ⲛⲧⲁ
ⲡⲓⲱⲧ ⲕⲁⲁⲩ ϩⲁ ⲧⲉϥⲉⲝⲟⲩⲥⲓⲁ ⲙⲁⲩ
8 ⲁⲁϥ· ⲁⲗⲗⲁ ⲧⲉⲧⲛ̄ⲛⲁϫⲓ ⲛ̄ ⲟⲩϭⲟⲙ
ⲉⲣϣⲁⲛ ⲡⲉⲡⲛ̄ⲁ ⲉⲧ ⲟⲩⲁⲁⲃ ⲉⲓ̈ ⲉ ϩⲣⲁⲓ̈
ⲉ ϫⲱⲧⲛ̄· ⲛ̄ⲧⲉⲧⲛ̄ϣⲱⲡⲉ ⲛⲁⲓ̈ ⲙ̄ ⲙⲛ̄
ⲧⲣⲉ ⲛⲁⲓ ϩⲛ̄ ⲑⲓⲉⲣⲟⲩⲥⲁⲗⲏⲙ ⲛⲙ̄
ⲧⲟⲩⲇⲁⲓⲁ ⲧⲏⲣⲥ̄ ⲛⲙ̄ ⲧⲥⲁⲙⲁⲣⲓⲁ
9 ⲁⲩⲱ ϣⲁ ⲁⲣⲏϫϥ̄ ⲙ̄ ⲡⲕⲁϩ· ⲛⲁⲓ̈ ⲛ ⲧⲉ
ⲣⲉ ϥϫⲟⲟⲩ ⲁⲩⲕⲗⲟⲟⲗⲉ ϥⲓⲧϥ̄· ⲁⲩⲱ
10 ⲁⲩϥⲓ ⲙ̄ⲙⲟϥ ⲉ ⲃⲟⲗ ϩⲓ ⲧⲟⲟⲧⲟⲩ· ⲉⲧⲉⲓⲟ
ⲣⲙ̄ ⲛ̄ⲥⲱϥ ⲉϥⲃⲏⲕ ⲉ ϩⲣⲁⲓ̈ ⲉ ⲧⲡⲉ·
ⲉⲓⲥ ⲣⲱⲙⲉ ⲥⲛⲁⲩ ⲛⲉⲩⲁϩⲉ ⲣⲁⲧⲟⲩ
ⲉ ϫⲱⲟⲩ ϩⲛ̄ ϩⲉⲛϩⲃ̄ⲥⲱ ⲉⲩⲟⲩⲟⲃϣ·
11 ⲁⲩⲱ ⲡⲉϫⲁⲩ ⲛⲁⲩ ϫⲉ ⲛ̄ⲣⲱⲙⲉ ⲛ̄ ⲅⲁⲗⲓ
ⲗⲉⲟⲥ ⲁϩⲣⲱⲧⲛ̄ ⲧⲉⲧⲛ̄ⲁϩⲉ ⲣⲁⲧ ⲧⲏⲩ
ⲧⲛ̄ ⲧⲉⲧⲛ̄ϭⲱϣⲧ ⲉ ϩⲣⲁⲓ̈ ⲉ ⲧⲡⲉ· ⲡⲁⲓ̈
ⲓⲥ̄ ⲛ̄ⲧⲁⲩϥⲓⲧϥ̄ ⲛ̄ⲧⲉⲧⲛⲩⲧⲛ̄ ⲉ ϩⲣⲁⲓ̈ ⲉ
ⲧⲡⲉ· ⲧⲁⲓ̈ ⲧⲉ ⲑⲉ ⲉⲧ ϥ̄ⲛⲏⲩ ⲙ̄ⲙⲟⲥ· ⲛ̄
ⲑⲉ ⲛ̄ⲧⲁ ⲧⲉⲧⲛ̄ⲛⲁⲩ ⲉ ⲣⲟϥ ⲉϥⲛⲁⲃⲱⲕ
12 ⲉ ϩⲣⲁⲓ̈ ⲉ ⲧⲡⲉ· ⲧⲟⲧⲉ ⲁⲩⲕⲟⲧⲟⲩ ⲉ ϩⲣⲁⲓ̈
ⲉ ⲑⲓⲉⲣⲟⲩⲥⲁⲗⲏⲙ ⲉ ⲃⲟⲗ ϩⲙ̄ ⲡⲧⲟⲟⲩ
ⲉϣⲁⲩⲙⲟⲩⲧⲉ ⲉ ⲣⲟϥ ϫⲉ ⲡⲧⲟⲟⲩ ⲛ̄ ⲛ̄
ϫⲟⲉⲓⲧ· ⲉϥⲟⲩⲏⲟⲩ ⲉ ⲃⲟⲗ ⲛ̄ ⲑⲓⲉⲣⲟⲩ
ⲥⲁⲗⲏⲙ ⲛ̄ ⲟⲩϩⲓⲏ ⲛ̄ ⲥⲁϣϥ̄ ⲛ̄ ϩⲟⲟⲩⲧⲛ̄·
13 ⲁⲩⲱ ⲛ̄ ⲧⲉⲣ ⲟⲩⲉⲓ ⲉ ϩⲣⲁⲓ̈ ⲁⲩⲃⲱⲕ ⲉ
ϩⲣⲁⲓ̈ ⲉ ⲡⲙⲁ ⲛ̄ ⲧⲡⲉ· ⲉⲛⲉⲩⲟⲩⲏϩ
ⲛ̄ ϩⲏⲧϥ̄· ⲡⲉⲧⲣⲟⲥ ⲛⲙ̄ ⲓⲱϩⲁⲛ
ⲛⲏⲥ ⲛⲙ̄ ⲓ̈ⲁⲕⲱⲃⲟⲥ ⲛⲙ̄ ⲁⲛⲇⲣⲉⲁⲥ
ⲫⲓⲗⲓⲡⲡⲟⲥ ⲛⲙ̄ ⲑⲱⲙⲁⲥ ⲃⲁⲣⲑⲟ

Fol. 58b
ⲃ

---

[1] χρόνους ἢ καιρούς.

λομαιος ⲛⲙ̄ μαθαιος ϊακκω
βος πϣηρε ⲛ̄ αλφαιος ⲁⲩⲱ ⲥⲓ
μων πζηλωτης ⲛⲙ̄ ϊⲟⲩⲇⲁⲥ

14 πϣηρε ⲛ̄ ϊⲁⲕⲕⲱⲃⲟⲥ· ⲛⲁⲓ ⲧⲏⲣⲟⲩ
ⲟⲩⲡⲣⲟⲥⲕⲁⲣⲧⲉⲣⲓ[1] ⲉ ⲡⲉϣⲗⲏⲗ ⲛⲙ̄
ϩⲉⲛⲥϩⲓⲙⲉ ⲁⲩⲱ μαριϩⲁⲙ ⲧⲙⲁⲁⲩ

15 ⲛ̄ ⲓ̄ⲥ̄ ⲛⲙ̄ ⲛⲉϥⲥⲛⲏⲩ ⲧⲏⲣⲟⲩ· ϩⲣⲁⲓ
ⲇⲉ ⲛ̄ ⲛⲉⲓ ϩⲟⲟⲩ ⲁϥⲧⲱⲟⲩⲛ ⲛ̄ϭⲓ ⲡⲉ
ⲧⲣⲟⲥ ⲛ̄ ⲧⲙⲏⲧⲉ ⲛ̄ ⲛⲉⲥⲛⲏⲩ ⲉⲟⲩ (sic)
ⲟⲩⲙⲏⲏϣⲉ ⲙ̄ⲙⲁⲩ ⲉⲧⲛⲁⲣ ⲁϣⲉ ⲭⲟⲩ

16 ⲱⲧ ⲛ̄ⲣⲁⲛ· ⲁⲩⲱ ⲡⲉϫⲁϥ· ϫⲉ ⲛ̄ⲣⲱⲙⲉ
ⲛⲉⲥⲛⲏⲩ ⲛⲉ ϩⲁⲡⲥ̄ ⲉ ⲧⲣⲉ ⲧⲉⲅⲣⲁⲫⲏ
ϫⲱⲕ ⲉ ⲃⲟⲗ ⲧⲁⲓ ⲛ̄ⲧ ⲁϥϫⲟⲟⲥ ϫⲓⲛ
ⲛ̄ ϣⲟⲣⲡ̄ ϩⲙ̄ ⲡⲉ ⲡⲛ̄ⲁ̄ ⲉⲧ ⲟⲩⲁⲁⲃ
ⲉ ⲃⲟⲗ ϩⲓⲧⲛ̄ ⲧⲧⲁⲡⲣⲟ ⲛ̄ⲇⲁⲩⲉⲓⲇ ⲉ
ⲧⲃⲉ ϊⲟⲩⲇⲁⲥ ⲡⲉ ⲛⲧ ⲁϥϣⲱⲡⲉ ⲛ̄
ⲣⲉϥϫⲓ μⲟⲉⲓⲧ ⲛ̄ ⲛⲉ ⲛⲧⲁⲩϣⲱⲡⲉ

17 ⲛ ⲓ̄ⲥ̄· ϫⲉ ⲛⲉ ⲁⲩⲟⲡϥ̄ ϩⲣⲁⲓ ⲛ̄ ϩⲏⲧϥ̄·
ⲁⲩⲱ ⲁϥϫⲓ ⲙ̄ ⲡⲉⲕⲗⲏⲣⲟⲥ ⲛ̄ ⲧⲁⲉⲓ[2]

18 ⲇⲓⲁⲕⲟⲛⲓⲁ· ⲡⲁⲓ ϭⲉ ⲁϥϣⲱⲡ ⲛⲁϥ
ⲛ̄ ⲟⲩϭⲱⲙ ⲉ ⲃⲟⲗ ϩⲙ̄ ⲡⲃⲉⲕⲉ ⲙ̄ ⲡⲉϥ
ϫⲓ ⲛ ϭⲟⲛⲥ̄· ⲁϥϩⲉ ⲉϫⲛ̄ ⲡⲉϥϩⲟ· ⲁϥⲡⲱϣ[3]
ⲛⲉⲧ ⲛ̄ ⲡⲉϥϩⲟⲩⲛ[4] ⲧⲏⲣⲟⲩ ⲁⲩⲡⲱⲛ

Fol. 59 a
[ⲣ̄]

19 ⲉ ⲃⲟⲗ· ⲁⲩⲱ ⲁ ⲡⲉⲓ ϩⲱⲃ ϭⲱⲗⲡ ⲉ ⲃⲟⲗ ⲙ̄
ⲡⲉ ⲙ̄ⲧⲟ ⲉ ⲃⲟⲗ ⲛ̄ ⲟⲩⲟⲛ ⲛⲓⲙ[5] ⲉⲧ ⲟⲩ
ⲏϩ ⲛ̄ ⲑⲓⲉⲣⲟⲩⲥⲁⲗⲏⲙ· ϩⲱⲥⲧⲉ ⲛ̄ⲥⲉ
μⲟⲩⲧⲉ ⲉ ⲡϭⲱⲙ ⲉⲧ ⲙ̄ⲙⲁⲩ ϩⲛ̄ ⲧⲉⲩ

---

[1] Η ⲛⲉⲧⲡⲣⲟⲥⲕⲁⲣⲧⲉⲣⲉⲓ, ἦσαν προσκαρτεροῦντες.

[2] For ⲧⲉⲓ, Η ⲛ̄ⲧⲉⲓ.

[3] 'He split.' Some words like ϩⲛ̄ ⲧⲉϥⲙⲏⲧⲉ have been omitted. Gr. ἐλάκησε μέσος. Η ⲁϥⲡⲱϣ ϩⲛ̄ ⲧⲉϥⲙⲏⲧⲉ· ⲁ ⲡⲉⲧⲙ̄ⲡⲉϥϩⲟⲩⲛ ⲧⲏⲣⲟⲩ ⲡⲱⲛⲉ ⲉⲃⲟⲗ.

[4] 'What was in his inside', τὰ σπλάγχνα.

[5] 'Revealed before everybody', γνωστὸν ἐγένετο πᾶσι.

ⲁⲥⲡⲉ[1] ⲇⲉ ⲁⲕⲉⲗⲇⲁⲙⲁ[2] ⲕⲉ ⲧⲉ ⲡⲁⲓ
20 ⲡⲉ ⲡⲥⲱⲙⲙ ⲙ̄ ⲡⲉⲥⲛⲟϥ· ϥⲥⲏϩ ⲅⲁⲣ
ϩⲙ̄ ⲡϫⲱⲱⲙⲉ ⲛ̄ ⲛⲉⲯⲁⲗⲙⲟⲥ[3] ϫⲉ
ϫⲉ (sic) ⲙⲁⲣⲉ ⲧⲉϥⲣ̄ⲥⲱ ϣⲱⲡⲉ ⲛ̄ ϫⲁⲉⲓⲉ
ⲁⲩⲱ ⲙ̄ⲡⲣ̄ ⲧⲣⲉ ϥϣⲱⲡⲉ ⲛ̄ϭⲓ ⲡⲉ
ⲧ ⲟⲩⲏϩ ϩⲛ̄ ⲛⲉϥⲙⲁ ⲛ̄ ϣⲱⲡⲉ· ⲁⲩⲱ
ⲧⲉϥⲙⲛ̄ⲧ ⲉⲡⲓⲥⲕⲟⲡⲟⲥ[4] ⲙⲁⲣⲉ ⲕⲉⲧⲁ
21 ϫⲓⲧⲥ̄· ϣϣⲉ ϭⲉ ⲉ ⲃⲟⲗ ϩⲛ̄ ⲛ̄ⲣⲱⲙⲉ
ⲉⲧ ⲙⲟⲟϣⲉ ⲛⲙ̄ⲙⲁⲛ ⲙ̄ⲡⲉⲓ ⲟⲩ
ⲟⲉⲓϣ ⲧⲏⲣϥ̄[5] ⲛ̄ⲧ ⲁϥⲉⲓ ⲉ ϩⲟⲩⲛ
ⲁⲩⲱ ⲁϥⲃⲱⲕ ⲉ ⲧⲟⲗ (sic) ϩⲓ ⲧⲟⲟⲧⲛ̄
22 ⲛ̄ϭⲓ ⲡϫⲟⲉⲓⲥ ⲓⲥ̄ ⲉ ⲁϥⲁⲣⲭⲓ[6] ϫⲓⲛ ⲡⲃⲁ
ⲡⲧⲓⲥⲙⲁ ⲛ̄ ⲓⲱϩⲁⲛⲛⲏⲥ ϣⲁ ϩⲣⲁⲓ
ⲉ ⲡⲉϩⲟⲟⲩ ⲉⲛⲧⲁⲩϥⲓⲧϥ̄ ⲉ ϩⲣⲁⲓ
ϩⲓ ⲧⲟⲟⲧⲛ̄ ⲉ ⲧⲣⲉ ⲟⲩⲁ ⲛ̄ ⲛⲁⲓ ϣⲱ
ⲡⲉ ⲛⲁⲛ ⲙ̄ ⲙⲛ̄ⲧⲣⲉ ⲛ ⲧⲉϥⲁⲛⲁⲥ
23 ⲧⲁⲥⲓⲥ· ⲁⲩⲱ ⲁⲩⲧⲁϩⲉ ⲥⲛⲁⲩ ⲉ ⲣⲁ
ⲧⲟⲩ ⲓⲱⲥⲏⲥ[7] ⲡⲉⲧⲉ ϣⲁⲩⲙⲟⲩⲧⲉ
ⲉ ⲣⲟϥ ϫⲉ ⲃⲁⲣⲥⲁⲃⲃⲁⲥ[8] ⲡⲁⲓ ⲛ̄ⲧⲁⲩϯ
ⲣⲓⲛϥ̄ (sic) ϫⲉ ⲓⲟⲩⲥⲧⲟⲥ[9] ⲁⲩⲱ ⲙⲁⲧⲓⲁⲥ[10]·
24 ⲁⲩϣⲗⲏⲗ ⲇⲉ ⲉⲩϫⲱ ⲙ̄ⲙⲟⲥ ϫⲉ
ⲡϫⲟⲉⲓⲥ ⲛ̄ⲧⲟⲕ ⲡⲉⲧ ⲥⲟⲟⲩⲛ
ⲙ̄ ⲡϩⲏⲧ ⲛ̄ ⲟⲩⲟⲛ ⲛⲓⲙ ⲟⲩⲱⲛϩ ⲉ ⲃⲟⲗ
ⲛ̄ ⲟⲩⲁ ⲙ̄ ⲡⲉⲓ ⲥⲛⲁⲩ ⲡⲉ ⲛ̄ⲧⲁⲕⲥⲟ
25 ⲧⲡϥ̄· ⲉ ϫⲓ ⲡⲙⲁ ⲛ̄ ⲧⲉⲓ ⲇⲓⲁⲕⲟⲛⲓⲁ[11]
ⲁⲩⲱ ⲧⲙⲛ̄ⲧⲁⲡⲟⲥⲧⲟⲗⲟⲥ[12] ⲉⲛⲧⲁ ⲓⲟⲩ

---

[1] τῇ ἰδίᾳ διαλέκτῳ.   [2] Ἡ ακελδαμαχ.
[3] Psalm lxix. 25 ; cix. 8.   [4] τὴν ἐπισκοπὴν.
[5] 'All this time', ἐν παντὶ χρόνῳ.   [6] ἀρξάμενος.
[7] Ἰωσὴφ.   [8] Βαρσαβᾶν, or Βαρσαββᾶν.
[9] Ἰοῦστος.   [10] Ματθίαν, Μαθθίαν.
[11] 'To take the place of this service'; Gr. λαβεῖν τὸν κλῆρον τῆς διακονίας ταύτης.
[12] ἀποστολῆς.

ⲗⲁⲥ ⲡⲁⲣⲁⲃⲁ[1] ⲙ̄ⲙⲟⲥ ⲉ ⲧⲣⲉ ⲉϥⲃⲱⲕ
ⲉ ϩⲣⲁⲓ̈ ⲉ ⲡⲉϥⲙⲁ ⲙ̄ⲙⲓⲛ ⲙ̄ⲙⲟϥ·

26 ⲁⲩⲱ ⲁⲩϯ ⲛⲁⲩ ⲙ̄ ⲡⲉⲩⲕⲗⲏⲣⲟⲥ ⲁ ⲡⲉ
ⲕⲗⲏⲣⲟⲥ ⲉⲓ ⲉϫⲙ̄ ⲙⲁⲧⲓⲁⲥ· ⲁⲩⲟⲡϥ̄
ⲛⲙ̄ ⲡⲙⲛ̄ⲧⲟⲩⲉ ⲛ̄ⲁⲡⲟⲥⲧⲟⲗⲟⲥ·

Chap. II. 1 ϩⲙ̄ ⲡ ⲧⲣⲉ ⲩϫⲱⲕ ⲇⲉ ⲉ ⲃⲟⲗ ⲛ̄ϭⲓ ⲛⲉ
ϩⲟⲟⲩ ⲛ̄ ⲧⲡⲉⲛⲧⲏⲕⲟⲥⲧⲏ ⲛⲉⲩ
ϣⲟⲟⲡ ⲧⲏⲣⲟⲩ ⲡⲉ ϩⲓ ⲛⲉⲩⲉⲣⲏⲩ[2]·

2 ⲁⲩⲱ ⲁϥϣⲱⲡⲉ ϩⲛ̄ ⲟⲩϣⲥ̄ⲛⲉ ⲛ̄ϭⲓ
ⲟⲩϩⲣⲟⲟⲩ ⲉ ⲃⲟⲗ ϩⲛ̄ ⲧⲡⲉ ⲛ̄ⲑⲉ ⲛ̄ ⲟⲩ
ⲡⲛⲟⲏ ⲉⲧⲉⲓⲛⲉ ⲙ̄ⲙⲟⲥ ⲛ̄ⲥⲟⲛⲕ̄· ⲁⲩⲱ
ⲁϥⲙⲟⲩϩ ⲙ̄ ⲡⲏⲓ̈ ⲧⲏⲣϥ̄ ⲉⲛⲉⲩϣⲟⲡ[3]

3 ϩⲣⲁⲓ̈ ⲛ̄ ϩⲏⲧϥ̄: ⲁⲩⲱ ⲁⲩⲟⲩⲱⲛϩ ⲛⲁⲩ
ⲉ ⲃⲟⲗ ⲛ̄ϭⲓ ϩⲉⲛⲗⲁⲥ ⲉⲩⲡⲟⲣϫ̄[4] ⲛ̄ⲑⲉ
ⲉ ⲃⲟⲗ ϩⲛ̄ ⲟⲩⲕⲱϩⲧ̄ ⲁⲩⲱ ⲁⲩϩⲙⲟⲟⲥ
ⲉ ϩⲣⲁⲓ̈ ⲉϫⲛ̄ ⲡⲟⲩⲁ ⲡⲟⲩⲁ ⲙ̄ⲙⲟⲟⲩ· ⲁⲩ

4 ⲙⲟⲩϩ ⲧⲏⲣⲟⲩ ⲉ ⲃⲟⲗ ϩⲙ̄ ⲡⲉⲡⲛ̄ⲁ ⲉ
ⲧ ⲟⲩⲁⲁⲃ· ⲁⲩⲱ ⲁⲩⲁⲣⲭⲓ ⲛ̄ ϣⲁϫⲉ ϩⲉⲛ
ϩⲛ̄ ⲕⲉ ⲁⲥⲡⲉ[5] ⲕⲁⲧⲁ ⲉⲛ ⲉⲣⲉ ⲡⲉ ⲡⲛ̄ⲁ

5 ϯⲛⲁⲩ ⲉ ⲧ̄ⲣⲉ ⲧϣⲁϫⲉ ⲛ̄ⲙ̄ⲙⲁⲩ· ⲛⲉⲩ
ϣⲟⲟⲡ ⲇⲉ ⲡⲉ ϩⲛ̄ ⲑⲓⲉⲣⲟⲩⲥⲁⲗⲏⲙ[6]
ⲛ̄ϭⲓ ϩⲉⲛⲓ̈ⲟⲩⲇⲁⲓ̈[7] ϩⲉⲛϩⲣⲱⲙⲉ[8] ⲛ̄ ⲣⲉϥ
ⲣ̄ϩⲟⲧⲉ[9] ⲉ ⲃⲟⲗ ϩⲛ̄ ϩⲉⲑⲛⲟⲥ ⲛⲓⲙ ⲉⲧ ϩⲁ

6 ⲡⲉⲥⲏⲧ ⲛ̄ ⲧⲡⲉ· ⲁⲩⲱ ⲛ̄ ⲧⲉⲣⲉ ⲧⲉⲓ̈
ⲥⲙⲏ ⲥⲱⲟⲩϩ ⲁ ⲡⲙⲏⲏϣⲉ ϣⲧⲟⲣ

---

[1] παρέβη.

[2] An inadequate rendering of ὁμοθυμαδὸν ἐπὶ τὸ αὐτό.

[3] Ⲏ ⲉⲛⲉⲩϩⲙⲟⲟⲥ. This is the better reading. Gr. ἦσαν καθήμενοι.

[4] 'Split tongues', διαμεριζόμεναι γλῶσσαι.

[5] For ϩⲛ̄ ϩⲉⲛ ⲕⲉ ⲁⲥⲡⲉ.

[6] Ⲏ ϩⲛ̄ ⲑⲓⲗⲏⲙ ⲉⲧⲟⲩⲏϩ ⲛ̄ϭⲓ ϩⲉⲛⲓⲟⲩⲇⲁⲓ.

[7] The word ⲉⲧⲟⲩⲏϩ has dropped out. Gr. κατοικοῦντες.

[8] For ϩⲉⲛⲣⲱⲙⲉ (ἄνδρες).

[9] 'Fearers [of God]' = ἄνδρες εὐλαβεῖς.

ⲧⲣ̄¹ ⲇⲉ ⲛⲉⲣⲉ ⲡⲟⲩⲁ ⲡⲟⲩⲁ ⲥⲱⲧⲙ̄
ⲉ ⲣⲟⲟⲩ ⲉⲩϣⲁϫⲉ ϩⲛ̄ ⲧⲉϥⲁⲥⲡⲉ²·

7 ⲁⲩⲡⲱϣⲥ̄³ ⲇⲉ ⲧⲏⲣⲟⲩ ⲁⲩⲱ ⲁⲩⲣ
ϣⲡⲏⲣⲉ ⲉⲩϫⲱ ⲙ̄ⲙⲟⲥ ϫⲉ ⲙⲏ ϩⲉⲛ
ⲅⲁⲗⲓⲗⲉⲟⲥ⁴ ⲁⲛ ⲛⲉ ⲛⲁⲓ ⲧⲏⲣⲟⲩ ⲉⲧϣⲁ

8 ϫⲉ ⲛ̄ ⲛⲁϣ ⲛ̄ ϩⲉ ⲁⲛⲟⲛ ⲧⲛ̄ⲥⲱⲧⲙ̄
ϩⲣⲁⲓ̈ ϩⲛ̄⁵ ⲧⲉϥⲁⲥⲡⲉ ⲛⲧⲁⲩϫⲡⲟⲩ ⲛ̄

9 ϩⲏⲧϥ̄· ϫⲉ ⲡⲁⲣⲑⲟⲥ ⲛⲙ̄ ⲙ̄ⲙⲏⲇⲟⲥ
ⲛⲉⲗⲁⲙⲓⲧⲏⲥ ⲁⲩⲱ ⲛⲉⲧ ⲟⲩⲏϩ ϩⲛ̄
ⲧⲙⲉⲥⲟⲡⲟⲇⲁⲙⲓⲁ⁶ ϯⲟⲩⲇⲁⲓ̈⁷ ⲛⲙ̄
ⲧⲕⲁⲡⲡⲁⲇⲟⲕⲓⲁ ⲡ̄ⲡⲟⲛⲧⲟⲥ ⲙⲛ̄

10 ⲧⲁⲥⲓⲁ· ⲧⲉⲫⲣⲩⲅⲓⲁ ⲛⲙ̄ ⲧⲡⲁⲙⲫⲩⲗⲓⲁ
ⲕⲏⲙⲉ ⲙⲛ̄ⲛ̄ⲥⲁ ⲛ̄ ⲧⲗⲩⲃⲓⲏ⁸ ⲉⲧ' ⲛ̄
ⲧⲕⲩⲣⲏⲛⲏ ⲁⲩⲱ ⲛⲉϩⲣⲱⲙⲁⲓⲟⲥ⁹ ⲉⲧ'
ⲧⲁⲓ̈ ⲛ̄ⲓ̈ⲟⲩⲇⲁⲓ̈ ⲛⲙ̄ ⲛⲉⲡⲣⲟⲥⲏⲗⲩ

11 ⲧⲟⲥ· ⲛⲉⲕⲣⲏⲧⲏⲥ ⲙⲛ̄ ⲁⲣⲁⲃⲟⲥ ⲧⲛ̄
ⲥⲱⲧⲙ̄ ⲉⲣⲟⲟⲩ ⲉⲩϣⲁϫⲉ ϩⲛ̄ ⲛⲁⲥⲡⲉ
ⲉⲩⲧⲁⲩⲟ ⲛ̄ ⲙⲛ̄ⲧⲛⲟϭ ⲙ̄ ⲡⲛⲟⲩⲧⲉ·

12 ⲁⲩⲡⲱϣ[ⲥ̄ ⲧ]ⲏⲣⲟⲩ ⲁⲩⲱ ⲁⲩⲁⲡⲟⲣⲓ̈¹⁰
ⲟⲩⲁ ⲛ̄ ⲛ̄ ⲛⲁϩⲣⲛ̄ ⲟⲩⲁ ⲉⲩϫⲱ ⲙ̄ⲙⲟⲥ

13 ϫⲉ ⲟⲩ ⲡⲉ ⲡⲉⲓ̈ ϩⲱⲃ¹¹ ϩⲉⲛⲕⲟⲟⲩⲉ ⲇⲉ
ⲉⲩⲛⲟϭⲛⲉϭ ⲉⲩϫⲱ ⲙ̄ⲙⲟⲥ ϫⲉ ⲉⲣⲉ

14 ϩⲏⲧⲟⲩ ⲙⲉϩ ⲛ̄ⲙ̄ⲉⲣⲓⲥ· ⲁϥⲁϩⲉ ⲇⲉ ⲣⲁⲧϥ̄
ⲛ̄ϭⲓ ⲡⲉⲧⲣⲟⲥ ⲛⲙ̄ ⲡⲙⲛ̄ⲧⲟⲩⲉ ⲛⲁ
ⲡⲟⲥⲧⲟⲗⲟⲥ ⲁϥϥⲓ ⲧⲉϥⲥⲙⲏ ⲉ ϩⲣⲁⲓ̈
ⲉϥϫⲱ ⲙ̄ⲙⲟⲥ ⲛⲁⲩ ϫⲉ ⲛ̄ⲣⲱⲙⲉ¹²

---

¹ H ⲧⲉⲓⲥⲙⲏ ⲇⲉ ϣⲱⲡⲉ ⲁ ⲡⲙⲏⲏϣⲉ ⲥⲱⲟⲩϩ ⲁⲩⲱ ⲁⲩϣⲧⲟⲣⲧⲣ̄. The word ϣⲱⲡⲉ has dropped out of the MS.

² H ⲧⲉⲩⲁⲥⲡⲉ.   ³ ἐξίσταντο.   ⁴ Γαλιλαῖοι.

⁵ H ⲡⲟⲩⲁ ⲡⲟⲩⲁ ϩⲣⲁⲓ ϩⲛ̄.   ⁶ Μεσοποταμίαν.

⁷ Ἰουδαίαν.   ⁸ τὰ μέρη τῆς Λιβύης τῆς κατὰ Κυρήνην.

⁹ Ῥωμαῖοι. ϩ = the rough breathing.   ¹⁰ διηπόρουν.

¹¹ 'What is this matter?' Τί ἂν θέλοι τοῦτο εἶναι;

¹² H ⲉϩⲣⲁⲓ ⲁϥⲟⲩⲱϣⲃ̄ ⲛⲁⲩ ϫⲉ ⲛ̄ⲣⲱⲙⲉ.

Fol. 60a
ē

ⲛ̅ⲓⲟⲩⲇⲁⲓ ⲛⲙ̅ ⲟⲩⲟⲛ ⲛⲓⲙ ⲉⲧ ⲟⲩⲏϩ
ϩⲛ̅ ⲑⲓⲉⲣⲟⲩⲥⲁⲗⲏⲙ· ⲙⲁⲣⲉ ⲡⲁⲓ ϣⲱ
ⲡⲉ ⲉϥⲟⲩⲟⲛϩ̅ ⲛⲏⲧⲛ̅ ⲉ ⲃⲟⲗ ⲁⲩⲱ

15 ⲛ̅ⲧⲉⲧⲛ̅ϫⲓ ⲥⲙⲏ ⲉ ⲛⲁ ϣⲁϫⲉ· ⲛ ⲉⲣⲉ
ⲛⲁⲓ ⲅⲁⲣ ⲧⲁϩⲉ[1] ⲁⲛ ⲛ̅ⲑⲉ ⲛ̅ⲧⲱⲧⲛ̅
ⲉⲧⲉⲧⲛ̅ⲙⲉⲉⲩⲉ· [ⲉ] ⲣⲟⲥ ϣⲡ̅ ϣⲟⲙⲧⲉ[2]

16 ⲅⲁⲣ ⲙ̅ ⲡⲉϩⲟⲟⲩ ⲡⲉ· ⲁⲗⲗⲁ ⲡⲁⲓ ⲡⲉ
ϣⲁⲩϫⲟⲟϥ[3] ϩⲓⲧⲛ̅ ⲓ̈ⲱⲏⲗ ⲁ ⲡⲉⲡⲣⲟⲫⲏ

17 ⲧⲏⲥ· ϫⲉ ⲥⲛⲁϣⲱⲡⲉ ⲙⲛ̅ⲛ̅ⲥⲁ
ⲛⲉϩⲟⲟⲩ ⲉⲧ ⲙ̅ⲙⲁⲩ ⲡⲉϫⲉ ⲡϫⲟⲉⲓⲥ
ⲛ̅ⲧⲁⲡⲱϩⲧ̅ ⲉ ⲃⲟⲗ ⲙ̅ ⲡⲁ ⲡⲛⲁ̅ ⲉϫⲛ̅
ⲥⲁⲣⲝ̅ ⲛⲓⲙ ⲛ̅ⲥⲉⲡⲣⲟⲫⲏⲧⲉⲩⲉ[4] ⲛ̅
ϭⲓ ⲛⲉⲧⲛ̅ϣⲏⲣⲉ ⲛⲙ̅ ⲛⲉⲧⲛ̅ ϣⲉ
ⲉⲣⲉ· ⲁⲩⲱ ⲛⲉⲧⲛ̅ ϩⲣ̅ϣⲓⲣⲉ ⲛⲁⲛⲁⲩ
ⲉ ϩⲉⲛϩⲟⲣⲁⲥⲓⲥ[5] ⲛ̅ⲧⲉ ⲛⲉⲧⲛ̅ϩⲗ̅ⲗⲟ

18 ⲡⲱⲣⲉ ⲛ̅ ϩⲉⲛⲣⲁⲥⲟⲩ[6]· ⲁⲩⲱ ϯⲛⲁ
ⲡⲱϩⲧ̅ ⲉ ⲃⲟⲗ ⲙ̅ ⲡⲁ ⲡⲛⲁ̅ ⲉϫⲛ̅ ⲛⲁ
ϩⲙ̅ϩⲁⲗ ⲛ̅ ϩⲟⲟⲩⲧ̅[7] ⲙⲛ̅ ⲛⲁϩⲙ̅ϩⲁⲗ ⲛ̅
ⲥϩⲓⲙⲉ[8] ⲛ̅ ⲛⲉϩⲟⲟⲩ ⲉⲧ ⲙ̅ⲙⲁⲩ ⲛ̅ⲥⲉⲡⲣⲟ

19 ⲫⲏⲧⲉⲩⲉ· ⲛ̅ⲧⲁϯ ⲛ̅ ϩⲉⲛⲙⲁⲉⲓⲛ ⲛ̅
ⲧⲡⲉ ⲁⲩⲱ ϩⲉⲛϣⲡⲏⲣⲉ ⲙ̅ ⲡⲉ ⲥⲏⲧ'[9]
ϩⲓϫⲛ̅ ⲡⲕⲁϩ ⲟⲩⲥⲛⲟϥ ⲙⲛ̅ ⲟⲩⲕⲱϩⲧ̅

20 ⲙⲛ̅ ⲟⲩⲗϩⲱⲃ ⲛ ⲕⲁⲡⲛⲟⲥ[10]· ⲡⲣⲏ ⲛⲁ
ⲕⲟⲧϥ̅ ⲉⲧⲕⲁⲕⲉ ⲁⲩⲱ ⲡⲟⲟϩ ⲉⲧⲥⲛⲟϥ
ⲉⲙⲡⲁⲧ ⲉϥⲉⲓ ⲛ̅ϭⲓ ⲡⲉϩⲟⲟⲩ ⲙ̅ ⲡϫⲟⲉⲓⲥ

21 ⲡⲛⲟϭ ⲉⲧ ⲟⲩⲟⲛϩ̅ ⲉ ⲃⲟⲗ[11]· ⲁⲩⲱ ⲥⲛⲁ

---

[1] μεθύουσιν.   [2] ϣⲡ̅ ϣⲟⲙⲧⲉ = ϫⲡ̅ ϣⲟⲙⲧⲉ = ὥρα τρίτη.

[3] 'This is what they are wont to say on the authority of Joel' (chap. ii. 28–32).

[4] προφητεύσουσιν.   [5] ὁράσεις.

[6] ἐνύπνια. The Coptic does not translate ἐνυπνιασθήσονται.

[7] δούλους.   [8] δούλας.

[9] 'Down on the earth' = ἐπὶ τῆς γῆς κάτω.

[10] ἀτμίδα καπνοῦ.   [11] A very literal rendering of ἐπιφανῆ.

ϣⲱⲡⲉ ⲛ̄ ⲟⲩⲟⲛ ⲛⲓⲙ ⲉⲧ ⲛⲁⲱϣ[1]
ⲙ̄ ⲡⲣⲁⲛ ⲙ̄ ⲡϫⲟⲉⲓⲥ ϥⲛⲁⲟⲩϫⲁⲓ· ⲛ̄

22 ⲣⲱⲙⲉ ⲙ̄ ⲡⲓⲥⲣⲁⲏⲗ ⲥⲱⲧⲙ̄ ⲉ ⲛⲁ
ϣⲁϫⲉ· ⲓ̄ⲥ̄ ⲡⲛⲁⲍⲱⲣⲁⲓⲟⲥ ⲟⲩⲣⲱⲙⲉ
ⲁⲩⲧⲟϣϥ[2] ⲉ ⲃⲟⲗ ϩⲓⲧⲛ̄ ⲡⲛⲟⲩⲧⲉ
ⲉ ϩⲟⲩⲛ ⲉ ⲣⲱⲧⲛ̄ ϩⲛ̄ ϩⲩⲡⲟⲧⲁⲧⲏ
ⲛⲓⲙ ϩⲣⲁⲓ ϩⲛ̄ ϩⲉⲛϭⲟⲙ[3] ⲙⲛ̄ ϩⲉⲛ
ⲙⲁⲉⲓⲛ ⲙ[ⲛ̄] ϩⲉⲛϣⲡⲏⲣⲉ· ⲛⲁⲓ̈ ⲉⲛ
ⲧⲁ ⲡⲛⲟⲩⲧⲉ ⲁⲁⲩ ⲉ ⲃⲟⲗ ϩⲓ ⲧⲟⲟⲧϥ̄
ⲛ̄ ⲧⲉⲧⲛ̄ⲙⲏⲧⲉ ⲕⲁⲧⲁ ⲑⲉ ⲛ̄ⲧⲱ

23 ⲧⲛ̄ ⲉⲧⲉⲧⲛ̄ⲥⲟⲟⲩⲛ· ⲡⲁⲓ̈ ϩⲙ̄ ⲡϣⲟ
ϫⲛⲉ ⲉⲧ' ⲧⲏϣ ⲛ̄ⲙ̄ ⲡⲥⲟⲟⲩⲛ ⲛ̄ⲧⲉ

24 ⲡⲛⲟⲩⲧⲉ[4]· ⲧⲟⲩⲛⲟⲥϥ̄ ⲉ ⲃⲟⲗ ϩⲛ̄ ⲛⲉⲧ ⲙⲟ   Fol. 60 b
ⲟⲩⲧ' ⲛ̄ⲙ̄ ⲛ̄ⲛⲁⲁⲕⲉ ⲙ̄ ⲡⲙⲟⲩ[5] ⲉ ⲃⲟⲗ ϫⲉ   ⲋ̄
ⲙ̄ⲡ̄ϣϭⲟⲙ ⲉ ⲧ'ⲣⲉ ⲩⲁⲙⲁϩⲧⲉ ⲙ̄ⲙⲟϥ

25 ⲉ ⲃⲟⲗ ϩⲓ ⲧⲟⲟⲧϥ̄· ⲇⲁⲩⲉⲓⲇ ⲅⲁⲣ ϫⲱ ⲙ̄ⲙⲟⲥ
ⲉ ϩⲟⲩⲛ ⲉ ⲣⲟϥ ϫⲉ ⲛⲉⲓ̈ⲛⲁⲩ ⲉ ⲡϫⲟⲉⲓⲥ
ⲡⲉ ⲙ̄ ⲡⲁ ⲙ̄ⲧⲟ ⲉ ⲃⲟⲗ ⲛ̄ ⲟⲩⲟⲉⲓϣ
ⲛⲓⲙ ϫⲉ ϥϣⲟⲟⲡ ⲛ̄ⲥⲁ ⲟⲩⲛⲁⲙ ⲙ̄

[1] Η ⲉⲧⲛⲁⲉⲡⲓⲕⲁⲗⲉⲓ ; Gr. ἐπικαλέσηται.

[2] 'He was ordained', ἀποδεδειγμένον.

[3] ϩⲩⲡⲟⲧⲁⲧⲏ ⲛⲓⲙ ϩⲣⲁⲓ ϩⲛ̄ ϩⲉⲛϭⲟⲙ either represents a reading in Greek which is not forthcoming or a rendering of δυνάμεσι. The words ϩⲉⲛⲙⲁⲉⲓⲛ and ϩⲉⲛϣⲡⲏⲣⲉ are in inverted order, for the former represents σημείοις and the latter τέρασι.

[4] The Coptic has no equivalent for ἔκδοτον λαβόντες διὰ χειρῶν ἀνόμων προσπήξαντες ἀνείλετε. Horner's transcript gives: ⲛ̄ⲧⲉ ⲡⲛⲟⲩⲧⲉ ⲁⲧⲉⲧⲛ̄ⲧⲁⲁϥ ⲉϩⲣⲁⲓ ⲉⲛ̄ϭⲓϫ ⲛ̄ⲛ̄ⲁⲛⲟⲙⲟⲥ ⲉⲁⲧⲉⲧⲛ̄ⲁϣⲧϥ̄ ⲁⲧⲉⲧⲛ̄ⲙⲟⲟⲩⲧϥ̄· 24 ⲡⲁⲓ ⲛ̄ⲧⲁ ⲡⲛⲟⲩⲧⲉ ⲧⲟⲩⲛⲟⲥϥ̄. This seems to indicate that the scribe inadvertently omitted two or three lines, leaving out all the words between the first ⲡⲛⲟⲩⲧⲉ and ⲧⲟⲩⲛⲟⲥϥ̄.

[5] 'Raised Him up from the dead and the pains of death.' Horner's text has 'He raised Him up, He destroyed the pains of death', ⲉⲁϥⲃⲱⲗ ⲉ ⲃⲟⲗ ⲛ̄ⲛⲁⲁⲕⲉ ⲙ̄ⲡⲙⲟⲩ, which represents λύσας τὰς ὠδῖνας τοῦ θανάτου.

s

ACTS II. 26-33

26 ⲙⲟⲓ̈ ⲝⲉ[1] ⲛ̄ ⲛⲁⲕⲓⲙ· ⲉ ⲧ'ⲃⲉ ⲡⲁⲓ̈ ⲁ ⲡⲁ
ϩⲏⲧ ⲉⲩⲫⲣⲁⲛⲉ[2] ⲁ ⲡⲁ ⲗⲁⲥ ⲧⲉⲗⲏⲗ
ⲉⲧⲓ ⲇⲉ ⲇⲉ (sic) ⲧⲁ ⲕⲉ ⲥⲁⲣⲝ ⲛⲁⲟⲩⲱϩ ϩⲛ̄

27 ⲟⲩϩⲉⲗⲡⲓⲥ· ⲝⲉ ⲛ̄ⲕ̄ ⲛⲁⲕⲱ ⲛ̄ⲥⲱ ⲁⲛ
ⲛ ⲧⲁ ⲯⲩⲭⲏ ϩⲛ̄ ⲛⲁⲯⲩⲭⲏ ⲛ̄ ⲁ̄ⲁⲙⲛ̄
ⲧⲉ[3] ⲟⲩⲇⲉ ⲛ̄ⲕ̄ ⲛⲁϯ ⲁⲛ ⲁ̄ⲁ ⲡⲉⲕ ⲡⲉⲧ ⲟⲩ

28 ⲁⲁⲃ ⲉ ⲛⲁⲩ ⲉ ⲡⲧⲁⲕⲟ· ⲁⲕⲟⲩⲱⲛϩ̄ ⲛⲁⲓ̈
ⲉ ⲃⲟⲗ ⲛ̄ ⲛⲉϩⲓⲟⲟⲩⲉ ⲁ̄ⲁ ⲡⲱⲛϩ̄ ⲕⲛⲁ
ⲝⲟⲕⲧ ⲉ ⲃⲟⲗ ⲁ̄ⲁ ⲡⲟⲩⲛⲟϥ ⲁ̄ⲁ ⲡⲉⲕϩⲟ[4]·

29 ⲡ̄ⲣⲱⲙⲉ ⲛⲉⲥⲛⲏⲩ ϣϣⲉ ⲉ ⲧⲣⲉ ⲛ
ⲝⲟⲟⲥ ⲛⲏⲧⲛ̄ ϩⲛ̄ ⲟⲩⲡⲁⲣϩⲏⲥⲓⲁ[5] ⲉ ⲧⲃⲉ
ⲡⲡⲁⲧⲣⲓⲁⲣⲭⲏⲥ ⲇⲁⲩⲉⲓⲇ ⲁⲩⲱ ⲁϥⲙⲟⲩ
ⲁⲩⲱ ⲁⲩⲧⲟⲙⲥϥ̄ ⲁⲩⲱ ⲡⲉϥ ⲙ̄ϩⲁⲁⲩ[6] ϣⲟ
ⲟⲡ ϩⲣⲁⲓ̈ ⲛ̄ ϩⲏⲧⲛ̄ ϣⲁ ϩⲣⲁⲓ̈ ⲉ ⲡⲟⲟⲩ ⲛ̄

30 ϩⲟⲟⲩ· ⲉⲩⲡⲣⲟⲫⲏⲧⲏⲥ[7] ϭⲉ ⲁⲩⲱ ⲉϥ
ⲥⲟⲟⲩⲛ ⲝⲉ ϩⲛ̄ ⲟⲩⲁⲛⲁϣ ⲁ ⲡⲛⲟⲩⲧⲉ
ⲱⲣⲕ̄ ⲛⲁϥ ⲉ ⲑⲙ̄ⲥⲟ ⲉ ⲃⲟⲗ ⲁ̄ⲁ ⲡⲕⲁⲣⲡⲟⲥ
ⲛ ⲧⲉϥⲛ̄ⲡⲉ (sic)[8] ⲉⲝⲛ̄ ⲡⲉϥⲑⲣⲟⲛⲟⲥ·

31 ⲁϥϣⲣⲡ̄ ⲉⲓⲙⲉ[9] ⲉϥϣⲁⲝⲉ ⲉ ⲧⲃⲉ ⲧⲁ
ⲛⲁⲥⲧⲁⲥⲓⲥ ⲁ̄ⲁ ⲡⲉⲭ̄ⲥ̄ ⲝⲉ ⲟⲩⲧⲉ ⲁ̄ⲁⲛ ⲉϥ
ⲕⲁⲁϥ ϩⲛ̄ ⲛ ⲁⲙⲛ̄ⲧⲉ ⲟⲩⲧⲉ ⲁ̄ⲁⲡⲉ ⲧⲉϥ

32 ⲥⲁⲣⲝ ⲛⲁⲩ[10] ⲉ ⲡⲧⲁⲕⲟ· ⲡⲁⲓ̈ ⲡⲉ ⲓ̄ⲥ̄ ⲡⲉ ⲛⲧⲁ
ⲡⲛⲟⲩⲧⲉ ⲧⲟⲩⲛⲟⲥϥ̄ ⲡⲁⲓ̈ ⲉⲛⲉⲛϣⲟ

33 ⲟⲡ ⲛⲁϥ ⲧⲏⲣⲛ̄ ⲁ̄ⲁ ⲙⲛ̄ⲧⲣⲉ· ⲉ ⲁϥⲝⲓⲥⲉ
ⲉ ϩⲣⲁⲓ̈ ϩⲛ̄ ⲧⲟⲩⲛⲁⲙ ⲁ̄ⲁ ⲡⲛⲟⲩⲧⲉ ⲁϥⲝⲓ

---

[1] For ⲝⲉ ⲕⲁⲥ (?). [2] εὐφράνθη.

[3] 'My soul among the souls of Amente', τὴν ψυχήν μου εἰς ᾅδου. H has 'my soul in Amente', ⲡⲧⲁⲯⲩⲭⲏ ϩⲛ ⲁⲙⲛ̄ⲧⲉ.

[4] 'The joy of thy face', μετὰ τοῦ προσώπου σου. See Psalm xvi. 8–11.   [5] μετὰ παρρησίας.   [6] τὸ μνῆμα.

[7] προφήτης οὖν ὑπάρχων.   [8] More commonly ⲛ̄ ⲧⲉϥϯⲡⲉ.

[9] 'He knew beforehand', προϊδών. The Coptic has no equivalent for τὸ κατὰ σάρκα ἀναστήσειν τὸν χριστόν.

[10] ⲛⲁⲩ is written above the line.

ⲙ̄ ⲡⲉⲣⲏⲧ ⲙ̄ ⲡⲉⲡⲛ̄ⲁ̄ ⲉⲧ ⲟⲩⲁⲁⲃ ⲉ ⲃⲟⲗ
ϩⲓⲧⲛ̄ ⲡⲉϥⲉⲓⲱⲧ· ⲁϥⲡⲟⲣⲧ̄ ⲙ̄ ⲡⲉⲓ
ⲧⲁⲉⲓⲟ ⲡⲁⲓ̈ ⲛ̄ⲧⲱⲧⲛ̄ ⲉⲧⲉⲧⲛ̄ⲛⲁⲩ

34 ⲉ ⲣⲟϥ ⲁⲩⲱ ⲉⲧⲉⲧⲛ̄ⲥⲱⲧⲙ̄· ⲛ̄ ⲇⲁⲧⲉⲓⲇ
ⲅⲁⲣ ⲁⲛ ⲡⲉ ⲡⲉ ⲛⲧ ⲁϥⲃⲱⲕ ⲉ ϩⲣⲁⲓ̈ ⲉⲙ
ⲡⲏⲩⲉ [ⲉ]ϥϫⲱ ⲙ̄ⲙⲟⲥ ⲛ̄ⲧⲟϥ ϫⲉ ⲡⲉϫⲉ
ⲡϫⲟⲉⲓⲥ ⲙ̄ ⲡⲁ ϫⲟⲉⲓⲥ ϫⲉ ϩⲙⲟⲟⲥ ⲛ̄ⲥⲁ

35 ⲟⲩⲛⲁⲙ ⲙ̄ⲙⲟⲓ̈· ϣⲁⲛ ϯⲕⲱ ⲛ̄ ⲛⲉⲕ
ϫⲁϫⲉ[1] ⲛ̄ ϩⲩⲡⲟⲡⲟⲇⲓⲟⲛ[2] ⲛ̄ ⲛⲉⲕⲟⲩⲉ

36 ⲣⲏⲧⲉ[3]· ϩⲛ̄ ⲟⲩⲱⲣϫ̄[4] ⲙⲁⲣⲉ ϥⲉⲓⲙⲉ ⲛ̄ϭⲓ
ⲡⲏⲓ̈ ⲧⲏⲣϥ̄ ⲙ̄ ⲡⲓⲥⲣⲁⲏⲗ ϫⲉ ⲁ ⲡⲛⲟⲩⲧⲉ
ⲁⲁϥ ⲛ̄ ϫⲟⲉⲓⲥ ⲁⲩⲱ ⲛ̄ⲭ̄ⲥ̄ ⲡⲁⲓ̈ ⲡⲉ ⲓ̄ⲥ̄

37 ⲡⲉ ⲛⲧⲁ ⲧⲉⲧⲛ̄ⲥϯⲟⲩ[5] ⲙ̄ⲙⲟϥ· ⲛ ⲧⲉ
ⲣ ⲟⲩⲥⲱⲧⲙ̄ ⲉ ⲡⲁⲓ̈ ⲁⲩⲙⲕⲁϩ ⲉ ⲡⲉⲩϩⲏⲧ
ⲁⲩⲱ ⲡⲉϫⲁⲩ ⲙ̄ ⲡⲉⲧⲣⲟⲥ ⲛⲙ̄ ⲡⲕⲉ
ⲥⲉⲉⲡⲉ ⲛ̄ ⲛⲁⲡⲟⲥⲧⲟⲗⲟⲥ ϫⲉ ⲟⲩ
ϭⲉ ⲡⲉ ⲧⲛ̄ⲛⲁⲁϥ ⲛ̄ⲣⲱⲙⲉ ⲛⲉⲥⲛⲏⲩ[6]·

38 ⲡⲉⲧⲣⲟⲥ ⲇⲉ ⲡⲉϫⲁϥ[7] ⲛⲁⲩ ϫⲉ ⲙⲉⲧⲁ
ⲛⲟⲓ̈[8] ⲁⲩⲱ ⲛ̄ⲧⲉⲧⲛ̄ϫⲓ ⲃⲁⲡⲧⲓⲥⲙⲁ[9]
ⲉ ⲡⲣⲁⲛ ⲛ̄ ⲓ̄ⲥ̄ ⲡⲉⲭ̄ⲥ̄ ⲡϫⲟⲉⲓⲥ ⲉ ⲡⲕⲱ
ⲉ ⲃⲟⲗ ⲛ̄ ⲛⲉⲧⲛ̄ⲛⲟⲃⲉ ⲁⲩⲱ ⲧⲉⲧⲛ̄
ⲛⲁϫⲓ ⲛ ⲧⲁⲱⲣⲉⲁ ⲙ̄ ⲡⲉⲓ̈ ⲡⲛ̄ⲁ̄[10] ⲉ

39 ⲧ ⲟⲩⲁⲁⲃ· ⲉⲣⲉ ⲡⲉⲣⲏⲧ[11] ⲅⲁⲣ ϣⲟⲟⲡ
ⲛⲏⲧⲛ̄ ⲙⲛ̄ ⲛⲉⲧⲛ̄ϣⲏⲣⲉ ⲁⲩⲱ ⲟⲩ
ⲟⲛ ⲛⲓⲙ ⲉⲧ ⲙ̄ⲡⲟⲩⲉ ⲛⲁⲓ̈ ⲉⲧ ⲉⲣⲉ[12]

---

[1] H ⲛ̄ⲡⲉⲕϫⲓϫⲉⲉⲩ.
[2] ὑποπόδιον, the ϩ representing the rough breathing.
[3] Psalm cx. 1.   [4] 'In certainty', ἀσφαλῶς.
[5] ἐσταυρώσατε.   [6] Literal rendering of ἄνδρες ἀδελφοί.
[7] There is no Greek for ⲡⲉϫⲁϥ.   [8] Μετανοήσατε.
[9] There is no equivalent for ἕκαστος ὑμῶν. H has ⲁⲩⲱ ⲙⲁⲣⲉ
ⲡⲟⲩⲁ ⲡⲟⲩⲁ ⲙ̄ⲙⲱⲧⲉⲛ ϫⲓ ⲃⲁⲡⲧⲓⲥⲙⲁ.
[10] 'Of this Holy Spirit.'   [11] 'Promise', ἐπαγγελία.
[12] 'Shall invite them', ὅσους ἂν προσκαλέσηται.

ACTS II. 39-46

ⲡϫⲟⲉⲓⲥ ⲡⲉⲛⲛⲟⲩⲧⲉ ⲛⲁⲧⲁϩⲙⲟⲩ·
40 ϩⲣⲁⲓ ⲇⲉ ϩⲛ̄ ⲛⲉϩⲟⲟⲩ ϣⲉ ⲛ̄ ϣⲁ
ϫⲉ ⲛⲉϥϫⲱ ⲙ̄ⲙⲟⲟⲩ ⲁⲩⲱ ⲛⲉϥ
ⲥⲟⲡⲥ̄ ⲙ̄ⲙⲟⲟⲩ ⲉϥϫⲱ ⲙ̄ⲙⲟⲥ¹ ϫⲉ
ⲟⲩϫⲁⲓ² ⲉ ⲃⲟⲗ ϩⲛ̄ ⲧⲉⲓ ⲅⲉⲛⲉ̅ⲁ ⲉⲧ
41 ϭⲟⲟⲙⲉ· ⲛⲉ ⲛ̄ⲧⲁⲩϣⲱⲡ ⲉ ⲣⲟⲟⲩ
ⲙ̄ ⲡⲉϥϣⲁϫⲉ ⲁⲩϫⲓ ⲃⲁⲡⲧⲓⲥⲙⲁ
ⲁⲩⲱ ⲁⲩⲟⲩⲱϩ ⲉ ⲣⲟⲟⲩ ⲙ̄ ⲡⲉϩⲟⲟⲩ
ⲉⲧ ⲙ̄ⲙⲁⲩ ⲛ̄ϭⲓ ⲁϣⲙ̄ⲏⲧ (sic) ϣⲟ³ ⲙ̄ ⲯⲩⲭⲏ·
42 ⲛⲉⲩϣⲟⲟⲡ ⲇⲉ ⲡⲉ ⲉⲩⲡⲣⲟⲥⲕⲁⲣ
ⲧⲉⲣⲓ ⲉ ⲧⲉⲥⲃⲱ ⲛ̄ ⲛⲁⲡⲟⲥⲧⲟⲗⲟⲥ
ⲛ̄ⲙ̄ ⲧⲕⲟⲓⲛⲱⲛⲓⲁ⁴ ⲙ̄ ⲡⲱϣ ⲙ̄ ⲡⲟⲉⲓⲕ
43 ⲁⲩⲱ ⲛⲉⲩϣⲗⲏⲗ· ⲟⲩⲛⲟϭ ⲛ̄ ϩⲟⲧⲉ ⲁⲥ
ϣⲱⲡⲉ ⲉ ϩⲣⲁⲓ ⲉϫⲛ̄ ⲯⲩⲭⲏ ⲛⲓⲙ
ϩⲁϩ ⲅⲁⲣ ⲙ̄ ⲙⲁⲉⲓⲛ ϩⲓ ϣⲡⲏⲣⲉ ⲛⲉⲩ
ϣⲱⲡⲉ ⲉ ⲃⲟⲗ ϩⲓ ⲧⲟⲟⲧⲟⲩ ⲛ̄ ⲛⲁⲡⲟⲥ
44 ⲧⲟⲗⲟⲥ· ⲟⲩⲟⲛ ⲇⲉ ⲛⲓⲙ ⲛ̄ⲧⲁⲩⲡⲓⲥ
ⲧⲉⲩⲉ⁵ ⲛⲉⲩϣⲟⲟⲡ ⲡⲉ ⲙ̄ⲛ̄ ⲛⲉⲧⲉ
ⲣⲏⲧ ⲁⲩⲱ ⲛⲉⲣⲉ ⲛ̄ ⲕⲁ ⲛⲓⲙ ϣⲟⲟⲡ
45 ⲛⲁⲩ ϩⲓ ⲟⲩⲥⲟⲡ· ⲁⲩⲱ ⲛⲉϭⲟⲟⲙ⁶
ⲛ̄ⲙ̄ ⲛⲉⲩⲩⲡⲁⲣⲭⲟⲛⲧⲁ⁷ ⲛⲉⲩ †
ⲙ̄ⲙⲟⲟⲩ ⲉ ⲃⲟⲗ ⲁⲩⲧⲱϣ⁸ ⲙ̄ⲙⲟⲟⲩ
ⲉϫⲛ̄ ⲟⲩⲟⲛ ⲛⲓⲙ ⲕⲁⲧⲁ ⲑⲉ ⲉⲧ ⲉⲣⲉ
46 ⲡⲟⲩⲁ ⲡⲟⲩⲁ ⲣ̄ ⲭⲣⲓⲁ⁹ ⲙ̄ⲙⲟⲥ· ⲙ̄ⲙⲏⲛ

Fol. 61 b
ⲛ̄

¹ 'In the days he spake to them a hundred words (or things), and entreated them saying.' Horner's text ϩⲣⲁⲓ ϩⲛ̄ ϩⲉⲛⲕⲉ-ⲙⲏⲏϣⲉ ⲛ̄ϣⲁϫⲉ ⲛⲉϥⲣ̄ⲙ̄ⲛ̄ⲧⲣⲉ ⲁⲩⲱ ⲛⲉϥⲥⲟⲡⲥ̄ ⲙ̄ⲙⲟⲟⲩ ⲉϥϫⲱ ⲙ̄ⲙⲟⲥ represents the Greek ἑτέροις τε λόγοις πλείοσι διεμαρτύρατο, καὶ παρεκάλει αὐτοὺς λέγων.

² 'Safety' or 'salvation', Σώθητε.

³ Η ⲛ̄ϭⲓ ϣⲙ̄ⲛ̄ⲧϣⲟ.

⁴ καὶ τῇ κοινωνίᾳ.   ⁵ οἱ πιστεύοντες.

⁶ Η ⲛⲉⲧϭⲱⲙ; τὰ κτήματα.

⁷ τὰς ὑπάρξεις.   ⁸ Η ⲁⲩⲱ ⲛⲉⲩⲡⲱϣ; καὶ διεμέριζον.

⁹ χρείαν εἶχε.

ACTS II. 46—III. 4

ne ⲇⲉ ⲛⲉⲩⲡⲣⲟⲥⲕⲁⲣⲧⲉⲣⲓ ⲡⲉ
ϩⲓ ⲟⲩⲥⲟⲡ¹ ϩⲙ̄ ⲡⲉⲣⲡⲉ ⲁⲩⲱ ϩⲙ̄ ⲡⲏⲓ
ⲉⲩⲡⲱϣ ⲙ̄ ⲡⲟⲉⲓⲕ ⲁⲩⲱ ⲉⲩϫⲓ ⲛ̄ ⲟⲩ
ⲧⲣⲟⲫⲏ ⲙⲛ̄ ⲟⲩⲧⲉⲗⲏⲗ ⲛ̄ ⲙ̄ⲡ̄ϩⲁ

47 ⲡⲗⲟⲩⲥ² ⲛⲧⲉ ⲡⲉⲩϩⲏⲧ· ⲉⲩⲥⲙⲟⲩ
ⲉ ⲡⲛⲟⲩⲧⲉ ⲁⲩⲉⲩⲛ̄ⲧⲟⲩ³ ⲭⲁⲣⲓⲥ ⲛ̄
ⲙⲁⲩ ⲛ̄ ⲛⲁϩⲣⲛ̄ ⲡⲗⲁⲟⲥ ⲧⲏⲣϥ̄ ⲡϫⲟ
ⲉⲓⲥ ⲇⲉ ⲛⲉϥⲟⲩⲱϩ ⲉ ⲣⲟⲟⲩ ⲛ̄ ⲡⲉ
ⲧ ⲛⲁⲟⲩϫⲁⲓ ⲙ̄ⲙⲏⲛⲉ ϩⲓ ⲟⲩⲥⲟⲡ⁴·

Chap. > ⲡⲉⲧⲣⲟⲥ ⲇⲉ ⲛⲙ̄ ⲓ̈ⲱϩⲁⲛⲛⲏⲥ ⲛⲉⲩ

III. 1 ⲛⲁⲃⲱⲕ ⲉ ϩⲣⲁⲓ ⲉ ⲡⲉⲣⲡⲉ ⲙ̄ ⲡⲛⲁⲩ

2 ⲛ̄ ϫⲡ̄ ⲥⲓⲧⲉ⁵ ⲙ̄ ⲡⲛⲁⲩ ⲙ̄ ⲡⲉϣⲗⲏⲗ· ⲁⲩⲱ
ⲛⲉⲩⲛ ⲟⲩⲣⲱⲙⲉ ⲛ̄ ϭⲁⲗⲉ ϫⲛ̄⁶ ⲉϥ ⲛ
ϩⲏⲧⲥ̄ ⲛ̄ ⲧⲉϥⲙⲁⲁⲩ⁷ ⲉϣⲁⲩϥⲓⲧϥ̄ ⲡⲁⲓ̈
ⲛⲉⲩⲕⲱ ⲙ̄ⲙⲟϥ⁸ ϩⲓⲣⲛ̄ ⲡⲣⲟ ⲉⲧ ⲟⲩ
ⲙⲟⲩⲧⲉ ⲉ ⲣⲟϥ ϫⲉ ⲡⲉⲧ ⲛⲉⲥⲱϥ⁹ ⲛ̄
ⲧⲉ ⲡⲉⲣⲡⲉ ⲉ ⲧⲣⲉ ϥϣⲉⲧ' ⲙ̄ⲡ̄ⲛⲁ
ⲉ ⲃⲟⲗ ϩⲓⲧⲛ̄ ⲛⲉⲧ ⲃⲏⲕ ⲉ ϩⲟⲩⲛ ⲉ

3 ⲡⲉⲣⲡⲉ· ⲡⲁⲓ̈ ⲛ̄ ⲧⲉⲣⲉ ϥⲛⲁⲩ ⲉ ⲡⲉ

4 ⲧⲣⲟⲥ ⲙⲛ̄ ⲓ̈ⲱϩⲁⲛⲛⲏⲥ¹⁰ ⲡⲉϫⲁⲩ

---

¹ 'Together', ὁμοθυμαδὸν.

² H ⲙⲛ̄ ⲧⲙⲛ̄ⲧϩⲁⲡⲗⲟⲩⲥ; Gr. ἀφελότητι καρδίας. The Coptic reading suggests that the Greek MS. from which it was rendered had here ἁπλόος.   ³ H ⲁⲩⲱ ⲉⲩⲛ̄ⲧⲟⲩ.

⁴ 'Now God added to them those who were to be saved daily.' ϩⲓ ⲟⲩⲥⲟⲡ, 'together' = ἐπὶ τὸ αὐτό.

⁵ τὴν ὥραν τὴν ἐννάτην, H ⲛ̄ϫⲡ̄ⲯⲓⲧⲉ.   ⁶ H ϫⲓⲛ.

⁷ 'Since he was in his mother's womb.'

⁸ H ⲙ̄ⲙⲟϥ ⲙ̄ⲙⲏⲛⲉ, as the Greek καθ' ἡμέραν.

⁹ 'That which is beautiful' = Ὡραίαν.

¹⁰ The Coptic has no equivalent for μέλλοντας εἰσιέναι εἰς τὸ ἱερὸν ἠρώτα ἐλεημοσύνην λαβεῖν. ἀτενίσας δὲ Πέτρος εἰς αὐτὸν σὺν τῷ Ἰωάννῃ. Horner's text gives the missing words thus: ⲉⲩⲛⲁⲃⲱⲕ ⲉ ϩⲟⲩⲛ ⲉ ⲡⲉⲣⲡⲉ ⲁϥⲥⲡ̄ⲥⲱⲡⲟⲩ ⲉϥϯ ⲛⲁϥ ⲛ̄ⲟⲩⲙⲛ̄ⲧⲛⲁ ⲡⲉⲧⲣⲟⲥ ⲁϥⲉⲓⲱⲣⲙ̄ ⲉϩⲟⲩⲛ ⲉϩⲣⲁϥ ⲙⲉⲛ ⲓⲱⲁⲛⲛⲏⲥ.

5 ⲡⲁϥ ϫⲉ ϭⲱϣⲧ ⲉ ⲣⲟⲛ[1] ⲉϥⲙⲉⲉⲧⲉ[2]
ϫⲉ ⲉϥⲛⲁϫⲓ ⲟⲩⲗⲁⲁⲩ ⲛ̄ ⲧⲟⲟⲧⲟⲩ·

6 ⲡⲉⲧⲣⲟⲥ ⲇⲉ ⲡⲉϫⲁϥ ⲛⲁϥ ϫⲉ ⲙⲛ̄
ϩⲁⲧ ⲟⲩⲇⲉ ⲙⲛ̄ ⲛⲟⲩⲃ ϣⲟⲟⲡ ⲛⲁⲓ
ⲡⲉⲧⲉ ⲟⲩⲛⲧⲁⲉϥ (sic) ⲇⲉ †ⲛⲁⲧⲁⲁϥ
ⲛⲁⲕ· ϩⲙ̄ ⲡⲣⲁⲛ ⲛ̄ ⲓ̅ⲥ̅[3] ⲡⲛⲁⲍⲱⲣⲁⲓⲟⲥ

7 ⲙⲟⲟϣⲉ· ⲁⲩⲱ ⲁϥⲁⲙⲁϩⲧⲉ ⲛ̄ ⲧⲉϥ
ϭⲓϫ ⲛ ⲟⲩⲛⲁⲙ ⲁϥⲧⲟⲩⲛⲟⲥϥ ⲁⲩⲱ ⲁⲩ
ⲧⲁϫⲣⲟ ⲛ̄ϫⲓ ⲛⲉϥϭⲟⲡ ⲁⲩⲱ ⲛⲉϥϯⲃⲥ̄·

8 ⲁⲩⲱ ⲁϥϥⲟϭϥ ⲁϥⲁϩⲉ ⲣⲁⲧϥ ⲁⲩⲱ ⲁϥ
ⲙⲟⲟϣⲉ ⲁϥⲃⲱⲕ ⲛⲙ̄ⲙⲁⲩ ⲉ ϩⲟⲩⲛ ⲉ
ⲡⲉⲣⲡⲉ ⲉϥⲙⲟⲟϣⲉ ⲁⲩⲱ ⲉϥϫⲓ ϥⲟ

9 ϭ̄ⲉ̄ ⲁⲩⲱ ⲉϥⲥⲙⲟⲩ ⲉ ⲡⲛⲟⲩⲧⲉ· ⲁ ⲡⲗⲁⲟⲥ
ⲧⲏⲣϥ̄ ⲛⲁⲩ ⲉ ⲣⲟϥ ⲉϥⲙⲟⲟϣⲉ ⲁⲩⲱ ⲉϥ

10 ⲥⲙⲟⲩ ⲉ ⲡⲛⲟⲩⲧⲉ· ⲁⲩⲥⲟⲩⲱⲛϥ̄ ϫⲉ
ⲡⲁⲓ ⲡⲉⲧ ϩⲙⲟⲟⲥ[4] ⲉϥϣⲉⲧ ⲙⲛ̄ⲧⲛⲁ
ϩⲓⲣⲛ̄ ⲧⲡⲩⲗⲏ ⲉⲧ' ⲛⲉⲥⲱⲥ[5] ⲛ̄ⲧⲉ ⲡⲉⲣ
ⲡⲉ· ⲁⲩⲙⲟⲩϩ ⲛ̄ ϩⲟⲧⲉ ⲁⲩⲱ ⲁⲩⲡⲱϣⲥ̄
ⲉ ϩⲣⲁⲓ ⲉϫⲛ̄ ⲡϩⲱⲃ ⲛ̄ⲧ ⲁϥϣⲱⲡⲉ

11 ⲙ̄ⲙⲟϥ· ⲉ ⲙⲁϩⲧⲉ[6] ⲇⲉ ⲙ̄ ⲡⲉⲧⲣⲟⲥ ⲙⲛ̄
ⲓ̈ⲱϩⲁⲛⲛⲏⲥ ⲁ ⲡⲗⲁⲟⲥ ⲧⲏⲣϥ̄ ⲥⲱⲟⲩϩ
ⲉ ⲣⲟⲟⲩ ϩⲁ ⲧⲉⲥⲧⲟ[7] ⲉⲧ ⲟⲩⲙⲟⲩⲧⲉ ⲉ ⲣⲟⲥ

12 ϫⲉ ⲧⲁ ⲥⲟⲗⲟⲙⲱⲛ ⲉⲩϣⲧⲣ̄ⲧⲣ̄· ⲛ ⲧⲉ
ⲣⲉ ϥⲛⲁⲩ ⲇⲉ ⲛ̄ϭⲓ ⲡⲉⲧⲣⲟⲥ ⲡⲉϫⲁϥ
ϫⲉ ⲛ̄ⲣⲱⲙⲉ ⲛ̄ⲧⲉ ⲡⲓⲥⲣⲁⲏⲗ ⲁϩⲣⲱ
ⲧⲛ̄ ⲧⲉⲧⲛ̄ⲣ̄ ϣⲡⲏⲣⲉ ⲉϫⲛ̄ ⲡⲁⲓ[8] ⲏ ⲉ
ⲧⲃⲉ ⲟⲩ ⲧⲉⲧⲛ̄ⲉⲓⲟⲣⲙ̄[9] ⲛ̄ⲥⲱⲛ ϩⲱⲥ
ⲛ̄ⲧⲁⲛⲣ̄ ⲡⲁⲓ ϩⲛ̄ ⲧⲉⲛϭⲟⲙ ⲏ ⲧⲉⲛ

---

[1] After ⲉⲣⲟⲛ the equivalent of ὁ δὲ ἐπεῖχεν αὐτοῖς is omitted. H has ⲛ̄ⲧⲟϥ ⲇⲉ ⲁϥϭⲱϣⲧ ⲉⲣⲟⲟⲩ.

[2] προσδοκῶν.   [3] H ⲡ̄ⲓ̄ⲥ̄ ⲡⲉⲭ̄ⲥ̄, as in the Greek.

[4] H ⲡⲉ ⲉⲛⲉϥϩⲙⲟⲟⲥ.   [5] ἐπὶ τῇ Ὡραίᾳ πύλῃ.

[6] ϥⲁ written above the line.   [7] Read ⲧⲉⲥⲧⲟⲁ = τῇ στοᾷ.

[8] H ⲉⲓⲉ.   [9] For ⲧⲉⲧⲛ̄ⲉⲓⲱⲣⲙ̄.

ACTS III. 13–16

13 ⲙ̄ⲡⲉⲧⲥⲉⲃⲏⲥ¹· ⲡⲛⲟⲩⲧⲉ ⲛ ⲁⲃⲣⲁ
ϩⲁⲙ ⲡⲛⲟⲩⲧⲉ ⲛ̄ ⲓ̈ⲥⲁⲕ ⲡⲛⲟⲩⲧⲉ ⲛ̄ ⲓ̈ⲁ
ⲕⲱⲃ² ⲁⲩⲱ ⲡⲛⲟⲩⲧⲉ ⲛ̄ ⲛⲉⲛⲉⲓⲟⲧⲉ
ⲁϥϯ ⲉⲟⲟⲩ ⲙ̄ ⲡⲉϥϣⲏⲣⲉ ⲓⲥ ⲡⲁⲓ̈ ⲛ̄
ⲛ̄ⲧⲱⲧⲛ̄ ⲉⲛⲧⲁ ⲧⲛ̄ⲧⲁⲁϥ ⲉ ϩⲣⲁⲓ̈ ⲉⲛ
ⲁⲣⲛⲁ ⲙ̄ⲙⲟϥ³ ⲁⲩⲱ ⲁⲧⲉⲧⲛ̄ ⲥⲟϣϥ⁴
ⲙ̄ⲡⲉ ⲙⲧⲟ ⲉ ⲃⲟⲗ ⲙ̄ ⲡⲓⲗⲁⲧⲟⲥ ⲉⲁ ⲡⲉ

14 ⲧ ⲙ̄ⲙⲁⲩ ⲕⲣⲓⲛⲉ ⲉ ⲕⲁⲁϥ ⲉ ⲃⲟⲗ· ⲛ̄ⲧⲱ
ⲧⲛ̄ ⲇⲉ ⲡⲉⲧ ⲟⲩⲁⲁⲃ ⲁⲩⲱ ⲡⲇⲓⲕⲁⲓⲟⲥ
ⲁⲧⲉⲧⲛ̄ⲁⲣⲛⲁ⁵ ⲙ̄ⲙⲟϥ ⲙ̄ⲡⲉ ⲙⲧⲟ ⲉ
ⲃⲟⲗ⁶ ⲙ̄ ⲡⲓⲗⲁⲧⲟⲥ ⲉⲁ ⲧⲉⲧⲛ̄ⲁⲓⲧⲓ⁷ ⲉ
ⲕⲱ ⲛⲏⲧⲛ̄ ⲉ ⲃⲟⲗ ⲛ̄ ⲟⲩⲣⲱⲙⲉ ⲛ̄ ⲣⲉϥ

15 ϩⲱⲧⲃ̄· ⲡⲁⲣⲭⲏⲅⲟⲥ ⲇⲉ ⲙ̄ ⲡⲱⲛϩ̄⁸ ⲁⲧⲉ
ⲧⲛ̄ⲙⲟⲟⲩⲧⲧ ⲙ̄ⲙⲟϥ· ⲡⲁⲓ̈ ⲛⲧⲁ ⲡⲛⲟⲩ
ⲧⲉ ⲧⲟⲩⲛⲟⲥϥ ⲉ ⲃⲟⲗ ϩⲛ̄ ⲛⲉⲧ ⲙⲟⲟⲩⲧ
ⲡⲁⲓ̈ ⲁⲛⲟⲛ ⲉⲛϣⲟⲟⲡ ⲛⲁϥ ⲙ̄ ⲙⲛ̄ⲧⲣⲉ·

16 ⲁⲩⲱ ϩⲣⲁⲓ̈ ϩⲛ̄ ⲧⲡⲓⲥⲧⲓⲥ ⲙ̄ ⲡⲉϥⲣⲁⲛ
ⲡⲁⲓ̈ ⲉⲧⲉⲧⲛ̄ⲥⲟⲟⲩⲛ ⲙ̄ⲙⲟϥ⁹· ⲁϥⲧⲁϫⲣⲟϥ (?)
ⲛ̄ϭⲓ ⲡⲉϥⲣⲁⲛ ⲁⲩⲱ ⲧⲡⲓⲥⲧⲓⲥ ⲧ (sic) ⲉ
ⲃⲟⲗ ϩⲓ ⲧⲟⲟⲧϥ̄ ⲁϥϯ ⲛⲁϥ¹⁰ ⲙ̄ ⲡⲉⲓ̈ ⲟⲩϫⲁⲓ̈

Fol. 62b
ⲓ̄

---

¹ 'As if we had done this through our own power and piety', with no equivalent for τοῦ περιπατεῖν αὐτόν.

² ὁ Θεὸς Ἀβραὰμ καὶ Ἰσαὰκ καὶ Ἰακώβ.

³ Η ⲡⲧⲁⲧⲉⲧⲛ̄ⲧⲁⲁϥ ⲁⲩⲱ ⲁⲧⲉⲧⲛ̄ⲁⲣⲛⲁ ⲙ̄ⲡⲉⲙ̄ⲧⲟ ⲉⲃⲟⲗ ⲙ̄ⲡⲓⲗⲁⲧⲟⲥ, which agrees with the Greek παρεδώκατε καὶ ἠρνήσασθε.

⁴ 'And ye treated Him hardly' = ἐβαρύνατε.

⁵ Η ⲁⲧⲉⲧⲛ̄ⲁⲣⲛⲁ ⲙ̄ⲙⲟϥ ⲉⲁⲧⲉⲧⲛ̄ⲁⲓⲧⲉⲓ ⲉⲕⲱ ⲛⲏⲧⲛ̄ ⲉⲃⲟⲗ ⲛ̄ⲟⲩⲣⲱⲙⲉ ⲛ̄ⲣⲉϥϩⲱⲧⲃ̄, which agrees with the Greek.

⁶ The words ⲙ̄ⲡⲉ ⲙⲧⲟ ⲉⲃⲟⲗ ⲙ̄ ⲡⲓⲗⲁⲧⲟⲥ are apparently repeated inadvertently.

⁷ ᾐτήσασθε.   ⁸ ἀρχηγὸν τῆς ζωῆς.

⁹ The Coptic text has no equivalent for the Greek τοῦτον ὃν θεωρεῖτε. Horner's text agrees with the Greek, and reads ⲡⲁⲓ ⲉⲧⲉⲧⲛ̄ⲛⲁⲩ ⲉⲣⲟϥ ⲁⲩⲱ ⲉⲧⲉⲧⲛ̄ⲥⲟⲟⲩⲛ ⲙ̄ⲙⲟϥ.

¹⁰ Η ⲁⲩⲱ ⲧⲡⲓⲥⲧⲓⲥ ⲉⲃⲟⲗ ϩⲓⲧⲟⲟⲧϥ̄ ⲁⲥϯ ⲛⲁϥ.

17 ⲙ̄ ⲡⲉⲧⲛ̄ ⲙ̄ⲧⲟ ⲉ ⲃⲟⲗ ⲧⲏⲣⲛ̄: ⲧⲉⲛⲟⲩ
ϭⲉ ⲛⲁ ⲥⲛⲏⲩ ϯⲉⲓⲙⲉ ϫⲉ ⲛ̄ⲧⲁ ⲧⲉⲧⲛ̄
ⲁⲁⲥ ϧⲛ̄ ⲟⲩⲙⲛ̄ⲧ ⲁⲧ ⲥⲟⲟⲩⲛ[1] ⲛ̄ⲑⲉ ⲛ̄
18 ⲡⲉⲧⲛ̄ ⲕⲉ ⲁⲣⲭⲱⲛ· ⲡⲛⲟⲩⲧⲉ ⲇⲉ ⲛⲉ [ⲛ]
ⲧ ⲁϥϫⲟⲟⲩ ϫⲓⲛ ⲛ̄ ϣⲟⲣⲡ̄ ⲉ ⲃⲟⲗ ϩⲓⲧⲛ̄
ⲧⲧⲁⲡⲣⲟ ⲛ̄ ⲛⲉⲡⲣⲟⲫⲏⲧⲏⲥ ⲧⲏ
ⲣⲟⲩ ⲉ ⲧⲣⲉ ⲡⲉϥⲭ̄ⲥ̄ ϣⲟⲡⲟⲩ ⲁϥϫⲟⲕⲟⲩ
19 ⲉ ⲃⲟⲗ ⲛ̄ ⲧⲉⲓ̈ ϩⲉ· ⲙⲉⲧⲁⲛⲟⲓ̈[2] ϭⲉ ⲁⲩⲱ
ⲛ̄ⲧⲉⲧⲛ̄ ⲕⲉⲧ[3] ⲧⲏⲩⲧⲛ̄ ⲉ ⲧⲣⲉ ⲧⲉⲩϥⲱⲧⲉ
ⲉ ⲃⲟⲗ ⲛ̄ ⲛⲉⲧⲛ̄ⲛⲟⲃⲉ ϫⲉ ⲕⲁⲥ ⲉⲩϣⲁ
ⲉⲓ ⲛ̄ϭⲓ ⲛⲉⲩⲟⲉⲓϣ[4] ⲙ̄ ⲡⲉⲛⲧⲟⲛ[5] (sic) ⲙ̄
20 ⲡⲉ ⲙ̄ⲧⲟ ⲉ ⲃⲟⲗ ⲙ̄ ⲡϫⲟⲉⲓⲥ· ⲉϥⲉⲧⲛ̄
ⲛⲟⲟⲩ ⲙ̄ ⲡⲉ ⲛ̄ⲧⲁⲩⲧⲟϣϥ̄ ⲛⲁⲛ[6] ⲡⲉ
21 ⲭ̄ⲥ̄ ⲓ̄ⲥ̄· ⲡⲁⲓ̈ ϩⲁⲡⲥ̄ ⲉ ⲧⲣⲉ ϥϣⲱⲡⲉ ϩⲛ̄
ⲧⲡⲉ ϣⲁ ϩⲣⲁⲓ̈ ⲉⲛⲉⲩⲟⲉⲓϣ ⲙ̄ ⲡϫⲱⲕ
ⲉ ⲃⲟⲗ ⲛ̄ϩⲱⲃ ⲛⲓⲙ ⲉⲛⲧⲁ ⲡⲛⲟⲩⲧⲉ
ϫⲟⲟⲩ ϫⲓⲛ ⲉⲛⲉϩ ⲉ ⲃⲟⲗ ϩⲓⲧⲛ̄ ⲧⲧⲁ
ⲡⲣⲟ ⲛ̄ ⲛⲉϥⲡⲣⲟⲫⲏⲧⲏⲥ ⲉⲧ ⲟⲩⲁ
22 >ⲁⲃ· ⲙⲱⲩⲥⲏⲥ ⲅⲁⲣ ⲁϥϫⲟⲟⲥ[7] ⲛ̄ ⲛⲁ
>ϩⲣⲛ̄ ⲛⲉⲛⲉⲓⲟⲧⲉ· ϫⲉ ⲡϫⲟⲉⲓⲥ ⲡⲉⲛ
>ⲛⲟⲩⲧⲉ ⲛⲁⲧⲟⲩⲛⲟⲥ ⲟⲩⲡⲣⲟⲫⲏ
>ⲧⲏⲥ ⲛⲏⲧⲛ̄ ⲉ ⲃⲟⲗ ϧⲛ̄ ⲛⲉⲧⲛ̄ⲥⲛⲏⲩ
>ⲛ̄ ⲧⲁ ϩⲉ· ⲥⲱⲧⲙ̄ ⲛ̄ⲥⲱϥ ϣⲁϫⲉ ⲛⲓⲙ
23 >ⲉⲧ ϥ̄ⲛⲁϫⲟⲟⲩ ⲛⲏⲧⲛ̄· ⲉⲥⲉϣⲱⲡⲉ
>ⲇⲉ ⲯⲩⲭⲏ ⲛⲓⲙ ⲉⲧⲉ ⲛϥ̄ⲛⲁⲥⲱⲧⲙ̄[8]
>ⲁⲛ ⲛ̄ⲥⲁ ⲡⲉⲡⲣⲟⲫⲏⲧⲏⲥ ⲉⲧ ⲙ̄ⲙⲁⲩ
24 >ⲥⲉⲛⲁϥⲟⲧⲥ̄ ⲉ ⲃⲟⲗ ϧⲛ̄ ⲡⲗⲁⲟⲥ· ⲛⲉ
>ⲡⲣⲟⲫⲏⲧⲏⲥ ⲟⲛ ⲧⲏⲣⲟⲩ ϫⲓⲛ ⲥⲁⲙⲟⲩ
ⲏⲗ ⲁⲩⲱ ⲙ̄ⲡ̄ⲛ̄ⲥⲱϥ[9] ⲁⲩϣⲁϫⲉ ⲁⲩⲱ

---

[1] ἄγνοιαν.   [2] H ⲙⲉⲧⲁⲛⲟⲉⲓ, μετανοήσατε.
[3] H ⲕⲧⲉ.   [4] H ⲛⲉⲩⲟⲉⲓϣ.
[5] H ⲛ̄ ⲙ̄ⲧⲟⲛ = ἀναψύξεως.   [6] 'To us'; Gr. ὑμῖν.
[7] Deut. xviii. 15.   [8] H ⲉⲧⲉⲡ̄ⲛⲁⲥⲱⲧⲙ̄.
[9] H ⲡⲉⲧ ⲙ̄ⲡ̄ⲛ̄ⲥⲱϥ.

ACTS III. 25—IV. 5

25 ⲁⲩⲧⲁϣⲉⲟⲉⲓϣ¹ ϩⲙ̅ ⲛⲉϩⲟⲟⲩ²· ⲛ̅ⲧⲱ
ⲧⲛ̅ ⲇⲉ ⲛⲉ ⲡ̅ϣⲏⲣⲉ ⲛ̅ ⲛⲉⲡⲣⲟⲫⲏⲧⲏⲥ
ⲛⲙ̅ ⲧⲇⲓⲁⲑⲏⲕⲏ ⲧⲁⲓ ⲉⲛⲧⲁ ⲡⲛⲟⲩ
ⲧⲉ ⲥⲙⲛ̅ⲧⲥ̅ ⲛⲙ̅ ⲛⲉⲛⲉⲓⲟⲧⲉ³ ⲉϥϫⲱ
ⲙ̅ⲙⲟⲥ ⲛ̅ ⲛⲁⲃⲣⲁϩⲁⲙ ϫⲉ ϩⲣⲁⲓ ϩⲙ̅
ⲡⲉⲕⲥⲡⲉⲣⲙⲁ ⲥⲉⲛⲁϫⲓ ⲥⲙⲟⲩ ⲛ̅ϭⲓ

26 ⲙ̅ ⲡⲁⲧⲣⲓⲁ⁴ ⲧⲏⲣⲟⲩ ⲙ̅ ⲡⲕⲁϩ⁵· ⲛ̅ⲧⲱⲧⲛ̅
ⲛ̅ ϣⲟⲣⲡ ⲡⲛⲟⲩⲧⲉ ⲧⲟⲩⲛⲟⲥ ⲡⲉϥ
ϣⲏⲣⲉ ⲛⲏⲧⲛ̅ ⲁϥⲧⲛ̅ ⲛⲟⲟⲩϥ ⲉϥⲥⲙⲟⲩ
ⲉ ⲣⲱⲧⲛ̅⁶ ϩⲙ̅ ⲡ ⲧⲣⲉ ⲡⲟⲩⲁ ⲡⲟⲩⲁ ⲕⲟ
ⲧϥ̅⁷ ⲉ ⲃⲟⲗ ϩⲛ̅ ⲛⲉϥⲡⲟⲛⲏⲣⲓⲁ⁸· ⲉⲩϣⲁ
ϫⲉ ⲇⲉ ⲛⲙ̅ ⲡⲙⲏⲏϣⲉ ⲁⲩⲉⲓ⁹ ⲉ ϩⲣⲁⲓ ⲉ

Chap. IV. 1 ϫⲱⲟⲩ ⲛ̅ϭⲓ ⲛ̅ⲟⲩⲏⲏⲃ¹⁰ ⲁⲩⲱ ⲡⲉⲥⲧⲣⲁ
ⲧⲏⲅⲟⲥ¹¹ ⲛ̅ⲧⲉ ⲡⲉⲣⲡⲉ ⲁⲩⲱ ⲛ̅ⲥⲁⲇⲇⲟⲩ

2 ⲕⲁⲓⲟⲥ ⲉⲩⲙⲟⲕϩ̅' ⲛ̅ ϩⲏⲧ' ⲉ ⲃⲟⲗ ϫⲉ ⲛⲉⲩ
ϯⲥⲃⲱ ⲙ̅ ⲡⲗⲁⲟⲥ ⲁⲩⲱ ⲛⲉⲩⲧⲁϣⲉⲟ
ⲉⲓϣ ⲛⲓⲥ̅ ⲛ̅ ⲧⲁⲛⲁⲥⲧⲁⲥⲓⲥ ⲛ̅ ⲛⲉⲧ'

3 ⲙⲟⲟⲩⲧ¹²· ⲁⲩⲱ ⲁⲩⲉⲓⲛⲉ ⲛ̅ ⲛⲉⲩϭⲓϫ ⲉ ϩⲣⲁⲓ
ⲉ ϫⲱⲟⲩ ⲁⲩⲛⲟϫⲟⲩ ⲉ ⲡⲉϣⲧⲉⲕⲟ ϣⲁ ⲡⲉϥ

4 ⲣⲁⲥⲧⲉ· ⲛⲉ ⲁ ⲣⲟⲩϩⲉ ⲅⲁⲣ ϣⲱⲡⲉ ⲡⲉ·
ϩⲁϩ ⲇⲉ ⲛⲉⲧⲥⲱⲧⲙ̅ ⲉ ⲡϣⲁϫⲉ ⲡⲉ ⲁⲩⲱ
ⲡⲓⲥⲧⲉⲩⲉ¹³ ⲁⲩⲱ ⲁ ⲧⲉⲩⲏⲡⲉ ⲁⲥⲣ̅ ϯⲟⲩ

5 ⲛ̅ϣⲟ ⲛ̅ ⲣⲱⲙⲉ· ⲁⲥϣⲱⲡⲉ ⲇⲉ ⲙ̅ ⲡⲉϥ
ⲣⲁⲥⲧⲉ ⲉ ⲧⲣⲉ ⲩϣⲱⲡⲉ¹⁴ ⲛ̅ϭⲓ ⲛⲉⲩ
ⲁⲣⲭⲱⲛ ⲛⲙ̅ ⲛⲉⲡⲣⲉⲥⲃⲩⲧⲉⲣⲟⲥ ⲛⲙ̅
ⲛⲉ ⲅⲣⲁⲙⲙⲁⲧⲉⲩⲥ ϩⲛ̅ ⲑⲓⲉⲣⲟⲩⲥⲁⲗⲏⲙ·

Fol. 63 a
ⲓⲅ̅

---

¹ κατήγγειλαν. ² For ⲛⲉⲓ ϩⲟⲟⲩ = ἡμέρας ταύτας.
³ 'Our fathers', πατέρας ὑμῶν.
⁴ = αἱ πατριαί. ⁵ Gen. xxii. 18.
⁶ εὐλογοῦντα ὑμᾶς. ⁷ Η ⲕⲧⲟϥ ⲉⲃⲟⲗ ϩⲛ̅.
⁸ τῶν πονηριῶν ὑμῶν. ⁹ ἐπέστησαν.
¹⁰ 'Priests', ἱερεῖς. ¹¹ Η ⲡⲉⲥⲧⲣⲁⲧⲏⲅⲟⲥ.
¹² ἐκ νεκρῶν. ¹³ ⲁⲩⲡⲓⲥⲧⲉⲩⲉ, ἐπίστευσαν.
¹⁴ Η ⲉⲧⲣⲉⲩⲥⲱⲟⲩϩ, συναχθῆναι.

T

6 ⲛⲙ̄ ⲁⲛⲛⲁⲥ ⲛⲁⲣⲭⲓⲉⲣⲉⲩⲥ ⲁⲩⲱ ⲕⲁⲓ
ⲫⲁⲥ¹ ⲙⲛ̄ ⲓ̈ⲱⲁⲛⲛⲏⲥ ⲙⲛ̄ ⲁⲗⲉⲍⲁⲛ
ⲇⲣⲟⲥ ⲁⲩⲱ ⲛⲉⲧ ϣⲟⲟⲡ ⲉ ⲃⲟⲗ ϩⲙ̄ ⲡⲅⲉ

7 ⲛⲟⲥ ⲛ̄ ⲛⲁⲣⲭⲓⲉⲣⲉⲩⲥ²· ⲁⲩⲧⲁϩⲟ ⲉ ⲣⲁⲧⲟⲩ
ϩⲛ̄ ⲧⲉⲩⲙⲏⲧⲉ ⲁⲩϫⲛⲟⲟⲩ ϫⲉ ϩⲛ̄ ⲁϣ
ⲛ̄ϭⲟⲙ ⲛ̄ⲧ ⲁⲧⲉⲧⲛ̄ⲣ̄ ⲡⲁⲓ̈ ⲏ ϩⲛ̄ ⲁϣ

8 ⲛ̄ ⲣⲁⲛ: ⲁⲧⲉⲧⲛ̄ⲣ̄ ⲁⲁϥ³· ⲧⲟⲧⲉ ⲡⲉⲧⲣⲟⲥ
ⲁϥⲙⲟⲩϩ ⲉ ⲃⲟⲗ ϩⲙ̄ ⲡⲉ ⲡⲛ̄ⲁ ⲉⲧ ⲟⲩⲁ
ⲁⲃ ⲡⲉϫⲁϥ ⲛⲁⲩ ϫⲉ ⲛⲁⲣⲭⲱⲛ ⲙ̄ ⲡⲗⲁ

9 ⲟⲥ ⲁⲩⲱ ⲛⲉⲡⲣⲉⲥⲃⲩⲧⲉⲣⲟⲥ· ⲉϣϫⲉ
ⲁⲛⲟⲛ ⲙ̄ⲡⲟⲟⲩ ⲥⲉⲁⲛⲁⲕⲣⲓⲛⲉ⁴ ⲙ̄ⲙⲟⲛ
ⲉ ⲧⲃⲉ ⲡⲟⲩϫⲁⲓ̈⁵ ⲛ ⲟⲩⲣⲱⲙⲉ ⲛ̄ ϭⲱⲃ

10 ϫⲉ ⲛ̄ⲧⲁϥⲟⲩϫⲁⲓ̈ ϩⲛ̄ ⲛⲓⲙ⁶· ⲙⲁⲣⲉϥ
ⲟⲩⲱⲛϩ̄ ⲛⲏⲧⲛ̄ ⲉ ⲃⲟⲗ ⲡⲗⲁⲟⲥ⁷ ⲧⲏⲣϥ̄
ⲙ̄ ⲡⲓⲥⲣⲁⲏⲗ ϫⲉ ϩⲙ̄ ⲡⲣⲁⲛ ⲛ̄ ⲓ̄ⲥ̄⁸ ⲡⲛⲁ
ⲍⲱⲣⲁⲓⲟⲥ ⲡⲁⲓ̈ ⲙⲉⲛ ⲛ̄ⲧ ⲁⲧⲉⲧⲛ̄
ⲥ⳨ⲟⲩ⁹ ⲙ̄ⲙⲟϥ ⲁ ⲡⲛⲟⲩⲧⲉ ⲇⲉ ⲧⲟⲩ
ⲛⲟⲥϥ̄ ⲉ ⲃⲟⲗ ϩⲛ̄ ⲛⲉⲧ' ⲙⲟⲟⲩⲧ' ϩⲣⲁⲓ̈
ⲛ̄ ϩⲏⲧϥ̄ ⲉⲣⲉ ⲡⲁⲓ̈ ⲁϩⲉ ⲣⲁⲧϥ̄ ⲙ̄ ⲡⲉⲧⲛ̄

11 ⲙ̄ⲧⲟ ⲉ ⲃⲟⲗ ⲉϥⲟⲩⲟϫ¹⁰· ⲡⲁⲓ ⲡⲉ ⲡⲱ
ⲛⲉ ⲛⲧ ⲁϥⲥⲧⲟϥ ⲉ ⲃⲟⲗ ϩⲓⲧⲛ̄ ⲛⲉⲧ
ⲕⲱⲧ'¹¹ ⲡⲁⲓ̈ ⲁϥϣⲱⲡⲉ ⲛ̄ ⲟⲩⲁⲡⲉ

---

¹ Καϊάφας.   ² γένους ἀρχιερατικοῦ.

³ 'By what power do ye do this, or by what name do ye do it?' H omits ⲁⲧⲉⲧⲛ̄ⲣⲁⲁϥ, as does the Greek.

⁴ H ⲥⲉⲛⲁⲁⲛⲁⲕⲣⲓⲛⲉ, ἀνακρινόμεθα.

⁵ εὐεργεσίᾳ.   ⁶ ἐν τίνι.

⁷ H ⲉⲃⲟⲗ ⲧⲏⲣⲧⲛ̄ ⲁⲩⲱ ⲙ̄ⲡⲗⲁⲟⲥ ⲧⲏⲣϥ̄, which agrees with the Greek.

⁸ ⲭ̄ⲥ̄ = Χριστοῦ omitted.

⁹ ἐσταυρώσατε.

¹⁰ 'He being healed', ὑγιής.

¹¹ 'The stone which was rejected by the builders', ὁ ἐξουθενηθεὶς ὑφ' ὑμῶν τῶν οἰκοδομούντων. H ϩⲓⲧⲛ̄ ⲧⲏⲩⲧⲛ̄ ⲡⲉⲧⲕⲱⲧ, which agrees with the ordinary Greek text.

ACTS IV. 12-17

12 ⲛ̄ ⲕⲟⲟϩ¹· ⲁⲩⲱ ⲙ̄ⲛ ⲟⲩϫⲁⲓ̈² ϣⲟⲟⲡ
ⲛ̄ ⲕⲉ ⲟⲩⲁ ⲟⲩⲧⲉ³ ⲅⲁⲣ ⲙ̄ⲛ ⲕⲉ ⲣⲁⲛ ϩⲁ
ⲡⲉⲥⲏⲧ ⲛ̄ ⲧⲡⲉ ⲉ ⲁⲩⲧⲁⲁϥ⁴ ϩⲛ̄ ⲛ̄ ⲣⲱ
ⲙⲉ ⲉⲛⲛⲁϣⲟⲩϫⲁⲓ̈ ϩⲣⲁⲓ̈ ⲛ̄ϩⲏⲧϥ̄·

13 ⲉⲩⲛⲁⲩ ⲇⲉ ⲉ ⲧⲡⲁⲣϩⲏⲥⲓⲁ ⲙ̄ ⲡⲉ
ⲧⲣⲟⲥ ⲛⲙ̄ ⲓ̈ⲱϩⲁⲛⲛⲏⲥ⁵ ⲁⲩⲉⲓⲙⲉ ϫⲉ
ϩⲉⲛⲣⲱⲙⲉ ⲛ̄ϩⲓⲇⲓⲱⲧⲏⲥ⁶ ⲛⲉ ⲛ̄ⲥⲉⲥⲟ
ⲟⲩⲛ ⲁⲛ ⲛ̄ⲥϩⲁⲓ̈⁷ ⲁⲩⲣ̄ ϣⲡⲏⲣⲉ ⲁⲩⲥⲟⲩ
ⲱⲛⲟⲩ ⲇⲉ ϫⲉ ⲛⲉⲩϣⲟⲟⲡ ⲛⲙ̄ ⲓ̄ⲥ̄·

14 ⲁⲩⲱ ⲟⲛ ⲉⲩⲛⲁⲩ ⲉ ⲡⲣⲱⲙⲉ ⲛ̄ⲧ ⲁϥ
ⲧⲁⲗϭⲟϥ⁸ ⲉϥⲁϩⲉ ⲣⲁⲧϥ̄ ⲛⲙ̄ⲙⲁⲩ ⲙ̄

15 ⲡ ⲟⲩϭⲛ̄ ϣⲁϫⲉ ⲉ ϭⲱ⁹· ⲁⲩⲟⲩⲉϩⲥⲁ
ϩⲛⲉ ⲛⲁⲩ ⲉ ⲧ'ⲣⲉ ⲩⲣ̄ ⲡⲃⲟⲗ ⲙ̄ ⲡⲥⲩⲛ
ϩⲉⲇⲣⲓⲟⲛ¹⁰ ⲁⲩⲱ ⲁⲩϣⲁϫⲉ ⲛⲙ̄ ⲛⲉⲩ

16 ⲉⲣⲏⲩ ⲉⲩϫⲱ ⲙ̄ⲙⲟⲥ· ϫⲉ ⲟⲩ ⲡⲉ
ⲧⲛ̄ⲛⲁⲁϥ ⲛ̄ⲣⲱⲙⲉ ⲛⲉⲥⲛⲏⲩ¹¹ ϩⲟ
ⲧⲓ ⲙⲉⲛ ⲅⲁⲣ ⲁⲩⲙⲁⲉⲓⲛ ⲉϥⲟⲩⲟⲛϩ̄
ⲉ ⲃⲟⲗ ϣⲱⲡⲉ ⲉ ⲃⲟⲗ ϩⲓ ⲧⲟⲟⲧⲟⲩ¹²
ⲛ ⲟⲩⲟⲛ ⲛⲓⲙ ⲉⲧ ⲟⲩⲏϩ ϩⲛ̄ ⲑⲓⲉ
ⲣⲟⲩⲥⲁⲗⲏⲙ ϥⲟⲩⲟⲛϩ̄ ⲉ ⲃⲟⲗ ⲁⲩⲱ

17 ⲙⲛ̄ϣϭⲟⲙ ⲙ̄ⲙⲟⲛ ⲉ ⲁⲣⲛⲁ¹³· ⲁⲗⲗⲁ ϫⲉ
ⲕⲁⲥ ⲉⲣⲉ¹⁴ ⲡϣⲁϫⲉ ⲙⲟⲟϣⲉ ⲉ ⲡⲉ

---

¹ κεφαλὴν γωνίας.   ² 'Health', σωτηρία.
³ οὐδέ.   ⁴ δεδομένον.
⁵ 'Seeing the freedom of speech of Peter and John.'
⁶ ἰδιῶται.   ⁷ 'They knew not letters', ἀγράμματοί.
⁸ For ⲁϥⲧⲁⲗϭⲟϥ = τεθεραπευμένον.
⁹ 'They could not find a word to say', οὐδὲν εἶχον ἀντειπεῖν. The form ϭⲱ = ϫⲱ.
¹⁰ ἔξω τοῦ συνεδρίου.
¹¹ 'What shall we do, men brothers?' Τί ποιήσωμεν τοῖς ἀνθρώποις τούτοις;
¹² 'A miracle hath appeared [which] hath taken place through them.'   ¹³ ἀρνεῖσθαι.
¹⁴ We should expect ⲛ̄ⲛⲉ, for the Greek has μή.

ϩⲟⲧⲟ¹ ϫⲙ̄ ⲡⲗⲁⲟⲥ ⲙⲁⲣⲛ̄ ⲡⲁⲣⲁⲛ
ⲅⲉⲓⲗⲉ² ⲛⲁⲩ ⲉ ⲧⲙ̄ ϣⲁϫⲉ ϭⲉ ϫⲓⲛ
ⲧⲉⲛⲟⲩ³ ⲉ ϩⲣⲁⲓ̈ ⲉϫⲛ̄ ⲡⲉⲓ̈ ⲣⲁⲛ ⲛⲙ̄

18 ⲙ̄ⲛ̄ ⲗⲁⲁⲩ ⲛ̄ⲣⲱⲙⲉ· ⲁⲩⲱ ⲁⲩⲙⲟⲩ
ⲧⲉ ⲉ ⲣⲟⲟⲩ ⲁⲩⲡⲁⲣⲁⲅⲅⲉⲓⲗⲉ⁴ ⲛⲁⲩ
ⲉ ⲧⲙ̄ ϣⲁϫⲉ ⲗⲁⲁⲩ ⲁⲩⲱ ⲉ ⲧⲙ̄ ϯⲥⲃⲱ

19 ϩⲙ̄ ⲡⲣⲁⲛ ⲛ ⲓ̄ⲥ̄: ⲡⲉⲧⲣⲟⲥ ⲇⲉ ⲛⲙ̄
ⲓ̈ⲱϩⲁⲛⲛⲏⲥ ⲁⲩⲟⲩⲱϣⲃ̄ ⲡⲉϫⲁⲩ
ⲛⲁⲩ ϫⲉ ⲕⲣⲓⲛⲉ⁵ ϫⲉ ⲟⲩⲇⲓⲕⲁⲓⲟⲛ ⲡⲉ
ⲙ̄ⲡⲉ ⲙ̄ⲧⲟ ⲉ ⲃⲟⲗ ⲙ̄ ⲡⲛⲟⲩⲧⲉ
ⲉ ⲥⲱⲧⲙ̄ ⲛ̄ⲥⲁ ⲧⲏⲩⲧⲛ̄ ⲉϩⲟⲩⲉ ⲡⲛ̄ⲟⲩ

20 ⲧⲉ· ⲁⲛⲟⲛ ⲅⲁⲣ ⲛⲉ ⲛⲧ ⲁⲛⲛⲁⲩ ⲉ ⲣⲟ
ⲟⲩ ⲁⲩⲱ ⲁⲛⲥⲟⲧⲙⲟⲩ ⲙ ⲙ̄ⲛ̄ϭⲟⲙ

21 ⲙ̄ⲙⲟⲛ ⲉ ⲧⲙ̄ ϫⲟⲟⲩ· ⲛ̄ⲧⲟⲟⲩ ϭⲉ ⲁⲩ
ⲁⲡⲓⲗⲉ⁶ ⲛⲁⲩ ⲁⲩⲕⲁⲁⲩ ⲉ ⲃⲟⲗ ⲉⲙⲛ ⲟⲩ
ϭⲛ̄ ⲑⲉ ⲛ̄ⲕⲟⲗⲁⲍⲉ⁷ ⲙ̄ⲙⲟⲟⲩ ⲉ ⲧⲃⲉ⁸
ⲡⲗⲁⲟⲥ ϫⲉ ⲛⲉⲩϯ ⲉⲟⲟⲩ ⲧⲏⲣⲟⲩ
ⲙ̄ ⲡⲛⲟⲩⲧⲉ ⲉϫⲛ̄ ⲡⲉ ⲛⲧ ⲁϥϣⲱ

22 ⲡⲉ· ⲛ̄ ϩⲟⲩⲟ⁹ ⲅⲁⲣ ⲛⲉϥϩⲛ̄ ϩⲙⲉ ⲛ̄ ⲣⲟⲙ
ⲡⲉ ⲡⲉ ⲛ̄ϭⲓ ⲡⲣⲱⲙⲉ ⲉⲛⲧⲁ ⲡⲉⲓ̈ ⲙⲁ
ⲉⲓⲛ ⲛ̄ⲧⲉ ⲡⲧⲁⲕⲟ¹⁰· ϣⲱⲡⲉ ⲉ ϩⲣⲁⲓ̈

23 ⲉ ϫⲱϥ· ⲛ̄ ⲧⲉⲣ ⲟⲩⲕⲁⲁⲩ ⲇⲉ ⲉ ⲃⲟⲗ ⲁⲩ
ⲉⲓ ϣⲁ ⲛⲉⲧⲉⲛⲟⲩⲟⲩ ⲛⲉ¹¹ ⲁⲩⲱ ⲁⲩ
ⲧⲁⲙⲟⲟⲩ ⲉ ⲛⲉ ⲛⲧⲁ ⲛⲁⲣⲭⲓⲉⲣⲉⲩⲥ
ⲛⲙ̄ ⲛⲉⲡⲣⲉⲥⲃⲩⲧⲉⲣⲟⲥ ϫⲟⲟⲩ ⲛⲁⲩ·

24 ⲛ̄ⲧⲟⲟⲩ ⲧⲏⲣⲟⲩ¹² ⲁⲩⲥⲱⲧⲙ̄ ⲁⲩϥⲓ

---

¹ ἐπὶ πλεῖον.   ² ἀπειλησώμεθα.
³ ⲧⲙ̄ ϫⲓⲛⲧⲉⲛⲟⲩ = μηκέτι.   ⁴ παρήγγειλαν.
⁵ κρίνατε.   ⁶ προσαπειλησάμενοι.
⁷ πῶς κολάσωνται.   ⁸ διά.   ⁹ πλειόνων.
¹⁰ We should expect ⲡⲧⲁⲗϭⲟ, as in Horner's text, in accordance
with σημεῖον τοῦτο τῆς ἰάσεως.   ¹¹ πρὸς τοὺς ἰδίους.
¹² 'They all', H ⲛ̄ⲧⲉⲣⲟⲩⲥⲱⲧⲙ̄. The word ⲧⲏⲣⲟⲩ is perhaps
intended to represent ὁμοθυμαδὸν.

ⲧⲉⲩⲥⲙⲏ ⲉ ϩⲣⲁⲓ̈ ⲉ ⲡⲛⲟⲩⲧⲉ ϩⲓ ⲟⲩⲥⲟⲡ¹
ⲉⲩϫⲱ ⲙ̄ⲙⲟⲥ ϫⲉ ⲡϫⲟⲉⲓⲥ ⲛ̄ⲧⲟⲕ
ⲡⲉ ⲡⲛⲟⲩⲧⲉ ⲛ̄ⲧⲁⲕⲧⲁⲙⲓⲉ² ⲧⲡⲉ
ⲙⲛ̄ ⲡⲕⲁϩ ⲁⲩⲱ ⲑⲁⲗⲁⲥⲥⲁ ⲙⲛ̄ ⲛⲉ
ⲧ ⲛ̄ ϩⲏⲧⲟⲩ ⲧⲏⲣⲟⲩ ⲡⲉ ⲛⲧ ⲁϥϫⲟⲟⲥ

25 ⲉ ⲃⲟⲗ ϩⲓⲧ'ⲛ̄ ⲡⲉ ⲡⲛⲁ̄ ⲉⲧ ⲟⲩⲁⲁⲃ ϩⲛ̄
ⲧⲧⲁⲡⲣⲟ³ ⲙ̄ ⲡⲉⲛⲉⲓⲱⲧ ⲇⲁⲩⲉⲓⲇ
ⲡⲉⲕϩⲙ̄ϩⲁⲗ ⲉⲕϫⲱ ⲙ̄ⲙⲟⲥ⁴ ϫⲉ ⲉ ⲧⲃⲉ
ⲟⲩ ⲁ ⲛ̄ϩⲉⲑⲛⲟⲥ ϫⲓⲥⲉ ⲙ̄ⲙⲟⲟⲩ ⲁⲛ
ⲗⲁⲟⲥ ⲙⲉⲧⲁⲗⲉⲧⲁ⁵ ⲛ ϩⲉⲛⲡⲉⲧ

26 ϣⲟⲩⲉⲓⲧ' ⲁⲩⲁϩⲉ ⲣⲁⲧⲟⲩ ⲛ̄ϭⲓ ⲛⲉⲣ
ⲣⲱⲟⲩ ⲙ̄ ⲡⲕⲁϩ ⲁⲩⲱ ⲛⲁⲣⲭⲱⲛ ⲁⲩ
ⲥⲱⲟⲩϩ ⲉ ⲛⲉⲩⲉⲣⲏⲩ ⲉ ϯ ⲟⲩⲃⲉ

27 ⲡϫⲟⲉⲓⲥ⁶ ⲡⲉϥⲭ̄ⲥ̄: ⲁⲩⲥⲱⲟⲩϩ ⲅⲁⲣ
ⲛⲁⲙⲉ ϩⲛ̄ ⲧⲉⲓ̈ ⲡⲟⲗⲓⲥ ⲉ ϩⲟⲩⲛ ⲉ
ⲡⲉⲕϣⲏⲣⲉ ⲉⲧ ⲟⲩⲁⲁⲃ ⲓ̄ⲥ̄ ⲡⲉⲭ̄ⲥ̄⁷
ⲡⲉ ⲛ̄ⲧⲁⲕⲧⲁϩⲥϥ̄ ⲛ̄ϭⲓ.ϩⲏⲣⲏⲇⲏⲥ (sic)
ⲙⲛ̄ ⲡⲟⲛⲧ'ⲓⲟⲥ⁸ ⲙⲛ̄ ⲛ̄ϩⲉⲑⲛⲟⲥ

28 ⲁⲩⲱ ⲡ̄ⲗⲁⲟⲥ⁹ ⲙ̄ ⲡⲓⲏ̄ⲗ̄· ⲉ ⲉⲓⲣⲉ ⲛ ⲛⲉ ⲛ
ⲧⲁ ⲛⲉⲕϭⲓϫ ⲁⲩⲱ ⲡⲉⲕϣⲟϫⲛⲉ ⲧⲟ
ϣⲟⲩ ϫⲓⲛ ⲛ̄ϣⲟⲣⲡ̄'¹⁰ ⲉ ⲧ'ⲣⲉ ⲧϣⲱⲡⲉ·

29 ⲧⲉⲛⲟⲩ ϭⲉ ⲡϫⲟⲉⲓⲥ ϭⲱϣⲧ¹¹ ⲉ ϩⲣⲁⲓ̈
ⲉϫⲛ̄ ⲛⲉⲩϭⲱⲛⲧ ⲁⲩⲱ ⲛ̄ⲕ̄ ϯⲑⲉ

---

¹ There is no Greek for ϩⲓ ⲟⲩⲥⲟⲡ.

² 'Lord, Thou art God Who hast made', Δέσποτα, σὺ ὁ ποιήσας.

³ 'He Who spake by the Holy Spirit in the mouth of our father David, Thy servant, saying.'

⁴ Psalm ii. 1, 2.   ⁵ ἐμελέτησαν, H ⲙⲉⲗⲉⲧⲁⲡ.

⁶ κατὰ τοῦ Κυρίου, and the following καὶ suggests that ⲁⲩⲱ has been omitted by the scribe. H ⲉϯⲟⲩⲃⲉ ⲡϫⲟⲉⲓⲥ ⲁⲩⲱ ⲟⲩⲃⲉ ⲡⲉϥⲭⲣⲓⲥⲧⲟⲥ.

⁷ There is no Greek for ⲡⲉⲭ̄ⲥ̄.

⁸ Ἡρώδης τε καὶ Πόντιος Πιλάτος.

⁹ Exact rendering of λαοῖς.

¹⁰ ⲧⲟϣⲟⲩ ϫⲓⲛ ⲛ̄ϣⲟⲣⲡ̄ = προώρισε.   ¹¹ ἔπιδε.

ⲛ̄ ⲡⲉⲕϩⲙ̄ϩⲁⲗ ϩⲙ̄ ⲡⲁⲣϩⲏⲥⲓⲁ ⲛⲓⲙ

30 ⲉ ⲧⲁϣⲉⲟⲉⲓϣ¹ ⲙ̄ ⲡⲉⲕϣⲁϫⲉ ϩⲙ̄
ⲡⲧⲣⲉⲕⲥⲟⲟⲩⲧⲛ̄ ⲉ ⲃⲟⲗ ⲛ̄ⲧⲉⲕϭⲓϫ
ⲉ ϩⲉⲛⲧⲁⲗϭⲟ ⲁⲩⲱ ϩⲉⲛⲙⲁⲉⲓⲛ
ⲛⲙ̄ ϩⲉⲛϣⲡⲏⲣⲉ ⲉ ⲧ'ⲣⲉ ⲧϣⲱⲡⲉ
ⲉ ⲃⲟⲗ ϩⲓ ⲡⲣⲁⲛ ⲙ̄ ⲡⲉⲕϣⲏⲣⲉ ⲉⲧ ⲟⲩ

31 ⲁⲁⲃ ⲓ̄ⲥ̄ · ⲁⲩⲱ ⲛ̄ ⲧⲉⲣ ⲟⲩⲥⲟⲡⲥ̄² ⲁ
ⲡⲙⲁ ⲛⲓⲙ ⲉⲛⲉⲩⲥⲟⲟⲩϩ ⲉ ϩⲣⲁⲓ̈ ⲛ̄
ϩⲏⲧϥ̄ ⲁⲩⲙⲟⲩϩ ⲧⲏⲣⲟⲩ ⲉ ⲃⲟⲗ ϩⲙ̄
ⲡⲉⲡⲛ̄ⲁ̄ ⲉⲧ ⲟⲩⲁⲁⲃ ⲁⲩⲱ ⲛⲉⲩⲧⲁ
ϣⲉⲟⲉⲓϣ ⲛ̄ ⲡϣⲁϫⲉ ⲙ̄ ⲡⲛⲟⲩⲧⲉ

32 ϩⲙ̄ ⲡⲡⲁⲣϩⲏⲥⲓⲁ ⲛⲓⲙ³ · ⲡⲙⲏⲏϣⲉ
ⲇⲉ ⲛ̄ ⲛⲉ ⲛⲧ' ⲁⲩⲡⲓⲥⲧⲉⲩⲥ⁴ ⲛⲉⲩⲟ
ⲛ ⲟⲩϩⲏⲧ ⲛ ⲟⲩⲱⲧ' ⲁⲩⲱ ⲟⲩⲯⲩⲭⲏ
ⲛ̄ ⲟⲩⲱⲧ ⲁⲩⲱ ⲛⲉ ⲙⲛ̄ ⲗⲁⲁⲧ ϫⲱ ⲙ̄ (sic)
ⲙ̄ⲙⲟⲥ ⲉ ⲡⲉⲧ' ϣⲟⲟⲡ' ⲛⲁϥ ϫⲉ
ⲛⲟⲩⲉⲓ ⲛⲉ⁵ ⲁⲗⲗⲁ ⲛⲉⲣⲉ ⲛ̄ⲕⲁ ⲛ̄ ⲛⲓⲙ

33 ϣⲟⲟⲡ ⲛⲁⲩ ϩⲓ ⲟⲩⲥⲟⲡ' · ⲁⲩⲱ ϩⲛ̄ ⲟⲩ
ⲛⲟϭ ⲛ̄ϭⲟⲙ ⲛⲉⲣⲉ ⲛⲁⲡⲟⲥⲧⲟⲗⲟⲥ
ϯ ⲛ̄ ⲧⲙⲛ̄ⲧⲙⲛ̄ⲧ'ⲣⲉ ⲛ̄ⲧⲁⲛⲁⲥⲧⲁ
ⲥⲓⲥ ⲙ̄ ⲡϫⲟⲉⲓⲥ ⲓ̄ⲥ̄⁶ ⲁⲩⲱ ⲛⲉⲣⲉ ⲟⲩ
ⲛⲟϭ ⲛ̄ ⲭⲁⲣⲓⲥ ϣⲟⲟⲡ' ⲉ ϩⲣⲁⲓ̈ ⲉϫⲱ

34 ⲟⲩ ⲧⲏⲣⲟⲩ · ⲛⲉ ⲙⲛ̄ ⲗⲁⲁⲧ ⲅⲁⲣ ⲛ̄ϩⲏ
ⲧⲟⲩ ϣⲁⲁⲧ ⲡⲉ ⲛⲉⲧⲉ ⲟⲩⲛ̄ⲧⲟⲩ
ϭⲱⲙ ⲅⲁⲣ ⲙ̄ⲙⲁⲩ ϩⲓ ⲛⲉⲓ ⲛⲉⲧϯ ⲙ̄
ⲙⲟⲟⲩ ⲉ ⲃⲟⲗ ⲉⲩⲉⲓⲛⲉ ⲛ̄ⲡⲉⲧⲁⲥⲟⲩ ·

35 ⲉⲩⲕⲱ ⲙ̄ⲙⲟⲟⲩ ϩⲁ ⲣⲁⲧⲟⲩ ⲛ̄ ⲛⲁⲡⲟⲥ
ⲧⲟⲗⲟⲥ · ⲁⲩⲱ ⲛⲉⲩϯ ⲙ̄ ⲡⲟⲩⲁ ⲡⲟⲩⲁ

36 ⲙ̄ ⲡⲉⲧ' ϥⲣ̄ⲭⲣⲓⲁ ⲛⲁϥ · ⲓ̈ⲱⲥⲏⲥ (sic)⁷ ⲇⲉ ⲡⲉ

---

¹ 'To preach', λαλεῖν.   ² δεηθέντων.
³ 'All boldness.'   ⁴ τῶν πιστευσάντων.
⁵ 'They belong to me.'
⁶ 'Of the Lord Jesus', τοῦ Κυρίου Ἰησοῦ.
⁷ Ἰωσήφ.

ACTS IV. 36—V. 5

ⲧ ⲟⲩⲙⲟⲩⲧⲉ ⲉ ⲣⲟϥ ϫⲉ ⲃⲁⲣⲛⲁⲃⲁⲥ
ⲉ ⲃⲟⲗ ϩⲓ ⲧⲟⲟⲧⲟⲩ ⲛ̄ ⲛⲁⲡⲟⲥⲧⲟ
ⲗⲟⲥ ⲡⲁⲓ̈ ⲉϣⲁⲧⲁϩⲙⲉϥ¹ (sic) ϫⲉ ⲡϣⲏ
ⲣⲉ ⲙ̄ ⲡⲥⲟⲡⲥ̄² ⲟⲩⲗⲉⲩⲉⲓⲧⲏⲥ ⲛ̄ ⲕⲩ

37 ⲡⲣⲓⲟⲥ ϩⲙ̄ ⲡⲉϥⲅⲉⲛⲟⲥ³ ⲉⲩⲛ̄ⲧϥ̄
ⲟⲩⲉⲓⲱϩⲉ ⲙ̄ⲙⲁⲩ ⲁϥⲧⲁⲁϥ ⲉ ⲃⲟⲗ
ⲁϥⲉⲓⲛⲉ ⲛ̄ ⲡⲉⲭⲣⲏⲙⲁ⁴ ⲁϥⲕⲁⲁϥ ϩⲁ ⲣⲁ

Chap. V. 1 ⲧⲟⲩ ⲛ̄ ⲛⲁⲡⲟⲥⲧⲟⲗⲟⲥ · ⲟⲩⲣⲱⲙⲉ
ϫⲉ ⲉ ⲡⲉϥ ⲣⲁⲛ ⲡⲉ ⲁⲛⲁⲛⲓⲁⲥ ⲛⲙ̄ ⲥⲁⲡ
ⲡⲓⲣⲁ⁵ ⲧⲉϥⲥϩⲓⲙⲉ ⲁϥϯ ⲛ̄ ⲟⲩϭⲱⲙ

2 ⲉ ⲃⲟⲗ · ⲁϥϥⲓ ⲉ ⲃⲟⲗ ϩⲛ̄ ⲧⲉϥⲁⲥⲟⲩ ⲉⲣⲉ
ⲧⲉϥ ⲕⲉ ⲥϩⲓⲙⲉ ⲥⲟⲟⲩⲛ ⲁϥⲉⲓⲛⲉ
ⲛ̄ ⲟⲩⲙⲉⲣⲟⲥ ⲁϥⲕⲁⲁϥ · ϩⲁ ⲣⲁⲧⲟⲩ

3 ⲛ̄ ⲛ̄ⲁⲡⲟⲥⲧⲟⲗⲟⲥ · ⲡⲉϫⲉ ⲡⲉⲧⲣⲟⲥ
ⲛⲁϥ ϫⲉ ⲁⲛⲁⲛⲓⲁ ⲉ ⲧⲃⲉ ⲟⲩ ⲁ ⲡⲥⲁ
ⲧⲁⲛⲁⲥ ⲙⲉϩ ⲡⲉⲕϩⲏⲧ ⲉ ⲧ'ⲣⲉ ⲕ
ϫⲓ ϭⲟⲗ⁶ ⲉ ⲡⲉⲡⲛ̄ⲁ ⲉⲧ ⲟⲩⲁⲁⲃ ⲁⲩⲱ
ⲛⲅ̄ ϫⲓ ⲉ ⲃⲟⲗ ϩⲛ̄ ⲧⲧⲁⲥⲟⲩ⁷ ⲙ̄ ⲡϭⲱⲙ⁸

4 ⲙⲏ ⲛⲉϥϣⲟⲟⲡ ⲛⲁⲕ ⲁⲛ⁹ ⲡⲉ ⲁⲩ
ⲱ ⲛ̄ ⲧⲉⲣⲉ ϥⲧⲁⲁϥ ⲉ ⲃⲟⲗ ⲛⲉϥϣⲟ¹⁰
ⲟⲡ ϩⲁ ⲧⲉⲕⲉⲝⲟⲩⲥⲓⲁ ⲉ ⲧ'ⲃⲉ ⲟⲩ
ⲁⲕⲕⲁ ⲡⲁⲓ̈ ϩⲙ̄ ⲡⲉⲕϩⲏⲧ' ⲉ ⲉⲓⲣⲉ
ⲙ̄ ⲡⲉⲓ̈ ⲡⲟⲛⲏⲣⲟⲛ¹¹ ⲛ̄ⲧⲁⲕϫⲓ ϭⲟⲗ

5 ⲁⲛ ⲉ ⲣⲱⲙⲉ ⲁⲗⲗⲁ ⲉ ⲡⲛⲟⲩⲧⲉ · ⲉϥ
ⲥⲱⲧⲙ̄ ⲉ ⲛⲁⲓ̈ ϣⲁϫⲉ ⲛ̄ϭⲓ ⲁⲛⲁⲛⲓⲁⲥ

Fol. 65 a
ⲓ̄ⲉ̄

---

¹ For ⲉϣⲁⲩⲧⲁϩⲙⲉϥ.
² 'Son of supplication', Υἱὸς παρακλήσεως.
³ 'A Levite, a Cypriote by his race', Λευίτης, Κύπριος τῷ γένει.
⁴ τὸ χρῆμα. ⁵ σὺν Σαπφείρῃ. ⁶ ψεύσασθαί.
⁷ The first ⲧ seems superfluous.
⁸ The forms ϭⲟⲙ and ϭⲱⲙ are used in this MS.
⁹ 'Was it not thine?' Οὐχὶ μένον σοὶ ἔμενε;
¹⁰ Ⲏ ⲙⲏ ⲛⲉϥϣⲟⲟⲡ ⲁⲛ.
¹¹ 'Why hast thou set this in thy heart to do this evil thing?'

ACTS V. 5–12

ⲁϥϩⲉ ⲁϥⲙⲟⲩ ⲁⲩⲱ ⲁⲩⲛⲟϭ ⲛ̄ ϩⲟⲧⲉ
ϩⲉ ⲉ ϩⲣⲁⲓ̈ ⲉϫⲛ̄ ⲟⲩⲟⲛ ⲛⲓⲙ ⲉⲧ ⲥⲱ
6 ⲧⲙ̄· ⲁⲩⲧ'ⲱⲟⲩⲛ ⲇⲉ ⲛ̄ϭⲓ ⲛ̄ϩⲣ̄ϣⲓ
ⲣⲉ ⲁⲩⲕⲟⲟⲥϥ¹ ⲁⲩⲱ ⲁⲩϫⲓⲧϥ ⲉ ⲃⲟⲗ
7 ⲁⲩⲧⲟⲙⲥϥ · ⲁⲥϣⲱⲡⲉ ⲇⲉ ⲙⲡⲛ
ⲥⲁ ϣⲟⲙⲧⲉ² ⲛⲟⲩⲛⲟⲩ ⲧⲉϥⲥϩⲓ
ⲙⲉ ⲉⲛ ⲥ̄ⲥⲟⲟⲩⲛ ⲁⲛ ⲙ̄ ⲡⲉ ⲛⲧ' ⲁϥ
8 ϣⲱⲡⲉ ⲁⲥⲓ³ ⲉ ϩⲟⲩⲛ · ⲡⲉϫⲉ⁴ ⲡⲉⲧⲣⲟⲥ
ⲛⲁⲥ ϫⲉ ⲁϫⲓⲥ ⲉⲣⲟⲓ̈ ϫⲉ ⲛⲧⲁϯ ⲡϭⲱⲙ
ⲉ ⲃⲟⲗ ϩⲁ ⲛⲉⲓ̈ ϩⲟⲙⲛ̄ⲧ⁵ ⲛ̄ⲧⲟⲥ ⲇⲉ
9 ⲡⲉϫⲁⲥ ϫⲉ ⲉϩⲉ⁶ ϩⲁ ⲛⲁⲓ̈· ⲡⲉⲧⲣⲟⲥ ⲇⲉ
ⲡⲉϫⲁϥ ⲛⲁⲥ ϫⲉ ⲉ ⲧ'ⲃⲉ ⲟⲩ ⲁⲧⲉⲧⲛ̄
ϭⲓ⁷ ⲙⲛ̄ ⲛⲉⲧⲛ̄ⲉⲣⲏⲩ ⲉ ⲡⲓⲣⲁⲍⲉ⁸ ⲙ̄
ⲡⲉⲡⲛ̅ⲁ̅ ⲙ̄ ⲡϫⲟⲉⲓⲥ: ⲉⲓⲥ ⲛⲉⲧⲣⲏ
ⲧⲉ ⲛ̄ ⲛⲉ ⲛⲧ ⲁⲩⲧⲱⲙⲥ̄ ⲙ̄ ⲡⲟⲩϩⲁⲓ̈
ⲥⲉⲁϩⲉ ⲣⲁⲧⲟⲩ ²ⲓⲣⲛ̄ ⲡⲣⲟ⁹ ⲁⲩⲱ ⲥⲉ
10 ⲛⲁϥⲓⲧⲉ ⲉ ⲃⲟⲗ · ⲛ̄ ⲧⲉⲩⲛⲟⲩ ⲇⲉ ⲁⲥ
ϩⲉ ϩⲁ ⲛⲉϥⲟⲩⲉⲣⲏⲧⲉ ⲁⲩⲱ ⲁⲥⲙⲟⲩ
ⲁⲛϩⲣ̄ϣⲓⲣⲉ ⲉⲓ ⲉ ϩⲟⲩⲛ ⲁⲩϩⲉ ⲉ ⲣⲟⲥ
ⲉⲥⲙⲟⲟⲩⲧ ⲁⲩϥⲓⲧⲥ̄ ⲉ ⲃⲟⲗ ⲁⲩⲧⲟ
11 ⲙⲥ̄¹⁰ ϩⲁⲧⲙ̄ ⲡⲉⲥϩⲁⲓ̈: ⲁⲩⲛⲟϭ ⲛ̄ ϩⲟ
ⲧⲉ ϣⲱⲡⲉ ⲉϫⲛ̄ ⲧⲉⲕⲕⲗⲏⲥⲓⲁ ⲧⲏⲣⲥ̄
ⲙⲛ̄ ⲟⲩⲟⲛ ⲛⲓⲙ ⲉⲧ ⲥⲱⲧⲙ̄ ⲉ ⲛⲁⲓ̈·
12 ⲉ ⲃⲟⲗ ϩⲓⲧⲛ̄ ⲛ̄ϭⲓϫ ⲛ̄ ⲛⲁⲡⲟⲥⲧⲟⲗⲟⲥ
ⲛⲉⲩϣⲱⲡⲉ ⲛ̄ϭⲓ ϩⲉⲛⲙⲁⲉⲓⲛ ⲛⲙ̄

Fol. 65 b
ⲓⲥ̄

---

[1] 'They wrapped him up for burial.' ⲕⲟⲟⲥ = ▽ 〇, the old Egyptian word for making a dead body into a mummy.

[2] ὡς ὡρῶν τριῶν.   [3] For ⲁⲥⲉⲓ.   [4] ἀπεκρίθη.

[5] 'For these pieces of money', τοσούτου τὸ χωρίον.

[6] 'Thus', Ναί.

[7] 'Agree together', συνεφωνήθη ὑμῖν.

[8] πειράσαι.

[9] 'Stand at the door', Η ⲥⲉϩⲓⲣⲛ̄ ⲡⲣⲟ.

[10] For ⲁⲩⲧⲟⲙⲥ̄.

ACTS V. 12–17

ϩⲉⲛϣⲡⲏⲣⲉ ⲉⲛⲁϣⲱⲟⲧ¹ ϩⲙ̅ ⲡⲗⲁ
ⲟⲥ ⲁⲩⲱ ⲛⲉⲧϣⲟⲟⲡ ⲧⲏⲣⲟⲩ ⲡⲉ ⲛⲙ̅
ⲛⲉⲧⲉⲣⲏⲧ² ϩⲙ̅ ⲡⲉⲣⲡⲉ³ ϩⲁ ⲧⲉⲥⲧⲟⲁ

13 ⲛ̅ ⲥⲟⲗⲟⲙⲱⲛ· ⲉ ⲃⲟⲗ ⲇⲉ ϩⲙ̅ ⲡⲕⲉ
ⲥⲉⲉⲡⲉ ⲙ̅ⲡⲉ ⲗⲁⲁⲩ ⲧⲟⲗⲙⲁ⁴ ⲉ ⲧⲟ
ϭϥ ⲉ ⲣⲟⲟⲩ ⲁⲗⲗⲁ ⲛⲉⲣⲉ ⲡⲗⲁⲟⲥ †

14 ⲉⲟⲟⲩ⁵ ⲛⲁⲩ· ⲛϩⲟⲩⲟ ⲇⲉ ⲛⲉⲧⲟⲩ[ⲱϩ]
ⲉ ⲣⲟ[ⲟ]ⲩ ⲛ̅ϭⲓ ⲛⲉⲧ ⲡⲓⲥⲧⲉⲩⲉ ⲉ ⲡⲭⲟ
ⲉⲓⲥ ⲟⲩⲙⲏⲏϣⲉ ⲛ̅ ⲣⲱⲙⲉ ϩⲓ ⲥϩⲓⲙⲉ·

15 ϩⲱⲥⲧⲉ ⲛ̅ⲥⲉⲉⲓⲛⲉ ⲉ ⲃⲟⲗ ⲛ̅ ⲛⲉⲧ'
ϣⲱⲛⲉ ⲉ ⲛⲉⲡⲗⲁⲧ'ⲓⲁ⁶ ⲛ̅ⲥⲉⲕⲁⲁⲩ⁷
ϩⲓ ϩⲉⲛϭⲗⲟϭ ⲛⲙ̅ ϩⲉⲛⲙⲁ ⲛ̅ ⲛⲕⲟⲧⲕ̅⁸
ϫⲉ ⲕⲁⲥ ⲉⲣⲉ ⲡⲉⲧⲣⲟⲥ ⲉⲓ ⲉϥⲛⲏⲩ⁹
ⲉⲣⲉ ⲧⲉϥϩⲁⲉⲓⲃⲉⲥ ⲧⲁϩⲉ ⲟⲩⲁ ⲙ̅ⲙⲟ

16 ⲟⲩ¹⁰· ⲛⲉ ϣⲁⲩⲥⲱⲟⲩϩ ⲟⲛ ⲛ̅ϭⲓ ⲡⲙⲏ
ⲏϣⲉ ⲛ̅ⲙ̅ ⲡⲟⲗⲓⲥ ⲉⲧⲙ̅ ⲡⲕⲱⲧⲉ ⲛ̅
ⲑⲓⲉⲣⲟⲩⲥⲁⲗⲏⲙ ⲉⲩⲉⲓⲛⲉ ⲛ̅ ⲛⲉⲧ'
ϣⲱⲛⲉ ⲛⲙ̅ ⲛⲉⲧⲙⲟⲕϩ̅¹¹ ⲉ ⲃⲟⲗ ϩⲓ
ⲧⲛ̅ ⲛⲉⲡⲛ̅ⲁ ⲛ̅ ⲛⲁⲕⲁⲑⲁⲣⲧⲟⲛ ⲁⲩ
ⲱ ⲛⲉⲧⲣ̅ ⲡⲁϩⲣⲉ ⲉ ⲣⲟⲟⲩ ⲧⲏⲣⲟⲩ·

17 ⲁϥⲧⲱⲟⲩⲛ ⲇⲉ ⲛ̅ϭⲓ ⲡⲁⲣⲭⲓⲉⲣⲉⲩⲥ
ⲛⲙ̅ ⲟⲩⲟⲛ ⲛⲓⲙ ⲉⲧ ⲛⲙ̅ⲙⲁϥ ⲁⲩⲱ
ⲑⲉⲣⲉⲥⲓⲥ ⲛ̅ ⲛⲥⲁⲇⲇⲟⲩⲕⲁⲓⲟⲥ¹² ⲁⲩ

---

¹ σημεῖα καὶ τέρατα ἐν τῷ λαῷ, H ⲛ̅ϭⲓϩⲉⲛⲙⲁⲉⲓⲛ ⲉⲛⲁϣⲱⲟⲩ ⲙⲛ̅ ϩⲉⲛϣⲡⲏⲣⲉ.

² ⲛⲙ̅ ⲛⲉⲧⲉⲣⲏⲧ = ὁμοθυμαδόν. H omits these words.

³ 'In the temple'; wanting in the Greek text.

⁴ ἐτόλμα.   ⁵ 'Gave glory', ἐμεγάλυνεν.

⁶ εἰς τὰς πλατείας.   ⁷ H ⲛ̅ⲥⲉϩⲓ, with?

⁸ 'Places for lying down upon', καὶ κραββάτων.

⁹ 'When Peter was coming [and when] he came that', ἵνα ἐρχομένου.

¹⁰ 'One of them.'   ¹¹ ὀχλουμένους.

¹² (ἡ οὖσα αἵρεσις τῶν Σαδδουκαίων).

U

18 ⲙⲟⲧⲟ̅ ⲛ̅ ⲕⲱϩ· ⲁⲩⲉⲓⲛⲉ ⲛ̅ ⲛⲉⲧⲥⲓϫ ⲉ
   ϩⲛ̅ ⲛⲁⲡⲟⲥⲧⲟⲗⲟⲥ ⲁⲩⲱ ⲁⲩⲛⲟϫⲟⲩ
19 ⲉ ⲡⲉϣⲧⲉⲕⲟ[1]· ⲡⲁⲅ'ⲅⲉⲗⲟⲥ ⲇⲉ ⲉⲙ
   ⲡϫⲟⲉⲓⲥ ⲁϥⲟⲩⲱⲛ ⲛ̅ⲣⲣⲟ[2] ⲙ̅ ⲡⲧⲉ
   ⲕⲟ ⲛ̅ ⲧⲉⲩϣⲏ ⲁϥⲛ̅ⲧⲟⲩ ⲉ ⲃⲟⲗ ⲡⲉ
20 ϫⲁϥ ⲛⲁⲩ· ϫⲉ ⲃⲱⲕ ⲛ̅ⲧⲉⲧⲛ̅ ⲁϩⲉ ⲣⲁⲧ
   ⲧⲏⲩⲧⲛ̅ ϩⲙ̅ ⲡⲉⲣⲡⲉ ⲛ̅ⲧⲉⲧ'ⲛ̅ⲧⲁϣⲉ
   ⲟⲉⲓϣ ⲙ̅ ⲡⲗⲁⲟⲥ ⲛ̅ ⲛ̅ϣⲁϫⲉ ⲧⲏⲣⲟⲩ
21 ⲙ̅ ⲡⲉⲓ ⲱⲛϩ̅· ⲛ ⲧⲉⲣ ⲟⲩⲥⲱⲧⲙ̅ ⲇⲉ
   ⲁⲩⲃⲱⲕ ⲉ ϩⲣⲁⲓ ⲉ ⲡⲉⲣⲡⲉ ⲙ̅ ⲡⲛⲁⲩ
   ⲛ̅ ϣⲱⲣⲡ̅[3] ⲁⲩⲱ ⲛⲉⲩϯⲥⲃⲱ ⲁϥⲉⲓ ⲇⲉ
   ⲛ̅ϭⲓ ⲡⲁⲣⲭⲓⲉⲣⲉⲩⲥ ⲛⲙ̅ ⲛⲉⲧ ⲛⲙ̅
   ⲙⲁϥ ⲁⲩⲥⲟⲩⲁϩ[4] ⲡⲥⲩⲛϩⲉⲇⲣⲓⲟⲛ ⲁⲩⲱ
   ⲡ̅ϩⲗ̅ⲗⲟ ⲧⲏⲣⲟⲩ ⲛ ⲛ̅ϣⲏⲣⲉ ⲙ̅ ⲡⲓⲏ̅ⲗ
   ⲁⲩϫⲟⲟⲩ ⲉ ⲡⲉϣⲧ'ⲉⲕⲟ[5] ⲉ ⲧ'ⲣⲉ ⲥⲛ
22 ⲧⲟⲩ· ⲛ̅ϩⲩⲡⲏⲣⲉⲧⲏⲥ[6] ⲛ̅ ⲧⲉⲣ ⲟⲩ
   ⲃⲱⲕ ⲙ̅ⲡ ⲟⲩϭⲛ̅ⲧⲟⲩ ϩⲙ̅ ⲡⲉϣⲧⲉ
23 ⲕⲟ[7] ⲁⲩⲕⲟⲧⲟⲩ ⲁⲩⲧⲁⲙⲟⲟⲩ· ⲉⲩϫⲱ
   ⲙ̅ⲙⲟⲥ ϫⲉ ⲁⲛϩⲉ ⲉ ⲡⲉϣⲧⲉⲕⲟ ⲉϥ
   ϣⲟⲧⲙ̅ ϩⲛ̅ ⲟⲩⲱⲣϫ̅[8] ⲁⲩⲱ ⲛⲁⲟⲩⲛ̅ⲣ̅
   ϣⲉ[9] ⲉⲩⲁϩⲉ ⲣⲁⲧⲟⲩ ϩⲓⲣⲛ̅ ⲛⲣⲟ ⲛ ⲧⲉ
   ⲣ ⲛ̅ⲟⲩⲱⲛ[10] ⲇⲉ ⲙ̅ⲡ ⲛ̅ϭⲛ̅ ⲗⲁⲁⲩ ⲛϩⲟⲩⲛ:
24 ⲛ ⲧⲉⲣ ⲉϥⲥⲱⲧⲙ̅ ⲇⲉ ⲛ̅ϭⲓ ⲡⲧⲣⲁ
   ⲧⲏⲅⲟⲥ ⲙ̅ ⲡⲉⲣⲡⲉ ⲛⲙ̅ ⲛ̅ⲁⲣⲭⲓⲉⲣⲉⲩⲥ[11]
   ⲉ ⲛⲉⲓ ϣⲁϫⲉ ⲁⲩⲁⲡⲟⲣ[12] ⲉ ⲧⲃⲏⲏ
25 ⲧⲟⲩ ϫⲉ ⲟⲩⲡⲉ ⲡⲉⲓ ϩⲱⲃ[13]: ⲁⲩⲁ[14] ⲇⲉ

---

[1] 'They threw them into prison', ἐν τηρήσει δημοσίᾳ.
[2] Η ⲛ̅ⲡⲣⲟ. [3] ὑπὸ τὸν ὄρθρον.
[4] Η ⲁⲩⲥⲉⲩϩ, συνεκάλεσαν. [5] τὸ δεσμωτήριον.
[6] ὑπηρέται. [7] ἐν τῇ φυλακῇ. [8] Η ⲱⲣϫ̅ ⲛⲓⲙ.
[9] For ⲛⲁⲛⲟⲩⲣϣⲉ, τοὺς φύλακας. [10] For ⲟⲩⲟⲩⲱⲛ.
[11] οἱ ἀρχιερεῖς. [12] διηπόρουν.
[13] 'Saying, What is this matter?' τί ἂν γένοιτο τοῦτο;
[14] For ⲁ ⲟⲩⲁ.

ACTS V. 25-31

ⲉⲓ̈ ⲁϥⲧⲁⲙⲟⲟⲩ ϫⲉ ⲉⲓⲥ ⲡ̅ⲣⲱⲙⲉ
ⲛⲧ ⲁⲧⲉⲧⲛ̅ⲛⲟϫⲟⲩ ⲉ ⲡⲉϣⲧⲉ
ⲕⲟ ⲁϩⲉ ⲣⲁⲧⲟⲩ¹ ϩⲙ̅ ⲡⲉⲣⲡⲉ ⲉⲩϯ

26 ⲥⲃⲱ ⲙ̅ ⲡⲗⲁⲟⲥ· ⲧⲟⲧⲉ ⲁⲩⲃⲱⲕ ⲛ̅
ϭⲓ ⲡⲉⲥⲧ'ⲣⲁⲧⲏⲅⲟⲥ ⲛⲙ̅ ⲛ̅ϩⲩⲡⲏ
ⲣⲉⲧⲏⲥ ⲁⲩⲛⲧⲟⲩ ⲛϫⲛⲁϩ ⲁⲛ ⲛⲉⲩ
ⲣ̅ ϩⲟⲧⲉ ⲅⲁⲣ ϩⲏⲧϥ̅ ⲙ̅ ⲡⲗⲁⲟⲥ ⲙⲏ
ⲡⲱⲥ² ⲛⲥⲉϩⲓ ⲱⲛⲉ ⲉ ⲣⲟⲟⲩ꞉ ⲛ ⲧⲉ

27 ⲣ ⲟⲩⲛⲧⲟⲩ ϫⲉ ⲁⲩⲧ'ⲁϩⲟⲟⲩ ⲉ ⲣⲁⲧⲟⲩ
ϩⲙ̅ ⲡⲥⲩⲛϩⲉⲇⲣⲓⲟⲛ꞉ ⲁⲩⲱ ⲁϥϫⲛⲟⲩ ⲛⲁⲩ
ⲛ̅ϭⲓ ⲡⲁⲣⲭⲓⲉⲣⲉⲩⲥ ⲉϥϫⲱ ⲙ̅ⲙⲟⲥ·

28 ϫⲉ ⲙⲏ ϩⲛ̅ ⲟⲩⲡⲁⲣⲁⲅⲅⲉⲓⲗⲓⲁ ⲙ̅ⲡⲛ̅
ⲡⲁⲣⲁⲅ[ⲅ]ⲉⲓⲗⲉ³ ⲛⲏⲧⲛ̅ ⲉⲧⲙ̅ ϯⲥⲃⲱ
ⲉ ϩⲣⲁⲓ̈ ⲉⲛ ⲡⲉⲓ̈ ⲣⲁⲛ ⲁⲩⲱ ⲉⲓⲥ ϩⲏ
ⲛⲧⲉ ⲁⲧⲉⲧⲛ̅ⲙⲟⲩϩ ⲛ̅ ⲑⲓⲉⲣⲟⲩⲥⲁ
ⲗⲏⲙ ⲙ̅ ⲛⲉⲧⲛ̅ⲥⲃⲱ⁴ ⲁⲩⲱ ⲧⲉⲧⲛ̅
ⲟⲩⲱϣ ⲉ ⲉⲓⲛⲉ ⲉ ϩⲣⲁⲓ̈ ⲉ ϫⲱⲛ ⲛ̅
ⲡⲉⲥⲛⲟϥ ⲙ̅ ⲡ'ⲣⲱⲙⲉ ⲉⲧ ⲙ̅ⲙⲁⲩ·

29 ⲁϥⲟⲩⲱϣⲃ̅ ϫⲉ ⲛ̅ϭⲓ ⲡⲉⲧ'ⲣⲟⲥ ⲁⲩⲱ
ⲛⲁⲡⲟⲥⲧⲟⲗⲟⲥ ⲉⲩϫⲱ ⲙ̅ⲙⲟⲥ
ϫⲉ ϣϣⲉ ⲉ ⲥⲱⲧⲙ̅ ⲛ̅ⲥⲁ ⲡⲛⲟⲩⲧⲉ
ⲉϩⲟⲧⲉ ⲣ̅ⲱⲙⲉ꞉ [ⲉ] ϩⲣⲁⲓ̈ ⲛ̅ ϩⲏⲧϥ̅⁵·

30 ⲡⲛⲟⲩⲧⲉ ⲛ ⲛⲉⲛⲉⲓⲟⲧⲉ ⲁϥⲧⲟⲩ
ⲛⲉⲥ ⲓⲥ̅ ⲡⲁⲓ̈ ⲛ̅ⲧ'ⲱⲧⲛ̅ ⲛⲧⲁ ⲧⲉ
ⲧⲛ̅ ⲙⲟⲩⲟⲩⲧ ⲙ̅ⲙⲟϥ ⲁⲧⲉⲧⲛ̅ⲁϣⲧϥ̅

31 ⲉⲩϣⲉ· ⲡⲁⲓ̈ ⲁ ⲡⲛⲟⲩⲧⲉ ϫⲁⲥⲧϥ̅ ⲛ̅
ⲛⲁⲣⲭⲏⲅⲟⲥ ⲁⲩⲱ ⲛ̅ ⲥⲱⲧⲏⲣ⁶ ϩⲙ̅

Fol. 66 b
ⲓ̅ⲏ̅

---

¹ H ⲥⲉⲁϩⲉⲣⲁⲧⲟⲩ.   ² H ⲙⲏⲡⲟⲧⲉ, μὴ λιθασθῶσιν.

³ Παραγγελίᾳ παρηγγείλαμεν.

⁴ H ϩⲛ̅ ⲧⲉⲧⲛ̅ⲥⲃⲱ, τῆς διδαχῆς ὑμῶν.

⁵ H omits ⲉ ϩⲣⲁⲓ̈ ⲛ̅ ϩⲏⲧϥ̅. 'It is better [for a man] to hearken in his heart unto God than unto man.' There is no Greek for 'in his heart'.

⁶ ἀρχηγὸν καὶ σωτῆρα.

ⲡⲉϥⲉⲟⲟⲩ ⲉ ⲧ'ⲣⲉ ϥϯ ⲛ̄ ⲟⲩⲙⲉⲧⲁ
ⲛⲟⲓⲁ ⲙ̄ ⲡⲓⲥⲣⲁⲏⲗ ⲁⲩⲱ· ⲟⲩⲕⲁ ⲛⲟⲃⲉ
32 ⲉ ⲃⲟⲗ ϩⲣⲁⲓ̈ ⲛ̄ ϩⲏⲧ'ϥ· ⲁⲩⲱ ⲁⲛⲟⲛ
ⲛⲉⲛⲣ̄ ⲙⲛ̄ⲧ'ⲣⲉ¹ ⲛ̄ ⲛⲁⲓ̈ ϣⲁϫⲉ ⲁⲩⲱ
ⲡⲉⲡⲛⲁ ⲉⲧ ⲟⲩⲁⲁⲃ ⲁ ⲡⲛⲟⲩⲧⲉ ⲧⲁⲁϥ
33 ⲛ̄ ⲛⲉⲧ ⲥⲱⲧⲙ̄ ⲛ̄ⲥⲱϥ· ⲛ̄ ⲧⲉⲣ ⲟⲩⲥⲱ
ⲧⲙ̄ ⲇⲉ ⲁⲩϭⲱⲛⲧ̄ ⲁⲩⲱ ⲁⲩⲟⲩⲱϣ ⲉ
34 ⲙⲟⲩⲟⲩⲧⲟⲩ· ⲁϥⲧⲱⲟⲩⲛ ⲇⲉ ϩⲙ̄ ⲡⲥⲩⲛ
ϩⲉⲇⲣⲓⲟⲛ ⲛ̄ϭⲓ ⲟⲩⲫⲁⲣⲓⲥⲥⲁⲓⲟⲥ ⲉ
ⲡⲉϥⲣⲁⲛ ⲡⲉ ⲅⲁⲙⲁⲗⲓⲏⲗ ⲟⲩⲛⲟⲙⲟⲥ
ⲇⲓⲇⲁⲥⲕⲁⲗⲗⲟⲥ ⲉⲧⲁⲓ̈ⲏⲧ² ⲛ ⲛⲁϩⲣⲙ̄
ⲡⲗⲁⲟⲥ³ ⲁϥⲟⲩⲉϩⲥⲁϩⲛⲉ ⲉ ⲧ'ⲣⲉ ⲛⲁⲡⲟⲥ
ⲧⲟⲗⲟⲥ ⲣ̄ ⲡⲃⲟⲗ ⲙ̄ ⲡⲙⲁ ⲛ ⲟⲩⲕⲟⲩⲓ̈⁴·
35 ⲁⲩⲱ ⲡⲉϫⲁϥ ⲛ̄ ⲛⲁϩⲣⲛ̄ ⲛⲉⲧ ⲥⲟⲟⲩϩ⁵
ϫⲉ ⲛ̄ⲣⲱⲙⲉ ⲙ̄ ⲡⲓⲏⲗ ϯϩⲧⲏⲧⲛ̄ ⲉ ⲣⲱ
ⲧⲛ̄ ϫⲉ ⲟⲩ ⲡⲉ ⲧⲛ̄ⲛⲁⲁⲁϥ⁶ ⲉ ⲧⲃⲉ ⲛⲉⲓ̈
36 ⲣⲱⲙⲉ· ϩⲁ ⲧⲉϩⲏ ⲅⲁⲣ ⲛ̄ ⲟⲩⲕⲟⲩⲓ̈ ⲛ̄ ⲛⲉⲓ̈
ϩⲟⲟⲩ⁷ ⲁϥⲧⲱⲟⲩⲛ ⲛ̄ϭⲓ ⲑⲉⲩⲇⲁⲥ ⲉϥϫⲱ
ⲙ̄ⲙⲟⲥ ⲉ ⲣⲟϥ ϫⲉ ⲁⲛⲟⲕ ⲡⲉ⁸ ⲡⲁⲓ̈ ⲛ̄ⲧⲁⲩ
ⲟⲩⲁϩⲟⲩ ⲛ̄ⲥⲱϥ ⲛ̄ϭⲓ ⲁϥⲧⲟⲩ ϣⲉ ⲛ̄ⲣⲱ
ⲙⲉ ⲡⲁⲓ̈ ⲁⲩϩⲟⲧⲃⲉϥ ⲁⲩⲱ ⲟⲩⲟⲛ ⲛⲓⲙ
ⲉⲧ ⲥⲱⲧⲙ̄ ⲛ̄ⲥⲱϥ ⲁⲩⲃⲱⲗ ⲉ ⲃⲟⲗ
37 ⲁⲩⲱ ⲁⲩϣⲱⲡⲉ ⲉⲩⲗⲁⲁⲩ⁹· ⲙⲛ̄ⲛⲥⲁ

---

¹ Ⲏ ⲡⲉ ⲡ̄ⲙⲛ̄ⲧⲣⲉ.

² νομοδιδάσκαλος τίμιος. ⲉϥⲧⲁⲓ̈ⲏⲧ = ⲉϥⲧⲁⲉⲓⲏⲧ.

³ ⲧⲏⲣϥ̄ is omitted = παντὶ.

⁴ Literally 'a little place'; the Greek has βραχὺ.

⁵ The Greek has simply εἶπέ τε πρὸς αὐτούς, Ⲏ ⲡⲉϫⲁϥ ⲛ̄ⲛⲁϩⲣⲛ̄ ⲛ̄ⲁⲣⲭⲱⲛ ⲙⲛ̄ ⲡⲉⲧⲥⲟⲟⲩϩ.

⁶ For ⲧⲉⲧⲛ̄ⲛⲁⲁⲁϥ.

⁷ Apparently 'a few days ago', πρὸ γὰρ τούτων τῶν ἡμερῶν. Ⲏ ϩⲁⲑⲛ ⲅⲁⲣ ⲛ̄ⲡⲉⲓϩⲟⲟⲩ, 'for before these days'.

⁸ 'Saying I am he', λέγων εἶναί τινα ἑαυτόν.

⁹ εἰς οὐδέν.

ACTS V. 37-42

ⲡⲁⲓ ⲁϥⲧⲱⲟⲩⲛ ⲛϭⲓ ⲓⲟⲩⲇⲁⲥ ⲡⲅⲁⲗⲓ
ⲗⲉⲟⲥ¹ ϩⲛ ⲛⲉϩⲟⲟⲩ ⲛ ⲧⲁⲡⲟⲅⲣⲁⲫⲏ²
ⲁⲩⲱ ⲁϥⲡⲉϣⲧ ⲟⲩⲗⲁⲟⲥ ϩⲓ ⲡⲁϩⲟⲩ ⲙ̄
ⲙⲟϥ ⲡⲧⲟϥ ϩⲱⲱϥ ⲁⲩⲧⲁⲕⲟϥ ⲁⲩⲱ
ⲟⲩⲟⲛ ⲛⲓⲙ ⲉⲧ ⲥⲱⲧⲙ̄ ⲛ̄ⲥⲱϥ ⲁⲩⲱ

38 ⲱⲣⲉ ⲉ ⲃⲟⲗ · ⲧⲉⲛⲟⲩ ϭⲉ ϯϫⲱ ⲙ̄ⲙⲟⲥ
ⲛⲏⲧⲛ̄ ϫⲉ ⲥⲁϩⲉ ⲧⲏⲩⲧⲛ̄³ ⲉ ⲃⲟⲗ ⲛ̄ ⲡⲉⲓ
ⲣⲱⲙⲉ ⲁⲩⲱ ⲛ̄ⲧ'ⲉⲧⲛ̄ⲣⲁⲁⲩ (sic) ϫⲉ ⲉ
ϣⲱⲡⲉ ⲡⲉⲓ ϣⲟϫⲛⲉ⁴ ⲏ ⲡⲉⲓ ϩⲱⲃ
ⲟⲩ ⲉ ⲃⲟⲗ ϩⲛ̄ ⲡ̄ⲣⲱⲙⲉ ⲡⲉ ϥⲛⲁⲃⲱⲗ ⲉ

39 ⲃⲟⲗ · ⲉϣⲱⲡⲉ ⲇⲉ ⲟⲩ ⲉ ⲃⲟⲗ ϩⲙ̄ ⲡⲛⲟⲩ
ⲧⲉ ⲡⲉ ⲛ̄ⲧⲉⲧⲛ̄ⲛⲁϭⲙ̄ϭⲟⲙ ⲁⲛ
ⲉ ⲃⲟⲗ ⲟⲩ ⲉ ⲃⲟⲗ ⲟⲩⲇⲉ ⲛⲉⲧⲛ̄ⲧⲩⲣⲁⲛ
ⲛⲟⲥ⁵ ⲙⲏⲡⲱⲥ ⲛ̄ⲥⲉϩⲛ̄ ⲧⲏⲩⲧⲛ̄

40 ⲉⲧⲉⲧⲛ̄ϯ ⲟⲩⲃⲉ⁶ ⲡⲛⲟⲩⲧⲉ · ⲁⲩⲡⲓ
ⲑⲉ⁷ ⲇⲉ ⲛⲁϥ ⲁⲩⲱ ⲁⲩⲙⲟⲩⲧⲉ ⲉ ⲛⲁ
ⲡⲟⲥⲧⲟⲗⲟⲥ ⲁⲩϩⲓⲟⲩⲉ ⲉ ⲣⲟⲟⲩ ⲁⲩⲱ
ⲁⲩⲡⲁⲣⲁⲅⲅⲉⲓⲗⲉ⁸ ⲛⲁⲩ ⲉ ⲧⲙ̄ ϣⲁϫⲉ
ⲉϫⲛ̄ ⲡⲣⲁⲛ ⲛ̄ ⲓ̄ⲥ̄ ⲁⲩⲱ ⲁⲩⲕⲁⲁⲩ ⲉ ⲃⲟⲗ ·

41 ⲛ̄ⲧⲟⲟⲩ ⲇⲉ ⲁⲩⲃⲱⲕ ⲉ ⲃⲟⲗ ϩⲙ̄ ⲡⲥⲩⲛ
ϩⲉⲇⲣⲓⲟⲛ⁹ ⲉⲩⲣⲁϣⲉ ϫⲉ ⲁⲩⲙ̄ⲡϣⲁ
ⲉ ⲧⲣⲉ ⲩⲥⲟϣⲟⲩ ⲉ ϩⲣⲁⲓ ⲉϫⲙ̄ ⲡⲣⲁⲛ¹⁰ ·

42 ⲙ̄ⲙⲏⲛⲉ ⲇⲉ ϩⲣⲁⲓ ϩⲙ̄ ⲡⲉⲣⲡⲉ ⲁⲩⲱ
ϩⲣⲁⲓ ϩⲙ̄ ⲡⲉⲩⲏⲉⲓ ⲛⲉⲩⲕⲓⲙ¹¹ ⲁⲛ ⲉⲩϯ
ⲥⲃⲱ ⲁⲩⲱ ⲉⲩⲧ'ⲁϣⲉⲟⲉⲓϣ ⲙ̄ ⲡⲭⲟ

Fol. 67 a
ⲓ̄ⲑ̄

---

¹ ὁ Γαλιλαῖος.   ² τῆς ἀπογραφῆς.
³ ἀπόστητε.   ⁴ ἡ βουλή, Η ⲡⲉⲓϣⲁϫⲉ.
⁵ The Coptic text here agrees with the MSS. quoted by Prof. Souter, οὔτε ὑμεῖς οὔτε οἱ ἄρχοντες ὑμῶν; compare also οὔτε τύραννοι given in the other MSS. quoted by him. Η ⲛ̄ⲧⲉⲧⲛ̄ⲛⲁϭⲙ̄ϭⲟⲙ ⲁⲛ ⲉⲃⲟⲗϥ ⲉⲃⲟⲗ.
⁶ θεομάχοι.   ⁷ ἐπείσθησαν.   ⁸ παρήγγειλαν.
⁹ ἀπὸ προσώπου τοῦ συνεδρίου.
¹⁰ Η 'this name', ⲡⲉⲓⲣⲁⲛ.
¹¹ 'They moved not', οὐκ ἐπαύοντο. Η ⲛⲉⲩⲕⲏⲛ ⲁⲛ.

ACTS V. 42—VI. 5

ⲉⲓⲥ ⲓ̅ⲥ̅ ⲡⲉⲭ̅ⲥ̅· ϩⲣⲁⲓ̈ ϩⲛ̅ ⲛⲉϩⲟⲟⲩ ⲉ

Chap. VI. 1 ⲧⲙ̅ⲙⲁⲩ ⲛ̅ⲧⲉⲣ ⲟⲩⲁϣⲁⲓ ⲛ̅ϭⲓ ⲙ̅
ⲙⲁⲑⲏⲧⲏⲥ[1] ⲁⲩϩⲣ̅ϩⲣ̅ ϣⲱⲡⲉ
ⲛ̅ⲧⲙⲏⲧⲉ ⲛ̅ ⲛⲟⲩⲉⲟⲓⲉⲛⲓⲛ[2] ⲉⲛϩⲉ
ⲃⲣⲁⲓⲟⲥ ϫⲉ ⲛⲉⲩⲱⲃϣ̅ ⲙ̅ⲙⲟⲟⲩ ⲉⲛⲟⲩ
ⲭⲏⲣⲁ ⲁⲩⲱ ϩⲛ̅ ⲧⲇⲓⲁⲕⲟⲛⲓⲁ ⲙ̅ⲙⲏ

2 ⲛⲉ[3]· ⲁ ⲡⲙⲛ̅ⲧ̅ⲥⲛⲟⲟⲩⲥ ⲇⲉ ⲙⲟⲩⲧⲉ
ⲉ ⲡⲙⲏⲏϣⲉ ⲛ̅ⲙ̅ ⲙⲁⲑⲏⲧⲏⲥ ⲡⲉ
ϫⲁⲩ ⲛⲁⲩ ϫⲉ ⲛⲥϣⲉ[4] ⲁⲛ ⲉ ⲧⲣⲉ ⲛ̅ⲕⲁ
ⲛ̅ⲥⲱⲛ ⲙ̅ ⲡϣⲁϫⲉ ⲙ̅ ⲡⲛⲟⲩⲧⲉ ⲛ̅
ⲧⲛ̅ⲇⲓⲁⲕⲟⲛⲓ ⲛ̅ ϩⲉⲛⲧ̅ⲣⲁⲡⲉⲍⲁ[5]·

3 ⲥⲱⲧ̅ⲡ̅ ⲇⲉ ⲛⲉⲥⲛⲏⲩ ⲛ̅ ⲥⲁϣϥ̅ ⲛ̅
ⲣⲱⲙⲉ ⲛ̅ϩⲏⲧ̅ ⲧⲏⲩⲧ̅ⲛ̅ ⲟⲩ
ⲙⲛ̅ⲧ̅ⲣⲉ[6] ϩⲁ ⲣⲟⲟⲩ ⲉⲧϫⲏⲕ ⲉ ⲃⲟⲗ[7] ⲙ̅
ⲡⲉⲡⲛⲁ ⲉⲧ ⲟⲩⲁⲁⲃ ϩⲓ ⲥⲟⲫⲓⲁ ⲉ ⲧⲁ
ϩⲟⲟⲩ ⲉ ⲣⲁⲧⲟⲩ ⲉ ϩⲣⲁⲓ̈ ⲉ ⲧⲉⲓ̈ ⲭⲣⲓⲁ[8]·

4 ⲁⲛⲟⲛ ⲇⲉ ⲛ̅ⲧⲛ̅ⲥ̅ⲣϥⲉ[9] ⲉ ⲡⲉϣⲗⲏⲗ

5 ⲛ̅ⲙ̅ ⲧⲇⲓⲁⲕⲟⲛⲓⲁ ⲙ̅ ⲡϣⲁϫⲉ· ⲁ ⲡⲉⲓ̈
ϣⲁϫⲉ ⲣ̅ⲁⲛⲁϥ ⲙ̅ ⲡⲙⲏⲏϣⲉ ⲧⲏⲣϥ̅
ⲁⲩⲥⲱⲧ̅ⲡ̅ ⲙ̅ ⲛ̅ ⲥⲧⲉⲫⲁⲛⲟⲥ ⲟⲩⲣⲱ
ⲙⲉ ⲉϥϫⲏⲕ ⲉ ⲃⲟⲗ ⲙ̅ ⲡⲓⲥⲧⲓⲥ ϩⲓ ⲡⲛⲁ̅
ⲉϥⲟⲩⲁⲁⲃ ⲛ̅ⲙ̅ ⲫⲓⲗⲓⲡⲡⲟⲥ ⲛ̅ⲙ̅
ⲡⲣⲟⲭⲱⲣⲟⲥ[10] ⲁⲩⲱ ⲛⲓⲕⲁⲛⲱⲣ[11] ⲛ̅ⲙ̅ ⲧ̅ⲓ
ⲙⲱⲛ[12] ⲛ̅ⲙ̅ ⲡⲁⲣⲙⲉⲛⲁⲥ ⲁⲩⲱ ⲛⲓⲕⲟ[13]

Fol. 67 b
[ⲣ̅]

---

[1] πληθυνόντων τῶν μαθητῶν. H ⲛ̅ϭⲓ ⲧⲏⲡⲉ ⲛ̅ⲙ̅ⲙⲁⲑⲏⲧⲏⲥ, 'the number of the disciples'.

[2] τῶν Ἑλληνιστῶν.   [3] τῇ διακονίᾳ τῇ καθημερινῇ.

[4] H ⲡⲉϣϣⲉ.   [5] διακονεῖν τραπέζαις.

[6] μαρτυρουμένους.   [7] 'Perfect', πλήρεις.

[8] H ⲉⲭⲛ̅ ⲧⲉⲓⲭⲣⲓⲁ, ἐπὶ τῆς χρείας ταύτης.

[9] 'We will devote ourselves.' The Coptic translator here uses a purely native word instead of a form of προσκαρτερήσομεν.

[10] H ⲡⲣⲟⲭⲟⲣⲟⲥ, like the Greek.

[11] H ⲡⲉⲓⲕⲁⲛⲱⲣ.   [12] H ⲇⲓⲙⲱⲣ.

[13] H ⲙⲛ̅ ⲡⲉⲓⲕⲱⲗⲁⲟⲥ.

ⲗⲁⲟⲥ ⲟⲧⲡⲣⲟⲥⲏⲗⲧⲧⲟⲥ ⲛ̄ ⲕⲁⲛⲧⲓ
6 ⲟⲭⲉⲧⲥ· ⲛⲁⲓ̈ ⲁⲧⲧⲁϩⲟⲟⲩ ⲉ ⲣⲁⲧⲟⲩ ⲙ̄
ⲡⲉ ⲙⲧⲟ ⲉ ⲃⲟⲗ ⲛ ⲛⲁⲡⲟⲥⲧⲟⲗⲟⲥ
ⲁⲩⲱ ⲁⲩϣⲗⲏⲗ ⲁⲩⲧⲁⲗⲉ ϭⲓϫ ⲉ ϫⲱⲟⲩ·
7 ⲡϣⲁϫⲉ ⲙ̄ ⲡⲛⲟⲩⲧⲉ ⲁϥⲁⲩϫⲁⲛⲉ¹
ⲁⲩⲱ ⲛⲉⲥⲁϣⲁⲓ̈ ⲛ̄ϭⲓ ⲧⲏⲡⲉ² ⲛ̄ⲙ̄ ⲙⲁ
ⲑⲏⲧⲏⲥ ⲉⲙⲁⲧⲉ ϩⲛ̄ ⲑⲓⲉⲣⲟⲩⲥⲁⲗⲏⲙ
ⲟⲩⲙⲏⲏϣⲉ ⲉⲛⲁϣⲱϥ ⲉ ⲃⲟⲗ ϩⲛ̄ ⲟⲩ
ⲏⲏⲃ ⲛⲉⲩⲥⲱⲧ’ⲙ̄ ⲛ̄ⲥⲁ ⲧⲡⲓⲥⲧ’ⲓⲥ·
8 ⲥⲧⲉⲫⲁⲛⲟⲥ ⲇⲉ ⲉϥϫⲏⲕ ⲉ ⲃⲟⲗ ⲛ̄ ⲭⲁ
ⲣⲓⲥ ϩⲓ ϭⲟⲙ ⲛⲉϥⲉⲓⲣⲉ ⲛ̄ ϩⲉⲛⲛⲟϭ
ⲛ̄ ⲙⲁⲉⲓⲛ ⲁⲩⲱ ϩⲉⲛϣⲡⲏⲣⲉ ϩⲣⲁⲓ̈
ϩⲙ̄ ⲡⲗⲁⲟⲥ ⲉ ⲃⲟⲗ ϩⲓⲧⲛ̄ ⲡⲣⲁⲛ ⲙ̄ ⲡϫⲟ
9 ⲉⲓⲥ ⲓ̄ⲥ̄ ⲡⲉⲭ̄ⲥ̄³· ⲁⲩⲧⲱⲟⲩⲛⲟⲩ ⲇⲉ ⲛ̄
ϭⲓ ϩⲟⲉⲓⲛⲉ ⲉ ⲃⲟⲗ ϩⲛ̄ ⲧⲥⲩⲛⲁⲅⲱⲅⲏ
ⲛⲉⲧ ⲟⲩⲙⲟⲩⲧⲉ ⲉ ⲣⲟⲟⲩ ϫⲉ ⲛ̄ⲗⲓⲃⲉⲣ
ⲧ’ⲓⲛⲟⲥ⁴ ⲁⲩⲱ ⲛⲏⲧⲣⲏⲛⲁⲓⲟⲥ ⲛⲙ̄ ⲛⲁ
ⲗⲉⲝⲁⲛⲇⲣⲉⲧⲥ ⲁⲩⲱ ⲛⲉ ⲃⲟⲗ ϩⲛ̄ ⲧϭⲓ
ⲗⲓϭⲓⲁ⁵ ⲛⲙ̄ ⲧⲁⲥⲓⲁ ⲉⲩϯ ⲧⲱⲛ ⲟⲩⲃⲉ⁶
10 ⲥⲧⲉⲫⲁⲛⲟⲥ· ⲁⲩⲱ ⲙ̄ⲡ ⲟⲩⲉϣϭⲙ̄
ϭⲟⲙ ⲉ ϯ ⲟⲩⲃⲉ ⲧ’ⲥⲟⲫⲓⲁ ⲙ̄ ⲡⲉⲡⲛ̄ⲁ̄
11 ⲉ ⲡⲉϥϣⲁϫⲉ ⲛ̄ ϩⲏⲧϥ̄· ⲧⲟⲧⲉ ⲁⲩⲛⲟⲩ
ϫⲉ ⲉ ϩⲟⲩⲛ ⲛ̄ ϩⲉⲛⲣⲱⲙⲉ ⲉⲩϫⲱ ⲙ̄
ⲙⲟⲥ ϫⲉ ⲁⲛⲥⲱⲧⲙ̄ ⲉ ⲣⲟϥ ⲉϥϫⲱ ⲙ̄ⲙ
ⲟⲥ ⲛ̄ϣⲁϫⲉ ⲛⲟⲩⲁ⁷ ⲉ ϩⲟⲩⲛ ⲉ ⲙⲱⲩⲥⲏⲥ
12 ⲛⲙ̄ ⲡⲛⲟⲩⲧⲉ· ⲁⲩⲕⲓⲙ⁸ ⲇⲉ ⲉ ⲡⲗⲁⲟⲥ

---

¹ ηὔξανε.   ² ὁ ἀριθμὸς τῶν μαθητῶν.

³ The received Greek text has no equivalent for ⲉⲃⲟⲗ ϩⲓⲧⲛ̄ ⲡⲣⲁⲛ ⲙ̄ ⲡϫⲟⲉⲓⲥ; but the readings διὰ τοῦ ὀνόματος [τοῦ] κυρίου ['Ιησοῦ Χριστοῦ] and ἐν τῷ ὀνόματι [τοῦ κυρίου] 'Ιησοῦ Χριστοῦ are given by Prof. Souter.

⁴ ἐκ τῆς συναγωγῆς τῆς λεγομένης Λιβερτίνων.

⁵ ἀπὸ Κιλικίας, Η ⲧⲕⲉⲗⲧⲕⲓⲁ.   ⁶ συζητοῦντες.

⁷ ῥήματα βλάσφημα.   ⁸ συνεκίνησαν.

ⲛⲙ̅ ⲛ ⲡⲣⲉⲥⲃⲩⲧⲉⲣⲟⲥ ⲛⲙ̅ ⲛⲉⲅⲣⲁⲙ
ⲙⲁⲧⲉⲩⲥ ⲁⲩⲉⲓ ⲉ ϩⲣⲁⲓ ⲉ ϫⲱϥ ⲁⲩⲱ ⲁⲩ
ⲥⲟⲡϥ̅ ⲁⲩϫⲓⲧϥ̅ ⲉ ϩⲟⲩⲛ ⲉ ⲡⲥⲩⲛϩⲉ

13 ⲇⲣⲓⲟⲛ¹· ⲁⲩⲱ ⲁⲩⲧⲁϩⲟ ⲉ ⲣⲁⲧⲟⲩ ⲛ̅ ϩⲉⲛ
ⲙⲛ̅ⲧ'ⲣⲉ ⲛ̅ ⲛⲟⲩϫ ⲉⲩϫⲱ ⲙ̅ⲙⲟⲥ ϫⲉ
ⲙ̅ ⲡⲉⲓ ⲣⲱⲙⲉ ⲗⲟ ⲁⲛ ⲉϥϫⲱ ⲛ̅ ϩⲉⲛ
ϣⲁϫⲉ ⲉ ϩⲟⲩⲛ ⲉ ⲡⲉⲓ ⲙⲁ ⲉⲧ ⲟⲩⲁⲁⲃ

14 ⲛⲙ̅ ⲡⲛⲟⲙⲟⲥ· ⲁⲛⲥⲱⲧⲙ̅ ⲅⲁⲣ ⲉ ⲣⲟϥ
ⲉϥϫⲱ ⲙ̅ⲙⲟⲥ ϫⲉ ⲓⲥ̅ ⲡⲛⲁⲍⲱⲣⲁⲓⲟⲥ
ⲡⲁⲓ ⲡⲉⲧ ⲛⲁⲃⲱⲗ ⲉ ⲃⲟⲗ ⲙ̅ ⲡⲁⲉⲓ ⲙⲁ
ⲁⲩⲱ ⲛϥ̅ϣⲓⲃⲉ ⲛ̅ⲛⲥⲱⲛⲧ' ⲉⲛⲧⲁ ⲙⲱ

Fol. 68 a
[ⲕⲁ]

15 ⲩⲥⲏⲥ ⲧ'ⲁⲁⲩ ⲉ ⲧ'ⲟⲧ' ⲧⲏⲩⲧⲛ̅· ⲁⲩⲉⲓⲱ
ⲣⲙ̅ ⲉ ϩⲟⲩⲛ ⲉ ϩⲣⲁⲓ² ⲛ̅ϭⲓ ⲟⲩⲟⲛ ⲛⲓⲙ
ⲉⲧ ϩⲙⲟⲟⲥ ϩⲙ̅ ⲡⲥⲩⲛϩⲉⲇⲣⲓⲟⲛ ⲁⲩ
ⲛⲁⲩ ⲉ ⲡⲉϥϩⲟ ⲛ̅ⲑⲉ ⲙ̅ ⲡϩⲟ ⲛ̅ ⲟⲩⲁⲅ

Chap.
VII. 1

ⲅⲉⲗⲟⲥ³· ⲡⲉϫⲁϥ ⲛⲁϥ ⲛ̅ϭⲓ ⲡⲁⲣⲭⲓⲉ
ⲣⲉⲩⲥ ϫⲉ ⲛⲁⲓ ⲥⲙⲟⲛⲧ ⲁⲛ ⲛ̅ ⲧⲁⲓ ϩⲉ⁴·

2 ⲛ̅ⲧⲟϥ ⲇⲉ ⲁϥⲟⲩⲱϣⲃ̅ ⲡⲉϫⲁϥ⁵ ϫⲉ ⲛ
ⲣⲱⲙⲉ ⲛⲁ ⲥⲛⲏⲩ ⲁⲩⲱ ⲛⲁ ⲉⲓⲟⲧⲉ ⲥⲱ
ⲧⲙ̅ ⲉ ⲣⲟⲓ· ⲡⲛⲟⲩⲧⲉ ⲛ̅ ⲛⲉⲛⲉⲓⲟⲧⲉ
ⲁϥⲟⲩⲱⲛϩ̅ ⲉ ⲃⲟⲗ ⲙ̅ ⲡⲉⲛⲉⲓⲱⲧ ⲁ
ⲃⲣⲁϩⲁⲙ⁶ ⲉϥϣⲟⲟⲡ ϩⲛ̅ ⲧⲙⲉⲥⲟⲡⲟ
ⲧⲁⲙⲓⲁ ⲉⲙⲡⲁⲧ ⲉϥⲟⲩⲱϩ ϩⲛ̅ ⲭⲁⲣ

3 ⲣⲁⲛ ⲡⲉϫⲁϥ ⲛⲁϥ ϫⲉ ⲁⲙⲟⲩ ⲉ ⲃⲟⲗ
ϩⲙ̅ ⲡⲉⲕⲕⲁϩ ⲛⲙ̅ ⲧⲉⲕⲥⲩⲅⲅⲉⲛⲓⲁ⁷
ⲛ̅ⲅ̅ ⲉⲓ ⲉ ϩⲣⲁⲓ ⲉ ⲡⲕⲁϩ ⲉ ϯⲛⲁⲧⲥⲁⲃⲟ(?)ϥ

---

¹ τὸ συνέδριον.   ² Η ⲉϩⲣⲁϥ, εἰς αὐτὸν.

³ H adds ⲛ̅ⲧⲉ ⲡⲛⲟⲩⲧⲉ.

⁴ H ϫⲉ ⲛⲁⲓ ⲥⲙⲟⲛⲧ ⲛ̅ⲧⲉⲓϩⲉ.

⁵ 'He answered and said', ὁ δὲ ἔφη. H ⲁϥⲟⲩⲱϣⲃ̅ ⲉϥϫⲱ ⲙ̅ⲙⲟⲥ.

⁶ 'The God of our fathers appeared to our father Abraham.' H ⲡⲛⲟⲩⲧⲉ ⲙ̅ⲡⲉⲟⲟⲩ, like the Greek ὁ Θεὸς τῆς δόξης.

⁷ ἐκ τῆς συγγενείας σου, H ⲧⲉⲕⲥⲩⲅⲅⲉⲛⲓⲁ.

ACTS VII. 4–9

4 ⲉ ⲣⲟⲕ¹· ⲧⲟⲧⲉ ⲁϥⲉⲓ ⲉ ⲃⲟⲗ ϩⲙ̄ ⲡⲕⲁϩ
ⲛ̄ ⲛⲉⲭⲁⲗⲇⲁⲓⲟⲥ ⲁϥⲟⲩⲱϩ ϩⲛ̄ ⲭⲁⲣ
ⲣⲁⲛ ⲉ ⲃⲟⲗ ⲇⲉ ϩⲙ̄ ⲡⲙⲁ ⲉⲧ ⲙ̄ⲙⲁⲩ
ⲙ̄ⲛ̄ⲥⲁ ⲧ'ⲣⲉ ⲡⲉϥⲉⲓⲱⲧ' ⲙⲟⲩ ⲁϥ
ⲡⲟⲟⲛⲉϥ² ⲉ ϩⲣⲁⲓ ⲉ ⲡⲉⲓ ⲕⲁϩ ⲡⲁⲓ
ⲛ̄ⲧⲱⲧⲛ̄ ⲧⲉⲛⲟⲩ ⲉⲧⲉⲧⲛ̄ⲟⲩⲏϩ

5 ⲛ̄ ϩⲏⲧϥ̄· ⲁⲩⲱ ⲙ̄ⲡ ϥ̄ϯ ⲕⲗⲏⲣⲟⲛⲟ
ⲙⲓⲁ ⲛⲁϥ ⲛ̄ ϩⲏⲧϥ̄ ⲟⲩⲇⲉ ⲟⲩⲧⲁϭⲥⲉ
ⲛ̄ ⲟⲩⲉⲣⲏⲧⲉ ⲁⲗⲗⲁ ⲉϥⲉⲣⲏⲧⲉ ⲧⲁ
ⲁϥ ⲛⲁϥ ⲉⲧⲁⲙⲁϩⲧⲉ ⲛ̄ⲙ̄ⲙ ⲡⲉϥⲥⲡⲉⲣ
ⲙⲁ ⲙ̄ⲛ̄ⲥⲱϥ ⲛⲉⲙ ⲡ̄ ⲧϥ̄ϣⲏⲣⲉ

6 ⲙ̄ⲙⲁⲩ· ⲁ ⲡⲛⲟⲩⲧⲉ ϣⲁϫⲉ ⲛⲁⲙ̄
> ⲙⲁϥ' ⲛ̄ ⲧⲉⲓ ϩⲉ ϫⲉ ⲡⲉⲕⲥⲡⲉⲣⲙⲁ
> ⲛⲁⲣ̄ ⲣⲙ̄ ⲛ̄ ϭⲟⲉⲓⲗⲉ³ ϩⲛ̄ ⲟⲩⲕⲁϩ ⲙ̄
> ⲡⲱϥ⁴ ⲁⲛ ⲡⲉ ⲁⲩⲱ ⲥⲉⲛⲁⲁⲁⲩ ⲛ̄ϩⲙ̄
> ϩⲁⲗ⁵ ⲛ̄ⲥⲉⲙⲟⲕϩⲟⲩ ⲛ̄ ϥ̄ⲧⲟⲩ ϣⲉ ⲛ̄

7 > ⲣⲟⲙⲡⲉ· ⲡϩⲉⲑⲛⲟⲥ ⲇⲉ ⲉⲧ ⲟⲩⲛⲁ
> ⲣ̄ ϩⲙ̄ϩⲁⲗ⁶ ⲛ ⲛ[ⲁϥ ϯ]ⲛⲁⲕⲣⲓⲛⲉ ⲁⲛⲟⲕ
> ⲙ̄ⲙⲟϥ ⲡⲉϫⲁϥ ⲛ̄ϭⲓ ⲡⲛⲟⲩⲧⲉ
> ⲁⲩⲱ ⲙ̄ⲛ̄ⲥⲁ ⲡⲁⲓ ⲥⲉⲛⲏⲧ ⲉ ⲃⲟⲗ
> ⲛ̄ⲥⲉϣⲙ̄ϣⲉ ⲛⲁⲓ ϩⲙ̄ ⲡⲉⲓ ⲙⲁ·

8 ⲁⲩⲱ ⲁϥϯ ⲛⲁϥ ⲛ̄ ⲟⲩⲇⲓⲁⲑⲏⲕⲏ
ⲛ̄ ⲥⲃ̄ⲃⲉ⁷ ⲁⲩⲱ ⲧⲁⲓ ⲧⲉ ⲑⲉ ⲛⲧ ⲁϥϫⲡⲉ
ⲓ̈ⲥⲁⲕ⁸ ⲁⲩⲱ ⲁⲩⲱ (sic) ⲁϥⲥⲃ̄ⲃⲏⲧϥ̄ ϩⲙ̄ ⲡ
ⲙⲁ⁹ ϣⲙⲟⲩⲛ ⲛ̄ϩⲟⲟⲩ ⲓ̈ⲥⲁⲕ ⲇⲉ ⲛ ⲓ̈ⲁ
ⲕⲱⲃ ⲓ̈ⲁⲕⲱⲃ ⲇⲉ ⲙ̄ ⲡⲙⲛ̄ⲧⲥ̄ⲛⲟⲟⲩⲥ

9 ⲙ̄ ⲡⲁⲧ'ⲣⲓⲁⲣⲭⲏⲥ· ⲁⲩⲕⲱϩ¹⁰ ⲉ ⲓ̈[ⲱ]ⲥⲏⲫ¹¹

Fol. 68 b
[ⲕⲏ̄]

---

[1] H ⲉϥⲛⲁⲧⲥⲁⲃⲟⲕ ⲉⲣⲟϥ.
[2] μετῴκισεν.
[3] πάροικον.
[4] 'In a land which is not his', ἐν γῇ ἀλλοτρίᾳ.
[5] καὶ δουλώσουσιν.
[6] δουλεύσουσι.
[7] διαθήκην περιτομῆς.
[8] Ἰσαάκ, H ⲓⲥⲁⲁⲕ.
[9] H ⲡⲙⲉϩ ϣⲙⲟⲩⲛ.
[10] H ⲁⲩⲱ ⲙ̄ⲡⲁⲧⲣⲓⲁⲣⲭⲏⲥ, like the Greek.
[11] Ἰωσήφ.

x

ⲁⲩⲧⲁⲁϥ ⲉ ⲃⲟⲗ ⲉ ϩⲣⲁⲓ̈ ⲉ ⲕⲏⲙⲉ ⲡⲉ
ⲣⲉ ⲡⲛⲟⲩⲧⲉ ⲇⲉ ϣⲟⲟⲡ' ⲛⲙ̄ⲙⲁϥ

10 ⲡⲉ· ⲁⲩⲱ ⲁϥⲛⲁϩⲙⲉϥ ⲉ ⲃⲟⲗ ϩⲛ̄ ⲛⲉϥ
ⲑⲗⲩⲯⲓⲥ ⲧⲏⲣⲟⲩ ⲁⲩϯ ⲛⲁϥ ⲛ̄ ⲟⲩⲭⲁⲣⲓⲥ
ⲛⲙ̄ ⲟⲩⲥⲟⲫⲓⲁ ⲙ̄ⲡⲉ ⲙⲧⲟ ⲉ ⲃⲟⲗ ⲙ̄
ⲫⲁⲣⲁⲱ ⲡⲣ̄ⲣⲟ ⲛ̄ ⲕⲏⲙⲉ ⲁⲩⲧⲁϩⲟϥ ⲉ
ⲣⲁⲧϥ̄ ⲛ̄ ⲛⲟϭ ⲉ ϩⲣⲁⲓ̈ ⲉϫⲛ̄ ⲕⲏⲙⲉ ⲁⲩ

11 ⲱ ⲉϫⲛ̄ ⲡⲉϥⲏⲉⲓ ⲧⲏⲣϥ̄· ⲁⲩⲣⲉⲃⲱⲱⲛ
ⲇⲉ ⲉⲓ ⲉ ϩⲣⲁⲓ̈ ⲉϫⲛ̄ ⲕⲏⲙⲉ ⲧⲏⲣϥ̄ ⲁⲩⲱ
ⲉϫⲛ̄ ⲭⲁⲛⲁⲁⲛ ⲛⲙ̄ ⲟⲩⲛⲟϭ ⲛ ⲑⲗⲓ
ⲯⲓⲥ ⲁⲩⲱ ⲛⲉⲛⲉⲓⲟⲧⲉ ⲛⲉⲩϭⲛ̄ ⲟⲉⲓⲕ¹

12 ⲁⲛ ⲡⲉ· ⲛ ⲧⲉⲣⲉ ϥⲥⲱⲧⲙ̄ ⲇⲉ ⲛ̄ϭⲓ ⲓ̈ⲁ
ⲕⲱⲃ ϫⲉ ⲟⲩⲛ ⲥⲟⲩⲟ ϩⲣⲁⲓ̈ ϩⲛ̄ ⲕⲏⲙⲉ
ⲁϥϫⲟⲟⲩ ⲛ̄ ⲛⲉⲛⲉⲓⲟⲧⲉ ⲛ̄ ϣⲟⲣⲡ'·

13 ⲙ̄ ⲡⲙⲉϩ ⲥⲉⲡ' ⲥⲛⲁⲩ ⲇⲉ ⲁ ⲓ̈ⲱⲥⲏⲫ
ⲟⲩⲟⲛϩϥ̄ ⲉ ⲃⲟⲗ ⲛ ⲛⲉϥⲥⲛⲏⲩ ⲁⲩⲱ
ⲁ ⲫⲁⲣⲁⲱ ⲥⲟⲩⲛ ⲡⲅⲉⲛⲟⲥ ⲛ̄ ⲓ̈ⲱⲥⲏⲫ·

14 ⲁϥϫⲟⲟⲩ ⲇⲉ ⲛ̄ϭⲓ ⲓ̈ⲱⲥⲏⲫ ⲁϥ ⲧ'ⲣⲉ ⲧⲙⲟⲩ
ⲧⲉ ⲉ ⲓ̈ⲁⲕⲱⲃ ⲡⲉϥⲉⲓⲱⲧ ⲁⲩⲱ ⲧⲉϥ
ⲥⲩⲅⲅⲉⲛⲓⲁ ⲧⲏⲣⲥ̄ ⲉⲩ ⲙⲉϩ ϣϥⲉ ⲧⲏ²

15 ⲙ̄ ⲯⲩⲭⲏ· ⲓ̈ⲁⲕⲱⲃ ⲇⲉ ⲁϥⲉⲓ ⲉ ϩⲣⲁⲓ̈ ⲉ ⲕⲏ
ⲙⲉ ⲁⲩⲱ ⲁϥⲙⲟⲩ ⲛ̄ⲧⲟϥ ⲙⲛ̄ ⲛⲉⲛⲉⲓ

16 ⲟⲧⲉ· ⲁⲩⲡⲟⲟⲛⲟⲩ ⲉ ϩⲣⲁⲓ̈ ⲉ ⲥⲩⲭⲉⲙ ⲁⲩ
ⲱ ⲁⲩⲕⲁⲁⲧ ϩⲙ̄ ⲡⲧⲁⲫⲟⲥ³ ⲛ̄ⲧⲁ ⲁⲃⲣⲁ
ϩⲁⲙ ϣⲟⲡϥ̄ ϩⲁ ⲧⲁⲥⲟⲩ⁴ ⲛ̄ ϩⲟⲙⲛⲧ'
ⲉ ⲃⲟⲗ ϩⲓⲧ'ⲛ̄ ⲛ̄ ϣⲏⲣⲉ ⲛ ⲛⲉⲙⲙⲱⲣ⁵

17 ϩⲛ̄ ⲥⲩⲭⲉⲙ· ⲛ ⲧⲉⲣ ⲉϥϩⲱⲛ ⲇⲉ ⲉ ϩⲟⲩⲛ
[ⲛ̄]ϭⲓ ⲡⲉⲩⲟⲉⲓϣ ⲙ̄ ⲡⲉⲣⲏⲧ' ⲡⲁⲓ̈ ⲉⲛ
ⲧⲁ ⲡⲛⲟⲩⲧⲉ ϩⲟⲙⲟⲗⲟⲅⲓ⁶ ⲙ̄ⲙⲟϥ
ⲛ̄ ⲛ ⲁⲃⲣⲁϩⲁⲙ ⲁ ⲡⲛⲟⲩⲧⲉ ⲁⲩϫⲁⲛⲉ

---

¹ χορτάσματα.   ² ἑβδομήκοντα πέντε.   ³ ἐν τῷ μνήματι.
⁴ H ϩⲁ ⲟⲩⲁⲥⲟⲩ ⲡⲣⲟⲙⲛ̄ⲧ, τιμῆς ἀργυρίου.
⁵ Ἐμμὸρ, H ⲡⲉⲙⲱⲣ.   ⁶ ὡμολόγησεν, H ϩⲟⲙⲟⲗⲟⲅⲉⲓ.

ⲙ̄ ⲡⲗⲁⲟⲥ ⲁⲩⲱ ⲁϥⲁϣⲁⲓ ϩⲛ̄ ⲕⲏⲙⲉ·
18 ϣⲁⲛⲧ ϥ̄ⲧⲱⲟⲩⲛ ⲛ̄ϭⲓ ⲕⲉ ⲣ̄ⲣⲟ ⲉ ϩⲣⲁⲓ
 ⲉϫⲛ̄ ⲕⲏⲙⲉ ⲉⲛϥ̄ⲥⲟⲟⲩⲛ ⲁⲛ ⲛ̄ ⲓ̈ⲱ
19 ⲥⲏⲫ· ⲡⲁⲓ̈ ⲁϥϫⲓ ϣⲟϫⲛⲉ[1] ⲉ ⲡⲉⲛⲅⲉ
 ⲛⲟⲥ[2] ⲉ ⲧ'ⲣⲉ ⲧⲛⲟⲩϫⲉ ⲉ ⲃⲟⲗ ⲛ̄ ⲛⲉⲩ
20 ϣⲏⲣⲉ[3] ⲉ ⲧⲙ̄ ⲧⲁⲛϩⲟⲟⲩ· ϩⲙ̄ ⲡⲉⲩ
 ⲟⲉⲓϣ ⲉⲧ ⲙ̄ⲙⲁⲩ ⲁⲩϫⲡⲉ ⲙⲱⲩⲥⲏⲥ
 ⲁⲩⲱ ⲛ̄ ⲉⲛⲉⲥⲱϥ ⲡⲉ ⲙ̄ ⲡⲛⲟⲩⲧⲉ[4]
 ⲁⲩⲥⲁⲛⲟⲩϣϥ̄ ⲛ̄ ϣⲟⲙⲛ̄ⲧ ⲛ̄ ⲛⲉ
21 ⲃⲟⲧ ⲙ̄ ⲡⲏⲓ ⲙ̄ ⲡⲉϥⲉⲓⲱⲧ'· ⲛ̄ ⲧⲉ
 ⲣ ⲟⲩⲛⲟϫϥ̄ ⲉ ⲃⲟⲗ ⲁⲥϥⲓⲧϥ̄ ⲛ̄ϭⲓ ⲧϣⲉ
 ⲉⲣⲉ ⲙ̄ ⲫⲁⲣⲁⲱ ⲁⲩⲱ ⲁⲥⲥⲁⲛⲟⲩϣϥ̄
22 ⲛⲁⲥ ⲉⲩϣⲏⲣⲉ· ⲁⲩⲱ ⲁⲩⲡⲁⲓⲇⲉⲩⲉ[5]
 ⲙ̄ ⲙⲱⲩⲥⲏⲥ ϩⲛ̄ ⲥⲟⲫⲓⲁ ⲛⲓⲙ ⲛ̄ ⲣⲙ̄ ⲛ̄
 ⲕⲏⲙⲉ ⲁⲩⲱ ⲛⲉϥⲟ ⲛ̄ ⲇⲩⲛⲁⲧⲟⲥ
 ϩⲛ̄ ⲛⲉϥϣⲁϫⲉ ⲛⲓⲙ ⲛⲉϥϩⲃⲏⲩⲉ·
23 ⲛ̄ ⲧⲉⲣⲉ ϩⲙⲉ ⲇⲉ ⲛ̄ⲣⲟⲙⲡⲉ ϫⲱⲕ
 ⲛⲁϥ ⲉ ⲃⲟⲗ[6] ⲁⲥⲁⲗⲉ ⲉ ϩⲣⲁⲓ̈ ⲉϫⲛ̄ ⲡⲉϥ
 ϩⲏⲧ' ⲉ ϭⲙ̄ ⲡϣⲓⲛⲉ ⲛ̄ ⲛⲉϥⲥⲛⲏⲩ
24 ⲛ̄ϣⲏⲣⲉ ⲙ̄ ⲡⲓⲏⲗ· ⲁⲩⲱ ⲁϥⲛⲁⲩ[7] ⲉⲩⲁ[8]
 ⲉⲧϫⲓ ⲙ̄ⲙⲟϥ ⲛ̄ ϭⲟⲛⲥ̄ ⲁϥⲛⲁϩⲙⲉϥ
 ⲁⲩⲱ ⲁϥⲉⲓⲣⲉ ⲙ̄ ⲡⲉⲕⲃⲁ ⲙ̄ ⲡⲉⲧ ⲟⲩ
 ⲙⲟⲩⲕϩ̄ ⲙ̄ⲙⲟϥ ⲁϥϩⲱⲧⲃ̄ ⲙ̄ ⲡⲣⲙ̄ ⲛ̄
25 ⲕⲏⲙⲉ· ⲛⲉϥⲙⲉⲉⲩⲉ ⲇⲉ ⲡⲉ ϫⲉ ⲥⲉ
 ⲛⲁⲉⲓⲙⲉ ⲛ̄ϭⲓ ⲛⲉϥⲥⲛⲏⲩ ϫⲉ ⲡⲛⲟⲩ
 ⲧⲉ ⲛⲁϯ ⲛⲁⲩ [ⲛ̄]ⲟⲩⲟⲩϫⲁⲓ̈ ⲉ ⲃⲟⲗ

---

[1] κατασοφισάμενος.

[2] After ⲅⲉⲛⲟⲥ some words, the equivalents of ἐκάκωσε τοὺς πατέρας ἡμῶν, have dropped out of the text. Ⲏ ⲉⲙⲟⲩⲕϩ̄ ⲛ̄ⲡⲉⲡⲉⲓⲟⲧⲉ.

[3] ποιεῖν ἔκθετα τὰ βρέφη.

[4] ἀστεῖος τῷ Θεῷ.   [5] ἐπαιδεύθη.

[6] 'When forty years had ended to him'; χρόνος is not translated.   [7] Ⲏ ⲛ̄ⲧⲉⲣⲉϥⲛⲁⲩ.   [8] For ⲉⲟⲩⲁ.

ϩⲓⲧⲛ̄ ⲧⲉϥϭ[ⲓⲝ] [ⲛ̄]ⲧⲟⲟⲩ ⲇⲉ ⲙ̄ⲡ ⲟⲩ

26 ⲉⲓⲙⲉ· ⲙ̄ ⲡⲉϥ[ⲣⲁ]ⲥⲧⲉ¹ ⲟⲛ ⲁϥⲟⲩⲱ
ⲛϩ̄ ⲛⲁⲩ ⲉ ⲃⲟⲗ ⲉϥⲙⲓϣⲉ ⲛⲙ̄ ⲛⲉⲧ
ⲉⲣⲏⲩ² ⲁⲩⲱ ⲁϥϭⲟⲧ'ⲡⲟⲩ³ ⲉⲩⲉⲓⲣⲏⲛⲏ
ⲉϥϫⲱ ⲙ̄ⲙⲟⲥ ϫⲉ ⲛ̄ ⲣⲱⲙⲉ ⲛⲧⲉⲧⲛ̄
ϩⲉⲛⲥⲛⲏⲩ ⲉ ⲧⲃⲉ ⲟⲩ ⲧⲉⲧⲛ̄ϫⲓ ⲙ̄ ⲡⲉ

27 ⲧⲡⲉⲣⲏⲩ ⲛ̄ϭⲟⲛⲥ̄· ⲡⲉⲧ ϫⲓ ⲇⲉ ⲙ̄ ⲡⲉⲩ
ϩⲓⲧⲟⲩⲱϥ ⲛ̄ϭⲟⲛⲥ̄ ⲁϥⲧⲟⲥϭ ⲛⲉϥ ⲉϥ
ϫⲱ ⲙ̄ⲙⲟⲥ ϫⲉ ⲛⲓⲙ ⲡⲉ ⲛⲧ ⲁϥⲕⲁ
ⲑⲓⲥⲧⲁ ⲙ̄ⲙⲟⲕ ⲛ̄ ⲁⲣⲭⲱⲛ⁴ ⲁⲩⲱ

28 ⲛ̄ ⲣⲉϥϯϩⲁⲡ ⲉ ϫⲱⲛ· ⲙⲏ ⲉⲕⲟⲩⲱϣ
ⲛ̄ⲧⲟⲕ ⲉ ϩⲟⲧⲃⲉⲧ ⲛ̄ⲑⲉ ⲛⲧⲁⲕϩⲱ

29 ⲧⲃ̄ ⲙ̄ ⲡⲣⲙ̄ ⲛ ⲕⲏⲙⲉ ⲛ̄ⲥⲁϥ· ⲙⲱⲩⲥⲏⲥ
ⲇⲉ ⲁϥⲡⲱⲧ ⲉ ϩⲣⲁⲓ̈ ϩⲙ̄ ⲡⲉⲓ̈ ϣⲁϫⲉ ⲁⲩ (sic)
ⲁⲩⲱ ⲁϥⲣ̄ ⲣⲙ̄ ⲛ̄ ϭⲟⲉⲓⲗⲉ ϩⲙ̄ ⲡⲕⲁϩ ⲙ̄
ⲙⲁⲇⲓϩⲁⲙ⁵ ⲁϥϫⲡⲉ ϣⲏⲣⲉ ⲥⲛⲁⲩ ϩⲙ̄

30 ⲡⲙⲁ ⲉⲧ ⲙ̄ⲙⲁⲩ· ⲁⲩⲱ ⲛ ⲧⲉⲣⲉ ϩⲙⲉ
ⲛ̄ⲣⲟⲙⲡⲉ ϫⲱⲕ ⲉ ⲃⲟⲗ ⲁϥⲟⲩⲱⲛϩ̄
ⲛⲁϥ ⲉ ⲃⲟⲗ ϩⲛ̄ ⲧⲉⲣⲏⲙⲟⲥ ϩⲙ̄ ⲡⲧⲟ
ⲟⲩ ⲛ̄ ⲥⲓⲛⲁ ⲛ̄ϭⲓ ⲟⲩⲁⲅⲅⲉⲗⲟⲥ ϩⲛ̄ ⲟⲩ
ϣⲁϩ ⲛ̄ ⲕⲱϩⲧ' ⲉ ⲃⲟⲗ ϩⲙ̄ ⲡⲃⲁⲧⲟⲥ·

31 ⲙⲱⲩⲥⲏⲥ ⲇⲉ ⲛ ⲧⲉⲣⲉ ϥⲛⲁⲩ ⲁϥⲣ̄ϣⲡⲏ
ⲣⲉ ⲙ̄ ⲡϩⲟⲣⲟⲙⲁ⁶ ⲉϥⲛⲁϯ ⲡⲉϥⲟⲩⲟⲓ
ⲇⲉ ⲉ ϩⲟⲩⲛ ⲉ ⲛⲁⲩ ⲁ ⲧⲉⲥⲙⲏ ⲙ̄ ⲡϫⲟ

32 ⲉⲓⲥ ϣⲱⲡⲉ⁷ ⲇⲉ ⲁⲛⲟⲕ ⲡⲉ ⲡⲛⲟⲩⲧⲉ
ⲛ̄ ⲛⲉⲕⲉⲓⲟⲧⲉ ⲡⲛⲟⲩⲧⲉ ⲛ ⲛ ⲁⲃⲣⲁ

---

¹ 'On the morrow', τῇ τε ἐπιούσῃ ἡμέρᾳ.

² ὤφθη αὐτοῖς μαχομένοις.

³ 'He would have quieted them to peace', συνήλλασσεν αὐτοὺς εἰς εἰρήνην. See Prof. Souter's readings to v. 26.

⁴ κατέστησεν ἄρχοντα.   ⁵ Μαδιάμ.

⁶ τὸ ὅραμα, Ⲏ ⲡ̄ϩⲟⲣⲟⲙⲁ.

⁷ An exact rendering of ἐγένετο φωνὴ Κυρίου. Ⲏ ⲁ ⲧⲉⲥⲙⲏ ⲙ̄ⲡϫⲟⲉⲓⲥ ⲉⲓ ϣⲁⲣⲟϥ.

ACTS VII. 32-38

ϩⲁⲙ ⲡⲛⲟⲩⲧⲉ ⲛ ⲓ̈ⲥⲁⲁⲕ ⲡⲛⲟⲩⲧⲉ
ⲛ̄ ⲓ̈ⲁⲕⲱⲃ ⲙⲱⲩⲥⲏⲥ ⲇⲉ ⲛ ⲧⲉⲣⲉ ϥ
ϣⲱⲡⲉ ϩⲛ̄ ⲟⲩⲥⲧⲱⲧ' ⲙ̄ⲡ ϥⲧⲟⲗ¹

33 ⲙⲁ ⲉ ϭⲱϣⲧ'· ⲡⲉϫⲉ ⲡϫⲟⲉⲓⲥ ⲇⲉ
ⲛⲁϥ ⲃⲱⲗ ⲉ ⲃⲟⲗ ⲙ̄ ⲡⲧⲟⲟⲩ ⲉⲧ ⲛ̄
ⲣⲁⲧⲕ̄ ⲡⲙⲁ ⲅⲁⲣ ⲉⲧ ⲕⲁϩⲉ ⲣⲁⲧⲕ̄ ⲛ̄ϩⲏ

34 ⲧϥ̄ ⲟⲩⲕⲁϩ ⲉϥⲟⲩⲁⲁⲃ ⲡⲉ· ϩⲛ̄ ⲟⲩⲛⲁⲩ
ⲁⲓ̈ⲛⲁⲩ² ⲉ ⲡⲉⲙⲕⲁϩ ⲙ̄ ⲡⲁⲗⲁⲟⲥ ⲉⲧ
ϩⲛ̄ ⲕⲏⲙⲉ ⲁⲩⲱ ⲁⲓ̈ⲥⲱⲧⲙ̄ ⲉ ⲡⲉⲩ
ⲁϣⲁϩⲟⲙ ⲁⲉⲓ³ ⲉ ⲡⲉⲥⲏⲧ ⲉ ⲛⲁϩⲙⲟⲩ
ⲧⲉⲛⲟⲩ ϭⲉ ⲁⲙⲟⲩ ⲧⲁϫⲟⲟⲩⲕ ⲉ ϩⲣⲁⲓ̈

35 ⲉ ⲕⲏⲙⲉ· ⲡⲁⲓ̈ ⲡⲉ▓▓ⲉ ⲙⲱⲩⲥⲏⲥ
ⲉⲛⲧ ⲁⲩⲁⲣⲛⲁ⁴ ⲙ̄ⲙ[ⲟ]ϥ ⲉⲩϫⲱ ⲙ̄ⲙⲟⲥ
ϫⲉ ⲛⲓⲙ ⲡⲉ ⲛⲧ ⲁϥ[ⲣⲣ]ⲱ ⲙ̄ⲙⲟⲕ ⲛ̄ ⲁⲣ
ⲭⲱⲛ⁵ ⲏ ⲛ̄ ⲣⲉϥϯϩ[ⲁ]ⲡ ⲉ ϫⲱⲛ ⲡⲁⲓ̈
ⲁ ⲡⲛⲟⲩⲧⲉ ϫⲟⲟⲩϥ ⲛ̄ ⲁⲣⲭⲱⲛ ⲁⲩⲱ
ⲛ̄ ⲣⲉϥⲥⲱⲧⲉ⁶ ⲛ̄ⲙ̄ ⲧϭⲓϫ ⲙ̄ ⲡⲁⲅⲅⲉⲗⲟⲥ
ⲛⲧ ⲁϥⲟⲩⲱⲛϩ̄ ⲉ ⲃⲟⲗ ϩⲙ̄ ⲡⲃⲁⲧⲟⲥ⁷·

36 ⲡⲁⲓ̈ ⲡⲉ ⲛⲧ ⲁϥⲛ̄ⲧⲟⲩ ⲉ ⲃⲟⲗ ⲉ ⲁϥⲉⲓⲣⲉ
ⲛ̄ ϩⲉⲛⲙⲁⲉⲓⲛ ⲙⲛ̄ ϩⲉⲛϣⲡⲏⲣⲉ ϩⲛ̄
ⲕⲏⲙⲉ ⲁⲩⲱ ϩⲛ̄ ⲧⲉⲣⲩⲑⲣⲁ ⲑⲁⲗⲁⲥⲥⲁ⁸

37 ⲁⲩ[ⲱ] ϩⲓ ⲡϫⲁⲉⲓⲉ⁹ ⲛ̄ ϩⲙⲉ ⲛ̄ ⲣⲟⲙⲡⲉ· ⲡⲁⲓ̈
ⲡⲉ ⲛⲧ ⲁϥϫⲟⲟⲥ ⲛ̄ ⲛ̄ϣⲏⲣⲉ ⲙ̄ ⲡⲓⲏⲗ
ϫⲉ ⲡⲛⲟⲩⲧⲉ ⲛⲁⲧⲟⲩⲛⲉⲥ ⲟⲩⲡⲣⲟ
ⲫⲏⲧⲏⲥ ⲛⲏⲧⲛ̄ ⲉ ⲃⲟⲗ ϩⲛ̄ ⲛⲉⲧⲛ̄

38 ⲥⲛⲏⲩ ⲛ ⲧⲁ ϩⲉ¹⁰· ⲡⲁⲓ̈ ⲡⲉ ⲛⲧ ⲁϥϣⲱⲡⲉ ϩⲛ̄
ⲧⲉⲕⲕⲗⲏⲥⲓⲁ ϩⲓ ⲧⲉⲣⲟⲥⲙⲟⲥ¹¹ ⲛ̄ⲙ̄ ⲡⲉⲧ

Fol. 70 a
[ⲕⲉ]

---

¹ οὐκ ἐτόλμα κατανοῆσαι.
² ἰδὼν εἶδον.
³ For ⲁⲓⲉⲓ.
⁴ ἠρνήσαντο.
⁵ 'Who is he that hath made thee king?' Ⲏ ⲡⲉⲛⲧⲁϥⲕⲁⲑⲓⲥⲧⲁ ⲙ̄ⲙⲟⲕ, ⲛ̄ ⲁⲣⲭⲱⲛ, which agrees with κατέστησεν ἄρχοντα.
⁶ καὶ λυτρωτὴν.
⁷ ἐν τῇ βάτῳ.
⁸ ἐρυθρᾷ θαλάσσῃ.
⁹ Ⲏ ⲁⲩⲱ ϩⲙ̄ ⲡϫⲁⲓⲉ.
¹⁰ ὡς ἐμέ.
¹¹ Sic. Read ⲧⲉⲣⲏⲙⲟⲥ, ἐν τῇ ἐρήμῳ.

ϣⲁϫⲉ ⲛⲙⲙⲁϥ¹ ϩⲙ̄ ⲡⲧⲟⲟⲩ ⲛ̄ ⲥⲓⲛⲁ
ⲁⲩⲱ ⲙⲛ̄ ⲛⲉⲛⲉⲓⲟⲧⲉ ⲡⲁⲓ̈ ⲛ̄ⲧ ⲁϥ[ϫⲓ]²
ⲛ̄ ϩⲉⲛϣⲁϫⲉ ⲉⲧⲟⲛϩ̄³ ⲉ ⲧⲁⲁⲩ ⲛⲏⲧⲛ̄·

39 ⲁⲩⲱ ⲙ̄ⲡ ⲟⲩⲟⲧⲱϣ ⲉ ⲥⲱⲧⲙ̄ ⲡ̄ⲥⲱϥ
ⲛ̄ϭⲓ ⲛⲉⲛⲉⲓⲟⲧⲉ ⲁⲗⲗⲁ ⲁⲩⲛⲁⲁϥ ⲛ̄
ⲥⲱⲟⲩ ⲁⲗⲗⲁ⁴ ⲁⲩⲕⲟⲧⲟⲩ ϩⲛ̄ ⲛⲉⲩϩⲏⲧ

40 ⲉⲕⲏⲙⲉ· ⲁⲩϫⲟⲟⲥ ⲛ̄ⲛ ⲁⲁⲣⲱⲛ ϫⲉ ⲧⲁ
ⲙⲓⲟ ⲛⲁⲛ ⲛ̄ ϩⲉⲛⲛⲟⲩⲧⲉ ⲛⲥⲉϫⲓ ⲙⲟ
ⲉⲓⲧ ϩⲏⲧⲛ̄ ⲙⲱⲩⲥⲏⲥ ⲅⲁⲣ ⲡⲁⲓ̈ ⲛⲧ ⲁϥ
ⲛ̄ⲧⲛ̄ ⲉ ⲃⲟⲗ ϩⲙ̄ ⲡⲕⲁϩ ⲛ̄ ⲕⲏⲙⲉ ⲛⲧⲛ̄
ⲥⲟⲟⲩⲛ ⲁⲛ ϫⲉ ⲛⲧⲁ ⲟⲩ ϣⲱⲡⲉ ⲙ̄ⲙⲟϥ·

41 ⲁⲩⲧⲁⲙⲓⲉ ⲡⲙⲁⲥⲉ⁵ ϩⲛ̄ ⲛⲉϩⲟⲟⲩ ⲉⲧ ⲙ̄
ⲙⲁⲩ ⲁⲩⲧⲁⲗⲉ ⲟⲩⲥⲓⲁ ⲉ ϩⲣⲁⲓ̈ ⲙ̄ ⲡⲓⲇⲱⲗⲟⲛ
ⲁⲩⲱ ⲁⲩⲉⲩⲫⲣⲁⲛⲉ⁶ ϩⲛ̄ ⲛⲉϩⲃⲏⲧⲉ ⲛ̄

42 ⲛⲉⲩϭⲓϫ· ⲁϥⲕⲧⲟⲟⲩ ⲇⲉ ⲛ̄ϭⲓ ⲡⲛⲟⲩⲧⲉ
ⲉ ⲧⲣⲉ ⲩϣⲙ̄ϣⲉ ⲛ̄ ⲧⲉⲥⲧⲣⲁⲧⲓⲁ ⲛ̄ ⲧⲡⲉ⁷:
⳥ ⲕⲁⲧⲁ ⲑⲉ ⲉⲧ ⲥⲏϩ ϩⲙ̄ ⲡϫⲱⲱⲙⲉ ⲛ̄
>ⲛⲉⲡⲣⲟⲫⲏⲧⲏⲥ⁸ ϫⲉ ⲙⲏ ⲁⲧⲉⲧⲛ̄ⲧⲁⲁϥ
>ⲛⲁⲓ̈ ⲉ ϩⲣⲁⲓ̈ ⲛ̄ ϩⲉⲛϣⲱⲧ· ⲛⲙ̄ ϩⲉⲛ
>ⲑⲩⲥⲓⲁ ⲛ̄ ϩⲙⲉ ⲛ ⲣⲟⲙⲡⲉ ϩⲓ ⲧⲉⲣⲏⲙⲟⲥ

43 >ⲡⲏⲓ̈ ⲙ̄ ⲡⲓⲛⲗ̄· ⲁⲩⲱ ⲁⲧⲉⲧⲛ̄ϫⲓ ⲛ ⲧⲉ
>ⲥⲕⲏⲛⲏ ⲙ̄ ⲙⲟⲗⲟⲕ ⲛⲙ̄ ⲡⲥⲓⲟⲩ ⲙ̄
>ⲡⲛⲟⲩⲧⲉ ϩⲣⲉⲫⲁⲛ⁹ ⲛⲉⲥⲙⲟⲧ¹⁰ ⲧⲏⲣⲟⲩ
>ⲛ̄ⲧⲁ ⲧⲉⲧⲛ̄ⲧⲁⲙⲓⲟⲟⲩ ⲉ ⲟⲩⲱϣⲧ ⲛⲁⲩ·

---

¹ 'With him that spake with him', μετὰ τοῦ ἀγγέλου τοῦ λαλοῦντος αὐτῷ.

² After ⲁϥ there is a small semicircular sign, like a part of the letter ⲟ, and after that the papyrus is blank.

³ λόγια ζῶντα.

⁴ ⲁⲗⲗⲁ appears to be superfluous.

⁵ καὶ ἐμοσχοποίησαν.

⁶ θυσίαν τῷ εἰδώλῳ, καὶ εὐφραίνοντο.

⁷ τῇ στρατιᾷ τοῦ οὐρανοῦ.   ⁸ Amos v. 25-27.

⁹ Ῥεφάν, H ρεφαⲛ.   ¹⁰ τοὺς τύπους.

ⲉⲛⲏⲩ ⲟⲧⲁ ϭⲉ ⲡⲁⲓ ⲡⲉ ⲛⲧⲁϥϣⲱⲡⲉ ⲛⲙ̄
ⲧⲉⲕⲕⲗⲏⲥⲓⲁ ϩⲓ ⲡϫⲁⲓⲉ ⲙⲛ̄ ⲡⲁⲅⲅⲉⲗⲟⲥ ⲡⲁⲓ
ⲛⲧⲁϥ ϣⲁϫⲉ ⲛⲙⲙⲁϥ ϩⲙ̄ ⲡⲧⲟⲟⲩ ⲥⲓⲛⲁ
ⲁⲩⲱ ⲙⲛ̄ ⲛⲉⲛⲉⲓⲟⲧⲉ ⲡⲁⲓ ⲛⲧⲁϥ..
ϫⲓ ⲛⲉⲛϣⲁϫⲉ ⲉⲩⲟⲛϩ̄ ⲉⲧⲁⲁⲩ ⲛⲏⲧⲛ̄
ⲁⲩⲱ ⲙ̄ⲡⲟⲩⲟⲩⲱϣ ⲉⲥⲱⲧⲙ̄ ⲛⲥⲱϥ
ⲛ̄ϭⲓ ⲛⲉⲛⲉⲓⲟⲧⲉ ⲁⲗⲗⲁ ⲁⲩⲕⲁⲁϥ ⲛ
ⲥⲱⲟⲩ ⲁⲗⲗⲁ ⲁⲩⲕⲟⲧⲟⲩ ⲉ ⲛⲉⲩϩⲏⲧ
ⲉⲕⲏⲙⲉ ⲁⲩϫⲟⲟⲥ ⲛ̄ ⲁⲁⲣⲱⲛ ϫⲉ ⲧⲁ
ⲙⲓⲟⲛ ⲁⲛ ⲛ̄ϩⲉⲛ ⲛⲟⲩⲧⲉ ⲛⲥⲉⲭⲓⲙⲟ
ⲉⲓ ⲧϩⲏ ⲧⲛ̄ ⲙⲱⲩⲥⲏⲥ ⲅⲁⲣ ⲡⲁⲓ ⲛⲧⲁ
ⲛ̄ⲧⲛ̄ ⲉⲕⲟⲗ ϩⲙ̄ ⲡⲕⲁϩ ⲛ̄ⲕⲏⲙⲉ ⲛ̄ⲧⲛ̄
ⲥⲟⲟⲩⲛ ⲁⲛ ϫⲉ ⲛⲧⲁ ⲟⲩ ϣⲱⲡⲉ ⲙ̄ⲙⲟϥ
ⲁⲩ ⲧⲁⲙⲓⲉ ⲧ ⲙⲁⲥⲉ ϩⲛ ⲛⲉϩⲟⲟⲩ ⲉⲧⲙ̄
ⲙⲁⲩ ⲁⲩ ⲧⲁⲗⲉ ⲟⲩⲥⲓⲁ ⲉϩⲣⲁⲓ ⲙ̄ⲡⲓⲇⲱⲗⲟⲛ
ⲁⲩⲱ ⲁⲩ ⲉⲩⲫⲣⲁⲛⲉ ϩⲛ̄ ⲛⲉϩⲃⲏⲩⲉ ⲛ̄
ⲛⲉⲩ ϭⲓϫ ⲁⲩⲕⲧⲟ ⲟⲩ ⲁⲉⲛϭⲓ ⲡ ⲛⲟⲩⲧⲉ
ⲉⲧⲣⲉⲩ ϣⲙ̄ϣⲉ ⲛ̄ ⲧⲉⲥⲧⲣⲁⲧⲓⲁ ⲛ̄ ⲧⲡⲉ
ⲕⲁⲧⲁ ⲑⲉ ⲉⲧⲥⲏϩ ⲙ̄ ⲡϫⲱⲱⲙⲉ ⲛ̄
ⲛⲉⲡⲣⲟⲫⲏⲧⲏⲥ ϫⲉ ⲙⲏ ⲁⲧⲉⲧⲛ̄ ⲧⲁⲗⲟ
ⲛⲁⲓ ⲉϩⲣⲁⲓ ⲛ̄ϩⲉⲛ ϣⲱⲱⲧ ⲛⲙ̄ ϩⲉⲛ
ⲑⲩⲥⲓⲁ ⲁ ⲧⲉⲙⲛⲧϫⲟⲩⲧ ⲛ̄ⲣⲟⲙⲡⲉ ϩⲙ̄
ⲡϫⲁⲓⲉ ⲡⲏⲓ ⲙ̄ⲡⲓ̄ⲏ̄ⲗ̄ ⲁⲩⲱ ⲁⲧⲉⲧⲛ̄ ϫⲓ ⲙ̄ⲡⲉ
ⲥⲕⲏⲛⲏ ⲙ̄ ⲙⲟⲗⲟⲭ ⲁⲩⲱ ⲙ̄ⲡⲥⲓⲟⲩ ⲙ̄
ⲡ ⲛⲟⲩⲧⲉ ⲣⲉⲫⲁⲛ ⲛⲉⲥⲙⲟⲧ ⲛⲧⲏⲣ
ⲛⲧⲁⲧⲉⲧⲛ̄ ⲧⲁⲙⲓⲟⲟⲩ ⲉ ⲟⲩⲱϣⲧ ⲛⲁⲩ
ⲁⲩⲱ ϯⲛⲁ ⲡⲉⲛⲉ ⲧⲏⲩⲧⲛ̄ ⲉⲃⲟⲗ ⲉⲡⲓⲥⲁ
ⲛ̄ⲧⲕⲁⲃⲩⲗⲱⲛ· ⲧⲉⲥⲕⲏⲛⲏ ⲙ̄ⲡⲙⲛ̄
ⲧⲣⲉ ⲛⲉⲥ ϣⲟⲟⲡ ⲙⲛ̄ ⲛⲉⲛⲉⲓⲟⲧⲉ
ϩⲓ ⲡϫⲁⲓⲉ ⲕⲁⲧⲁ ⲑⲉ ⲛⲧⲁ ⲟⲩ ⲉⲓⲥⲁ
ⲛⲉⲛϭⲓ ⲡⲉⲧ ϣⲁϫⲉ ⲙⲛ̄ ⲙⲱⲩⲥⲏⲥ
ⲉⲧⲁⲙⲓⲟⲥ ⲕⲁⲧⲁ ⲡ ⲧⲩⲡⲟⲥ ⲉⲛⲧⲁ
ⲛⲁⲩ ⲉⲣⲟϥ· ⲧⲁⲓ ⲉⲛⲧⲁ ⲛⲉⲛⲉⲓⲟⲧⲉ
ⲉⲁⲩ ⲉⲓ ⲙⲛ̄ ⲛ̄ⲥⲁ ⲓ̄ⲏ̄ⲥ̄ ϫⲓⲧⲥ̄ ⲉϩⲟⲩⲛ
ⲛⲙ̄ⲙⲓⲥ ϩⲙ̄ ⲡ ⲁⲙⲁϩⲧⲉ ⲛ̄ ⲛ̄ϩⲉⲑⲛⲟⲥ
ⲛⲁⲓ ⲛ̄ⲧⲁ ⲡ ⲛⲟⲩⲧⲉ ⲛⲟϫⲟⲩ ⲉⲃⲟⲗ
ϩⲁ ⲑⲏ ⲛ̄ ⲛⲉⲛⲉⲓⲟⲧⲉ ϣⲁϩⲣⲁⲓ ⲉ ⲛⲉ
ϩⲟⲟⲩ ⲛ̄ ⲇⲁⲩⲉⲓⲇ ⲡⲁⲓ ⲉⲛⲧⲁϥ ϭⲛ̄

ACTS VII. 43-51

ⲁⲩⲱ ϯⲛⲁⲡⲉⲛⲉ¹ ⲧⲏⲩⲧⲛ̄ ⲉ ⲃⲟⲗ ⲉ ⲡⲓⲥⲁ
ⲛ ⲧⲃⲁⲃⲩⲗⲱⲛ: ⲧⲉⲥⲕⲏⲛⲏ ⲙ̄ ⲡⲙⲛ̄

44 ⲧⲣⲉ ⲛⲉⲥϣⲟⲟⲡ ⲛⲙ̄ ⲛⲉⲛⲉⲓⲟⲧⲉ
ϩⲓ ⲡϫⲁⲉⲓⲉ² ⲕⲁⲧⲁ ⲑⲉ ⲛⲧ ⲁϥⲟⲩⲉϩⲥⲁ
ϩⲛⲉ ⲛ̄ϭⲓ ⲡⲉⲧ ϣⲁϫⲉ ⲛⲙ̄ ⲙⲱⲩⲥⲏⲥ
ⲉ ⲧⲁⲙⲓⲟⲥ ⲕⲁⲧⲁ ⲡⲧⲩⲡⲟⲥ ⲉⲛⲧ ⲁϥ

45 ⲛⲁⲩ ⲉ ⲣⲟϥ: ⲧⲁⲓ ⲉⲛⲧⲁ ⲛⲉⲛⲉⲓⲟⲧⲉ
ⲉ ⲁⲧⲉⲓ ⲙⲛ̄ⲛⲥⲁ ⲛ̄ ϣⲟⲣⲡ ϫⲓⲧⲥ̄ ⲉ ϩⲟⲩⲛ
ⲛⲙ̄ ⲓⲥ̄³ ϩⲙ̄ ⲡⲁⲙⲁϩⲧⲉ ⲛ ⲛ̄ϩⲉⲑⲛⲟⲥ
ⲛⲁⲓ ⲛⲧⲁ ⲡⲛⲟⲩⲧⲉ ⲛⲟϫⲟⲩ ⲉ ⲃⲟⲗ
ϩⲁⲑⲏ ⲛ̄ ⲛⲉⲛⲉⲓⲟⲧⲉ ϣⲁ ϩⲣⲁⲓ ⲉ ⲛⲉ

46 ϩⲟⲟⲩ ⲛ̄ ⲇⲁⲩⲉⲓⲇ· ⲡⲁⲓ ⲉⲛⲧ ⲁϥϩⲉ
ⲉⲩⲭⲁⲣⲓⲥ ⲙ̄ⲡⲉ ⲙⲧⲟ ⲉ ⲃⲟⲗ ⲙ̄ ⲡⲛⲟⲩ
ⲧⲉ ⲁⲧⲁ (sic) ⲁϥⲁⲓⲧ'ⲓ⁴ ⲉ ϭⲓⲛⲉ ⲛ ⲟⲩⲙⲁ ⲛ

47 ϣⲱⲡⲉ⁵ ⲙ̄ ⲡⲏⲓ̈ ⲛ̄ ⲓⲁⲕⲱⲃ⁶· ⲥⲟⲗⲟⲙⲱⲛ

48 ⲇⲉ ⲁϥⲕⲱⲧ ⲛⲁϥ ⲛ ⲟⲩⲏⲓ̈· ⲁⲗⲗⲁ ⲙ ⲉⲣⲉ
ⲡⲉⲧ ϫⲟⲥⲉ ⲟⲩⲱϩ ϩⲛ̄ ⲧⲁⲙⲓⲟ ⲛ ϭⲓϫ⁷
ⲕⲁⲧⲁ ⲑⲉ ⲉⲧ ⲉⲣⲉ ⲡⲉⲡⲣⲟⲫⲏⲧⲏⲥ

49 ϫⲱ ⲙ̄ⲙⲟⲥ ϫⲉ ⲧⲡⲉ ⲡⲉ ⲡⲁ ⲑⲣⲟⲛⲟⲥ
ⲡⲕⲁϩ ⲡⲉ ⲡϩⲩⲡⲟⲡⲟⲇⲓⲟⲛ ⲛ ⲛⲁ ⲟⲩⲉ
ⲣⲏⲧⲉ ⲁϣ ⲛ̄ ⲛⲏⲓ̈ ⲡⲉ ⲧⲉⲧⲛ̄ⲛⲁⲕⲟ
ⲧϥ ⲛⲁⲓ ⲡⲉϫⲉ ⲡϫⲟⲉⲓⲥ ⲛ ⲁϣ ⲡⲉ ⲡ[ⲙⲁ]

50 ⲛ ⲙ̄ⲧⲟⲛ⁸· ⲙⲏ ⲛ̄ⲧⲁ ϭⲓϫ ⲁⲛ ⲧⲉ ⲛⲧ ⲁϥ

51 ⲧⲁⲙⲓⲉ⁹ ⲛⲁⲓ ⲧⲏⲣⲟⲩ¹⁰· ⲛⲁϣⲧ¹¹ ⲙⲁⲕϩ̄

Fol. 70 b
[ⲕⲉ̄]

---

¹ Ⲏ ϯⲛⲁⲡⲉⲉⲛⲉ ⲧⲏⲩⲧⲛ̄, which represents the Greek μετοικιῶ ὑμᾶς.

² For ⲡϫⲁⲓⲉ.   ³ Ⲏ ⲓⲏⲥⲟⲩⲥ.

⁴ For ⲁⲩⲱ ⲁϥⲁⲓⲧⲓ, καὶ ᾐτήσατο.

⁵ 'Dwelling-place', σκήνωμα.

⁶ 'In the house of David', a reading which agrees with certain MSS.; see Souter, op. cit., v. 46; Sanday, Appendices, p. 134. Ⲏ ⲛⲟⲩⲙⲁ ⲛ̄ϣⲱⲡⲉ ⲙ̄ⲡⲛⲟⲩⲧⲉ ⲛⲓⲁⲕⲱⲃ.

⁷ ἐν χειροποιήτοις.   ⁸ τόπος τῆς καταπαύσεώς μου.

⁹ Ⲏ ⲧⲉⲛⲧⲁⲥⲧⲁⲙⲓⲉ.   ¹⁰ Isa. lxvi. 1, 2.   ¹¹ For ⲛ̄ⲛⲁϣⲧ.

ⲁⲩⲱ ⲛ ⲁⲧ ⲥⲃ̅ⲃⲉ¹ ϩⲙ̅ ⲡⲉⲧⲛ̅ϩⲏⲧ ⲛⲙ̅ ⲛⲉⲧ
ⲙⲁⲁϫⲉ ⲛ̅ⲧⲱⲧⲛ̅ ⲛ̅ ⲟⲩⲟⲉⲓϣ ⲛⲓⲙ
ⲧⲉⲧ'ⲛ̅ϯ ⲟⲩⲃⲉ ⲡⲉ ⲡⲛ̅ⲁ ⲉⲧ ⲟⲩⲁⲁⲃ
ⲛ̅ⲑⲉ ⲛ̅ ⲛⲉⲧⲛ̅ⲉⲓⲟⲧⲉ ⲧⲁⲓ̈ ϩⲱⲧ ⲧⲏ

52 ⲩⲧⲛ̅ ⲧⲉ ⲧⲉⲧⲛ̅ϩⲣⲉ · ⲛⲓⲙ ⲛ̅ ⲛⲉⲡⲣⲟ
ⲫⲏⲧⲏⲥ ⲡⲉⲧⲉ ⲙ̅ⲡⲉ ⲛⲉⲧⲛ̅ⲉⲓⲟⲧⲉ
ⲡⲱⲧ' ⲛ̅ⲥⲱⲟⲩ ⲛ̅ⲥⲉ ⲙⲟⲩⲧⲟⲩ ⲛⲁⲓ̈
ⲛ̅ⲧ ⲁⲩⲧⲁϣⲉⲟⲉⲓϣ ⲙ̅ ⲡⲇⲓⲕⲁⲓⲟⲥ
ϫⲉ ϥⲛⲏⲩ² ⲡⲁⲓ̈ ⲛ̅ⲧⲱⲧⲛ̅ ⲧⲉⲛⲟⲩ
ⲛ̅ⲧⲁ ⲧⲉⲧ'ⲛ̅ϣⲱⲡⲉ ⲛⲁϥ ⲙ̅ ⲡⲣⲟⲇⲟ

53 ⲧⲏⲥ ⲁⲩⲱ ⲛ̅ ⲣⲉϥϩⲱⲧ'ⲃ̅ · ⲛⲁⲓ̈ ⲉⲛⲧⲁ
ⲧⲉⲧⲛ̅ϫⲓ ⲙ̅ ⲡⲛⲟⲙⲟⲥ ⲉ ϩⲉⲛⲇⲓⲁ
ⲧⲁⲅⲏ ⲛ̅ ⲛⲁⲅⲅⲉⲗⲟⲥ (sic)³ ⲁⲩⲱ ⲙ̅ⲡⲉ ⲧⲛ̅

54 ϩⲁⲣⲉϩ ⲉ ⲣⲟϥ: ⲉⲩⲥⲱⲧⲙ̅ ⲇⲉ ⲛⲁⲓ̈
ⲁⲩϭⲱⲛⲧ ϩⲛ̅ ⲛⲉⲩϩⲏⲧ ⲁⲩⲱ ⲁⲩϩⲣⲟϫ

55 ⲣⲉⲝ ϩⲛ̅ ⲛⲉⲩⲟⲃϩⲉ ⲉ ϩⲟⲩⲛ ⲉ ⲣⲟϥ · ⲉϥ
ϫⲏⲕ ⲉ ⲃⲟⲗ ⲙ̅ ⲡⲛ̅ⲁ ⲉϥⲟⲩⲁⲁⲃ ⲁϥⲉⲓ
ⲱⲣⲙ̅ ⲉ ϩⲣⲁⲓ̈ ⲉ ⲧⲡⲉ ⲁϥⲛⲁⲩ ⲉ ⲡⲉⲟⲟⲩ
ⲙ̅ⲡⲛⲟⲩⲧⲉ ⲁⲩⲱ ⲓⲥ̅⁴ ⲉϥⲁϩⲉ ⲣⲁⲧϥ̅

56 ⲛ̅ⲥⲁ ⲟⲩⲛⲁⲙ ⲙ̅ ⲡⲛⲟⲩⲧⲉ. ⲡⲉϫⲁϥ
ϫⲉ ⲉⲓⲥ ϩⲏⲏⲧⲉ ϯⲛⲁⲩ ⲉⲙ̅ⲡⲏⲩⲉ⁵
ⲉⲧⲏⲛ⁶ ⲁⲩⲱ ⲡϣⲏⲣⲉ ⲙ̅ ⲡⲣⲱⲙⲉ⁷
ⲉϥⲁϩⲉ ⲣⲁⲧϥ̅ ⲛ̅ⲥⲁ ⲟⲩⲛⲁⲙ ⲙ̅ ⲡⲛⲟⲩ

57 ⲧⲉ · ⲡⲗⲁⲟⲥ ⲇⲉ ⲛ̅ ⲧⲉⲣ ⲟⲩⲥⲱⲧⲙ̅⁸ ⲉ

---

¹ ἀπερίτμητοι.

² τοὺς προκαταγγείλαντας περὶ τῆς ἐλεύσεως τοῦ δικαίου.

³ εἰς διαταγὰς ἀγγέλων.

⁴ As in the Greek; H 'Jesus, the Lord', ⲓⲥ̅ ⲡϫⲟⲉⲓⲥ.

⁵ H ⲉⲙ̅ⲡⲏⲩ.

⁶ H ⲉⲧⲟⲩⲏⲛ.

⁷ τὸν υἱὸν τοῦ ἀνθρώπου.

⁸ There is no equivalent in the Greek for 'when the people heard these things', ⲡⲗⲁⲟⲥ ⲛ̅ ⲧⲉⲣ ⲟⲩⲥⲱⲧⲙ̅ (H ⲛ̅ⲧⲉⲣⲉϥⲥⲱⲧⲙ̅) ⲉ ⲛⲁⲓ.

ACTS VII. 57—VIII. 1

ⲡⲁⲓ̈ ⲁⲩⲁϣⲕⲁⲕ ⲉ ⲃⲟⲗ[1] ⲁⲩϯ ⲧⲟⲧⲟⲩ[2]
ⲉⲣ ⲛ̄ ⲛⲉⲧⲙⲁⲁϫⲉ ⲁⲩϯ ⲧⲟⲟⲧⲟⲩ[3]

58 ϩⲓ ⲟⲩⲥⲟⲡ' ⲉ ϩⲣⲁⲓ̈ ⲉ ϫⲱϥ· ⲁⲩⲛⲟϫϥ̄
ⲉ ⲃⲟⲗ ⲛ̄ ⲧⲡⲟⲗⲓⲥ ⲁⲩϩⲓ ⲱⲛⲉ ⲉ ⲣⲟϥ
ⲁⲩⲱ ⲙ̄ ⲙⲛ̄ⲧⲣⲉ ⲁⲩⲕⲱ ⲉ ϩⲣⲁⲓ̈ ⲛ̄
ⲛⲉⲩϩⲟⲉⲓⲧⲉ ϩⲁ ⲣⲁⲧϥ̄ ⲛ̄ ⲟⲩϩⲣ̄ϣⲓ
ⲣⲉ ⲉ ϣⲁⲩⲙⲟⲩⲧⲉ ⲉ ⲣⲟϥ ϫⲉ ⲥⲁⲩ

59 ⲗⲟⲥ· ⲁⲩⲱ ⲁⲩϩⲓ ⲱⲛⲉ ⲉ ⲥⲧⲉⲫⲁⲛⲟⲥ
ⲉϥϫⲱ ⲙ̄ⲙⲟⲥ ϫⲉ ⲡϫⲟ

60 ⲉⲓⲥ ⲓⲥ̄[5] ϣⲉⲡ ⲡⲁ ⲡⲛ̄ⲁ̄ ⲉ ⲣⲟⲕ· ⲁϥⲕⲱ
ⲗⲝ̄ ⲇⲉ ⲛ̄ ⲛⲉϥⲡⲁⲧ' ⲁϥⲁϣⲕⲁⲕ ⲉ ⲃⲟⲗ
ϩⲛ̄ ⲟⲩⲛⲟϭ ⲛ̄ ⲥⲙⲏ ⲉϥⲉⲡⲓⲕⲁⲗⲓ
ⲉϥϫⲱ ⲙ̄ⲙⲟⲥ[6] ϫⲉ ⲡϫⲟⲉⲓⲥ ⲙ̄ⲡⲣ̄
ⲱⲡ[7] ⲉ ⲣⲟⲟⲩ ⲙ̄ ⲡⲉⲓ̈ ⲛⲟⲃⲉ· ⲛ̄ ⲧⲉ

Chap. ⲣⲉ ϥϫⲉ ⲡⲁⲓ̈ ⲁϥⲛ̄ⲕⲟⲧⲕ̄: ⲥⲁⲩⲗⲟⲥ
VIII. 1 ⲇⲉ ⲛⲉϥⲥⲩⲛⲉⲩⲇⲟⲕⲓ[8] ⲡⲉ ⲉ ⲡⲉϥ
ϩⲱⲧⲃ̄[9]: ⲁⲥϣⲱⲡⲉ ⲇⲉ ⲙ̄ ⲡⲉϩⲟⲟⲩ
ϭⲉⲧ ⲙ̄ⲙⲁⲩ ⲛ̄ϭⲓ ⲟⲩⲑⲗⲓⲯⲓⲥ[10] ⲙⲛ̄ ⲟⲩ
ⲛⲟϭ ⲛ̄ ⲇⲓⲱⲅⲙⲟⲥ ⲉ ϩⲣⲁⲓ̈ ⲉϫⲛ̄ ⲧⲉⲕ
ⲕⲗⲏⲥⲓⲁ[11] ⲛ̄ ⲑⲓⲉⲣⲟⲩⲥⲁⲗⲏⲙ ⲟⲩⲟⲛ

Fol. 71 a
[ⲣ̄ⲝ̄]

---

[1] Some words like ϩⲛ̄ ⲟⲩⲛⲟϭ ⲛ̄ ⲥⲙⲏ = φωνῇ μεγάλῃ have dropped out.

[2] For ⲧⲟⲟⲧⲟⲩ.   [3] A mistake for ⲁⲩϯ ⲡⲉⲧⲟⲩⲟⲓ.

[4] ἐπικαλούμενον.

[5] 'Lord Jesus', as in the Greek; H ⲡϫⲟⲉⲓⲥ.

[6] ⲉϥⲉⲡⲓⲕⲁⲗⲓ ⲉϥϫⲱ ⲙ̄ⲙⲟⲥ repeated inadvertently; they are omitted in H.

[7] 'Reckon not', μὴ στήσῃς.

[8] συνευδοκῶν, H ⲛⲉϥⲥⲩⲛⲉⲩⲇⲟⲕⲉ.

[9] The two dots : and the mark ⸗ suggest that the Coptic scribe thought the seventh chapter ended with ⲡⲉϥϩⲱⲧⲃ̄.

[10] A mistake for ⲛ̄ϭⲓ ⲟⲩⲛⲟϭ ⲛ̄ⲑⲗⲓⲯⲓⲥ; an equivalent of these words is omitted in the received Greek text, which has διωγμὸς μέγας.

[11] H ⲧⲉⲕⲕⲗⲏⲥⲓⲁ ⲉⲧϩⲛ̄.

ⲇⲉ ⲛⲓⲙ ⲁⲩϫⲱⲱⲣⲉ ⲉ ⲃⲟⲗ ⲉ ⲛⲉⲭⲱ
ⲣⲁ ⲛ ϯⲟⲩⲇⲁⲓⲁ ⲛⲙ̄ ⲧⲥⲁⲙⲁⲣⲓⲁ ϣⲁ
ⲧ ⲛ̄ ⲛⲁⲡⲟⲥⲧⲟⲗⲟⲥ ⲙⲁⲧⲁⲁⲧ ⲉ ⲁⲩ
2 ⲥⲱ¹ ϩⲛ̄ ⲑⲓⲉⲣⲟⲩⲥⲁⲗⲏⲙ² : ⲁⲩⲕⲱ
ⲱⲥ ⲇⲉ ⲛ̄ ⲥⲧⲉⲫⲁⲛⲟⲥ ⲛ̄ϭⲓ ϩⲉⲛⲣⲱ
ⲙⲉ ⲛ̄ⲣⲉϥϩ ϩⲟⲧⲉ³ ⲁⲩⲉⲓⲣⲉ ⲇⲉ ⲛ ⲟⲩ
3 ⲛⲟϭ ⲛ̄ ⲛⲉϩⲡⲉ ⲉ ϩⲣⲁⲓ̈ ⲉ ϫⲱϥ : ⲥⲁⲩ
ⲗⲟⲥ ⲇⲉ ⲛⲉϥϣⲱϥ ⲡⲉ ⲛ ⲧⲉⲕⲕⲗⲏ
ⲥⲓⲁ ⲉϥⲃⲏⲕ ⲉ ϩⲟⲩⲛ ⲉⲛⲏⲓ ⲉϥⲥⲱⲕ
ⲉ ⲃⲟⲗ ⲛ̄ ⲛⲣⲱⲙⲉ ⲛⲙ̄ ⲛⲉϩⲓⲟⲙⲉ
4 ⲉϥϯ ⲙ̄ⲙⲟⲟⲩ ⲉ ⲡⲉϣⲧⲉⲕⲟ : ⲛ̄ⲧⲟ
ⲟⲩ ϭⲉ ⲛ̄ ⲧⲉⲣ ⲟⲩϫⲱⲱⲣⲉ ⲉ ⲃⲟⲗ ⲁⲩ
ⲙⲟⲟϣⲉ ⲉⲩⲧⲁϣⲉⲟⲉⲓϣ ⲙ̄ ⲡϣⲁ
5 ϫⲉ ⲕⲁⲧⲁ ⲡⲟⲗⲓⲥ : ⲫⲓⲗⲓⲡⲡⲟⲥ ⲇⲉ
ⲁϥⲉⲓ ⲉ ϩⲣⲁⲓ̈ ⲉⲧⲡⲟⲗⲓⲥ ⲛ̄ ⲧⲥⲁ
ⲙⲁⲣⲓⲁ ⲉϥⲕⲏⲣⲩⲥⲥⲉ⁴ ⲛⲁⲩ ⲙ̄ ⲡⲉⲭ̄ⲥ̄ ·
6 ⲟⲩⲙⲏⲏϣⲉ ⲇⲉ ⲛⲉⲧϯ ⲛ̄ ϩⲧⲏⲩ ϩⲓ
ⲟⲩⲥⲟⲡ ⲉ ⲛⲉⲧ ⲉⲣⲉ ⲫⲓⲗⲓⲡⲡⲟⲥ
ϫⲱ ⲙ̄ⲙⲟⲟⲩ ϩⲙ̄ ⲡⲧⲣⲉ ⲩⲥⲱⲧⲙ̄
ⲉ ⲣⲟϥ ⲁⲩⲱ ⲛⲥⲉⲛⲁⲩ ⲉⲛⲙⲁⲉⲓⲛ
7 ⲉⲛⲉϥⲉⲓⲣⲉ ⲙ̄ⲙⲟⲟⲩ · ϩⲁϩ ⲅⲁⲣ ⲡⲉ
ⲧ ⲉⲣⲉ ⲛⲉⲡⲛ̄ⲁ̄ ⲛ̄ ⲛⲁⲕⲁⲑⲁⲣⲧⲟⲛ⁵
ϩⲓⲱⲟⲩ ⲁⲩⲱ ⲛⲉⲧⲟϣ ⲉ ⲃⲟⲗ ϩⲛ̄ ⲟⲩ
ⲛⲟϭ ⲛ̄ ⲥⲙⲏ ⲉⲧⲛⲏⲧ ⲉ ⲃⲟⲗ ⲛ̄ ϩⲏ
ⲧⲟⲩ ⲟⲩⲙⲏⲏϣⲉ ⲟⲛ ⲉⲧⲥⲏϭ ⲁⲩⲱ
8 ⲛ̄ϭⲁⲗⲉ ⲁϥⲧⲁⲗϭⲟⲟⲩ · ⲟⲩⲛⲟϭ ⲛ̄
ⲣⲁϣⲉ ⲁϥϣⲱⲡⲉ ϩⲛ̄ ⲧ'ⲡⲟⲗⲓⲥ ⲉⲧ ⲙ̄
9 ⲙⲁⲩ : ⲛⲉⲩⲛ ⲟⲩⲣⲱᵐᵉⲇⲉ ϩⲛ̄ ⲧⲡⲟⲗⲓⲥ
ⲉ ⲡⲉϥⲣⲁⲛ ⲡⲉ ⲥⲓⲙⲱⲛ ⲉⲧⲣⲉϥⲣ̄ ϩⲓⲕ

---

¹ Ⲏ ⲁⲩⲥⲱ.

² ⲉ ⲁⲩⲥⲱ ϩⲛ̄ ⲑⲓⲉⲣⲟⲩⲥⲁⲗⲏⲙ = οἳ ἔμειναν ἐν Ἱερουσαλήμ; see the reading quoted by Prof. Souter.

³ 'Fearers [of God]', εὐλαβεῖς.

⁴ ἐκήρυσσεν. ⁵ πνεύματα ἀκάθαρτα.

ACTS VIII. 9-15

ⲡⲉ¹ ⲁⲩⲱ ⲉϥⲡⲱϣⲥ̄ ⲙ̄ ⲡⲉϩⲉⲑⲛⲟⲥ
ⲛ̄ⲧⲉ ⲥⲁⲙⲁⲣⲓⲁ ⲉϥϫⲱ ⲙ̄ⲙⲟⲥ ⲉ ⲣⲟϥ

10 ϫⲉ ⲁⲛⲟⲕ ⲡⲉ²· ⲁⲩⲱ ⲛⲉⲩϯ ⲛ̄ϩⲧⲏⲧ
ⲉ ⲣⲟϥ ⲧⲏⲣⲟⲩ ϫⲓⲛ ⲡⲉⲧⲕⲟⲩⲓ̈ ϣⲁ ⲡⲉⲧ
ⲛⲟϭ ⲉⲩϫⲱ ⲙ̄ⲙⲟⲥ ϫⲉ ⲡⲁⲓ̈ ⲡⲉ ⲧⲛⲟϭ

11 ⲛ̄ ϭⲟⲙ ⲛ̄ⲧⲉ ⲡⲛⲟⲩⲧⲉ³· ⲛⲉⲩⲡⲣⲟ
ⲥⲉⲭⲉ⁴ ⲇⲉ ⲉ ⲣⲟϥ ⲡⲉ ⲉ ⲃⲟⲗ ϫⲉ ⲁϥⲣ̄ ⲟⲩ
ⲛⲟϭ ⲛ̄ ⲟⲩⲟⲉⲓϣ ⲉϥⲡⲱϣⲥ̄ ⲙ̄ⲙⲟⲟⲩ

12 ϩⲛ̄ ⲛ̄ ⲙⲛ̄ⲧⲙⲁⲅⲟⲥ⁵· ⲛ ⲧⲉⲣ ⲟⲩⲥⲱ
ⲧⲙ̄ ⲇⲉ ⲉ ⲫⲓⲗⲓⲡⲡⲟⲥ ⲉϥⲉⲧⲁⲅⲅⲉⲗⲓ
ⲍⲉ⁶ ⲛ ⲧⲙⲛ̄ⲧⲉⲣⲟ ⲙ̄ ⲡⲛⲟⲩⲧⲉ ⲁⲩⲱ
ⲙ̄ ⲡⲣⲁⲛ ⲛ̄ ⲓⲥ̄ ⲡⲉⲭⲥ̄ ⲁⲩϫⲓ ⲃⲁⲡⲧⲓⲥ
ⲙⲁ ⲛ̄ϭⲓ ⲛ̄ⲣⲱⲙⲉ ⲁⲩⲱ ⲛⲉϩⲓⲟⲙⲉ:

13 ⲥⲓⲙⲱⲛ ϩⲱⲱϥ ⲟⲛ ⲁϥⲡⲓⲥⲧⲉⲩⲉ⁷
ⲁⲩⲱ ⲛ̄ ⲧⲉⲣⲉ ϥϫⲓ ⲃⲁⲡⲧⲓⲥⲙⲁ ⲛⲉϥ
ⲡⲣⲟⲥⲕⲁⲣⲧⲉⲣⲓ⁸ ⲉ ⲫⲓⲗⲓⲡⲡⲟⲥ ⲉϥ
ⲛⲁⲩ ⲇⲉ ⲉ ϩⲉⲛⲛⲟϭ ⲙ̄ ⲙⲁⲉⲓⲛ ⲛⲙ̄
ϩⲉⲛⲛⲟϭ ⲛ̄ϭⲟⲙ ⲉϥⲉⲓⲣⲉ ⲙ̄ⲙⲟ

14 ⲟⲩ ⲁϥⲡⲱϣⲥ̄· ⲛ ⲧⲉⲣⲟⲩ ⲛⲁⲩ⁹ ⲇⲉ
ⲛ̄ϭⲓ ⲛⲁⲡⲟⲥⲧⲟⲗⲟⲥ ⲉⲧ ϩⲛ̄ ⲧϩⲓ
ⲉⲣⲟⲩⲥⲁⲗⲏⲙ ϫⲉ ⲁ ⲧⲥⲁⲙⲁⲣⲓⲁ
ϣⲱⲡ ⲉ ⲣⲟⲥ¹⁰ ⲙ̄ ⲡϣⲁϫⲉ ⲙ̄ ⲡⲛⲟⲩⲧⲉ
ⲁⲩϫⲟⲟⲩ ϣⲁ ⲣⲟⲟⲩ ⲙ̄ ⲡⲉⲧⲣⲟⲥ ⲛⲙ̄

15 ⲓ̈ⲱϩⲁⲛⲛⲏⲥ· ⲛⲁⲓ̈ ⲛ̄ ⲧⲉⲣ ⲟⲩⲃⲱⲕ ⲁⲩ

Fol. 72 a
[ⲕⲑ]

---

¹ 'A worker of magic', προϋπῆρχεν ... μαγεύων.

² 'Saying concerning himself, I am he', λέγων εἶναί τινα ἑαυτὸν μέγαν.

³ 'This is the great power of God'; the Coptic has no equivalent for ἡ καλουμένη.

⁴ προσεῖχον.   ⁵ ταῖς μαγείαις.

⁶ εὐαγγελιζομένῳ.

⁷ ἐπίστευσε.   ⁸ ἦν προσκαρτερῶν.

⁹ 'When they saw'; Η ⲛ̄ⲧⲉⲣⲟⲩⲥⲱⲧⲙ̄, which agrees with Ἀκούσαντες δέ.

¹⁰ Η ⲉⲣⲟⲥ, i.e. Samaria had received the word of God.

ϣⲗⲏⲗ ⲉ ϩⲣⲁⲓ ⲉ ϫⲱⲟⲧ ϫⲉ ⲕⲁⲥ ⲉⲧⲉ
16 ϫⲓ ⲡⲛ̄ⲁ̄ ⲉϥⲟⲩⲁⲁⲃ· ⲛⲉ ⲙⲡⲁⲧ ϥⲉⲓ¹ ⲅⲁⲣ
ⲉϫⲛ̄ ⲗⲁⲁⲩ ⲙ̄ⲙⲟⲟⲩ ⲁⲗⲗⲁ ⲛⲧ ⲁⲩϫⲓ
ⲃⲁⲡⲧⲓⲥⲙⲁ ⲛ̄ ϣⲟⲣⲡ² ⲉ ⲡⲣⲁⲛ ⲙ̄ ⲡϫⲟ
17 ⲉⲓⲥ ⲓ̄ⲥ̄· ⲧⲟⲧⲉ ⲁⲩⲧⲁⲗⲉ ϭⲓϫ ⲉ ϫⲱⲟⲩ
18 ⲁⲩϫⲓ ⲙ̄ ⲡⲉⲡⲛ̄ⲁ̄ ⲉⲧ ⲟⲩⲁⲁⲃ· ⲛ̄ ⲧⲉⲣ ⲉϥ
ⲛⲁⲩ ⲇⲉ ⲛ̄ϭⲓ ⲥⲓⲙⲱⲛ ϫⲉ ⲉ ⲃⲟⲗ ϩⲓⲧⲛ̄
ⲡⲧⲁⲗⲟ ⲛ̄ ⲛϭⲓϫ³ ⲛ̄ ⲛⲁⲡⲟⲥⲧⲟⲗⲟⲥ ⲉⲧ
ϯ ⲙ̄ ⲡⲉⲡⲛ̄ⲁ̄ ⲁϥⲉⲓⲛⲉ ⲛⲁⲩ ⲛ̄ ϩⲉⲛ
19 ⲭⲣⲏⲙⲁ⁴· ⲉϥϫⲱ ⲙ̄ⲙⲟⲥ ϫⲉ ⲙⲁ ⲛⲁⲓ⁵ ⲛ
ⲧⲉⲓ ⲉⲝⲟⲩⲥⲓⲁ ϫⲉ ⲕⲁⲁⲥ⁶ ⲡⲉ ϯⲛⲁⲧⲁ
ⲗⲉ⁷ ϭⲓϫ ⲉ ⲕⲱϥ ⲉϥⲉϫⲓ ⲡⲉⲡⲛ̄ⲁ̄ ⲉⲧ ⲟⲩ
20 ⲁⲁⲃ: ⲡⲉⲧⲣⲟⲥ ⲇⲉ ⲡⲉϫⲁϥ ⲛⲁϥ ϫⲉ ⲡⲉⲕ
ϩⲁⲡ⁸ ⲉϥⲉϣⲱⲡⲉ ⲛⲁⲕ⁹ ⲉ ⲡⲧⲁⲕⲟ¹⁰ ϫⲉ
ⲁⲕⲙⲉⲉⲩⲉ ϫⲉ ⲧ'ⲇⲱⲣⲉⲁ ⲙ̄ ⲡⲛⲟⲩⲧⲉ
21 ⲉϣⲁⲩϫⲡⲟⲥ ϩⲛ̄¹¹ ϩⲉⲛⲭⲣⲏⲙⲁ· ⲙⲛ̄
ⲙⲉⲣⲓⲥ ⲟⲩ[ⲇ]ⲉ ⲙⲛ̄¹² ⲕⲗⲏⲣⲟⲥ ϣⲟⲟⲡ
ⲛⲁⲕ ϩⲙ̄ ⲡⲉⲓ ϣⲁϫⲉ ⲡⲉⲕϩⲏⲧ ⲥⲟⲩ
ⲧⲱⲛ ⲁⲛ ⲙ̄ⲡⲉ ⲙⲧⲟ ⲉ ⲃⲟⲗ ⲙ̄ ⲡⲛⲟⲩⲧⲉ·
22 ⲙⲉⲧⲁⲛⲟⲓ¹³ ϭⲉ ⲉ ⲃⲟⲗ ϩⲛ̄ ⲧⲉⲕⲕⲁϭⲓⲁ¹⁴
ⲛ̄ⲅ̄ ⲥⲟⲡⲥ̄ ⲙ̄ ⲡϫⲟⲉⲓⲥ ⲉϣⲱⲡⲉ ⲥⲉ
ⲛⲁⲕⲱ ⲛⲁⲕ ⲁⲛ¹⁵ ⲉ ⲃⲟⲗ ⲙ̄ ⲡⲙⲉⲉⲩⲉ
23 ⲙ̄ ⲡⲉⲕϩⲏⲧ· ϯⲛⲁⲩ ⲅⲁⲣ ⲉ ⲣⲟⲕ ⲉⲕ
ϣⲟⲟⲡ ϩⲛ̄ ⲟⲩⲭⲟⲗⲏ ⲙ̄ ⲡⲓⲕⲣⲓⲁ¹⁶ ⲁⲩⲱ

---

[1] 'Not yet come', ἐπιπεπτωκός.

[2] For ⲛ̄ ϣⲟⲣⲡ, 'at first'; H has ⲙ̄ⲙⲁⲧⲉ, μόνον δὲ βεβαπτισ-μένοι ὑπῆρχον.

[3] ἐπιθέσεως τῶν χειρῶν.   [4] χρήματα.

[5] H ⲙⲁ ⲡⲁⲓ ϩⲱⲱⲧ.   [6] For ϫⲉ ⲕⲁⲥ.   [7] ᾧ ἂν ἐπιθῶ.

[8] Sic. A mistake for ϩⲁⲧ = τὸ ἀργύριον.

[9] For ⲛⲙ̄ⲙⲁⲕ (?).   [10] εἰς ἀπώλειαν.

[11] H ⲛⲉϣⲁⲩϫⲡⲟⲥ ϩⲓⲧⲛ̄ ϩⲉⲛⲭⲣⲏⲙⲁ = διὰ χρημάτων κτᾶσθαι.

[12] ⲙⲛ̄ superfluous (?).   [13] μετανόησον.

[14] = ⲧⲉⲕⲕⲁⲕⲓⲁ, τῆς κακίας σου.

[15] H omits ⲁⲛ.   [16] χολὴν πικρίας.

ACTS VIII. 24-27

24 ⲟⲩⲙ̄ⲣⲣⲉ ⲛ̄ ⲥⲓⲛϭⲟⲛⲥ¹ ⲁϥⲟⲩⲱϣⲃ̄
ⲛ̄ϭⲓ ⲥⲓⲙⲱⲛ ⲉϥϫⲱ ⲙ̄ⲙⲟⲥ ϫⲉ ⲥⲟ
ⲡⲥ̄ ⲛ̄ⲧⲱⲧⲛ̄ ⲙ̄ ⲡϫⲟⲉⲓⲥ ϩⲁ ⲣⲟⲓ̈
ϫⲉ ⲛⲁⲥ ⲉⲛⲛⲉ ⲗⲁⲁⲩ² ⲛ̄ ⲛⲉ ⲛⲧⲁ ⲧⲉ

25 ⲧⲛ̄ϫⲟⲟⲩ ⲉⲓ ⲉ ϩⲣⲁⲓ̈ ⲉ ϫⲱⲉⲓ³· ⲛ̄ⲧⲟⲟⲩ
ϭⲉ ⲛ̄ ⲧⲉⲣ ⲟⲩⲣ̄ ⲙⲛ̄ⲧⲣⲉ ⲙ̄ ⲡⲙⲏⲏ
ϣⲉ⁴ ⲁⲩⲱ ⲁⲩϫⲱ ⲉ ⲣⲟⲟⲩ ⲙ̄ ⲡϣⲁϫⲉ
ⲙ̄ ⲡϫⲟⲉⲓⲥ ⲁⲩⲕⲟⲧⲟⲩ ⲉ ⲑⲓⲉⲣⲟⲩ
ⲥⲁⲗⲏⲙ' ⲟⲩⲙⲏⲛϣⲉ ⲛ̄ϯⲙⲉ ⲛ ⲥⲁ
ⲙⲁⲣⲓⲧⲏⲥ ⲁⲩⲉⲩⲁⲅⲅⲉⲓⲍⲉ⁵ ⲛⲁⲩ:

26 ⲡⲁⲅⲅⲉⲗⲟⲥ ⲙ̄ ⲡϫⲟⲉⲓⲥ ⲁϥϣⲁϫⲉ
ⲛⲙ̄ ⲫⲓⲗⲓⲡⲡⲟⲥ ⲉϥϫⲱ ⲙ̄ⲙⲟⲥ ϫⲉ
ⲧⲱⲟⲩⲛ ⲛⲅ̄ ⲙⲟⲟϣⲉ ϩⲙ̄ ⲡⲛⲟⲩ ⲛ
ⲙⲉⲉⲣⲉ⁶ ϩⲓ ⲧⲉϩⲓⲏ ⲉⲧ ⲟ ⲛ ⲉⲣⲏⲙⲟⲥ⁷
ⲉⲧ ⲛⲏⲩ ⲉ ⲃⲟⲗ ϩⲛ̄ ⲑⲓⲉⲣⲟⲩⲥⲁⲗⲏⲙ

27 ⲉ ϩⲣⲁⲓ̈ ⲉ ⲅⲁⲍⲁ· ⲁϥⲧⲱⲟⲩⲛ ⲁϥⲃⲱⲕ
ⲁⲩⲱ ⲉⲓⲥ ⲟⲩⲣⲱⲙⲉ ⲛ̄ ⲛⲉϭⲱϣ⁸
ⲛ̄ⲥⲓⲟⲩⲣ' ⲛ̄ ⲇⲩⲛⲁⲥⲧⲏⲥ ⲛⲧⲉ ⲕⲁⲛ
ⲇⲁⲕⲏ⁹ ⲧⲉⲣⲱ ⲛ̄ ⲛⲉϭⲟⲟϣ¹⁰ ⲡⲁⲓ̈ ⲉϥ

Fol. 72 b
[ⲗ]

---

[1] 'Bond of violence', σύνδεσμον ἀδικίας.
[2] As the Greek μηδὲν ἐπέλθῃ. H omits ⲉⲛⲛⲉ ⲗⲁⲁⲩ.
[3] For ⲉϫⲱⲓ.
[4] 'Bearing witness to the multitude.' The Greek has only διαμαρτυράμενοι.
[5] εὐηγγελίζοντο. [6] 'The hour of noon', μεσημβρίαν.
[7] 'By the way which is desert, and which cometh from Jerusalem to Gaza.'
[8] 'A man of the people of Cush', Gr. Αἰθίοψ. The form ϭⲱϣ = ⲕⲱϣ = the old Egyptian 'Kesh', or 'Kash'

[9] δυνάστης Κανδάκης. He was an official of one of the great queens who reigned over the island of Meroë, and whose capital was situated about forty-five miles south of the modern town of Atbara; he was not an Abyssinian.

[10] For ⲛⲉⲕⲟⲟϣ = Αἰθιόπων.

ϣοοπ' ε ϩραϊ εχⲛ ⲡⲉⲥⲭⲣⲏⲙⲁ¹
ⲧⲏⲣⲟⲩ ⲛⲉϥ ⲁϥⲉⲓ² ⲡⲉ ε ⲑⲓⲉⲣⲟⲩ·
28 ⲥⲁⲗⲏⲙ' ⲉⲟⲩϣⲧ'· ⲛ̄ ⲧⲉⲣ ⲉϥⲕⲟⲧϥ̄³
ⲇⲉ ⲉϥϩⲙⲟⲟⲥ ϩⲓ ⲡⲉϥϩⲁⲣⲙⲁ⁴ ⲉϥⲱϣ
29 ⲛ̄ ⲏⲥⲁⲓⲁⲥ ⲡⲉⲡⲣⲟⲫⲏⲧⲏⲥ · ⲡⲉ
ϫⲉ ⲡⲉ ⲡⲛⲁ̄ ⲛ̄ ⲫⲓⲗⲓⲡⲡⲟⲥ ϫⲉ †
ⲡⲉⲕⲟⲩⲟⲉⲓ ⲛⲧ̄ ⲧⲟⲕ⁵ ⲉ ⲡⲉⲓ ϩⲁⲣ
30 ⲙⲁ· ⲁϥ† ⲡⲉϥⲟⲩⲟⲉⲓ⁶ ⲛ̄ϭⲓ ⲫⲓⲗⲓⲡ
ⲡⲟⲥ ⲁϥⲥⲱⲧⲙ̄ ⲉ ⲣⲟϥ ⲉϥⲱϣ
ⲛ̄ ⲏⲥⲁⲓⲁⲥ ⲡⲉ ⲡⲣⲟⲫⲏⲧⲏⲥ ⲡⲉ
ϫⲁϥ ⲙ̄ ⲡⲉⲥⲓⲟⲩⲣ ϫⲉ ⲉⲛⲉ ⲁⲕⲣ̄ ⲛⲟⲓ⁷
31 ⲙ̄ ⲡⲉⲧ ⲕ̄ⲱϣ ⲙ̄ⲙⲟⲟⲩ · ⲛ̄ⲧⲟϥ ⲇⲉ
ⲡⲉϫⲁϥ ϫⲉ ⲛ ⲛ ⲁϣ ⲛ̄ ϩⲉ ⲉⲓⲛⲁϣϭⲙ̄
ϭⲟⲙ ⲉⲓⲙⲏⲧⲓ ⲛ̄ⲧⲉ ⲟⲩⲁ ⲧⲥⲃ̄ⲃⲟⲓ
ⲁⲧ⁸ ⲉ ⲃⲟⲗ · ⲁϥⲥⲉⲡ'ⲥ̄ ⲫⲓⲗⲓⲡⲡⲟⲥ ⲇⲉ
ⲉ ⲧ'ⲣⲉ ϥⲁⲗⲉ ⲛϥ̄ϩⲙⲟⲟⲥ ϩⲓⲧⲟⲩⲱϥ·
32 ⲡⲙⲁ ⲇⲉ ⲛ̄ ⲧⲉⲅⲣⲁⲫⲏ⁹ ⲉⲛⲉϥⲱϣ
ⲙ̄ⲙⲟϥ ⲡⲉ ⲡⲁⲓ ⲛ̄ⲑⲉ ⲛ ⲟⲩⲉⲥⲟⲟⲩ ⲉ
>ⲁⲩⲛ̄ⲧϥ̄ ⲉ ⲡⲉϥⲙⲁ ⲛ̄ ⲕⲟⲛⲥ̄¹⁰ ⲁⲩⲱ
>ⲛ̄ⲑⲉ ⲛ̄ ⲟⲩϩⲓⲉⲓⲃ ⲙ̄ⲡⲉ ⲙⲧⲟ ⲉ ⲃⲟⲗ ⲙ̄
>ⲡⲉⲧ ϩⲱⲱⲕⲉ ⲙ̄ⲙⲟϥ ⲉⲡⲉ ϥ† ⲁⲛ ⲛ̄ⲧⲉϥ
>ⲥⲙⲏ¹¹· ⲧⲁⲓ ⲧⲉ ⲑⲉ¹² ⲙⲛ̄ ϥ̄ⲟⲩⲱⲛ ⲣⲱϥ·
33 >ϩⲙ̄ ⲡⲉϥⲑⲃ̄ⲃⲓⲟ ⲧⲉϥϩⲣⲓⲥⲓⲥ ⲁⲩϥⲓ
>ⲧⲥ̄· ⲧⲉϥⲅⲉⲛⲉⲁ ⲛⲓⲙ ⲡⲉⲧ ⲛⲁ ϣ

---

[1] τῆς γάζης αὐτῆς. The word γάζα is derived from the Zend or Persian ࿆, and has also passed over into the Syriac ܓܙܐ (gazzâ for ganzâ), or ܓܐܙܐ, gâzâ, 'treasure'.

[2] Η ⲡⲉⲁϥⲉⲓ.   [3] Η ⲛ̄ⲧⲉⲣⲉϥⲕⲟⲧϥ̄.
[4] ἅρματος αὐτοῦ.   [5] Η ⲧⲟϭⲛ̄, κολλήθητι.
[6] Η ⲡⲉϥⲟⲩⲟⲓ.   [7] Η ⲁⲣⲁ ⲕⲛⲟⲉⲓ, Ἆρά γε γινώσκεις.
[8] Η ⲧⲥⲁⲃⲉⲉⲓⲁⲧ.   [9] περιοχὴ τῆς γραφῆς.
[10] 'To his place of slaughter'; Η ⲉⲁⲩⲛ̄ⲧϥ̄ ⲉⲕⲟⲟⲛⲥ̄.
[11] ⲉⲡⲉ ϥ† ⲁⲛ ⲛ̄ⲧⲉϥⲥⲙⲏ = ἄφωνος.
[12] ⲧⲁⲓ ⲧⲉ ⲑⲉ = οὕτως.

ACTS VIII. 33-40

>ⲧⲁⲧⲟⲥ ⲇⲉ ⲥⲉⲛⲁϥⲓ ⲙ̄ ⲡⲉϥⲱⲛϩ̄
34 >ⲉ ⲃⲟⲗ ϩⲓⲍⲙ̄ ⲡⲕⲁϩ¹· ⲁϥⲟⲩⲱϣⲃ̄ ⲛ̄ϭⲓ
ⲡⲉⲥⲓⲟⲩⲣ ⲡⲉϫⲁϥ ⲙ̄ ⲫⲓⲗⲓⲡⲡⲟⲥ·
ϫⲉ ϯⲥⲟⲡⲥ̄ ⲙ̄ⲙⲟⲕ ⲁϫⲓⲥ ⲉ ⲣⲟⲓ ϫⲉ ⲉ
ⲣⲉ ⲡⲉⲡⲣⲟⲫⲏⲧⲏⲥ ϫⲱ ⲙ̄ ⲡⲁⲓ̈ ⲉ ⲧⲃⲉ
ⲛⲓⲙ ⲉ ⲧⲃⲏⲏⲧϥ̄ ϫⲉ ⲉ ⲧⲃⲉ ⲕⲉ ⲟⲩⲁ·   Fol. 73 a
                                    [ⲗⲁ]
35 ⲁ ⲫⲓⲗⲓⲡⲡⲟⲥ ⲇⲉ ⲟⲩⲱⲛ ⲛ̄ ⲣⲱϥ ⲁ
ϥⲁⲣⲭⲓ ⲉ ⲟⲩⲱⲛ ⲛ̄ ⲣⲱϥ² ⲉ ⲃⲟⲗ ϩⲛ̄ ⲛⲉ
ⲅⲣⲁⲫⲏ³ ⲁϥⲉⲩⲁⲅⲅⲉⲗⲓⲍⲉ⁴ ⲛⲁϥ ⲙ̄ ⲡⲭⲟ
36 ⲉⲓⲥ ⲓ̄ⲥ̄ ⲡⲉⲭ̄ⲥ̄⁵· ⲉⲩⲙⲟⲟϣⲉ ⲇⲉ ϩⲛ̄ ⲧⲉ
ϩⲓⲏ ⲁⲩⲉⲓ ⲉ ϩⲣⲁⲓ̈ ⲉϫⲛ̄ ⲟⲩⲙⲟⲟⲩ· ⲡⲉϫⲉ
ⲡⲉⲥⲓⲟⲩⲣ ⲙ̄ ⲫⲓⲗⲓⲡⲡⲟⲥ ϫⲉ ⲉ ⲡⲙⲟⲟⲩ⁶
ⲟⲩ ⲡⲉⲧ ⲕⲱⲗⲩ ⲙ̄ⲙⲟⲓ̈ ⲉ⁷ ⲧ̄ⲣⲁ ϫⲓ ⲃⲁ
38 ⲡⲧ'ⲓⲥⲙⲁ·⁸ ⲁⲩⲱ ⲁϥⲟⲩⲉϩⲥⲁϩⲛⲉ ⲛ̄ϭⲓ
ⲫⲓⲗⲓⲡⲡⲟⲥ ⲉ ⲧ̄ⲣⲉ ⲡϩⲁⲣⲙⲁ⁹ ᵈϩⲉ ⲣⲁⲧϥ̄
ⲁⲩⲃⲱⲕ ⲙ̄ ⲡⲉⲥⲛⲁⲩ ⲉ ϩⲣⲁⲓ̈ ⲉ ⲡⲙⲟⲟⲩ
ⲁⲩⲱ ⲁ ⲫⲓⲗⲓⲡⲡⲟⲥ ⲃⲁⲡⲧ'ⲓⲍⲉ ⲙ̄
39 ⲙⲟϥ· ⲛ̄ ⲧⲉⲣ ⲟⲩⲉⲓ ⲉ ϩⲣⲁⲓ̈ ϩⲙ̄ ⲡⲙ¹⁰ⲟⲟⲩ
ⲟⲩⲡ̄ⲛ̄ⲁ̄ ⲛ̄ⲧⲉ ⲡϫⲟⲉⲓⲥ ⲁϥⲧⲱⲣⲡ¹¹
ⲙ̄ ⲫⲓⲗⲓⲡⲡⲟⲥ ⲙ̄ⲡ ϥⲛⲟⲧϥ̄ ⲉ ⲛⲁⲩ
ⲉ ⲣⲟϥ ⲛ̄ϭⲓ ⲡⲉⲥⲓⲟⲩⲣ ⲛⲉϥⲙⲟⲟϣⲉ
40 ⲅⲁⲣ ϩⲛ̄ ⲧⲉϥϩⲓⲏ ⲉϥⲣⲁϣⲉ· ⲫⲓⲗⲓⲡ'
ⲡⲟⲥ ⲇⲉ ⲁⲩϩⲉ ⲉ ⲣⲟϥ ϩⲛ̄ ⲁⲍⲱⲧⲟⲥ

---

¹ Isa. liii. 7, 8.

² 'Philip opened his mouth, he began to open his mouth from the Scriptures.' ⲁϥⲁⲣⲭⲓ = ἀρξάμενος. H has ⲁ ⲫⲓⲗⲓⲡⲡⲟⲥ ⲇⲉ ⲟⲩⲱⲛ ⲛ̄ⲣⲱϥ ⲉⲁϥⲁⲣⲭⲉⲓ ⲉⲃⲟⲗ ϩⲛ̄ ⲧⲉⲓⲅⲣⲁⲫⲏ.

³ H ⲧⲉⲓⲅⲣⲁⲫⲏ = τῆς γραφῆς ταύτης.   ⁴ εὐηγγελίσατο.

⁵ 'The Lord Jesus Christ', τὸν Ἰησοῦν.

⁶ H ⲉⲓⲥ ⲡⲙⲟⲟⲩ.   ⁷ κωλύει με.

⁸ The Coptic text contains no rendering of verse 37: εἶπε δὲ ὁ Φίλιππος, Εἰ πιστεύεις ἐξ ὅλης τῆς καρδίας, ἔξεστιν. ἀποκριθεὶς δὲ εἶπε, Πιστεύω τὸν υἱὸν τοῦ Θεοῦ εἶναι τὸν Ἰησοῦν Χριστόν.

⁹ H ϥⲁⲣⲙⲁ, τὸ ἅρμα.

¹⁰ ⲧ altered into ⲙ.   ¹¹ H ⲁϥⲧⲱⲣⲡ, ἥρπασε.

ACTS VIII. 40—IX. 7

ⲉϥⲙⲟⲟϣⲉ ⲉϥⲧⲁϣⲉⲟⲉⲓϣ ⲛ̄ⲙ̄
ⲡⲟⲗⲓⲥ ⲧⲏⲣⲟⲩ ϣⲁⲛⲧ ϥ̄ⲉⲓ ⲉ ϩⲣⲁⲓ̈

Chap. IX. 1 ⲉ ⲕⲏⲥⲁⲣⲓⲁ· ⲥⲁⲩⲗⲟⲥ ⲇⲉ ⲉϥⲙⲉϩ ⲛ
ⲛⲁⲡⲓⲗⲏ ⲛ̄ ϩⲱⲧⲃ̄[1] ⲉ ϩⲟⲩⲛ ⲉⲙ̄ ⲙⲁ
ⲑⲏⲧⲏⲥ ⲙ̄ ⲡϫⲟⲉⲓⲥ ⲁϥϯ ⲡⲉϥⲟⲩⲟⲉⲓ

2 ⲉ ⲡⲁⲣⲭⲓⲉⲣⲉⲩⲥ ⲁϥⲁⲓⲧⲓ[2] ⲉ ⲃⲟⲗ ϩⲓ ⲧⲟ
ⲟⲧϥ̄ ⲛ̄ ϩⲉⲛⲉⲡⲓⲥⲧⲟⲗⲏ ⲉ ⲇⲁⲙⲁⲥ
ⲕⲟⲥ ⲉⲛⲥⲩⲛⲁⲅⲱⲅⲏ[3] ϣⲁ ⲛⲥⲩⲛⲁ
ⲅⲱⲅⲏ ϫⲉ ⲕⲁⲥ ⲡⲉⲧϥ̄ⲛⲁϩⲉ ⲉ ⲣⲟⲟⲩ[4]
ⲛ̄ⲣⲱⲙⲉ ⲁⲩⲱ ⲛⲉϩⲓⲟⲙⲉ ⲉϥⲉϫⲓⲧⲟⲩ
ⲉϥⲉϫⲓⲧⲟⲩ (sic)[5] ⲉⲩⲙⲏⲣ ⲉ ϩⲣⲁⲓ̈ ⲉ ⲑⲓⲉ

3 ⲣⲟⲩⲥⲁⲗⲏⲙ· ⲁⲥϣⲱⲡⲉ ⲇⲉ ⲉϥ
ⲙⲟⲟϣⲉ ⲛ̄ ⲧⲉⲣⲉ ϥϩⲱⲛ ⲉ ϩⲟⲩⲛ ⲉ
ⲇⲁⲙⲁⲥⲕⲟⲥ ϩⲛ̄ ⲟⲩϣⲥ̄ⲛⲉ ⲁⲩⲟⲩⲟⲉⲓⲛ

Fol. 73 b
[ⲗⲃ̄] 4 ϣⲁ ⲉ ϫⲱϥ[6] ⲉ ⲃⲟⲗ ϩⲛ̄ ⲧⲡⲉ· ⲁⲩⲱ ⲛ ⲧⲉ
ⲣ ⲉϥϩⲉ ⲉ ϩⲣⲁⲓ̈ ⲉϫⲛ̄ ⲡⲕⲁϩ ⲁϥⲥⲱⲧⲙ̄ ⲉⲩ
ⲥⲙⲏ ⲉⲥϫⲱ ⲙ̄ⲙⲟⲥ ⲛⲁϥ ϫⲉ ⲥⲁⲩⲗⲉ

5 ⲥⲁⲩⲗⲉ[7] ⲁϩⲣⲟⲕ ⲕⲡⲏⲧ̄ ⲛ̄ ⲥⲱⲓ̈· ⲡⲉϫⲁϥ
ϫⲉ ⲛ̄ⲧⲕ̄ ⲛⲓⲙ ⲡϫⲟⲉⲓⲥ· ⲡⲉϫⲉ ⲡϫⲟ
ⲉⲓⲥ[8] ⲇⲉ ϫⲉ ⲁⲛⲟⲕ ⲡⲉ ⲓⲥ̄ ⲡⲉⲧⲛ̄ ⲡⲏⲧ̄

6 ⲛ̄ⲧⲟⲕ ⲛ̄ⲥⲱϥ· ⲁⲗⲗⲁ ⲧⲱⲟⲩⲛⲧ̄ⲅ̄[9] ⲃⲱⲕ
ⲉ ϩⲟⲩⲛ ⲉ ⲧⲡⲟⲗⲓⲥ ⲁⲩⲱ ⲥⲉⲛⲁⲧⲁⲙⲟⲕ

7 ϫⲉ ⲟⲩ ⲡⲉⲧ ϣⲉ ⲉ ⲣⲟⲕ[10] ⲉ ⲁⲁϥ· ⲛ̄ⲣⲱⲙⲉ
ⲇⲉ ⲉⲧ ⲙⲟⲟϣⲉ ⲛⲙ̄ⲙⲁϥ ⲛⲉⲩⲁϩⲉ
ⲣⲁⲧⲟⲩ ⲉⲩⲟⲛϣ̄ ⲉⲩⲥⲱⲧⲙ̄ ⲙⲉⲛ ⲉ

---

[1] Η ⲡⲁⲡⲉⲓⲗⲏ ϩⲓ ϩⲱⲧⲃ̄, ἀπειλῆς καὶ φόνου.

[2] ᾐτήσατο, Η ⲁϥⲁⲓⲧⲉⲓ.

[3] The scribe seems to have written ⲉⲛⲥⲩⲛⲁⲅⲱⲅⲏ by mistake, and then to have added ϣⲁ ⲛⲥⲩⲛⲁⲅⲱⲅⲏ = πρὸς τὰς συναγωγάς.

[4] The Coptic omits some words like ⲉ ⲃⲟⲗ ϩⲛ̄ ⲧⲉϩⲓⲏ = τῆς ὁδοῦ ὄντας.

[5] The second ⲉϥⲉϫⲓⲧⲟⲩ is an unnecessary repetition.

[6] Η ⲉϩⲣⲁⲓ ⲉϫⲱϥ.   [7] Σαούλ, Σαούλ.

[8] 'The Lord said'; Η ⲡⲉϫⲉ ⲡϫⲟⲉⲓⲥ ⲇⲉ ⲛⲁϥ.

[9] For ⲧⲱⲟⲩⲛ ⲛⲅ̄.   [10] Η ⲡⲉⲧⲉϣϣⲉ.

ACTS IX. 7-15

ⲧⲉⲥⲙⲏ ⲉⲛⲥⲉⲛⲟⲓ¹ ⲁⲛ ⲛⲉⲧⲛⲁⲩ ⲅⲁⲣ
8 ⲁⲛ ⲡⲉ ⲉ ⲗⲁⲁⲩ· ⲥⲁⲩⲗⲟⲥ ⲇⲉ ⲁϥⲧⲱⲟⲩⲛ
ⲉ ⲃⲟⲗ ϩⲓϫⲙ̄ ⲡⲕⲁϩ ⲉⲣⲉ ⲛⲉϥⲃⲁⲗ ⲟⲩ
ⲏⲛ² ⲉⲛ ϥ̄ⲛⲁⲩ ⲉ ⲃⲟⲗ ⲁⲛ ⲁⲩϫⲓ ⲙⲟⲉⲓⲧ
9 ϩⲏⲧϥ̄ ⲉ ϩⲟⲩⲛ ⲉ ⲇⲁⲙⲁⲥⲕⲟⲥ· ⲁϥⲣ ϣⲟ
ⲙⲛ̄ⲧ ⲇⲉ (sic)³ ⲛ̄ ϩⲟⲟⲩ ⲉⲛ ϥ̄ⲛⲁⲩ ⲉ ⲃⲟⲗ ⲁⲛ
ⲁⲩⲱ ⲙ̄ⲡ ϥ̄ⲟⲩⲱⲙ ⲟⲩⲇⲉ ⲙ̄ⲡ ϥ̄ⲥⲱ·
10 ⲛⲉⲩ ⲛ ⲟⲩⲙⲁⲑⲏⲧⲏⲥ ⲇⲉ ϩⲛ̄ ⲇⲁⲙⲁⲥ
ⲕⲟⲥ ⲉ ⲡⲉϥⲣⲁⲛ ⲡⲉ ⲁⲛⲁⲛⲓⲁⲥ ⲡⲉϫⲉ
ⲡϫⲟⲉⲓⲥ ⲛⲁϥ ϩⲛ̄ ⲟⲩϩⲟⲣⲟⲙⲁ⁴ ϫⲉ ⲁⲛⲁ
ⲛⲓⲁ ⲛ̄ⲧⲟⲕ (sic)⁵ ⲇⲉ ⲡⲉϫⲁϥ ϫⲉ ⲉⲓⲥ ϩⲏⲛⲧⲉ
11 ⲁⲛⲟⲕ ⲡϫⲟⲉⲓⲥ· ⲡⲉϫⲉ ⲡϫⲟⲉⲓⲥ ⲛⲁϥ
ϫⲉ ⲧⲱⲟⲩⲛ ⲛⲅ̄ ⲃⲱⲕ ⲉ ⲡϩⲓⲣ ⲉⲧ ⲟⲩⲙⲟⲩ
ⲧⲉ ⲉ ⲣⲟϥ ϫⲉ ⲡⲉⲧ ⲥⲟⲩⲧⲱⲛ⁶ ⲛⲅ̄ ϣⲓ
ⲛⲉ ϩⲙ̄ ⲡⲏⲓ ⲛ̄ ⲟⲩⲇⲁ⁷ ⲛ̄ⲥⲁ ⲟⲩⲣⲙ̄ ⲧⲁⲣ
ⲥⲟⲥ⁸ ⲉ ⲡⲉϥⲣⲁⲛ ⲡⲉ ⲥⲁⲩⲗⲟⲥ ⲉⲓⲥ ϩⲏ
12 ⲛⲧⲉ ⲅⲁⲣ ⲉϥϣⲗⲏⲗ· ⲁϥⲛⲁⲩ ⲉⲩⲣⲱⲙⲉ
ϫⲉ ⲁⲛⲁⲛⲓⲁⲥ ⲁϥⲃⲱⲕ ⲉ ϩⲟⲩⲛ ⲁϥ
ⲧⲁⲗⲉ ⲧⲟⲟⲧϥ̄ ⲉ ϫⲱϥ ϫⲉ ⲉϥⲉⲛⲁⲩ⁹
13 ⲉ ⲃⲟⲗ¹⁰· ⲁϥⲟⲩⲱϣⲃ̄ ⲛ̄ϭⲓ ⲁⲛⲁⲛⲓⲁⲥ
ⲡⲉϫⲁϥ ϫⲉ ⲡϫⲟⲉⲓⲥ ⲁⲓⲥⲱⲧⲙ̄ ⲛ̄ⲧ ⲛ̄
ϩⲁϩ¹¹ ⲉ ⲧ'ⲃⲉ ⲡⲁⲓ ⲣⲱⲙⲉ ϫⲉ ⲁϥⲣ ϩⲁϩ ⲙ̄
ⲡⲉⲑⲟⲟⲩ ⲛ̄ ⲛⲉⲕⲡⲉⲧⲟⲩⲁⲁⲃ ϩⲛ̄
14 ⲑⲓⲉⲣⲟⲩⲥⲁⲗⲏⲙ· ⲁⲩⲱ ⲟⲛ ⲁϥϫⲓ ⲉⲝⲟⲩ
ⲥⲓⲁ ⲙ̄ ⲡⲁⲉⲓ¹² ⲙⲁ ⲉ ⲃⲟⲗ ϩⲓⲧⲛ̄ ⲛ̄ⲁⲣⲭⲓϩ[ⲉ]
ⲣⲉⲩⲥ¹³ ⲉ ⲙⲟⲩⲣ ⲛ̄ ⲟⲩⲟⲛ ⲛⲓⲙ ⲉⲧⲉ
15 ⲡⲓⲕⲁⲗⲓ¹⁴ ⲙ̄ ⲡⲉⲕⲣⲁⲛ· ⲡⲉϫⲉ ⲡϫⲟ

Fol. 74 a
[ⲣⲝⲑ]

---

¹ ἐννεοί, Η ⲡ̄ⲥⲉⲛⲟⲉⲓ.   ² ἀνεῳγμένων.
³ For ⲁϥⲣ ϣⲟⲙⲛ̄ⲧ.   ⁴ ἐν ὁράματι.   ⁵ For ⲛ̄ⲧⲟϥ.
⁶ Εὐθεῖαν.   ⁷ Ἰούδα, Η ⲡⲓⲟⲩⲇⲁ.
⁸ Σαῦλον ὀνόματι, Ταρσέα.   ⁹ Η ⲁϥⲛⲁⲩ.
¹⁰ καὶ ἐπιθέντα αὐτῷ τὰς χεῖρας, ὅπως ἀναβλέψῃ.
¹¹ ἤκουσα ἀπὸ πολλῶν.   ¹² For ⲡⲉⲓ.
¹³ παρὰ τῶν ἀρχιερέων.   ¹⁴ ἐπικαλουμένους.

Z

ⲉⲓⲥ ⲛⲁϥ ϫⲉ ⲃⲱⲕ ϫⲉ ⲡⲁⲓ̈ ⲟⲩⲥⲕⲉⲩⲟⲥ
ⲛⲁⲓ̈ ⲛ̄ ⲥⲱⲧⲡ̄¹ ⲡⲉ ⲉ ⲧ'ⲣⲉ ϥϥⲓ ϩⲁ ⲡⲁ ⲣⲁⲛ
ⲙ̄ⲡⲉ ⲙ̄ⲧⲟ ⲉ ⲃⲟⲗ ⲛ ⲛⲉⲣⲱⲟⲩ ⲛⲙ̄

16 ⲛ̄ϩⲉⲑⲛⲟⲥ² ⲛⲙ̄ ⲛ̄ϣⲏⲣⲉ ⲙ̄ ⲡⲓⲏⲗ· ⲁ
ⲛⲟⲕ ⲅⲁⲣ ϯⲛⲁⲧⲁⲙⲟϥ ⲉⲛϩⲓⲥⲉ ⲉⲧ ϥ̄

17 ⲛⲁϣⲟⲡⲟⲩ ϩⲁ ⲡⲁ ⲣⲁⲛ· ⲁϥⲙⲟⲟϣⲉ
ⲛ̄ϭⲓ ⲁⲛⲁⲛⲓⲁⲥ ⲁϥⲃⲱⲕ ⲉ ⲡⲏⲓ̈ ⲁϥⲧⲁⲗⲉ
ⲧⲉϥϭⲓϫ ⲉϫⲛ̄ ⲥⲁⲩⲗⲟⲥ ⲡⲉϫⲁϥ ϫⲉ ⲥⲁⲩ
ⲗⲉ ⲡⲁ ⲥⲟⲛ ⲡϫⲟⲉⲓⲥ ⲓ̄ⲥ̄ ⲡⲉ ⲛⲧ ⲁϥ
ⲧⲛ̄ⲛⲟⲟⲩⲧ' ⲡⲉ ⲛⲧ ⲁϥⲟⲩⲱⲛϩ̄ ⲛⲁⲕ
ⲉ ⲃⲟⲗ ϩⲓ ⲧⲉϩⲓⲏ ⲉⲧ ⲕ̄ⲛⲏⲩ ⲙ̄ⲙⲟⲥ³
ϫⲉ ⲛⲁⲥ ⲉⲕⲉⲛⲁⲩ ⲉ ⲃⲟⲗ ⲛⲅ̄ ⲙⲟⲩϩ ⲉ ⲃⲟⲗ

18 ⲙ̄ ⲡⲉⲡⲛ̄ⲁ̄ ⲉⲧ ⲟⲩⲁⲁⲃ· ⲛ̄ⲧⲉⲩⲛⲟⲩ ϫⲉ
ⲁⲩϩⲉ ϩⲛ̄ ⲛⲉϥⲃⲁⲗ ⲛ̄ⲑⲉ ⲛ̄ ϩⲉⲛϩⲃ̄ⲥ̄⁴
ⲁⲩⲱ ⲁϥⲛⲁⲩ ⲉ ⲃⲟⲗ ⲛ̄ⲧⲉⲩⲛⲟⲩ⁵ ⲁϥ

19 ⲧⲱⲟⲩⲛ ⲁϥϫⲓ ⲃⲁⲡⲧⲓⲥⲙⲁ· ⲁⲩⲱ ⲛ
ⲧⲉⲣ ⲉϥⲟⲩⲱⲙ ⲁϥϭⲙ̄ϭⲟⲙ· ⲁϥϣⲱ
ⲡⲉ ϫⲉ ⲛⲙ̄ ⲙ̄ⲙⲁⲑⲏⲧⲏⲥ ⲉⲧ ϩⲛ̄

20 ⲇⲁⲙⲁⲥⲕⲟⲥ ⲛ̄ ϩⲉⲛϩⲟⲟⲩ· ⲁⲩⲱ ⲛ̄
ⲧⲉⲩⲛⲟⲩ ⲁϥⲕⲏⲣⲩⲥⲥⲉ ⲙ̄ⲙⲟϥ ⲙ̄ ⲡϫⲟ
ⲉⲓⲥ ⲓ̄ⲥ̄⁶ ϩⲛ̄ ⲛⲥⲩⲛⲁⲅⲱⲅⲏ ⲛ̄ ⲛ̄ⲓ̈ⲟⲩⲇⲁⲓ̈⁷
ϫⲉ ⲡⲁⲓ̈ ⲡⲉ⁸ ⲡⲉⲭ̄ⲥ̄ ⲡϣⲏⲣⲉ ⲙ̄ ⲡⲛⲟⲩⲧⲉ·

21 ⲁⲩⲡⲱϣⲥ̄ ⲇⲉ ⲛ̄ϭⲓ ⲟⲩⲟⲛ ⲛⲓⲙ ⲉⲧ
ⲥⲱⲧⲙ̄⁹ ⲁⲩⲱ ⲛⲉⲩϫⲱ ⲙ̄ⲙⲟⲥ ϫⲉ ⲙⲏ

---

¹ σκεῦος ἐκλογῆς, Η ⲡⲁⲓ ⲟⲩⲇⲓⲕⲁⲓⲟⲥ ⲡ̄ⲥⲱⲧⲡ̄ ⲛⲁⲓ ⲡⲉ.

² 'Before kings and the heathen', ἐνώπιον τῶν ἐθνῶν τε καὶ βασιλέων. Η ⲛ̄ⲡ̄ϩⲉⲑⲛⲟⲥ ⲙⲛ̄ ⲛ̄ⲣ̄ⲣⲱⲟⲩ, which agrees with the Greek.

³ Η ⲛ̄ⲡⲣⲏⲧⲉ̄.   ⁴ Η ⲛ̄ⲑⲉ ⲛ̄ϩⲉⲛϩⲃ̄ⲥ̄, ὡσεὶ λεπίδες.

⁵ There is no Greek for ⲛ̄ⲧⲉⲩⲛⲟⲩ.   ⁶ τὸν Ἰησοῦν.

⁷ 'In the synagogues of the Jews.' There is no Greek for ⲛ̄ ⲛ̄ⲓ̈ⲟⲩⲇⲁⲓ̈.

⁸ οὗτός ἐστιν ὁ υἱὸς τοῦ Θεοῦ.

⁹ ⲉⲣⲟϥ has probably dropped out.

ⲙ̄ ⲡⲁⲓ̈ ⲁⲛ ⲡⲉ ⲛⲧ ⲁϥϫⲱⲱⲣⲉ ⲉ ⲃⲟⲗ
ϩⲛ̄ ⲑⲓⲉⲣⲟⲩⲥⲁⲗⲏⲙ ⲛ̄ ⲛⲉⲧ ⲉⲡⲓⲕⲁ
ⲗⲓ¹ ⲙ̄ ⲡⲉⲓ̈ ⲣⲁⲛ ⲁⲩⲱ ⲛ̄ⲧ ⲁⲩⲧⲛ̄ⲛⲟ
ⲟⲩϥ ⲉ ⲧⲃⲉ ⲡⲁⲓ̈ ⲉ ⲡⲉⲓ̈ ⲙⲁ ϫⲉ ⲛⲁⲥ
ⲉϥⲉϫⲓⲧⲟⲩ ⲉⲩⲙⲏⲣ ⲉ ⲣⲁⲧⲟⲩ ⲛ̄ ⲛⲁⲣ

22 ⲭⲓⲉⲣⲉⲩⲥ: ⲥⲁⲩⲗⲟⲥ ⲇⲉ ⲛⲉϥϭⲙ̄
ϭⲟⲙ ⲛ̄ ϩⲟⲩⲟ ⲁⲩⲱ ⲛⲉϥϣⲧⲟⲣⲧⲣ̄
ⲛ̄ ⲓ̈ⲟⲩⲇⲁⲓ̈² ⲉⲧ ⲟⲩⲏϩ ϩⲛ̄ ⲇⲁⲙⲁⲥⲕⲟⲥ
ⲉϥⲧⲁⲙⲟ ⲙ̄ⲙⲟⲟⲩ: ϫⲉ ⲡⲁⲓ̈ ⲡⲉ ⲡⲉ

23 ⲭ̄ⲥ̄· ⲛ̄ ⲧⲉⲣⲉ ⲟⲩⲙⲏⲏϣⲉ ⲇⲉ ⲛ̄
ϩⲟⲟⲩ ϫⲱⲕ ⲉ ⲃⲟⲗ ⲁⲩϫⲓ ϣⲟϫⲛⲉ ⲛ̄

24 ϭⲓ ⲛ̄ⲓ̈ⲟⲩⲇⲁⲓ̈ ⲉ ϩⲟⲧⲃⲉϥ· ⲁⲩⲧⲁⲙⲉ(?)³
ⲥⲁⲩⲗⲟⲥ ⲉ ⲡⲉⲩϣⲟϫⲛⲉ ⲛⲉⲩⲁ
ⲣⲉϩ ⲇⲉ ⲉⲙⲡⲩⲗⲏ ⲙ̄ ⲡⲉϩⲟⲟⲩ ⲛⲙ̄
ϣⲏ ϫⲉ ⲛⲁⲁⲥ ⲉⲧⲉⲙⲟⲩⲟⲩⲧ ⲙ̄ⲙⲟϥ·

25 ⲁⲩϫⲓⲧϥ̄ ⲇⲉ ⲛ̄ϭⲓ ⲙ̄ ⲙⲁⲑⲏⲧⲏⲥ
ⲁⲩⲭⲁⲗⲁ⁴ ⲙ̄ⲙⲟϥ ⲉ ⲃⲟⲗ ϩⲓⲧⲛ̄ ⲡⲥⲟⲃⲧ

26 ϩⲛ̄ ⲟⲩⲃⲓⲣ ⲛ̄ ⲧⲉⲩϣⲏ· ⲛ̄ ⲧⲉⲣ ⲉϥⲃⲱⲕ
ⲇⲉ ⲉ ϩⲣⲁⲓ̈ ⲉ ⲑⲓⲉⲣⲟⲩⲥⲁⲗⲏⲙ ⲁϥϫⲱⲛⲧ̄
ⲉ ⲧⲟϭϥ ⲉⲙⲙⲁⲑⲏⲧⲏⲥ ⲁⲩⲱ ⲛⲉⲧ
ⲣ̄ ϩⲟⲧⲉ ϩⲏⲧϥ̄ ⲧⲏⲣⲟⲩ ⲉⲛⲥⲉⲡⲓⲥ
ⲧⲉⲩⲉ⁵ ⲁⲛ ϫⲉ ⲟⲩⲙⲁⲑⲏⲧⲏⲥ ⲡⲉ·

27 ⲃⲁⲣⲛⲁⲃⲁⲥ ⲇⲉ ⲁϥⲁⲙⲁϩⲧⲉ ⲙ̄ⲙⲟϥ
ⲁϥϫⲓⲧϥ̄ ⲉ ⲣⲁⲧⲟⲩ ⲛ̄ ⲛⲁⲡⲟⲥⲧⲟⲗⲟⲥ
ⲁⲩⲱ ⲁϥⲧⲁⲙⲟⲟⲩ ϫⲉ ⲁϥⲛⲁⲩ ⲉ ⲡϫⲟ
ⲉⲓⲥ ϩⲓ ⲧⲉϩⲓⲏ ⲁⲩⲱ ϫⲉ ⲁϥϣⲁϫⲉ
ⲛⲙ̄ⲙⲁϥ ⲁⲩⲱ ⲛ̄ⲑⲉ ⲛⲧ ⲁϥⲡⲁⲣϩⲏ
ⲥⲓⲁⲍⲉ⁶ ⲙ̄ⲙⲟϥ ϩⲛ̄ ⲇⲁⲙⲁⲥⲕⲟⲥ

---

¹ τοὺς ἐπικαλουμένους.   ² H adds ⲧⲏⲣⲟⲩ.
³ H ⲁⲩⲧⲁⲙⲉ.
⁴ χαλάσαντες ἐν σπυρίδι.
⁵ πιστεύοντες.
⁶ H ⲛ̄ⲧⲁϥⲡⲁⲣⲣⲏⲥⲓⲁⲍⲉ, ἐπαρρησιάσατο.

28 ϩⲙ̄ ⲡⲣⲁⲛ ⲛ̄ ⲓⲥ̄: ⲛⲉϥϣⲟⲟⲡ ⲇⲉ
ⲛ̄ⲙ̄ⲙⲁⲩ[1] ⲡⲉ ⲉϥⲃⲏⲕ ⲉ ϩⲟⲩⲛ ⲁⲩⲱ ⲉϥ
ⲛⲏⲩ ⲉ ⲃⲟⲗ ϩⲛ̄ ⲑⲓⲉⲣⲟⲩⲥⲁⲗⲏⲙ ⲁⲩ
ⲱ ⲉϥⲡⲁⲣϩⲏⲥⲓⲁⲍⲉ[2] ⲙ̄ⲙⲟϥ ϩⲙ̄ ⲡⲣⲁⲛ
29 ⲙ̄ ⲡϫⲟⲉⲓⲥ · ⲛⲉϥϣⲁϫⲉ ⲇⲉ ⲁⲩⲱ ⲛⲉϥ
ϯⲧⲱⲛ ⲙⲛ̄ ⲛⲟⲩⲉⲉⲓⲉⲛⲓⲛ[3] ⲛ̄ⲧⲟ
30 ⲟⲩ ⲇⲉ ⲁⲩϫⲓ ⲧⲟⲟⲧⲟⲩ ⲉ ϩⲟⲧⲃⲉϥ · ⲛ̄ ⲧⲉ
ⲣ ⲟⲩⲉⲓⲙⲉ ⲇⲉ ⲛ̄ϭⲓ ⲛⲉⲥⲛⲏⲩ ⲁⲩⲛ̄ⲧϥ̄
ⲉ ϩⲣⲁⲓ̈ ⲉ ⲕⲏⲥⲁⲣⲓⲁ[4] ⲛ ⲧⲉⲩϣⲏ ⲁⲩⲱ
31 ⲁⲩϫⲟⲟⲩϥ ⲉ ⲧⲁⲣⲥⲟⲥ : ⲧⲉⲕⲕⲗⲏ
ⲥⲓⲁ ϭⲉ ⲉⲧ ϩⲛ̄ ⲛ̄ ϯⲟⲩⲇⲁⲓ̈[5] ⲧⲏⲣⲥ̄ ⲛⲙ̄ ⲧⲕⲁ
ⲗⲓⲗⲉⲁ ⲛⲙ̄ ⲧⲥⲁⲙⲁⲣⲓⲁ[6] ⲛⲉⲥϣⲟ
ⲟⲡ ϩⲛ̄ ⲟⲩⲉⲓⲣⲏⲛⲏ ⲉⲩⲕⲱⲧ[7] ⲙ̄
ⲙⲟⲥ ⲉⲥⲙⲟⲟϣⲉ ϩⲛ̄ ⲑⲟⲧⲉ ⲙ̄
ⲡϫⲟⲉⲓⲥ ⲁⲩⲱ ϩⲙ̄ ⲡⲥⲟⲡⲥ̄[8] ⲙ̄ ⲡⲉ
ⲡⲛ̄ⲁ̄ ⲉⲧ ⲟⲩⲁⲁⲃ ⲛⲉⲥⲁϣⲁⲓ̈[9] : ⲁⲥ
32 ϣⲱⲡⲉ ⲇⲉ ⲛ̄ ⲧⲉⲣⲉ ⲡⲉⲧⲣⲟⲥ ⲉⲓ ⲉ
ⲃⲟⲗ ϩⲓⲧⲛ̄ ⲟⲩⲟⲛ ⲛⲓⲙ[10] ⲉ ⲧⲣⲉ ϥⲃⲱⲕ
ϣⲁ ⲛⲉⲧ ⲟⲩⲁⲁⲃ ⲉⲧ ⲟⲩⲏϩ ϩⲛ̄ ⲗⲩⲇⲇⲁ ·
33 ⲁⲩⲱ ⲁϥϩⲉ ⲉⲩⲣⲱⲙⲉ ⲙ̄ⲙⲁⲩ ⲉ ⲡⲉϥ
ⲣⲁⲛ ⲡⲉ ⲁⲓⲛⲁⲓⲁⲥ[11] ⲁϥⲣ̄ ϣⲙⲟⲩⲛⲉ
ⲛ̄ⲣⲟⲙⲡⲉ ⲉϥⲥⲛ̄ϭ ⲉϥⲛⲏϫ ϩⲓϫⲛ̄ ⲟⲩ
34 ϭⲟⲗ (sic)[12] · ⲁⲩⲱ ⲡⲉⲧⲣⲟⲥ ⲁϥϭⲱϣⲧ̄

---

[1] 'There.' H ⲛ̄ⲙ̄ⲙⲁⲩ, μετ' αὐτῶν.

[2] H ⲛⲉϥⲡⲁⲣⲣⲏⲥⲓⲁⲍⲉ, παρρησιαζόμενος.

[3] τοὺς Ἑλληνιστάς, H ⲛ̄ⲟⲩⲉⲉⲓⲛⲓⲛ.

[4] εἰς Καισάρειαν, H ⲉⲕⲁⲓⲥⲁⲣⲓⲁ.   [5] H ϯⲟⲩⲇⲁⲓⲁ.

[6] τῆς Ἰουδαίας καὶ Γαλιλαίας καὶ Σαμαρείας.

[7] οἰκοδομουμένη.   [8] τῇ παρακλήσει.

[9] The paragraph is marked by the two dots: but ⸗ is omitted between ⲡⲛ̄ⲁ̄ and ϣⲱⲡⲉ at the beginning of the lines.

[10] διὰ πάντων.   [11] Αἰνέαν ὀνόματι.

[12] ϭⲟⲗ has no meaning here. H has ⲉϥⲛⲏϫ ϩⲓϫⲛ̄ ⲟⲩϭⲗⲟϭ = κατακείμενον ἐπὶ κραββάτου. ϭⲟⲗ is written over a fault in the papyrus.

ⲉ ⲣⲟϥ ⲡⲉϫⲁϥ¹ ϫⲉ ⲁϥⲧⲁⲗϭⲟⲕ. ⲡϭⲓ
ⲡϫⲟⲉⲓⲥ ⲓ̄ⲥ̄ ⲡⲉⲭ̄ⲥ̄· ⲧⲱⲟⲩⲛ ⲛ̄ⲅ̄
ⲡⲣ̄ϣ² ϩⲁ ⲣⲟⲕ ⲁⲩⲱ ⲛ̄ⲧⲉⲩⲛⲟⲩ ⲁϥⲧⲱ

35 ⲟⲩⲛ ⲁⲩⲛⲁⲩ ⲉ ⲣⲟϥ ⲛ̄ϭⲓ ⲟⲩⲟⲛ ⲛⲓⲙ
ⲉⲧ ⲟⲩⲏϩ ϩⲛ̄ ⲗⲩⲇⲇⲁ ⲛⲙ̄ ⲥⲁⲣⲱⲛⲁ

36 ⲁⲩⲱ ⲁ ϩⲁϩ ⲕⲟⲧⲟⲩ ⲉ ⲡⲛⲟⲩⲧⲉ: ⲛⲉⲩ
ⲛ̄ ⲟⲩⲥⲱⲛⲉ³ ⲇⲉ ϩⲛ̄ ⲓ̈ⲟⲡⲡⲏ ⲉ ⲡⲉⲥⲣⲁⲛ
ⲡⲉ ⲧⲁⲃⲓⲑⲁ ⲧⲁⲓ̈ ⲉϣⲁⲩⲟⲩⲁϩⲙⲉⲥ⁴
ϫⲉ ⲧⲟⲣⲕⲁⲥ⁵ ⲧⲁⲓ̈ ⲛⲉⲥϫⲏⲕ ⲉ ⲃⲟⲗ ⲛ̄
ϩⲱⲃ ⲛⲓⲙ ⲉⲧ ⲛⲁⲛⲟⲩϥ ϩⲓ ⲙⲛ̄ⲧⲛⲁ

37 ⲛⲁⲓ̈ ⲉⲛⲉⲥⲉⲓⲣⲉ ⲙ̄ⲙⲟⲟⲩ· ⲁⲥϣⲱ
ⲡⲉ ϩⲛ̄ ⲛⲉϩⲟⲟⲩ ⲉⲧ ⲙ̄ⲙⲁⲩ ⲉ ⲧⲣⲉ ⲥ
ϣⲱⲛⲉ ⲁⲩⲱ ⲛ̄ⲥ̄ⲙⲟⲩ ⲁⲩϫⲟⲕⲙⲉⲥ

38 ⲇⲉ ⲁⲩⲕⲁⲁⲥ ϩⲛ̄ ⲟⲩⲙⲁ ⲛ̄ ⲧⲡⲉ⁶· ⲉⲣⲉ⁷
ⲗⲩⲇⲇⲁ ϩⲏⲛ ⲉ ϩⲟⲩⲛ ⲉ ⲓ̈ⲟⲡⲡⲏ ⲛ̄ ⲧⲉ
ⲣ ⲟⲩⲥⲱⲧⲙ̄⁸ ϫⲉ ⲡⲉⲧⲣⲟⲥ ⲙ̄ⲙⲁⲩ
ⲁⲩϫⲟⲟⲩ ϣⲁ ⲣⲟϥ ⲛ̄ⲣⲱⲙⲉ ⲥⲛⲁⲩ ⲉⲩ
ⲥⲟⲡⲥ̄ ⲙ̄ⲙⲟϥ ⲉⲩϫⲱ ⲙ̄ⲙⲟⲥ ϫⲉ ⲙ̄

39 ⲡⲣ̄ ϫⲛⲁⲁⲧ ⲉ ⲉⲓ ϣⲁ ⲣⲟⲛ· ⲡⲉⲧⲣⲟⲥ ⲇⲉ
ⲁϥⲧⲱⲟⲩⲛ ⲁϥⲃⲱⲕ⁹ ⲛ ⲧⲉⲣ ⲉϥⲉⲓ ⲇⲉ
ⲁⲩϫⲓⲧϥ̄ ⲉ ϩⲣⲁⲓ̈ ⲉ ⲡⲙⲁ ⲛ̄ ⲧⲡⲉ ⲁⲩⲱ
ⲁ ⲛⲉⲭⲏⲣⲁ ⲧⲏⲣⲟⲩ ⲁϩⲉ ⲣⲁⲧⲟⲩ ⲉⲩⲣⲓⲙⲉ
ⲉⲩⲧⲥⲁⲃⲟ ⲙ̄ⲙⲟϥ ⲉ ϩⲉⲛϩⲟⲉⲓⲧⲉ
ⲛⲙ̄ ϩⲉⲛ ϣⲧⲏⲛ¹⁰ ⲛⲁⲓ̈ ⲉⲛⲉⲥⲧⲁⲙ

Fol. 75 a
[ⲗⲉ]

---

¹ εἶπεν αὐτῷ ὁ Πέτρος, Αἰνέα, H ⲡⲉϫⲁϥ ⲛⲁϥ ϫⲉ ⲁⲓⲛⲉ.
² στρῶσον σεαυτῷ, H ⲡⲣ̄ ⲡⲱⲣϣ̄.
³ 'Sister', μαθήτρια.
⁴ διερμηνευομένη.
⁵ Δορκάς, H ⲇⲟⲣⲕⲁⲥ.
⁶ 'Place of height', ἐν ὑπερῴῳ.   ⁷ H ⲛⲉⲣⲉ.
⁸ ⲛ ⲙ̄ⲙⲁⲑⲏⲧⲏⲥ has been omitted, for the Greek has οἱ μαθηταὶ ἀκούσαντες.
⁹ H ⲛⲙ̄ⲙⲁⲩ = αὐτοῖς.
¹⁰ χιτῶνας καὶ ἱμάτια.

40 ⲟⲟ¹ ⲙ̄ⲙⲟⲟⲩ² ⲛ̄ϭⲓ ⲧⲟⲣⲅⲁⲥ³· ⲡⲉⲧⲣⲟⲥ
ⲇⲉ ⲛ ⲧⲉⲣ ⲉϥⲛⲟⲩϫⲉ ⲉ ⲃⲟⲗ ⲛ̄ ⲟⲩ
ⲟⲛ ⲛⲓⲙ· ⲁϥⲕⲱⲗⲝ̄ ⲇⲉ ⲛ̄ ⲛⲉϥⲡⲁⲧ⁴
ⲁϥϣⲗⲏⲗ ⲁϥⲕⲟⲧϥ̄ ⲇⲉ ⲉ ⲡⲥⲱⲙⲁ
ⲡⲉϫⲁϥ· ϫⲉ ⲧⲁⲃⲓⲑⲁ ⲧⲱⲟⲩⲛⲟⲩ
ϩⲙ̄ ⲡⲣⲁⲛ ⲛ̄ ⲓ̄ⲥ̄ ⲡⲉⲭ̄ⲥ̄⁵ ⲛ̄ⲧⲟⲥ ⲇⲉ ⲁⲥ
ⲥⲟⲩⲱⲛ ⲛ̄ ⲛⲉⲥⲃⲁⲗ ⲛ̄ⲧⲉⲩⲛⲟⲩ·
ⲁⲩⲱ ⲛ̄ ⲧⲉⲣ ⲉⲥⲛⲁⲩ ⲉ ⲡⲉⲧⲣⲟⲥ
41 ⲁⲥϩⲙⲟⲟⲥ· ⲁϥϯ ⲧⲟⲟⲧⲥ̄ ⲁϥⲧⲟⲩ
ⲛⲟⲥⲥ̄· ⲁⲩⲱ ⲁϥⲙⲟⲩⲧⲉ ⲉ ⲛⲉ
ⲧ ⲟⲩⲁⲁⲃ ⲛⲙ̄ ⲛⲉⲭⲏⲣⲁ ⲁϥⲧⲁϩⲟⲥ
42 ⲉ ⲣⲁⲧⲥ̄ ⲛⲁⲩ ⲉⲥⲟⲛϩ̄· ⲁ ⲡⲁⲓ̈ ϣⲱ (sic)
ϣⲱⲡⲉ ⲉϥⲟⲩⲟⲛϩ̄ ⲉ ⲃⲟⲗ ϩⲛ̄ ⲓ̈ⲟⲡ
ⲡⲏ ⲧⲏⲣϥ̄· ⲁⲩⲱ ⲁ ϩⲁϩ ⲡⲓⲥⲧⲉⲩⲉ
43 ⲉ ⲡϫⲟⲉⲓⲥ: ⲁⲥϣⲱⲡⲉ ⲇⲉ ⲉ ⲧⲣⲉ ϥ
ϭⲱ ⲛ̄ ϩⲁϩ ⲛ̄ϩⲟⲟⲩ ϩⲛ̄ ⲓ̈ⲟⲡⲡⲏ ϩⲁϩⲧ⁶ ⲛ̄
ⲟⲩⲁ ϫⲉ ⲥⲓⲙⲱⲛ ⲡⲃⲁⲕϣⲁⲁⲣ⁷:

Chap. ⲟⲩⲛ ⲟⲩⲣⲱⲙⲉ ⲇⲉ ϩⲛ̄ ⲧⲕⲏⲥⲁⲣⲓⲁ⁸
X. 1 ⲉ ⲡⲉϥⲣⲁⲛ ⲡⲉ ⲕⲟⲣⲛⲏⲗⲓⲟⲥ ⲟⲩϩⲉ
ⲕⲁⲧⲟⲛⲧⲁⲣⲭⲟⲥ⁹ ⲉ ⲃⲟⲗ ϩⲛ̄ ⲧⲉⲥⲡⲓⲣ¹⁰
ⲉⲧ ⲟⲩⲙⲟⲩⲧⲉ ⲉ ⲣⲟⲥ ϫⲉ ⲧϩⲓⲧⲁ
2 ⲗⲓⲕⲏ¹¹· ⲉⲩⲉⲩⲥⲉⲃⲏⲥ ⲡⲉ ⲉϥⲣ̄ ϩⲟ
ⲧⲉ ϩⲏⲧϥ̄ ⲙ̄ ⲡⲛⲟⲩⲧⲉ ⲛⲙ̄ ⲡⲉϥ
ⲛⲉⲓ ⲧⲏⲣϥ̄ ⲉϣⲁϥⲣ̄ ϩⲁϩ ⲙ̄ ⲡⲉᵗ ⲛⲁⲛⲟⲩ[ϥ]¹²

Fol. 75 b
[ⲗⲉ]

---

[1] The last o is superfluous. Η ⲉⲡⲉⲥⲧⲁⲙⲓⲟ.

[2] The Coptic has no equivalent for μετ' αὐτῶν οὖσα. Η ⲉⲥⲛ̄ⲙ̄ⲙⲁⲧ.

[3] Δορκάς, Η ⲇⲟⲣⲕⲁⲥ.   [4] 'Bent his legs', θεὶς τὰ γόνατα.

[5] 'Arise in the Name of Jesus Christ.' Η 'Arise in the Name of the Lord Jesus Christ', ⲧⲱⲟⲩⲛ ϩⲙ̄ ⲡⲣⲁⲛ ⲙ̄ⲡⲉⲛϫⲟⲉⲓⲥ ⲓ̄ⲥ̄ ⲡⲉⲭ̄ⲥ̄.

[6] A mistake for ϩⲁⲧⲛ̄.   [7] παρά τινι Σίμωνι βυρσεῖ.

[8] ἐν Καισαρείᾳ.   [9] ἑκατοντάρχης.

[10] The reading is not clear. Η ⲉⲃⲟⲗ ϩⲛ̄ ⲧⲉⲥⲡⲉⲓⲣⲁ = ἐκ σπείρης. One letter, probably ⲁ, seems to be covered up by a strip of papyrus which was gummed on for purposes of binding.

[11] Ἰταλικῆς, Η ⲑⲓⲧⲁⲗⲓⲕⲏ.   [12] ϥ covered by the strip of papyrus.

ACTS X. 2-8

ⲙ̄ ⲡⲗⲁⲟⲥ ⲁⲩⲱ ⲉϥⲥⲟⲡⲥ̄ ⲙ̄ ⲡⲛⲟⲩ
3 ⲧⲉ ⲛ̄ ⲟⲩⲟⲉⲓϣ ⲛⲓⲙ̄¹· ⲁϥⲛⲁⲩ ⲉⲩ
ϩⲟⲣⲟⲙⲁ ϩⲛ̄ ⲟⲩⲟⲩⲱⲛϩ̄² ⲉ ⲃⲟⲗ ⲙ̄
ⲡⲛⲁⲩ ⲛ̄ ⲯⲓⲧⲉ³ ⲙ̄ ⲡⲉϩⲟⲟⲩ ⲟⲩ
ⲁⲅⲅⲉⲗⲟⲥ ⲛⲧⲉ ⲡⲛⲟⲩⲧⲉ ⲁϥⲃⲱⲕ
ⲉ ϩⲟⲩⲛ ϣⲁ ⲣⲟϥ ⲡⲉϫⲁϥ ϫⲉ ⲕⲟⲣ
4 ⲛⲏⲗⲓⲉ· ⲛ̄ ⲧⲉⲣ ⲉϥⲥⲱϣⲧ ⲇⲉ ⲉ ϩⲟⲩⲛ
ⲉ ϩⲣⲁϥ ⲁϥⲣ̄ ϩⲟⲧⲉ ⲡⲉϫⲁϥ ϫⲉ ⲟⲩ ⲡⲉⲧ
ϣⲟⲟⲡ ⲡϫⲟⲉⲓⲥ· ⲡⲉϫⲁϥ ⲛⲁϥ ϫⲉ
ⲛⲉⲕϣⲗⲏⲗ ⲁⲩⲱ ⲛⲉⲕⲙⲛ̄ⲧⲛⲁ
ⲁⲩⲃⲱⲕ ⲉ ϩⲣⲁⲓ̈ ⲉⲩⲣ̄ ⲡⲙⲉⲉⲩⲉ⁴ ⲛⲁⲕ
5 ⲙ̄ⲡⲉ ⲙⲧⲟ ⲉ ⲃⲟⲗ ⲙ̄ ⲡⲛⲟⲩⲧⲉ· ⲧⲉ
ⲛⲟⲩ ϭⲉ ⲙⲁ ϫⲟⲟⲩ ⲛ̄ ϩⲉⲛⲣⲱⲙⲉ
ⲉ ϩⲣⲁⲓ̈ ⲉ ⲓ̈ⲟⲡⲡⲏ ⲛⲅ̄ ⲧⲛ̄ⲛⲟⲟⲩ
ⲛ̄ⲥⲁ ⲥⲓⲙⲱⲛ ⲡⲉ ϣⲁⲩⲙⲟⲩⲧⲉ⁵ ⲉ
6 ⲣⲟϥ ϫⲉ ⲡⲉⲧ'ⲣⲟⲥ· ⲉϥⲟⲩⲏϩ ϩⲁ
ϩⲧⲛ̄⁶ ⲟⲩⲁ ϫⲉ ⲥⲓⲙⲱⲛ ⲡⲃⲁⲕ
ϣⲁⲁⲣ ⲡⲁⲓ̈ ⲉⲣⲉ ⲡⲉϥⲏⲓ̈ ϩⲓϫⲙ̄ ⲑⲁ
7 ⲗⲁⲥⲥⲁ· ⲛ̄ ⲧⲉⲣⲉ ⲡⲁⲅⲅⲉⲗⲟⲥ ⲇⲉ
ⲃⲱⲕ ⲉⲧ ϣⲁϫⲉ ⲛⲙ̄ⲙⲁϥ ⲁϥⲙⲟⲩ
ⲧⲉ ⲉ ⲛⲉϥϩⲙ̄ϩⲁⲗ⁷ ⲁⲩⲱ ⲟⲩⲙⲁⲧⲟⲓ
ⲛ ⲣⲙ̄ ⲛ̄ ⲛⲟⲩⲧⲉ⁸ ⲉ ⲃⲟⲗ ϩⲛ̄ ⲛⲉⲧ
8 ⲡⲣⲟⲥⲕⲁⲣⲧⲉⲣⲓ⁹ ⲉ[ⲣⲟϥ¹⁰· ⲁϥϫⲉ]

Fol. 76a
[λ̄ζ̄]

---

¹ δεόμενος ... διαπαντός.
² ἐν ὁράματι φανερῶς, H ⲉⲩϩⲟⲣⲁⲙⲁ ϩⲛ̄ ⲟⲩⲱⲛϩ ⲉⲃⲟⲗ.
³ H ⲛ̄ⲯⲓⲧⲉ.   ⁴ εἰς μνημόσυνον.
⁵ H ⲡⲉⲧⲉϣⲁⲩⲙⲟⲩⲧⲉ.   ⁶ H ϩⲁⲧⲛ̄.
⁷ ⲥⲛⲁⲩ has dropped out, for the Greek has δύο τῶν οἰκετῶν.
⁸ 'Men of God' = εὐσεβῆ.
⁹ τῶν προσκαρτερούντων, H ⲛⲉⲧⲡⲣⲟⲥⲕⲁⲣⲧⲉⲣⲉⲓ.
¹⁰ The letters of the first line, which are tolerably complete, show that the line was retouched in ancient days; the damage to it was caused by damp, or a water stain. From here onwards the upper part of each leaf is, more or less, worm-eaten.

ϣⲁϫⲉ ⲛⲓⲙ ⲉ ⲣⲟⲟⲩ ⲁϥ[ϫⲟ]ⲟⲩ [ⲥⲟⲩ]
9 ⲉ ⲓⲟⲡⲡⲏ· ⲙ̄ ⲡⲉϥⲣⲁⲥⲧⲉ ⲇⲉ ⲉⲩⲙⲟⲟ
ϣⲉ ⲛ̄ϭⲓ ⲛⲉⲧ ⲙ̄ⲙⲁⲩ· ⲛ̄ ⲧⲉⲣ ⲟⲩⲱⲛ
ⲉ ϩⲟⲩⲛ ⲉ ⲧⲡⲟⲗⲓⲥ ⲡⲉⲧⲣⲟⲥ ⲁϥ
ⲃⲱⲕ ⲉ ϩⲣⲁⲓ̈ ⲉ ᵀϫⲉⲛⲉⲡⲱⲣ¹ ⲉ ϣⲗⲏⲗ
10 ⲙ̄ ⲡⲛⲁⲩ ⲛ̄ ϫⲡⲥⲟ· ⲁϥϩⲕⲟ ⲇⲉ ⲁⲩⲱ
ⲁϥⲣ̄ ϩⲛⲁϥ ⲛ̄ ⲟⲩⲱⲙ· ⲉⲩⲥⲟⲃⲧⲉ²
ⲇⲉ ⲛⲁϥ ⲁⲩⲉⲕⲥⲧⲁⲥⲓⲥ ϩⲉ ⲉ ϩⲣⲁⲓ̈
11 ⲉ ϫⲱϥ· ⲁⲩⲱ ⲁϥⲛⲁⲩ ⲉ ⲧⲡⲉ ⲉⲥⲟⲩ
ⲏⲛ ⲁⲩⲱ ⲟⲩⲥⲕⲉⲩⲟⲥ ⲉϥⲙⲏⲣ ⲉ
ⲡⲉϥⲧⲟⲩ ⲧⲟⲡ³ ⲛ̄ⲑⲉ ⲛ̄ ⲟⲩⲛⲟϭ
ⲛ̄ ϩⲃⲟⲥ ⲉⲩⲭⲁⲗⲁ⁴ ⲙ̄ⲙⲟϥ ⲉ ϩⲣⲁⲓ̈ ⲉ
12 ϫⲛ̄ ⲡⲕⲁϩ· ⲉⲣⲉ ⲛ̄ⲧⲃ̄ⲛⲟⲟⲩⲉ ⲧⲏ
ⲣⲟⲩ ⲛ̄ ϩⲏⲧϥ̄· ⲁⲩⲱ ⲛ̄ϫⲁⲧϥⲉ ⲙ
13 ⲡⲕⲁϩ ⲛⲓⲙ ⲛ̄ ϩⲁⲗⲁⲧⲁ ⲛ̄ ⲧⲡⲉ· ⲁⲩ
ⲥⲙⲏ ⲇⲉ ϣⲱⲡⲉ ϣⲁ ⲣⲟϥ ϫⲉ ⲧⲱⲟⲩⲛ⁵
ⲡⲉⲧⲣⲉ ⲛⲅ̄ ϣⲱⲱⲧ ⲛⲅ̄ ⲟⲩⲱⲙ· ⲡⲉ
14 ϫⲉ ⲡⲉⲧⲣⲟⲥ ⲇⲉ ϫⲉ ⲙ̄ⲡⲱⲣ ⲡϫⲟⲉⲓⲥ
ϫⲉ ⲙ̄ⲡ ⲓⲟⲩⲱⲙ ⲗⲁⲁⲩ ⲉⲛⲉϩ ⲉϥϫⲁ
15 ϩⲙ̄⁶ ⲁⲩⲱ ⲛⲁⲕⲁⲑⲁⲣⲧⲟⲛ· ⲁⲩⲥⲙⲏ
ⲟⲛ ϣⲱⲡⲉ ϣⲁ ⲣⲟϥ ⲙ̄ ⲡⲙⲉϩ ⲥⲉⲡ
ⲥⲛⲁⲩ ⲉⲥϫⲱ ⲙ̄ⲙⲟⲥ ϫⲉ ⲛⲉ ⲛⲧⲁ
ⲡⲛⲟⲩⲧⲉ ⲧⲃ̄ⲃⲟⲟⲩ ⲛ̄ⲧⲟⲕ ⲙ̄ⲡⲣ̄
16 ⲙⲉ⁷ ϫⲁϩⲙⲟⲩ· ⲡⲁⲓ ⲇⲉ ⲁϥϣⲱⲡⲉ ⲛ
ϣⲙ̄ⲧ ⲥⲱⲱⲡ ⲁⲩϫⲓ⁸ ⲡⲉⲥⲕⲉⲩⲟⲥ
17 ⲟⲛ ⲉ ϩⲣⲁⲓ̈ ⲉ ⲧⲡⲉ· ⲡⲉⲧⲣⲟⲥ ⲇⲉ

---

¹ ἐπὶ τὸ δῶμα. ² παρασκευαζόντων.
³ τέσσαρσιν ἀρχαῖς, H ⲉⲡⲉϥⲧⲟⲟⲩ ⲛ̄ ⲧⲁⲡ.
⁴ καθιέμενον. ⁵ H ⲧⲱⲟⲩⲛⲅ̄.
⁶ 'Polluted', κοινὸν καὶ ἀκάθαρτον.
⁷ The text is faulty here. H ⲛ̄ⲧⲟⲕ ⲇⲉ ⲙ̄ⲡⲣ̄ϫⲁϩⲙⲟⲩ, σὺ μὴ κοίνου. The letters ⲙⲉ suggest that the scribe had ⲣⲱⲙⲉ in his mind.
⁸ H ⲛ̄ϣⲙ̄ⲧ ⲥⲟⲟⲡ· ⲁⲩⲱ ⲁⲩϫⲓ.

ACTS X. 17–22

ⲉϥⲁⲡⲟⲣⲓ[1] ⲛ̄ ϩⲣⲁⲓ̈ ⲛ̄ϩⲏⲧϥ̄ ϫⲉ ⲟⲩ
ⲡⲉ ⲡⲉⲓ̈ ϩⲟⲣⲟⲙⲁ[2] ⲛ̄ⲧ ⲁϥⲛⲁⲩ ⲉ ⲣⲟϥ
ⲉⲓⲥ ⲛ̄ⲣⲱⲙⲉ ⲛ̄ⲧ ⲁⲩⲧⲛ̄ⲛⲟⲟⲩ ⲥⲉ (sic)[3]
ⲉ ⲃⲟⲗ ϩⲓⲧⲛ̄ ⲕⲟⲣⲛⲏⲗⲓⲟⲥ ⲁⲩⲱ ⲁⲩ
ϣⲓⲛⲉ ⲛ̄ⲥⲁ ⲡⲏⲓ ⲛ̄ ⲥⲓⲙⲱⲛ ⲁⲩ

18 ⲉⲓ ⲛ̄ ⲡⲣⲟ· ⲁⲩϣⲓⲛⲉ[4] ⲇⲉ ϫⲉ ⲉⲛ ⲉ
ⲣⲉ ⲥⲓⲙⲱⲛ ⲟⲩⲏϩ ⲙ̄ ⲡⲉⲓ̈ ⲙⲁ ⲡⲉⲧⲉ
ϣⲁⲩⲙⲟⲩⲧⲉ ⲉ ⲣⲟϥ ϫⲉ ⲡⲉⲧ'ⲣⲟⲥ·

19 ⲉⲣⲉ ⲡⲉⲧ'ⲣⲟⲥ ⲇⲉ ⲙⲟⲕⲙⲉⲕ ⲙ̄
[ⲙⲟ]ϥ ⲉ ⲧⲃⲉ ⲡⲉⲓ̈ ϩⲟⲣⲟⲙⲁ[5]: ⲡⲉϫⲉ ⲡⲉ
[ⲡⲛ̄ⲁ̄] ⲛⲁϥ ϫⲉ ⲉⲓⲥ ϣⲟⲙⲛ̄ⲧ ⲛ̄ⲣⲱ

20 [ⲙ]ⲉ ϣⲓⲛⲉ[6] ⲛ̄ⲥⲱⲕ· ⲁⲗⲗⲁ ⲧⲱⲟⲩⲛ[7]
ⲃⲱⲕ ⲉ ⲡⲉⲥⲏⲧ ⲛ̄ⲅ̄ ⲙⲟⲟϣⲉ ⲛⲙ̄
ⲙⲁⲩ ⲉⲛⲕ̄ ⲛⲁⲕⲣⲓⲛⲉ[8] ⲗⲁⲁⲩ ⲁⲛ ϫⲉ

21 ⲁⲛⲟⲕ ⲡⲉ ⲛ̄ⲧ ⲁⲓ̈ⲧⲛ̄ⲛⲟⲟⲩ ⲥⲉ[9]· ⲡⲉ
ⲧⲣⲟⲥ ⲇⲉ ⲁϥⲉⲓ ⲉ ϩⲣⲁⲓ̈[10]· ⲡⲉϫⲁϥ ⲛ̄ ⲛ̄ⲣⲱ
ⲙⲉ ϫⲉ ⲉⲓⲥ ϩⲏⲏⲧⲉ ⲁⲛⲟⲕ ⲡⲉ ⲧⲉ
ⲧⲛ̄ϣⲓⲛⲉ ⲛ̄ⲥⲱⲓ̈[11]· ⲟⲩ ⲧⲉ ⲧϭⲟⲉⲓⲗⲉ[12]

22 ⲉⲛⲧⲁ ⲧⲉⲧⲛ̄ⲉⲓ ⲉ ⲧⲃⲏⲏⲧⲥ̄· ⲛ̄ⲧⲟⲟⲩ
ⲇⲉ ⲡⲉϫⲁⲩ ⲛⲁϥ ϫⲉ ⲕⲟⲣⲛⲏⲗⲓⲟⲥ ⲟⲩ
ϩⲉⲕⲁⲧⲟⲛⲧⲁⲣⲭⲟⲥ ⲟⲩⲣⲱⲙⲉ ⲛ̄ ⲇⲓ
ⲕⲁⲓⲟⲥ ⲉϥⲣ̄ ϩⲟⲧⲉ ϩⲏⲧϥ̄ ⲙ̄ ⲡⲛⲟⲩⲧⲉ
ⲁⲩⲱ ⲉⲩⲣ̄ ⲙⲛ̄ⲧⲣⲉ ϩⲁ ⲣⲟϥ ϩⲓⲧⲛ̄ ⲡϩⲉ
ⲑⲛⲟⲥ ⲧⲏⲣϥ̄ ⲛ̄ⲓ̈ⲟⲩⲇⲁⲓ̈ ⲁⲩⲧⲥⲉⲃⲃⲟ

Fol. 76 b
[ⲗⲏ]

---

[1] διηπόρει.
[2] Ⲏ ⲟⲩ ⲁⲣⲁ ⲡⲉ ⲡⲉⲓϩⲟⲣⲁⲙⲁ.   [3] ⲛ̄ⲧⲁⲩⲧⲛ̄ⲛⲟⲟⲩⲥⲟⲩ.
[4] 'They inquired whether Simon.' Ⲏ ⲁⲩⲙⲟⲩⲧⲉ ⲁⲩⲱ ⲁⲩϫ-
ⲛⲟⲩⲟⲩ, which = φωνήσαντες ἐπυνθάνοντο.
[5] περὶ τοῦ ὁράματος.   [6] Ⲏ ⲥⲉϣⲓⲛⲉ.
[7] For ⲧⲱⲟⲩⲛ ⲛ̄ⲅ̄.   [8] διακρινόμενος.
[9] Ⲏ ⲡⲉⲛⲧⲁⲓⲧⲛ̄ⲛⲟⲟⲩⲥⲟⲩ.
[10] Ⲏ ⲁϥⲉⲓ ⲉⲡⲉⲥⲏⲧ = καταβὰς.
[11] A mistake for ⲛ̄ⲥⲱϥ, 'after him'.
[12] Literally 'sojourner'; ⲧϭⲟⲉⲓⲗⲉ is a mistake for ⲧⲗⲟⲉⲓϭⲉ, 'cause'.

ACTS X. 22-28

ⲧϥ¹ ⲉ ⲃⲟⲗ ϩⲓⲧⲛ̄ ⲟⲩⲁⲅⲅⲉⲗⲟⲥ ⲉϥⲟⲩⲁⲁⲃ
ⲉ ⲧ'ⲛ̄ⲛⲟⲟⲩ ⲛ̄ⲥⲱⲕ ⲉ ϩⲣⲁⲓ ⲉ ⲡⲉϥ
ⲏⲉⲓ ⲁⲩⲱ ⲉ ⲥⲱⲧⲙ̄ ⲉ ϩⲉⲛϣⲁϫⲉ

23 ⲉ ⲃⲟⲗ ϩⲓ ⲧⲟⲟⲧⲛ̄· ⲁϥⲙⲟⲩⲧⲉ ϭⲉ ⲉ ⲣⲟ
ⲟⲩ ⲛ̄ϭⲓ ⲡⲉⲧ'ⲣⲟⲥ ⲁϥϣⲟⲡⲟⲩ ⲉ ⲣⲟϥ·
ⲙ̄ ⲡⲉϥⲣⲁⲥⲧⲉ ⲇⲉ ⲁϥⲧⲱⲟⲩⲛ ⲁϥⲉⲓ
ⲉ ⲃⲟⲗ ⲛⲙ̄ⲙⲁⲩ ⲁⲩⲱ ϩⲟⲉⲓⲛⲉ² ⲛ̄ ⲛⲉ
ⲥⲛⲏⲩ ⲉ ⲃⲟⲗ ϩⲛ̄ ⲓⲟⲡⲡⲏ ⲁⲩⲉⲓ ⲛⲙ̄

24 ⲙⲁϥ· [ⲙ̄] ⲡⲉϥⲣⲁⲥⲧⲉ³ ⲇⲉ ⲁϥⲃⲱⲕ ⲉ ϩⲣⲁⲓ
ⲉ ⲕⲏⲥⲁⲣⲓⲁ⁴· ⲕⲟⲣⲛⲏⲗⲓⲟⲥ ϭⲉ ⲛⲉϥ
ϭⲱϣⲧ̄ ϩⲏⲧⲟⲩ ⲡⲉ ⲉ ⲁϥⲙⲟⲩⲧⲉ ⲉ
ⲛⲉϥⲥⲩⲅⲅⲉⲛⲏⲥ ⲛⲙ̄ ⲛⲉϥϣⲃⲏⲣ

25 ⲛⲁⲛⲁⲅⲅⲁⲓⲟⲥ⁵ ⲁⲥϣⲱⲡⲉ ⲇⲉ ⲛⲉ
ⲣⲉ ⲡⲉⲧ'ⲣⲟⲥ ⲃⲱⲕ ⲉ ϩⲟⲩⲛ· ⲁ ⲕⲟⲣⲛⲏ
ⲗⲓⲟⲥ ⲧⲱⲙⲛ̄ⲧ ⲉ ⲣⲟϥ ⲁⲩⲱ ⲁϥⲡⲁϩⲧϥ̄ ϩⲁ ⲣⲁⲧϥ̄⁶

26 ⲁϥⲟⲩⲱϣⲧ̄ [ⲛⲁϥ· ⲡⲉⲧⲣⲟⲥ ⲇⲉ ⲁϥⲧⲟⲩⲛⲟⲥϥ̄]⁷
ⲉϥϫⲱ ⲙ̄ⲙⲟⲥ ϫⲉ ⲧⲱⲟⲩⲛ⁸
ⲁⲛⲟⲕ ϩⲱⲱⲧ ⲟⲛ ⲁⲛⲅ̄ ⲟⲩⲣⲱⲙⲉ ⲉϥ

27 ϣⲁϫⲉ ⲛⲙ̄ⲙⲁⲕ⁹· ⲁϥⲃⲱⲕ ⲉ ϩⲟⲩⲛ ⲁⲩⲱ

28 ⲁϥϩⲉ ⲉⲩⲙⲏⲏϣⲉ ⲉⲩⲥⲟⲟⲩϩ· ⲡⲉϫⲁϥ
ⲛⲁⲩ· ϫⲉ ⲛ̄ⲧⲱⲧⲛ̄ ⲧⲉⲧⲛ̄ⲥⲟⲟⲩⲛ
ⲟⲩϣⲗⲟϥ ⲡⲉ [ⲛ̄· ⲟⲩⲣⲱⲙⲉ ⲛ̄ⲓⲟⲩⲇⲁⲓ]
ⲉ ϫⲱϩ ⲏ ⲉ· † [ⲡ]ⲉϥⲟⲩⲟⲓ [ⲉⲧⲣⲱ]
ⲙⲉ ⲛ̄ ⲛⲁ[ⲗⲗⲱ]ⲫⲩⲗⲟⲥ¹⁰ ⲡⲛⲟⲩⲧⲉ [ⲇ]ⲉ

Fol. 77 a
[ⲗⲑ]

---

¹ This form suggests that the scribe had in his mind the word for 'to circumcise', ⲥⲃ̄ⲃⲉ. H has ⲉⲁⲩⲧⲥⲁⲃⲉⲉⲓⲁⲧϥ̄ = ἐχρηματίσθη.

² τινες.   ³ Read ⲙ̄ⲡⲉϥⲣⲁⲥⲧⲉ.   ⁴ εἰς τὴν Καισάρειαν.

⁵ H ⲡⲉϥϣⲃⲉⲉⲣ ⲛⲁⲛⲁⲅⲕⲁⲓⲟⲛ, τοὺς ἀναγκαίους φίλους.

⁶ H omits ϩⲁ ⲣⲁⲧϥ̄.

⁷ The words in brackets are added, between *caret* marks, at the foot of the page. The words ⲁϥⲟⲩⲱϣⲧ̄ ⲉϥϫⲱ ⲙ̄ⲙⲟⲥ ϫⲉ ⲧⲱⲟⲩⲛ form one line only in the papyrus.

⁸ H ⲧⲱⲟⲩⲛⲅ̄.   ⁹ ⲛⲙ̄ⲙⲁϥ.

¹⁰ κολλᾶσθαι ἢ προσέρχεσθαι ἀλλοφύλῳ.

ⲁϥⲧⲥⲁⲃⲟⲓ ⲉ ⲧⲙ̄ ⲉ ⲉⲡ ⲗⲁⲁⲩ ⲛ̄ⲣⲱⲙⲉ
ϫⲉ ϥ̄ϫⲁϩⲙ̄ ⲏ ⲟⲩⲁⲕⲁⲑⲁⲣⲧⲟⲥ ⲡⲉ·

29 ⲉ ⲧⲃⲉ ⲡⲁⲓ ⲛ ⲧⲉⲣⲉ ⲧⲛ̄ⲉⲓ[1] ⲛ̄ ⲥⲱⲓ
ⲁⲓⲉⲓ ⲉⲧⲉϣ ⲛ̄ ⲗⲟⲉⲓⲥⲉ· ϯϫⲛⲟⲩ ϭⲉ
ⲙ̄ⲙⲱⲧⲛ̄ ϫⲉ ϩⲛ̄ ⲟⲩ ⲛ̄ϣⲁϫⲉ ⲁⲧⲉ

30 ⲧⲡ̄ⲛⲟⲩⲧⲉ ⲉ ⲣⲟⲓ· ⲁⲩⲱ ⲡⲉϫⲉ ⲕⲟⲣ
ⲛⲏⲗⲓⲟⲥ ϫⲉ ϫⲓⲛ ϥⲧⲟⲩ ⲉ ⲡⲟⲟⲩ[2] ϣⲁ
ϩⲣⲁⲓ ⲉ ⲧⲉⲛⲟⲩ[3] ⲛⲉⲓ̈ⲛⲏⲥⲧⲉⲩⲉ·
ⲁⲩⲱ ⲛⲉⲓ̈ϣⲗⲏⲗ[4] ⲡⲉ ϩⲙ̄ ⲡⲁⲓ ⲛ̄ⲓ ⲙ̄
ⲡⲛⲁⲩ ⲛ̄ ϫⲡ̄ⲥⲓⲧⲉ[5] ⲁⲩⲱ ⲉⲓⲥ ⲟⲩⲣⲱ
ⲙⲉ ⲉϥⲁϩⲉ ⲣⲁⲧϥ ⲙ̄ⲡⲁ ⲙⲧⲟ ⲉ ⲃⲟⲗ

31 ϩⲛ̄ ⲟⲩⲃⲥⲱ ⲛ̄ ⲟⲩⲱⲃϣ[6]· ⲉϥϫⲱ ⲙ̄
ⲙⲟⲥ ϫⲉ ⲕⲟⲣⲛⲏⲗⲓⲉ ⲁⲩⲥⲱⲧⲙ̄ ⲉ ⲡⲉⲕ
ϣⲗⲏⲗ ⲁⲩⲱ ⲛⲉⲕⲙⲛ̄ⲧⲛⲁ ⲉⲩⲣ ⲡⲉⲩ
ⲙⲉⲉⲩⲉ ⲙ̄ⲡⲉ ⲙⲧⲟ ⲉ ⲃⲟⲗ ⲙ̄ ⲡⲛⲟⲩⲧⲉ·

32 ⲙⲁ ϫⲟⲟⲩ ϭⲉ ⲉ ⲓⲟⲡⲡⲏ ⲛ̄ⲧ ⲧⲛ̄ⲛⲟⲟⲩ
ⲛ̄ⲥⲁ ⲥⲓⲙⲱⲛ ⲡⲉⲧ ⲟⲩⲙⲟⲩⲧⲉ ⲉ ⲣⲟϥ
ϫⲉ ⲡⲉⲧⲣⲟⲥ ⲡⲁⲓ ⲉϥⲟⲩⲏϩ ϩⲙ̄ ⲡⲏⲓ̈
ⲛ̄ ⲥⲓⲙⲱⲛ ⲡⲃⲁⲕϣⲁⲁ[ⲣ] ϩⲁϩⲧⲛ̄ ⲑⲁ
ⲗⲁⲥⲥⲁ· ⲡⲁⲓ ⲉϥⲛⲏⲩ ⲛϥ̄ϫⲱ ⲛⲁⲕ
ⲛ̄ ϩⲉⲛϣⲁϫⲉ ⲉⲕⲛⲁⲟⲩϫⲁⲓ ⲛ̄ ϩⲏⲧⲟⲩ·

33 ⲧⲉⲛⲟⲩ[7] ϭⲉ ⲁⲓ̈ⲧⲛ̄ⲛⲟⲟⲩ ϣⲁ ⲣⲟⲕ ⲛ̄ⲧⲟⲕ
ⲇⲉ ⲕⲁⲗⲱⲥ ⲁⲕⲁⲁⲥ ⲁⲕⲉⲓ· ⲧⲉⲛⲟⲩ
ϭⲉ ⲉⲓⲥ ⲁⲛⲟⲛ ⲧⲏⲣⲛ̄ ⲙ̄ⲡⲉ ⲕ ⲙ̄ⲧⲟ
ⲉ ⲃⲟⲗ ⲉ ⲥⲱⲧⲙ̄ ⲉ ⲛⲉ ⲛⲧ ⲁⲩⲟⲩⲉϩⲥⲁϩⲛⲉ
ⲙ̄ⲙⲟⲟⲩ ⲛⲁⲕ ⲉ ⲃⲟⲗ ϩⲓⲧⲛ̄ ⲡⲛⲟⲩⲧⲉ·

34 ⲡⲉⲧⲣⲟⲥ ⲇⲉ ⲁϥⲟⲩⲱⲛ ⲛ̄ ⲣⲱϥ ⲡⲉ
ϫⲁϥ ϫⲉ ⲉⲓⲥ ϩⲏⲏⲧⲉ[8] ϯⲉⲓⲙⲉ ϫⲉ ⲟⲩ

---

[1] H ⲛ̄ⲧⲉⲣⲉⲧⲛ̄ⲧⲛ̄ⲛⲟⲟⲩ.   [2] H ϥⲧⲉⲩ ⲡⲟⲟⲩ.

[3] H ⲉ ⲧⲉⲓ ⲟⲩⲛⲟⲩ = ταύτης τῆς ὥρας.

[4] 'I fasted and prayed' = προσευχόμενος.

[5] H ⲛ̄ϫⲡ̄ⲯⲓⲧⲉ.   [6] ἐν ἐσθῆτι λαμπρᾷ.

[7] H ⲛ̄ⲧⲉⲩⲛⲟⲩ.

[8] 'Behold'; H ϩⲛ̄ ⲟⲩⲙⲉ ϯⲉⲓⲙⲉ = Ἐπ' ἀληθείας.

35 ⲣⲉϥϫⲓ ϩⲟ¹ ⲁⲛ ⲡⲉ ⲡⲛⲟⲩⲧⲉ· ⲁⲗⲗⲁ
ϩⲛ̄ϩⲉⲑⲛⲟⲥ ⲛⲓⲙ ⲡⲉⲧ ⲣ̄ ϩⲟⲧⲉ
ϩⲏⲧϥ̄· ⲁⲩⲱ ⲉⲧ ⲣ̄ϩⲱⲃ ⲉ ⲧⲇⲓⲕⲁⲓⲟ
36 ⲥⲩⲛⲏ ϥϣⲏⲡ ⲛ̄ ⲛⲁϩⲣⲁϥ· ⲡⲉϥϣⲁ
ϫⲉ ⲅⲁⲣ ⲁϥⲧⲛ̄ⲛⲟⲟⲩϥ ⲙ̄ ⲡϣⲏⲣⲉ
ⲙ̄ ⲡⲓⲏ̄ⲗ ⲁϥⲉⲩⲁⲅⲅⲉⲗⲓⲍⲉ ⲛ ⲟⲩⲉⲓⲣⲏ
[ⲛⲏ ⲉ ⲃⲟⲗ ϩⲓⲧⲛ̄ ⲓ̄ⲥ̄ ⲡⲉ]ⲭ̄ⲥ̄ [ⲡ]ⲁⲓ ⲡⲉ ⲡϫⲟⲉⲓⲥ
37 ⲛ̄ [ⲟⲩⲟⲛ ⲛⲓ]ⲙ· ⲛ̄ⲧⲱ[ⲧⲛ̄] ⲇⲉ ⲧⲉⲧⲛ̄ⲥⲟ
ⲟⲩⲛ ⲙ̄ ⲡϣⲁϫⲉ ⲉⲛ[ⲧ ⲁϥ]ϣⲱⲡⲉ ϩⲛ̄
ⲧⲓⲟⲩⲇⲁⲓⲁ ⲧⲏⲣⲥ̄ ⲉ ⲁϥⲁⲣⲭⲓ ϫⲓⲛ ⲧⲅⲁ
ⲗⲓⲗⲉⲁ²· ⲙⲛ̄ⲛⲥⲁ ⲡⲃⲁⲡⲧⲓⲥⲙⲁ ⲛ̄
ⲧⲁ ⲓ̈ⲱϩⲁⲛⲛⲏⲥ ⲕⲏⲣⲩⲥⲥⲉ ⲙ̄ⲙⲟϥ·
38 ⲓ̄ⲥ̄ ⲡⲉ ⲃⲟⲗ ϩⲛ̄ ⲛⲁⲍⲁⲣⲉⲧ· ⲛ̄ⲑⲉ ⲛ̄
ⲧⲁ ⲡⲛⲟⲩⲧⲉ ⲧⲁϩⲥϥ̄ ϩⲛ̄ ⲟⲩⲡⲛ̄ⲁ̄
ⲉϥⲟⲩⲁⲁⲃ ⲛⲙ̄ ⲟⲩϭⲟⲙ ⲡⲁⲓ ⲉⲛⲧ ⲁϥ
ⲉⲓ ⲉ ⲃⲟⲗ ⲛ̄ ϩⲏⲧⲟⲩ ⲉϥⲣ̄ ⲡ ⲡⲉⲧ ⲛⲁ
ⲛⲟⲩϥ ⲁⲩⲱ ⲉϥⲣ̄ ⲡⲁϩⲣⲉ ⲉ ⲟⲩⲟⲛ ⲛⲓⲙ
ⲉ ⲧⲟϫⲓ ⲙ̄ⲙⲟⲟⲩ ⲛ̄ ϭⲟⲛⲥ̄³ ⲉ ⲃⲟⲗ
ϩⲓⲧⲛ̄ ⲡⲇⲓⲁⲃⲟⲗⲟⲥ· ⲉ ⲃⲟⲗ ϫⲉ ⲛⲉⲣⲉ
39 ⲡⲛⲟⲩⲧⲉ ϣⲟⲟⲡ ⲛⲁϥ ⲡⲉ⁴· ⲁⲩⲱ ⲁⲛⲟⲛ
ⲧⲛ̄ⲛⲟ ⲙ̄ ⲙⲛ̄ⲧⲣⲉ ⲛ̄ϩⲱⲃ ⲛⲓⲙ
ⲉⲛⲧ ⲁϥⲁⲁⲩ ϩⲛ̄ ⲧⲉⲭⲱⲣⲁ ⲛ̄ ⲧⲓⲟⲩⲇⲁⲓⲁ
ⲛⲙ̄ ⲑⲓⲉⲣⲟⲩⲥⲁⲗⲏⲙ· ⲡⲁⲓ ⲉⲛⲧ ⲁⲩⲙⲟ
40 ⲟⲩⲧϥ̄ ⲉ ⲁⲩⲁϣⲧϥ̄ ⲉⲩϣⲉ· ⲡⲁⲓ ⲉⲛ
ⲧⲁ ⲡⲛⲟⲩⲧⲉ ⲧⲟⲩⲛⲟⲥϥ̄ ϩⲙ̄ ⲡⲙⲁϩ
ϣⲟⲙⲛ̄ⲧ⁵ ⲛ̄ϩⲟⲟⲩ ⲁⲩⲱ ⲁϥⲧⲁⲁϥ ⲉ ⲧⲣⲉ ϥ
41 ⲟⲩⲱⲛϩ⁶ ⲉ ⲃⲟⲗ· ⲙ̄ ⲡⲗⲁⲟⲥ ⲧⲏⲣϥ̄ ⲁⲛ
ⲁⲗⲗⲁ ⲛⲉ ⲛ̄ⲧ ⲁⲩⲧⲟϣⲟⲩ⁷ ϫⲓⲛ ⲛ̄ ϣⲟⲣⲡ̄
ⲙ̄ ⲙⲛ̄ⲧⲣⲉ ⲉ ⲃⲟⲗ ϩⲓⲧⲛ̄ ⲡⲛⲟⲩⲧⲉ

---

¹ προσωπολήπτης.   ² ἀπὸ τῆς Γαλιλαίας.
³ καταδυναστευομένους.   ⁴ Η ϣⲟⲟⲡ ⲛⲙ̄ⲙⲁϥ.
⁵ For ⲡⲙⲉϩϣⲟⲙⲛⲧ̄.   ⁶ ἐμφανῆ γενέσθαι.
⁷ Η ⲛⲁⲡ ⲡⲉⲛⲧⲁⲩⲧⲟϣⲟⲩ, τοῖς προκεχειροτονημένοις ὑπὸ τοῦ Θεοῦ, ἡμῖν.

ACTS X. 41-47

ⲛⲁⲓ̈ ⲛⲧ ⲁⲩⲟⲩⲱⲙ ⲁⲩⲱ ⲁⲛⲥⲱ ⲛⲙ̄
ⲙⲁϥ ⲙⲛ̄ⲛⲥⲁ ⲧⲣⲉ ϥⲧ'ⲱⲟⲩⲛ ⲉ ⲃⲟⲗ
ϩⲛ̄ ⲛⲉⲧ ⲙⲟⲟⲩⲧ' ⲛ̄ ϩⲙⲉ ⲛ̄ ϩⲟⲟⲩ[1]· ⲁⲩⲱ

42 ⲁϥⲡⲁⲣⲁⲅⲅⲉⲓⲗⲉ ⲛⲁⲛ ⲉ ϯⲥⲃⲱ[2] ⲙ̄ ⲡⲗⲁ
ⲟⲥ ⲁⲩⲱ ⲉⲣⲙⲛ̄ⲧⲣⲉ[3] ϫⲉ ⲡⲁⲓ̈ ⲡⲉ ⲛⲧ ⲁⲩ
ⲧⲟϣϥ̄ ⲉ ⲃⲟⲗ ϩⲓⲧⲛ̄ ⲡⲛⲟⲩⲧⲉ ⲛ ⲕⲣⲓ
ⲧⲏⲥ ⲛ̄ ⲛⲉⲧ ⲟⲛϩ̄ ⲛⲙ̄ ⲛⲉⲧ ⲙⲟⲟⲩⲧ·

43 ⲛⲉⲡⲣⲟⲫⲏⲧⲏⲥ ⲧⲏⲣⲟⲩ ⲣ̄ ⲙⲛ̄ⲧⲣⲉ
ⲙ̄ ⲡⲁⲓ̈ ⲉ ⲧⲣⲉ ⲟⲩⲟⲛ ⲛⲓⲙ ⲉⲧ ⲡⲓⲥⲧⲉⲩⲉ
ⲉ ⲣⲟϥ ϫⲓ ⲛ ⲟⲩⲕⲱ ⲉ ⲃⲟⲗ ⲛ̄ ⲛⲉⲩⲛⲟⲃⲉ

44 ⲉ ⲃⲟⲗ ϩⲓⲧⲛ̄ ⲡⲉϥⲣⲁⲛ· ⲉⲧⲓ ⲉⲣⲉ ⲡⲉⲧⲣⲟⲥ
ϫⲱ ⲛ̄ ⲛⲁⲓ̈ ϣⲁϫⲉ ⲁ ⲡⲉⲡⲛ̄ⲁ̄ ⲉⲧ ⲟⲩ
ⲁⲁⲃ ϩⲉ[4] ⲉ ϩⲣⲁⲓ̈ ⲉϫⲛ̄ ⲟⲩⲟⲛ ⲛⲓⲙ ⲉⲧ

45 ⲥⲱⲧⲙ̄ ⲉ [ⲡϣⲁ]ϫⲉ· ⲁⲩⲱ ⲁⲩⲡ[ⲱϣ]ⲥ̄   Fol. 78 a
ⲛ̄ϭⲓ ⲙ̄ ⲡ[ⲓⲥⲧⲟ]ⲥ ⲉⲧ ϣⲟⲟⲡ ⲉ ⲃⲟⲗ ϩⲙ̄   [ⲙⲁ]
[ⲡⲥⲃ̄ⲃ̄]ⲉ[5] ⲛⲁⲓ̈ ⲉⲛⲧ ⲁⲩⲉⲓ̈ ⲛⲙ̄ ⲡⲉⲧⲣⲟⲥ
[ϫⲉ ⲁ ⲧ]ⲇⲱⲣⲉⲁ ⲙ̄ ⲡⲉⲡⲛ̄ⲁ̄ ⲉⲧ ⲟⲩⲁⲁⲃ
ⲡⲱϩⲧ ⲉ ϩⲣⲁⲓ̈ ⲉϫⲛ̄ ⲛ̄ ⲕⲉ ϩⲉⲑⲛⲟⲥ·

46 ⲛⲉⲩⲥⲱⲧⲙ̄ ⲅⲁⲣ ⲉ ⲣⲟⲟⲩ ⲉⲩϣⲁϫⲉ
ⲛ̄ ϩⲉⲛ ⲕⲉ ⲁⲥⲡⲉ ⲁⲩⲱ ⲉⲩϯ ⲉⲟⲟⲩ
ⲙ̄ ⲡⲛⲟⲩⲧ'ⲉ ⲧⲟⲧⲉ ⲁ ⲡⲉⲧ'ⲣⲟⲥ ⲟⲩ

47 ⲱϣⲃ̄· ⲡⲉϫⲁϥ[6] ϫⲉ ⲙⲛ̄ⲧⲓ[7] ⲟⲩⲛ̄ϣϭⲟⲙ
ⲗ̄[8] ⲗⲁⲁⲩ ⲉ ⲕⲱⲗⲩ[9] ⲙ̄ ⲡⲙⲟⲟⲩ ⲉ ⲧⲣⲉ
ⲛⲁⲓ̈ ϫⲓ ⲃⲁⲡⲧⲓⲥⲙⲁ ⲛⲁⲓ̈ ⲉⲛⲧⲁⲩ
ϫⲓ ⲙ̄ ⲡⲉⲡⲛ̄ⲁ̄ ⲉⲧ ⲟⲩⲁⲁⲃ ϩⲱⲟⲩ ⲛ̄ⲧⲉⲛ

---

[1] 'Forty days.' There is no Greek for these words; see Prof. Souter's readings to verse 41.

[2] Η εκηρυσσε.   [3] διαμαρτύρασθαι.

[4] Like the Greek ἐπέπεσε, H ⲉⲓ ⲉϩⲣⲁⲓ.

[5] οἱ ἐκ περιτομῆς πιστοί.

[6] ⲡⲉϫⲁϥ is superfluous, for ⲟⲩⲱϣⲃ̄ = ἀπεκρίθη.

[7] So the Greek Μήτι, H ⲙⲏ ⲟⲩⲛ̄ϣϭⲟⲙ.

[8] Sic. Probably = ⲛ̄ⲗⲁⲁⲩ. The little line over the first ⲗ probably indicates that we should delete it.   [9] κωλῦσαι.

182 ACTS X. 48—XI. 6

48 ⲇⲉ· ⲁϥⲟⲧⲉⲣⲥⲁϩⲛⲉ ⲛⲁⲩ ⲉ ⲧⲣⲉ ⲩⲍⲓ
ⲡⲃⲁⲡⲧⲓⲥⲙⲁ ϩⲙ ⲡⲣⲁⲛ ⲛ ⲓⲥ ⲡⲉⲭⲥ
Chap. ⲁϥⲥⲱ ⲇⲉ ϩⲁ ⲧⲏⲧ[1] ⲛ ϩⲉⲛϩⲟⲟⲩ[2]· ⲁⲩ
XI. 1 ⲥⲱⲧⲙ ⲇⲉ ⲛϭⲓ ⲛⲉⲥⲛⲏⲩ ⲁⲩⲱ
ⲛⲁⲡⲟⲥⲧⲟⲗⲟⲥ[3] ⲉⲧ ϣⲟⲟⲡ ϩⲛ
ⲑⲓⲉⲣⲟⲩⲥⲁⲗⲏⲙ ⲛⲙ ϯⲟⲩⲇⲁⲓⲁ[4]
ϫⲉ ⲁ ⲛϩⲉⲑⲛⲟⲥ· ϣⲱⲡ ⲉ ⲣⲟⲟⲩ ⲙ

2 [ⲡ]ϣⲁϫⲉ ⲙ ⲡⲛⲟⲩⲧⲉ· ⲛ ⲧⲉⲣⲉ ⲡⲉ
ⲧⲣⲟⲥ ⲇⲉ ⲃⲱⲕ ⲉ ϩⲣⲁⲓ ⲉ ⲑⲓⲉⲣⲟⲩ
ⲥⲁⲗⲏⲙ· ⲁⲩϫⲓ ϩⲁⲡ[5] ⲛⲙⲙⲁϥ ⲛ
ϭⲓ ⲛⲉⲥⲛⲏⲩ ⲛⲉ ⲃⲟⲗ[6] ϩⲙ ⲡⲥⲃⲃⲉ·

3 ⲉⲩϫⲱ ⲙⲙⲟⲥ ϫⲉ ⲁⲕⲃⲱⲕ ⲉ ϩⲟⲩⲛ
ϣⲁ ϩⲉⲛⲣⲱⲙⲉ ⲛ ⲁⲧ ⲥⲃⲃⲉ[7] ⲁⲩⲱ

4 ⲁⲕⲟⲩⲱⲙ ⲛⲙⲙⲁⲩ· ⲁϥⲁⲣⲭⲓ[8] ⲇⲉ
ⲛϭⲓ ⲡⲉⲧⲣⲟⲥ ⲁϥⲧⲁⲧⲟ ⲑⲉ ⲉ ⲣⲟ
ⲟⲩ[9] ϫⲓⲛ ⲛ ϣⲟⲣⲡ ⲉϥϫⲱ ⲙⲙⲟⲥ·

5 ϫⲉ ⲁⲛⲟⲕ ⲛⲉⲓϣⲟⲟⲡ ϩⲛ ⲟⲩⲡⲟ
ⲗⲓⲥ ϫⲉ ⲓⲟⲡⲡⲏ ⲉ ⲁⲓϣⲗⲏⲗ ⲁⲩⲱ
ⲁⲓⲛⲁⲩ ⲉⲩϩⲟⲣⲟⲙⲁ ϩⲛ ⲟⲩⲉⲍⲧⲁ
ⲥⲓⲥ· ⲟⲩⲥⲕⲉⲩⲟⲥ ⲛⲑⲉ ⲛ ⲟⲩⲛⲟϭ ⲛ
ϩⲃⲟⲥ ⲁⲩⲭⲁ[ⲗⲁ] ⲙⲙⲟϥ ⲙ ⲡⲉϥⲩⲧⲟⲩ
ⲧⲟⲡ ⲉ ⲃⲟⲗ ϩⲛ ⲧⲡⲉ ⲁⲩⲱ ⲁϥⲡⲱϩ

6 ϣⲁ ⲣⲱⲓ[10]· ⲁⲓⲥⲱϣⲧ ⲇⲉ ⲁⲩⲱ ⲁⲓⲙⲟⲩϩ
ⲉ ϩⲣⲁⲓ ⲉ ϫⲱϥ ⲁⲓⲛⲁⲩ ⲉⲛⲧⲃⲛⲟ
ⲟⲩⲉ ⲧⲏⲣⲥ[11] ⲙ ⲡⲕⲁϩ ⲛⲙ ⲛⲉⲑⲏⲣⲓ

---

[1] i.e. ϩⲁⲣⲧⲏⲧ.

[2] 'He tarried with them days', τότε ἠρώτησαν αὐτὸν ἐπιμεῖναι ἡμέρας τινάς.

[3] 'The brethren and the Apostles.' H's text follows the order of the words in the Greek.

[4] The Greek text and H omit 'in Jerusalem'.   [5] διεκρίνοντο.

[6] 'The brethren of the circumcision'; H ⲛⲉⲉⲃⲟⲗ.

[7] ἄνδρας ἀκροβυστίαν ἔχοντας.   [8] H ⲁϥⲁⲣⲭⲉⲓ.

[9] H ⲉⲧⲁⲧⲉ ⲑⲉ ⲉⲣⲟⲟⲩ.

[10] H ϣⲁⲣⲟⲓ.   [11] There is no Greek for ⲧⲏⲣⲥ.

ACTS XI. 6-13

ο[ν ⲛⲓⲙ] ⲛ̄ϫⲁⲧϥⲉ [ⲁⲩⲱ ⲛ̄ϩ]ⲁⲗⲁⲁⲧⲉ ⲛ̄ⲧⲡⲉ· Fol. 78b

7 ⲁⲓ̈ⲥⲱⲧⲙ̄ ⲟⲛ ⲉⲩⲥ[ⲙⲏ ⲉⲥϫ]ⲱ ⲙ̄ⲙⲟⲥ   [ⲣⲋⲃ]
ⲛⲁⲓ̈ ϫⲉ ⲧⲱⲟⲩⲛ ⲛ̄ⲅ̄ ⲟⲩⲱⲙ[1] ⲁⲩⲱ ⲡⲉ

8 ϫⲁⲓ̈ ϫⲉ ⲙ̄ⲡⲱⲣ ⲡϫⲟⲉⲓⲥ ϫⲉ [ⲙ̄ⲡ ⲁⲓ̈ⲟⲩ][2]
ⲉⲙ ⲡⲉⲧϫⲁϩⲙ̄ ⲏ ⲡⲁⲕⲁⲑ[ⲁⲣⲧ]ⲟⲛ

9 ⲃⲱⲕ ⲉ ϩⲟⲩⲛ ⲉ ⲣⲱⲓ̈ ⲉⲛⲉϩ· ⲁ ⲧⲉⲥⲙⲏ
ⲟⲩⲱϣⲃ̄[3] ⲙ̄ ⲡⲙⲉϩ ⲥⲉⲡ ⲥⲛⲁⲩ ⲉ ⲃⲟⲗ
ϩⲛ̄ ⲧⲡⲉ ϫⲉ ⲛⲉ ⲛⲧⲁ ⲡⲛⲟⲩⲧⲉ
ⲧⲉ (sic) ⲧⲃ̄ⲃⲟⲩ[4] ⲛ̄ⲧⲟⲕ ⲙ̄ⲡⲣ̄ ϫⲁϩⲙⲟⲩ·

10 ⲡⲁⲓ̈ ⲇⲉ[5] ⲁϥϣⲱⲡⲉ ⲛ̄ ϣⲙⲛ̄ⲧ̄[6] ⲥⲱⲡ
ⲁⲩⲱ ⲟⲛ ⲁⲩϥⲓ ⲛ̄ ⲛⲕⲁ ⲛⲓⲙ ⲉ ϩⲣⲁⲓ̈

11 ⲉ ⲧⲡⲉ· ⲁⲩⲱ ⲛ̄ⲧⲉⲩⲛⲟⲩ ⲉⲓⲥ ϣⲟⲙⲧ̄ (sic)[7]
ⲛ̄ ⲣⲱⲙⲉ ⲁⲩⲉⲓ ⲉⲣ ⲛ̄ ⲡⲏⲓ ⲉⲛⲉⲓ̈ ⲛ̄ ϩⲏⲧϥ̄
ⲉ ⲁⲩⲧⲛ̄ⲛⲟⲟⲩ ⲥⲉ[8] ⲛ̄ ϣⲁⲣⲟⲓ̈ ⲉ ⲃⲟⲗ ϩⲛ̄

12 ⲧⲕⲉⲥⲁⲣⲓⲁ[9]· ⲡⲉϫⲉ ⲡⲉⲡⲛ̄ⲁ̄ ⲇⲉ ⲛⲁⲓ̈
ⲃⲱⲕ ⲛⲙ̄ⲙⲁⲩ ⲙ̄ⲡ ⲛ̄ϫⲓⲁⲕⲣⲓⲛⲉ ⲗⲁ
ⲁⲩ[10] ⲁⲩⲉⲓ̈ ⲇⲉ ⲛⲙ̄ⲙⲁⲓ̈ ⲛ̄ϭⲓ ⲡⲁⲓ̈ ⲕⲉ ⲥⲟⲟⲩ
ⲛ̄ⲥⲟⲛ ⲁⲩⲱ ⲁⲛⲃⲱⲕ ⲉ ϩⲟⲩⲛ ⲉ ⲡⲏⲓ̈

13 ⲙ̄ ⲡⲣⲱⲙⲉ· ⲁϥⲧⲁⲙⲟⲛ ⲇⲉ ⲛ̄ⲑⲉ ⲛⲧ ⲁϥ
ⲛⲁⲩ ⲉ ⲡⲁⲅⲅⲉⲗⲟⲥ ⲉϥⲁϩⲉ^{ⲣⲁ}ⲧϥ̄ ϩⲙ̄ ⲡⲉϥ
ⲏⲉⲓ ⲉϥϫⲱ ⲙ̄ⲙⲟⲥ ϫⲉ ⲙⲁ ϫⲟⲟⲩ ⲉ ⲓ̈ⲟⲡ
ⲡⲏ ⲛ̄ⲅ̄ ⲧⲛ̄ⲛⲟⲟⲩ ⲛ̄ⲥⲁ ⲥⲓⲙⲱⲛ ⲡⲉ
ⲧⲉ ϣⲁⲩⲙⲟⲩⲧⲉ ⲉ ⲣⲟϥ ϫⲉ ⲡⲉⲧⲣⲟⲥ·

---

[1] 'Arise thou, eat'; H ⲧⲱⲟⲩⲛⲅ̄ ⲡⲉⲧⲣⲉ ⲛⲅ̄ϣⲱⲧ ⲛ̄ⲧⲟⲩⲱⲙ, which agrees with Ἀναστάς, Πέτρε, θῦσον καὶ φάγε.

[2] H ϫⲉ ⲙ̄ⲡⲉ ⲡⲉⲧϫⲁϩⲙ̄ ⲏ ⲁⲕⲁⲑⲁⲣⲧⲟⲛ ⲃⲱⲕ ⲉϩⲟⲩⲛ ⲉⲣⲱⲓ ⲉⲛⲉϩ. There is no Greek for ⲙ̄ⲡ ⲁⲓ̈ⲟⲩⲉⲙ. There is ample room for ⲙ̄ⲡ ⲁⲓ̈ⲟⲩ in the break in the papyrus.

[3] ἀπεκρίθη δὲ φωνή, H ⲁ ⲧⲉⲥⲙⲏ ⲇⲉ ⲟⲛ ϣⲱⲡⲉ ϣⲁⲣⲟⲓ.

[4] For ϯⲃ̄ⲃⲟⲩ.

[5] ⲇⲉ written above the line.

[6] H ϣⲟⲙⲛ̄ⲧ ⲛ̄ⲥⲟⲡ.

[7] For ϣⲟⲙⲛ̄ⲧ.

[8] H ⲉⲁⲩⲧⲛ̄ⲛⲟⲟⲩⲥⲟⲩ.

[9] ἀπὸ Καισαρείας.

[10] μηδὲν διακρίναντα, H ⲛ̄ⲅ̄ ⲇⲓⲁⲕⲣⲓⲛⲉ ⲁⲛ ⲛ̄ⲗⲁⲁⲩ.

14 ⲁⲩⲱ ⲡⲁⲓ̈ ⲛⲁϫⲱ¹ ⲉ ⲣⲟⲕ ⲛ̄ ϩⲉⲛϣⲁ
ϫⲉ ⲉⲕⲛⲁⲟⲩϫⲁⲓ̈ ⲛ̄ ϩⲏⲧⲟⲩ ⲛ̄ⲧⲟⲕ

15 ⲁⲩⲱ ⲡⲉⲕⲏⲓ̈ ⲧⲏⲣϥ̄· ⲛ̄ ⲧⲉⲣ ⲉϥⲁⲣⲭⲏ²
ϫⲉ ⲛ̄ ϣⲁϫⲉ ⲁ ⲡⲉⲡⲛ̄ⲁ̄ ϩⲉ ⲉ ϩⲣⲁⲓ̈ ⲉϫⲱ
ⲟⲩ ⲛ̄ⲑⲉ ϩⲱⲱⲛ ⲟⲛ ⲉϫⲱⲛ ⲛ̄ⲧⲉⲛ ϩⲟⲩⲉⲓ

16 ⲧⲉ³· ⲁⲓ̈ⲣ̄ ⲡⲙⲉⲉⲩⲉ ⲇⲉ ⲙ̄ ⲡϣⲁϫⲉ
ⲙ̄ ⲡϫⲟⲉⲓⲥ ⲛ̄ⲑⲉ ⲛ̄ⲧⲁ[ϥ]ϫⲟⲟⲥ ϫⲉ ⲓ̈ⲱ
ϩⲁⲛⲛⲏⲥ ⲙⲉⲛ ⲁϥⲃⲁⲡⲧⲓⲍⲉ ϩⲛ̄ ⲟⲩ
ⲙⲟⲟⲩ· ⲛ̄ⲧⲱⲧⲛ̄ ⲇⲉ ⲥⲉⲛⲁⲃⲁⲡⲧⲓⲍⲉ

17 ⲙ̄ⲙⲱⲧⲛ̄ ϩⲛ̄ ⲟⲩⲡⲛ[ⲁ̄] ⲉϥⲟⲩ[ⲁ]ⲁⲃ· ⲉϣ
ϫⲉ ⲁ ⲡⲛⲟⲩⲧⲉ ⲇⲉ ϯ ⲛⲁⲩ ⲛ̄ ϯⲇⲱⲣⲉⲁ⁴
ⲛ̄ ⲟⲩⲱⲧ' ⲛ̄ⲑⲉ ϩⲱⲱⲛ ⲛ̄ⲧ ⲁϥϯ
ⲛⲁⲛ ⲉ ⲁⲩⲡⲓⲥⲧⲉⲩⲉ ⲉ ⲡϫⲟⲉⲓⲥ ⲓ̄ⲥ̄
ⲡⲉⲭ̄ⲥ̄· ⲁⲛⲟⲕ ⲁⲛⲅ̄ ⲛⲓⲙ⁵ ⲉ ⲧⲣⲁ ϣϭⲙ̄

18 ϭⲟⲙ ⲉ ⲕⲱⲗⲩ⁶ ⲙ̄ ⲡⲛⲟⲩⲧⲉ· ⲛ̄ ⲧⲉⲣ ⲟⲩ
ⲥⲱⲧⲙ̄ ⲇⲉ [ⲛⲁⲓ̈] ⲁⲩⲕ[ⲁ ⲣⲱⲟⲩ ⲁⲩⲱ ⲁⲩ]
ϯ ⲉⲟⲟⲩ ⲙ̄ [ⲡⲛⲟ]ⲩⲧⲉ· ⲉⲩ[ϫⲱ ⲙ̄ⲙⲟ]ⲥ
ϫⲉ ⲁⲣⲁ⁷ [ⲁ ⲡⲛⲟⲩ]ⲧⲉ ⲉⲩ[ϯ] ⲙⲉⲧⲁⲛⲟⲓⲁ ϩⲱ
[ⲁⲩ ⲛ ϩⲉⲛ ⲕⲉ ϩⲉⲑⲛ]ⲟⲥ ⲉ ⲧⲣⲉ ⲧⲱⲛϩ·

19 ⲛ[ⲉ ⲛⲧ] ⲁⲩϫⲱⲱⲣⲉ ϭⲉ ⲉ ⲃⲟⲗ ϩⲛ̄ ⲧⲉ
ⲑⲗⲓⲯⲓⲥ ⲉⲛⲧ ⲁⲥϣⲱⲡⲉ ϩⲓ ⲥⲧⲉ
ⲫⲁⲛⲟⲥ ⲁⲩⲉⲓ ⲉ ⲃⲟⲗ ϣⲁ ϩⲣⲁⲓ̈ ⲉ ⲧⲉⲫⲟⲓ
ⲛⲓⲕⲏ ⲛⲙ̄ ⲕⲩⲡⲣⲟⲥ⁸ ⲁⲩⲱ ⲛ̄ ⲕⲩⲣⲏ

Fol. 79 a
[ⲙⲡ]

---

¹ Η ϥⲛⲁϫⲱ ⲛⲁⲕ.
² ἐν δὲ τῷ ἄρξασθαί με, Η ⲛ̄ⲧⲉⲣⲉⲓⲁⲣⲭⲉⲓ.
³ Η ϩⲱⲱⲛ ⲟⲛ ϩⲛ̄ ⲧⲉϩⲟⲩⲉⲓⲧⲉ. ⁴ Η ⲛ̄ⲧⲉⲓⲇⲱⲣⲉⲁ.
⁵ ἐγὼ τίς ἤμην. ⁶ κωλῦσαι.
⁷ Traces of ⲁⲣⲁ are visible.
⁸ The text reads: 'Those who had been scattered abroad through the tribulation (or persecution) which took place through Stephen came to Phoenicia and Cyprus and Cyrene. And those who had come to Antioch spake with the Greeks, [and] preached the Lord Jesus.' Thus the Coptic omits the last part of v. 19, and the first part of v. 20. Η has ⲥⲧⲉⲫⲁⲛⲟⲥ ⲁⲩⲉⲓ ⲉⲃⲟⲗ ϣⲁϩⲣⲁⲓ ⲉⲧⲉⲫⲟⲓⲛⲓⲕⲏ ⲙⲛ̄ ⲧⲕⲩⲡⲣⲟⲥ ⲙⲛ̄ ⲧⲁⲛⲧⲓⲟⲭⲓⲁ

20 ⲛⲁⲓⲟⲥ ⲁⲩⲱ ⲛⲁⲓ ⲛ̄ ⲧⲉⲣ ⲟⲩⲉⲓ ⲉ ⲧⲁⲛ
ⲧⲓⲟⲭⲓⲁ ⲁⲩϣⲁϫⲉ ⲛⲙ̄ ⲟⲩⲉⲉⲓⲉⲛⲓⲛ
ⲉⲩⲧⲁϣⲉⲟⲉⲓϣ ⲙ̄ ⲡϫⲟⲉⲓⲥ ⲓ̄ⲥ̄·
21 ⲁⲩⲱ ⲧϭⲓϫ ⲙ̄ ⲡϫⲟⲉⲓⲥ ⲛⲉⲥϣⲟⲟⲡ
ⲛⲙ̄ⲙⲁⲩ· ⲟⲩⲛⲟϭ ⲇⲉ ⲙ̄ ⲙⲏⲏϣⲉ
ⲁⲩⲡⲓⲥⲧⲉⲩⲉ ⲁⲩⲱ ⲁⲩⲕⲟⲧⲟⲩ ⲉ ⲡ
22 ϫⲟⲉⲓⲥ· ⲁ ⲡϣⲁϫⲉ ⲇⲉ ⲙ̄ ⲡϫⲟⲉⲓⲥ
ⲃⲱⲕ[1] ⲉ ϩⲣⲁⲓ ⲉⲙⲙⲁϫⲉ ⲛ̄ ⲧⲉⲕⲕⲗⲏ
ⲥⲓⲁ ⲉⲧ ϩⲛ̄ ⲧϩⲓⲉⲣⲟⲩⲥⲁⲗⲏⲙ ⲉ ⲧⲃⲏ
ⲛⲧⲟⲩ ⲁⲩⲱ ⲁϥϫⲟⲟⲩ[2] ⲛ̄ ⲃⲁⲣⲛⲁⲃⲁⲥ
23 ⲉ ⲧ'ⲣⲉ ϥⲃⲱⲕ ϣⲁ ⲧⲁⲛⲧ'ⲓⲟⲭⲓⲁ· ⲛ
ⲧⲟϥ ⲇⲉ ⲛ̄ ⲧⲉⲣ ⲉϥⲃⲱⲕ ⲁϥⲛⲁⲩ ⲉ
ⲧⲉⲭⲁⲣⲓⲥ ⲙ̄ ⲡⲛⲟⲩⲧⲉ ⲁϥϣⲁϫⲉ[3]
ⲁⲩⲱ ⲛⲉϥⲥⲟⲡⲥ̄ ⲛ̄ ⲟⲩⲟⲛ ⲛⲓⲙ ⲉ ⲧⲣⲉ ⲩ
24 ϭⲱ ϩⲙ̄ ⲡϫⲟⲉⲓⲥ[4]· ⲉ ⲃⲟⲗ ϫⲉ ⲛⲉⲩ ⲛ
ⲟⲩⲣⲱⲙ[ⲉ ⲛ]ⲁⲅⲁⲑⲟⲥ ⲡⲉ ⲉϥϫⲏⲕ
ⲉ ⲃⲟⲗ ⲙ̄ ⲡⲛⲁ̄ ⲉϥⲟⲩⲁⲁⲃ ϩⲓ ⲡⲓⲥ
ⲧⲓⲥ ⲁⲩⲱ ⲁⲩⲙⲏⲏϣⲉ ⲉⲛⲁϣⲱϥ
25 ⲟⲩⲁϩϥ̄ ⲉ ⲡϫⲟⲉⲓⲥ· ⲁϥⲉⲓ ⲇⲉ ⲉ ⲃⲟⲗ
ⲉ ⲧⲁⲣⲥⲟⲥ ⲉ ϣⲓⲛⲉ[5] ⲛ̄ⲥⲁ ⲥⲁⲩⲗⲟⲥ·
ⲁⲩⲱ ⲛ̄ ⲧⲉⲣ ⲉϥϩⲉ ⲉ ⲣⲟϥ ⲁϥϫⲓⲧϥ̄[6]
26 ⲉ ⲧⲁⲛⲧⲓⲟⲭⲓⲁ· ⲁⲥϣⲱⲡⲉ ⲇⲉ ⲛ
ⲧⲉⲣ ⲟⲩⲣ̄ ⲛ̄ ⲟⲩⲣⲟⲙⲡⲉ ⲙ̄ⲙⲁⲩ ⲉⲩ ⲥⲟ

ⲛⲥⲉϫⲱ ⲁⲛ ⲙ̄ⲡϣⲁϫⲉ ⲉⲗⲁⲁⲩ ⲉⲓⲙⲏⲧⲓ ⲛ̄ⲓⲟⲩⲇⲁⲓ ⲙⲁⲩⲁⲁⲩ. 20 ⲡⲉⲧⲛ̄
ϩⲟⲉⲓⲛⲉ ⲇⲉ ⲉⲃⲟⲗ ⲛ̄ϩⲏⲧⲟⲩ ⲉϩⲉⲛⲣⲱⲙⲉ ⲛ̄ⲕⲩⲡⲣⲓⲟⲥ ⲡⲉ ⲁⲩⲱ ⲛ̄ⲕⲩⲣⲓⲛ-
ⲛⲁⲓⲟⲥ· ⲛⲁⲓ ⲛ̄ⲧⲉⲣⲟⲩⲉⲓ ⲉⲧⲁⲛⲧⲓⲟⲭⲓⲁ ⲁⲩϣⲁϫⲉ ⲙⲛ̄ ⲛ̄ⲟⲩⲉⲉⲓⲉⲛⲓⲛ
ⲉⲩⲧⲁϣⲉⲟⲉⲓϣ ⲙ̄ⲡϫⲟⲉⲓⲥ ⲓ̄ⲥ̄. This agrees with the received
Greek text.

[1] 'The Word of God entered', ἠκούσθη δὲ ὁ λόγος εἰς ...

[2] Η ⲁⲩϫⲟⲟⲩ.

[3] A mistake for ⲁϥⲣⲁϣⲉ, ἐχάρη.

[4] 'And he entreated every one to abide in God'; a defective rendering of παρεκάλει πάντας τῇ προθέσει τῆς καρδίας προσμένειν τῷ Κυρίῳ.

[5] Η ⲉϥϣⲓⲛⲉ.   [6] Η ⲁϥⲛ̄ⲧϥ̄.

ⲟⲩϩ ϩⲙ̄ [ⲛ̄]ⲉⲕⲕⲗⲏⲥⲓⲁ[1]· ⲁⲩⲱ ⲛ̄ⲥⲉ
ϯⲥⲃⲱ ⲛ̄ ⲟⲩⲙⲏⲏϣⲉ ⲉⲛⲁϣⲱϥ
ⲁⲩⲱ ⲛ̄ⲥⲉⲙⲟⲩⲧⲉ ⲉⲙⲙⲁⲑⲏⲧⲏⲥ[2]
ⲛ̄ϣⲟⲣⲡ̄ ϩⲛ̄ ⲧⲁⲛⲧⲓⲟⲭⲓⲁ· ϫⲉ

27 ⲛⲉⲭⲣⲓⲥⲧⲓⲁⲛⲟⲥ· ϩⲣⲁⲓ̈ ⲇⲉ ϩⲛ̄
ⲛⲉϩⲟⲟⲩ ⲉⲧ ⲙ̄ⲙⲁⲩ ⲁ ϩⲉⲛⲡⲣⲟⲫⲏ
ⲧⲏⲥ ⲉⲓ ⲉ ⲃⲟⲗ ϩⲛ̄ ⲑⲓⲉⲣⲟⲩⲥⲁⲗⲏⲙ

28 ⲉ [ⲧⲁⲛⲧⲓⲟⲭⲓ]ⲁ· ⲁ [ⲟⲩⲁ ⲇ]ⲉ ⲧⲱⲟⲩⲛ
ⲉ [ⲃⲟⲗ ⲛ̄ ϩⲏⲧ]ⲟⲩ ⲉ ⲡ[ⲉϥⲣⲁⲛ] ⲡⲉ ⲁⲅⲁⲃⲟⲥ
ⲉϥⲥⲏⲙⲁⲛⲉ[3] ⲉ ⲃⲟⲗ [ϩⲓⲧⲛ̄] ⲡⲉⲡⲛ̄ⲁ ⲛⲟⲩ
ⲛⲟϭ ⲛ̄ ϩⲉⲃⲱⲱⲛ ⲉϥⲛⲁ[ϣⲱⲡⲉ ⲉ ϩⲣⲁⲓ̈]
ⲉϫⲛ̄ ⲧⲟⲓⲕⲟⲩⲙⲉⲛⲏ ⲧⲏⲣⲥ̄ [ⲡⲁⲓ̈ ⲉⲛ]

29 ⲧ ⲁϥϣⲱⲡⲉ ϩⲓ ⲕⲗⲁⲩⲇⲓⲟⲥ· ⲙ̄ ⲙⲁⲑⲏⲧⲏⲥ
ⲇⲉ ⲁⲩⲧⲟϣⲟⲩ ⲕⲁⲧⲁ ⲑⲉ ⲉⲧⲉ ⲟⲩⲛ̄ⲧⲉ
ⲡⲟⲩⲁ ⲡⲟⲩⲁ ⲙ̄ⲙⲟⲟⲩ ⲉ ⲧⲣⲉ ⲩϯ ⲉ ϩⲣⲁⲓ̈
ⲉⲩⲇⲓⲁⲕⲟⲛⲓⲁ ⲛ̄ⲥⲉϫⲟⲟⲩⲥⲉ ⲛ̄ ⲛⲉ·

30 ⲥⲛⲏⲩ ⲉⲧ ⲟⲩⲏϩ ϩⲛ̄ ϯⲟⲩⲇⲁⲓⲁ· ⲡⲁⲓ̈
ⲇⲉ ⲁⲩⲁⲁϥ ⲉ ⲁⲩϫⲟⲟⲩⲥⲉ ⲛ̄ ⲛⲉⲡⲣⲉⲥ
ⲃⲩⲧⲉⲣⲟⲥ ⲉ ⲃⲟⲗ ϩⲓ ⲧⲟⲟⲧϥ̄ ⲛ̄ ⲃⲁⲣⲛⲁ
ⲃⲁⲥ ⲛⲙ̄ ⲥⲁⲩⲗⲟⲥ· ⲙ̄ ⲡⲉⲟⲩⲟⲉⲓϣ

XII. 1 ⲇⲉ ⲉⲧ ⲙ̄ⲙⲁⲩ ⲁⲩⲣ̄ⲡⲡⲁⲥ ⲡⲣ̄ⲣⲟ[4] ϩⲓ
ⲧⲟⲟⲧϥ̄ ⲉ ⲑⲙ̄ⲕⲉ[5] ϩⲟⲉⲓⲛⲉ ⲉ ⲃⲟⲗ ϩⲛ̄

2 ⲧⲉⲕⲕⲗⲏⲥⲓⲁ· ⲁϥϩⲱⲧⲃ̄ ⲇⲉ ⲛ̄ ⲓⲁⲕⲕⲱ
ⲃⲟⲥ[6] ⲡⲥⲟⲛ ⲛ̄ ⲓ̈ⲱϩⲁⲛⲛⲏⲥ ϩⲛ̄ ⲟⲩⲥⲏ

3 ϥⲉ· ⲛ̄ ⲧⲉⲣ ⲉϥⲛⲁⲩ ⲇⲉ ϫⲉ ϥⲣⲁⲛⲁⲩ
ⲛ̄ⲓ̈ⲟⲩⲇⲁⲓ̈ ⲁϥⲟⲩⲱϩ ⲉ ⲧⲟⲟⲧϥ̄ ⲉ ϭⲱ
ⲡⲉ ⲙ̄ ⲡ ⲕⲉ ⲡⲉⲧⲣⲟⲥ ⲛⲉ ⲛⲉϩⲟⲟⲩ

4 ⲇⲉ ⲛ̄ ⲛⲁⲑⲁⲃ ⲛⲉ· ⲛ̄ ⲧⲉⲣ ⲉϥϭⲟⲡϥ̄
ⲇⲉ ⲁϥⲛⲟϫϥ̄ ⲉ ⲡⲉϣⲧⲉⲕⲟ ⲁϥⲧⲁⲁϥ
ⲉ ⲧⲟⲟⲧⲟⲩ ⲙ̄ ⲙⲛ̄ⲧⲁⲥⲉ ⲙ̄ⲙⲁⲧⲟⲓ[7]

---

[1] 'The churches'; Η ⲧⲉⲕⲕⲗⲏⲥⲓⲁ, ἐν τῇ ἐκκλησίᾳ.
[2] ⲙ̄ⲙⲁⲑⲏⲧⲏⲥ.
[3] ἐσήμανε.
[4] Ἡρώδης ὁ βασιλεύς.
[5] Η ⲉⲑⲙ̄ⲕⲟ.
[6] Η ⲛ̄ ⲓⲁⲕⲱⲃⲟⲥ.
[7] τέσσαρσι τετραδίοις.

ACTS XII. 4–10

ⲉ ϩⲁⲣⲉϩ¹ ⲉ ⲣⲟϥ· ⲉϥⲟⲩⲱϣ ⲙⲛⲛⲥⲁ
ⲡⲡⲁⲥⲭⲁ ⲉⲛⲧϥ ⲉ ⲃⲟⲗ ⲙ ⲡⲗⲁⲟⲥ·

5 ⲡⲉⲧⲣⲟⲥ ⲇⲉ ⲛⲉⲩϩⲁⲣⲉϩ ⲉ ⲣⲟϥ ⲡⲉ
ϩⲛ ⲟⲩⲱⲣⲝ ϩⲙ ⲡⲉϣⲧⲉⲕⲟ ⲛⲉⲩ ⲛ
ⲟⲩⲛⲟϭ ⲇⲉ ⲛϣⲗⲏⲗ ϣⲟⲟⲡ ⲉ ⲃⲟⲗ
ϩⲓⲧⲛ ⲧⲉⲕⲕⲗⲏⲥⲓⲁ ⲛ ⲛⲁϩⲣⲛ ⲡⲛⲟⲩⲧⲉ

6 ⲉ ⲧⲃⲏⲏⲧϥ· ⲛ ⲧⲉⲣ ⲉϥⲛⲟⲩ ⲇⲉ ⲛϭⲓ
ⲁⲅⲣⲓⲡⲡⲁⲥ² ⲉⲛⲧϥ ⲉ ⲃⲟⲗ ϩⲛ ⲧⲉⲩϣⲏ
ⲉⲧ ⲙⲙⲁⲩ ⲛⲉⲣⲉ ⲡⲉⲧⲣⲟⲥ ⲛⲕⲟⲧⲛ
ⲛ ⲧⲙⲏⲧⲉ ⲙ ⲙⲁⲧⲟⲓ ⲥⲛⲁⲩ ⲉϥⲙⲏⲣ
ⲛ ϩⲁⲗⲩⲥⲓⲥ ⲥⲛⲧⲉ³· ⲉⲣⲉ ⲛⲉⲩⲣϣⲉ⁴
ϩⲓⲣⲛ ⲡⲣⲟ ⲉⲩϩⲁⲣⲉϩ ⲉ ⲡⲉϣⲧⲉⲕⲟ·

7 ⲁⲩⲱ ⲉⲓⲥ ⲟⲩⲁⲅⲅⲉⲗⲟⲥ ⲛⲧⲉ ⲡϫⲟⲉⲓⲥ
ⲉϥⲁϩⲉ ⲣⲁⲧϥ ϩⲓϫⲛ ⲡⲉⲧⲣⲟⲥ ⲁⲩⲱ
ⲁⲩⲟⲩⲟⲉⲓⲛ· ϣⲁ ϩⲙ ⲡⲏⲓ ⲁϥⲧⲃⲥ ⲡⲉ
ⲥⲡⲓⲣ ⲇⲉ ⲙ ⲡⲉⲧⲣⲟⲥ· ⲁϥⲧⲟⲩⲛⲟⲥϥ
ⲉϥϫⲱ [ⲙⲙⲟⲥ ϫⲉ ⲧⲱⲟⲩⲛ ⲛⲧ ϩⲛ ⲟⲩ] Fol. 80a
ϭⲉⲡⲏ ⲁⲩⲱ ⲁ ⲙ̄ⲙⲣⲣⲉ ϩ[ⲉ ⲉ ⲃⲟⲗ ϩⲛ ⲛⲉϥ] [ⲙⲉ]

8 ϭⲓϫ· [ⲡⲉϫⲉ ⲡⲁⲅ]ⲅⲉⲗⲟ[ⲥ ⲇⲉ ⲛⲁϥ]
[ϫⲉ ⲙⲟⲩⲣ ⲛⲧ]ⲉⲕϯⲡⲉ ⲁⲩⲱ ⲛⲧ ϯ ⲛ
[ⲡⲉⲕⲥ]ⲁⲛⲇⲁⲗⲓⲟⲛ⁵ ⲉ ⲣⲁⲧⲕ· ⲁϥⲉⲓⲣⲉ
[ⲇⲉ ϩⲓⲛ]ⲁⲓ ⲁⲩⲱ ⲡⲉϫⲁϥ ϫⲉ ϯ ⲧⲉⲕϣⲧⲏⲛ

9 ϩⲓⲱⲱⲕ ⲁⲩⲱ ⲛⲧ ⲟⲩⲁϩⲛ ⲛⲥⲱⲓ· ⲁϥⲉⲓ
ⲇⲉ⁶ ⲁϥⲟⲩⲁϩϥ ⲛⲥⲱϥ ⲉⲛⲉϥⲥⲟⲟⲩⲛ ⲁⲛ
ϫⲉ ⲟⲩⲙⲉⲉ ⲡⲉ ⲡⲉⲧ ⲉⲣⲉ ⲡⲁⲅⲅⲉⲗⲟⲥ
ⲉⲓⲣⲉ ⲙⲙⲟϥ· ⲛⲉϥⲙⲉⲉⲧⲉ ⲅⲁⲣ ϫⲉ ⲟⲩ

10 ϩⲟⲣⲟⲙⲁ⁷ ⲡⲉ ⲛⲧ ⲁϥⲛⲁⲩ ⲉ ⲣⲟϥ· ⲛ ⲧⲉⲣ ⲟⲩ
ⲉⲓ ⲇⲉ ⲉ ⲃⲟⲗ ϩⲙ ⲡϣⲟⲣⲡ ⲛ ⲣⲟ ⲁⲩⲱ ⲡⲙⲉϩ
ⲥⲛⲁⲩ ⲁⲩⲉⲓ ⲉ ϩⲣⲁⲓ ⲉϫⲛ ⲧ’ⲡⲩⲗⲏ ⲙ

---

¹ Η ⲉⲧⲣⲉⲩϩⲁⲣⲉϩ. ² ὁ Ἡρώδης.
³ ἁλύσεσι δυσί. ⁴ Η ⲛⲁⲡⲟⲩⲣϣⲉ.
⁵ σανδάλιά σου.
⁶ ⲉⲃⲟⲗ has probably been omitted by accident.
⁷ ὅραμα.

ⲡⲉⲛⲡⲉ ⲉⲧ ⲟⲩⲏⲛ ⲉ ⲃⲟⲗ ⲉ ⲧⲡⲟⲗⲓⲥ·
ⲧⲁⲓ ⲇⲉ ⲁⲥⲟⲩⲱⲛ ⲛⲁⲩ ⲙⲁⲩⲁⲁⲥ¹ ⲛ̄ ⲧⲉ
ⲣ ⲟⲩⲉⲓ ⲇⲉ ⲉ ⲃⲟⲗ ⲁⲩⲡⲱϩ ϣⲁⲡϣⲟⲣⲡ̄
ⲛ̄ ϩⲓⲣ· ⲁⲩⲱ ⲛ̄ⲧⲉⲩⲛⲟⲩ ⲁ ⲡⲁⲅⲅⲉⲗⲟⲥ

11 ⲥⲁϩⲱϥ ⲉ ⲃⲟⲗ ⲙ̄ⲙⲟϥ· ⲡⲉⲧⲣⲟⲥ ⲇⲉ
ⲛ̄ ⲧⲉⲣⲉ ⲡⲉϥϩⲏⲧ ϣⲱⲡⲉ ⲙ̄ⲙⲟϥ²
ⲡⲉϫⲁϥ· ϫⲉ ⲧⲉⲛⲟⲩ ⲁⲉⲓⲙⲉ³ ⲛⲁⲙⲉ
ϫⲉ ⲡϫⲟⲉⲓⲥ ⲡⲉ ⲛⲧ ⲁϥⲧⲛ̄ⲛⲟⲟⲩϥ⁴
ⲡⲉϥⲁⲅⲅⲉⲗⲟⲥ ⲁⲩⲱ ⲁϥⲛⲁϩⲙⲉⲧ ⲉ
ⲃⲟⲗ ϩⲛ̄ ⲧϭⲓϫ ⲛ ⲛⲁⲅⲣⲓⲡⲡⲟⲥ⁵ ⲁⲩⲱ
ⲧⲉⲡⲣⲟⲥⲇⲟⲕⲓⲁ ⲧⲏⲣⲥ̄ ⲙ̄ ⲡⲗⲁⲟⲥ

12 ⲛ̄ⲓⲟⲩⲇⲁⲓ· ⲛ̄ ⲧⲉⲣ ⲉϥⲉⲓⲙⲉ ⲇⲉ ⲁϥⲃⲱⲕ
ⲉⲣ ⲛ̄ ⲡⲏⲓ̈ ⲙ̄ ⲙⲁⲣⲓⲁ ⲧⲙⲁⲁⲩ ⲛ̄ ⲓ̈ⲱϩⲁⲛ
ⲛⲏⲥ ⲉϣⲁⲩⲙⲟⲩⲧⲉ⁶ ⲉ ⲣⲟϥ ϫⲉ ⲙⲁⲣ
ⲕⲟⲥ ⲡⲙⲁ ⲉⲛⲉⲛ ⲉⲣⲉ⁷ ⲟⲩⲙⲏⲏϣⲉ
ⲛ̄ ϩⲏⲧϥ̄ ⲉⲩⲥⲟⲟⲩϩ ⲁⲩⲱ ⲉⲩϣⲗⲏⲗ·

13 ⲛ̄ ⲧⲉⲣ ⲉϥⲧⲱϩⲙ̄ ⲇⲉ ⲉ ⲡⲣⲟ ⲛ̄ⲡⲩⲗⲉⲓⲧ⁸
ⲁⲩⲱ ⲁⲩϣⲉⲉⲣⲉ ϣⲏⲙ ⲉⲓ ⲉ ⲃⲟⲗ ⲉ

14 ⲟⲩϣⲃ̄ ⲉ [ⲡ]ⲉⲥⲣⲁⲛ ⲡⲉ ϩⲣⲟⲇⲏ⁹· ⲁⲩⲱ
ⲛ̄ ⲧⲉⲣ ⲉⲥⲥⲟⲩⲛ ⲧⲥⲙⲏ ⲙ̄ ⲡⲉⲧⲣⲟⲥ
ⲉ ⲃⲟⲗ ϩⲙ̄ ⲡⲣⲁϣⲉ ⲙ̄ⲡ ⲥⲟⲩⲱⲙ ⲙ̄ⲡⲣⲟ·
ⲁⲥⲡⲱⲧ ⲇⲉ ⲉ ϩⲟⲩⲛ ⲁⲥⲧⲁⲙⲟⲟⲩ
ϫⲉ ⲡⲉⲧⲣⲟⲥ ⲁϩⲉ ⲣⲁⲧϥ̄ ϩⲓⲣⲙ̄ ⲡⲣⲟ·

15 ⲁⲩⲱ ⲡⲉϫⲁⲩ¹⁰ ⲛⲁⲥ ϫⲉ ⲉⲣⲉ ⲗⲟⲃⲉ¹¹· ⲛⲧⲟⲥ
ⲇⲉ ⲁⲥⲧ'ⲱⲕ ⲉ ϩⲟⲩⲛ ϫⲉ ⲧⲁⲓ ⲧⲉ ⲑⲉ·
ⲡⲉϫⲁⲩ ⲛⲁⲥ ϫⲉ ⲡⲉϥⲁⲅⲅⲉⲗⲟⲥ ⲡⲉ·

16 ⲡⲉⲧⲣⲟⲥ ⲙ̄ⲡ ϥⲗⲟ ⲉϥⲧⲱϩⲙ̄ ⲛ̄ ⲧⲉ

---

¹ ἥτις αὐτομάτη ἠνοίχθη αὐτοῖς.
² γενόμενος ἐν ἑαυτῷ.
³ Η ⲁⲓⲉⲓⲙⲉ.
⁴ Η ⲡⲉⲛⲧⲁϥⲧⲛ̄ⲛⲟⲟⲩ.
⁵ Η ⲛ̄ⲁⲅⲣⲓⲡⲡⲁⲥ.
⁶ Read ⲡⲉⲧⲉ ϣⲁⲩⲙⲟⲩⲧⲉ.
⁷ Η ⲉⲛⲉⲣⲉ.
⁸ τὴν θύραν τοῦ πυλῶνος.
⁹ Ῥόδη, Η ϩⲣⲱⲇⲏ.
¹⁰ Η ⲡ̄ⲧⲟⲟⲩ ⲇⲉ ⲡⲉϫⲁⲩ.
¹¹ οἱ δὲ πρὸς αὐτὴν εἶπον, Μαίνῃ.

[ⲣ ⲟⲧ ⲟⲩⲱⲛ ⲛⲁϥ] ⲁⲩⲛ[ⲁⲩ ⲉ ⲣⲟϥ ⲁ]ⲩⲱ ⲁⲩ   Fol. 80 b

17 ⲡ[ⲱϣⲥ· ⲁϥⲕⲓ]ⲙ ⲛ̄ [ⲧⲉϥϭⲓϫ ⲉ ⲣ]ⲟⲟⲩ ⲉ   [ⲣⲡⲉ]
ⲧ[ⲣⲉ ⲩ]ⲕⲁ ⲣⲱⲟⲩ ⲁϥ[ⲧⲁⲙⲟⲟⲩⲧⲉ] ⲑⲉ ⲛ
ⲧⲁ ⲡϫⲟⲉⲓⲥ ⲛ̄ⲧϥ ⲉ ⲃⲟ[ⲗ ϩⲙ̄ ⲡⲉϣⲧⲉ]
ⲕⲟ· ⲡⲉϫⲁϥ ⲛⲁⲩ ϫⲉ ϫⲁⲙⲉ [ⲓ̈ⲁⲕⲕⲱ]
ⲃⲟⲥ ⲁⲩⲱ ⲛⲉⲥⲛⲏⲩ ⲉ ⲛⲁⲓ̈· [ⲁϥⲉⲓ]
[ⲇ]ⲉ ⲉ ⲃⲟⲗ ⲁⲩⲱ ⲁϥⲃⲱⲕ ⲉⲩⲙⲁ ⲛ̄ ϫⲁⲓⲉ[1]·

18 ⲛ̄ ⲧⲉⲣⲉ ϩⲧⲟⲟⲩ ⲇⲉ ϣⲱⲡⲉ ⲛ̄ⲧⲉⲩ
ⲛⲟⲩ[2] ⲛⲉⲩ ⲛ ⲟⲩⲛⲟϭ ⲛ̄ ϣⲧⲟⲣⲧⲣ̄ ϣⲟⲟⲡ
ϩⲛ̄ ⲛ̄ⲙⲁⲧⲟⲓ̈ ϫⲉ ⲟⲩ ⲁⲣⲁ ⲡⲉ ⲛⲧ ⲁϥϣⲱ

19 ⲡⲉ ⲙ̄ⲙ ⲡⲉⲧⲣⲟⲥ· ⲁⲩⲣⲡⲡⲁⲥ ⲇⲉ ⲛ ⲧⲉ
ⲣ ⲉϥϣⲓⲛⲉ ⲛ̄ⲥⲱϥ ⲙ̄ⲡ̄ ϭ̄ϩⲉ ⲉ ⲣⲟϥ
ⲁϥⲁⲛⲁⲕⲣⲓⲛⲉ[3] ⲛ̄ ⲛⲁ̅ⲣⲡ̅ϣⲉ ⲁϥⲟⲩⲉϩ
ⲥⲁϩⲛⲉ ⲉ ϫⲓⲧⲟⲩ ⲉ ⲃⲟⲗ ⲉ ⲧⲁⲕⲟⲟⲩ
ⲁϥⲉⲓ ⲉ ⲃⲟⲗ ⲉ ϯⲟⲩⲇⲁⲓⲁ ⲉ ϩⲣⲁⲓ̈ ⲉ ⲧⲕⲏⲥⲁⲣⲓⲁ

20 ⲁϥϣⲱⲡⲉ ⲙ̄ⲙⲁⲩ· ⲛⲉϥϭⲟⲛⲧ ⲇⲉ ⲡⲉ
ⲉⲛⲣⲙ̄ ⲛ̄ ⲧⲩⲣⲟⲥ ⲛⲙ̄ ⲥⲓⲇⲱⲛ ⲛ̄ⲧⲟⲟⲩ
ⲇⲉ ϩⲓ ⲟⲩⲥⲟⲡ ⲁⲩⲉⲓ ϣⲁ ⲣⲟϥ ⲁⲩⲱ ⲁⲩ
ⲡⲓⲑⲉ[4] ⲛ̄ ⲃⲗⲁⲥⲧⲟⲥ ⲡⲉⲧ ϩⲓϫⲛ̄ ⲡⲕⲟⲓ
ⲧⲱⲛ ⲙ̄ ⲡⲣ̄ⲣⲟ ⲁⲩⲁⲓⲧⲓ ⲛ ⲟⲩⲉⲓⲣⲏⲛⲏ[5]
ⲉ ⲧⲃⲉ ϫⲉ ⲛⲉⲩⲥⲁⲛϣ[6] ⲛ̄ ⲧⲉⲩⲭⲱⲣⲁ

21 ⲉ ⲃⲟⲗ ϩⲛ̄ ⲁ ⲡⲣ̄ⲣⲟ[7]: ϩⲛ̄ ⲟⲩϩⲟⲟⲩ
ⲇⲉ ⲁⲩⲧⲟϣϥ̄[8] ⲁ ϩⲏⲣⲱⲇⲏⲥ ϯ ϩⲓⲱⲱϥ
ⲛ̄ ⲧϩ̄ⲃⲥⲱ ⲙ̄ ⲡⲣ̄ⲣⲟ· ⲁⲩⲱ ⲁϥϩⲙⲟⲟⲥ

22 ϩⲓ ⲡⲃⲏⲙⲁ ⲁϥϯ ϩⲁⲡ ⲉ ⲣⲟⲟⲩ ⲡⲙⲏ
ⲛϣⲉ ⲇⲉ ⲁϥⲁϣⲕⲁⲕ ⲉ ⲃⲟⲗ ϫⲉ ⲟⲩⲥⲙⲏ
ⲛⲟⲩⲧⲉ ⲧⲉ ⲛ ⲟⲩⲥⲙⲏ ⲛ̄ ⲣⲱⲙⲉ ⲁⲛ

23 ⲧⲉ· ⲛ̄ⲧⲉⲩⲛⲟⲩ ⲇⲉ ⲁϥⲡⲁⲧⲁⲥⲥⲉ[9]
ⲙ̄ⲙⲟϥ ⲛ̄ϭⲓ ⲟⲩⲁⲅⲅⲉⲗⲟⲥ ⲛ̄ⲧⲉ ⲡϫⲟ

---

[1] 'A desert place', but the Greek has εἰς ἕτερον τόπον.
[2] H omits ⲛ̄ⲧⲉⲩⲛⲟⲩ.   [3] ἀνακρίνας.
[4] πείσαντες Βλάστον.   [5] ᾐτοῦντο εἰρήνην.
[6] H ⲉⲃⲟⲗ ϫⲉ ⲛⲉⲩⲥⲁⲛϣ.
[7] H ϩⲛ̄ ⲛⲁⲡⲣ̄ⲣⲟ.   [8] ὁ Ἡρώδης.   [9] ἐπάταξεν.

ACTS XII. 23—XIII. 5

еіс· е ϩολ ϫε ⲙ̄π ⳓϯ єοοτ ⲙ̄ πⲛοτ
24 τε ατω αϥⲣ̄ ϥⲛ̄τϥ¹ αϥⲙοτ· πϣα
ϫε ⲙ̄ πⲛοττε αϥατϩαⲛε ατω
25 αϥαϣαϊ²: ϩαⲣⲛαϩαс ⲇε ⲛ̄ⲙ̄ саτ
λος ατⲕοτοτ ε ϩⲣаϊ ε θιεροτ
салнⲙ³ ε аⲛτιοⲭιа⁴ ε ατϫωⲕ
ε ϩολ ⲛ̄ τⲇιаⲕοⲛιа· ε ατϫι ⲛ̄ⲙ̄
ⲙаτ ⲛ̄ ϊωϩаⲛⲛнс πετ οτⲙοτ

Chap. τε ε ⲣοϥ ϫε ⲙаⲣⲕος· ⲛετϣοοπ
Fol. 81a XIII. 1 ⲇε ϩ[ⲛ̄ τεⲕⲕλнсіа ετ ϩⲛ̄ τ]аⲛτι
[ⲣⲙϩ̄] οⲭі[а ⲛ̄ⳓι ϩεⲛ]πⲣοφнτнс ⲛ̄ⲙ̄
ϩεⲛ[саϩ ετε ϩ]аⲣⲛаϩас πε ⲛ̄ⲙ̄
[сⲓⲙεω]ⲛ πετ οτⲙοττε ε ⲣοϥ
[ϫε ⲛι]ⲅεⲣ⁵ ⲛ̄ⲙ̄ λοτⳓιος⁶ πⲕтⲣн
ⲛаιος ατω ⲙаⲛанⲛ πсοⲛ ⲙ̄
ⲙοοⲛε ⲛ̄ ϩнⲣωⲇнс ⲡⲧⲣετⲣаⲣ sic

2 ⲭнс ατω саτλος: ετϣⲙ̄ϣε
ⲇε ⲙ̄ πϫοεіс ατω ετⲛнсτετε⁷
πεϫε πⲛ̄ᾱ ετ οτааϩ ⲛατ ϫε πω
ⲣ̄ⲝ ⲛаϊ ε ϩολ ⲛ̄ ϩаⲣⲛаϩас ⲛ̄ⲙ̄ саτ
λος ε πϩωϩ ⲛ̄τ аϩⲙοτ ε ⲣοϥ·
3 τοτε ατⲛнсτετε ατω ατϣληλ
αττалε ⳓιϫ ε ϫωοτ ατⲕааτ ε ϩολ·
4 ⲡτοοτ ⳓε ⲛ τερ οτϫοοτсε⁸ ε ϩολ
ϩιτⲛ̄ ⲛετ οτааϩ ατει ε ϩⲣаϊ ε сε
λετⲕια ε ϩολ ⲇε ϩⲙ̄ πⲙа ετ ⲙ̄ⲙаτ
5 ατсⳓнⲣ ε ϩⲣаϊ ε ⲕⲩⲡⲣος· ατω ⲛ̄ τε
ⲣ οτϣωπε ⲛ̄ салаⲙιⲛа αττаϣε
οειϣ ⲙ̄ πϣаϫε ⲙ̄ πⲛοττε ϩⲛ̄

---

¹ 'He produced his worms', σκωληκόβρωτος.
² The paragraph mark ⳝ is wanting.
³ 'Turned into Jerusalem'; Η εϩολ ϩⲛ̄ θιλⲏⲙ.
⁴ See the readings given by Prof. Souter.   ⁵ Η ⲛειⲅεⲣ.
⁶ Η λοτⲕιος.   ⁷ νηστευόντων.   ⁸ Η ⲡⲧερⲟτϫⲟοτсοτ.

ⲛⲥⲩⲛⲁⲅⲱⲅⲏ ⲛ̄ ⲓ̈ⲟⲩⲇⲁⲓ̈· ⲛⲉⲩⲛ̄ⲧⲁⲩ.
ⲇⲉ ⲙ̄ⲙⲁⲩ ⲙ̄ ⲡⲕⲉ ⲓ̈ⲱϩⲁⲛⲛⲏⲥ· ⲉⲩ

6 ϣⲙ̄ϣⲉ ⲛⲁⲩ· ⲛ̄ ⲧⲉⲣ ⲟⲩⲙⲟⲩϣⲧ̄
ⲇⲉ ⲛ̄ ⲧⲛⲏⲥⲟⲥ ⲧⲏⲣⲥ̄ ϣⲁ ϩⲣⲁⲓ̈ ⲉⲧ
ⲙⲁ ⳉⲉ ⲡⲁⲫⲟⲥ[1] ⲁϩⲉ ⲉⳉⲣⲱⲙⲉ ⲛ
ⲓ̈ⲟⲩⲇⲁⲓ̈ ⲙ̄ ⲙⲁⲅⲟⲥ ⲙ̄ ⲡⲣⲟⲫⲏⲧⲏⲥ[2]
ⲛ̄ ⲛⲟⲩⳉ ⲉ ⲡⲉϥⲣⲁⲛ ⲡⲉ ⲃⲁⲣ ⲓⲏⲥⲟⲩⲥ[3]·

7 ⲉϥϣⲟⲟⲡ ⲛⲙ̄ ⲡⲁⲛⲑⲩⲡⲁⲧⲟⲥ[4] ⲉ ⲥⲉⲣ
ⲅⲓⲟⲥ· ⲡⲁⲩⲗⲟⲥ ⲟⲩⲣⲱⲙⲉ ⲛ̄ ⲣⲙ̄ ⲛ̄
ϩⲏⲧ' ⲡⲁⲓ̈ ⲁϥⲙⲟⲩⲧⲉ ⲉ ⲃⲁⲣⲛⲁⲃⲁⲥ
ⲛⲙ̄ ⲥⲁⲩⲗⲟⲥ ⲁϥϣⲓⲛⲉ ⲛ̄ⲥⲁ ⲥⲱ
ⲧⲙ̄ ⲉ ⲡϣⲁⳉⲉ ⲙ̄ ⲡⲛⲟⲩⲧⲉ· ⲁϥϯ

8 ⳉⲉ ⲟⲩⲃⲏ[ϥ] ⲛ̄ϭⲓ ⲉⲗⲩⲙⲁⲥ ⲡⲙⲁⲅⲟⲥ
ⲧⲁⲓ̈ ⲅⲁⲣ ⲧⲉ ⲑ[ⲉ ⲉ]ϣⲁⲩⲟⲩⲱϩⲙ̄[5] ⲙ̄ ⲡⲉ[ϥ]
ⲣⲁⲛ ⲉϥϣⲓ[ⲛ]ⲉ ⲛ̄ⲥⲁ ⲛⲧⲉ ⲉ ⲡⲁⲛⲑ

9 ⲡⲁⲧⲟⲥ ⲉ [ⲃⲟⲗ ϩⲙ̄] ⲛ̄ ⲧⲡⲓⲥⲧⲓⲥ: ⲥⲁⲩ
ⲗⲟⲥ [ⲇⲉ ⲉⲧⲉ ⲡⲁⲩⲗⲟⲥ ⲡⲉ ⲁϥ]ⲙⲟⲩϩ
ⲉ ⲃⲟⲗ ⲙ̄ [ⲡⲉⲡⲛ̄ⲁ ⲉⲧ ⲟⲩⲁⲁⲃ] ⲁϥⲉⲓ

10 ⲱⲣⲙ ⲉ ϩⲟⲩⲛ ⲉ ϩⲣ[ⲁϥ ⲉϥⳉⲱ] ⲙ̄ⲙⲟⲥ
ⳉⲉ ⲱ̄ ⲡⲉⲧ ⳉⲏⲕ ⲉ ⲃⲟⲗ [ⲛ̄ ⲕⲣⲟϥ ⲛⲓⲙ]
ⲁⲩⲱ ⲡⲉⲑⲟⲟⲩ ⲛ[ⲓ]ⲙ ⲡϣⲏ[ⲣⲉ ⲙ]
ⲡⲇⲓⲁⲃⲟⲗⲟⲥ ⲡⲳⲁⳉⲉ ⲛ̄ ⲇⲓⲕⲁⲓⲟⲥⲩ
ⲛⲏ ⲛⲓⲙ ⲉⲛⲧ̄ ⲗⲟ[6] ⲁⲛ ⲉⲛϭⲱⲱⲙⲉ
ⲛ̄ ⲛⲉϩⲓⲟⲟⲩⲉ ⲉⲧ ⲥⲟⲩⲧⲱⲛ ⲛ̄ⲧⲉ

11 ⲡⳉⲟⲉⲓⲥ· ⲧⲉⲛⲟⲩ ϭⲉ ⲉⲓⲥ ⲧϭⲓⳉ ⲙ̄
ⲡⳉⲟⲉⲓⲥ ⲛⲁϣⲱⲡⲉ ⲉ ϩⲣⲁⲓ̈ ⲉ ⳉⲱⲕ
ⲁⲩⲱ ⲛ̄ⲅ̄ ϣⲱⲡⲉ ⲃⲗ̄ⲗⲉ ⲉⲛⲅ̄ ⲛⲁⲩ
ⲉ ⲃⲟⲗ ⲁⲛ ⲉ ⲡⲣⲏ ϣ[ⲁ] ⲟⲩⲟ[ⲩⲟ]ⲉⲓⲥ (sic)· ⲛ̄ⲧⲉⲩ
ⲛⲟⲩ ⲇⲉ ⲁ ϩⲉⲛϩⲃ̄ⲥ̄[7] ϩⲉ ⲉ ϩⲣⲁⲓ̈ ⲉ ⳉⲱϥ

---

[1] ἄχρι Πάφου. [2] ἄνδρα τινὰ μάγον ψευδοπροφήτην. [3] Βαρϊησοῦς.
[4] τὸν ἀνθύπατον.   [5] μεθερμηνεύεται, Η ⲉϣⲁⲩⲟⲩⲉϩⲙ̄.
[6] Η ⲛ̄ⲧ̄ⲡⲁⲗⲟ. The ⲟ is fairly certain, but in the break are traces of another letter.
[7] Η ϣⲁ ⲟⲩⲟⲩⲟⲉⲓϣ ⲛ̄ⲧⲉⲩⲛⲟⲩ ⲇⲉ ⲁ ϩⲉⲛϩⲃ̄ⲃ̄ⲥ̄.

ⲛⲙ̄ ⲟⲩⲕⲁⲕⲉ ⲁⲩⲱ ⲛⲉϥⲙⲟⲟϣⲉ
ⲡⲉ ⲉϥϣⲓⲛⲉ ⲛ̄ⲥⲁ ⲛⲉⲧ ϫⲓⲙⲟⲉⲓⲧ

12 ϩⲏⲧϥ̄[1]· ⲧⲟⲧⲉ ⲡⲁⲛⲑⲩⲡⲁⲧⲟⲥ ⲛ̄
ⲧⲉⲣ ⲉϥⲛⲁⲩ ⲉ ⲡⲉ ⲛⲧ ⲁϥϣⲱⲡⲉ ⲁϥ
ⲡⲓⲥⲧⲉⲩⲉ ⲉϥⲡⲗⲏⲥⲥⲉ[2] ⲉ ϩⲣⲁⲓ̈ ⲉϫⲛ̄

13 ⲧⲉⲥⲃⲱ[3] ⲛ̄ ⲡϫⲟⲉⲓⲥ· ⲛ̄ ⲧⲉⲣⲉ ⲛⲁⲡⲟⲥ[ⲧⲟ]
ⲗⲟⲥ[4] ⲇⲉ ⲥϭⲏⲣ ⲉ ⲃⲟⲗ ϩⲙ̄ ⲡⲁⲫⲟⲥ ⲁⲩ
ⲉⲓ ⲉ ϩⲣⲁⲓ̈ ⲉ ⲡⲉⲣⲅⲏ ⲛ̄ ⲧⲡⲁⲙⲫⲩⲗⲓⲁ·
ⲓ̈ⲱϩⲁⲛⲛⲏⲥ ⲇⲉ ⲁϥⲡⲱⲣϫ̄ ⲉ ⲃⲟⲗ
ⲙ̄ⲙⲟⲟⲩ ⲁϥⲕⲟⲧϥ̄ ⲉ ⲑⲓⲉⲣⲟⲩⲥⲁⲗⲏⲙ·

14 ⲛ̄ⲧⲟⲟⲩ ⲇⲉ ⲛ̄ ⲧⲉⲣ ⲟ[ⲩ]ⲉⲓ ⲉ ⲃⲟⲗ ϩⲙ̄ ⲡⲉⲣ
ⲅⲏ ⲁⲩⲉⲓ ⲉ ϩⲣⲁⲓ̈ ⲉ ⲧⲁⲛⲧⲓⲟⲭⲓⲁ ⲛ̄ ⲧ'ⲡⲓ
ⲥⲓⲇⲓⲁ[5] ⲁⲩⲱ ⲁⲩⲃⲱⲕ ⲉ ϩⲟⲩⲛ ⲉⲛⲥⲩ
ⲛⲁⲅⲱ[ⲅⲟⲥ] ⲙ̄ ⲡⲉϩⲟⲟⲩ ⲙ̄ ⲡⲥⲁⲃⲃⲁⲧⲟⲛ

15 ⲁⲩϩⲙⲟⲟⲥ· ⲙⲛ̄ⲛⲥⲁ ⲡⲱϣ ⲇⲉ ⲙ̄
ⲡⲛⲟⲙⲟⲥ ⲛⲙ̄ ⲛⲉⲡⲣⲟⲫⲏⲧⲏⲥ
ⲁⲩϫⲟⲟⲩ ⲛ̄ϭⲓ ⲛ̄ⲁⲣⲭⲓⲥⲛ̄ⲁⲅⲱⲅⲟⲥ[6]
ϣⲁ ⲣⲟⲟⲩ ⲉⲩϫ̄ⲱ ⲙ̄ⲙⲟⲥ ϫⲉ ⲛ̄ⲣⲱ
ⲙⲉ ⲛⲉⲥⲛⲏⲩ ⲉϣⲱⲡⲉ ⲟⲩⲛ ϣⲁϫⲉ
ⲛ̄ ⲥⲟⲡⲥ[7] ⲛ̄ⲧⲉ ⲧⲏⲩⲧⲛ̄ ⲁϫⲓⲥ ⲛ̄ ⲛⲁ

16 ϩⲣⲛ̄ ⲡⲗⲁⲟⲥ· ⲁ ⲡⲁⲩ[ⲗ]ⲟⲥ ⲇⲉ ⲧⲱⲟⲩⲛ
ⲁϥⲕⲓⲙ ⲛ̄ ⲧⲉϥϭⲓϫ ⲉ ϩⲟⲟⲩ ⲉϥϫⲱ
ⲙ̄ⲙⲟⲥ ϫⲉ ⲛ̄ⲣⲱⲙⲉ ⲛ̄ⲧⲉ ⲡⲓⲥⲣⲁ
ⲏⲗ ⲁⲩⲱ ⲛⲉⲧ ⲣ̄ ϩⲟⲧⲉ [ϩ]ⲧⲏϥ̄ ⲙ̄ ⲡⲛⲟⲩ

17 ⲧⲉ ⲥⲱⲧⲙ̄· ⲡⲛⲟⲩ[ⲧⲉ] ⲙ̄ ⲡⲓⲥⲣⲁⲏⲗ
ⲁϥⲥⲱⲧⲡ̄ ⲛ̄ ⲛⲉⲛ[ⲉⲓⲟ]ⲧⲉ ⲁⲩⲱ ⲁϥ
ϫⲓⲥⲉ [ⲙ̄ ⲡⲗⲁⲟⲥ] ϩⲙ̄ ⲡ[ⲙⲁ ⲛ̄ ϭⲟⲉⲓⲗⲉ][8]
ϩⲙ̄ ⲡ[ⲕⲁϩ ⲛ̄ ⲕⲏⲙ]ⲉ· ⲁⲩⲱ ϩⲛ̄ ⲟⲩϭⲃⲟⲓ

---

[1] 'He sought those who would guide him', ἐζήτει χειραγωγούς.
[2] ἐκπλησσόμενος.   [3] ἐπὶ τῇ διδαχῇ.
[4] Η ⲛ̄ⲧⲉⲣⲉ ⲡⲁⲡⲁⲩⲗⲟⲥ ⲇⲉ ⲥϭⲏⲣ.
[5] Ἀντιόχειαν τὴν Πισιδίαν.   [6] οἱ ἀρχισυνάγωγοι.
[7] 'Word of exhortation', λόγος παρακλήσεως.
[8] ἐν τῇ παροικίᾳ.

ACTS XIII. 17-25

ⲉ[ϥ] ϫⲟⲥⲉ ⲁϥⲛ̄ⲧⲟⲩ ⲉ ⲃⲟⲗ ϩⲙ̄ ⲡ ⲙⲁ

18 ⲉⲧ ⲙ̄ⲙⲁⲩ· ⲁϥⲥⲁⲃⲟⲩϣⲟⲩ ⲛ̄ ϩⲙⲉ [sic]

19 ⲛ̄ ⲣⲟⲙⲡⲉ ϩⲓ ⲧⲉⲣⲏⲙⲟⲥ· ⲁϥϥⲱⲧⲉ ⲉ ⲃⲟⲗ
ⲛ̄ ⲥⲁϣϥ̄ ⲛ̄ ϩⲉⲑⲛⲟⲥ ϩⲙ̄ ⲡⲕⲁϩ ⲛ̄ ⲭⲁⲛⲁ
ⲁⲛ· ⲁϥϯ ⲡⲉⲩⲕⲁϩ ⲛⲁⲩ ⲛ̄ ⲕⲗⲏⲣⲟⲛⲟ

20 ⲙⲓⲁ· ⲛ̄ϥⲧⲟⲩ ϣⲉ ⲧⲁⲓⲟⲩ ⲛ̄ ⲣⲟⲙⲡⲉ·
ⲁⲩⲱ ⲁϥϯ ⲛⲁⲩ ⲛ̄ ϩⲉⲛⲕⲣⲓⲧⲏⲥ ϣⲁ
ϩⲣⲁⲓ̈ ⲉ ⲥⲁⲙⲟⲩⲏⲗ ⲡⲉⲡⲣⲟⲫⲏⲧⲏⲥ:

21 ⲙ̄ⲛ̄ⲛ̄ⲥⲱⲥ ⲁⲩⲁⲓⲧⲓ[1] ⲛ̄ ⲟⲩⲣ̄ⲣⲟ· ⲁ ⲡⲛⲟⲩ
ⲧⲉ ϯ ⲛⲁⲩ ⲛ̄ ⲥⲁⲟⲩⲗ ⲡϣⲏⲣⲉ ⲛ̄ ϭⲓⲥ[2]
ⲟⲩⲣⲱⲙⲉ ⲉ ⲃⲟⲗ ϩⲛ̄ ⲧⲉⲫⲩⲗⲏ ⲃ̄ ⲃⲉ

22 ⲛⲓⲁⲙⲓⲛ ⲛ̄ ϩⲙⲉ ⲛ̄ ⲣⲟⲙⲡⲉ· ⲁⲩⲱ ⲛ̄
ⲧⲉⲣ ⲉϥⲡⲱⲱⲛⲉ[3] ⲁϥⲧⲟⲩⲛⲉⲥ ⲇⲁⲩⲉⲓⲇ
>ⲛⲁⲩ ⲉⲩⲣ̄ⲣⲟ· ⲡⲁⲓ̈ ⲛ̄ⲧⲁϥⲣ̄ ⲙ̄ⲛ̄ⲧⲣⲉ
>ϩⲁ ⲣⲟϥ ⲉϥϫⲱ ⲙ̄ⲙⲟⲥ· ϫⲉ ⲁⲓ̈ϩⲉ ⲉ ⲇⲁⲩ
>ⲉⲓⲇ ⲡϣⲏⲣⲉ ⲛ̄ ⲓ̈ⲉⲥⲥⲁⲓ̈ ⲉϥⲛⲏⲧ ϩⲛ̄
>ⲡⲁ ϩⲏⲧ' ⲡⲁⲓ̈ ⲉⲧ ⲛⲁⲉⲓⲣⲉ ⲛ ⲛⲁ ⲟⲩⲱϣ

23 >ⲧⲏⲣⲟⲩ[4]· ⲉ ⲃⲟⲗ ⲅⲁⲣ[5] ϩⲙ̄ ⲡⲉϥⲥⲡⲉⲣⲙⲁ
ⲕⲁⲧⲁ ⲟⲩⲉⲣⲏⲧ' ⲁ ⲡ'ⲛⲟⲩⲧⲉ ⲧⲟⲩⲛⲟⲥ

24 ⲙ̄ ⲡⲓⲥⲣⲁⲏⲗ ⲙ̄ ⲡⲥⲱⲧⲏⲣ ⲓ̄ⲥ̄· ⲉⲁ ⲓ̈ⲱ
ϩⲁⲛⲛⲏⲥ ⲕⲏⲣⲩⲥⲥⲉ ϩⲁⲑⲏ ⲙ̄ ⲡⲉϥⲉⲓ
ⲉ ϩⲟⲩⲛ ⲛ ⲟⲩⲃⲁⲡⲧ'ⲓⲥⲙⲁ ⲙ̄ ⲙⲉⲧⲁ

25 ⲛⲟⲓⲁ ⲙ̄ ⲡⲗⲁⲟⲥ ⲧⲏⲣϥ̄· ⲓ̈ⲱϩⲁⲛⲛⲏⲥ
ⲇⲉ ⲛ̄ⲧⲉϥϫⲱⲕ[6] ⲉ ⲃⲟⲗ ⲙ̄ ⲡⲉϥϩⲁⲣⲟⲙⲟⲥ
ⲛⲉϥϫⲱ ⲙ̄ⲙⲟⲥ ⲡⲉ ⲛ̄ ⲛⲁϩⲣⲛ̄ ⲡⲙⲏ
ⲛ̄ϣⲉ ϫⲉ ϩⲣⲱⲧⲛ̄[7] ⲧⲉⲧⲛ̄ⲙⲉⲉⲩⲉ ⲉ
ⲣⲟⲓ̈ ϫⲉ ⲁⲛⲟⲕ ⲡⲉ ⲛ̄ⲛ̄ ⲁⲛⲟⲕ ⲁⲛ ⲡⲉ
ⲁⲗⲗⲁ ⲉⲓⲥ ϩⲏⲛⲧⲉ ϥⲛⲏⲧ ⲙ̄ⲛ̄ⲥⲱⲓ̈
ⲡⲁⲓ̈ ⲉⲛ ϯⲙ̄ⲡϣⲁ ⲁⲛ ⲃ̄ⲃ̄ⲗ̄[8] ⲉ ⲃⲟⲗ ⲙ̄ ⲡⲧⲟ

---

[1] ἡγήσαντο, H ⲁⲩⲁⲓⲧⲉⲓ.   [2] Κίς.
[3] H ⲛ̄ⲧⲉⲣⲉϥⲡⲟⲟⲛⲉϥ.
[4] Psalm lxxxix. 20.
[5] H ⲉⲃⲟⲗ ϭⲉ.   [6] H ⲛ̄ⲧⲉⲣⲉϥϫⲱⲕ.
[7] H ⲁϩⲣⲱⲧⲛ̄.   [8] H ⲛ̄ⲃⲱⲗ ⲉⲃⲟⲗ.

26 ⲟⲧⲉ ⲛ̄ ⲛⲉϥⲟⲩⲉⲣⲏⲧⲉ[1]· ⲛ̄ⲣⲱⲙⲉ
ⲛⲉⲥⲛⲏⲩ ⲛ̄ϣⲏⲣⲉ ⲙ̄ ⲡⲅⲉⲛⲟⲥ
ⲛ̄ⲛ ⲁⲃⲣⲁϩⲁⲙ ⲁⲩⲱ ⲛⲉⲧ ⲣ̄ ϩⲟⲧⲉ ϩⲏ
ⲧϥ̄ ⲙ̄ ⲡⲛⲟⲩⲧⲉ ⲛ̄ ϩⲏⲧ ⲧⲏⲩⲧⲛ̄
ⲛ̄ⲧⲁⲩⲧⲛ̄ⲛⲟⲟⲩ ⲛⲁⲛ ⲙ̄ ⲡϣⲁϫⲉ

27 ⲙ̄ ⲡⲉⲓ ⲟⲩϫⲁⲓ · ⲛⲉⲧ ⲟⲩⲏϩ ⲅⲁⲣ ϩⲛ̄
ⲑ[ⲓⲉⲣⲟⲩⲥⲁⲗⲏⲙ] ⲁⲩ[ⲱ ⲛⲉⲧⲁⲣⲭⲱⲛ
ⲙ̄[ⲡ ⲟⲩⲥⲟⲧⲛ] ⲡⲁⲓ ⲁⲩ[ⲱ ⲛⲉⲥⲙ]ⲏ ⲛ̄
ⲛⲉⲡⲣⲟⲫⲏⲧⲏⲥ ⲉⲧ[ⲟⲩⲱϣ ⲙ̄]ⲙⲟⲟⲩ
ⲕⲁⲧⲁ ⲥⲁⲃⲃⲁⲧⲟⲛ ⲛⲓⲙ[2] ⲁ[ⲩⲕⲣⲓⲛⲉ][3]

28 ⲙ̄ⲙⲟϥ[4]· ⲁⲩϫⲟⲕⲟⲩ ⲉ ⲃⲟⲗ · ⲉⲙⲡ ⲟⲩ
ϭⲛ̄ ⲗⲁⲁⲩ ⲛ̄ ⲗⲟⲉⲓϭⲉ ⲙ ⲙⲟⲩ ⲉ ϩⲟⲩⲛ
ⲉ ⲣⲟϥ ⲁⲩⲁⲓⲧ'ⲓ[5] ⲙ̄ ⲡⲓⲗⲁⲧⲟⲥ ⲉ ⲙⲟⲟⲩⲧ

29 ⲙ̄ⲙⲟϥ· ⲛ̄ ⲧⲉⲣ ⲟⲩϫⲱⲕ ⲇⲉ ⲉ ⲃⲟⲗ ⲛ̄
ⲛⲉⲧ ⲥⲏϩ ⲧⲏⲣⲟⲩ ⲉ ⲧⲃⲏⲏⲧϥ̄ ⲁⲩⲟⲩⲁ
ϩϥ̄ ⲉ ϩⲣⲁⲓ ϩⲓ ⲡϣⲉ ⲁⲩⲕⲁⲁϥ ϩⲛ̄ ⲟⲩⲧⲁ

30 ⲫⲟⲥ[6]· ⲡⲛⲟⲩⲧⲉ ⲇⲉ ⲁϥⲧⲟⲩⲛⲟⲥϥ̄
31 ⲉ ⲃⲟⲗ ϩⲛ̄ ⲛⲉⲧ ⲙⲟⲟⲩⲧ· ⲡⲁⲓ ⲛ̄ⲧ ⲁϥ
ⲟⲩⲱⲛϩ̄ ⲉ ⲃⲟⲗ ⲛ̄ ϩⲁϩ ⲛ̄ ϩⲟⲟⲩ ⲛ̄ ⲛⲉ ⲛ̄
ⲧⲁⲩⲃⲱⲕ ⲉ ⲃⲟⲗ ⲛ̄ⲙ̄ⲙⲁϥ ⲉ ⲃⲟⲗ ϩⲛ̄
ⲧⲅⲁⲗⲓⲗⲁⲓⲁ ⲉ ϩⲣⲁⲓ ⲉ ⲑⲓⲉⲣⲟⲩⲥⲁⲗⲏⲙ
ⲛⲁⲓ ⲧⲉⲛⲟⲩ ⲉⲧϣⲟⲟⲡ ⲛ̄ⲙ̄ⲙⲁϥ

32 ⲙ̄ ⲙⲛ̄ⲧⲣⲉ ⲙ̄ ⲛⲁϩⲣⲛ̄ ⲡⲗⲁⲟⲥ· ⲁⲩⲱ ⲁ
ⲛⲟⲛ ϩⲱⲱⲛ ⲧⲛ̄ⲉⲩⲁⲅⲅⲉⲗⲓⲍⲉ[7] ⲛⲏ
ⲧⲛ̄ ⲙ̄ ⲡⲉⲣⲏⲧ' ⲉⲛⲧ ⲁϥϣⲱⲡⲉ ⲛ̄
ⲛⲁϩⲣⲛ̄ ⲛⲉⲛⲉⲓⲟⲧⲉ· ϫⲉ ⲁ ⲡⲛⲟⲩⲧⲉ
ϫⲟⲕϥ̄ ⲉ ⲃⲟⲗ ⲛ̄ⲛⲉⲩϣⲏⲣⲉ ⲁϥⲧⲟⲩ

33 ⲛⲟⲥ ⲛⲁⲛ ⲙ̄ ⲙ̄ⲡϫⲟⲉⲓⲥ[8] ⲓ̄ⲥ̄ ⲡⲉⲭ̄ⲥ̄· ⲛ̄ⲑⲉ
ⲉⲧ ϥ̄ⲥⲏϩ ϩⲙ̄ ⲡⲙⲉϩ ⲥⲛⲁⲩ ⲙ̄ ⲯⲁⲗ

---

[1] St. John i. 20, 27.   [2] πᾶν σάββατον.
[3] κρίναντες.   [4] Η ⲙ̄ⲙⲟⲟⲩ.
[5] Η ⲁⲩⲁⲓⲧⲉⲓ, ᾐτήσαντο.   [6] εἰς μνημεῖον.
[7] εὐαγγελιζόμεθα.   [8] Η ⲙ̄ⲡϫⲟⲉⲓⲥ.

ⲙⲟⲥ· ϫⲉ ⲛ̄ⲧⲟⲕ ⲡⲉ ⲡⲁ ϣⲏⲣⲉ ⲁⲛⲟⲕ

34 ⲁⲓ̈ϫⲡⲟⲕ ⲙ̄ ⲡⲟⲟⲩ· ϫⲉ ⲁϥⲧⲟⲩ
ⲛⲟⲥϥ̄ ⲉ ⲃⲟⲗ ϩⲛ̄ ⲛⲉⲧ ⲙⲟⲟⲩⲧ
ⲛϥ̄ⲛⲁⲧⲥ̄ⲧⲟϥ ⲁⲛ ⲉ ⲡⲧⲁⲕⲟ· ⲁϥ
ϫⲟⲟⲥ¹ ⲟⲛ ⲛ̄ ⲧⲉⲓ̈ ϩⲉ ϫⲉ ϯⲛⲁϯ ⲛⲏ
ⲧⲛ̄ ⲛ̄ ⲛⲉⲧ ⲟⲩⲁⲁⲃ ⲛ̄ ⲇⲁⲩⲉⲓⲇ ⲉ

35 ⲧⲛ̄ϩⲟⲧ· ϫⲉ ϥϫⲱ ⲙ̄ⲙⲟⲥ ϩⲛ̄ ⲕⲉ
ⲙⲁ² ϫⲉ ⲛ̄ⲛⲉ ⲕϯ ⲙ̄ ⲡⲉⲕ ⲡⲉⲧ ⲟⲩ

36 ⲁⲁⲃ ⲉ ⲛⲁⲩ ⲉ ⲡⲧⲁⲕⲟ³· ⲇⲁⲩⲉⲓⲇ ⲅⲁⲣ
ϩⲛ̄ ⲧⲉϥⲅⲉⲛⲉⲁ ⲁϥϣⲙ̄ϣⲉ ⲙ̄ⲡ ⲟⲩ
ⲱϣ ⲙ̄ ⲡⲛⲟⲩⲧⲉ ⲁϥⲛ̄ⲕⲟⲧⲕ̄ (sic)⁴ ⲁⲩ
ⲟⲩⲁϩϥ̄ ⲛ̄ ⲛⲁϩⲣⲛ̄ ⲛⲉϥⲉⲓⲟⲧⲉ ⲁϥ

37 ⲱ ⲁϥⲛⲁⲩ ⲉ ⲡⲧⲁⲕⲟ· ⲡⲉ ⲛⲧ ⲁ ⲡⲛⲟⲩ
ⲧⲉ ⲇⲉ ⲧⲟⲩⲛⲟⲥϥ̄ ⲙ̄ⲡ ϥ̄ⲛⲁⲩ ⲉ ⲡⲧⲁ

38 ⲕⲟ· ⲙⲁⲣⲉϥⲟⲩⲱ ⲛϩ̄ ⲥⲉ ⲉ ⲃⲟⲗ ⲛⲏ
ⲧⲛ̄ ⲛ̄ⲣ[ⲱⲙⲉ ⲛⲉ] ⲥⲛⲏ[ⲩ ϫⲉ ⲉ ⲃⲟⲗ ϩⲓ]
ⲧⲛ̄ ⲡ[ⲁⲓ̈ ⲓ̄ⲥ̄ ⲥⲉ]ⲧⲁϣⲉ[ⲟⲉⲓϣ ⲛⲏⲧⲛ̄]

39 ⲙ̄ ⲡⲕ[ⲱ ⲉ ⲃ]ⲟⲗ ⲛ̄ ⲛⲉⲧⲛ̄ⲛⲟⲃⲉ· ⲁⲩⲱ
ϩⲱⲃ ⲛⲓⲙ ⲉⲧⲉ ⲙ̄ⲡ ⲡⲉϣϭⲙ̄ϭⲟⲙ
ⲉⲧⲙⲁⲉⲓⲟ⁵ ⲉ ⲃⲟⲗ ⲛ̄ ϩⲏⲧⲟⲩ ϩⲙ̄ ⲡⲛⲟ
ⲙⲟⲥ ⲙ̄ ⲙⲱⲧⲥⲏⲥ· ⲟⲩⲟⲛ ⲛⲓⲙ ⲡⲉⲧ ⲛⲁ
ⲡⲓⲥⲧⲉⲩⲉ⁶ ⲉ ⲡⲁⲓ̈ ⲥⲉⲛⲁⲧⲙⲁⲉⲓⲟⲟⲩ·

40 ϭⲱϣⲧ̄ ⲙ̄ⲡⲣ̄ ⲧⲣⲉ ⲡⲉ ⲛⲧ ⲁⲩϫⲟⲟϥ ϩⲛ̄
ⲛⲉ ⲡⲣⲟⲫⲏⲧⲏⲥ ⲉⲓ ⲉ ϩⲣⲁⲓ̈ ⲉ ϫⲱⲧⲛ̄·

41 ϫⲉ ⲁⲛⲁⲩ ⲛ̄ⲕⲁⲧⲁⲫⲣⲟⲛⲓⲧⲏⲥ⁷ ⲛ̄ⲧⲉ
ⲧⲛ̄ ⲣ̄ ϣⲡⲏⲣⲉ ⲛ̄ ⲧⲉⲧⲛ̄ⲧⲁⲕⲟ ϫⲉ ϯ
ⲛⲁⲣ̄ ⲟⲩϩⲱⲃ ⲁⲛⲟⲕ ϩⲛ̄ ⲛⲉⲧⲛ̄ϩⲟⲟⲩ
ⲟⲩϩⲱⲃ ⲉⲛ ⲛⲉⲧⲛ̄ⲡⲓⲥⲧⲉⲩⲉ ⲉ ⲣⲟϥ

---

¹ An insufficient rendering of Δώσω ὑμῖν τὰ ὅσια Δαβὶδ τὰ πιστά.
² The Coptic has no equivalent for ἐν ἑτέρῳ. Η ϫⲉ ϥϫⲱ ⲙ̄ⲙⲟⲥ ϩⲛ̄ ⲕⲉⲙⲁ, 'he saith in another place'.
³ Psalm xvi. 10.   ⁴ Η ⲁϥⲛ̄ⲕⲟⲧⲕ̄.
⁵ ⲉⲧⲉⲙ̄ⲡⲉⲧⲛ̄ϭⲙ̄ϭⲟⲙ ⲛ̄ⲧⲙⲁⲉⲓⲟ.   ⁶ πᾶς ὁ πιστεύων.
⁷ οἱ καταφρονηταί, Η ⲛ̄ⲕⲁⲧⲁⲫⲣⲟⲛⲓⲧⲏⲥ.

42 ⲉⲣϣⲁⲛ ⲟⲩⲁ ϫⲟⲟϥ ⲉ ⲣⲱⲧⲛ̄¹· ⲉⲩⲛⲏⲩ
   ⲇⲉ ⲉ ⲃⲟⲗ ⲁⲩⲥⲉⲡⲥⲱⲡϥ̄ ⲉ ⲧⲣⲉ ϥϫⲱ
   ⲉ ⲣⲟⲟⲩ ⲛ̄ ⲛⲁⲓ̈ ϣⲁϫⲉ ⲙ̄ ⲡⲕⲉ ⲥⲁⲃⲃⲁ

43 ⲧⲟⲛ ⲉⲧ' ⲛⲏⲩ²· ⲛ̄ ⲧⲉⲣⲉ ⲧⲥⲩⲛⲁⲅⲱ
   ⲅⲏ ⲇⲉ ⲧⲱⲟⲩⲛⲥ̄³ ⲁⲩⲁϩⲟⲩ ⲛ̄ϭⲓ ⲟⲩⲙⲏ
   ⲛϣⲉ ⲛ̄ ⲓ̈ⲟⲩⲇⲁⲓ̈ ⲛⲙ̄ ⲛⲉⲡⲣⲟⲥⲏⲗⲩ
   ⲧⲟⲥ ⲉⲧ ϣⲙ̄ϣⲉ⁴ ⲛ̄ⲥⲁ ⲡⲁⲩⲗⲟⲥ ⲛⲙ̄
   ⲃⲁⲣⲛⲁⲃⲁⲥ· ⲛ̄ⲧⲟⲟⲩ ϭⲉ ⲁⲩϣⲁϫⲉ
   ⲛⲙ̄ⲙⲁⲩ ⲁⲩⲡⲓⲑⲉ⁵ ⲙ̄ⲙⲟⲟⲩ ⲉ ⲧⲣⲉ ⲩϭⲱ

44 ϩⲛ̄ ⲧⲉ ⲭⲁⲣⲓⲥ ⲙ̄ ⲡⲛⲟⲩⲧⲉ· ϩⲙ̄ ⲡⲕⲉ
   ⲥⲁⲃⲃⲁⲧⲟⲛ ⲇⲉ ⲥⲭⲉⲇⲟⲛ ⲧⲡⲟⲗⲓⲥ
   ⲧⲏⲣⲥ̄ ⲁⲥⲥⲱⲟⲩϩ ⲉ ⲥⲱⲧⲙ̄ ⲉ ⲡϣⲁϫⲉ

45 ⲙ̄ ⲡϫⲟⲉⲓⲥ· ⲛ̄ⲓ̈ⲟⲩⲇⲁⲓ̈ ⲇⲉ ⲛ̄ ⲧⲉⲣ ⲟⲩ
   ⲛⲁⲩ ⲉ ⲡⲙⲏⲛϣⲉ ⲁⲩⲙⲟⲩϩ ⲛ̄ ⲕⲱϩ ⲁⲩⲱ
   ⲁⲩϯ ⲟⲩⲃⲉ ⲛⲉⲧ ⲉⲣⲉ ⲡⲁⲩⲗⲟⲥ ϫⲱ ⲙ̄

46 ⲙⲟⲟⲩ ⲡⲉϫⲁⲩ ϫⲉ ⲉⲩϫⲓⲟⲩⲁ⁶· ⲡⲁⲩⲗⲟⲥ
   ⲇⲉ ⲛⲙ̄ ⲃⲁⲣⲛⲁⲃⲁⲥ ⲁⲩⲡⲓⲣⲁⲍⲉ⁷ ⲙ̄ⲙⲟ
   ⲟⲩ ⲡⲉϫⲁⲩ ⲛⲁⲩ ϫⲉ ⲉⲛⲉ ⲟⲩⲁⲛⲁⲅⲕⲁⲓ
   ⲟⲛ ⲡⲉ ⲉϫⲱ ⲛⲏⲧⲛ̄ ⲙ̄ ⲡϣⲁϫⲉ ⲙ̄
   ⲡⲛⲟⲩⲧⲉ ⲛ̄ ϣⲟⲣⲡ̄· ⲉⲡⲓ ⲇⲉ⁸ ⲧⲉⲧⲛ̄
   ⲛⲟⲩϫⲉ ⲙ̄ⲙⲟϥ ⲉ ⲃⲟⲗ ⲙ̄ⲙⲱⲧⲛ̄ ⲁⲩⲱ
   ⲛ̄ⲧⲉⲧⲛ̄ⲕⲣⲓⲛⲉ⁹ ⲙ̄ⲙⲱⲧⲛ̄ ⲁⲛ ϫⲉ ⲧⲉ
   ⲧⲙ̄ⲡϣⲁ ⲙ̄ ⲡⲱⲛϩ̄ ⲉⲓⲥ ϩⲏⲏⲧⲉ ⲧⲛ̄

47 ⲛⲁⲕⲟⲧⲛ̄¹⁰ ⲉ ϩⲣⲁⲓ̈ ⲉⲛϩⲉⲑⲛⲟⲥ· ⲧⲁⲓ̈
   [ⲅⲁ]ⲣ ⲧⲉ ⲑⲉ ⲉⲛⲧⲁ ⲧⲉⲅⲣⲁⲫⲏ ϫⲟⲟⲥ

---

[1] Isa. xxix. 14.

[2] 'On the other Sabbath which was coming', εἰς τὸ μεταξὺ σάββατον.

[3] 'When the synagogue rose', λυθείσης δὲ τῆς συναγωγῆς.

[4] τῶν σεβομένων προσηλύτων.   [5] ἔπειθον, H ⲁⲩⲡⲉⲓⲑⲉ.

[6] βλασφημοῦντες, H omits ⲡⲉϫⲁⲩ ϫⲉ.

[7] παρρησιασάμενοι, H ⲁⲩⲡⲁⲣⲣⲏⲥⲓⲁⲍⲉ.

[8] ἐπειδή, H ⲉⲡⲉⲓⲇⲁⲛ.   [9] κρίνετε.

[10] στρεφόμεθα, H ⲧⲛ̄ⲛⲁⲕⲧⲟⲛ.

ACTS XIII. 47—XIV. 3   197

[ⲇⲉ ⲁ]ⲓ̈ⲕⲱ ⲙ̄ⲙⲟⲕ ⲛ̄ⲛⲟⲩⲟⲉⲓⲛ¹ ⲛ̄ ⲛ̄ϩⲉ
ⲑ[ⲛⲟⲥ ⲉ ⲧⲣⲉ ⲕⲉ]ϣⲱ[ⲡⲉ ⲉⲩⲟⲩ]ϫⲁⲓ ϣⲁ   Fol. 83 b
48 ⲁⲣ[ⲏϫ]ϥ̄ ⲙ̄ ⲡⲕⲁϩ² ⲛ̄ϩⲉ[ⲑⲛⲟⲥ ⲇⲉ ⲛ̄ ⲧ]ⲉⲣ ⲟⲩ   [ⲛ̄ⲃ̄]
   ⲥⲱⲧⲙ̄ ⲁⲩⲣⲁϣⲉ ⲁⲩⲱ ⲁⲩ[ϯ ⲉⲟ]ⲟⲩ ⲙ̄
   ⲡϣⲁϫⲉ ⲙ̄ ⲡⲛⲟⲩⲧⲉ· ⲁⲩⲱ ⲁⲩⲡⲓⲥⲧⲉⲩ³
   ⲉ ⲛ̄ϭⲓ ⲛⲉ ⲛⲧ ⲁⲩⲧⲟϣⲟⲩ ⲉ ⲡⲱⲛϩ̄ ⲛ̄
49 ϣⲁ ⲉⲛⲉϩ· ⲡϣⲁϫⲉ ⲇⲉ ⲙ̄ ⲡϫⲟⲉⲓⲥ
   ⲛⲉϥⲙⲟⲟϣⲉ ⲡⲉ ϩⲛ̄ ⲧⲉⲭⲱⲣⲁ ⲧⲏⲣⲥ̄·
50 ⲛ̄ⲓ̈ⲟⲩⲇⲁⲓ̈ ⲇⲉ ⲁⲩⲧⲥ̄ ⲛⲉⲥϩⲓⲙⲉ ⲛ̄ ⲣⲙ̄
   ⲙⲁⲟ ⲉⲧ ϣⲙ̄ϣⲉ⁴ ⲁⲩⲱ ⲛ̄ⲛⲟϭ ⲛ̄ⲣⲱ
   ⲙⲉ⁵ ⲛ̄ ⲧⲡⲟⲗⲓⲥ ⲁⲩⲧⲟⲩⲛⲉⲥ ⲟⲩⲇⲓⲱ
   ⲱ̇ⲅⲙⲟⲥ ⲉ ϩⲣⲁⲓ̈ ⲉϫⲛ̄ ⲡⲁⲩⲗⲟⲥ ⲙⲛ̄
   ⲃⲁⲣⲛⲁⲃⲁⲥ ⲁⲩⲱ ⲁⲩⲛⲟϫⲟⲩ ⲉ ⲃⲟⲗ ϩⲛ̄
51 ⲛⲉⲩⲧⲟϣ· ⲛ̄ⲧⲟⲟⲩ ⲇⲉ ⲁⲩⲛⲉϩ ⲡϣⲟ
   ⲉⲓϣ ⲛ ⲛⲉⲩⲏⲣⲏⲧⲉ⁶ ⲉ ϩⲣⲁⲓ̈ ⲉ ϫⲱⲟⲩ
52 ⲁⲩⲉⲓ ⲉ ϩⲣⲁⲓ̈ ⲉ ϩⲓⲕⲟⲛⲓⲟⲥ⁷· ⲙ̄ ⲙⲁⲑⲏⲧⲏⲥ
   ⲇⲉ ⲁⲩⲙⲟⲩϩ ⲛ̄ ⲣⲁϣⲉ ϩⲓ ⲡⲛⲁ̄ ⲉϥⲟⲩ
Chap.   ⲁⲁⲃ: ⲁⲥϣⲱ[ⲡⲉ] ⲟⲛ ⲕⲁⲧⲁ ⲡⲉⲩⲥⲱⲛⲧ̄⁸
XIV. 1 ⳝⲉ ⲧⲣⲉ ⲩⲃⲱⲕ ⲉ ϩⲟⲩⲛ ⲉ ⲧⲥⲩⲛⲁⲅⲱⲅⲏ
   ⲛ̄ⲓ̈ⲟⲩⲇⲁⲓ̈ ⲛ̄ⲥⲉϣⲁϫⲉ ⲛ̄ ⲧⲉⲓ̈ ϩⲉ ϩⲱⲥⲧⲉ
   ⲛ̄ⲧⲉ ⲟⲩⲙⲏⲏϣⲉ ⲉⲛⲁϣⲱϥ ⲉ ⲃⲟⲗ
2 ϩⲛ̄ ⲛ̄ⲓ̈ⲟⲩⲇⲁⲓ̈ ⲛⲙ̄ ⲛ̄ϩⲉⲗⲗⲏⲛ· ⲛ̄ⲓ̈ⲟⲩⲇⲁⲓ̈
   ⲇⲉ ⲛ̄ⲧⲟⲟⲩ ⲙ̄ⲡ ⲟⲩⲛⲁϩⲧⲉ ⲁⲩⲧⲱⲟⲩⲛ
   ⲟⲩⲛⲟⲩ ⲁⲩⲙⲉⲕϩ̄⁹ ⲛⲉⲯⲩⲭⲏ ⲛ̄ ⲛ̄ϩⲉⲑⲛⲟⲥ
3 ⲉ ϩⲟⲩⲛ ⲉ ⲛⲉⲥⲛⲏⲩ· ⲁⲩⲣ̄ ⲟⲩⲛⲟϭ ϭⲉ ⲛ̄
   ⲟⲩⲟⲉⲓϣ ⲙ̄ⲙⲁⲩ ⲉⲩⲡⲁⲣϩⲏⲥⲓⲁ¹⁰ ⲙ̄

---

¹ For ⲛ̄ⲡⲟⲩⲟⲩⲟⲉⲓⲛ.
² Isa. xlii. 6; xlix. 6.   ³ ἐπίστευσαν.
⁴ 'The rich women who ministered', τὰς σεβομένας γυναῖκας τὰς εὐσχήμονας.
⁵ 'Great men', τοὺς πρώτους.   ⁶ H ⲛ̄ⲡⲉⲩⲟⲩⲉⲣⲏⲧⲉ.
⁷ εἰς Ἰκόνιον.   ⁸ κατὰ τὸ αὐτό, H also ⲕⲁⲧⲁ ⲡⲉⲩⲥⲱⲛⲧ̄.
⁹ H ⲁⲩⲧⲱⲟⲩⲛ ⲁⲩⲙⲉⲕϩ̄.
¹⁰ παρρησιαζόμενοι, H ⲉⲩⲡⲁⲣⲣⲏⲥⲓⲁⲍⲉ.

ⲙⲟⲟⲩ ⲉ ϩⲣⲁⲓ̈ ⲉϫⲙ̄ ⲡϫⲟⲉⲓⲥ ⲡⲁⲓ ⲉⲧ ⲣ̄
ⲙⲛ̄ⲧⲣⲉ ⲙ̄ ⲡϣⲁϫⲉ ⲛ̄ ⲧⲉϥⲭⲁⲣⲓⲥ
ⲉⲧ' ϯ ⲛ̄ ϩⲉⲛⲙⲁⲉⲓⲛ ⲛⲙ̄ ϩⲉⲛϣⲡⲏ
ⲣⲉ ⲉ ⲧⲣⲉ ⲧϣⲱⲡⲉ ⲉ ⲃⲟⲗ ϩⲓⲧⲛ̄ ⲛⲉⲧ

4 ϭⲓϫ· ⲁ ⲡⲙⲏⲏϣⲉ ⲇⲉ ⲛ̄ ⲧⲡⲟⲗⲓⲥ
ⲡⲱϣ ⲁⲩⲱ ϩⲟⲉⲓⲛⲉ ⲙⲉⲛ ⲛⲉⲩϣⲟ
ⲟⲡ ⲡⲉ ⲛⲙ̄ ⲛ̄ⲓ̈ⲟⲩⲇⲁⲓ̈ ⲁⲩⲱ ϩⲉⲛⲕⲟⲟⲩⲉ

5 ⲛⲙ̄ ⲛⲁⲡⲟⲥⲧⲟⲗⲟⲥ· ⲛ̄ ⲧⲉⲣ ⲟⲩϯ
ⲡⲉⲧⲟⲉⲓ ⲇⲉ ⲛ̄ϭⲓ ⲛ̄ϩⲉⲑⲛⲟⲥ ⲙⲛ̄
ⲛ̄ⲓ̈ⲟⲩⲇⲁⲓ̈ ⲁⲩⲱ ⲛⲉⲧⲁⲣⲭⲱⲛ ⲉ ⲧⲣⲉ ⲩ
ⲥⲟϣⲟⲩ ⲁⲩⲱ ⲛ̄ⲥⲉϩⲓ ⲱⲛⲉ ⲉ ⲣⲟⲟⲩ

6 ⲁⲩⲉⲓⲙⲉ[1] ⲇⲉ ⲁⲩⲡⲱⲧ ⲉ ϩⲣⲁⲓ̈ ⲉⲙ ⲡⲟ
ⲗⲓⲥ ⲛ̄ ⲧⲗⲩⲕⲁⲟⲛⲓⲁ ⲗⲩⲥⲧⲣⲁ ⲛⲙ̄

7 [ⲧⲉⲣ]ⲃ̄[ⲏ] ▓▓▓▓▓▓▓▓▓▓ [2]
ⲛⲉⲧⲉⲩ[ⲁⲅⲅⲉⲗⲓⲍ]ⲉ ⲙ [ⲡⲙⲁ ⲉⲧ ⲙ̄ⲙⲁⲩ]

8 ⲛⲉⲩ ⲛ ⲟⲩⲣⲱⲙⲉ ⲇⲉ ⲛ ϭⲱⲃ [ⲛ̄ⲛⲉϥ]
ⲟⲩⲉⲣⲏⲧⲉ[3] ⲉϥϩⲙⲟⲟⲥ[4]· ⲉϥ [ⲙ̄ⲡ]ϥⲙⲟ

9 ⲟϣⲉ ⲉⲛⲉϩ· ⲡⲁⲓ̈ ⲛⲉϥⲥⲱⲧⲙ̄ ⲡⲉ ⲉ
ⲡⲁⲩⲗⲟⲥ ⲉϥϣⲁϫⲉ ⲛ̄ⲧⲟϥ ⲇⲉ ⲁϥⲉⲓ
ⲱⲣⲙ̄ ⲉ ϩⲟⲩⲛ ⲉ ϩⲣⲁϥ ⲁϥⲉⲓⲙⲉ ϫⲉ ⲟⲩⲛⲧϥ̄

10 ⲡⲓⲥⲧⲓⲥ ⲙ̄ⲙⲁⲩ ⲉ ⲧⲣⲉ ϥⲟⲩϫⲁⲓ̈· ⲡⲉϫⲁϥ
ⲛⲁϥ ϩⲛ̄ ⲟⲩⲛⲟϭ ⲛ̄ ⲥⲙⲏ ϫⲉ ⲉⲓϫⲱ ⲙ̄ⲙⲟⲥ[5]
ⲛⲁⲕ ϩⲙ̄ ⲡⲣⲁⲛ ⲓ̄ⲥ̄ ⲡⲉⲭ̄ⲥ̄ ⲧⲱⲟⲩⲛⲅ̄ ⲛⲅ̄
ⲁϩⲉ ⲣⲁⲧⲕ̄ ϩⲓϫⲛ̄ ⲛⲉⲕⲟⲩⲣⲏⲧⲉ[6] ⲁϥ

11 ϭⲟϭϥ̄ ⲇⲉ ⲁϥⲙⲟⲟϣⲉ· ⲙ̄ ⲙⲏⲏϣⲉ
ⲛ̄ ⲧⲉⲣ ⲟⲩⲛⲁⲩ ⲉ ⲡⲉ ⲛⲧⲁ ⲡⲁⲩⲗⲟⲥ

---

[1] συνιδόντες.   [2] H ⲙⲛ̄ ⲇⲉⲣⲃⲏ ⲁⲩⲱ ⲧⲡⲉⲣⲓⲭⲱⲣⲟⲥ· ⲁⲩⲱ.

[3] H ϩⲛ̄ ⲗⲩⲥⲧⲣⲁ ⲛ̄ϭⲱⲃ ⲛ̄ⲛⲉϥⲟⲩⲣⲏⲧⲉ.

[4] The Coptic text has no equivalent for χωλὸς ἐκ κοιλίας μητρὸς αὐτοῦ, but H supplies the missing words: ⲉⲩϭⲁⲗⲉ ⲡⲉ ϫⲓⲛ ⲉϥⲛ̄ϩⲏⲧⲥ̄ ⲛ̄ⲧⲉϥⲙⲁⲁⲩ.

[5] 'I say unto thee in the Name of Jesus Christ, rise up, stand on thy feet.'

[6] H ⲛⲉⲕⲟⲩⲟⲉⲣⲏⲧⲉ.

ACTS XIV. 11-17 199

ⲁⲁϥ· ⲁⲩϥⲓ ϩⲣⲁⲧ ⲉ ⲃⲟⲗ ϩⲛ̄ ⲧⲉⲩⲁⲥⲡⲉ
ⲉⲩϫⲱ ⲙ̄ⲙⲟⲥ ϫⲉ ⲛ̄ⲧⲁ ⲡ̄ⲛⲟⲩⲧⲉ
ⲉⲓⲛ ⲣ̄ ⲣⲱⲙⲉ¹ ⲁⲩⲉⲓ ⲉ ϩⲣⲁⲓ̈ ϣⲁⲣⲟⲛ·
12 ⲁⲩⲱ ⲁⲩⲙⲟⲩⲧ’ⲉ ⲉ ⲃⲁⲣⲛⲁⲃⲁⲥ ϫⲉ
ⲡϫⲉⲩⲥ ⲡⲁⲩⲗⲟⲥ ⲇⲉ ϫⲉ ⲡϩⲉⲣⲙⲏⲥ
ⲉⲡⲓ ⲇⲏ ⲛ̄ⲧⲟϥ ⲡⲉ ⲡⲉⲩⲛϣⲟⲙ
13 ⲙ̄ⲙⲟϥ ϩⲙ̄ ⲡϣⲁϫⲉ²· ⲡⲟⲩⲏⲏⲃ ⲇⲉ
ⲙ̄ ⲡϫⲉⲩⲥ ⲉⲧ ⲙ̄ ⲃⲟⲗ ⲛ̄ ⲧⲡⲟⲗⲓⲥ
ⲁϥⲉⲓⲛⲉ ⲛ̄ ϩⲉⲛⲙⲁⲥⲉ ⲛⲙ̄ ϩⲉⲛ ⲕⲗⲟⲙ
ⲉⲣ ⲛ̄ ⲡⲣⲟ ⲙ̄ ⲡⲙⲛⲏϣⲉ ⲁϥⲟⲩⲱϣ³
ⲉ ⲧⲁⲗⲉ ⲟⲩⲥⲓⲁ ⲉ ϩⲣⲁⲓ̈· ⲛ̄ ⲧⲉⲣ ⲟⲩⲥⲱ
14 ⲧⲙ̄ ⲇⲉ ⲛ̄ϭⲓ ⲛⲁⲡⲟⲥⲧⲟⲗⲟⲥ ⲃⲁⲣⲛⲁ
ⲃⲁⲥ ⲛⲙ̄ ⲡⲁⲩⲗⲟⲥ ⲁⲩⲡⲉϩ ⲛⲉⲩϩⲟ
ⲉⲓⲧⲉ ⲁⲩⲡⲱⲧ ⲉ ⲃⲟⲗ ⲉ ⲡⲙⲛⲏϣⲉ
ⲁⲩⲁϣⲕⲁⲕ ⲉ ⲃⲟⲗ· ⲉⲩϫⲱ ⲙ̄ⲙⲟⲥ ϫⲉ
15 ⲛ̄ⲣⲱⲙⲉ ⲟⲩ ⲡⲉ ⲡⲁⲓ̈ ⲉⲧⲉⲧⲛ̄ⲉⲓⲣⲉ
ⲙ̄ⲙⲟⲟⲩ ⲁⲛⲟⲛ ϩⲱⲱⲛ ⲁⲛ⁴ ϩⲉⲛⲣⲱ
ⲙⲉ ⲛ̄ⲧⲉⲧⲛ̄ϩⲉ⁵ ⲉⲛⲧⲁϣⲉⲟⲉⲓϣ⁶
ⲛⲏⲧⲛ̄ ⲉ ⲥⲁϩⲉ ⲧⲏⲩⲧⲛ̄ ⲉ ⲃⲟⲗ ⲛ̄ ⲛⲉⲓ̈
ⲡⲉⲧ ϣⲟⲩⲉⲓⲧ’ ⲉⲧⲉⲧⲛ̄ⲩⲧⲛ̄ ⲉ
ⲡⲛⲟⲩⲧⲉ ⲉⲧ ⲟⲛϩ̄ ⲡⲁⲓ̈ ⲛⲧ ⲁϥⲧⲁⲙⲓⲉ
ⲧⲡⲉ ⲛⲙ̄ ⲡⲕⲁϩ ⲛⲙ̄ ⲑⲁⲗⲁⲥⲥⲁ ⲁⲩ
16 ⲱ ⲛⲉⲧ ⲛ̄ ϩⲏⲧⲟⲩ ⲧⲏⲣⲟⲩ· ⲡⲁⲓ̈ ϩⲛ̄ ⲛ̄
ϫⲱⲱⲙⲉ⁷ ⲛⲧ ⲁⲩⲟⲩⲉⲓⲛⲉ ⲁϥ
▓▓▓▓▓▓▓▓▓▓▓▓▓▓▓▓▓▓▓▓ⲧⲣⲉ   Fol. 84 b
17 [ⲧⲃⲱⲕ]▓▓▓▓▓▓▓▓▓▓▓ⲧⲟⲓ ⲟⲛ   [ⲛ︦ⲁ︦]
ⲙ̄[ⲡϥ̄ ϭⲱ ⲛ︦ⲟ]ⲩⲧⲉϣ⁸ ⲛ̄ⲣ̄ ⲙ̄ ⲙⲛ̄ⲧⲣⲉ ⲙ̄

---

¹ H ⲉⲓⲡⲉ ⲛ̄ⲛ̄ⲣⲱⲙⲉ.
² 'Because he was mighty in speech', ἦν ὁ ἡγούμενος τοῦ λόγου.
³ ἤθελε, H ⲁⲩⲟⲩⲱϣ.   ⁴ For ⲛⲁⲛ (?).
⁵ ὁμοιοπαθεῖς ὑμῖν.   ⁶ εὐαγγελιζόμενοι.
⁷ H ⲛ̄ϫⲱⲙ.
⁸ H ⲉⲁϥⲕⲱ ⲛ̄ϩⲉⲛⲉⲑⲛⲟⲥ ⲧⲏⲣⲟⲩ ⲉⲧⲣⲉⲩⲃⲱⲕ ϩⲛ̄ ⲛⲉⲩϩⲓⲟⲟⲩⲉ.
17 καίτοι ον ⲙ̄ⲡϥ̄ϭⲱ ⲛ̄ⲟⲩⲧⲉϣ.

ⲙⲟϥ ⲛⲁⲩ ⲉϥⲣ̄ ⲡ ⲡⲉⲧ ⲛⲁⲛⲟⲩϥ
ⲉ ⲃⲟⲗ ϩⲛ̄ ⲧⲡⲉ¹ ⲉϥϯ ⲛ̄ ϩⲉⲛϩⲟⲟⲩ ⲛⲙ̄
ϩⲉⲛⲟⲩⲟⲉⲓϣ ⲉⲩϯ ⲕⲁⲣⲡⲟⲥ² ⲁϥ
ⲧⲥⲓⲟ ⲙ̄ ⲡⲉⲧϩⲏⲧ ⲛ̄ ⲧⲣⲟⲫⲏ ⲛⲓⲙ

18 ϩⲓ ⲟⲩⲛⲟϥ· ⲛⲁⲓ ⲇⲉ ⲉϥϫⲱ ⲙ̄ⲙⲟⲥ ⲙⲟ
ⲅⲓⲥ³ ⲁⲩⲧ'ⲣⲉ ⲡⲙⲏⲏϣⲉ ϭⲱ ⲉ ⲧⲙ̄

19 ϣⲱⲱⲧ ⲛⲁⲩ· ⲁⲩⲉⲓ ⲇⲉ ⲉ ⲃⲟⲗ ϩⲛ̄ ⲁⲛ
ⲧⲓⲟⲭⲓⲁ ⲛⲙ̄ ϩⲓⲕⲟⲛⲓⲟⲥ ⲛ̄ϭⲓ ϩⲉⲛⲓⲟⲩ
ⲇⲁⲓ ⲁⲩⲡⲓⲑⲉ⁴ ⲙ̄ ⲡⲙⲏⲏϣⲉ ⲁⲩϩⲓ ⲱⲛⲉ
ⲉ ⲡⲁⲩⲗⲟⲥ ⲁⲩⲥⲧⲣⲉ⁵ ⲙ̄ⲙⲟϥ ⲡ ⲃⲟⲗ ⲛ̄
ⲧⲡⲟⲗⲓⲥ ⲉⲩⲙⲉⲉⲩⲉ ϫⲉ ⲁϥⲙⲟⲩ·

20 ⲛ̄ ⲧⲉⲣⲉ ⲙ̄ ⲙⲁⲑⲏⲧⲏⲥ ⲇⲉ ⲕⲱⲧⲉ ⲉ ⲣⲟϥ
ⲛ̄ ⲧⲉⲣⲉ ⲣⲟⲩϩⲉ ϣⲱⲡⲉ ⲁϥⲧⲱⲟⲩⲛ
ⲁⲩⲃⲱⲕ⁶ ⲉ ϩⲟⲩⲛ ⲉ ⲧⲡⲟⲗⲓⲥ· ⲙ̄ ⲡⲉϥⲣⲁⲥ
ⲧⲉ ⲇⲉ ⲁϥⲉⲓ ⲉ ⲃⲟⲗ ⲛⲙ̄ ⲃⲁⲣⲛⲁⲃⲁⲥ

21 ⲉ ⲧⲉⲣⲃⲏ⁷· ⲛ̄ ⲧⲉⲣ ⲟⲩⲧⲁϣⲉⲟⲉⲓϣ ⲇⲉ
ⲙ̄ ⲡϣⲁϫⲉ ⲙ̄ ⲡϫⲟⲉⲓⲥ⁸ ⲛ̄ ⲧⲡⲟⲗⲓⲥ
ⲉⲧ ⲙ̄ⲙⲁⲩ ⲁⲧⲱ ⲁⲩϯⲥⲃⲱ ⲛⲟⲩⲙⲏ
ⲛϣⲉ ⲁⲩⲕⲟⲧⲟⲩ ⲉ ϩⲣⲁⲓ ⲉ ⲗⲩⲥⲧⲣⲟⲥ⁹
ⲛⲙ̄ ϩⲓⲕⲟⲛⲓⲟⲥ ⲛⲙ̄ ⲧⲁⲛⲧⲓⲟⲭⲓⲁ·

22 ⲉⲩⲧⲁϫⲣⲟ ⲛ̄ ⲛⲉⲯⲩⲭⲏ ⲛⲙ̄ ⲙⲁⲑⲏⲧⲏⲥ
ⲉⲩⲥⲟⲡⲥ̄ ⲙ̄ⲙⲟⲟⲩ ⲉ ⲧ'ⲣⲉ ⲩϭⲱ ϩⲛ̄
ⲧⲡⲓⲥⲧⲓⲥ ⲁⲩⲱ ⲉⲩϫⲱ ⲙ̄ⲙⲟⲥ ϫⲉ
ⲉ ⲃⲟⲗ ϩⲓⲧⲛ̄ ϩⲁϩ ⲛ̄ⲑⲗⲓⲯⲓⲥ¹⁰ ⲉⲛⲛⲁ
ⲃⲱⲕ ⲉ ϩⲟⲩⲛ ⲉ ⲧⲙⲛ̄ⲧⲉⲣⲟ ⲙ̄ ⲡⲛⲟⲩ

23 ⲧⲉ· ⲁⲩⲥⲙⲓⲛⲉ ⲛⲁⲩ ⲛ̄ ϩⲉⲛⲡⲣⲉⲥ
ⲃⲩⲧⲉⲣⲟⲥ ⲕⲁⲧⲁ ⲉⲕⲕⲗⲏⲥⲓⲁ ⲁⲩ

---

¹ οὐρανόθεν. ² καρποφόρους.
³ μόλις. ⁴ πείσαντες, H ⲁⲩⲡⲉⲓⲑⲉ.
⁵ ἔσυρον, H ⲁⲩⲥⲧⲣⲁ. ⁶ Read ⲁϥⲃⲱⲕ.
⁷ εἰς Δέρβην.
⁸ 'Preaching the Word of God.' There is no Greek for
ⲙ̄ ⲡϣⲁϫⲉ ⲙ̄ ⲡϫⲟⲉⲓⲥ, and H omits these words.
⁹ εἰς τὴν Λύστραν. ¹⁰ πολλῶν θλίψεων.

ϣⲗⲏⲗ ⲛⲙ̅ ϩⲉⲛⲛⲏⲥⲧⲓⲁ ⲁⲩϯ ⲙ̅
ⲙⲟⲟⲩ ⲉ ⲧⲟⲟⲧϥ̅ ⲙ̅ ⲡϫⲟⲉⲓⲥ ⲡⲁⲓ

24 ⲛⲧ ⲁⲩⲡⲓⲥⲧⲉⲩⲉ ⲉ ⲣⲟϥ· ⲁⲩⲱ ⲛ̅
ⲧⲉⲣ ⲟⲩⲙⲟⲩϣⲧ̅ ⲇⲉ ⲛ̅ ⲧⲡⲓⲥⲓⲇⲓⲁ·
ⲁⲩⲉⲓ ⲉ ⲡⲉⲣⲅⲏ ⲛ̅ ⲧⲡⲁⲙⲫⲩⲗⲓⲁ·

25 ⲁⲩⲱ ⲛ̅ ⲧⲉⲣ ⲟⲩϫⲉ ⲡϣⲁϫⲉ ⲙ̅ ⲡⲙⲁ
ⲉⲧ ⲙ̅ⲙⲁⲩ ⲁⲩⲃⲱⲕ ⲉⲧⲧⲁⲁⲧⲗⲉⲁ (sic)[1]·

26 ⲉ ⲃⲟⲗ ⲇⲉ ϩⲙ̅ ⲡⲙⲁ ⲉⲧ ⲙ̅ⲙⲁⲩ ⲁⲩⲥϭⲏⲣ
ⲉ ϩⲣⲁⲓ ⲉ ⲧⲁⲛⲧⲓⲟⲭⲓⲁ ⲡⲁⲓ ⲉⲛⲧⲁⲩ
[ⲧⲁⲁⲧ ⲛ̅ ϩⲏⲧϥ̅ ϩⲛ̅ ⲧⲉⲭⲁⲣⲓⲥ ⲙ̅ⲡⲛⲟⲩⲧ]ⲉ[2]

27 ⲧⲉ ⲉ ⲡϩⲱⲃ ⲛ̅ⲧ] ⲁⲩϫ[ⲟⲕϥ ⲉ ⲃⲟⲗ· ⲛ̅]
ⲧⲉⲣ ⲟⲩ[ⲉⲓ ⲇ]ⲉ ⲁⲩⲥⲱⲟ[ⲩϩ ⲛ̅ⲧⲉⲕⲕⲗⲏ]
[ⲥⲓ]ⲁ ⲁⲩⲱ ⲉ ⲣⲟⲟⲩ ⲛ̅ϩⲱⲃ ⲛⲓⲙ ⲡⲉ ⲛ
ⲧⲁ ⲡⲛⲟⲩⲧⲉ ⲁⲁⲩ ⲛⲙ̅ⲙⲁⲩ· ⲁⲩⲱ
ⲛ̅ⲑⲉ ⲛ̅ⲧ ⲁϥⲟⲩⲱⲛ ⲛⲟⲩⲣⲟ ⲙ̅ ⲡⲓⲥ

28 ⲧⲓⲥ ϩⲛ̅ ⲛ̅ϩⲉⲑⲛⲟⲥ· ⲁⲩϣⲱⲡⲉ
ⲙ̅ⲙⲁⲩ ⲛ̅ ⲟⲩⲛⲟϭ ⲛ̅ ⲟⲩⲟⲉⲓϣ ⲛⲙ̅
ⲙⲙⲁⲑⲏⲧⲏⲥ· ⲁⲩⲱ ϩⲟⲉⲓⲛⲉ ⲉ ⲃⲟⲗ

Chap.
XV. 1 ϩⲛ̅ ϯⲟⲩⲇⲁⲓⲁ ϯⲥⲃⲱ ⲛ̅ ⲛⲉⲥⲛⲏⲩ
ϫⲉ ⲉⲓⲙⲏⲧⲓ ⲛ̅ⲧⲉⲧⲛ̅ⲥⲃ̅ⲃⲉ ⲧⲏ
ⲩⲧⲛ̅ ⲁⲩⲱ ⲛⲧⲉⲧⲛ̅ⲙⲟⲟϣⲉ ϩⲙ̅
ⲡⲥⲱⲛⲧ ⲙ̅ ⲙⲱⲩⲥⲏⲥ ⲙ̅ ⲙⲛ̅ϣ

2 ϭⲟⲙ ⲙ̅ⲙⲱⲧⲛ̅ ⲉ ⲟⲩϫⲁⲓ· ⲛ ⲧⲉⲣⲉ
ⲟⲩⲥⲧⲁⲥⲓⲥ[3] ⲇⲉ ϣⲱⲡⲉ ⲛⲙ̅ ⲟⲩⲛⲟϭ
ⲛ̅ ⲍⲏⲧⲏⲥⲓⲥ[4] ⲙ̅ ⲡⲁⲩⲗⲟⲥ ⲛⲙ̅ ⲃⲁⲣ
ⲛⲁⲃⲁⲥ ⲛⲙ̅ⲙⲁⲩ· ⲁⲩⲧⲉϣ ⲡⲁⲩⲗⲟⲥ
ⲛⲙ̅ ⲃⲁⲣⲛⲁⲃⲁⲥ ⲁⲩⲱ ϩⲉⲛ ⲕⲉ ⲥⲛⲏⲩ
ⲉ ⲃⲟⲗ ⲛ̅ ϩⲏⲧⲟⲩ ⲉ ⲧⲣⲉ ⲩⲃⲱⲕ ϣⲁ
ⲛ̅ⲁⲡⲟⲥⲧⲟⲗⲟⲥ ⲛⲙ̅ ⲛⲉⲡⲣⲉⲥⲃⲩⲧⲉ
ⲣⲟⲥ ⲉⲧ ϩⲛ̅ ⲧϩⲓⲉⲣⲟⲩⲥⲁⲗⲏⲙ ⲉ ⲧⲃⲉ

Fol. 85 a
[ⲡⲉ]

---

[1] εἰς Ἀττάλειαν, H ⲉⲁⲧⲧⲁⲗⲓⲁ.
[2] The middle of the line is restored from Horner's text.
[3] στάσεως.   [4] ζητήσεως οὐκ ὀλίγης.

3 πεϊ ζητημα· ⲛ̄ⲧⲟⲟⲩ ϭⲉ ⲛ̄ⲧⲉⲣ ⲟⲩ
ⲧⲛ̄ⲛⲟⲟⲩ[1] ⲉ ⲃⲟⲗ ϩⲓⲧⲛ̄ ⲧⲉⲕⲕⲗⲏⲥⲓⲁ
ⲁⲩⲉⲓ ⲉ ⲃⲟⲗ ϩⲓⲧⲛ̄ ⲧⲉⲫⲟⲓⲛⲓⲕⲏ
ⲛⲙ̄ ⲧⲥⲁⲙⲁⲣⲓⲁ ⲉⲩϫⲱ ⲙ̄ ⲡⲉⲕⲧⲟ[2]
ⲛ̄ ⲛ̄ϩⲉⲑⲛⲟⲥ ⲁⲩⲱ ⲁⲩⲉⲓⲣⲉ ⲛⲟⲩ
ⲛⲟϭ ⲛ̄ ⲣⲁϣⲉ ⲛ̄ ⲛⲉⲥⲛⲏⲩ ⲧⲏⲣⲟⲩ·

4 ⲛ̄ ⲧⲉⲣ ⲟⲩⲃⲱⲕ ⲇⲉ ⲉ ϩⲣⲁⲓ̈ ⲉ ⲑⲓⲉⲣⲟⲩ
ⲥⲁⲗⲏⲙ ⲁⲩϣⲟⲡⲟⲩ ⲉ ⲣⲟⲟⲩ ⲉⲙⲁⲧⲉ
ⲛ̄ϭⲓ ⲧⲉⲕ[ⲕ]ⲗⲏⲥⲓⲁ ⲁⲩⲱ ⲛⲁⲡⲟⲥⲧⲟ
ⲗⲟⲥ ⲛⲙ̄ ⲛⲉⲡⲣⲉⲥⲃⲩⲧⲉⲣⲟⲥ ⲁⲩⲧⲁ
ⲙⲟⲟⲩ ⲇⲉ ⲉ ⲛⲉ ⲛⲧⲁ ⲡⲛⲟⲩⲧⲉ ⲁ

5 ⲁⲩ ⲛⲙ̄ⲙⲁⲩ ϩⲛ̄ ⲛ̄ϩⲉⲑⲛⲟⲥ· ⲁⲩⲱ
ⲁⲩⲛⲟⲩ ⲇⲉ ⲛ̄ϭⲓ ϩⲟⲉⲓⲛⲉ ⲉ ⲃⲟⲗ ϩⲛ̄
ⲧϩⲉⲣⲉⲥⲓⲥ[3] ⲛ̄ ⲛⲉⲫⲁⲣⲓⲥⲥⲁⲓⲟⲥ ⲉⲩϫⲱ
ⲙ̄ⲙⲟⲥ ϫⲉ ϣϣⲉ ⲉ ⲣⲟⲟⲩ ⲉ ⲧⲣⲉ ⲩ
ⲥⲃ̄ⲃⲏⲧⲟⲩ ⲁⲩⲱ[4] ⲛ̄ⲥⲉϩⲁⲣⲉϩ ⲉ ⲡⲛⲟ

6 ⲙⲟⲥ ⲙ̄ ⲙⲱⲩⲥⲏⲥ· ⲁⲩⲥⲱⲟⲩϩ ⲇⲉ ⲛ̄
ϭⲓ ⲛⲁⲡⲟⲥⲧⲟⲗⲟⲥ ⲛⲙ̄ ⲛⲉⲡⲣⲉⲥ
[ⲃⲩⲧ]ⲉⲣⲟⲥ ⲉ ⲛⲁⲩ ⲉ ⲧⲃⲉ ⲡⲁⲓ̈ ϣⲁϫⲉ·

7 [ⲛ̄ ⲧⲉⲣⲉ ⲟⲩⲛⲟϭ ⲇⲉ ⲛ̄ ⲍⲏⲧⲏⲥⲓⲥ ϣⲱⲡⲉ]
[ⲁ ⲡⲉⲧⲣⲟ]ⲥ ⲧ[ⲱⲟⲩⲛ][5] ⲡⲉϫⲁϥ
ⲛ[ⲁⲩ ϫⲉ ⲛ̄ⲣⲱ]ⲙⲉ ⲛⲁ ⲥ[ⲛⲏ]ⲩ ⲛ̄ⲧⲱⲧⲛ̄
ⲧⲉⲧⲛ̄ⲥⲟⲟⲩⲛ ϫⲉ ϫⲓⲛ ⲛⲉϩⲟ[ⲟⲩ]
ⲛ̄ϣⲟⲣⲡ̄ ⲁ ⲡⲛⲟⲩⲧⲉ ⲥⲱⲧⲡ̄ ⲉ ⲃⲟⲗ
ϩⲓⲧⲛ̄ ⲧⲁ ⲧⲁⲡⲣⲟ ⲉ ⲧⲣⲉ ⲛ̄ϩⲉⲑⲛⲟⲥ
ⲥⲱⲧⲙ̄ ⲉ ⲡϣⲁϫⲉ ⲙ̄ ⲡⲉⲩⲁⲅⲅⲉⲗⲓⲟⲛ

8 ⲛ̄ⲥⲉⲡⲓⲥⲧⲉⲩⲉ· ⲁⲩⲱ ⲡⲛⲟⲩⲧⲉ ⲉⲧ

Fol. 85 b
[ⲛ̄ⲥ̄]

---

[1] H ⲛ̄ⲧⲉⲣⲟⲩⲧⲟⲡⲟⲟⲩ.   [2] τὴν ἐπιστροφήν.

[3] τῆς αἱρέσεως. The Coptic text contains no rendering of πεπιστευκότες. H ⲛ̄ϭⲓ ϩⲟⲉⲓⲛⲉ ⲛ̄ⲛⲉⲛⲧⲁⲩⲡⲓⲥⲧⲉⲩⲉ ⲉⲃⲟⲗ ϩⲛ̄ ⲑⲁⲓⲣⲉⲥⲓⲥ ⲛ̄ⲛⲉⲫⲁⲣⲓⲥⲁⲓⲟⲥ.

[4] The Coptic contains no equivalent for παραγγέλλειν τε; H ⲛ̄ⲥⲉⲡⲁⲣⲁⲅⲅⲉⲓⲗⲉ ⲛⲁⲩ.

[5] Restored from Brit. Mus. MS. Orient. 4917 a and H.

ⲥⲟⲟⲧⲛ ⲡϩⲏⲧ ⲁϥⲣ̄ ⲙⲛ̅ⲧⲣⲉ ⲉ ⲁϥϯ ⲛⲁⲩ
ⲙ̅ ⲡⲉⲡⲛⲁ ⲉⲧ ⲟⲩⲁⲁⲃ ⲕⲁⲧⲁ ⲑⲉ ϩⲱ

9 ⲱⲛ ⲛ̄ⲧ ⲁϥⲧⲁⲁϥ ⲛⲁⲛ· ⲁⲩⲱ ⲙ̄ⲡ ϥ̄
ϯ ⲡⲱⲣϫ̄ ⲗⲁⲁⲩ ⲟⲩⲧⲱⲟⲩ ⲛⲙ̅ⲙⲁⲛ¹
ϩⲛ̅ ⲧⲡⲓⲥⲧⲓⲥ ⲉ ⲁϥⲧⲃ̄ⲃⲉ ⲛⲉⲩϩⲏⲧ'·

10 ⲧⲉⲛⲟⲩ ϭⲉ ⲉ ⲧⲃⲉ ⲟⲩ ⲧⲉⲧⲛ̄ⲡ'ⲓⲣⲁ
ⲍⲉ² ⲙ̄ ⲡⲛⲟⲩⲧⲉ ⲉ ⲟⲩⲉϩ ⲟⲩⲛⲁϩⲃⲉϥ³ ⲉϫⲙ̅ ⲡⲙⲁ
ⲕϩ̄ ⲛ ⲙ̅ ⲙⲁⲑⲏⲧⲏⲥ ⲡⲁⲓ ⲉⲧⲉ ⲙ
ⲡⲉ ⲛⲉⲛⲉⲓⲟⲧⲉ ⲟⲩⲇⲉ ⲁⲛⲟⲛ ⲉϣ

11 ϭⲙ̅ϭⲟⲙ ⲉ ϥⲓ ϩⲁⲣⲟϥ· ⲁⲗⲗⲁ ⲉ ⲃⲟⲗ ϩⲓ
ⲧⲛ̅ ⲧⲉⲭⲁⲣⲓⲥ ⲉⲙ̅ ⲡϫⲟⲉⲓⲥ ⲓⲥ̄ ⲧⲛ̅
ⲡⲓⲥⲧⲉⲩⲉ ⲉ ⲟⲩϫⲁⲓ ⲕⲁⲧⲁ ⲑⲉ ⲛ̄ⲧⲟ

12 ⲟⲩ ⲛ̄ⲧⲟⲟⲩ (sic) ϩⲱⲟⲩ· ⲁ ⲡⲙⲏⲏϣⲉ ⲧⲏ
ⲣϥ̄ ⲕⲁ ⲣⲱⲟⲩ ⲁⲩⲱ ⲁⲩϫⲓ ⲥⲙⲏ ⲉ ⲃⲁⲣ
ⲛⲁⲃⲁⲥ ⲛⲙ̅ ⲡⲁⲩⲗⲟⲥ ⲉⲩⲧⲁⲩⲟ ⲛⲙ̅
ⲙⲁⲉⲓⲛ ⲛⲙ̅ ⲛⲉϣⲡⲏⲣⲉ ⲉⲛⲧⲁ ⲡⲛⲟⲩ
ⲧⲉ ⲁⲁⲩ ⲛ̄ ⲛ̄ϩⲉⲑⲛⲟⲥ ⲉ ⲃⲟⲗ ϩⲓ ⲧⲟ

13 ⲟⲧⲟⲩ· ⲛⲙ̅ⲛⲥⲁ (sic) ⲧⲣⲉ ⲧⲕⲁ ⲣⲱⲟⲩ ⲇⲉ
ⲁ ⲓ̈ⲁⲕⲕⲱⲃⲟⲥ ⲟⲩⲱϣⲃ̄ ⲉϥϫⲱ ⲙ̅
ⲙⲟⲥ ϫⲉ ⲛ̄ⲣⲱⲙⲉ ⲛⲉⲥⲛⲏⲩ· ⲥⲱ

14 ⲧⲙ̅ ⲉ ⲣⲟⲓ̈· ⲥⲩⲙⲉⲱⲛ ⲁϥϫⲱ ⲉⲣⲟⲛ
ⲛ̄ⲑⲉ ⲛ̄ⲧⲁ ⲡⲛⲟⲩⲧⲉ ϭⲙ̅ ⲡϣⲓⲛⲉ⁴
ϫⲓⲛ ⲛ̄ ϣⲟⲣⲡ ⲉ ϫⲓ ⲛ ⲟⲩⲗⲁⲟⲥ ⲉ ⲃⲟⲗ
ϩⲛ̅ ⲛ̄ ϩⲉⲑⲛⲟⲥ ⲙ̅ ⲡⲉϥⲣⲁⲛ· ⲁⲩⲱ

15 >ⲛ̄ϣⲁϫⲉ ⲛ̄ ⲛⲉⲡⲣⲟⲫⲏⲧⲏⲥ ⲥⲩⲙ
>ⲫⲱⲛⲓ⁵ ⲛ̄ ⲧⲉⲓ̈ ϩⲉ· ⲕⲁⲧⲁ ⲑⲉ ⲉⲧ ⲥⲏϩ

16 >ϫⲉ ⲙⲛ̅ⲛⲥⲁ ⲛⲁⲓ̈ ϯⲛⲁⲕⲟⲧⲉ ⲧⲛⲁⲕⲱⲧ⁶
>ⲛ̄ ⲧⲉⲥⲕⲏⲛⲏ ⲛ̄ ⲇⲁⲩⲉⲓ̈ⲇ ⲧⲉ ⲛⲧ ⲁⲥ
>ϩⲉ ⲁⲩⲱ ϯⲛⲁⲕⲱⲧ ⲛ̄ ⲛⲉ ⲛⲧ ⲁⲩϣⲟⲣ

---

¹ H ⲁⲩⲧⲱⲛ ⲛⲙ̅ⲙⲁⲩ, as the Greek ἡμῶν τε καὶ αὐτῶν.
² τί πειράζετε.   ³ H ⲟⲩⲛⲁϩⲃ̄.   ⁴ H ϭⲙ̅ⲡϣⲓⲛⲉ.
⁵ συμφωνοῦσιν, H ⲥⲉⲥⲩⲙⲫⲱⲛⲉⲓ.
⁶ H ϯⲛⲁⲕⲧⲟⲓ ⲧⲁⲕⲱⲧ, ἀναστρέψω καὶ ἀνοικοδομήσω.

>ϣⲣ ⲛ̄ ϧⲏⲧⲥ̄ ⲁⲩⲱ ⲛⲧⲁ ⲧⲁϩⲟⲥ ⲉ
17 >ⲣⲁⲧⲥ̄[1]· ϫⲉ ⲕⲁⲁⲥ ⲉⲣⲉ ⲡⲕⲉ ⲥⲉⲉ[ⲡⲉ]
▬▬▬▬▬▬▬▬▬▬▬▬▬]²
[ⲱ] ⲛ̄ϩⲉ[ⲑⲛⲟⲥ ⲧⲏ]ⲣ[ⲟⲩ ▬ ⲛ̄ⲧⲁⲩⲉⲡⲉⲓ]
18 ⲕⲁⲗⲓ³ ⲙ̄ [ⲡⲁ] ⲣⲁⲛ ⲉ ϩⲣⲁ[ⲓ̈ ⲉ ϫⲱⲟⲩ ⲡⲉ]ϫⲉ
[ⲡϫ]ⲟⲉⲓⲥ· ⲡⲉⲧ ⲟⲩⲱⲛϩ ⲉ ⲃ[ⲟⲗ ⲛ̄ ⲛⲁⲓ̈]⁴
19 ϫⲓⲛ ⲉⲛⲉϩ· ⲁⲛⲟⲕ⁵ ϩⲱ ϯⲕⲣⲓⲛⲉ ⲉ
ⲧⲙ̄ [†] ϩⲓⲥⲉ ⲛⲉⲧ ⲕⲱⲧ⁶ ϫⲉ ⲙ̄ⲙⲟⲟⲩ
ⲉ ⲡⲛⲟⲩⲧⲉ ⲉ ⲃⲟⲗ ϧⲛ̄ ϩⲉⲑⲛⲟⲥ ⲛⲓⲙ⁷·
20 ⲁⲗⲗⲁ ⲉ ⲥϩⲁⲓ̈ ⲛⲁⲩ ⲉ ⲧⲣⲉ ⲧⲥⲁϩⲱⲟⲩ⁸ ⲉ
ⲃⲟⲗ ⲛ̄ ⲛ̄ϫⲱϩⲙ̄ ⲛⲉⲓ̈ⲇⲱⲗⲟⲛ⁹ ⲁⲩ
ⲱ ⲧⲡⲟⲣⲛⲓⲁ ⲕⲁⲩ ⲟⲩⲛⲕⲁ ⲉϥⲙⲟⲟⲩⲧ¹⁰
ⲁⲩⲱ ⲡⲉⲥⲛⲟϥ· ⲁⲩⲱ ⲡⲉⲧⲉ ⲛ̄ⲥⲉⲟⲩ
ⲁϣϥ ⲁⲛ ⲉ ⲧⲣⲉ ϥϣⲱⲡⲉ ⲙ̄ⲙⲟⲟⲩ¹¹ ⲉ
21 ⲧⲙ̄ ⲧⲣⲉ ⲧⲁⲁϥ ⲥⲉ¹² ⲙⲱⲩⲥⲏⲥ ⲅⲁⲣ ϫⲓⲛ
ⲛ̄ⲥⲉⲛⲉⲁ ⲛ̄ ⲛⲁⲣⲭⲁⲓⲟⲛ ⲟⲩⲛⲧⲁϥ̄ ⲙ̄
ⲙⲁⲩ ⲛ̄ ⲛⲉⲧⲕⲏⲣⲩⲥⲥⲉ¹³ ⲙ̄ⲙⲟϥ ⲕⲁⲧⲁ
ⲡⲟⲗⲓⲥ ϩⲣⲁⲓ̈ ϧⲛ̄ ⲛⲥⲩⲛⲁⲅⲏ¹⁴ ⲉⲩⲱϣ
22 ⲙ̄ⲙⲟϥ ⲕⲁⲧⲁ ⲥⲁⲃⲃⲁⲧⲟⲛ ⲛⲓⲙ· ⲧⲟ
ⲧⲉ ⲁⲥⲡ̄ⲗⲟϭⲓ¹⁵ ⲛ̄ ⲛⲁⲡⲟⲥⲧⲟⲗⲟⲥ ⲛ̄ⲙ̄
ⲛⲉⲡⲣⲉⲥⲃ̄ⲧⲉⲣⲟⲥ ⲛ̄ⲙ̄ ⲧⲉⲕⲕⲗⲏⲥⲓⲁ

---

[1] Amos ix. 11, 12.

[2] The missing words according to H's text are ⲛ̄ⲛ̄ⲣⲱⲙⲉ ϣⲓⲛⲉ ⲛ̄ⲥⲁ ⲡϫⲟⲉⲓⲥ ⲁⲩⲱ.

[3] H ⲛ̄ⲧⲁⲩⲉⲡⲓⲕⲁⲗⲉⲓ, οὓς ἐπικέκληται.

[4] ταῦτα γνωστά.   [5] H ⲉⲧⲃⲉ ⲡⲁⲓ, διὸ ἐγὼ.

[6] H ⲡⲡⲉⲧⲕⲱⲧⲉ.   [7] 'Every nation', τῶν ἐθνῶν.

[8] ϩ written above the line.

[9] ἀλισγημάτων τῶν εἰδώλων.   [10] καὶ τοῦ πνικτοῦ.

[11] A mistake for ⲙ̄ⲙⲟⲟⲩ.

[12] The last part of this verse as here given, from ⲁⲩⲱ ⲡⲉⲧⲉ to ⲥⲉ = καὶ ὅσα μὴ θέλουσιν ἑαυτοῖς γίνεσθαι ἑτέροις μὴ ποιεῖτε; see Souter's notes to the verse.

[13] τοὺς κηρύσσοντας.   [14] Read ⲛⲥⲩⲛⲁⲅⲱⲅⲏ.

[15] H ⲁⲥⲇⲟⲕⲉⲓ, ἔδοξε.

ACTS XV. 22-29

тнрⲥ̅ е тре ⲧⲥⲱⲧⲡ̅ ⲛ̅ ⲅⲉⲛⲣⲱⲙⲉ
ⲉ ⲃⲟⲗ ⲛ̅ ϩⲏⲧⲟⲩ · ⲛ̅ⲥⲉϫⲟⲟⲩⲥⲉ¹ ⲉ ϩⲣⲁⲓ
ⲉ ⲧⲁⲛⲧⲓⲟⲭⲓⲁ ⲛⲙ̅ ⲡⲁⲩⲗⲟⲥ ⲁⲩⲱ ⲃⲁⲣ
ⲛⲁⲃⲁⲥ ⲉⲧⲉ ⲓⲟⲩⲇⲁⲥ ⲡⲉ · ⲡⲉ ϣⲁⲩ
ⲙⲟⲩⲧⲉ² ⲉ ⲣⲟϥ ϫⲉ ⲃⲁⲣⲥⲁⲃⲃⲁⲥ ⲁⲩⲱ ⲥⲓ
ⲗⲁⲥ ϩⲉⲛⲣⲱⲙⲉ ⲛ̅ⲛⲟϭ ϩⲛ̅ ⲛⲉⲥⲛⲏⲩ ·

23 ⲉ ⲁⲩⲥϩⲁⲓ ⲉ ⲃⲟⲗ ϩⲓ ⲧⲟⲟⲧⲟⲩ ⲛ̅ ⲟⲩⲉⲡⲓⲥ
ⲧⲟⲗⲏ ⲛ̅ ⲧⲉⲓ ϩⲉ ⲛ̅ⲛⲁⲡⲟⲥⲧⲟⲗⲟⲥ ⲛⲙ̅
ⲛⲉⲡⲣⲉⲥⲃⲩⲧⲉⲣⲟⲥ ⲉⲩⲥϩⲁⲓ ⲛ̅ ⲛⲉ
ⲥⲛⲏⲩ ⲉⲧ ϩⲛ̅ ⲧⲁⲛⲧⲓⲟⲭⲓⲁ ⲛⲙ̅ ⲡⲥⲩ
ⲣⲓⲁ ⲛⲙ̅ ⲧϭⲓⲗⲓϭⲓⲁ³ · ⲛⲉⲧ ϣⲟⲟⲡ ⲉ ⲃⲟⲗ

24 ϩⲛ̅ϩⲉⲑⲛⲟⲥ ⲭⲁⲓⲣⲁⲓⲧⲁ⁴ · ⲉⲓⲡⲓ (sic)⁵ ⲁⲏ
ⲁⲛⲥⲱⲧⲙ̅ ϫⲉ ⲁ ϩⲟⲉⲓⲛⲉ ⲉ ⲃⲟⲗ ϩⲛ̅ ϩⲏ
ⲧⲛ̅ ⲉⲓ ϣⲁ ⲣⲱⲧⲛ̅ · ⲁⲩϣⲧⲣ̅ⲧⲣ̅⁶ ⲧⲏⲩ
ⲧⲛ̅ ϩⲛ̅ ϩⲉⲛϣⲁϫⲉ ⲉⲩϯ ⲙ̅ⲕⲁϩ ⲛ̅ ⲛⲉ
ⲧⲛ̅ⲯⲩⲭⲏ · ⲉⲙⲡ ⲛ̅ⲣⲱⲛ ⲉ ⲧⲟⲟⲧⲟⲩ ·

25 ⲁⲥⲡ̅ⲁⲉⲥⲓ⁷ ⲛⲁⲛ ⲉ ⲉⲓ ⲉⲩⲙⲁ ⲛ̅ ⲟⲩⲱⲧ
ϩⲓ ⲟⲩⲥⲟⲡ ⲉ ⲧ'ⲣⲉ ⲧⲥⲱⲧⲙ̅⁸ ⲛ̅ ϩⲉⲛⲣⲱ
[ⲙⲉ] ⲛ̅ⲧⲛ̅ⲧⲁⲟⲟⲩ ϣⲁ ⲣⲱⲧⲛ̅⁹ · ⲃⲁⲣ

26 [ⲛⲁⲃⲁⲥ ⲛⲙ̅ ⲡⲁⲩⲗⲟⲥ] · ▮▮[ⲯⲩ]ⲭⲏ¹⁰   Fol. 86 b

27 [ϩⲁ ⲡⲣⲁⲛ ⲙ̅ ⲡⲉⲛ] ϫⲟⲉ[ⲓ]ⲥ ⲓⲥ̅ ⲡⲉⲭⲥ̅ · ⲁⲛ   [ⲛⲏ]
ⲧⲛ̅[ⲛⲟⲟⲩ] ⲟⲛ ⲛⲏⲧⲛ̅ ⲛ̅ ⲓⲟ[ⲩ]ⲇⲁⲥ ⲛ[ⲙ̅]
ⲥⲓⲗⲁ[ⲥ] ⲛ̅ⲧⲟⲟⲩ ϩⲱⲟⲩ ⲟⲛ ϩⲓⲧⲛ̅
ⲡϣⲁϫⲉ ⲉⲧⲛⲁϫⲱ ⲛⲏⲧⲛ̅ ⲛ̅ ⲛⲁⲓ ·

28 ⲁⲥⲡ̅ⲁⲟϭⲓ¹¹ ⲅⲁⲣ ⲙ̅ ⲡⲉⲡⲛ̅ⲁ̅ ⲉⲧ ⲟⲩⲁⲁⲃ
ⲁⲩⲱ ⲛⲁⲛⲉ ⲧⲙ̅ ⲧⲁⲗⲉ ⲗⲁⲁⲩ ⲛ ⲃⲁⲣⲟⲥ¹²

29 ⲉϫⲛ̅ ⲧⲏⲩⲧⲛ̅ ⲛ̅ⲥⲁ ⲛⲁⲓ ϩⲛ̅ ⲟⲩϩⲧⲟⲟⲣ ·

---

¹ H ⲛ̅ⲥⲉϫⲟⲟⲥⲟⲩ.   ² H ⲡⲉⲧⲉϣⲁⲩⲙⲟⲩⲧⲉ.   ³ καὶ Κιλικίαν.
⁴ H ⲭⲁⲓⲣⲉⲧⲉ, χαίρειν.   ⁵ ἐπειδή.   ⁶ ἐτάραξαν.
⁷ H ⲁⲥⲇⲟⲕⲉⲓ, ἔδοξεν.   ⁸ H ⲉⲧⲣⲉⲛⲥⲱⲧⲡ̅, ἐκλεξαμένους.
⁹ There is no equivalent here for the words σὺν τοῖς ἀγαπητοῖς,
H ⲙⲛ̅ ⲡⲉⲙⲉⲣⲁⲧⲉ.
¹⁰ H ϩⲉⲛⲣⲱⲙⲉ ⲉⲁⲩϯ (παραδεδωκόσι) ⲛ̅ⲡⲉⲩⲯⲩⲭⲏ.
¹¹ ἔδοξε.   ¹² βάρος.

ⲉ ⲥⲁϩⲉ ⲧⲏⲩⲧⲛ̄ ⲉ ⲃⲟⲗ ⲙ̄ⲙⲟⲟⲩ ⲛ̄ϣⲱ
ⲱⲧ ⲛ̄ⲉⲓⲇⲱⲗⲟⲛ ⲛⲙ̄ ⲡⲉⲥⲛⲟϥ ⲛ̄
ⲛⲉϣⲁⲧⲙⲟⲩ ⲁⲩⲱ ⲧⲡⲟⲣⲛⲓⲁ¹ ⲁⲩⲱ
ⲛⲉⲧⲉ ⲧⲛ̄ⲟⲩⲁϣⲟⲩ² ⲁⲛ ⲉ ⲧⲣⲉ ⲩϣⲱ
ⲡⲉ ⲙ̄ⲙⲱⲧⲛ̄ ⲙ̄ⲡⲣ̄ ⲁⲁⲩ ⲛ̄ϭⲉ ⲛⲁⲓ̈
ⲉⲧⲉⲧⲛ̄ϣⲁϩⲁⲣⲉϩ³ ⲉ ⲣⲟⲟⲩ ⲧⲉⲧⲛ̄ [ⲣ̄]

30 ⲁϣ⁴ ⲟⲩϫⲁⲓ̈· ⲛ̄ⲧⲟⲟⲩ ϭⲉ ⲛ̄ⲧⲟⲟⲩ ϭⲉ (sic)
ⲛ̄ ⲧⲉⲣ ⲟⲩⲕⲁⲁⲩ ⲉ ⲃⲟⲗ ⲁⲩⲉⲓ ⲉ ϩⲣⲁⲓ̈ ⲉ
ⲧⲁⲛⲧⲓⲟⲭⲓⲁ· ⲁⲩⲥⲉⲩϩ̄⁵ ⲡⲙⲏⲏϣⲉ

31 ⲁⲩϯ ⲛⲁⲩ ⲛ̄ ⲧⲉⲡⲓⲥⲧⲟⲗⲏ· ⲁⲩⲱ ⲛ̄ ⲧⲉ
ⲣ ⲟⲩⲟϣϥ̄ ⲁⲩⲣⲁϣⲉ ⲉ ϩⲣⲁⲓ̈ ⲉϫⲛ̄ ⲡⲥⲟⲡⲥ̄·

32 ⲓ̈ⲟⲩⲇⲁⲥ ⲇⲉ ⲛⲙ̄ ⲥⲓⲗⲁⲥ ⲛⲉ ϩⲉⲛⲡⲣⲟ
ⲫⲏⲧⲏⲥ ⲛⲉ ϩⲱⲟⲩ ⲉ ⲃⲟⲗ ϩⲓⲧⲛ̄ ϩⲁϩ
ⲛ̄ϣⲁϫⲉ ⲁⲩⲥⲉⲡⲥ̄ ⲛⲉⲥⲛⲏⲩ ⲁⲩ

33 ⲧⲁϫⲣⲟⲟⲩ· ⲛ̄ ⲧⲉⲣ ⲟⲩⲣ̄ ⲟⲩⲟⲉⲓϣ ⲇⲉ
ⲁⲩϫⲟⲟⲩⲥⲉ⁶ ⲉ ⲃⲟⲗ ϩⲓⲧⲛ̄ ⲛⲉⲥⲛⲏⲩ
ϩⲛ̄ ⲟⲩⲉⲓⲣⲏⲛⲏ ⲉ ϩⲣⲁⲓ̈ ⲉ ⲑⲓⲉⲣⲟⲩⲥⲁ

34 ⲗⲏⲙ· ⲁⲥⲡ̄ⲇⲟϭⲓ ⲇⲉ ⲛ̄ ⲥⲓⲗⲁⲥ ⲉ ⲧⲣⲉ

35 ϭⲱ ϩⲙ̄ ⲡⲙⲁ ⲉⲧ ⲙ̄ⲙⲁⲩ⁷· ⲡⲁⲩⲗⲟⲥ ⲇⲉ
ⲛⲙ̄ ⲃⲁⲣⲛⲁⲃⲁⲥ ⲛⲉⲩϣⲟⲟⲡ ⲡⲉ ϩⲛ̄
ⲧⲁⲛⲧⲓⲟⲭⲓⲁ ⲉⲩϯⲥⲃⲱ ⲁⲩⲱ ⲉⲩⲁⲅⲅⲉ
ⲗⲓⲍⲉ⁸ ⲛ̄ ϩⲉⲛ ⲕⲉ ⲙⲏⲏϣⲉ ⲙ̄ ⲡϣⲁϫⲉ

36 ⲙ̄ ⲡⲛⲟⲩⲧⲉ· ⲙⲛ̄ⲛⲥⲁ ϩⲉⲛϩⲟⲟⲩ ⲇⲉ
ⲡⲉϫⲉ ⲡⲁⲩⲗⲟⲥ ⲃ̄ⲃⲁⲣⲛⲁⲃⲁⲥ⁹ ϫⲉ ⲙⲁⲣⲛ̄

---

¹ πνικτῶν καὶ πορνείας.   ² H ⲡⲉⲧⲉⲛ̄ⲧⲉⲧⲛ̄ⲟⲩⲁϣⲟⲩ.

³ H ⲉⲧⲉⲧⲛ̄ϣⲁⲛϩⲁⲣⲉϩ ⲉⲣⲱⲧⲛ̄.

⁴ H ⲧⲉⲧⲛⲁⲣ̄ϣⲁⲩ ⲟⲩϫⲁⲓ, ἔρρωσθε.

⁵ A line is drawn over ϭ, indicating, probably, that we are to delete it.

⁶ H ⲁⲩϫⲟⲟⲩⲥⲟⲩ.

⁷ ⲁⲥⲡ̄ⲇⲟϭⲓ ⲇⲉ ⲛ̄ ⲥⲓⲗⲁⲥ ⲉ ⲧⲣⲉ ϭⲱ ϩⲙ̄ ⲡⲙⲁ ⲉⲧ ⲙ̄ⲙⲁⲩ = ἔδοξε δὲ τῷ Σίλᾳ ἐπιμεῖναι αὐτοῦ; see Souter's reading of v. 34.

⁸ For ⲉⲩⲉⲧⲁⲅⲅⲉⲗⲓⲍⲉ, εὐαγγελιζόμενοι.

⁹ For ⲛ̄ⲃⲁⲣⲛⲁⲃⲁⲥ.

ACTS XV. 36—XVI. 3

ⲕⲟⲧⲛ̄¹ ⲛ̄ⲧⲛ̄ϭⲙ̄ⲡϣⲓⲛⲉ² ⲛ̄ ⲛⲉⲥⲛⲏⲩ
ⲕⲁⲧⲁ ⲡⲟⲗⲓⲥ ⲛⲓⲙ ⲛⲁⲓ ⲉⲛⲧⲁ ⲛ̄ⲧⲁϣⲉ
ⲟⲉⲓϣ ⲛ̄ ϩⲏⲧⲟⲩ ⲙ̄ ⲡϣⲁϫⲉ ⲙ̄ ⲡϫⲟ

37 ⲉⲓⲥ ϫⲉ ⲥⲉⲣ ⲟⲩ³· ⲃⲁⲣⲛⲁⲃⲁⲥ ⲇⲉ ⲛⲉϥ
ⲟⲩⲱϣ ⲉϫⲓ ⲛⲙ̄ⲙⲁϥ ⲛ̄ ⲓ̈ⲱϩⲁⲛⲛⲏ[ⲥ]
[ⲡⲉ ⲟⲩϣⲁⲩⲙⲟⲩⲧⲉ ⲉ ⲣⲟϥ ϫⲉ ⲙⲁⲣⲕⲟⲥ]⁴· Fol. 87 a
[ⲛ̅ⲑ̅]

38 [ⲡⲁ]ⲩⲗⲟ[ⲥ ⲇⲉ ⲛⲉϥ]ⲁ[ⲝⲓⲟⲩ⁵ ⲉ ⲧⲙ̅]
ϫⲓ ⲙ̄ ⲡⲉ ⲛⲧ ⲁϥⲡⲱⲣ[ϫ ⲉ ⲃⲟⲗ ⲙ̄ⲙⲟ]ⲟⲩ
[ϫⲓⲛ] ⲧⲡⲁⲙⲫⲩⲗⲓⲁ ⲉⲙⲡ ϥ̄ⲃ[ⲱ]ⲕ ⲛⲙ̄

39 [ⲙ]ⲁⲩ ⲙ̄ ⲡϩⲱⲃ· ⲁⲩⲡⲟⲣⲟⲝⲩⲥⲙⲟⲥ⁶ ⲇⲉ
ϣⲱⲡⲉ ϩⲱⲥⲧⲉ ⲛ̄ⲥⲉⲥⲁϩⲱⲟⲩ ⲉ
ⲃⲟⲗ ⲛ̄ ⲛⲉⲩⲉⲣⲏⲩ ⲃⲁⲣⲛⲁⲃⲁⲥ ⲙⲉⲛ
ⲁϥϫⲓ ⲙⲁⲣⲕⲟⲥ ⲁϥⲥϭⲏⲣ⁷ ⲉ ϩⲣⲁⲓ ⲉ

40 ⲕⲩⲡⲣⲟⲥ· ⲡⲁⲩⲗⲟⲥ ⲇⲉ ⲁϥⲥⲱⲧⲛ̄ ⲛ̄ ⲥⲓ
ⲗⲁⲥ ⲁϥⲉⲓ ⲉ ⲃⲟⲗ· ⲉⲩϯ ⲙ̄ⲙⲟϥ ⲛ ⲧⲉⲭⲁ
ⲣⲓⲥ ⲙ̄ ⲡϫⲟⲉⲓⲥ ⲉ ⲃⲟⲗ ϩⲓⲧⲛ̄ ⲛⲉⲥⲛⲏⲩ·

41 ⲁϥⲉⲓ ⲇⲉ ⲉ ⲃⲟⲗ ⲉ ⲧⲥⲩⲣⲓⲁ ⲛⲙ ⲧⲕⲓⲗⲓ

Chap. ⲕⲓⲁ⁸ ⲉϥⲧⲁϫⲣⲟ ⲛ̄ ⲛⲉⲕⲕⲗⲏⲥⲓⲁ· ⲁⲩⲱ
XVI. 1 ⲁϥⲕⲁⲧⲁⲛⲧⲁ⁹ ⲉ ⲧⲉⲣⲃⲏ ⲛⲙ̄ ⲗⲩⲥⲧⲣⲁ· ⲛⲉ
ⲟⲩⲛ ⲟⲩⲙⲁⲑⲏⲧⲏⲥ ⲇⲉ ⲙ̄ⲙⲁⲩ ⲉ
ⲡⲉϥⲣⲁⲛ ⲡⲉ ⲧⲓⲙⲱⲑⲉⲟⲥ ⲡϣⲏⲣⲉ
ⲡⲉ ⲛ̄ ⲟⲩⲥϩⲓⲙⲉ ⲛ̄ ⲓ̈ⲟⲩⲇⲁⲓ̈ ⲙ̄ ⲡⲓⲥ
ⲧⲏ ⲡⲉϥⲉⲓⲱⲧ ⲇⲉ ⲟⲩⲉⲉⲓⲉⲛⲓⲛ¹⁰

2 ⲡⲉ· ⲡⲁⲓ̈ ⲛⲉⲩⲣ̄ ⲙⲛ̄ⲧⲣⲉ ϩⲁ ⲣⲟϥ ϩⲓ
ⲧⲛ̄ ⲛⲉⲥⲛⲏⲩ ⲉⲧ ϩⲛ̄ ⲗⲩⲥⲧⲣⲟⲥ

3 ⲛⲙ̄ ϩⲓⲕⲟⲛⲓⲟⲥ¹¹· ⲡⲁⲓ̈ ⲁ ⲡⲁⲩⲗⲟⲥ ⲟⲩ
ⲱϣ ⲉ ⲧʼⲣⲉ ϥⲉⲓ ⲉ ⲃⲟⲗ ⲛⲙ̄ⲙⲁϥ ⲁⲩ
ⲱ ⲁϥϫⲓⲧϥ̄ ⲁϥⲥⲃ̄ⲃⲏⲧϥ̄ ⲉ ⲧⲃⲉ ⲛ

---

¹ H ⲙⲁⲣⲛ̄ⲕⲧⲟⲡ, Ἐπιστρέψαντες.
² ἐπισκεψώμεθα.
³ πῶς ἔχουσι.
⁴ See Brit. Mus. MS. Or. 4917 (2).
⁵ ἠξίου.
⁶ παροξυσμός, H ⲁⲩⲡⲁⲣⲟⲝⲩⲥⲙⲟⲥ.
⁷ Read ⲁϥⲥϭⲏⲣ.
⁸ καὶ Κιλικίαν.
⁹ κατήντησε.
¹⁰ Ἕλληνος.
¹¹ Λύστροις καὶ Ἰκονίῳ ἀδελφῶν.

ⲓⲟⲩⲇⲁⲓ ⲉⲧ ϣⲟⲟⲡ ϩⲙ̄ ⲡⲙⲁ ⲉⲧ ⲙ̄
ⲙⲁⲩ ⲛⲉⲩⲥⲟⲟⲩⲛ ⲅⲁⲣ ⲧⲏⲣⲟⲩ ϫⲉ

4 ⲟⲩⲉⲉⲓⲉⲛⲓⲛ ⲡⲉ ⲡⲉϥⲉⲓⲱⲧ· ⲛⲉⲩ
ⲛⲏⲩ ⲇⲉ ⲉ ⲃⲟⲗ ϩⲓⲧⲛ̄ ⲙ̄ ⲡⲟⲗⲓⲥ ⲉⲩϯ
ⲉ ⲧⲟⲟⲧⲟⲩ ⲉ ⲧⲣⲉ ⲩϩⲁⲣⲉϩ ⲉⲛⲇⲟⲅⲙⲁ
ⲉⲛⲧ ⲁⲩⲕⲣⲓⲛⲉ¹ ⲙ̄ⲙⲟⲟⲩ ⲉ ⲃⲟⲗ ϩⲓ
ⲧⲛ̄ ⲛⲁⲡⲟⲥⲧⲟⲗⲟⲥ ⲛⲙ̄ ⲛⲉ ⲡⲣⲉⲥ
ⲃⲩⲧⲉⲣⲟⲥ ⲉⲧ ϩⲛ̄ ⲑⲓⲉⲣⲟⲩⲥⲁⲗⲏⲙ·

5 ⲛⲉⲕⲕⲗⲏⲥⲓⲁ ⲛⲉⲩⲧⲁϫⲣⲟ ⲡⲉ ϩⲛ̄
ⲧⲡⲓⲥⲧ'ⲓⲥ ⲁⲩⲱ ⲛⲉⲩⲣ̄ ϩⲟⲩⲟ ϩⲛ̄

6 ⲧⲏⲡⲉ ⲙ̄ ⲙⲏⲛⲉ· ⲁⲩⲉⲓ ⲇⲉ ⲉ ⲃⲟⲗ
ϩⲓⲧⲛ̄ ⲧⲉⲫⲣⲩⲅⲓⲁ ⲛⲙ̄ ⲧⲉⲭⲱⲣⲁ
ⲛ̄ ⲧⲅⲁⲗⲁⲧⲓⲁ² ⲉ ⲁⲩⲕⲱⲗⲩ³ ⲙ̄ⲙⲟⲟⲩ
ⲉ ⲃⲟⲗ ϩⲓⲧ'ⲛ̄ ⲡⲉ ⲡⲛ̄ⲁ̄ ⲉⲧ ⲟⲩⲁⲁⲃ
[ⲉ] ⲧⲙ̄ ϫⲉ ⲡϣⲁϫⲉ [ϩⲛ̄] ⲧⲁⲥⲓⲁ·

Fol. 87b

7 ▬▬▬▬▬▬▬▬▬⁴

[ⲍ̄]

8 ⲙ̄[ⲡ ϥⲕⲁⲁⲧ]· ⲛ̄ϭⲓ ⲡⲉⲡ[ⲛⲁ]· ⲁⲩⲱ [ⲛ̄]
[ⲧⲉⲣ ⲟⲩⲥⲁⲁⲧ] ⲧⲙⲩⲥⲓⲁ ⲁⲩⲉⲓ ⲉ ϩⲣⲁⲓ

9 ⲉ ⲧⲉⲧ[ⲣ]ⲱⲁⲥ· ⲁⲩϩⲟⲣⲟⲙⲁ⁵ ⲟⲩⲱⲗ[ⲛ̄]
ⲉ ⲃⲟⲗ ⲙ̄ ⲡⲁⲩⲗⲟⲥ ⲛ̄ⲧⲉⲩϣⲏ ⲉϣ
ϫⲉ ⲉⲣⲉ ⲟⲩⲣⲱⲙⲉ ⲙ̄ ⲙⲁⲕⲉⲇⲱⲛ
ⲁϩⲉ ⲣⲁⲧϥ̄ ⲉϥⲥⲟⲡⲥ̄ ⲙ̄ⲙⲟϥ ⲉϥϫⲱ
ⲙ̄ⲙⲟⲥ ϫⲉ ⲁⲙⲟⲩ ⲉ ⲧⲙⲁⲕⲉⲇⲟⲛⲓⲁ

10 ⲛⲅ̄ ⲃⲟⲏⲑⲉⲓ ⲉ ⲣⲟⲛ⁶· ⲛ̄ ⲧⲉⲣ ⲉϥⲛⲱ
ⲟⲩⲛ ϫⲉ ⲁϥϫⲱ ⲉ ⲣⲟⲛ ⲙ̄ ⲡϩⲟⲣⲟⲙⲁ
ⲛ̄ⲧⲉⲩⲛⲟⲩ ⲁⲛϣⲓⲛⲉ ⲛ̄ⲥⲁ ⲉⲓ ⲉ
ⲃⲟⲗ ⲉ ⲧⲙⲁⲕⲉⲇⲟⲛⲓⲁ ⲉⲛⲧⲁⲙⲟ

---

¹ τὰ δόγματα τὰ κεκριμένα.

² καὶ τὴν Γαλατικὴν χώραν, H ⲛ̄ⲧⲅⲁⲗⲓⲗⲁⲓⲁ.

³ κωλυθέντες.

⁴ Brit. Mus. MS. Or. 4917 (2) has ⲛ̄ ⲧⲉⲣ ⲟⲩⲉⲓ ⲇⲉ ⲉ ⲧⲙⲩⲥⲓⲁ ⲁⲩⲡⲓⲣⲁⲍⲉ ⲉ ⲃⲱⲕ ⲉ ϩⲟⲩⲛ ⲉ ⲧⲃⲓⲑⲩⲛⲓⲁ ⲁⲩⲱ ⲙ̄ⲡ ϥⲕⲁⲁⲧ ⲛ̄ϭⲓ ⲡⲉⲡⲛ̄ⲁ̄· ⲁⲩⲱ.

⁵ καὶ ὅραμα.   ⁶ βοήθησον ἡμῖν.

ACTS XVI. 10-16

ⲙ̄ⲙⲟⲟⲩ ϫⲉ ⲁ ⲡϫⲟⲉⲓⲥ ⲧⲁϩⲙⲛ̄

11 ⲉ ⲧⲁϣⲉⲟⲉⲓϣ ⲛⲁⲩ· ⲛ̄ ⲧⲉⲣⲉ ⲛⲕⲱ
ⲥⲉ ⲉ ⲃⲟⲗ ⲉ[1] ⲧⲉⲧ'ⲣⲱⲁⲥ ⲁⲛⲥϭⲏⲣ ⲉ
ⲥⲁⲙⲟⲑⲣⲁⲕⲏ ⲙ̄ⲡⲉϥⲣⲁⲥⲧⲉ ⲇⲉ

12 ⲉ ⲛⲉⲁⲡⲟⲗⲓⲥ[2]· ⲉ ⲃⲟⲗ ⲇⲉ ϩⲙ̄ ⲡⲙⲁ
ⲉⲧ ⲙ̄ⲙⲁⲩ ⲉⲛⲉ ⲫⲓⲗⲓⲡⲡⲟⲥ ⲟⲩ
ⲡⲟⲗⲓⲥ ϫⲉ ⲕⲟⲗⲱⲛⲓⲁ[3] ⲉⲧⲉ ⲧⲁⲓ̈ ⲧⲉ
ⲧϣⲟⲣⲡ̄ ⲛ̄ ⲧⲙⲉⲣⲓⲥ[4] ⲛ̄ ⲧⲙⲁⲕⲉⲇⲟ
ⲛⲓⲁ· ⲛⲉⲛϣⲟⲟⲡ ⲇⲉ ϩⲛ̄ ⲧⲉⲓ̈ ⲡⲟⲗⲓⲥ

13 ⲛ̄ ϩⲉⲛϩⲟⲟⲩ· ⲙ̄ ⲡⲉ ϩⲟⲟⲩ ⲇⲉ ⲛ̄ ⲛⲥⲁⲃ
ⲃⲁⲧⲟⲛ ⲁⲛⲉⲓ ⲉ ⲃⲟⲗ ⲡⲃⲟⲗ ⲛ̄ ⲧⲡⲩ
ⲗⲏ ⲉϫⲛ̄ ⲡⲓⲉⲣⲟ ⲉⲧⲙⲁ ⲉⲛϣⲁⲛϣⲗⲏⲗ[5]
ⲛ̄ ϩⲏⲧϥ̄· ⲁⲩⲱ ⲁⲛϩⲙⲟⲟⲥ ⲁⲛϣⲁϫⲉ
ⲛⲙ̄ ⲛⲉϩⲓⲟⲙⲉ ⲛⲧ ⲁⲩⲉⲓ ⲉ ϩⲣⲁⲓ̈ ϣⲁ

14 ⲣⲟⲛ· ⲛⲉⲩⲛ ⲟⲩⲥϩⲓⲙⲉ ⲇⲉ ⲥⲱⲧⲙ̄[6]
ⲉ ⲡⲉⲥⲣⲁⲛ ⲡⲉ ⲗⲩⲇⲓⲁ ⲟⲩⲥⲁⲛϫⲏϭⲉ
ⲛ̄ⲧⲉ ⲧⲡⲟⲗⲓⲥ ⲛ̄ ⲑⲩⲁⲧ'ⲓⲣⲁ[7] ⲉⲥ
ϣⲙ̄ϣⲉ ⲙ̄ ⲡⲛⲟⲩⲧⲉ ⲧⲁⲓ̈ ⲛⲧⲁ
ⲡϫⲟⲉⲓⲥ ⲟⲩⲱⲛ ⲉ ⲡⲉⲥϩⲏⲧ' ⲉ
ⲧⲣⲉ ⲥϯ ϩⲧⲏⲥ ⲉ ⲛⲉⲧ ⲉⲣⲉ ⲡⲁⲩ

15 ⲗⲟⲥ ϫⲱ ⲙ̄ⲙⲟⲟⲩ· ⲛ̄ ⲧⲉⲣⲉ ⲥϫⲓ ⲃⲁ
ⲡⲧⲓⲥⲙⲁ ⲧⲉ ⲛ̄ⲧⲟⲥ ⲁⲩⲱ ⲡⲉⲥⲛⲓ̈
ⲁⲥⲥⲉⲡⲥⲱⲡⲛ̄ ⲉⲥϫⲱ ⲙ̄ⲙⲟⲥ ϫⲉ
ⲉϣϫⲉ ⲁⲧⲉⲧⲛ̄ⲕⲣⲓⲛⲉ[8] ⲉ ⲁⲁⲧ ⲛ̄ ⲭⲣⲓⲥ
ⲧⲓⲁⲛⲟⲥ[9] ⲁⲩⲱ ⲙ̄ ⲡⲓⲥⲧⲏ ⲙ̄ ⲡϫⲟⲉⲓⲥ[10]
ⲁⲙⲛⲉⲓⲧⲛ̄ ⲉ ϩⲟⲩⲛ ⲛ̄ⲧ'ⲉⲧⲛ̄ ϣ[ⲱ]
ⲡⲉ ϩⲙ̄ [ⲡⲁ]ⲏⲉⲓ· ⲁⲩⲱ ⲁⲥⲥⲱⲕ ⲙ̄

16 ▓▓▓▓▓▓▓▓▓▓▓▓[11] [ⲉⲛⲛⲁ]

Fol. 88 a
[ⲍ̄ⲁ]

[1] H ⲉⲃⲟⲗ ϩⲛ̄.   [2] εἰς Νέαν Πόλιν.   [3] H ⲕⲟⲗⲟⲛⲓⲁ.
[4] H ⲧϣⲟⲣⲡⲉ ⲙ̄ⲙⲉⲣⲓⲥ.   [5] H ⲉϣⲁⲛϣⲗⲏⲗ.
[6] So also H.   καί τις γυνὴ ὀνόματι.
[7] πόλεως Θυατείρων.   [8] εἰ κεκρίκατέ.
[9] Wanting in the Greek.   [10] πιστὴν τῷ Κυρίῳ.
[11] H ⲁⲥⲥⲱⲕ ⲙ̄ⲙⲟⲛ ⲛ̄ⲭⲡⲁϩ. 16 ⲁⲥϣⲱⲡⲉ ⲇⲉ.

E e

[ⲃⲱ]ⲕ ⲉ ϣⲗⲏⲗ [ⲟⲩϣⲉⲉⲣⲉ ϣⲏⲙ ⲉⲣⲉ]
[ⲟⲩ]ⲡⲛ̅ⲁ̅ ⲛ ⲣⲉϥϣ[ⲓⲛⲉ¹ ϩⲓⲱⲱⲥ]
[ⲁⲥ]ⲧⲱⲙⲛ̅ⲧ ⲉ ⲣⲟⲛ· ⲧⲁⲓ ⲉⲛⲉⲥϯ ⲛ̅
ϩⲉⲛⲛⲟϭ ⲛ̅ ϩⲟⲙⲛ̅ⲧ ⲛ̅ ⲛⲉⲥϫⲓⲥⲟ

17 ⲟⲩⲉ ⲉⲥϣⲓⲛⲉ². ⲧⲁⲓ ⲇⲉ ⲛⲉⲥ ⲁⲥⲟⲩ[ⲁ]
ϩⲥ̅³ ⲛ̅ⲥⲁ ⲡⲁⲩⲗⲟⲥ ⲛⲙ̅ⲙⲁⲛ ⲁⲥⲁϣⲕ[ⲁⲕ]
ⲉ ⲃⲟⲗ ⲉⲥϫⲱ ⲙ̅ⲙⲟⲥ ϫⲉ ⲛⲉⲓ ⲣⲱⲙ[ⲉ]
ⲛ̅ϩⲙ̅ϩⲁⲗ ⲛⲉ ⲙ̅ ⲡⲛⲟⲩⲧⲉ ⲉⲧ ϫⲟⲥⲉ
ⲉⲧⲧⲁϣⲉⲟⲉⲓϣ ⲛⲁⲛ ⲛ̅ ⲧⲉ ϩⲓⲏ ⲙ̅

18 ⲡⲟⲩϫⲁⲓ· ⲡⲁⲓ ⲛ̅ (sic) ⲇⲉ ⲛⲉⲥⲉⲓⲣⲉ ⲙ̅ⲙⲟϥ
ⲡⲉ ⲡ̅ϩⲁϩ ⲛ̅ϩⲟⲟⲩ ⲛ̅ ⲧⲉⲣ ⲉϥϫⲟⲕϩ̅
ⲇⲉ ⲛ̅ϭⲓ ⲡⲁⲩⲗⲟⲥ⁴ ⲡⲉϫⲁϥ ϩⲙ̅ ⲡⲉⲡⲛ̅ⲁ̅⁵
ⲡⲉϫⲁϥ ϫⲉ ϯⲡⲁⲣⲁⲅⲅⲉⲗⲉⲓ⁶ ⲛⲁⲕ ϩⲙ̅
ⲡⲣⲁⲛ ⲛ̅ ⲓⲥ̅⁷ ⲉ ⲧⲣⲉ ⲕⲉⲓ ⲉ ⲃⲟⲗ ⲛ̅ ϩⲏⲧⲥ̅·
ⲁⲩⲱ ϩⲛ̅ ⲧⲉⲩⲛⲟⲩ ⲉⲧ ⲙ̅ⲙⲁⲩ ⲁϥⲉⲓ

19 ⲉ ⲃⲟⲗ ⲛ̅ ϩⲏⲧⲥ̅· ⲛ̅ ⲧⲉⲣ ⲟⲩⲛⲁⲩ ⲇⲉ
ⲛ̅ϭⲓ ⲛⲉⲥϫⲓⲥⲟⲟⲧⲉ ϫⲉ ⲁ[ⲥⲃ]ⲱⲕ⁸ ⲛ̅
ⲧⲟⲟⲧⲟⲩ ⲛ̅ϭⲓ ⲑⲉⲗⲡⲓⲥ ⲙ̅ ⲡⲉⲧϩⲱⲃ
ⲁⲩⲁⲙⲁϩⲧⲉ ⲙ̅ ⲡⲁⲩⲗⲟⲥ ⲛⲙ̅ ⲥⲓⲗⲁⲥ
ⲁⲩⲥⲱⲕ ⲙ̅ⲙⲟⲟⲩ ⲉ ⲧⲁⲅⲟⲣⲁ ⲛ̅ ⲛⲁϩⲣⲛ̅

20 ⲛⲁⲣⲭⲱⲛ· ⲁⲩⲱ ⲁⲩϫⲓⲧⲟⲩ ⲉ ⲣⲁⲧⲟⲩ
ⲛ̅ⲛⲉⲥⲧⲣⲁⲧⲏⲅⲟⲥ ⲉⲩϫⲱ ⲙ̅ⲙⲟⲥ
ϫⲉ ⲛⲉⲓ ⲣⲱⲙⲉ ϩⲉⲛⲓⲟⲩⲇⲁⲓ ⲛⲉ ⲁⲩⲱ

21 ⲥⲉϣⲧⲟⲣⲧ[ⲣ̅] ⲛ̅ ⲧⲉⲓ ⲡⲟⲗⲓⲥ· ⲉⲩⲧⲁϣⲉ
ⲟⲉⲓϣ⁹ ⲛ̅ ϩⲉⲛⲥⲱⲛⲧ ⲉⲛⲉⲥⲧⲟ ⲁⲛ
ⲉ ϫⲓⲧⲟⲩ ⲏ ⲉⲁⲁⲩ ⲉ ⲁⲛⲟⲛ ϩⲉⲛϩⲣⲱ

22 ⲙⲁⲓⲟⲥ¹⁰· ⲁ ⲡⲙⲏⲏϣⲉ ⲇⲉ¹¹ ⲡⲱⲧ ⲉ

---

¹ πνεῦμα πύθωνα.   ² μαντευομένη.   ³ H ⲛⲉⲥⲟⲩⲁϩⲥ̅.

⁴ H rightly ⲡⲁⲩⲗⲟⲥ ⲁϥⲕⲧⲟϥ (ἐπιστρέψας).

⁵ 'He said in the Spirit he said.' H ⲙ̅ⲡⲉⲡⲛ̅ⲁ̅, but the Greek has τῷ πνεύματι εἶπε.

⁶ παραγγέλλω.   ⁷ ⲡⲓⲥ̅ ⲡⲉⲭⲥ̅, and so the Greek.

⁸ H ⲁⲥⲃⲱⲕ, ἐξῆλθεν.   ⁹ H ⲁⲩⲱ ⲥⲉⲧⲁϣⲉⲟⲉⲓϣ.

¹⁰ Ῥωμαίοις.   ¹¹ H adds ⲉⲡⲁϣⲱϥ.

ACTS XVI. 22-28

ϩⲣⲁⲓ̈ ⲉ ϩⲓⲟⲧ¹ ⲁⲩⲱ ⲛⲉⲥⲧⲣⲁⲧⲏⲅⲟⲥ
ⲁⲩⲡⲉϩ ⲛⲉⲩϩⲟⲉⲓⲧⲉ ⲁⲩⲱ ⲁⲩⲟⲩⲉϩ
ⲥⲁϩⲛⲉ ⲉ ϩⲓⲟⲧⲉ ⲉ ⲣⲟⲟⲩ ⲛ̄ ϩⲛ̄ⲥⲉⲣⲱⲃ²

23 ⲁⲩⲱ ⲛ̄ ⲧⲉⲣ ⲟⲩϫⲛⲁⲩ ⲛ̄ ϩⲁϩ ⲛ̄ⲥⲏϣⲉ
ⲁⲩⲛⲟϫⲟⲩ ⲉ ⲡⲉϣⲧⲉⲕⲟ ⲁⲩⲡⲁⲣⲁⲅ-
ⲅⲉⲓⲗⲉ ⲙ̄ ⲡⲉⲧ ϩⲓϫⲛ̄ ⲡⲉϣⲧⲉⲕⲟ³

24 ⲉ ϩⲁⲣⲉϩ ⲉ ⲣⲟⲟⲩ ϩⲛ̄ ⲟⲩⲱⲣϫ̄ · ⲛ̄ⲧⲟϥ
ⲇⲉ ⲉ ⲁϥϫⲓ ⲡⲁⲣⲁⲅⲅⲉⲗⲓⲁ⁴ ⲛ̄ ⲧⲉⲓ̈
ⲙⲓⲛⲉ ⲁϥⲛⲟϫⲟⲩ ⲉ ⲡⲉϣⲧⲉⲕⲟ
ⲉⲧ ϩⲓ ϩⲟⲩⲟⲛ (sic) ⲁⲩⲱ ⲛⲉⲩⲉⲣⲏⲧⲉ⁵ ⲁϥ

25 [ⲧⲁ]ϫⲣⲟⲟⲩ ϩⲛ̄ ⲟⲩϣⲉ · ϩⲛ̄ ⲧⲡⲁϣⲉ
▓▓▓▓▓▓▓▓▓▓▓▓▓▓
▓▓▓▓ⲟⲩ▓▓ⲥⲱ[ⲧⲙ̄]⁶   Fol. 88 b

26 ⲇ[ⲉ ⲉ ⲣⲟⲟⲩ ⲛϭ]ⲓ ⲛⲉⲧⲙⲏⲣ · ⲁⲩ[ⲱ ϩⲛ̄ ⲟⲩ]   [ⲍ̄ⲃ̄]
ϣⲥ̄[ⲛⲉ] ⲁⲩⲛⲟϭ ⲛ̄ ⲕⲙⲧⲟ ϣⲱ[ⲡⲉ]
ϩⲱⲥⲧⲉ ⲛⲥⲉⲛⲟⲓ̈⁷ ⲛ̄ϭⲓ ⲛ̄ⲥⲛ̄ⲧⲉ [ⲛ̄]
ⲡⲉϣⲧⲉⲕⲟ · ⲁⲛⲣⲟ ⲇⲉ ⲧⲏⲣⲟⲩ ⲟⲩⲱⲛ
ⲛ̄ⲧⲉⲩⲛⲟⲩ ⲁⲩⲱ ⲁⲛⲙⲣ̄ⲣⲉ ⲛⲟⲩⲟⲛ

27 ⲛⲓⲙ ⲃⲱⲗ ⲉ ⲃⲟⲗ · ⲁϥⲧⲱⲟⲩⲛ ⲇⲉ ⲛ̄ϭⲓ
ⲡⲉⲧ ϩⲓϫⲛ̄ ⲡⲉϣⲧⲉⲕⲟ ⲁⲩⲱ ⲛ ⲧⲉ
ⲣ ⲉϥⲛⲁⲩ ⲉⲛⲣⲟ ⲙ̄ ⲡⲉϣⲧⲉⲕⲟ ⲉⲟⲩ
ⲏⲛ⁸ ⲁϥⲧⲉⲕⲙ̄ ⲧⲉϥⲥⲏϥⲉ · ⲁϥⲉⲓ̈ ⲉϥ
ⲛⲁϩⲟⲧ·ⲃⲉϥ⁹ ⲉϥⲙⲉⲉⲩⲉ ϫⲉ ⲁ ⲛⲉⲧ'

28 ⲙⲏⲣ ⲡⲱⲧ' ⲉ ⲃⲟⲗ · ⲡⲁⲩⲗⲟⲥ ⲇⲉ ⲁϥ
ⲙⲟⲩⲧⲉ ⲉ ⲣⲟϥ ϩⲛ̄ ⲟⲩⲛⲟϭ ⲛ̄ ⲥⲙⲏ
ⲉϥϫⲱ ⲙ̄ⲙⲟⲥ · ϫⲉ ⲙ̄ⲡⲣ̄ ⲣ̄ ⲗⲁⲁⲩ ⲛⲁⲕ

---

¹ Read ⲉϫⲱⲟⲩ.   ² ῥαβδίζειν, H ϩⲛ̄ϭⲉⲣⲱⲃ.
³ 'Those who were over the prison', δεσμοφύλακι.
⁴ παραγγελίαν τοιαύτην.   ⁵ H ⲛⲉⲩⲟⲩⲉⲣⲏⲧⲉ.
⁶ H ⲇⲉ ⲡ̄ⲧⲉⲩϣⲉ ⲡⲁⲩⲗⲟⲥ ⲙⲛ̄ ⲥⲓⲗⲁⲥ ⲛⲉⲩϣⲗⲏⲗ ⲡⲉ ⲁⲩⲱ
ⲛⲉⲩⲥⲙⲟⲩ ⲉⲡⲛⲟⲩⲧⲉ ⲛⲉⲩⲥⲱⲧⲙ̄ ⲇⲉ ⲉⲣⲟⲟⲩ ⲛ̄ϭⲓ ⲛⲉⲧⲙⲏⲣ.
⁷ H ⲛ̄ⲥⲉⲛⲟⲉⲓⲛ, σαλευθῆναι.
⁸ For ⲉⲧⲟⲩⲏⲛ.
⁹ ἔμελλεν ἑαυτὸν ἀναιρεῖν.

ACTS XVI. 28-37

ⲙ̄ ⲡⲉⲑⲟⲟⲩ ⲧⲏ ⲙ̄ ⲡⲉⲓ̈ ⲙⲁ̄ ⲅⲁⲣ ⲧⲏ

29 ⲣⲛ̄· ⲁϥϫⲓ ⲇⲉ ⲛⲟⲩⲕⲱϩⲧ̄ ⲁϥⲡⲱⲧ ⲉ ϩⲟⲩⲛ[1]
ⲁⲩⲱ ⲁϥⲡⲁϩⲧϥ̄ ϩⲁ ⲣⲁⲧϥ̄ ⲙ̄ ⲡⲁⲩⲗⲟⲥ ⲛⲙ̄ ⲥⲓⲗⲁⲥ

30 ⲉϥϭⲟϣⲧ̄ ⲛⲁϥ ⲉϥⲥⲧⲱⲧ[2]· ⲁⲩⲱ ⲁϥⲛ̄
ⲧⲟⲩ ⲉ ⲃⲟⲗ ⲡⲉϫⲁϥ ⲛⲁⲩ· ϫⲉ ⲛⲁ ϫⲓⲥⲟ
ⲟⲩⲉ ⲟⲩ ⲡⲉⲧ' ⲉϣϣⲉ ⲉ ⲣⲟⲓ̈ ⲉ ⲁⲁϥ ϫⲉ

31 ⲉ ⲉⲓ ⲉ ⲟⲩϫⲁⲓ̈· ⲛ̄ⲧⲟⲟⲩ ⲇⲉ ⲡⲉϫⲁⲩ ϫⲉ
ⲡⲓⲥⲧⲉⲩⲉ ⲉ ⲡϫⲟⲉⲓⲥ ⲓ̄ⲥ̄ ⲡⲉⲭ̄ⲥ̄ ⲁⲩⲱ
ⲕⲛⲁⲟⲩϫⲁⲓ̈ ⲛ̄ⲧⲟⲕ ⲁⲩⲱ ⲡⲉⲕⲏⲉⲓ·

32 ⲁⲩⲱ ⲁⲩϫⲱ ⲉ ⲣⲟⲟⲩ[3] ⲙ̄ ⲡϣⲁϫⲉ ⲙ̄
ⲡϫⲟⲉⲓⲥ ⲛⲙ̄ ⲟⲩⲟⲛ ⲛⲓⲙ ⲉⲧ ϩⲓ (sic) ⲡⲉϥ

33 ⲏⲉⲓ· ⲁϥϫⲓⲧⲟⲩ ⲇⲉ ⲙ̄ ⲡⲛⲁⲩ[4] ⲉⲧ ⲙ̄ⲙⲁⲩ
ⲛ̄ ⲧⲉⲩϣⲏ ⲁϥϫⲟⲕⲙⲟⲩ ⲉ ⲃⲟⲗ ϩⲛ̄
ⲛⲉⲩⲥⲏϣⲉ· ⲁⲩⲱ ⲛ̄ⲧⲉⲩⲛⲟⲩ ⲁϥϫⲓ ⲃⲁ
ⲡⲧⲓⲥⲙⲁ ⲛ̄ⲧⲟϥ ⲛⲙ̄ ⲛⲉⲧⲉⲛⲟⲩϥ

34 ⲛⲉ ⲧⲏⲣⲟⲩ· ⲁϥϫⲓⲧⲟⲩ ⲇⲉ ⲉ ϩⲣⲁⲓ̈ ⲉ ⲡⲏⲓ̈[5]
ⲁϥⲕⲱ ϩⲁ ⲣⲱⲟⲩ ⲛ ⲟⲩⲧ'ⲣⲁⲡⲉⲍⲁ[6]
ⲁⲩⲱ ⲛⲉϥⲧⲉⲗⲏⲗ ⲡⲉ ⲁϥⲡⲓⲥⲧⲉⲩⲉ

35 ⲉ ⲡϫⲟⲉⲓⲥ ⲛⲙ̄ ⲡⲉϥⲏⲓ̈ ⲧⲏⲣϥ̄· ⲛ̄
ⲧⲉⲣⲉ ϩⲧⲟⲟⲩ ⲇⲉ ϣⲱⲡⲉ ⲁ ⲡⲉⲥⲧⲣⲁ
ⲧ'ⲏⲅⲟⲥ ϫⲟⲟⲩ ⲛ̄ ϩⲉⲛϥⲁⲓ̈ϣⲃⲱⲧ'[7] ⲉⲩ
ϫⲱ ⲙ̄ⲙⲟⲥ ϫⲉ ⲕⲁ ⲛⲉⲓ̈ ⲣⲱⲙⲉ ⲉ ⲃⲟⲗ·

36 ⲁⲩⲱ ⲁ ⲡⲉⲧ' ϩⲓϫⲛ̄ ⲡⲉϣⲧⲉⲕⲟ ⲧⲁ[ⲙⲉ]
ⲡⲁⲩⲗⲟⲥ ⲉ ⲛⲉⲓ̈ ϣⲁϫⲉ ϫⲉ ⲁ ⲡⲉⲥⲧⲣ
[ⲁⲧⲏⲅⲟⲥ ⲧⲁⲧⲟⲟⲩ ⲉ ⲕⲁ ⲧⲏⲩⲧⲛ̄ ⲉ ⲃⲟⲗ]
[ⲧⲉⲛ]ⲟⲩ [ϭⲉ ⲁⲙⲉⲛⲓⲧⲛ̄ ⲃⲱⲕ ϩⲛ̄ ⲟⲩ]

37 [ⲉⲓⲣⲏ]ⲛⲏ[8]· ⲡⲁⲩⲗⲟⲥ [ⲇⲉ ⲡⲉϫⲁϥ ⲛⲁⲩ]

Fol. 89 a
[ⲥ̄ⲅ̄]

---

[1] εἰσεπήδησε.

[2] 'He worshipped him trembling.' The Greek says nothing about worshipping, καὶ ἔντρομος γενόμενος.

[3] Η ⲉⲣⲟϥ.   [4] A mistake for ⲙ̄ ⲡⲛⲁⲩ, ἐν ἐκείνῃ τῇ ὥρᾳ.

[5] Η ⲉⲡⲉϥⲏⲓ.   [6] παρέθηκε τράπεζαν.   [7] ῥαβδούχους.

[8] See Balestri, *Fragmenta*, p. 321. With the exception of ⲁⲙⲏⲓⲧⲛ̄ in B the texts of B and H agree.

ACTS XVI. 37—XVII. 4   213

[ϫⲉ] ⲁⲩϩⲓⲟⲩⲉ ⲉ ⲣⲟⲛ ⲁⲛⲙⲟ[ⲥⲓⲁ ⲉ ⲁ]
ⲛⲟⲛ ϩⲉⲛⲣⲱⲙⲉ ⲛ̄ϩⲣⲱⲙⲁⲓⲟⲥ·
ⲉⲙⲛ̄ ⲛⲟⲃⲉ ⲉ ⲣⲟⲛ ⲁⲩⲛⲟϫⲛ̄ ⲉ ⲡⲉ
ϣⲧⲉⲕⲟ· ⲧⲉⲛⲟⲩ ⲇⲉ ⲥⲉⲛⲁⲛⲟ
ϫⲛ̄[1] ⲉ ⲃⲟⲗ ⲛ̄ϫⲓⲟⲩⲉ· ⲙ̄ⲙⲟⲛ ⲁⲗⲗⲁ
ⲙⲁⲣⲟⲩⲉⲓ ⲛ̄ⲧⲟⲟⲩ ⲛ̄ⲥⲉⲛ̄ⲧⲛ̄ ⲉ ⲃⲟⲗ·

38 ⲁ ⲛ̄ⲇⲓⲁⲕⲟⲛⲟⲥ[2] ⲛ̄ⲇⲉ ⲛⲁⲩⲣ̄ϣⲉ (sic) ⲇⲉ
ⲧⲁⲙⲉ ⲛⲉⲥⲧⲣⲁⲧⲏⲅⲟⲥ ⲉ ⲛⲉⲓ
ϣⲁϫⲉ ⲁⲩⲱ ⲁⲩⲣ̄ϩⲟⲧⲉ ϫⲉ ϩⲉⲛϩⲣⲱ

39 ⲙⲁⲓⲟⲥ ⲡⲉ[3]· ⲁⲩⲉⲓ ⲇⲉ ⲁⲩⲡⲁⲣⲁⲕⲁⲗⲓ
ⲙ̄ⲙⲟⲟⲩ ⲁⲩⲱ ⲛ̄ ⲧⲉⲣ ⲟⲩⲛ̄ⲧⲟⲩ ⲉ ⲃⲟⲗ
ⲁⲩⲥⲉⲡⲥⲱⲡⲟⲩ ⲉ ⲃⲱⲕ ⲉ ⲃⲟⲗ ϩⲛ̄ ⲧⲡⲟ

40 ⲗⲓⲥ· ⲛ̄ ⲧⲉⲣ ⲟⲩⲉⲓ ⲇⲉ ⲉ ⲃⲟⲗ ϩⲙ̄ ⲡⲉ
ϣⲧⲉⲕⲟ ⲁⲩⲃⲱⲕ ⲉ ϩⲟⲩⲛ ϣⲁ ⲗⲩⲇⲓⲁ
ⲁⲩⲱ ⲛ̄ ⲧⲉⲣ ⲟⲩⲛⲁⲩ ⲉ ⲛⲉⲥⲛⲏⲩ ⲁⲩ

Chap. ⲥⲉⲡⲥⲱⲡⲟⲩ ⲁⲩⲉⲓ ⲇⲉ ⲉ ⲃⲟⲗ· ⲁⲩⲙⲟⲩ
XVII. 1 ϣⲧ ⲛ̄ ⲧⲁⲙⲫⲓⲡⲟⲗⲓⲥ ⲁⲩⲱ ⲧⲁⲡⲟⲗ
ⲗⲱⲛⲓⲁ ⲁⲩⲉⲓ ⲉ ⲑⲉⲥⲥⲁⲗⲟⲛⲓⲕⲏ
ⲡⲙⲁ ⲉⲛⲉⲣⲉ ⲟⲩⲥⲩⲛⲁⲅⲱⲅⲏ ⲛ̄ⲓ̈

2 ⲟⲩⲇⲁⲓ̈ ⲛ̄ ϩⲏⲧϥ̄· ⲕⲁⲧⲁ ⲡⲥⲱⲛⲧ̄ ⲇⲉ
ⲙ̄ ⲡⲁⲩⲗⲟⲥ ⲁϥⲃⲱⲕ ⲉ ϩⲟⲩⲛ ϣⲁ ⲣⲟⲟⲩ·
ⲁⲩⲱ ⲁϥⲣ̄ ϣⲟⲙⲛ̄ⲧ ⲛ̄ ⲥⲁⲃⲃⲁⲧⲟⲛ
ⲉϥϣⲁϫⲉ ⲛⲙ̄ⲙⲁⲩ ⲉ ⲃⲟⲗ ϩⲛ̄ ⲛⲉⲅⲣⲁ

3 ⲫⲏ· ⲉϥⲃⲱⲗ ⲙ̄ⲙⲟⲟⲩ· ⲉϥⲧⲁⲙⲟ ⲙ̄
ⲙⲟⲟⲩ ⲉ ⲡⲉⲭ̄ⲥ̄ ϫⲉ ϩⲁⲡⲥ̄ ⲉ ⲧⲣⲉ ϥ
ⲙⲟⲩ ⲁⲩⲱ ⲛϥ̄ⲧⲱⲟⲩⲛ ⲉ ⲃⲟⲗ ϩⲛ̄
ⲛⲉⲧ ⲙⲟⲟⲩⲧ'· ⲁⲩⲱ ϫⲉ ⲡⲉⲭ̄ⲥ̄ ⲓ̄ⲥ̄
ⲡⲉ ⲡⲁⲓ̈ ⲉ ϯⲧⲁϣⲉⲟⲉⲓϣ ⲙ̄ⲙⲟϥ

4 ⲛⲏⲧⲛ̄· ϩⲟⲉⲓⲛⲉ ⲇⲉ ⲉ ⲃⲟⲗ ⲛ̄ ϩⲏⲧⲟⲩ

---

[1] Ⲏ ⲥⲉⲛⲟⲩϫⲉ ⲙ̄ⲙⲟⲛ.

[2] The Greek has no equivalent for ⲁ ⲛ̄ⲇⲓⲁⲕⲟⲛⲟⲥ.

[3] 'And they feared because they were Romans.' Some words like ⲛ̄ ⲧⲉⲣ ⲟⲩⲥⲱⲧⲙ̄ = δὲ ἀκούσαντες.

ⲁⲩⲡⲓⲥⲧⲉⲩⲉ¹ ⲁⲩⲱ ⲁⲩⲟⲩⲁϩⲟⲩ ⲉ ⲡⲁⲩ
ⲗⲟⲥ ⲛⲙ̄ ⲥⲓⲗⲁⲥ· ⲟⲩⲙⲏⲏϣⲉ ⲇⲉ
ⲉⲛⲁϣⲱϥ ⲛ̄ ϩⲉⲗⲗⲏⲛ ⲉⲧ ϣⲙ̄ϣⲉ
ⲁⲩⲱ ϩⲁϩ ⲛ̄ ⲛⲉⲥϩⲓⲙⲉ ⲛ̄ⲣⲙ̄ⲙⲁⲟ·

5 ⲛ̄ ⲓ̈ⲟⲩⲇⲁⲓ̈ ⲇⲉ ⲁⲩⲕⲱϩ² ⲁⲩⲃⲱⲕ ⲁⲩ
ϫⲓ ⲛ̄ϩⲉⲛⲙⲁⲧ ⲛ̄ ϩⲉⲛⲣⲱⲙⲉ³ ⲛ̄ ⲣⲉϥ
[ⲣ] ⲡ̄ⲣⲟⲥⲃ̄⁴ ⲙ̄ ⲡⲟⲛⲏⲣⲟⲥ ⲁⲩⲱ ⲁⲩ
[ⲥⲉⲩϩ ⲡⲙⲏⲏϣⲉ ⲁⲩⲉⲓ] ⲉ ⲡⲏⲓ ⲛ̄ ⲓ̈ⲁ[ⲥⲱⲛ]⁵
ⲁ[ⲩϣⲓⲛⲉ ⲛⲥⲱ]ⲟⲩ ⲉⲛⲧⲟⲩ ⲉ ⲃ[ⲟⲗ]

6 ⲛ̄[ⲁϩⲣⲛ̄ ⲡ]ⲙⲏⲏϣⲉ· ⲁⲩⲱ ⲛ̄ ⲧ[ⲉⲣⲉ]
ⲧⲙ̄ ϭⲉ ⲉ ⲣⲟⲟⲩ ⲁⲩⲥⲱⲕ ⲉ ⲃⲟⲗ ⲛ̄ ⲓ̈ⲁⲥⲱⲛ
ⲛⲙ̄ ϩⲟⲉⲓⲛⲉ ⲛ ⲛⲉⲥⲛⲏⲩ ⲛ̄ ⲛⲁϩⲣⲛ̄
ⲛ̄ⲁⲣⲭⲱⲛ ⲉⲩⲁϣⲕⲁⲕ ⲉ ⲃⲟⲗ ϫⲉ ⲛⲁⲓ̈
ⲛⲉ ⲛⲧ ⲁⲩⲁⲛⲁⲥⲧⲁⲧⲟⲩ⁶ ⲛ̄ ⲧⲟⲓⲕⲟⲩ

7 ⲙⲉⲛⲏ ⲁⲩⲱ ⲁⲩⲉⲓ ⲉ ⲡⲉⲓ̈ ⲙⲁ· ⲁϥϣⲟ
ⲡⲟⲩ ⲉ ⲣⲟϥ ⲛ̄ϭⲓ ⲓ̈ⲁⲥⲱⲛ· ⲛⲁⲓ̈ ⲧⲏⲣⲟⲩ
ⲉⲩϯ ⲟⲩⲃⲉ ⲛ̄ ⲧⲟⲩⲙⲁ ⲙ̄ ⲡⲣ̄ⲣⲟ⁷ ⲉⲩϫⲱ
ⲙ̄ⲙⲟⲥ ϫⲉ ⲟⲩⲛ ⲕⲉ ⲣ̄ⲣⲟ ϣⲟⲟⲡ ϫⲉ

8 ⲓⲥ̄· ⲁⲩⲱ ⲁⲩϣⲧⲣ̄ⲧⲣ̄ ⲡⲙⲏⲏϣⲉ ⲙⲛ̄

9 ⲛ̄ⲁⲣⲭⲱⲛ ⲉⲧⲥⲱⲧⲙ̄ ⲉ ⲛⲁⲓ̈· ⲁⲩⲱ ⲁⲩ
ϫⲓ ϣⲡⲱⲣⲉ⁸ ⲛ̄ⲧ ⲛ̄ ⲓ̈ⲁⲥⲱⲛ ⲛⲙ̄ ⲡⲕⲉ

10 ⲥⲉⲉⲡⲉ ⲁⲩⲛⲁⲁⲩ ⲉ ⲃⲟⲗ· ⲛ̄ⲧⲉⲩⲛⲟⲩ
ⲇⲉ ⲁ ⲛⲉⲥⲛⲏⲩ ϫⲟⲟⲩ ⲙ̄ ⲡⲁⲩⲗⲟⲥ ⲛ̄
ⲧⲉⲩϣⲏ ⲁⲩⲱ ⲥⲓⲗⲁⲥ ⲉ ϩⲣⲁⲓ̈ ⲉ ⲃⲉⲣⲟⲓⲁ
ⲛ̄ⲧⲟⲟⲩ ⲇⲉ ⲛ̄ ⲧⲉⲣ ⲟⲩⲡⲱϩ ⲉⲙⲁⲩ
ⲁⲩⲃⲱⲕ ⲛ̄ ⲧⲉⲩⲛⲟⲩ ⲉ ϩⲟⲩⲛ ⲉⲧⲥⲩ

---

¹ H ⲁⲩⲡⲉⲓⲑⲉ, ἐπείσθησαν.   ² H ⲡ̄ⲧⲉⲣⲟⲩⲕⲱϩ.
³ τῶν ἀγοραίων τινὰς ἄνδρας πονηρούς.
⁴ Balestri and H have ⲡ̄ⲣⲙ̄ⲡ̄ⲣⲟⲥⲃ̄.
⁵ H ⲁⲩⲱ ⲁⲩⲥⲉⲩϩ ⲡⲙⲏⲏϣⲉ ⲁⲩϣⲧⲣ̄ⲧⲣ̄ ⲧⲡⲟⲗⲓⲥ· ⲁⲩⲉⲓ ⲇⲉ ⲉⲣⲙ̄
ⲡⲏⲓ ⲛ̄ⲓⲁⲥⲱⲛ, which agrees more closely with the Greek. See
Balestri, *Fragmenta*, p. 323.
⁶ ἀναστατώσαντες.   ⁷ τῶν δογμάτων Καίσαρος.
⁸ Read ϣⲡ̄ⲧⲱⲣⲉ, καὶ λαβόντες τὸ ἱκανὸν παρὰ τοῦ Ἰάσονος.

ACTS XVII. 11-16

11 ⲛⲁⲧⲱⲥⲏ ⲛ̄ⲓⲟⲩⲇⲁⲓ· ⲛⲁⲓ ⲇⲉ ⲛⲉ ϩⲉⲛ
ⲣⲙ̄ ⲛ̄ ϩⲏⲧ ⲛⲉ ϩⲟⲧⲉ ⲛⲉⲧ ϩⲛ̄ ⲑⲉⲥ
ⲥⲁⲗⲟⲛⲓⲕⲏ ⲉ ⲁⲩϫⲱ[1] ⲉ ⲣⲟⲟⲩ ⲙ̄ ⲡϣⲁ
ϫⲉ ⲙ̄ ⲡϫⲟⲉⲓⲥ ϩⲛ̄ ⲟⲩⲛⲟϭ ⲛⲟⲩⲣⲟⲧ
ⲉⲩϩⲟⲧ’ϩ̄ⲧ ⲛ̄ ⲛⲉⲅⲣⲁⲫⲏ ⲙ̄ ⲙⲏⲛⲉ

12 ϫⲉ ⲛⲁⲓ ⲥⲙⲟⲛⲧ̄’ ⲛ̄ ⲧⲁⲓ ϩⲉ[2]· ⲁ ϩⲁϩ ⲅⲁⲣ
ⲉ ⲃⲟⲗ ⲛ̄ ϩⲏⲧⲟⲩ ⲁⲩⲡⲓⲥⲧⲉⲩⲉ[3] ⲁⲩⲱ ϩⲉⲛ
ⲥϩⲓⲙⲉ ⲛ̄ϩⲉⲗⲗⲏⲛ ⲛ̄ ⲣⲙ̄ⲙⲁⲟ[4] ⲁⲩⲱ

13 ϩⲉⲛⲣⲱⲙⲉ ⲉⲛⲁϣⲱⲟⲩ· ⲛ̄ ⲧⲉⲣ ⲟⲩⲉⲓ
ⲙⲉ ⲇⲉ ⲛ̄ϭⲓ ⲛ̄ ⲓⲟⲩⲇⲁⲓ ⲛⲉ ⲃⲟⲗ ϩⲛ̄ ⲑⲉⲥ
ⲥⲁⲗⲟⲛⲓⲕⲏ· ϫⲉ ⲁⲩⲧⲁϣⲉⲟⲉⲓϣ ϩⲛ̄
ⲃⲉⲣⲟⲓⲁ ⲙ̄ ⲡϣⲁϫⲉ ⲙ̄ ⲡⲛⲟⲩⲧⲉ ⲉ ⲃⲟⲗ
ϩⲓⲧⲛ̄ ⲡⲁⲩⲗⲟⲥ· ⲁⲩⲉⲓ ⲟⲛ ⲉⲙⲁⲩ ⲉⲩ
ϣⲧⲟⲣⲧⲣ̄ ⲁⲩⲱ ⲉⲩⲕⲓⲙ ⲉⲙⲙⲏⲛ

14 ϣⲉ[5]· ⲛ̄ⲧⲉⲩⲛⲟⲩ ⲇⲉ ⲁ ⲛⲉⲥⲛⲏⲩ ϫⲟⲟⲩ
ⲙ̄ ⲡⲁⲩⲗⲟⲥ ⲉ ⲧⲣⲉ ⲧⲃⲱⲕ[6] ϣⲁ ϩⲣⲁⲓ ⲉ[7]
ⲧⲉⲑⲁⲗⲁⲥⲥⲁ· ⲁ ⲥⲓⲗⲁⲥ ⲇⲉ ϭⲱ ⲙ̄
ⲙⲁⲩ· ⲛⲙ̄ ⲧ’ⲓⲙⲟⲑⲉⲟⲥ· ⲛⲉⲧ ⲕⲁⲑⲓ[ⲥ]

15 ⲧⲁ[8] ⲇⲉ ⲡⲁⲩⲗⲟⲥ ⲁⲩⲛⲧϥ̄ ϣⲁ ⲁⲑⲏ Fol. 90 a
[ⲛⲁⲓⲥ] ⲁⲩ[ⲱ ⲛ ⲧⲉⲣ ⲟⲩϫⲓ ⲛ ⲟⲩⲉⲛ] [ϥ̄ⲉ]
[ⲧⲟⲗⲏ ⲛ̄] ⲧⲟⲟⲧϥ̄ [ϣⲁ ⲥⲓⲗⲁⲥ ⲛⲙ̄ ⲧⲓ]
[ⲙⲱⲑ]ⲉⲟⲥ[9] ϩⲛ̄ ⲟⲩϭⲉ[ⲡⲏ[10] ⲁⲩⲃⲱⲕ ⲉ] ⲃⲟⲗ[11]·

16 [ⲉⲣ]ⲉ ⲡⲁⲩⲗⲟⲥ ⲇⲉ ϭⲱϣⲧ̄ ϩⲏⲧⲟⲩ ϩⲛ̄
ⲛⲁⲑⲏⲛⲁⲓⲥ ⲁ ⲡⲉϥⲡ̄ⲛ̄ⲁ̄ ϩⲟϫϩⲝ̄ ⲛ̄

---

[1] H ⲉⲁⲩϣⲱⲡ, ἐδέξαντο.   [2] εἰ ἔχοι ταῦτα οὕτως.
[3] ἐπίστευσαν.
[4] 'Rich Greek women', καὶ τῶν Ἑλληνίδων γυναικῶν τῶν εὐσχημόνων.
[5] H ⲉⲡⲙⲛⲏϣⲉ.
[6] πορεύεσθαι.
[7] H ⲉϫⲛ̄ ⲑⲁⲗⲁⲥⲥⲁ, ἐπὶ τὴν θάλασσαν.
[8] οἱ δὲ καθιστῶντες.
[9] So also H and Balestri, p. 323.
[10] H ⲧⲓⲙⲱⲑⲉⲟⲥ ϫⲉ ⲉⲧⲉⲉⲓ ϣⲁⲣⲟϥ ϩⲛ̄ ⲟⲩϭⲉⲡⲏ.
[11] H ⲁⲩⲉⲓ ⲟⲛ ⲉⲃⲟⲗ, ἵνα ὡς τάχιστα ἔλθωσι πρὸς αὐτόν, ἐξῄεσαν.

ϩⲏⲧϥ̄ ⲉϥⲛⲁⲩ ⲉ ⲧⲡⲟⲗⲓⲥ ⲉⲥⲙⲉϩ¹

17 ⲛ̄ ⲙⲁ ⲛ ⲉⲓⲇⲱⲗⲟⲛ²· ⲛⲉϥϣⲁϫⲉ ⲇⲉ
ⲡⲉ ⲛⲙ̄ ⲛ̄ⲓ̈ⲟⲩⲇⲁⲓ̈ ϩⲛ̄ ⲧⲥⲩⲛⲁⲅⲱ
ⲅⲏ ⲛⲙ̄ ⲛⲉⲧ ϣⲙ̄ϣⲉ ⲁⲩⲱ ⲛⲉⲧ ϩⲛ̄
ⲧⲁⲅⲟⲣⲁ ⲛ̄ ⲙⲏⲛⲉ ⲛ̄ ⲛⲁϩⲣⲛ̄ ⲛⲉⲧ ⲛⲏⲩ

18 ⲉ ⲣⲁⲧϥ̄· ϩⲟⲉⲓⲛⲉ ⲙⲉⲛ ⲉ ⲃⲟⲗ ϩⲛ̄ ⲛⲉ
ⲡⲓⲕⲟⲩⲣⲓⲟⲥ ⲛ̄ ⲫⲓⲗⲟⲥⲟⲫⲟⲥ ⲛⲙ̄
ⲛⲉⲥⲧⲟⲓ̈ⲕⲟⲥ³ ⲉⲩϯ ⲧⲱⲛ ⲛⲙ̄ⲙⲁϥ ⲡⲉ·
ⲁⲩⲱ ⲛⲉⲣⲉ ϩⲟⲉⲓⲛⲉ ϫⲱ ⲙ̄ⲙⲟⲥ
ϫⲉ ⲉⲣⲉ ⲡⲉⲓ̈ⲥⲁ ⲛ̄ ϣⲁϫⲉ⁴ ϫⲱ ⲙ̄ⲙⲟⲥ
ϫⲉ ⲟⲩ ϩⲉⲛⲕⲟⲟⲩⲉ ⲇⲉ ⲡⲉϫⲁⲩ ϫⲉ
ⲉϥⲧⲁϣⲉⲟⲉⲓϣ ⲛ̄ ϩⲉⲛⲛⲟⲩⲧⲉ ⲃ̄
ⲃⲣ̄ⲣⲉ⁵ ⲉ ⲃⲟⲗ ϫⲉ ⲛⲉϥⲉⲩⲁⲅⲅⲉⲗⲓⲍⲉ

19 ⲛ ⲓ̄ⲥ̄ ⲁⲩⲱ ⲧⲁⲛⲁⲥⲧⲁⲥⲓⲥ⁶· ⲁⲩⲁⲙⲁϩⲧⲉ
ⲙ̄ⲙⲟϥ ⲁⲩϫⲓⲧϥ̄ ⲉ ϩⲟⲩⲛ ⲉ ⲡⲁⲣⲓⲟⲛ
ⲡⲁⲅⲟⲥ⁷ ⲉⲩϫⲱ ⲙ̄ⲙⲟⲥ ϫⲉ ⲧⲛ̄ⲟⲩⲉϣ⁸
ⲉⲓⲙⲉ ϫⲉ ⲟⲩ ⲧⲉ ⲧⲉⲓ̈ ⲥⲃⲱ ⲛ̄ ⲃⲣ̄ⲣⲉ ⲉⲕ

20 ϫⲱ ⲙ̄ⲙⲟⲥ⁹ ⲉⲕⲉⲓⲛⲉ¹⁰ ⲅⲁⲣ ⲛ̄ ϩⲉⲛϣⲁ
ϫⲉ ⲙ̄ⲃⲣ̄ⲣⲉ ⲛ̄ⲃⲣ̄ⲣⲉ¹¹ ⲉ ϩⲟⲩⲛ ⲉ ⲛⲉⲛ
ⲙⲁⲁϫⲉ¹² ⲧⲛ̄ⲟⲩⲱϣ ϭⲉ ⲛ̄ⲧⲛ̄ⲉⲓⲙⲉ

21 ϫⲉ ⲟⲩ ⲡⲉ ⲛⲁⲓ̈¹³· ⲛⲁⲑⲏⲛⲁⲓⲟⲥ ⲅⲁⲣ
ⲧⲏⲣⲟⲩ ⲙⲛ̄ ⲛ̄ϣⲙ̄ⲙⲟ ⲉⲧ ⲛ̄ ϩⲏⲧⲟⲩ

---

¹ H ⲙ̄ⲙⲉϩ.   ² κατείδωλον οὖσαν τὴν πόλιν.

³ H ϩⲟⲉⲓⲛⲉ ⲇⲉ ϩⲛ̄ ⲛⲉⲡⲉⲓⲕⲟⲩⲣⲓⲟⲥ, τινὲς δὲ καὶ τῶν Ἐπικουρείων καὶ Στωϊκῶν φιλοσόφων.

⁴ σπερμολόγος.   ⁵ H ⲛ̄ⲃⲣ̄ⲣⲉ.

⁶ καὶ τὴν ἀνάστασιν. H adds 'of the dead', ⲛ̄ⲡⲉⲧⲙⲟⲟⲩⲧ.

⁷ ἐπὶ τὸν Ἄρειον πάγον.

⁸ H ⲧⲛ̄ⲟⲩⲱϣ.

⁹ H ⲉⲧⲛ̄ϫⲱ ⲙ̄ⲙⲟⲥ. 'We wish to know what is this new doctrine which thou speakest.'

¹⁰ εἰσφέρεις.

¹¹ The copyist first wrote ⲙ̄ⲃⲣ̄ⲣⲉ, and finding that it was wrong he then wrote correctly ⲛ̄ⲃⲣ̄ⲣⲉ (ξενίζοντα).

¹² H ⲉⲡⲉⲛⲙⲁⲁϫⲉ.   ¹³ τίνα θέλει ταῦτα εἶναι.

ACTS XVII. 21-26

ⲙⲉⲧⲥⲣϥⲉ ⲉ ⲗⲁⲁⲧ¹ ⲉⲓⲙⲏⲧⲓ ⲉ ϣⲁϫⲉ
22 ⲏ ⲉ ⲥⲱⲧⲙ̄ ⲉⲧϣⲁϫⲉ ⲃ̄ⲃ̄ⲣⲣⲉ²· ⲡⲁⲩⲗⲟⲥ
ⲇⲉ ⲁϥⲁϩⲉ ⲣⲁⲧϥ̄ ϩⲛ̄ ⲧⲙⲏⲧⲉ ⲙ̄ ⲡⲁ
ⲣⲓⲟⲛ ⲡⲁⲅⲟⲥ ⲉϥϫⲱ ⲙ̄ⲙⲟⲥ ϫⲉ
ⲡ̄ⲣⲱⲙⲉ ⲛ̄ⲁⲑⲏⲛⲁⲓⲟⲥ ϩⲛ̄ ϩⲱⲃ ⲛⲓⲙ
ϯⲛⲁⲩ ⲉ ⲣⲱⲧⲛ̄ ⲉϣϫⲉ ⲛ̄ⲧⲉⲧⲛ̄ ϩⲉⲛ
23 ⲣⲉϥϣⲙ̄ϣⲉ ⲛⲟⲩⲧⲉ³· ⲉⲓ̈ⲙⲟⲟϣⲉ
ⲅⲁⲣ ⲉⲓ̈ⲛⲁⲩ ⲉⲛⲉⲧⲛ̄ⲟⲩⲱϣⲧ
ⲛⲁⲩ· ⲁⲓ̈ϩⲉ ⲉⲩϣⲏⲧⲉ⁴ ⲉⲥⲥⲏϩ⁵ ⲉ ⲣⲟⲥ
ϫⲉ ⲡⲛⲟⲩⲧⲉ ⲉⲧⲉⲧⲛ̄ⲥⲉⲥⲟⲟⲩⲛ⁶ ⲙ̄
[ⲙ]ⲟϥ ⲁⲛ· ⲡⲉⲧⲉⲧⲛ̄ⲟⲩⲱϣⲧ̄ ϭⲉ

Fol. 90 b
[ϟⲋ]

ⲡ[ⲁⲓ ⲡⲉ ϯⲧⲁϣⲉ]ⲟⲉⲓϣ ⲙ̄ⲙⲟϥ
24 ⲛⲏ[ⲧⲛ̄]· ⲡ[ⲛⲟ]ⲩⲧⲉ ⲡⲉ ⲛⲧ ⲁϥ[ⲧⲁⲙⲓⲟ]
ⲡⲕⲟⲥⲙⲟⲥ ⲛⲙ̄ ⲛⲉⲧ' ⲛ̄ ϩⲏⲧϥ̄
ⲧⲏⲣⲟⲩ· ⲡⲁⲓ̈ ⲡⲉ ⲡϫⲟⲉⲓⲥ ⲛ̄ ⲧⲡⲉ
ⲛⲙ̄ ⲡⲕⲁϩ ⲛⲉϥⲟⲩⲏϩ ⲁⲛ ϩⲛ̄ ⲣ̄ⲡⲉ
25 ⲙ̄ⲙⲟⲩⲛⲅ̄ ϭⲓϫ⁸· ⲟⲩⲇⲉ ⲛⲉϥϣⲁⲁⲧ⁹
ⲁⲛ ⲛ̄ ⲗⲁⲁⲩ ⲉ ⲧ'ⲣⲉ ⲧϣⲙ̄ϣⲉ¹⁰ ⲛⲁϥ ⲉ ⲃⲟⲗ
ϩⲓⲧⲛ̄ ⲛ̄ϭⲓϫ ⲛ̄ ⲣⲱⲙⲉ· ⲛ̄ⲧⲟϥ ⲡⲉ ⲉⲧ'
ϯ ⲙ̄ ⲡⲱⲛϩ̄ ⲛ̄ ⲟⲩⲟⲛ ⲛⲓⲙ ⲁⲩⲱ ⲧⲉⲡⲛⲟ
26 ⲏ ⲛ̄ ϩⲱⲃ ⲛⲓⲙ¹¹· ⲉ ⲁϥⲧⲁⲙⲓⲉ ϩⲉⲑⲛⲟⲥ
ⲛⲓⲙ ⲛ̄ⲣⲱⲙⲉ ⲉ ⲃⲟⲗ ϩⲓⲭⲙ̄ ⲡⲕⲁϩ ϩⲛ̄ ⲟⲩⲁ¹²
ⲉ ⲧ'ⲣⲉ ϥⲟⲩⲱϩ ϩⲓϫⲛ̄ ⲡⲣⲟ ⲧⲏⲣϥ̄¹³ ⲙ̄

---

¹ εἰς οὐδὲν ἕτερον εὐκαίρουν.
² ⲉⲩϣⲁϫⲉ ⲃ̄ⲃ̄ⲣⲣⲉ = τι καινότερον.
³ 'Worshippers of God', δεισιδαιμονεστέρους.
⁴ καὶ βωμὸν.   ⁵ H ⲉϥⲥⲏϩ.   ⁶ H ⲉⲧⲉⲛ̄ⲥⲉⲥⲟⲟⲩⲛ̄.
⁷ H ⲡⲁϥ ⲡⲉⲧⲉⲧⲛ̄ⲥⲟⲟⲩⲛ ⲙ̄ⲙⲟϥ ⲁⲛ.
⁸ H ⲙ̄ⲙⲟⲩⲛⲅ̄ⲛ̄ϭⲓϫ.   ⁹ προσδεόμενός τινος.
¹⁰ θεραπεύεται.
¹¹ καὶ πνοὴν καὶ τὰ πάντα. H ⲧⲉⲡⲛⲟⲏ ⲙ̄ⲡⲧⲏⲣϥ̄, 'the breath of everything'.
¹² H ⲉⲃⲟⲗ ϩⲛ̄ ⲟⲩⲁ = ἐξ ἑνὸς.   ¹³ ἐπὶ παντὸς προσώπου.

F f

ⲡⲕⲁϩ· ⲉϥⲧⲱϣ ⲛ̄ ϩⲉⲛⲟⲩⲟⲉⲓϣ ⲁ
ϥⲟⲧⲉϩⲥⲁϩⲛⲉ ⲙ̄ⲙⲟⲟⲩ ⲁⲩⲱ ⲛ̄ⲧⲟϣ

27 ⲛ̄ ⲛⲉⲩⲙⲁ ⲛ̄ϣⲱⲡⲉ· ⲉ ⲧ'ⲣⲉ ⲧϣⲓⲛⲉ
ⲛ̄ⲥⲁ ⲡⲛⲟⲩⲧⲉ ⲉϣⲱⲡⲉ ⲉⲧⲛⲁϣ
ϭⲙ̄ϭⲱⲙϥ̄¹ ⲏ ⲛ̄ⲥⲉϩⲉ ⲉ ⲣⲟϥ² ⲕⲁⲓ ⲡⲉⲣ³
ⲛ ϥⲟⲩⲏⲛ⁴ ⲁⲛ ⲉ ⲃⲟⲗ ⲙ̄ ⲡⲟⲩⲁ ⲡⲟⲩⲁ·

28 ⲙ̄ⲙⲟⲛ· ⲉⲛϣⲟⲟⲡ ⲅⲁⲣ ⲛ̄ ϩⲏⲧϥ̄
ⲁⲩⲱ ⲉⲛⲟⲛϩ̄ ⲛ̄ ϩⲏⲧϥ̄ ⲉⲛⲕⲓⲙ⁵ ⲛ̄
ⲑⲉ ⲟⲛ ⲛ̄ⲧⲁ ϩⲟⲉⲓⲛⲉ ⲛ̄ ⲛⲉⲧⲛ̄ ⲡⲟ
ⲏⲧⲟⲥ⁶ ϫⲟⲟⲥ ϫⲉ ⲁⲛⲟⲛ ⲡⲉϥⲅⲉ
ⲛⲟⲥ ⲉ ⲁⲛⲟⲛ ⲡⲅⲉⲛⲟⲥ ϭⲉ ⲙ̄ ⲡⲛⲟⲩⲧⲉ

29 ⲧⲉ⁷ ⲡ̄ϣϣⲉ⁸ ⲉ ⲣⲟⲛ ⲁⲛ ⲉ ⲙⲉⲉⲧⲉ⁹ ϫⲉ
ⲉⲣⲉ [ⲡⲛ]ⲟⲩⲧⲉ ⲉⲓⲛⲉ ⲛ ⲟⲩⲛⲟⲩⲃ ⲏ
ⲟⲩϩ[ⲁⲧ'] ⲏ ⲟⲩⲱⲛⲉ ⲉϥϣⲉⲧϣⲱⲧ'
ⲛ̄ⲧⲉ[ⲭ]ⲛⲏ¹⁰ ⲙ̄ ⲙⲟⲕⲙⲉⲕ ⲛ̄ⲣⲱⲙⲉ·

30 ⲛⲉⲩ[ⲟ]ⲉⲓϣ¹¹ ϭⲉ ⲛ̄ ⲧⲙⲛ̄ⲧ ⲁⲧ ⲥⲟⲟⲩⲛ
ⲁ ⲡⲛⲟⲩⲧⲉ ⲟⲃϣ̄ϥ¹² ⲉ ⲣⲟⲟⲩ ⲧⲉⲛⲟⲩ
ϫⲉ ⲉϥⲡⲁⲣⲁⲅⲅⲉⲓⲗⲉ ⲛ̄ⲣⲣⲱⲙⲉ¹³ ⲉ ⲧⲣⲉ
ⲟⲩⲟⲛ ⲛⲓⲙ ϩⲙ̄ ⲙⲁ ⲛⲓⲙ ⲙⲉⲧⲁⲛⲟⲓ¹⁴

31 ⲉ ⲃⲟⲗ ϫⲉ ⲁϥⲥⲙⲓⲛⲉ ⲛ ⲟⲩϩⲟⲟⲩ ⲉⲛϥ̄
ⲛⲁⲕⲣⲓⲛⲉ¹⁵ ⲛ̄ ϩⲏⲧϥ̄ ⲛ̄ ⲧⲟⲓⲕⲟⲩⲙⲉ
ⲛⲏ ϩⲛ̄ ⲟⲩⲇⲓⲕⲁⲓⲟⲥⲩⲛⲏ ⲉ ⲃⲟⲗ ϩⲓ

---

[1] 'He marketh out times, He ordereth them, and the boundaries of their habitations.'

[2] εἰ ἄρα γε ψηλαφήσειαν αὐτὸν καὶ εὕροιεν.   [3] καίγε.

[4] Η ⲉⲛϥⲟⲩⲏⲧ ⲁⲛ.   [5] ζῶμεν καὶ κινούμεθα καὶ ἐσμέν.

[6] ποιητῶν, Η ⲛ̄ⲡⲉⲧⲉⲛⲡⲟⲓⲏⲧⲟⲥ.

[7] Τοῦ γὰρ καὶ γένος ἐσμέν. γένος οὖν ὑπάρχοντες τοῦ Θεοῦ. Η ⲁⲛⲟⲛ ⲡⲉϥⲅⲉⲛⲟⲥ. 29 ⲉⲁⲛⲟⲛ ⲡⲅⲉⲛⲟⲥ ϭⲉ ⲙ̄ⲡⲛⲟⲩⲧⲉ ⲡ̄ϣϣⲉ ⲁⲛ ⲉⲣⲟⲛ.

[8] 'It is not right for us to imagine God [as] a figure of gold, or silver, or stone', οὐκ ὀφείλομεν νομίζειν χρυσῷ ἢ ἀργυρῷ ἢ λίθῳ.

[9] ⲉ ⲙⲉⲉⲧⲉ = νομίζειν, and ⲉⲓⲛⲉ = ὅμοιον, at the end of the verse.   [10] χαράγματι τέχνης.   [11] Read ⲛⲉⲟⲩⲟⲉⲓϣ.

[12] ὑπεριδών.   [13] Read ⲛ̄ⲡⲣⲱⲙⲉ.

[14] μετανοεῖν.   [15] μέλλει κρίνειν.

ACTS XVII. 31—XVIII. 4 219

ⲧⲛ̄ ⲟⲩⲣⲱⲙⲉ ⲉ ⲁϥⲧⲟϣϥ̄· ⲁϥϯ
ⲧⲡⲓⲥⲧⲓⲥ ⲛ̄ ⲟⲩⲟⲛ ⲛⲓⲙ ⲁϥⲧⲟⲩ
ⲛⲟⲥϥ̄ ⲉ [ⲃⲟⲗ] ϩⲛ̄ ⲛⲉⲧ ⲙⲟⲟⲩⲧ·

32 ▓▓▓▓▓▓▓▓▓▓▓▓▓▓▓▓▓▓▓▓▓▓ Fol. 91 a
[ⲛⲉⲧ ⲙ]ⲟⲟⲩⲧ ▓▓▓▓▓▓▓▓ [ⲗ̄ⲃ̄]
[ⲁⲩⲥⲟ]ⲃⲉϥ· ϩⲉⲛ[ⲕⲟⲟⲩⲉ ⲇⲉ ⲡⲉϫⲁⲩ] ⲙ

33 ▓ⲉⲛⲥⲱⲧⲙ̄ ⲉ ⲣⲟⲕ¹ ⲉ [ⲧ]ⲃⲉ ⲡⲁⲓ̈· ⲁⲩⲱ
ⲧⲁⲓ̈ ⲧⲉ ⲑⲉ ⲛ̄ⲧⲁ² ⲡⲁⲩⲗⲟⲥ ⲉⲓ ⲉ ⲃⲟⲗ ϩⲛ̄

34 ⲧⲉⲩⲙⲏⲧⲉ· ⲁ ϩⲉⲛⲣⲱⲙⲉ ⲇⲉ ⲡⲓⲥⲧⲉⲩ
ⲉ ⲁⲩⲧⲟϭⲟⲩ ⲉ ⲣⲟϥ ⲁⲩⲱ ⲇⲓⲟⲛⲩⲥⲓⲟⲥ
ⲡⲁⲣⲏⲟⲡⲏⲅⲓⲧⲏⲥ³ ⲛⲙ̄ ⲟⲩⲥϩⲓⲙⲉ

Chap. ⲉ ⲡⲉⲥⲣⲁⲛ ⲡⲉ ⲇⲁⲙⲁⲣⲓⲥ ⲁⲩⲱ ϩⲉⲛ
XVIII. 1 ⲕⲟⲟⲩⲉ ⲛⲙ̄ⲙⲁⲩ· ⲛ̄ⲙⲛ̄ⲥⲁ (sic) ⲛⲁⲓ̈ ⲁϥⲉⲓ
ⲉ ⲃⲟⲗ ϩⲛ̄ ⲁⲑⲏⲛⲁⲥ⁴ ⲁϥⲃⲱⲕ ⲉⲛ ⲕⲟ
2 ⲣⲓⲛⲑⲟⲥ⁵· ⲁⲩⲱ ⲁϥϭⲉ ⲉⲩⲟⲩⲇⲁⲓ̈⁶ ⲉ ⲡⲉϥ
ⲣⲁⲛ ⲡⲉ ⲁⲕⲩⲗⲁⲥ⁷ ⲟⲩⲡⲟⲛⲧ'ⲓⲕⲟⲥ⁸
ϩⲙ̄ ⲡⲉϥⲅⲉⲛⲟⲥ ⲉ ⲁϥⲉⲓ ⲛ̄ ⲛⲉϩⲟ
ⲟⲩ ⲉⲧ ⲙ̄ⲙⲁⲩ ⲉ ⲃⲟⲗ ϩⲛ̄ ⲑⲓⲧⲁⲗⲓⲁ⁹
ⲛⲙ̄ ⲡⲣⲓⲥϭⲓⲗⲗⲁ¹⁰ ⲧⲉϥⲥϩⲓⲙⲉ ⲉ ⲃⲟⲗ
ϫⲁ̇ⲉ ⲕⲗⲁⲩⲇⲓⲟⲥ ⲟⲩⲉϩⲥⲁϩⲛⲉ ⲉ ⲧⲣⲉ
ⲛ̄ⲓ̈ⲟⲩⲇⲁⲓ̈ ⲧⲏⲣⲟⲩ ⲃⲱⲕ ⲉ ⲃⲟⲗ ϩⲙ̄
ϩⲣⲱⲙⲏ ⲁⲩⲱ ⲁϥϯ ⲡⲉϥⲟⲩⲟⲉⲓ ⲉ
3 ⲣⲟⲟⲩ· ⲁϥϭⲱ ϩⲁⲧⲏⲩ¹¹ ⲁⲩⲣ̄ϩⲱⲃ ⲇⲉ ϫⲉ
ⲛⲉ ⲧⲉϥⲉⲓⲟⲡⲉ ⲧⲱⲟⲩ ⲧⲉ ⲛⲉ ⲥ̇ⲩ̇ⲧⲉ
4 ⲭ[ⲛ]ⲏ ⲅⲁⲣ ⲧⲉ ⲣⲉϥⲧⲁⲙⲓⲉ ⲥⲕⲏⲛⲏ¹²· ⲁⲩⲱ
ⲛⲉϥϣⲁϫⲉ ⲉ ⲣⲟⲟⲩ ⲡⲉ ϩⲛ̄ ⲧⲥⲩⲛⲁ

¹ Η ⲛ̄ⲧⲉⲣⲟⲩⲥⲱⲧⲙ̄ ⲇⲉ ϫⲉ ⲧⲁⲡⲁⲥⲧⲁⲥⲓⲥ ⲛ̄ⲛⲉⲧⲙⲟⲟⲩⲧ ϩⲟⲉⲓⲛⲉ ⲙⲉⲛ ⲁⲩⲥⲟⲃⲉϥ ϩⲉⲛⲕⲟⲟⲩⲉ ⲇⲉ ⲡⲉϫⲁⲩ. ϫⲉ ⲉⲛⲥⲱⲧⲙ̄ ⲉⲣⲟⲕ. The ⲙ after ⲡⲉϫⲁⲩ suggests that the reading of our MS. was 'we will not hear thee about this'.

² ⲧⲁⲓ̈ ⲧⲉ ⲑⲉ ⲛ̄ⲧⲁ = οὕτως.   ³ ὁ Ἀρεοπαγίτης.
⁴ ἐκ τῶν Ἀθηνῶν.   ⁵ εἰς Κόρινθον.   ⁶ Read ⲉⲩⲓ̈ⲟⲩⲇⲁⲓ̈.
⁷ Ἀκύλαν.   ⁸ Ποντικὸν τῷ γένει.   ⁹ ἀπὸ τῆς Ἰταλίας.
¹⁰ = ⲡⲣⲓⲥⲕⲓⲗⲗⲁ.   ¹¹ For ϩⲁϩⲧⲏⲩ.   ¹² σκηνοποιοὶ τῇ τέχνῃ.

ϣⲱⲥⲛ ⲕⲁⲧⲁ ⲥⲁⲃⲃⲁⲧⲟⲛ ⲛⲓⲙ ⲉϥ
ⲡⲓⲑⲉ¹ ⲛ̄ⲓⲟⲩⲇⲁⲓ ⲛⲙ̄ ⲛ̄ϩⲉⲗⲗⲏⲛ·

5 ⲛ̄ⲧⲉⲣⲉ ⲥⲓⲗⲁⲥ ⲇⲉ ⲉⲓ ⲛⲙ̄ ⲧⲓⲙⲟⲑⲉ
ⲟⲥ ⲉ ⲃⲟⲗ ϩⲛ̄ ⲧⲙⲁⲕⲉⲇⲟⲛⲓⲁ ⲛⲉⲣⲉ
ⲡⲁⲩⲗⲟⲥ ⲙⲏⲛ ⲉ ⲃⲟⲗ ϩⲙ̄ ⲡϣⲁϫⲉ ⲉϥ

6 ⲙⲛ̄ⲧⲣⲉ ⲛ̄ⲓⲟⲩⲇⲁⲓ ϫⲉ ⲓ̄ⲥ̄ ⲡⲉ² ⲭ̄ⲥ̄· ⲛ̄ ⲧⲉ
ⲣ ⲟⲩϯ ⲇⲉ ⲟⲩⲃⲏϥ ⲉⲩϫⲓⲟⲩⲁ ⲁϥⲛⲉϩ
ⲛⲉϥϩⲟⲉⲓⲧⲉ ⲉ ⲃⲟⲗ ⲉϥϫⲱ ⲙ̄ⲙⲟⲥ
ⲛⲁⲩ ϫⲉ ⲡⲉⲧⲛ̄ⲥⲛⲟϥ ⲉ ϩⲣⲁⲓ ⲉϫⲛ̄
ⲛⲉⲧⲛ̄ⲁⲡⲏⲧⲉ³ ϯⲟⲩⲁⲁⲃ ⲁⲛⲟⲕ
ϫⲓⲛ ⲧⲉⲛⲟⲩ ⲉⲛⲛⲁⲃⲱⲕ⁴ ⲉⲓ̈ⲛⲁⲃⲱⲕ·

7 ⲉ ϩⲣⲁⲓ ⲉⲛϩⲉⲑⲛⲟⲥ· ⲁϥⲃⲱⲕ⁵ ⲇⲉ ⲉ
ⲃⲟⲗ ϩⲙ̄ ⲡⲙⲁ ⲉⲧ ⲙ̄ⲙⲁⲩ ⲁϥⲃⲱⲕ
ⲉ ⲡⲏⲓ̈ ⲛ̄ ⲟⲩⲥⲟⲛ ⲉ ⲡⲉ[ϥⲣⲁ]ⲛ ⲡⲉ ⲧ̓ⲓⲧ
[ⲟⲥ] ▓▓▓▓▓▓▓▓▓▓▓▓▓▓
▓▓▓▓▓▓▓▓▓ⲡⲉ ⲧⲥⲩⲛⲁⲅⲱ

8 ⲅⲏ⁶ [ⲕⲣⲓⲥⲡⲟⲥ ⲇⲉ]⁷ ⲡⲁⲣⲭⲓⲥⲩⲛⲁⲅⲱ
ⲅⲟⲥ ⲁϥⲡⲓⲥⲧⲉⲩⲉ ⲉ ⲡϫⲟⲉⲓⲥ ⲙⲛ̄
ⲡⲉϥⲏⲓ ⲧⲏⲣϥ̄ ⲁⲩⲱ ϩⲁϩ ⲛ̄ⲕⲟⲣⲓⲛⲑⲓⲟⲥ
ⲉⲩⲥⲱⲧⲙ̄ ⲁⲩⲡⲓⲥⲧⲉⲩⲉ ⲁⲩⲱ ⲁⲩϫⲓ ⲃⲁ

9 ⲡⲧⲓⲥⲙⲁ· ⲡⲉϫⲉ ⲡϫⲟⲉⲓⲥ ⲇⲉ ⲙ ⲡⲁⲩ
ⲗⲟⲥ ϩⲛ̄ ⲟⲩϩⲟⲣⲟⲙⲁ⁸ ⲛ̄ ⲧⲉⲩϣⲏ ϫⲉ
ⲙ̄ⲡⲣ̄ ⲣ̄ ϩⲟⲧⲉ ⲁⲗⲗⲁ ϣⲁϫⲉ ⲁⲩⲱ ⲙ̄ⲡⲣ̄

10 ⲕⲁ ⲣⲱⲕ· ϫⲉ ⲁⲛⲟⲕ ϯϣⲟⲟⲡ ⲛⲙ̄ⲙⲁⲕ
ⲁⲩⲱ ⲙ̄ⲛ ⲗⲁⲁⲩ ⲛⲁϣϭⲙ̄ϭⲟⲙ ⲉ ⲣ̄ ⲡⲉ

Fol. 91 b
[ϟ̄ⲏ̄]

---

¹ ἐπειθέ.

² Read ⲓ̄ⲥ̄ ⲡⲉ ⲡⲉⲭ̄ⲥ̄.   ³ H ⲉϫⲛ̄ ⲧⲉⲧⲛ̄ⲁⲡⲉ.

⁴ Another example of an undeleted blunder.

⁵ 'He went out from that place, he went into the house', &c. Instead of the first ⲁϥⲃⲱⲕ H has ⲁϥⲡⲱⲱⲛⲉ, 'he removed'.

⁶ H ⲧⲓⲧⲟⲥ. ⲉϥϣⲙ̄ϣⲉ ⲙ̄ⲡⲛⲟⲩⲧⲉ ⲡⲁⲓ ⲉⲣⲉ ⲡⲉϥⲏⲓ ϩⲏⲛ ⲉ ϩⲟⲩⲛ ⲉⲧⲥⲩⲛⲁⲅⲱⲅⲏ. The Coptic omits 'Justus', τινὸς ὀνόματι Τίτου Ἰούστου.

⁷ Κρίσπος δὲ ὁ ἀρχισυνάγωγος.   ⁸ δι' ὁράματος.

ACTS XVIII. 10-17

ⲧ ϩⲟⲟⲩ¹ ⲛⲁⲕ ϫⲉ ⲟⲩⲛ ⲟⲩⲗⲁⲟⲥ ⲉⲛⲁ
11 ϣⲱϥ ϣⲟⲟⲡ ⲛⲁⲓ ϩⲛ ⲧⲉⲓ ⲡⲟⲗⲓⲥ· ⲁϥ
ϩⲙⲟⲟⲥ ⲙⲙⲁⲩ ⲛ ⲟⲩⲣⲟⲙⲡⲉ ⲛⲙ ⲥⲟ[ⲟⲩ]
ⲛ ⲛⲉⲃⲟⲧ· ⲉϥϯⲥⲃⲱ ⲛ ϩⲏⲧⲟⲩ ⲙ ⲡϣⲁ
12 ϫⲉ ⲙ ⲡⲛⲟⲩⲧⲉ· ⲅⲁⲗⲗⲓⲱⲛ ⲇⲉ ⲉϥⲟ
ⲛ ⲁⲛⲑⲩⲡⲁⲧⲟⲥ² ⲉϫⲛ ⲧⲁⲭⲁⲓⲁ ⲛⲓⲟⲩ
ⲇⲁⲓ ⲧⲱⲟⲩⲛ ⲉϫⲛ ⲡⲁⲩⲗⲟⲥ ϩⲓ ⲟⲩⲥⲟⲡ
ⲁⲩⲱ ⲁⲩⲛ ⲛⲉⲩϭⲓϫ³ ⲉ ϩⲣⲁⲓ ⲉ ϫⲱϥ ⲁⲩ
13 ϫⲓⲧϥ ⲉ ⲡⲃⲏⲙⲁ· ⲉⲩϫⲱ ⲙⲙⲟⲥ ϫⲉ
ⲡⲁⲣⲁⲛⲟⲙⲟⲥ⁴ ⲡⲁⲓ ⲡⲓⲑⲉ ⲛ ⲛⲣⲱⲙⲉ
14 ⲉϣⲙϣⲉ ⲙ ⲡⲛⲟⲩⲧⲉ· ⲛ ⲧⲉⲣⲉ ⲡⲁⲩ
ⲗⲟⲥ ⲉⲓ ⲉϥⲛⲁⲟⲩⲛ⁵ ⲛ ⲣⲱϥ ⲡⲉϫⲉ
ⲅⲁⲗⲗⲓⲱⲛ⁶ ⲛⲓⲟⲩⲇⲁⲓ ϫⲉ ⲉⲛⲉ ⲟⲩⲛ⁷
ϫⲓ ⲛϭⲟⲛⲥ ⲛ ϩⲱⲃ⁸ ⲉϥϩⲟⲟⲩ ⲡⲉ ⲛ
ⲧ ⲁϥϣⲱⲡⲉ ⲱ ⲛⲓⲟⲩⲇⲁⲓ· ⲛⲉⲓⲛⲁ
ⲁⲛⲉⲭⲉ ⲙⲙⲱⲧⲛ ⲛⲉ ⲉⲩⲗⲟⲅⲱⲥ⁹·
15 ⲧⲉⲛⲟⲩ ϭⲉ ⲉϣϫⲉ ϩⲉⲛⲍⲏⲧⲏⲙⲁ¹⁰
ⲡⲉ ⲉ ⲧⲃⲉ ⲟⲩⲣⲁⲛ ⲏ ⲉ ⲧⲃⲉ ϩⲉⲛϣⲁ
ϫⲉ ⲛⲧⲉ ⲡⲉⲧⲛⲛⲟⲙⲟⲥ¹¹ ⲧⲉⲧⲛ
ⲣⲱϣⲉ ⲛⲧⲱⲧⲛ· ⲁⲛⲟⲕ ⲅⲁⲣ ⲛ ϯ
ⲟⲩⲱϣ ⲁⲛ ⲉ ϯϩⲁⲡ ⲉ ϩⲱⲃ ⲛ ⲧⲉⲓ ⲙⲓ
16 ⲛⲉ· ⲁⲩⲱ ⲁϥⲛⲟϫⲟⲩ ⲉ ⲃⲟⲗ ϩⲙ ⲡⲃⲏ
17 ⲙⲁ· ⲁ ⲛϩⲉⲗⲗⲏⲛ ⲇⲉ ⲧⲏⲣⲟⲩ ⲁⲩⲁ
ⲙⲁϩⲧⲉ ⲛ ⲥⲱⲥⲑⲉⲛⲟⲥ¹² ⲡⲁⲣⲭⲓⲥⲩⲛ
ⲛⲁⲅⲱⲅⲟⲥ ⲁⲩϩⲓⲟⲩⲉ¹³ ⲉ ⲣⲟϥ ⲙⲡⲉ ⲙ
ⲧⲟ ⲉ ⲃⲟⲗ ⲙ ⲡⲃⲏⲙⲁ· ⲁⲩⲱ ⲙⲡⲉ ⲅⲁⲗ

---

¹ Η ⲡⲉⲑⲟⲟⲩ.   ² Γαλλίωνος δὲ ἀνθυπατεύοντος.
³ Η ⲁⲩⲉⲓⲛⲉ ⲛⲛⲉⲩϭⲓϫ.   ⁴ παρὰ τὸν νόμον ἀναπείθει.
⁵ For ⲉϥⲛⲁⲟⲩⲱⲛ.   ⁶ ὁ Γαλλίων.
⁷ Η ⲉⲛⲉ ⲟⲩϫⲓ ⲛϭⲟⲛⲥ ⲛ ⲟⲩϩⲱⲃ.   ⁸ Read ⲛ ϩⲱⲃ.
⁹ κατὰ λόγον ἂν ἠνεσχόμην ὑμῶν.   ¹⁰ ζητήματά.
¹¹ 'Concerning a name, or concerning the words (or things) of your Law.'
¹² Σωσθένην τὸν ἀρχισυνάγωγον.   ¹³ ἔτυπτον.

ACTS XVIII. 18–24

18 ⲗⲓⲱⲛ ⲡⲣⲟⲥⲉⲭⲉ¹ ⲉ ⲣⲟⲟⲩ· ⲡⲁⲩⲗⲟⲥ
ⲇⲉ ⲁϥⲥⲱ ⲟⲛ ⲙ̄ⲙⲁⲩ ⲛ̄ ϩⲉⲛⲕⲉ ⲙⲏ
ⲛϣⲉ ⲛ̄[ϩⲟⲟ]ⲩ ϩⲁϩⲧⲛ̄ ⲛⲉⲥⲛⲏⲩ ⲁⲩ[ⲱ]
▒▒▒▒▒▒▒▒▒▒▒▒▒▒▒▒▒▒▒▒▒▒
▒▒[ⲛ]ⲙ̄ ⲡⲣⲓⲥ[ⲕⲓⲗⲗⲁ]▒▒▒▒▒▒
▒▒[ⲧ]ⲉϥⲁⲡⲉ ϩ[ⲛ̄]▒▒▒▒▒▒

19 ⲧⲁϥ ⲙ̄ⲙⲁⲩ ⲛⲟⲩⲉⲣⲏⲧ²· ⲛ̄ ⲧⲉⲣ [ⲟ]ⲩ
ⲡⲱϩ ⲇⲉ ⲉ ⲉⲫⲉⲥⲥⲟⲥ ϩⲙ̄ ⲡⲥⲁⲃⲃⲁⲧ[ⲟⲛ]
ⲉⲧ ⲛⲏⲩ· ⲁ ⲡⲁⲩⲗⲟⲥ ⲃⲱⲕ ⲉ ϩⲟⲩⲛ ⲉ
ⲧⲥⲩⲛⲁⲅⲱⲅⲏ· ⲁϥϣⲁϫⲉ ⲛⲙ̄ ⲓ̈ⲟⲩ

20 ⲇⲁⲓ̈· ⲛ̄ ⲧⲉⲣ ⲟⲩⲥⲉⲡⲥⲱⲡϥ ⲇⲉ ⲉ ⲣ̄ [ⲛ̄]
ⲟⲩⲛⲟϭ ⲛ̄ ⲟⲩ[ⲟ]ⲉⲓϣ ⲛⲙ̄ⲙⲁⲩ ⲙ̄ⲡ ϥ̄ⲥⲱ³

21 ⲁⲗⲗⲁ ⲁϥⲕⲁ ⲛⲏ ϩⲙ̄ ⲡⲙⲁ ⲉⲧ ⲙ̄ⲙⲁⲩ
ⲁϥⲁⲡⲟⲧⲁⲥ⁴ ⲛⲁⲩ ⲉϥϫⲱ ⲙ̄ⲙⲟⲥ·
ϫⲉ ϯⲛⲁⲕⲧⲟⲓ̈ ϣⲁ ⲣⲱⲧ'ⲛ̄ ⲉϣⲱ
ⲡⲉ ⲡⲟⲩⲱϣ ⲙ̄ ⲡⲛⲟⲩⲧⲉ ⲡⲉ· ⲁϥ

22 ⲃⲱⲕ ⲉ ⲃⲟⲗ ϩⲛ̄ ⲧⲉⲫⲉⲥⲥⲟⲥ⁵· ⲁϥⲥϭⲏⲣ
ⲉ ϩⲣⲁⲓ̈ ⲉ[ⲧ]ⲕⲉⲥⲁⲣⲓⲁ· ⲁⲩⲱ ⲛ̄ ⲧⲉⲣ ⲉϥ
ⲃⲱⲕ ⲉ ϩⲣⲁⲓ̈ ⲁϥⲁⲥⲡⲁⲍⲉ⁶ ⲛ̄ ⲧⲉⲕⲕⲗⲏ
ⲥⲓⲁ ⲁϥⲉⲓ ⲉ ⲡⲉⲥⲏⲧ ⲉ ⲧⲁⲛⲧⲓⲟⲭⲓⲁ·

23 ⲛ̄ ⲧⲉⲣ ⲉϥⲣ̄ ⲟⲩⲟⲉⲓϣ ⲇⲉ ⲙ̄ⲙⲁⲩ ⲁϥⲉⲓ
ⲉ ⲃⲟⲗ ⲉϥⲙⲟⲟϣⲧ̄ ⲛ̄ ⲧⲉⲭⲱⲣⲁ ⲛ̄ ⲧⲅⲁ
ⲗⲁⲧ'ⲓⲁ⁷ ⲉϥⲧⲁϫⲣⲟ ⲛ̄ⲙ̄ ⲙⲁⲑⲏⲧⲏⲥ

24 ⲧⲏⲣⲟⲩ· ⲟⲩⲉⲓⲇⲁⲓ̈⁸ ⲇⲉ ⲉ ⲡⲉϥⲣⲁⲛ
ⲡⲉ ⲁⲡⲟⲗⲗⲱ ⲁϥⲉⲓ ⲉ ⲧⲉⲫⲉⲥⲥⲟⲥ
ⲟⲩⲁⲗⲉⲝⲁⲛⲇⲣⲉⲩⲥ ϩⲙ̄ ⲡⲉϥⲅⲉ

---

¹ ἔμελεν.

² Η ⲁⲩⲱ ⲁϥⲁⲡⲟⲧⲁⲥⲥⲉ ⲛⲁⲩ ⲁϥⲥϭⲏⲣ ⲉⲧⲥⲩⲣⲓⲁ ⲙⲛ̄ ⲡⲣⲓⲥⲕⲓⲗⲗⲁ ⲁⲩⲱ ⲁⲕⲩⲗⲁⲥ, ⲉⲁϥϩⲉⲉⲕⲉ ⲧⲉϥⲁⲡⲉ ϩⲛ̄ ⲕⲉⲛⲭⲣⲉⲁⲥ. ⲡⲉⲧⲛ̄ⲧⲁϥ ⲅⲁⲣ ⲙ̄ⲙⲁⲩ ⲛ̄ⲟⲩⲉⲣⲏⲧ.

³ 'He did not remain (οὐκ ἐπένευσεν), but he left those in that place.'

⁴ Read ⲁϥⲁⲡⲟⲧⲁⲥⲥⲉ, ἀποταξάμενος.

⁵ ἀπὸ τῆς Ἐφέσου.   ⁶ ἀσπασάμενος.

⁷ The Greek adds καὶ Φρυγίαν.   ⁸ Ἰουδαῖος, Η ⲟⲩⲓⲟⲩⲇⲁⲓ.

ACTS XVIII. 24—XIX. 2

ⲛⲟⲥ· ⲟⲩⲣⲱⲙⲉ ⲉⲩⲛⲧϥ ⲡϣⲁϫⲉ[1]·
ⲉⲩⲛϭⲟⲙ ⲙ̄ⲙⲟϥ ϩⲛ̄ ⲛⲉⲅⲣⲁⲫⲏ·
25 ⲡⲁⲓ ⲇⲉ ⲁⲩⲕⲁⲑⲏⲥⲓ[2] ⲙ̄ⲙⲟϥ ⲡⲉ
ϩⲛ̄ ⲧⲉϩⲓⲏ ⲙ̄ ⲡϫⲟⲉⲓⲥ· ⲁⲩⲱ ⲉϥ
ⲃⲣ̄ⲃⲣ̄ ϩⲙ̄ ⲡⲉⲡⲛⲁ[3]· ⲛⲉϥϣⲁϫⲉ
ⲁⲩⲱ ⲛⲉϥϯⲥⲃⲱ ϩⲛ̄ ⲟⲩⲱⲣϫ̄ ⲉ ⲧⲃⲉ
ⲓ̄ⲥ̄· ⲉϥⲥⲟⲟⲩⲛ ⲙ̄ⲙⲁⲧⲉ ⲙ̄ ⲡⲃⲁⲡⲧⲓⲥ
26 ⲙⲁ ⲛ̄ ⲓ̈ⲱϩⲁⲛⲛⲏⲥ· ⲡⲁⲓ ⲁϥⲁⲣⲭⲓ ⲛ̄
ⲡⲁⲣϩⲏⲥⲓⲁ[4] ⲇⲉ ⲙ̄ⲙⲟϥ ϩⲛ̄ ⲧⲥⲩ
ⲛⲁⲅⲱⲅⲏ· ⲛ̄ ⲧⲉⲣ ⲟⲩⲥⲱⲧⲙ̄ ⲇⲉ
ⲉ ⲣⲟϥ ⲛϭⲓ[5] ⲁⲕⲩⲗⲁⲥ ⲛ̄ϭⲓ ⲡⲣⲓⲥ
ⲕⲓⲗⲗⲁ ⲁⲩϣⲟⲡϥ̄ ⲉ ⲣⲟⲟⲩ ⲁⲩⲱ ⲁⲩ
ⲧⲁⲙⲟϥ ϩⲛ̄ ⲟⲩⲱⲣϫ̄ ⲉ ⲧⲉϩⲓⲏ ⲙ̄
27 ⲡⲛⲟⲩⲧⲉ· ⲁ ⲛⲉⲥⲛⲏⲩ ⲡⲣⲟⲧⲣⲟ
ⲡⲉ[6] ⲙ̄ⲙⲟϥ ⲉϩⲛⲁϥ ⲉ ⲃⲱⲕ ⲉ ⲧⲁⲭⲁⲓⲁ
ⲁⲩⲱ ⲁⲩⲥϩⲁⲓ̈ ⲛ̄ ⲛⲉⲥⲛ[ⲏ]ⲩ ⲉϣⲟ

Fol. 92 b
[ⲟ̄]

28 ▓▓▓▓▓▓▓▓▓▓▓[ⲓⲟ[7] ⲅⲁⲣ ⲛ̄[ⲓ̈ⲟⲩⲇⲁⲓ̈]
[ⲉⲙⲁⲧⲉ ⲡ]ⲉ ϩⲛ̄ [ⲟⲩⲡⲁⲣ]ϩⲏⲥⲓⲁ ⲉϥ[ⲧⲁ]
[ⲙⲟ] ⲙ̄ⲙⲟⲟⲩ ⲉ ⲃⲟⲗ ϩⲛ̄ ⲛⲉⲅⲣⲁⲫⲏ

Chap. [ϫ]ⲉ ⲓ̄ⲥ̄ ⲡⲉ ⲡⲉⲭ̄ⲥ̄· ⲁⲥϣⲱⲡⲉ ⲇⲉ
XIX. 1 ⲉⲣⲉ ⲁⲡⲟⲗⲗⲱ ϩⲛ̄ ⲕⲟⲣⲓⲛⲑⲟⲥ ⲡⲁⲩ
ⲗⲟⲥ ⲁϥⲙⲉϣⲧ̄ ⲛ̄ⲥⲁ ⲉⲧ ϩⲙ̄ ⲡϫⲓⲥⲉ[8]
ⲁϥⲙⲉϣⲧ̄ ⲛ̄ⲥⲁ ⲉⲧ ϩⲙ̄ ⲡϫ[9]· ⲁϥⲉⲓ
ⲉⲓⲥ ⲧⲉⲫⲉⲥⲥⲟⲥ ⲁϥϩⲉ ⲉⲙⲙⲁⲑⲏ
2 ⲧⲏⲥ ⲙ̄ⲙⲁⲩ· ⲡⲉϫⲁϥ ⲇⲉ ⲛⲁⲩ ϫⲉ

---

[1] ἀνὴρ λόγιος.
[2] κατηχημένος.
[3] ζέων τῷ πνεύματι.
[4] ἤρξατο παρρησιάζεσθαι.
[5] For ⲛ̄ϭⲓ.
[6] προτρεψάμενοι.
[7] Η ⲉϣⲟⲡϥ̄ ⲉⲣⲟⲟⲩ. ⲛ̄ⲧⲉⲣⲉϥⲉⲓ ⲇⲉ ⲉⲙⲁⲩ ⲁϥⲧⲁⲁϥ ⲉⲡⲉϩⲟⲩⲟ ⲛ̄ⲛⲉⲛⲧⲁⲩⲡⲓⲥⲧⲉⲩⲉ ϩⲛ̄ ⲧⲉⲭⲁⲣⲓⲥ. 28 ⲛⲉϥϫⲡⲓⲟ ⲅⲁⲣ.
[8] διελθόντα τὰ ἀνωτερικὰ μέρη.
[9] When the copyist reached ⲡϫ of ⲡϫⲓⲥⲉ he discovered that he had copied the line twice and stopped.

ⲛ̄ ⲧⲉⲣⲉ ⲧⲛ̄ⲡⲓⲥⲧⲉⲩⲉ¹ ⲁⲧⲉⲧⲛ̄
ϫⲓ ⲡⲛ̄ⲁ̄ ⲉϥⲟⲩⲁⲁⲃ· ⲛ̄ⲧⲟⲟⲩ ⲇⲉ ⲡⲉ
ϫⲁⲩ ⲛⲁϥ ϫⲉ ⲙ̄ⲡⲛ̄ ⲡⲥⲱⲧ'ⲙ̄ ⲣⲱ
ϫⲉ ϣⲁⲣⲉ ⲟⲩⲟⲛ ϫⲓ ⲡⲛ̄ⲁ̄ ⲉϥⲟⲩ
3 ⲁⲁⲃ²· ⲡⲉϫⲁϥ ⲛⲁⲩ ϫⲉ ⲛⲧⲁ ⲧⲉ
ⲧⲛ̄ϫⲓ ⲃⲁⲡⲧⲓⲥⲙⲁ ϭⲉ ⲉ ⲛⲓⲙ· ⲡⲉ
ϫⲁⲩ ϫⲉ ⲛ̄ⲧⲁⲛϫⲓ ⲡⲃⲁⲡ'ⲧ'ⲓⲥⲙⲁ
4 ⲛ̄ ⲓ̈ⲱϩⲁⲛⲛⲏⲥ· ⲡⲉϫⲉ ⲡⲁⲩⲗⲟⲥ
ϫⲉ ⲓ̈ⲱϩⲁⲛⲛⲏⲥ ⲛ̄ⲧⲁϥⲃⲁⲡⲧⲓⲍⲉ
ⲛ ⲟⲩⲃⲁⲡⲧⲓⲥⲙⲁ ⲙ̄ ⲙⲉⲧⲁⲛⲟⲓⲁ
ⲉϥϫⲱ ⲙ̄ⲙⲟⲥ ⲉ ⲡⲗⲁⲟⲥ ϫⲉ ⲕⲁⲥ
ⲉⲩⲉⲡⲓⲥⲧⲉⲩⲉ³ ⲉ ⲡⲉⲧ ⲛⲏⲩ ⲙⲛ̄
5 ⲡⲥⲱϥ· ⲉⲧⲉ ⲡⲁⲓ̈ ⲡⲉ ⲓ̄ⲥ̄⁴· ⲛ̄ ⲧⲉⲣ ⲟⲩ
ⲥⲱⲧⲙ̄ ⲇⲉ ⲁⲩϫⲓ ⲃⲁⲡ'ⲧ'ⲓⲥⲙⲁ
ⲉ ⲡⲣⲁⲛ ⲙ̄ ⲡϫⲟⲉⲓⲥ ⲓ̄ⲥ̄ ⲡⲉⲭ̄ⲥ̄· ⲁⲩ
6 ⲱ ⲛ̄ ⲧⲉⲣⲉ ⲡⲁⲩⲗⲟⲥ ⲕⲁ ϭⲓϫ ⲉ ϫⲱ
ⲟⲩ ⲁ ⲡⲉⲡⲛ̄ⲁ̄ ⲉⲧ ⲟⲩⲁⲁⲃ ⲉⲓ ⲉ ϩⲣⲁⲓ̈
ⲉ ϫⲱⲟⲩ· ⲛⲉⲩϣⲁϫⲉ ⲇⲉ ⲡⲉ ϩⲛ̄
ϩⲉⲛ ⲕⲉ ⲁⲥⲡⲉ ⲁⲩⲱ ⲛⲉⲩⲡⲣⲟⲫⲏ
7 ⲧⲉⲩⲉ⁵· ⲛ̄ⲧⲟⲟⲩ ⲧⲏⲣⲟⲩ ⲛⲉⲩⲙⲉϩ
8 ⲙⲛ̄ⲧⲥⲛⲟⲟⲩⲥ ⲛ̄ⲣⲱⲙⲉ ⲡⲉ· ⲁⲩⲱ
ⲛ̄ ⲧⲉⲣ ⲉϥⲃⲱⲕ ⲉ ϩⲟⲩⲛ ⲉ ⲧⲥⲩⲛⲁ
ⲅⲱⲅⲏ ⲛⲉϥⲡⲁⲣϩⲏⲥⲓⲁⲍⲉ⁶ ⲙ̄ⲙⲟϥ
ⲛ̄ ϣⲟⲙⲛ̄ⲧ ⲛ̄ ⲛⲉⲃⲟⲧ ⲉϥϣⲁϫⲉ
ⲁⲩⲱ ⲉϥⲡⲓⲑⲉ ⲙ̄ⲙⲟⲟⲩ ⲉ ⲧⲃⲉ

---

[1] Εἰ Πνεῦμα Ἅγιον ἐλάβετε πιστεύσαντες. Ⲏ ϫⲉ ⲁⲧⲉⲧⲛ̄ⲡⲓⲥⲧⲉⲩⲉ ⲁⲩⲱ ⲛ̄ⲧⲉⲣⲉⲧⲛ̄ϫⲓ ⲃⲁⲡⲧⲓⲥⲙⲁ ⲁⲧⲉⲧⲛ̄ϫⲓ ⲡⲛ̄ⲁ̄ ⲉϥⲟⲩⲁⲁⲃ, 'Do ye believe, having received baptism, that ye have received the Holy Ghost?'

[2] 'We have certainly not heard if one hath received the Holy Spirit.' The Coptic misses the point of the Greek Ἀλλ' οὐδὲ εἰ Πνεῦμα Ἅγιόν ἐστιν ἠκούσαμεν.

[3] πιστεύσωσι.   [4] τοῦτ' ἔστιν εἰς τὸν Ἰησοῦν.
[5] προεφήτευον.   [6] ἐπαρρησιάζετο.

ACTS XIX. 9-14 225

9 ⲧⲙⲛ̄ⲧⲉⲣⲟ ⲙ̄ ⲡⲛⲟⲩⲧⲉ· ⲛ̄ ⲧⲉⲣⲉ
ϩⲟ[ⲉ]ⲓⲛⲉ ⲇⲉ ⲛ̄ϣⲟⲧ ⲛ̄ϩⲏⲧ' ⲁⲩⲱ ⲁⲩ
ⲣ̄ ⲁⲧ ⲥⲱⲧⲙ̄ ⲉⲩϫⲓⲟⲩⲁ ⲉ ⲧⲉϩⲓⲏ [¹]

▓▓▓▓▓▓▓▓▓▓▓▓▓▓▓▓▓▓▓▓▓▓▓▓▓▓▓▓
▓▓▓▓ⲏⲥ ⲉ▓▓▓▓▓▓▓▓▓
▓▓▓▓ⲙ̄ⲙⲏⲛⲉ▓▓▓▓[ⲥⲭ]ⲟⲗ[ⲏ ⲛ̄]ⲧⲩ

Fol. 93 a
[ⲟⲁ]

10 [ⲣ]ⲁⲛⲛⲟⲥ· ⲡⲁⲓ̈ ⲇⲉ ⲁϥϣⲱⲡⲉ [ⲛ̄ ⲣⲟⲙ]
ⲡⲉ ⲥⲛ̄ⲧⲉ ϩⲱⲥⲧⲉ ⲛ̄ⲧⲉ ⲟⲩⲟⲛ [ⲛⲓⲙ]
ⲉⲧ ⲟⲩⲏϩ ϩⲛ̄ ⲧⲁⲥⲓⲁ ⲥⲱⲧⲙ̄ ⲉ [ⲡϣⲁϫⲉ]
ⲙ̄ ⲡϫⲟⲉⲓⲥ· ⲛ̄ⲓ̈ⲟⲩⲇⲁⲓ̈ ⲛⲙ̄ ⲛⲟⲩⲉⲓ[ⲉⲓ]

11 ⲛⲓⲛ· ϩⲉⲛⲛⲟϭ ⲛ̄ϭⲟⲙ ⲉⲛⲉⲧⲉⲓⲣⲉ ⲛ̄
ⲙ̄ⲙⲟⲟⲩ ⲉ ⲃⲟⲗ ϩⲓⲧⲛ̄ ⲛ̄ϭⲓϫ ⲙ̄ ⲡⲁⲩⲗⲟⲥ·

12 ϩⲱⲥⲧⲉ ⲛ̄ⲥⲉϫⲓ ⲛ̄ ϩⲉⲛⲥⲟⲩⲇⲁⲣⲓⲟⲛ
ⲙⲛ̄ ϩⲉⲛⲥⲓⲙⲓⲥⲓⲛⲑⲓⲛⲟⲛ [²] ⲉ ⲁⲩⲧⲟ
ϭⲟⲩ ⲉ ⲡⲉϥⲥⲱⲙⲁ· ⲛ̄ⲥⲉⲕⲁⲁⲧ ⲉϫⲛ̄
ⲛⲉⲧ ϣⲱⲛⲉ ⲛ̄ⲧⲉ ⲛⲉⲩϣⲱⲛⲉ ⲗⲟ
ⲁⲩⲱ ⲛⲉⲡⲛ̄ⲁ̄ ⲙ̄ ⲡⲟⲛⲏⲣⲟⲛ ⲛⲉⲩⲛⲏⲩ

13 ⲉ ⲃⲟⲗ ⲛ̄ ϩⲏⲧⲟⲩ: ⲁⲩϩⲓ ⲧⲟⲟⲧⲟⲩ ⲇⲉ
ⲛ̄ϭⲓ ϩⲟⲉⲓⲛⲉ ⲛ̄ⲓ̈ⲟⲩⲇⲁⲓ̈ ⲉⲧ ⲙⲟⲟ
ϣⲉ [³] ⲉⲧⲟ ⲛⲉⲍⲟⲣⲕⲓⲥⲧⲏⲥ [⁴] ⲉ ⲧⲁⲧⲉ
ⲡⲣⲁⲛ ⲙ̄ ⲡϫⲟⲉⲓⲥ ⲓ̄ⲥ̄ ⲉ ϩⲣⲁⲓ̈ ⲉϫⲛ̄
ⲛⲉⲧ ⲉⲣⲉ ⲛⲉⲡⲛ̄ⲁ̄ ⲛ̄ⲁⲕⲁⲑⲁⲣⲧⲟⲛ [⁵]
ϩⲓⲱⲟⲩ ⲉⲩϫⲱ ⲙ̄ⲙⲟⲥ ϫⲉ ϯⲧⲁⲣⲕⲟ [⁶]
ⲙ̄ⲙⲱⲧⲛ̄ ⲛ̄ ⲓ̄ⲥ̄ ⲡⲁⲓ̈ ⲉⲧ ⲉⲣⲉ ⲡⲁⲩ

14 ⲗⲟⲥ ⲕⲏⲣⲩⲥⲥⲉ ⲙ̄ⲙⲟϥ· ⲛⲉⲩⲟⲩⲛ
ⲟⲩⲇⲁⲓ̈ [⁷] ⲇⲉ ⲛ̄ⲁⲣⲭⲓⲉⲣⲉⲩⲥ ϫⲉ ⲥⲕⲉⲩⲁ [⁸]

---

[1] Η ⲉⲧⲉϩⲓⲏ ⲙ̄ⲡⲉⲙ̄ⲧⲟ ⲉⲃⲟⲗ ⲙ̄ⲡⲙⲏⲏϣⲉ. ⲁϥⲥⲁϩⲱϥ ⲉⲃⲟⲗ
ⲙ̄ⲙⲟⲟⲩ ⲁⲩⲱ ⲁϥⲡⲉⲣϫ̄ ⲙ̄ⲡⲙⲁⲑⲏⲧⲏⲥ ⲉⲣⲟⲟⲩ ⲉϥϣⲁϫⲉ ⲛⲙ̄ⲙⲁⲩ
ⲙ̄ⲙⲏⲛⲉ ϩⲛ̄ ⲧⲉⲥⲭⲟⲗⲏ ⲛ̄ⲧⲩⲣⲁⲛⲛⲟⲥ.

[2] σουδάρια ἢ σιμικίνθια.   [3] περιερχομένων.   [4] ἐξορκιστῶν.

[5] 'Unclean spirits'; Gr. τὰ πνεύματα τὰ πονηρά. So also
Η ⲛⲉⲡⲛ̄ⲁ̄ ⲙ̄ⲡⲟⲛⲏⲣⲟⲛ.

[6] Ὁρκίζω ὑμᾶς, Η ⲧⲛ̄ⲧⲁⲣⲕⲟ.   [7] Η ⲛⲉⲩⲛ̄ ⲟⲩⲓ̈ⲟⲩⲇⲁⲓ.

[8] Σκευᾶ Ἰουδαίου ἀρχιερέως.

G g

ACTS XIX. 14-19

ⲡⲁⲓ ⲉⲧⲛ̄ⲧϥ̄ ⲥⲁϣϥ̄ ⲛ̄ϣⲏⲣⲉ ⲉⲧⲉⲓ
15 ⲣⲉ ⲙ̄ ⲡⲁⲓ· ⲁ ⲡⲉⲡⲛ̄ⲁ̄ ⲙ̄ ⲡⲟⲛⲟⲣⲟ[ⲛ] (sic)
ⲟⲩⲱϣⲃ̄ ⲡⲉϫⲁϥ ⲛⲁⲩ· ϫⲉ ⲓ̄ⲥ̄ ϯⲥⲟⲟⲩⲛ
ⲙ̄ⲙⲟϥ· ⲁⲩⲱ ⲡⲕⲉ ⲡⲁⲩⲗⲟⲥ ϯⲉⲓⲙⲉ
ⲉ ⲣⲟϥ· ⲛ̄ ⲧⲱⲧⲛ̄ ⲇⲉ ⲛ̄ⲧⲉⲧⲛ̄ ⲛⲓⲙ·
16 ⲁϥϭⲱ ϭⲉ¹ ⲉ ϩⲣⲁⲓ ⲉ ϫⲱⲟⲩ ⲛ̄ϭⲓ ⲡⲣⲱ
ⲙⲉ ⲉⲣⲉ ⲡⲉⲡⲛ̄ⲁ̄ ϩⲓⲱⲱϥ ⲙ̄ ⲡⲟⲛⲏ
ⲣⲟⲛ· ⲁϥϭⲙ̄ϭⲟⲙ² ⲉ ⲣⲟⲟⲩ ⲙ̄ ⲡⲥⲁ
ϣϥ ⲁϥⲣ̄ ϫⲟⲉⲓⲥ³ ⲉ ϩⲣⲁⲓ ⲉ ϫⲱⲟⲩ
ϩⲱⲥⲧⲉ ⲛ̄ⲥⲉ ⲡⲱⲧ ⲉ ⲃⲟⲗ ϩⲙ̄ ⲡⲏⲓ
ⲉⲧ ⲙ̄ⲙⲁⲩ ⲉⲩⲕⲏ ⲕⲁ ϩⲏⲧ ⲉⲩⲡⲟⲗϩ̄
17 ⲡⲁⲓ ⲁϥⲟⲩⲱⲛϩ̄ ⲉ ⲃⲟⲗ ⲛ̄ ⲛ̄ⲓⲟⲩⲇⲁⲓ

Fol. 93 b
[ⲟⲃ̄]

▓▓▓▓▓▓▓▓▓▓▓▓▓▓▓▓▓▓▓▓⁴
▓▓▓▓▓▓▓▓▓▓▓▓▓▓▓▓▓▓▓▓
18 ▓▓▓▓▓▓▓▓▓▓▓▓ⲁϥ[ϫⲓⲥⲉ ⲛ̄ϭⲓ]
[ⲡⲣⲁⲛ] ⲙ̄ [ⲡϫⲟⲉⲓⲥ] ⲓ̄ⲥ̄· ▓▓ ⲛⲉⲣⲉ [ⲛ̄ⲟⲩⲙⲏ]
[ⲛ]ϣⲉ ⲛ̄ⲧ ⲁⲩⲡⲓⲥⲧⲉⲩⲉ⁵ ⲛⲏⲩ ⲁⲩ[ⲱ]
ⲉⲩⲉϩⲟⲙⲟⲗⲟⲅⲓ⁶ ⲁⲩⲱ ⲉⲧⲁⲩⲟ ⲛ̄
19 ⲛⲉⲩϩⲃⲏⲧⲉ· ⲟⲩⲙⲏⲛϣⲉ ⲟⲛ ⲛ̄
ⲛⲉ ⲛⲧ ⲁⲩⲉⲓⲣⲉ ⲛ̄ ϩⲉⲛⲙⲛ̄ⲧⲡⲉⲣ
ⲧⲉⲣⲟⲥ⁷ ⲁⲩⲛ ⲛ̄ϫⲱⲱⲙⲉ ⲛ̄ⲙ̄ⲙⲁⲩ ⲁⲩ
ⲣⲟⲕϩ̄ⲟⲩ ⲙ̄ⲡⲉ ⲙⲧⲟ ⲉ ⲃⲟⲗ ⲛ̄ ⲟⲩⲟⲛ

¹ H ⲁϥϥⲱϭⲉ.

² 'He conquered them, the seven, he gained the mastery over them.' H ⲁϥⲣ̄ϫⲟⲉⲓⲥ ⲉϩⲣⲁⲓ ⲉϫⲱⲟⲩ ⲙ̄ⲡⲥⲁϣϥ̄ ⲁⲩⲱ ⲁϥϭⲙ̄ϭⲟⲙ ⲉϩⲣⲁⲓ ⲉϫⲱⲟⲩ.

³ κατακυριεύσας.

⁴ H ⲛ̄ⲛⲓⲟⲩⲇⲁⲓ ⲧⲏⲣⲟⲩ ⲙⲛ̄ ⲛ̄ϩⲉⲗⲗⲏⲛ ⲉⲧⲟⲩⲏϩ ϩⲛ̄ ⲉⲫⲉⲥⲟⲥ. ⲁⲩⲱ ⲁⲧϩⲟⲧⲉ ϩⲉ ⲉϩⲣⲁⲓ ⲉϫⲱⲟⲩ ⲧⲏⲣⲟⲩ. ⲁⲩⲱ ⲁϥϫⲓⲥⲉ ⲛ̄ϭⲓ ⲡⲣⲁⲛ ⲙ̄ⲡϫⲟⲉⲓⲥ ⲓ̄ⲥ̄. 18 ⲛⲉⲣⲉ ⲅⲁⲣ ⲇⲉ ⲛ̄ⲡⲉⲛⲧⲁⲩⲡⲓⲥⲧⲉⲩⲉ.

⁵ πεπιστευκότων.   ⁶ ἐξομολογούμενοι.

⁷ The received Greek text has τὰ περίεργα. The word ⲙⲛ̄ⲧⲡⲉⲣⲧⲉⲣⲟⲥ is the Greek ὑπέρτερος, + ⲙⲛ̄ⲧ the sign of the abstract. H has ⲛ̄ϩⲉⲛ ⲙⲛ̄ⲧⲡⲉⲣⲡⲉⲣⲟⲥ, which suggests that the Coptic translator had in mind the √ ὑπερπερισσεύω.

ACTS XIX. 19-25

ⲛⲓⲙ ⲁⲩⲱ ⲁⲩⲉⲡ ⲥⲟⲩⲟⲧⲛⲟⲩ[1] ⲁⲩϭⲉ
ⲉ ⲣⲟⲟⲩ ⲉⲩⲉⲓⲣⲉ ⲛ̄ [ϯ]ⲟⲩ ⲧ'ⲃⲁ[2] ⲛ̄ ϩⲁⲧ'·
20 ⲧⲁⲓ̈ ⲧⲉ ⲑⲉ ⲉⲛⲧⲁ ⲡ'ϣⲁϫⲉ ⲙ̄ ⲡϫⲟⲉⲓⲥ[3]
ⲁⲩⲍⲁⲛⲉ[4] ⲁⲩⲱ ⲁϥⲧⲁϫⲣⲟ ⲁⲩⲱ ⲁϥⲥⲙ̄
21 ϭⲟⲙ· ⲛ̄ ⲧⲉⲣⲉ ⲛⲁⲓ̈ ⲇⲉ ϫⲱⲕ ⲉ ⲃⲟⲗ
ϩⲁ ⲡⲁⲩⲗⲟⲥ ⲥⲉⲧⲙ̄ⲡⲛ̄ⲧⲥ̄[5] ϩⲙ̄ ⲡⲉⲡⲛ̄ⲁ
ⲉ ⲧ'ⲣⲉ ϥⲉⲓ ⲉ ⲃⲟⲗ ϩⲛ̄ ⲧⲙⲁⲕⲉⲇⲟ
ⲛⲓⲁ ⲛⲙ̄ ⲧⲁⲭⲁⲓ̈ⲁ ⲉⲃⲱⲕ ⲉ ϩⲣⲁⲓ̈ ⲉ ⲑⲓⲉ
ⲣⲟⲩⲥⲁⲗⲏⲙ· ⲉϥϫⲱ ⲙ̄ⲙⲟⲥ ϫⲉ ⲙⲛ̄
ⲡⲥⲁ ⲧ'ⲣⲁ ⲃⲱⲕ ⲉⲙⲁⲩ ϩⲁⲡⲥ̄ ⲉ ⲧ'ⲣⲁ
22 ⲛⲁⲩ ⲉ ⲧ ⲕⲉ ϩⲣⲱⲙⲏ· ⲁϥϫⲟⲟⲩ ⲉ ⲧⲙⲁ
ⲕⲉⲇⲟⲛⲓⲁ ⲛ̄ ⲥⲛⲁⲩ ⲛ̄ ⲛⲉⲧⲇⲓⲁⲕⲟ
ⲛⲓ[6] ⲛⲁϥ ⲧⲓⲙⲟⲑⲉⲟⲥ ⲛⲙ̄ ⲉⲣⲁⲥⲧⲟⲥ·
ⲛ̄ⲧⲟϥ ⲇⲉ ⲁϥϫⲱ[7] ⲛ ⲟⲩⲟⲩⲟⲉⲓϣ
23 ϩⲛ̄ ⲧⲁⲥⲓⲁ· ⲁϥϣⲱⲡⲉ ⲙ̄ ⲡⲉⲩⲟⲉⲓϣ
ⲉⲧ ⲙ̄ⲙⲁⲩ ⲛ̄ϭⲓ ⲟⲩⲛⲟϭ ⲛ̄ ϣⲧⲟⲣ
24 ⲧⲣ ⲉ ⲧⲃⲉ ϩⲉ ϩⲓⲏ· ⲟⲩⲣⲉϥⲣ̄ ϩⲁⲧ'[8]
ⲅⲁⲣ ϫⲉ ⲇⲏⲙⲏⲧ'ⲣⲓⲟⲥ ⲉϥⲧⲁⲙⲓⲟ
ⲛ̄ ϩⲉⲛⲧⲟⲩⲱⲧ' ⲛ̄ ϩⲁⲧ ⲛ̄ ⲧⲁⲣⲧⲉ
ⲙⲓⲥ ⲛⲉϥϯ ⲛ ⲟⲩⲛⲟϭ ⲛ ⲉⲣⲅⲁⲥⲓⲁ[9]
25 ⲛ̄ ⲛⲧⲉⲭⲛⲓⲧⲏⲥ[10]· ⲡⲁⲓ̈ [ⲇ]ⲉ ⲉ ⲁϥⲥⲱ
ⲟⲩϩ[11] ⲛ̄ ⲟⲩⲟⲛ ⲛⲓⲙ ⲉⲧ' ⲣ̄ ϩⲱⲃ ⲉ ⲧⲉⲓ̈
ⲟⲡⲉ ⲡⲉϫⲁϥ ⲛⲁϥ: ϫⲉ ⲛ̄ ⲣⲱⲙⲉ
ϣⲃⲣ̄ ⲧⲉⲭⲛⲓⲧⲏⲥ[12] ⲧⲉⲧⲛ̄ⲥⲟ

---

[1] Ⲏ ⲥⲟⲩⲛ̄ⲧⲟⲩ. 'They counted their prices, they found [that] they made 50,000 [pieces of] silver.'

[2] Ⲏ ⲛϯⲟⲩ ⲛ̄ⲧⲃⲁ, μυριάδας πέντε.

[3] Ⲏ ⲙ̄ⲡⲛⲟⲩⲧⲉ.   [4] ηὔξανε.

[5] Read ⲥⲙ̄ⲛ̄ⲧⲥ̄. There is a line over ⲉⲧⲡ showing that we are to delete these letters.

[6] δύο τῶν διακονούντων αὐτῷ.   [7] Sic. Read ⲁϥϭⲱ.

[8] ἀργυροκόπος.   [9] ἐργασίαν οὐκ ὀλίγην.

[10] τοῖς τεχνίταις.   [11] Ⲏ ⲁϥⲥⲉⲩϩ.

[12] ϣⲃⲣ̄ ⲧⲉⲭⲛⲓⲧⲏⲥ = συντεχνεῖται. See Souter's reading of this verse.

ⲟⲧⲛ ϫⲉ ⲉⲣⲉ ⲡⲉⲛⲱⲛϩ ϣⲟⲟⲡ ⲛ
26 ⲁⲛ ⲉ ⲃⲟⲗ ϩⲛ ⲧⲉⲓ ⲉⲣⲅⲁⲥⲓⲁ· ⲧⲉ
ⲧⲛⲛⲁⲩ ⲁⲩⲱ ⲧⲉⲧⲛⲥⲱⲧⲙ
ϫⲉ ⲟⲩ ⲙⲟⲛⲟⲛ ϩⲛ ⲧⲉⲫⲉⲥⲥⲟⲥ
ⲁⲗⲗⲁ ⲥ[ⲭⲉⲇ]ⲟⲛ[1] ϩⲛ ⲧⲁⲥⲓⲁ ⲧⲏⲣⲥ

Fol. 94 a
[ⲟⲩ]

▬▬▬▬▬▬▬▬▬▬▬▬
▬▬▬▬▬▬▬▬▬▬▬▬
▬▬▬▬▬▬▬▬▬▬▬[2]

▬ⲡⲉ ⲛⲁⲓ ⲉⲧ▬▬▬▬▬▬

27 [ϩ]ⲛ ⲛⲉⲧϭⲓϫ ⲟⲩ [ⲙⲟⲛⲟⲛ]▬▬
ϭⲓⲛⲁⲧⲛⲉⲧⲉ[3] ⲉ ⲧ'ⲣⲉ ϥϫ[ⲱⲱⲣⲉ ⲉ ⲃⲟⲗ ⲛ]
ⲧⲟⲟⲧⲛ· ⲁⲗⲗⲁ ⲡⲕⲉⲣⲡⲉ [ⲛ ⲧⲛⲟϭ]
ⲛ ⲁⲣⲧⲉⲙⲓⲥ[4] ⲥⲉⲛⲁⲗⲟ ⲉⲧⲱⲡ
ⲙⲙⲟϥ· ⲁⲩⲱ ⲛⲥⲉⲡⲧⲥ ⲉ ⲡⲉⲥⲏⲧ'
ⲉ ⲃⲟⲗ ϩⲛ ⲧⲉⲥⲙⲛⲧⲛⲟϭ· ⲧⲁⲓ ⲉⲧⲉ
ⲣⲉ ⲧⲁⲥⲓⲁ ⲧⲏⲣⲥ ⲁⲩⲱ ⲧⲟⲓⲕⲟⲩ
28 ⲙⲉⲛⲏ ϣⲙϣⲉ ⲛⲁⲥ· ⲛ ⲧⲉⲣ ⲟⲩⲥⲱ
ⲧⲙ ϫⲉ ⲁⲩⲙⲟⲩϩ ⲛϭⲱⲛⲧ ⲁⲩⲱ ⲁⲩ
ⲁϣⲕⲁⲕ ⲉ ⲃⲟⲗ ⲉⲩϫⲱ ⲙⲙⲟⲥ ϫⲉ
ⲟⲩⲛⲟϭ ⲧⲉ ⲧⲁⲣⲧⲉⲙⲓⲥ ⲛ ⲧⲉⲫⲉⲥ
29 ⲥⲟⲥ· ⲁⲩⲱ ⲁ ⲧ'ⲡⲟⲗⲓⲥ ⲧⲏⲣⲥ ϣⲧⲟⲣ
ⲧⲣ[5] ⲁⲩϯ ⲡⲉⲧⲟⲉⲓ ϩⲓ ⲟⲩⲥⲟⲡ ⲉ ⲡⲉ
ⲑⲉⲁⲧⲣⲟⲛ ⲁⲩⲧⲱⲣⲡ ⲛ ⲅⲁⲉⲓⲟⲥ[6]

[1] σχεδόν.

[2] Η a ⲡⲁⲓ. ϫⲉ ⲡⲁⲩⲗⲟⲥ ⲡⲉⲓⲑⲉ ⲁⲩⲱ ⲁϥⲡⲉⲉⲛⲉ ⲟⲩⲙⲏⲛϣⲉ ⲉⲃⲟⲗ ⲉⲡⲁϣⲱϥ ⲉϥϫⲱ ⲙⲙⲟⲥ. ϫⲉ ⲛⲣⲉⲛⲛⲟⲩⲧⲉ ⲁⲛ ⲡⲉ ⲛⲁⲓ ⲉⲧⲟⲩⲧⲁⲙⲓⲟ ⲙⲙⲟⲟⲩ ϩⲛ ⲛⲉⲧϭⲓϫ. 27 ⲟⲩ ⲙⲟⲛⲟⲛ ϫⲉ ⲡⲉⲓⲙⲉⲣⲟⲥ ⲕⲓⲛⲁⲧⲛⲉⲧⲉ.

[3] κινδυνεύει ἡμῖν τὸ μέρος.

[4] 'Temple of the great Artemis', the Coptic not translating θεᾶς by ⲧⲛⲟⲩⲧⲉ.

[5] 'The whole city rose in an uproar.' Η ⲙⲟⲩϩ ⲛϣⲧⲟⲣⲧⲣ = ἐπλήσθη τῆς συγχύσεως.

[6] Γάϊον.

ACTS XIX. 29-35

ⲛⲙ̄ ⲁⲣⲓⲥⲧⲁⲣⲭⲟⲥ ϩⲉⲛ ⲙⲁⲕⲉ[ⲇⲱⲛ]¹
30 ⲉⲧⲙⲟⲟϣⲉ ⲛⲙ̄ ⲡⲁⲩⲗⲟⲥ· ⲉⲣⲉ
ⲡⲁⲩⲗⲟⲥ ⲇⲉ ⲟⲩⲱϣ ⲉ ⲃⲱⲕ ⲉ ϩⲟⲩⲛ
ⲉ ⲡⲁⲛⲙⲟⲥ ⲙ̄ⲡⲉ ⲡ̄ ⲙⲁⲑⲏⲧⲏⲥ
31 ⲕⲁⲁϥ· ϩⲟⲉⲓⲛⲉ ⲟⲛ ⲡ̄ ⲛ̄ⲁⲣⲭⲱⲛ² ⲉⲧ
ⲟ ⲛ̄ϣⲃⲏⲣ ⲉ ⲣⲟϥ ⲁⲩⲧⲁⲩⲟ³ ⲛⲁϥ ⲉⲧ
ⲥⲟⲡⲥ̄ ⲉ ⲧⲙ̄ ⲧ̄ⲣⲉ ϥⲃⲱⲕ ⲉ ϩⲟⲩⲛ
32 ⲉ ⲡⲉ ⲑⲉⲁⲧ·ⲣⲟⲛ· ⲉⲧⲁϣⲕⲁⲕ⁴ ⲉ ⲃⲟⲗ
ⲡⲟⲩⲁ ⲡⲟⲩⲁ ⲛ̄ⲙ̄ ⲡⲉϥϣⲁϫⲉ ⲛⲉ
ⲁ ⲡⲙⲏⲏϣⲉ ⲅⲁⲣ ⲧⲱϩ· ⲁⲩⲱ ⲡⲉϩⲟⲩⲟ
ⲛⲉⲧⲥⲟⲟⲩⲛ ⲁⲛ ⲡⲉ ϫⲉ ⲛ̄ⲧ ⲁⲩⲥⲱ
33 ⲟⲩϩ ⲉ ⲧⲃⲉ ⲟⲩ· ⲉ ⲃⲟⲗ ⲇⲉ ϩⲙ̄ ⲡⲙⲏ
ⲏϣⲉ ⲉⲧⲛⲉϩ⁵ ⲁⲗⲉⲝⲁⲛⲁⲣⲟⲥ⁶ (sic) ⲉ ϩⲟⲩⲛ
ⲛ̄ϭⲓ ⲡ̄ ⲓ̈ⲟⲩⲇⲁⲓ̈· ⲁⲗⲉⲝⲁⲛⲇⲣⲟⲥ ⲁϥ
[ⲕ]ⲱⲣⲙ̄ ⲡ̄ ⲧⲉϥϭⲓϫ ⲁϥⲟⲩⲱϣ ⲉ ⲁⲡⲟ
34 ⲗⲟⲅⲓⲍⲉ ⲙ̄ ⲡⲙⲏⲏϣⲉ⁷ ⲛ̄ ⲧⲉⲣ ⲟⲩ
ⲉⲓⲙⲉ [ⲇⲉ] ϫⲉ ⲟⲩⲓ̈ⲟⲩⲇⲁⲓ̈ ⲡⲉ· ⲁⲩⲥⲙⲏ
ⲛ̄ ⲟⲩⲱⲧ ϣⲱⲡⲉ ⲛ̄ ⲟⲩⲟⲛ ⲛⲓⲙ ⲛ
ⲛⲁ ⲟⲩⲛⲟⲩ ⲥ̄ⲛ̄ⲧⲉ ⲉⲧⲁϣⲕⲁⲕ ⲉ ⲃⲟⲗ
ϫⲉ [ⲟⲩ]ⲛⲟϭ ⲧⲉ ⲧⲁⲣⲧⲉⲙⲓⲥ ⲡ̄ ⲧⲉ
35 ⲫ[ⲉⲥⲥ]ⲟⲥ· ⲡⲉⲅⲣⲁⲙⲙⲁⲧ·ⲉⲩⲥ ⲇⲉ
ⲛ̄ [ⲧⲉⲣ] ⲉϥⲕⲁⲧ·ⲁⲥⲧ[ⲉⲓⲗⲉ]⁸ ⲙ̄ ⲡⲙⲏ
[ⲏϣⲉ]█████████████⁹
█████████ⲧⲡ[ⲟⲗⲓⲥ]███

Fol. 94 b
[ⲟⲇ]

¹ Μακεδόνας.
² τῶν Ἀσιαρχῶν ὄντες αὐτῷ φίλοι.   ³ Η ⲁⲩⲧⲁⲧⲟⲟⲩ.
⁴ Η ⲡⲉⲧⲁϣⲕⲁⲕ.   ⁵ Η ⲁⲩⲛⲉϫ ⲟⲩⲁ.
⁶ Read ⲁⲗⲉⲝⲁⲛⲇⲣⲟⲥ, as in the following line.
⁷ 'He wished to make his defence to the multitude', ἀπολογεῖσθαι τῷ δήμῳ.
⁸ καταστείλας δὲ ὁ γραμματεύς.
⁹ Η ⲙ̄ⲡⲙⲏⲏϣⲉ ⲡⲉϫⲁϥ. ϫⲉ ⲛ̄ⲣⲱⲙⲉ ⲛ̄ⲣ̄ⲧⲉⲫⲉⲥⲟⲥ. ⲛⲓⲙ ⲅⲁⲣ ⲉⲧⲉⲡϥ̄ⲥⲟⲟⲩⲛ ⲁⲛ ⲛ̄ⲧⲡⲟⲗⲓⲥ ⲉⲫⲉⲥⲟⲥ ⲉⲥϣⲙ̄ϣⲉ ⲛ̄ⲧⲛⲟϭ ⲛ̄ⲁⲣⲧⲉⲙⲓⲥ ⲙⲛ̄ ⲡ⁼ⲉⲧⲥ. 36 ⲉⲣⲉ ⲡⲁⲓ ϭⲉ ⲟⲩⲟⲛϩ̄ ⲉⲃⲟⲗ.

[ϣⲙ̅ⲙ̅]ϣⲉ ⲛ̅ⲧⲛ̅

36 [ⲁⲣⲧⲉ]ⲙⲓⲥ ⲛⲙ̅ ⲡϫⲉⲩⲥ· ⲉⲣⲉ ⲛⲁ[ⲓ̈]
[ϭⲉ ⲟ]ϭⲛⲟϩ (sic) ⲉ ⲃⲟⲗ ϣϣⲉ ⲉ ⲣⲱⲧⲛ̅
ⲉ ⲧⲣⲉ ⲧⲛ̅ⲥⲙⲛ̅ ⲧⲏⲩⲧⲛ̅ ⲛ̅ⲧⲉⲧⲛ̅

37 ⲧⲙ̅ ⲣ̅ ⲗⲁⲁⲩ ⲛ̅ ϩⲱⲃ ϩⲛ̅ ⲟⲩⲁⲥⲁⲓ̈· ⲁⲧⲉ
ⲧⲛ̅ⲉⲓⲛⲉ ⲅⲁⲣ ⲛ̅ ⲛⲉⲓ̈ⲣⲉ ⲅⲁⲣ[1] ⲛ̅
ⲛⲉⲓ̈ ⲣⲱⲙⲉ ⲉ ⲡⲉⲓ̈ ⲙⲁ ⲉⲙⲛ̅ ⲟⲩϣⲗ̅
ⲣⲡⲉ[2]· ⲁⲩⲱ ⲙ̅ⲛ̅ ⲟⲩϫⲁⲓ̈ⲟⲩⲁ[3] ⲉⲧⲉⲛ

38 ⲛⲟⲩⲧⲉ· ⲉϣϫⲉ ⲁⲏⲙⲏⲧⲣⲓⲟⲥ ϭⲉ
ⲁⲩⲱ ⲛⲉϥϣⲃⲣ̅ ⲧⲉⲭⲛⲓⲧⲏⲥ[4] ⲟⲩⲛ
ⲧⲟⲩ ϣⲁϫⲉ ⲙ̅ⲙⲁⲩ ϣⲁⲧ ⲛ̅ ϩⲉⲛⲁⲅⲟ
ⲣⲟⲥ[5] ⲁⲩⲱ ⲟⲩⲛ ϩⲉⲛⲁⲛⲑⲩⲡⲁⲧⲟⲥ[6]

39 ⲙⲁⲣⲟⲩⲥⲙ̅ⲙⲉ[7]· ⲉϣϫⲉ ⲕⲉ ϩⲱⲃ ⲇⲉ
ⲡⲉⲧⲉ ⲧⲛ̅ϣⲓⲛⲉ ⲛ̅ⲥⲱϥ ⲥⲉⲛⲁⲃⲟ
ⲗϥ̅ ⲉ ⲃⲟⲗ ϩⲛ̅ ⲧⲥⲟⲟⲩϩⲥ̅ ⲉϣⲁⲥϣⲱ

40 ⲡⲉ· ⲧⲛ̅ϭⲓⲛⲁⲩⲛⲉⲩⲉ[8] ⲅⲁⲣ ⲉ ⲧⲣⲉ ⲩ
†ϣⲧⲟⲩⲏⲧ ⲉ ⲣⲟⲛ ⲉ ⲧ'ⲃⲉ ⲡⲁⲓ ϣ[ⲧⲟⲣ]
ⲧ'ⲣ̅ ⲙ̅ⲛ̅ ⲟⲩⲉⲙ ⲛ̅ ϩⲱⲃ[9] ⲛ̅ ⲧⲙⲏⲧⲉ·
ⲉⲟⲩⲛϭⲟⲙ ⲙ̅ⲙⲟⲛ ⲉ † ⲗⲟⲅⲟⲥ ϩⲁ

41 ⲣⲟϥ· ⲛ̅ ⲧⲉⲣ ⲉϥϫⲉ ⲛⲁⲓ̈ ⲇⲉ ⲁϥⲕⲁ ⲡⲙⲏ
Chap. ⲛϣⲉ ⲉ ⲃⲟⲗ· ⲙⲛ̅ⲛⲥⲁ ⲧ'ⲣⲉ ⲡⲉϥϣⲧⲟⲣ
XX. 1 ⲧⲣ̅ ⲗⲟ· ⲁ ⲡⲁⲩⲗⲟⲥ ϫⲟⲟⲩ ⲛ̅ⲥⲁ ⲙ̅ ⲙⲁ
ⲑⲏⲧⲏⲥ ⲁϥⲥⲉⲡⲥⲱⲡ[ⲟⲩ] ⲁϥⲁⲥ
ⲡⲁⲍⲉ[10] ⲙ̅ⲙⲟⲟⲩ ⲁϥⲉⲓ ⲉ ⲃⲟⲗ ⲉ ⲃⲱⲕ

2 ⲉⲧⲙⲁⲕⲉⲇⲟⲛⲓⲁ ⲛ̅ ⲧⲉⲣ ⲉϥⲙⲟⲩ
ϣⲧ̅ ⲇⲉ ⲛ̅ ⲛ̅ⲥⲁ ⲉⲧ ⲙ̅ⲙⲁⲩ ⲁⲩⲱ ⲁϥ
ⲥⲉⲡⲥⲱⲡⲟⲩ ϩⲛ̅ ⲟⲩϣⲁϫⲉ ⲉⲛⲁϣⲱϥ

3 ⲁϥⲉⲓ ⲉ ⲑⲉⲗⲗⲁⲥ· ⲁⲩⲱ ⲛ̅ ⲧⲉⲣ ⲉϥⲣ̅ ϩⲙⲉ

---

[1] We may strike out ⲛ̅ ⲛⲉⲓ̈ⲣⲉ ⲅⲁⲣ.
[2] ἱεροσύλους.
[3] H ⲙ̅ⲡⲟⲩϫⲓⲟⲩⲁ, βλασφημοῦντας.
[4] οἱ σὺν αὐτῷ τεχνῖται.   [5] ἀγοραῖος, H ϩⲉⲛⲁⲅⲟⲣⲁⲓⲟⲥ.
[6] ἀνθύπατοί.   [7] H adds ⲡⲁⲩ.   [8] κινδυνεύομεν.
[9] ⲙ̅ⲡⲟⲟⲩ· ⲉⲙⲙⲛ̅ ϩⲱⲃ.   [10] ἀσπασάμενος.

ⲛ̄ϩⲟⲟⲩ[1] ⲙ̄ⲙⲁⲩ ⲉⲁ ⲛ ⲓ̈ⲟⲩⲇⲁⲓ̈ ⲣ̄ ⲟⲩ[ⲕⲣ]ⲟϥ
ⲉ ⲣⲟϥ ⲉϥⲛⲁⲥϭⲏⲣ ⲉ ⲧⲥⲩⲣⲓⲁ· ⲁϥϫⲓ
ϣⲟϫⲛⲉ[2] ⲉ ⲕⲟⲧϥ̄[3] ⲉ ⲧⲙⲁⲕⲉⲇⲟ

4 ⲛⲓⲁ· ⲛⲉϥⲟⲩⲏϩ ⲇⲉ ⲡ̄ⲥⲱϥ ⲛ̄ϭⲓ ⲥⲱ
ⲥⲡⲁⲧⲣⲟⲥ ⲡϣⲏⲣⲉ ⲙ̄ ⲡⲩⲣⲣⲁ ⲡⲉ
ⲃⲟⲗ ϩⲛ̄ ⲃⲉⲣⲟⲓⲁ[4] ⲉ ⲃⲟⲗ ⲇⲉ ϩⲛ̄ ⲑⲉⲥⲥⲁ
ⲗⲟⲛⲓⲕⲏ ⲁⲣⲓⲥⲧⲁⲣⲭⲟⲥ ⲛⲙ̄ [ⲥⲉⲕⲟⲩⲛ]
ⲧⲟⲥ[5] ⲁⲩⲱ [ⲅⲁⲓ̈]ⲟⲥ ⲇⲉⲣⲃⲉⲟⲥ[6] [ⲛⲙ̄ ⲧ]ⲓⲙ
▓▓▓▓▓▓▓▓▓▓▓▓▓▓▓▓▓▓[7]

Fol. 95a
[ⲟⲉ]

5 ▓▓▓▓▓▓▓▓▓▓▓▓▓▓▓▓▓▓
6 ▓▓▓▓▓▓▓ ϩ ▓▓▓▓▓▓▓▓▓
▓▓[ⲉ] ⲃⲟⲗ ϩⲛ̄ ⲛ[ⲫⲓⲗⲓⲡⲡⲟ[ⲥ] ▓▓
▓▓[ⲛⲉϩ]ⲟⲟⲩ ⲉⲧ
▓[ϣⲁ ⲣⲟⲟ]ⲩ ⲡϩⲟⲩⲛ ⲡ̄ϯⲟⲩ ⲛ̄ ϩⲟⲟⲩ▓▓
▓ⲁⲩⲱ ⲁⲛⲣ̄ ⲥⲁϣϥ̄ ⲛ̄ ϩⲟⲟ[ⲩ] ⲙ̄ⲙ[ⲁⲩ]

7 [ⲙ̄ ⲡⲟ]ⲩⲁ ⲇⲉ ⲛ̄ ⲛⲥⲁⲃⲃⲁⲧⲟⲛ ⲉⲛⲥⲟ
[ϩ ⲙ̄] ⲡⲡⲱϩ (sic) ⲙ̄ ⲡⲟⲉⲓⲕ[8]· ⲡⲁⲩⲗⲟⲥ
[ⲇⲉ ⲛ̄]ϥϣⲁϫⲉ ⲛⲙ̄ⲙⲁⲩ ⲡⲉ ⲉϥⲛⲏⲩ ⲉ ⲃⲟⲗ
[ⲙ̄ⲡ]ⲉϥⲣⲁⲥⲧⲉ[9]· ⲛⲉϥⲥⲱⲕ ⲇⲉ ⲙ̄ⲡϣⲁ
[ϫⲉ] ⲡⲉ ϣⲁ ⲧⲡⲁϣⲉ ⲛ̄ ⲧⲉⲩϣⲏ·

8 [ⲛⲉ]ⲩⲛ̄ ϩⲉⲛⲗⲁⲙⲡⲁⲥ ϫⲉⲣⲟ[10] ϩⲛ̄ ⲙ̄
[ⲙⲁ] ⲙ̄ ⲧⲡⲉ[11] ⲉⲛⲥⲟⲟϩ ⲛ̄ ϩⲏⲧϥ̄· ⲁⲩⲱ

[1] 'Forty days.' H ϣⲟⲙⲛ̄ⲧ ⲛ̄ⲉⲃⲟⲧ, μῆνας τρεῖς.
[2] H ⲁϥϣⲟϫⲛⲉ.   [3] H ⲉⲕⲧⲟϥ.   [4] Πύρρου Βεροιαῖος.
[5] Σεκοῦνδος.   [6] Δερβαῖος, H ⲇⲉⲣⲃⲁⲓⲟⲥ.
[7] H ⲧⲓⲙⲟⲑⲉⲟⲥ. ⲉⲃⲟⲗ ϩⲛ̄ ⲧⲉⲫⲉⲥⲟⲥ ⲧⲩⲭⲓⲕⲟⲥ ⲁⲩⲱ ⲧⲣⲟⲫⲓⲙⲟⲥ.
8 ⲛⲁⲓ ⲙⲉⲛ ⲁⲩⲣ̄ϣⲟⲣⲡ̄ ⲁⲩⲱ ⲉⲣⲟⲛ ϩⲛ̄ ⲧⲣⲱⲁⲥ. 6 ⲁⲛⲟⲛ ⲇⲉ ⲁⲛⲥϭⲏⲣ
ⲉⲃⲟⲗ ϩⲛ̄ ⲛⲉⲫⲓⲗⲓⲡⲡⲟⲥ ⲙ̄ⲛ̄ⲛ̄ⲥⲁ ⲛⲉϩⲟⲟⲩ ⲛ̄ⲛ̄ⲡⲁⲑⲁⲃ. ⲁⲛⲉⲓ ϣⲁⲣⲟⲩ
ⲡϩⲟⲩⲛ ⲡ̄ϯⲟⲩ ⲛ̄ϩⲟⲟⲩ ⲉ ⲧⲣⲱⲁⲥ. ⲁⲩⲱ ⲁⲛⲣ̄ ⲥⲁϣϥ̄ ⲛ̄ϩⲟⲟⲩ ⲙ̄ⲙⲁⲩ.
[8] H ⲉⲛⲥⲟⲟϩ ϩⲙ̄ ⲡⲡⲱϣ ⲙ̄ⲡⲟⲉⲓⲕ.
[9] μέλλων ἐξιέναι τῇ ἐπαύριον.
[10] 'There were lamps burning in the upper chamber.' There is no equivalent in the Coptic for ἱκαναί. H ϩⲉⲛⲗⲁⲙⲡⲁⲥ ⲇⲉ ⲉⲛⲁϣⲱⲟⲩ ϫⲉⲣⲟ.
[11] ἐν τῷ ὑπερῴῳ.

9 [ⲛ]ⲉⲟⲧⲛ ⲟⲩϣⲣ̄ϣⲓⲣⲉ ϩⲙⲟⲟⲥ ϩⲓϫⲛ̄
[ⲟⲩ]ϣⲟⲩϣⲧ̄ ⲉ ⲡⲉϥⲣⲁⲛ ⲡⲉ ⲉⲩⲧⲩⲭⲱⲥ
[ⲉ]ⲣⲉ ⲟⲩⲛⲟϭ ⲛ̄ϩⲓⲛⲏⲃ ⲥⲱⲕ ⲙ̄ⲙⲟϥ·
[ⲉ]ⲣⲉ ⲡⲁⲩⲗⲟⲥ ϣⲁϫⲉ ⲁ ⲡϩⲓⲛⲏⲃ ϩⲣⲟϣ
ⲉ ϩⲣⲁⲓ̈ ⲉ ϫⲱϥ ⲉ ⲡⲉϩⲟⲩⲟ· ⲁϥϩⲉ ⲉ ⲃⲟⲗ
[ϩ]ⲓϫⲛ̄¹ ⲧⲙⲉϩ ϣⲟⲙⲧⲉ² ⲛ̄ ϩⲉ ⲉ ⲡⲉ
ⲥⲏⲧ·̕ ⲁⲩⲱ ⲁⲩϥⲓⲧϥ̄ ⲉϥⲙⲟⲟⲩⲧ·

10 ⲁ ⲡⲁⲩⲗⲟⲥ ⲇⲉ ⲉⲓ ⲉ ⲡⲉⲥⲏⲧ·̕ ⲁϥⲡⲁ
ϩⲧϥ̄ ⲉ ϩⲣⲁⲓ̈ ⲉ ϫⲱϥ ⲁⲩⲱ ⲛ̄ ⲧⲉⲣⲉ ϥϩⲱ
[ⲗϭ̄] ⲉ ⲣⲟϥ ⲡⲉϫⲁϥ ⲛⲁⲩ ϫⲉ ⲙ̄ⲡⲣ ϣⲧⲟⲣ
ⲧⲣ̄ ⲧⲉϥⲯⲩ[ⲭ]ⲏ ⲅⲁⲣ ϣⲟⲟⲡ ⲛ̄ ϩⲏⲧϥ̄·

11 [ⲛ̄] ⲧⲉⲣ ⲉϥ[ⲃⲱ]ⲕ ⲇⲉ ⲉ ϩⲣⲁⲓ̈ ⲉ ϫⲱϥ
[ⲁϥ]ⲡⲱϩ³ [ⲙ̄] ⲡⲟⲉⲓⲕ ⲁϥϫⲓ⁴· ⲁⲩⲱ ⲁϥ
[ⲱⲥⲛ̄ ⲁϥϣ]ⲁϫⲉ ⲛⲙ̄ⲙⲁⲩ ϣⲁⲛⲧⲉ
▬▬▬[ⲡⲣⲏ] ϣⲁ⁵· ⲁⲩⲱ ⲛ̄ ⲧ̕ⲉⲓ ϩⲉ ⲁϥⲉⲓ

12 ▬▬[ⲉ ⲃⲟⲗ ⲁⲩⲱ]· ⲁⲩⲉⲓⲛⲉ ⲙ̄ⲡϣⲏⲣⲉ ϣⲏⲙ
[ⲉϥⲟⲛⲁϩ ⲁⲩ]ⲱ ⲁϥⲥⲉⲡⲥⲱⲡⲟⲩ ⲉ ⲙⲁ

13 [ⲧⲉ ⲁⲛⲟⲛ ⲇⲉ] ⲁⲛⲣ̄ϣⲟⲣⲡ̄ ⲉ ⲃⲟⲗ ⲉ
[ⲡϫⲟⲓ· ⲁⲛⲥ]ϭⲏⲣ ⲉ ϩⲣⲁⲓ̈ ⲉ ⲑⲁⲣⲥⲟⲥ⁶
▬▬▬▬ⲗⲉ ⲡⲁⲩⲗⲟⲥ ⲙ̄ⲙⲁⲩ⁷·
[ⲧⲁⲓ̈ ⲅⲁⲣ ⲧⲉ] ⲑⲉ ⲛ̄ⲧ ⲁϥⲧⲟ[ϣ]ⲥ̄ ⲛ[ⲙ̄]
[ⲙⲁⲛ ⲉϥ]ⲛⲁ ⲙⲟⲟϣⲉ⁸ ⲛ̄ⲧⲟϥ ⲛ̄

14 [ⲣⲁⲧϥ·̕ ⲛ̄ ⲧⲉ]ⲣ ⲉϥⲧⲱⲙⲛ̄ⲧ ⲉ ⲣⲟⲛ
[ϩⲛ̄ ⲑⲁⲥⲟ]ⲥ ⲁⲛⲟⲛ ⲁⲛⲧⲁⲗⲟϥ ⲁⲛⲉⲓ

15 [ⲉ ⲙⲓⲧⲩⲗⲏ]ⲛⲏ· ⲙ̄ ⲡⲉϥⲣⲁⲥⲧⲉ ⲇⲉ
[ⲁⲛⲥϭⲏⲣ ⲉ] ⲃⲟⲗ ϩⲙ̄ ⲡ[ⲙⲁ ⲉ]ⲧ ⲙ̄ⲙⲁⲩ

---

¹ H ⲉⲃⲟⲗ ϫⲓⲛ.   ² ἀπὸ τοῦ τριστέγου.

³ For ⲁϥⲡⲱϣ.

⁴ 'He took' = γευσάμενος.

⁵ 'Until sunrise.' H 'until it was light', ϣⲁⲛⲧⲉ ⲡⲟⲩⲟⲉⲓⲛ ⲡⲉ, ἄχρις αὐγῆς.

⁶ ἐπὶ τὴν Ἄσσον, H ⲉⲑⲁⲥⲟⲥ.

⁷ H ϫⲉ ⲉⲡⲉⲧⲁⲗⲉ ⲡⲁⲩⲗⲟⲥ ⲙ̄ⲙⲁⲩ.

⁸ H ⲉϥⲛⲁⲙⲟⲟϣⲉ.

ACTS XX. 15-20

[ⲛ̄ ⲧ]ⲉⲣ [ⲉϥⲥⲱ ϩⲛ̄]
[ⲙ̄ⲡ]ⲉϥⲣⲁⲥ[ⲧⲉ ⲇⲉ]
16 ⲛⲉⲁ ⲡ[ⲁⲩⲗⲟⲥ]
[ⲅⲁⲣ ⲕⲣⲓⲛ]ⲉ ⲉ[ⲧⲙ̄ ⲙⲟ]ⲟⲛⲉ ⲉⲧⲉ [ϥⲉ]
[ⲥⲥ]ⲟⲥ [ϫⲉ ⲕⲁⲁⲥ] ⲛ̄ⲛⲉ ϥⲱ[ⲥⲕ̄ ϩⲛ̄]
ⲧⲁⲥⲓⲁ· ⲛⲉϥϭⲉⲡⲏ ⲅⲁⲣ ⲡⲉ ⲉ[ϣⲱ]·
ⲡⲉ ⲉϣⲱⲡⲉ ⲉϥⲛⲁϣϭⲙ̄[ϭⲟⲙ]
ⲉⲣ ⲡⲉϩⲟⲟⲩ ⲛ̄ ⲧⲡⲉⲛⲧ'ⲏⲕⲟ[ⲥⲧⲏ]
17 ϩⲛ̄ ⲑⲓⲉⲣⲟⲩⲥⲁⲗⲏⲙ· ⲉ ⲃⲟⲗ ⲇⲉ ϩⲙ̄ [ⲙⲓ]
ⲗⲏⲧⲟⲥ ⲁϥϫⲟⲟⲩ ⲉ ⲉⲫⲉⲥⲥⲟ[ⲥ ⲁϥ]
ⲙⲟⲩⲧⲉ ⲉ ⲛⲉⲡⲣⲉⲥⲃ̄ⲧ'ⲉⲣⲟⲥ [ⲛ̄ ⲧⲉⲕ]
18 ⲕⲗⲏⲥⲓⲁ· ⲛ̄ ⲧⲉⲣ ⲟⲩⲉⲓ ⲇⲉ ϣⲁ ⲣⲟϥ [2]
ⲡⲉϫⲁϥ ⲛⲁⲩ ϫⲉ ⲛ̄ⲧⲱⲧⲛ̄ ⲧⲉⲧⲛ̄
ⲥⲟⲟⲩⲛ ⲛⲉⲥⲛⲏⲩ [3] ϫⲉ ϫⲓⲛ ⲡϣⲟ[ⲣⲡ̄] [4]
ⲛ̄ϩⲟⲟⲩ ⲛ̄ⲧ ⲁⲓⲟⲩⲉϩ ⲣⲁⲧ ϩⲛ̄ ⲧ[ⲁⲥⲓⲁ]
ⲛ̄ⲑⲉ ⲛ̄ⲧ ⲁⲓⲣ̄ ⲡⲉⲩⲟⲉⲓϣ ⲧⲏⲣϥ̄ [ⲛⲙ̄]
19 ⲙⲏⲧⲛ̄· ⲉⲓⲟ ⲛ̄ ϩⲙ̄ϩⲁⲗ ⲙ̄ ⲡϫⲟⲉⲓ[ⲥ]
ϩⲛ̄ ⲛ ⲛⲟϭ ⲛ̄ ⲑⲃ̄ⲃⲓⲟ ⲛⲓⲙ [5] ⲁⲩⲱ ϩⲛ̄
ϩⲉⲛⲣⲙ̄ⲉⲓⲟⲟⲩⲉ ⲁⲩⲱ ⲙ̄ ⲡⲓⲣⲁⲥⲙ[ⲟⲥ]
ⲛ̄ⲧ ⲁⲩϣⲱⲡⲉ ⲙ̄ⲙⲟⲓ ϩⲛ̄ ϩⲉⲛⲉⲡⲓ
20 ⲃⲟⲩⲗⲏ [6] ⲛ̄ⲓ̈ⲟⲩⲇⲁⲓ̈· ϫⲉ [ⲙ̄]ⲡⲓ ϩⲉ[ⲡ] ⲗⲁⲁⲩ
ⲛ̄ ⲛⲉⲧ ⲣ̄ ⲛⲟϥⲣⲉ ⲛⲏ[ⲧ]ⲛ̄ ⲉ ⲧⲙ̄ [ⲧⲁ]
ⲙⲱⲧⲛ̄ ⲉ ⲣⲟⲟⲩ· ⲁⲩⲱ ⲉ ϯⲥⲃⲱ [7] ⲛⲏ
ⲧⲛ̄ ⲇⲏⲙⲟⲥⲓⲁ ⲁⲩⲱ [ϩⲙ̄] ⲛ̄ⲛⲉⲓ· [ⲉⲓ]

---

[1] H ⲁⲛⲉⲓ ⲙ̄ⲡⲉⲙ̄ⲧⲟ ⲉⲃⲟⲗ ⲛ̄ⲭⲓⲟⲥ. ⲙ̄ⲡⲉϥⲣⲁⲥⲧⲉ ⲇⲉ ⲁⲛⲙⲟⲟⲛⲉ ⲉⲥⲁⲙⲟⲥ ⲁⲩⲱ ⲛ̄ⲧⲉⲣⲉϥϭⲱ ϩⲛ̄ ⲧⲣⲱⲅⲩⲗⲓⲟⲥ. ⲙ̄ⲡⲉϥⲣⲁⲥⲧⲉ ⲇⲉ ⲁⲛⲉⲓ ⲉⲙⲓⲗⲏⲧⲟⲥ.

[2] H omits ϣⲁ ⲣⲟϥ.

[3] H ⲛⲉⲥⲛⲏⲩ ⲧⲉⲧⲛ̄ⲥⲟⲟⲩⲛ̄.   [4] H ⲙ̄ⲡϣⲱⲣⲡ̄.

[5] 'In great humility of every kind.' H ϩⲛ̄ ⲑⲃ̄ⲃⲓⲟ, μετὰ πάσης ταπεινοφροσύνης.

[6] ἐν ταῖς ἐπιβουλαῖς.   [7] H ⲉⲓϯⲥⲃⲱ.

21 ⲣ̄ ⲙⲛ̄ⲧⲣⲉ ⲛ̄ ⲓ̈ⲟⲩⲇⲁⲓ̈ [ⲛⲙ̄ ⲛ̄ϩⲉⲗⲗⲏⲛ]
   ⲛ̄ ⲧⲙⲉⲧⲁⲛⲟⲓⲁ ⲉ ϩⲟ[ⲩⲛ ⲉ ⲡϫⲟⲉⲓⲥ]
   ⲁⲩⲱ ⲧⲡⲓⲥⲧⲓⲥ ⲉ ϩⲟⲩ[ⲛ ⲉ ⲡⲉⲛϫⲟ]
22 ⲉⲓⲥ ⲓⲥ̄[1]· ⲧⲉⲛⲟⲩ ϭⲉ ⲁⲛⲟ[ⲕ] ▓▓▓▓
   ⲡⲉⲡⲛⲁ̄[2] ⲉⲓ̈ⲛⲁⲃⲱⲕ [ⲉ ϩⲣⲁⲓ̈ ⲉ ⲑⲓⲉ]
   ⲣⲟⲩⲥⲁⲗⲏⲙ ⲉⲛϯⲥ[ⲟⲟⲩⲛ ⲁⲛ ⲛ̄]
23 ⲛⲉⲧ ⲛⲁϣⲱⲡⲉ ⲙ̄[ⲙⲟⲓ̈ ⲙ̄ⲙⲁⲩ][3]·
   [ⲡ]ⲗⲏ[ⲛ] ⲡⲉⲡⲛⲁ̄ ⲉⲧ[ⲟⲩⲁⲁⲃ ⲣ̄ ⲙⲛ̄]
   ⲧⲣⲉ ⲛⲙ̄ⲙⲁⲓ̈ ⲕⲁⲧⲁ [ⲡⲟⲗⲓⲥ ⲉϥ]
   ϫⲱ ⲙ̄ⲙⲟⲥ ϫⲉ ⲟⲩⲛ [ϩⲉⲛⲙ̄ⲣ̄ⲣⲉ]
   ⲛⲙ̄ ϩⲉⲛⲑⲗⲓⲯⲓⲥ ϭⲉ[ⲉⲧ ⲉ ⲣⲟⲕ]
24 ϩⲛ̄ ⲑⲓⲉⲣⲟⲩⲥⲁⲗⲏⲙ· [ⲁⲗⲗⲁ ⲛ̄ ϯⲙⲁ]
   ⲉⲓⲟ ⲁⲛ [ⲛ̄ ⲧ]ⲁ ⲯⲩⲭⲏ ϩ[ⲛ̄ ⲗⲁⲁⲩ ⲛ̄ϣⲁ]
   ϫⲉ ⲛ̄ⲑⲉ ⲛ̄ⲡϫⲱⲕ ⲉ ⲃⲟⲗ ⲙ̄ ⲡⲁ ⲇⲣⲟ
   ⲙⲟⲥ ⲁⲩⲱ ⲧⲇⲓⲁⲕⲟⲛⲓⲁ ⲉⲛⲧ ⲁⲓ̈
   ϫⲓⲧⲥ̄ ⲉ ⲃⲟⲗ ϩⲓⲧⲛ̄ ⲡϫⲟⲉⲓⲥ ⲓⲥ̄ ⲉ ⲧⲣ[ⲁ][4]
   ⲣ̄ ⲙⲛ̄ⲧ'ⲣⲉ ⲛ̄ ⲓ̈ⲟⲩⲇⲁⲓ̈ ⲛⲙ̄ ⲛⲟⲩⲉⲉ[ⲓⲉ]
   ⲛⲓⲛ[5] ⲙ̄ ⲡⲉⲩⲁⲅⲅⲉⲗⲓⲟⲛ ⲛ̄ⲧⲉⲭⲁ[ⲣⲓⲥ]
25 ⲙ̄ ⲡⲛⲟⲩⲧⲉ· ⲧⲉⲛⲟⲩ ϭⲉ ⲉⲓⲥ
   ϩⲏⲧⲉ ⲁⲛⲟⲕ ϯⲥⲟⲟⲩⲛ ϫⲉ ⲛ̄ⲧⲱ
   ⲧⲛ̄ ⲛⲁⲛⲁⲩ ϭⲉ ⲁⲛ[6] ⲉ ⲡⲁ ϩⲟ ϫⲓⲛ [ⲧⲉ]
   ⲛⲟⲩ· ⲛ̄ⲧⲱⲧⲛ̄ ⲧⲏⲣⲧⲛ̄ ⲛⲉ ⲛⲧⲁ ⲉⲓ
   ⲉ ⲃⲟⲗ ϩⲓ ⲧⲟⲟⲧ'ⲟⲩ ⲉⲓ̈ⲕⲏⲣⲩⲥⲥⲉ
26 ⲛ̄ ⲧⲙⲛ̄ⲧⲉⲣⲟ ⲛ̄ ⲓⲥ̄· ⲉ ⲧ'ⲃⲉ ⲡⲁⲓ̈ ϯ[ⲣ̄]
   ⲙⲛ̄ⲧⲣⲉ ⲛⲏⲧⲛ̄ ⲙ̄ ⲡⲟⲟⲩ ⲛ̄ ϩⲟⲟ[ⲩ]
   ϫⲉ ϯⲟⲩⲁⲁⲃ ⲉ ⲃⲟⲗ ϩⲙ̄ ⲡⲉⲥⲛⲟϥ [ⲛ̄]
27 ⲟⲩⲟⲛ ⲛⲓⲙ· ⲙ̄ⲡⲓ ϩⲟⲡⲧ ⲅⲁⲣ ⲉ ⲧ[ⲙ̄ ⲧⲁ]
   ⲙⲱⲧⲛ̄ ⲉ ⲡϣⲟϫⲛⲉ ⲧⲏⲣϥ̄ ⲙ̄ ⲡ[ⲛⲟⲩ]

Fol. 96 a
[ⲟ͞ϛ]

---
[1] The Coptic omits 'Christ'.
[2] Η ⲧⲉⲛⲟⲩ ⲉⲓⲥ ϩⲏⲧⲉ ⲁⲛⲟⲕ ϯⲙⲏⲣ ϩⲙ̄ ⲡⲉⲡⲛⲁ̄.
[3] Η ⲛ̄ϯⲥⲟⲟⲩⲛ ⲁⲛ ⲛ̄ⲡⲉⲧⲛⲁⲧⲱⲙⲛ̄ⲧ ⲉⲣⲟⲓ ⲙ̄ⲙⲁⲩ.
[4] Κυρίου Ἰησοῦ.
[5] The Coptic adds 'to the Jews and Greeks'. Η ⲛ̄ⲟⲩⲉⲉⲓⲉⲛⲓⲛ.
[6] Η ⲛ̄ⲧⲉⲧⲛⲁⲛⲁⲩ ⲁⲛ.

ACTS XX. 28-35

28 τε· προσεχε¹ ερωτⲛ ⲛⲙ ⲡ[ⲟ]
ϩⲉ ⲧⲏⲣϥ· ⲡⲁⲓ ⲉⲛⲧⲁ ⲡⲉ ⲡⲛⲁ² ⲉ[ⲧ ⲟⲩ]
ⲁⲁⲃ ⲕⲁ ⲧⲏⲩⲧⲛ ⲛ ⲛⲉⲡⲓⲥⲕⲟⲡ[ⲟⲥ]
ⲉ ϩⲣⲁⲓ ⲉ ϫⲱϥ ⲉ ⲙⲟⲟⲛⲉ ⲛⲧⲉⲕ
ⲕⲗⲏⲥⲓⲁ ⲙ ⲡϫⲟⲉⲓⲥ· ⲧⲉ ⲛⲧ ⲁϥ[ϫⲡⲟⲥ]
ⲛⲁϥ ⲉ ⲃⲟⲗ ϩⲓⲧⲛ ⲡⲉϥⲥⲛⲟϥ ⲙ[ⲙⲓⲛ]
29 ⲙⲙⲟϥ· ϯⲥⲟⲟⲩⲛ ⲛ³ ⲁⲛⲟⲛ ϫⲉ [ⲙⲛ]
ⲛⲥⲁ ⲧⲣⲁ ⲃⲱⲕ ⲥ[ⲉ]ⲛⲏⲧ ⲉ ϩ[ⲟⲩⲛ]
ⲉ ⲣⲱⲧⲛ ⲛϭⲓ ϩⲉⲛⲟⲩⲱⲛϣ [ⲉⲧϩⲟ]
[ⲣϣ] ⲛⲥⲉϯⲥⲟ ⲁⲛ ⲉ ⲡⲟϩⲉ· [ⲁⲩⲱ]
30 [ⲥⲉ]ⲛⲁⲧⲱⲟⲩⲛ ⲉ ⲃⲟⲗ ⲛ ϩⲏⲧ [ⲧⲏⲩ]
ⲧⲛ ⲛϭⲓ ϩⲉⲛⲣⲱⲙⲉ ⲉⲩϫⲱ ⲛ [ⲛ]
ϣⲁϫⲉ ⲉⲧϭⲟⲟⲙⲉ ⲉ ⲧⲣⲉ ⲩ[ⲡⲱϣ]
[ⲥ] ⲙ ⲙⲁⲑⲏⲧⲏⲥ ϩⲓ ⲡⲁϩⲟⲩ [ⲙⲙⲟ]
31 ⲟⲩ· ⲉ ⲧⲃⲉ ⲡⲁⲓ ϭⲉ ⲣⲟⲉⲓⲥ ⲛ[ⲧⲉⲧⲛ]
[ⲉ]ⲓⲣⲉ ⲙ ⲡ[ⲙ]ⲉⲉⲩⲉ· ϫⲉ ⲉⲓⲥ ϣ[ⲟⲙⲛⲧ]
ⲛⲣⲟⲙⲡⲉ ⲛⲧⲉⲩϣⲏ ⲛⲙ [ⲡⲉϩⲟⲟⲩ]
[ⲙⲡ ⲓⲗⲟ] ⲉⲓϯⲥⲃⲱ ⲙ [ⲡⲟⲩⲁ]
[ⲡⲟⲩⲁ ⲙⲙⲱⲧ]ⲛ ϩⲉⲛⲣⲙ ⲉⲓⲟⲟ[ⲩⲉ]
32 [ⲧⲉⲛⲟⲩ ϭⲉ] ϯϯ ⲙⲙⲱⲧⲛ [ⲉ ⲧⲟⲟ]
[ⲧϥ ⲙ ⲡϫⲟ]ⲉ[ⲓⲥ] ⲛⲙ ⲡϣ[ⲁϫⲉ]▬▬▬▬
▬▬▬▬▬▬▬▬▬▬▬▬▬▬⁴
[ⲕⲗⲏⲣⲟⲛⲟⲙⲓⲁ] ⲛ ⲛⲉⲧ ⲟⲩⲁⲁⲃ ⲧⲏⲣⲟⲩ·   Fol. 96 b
33 [ⲙⲡ] ⲓⲉⲡⲓⲑⲩⲙⲓ ⲉ ⲗⲁⲁⲩ ⲛ ϩⲁⲧ ⲏ   [ⲟⲏ]
34 ⲛⲟⲩⲃ ⲏ ϩⲟⲉⲓⲧⲉ· ⲛⲧⲱⲧⲛ ⲧⲉ
ⲧⲛⲥⲟⲟⲩⲛ ϫⲉ ⲁ ⲛⲉⲓϭⲓϫ ϣⲙϣⲉ⁵
35 ⲛ ⲛⲁⲭⲣⲓⲁ ⲛⲙ ⲛⲉⲧ ⲛⲙⲙⲁⲓ· ⲉⲓ
ⲧⲁⲙⲟ ⲙⲙⲱⲧⲛ ⲉ ϩⲱⲃ ⲛⲓⲙ·

¹ προσέχετε.   ² 'The Holy Spirit', as in the Greek. Ⲏ ⲡⲛⲟⲩⲧⲉ.
³ ἐγὼ οἶδα ὅτι.
⁴ Ⲏ ⲡϣⲁϫⲉ ⲛⲧⲉϥⲭⲁⲣⲓⲥ ⲡⲉⲧⲉⲧⲛϭⲟⲙ ⲙⲙⲟϥ ⲉⲕⲱⲧ ⲙⲙⲱⲧⲛ ⲁⲩⲱ ⲉϯ ⲛⲏⲧⲛ ⲛⲧⲉⲕⲗⲏⲣⲟⲛⲟⲙⲓⲁ.
⁵ 'These hands served for my needs', ὑπηρέτησαν αἱ χεῖρες αὗται.

ϫⲉ ⲧⲁⲓ ⲧⲉ ⲑⲉ ϣϣⲉ ⲉ ⲣⲱⲧⲛ̄
ⲉ ϣⲡ̄ ϩⲓⲥⲉ ⲛ̄ⲧⲉⲧⲛ̄ϥⲓ ϩⲁ ⲛⲉⲧ
ϣⲱⲛⲉ· ⲛ̄ⲧⲉⲧⲛ̄ ⲣ̄ ⲡⲙⲉⲉⲩⲉ ⲙ̄
[ⲡ]ϣⲁϫⲉ ⲙ̄ ⲡϫⲟⲉⲓⲥ ⲓ̄ⲥ̄· ϫⲉ ⲛ̄ⲧⲟϥ
[ⲡ]ⲉ ⲛⲧ ⲁϥϫⲟⲟⲥ· ϫⲉ ⲟⲩⲙⲛ̄ⲧⲙⲁ

36 [ⲕ]ⲁⲣⲓⲟⲥ[1] ⲡⲉ ϯ ⲉϩⲟⲩⲉ ϫⲓ[2]· ⲛ̄ ⲧⲉⲣ ⲉϥ
ⲛ̄ ⲧⲉⲣ ⲉϥϫⲉ ⲛ ⲡⲁⲓ ϫⲉ ⲁϥⲕ[ⲉ]ⲗⲝ̄ ⲛⲉϥ
[ⲡ]ⲁⲧ ⲛⲙ̄ⲙⲁⲩ ⲧⲏⲣⲟⲩ[3]· ⲁⲩϣⲗⲏⲗ·

37 ⲟⲣⲛⲟϭ ⲇⲉ ⲛ̄ⲣⲓⲙⲉ ⲧⲁϩⲉ ⲟⲩⲟⲛ ⲛⲓⲙ
[ⲁⲩ]ⲡⲁϩⲧⲟⲩ ⲉ ϩⲣⲁⲓ ⲉϫⲛ̄ ⲡⲙⲁⲕϩ̄

38 [ⲙ̄] ⲡⲁⲩⲗⲟⲥ· ⲁⲩϯⲡⲉ[4] ⲉ ⲣⲟϥ· ⲉ ⲩⲙⲛ
[ⲁϩ] ⲛ̄ ϩⲏⲧ[5] ⲛ̄ ϩⲟⲩⲟ ⲉϫⲛ̄ ⲡϣⲁ
[ϫⲉ] ⲛ̄ⲧ ⲁϥϫⲟⲟϥ[6] ϫⲉ ⲉⲧⲉⲧⲛ̄ⲁ
[ⲛⲉ]ⲧ ⲧ̄ⲛⲟⲩⲧⲛ̄ ⲁⲛ ⲉ ⲛⲁⲩ ⲉ ⲡⲁ ϩⲟ·
[ⲛ]ⲉⲩⲑⲡⲟ[7] ⲇⲉ ⲙ̄ⲙⲟϥ ⲉ ⲃⲟⲗ ⲉ ⲡϫⲟⲓ·

Chap. [ⲛ̄ ⲧⲉⲣ] ⲉⲥϣⲱⲡⲉ ⲇⲉ ⲉ ⲧ̄ⲣⲉ ⲛⲟⲧⲉ
XXI. 1 [ⲙ̄ⲙⲟ]ⲟⲩ ⲛ̄ⲧⲛ̄[ⲕⲱ] ⲉ ⲃⲟⲗ ⲁⲛⲥϭⲏⲣ
[ⲁⲛⲉⲓ] ⲉ ϩⲣⲁⲓ ⲉ ⲕ[ⲱ· ⲙ̄ⲡⲉϥ]ⲣⲁⲥⲧⲉ
[ⲇⲉ] ⲉ ϩⲣⲟⲇⲟⲥ· ⲉ ⲃⲟⲗ ⲇⲉ ⲙ̄ ⲡⲙⲁ ⲉ

2 [ⲧ ⲙ̄]ⲙⲁⲩ ⲉ ⲡⲁ[ⲧ]ⲁⲣⲁ· ⲙⲡⲛ̄ⲥⲱⲥ[8]
[ⲉ ⲙⲩ]ⲣⲣⲁ· ⲁⲩⲱ ⲛ̄ ⲧⲉⲣ ⲛϩⲉ ⲉⲩϫⲟⲓ
[ⲉϥⲛⲁ]ϫⲓⲟⲟⲣ ⲉ ⲧⲉⲫⲟⲓⲛⲓⲕⲏ ⲁⲛⲧⲁ

3 [ⲗⲉ ⲁⲛ]ⲕⲱ ⲉ ⲃⲟⲗ· ⲛ̄ ⲧⲉⲣ ⲉⲛⲡⲱϩ ⲇⲉ
[ⲉ ⲕⲩⲡ]ⲣⲟⲥ ⲁⲛⲕⲁⲁⲥ ϩⲓ ϩⲃⲟⲩⲣ ⲙ̄ⲙⲟⲛ[9]·
[ⲁⲛⲥ]ϭⲏⲣ ⲉ ⲧ[ⲥⲩⲣⲓⲁ ⲁⲛⲉⲓ] ⲉ ϩⲣⲁⲓ ⲉ ⲧ
[ⲩⲣ]ⲟⲥ· ⲛⲉⲣⲉ ⲡϫⲟⲓ ⲅⲁⲣ ⲛⲁϣⲟ[ⲩⲟ]

4 [ϩⲛ̄ ⲡ]ⲙⲁ ⲉⲧ ⲙ̄ⲙⲁ[ⲩ ·] ▓▓▓
▓▓▓ ⲙ ⲙⲁⲑⲏⲧ[ⲏⲥ ▓▓▓

---

[1] Μακάριον.
[2] H ⲉϩⲟⲩⲉ ⲉϫⲓ.
[3] H omits ⲧⲏⲣⲟⲩ.
[4] H ⲁⲩϯⲡⲉⲓ, κατεφίλουν.
[5] H ⲉⲩⲙⲟⲕϩ̄ ⲡ̄ϩⲏⲧ.
[6] H ⲡⲧⲁϥϫⲟⲟϥ, ᾧ εἰρήκει.
[7] προέπεμπον.
[8] 'Afterwards to Myra.' See Souter's readings to this verse.
[9] καὶ καταλιπόντες αὐτὴν εὐώνυμον.

MS. Oriental 7594, Fol. 96b (Acts of the Apostles xx. 33—xxi. 4)

[ca]ϣϥ ⲛϩⲟⲟⲩ ▬▬▬
[ⲡⲁⲩ]ⲗⲟⲥ ⲡ[ⲉ ▬▬▬] ¹
▬▬▬▬▬▬▬▬▬
▬▬▬▬▬▬▬▬▬

5 [ⲁⲛ]ⲉⲓ ⲉ ⲃⲟⲗ ▬▬▬
[ⲙ̄]ⲙⲟⲛ ⲉ ⲃⲟⲗ ⲧⲏⲣ[ⲟⲩ ⲛⲙ̄ ⲛⲉⲩϩ]
[ⲓⲟ]ⲙⲉ ⲛⲙ̄ ⲛⲉⲩϣⲏⲣ[ⲉ ▬▬]
[ⲛ ⲧ]ⲡⲟⲗⲓⲥ ⲁⲩⲱ ⲛ̄ ⲧ[ⲉⲣ ⲉⲛⲕⲱⲗⲝ]
[ⲛ]ⲉⲛⲡⲁⲧ ϩⲓϫⲛ̄ ⲡ[ⲉⲕ]ⲣⲟ [ⲁⲛϣⲗⲏⲗ·]

6 [ⲁ]ⲩⲱ ⲁⲛⲁⲥⲡⲁⲍⲉ² ⲛ̄ⲛⲉⲛ[ⲉⲣ]ⲏⲩ·
ⲁⲛⲉⲗⲉ³ ⲉ ⲡϫⲟⲉⲓ⁴ ⲛ̄ⲧⲟⲟⲩ ⲇⲉ ⲁⲩ

7 ⲕⲟⲧⲟⲩ ⲉ ⲛⲉⲩⲏⲛⲉⲓ⁵· ⲁⲛⲟⲛ ⲇⲉ
ⲁⲛⲡ̄ⲣⲱⲧ ⲉ ⲃⲟⲗ ϩⲛ̄ ⲧⲩⲣⲟⲥ ⲁⲛ
ⲕⲁⲧⲁⲛⲧⲁ⁶ ⲉ ϩⲣⲁⲓ̈ ⲉ ⲡⲧⲟⲗⲉⲙⲁⲉⲓⲥ
ⲁⲩⲱ ⲛ̄ ⲧⲉⲣ ⲛ̄ⲁⲥⲡⲁⲍⲉ⁷ ⲛ̄ ⲛⲉⲥⲛⲏⲩ
ⲁⲛϭⲱ ϩⲁⲧ'ⲏⲩ⁸ ⲛⲟⲩϩⲟⲟⲩ· ⲙ̄ ⲡⲉϥ

8 ⲣⲁⲥⲧⲉ ⲇⲉ ⲛ̄ ⲧⲉⲣ ⲉⲛⲉⲓ ⲉ ⲃⲟⲗ ⲁⲛⲉⲓ
ⲉ ⲕⲉⲥⲁⲣⲓⲁ⁹ ⲁⲩⲱ ⲁⲛⲃⲱⲕ ⲉ ϩⲟⲩⲛ
ⲉ ⲡⲏⲓ ⲙ̄ ⲫⲓⲗⲓⲡⲡⲟⲥ ⲡⲣⲉϥⲧⲁ
ϣⲟⲉⲓϣ¹⁰ ⲉ ⲟⲩⲁ ϩⲙ̄ ⲡⲥⲁϣϥ ⲡⲉ·

9 ⲁⲛϭⲱ ϩⲁⲧⲏϥ¹¹· ⲡⲁⲓ̈ ⲇⲉ ⲛⲉⲩⲛⲧϥ̄
ϥⲧⲟ ⲛ̄ϣⲉⲉⲣⲉ ⲙ̄ ⲡⲁⲣⲑⲉⲛⲟⲥ

10 ⲉϣⲁⲩⲡⲣⲟⲫⲏⲧⲉⲩⲉ· ⲁⲩⲱ ⲛ̄ ⲧⲉ[ⲣ]

---

¹ H 4 ⲁⲩⲱ ⲛ̄ⲧⲉⲣⲁⲛϩⲉ ⲉⲙ̄ⲙⲁⲑⲏⲧⲏⲥ ⲁⲛϭⲱ ϩⲁⲣⲧⲏⲩ ⲛ̄ⲥⲁϣϥ̄ ⲛ̄ϩⲟⲟⲩ. ⲛⲁⲓ ⲇⲉ ⲛⲉⲩϫⲱ ⲙ̄ⲙⲟⲟⲩ ⲙ̄ ⲡⲁⲩⲗⲟⲥ ⲡⲉ ⲉⲃⲟⲗ ϩⲓⲧⲙ̄ ⲡⲉⲡⲛ̄ⲁ ⲉⲧⲙ̄ⲧⲣⲉϥⲃⲱⲕ ⲉϩⲣⲁⲓ ⲉⲑⲓⲗⲏⲙ. 5 ⲛ̄ⲧⲉⲣⲉⲥϣⲱⲡⲉ ⲇⲉ ⲉⲧⲣⲉⲛϫⲱⲕ ⲉⲃⲟⲗ ⲛ̄ⲛⲉⲓϩⲟⲟⲩ ⲁⲛⲉⲓ ⲉⲃⲟⲗ ⲁⲛⲙⲟⲟϣⲉ ⲉⲧⲉⲑⲟ ⲙ̄ⲙⲟⲛ ⲉⲃⲟⲗ ⲧⲏⲣⲟⲩ ⲙⲛ̄ ⲛⲉⲩϩⲓⲟⲙⲉ ⲙⲛ̄ ⲛⲉⲩϣⲏⲣⲉ ϣⲁ ⲡⲃⲟⲗ ⲛ̄ⲧⲡⲟⲗⲓⲥ.
² ἀπησπασάμεθα. ³ H ⲁⲡⲁⲗⲉ. ⁴ For ⲉ ⲡϫⲟⲓ̈.
⁵ For ⲉ ⲡⲉⲩⲏⲓ. ⁶ κατηντήσαμεν.
⁷ ἀσπασάμενοι. ⁸ For ϩⲁⲣⲧⲏⲩ.
⁹ ἐξελθόντες ἤλθομεν εἰς Καισάρειαν, H ⲉⲃⲟⲗ ⲁⲛⲙⲟⲟϣⲉ ⲁⲛⲃⲱⲕ ⲉⲧⲕⲁⲓⲥⲁⲣⲓⲁ.
¹⁰ For ⲡⲉϥⲧⲁϣⲉⲟⲉⲓϣ. ¹¹ For ϩⲁⲣⲧⲏϥ.

ⲉⲛⲥⲱ¹ ⲙ̄ⲙⲁⲩ ⲛ̄ ϩⲁϩ ⲛ̄ϩⲟⲟⲩ ⲁⲩ
ⲡ'ⲣⲟⲫⲏⲧ'ⲏⲥ ⲉⲓ ⲉ ⲃⲟⲗ ϩⲛ̄ ϯⲟⲩ

11 ⲇⲁⲓⲁ ⲉ ⲡⲉϥⲣⲁⲛ ⲡⲉ ⲁⲅⲁⲃⲟⲥ· ⲁⲩ[ⲱ]
ⲛ̄ ⲧⲉⲣ ⲉϥⲉⲓ ϣⲁ ⲣⲟⲛ ⲁϥϥⲓ ⲡⲙ[ⲟ]
[ϫϩ̄]² ⲙ̄ ⲡⲁⲩⲗⲟⲥ· ⲁϥⲙⲟⲩⲣ ⲛ̄ ⲛⲉϥ
ϭⲓϫ ⲛⲙ̄ ⲛⲉϥⲟⲩⲉⲣⲏⲧⲉ ⲡⲉϫⲁϥ
ϫⲉ ⲛⲁⲓ ⲛⲉⲧ ⲉⲣⲉ ⲡⲉⲡⲛ̄ⲁ ⲉⲧ ⲟⲩ
ⲁⲁⲃ ϫⲱ ⲙ̄ⲙⲟⲟⲩ· ϫⲉ ⲡⲣⲱⲙⲉ ⲉ
ⲧⲉ ⲡⲱϥ ⲡⲉ ⲡⲉⲓ ⲙⲟⲭϩ̄ ⲥⲉⲛⲁ
[ⲙⲟⲣ]ϥ̄ ⲛ̄ ⲧⲉⲓ ϩⲉ ϩⲛ̄ ⲑⲓⲉⲣⲟⲩⲥⲁⲗⲏⲙ
[ⲛ̄ϭⲓ] ⲛ̄ ⲓ̈ⲟⲩⲇⲁⲓ̈· ⲁⲩⲱ ▨ⲁⲁϥ³
ⲉ ϩⲣⲁⲓ̈ ⲉⲛϭⲓϫ ⲛ̄ ⲛ̄ϩⲉⲑⲛⲟⲥ· ⲛ̄ ⲧⲉⲣ

12 [ⲉ]ⲛⲥⲱⲧⲙ̄ ⲇⲉ ⲉ ⲛⲁⲓ ⲁⲛⲥⲉⲡ
[ⲥ]ⲉⲡⲥⲱⲡϥ̄⁴ ⲁⲛⲟⲛ ⲛⲙ̄ ⲛⲉⲧ ⲙ̄
[ⲡ]ⲙⲁ ⲉⲧ ⲙ̄ⲙⲁⲩ ⲉ ⲧⲙ̄ ⲧⲣⲉ ϥⲃⲱ[ⲕ]

13 [ⲉ ϩ]ⲣⲁⲓ̈ ⲉ ⲑⲓⲉⲣⲟ[ⲩⲥ]ⲁⲗⲏⲙ· ⲧⲟⲧ[ⲉ]
▨▨▨▨▨▨▨▨▨▨▨⁵
▨▨▨▨▨▨▨▨▨▨▨
▨▨▨▨▨▨ⲁⲩⲱ ⲉ▨
▨▨▨▨▨ⲙ̄ ⲡⲁϩⲏⲧ ⲁⲛⲟⲛ
▨▨▨▨▨ⲙⲟⲛⲟⲛ ⲉ ⲧⲣⲉ▨
▨▨▨[ⲁⲗⲗⲁ ⲉ ⲧ]ⲣⲁ ⲙⲟⲩ ϩⲛ̄ ⲧϩ[ⲓⲉ]
ⲣⲟⲩ[ⲥⲁ]ⲗⲏⲙ ϩⲁ ⲡⲣⲁⲛ ⲙ̄ ⲡϫⲟⲉⲓⲥ [ⲓ̄ⲥ̄]·

14 ⲛ̄ ⲧⲉⲣ ⲉϥ ⲧⲙ̄ ⲡⲓⲑⲉ⁶ ⲇⲉ ⲁⲛⲕⲁ ⲣ[ⲱⲛ]
ⲉⲛϫⲱ ⲙ̄ⲙⲟⲥ ϫⲉ ⲙⲁⲣⲉ ⲡⲟⲩⲱϣ

15 ⲙ̄ ⲡϫⲟⲉⲓⲥ ϣⲱⲡⲉ· ⲛⲙ̄ⲛ̄ⲥⲁ (sic) ⲛⲉⲓ̈
ϩⲟⲟⲩ ⲇⲉ ⲁⲛⲥⲃ̄ⲧⲱⲧⲛ̄ ⲁⲛⲙⲟⲟϣ[ⲉ]

---

[1] ἐπιμενόντων, H ⲛ̄ⲧⲉⲣⲉⲛϭⲱ.
[2] τὴν ζώνην.   [3] H ⲛ̄ⲥⲉⲧⲁⲁϥ.
[4] A mistake for ⲁⲛⲥⲉⲡⲥⲱⲡϥ̄.
[5] H 13 ⲧⲟⲧⲉ ⲁ ⲡⲁⲩⲗⲟⲥ ⲟⲩⲱϣⲃ̄ ⲉϥϫⲱ ⲙ̄ⲙⲟⲥ. ϫⲉ ⲟⲩ ⲡⲉ ⲡⲉⲧⲉⲧⲛ̄ⲉⲓⲣⲉ ⲙ̄ⲙⲟϥ ⲉⲧⲉⲧⲛ̄ⲣⲓⲙⲉ ⲁⲩⲱ ⲉⲧⲉⲧⲛ̄ⲟⲩⲱϣϥ̄ ⲙ̄ⲡⲁϩⲏⲧ ⲁⲛⲟⲕ ⲅⲁⲣ ϯⲥⲃ̄ⲧⲱⲧ ⲟⲩ ⲙⲟⲛⲟⲛ ⲉⲧⲣⲉⲩⲙⲟⲣⲧ̄ ⲁⲗⲗⲁ ⲉⲧⲣⲁⲙⲟⲩ.
[6] μὴ πειθομένου.

16 ⲉ ϩⲣⲁⲓ ⲉ ⲑⲓⲉⲣⲟⲩⲥⲁⲗⲏⲙ· ⲛ̄ϭⲓ¹
ⲙⲁⲑⲏⲧⲏⲥ ⲉⲧ ϩⲛ̄ ⲕⲉⲥⲁⲣⲓⲁ
ⲁⲩϫⲓⲧⲛ̄ ϣⲁ ⲟⲩⲙⲁⲑⲏⲧⲏⲥ ⲛ̄
ⲡⲁⲣⲭⲁⲓⲟⲥ ⲛ̄ ⲕⲩⲡⲣⲓⲟⲥ ⲛ̄ⲙ̄ⲁ

17 ⲥⲱⲛ ⲉ ⲧⲣⲉ ⲛ̄ⲥⲟⲉⲓⲗⲉ ⲉ ⲣⲟϥ ⲛ̄ ⲧ[ⲉ]
ⲣ ⲉⲛⲡⲱϩ ⲇⲉ ⲉ ϩⲣⲁⲓ ⲉ ⲑⲓⲉⲣⲟⲩ
ⲥⲁⲗⲏⲙ ⲁ ⲛⲉⲥⲛⲏⲩ ϣⲟⲡⲛ̄ ⲉ ⲣⲟ

18 ⲟⲩ ϩⲛ̄ ⲟⲩⲣⲁϣⲉ· ⲙ̄ ⲡⲉϥⲣⲁⲥⲧⲉ
ⲇⲉ ⲡⲁⲩⲗⲟⲥ ⲁϥⲉⲓ ⲛ̄ⲙ̄ⲙⲁⲛ ⲉ ϩⲟⲩ[ⲛ]
ϣⲁ ⲓⲁⲕⲕⲱⲃⲟⲥ²· ⲛⲉⲩⲥⲟⲟⲩϩ ⲇⲉ [ⲉ]
ⲣⲟϥ ⲡⲉ ⲛ̄ ⲛⲉ ⲛ̄ⲡⲣⲉⲥⲃⲩⲧⲉ

19 ⲣⲟⲥ³· ⲛⲁⲓ ⲛ̄ ⲧⲉⲣ ⲉϥⲁⲥⲡⲁⲍⲉ ⲙ̄
ⲙⲟⲟⲩ ⲁϥϩⲙⲟⲟⲥ· ⲁϥⲧⲁⲩ ⲉ ⲡⲟⲩ[ⲁ]
ⲡⲟⲩⲁ ⲛ̄ ⲛⲉϩⲃⲏⲩⲉ ⲉⲛⲧⲁ ⲡⲛⲟⲩ
ⲧⲉ ⲁⲁⲩ ⲛ̄ ⲛϩⲉⲑⲛⲟⲥ ⲉ ⲃⲟⲗ ϩ[ⲛ̄]

20 ⲧⲉϥⲇⲓⲁⲕⲟⲛⲓⲁ· ⲛ̄ⲧⲟⲟⲩ ⲇⲉ ⲛ̄ [ⲧⲉ]
ⲣ ⲟⲩⲥⲱⲧⲙ̄ ⲇⲉ ⲁⲩϯ ⲉⲟⲟⲩ ⲙ̄ ⲡ[ϫⲟ]
ⲉⲓⲥ· ⲁⲩⲱ ⲡⲉϫⲁⲩ ⲛⲁϥ ϫⲉ ⲕⲛⲁ[ⲩ]
[ⲡ]ⲥⲟⲛ [ϫⲉ] ⲟⲩⲛ ⲟⲩⲏⲣ ⲛ̄ⲧ'ⲃ[ⲁ ϣⲟ]
ⲟⲡ [ⲛ ⲛⲉ] ⲛ̄ⲧ ⲁⲩⲡⲓⲥⲧⲉⲩⲉ [ϩⲛ̄ ⲧ]
ⲟⲩⲇⲁⲓⲁ· ⲁⲩⲱ ⲛ̄ⲧⲟⲟⲩ ⲧ'ⲏⲣⲟ[ⲩ]

21 ⲥⲉⲟ ⲛ̄ ⲣⲉϥⲕⲱϩ ⲉ ⲡⲛⲟⲙⲟⲥ· ⲁ[ⲩ]
ⲥⲱⲧⲙ̄ ⲇⲉ ⲟⲛ ⲉ ⲧⲃⲏⲏⲧⲛ̄ ϫⲉ [ⲕϯ]
ⲥⲃⲱ ⲛ ⲛⲓⲟ[ⲩⲇ]ⲁⲓ ⲧⲏⲣⲟⲩ ⲉ[ⲧ ϩⲛ̄]

Fol. 98 a
[ⲡⲁ]

---

[1] 'The disciples who were in Caesarea took us to an old disciple, a Cyprian, Nemasôn, that we might sojourn with him.' συνῆλθον δὲ καὶ τῶν μαθητῶν ἀπὸ Καισαρείας σὺν ἡμῖν, ἄγοντες παρ' ᾧ ξενισθῶμεν Μνάσωνί τινι Κυπρίῳ, ἀρχαίῳ μαθητῇ.

[2] Η ιακωβοϲ.   [3] Η ⲛ̄ϭⲓ ϩⲉⲛⲡⲣⲉⲥⲃⲩⲧⲉⲣⲟⲥ.

[4] Η ⲉⲧϩⲙ̄ ⲡⲕⲟⲥⲙⲟⲥ ⲉⲧⲣⲉⲧⲥⲁϩⲱⲟⲩ ⲉⲃⲟⲗ ⲙ̄ⲙⲱⲩⲥⲏⲥ. ⲉⲕϫⲱ ⲙ̄ⲙⲟⲥ ⲛⲁⲩ ⲉⲧⲙ̄ⲥⲃ̄ⲃⲉ ⲛⲉⲩϣⲏⲣⲉ. ⲁⲩⲱ ⲉⲧⲙ̄ⲙⲟⲟϣⲉ ϩⲛ̄ ⲛⲉⲩⲥⲱⲛⲧ̄. 22 ⲟⲩ ϭⲉ ⲡⲉⲧⲛⲁϣⲱⲡⲉ ⲡⲁⲛⲧⲱⲥ ⲥⲉⲛⲁⲥⲱⲧⲙ̄.

ACTS XXI. 21–27

[ⲉⲧⲁⲩ] ⲥⲃ[ⲃⲉ ▓▓▓▓▓▓▓▓]
ⲙⲟⲟϣⲉ ϩⲛ ⲛⲉⲩⲥⲱ[ⲛⲧ· ⲟⲩ ϭⲉ ⲡⲉ]

22 ⲧ ⲛⲁϣⲱⲡⲉ ⲡⲁⲛⲧ[ⲱⲥ ⲥⲉⲛⲁ]

23 ⲥ[ⲱⲧⲙ] ϫⲉ ⲁⲕⲉⲓ· ⲁⲣⲓ [ⲡⲁⲓ ϭⲉ ⲉⲧ ⲛ̄]
ϫ[ⲱ] ⲙ̄ⲙⲟϥ ⲛⲁⲕ· ⲟⲩⲛ ϥⲧⲟⲟⲩ ⲛ̄ ⲣ[ⲱ]
ⲙⲉ ϣⲟⲟⲡ ⲛⲁⲛ ⲛⲉ ⲟⲩⲛⲧⲁⲩ ⲙ̄ⲙⲁⲩ

24 ⲛⲟⲩⲉⲣⲏⲧ ϩⲁ ⲣⲟⲟⲩ ⲙⲁⲩⲁⲁⲩ· ⲛⲁⲓ ϫⲓ
ⲧⲟⲩ ⲛ̄ⲅ̄ ⲧⲃ̄ⲃⲟⲕ ⲛⲙ̄ⲙⲁⲩ· ⲁⲩⲱ ⲛ̄ⲅ̄ ϫⲟ
ⲉ ⲃⲟⲗ ⲉⲕⲉϣ ⲉ ⲧⲣⲉ ⲩϭⲉⲕⲉ[1] ϫⲱⲟⲩ·
ⲁⲩⲱ ⲥⲉⲛⲁⲉⲓⲙⲉ ⲧⲏⲣⲟⲩ ϫⲉ ϩⲉⲛ
ϭⲟⲗ ⲛⲉ ⲛⲉ ⲛⲧ ⲁⲩⲥⲟⲧ'ⲙⲟⲩ ⲉ ⲧⲃⲏ
ⲏⲧⲕ̄· ⲁⲗⲗⲁ ϫⲉ ⲛ̄ⲧⲟⲕ ϩⲱⲱⲕ ⲟⲛ
ⲕⲁϩⲉ ⲉ ⲡⲛⲟⲙⲟⲥ· ⲉⲕϩⲁⲣⲉϩ ⲉ ⲣⲟϥ

25 ⲉ ⲧⲃⲉ ⲛ̄ ϩⲉⲑⲛⲟⲥ ϫⲉ ⲛⲧ ⲁⲩⲡⲓⲥ
ⲧⲉⲩⲉ ⲙⲛ̄ⲧⲟⲩ ⲗⲁⲁⲩ ⲛ̄ϣⲁϫⲉ ⲉ ϫⲱ
ⲛⲁⲕ[2]· ⲁⲛⲟⲛ ⲅⲁⲣ ⲁⲛⲕⲣⲓⲛⲉ ⲁⲩⲱ ⲁⲛ
ⲥϩⲁⲓ[3] ⲛⲁⲩ ⲉ ⲧⲣⲉ ⲩϩⲁⲣⲉϩ ⲉ ⲛϣⲱⲧ
ⲛ̄ⲓⲇⲱⲗⲟⲛ[4] ⲛⲙ̄ ⲡⲉⲥⲛⲟϥ ⲛ̄ ⲛⲉⲧ

26 ⲙⲟⲟⲩⲧ· ⲁⲩⲱ ⲧⲡⲟⲣⲛⲓⲁ[5] ⲧⲟⲧⲉ
ⲡⲁⲩⲗⲟⲥ ⲁϥϫⲓ ⲛ̄ ⲛ̄ⲣⲱⲙⲉ ⲙ̄ ⲡⲉϥ
ⲣⲁⲥⲧⲉ ⲁϥⲧⲃ̄ⲃⲟϥ ⲛⲙ̄ⲙⲁⲩ ⲁϥⲃⲱⲕ
ⲉ ϩⲟⲩⲛ ⲉ ⲡⲉⲣⲡⲉ ⲉ ⲧⲁⲩⲟ ⲛ̄ ⲛⲉϩⲟ
ⲟⲩ ⲙ̄ ⲡϫⲱⲕ ⲉ ⲃⲟⲗ ⲙ̄ ⲡⲧⲃ̄ⲃⲟ ϣⲁⲛ
ⲧ ⲟⲩⲧⲁⲗⲉ ⲟⲩⲥⲓⲁ ⲉ ϩⲣⲁⲓ ϩⲁ ⲡ[ⲟⲩⲁ]

27 ⲡⲟⲩⲁ ⲙ̄ⲙⲟⲟⲩ· ⲛ̄ ⲧⲉⲣⲉ ⲡⲥⲁϣϥ̄ ⲇⲉ
ⲛ̄ ϩⲟⲟⲩ ϫⲱⲕ ⲉ ⲃⲟⲗ ⲛ̄ ⲓⲟⲩⲇⲁⲓ
ⲛ ⲉ ⲃⲟⲗ ϩⲛ̄ ⲧⲁⲥⲓⲁ ⲛ̄ ⲧⲉⲣ ⲟⲩⲛⲁⲩ
ⲉ ⲣⲟϥ ϩⲙ̄ ⲡⲉⲣⲡⲉ ⲁⲩⲥⲉⲩⲁϩ[6] [ⲡ]ⲙⲏ

---

[1] H ⲉⲧⲣⲉⲩϭⲉⲉⲕⲉ.

[2] ⲉⲙⲛ̄ⲧⲟⲩ ⲗⲁⲁⲩ ⲛ̄ϣⲁϫⲉ ⲉ ϫⲱ ⲛⲁⲕ = οὐδὲν ἔχουσιν λέγειν πρός σε.

[3] Gr. ἡμεῖς ἐπεστείλαμεν, κρίναντες, and omits γάρ.

[4] H ⲛ̄ⲡⲉⲓⲇⲱⲗⲟⲛ.   [5] καὶ πνικτὸν καὶ πορνείαν.

[6] H ⲁⲩⲥⲉⲩϩ.

ACTS XXI. 27-32

ⲛϣⲉ ⲧⲏⲣϥ· ⲁⲩⲉⲓⲛⲉ ⲛ ⲛⲉⲩϭⲓⲝ

28 ⲉ ϩⲣⲁⲓ ⲉ ϫⲱϥ· ⲁⲩⲁϣⲕⲁⲕ ⲉ ⲃⲟⲗ ⲉⲩ
ϫⲱ ⲙ̄ⲙⲟⲥ ϫⲉ ⲡⲣⲱⲙⲉ ⲛ̄ⲧⲉ ⲡⲓⲥ
ⲣⲁⲏⲗ ⲃⲟⲏⲧⲓ[1] ⲡⲁⲓ ⲡⲉ ⲡⲣⲱⲙⲉ ⲉ †[2]
ⲟⲩⲃⲉ ⲡⲗⲁⲟⲥ ⲛⲙ̄ ⲡⲛⲟⲙⲟⲥ ⲙⲛ̄
[ⲧⲟⲡⲟ]ⲥ[3] ⲉϥϯⲥⲃⲱ ⲛ̄ ⲟⲩⲟⲛ ⲛⲓⲙ[4] ⲁⲩⲱ
[ⲟⲛ] ⲁϥⲛ̄ ϩⲉⲛⲟⲩⲉⲓ[ⲉⲛ]ⲓⲛ[5] ⲉ ϩⲟⲩⲛ ⲉ

▓▓▓▓▓▓▓▓▓▓▓▓▓▓▓▓▓▓▓▓▓▓▓▓[6]

▓▓▓▓▓▓▓▓▓▓▓▓▓▓▓▓▓▓▓▓▓▓▓▓

29 ▓▓▓▓▓▓▓▓▓▓▓▓▓▓▓▓▓▓▓▓▓▓▓▓

▓▓▓▓ⲉ▓▓▓▓▓▓ⲛⲧⲁ ⲡⲁⲩⲗⲟⲥ

30 ▓▓▓▓▓▓ⲉ ⲡⲉⲣⲡⲉ· ⲁ ⲧⲡⲟⲗⲓⲥ
[ⲧⲏ]ⲣⲥ̄ [ⲛⲟ]ⲉⲓⲛ[7]· ⲁⲩⲱ ⲁ ⲡⲗⲁⲟⲥ [ⲁⲩⲥⲱⲟⲩϩ]
ⲁⲩⲁⲙⲁϩⲧⲉ ⲙ̄ ⲡⲁⲩⲗⲟⲥ ⲁⲩⲥ[ⲱⲕ] ⲙ̄
ⲙⲟϥ ⲡⲃⲟⲗ ⲙ̄ ⲡⲉⲣⲡⲉ[8]· ⲁⲩⲱ ⲁⲩϣⲓⲛⲉ[9]

31 ⲛ̄ⲥⲁ ϩⲟⲧ'ⲃⲉϥ· ⲁ ⲡⲟⲩⲱ[10] ⲃⲱⲕ ⲉ ϩⲣⲁⲓ
ⲙ̄ ⲡⲭⲓⲗⲓⲁⲣⲭⲟⲥ[11]· ⲛ̄ⲧⲉ ⲥⲡⲓⲣⲏ[12] ϫⲉ
ⲁ ⲑⲓⲉⲣⲟⲩⲥⲁⲗⲏⲙ ⲧ'ⲏⲣⲥ̄ ϣⲧⲟⲣ

32 ⲧⲣ̄· ⲁⲩⲱ ⲛ̄ⲧⲉⲩⲛⲟⲩ ⲁϥϫⲓ ⲛ̄ ϩⲉⲛ
ⲙⲁⲧⲟⲓ ⲛⲙ̄ ϩⲉⲛϩⲉⲕⲁⲧⲟⲛⲧⲁⲣ
ⲭⲟⲥ[13] ⲁϥⲡⲱⲧ ⲉ ϩⲣⲁⲓ ⲉ ϫⲱⲟⲩ· ⲛ̄ ⲧⲉ

Fol. 98 b
[ⲡⲃ̄]

---

[1] βοηθεῖτε.　　　[2] For ⲉⲧ †.　　　[3] Η ⲙⲛ̄ ⲡⲉⲓⲉⲣⲡⲉ.

[4] H adds 'in every place', ϩⲛ̄ ⲙⲁ ⲛⲓⲙ.

[5] Ἕλληνας, Η ϩⲉⲛⲟⲩⲉⲉⲓⲉⲛⲓⲛ.

[6] Η ⲉⲡⲉⲓⲉⲣⲡⲉ. ⲁⲩⲭⲱⲣⲙ̄ ⲙ̄ⲡⲉⲓⲙⲁ ⲉⲧⲟⲩⲁⲁⲃ. 29 ⲡⲉⲁⲩⲛⲁⲩ ⲅⲁⲣ ⲡⲉ ⲉⲧⲣⲟⲫⲓⲙⲟⲥ ⲡⲣⲙ̄ⲉⲫⲉⲥⲟⲥ ϩⲛ̄ ⲧⲡⲟⲗⲓⲥ ⲛⲙ̄ⲙⲁϥ. ⲉⲩⲙⲉⲉⲩⲉ ϫⲉ ⲛⲧⲁ ⲡⲁⲩⲗⲟⲥ ϫⲓⲧϥ̄ ⲉ ϩⲟⲩⲛ ⲉⲡⲉⲣⲡⲉ.

[7] ἐκινήθη τε ἡ πόλις ὅλη.

[8] A line of text, the equivalent of καὶ εὐθέως ἐκλείσθησαν αἱ θύραι, has been omitted by the scribe. H has ⲁⲩⲱ ⲛ̄ⲧⲉⲩⲛⲟⲩ ⲁⲩϣⲧⲁⲙ ⲛ̄ⲡⲣⲟ.

[9] H ⲉⲩϣⲓⲛⲉ.　　　[10] Read ⲁ ⲡⲟⲩⲁ.

[11] The scribe first wrote ϫ, and then altered it to ⲭ.

[12] τῆς σπείρης.

[13] The order is as in the Greek στρατιώτας καὶ ἑκατοντάρχους; H ⲛ̄ϩⲉⲛϩⲉⲕⲁⲧⲟⲛⲧⲁⲣⲭⲟⲥ ⲙⲛ̄ ϩⲉⲛⲙⲁⲧⲟⲓ.

ACTS XXI. 32-38

ⲣ ⲟⲩⲛⲁⲩ ⲇⲉ ⲉ ⲡⲭⲓⲗⲓⲁⲣⲭⲟⲥ ⲛⲙ̅ ⲛ̅
ϩⲉⲕⲁⲧⲟⲛⲧⲁⲣⲭⲟⲥ ⲁⲩⲱ ⲙ̅ ⲙⲁⲧⲟⲓ·

33 ⲁⲩⲗⲟ ⲉⲩϩⲓⲟⲩⲉ ⲉ ⲡⲁⲩⲗⲟⲥ· ⲧⲟⲧⲉ
ⲡⲭⲓⲗⲓⲁⲣⲭⲟⲥ ⲁϥϯ ⲡⲉϥⲟⲩⲟⲉⲓ[1]·
ⲁϥⲁⲙⲁϩⲧⲉ ⲙ̅ⲙⲟϥ ⲁⲩⲱ ⲁϥⲟⲩⲉϩ
ⲥⲁϩⲛⲉ ⲉ ⲙⲟⲣϥ̅ ⲛ̅ϩⲁⲗⲩⲥⲓ ⲥⲛ̅ⲧⲉ[2]·
ⲁϥϣⲓⲛⲉ ⲇⲉ ⲛⲓⲙ ⲡⲉ ⲁⲩⲱ ⲟⲩ ⲡⲉ

34 ⲛ̅ⲧ ⲁϥⲁⲁϥ· ⲛⲉⲣⲉ ⲡⲙⲏⲏϣⲉ ⲁϣ
ⲕⲁⲕ ⲉ ⲃⲟⲗ ⲡ̅ⲟⲩⲁ ⲡⲟⲩⲁ ⲛⲙ̅ ⲡⲉϥ
ϣⲁϫⲉ· ⲉⲙⲡ ⲉϥⲉϣϭⲙ̅ϭⲟⲙ ⲇⲉ
ⲉⲓⲙⲉ[3] ⲉ ⲡ ⲱⲣϫ̅[4] ⲉ ⲧⲃⲉ ⲡⲉϣⲧⲟⲣ
ⲧⲣ̅· ⲁϥⲟⲩⲉϩⲥⲁϩⲛⲉ ⲉ ϫⲓⲧϥ̅ ⲉ ϩⲣⲁⲓ

35 ⲉ ⲧⲡⲁⲣⲉⲙⲃⲟⲗⲏ[5]· ⲛ̅ ⲧⲉⲣ ⲟⲩⲡⲱϩ ⲇⲉ
ⲉϫⲛ̅ ⲛ̅ⲧ ⲱⲣⲧⲣ̅· ⲁⲥϣⲱⲡⲉ ⲉ ⲧⲣⲉ
ⲙ̅ ⲙⲁⲧⲟⲓ ⲧⲁⲗⲟϥ ⲉ ϫⲱⲟⲩ ⲉ ⲧⲃⲉ
ⲧ ϩⲟⲣⲙⲏ ⲙ̅ ⲡⲙⲏⲏϣⲉ[6] ⲛⲉⲣⲉ

36 ⲡⲗⲁⲟⲥ ⲅⲁⲣ ⲧ̅ⲏⲣϥ̅ ⲟⲩⲏϩ ⲛ̅ⲥⲱϥ ⲉⲩ
ⲁϣⲕⲁⲕ ⲉ ⲃⲟⲗ ⲉⲩϫⲱ ⲙ̅ⲙⲟⲥ ϫⲉ ϥⲓ[7] ⲛ̅

37 [ⲧ]ⲙ[ⲏⲧ]ⲉ [ⲙ̅] ⲡⲉⲛϫⲁϫⲉ· ⲉⲩⲛⲁϫⲓ
ⲡⲁⲩⲗⲟⲥ ⲇⲉ ⲉ ϩⲟⲩⲛ ⲉ ⲧⲡⲁⲣⲉⲙⲃⲟ
ⲗⲏ ⲡⲉϫⲁϥ ⲙ̅ ⲡⲭⲓⲗⲓⲁⲣⲭⲟⲥ ϫⲉ ⲉⲛⲉ
ⲥⲧⲟ ⲛⲁⲓ[8] ⲉ ⲧ ⲣⲁϫⲓ[9] ⲟⲩϣⲁϫⲉ ⲉⲣⲟⲕ·
ⲛ̅ⲧⲟϥ ⲇⲉ ⲡ[ⲉϫ]ⲁϥ ϫⲉ ⲉⲡⲉⲕⲥⲟⲟⲩ[ⲛ]

33 [ⲙ̅] ⲙⲛ̅ⲧⲟⲩ[ⲉⲉⲓⲉ]ⲛⲓⲛ[10]· ⲉⲉⲓⲉ[11] ⲛ̅[ⲧⲟⲕ]

Fol. 99 a
[ⲡⲉ]

―――――――――― 12

[1] Η ⲡⲉϥⲟⲩⲟⲓ.
[2] Read ⲛ̅ϩⲁⲗⲩⲥⲓⲥ ⲥⲛ̅ⲧⲉ, as in H; Gr. ἁλύσεσι δυσί.
[3] Read ⲉ ⲉⲓⲙⲉ, γνῶναι. [4] τὸ ἀσφαλὲς.
[5] εἰς τὴν παρεμβολήν.
[6] Η ⲑⲟⲣⲙⲏ, τὴν βίαν τοῦ ὄχλου.
[7] Αἶρε αὐτόν. [8] Εἰ ἔξεστί μοι. [9] Η ⲉⲧⲣⲁⲭⲉ.
[10] Ἑλληνιστὶ γινώσκεις; Η ⲙ̅ⲙⲛ̅ⲧⲟⲉⲉⲓⲉⲛⲓⲛ. [11] Η ⲉⲓⲉ.
[12] Η ⲉⲓⲉ ⲛ̅ⲧⲟⲕ ⲁⲛ ϭⲉ ⲡⲉ ⲡⲣⲙ̅ⲛ̅ⲕⲏⲙⲉ. ⲡⲉⲛⲧⲁϥϫⲟⲥⲉ ϩⲁⲑⲏ ⲛ̅ⲛⲉⲓϩⲟⲟⲩ ⲁⲩⲱ ⲁϥϫⲓ ⲉⲃⲟⲗ ⲉⲧⲉⲣⲏⲙⲟⲥ ⲛ̅ϥⲧⲟⲩ ϣⲟ ⲛ̅ⲣⲱⲙⲉ ⲛ̅ⲥⲓⲕⲁⲣⲓⲟⲥ. 39 ⲡⲉϫⲉ ⲡⲁⲩⲗⲟⲥ ϫⲉ ⲁⲛⲟⲕ ⲙⲉⲛ ⲁⲛⲅ̅ ⲟⲩⲣⲱⲙⲉ.

ACTS XXI. 38—XXII. 3   243

```
         ▓▓c ϩⲁⲑⲏ▓▓▓▓▓▓▓▓
         ⲉ ⲃⲟⲗ ϩⲛ̄ ⲧⲉ▓▓▓▓▓▓▓▓
         ϣⲟ ⲛ̄ ⲣⲱⲙⲉ ⲛ▓▓▓▓▓▓▓
      39 ⲡⲁⲩⲗⲟⲥ ⲇⲉ ⲁⲛⲟⲕ ⲙ[ⲉⲛ]
         ⲣ[ⲱⲙ]ⲉ ⲛ ⲓ̈ⲟⲩⲇⲁⲓ̈ ⲁⲛⲅ̄ ⲟⲩ ⲣⲙ̄ ⲧ[ⲁⲣⲥⲟⲥ]¹
         ⲇ[ⲉ ⲛ̄ⲧⲉ] ⲧϭⲓⲗⲓϭⲓⲁ ⲛ̄ ⲡⲟⲗⲉⲓⲧⲏ[ⲥ]²
         ⲛ̄ ⲟⲩⲡⲟⲗⲓⲥ ⲉⲥϯⲥⲟⲉⲓⲧ᾽ · ϯⲥⲟ
         ⲡⲥ̄ ⲇⲉ ⲙ̄ⲙⲟⲕ ⲕⲁⲁⲧ᾽ ⲧⲁϣⲁϫⲉ ⲛⲙ̄
      40 ⲡⲗⲁⲟⲥ³ · ⲁⲩⲱ ⲛ̄ ⲧⲉⲣⲉ ⲟⲩⲛⲟϭ ⲛ̄ⲥϭⲣⲉ
         ϩⲛ̄ (sic) ϣⲱⲡⲉ ⲁϥⲟⲩⲟϣⲃ̄ ⲛⲁⲩ ⲛ ⲧⲁⲥ
         ⲡⲉ ⲧ̄ⲉ ⲙⲛ̄ⲧϩⲉⲃⲣⲁⲓⲟⲥ⁴ ⲉϥϫⲱ ⲙ̄
Chap.    ⲙⲟⲥ · ϫⲉ ⲛ̄ⲣⲱⲙⲉ ⲛⲁ ⲥⲛⲏⲩ ⲁⲩⲱ
XXII. 1  ⲛⲁ ⲉⲓⲟⲧⲉ · ⲥⲱⲧⲙ̄ ⲉ ⲧⲁⲡⲟⲗⲟⲅⲓⲁ⁵
      2  ⲉⲧ ϣⲟⲟⲡ ϣⲁ ⲣⲱⲧⲛ̄ ⲧⲉⲛⲟⲩ⁶ · ⲛ̄ ⲧⲉ
         ⲣ ⲟⲩⲥⲱⲧⲙ̄ ⲇⲉ ϫⲉ ⲉϥⲛⲁϣⲁϫⲉ ⲛⲙ̄
         ⲙⲁⲩ ⲛ̄ ⲙⲛ̄ⲧ᾽ϩⲉⲃⲣⲁⲓⲟⲥ⁷ · ⲁⲩⲱ ⲁⲩⲕⲁ
      3  ⲣⲱⲟⲩ ⲛ̄ ϩⲟⲩⲟ · ⲁⲩⲱ ⲡⲉϫⲁϥ · ϫⲉ ⲁⲛ
         ⲅ̄⁸ ⲟⲩⲣⲱⲙⲉ ⲛ̄ⲓ̈ⲟⲩⲇⲁⲓ̈ ⲉ ⲁⲩϫⲡⲟⲓ̈ ϩⲛ̄
         ⲧⲁⲣⲥⲟⲥ ϩⲛ̄ ⲧϭⲓⲗⲓϭⲓⲁ ⲁⲩⲥⲁⲛⲟⲩ
         ϣⲧ̄⁹ ϩⲛ̄ ⲧⲉⲓ̈ ⲡⲟⲗⲓⲥ ⲉ ⲁⲩⲡⲁⲓ̈ⲇⲉⲩⲉ¹⁰
         ⲇⲉ ⲙ̄ⲙⲟⲓ̈ ϩⲛ̄ ⲟⲩⲱⲣϫ̄ · ϩⲁ ⲣⲁⲧϥ̄ ⲛ̄
         ⲅⲁⲙⲁⲗⲓⲏⲗ · ⲉ ⲃⲟⲗ ϩⲙ̄ ⲡⲛⲟⲙⲟⲥ
         ⲛ̄ ⲛⲁ ⲉⲓⲟⲧⲉ ⲉⲓ̈ⲟ ⲛ̄ ⲣⲉϥⲕⲱϩ ⲉ
         ⲡⲛⲟⲩⲧⲉ · ⲕⲁⲧⲁ ⲑⲉ ⲉⲧⲛ̄ ⲕⲟ ⲙ
```

[1] Ταρσεὺς τῆς Κιλικίας.

[2] As the Greek οὐκ ἀσήμου πόλεως πολίτης ; H ⲧ̄ⲡⲟⲗⲓⲥ ⲟⲩⲡⲟⲗⲓⲥ.

[3] The Coptic has no equivalent for ἐπιτρέψαντος δὲ αὐτοῦ ὁ Παῦλος ἑστὼς ἐπὶ τῶν ἀναβαθμῶν κατέσεισε τῇ χειρὶ τῷ λαῷ, which is rendered in H by ⲛ̄ⲧⲉⲣⲉϥⲕⲁⲁϥ ⲇⲉ ⲛ̄ϭⲓⲡⲭⲓⲗⲓⲁⲣⲭⲟⲥ ⲡⲁⲩⲗⲟⲥ ⲁϥⲁϩⲉⲣⲁⲧϥ̄ ⲉϫⲛ̄ ⲡⲧⲱⲣⲧⲣ̄ ⲁϥⲕⲓⲙ ⲛ̄ⲧⲉϥϭⲓϫ ⲉⲡⲗⲁⲟⲥ.

[4] τῇ Ἑβραΐδι διαλέκτῳ.   [5] For ⲧⲁ ⲁⲡⲟⲗⲟⲅⲓⲁ.

[6] As in the Greek πρὸς ὑμᾶς νῦν.

[7] H ⲛ̄ⲧⲁⲥⲡⲉ ⲙ̄ⲙⲛ̄ⲧϩⲉⲃⲣⲁⲓⲟⲥ.   [8] H ⲁⲛⲟⲕ ⲁⲛⲅ̄.

[9] ἀνατεθραμμένος.   [10] πεπαιδευμένος.

ⲙⲟⲥ ⲙ̄ ⲡⲟⲟⲩ ⲛ̄ⲧⲱⲧⲛ̄ ⲧⲏⲣⲧⲛ̄[1].

4 ⲁⲓ̈ⲇⲓⲱⲕⲉ[2] ⲛ̄ⲥⲁ ⲧⲉ[1] ϩⲓⲏ ϣⲁ ϩⲣ[ⲁⲓ̈]
ⲉ ⲡⲙⲟⲩ· ⲉⲓ̈ⲙⲟⲩⲣ ⲛ̄ ⲛ̄ⲣⲱⲙⲉ ⲛⲙ̄
ⲛⲉϩⲓⲟⲙⲉ ⲉⲓ̈ⲛⲟⲩϫⲉ ⲙ̄ⲙⲟⲟⲩ ⲉ

5 ⲛⲉϣⲧⲉⲕⲱⲟⲩ· ⲛ̄ⲑⲉ ⲟⲛ ⲉⲣⲉ[3] ⲡⲁⲣ
ⲭⲓⲉⲣⲉⲩⲥ ⲣ̄ ⲙⲛ̄ⲧⲣⲉ ⲛ̄ ⲡⲁⲓ̈ ⲛⲙ̄ ⲛⲉ
ⲡⲣⲉⲥⲃⲩⲧⲉⲣⲟⲥ ⲧⲏⲣⲟⲩ· ⲛⲁⲓ̈ ⲛ
ⲧ ⲁⲓϫⲓ ⲉⲛⲧⲟⲗⲏ[4] ⲛ̄ⲧⲟⲟⲧⲟⲩ ⲁⲓ̈
ⲃⲱⲕ ⲉ ⲇⲁⲙⲁⲥⲕⲟⲥ· ⲉ ⲧⲣⲁ[ⲉⲓ]ⲛ[ⲉ]
ⲟⲛ ⲙ̄ ⲡⲉⲧ ⲙ̄ⲙⲁⲩ ⲉⲧⲙⲏⲣ ⲉ ⲑⲓ
ⲉⲣⲟⲩⲥⲁⲗⲏⲙ· ϫⲉ ⲕⲁⲥ ⲉⲩⲉⲧⲓ

6 [ⲙⲱ]ⲣⲓ ⲙ̄ⲙⲟⲟⲩ[5]· ⲁⲥϣⲱⲡⲉ ⲇⲉ
[ⲙ̄]ⲙⲟⲓ̈ ⲉⲓ̈ⲙⲟ[ⲟϣⲉ]· ⲛ ⲧⲉⲣ ⲓϩ
▓▓▓▓▓▓▓▓▓▓▓▓▓▓[6]
▓▓▓▓▓▓▓▓▓ ⲛ ϣⲁ ϩⲣⲁⲓ̈

7 ▓▓▓▓▓▓▓▓▓ ⲁⲓ̈ϩⲉ ⲉ ϩⲣⲁⲓ̈
▓▓▓▓▓▓▓▓ ⲁⲩⲱ ⲁⲓⲥⲱⲧⲙ̄ ⲉⲩ
[ⲥⲙⲉ ⲉⲥϫⲱ] ⲙ̄ⲙⲟⲥ ⲛⲁⲓ̈· ϫⲉ [ⲥⲁⲩ]
[ⲗⲉ] ⲥⲁⲩⲗⲉ [ⲁ]ϩⲣⲟⲕ ⲕ̄ⲡⲏⲧ ⲛ̄ⲥ[ⲱⲓ̈]·

8 [ⲁⲛ]ⲟⲕ ⲇⲉ ⲁⲓ̈ⲟⲩⲱϣⲃ̄[7] ⲉⲓ̈ϫⲱ ⲙ̄ⲙⲟⲥ
ϫⲉ ⲛ̄ⲧⲕ̄ ⲛⲓⲙ ⲡϫⲟⲉⲓⲥ· ⲁⲩⲱ ⲡ[ⲉϫ]ⲁϥ
ⲛⲁⲓ̈ ϫⲉ ⲁⲛⲟⲕ ⲡⲉ ⲓ̅ⲥ̅ ⲡⲛⲁⲍⲱⲣⲁⲓⲟⲥ·

9 ⲡⲉⲕ' ⲕ̄ⲡⲏⲧ' ⲛ̄ⲥⲱϥ· ⲛⲉⲧ ⲙⲟ
ϣⲉ ⲛⲙ̄ⲙⲁⲓ̈ ⲁⲩⲛⲁⲩ ⲉ ⲡⲟⲩⲟⲉⲓⲛ
ⲁⲩⲱ ⲁⲩϣⲱⲡⲉ ϩⲛ̄ ⲟⲩϩⲟⲧⲉ· ⲙ̄ⲡ ⲟⲩ
ⲥⲱⲧⲙ̄ ⲇⲉ ⲉ ⲧⲥⲙⲏ ⲙ̄ ⲡⲉⲧ ϣⲁ
ϫⲉ ⲛⲙ̄ⲙⲁⲓ̈ ⲁⲩⲛⲁⲩ ⲉⲡⲟⲩⲟⲉⲓⲛ

---

[1] καθὼς πάντες ὑμεῖς ἐστε σήμερον.   [2] ἐδίωξα.
[3] Η ⲉⲧⲉⲣⲉ.   [4] ⲡ̄ⲣⲉⲡⲉⲡⲓⲥⲧⲟⲗⲏ, καὶ ἐπιστολὰς.
[5] ἵνα τιμωρηθῶσιν.
[6] Η ⲛ̄ⲧⲉⲣⲉⲓϣⲱⲡⲧ ⲉϩⲟⲩⲛ ⲉⲇⲁⲙⲁⲥⲕⲟⲥ ⲙ̄ⲡⲛⲟⲩⲧ̄ⲙ̄ⲙⲉⲉⲣⲉ ⲁⲧⲟⲩⲟⲉⲓⲛ ϣⲁ ⲉϩⲣⲁⲓ ⲉϫⲱ ϩⲛ̄ ⲟⲩϣⲛ̄ⲡⲉ ⲉⲃⲟⲗ ϩⲛ̄ ⲧⲡⲉ. 7 ⲁⲓϩⲉ ⲇⲉ ⲉϩⲣⲁⲓ ⲉϫⲙ̄ ⲡⲕⲁϩ ⲁⲩⲱ.
[7] Η ⲁⲓⲟⲩⲱϣⲃ̄, and omits ⲉⲓ̈ϫⲱ ⲙ̄ⲙⲟⲥ.

ACTS XXII. 9–15

ⲁⲩⲱ ⲁⲩϣⲱⲡⲉ ϩⲛ ⲟⲩϩⲟⲧⲉ ⲙ̅ⲡ ⲟⲩ
ⲥⲱⲧⲙ̅ ⲇⲉ ⲉ ⲧⲥⲙⲏ ⲙ̅ ⲡⲉⲧ ϣⲁ

10 ϫⲉ ⲛⲙ̅ⲙⲁⲓ· ⲡⲉϫⲁⲓ ⲇⲉ ϫⲉ ⲡϫⲟⲉⲓⲥ
ⲟⲩ ⲡⲉ ϯⲛⲁⲁϥ· ⲛ̅ⲧⲟϥ ⲇⲉ ⲁϥⲟⲩⲱ
ϣϥ¹ ⲡⲉϫⲁϥ ⲛⲁⲓ· ϫⲉ ⲧⲱⲟⲩⲛ ⲛⲅ̅ ⲃⲱⲕ
ⲉ ϩⲟⲩⲛ ⲉ ⲇⲁⲙⲁⲥⲕⲟⲥ ⲁⲩⲱ ⲥⲉⲛⲁ
ϣⲁϫⲉ ⲛⲙ̅ⲙⲁⲩ² ⲙ̅ ⲡⲙⲁ ⲉⲧ ⲙ̅ⲙⲁⲩ
ⲉ ⲧ'ⲃⲉ ϩⲱⲃ ⲛⲓⲙ ⲉⲛⲧ ⲁⲩⲧⲟϣⲟⲩ

11 ⲛⲁⲕ ⲉ ⲁⲁⲩ· ⲛ̅ ⲧⲉⲣ ⲓⲧⲱⲟⲩⲛ³ ⲇⲉ ⲁⲓ
ⲗⲟ ⲉⲓⲛⲁⲩ ⲉ ⲃⲟⲗ ϩⲁ ⲡⲟⲩⲟⲉⲓⲛ ⲙ̅ ⲡⲉ
[ⲟⲟ]ⲩ ⲉⲧ ⲙ̅ⲙⲁⲩ· ⲁⲩϫⲓ ⲙⲟⲉⲓⲧ' ⲇⲉ
ϩⲏⲧ ⲛ̅ϭⲓ ⲛⲉⲧ ⲛⲙ̅ⲙⲁⲓ· ⲁⲓⲃⲱⲕ

12 ⲉ ϩⲟⲩⲛ ⲛⲥ⁴ ⲉ ⲇⲁⲙⲁⲥⲕⲟⲥ· ⲟⲩⲣⲱ
ⲙⲉ ⲇⲉ ϫⲉ ⲁⲛⲁⲛⲓⲁⲥ ⲟⲩⲣⲉϥⲣ̅ ϩⲟ
ⲧⲉ ⲕⲁⲧⲁ ⲡⲛⲟⲙⲟⲥ ⲉⲩⲣ̅ ⲙⲛ̅ⲧ'ⲣⲉ
ϩⲁ ⲣⲟϥ ⲛ̅ϭⲓ ⲛ̅ⲓⲟⲩⲇⲁⲓ ⲧⲏⲣⲟⲩ ⲉ

13 ⲧ ⲟⲩⲏϩ ϩ[ⲛ̅] ⲇⲁⲙⲁⲥⲕⲟⲥ· ⲁϥⲉⲓ
ϣⲁ ⲣⲟⲓ ⲁϥⲁϩⲉ ⲣⲁⲧϥ̅ ϩⲓ ϫⲱⲓ ⲡⲉϫⲁϥ
ⲛⲁⲓ ϫⲉ ⲥⲁⲩⲗⲉ ⲡⲁ ⲥⲟⲛ ⲁⲛⲁⲩ ⲉ
ⲃⲟⲗ· ⲁⲛⲟⲕ ⲇⲉ ⲛ̅ⲧⲉⲩⲛⲟⲩ ⲉⲧ ⲙ̅

14 ⲙⲁⲩ ⲁⲓⲛⲁⲩ [ⲉ ⲃⲟⲗ]· ⲛ̅ⲧⲟϥ ⲇⲉ ⲡ[ⲉ]
[ϫ]ⲁϥ ⲛⲁⲓ [ϫⲉ ⲡ]ⲛⲟⲩⲧⲉ ⲛ ⲛⲉⲛ
[ⲉⲓⲟⲧⲉ] ▓▓▓▓▓▓▓▓▓▓▓▓▓⁵
[ⲛ̅ ⲡⲉ]ϥⲟⲩⲱ[ϣ] ▓▓▓▓▓▓▓▓
ⲁⲩⲱ ⲉ ⲥⲱⲧ[ⲙ̅ ⲉⲩⲥⲙⲏ ⲉ ⲃⲟⲗ ϩⲛ̅

15 ⲣⲱ[ϥ]· ϫⲉ ⲉⲕⲉϣⲱⲡⲉ⁶ [ⲛⲁϥ ⲙ̅ ⲙⲛ̅ⲧ

Fol. 100 a
[ⲡⲉ]

---

¹ For ⲁϥⲟⲩⲱϣⲃ̅. The Greek has no equivalent for the Coptic ⲛ̅ⲧⲟϥ ⲇⲉ ⲁϥⲟⲩⲱϣϥ̅ (sic), and these words are omitted in H's text. Gr. ὁ δὲ Κύριος εἶπε πρός με.

² Read with H ⲛⲙ̅ⲙⲁⲕ.   ³ H ⲛ̅ⲧⲉⲣⲉⲓⲧⲱⲟⲩⲛ.

⁴ H omits ⲛϭ, and has ⲉ ⲇⲁⲙⲁⲥⲕⲟⲥ.

⁵ H ⲡⲛⲟⲩⲧⲉ ⲛ̅ⲛⲉⲛⲉⲓⲟⲧⲉ ⲁϥⲡⲁⲣϩ̅ ⲉⲃⲟⲗ ⲉⲥⲟⲩⲛ̅ ⲡⲉϥⲟⲩⲱϣ ⲁⲩⲱ ⲉⲛⲁⲩ ⲉⲡⲇⲓⲕⲁⲓⲟⲥ ⲁⲩⲱ ⲉⲥⲱⲧⲙ̅ ⲉⲧⲥⲙⲏ ⲉⲃⲟⲗ ϩⲛ̅ ⲣⲱϥ. 15 ϫⲉ ⲕⲛⲁ-
ϣⲱⲡⲉ   ⁶ H ⲕⲛⲁϣⲱⲡⲉ.

ACTS XXII. 15-21

т[ре] ⲛ̄ ⲛⲁϩⲣⲛ̄ ⲣⲱⲙⲉ [ⲛⲓⲙ ⲛ̄ⲛⲉ ⲛⲧ]
т[ⲁⲕ]ⲛⲁⲩ ⲉ ⲣⲟⲟⲩ ⲁⲩⲱ [ⲁⲕ]ⲥⲟⲧ[ⲙⲟⲩ]·

16 т[ⲉ]ⲛⲟⲩ ϭⲉ ⲟⲩ ⲡⲉⲧ[1] ⲛⲁϣⲱⲡ[ⲉ]
ⲧⲱⲟⲩ[2] ⲛⲅ̄ ϫⲓ ⲃⲁⲡⲧⲓⲥⲙⲁ ⲛ̄ⲅ̄ [ⲉⲓ]
ⲱ ⲉ ⲃⲟⲗ ⲙ̄ⲡⲉⲕⲙⲁⲑⲏⲧⲏⲥ[3] ⲁⲩⲱ

17 ⲛ̄ⲅ̄ ⲉⲡⲓⲕⲁⲗⲓ[4] ⲙ̄ ⲡⲉϥⲣⲁⲛ· ⲁⲥϣⲱ
ⲡⲉ ⲇⲉ ⲛ̄ ⲧⲉⲣ ⲓⲕⲧⲟⲓ ⲉ ⲑⲓⲉⲣⲟⲩ
ⲥⲁⲗⲏⲙ· ⲁⲩⲱ ⲉⲓϣⲗⲏⲗ ϩⲙ̄ ⲡⲉⲣ
ⲡⲉ· ⲁⲓϣⲱⲡ'ⲉ ϩⲛ̄ ⲟⲩⲉⲕⲧⲁⲥⲓⲥ[5]·

18 ⲁⲓⲛⲁⲩ ⲉ ⲣⲟϥ ⲉϥϫⲱ ⲙ̄ⲙⲟⲥ ⲛⲁⲓ
ϫⲉ ϭⲉⲡⲏ ⲁⲙⲟⲩ ⲉ ⲃⲟⲗ ϩⲛ̄ ⲧϩⲓ
ⲉⲣⲟⲩⲥⲁⲗⲏⲙ ϫⲉ ⲛ̄ⲥⲉⲛⲁϫⲓ
ⲧⲙⲛ̄ⲧⲣⲉ[6] ⲁⲛ ⲛ̄ ⲧⲟⲟⲧⲛ̄ ⲉ ⲧⲃⲏ

19 ⲏⲧ ⲁⲛⲟⲕ ϩⲱ ⲡⲉϫⲁⲓ ϫⲉ ⲡϫⲟⲉⲓⲥ
ⲛ̄ⲧⲟⲟⲩ ⲥⲉⲥⲟⲟⲩⲛ[7] ϫⲉ ⲁⲛⲟⲕ
ⲡⲉ ⲉⲓⲱⲧⲡ̄ ⲙ̄ⲙⲟⲟⲩ ⲉ ϩⲟⲩⲛ[8] ⲁⲩ
ⲱ ⲉⲧϩⲓⲟⲩⲉ ϩⲛ̄ ⲛ̄ⲥⲩⲛⲁⲅⲱⲅⲏ

20 ⲛ̄ ⲛⲉⲧ' ⲡⲓⲥⲧⲉⲩⲉ ⲉ ⲣⲟⲕ· ⲁⲩⲱ ⲟⲛ
ⲉⲧⲛⲁⲡⲱϩⲧ̄ ⲉ ⲃⲟⲗ ⲙ̄ ⲡⲉⲥⲛⲟϥ
ⲛ̄ ⲥⲧⲉⲫⲁⲛⲟⲥ ⲡⲉⲕⲙⲛ̄ⲧⲣⲉ
ⲁⲛⲟⲕ ϩⲱ ⲛⲉⲓⲁϩⲉ ⲣⲁⲧ ⲡⲉ ⲉⲓⲥⲩ
ⲛⲉⲩⲇⲟϭⲓ[9] ⲡⲉ· ⲁⲩⲱ ⲛⲉⲓϩⲁⲣⲉϩ[10]
ⲉⲛϩⲟⲉⲓⲧⲉ ⲡⲉ ⲛ̄ ⲛⲉⲧ ⲛⲁϩⲱⲧⲃ̄

21 ⲙ̄ⲙⲟϥ· ⲡⲉϫⲁϥ ⲛⲁⲓ ϫⲉ ⲃⲱⲕ ϫⲉ
ⲉⲓⲛⲁϫⲟⲟⲩⲕ ⲁⲛⲟⲕ ⲉ ϩⲉⲛϩⲉ

---

[1] H ⲡⲉⲧⲕ̄ⲛⲁⲁϥ.   [2] For ⲧⲱⲟⲩⲛ ⲛⲅ̄.
[3] A blunder for ⲛ̄ⲡⲉⲕⲛⲟⲃⲉ, Gr. τὰς ἁμαρτίας σου.
[4] ἐπικαλεσάμενος.
[5] Read with H ⲟⲩⲉⲕⲥⲧⲁⲥⲓⲥ, γενέσθαι με ἐν ἐκστάσει.
[6] H ⲙⲛ̄ⲧⲙⲛ̄ⲧⲣⲉ.
[7] *Sic*, but a stroke indicates that ⲁ is to be deleted.
[8] H ⲡⲉⲓⲱⲧⲡ̄ ⲉϩⲟⲩⲛ.
[9] συνευδοκῶν, H ⲉⲓⲥⲧⲛⲉⲩⲇⲟⲕⲉⲓ, and omits ⲡⲉ.
[10] H ⲉⲓϩⲁⲣⲉϩ.

ACTS XXII. 22-26

22 ⲑⲛⲟⲥ ⲉⲧⲟⲩⲛⲟⲩ· ⲁⲩⲥⲱⲧⲙ̄
ⲇⲉ ⲉ ⲣⲟϥ ⲛ̄ϭⲓ ⲡⲙⲏⲏϣⲉ¹ ⲉ ⲡⲉϫⲁⲩ²
ϣⲁ ⲡⲉⲓ̈ ϣⲁϫⲉ ⲁⲩⲱ ⲁⲩϥⲓ ϩⲣⲁⲩ
ⲉ ⲃⲟⲗ ⲉⲩϫⲱ ⲙ̄ⲙⲟⲥ [ϫⲉ ⲡⲁⲓ̈]³
ⲛ̄ ⲧⲉⲓ̈ ⲙⲓⲛⲉ ⲉ ⲃⲟⲗ ϩⲓϫⲙ̄ ⲡⲕⲁϩ·
ⲛ̄⁴ ϣϣⲉ ⲅⲁⲣ ⲁⲛ ⲉ ⲣⲟϥ ⲉ ⲱⲛϩ̄⁵·
23 [ⲉ]ⲩⲁϣⲕⲁⲕ⁶ ⲉ ⲃⲟⲗ ⲉⲩϥⲓ ⲉ ϩⲣⲁⲓ̈
[ⲛ̄ ⲛ]ⲉⲩϩⲟⲓ̈ⲧⲉ⁷· ⲁ[ⲩⲱ ⲁⲩ]ⲛⲉϫ ϣⲟ
24 ▓▓▓▓▓▓▓▓▓▓▓▓▓▓▓▓▓▓⁸
▓▓▓▓▓▓▓▓▓▓▓▓ⲟⲩⲛ ⲉⲧ
▓▓▓▓▓▓▓▓▓▓ⲟⲧⲉ ⲉ ⲣⲟϥ
[ⲛ̄ϩⲉⲛⲙⲁⲥⲧ]ⲓⲅⲝ̄ [ϫⲉ ⲕ]ⲁⲁⲥ ⲉϥⲉⲉⲓ
[ϫⲉ ⲉ ⲧ]ⲃⲉ ⲁϣ ⲛ̄ⲗⲟⲓϭⲉ ⲉ[ⲛⲉ]ⲩ
[ⲁ]ϣⲕⲁ[ⲕ ⲉ] ⲃⲟⲗ ⲉ ⲣⲟϥ ⲛ̄ⲧⲉ[ⲓ̈] ϩⲉ·
25 [ⲛ̄]ⲧⲉⲣ ⲟⲩⲥⲟⲗⲙ̄ⲧϥ̄ ⲇⲉ ⲛ̄▓▓
ⲡⲉϫⲁϥ ⲛ̄ϭⲓ ⲡⲁⲩⲗⲟⲥ ⲙ̄ ⲡϩⲉⲕⲁ
ⲧⲟⲛⲧⲁⲣⲭⲟⲥ ⲉⲧ ⲁϩⲉ ⲣⲁⲧϥ̄
ϫⲉ ⲉⲛⲉⲥⲧⲟ ⲛⲏⲧⲛ̄ ⲉ ϩⲓⲟⲩⲉ⁹
ⲉⲩⲣⲱⲙⲉ ⲛ̄ ϩⲣⲱⲙⲁⲓⲟⲥ ⲉⲙⲛ̄
26 ⲛⲟⲃⲉ ⲉ ⲣⲟϥ¹⁰· ⲛ̄ ⲧⲉⲣ ⲉϥⲥⲱⲧⲙ̄

Fol. 100b
[ⲥⲝ̄]

---

¹ Ⲏ ⲙ̄ⲙⲏⲏϣⲉ.

² A blunder of the scribe; strike out ⲉ ⲡⲉϫⲁⲩ. There is no Greek for ⲙⲏⲏϣⲉ, though it is probably implied in Ἤκουον.

³ Αἶρε ἀπὸ τῆς γῆς τὸν τοιοῦτον. Unless ⲡⲁⲓ = ϥⲁⲓ there is no equivalent in the Coptic for Αἶρε.

⁴ Ⲏ omits ⲛ̄.   ⁵ Ⲏ ⲉⲟⲛϩ̄.

⁶ There seems to be room for three letters. Ⲏ ⲉⲧⲱϣ ⲇⲉ.

⁷ For ⲛ̄ ⲛⲉⲩϩⲟⲉⲓⲧⲉ.

⁸ Ⲏ ⲁⲩⲱ ⲉⲩⲛⲉϫ ϣⲟⲉⲓϣ ⲉⲡⲁⲏⲣ. 24 ⲁ ⲡⲉⲭⲓⲗⲓⲁⲣⲭⲟⲥ ⲟⲩⲉϩⲥⲁϩⲛⲉ ⲉϫⲓⲧϥ̄ ⲉϩⲟⲩⲛ ⲉⲧⲡⲁⲣⲉⲙⲃⲟⲗⲏ. ⲉⲁϥϫⲟⲟⲥ ⲉϩⲓⲟⲧⲉ ⲉⲣⲟϥ ⲛ̄ϩⲉⲛⲙⲁⲥⲧⲓⲅⲝ̄. ϫⲉⲕⲁⲥ ⲉϥⲉⲉⲓⲙⲉ ϫⲉ ⲉⲧⲃⲉ ⲁϣ ⲛ̄ⲗⲟⲓϭⲉ ⲉⲛⲉⲧⲱϣ ⲉⲃⲟⲗ ⲉⲣⲟϥ ⲛ̄ⲧⲉⲓϩⲉ. 25 ⲛ̄ⲧⲉⲣⲟⲩⲥⲟⲗⲙ̄ⲧϥ̄ ⲇⲉ ⲛ̄ⲙ̄ⲙⲟⲩⲥ ⲡⲉϫⲁϥ.

⁹ μαστίζειν.

¹⁰ 'A man, a Roman, in whom there is no sin'; Gr. ἄνθρωπον Ῥωμαῖον καὶ ἀκατάκριτον.

ACTS XXII. 26–30

ⲇⲉ ⲛ̄ϭⲓ[1] ⲡϩⲉⲕⲁⲧⲟⲛⲧⲁⲣⲭⲟⲥ
ⲁϥϯ ⲡⲉϥⲟⲩⲟⲉⲓ ⲉ ⲡⲭⲓⲗⲓⲁⲣⲭⲟⲥ
ⲁϥⲧⲁⲙⲟϥ ⲉϥϫⲱ ⲙ̄ⲙⲟⲥ ϫⲉ ⲁ
ⲛⲁⲩ ϫⲉ ⲟⲩ ⲡⲉⲧ' ⲕ̄ⲛⲁⲁϥ[2] ⲡⲉⲓ ⲣⲱ

27 ⲙⲉ ⲅⲁⲣ ⲟⲩϩⲣⲱⲙⲁⲓⲟⲥ [ⲡⲉ]· ⲁϥϯ ⲡⲉϥ
ⲟⲩⲟⲉⲓ ⲇⲉ ⲛ̄ϭⲓ ⲡⲭⲓⲗⲓⲁⲣⲭⲟⲥ ⲁϥ
ϫⲛⲟⲩϥ ⲉϥϫⲱ ⲙ̄ⲙⲟⲥ ϫⲉ ⲉⲛⲉⲩ
ⲛ̄ⲧⲕ ⲟⲩϩⲣⲱⲙⲁⲓⲟⲥ ⲛ̄ⲧⲟⲕ[3]·

28 ⲛ̄ⲧⲟϥ ⲇⲉ ⲡⲉϫⲁϥ ϫⲉ ⲉϩⲉ· ⲁ ⲡⲭⲓ
ⲗⲓⲁⲣⲭⲟⲥ ⲇⲉ ⲟⲩⲱϣⲃ̄ ϫⲉ ⲁⲛⲟⲕ[4]
ⲁⲓ̈ϯ ⲛ̄ ⲟⲩⲛⲟϭ ⲛ̄ ⲭⲣⲏⲙⲁ ϩⲁ ⲧⲉⲓ̈
ⲡⲟⲗⲓⲧ'ⲓⲁ[5]· ⲡⲉϫⲉ ⲡⲁⲩⲗⲟⲥ ϫⲉ
ⲁⲛⲟⲕ ⲇⲉ ⲛ̄ⲧⲁⲩϫⲡⲟⲓ ⲛ̄ϩⲏⲧⲥ̄·

29 ⲛ̄ⲧⲉⲩⲛⲟⲩ ⲇⲉ ⲁⲩⲥⲁϩⲱⲟⲩ ⲉ ⲃⲟⲗ
ⲙ̄ⲙⲟϥ ⲛ̄ϭⲓ ⲛⲉⲧ ⲛⲁⲃⲁⲥⲁⲛⲓⲍⲉ[6]
ⲙ̄ⲙⲟϥ· ⲁⲩⲱ ⲡⲭⲓⲗⲓⲁⲣⲭⲟⲥ ⲁϥⲣ̄
ϩⲟⲧⲉ ⲛ̄ ⲧⲉⲣ ⲉϥⲉⲓⲙⲉ ϫⲉ ⲟⲩϩⲣⲱ
ⲙⲁⲓⲟⲥ ⲡⲉ· ⲉ ⲃⲟⲗ ϫⲉ ⲁϥⲙⲟⲣϥ̄ ⲡⲉ[7]·

30 [ⲁ]ⲩⲱ [ⲛ̄ⲧⲉ]ⲩⲛⲟⲩ ⲁϥⲃⲟⲗϥ̄ ⲉ ⲃⲟⲗ[8]· ⲙ̄
ⲡⲉϥⲣⲁⲥⲧⲉ ⲇⲉ ⲁϥⲟⲩⲱϣ ⲉ ⲉⲓⲙⲉ
ⲉ ⲡⲡⲱⲣϫ̄ ϫⲉ ⲉ ⲧ'ⲃⲉ ⲟⲩ ⲥⲉⲛⲁ
ⲧⲏⲣⲓ[9] ⲙ̄ⲙⲟϥ ⲛ̄ϭⲓ ⲛ̄ⲓ̈ⲟⲩⲇⲁⲓ̈· [ⲁϥⲟⲩ]

---

[1] For ⲛ̄ϭⲓ.

[2] 'Consider what thou wilt do'; Gr. Τί μέλλεις ποιεῖν.

[3] σὺ Ῥωμαῖος εἶ, H ⲛ̄ⲧⲟⲕ ⲛ̄ⲧⲕ̄ ⲟⲩϩⲣⲱⲙⲁⲓⲟⲥ.

[4] H omits ⲁⲛⲟⲕ.

[5] 'I gave very much money for this citizenship', Ἐγὼ πολλοῦ κεφαλαίου τὴν πολιτείαν ταύτην ἐκτησάμην.

[6] H ⲛ̄ϭⲓⲡⲉⲧⲛⲁϩⲉⲧⲁⲍⲉ ⲙ̄ⲙⲟϥ, which agrees with the received Greek text οἱ μέλλοντες αὐτὸν ἀνετάζειν.

[7] H ⲁⲩⲱ ϫⲉ ⲡⲉⲁϥⲙⲟⲣϥ̄.

[8] 'And straightway he released him' = καὶ παραχρῆμα ἔλυσεν αὐτόν. See Prof. Souter's note to the verse.

[9] A blunder for ⲥⲉⲕⲁⲧⲏⲅⲟⲣⲉⲓ, as in H; Gr. τὸ τί κατηγορεῖται ὑπὸ τῶν Ἰουδαίων. According to the Greek Paul was released

ACTS XXII. 30—XXIII. 5

ⲉϩⲥⲁϩⲛⲉ ⲉ ⲧⲣⲉ ⲧⲥⲱⲟⲩϩ [ⲛ̅ϭⲓ ⲛ̅ⲁⲣ]
[ⲭⲓ]ⲉⲣⲉⲩⲥ ⲛ̅[ⲙ̅] ⲡⲉⲩⲥⲩⲛ[ϩⲉⲇⲣⲓⲟⲛ]

▓▓▓▓▓▓▓▓▓▓▓▓▓▓▓▓▓▓▓▓▓▓▓▓[1]

Fol. 101 a
[ⲡⲍ]

▓▓▓▓ⲁϥⲧⲁϩ[ⲟϥ]▓▓▓▓

Chap.
XXIII. 1

ⲙ[ⲏ]ⲧⲉ · ⲡⲁ[ⲩⲗⲟⲥ ⲇⲉ]▓▓▓▓
ⲉ ϩⲟⲩⲛ ⲉ ⲡ[ⲥⲩⲛϩⲉⲇⲣⲓⲟⲛ ⲡⲉϫⲁϥ]
ϫ[ⲉ] ⲉⲛⲣⲱⲙⲉ ⲛⲁ [ⲥⲛⲏⲩ ⲁⲛⲟⲕ]
[ⲁⲛ]ⲟⲗⲓⲧⲉⲩⲉ[2] ⲙ̅ ⲡ[ⲛⲟⲩ]ⲧⲉ [ϩⲛ̅]
[ⲥⲩ]ⲛⲓⲇⲏⲥⲓⲥ ⲛⲓⲙ[3] ⲉⲛ[ⲁⲛ]ⲟⲩϥ [ϣⲁ]

2 ϩⲣ[ⲁⲓ] ⲉ ⲡⲟⲟⲩ ⲛ̅ϩⲟⲟⲩ[4] · ⲡⲁⲣⲭⲓⲉ[ⲣⲉⲩⲥ]
ⲇⲉ ⲁⲛⲁⲛⲓⲁⲥ ⲁϥⲟⲩⲉϩⲥⲁϩⲛⲉ ⲛ̅
ⲛⲉⲧ ⲁϩⲉ ⲣⲁⲧⲟⲩ ϩⲁ ⲧⲏϥ[5] ⲉ ⲣⲱϩⲧ̅

3 ⲛ̅ ⲧⲉϥⲧⲁⲡⲣⲟ · ⲧⲟⲧⲉ ⲡⲁⲩⲗⲟⲥ
ⲡⲉϫⲁϥ ⲛⲁϥ ϫⲉ ⲡⲛⲟⲩⲧⲉ ⲛⲁⲣⲁ
ϩⲧⲕ̅ ⲧϫⲟ ⲉⲧ ϫⲏϩ · ⲕϩⲙⲟⲟⲥ ⲛ̅
ⲧⲟⲕ ⲉⲕⲕⲣⲓⲛⲉ[6] ⲙ̅ⲙⲟⲓ ⲕⲁⲧⲁ ⲡⲛⲟ
ⲙⲟⲥ · ⲁⲩⲱ ⲕⲟⲩⲉϩⲥⲁϩⲛⲉ ⲕⲁⲧⲁ[7]

4 ⲡⲁⲣⲁ ⲛⲟⲙⲟⲥ[8] ⲉ ϩⲓⲟⲩⲉ ⲉ ⲣⲟⲓ · ⲡⲉ
ϫⲁⲩ ⲛ̅ϭⲓ ⲛⲉⲧ ⲁϩⲉ ⲣⲁⲧⲟⲩ ϫⲉ ⲉⲕ
ⲥⲁϩⲟⲩ ⲙ̅ ⲡⲁⲣⲭⲓⲉⲣⲉⲩⲥ ⲙ̅ ⲡⲛⲟⲩⲧⲉ ·

5 ⲡⲉϫⲁϥ ⲇⲉ ⲛ̅ϭⲓ ⲡⲁⲩⲗⲟⲥ ϫⲉ ⲛⲉⲓ
ⲥⲟⲟⲩⲛ ⲁⲛ ⲛⲁ ⲥⲛⲏⲩ ϫⲉ ⲡⲁⲣⲭⲓⲉ
ⲣⲉⲩⲥ ⲡⲉ · ϥⲥⲏϩ ⲅⲁⲣ ϫⲉ ⲛ̅ⲛⲉⲕϫⲉ
ⲡⲉⲑⲟⲟⲩ ⲉ ⲡⲁⲣⲭⲱⲛ ⲙ̅ ⲡⲉⲕⲗⲁⲟⲥ[9] ·

the day *after* his conversation with the chiliarch, Τῇ δὲ ἐπαύριον
... ἔλυσεν αὐτόν.

[1] Η ⲡⲥⲩⲛϩⲉⲇⲣⲓⲟⲛ ⲧⲏⲣϥ̅. ⲁⲩϫⲓ ⲡⲁⲩⲗⲟⲥ ⲉⲡⲉⲥⲏⲧ. ⲁⲩⲧⲁϩⲟϥ
ⲉⲣⲁⲧϥ̅ ϩⲛ̅ ⲧⲉⲩⲙⲏⲧⲉ. ⲡⲁⲩⲗⲟⲥ ⲇⲉ ⲁϥⲉⲓⲱⲣⲙ̅ ⲉϩⲟⲩⲛ ⲉ ⲡⲥⲩⲛϩⲉ-
ⲇⲣⲓⲟⲛ ⲡⲉϫⲁϥ.

[2] πεπολίτευμαι.
[3] πάσῃ συνειδήσει.
[4] ἄχρι ταύτης τῆς ἡμέρας.
[5] For ϩⲁⲣⲧⲏϥ.
[6] σὺ κάθῃ κρίνων με.
[7] A scribe's error; strike out ⲕⲁⲧⲁ.
[8] παρανομῶν, Η ⲡⲁⲣⲁ ⲡⲛⲟⲙⲟⲥ.
[9] Exod. xxii. 18.

k k

6 ⲛ̄ ⲧⲉⲣ ⲉϥⲉ ⲓⲙⲉ ⲇⲉ ⲛ̄ϭⲓ ⲡⲁⲩⲗⲟⲥ
ϫⲉ ⲡⲟⲩⲁ ⲛⲛⲥⲁ ⲡⲁ ⲛ̄ⲥⲁⲇⲇⲟⲩⲕⲁⲓ
ⲟⲥ ⲡⲉ ⲁⲩⲱ ⲡⲕⲉ ⲩⲁ¹ ⲡⲁ ⲛⲉⲫⲁⲣⲓⲥ
ⲥⲁⲓⲟⲥ ⲡⲉ· ⲁϥϫⲓϣⲕⲁⲕ ⲉ ⲃⲟⲗ ϩⲙ̄
ⲡⲥⲩⲛϩⲉⲇⲣⲓⲟⲛ· ϫⲉ ⲛ̄ⲣⲱⲙⲉ ⲛⲁ
ⲥⲛⲏⲩ ⲁⲛⲟⲕ ⲁⲛⲅ̄ ⲟⲩⲫⲁⲣⲓⲥⲥⲁⲓ
ⲟⲥ ⲁⲛⲅ̄ ⲟⲩϣⲏⲣⲉ ⲛ̄ ⲫⲁⲣⲓⲥⲥⲁⲓⲟⲥ
ⲉⲩⲕⲣⲓⲛⲉ² ⲙ̄ⲙⲟⲓ ⲉ ⲧ̄ⲃⲉ ⲑⲉⲗⲡ'ⲓⲥ³
ⲛ̄ ⲧⲁⲛⲁⲥⲧⲁⲥⲓⲥ ⲛ̄ ⲛⲉⲧ' ⲙⲟⲟⲩⲧ·

7 ⲡⲁⲓ̈ ⲛ ⲧⲉⲣ ⲉϥϫⲟⲟϥ ⲁ[ⲥⲧ]ⲁⲥⲓⲥ⁴
ϣⲱⲡⲉ [ⲛ̄]ⲛⲉⲫⲁⲣⲓⲥⲥ[ⲁⲓⲟⲥ ⲛⲙ̄ ⲛ̄]
ⲥⲁⲇⲇⲟⲩⲕⲁⲓⲟⲥ· ⲁⲩⲱ ⲁ ⲡⲙⲏⲏϣⲉ

8 ⲡⲱϣ⁵· ⲛ̄ ⲥⲁⲇⲇⲟⲩⲕⲁⲓⲟⲥ ⲅⲁⲣ ⲥⲉ
[ϫⲱ] ⲙ̄ⲙⲟⲥ ϫⲉ ⲙ̄ ⲙⲛ̄ ⲥ (sic) ⲁⲛⲁⲥⲧⲁ
[ⲥⲓⲥ]⁶ ⲟⲩⲇⲉ ⲙⲛ̄⁷ ⲁ[ⲅⲅⲉⲗ]ⲟⲥ ⲟⲩⲇⲉ ⲙⲛ̄⁷
▓▓▓▓▓▓▓▓▓▓▓▓▓▓▓▓▓▓▓▓▓⁸
▓▓▓▓▓▓▓▓▓ [ⲁⲛ]ⲁⲥⲧⲁⲥ[ⲓⲥ] ▓▓▓▓▓
▓▓▓▓▓▓▓▓▓▓▓ ⲁⲩⲱ ⲟⲩ[ⲛ] ⲡ̄ⲛ̄ⲁ̄·

9 [ⲛ̄ ⲧⲉⲣⲉ ⲟⲩ]ⲛⲟϭ ⲇⲉ ⲛ̄ ⲁϣ[ⲕⲁⲕ]
ϣ[ⲱⲡⲉ ⲁⲩ]ⲧⲱⲟⲩⲛⲟⲩ ⲛ̄ϭⲓ [ϩⲟ]ⲉⲓ
[ⲛ]ⲉ ⲛ̄ ⲛ̄[ⲅ]ⲣⲁⲙⲙⲁⲧⲉⲩⲥ ⲙ̄ ⲡⲥⲁ
ⲛ̄ ⲛⲉⲫⲁⲣⲓⲥⲥⲁⲓⲟⲥ ⲁⲩⲙⲓ[ϣⲉ]
ⲉⲩϫⲱ ⲙ̄ⲙⲟⲥ ϫⲉ ⲛ̄ⲧⲛ̄ ϭⲛ̄ ⲗ[ⲁ]ⲁⲩ
ⲁⲛ ⲙ̄ ⲡⲉⲑⲟⲟⲩ ϩⲙ̄ ⲡⲉⲓ̈ ⲣⲱⲙⲉ·

---

¹ For ⲡⲕⲉ ⲟⲩⲁ.

² ἐγὼ κρίνομαι.

³ 'The hope of the resurrection', but the Greek has ἐλπίδος καὶ ἀναστάσεως.

⁴ Η ⲁⲩⲥⲧⲁⲥⲓⲥ, ἐγένετο στάσις.

⁵ ἐσχίσθη.

⁶ Η ⲙ̄ⲙⲛ̄ ⲁⲛⲁⲥⲧⲁⲥⲓⲥ. ⁷ ⲙ̄ⲙⲛ̄.

⁸ Η ⲟⲩⲇⲉ ⲙ̄ⲙⲛ̄ ⲡ̄ⲛ̄ⲁ̄. ⲛⲉⲫⲁⲣⲓⲥⲁⲓⲟⲥ ⲇⲉ ⲥⲉϩⲟⲙⲟⲗⲟⲅⲉⲓ ϫⲉ ⲟⲩⲛ̄ ⲁⲛⲁⲥⲧⲁⲥⲓⲥ ⲁⲩⲱ ⲟⲩⲛ̄ ⲁⲅⲅⲉⲗⲟⲥ ⲁⲩⲱ ⲟⲩⲛ̄ ⲡ̄ⲛ̄ⲁ̄. 9 ⲛ̄ⲧⲉⲣⲉ ⲟⲩⲛⲟϭ ⲇⲉ ⲛ̄ⲁϣⲕⲁⲕ ϣⲱⲡⲉ.

ⲉⲉⲓ ⲉϣⲱⲡⲉ ⲟⲩⲡⲛ̅ⲁ̅ ⲏ ⲟⲩⲁⲅⲅⲉ
ⲗⲟⲥ ⲡⲉ ⲛⲧ ⲁϥϣⲁϫⲉ ⲛⲙ̅ⲙⲁϥ¹ ⲙ̅

10 ⲡⲣ̅ †² ⲟⲩⲃⲉ ⲡⲛⲟⲩⲧⲉ· ⲛ̅ ⲧⲉⲣⲉ ⲟⲩ
ⲛⲟϭ ⲇⲉ ⲛ̅ ⲥⲧⲁⲥⲓⲥ ϣⲱⲡⲉ ⲁ ⲡⲭⲓ
ⲗⲓⲁⲣⲭⲟⲥ ⲣ̅ ϩⲟⲧⲉ ⲙⲏⲡⲱⲥ ⲛ̅ⲥⲉ
ⲙⲟⲩⲟⲩⲧ ⲙ̅ ⲡⲁⲩⲗⲟⲥ· ⲁϥⲟⲩⲉϩ
ⲥⲁϩⲛⲉ ⲙ̅ ⲡⲉⲥⲧⲣⲁⲧⲉⲩⲙⲁ ⲉ ⲃⲱⲕ
ⲉ ⲡⲉⲥⲏⲧ ⲉ ⲧⲟⲣⲡ̅ϥ ⲉ ⲃⲟⲗ³ ϩⲛ̅ ⲧⲉⲩ
ⲙⲏⲧⲉ ⲁⲩⲱ ⲉ ϫⲓⲧϥ̅ ⲉ ⲧⲡⲁⲣⲉⲙ

11 ⲃⲟⲗⲏ· ϩⲛ̅ ⲧⲉⲩϣⲏ ⲇⲉ ⲉⲧ ⲛⲏⲩ
ⲁ ⲡϫⲟⲉⲓⲥ ⲁϩⲉ ⲣⲁⲧϥ̅ ⲉϫⲱϥ· ⲡⲉϫⲁϥ
ϫⲉ ⲧⲱⲕ ⲛ̅ ϩⲏⲧ ⲛ̅ⲑⲉ ⲛ̅ⲧⲁⲕ ⲣ̅ ⲙⲛ̅
ⲧⲣⲉ ⲉ ⲧ'ⲃⲏⲏⲧ' ϩⲛ̅ ⲑⲓⲉⲣⲟⲩⲥⲁ
ⲗⲏⲙ ϩⲁⲡⲥ̅ ⲟⲛ ⲉ ⲧ'ⲣⲉ ⲕⲣ̅ ⲙⲛ̅ⲧ'ⲣⲉ

12 ⲛ̅ ⲧⲉⲓ ϩⲉ ϩⲛ̅ ⲧⲕⲉ ϩⲣⲱⲙⲏ· ⲛ̅ ⲧⲉ
ⲣⲉ ϩⲧⲟⲟⲩ ⲇⲉ ϣⲱⲡⲉ ⲁⲩⲉⲓⲣⲉ ⲛⲟⲩ
ⲥⲟⲟⲩϩⲥ̅ ⲛ̅ϭⲟⲓ (sic)⁴ ϩⲟⲉⲓⲛⲉ ⲛ̅ ⲛ̅ⲓⲟⲩⲇⲁⲓ
ⲁⲩⲱⲣⲕ̅ ⲉⲡⲉⲩⲉⲣⲏⲩ ⲉⲧϫⲱ ⲙ̅ⲙⲟⲥ
ϫⲉ ⲛ̅ⲛⲉ ⲛⲟⲩⲱⲙ ⲟⲩⲇⲉ ⲛ̅ⲛⲉ ⲛ̅
ⲥⲱ ϣⲁⲛ ⲧⲛ̅ ϩⲱⲧⲃ̅ ⲙ̅ ⲡⲁⲩⲗⲟⲥ·

13 ⲛⲉ ⲛⲧⲁⲩⲥⲙⲓⲛⲉ ⲇⲉ ⲙ̅ ⲡⲉⲓ ⲁⲛⲁϣ
ⲛⲉⲩⲛⲁⲣ ϩⲟⲩⲟ ⲉ ϩⲙⲉ ⲛ̅ ⲣⲱⲙⲉ ⲡⲉ·

14 ⲛⲁⲓ ϭⲉ ⲁⲩϯ ⲛⲉⲩⲟⲩⲉⲓ ⲉ ⲛⲉⲡ'ⲣⲉⲥ
[ⲃⲩⲧⲉⲣⲟⲥ] ⲛⲙ̅ ⲛⲁⲣⲭⲓⲉⲣⲉⲩⲥ⁵ ⲉⲩ
ϫⲱ ⲙ̅ⲙⲟⲥ ϫⲉ ϩⲛ̅ ⲟⲩⲁⲛⲁϣ ⲁⲛⲱ
ⲣⲕ̅ ⲛ̅ ⲡⲉⲛⲉⲣⲏⲩ ⲉ ⲧⲙ̅ ⲧⲉⲡ ⲗⲁⲁⲩ
ϣⲁⲛⲧⲛ̅ϩⲱⲧⲃ̅ ⲙ̅ ⲡⲁⲩⲗⲟⲥ:

15 Ⲧⲉⲛⲟⲩ ϭⲉ· [ⲧ]ⲛ̅ⲥⲟⲡⲥ̅ ⲙ̅ⲙⲱ[ⲧⲛ̅]
[ⲉ] ⲧ'ⲣⲉ ⲧ'ⲡⲣ̅ [ⲡⲁⲓ] ⲛⲁⲛ· ⲥⲱ[ⲟⲩϩ]

---

¹ εἰ δὲ πνεῦμα ἐλάλησεν αὐτῷ ἢ ἄγγελος.
² Η ⲙ̅ⲡ̅ⲣ̅ⲧⲣⲉⲛ†.
³ H omits ⲉⲃⲟⲗ and has ϩⲛ̅ ⲧⲉⲩⲙⲏⲧⲉ.
⁴ For ⲛ̅ϭⲓ.
⁵ Inverted order: τοῖς ἀρχιερεῦσι καὶ τοῖς πρεσβυτέροις.

Fo!. 102a
[ⲡⲉ]

[ⲙ̄ ⲡⲉⲭⲓ]ⲗⲓⲁⲣ[ⲭⲟⲥ
[ⲉ ⲧⲉ]ⲧⲙ̄ⲙⲛ̄ⲧ
ϥ ϩⲛ̄ ⲟⲩⲱⲣⲝ̄
[ⲁ]ⲛⲟⲛ ⲇⲉ ⲧⲛ̄ⲥⲃ̄[ⲧⲱⲧ
[ϩⲱ]ⲛ ⲉ ϩⲟⲩⲛ ⲉ ϩⲱⲧ[ⲃ̄ ⲙ̄]ⲙⲟϥ

16 ⲁ[ϥⲥ]ⲱⲧⲙ̄ ⲇⲉ ⲛ̄ϭⲓ ⲡϣⲏⲣⲉ ⲛ̄ ⲧⲥ[ⲱ]
ⲛ[ⲉ ⲙ̄] ⲡⲁⲩⲗⲟⲥ ⲉ ⲡⲉⲧⲕⲣⲟϥ· ⲁϥⲃⲱ[ⲕ]
ⲉ ϩⲟⲩⲛ ⲉ ⲧ'ⲡⲁⲣⲉⲙⲃⲟⲗⲏ ⲁϥⲧ[ⲁ]

17 ⲙⲉ ⲡⲁⲩⲗⲟⲥ· ⲡⲁⲩⲗⲟⲥ ⲇⲉ ⲁϥⲙⲟⲩⲧⲉ
ⲉ ⲟⲩⲁ ⲛ̄ ⲛ̄ϩⲉⲕⲁⲧⲟⲛⲧ'ⲁⲣⲭⲟⲥ ⲡⲉ
ϫⲁϥ ϫⲉ² ⲡⲉⲓ̈ ϣⲏⲣⲉ ϣⲏⲙ ϣⲁ³ ⲡⲭⲓ
ⲗⲓⲁⲣⲭⲟⲥ ⲟⲩⲛ̄ⲧϥ̄ ⲟⲩϣⲁϫⲉ ⲅⲁⲣ ⲉ

18 ϫⲟⲟϥ ⲉ ⲣⲟϥ· ⲁϥⲁⲙⲁϩⲧ'ⲉ ⲇⲉ ⲙ̄ ⲡϣⲏ
ⲣⲉ ϣⲏⲙ· ⲁϥϫⲓⲧϥ̄ ⲉ ϩⲟⲩⲛ ⲙ̄ ⲡⲭⲓⲗⲓ
ⲁⲣⲭⲟⲥ ⲉϥϫⲱ ⲙ̄ⲙⲟⲥ· ϫⲉ ⲡⲁⲩⲗⲟⲥ
ⲡⲉⲧ ⲙⲏⲣ ⲡⲉ ⲛⲧ ⲁϥⲙⲟⲩⲧⲉ ⲉ ⲣⲟⲓ
ⲁϥⲥⲉⲡⲥⲱⲡⲧ̄ ⲉ ⲉⲓⲛⲉ ⲛⲁⲕ ⲉ ϩⲟⲩⲛ
ⲙ̄ ⲡⲉⲓ̈ ϩⲣ̄ϣⲓⲣⲉ· ⲉⲩⲛ̄ⲧϥ̄ ⲟⲩϣⲁϫⲉ

19 ⲉ ϫⲟⲟϥ ⲛⲁⲕ⁴· ⲁ ⲡⲭⲓⲗⲓⲁⲣⲭⲟⲥ ⲇⲉ ⲁ
ϥⲁⲙⲁϩⲧⲉ⁵ ⲛ̄ⲧⲉϥϭⲓϫ· ⲁϥⲥⲉϩⲧϥ̄
ⲛ̄ⲥⲁ ⲧⲥⲁ⁶ ⲁϥϫⲛⲟⲩϥ ϫⲉ ⲟⲩ ⲡⲉⲧⲉ

20 ⲟⲩⲛ̄ⲧⲁϥ̄ ⲉ ϫⲟⲟϥ ⲉⲣⲟⲓ· ⲡⲉϫⲁϥ
ϫⲉ ⲛ̄ⲓ̈ⲟⲩⲇⲁⲓ̈ ⲛⲉ ⲛⲧ ⲁⲩⲧⲁⲥⲥⲉ
ⲉⲥⲉⲡⲥⲱⲡⲕ̄⁷ ϫⲉ ⲕⲁⲥ ⲉⲕⲉ[ⲛ] ⲙ̄ ⲡⲁⲩ
ⲗⲟⲥ ⲛ̄ ⲣⲁⲥⲧⲉ ⲉ ⲧⲙⲏⲧⲉ ⲙ̄ ⲡⲥⲩⲛ
ϩⲉⲇⲣⲓⲟⲛ⁸· ϩⲱⲥ ⲉⲧⲛⲁϣⲓⲛⲉ ϩⲛ̄ ⲟⲩ

21 ⲱⲣⲝ̄ ⲉ ⲧⲃⲏⲏⲧϥ̄· ⲛ̄ⲧⲟⲕ ϭⲉ ⲙ̄ⲡⲣ̄

---

¹ Ⲏ ⲥⲱⲧϩ ⲙ̄ⲡⲥⲧⲣϩⲉⲇⲣⲓⲟⲛ ⲛ̄ⲧⲉⲧⲛ̄ϫⲟⲟⲥ ⲙ̄ⲡⲉⲭⲓⲗⲓⲁⲣⲭⲟⲥ. ϫⲉ ⲕⲁⲥ ⲉϥⲉⲡⲧ̄ϥ ⲉⲧⲉⲧⲙ̄ⲙⲛ̄ⲧⲉ. ϩⲱⲥ ⲉⲧⲉⲧⲛⲁϫⲛⲟⲩϥ ϩⲛ̄ ⲟⲩⲱⲣⲝ̄ ⲉⲡⲉⲧϥ̄ⲡⲟⲣⲛⲧⲟⲧ. ⲁⲛⲟⲛ ⲇⲉ ⲧⲛ̄ⲥⲃ̄ⲧⲱⲧ. ⲙ̄ⲡⲁⲧϥ̄ϩⲱⲛ ⲉⲣⲟⲩⲛ.

² Some word like ϫⲓ, 'take', has dropped out here.

³ Ⲏ ⲉϩⲟⲩⲛ ϣⲁ.   ⁴ Ⲏ ⲉⲣⲟⲕ.   ⁵ Ⲏ ⲁϥⲁⲙⲁϩⲧⲉ.

⁶ Ⲏ ⲉⲩⲥⲁ.   ⁷ συνέθεντο τοῦ ἐρωτῆσαί σε.   ⁸ τὸ συνέδριον.

ⲥⲱⲧⲙ̄ ⲛⲁⲩ· ⲥⲉϭⲟⲣϭ̄ ⲅⲁⲣ ⲉ ⲣⲟϥ ⲛ̄ϭⲓ
ⲁϩⲟⲧⲟ¹ ⲉ ϩⲙⲉ ⲛ̄ ⲣⲱⲙⲉ ⲉ ⲃⲟⲗ ⲛ̄
ϩⲏⲧⲟⲩ· ⲛⲁⲓ̈ ⲛ̄ⲧ ⲁⲩⲱⲣⲕ̄ ⲛ̄ ⲛⲉⲩⲉ
ⲣⲏⲧ ⲉ ⲧⲙ̄ ⲟⲩⲱⲙ ⲟⲩⲧⲁ[ⲉ ⲉ ⲧⲙ̄ ⲥⲱ]
ϣⲁⲛⲧ ⲟⲩϩⲱⲧ'ⲃ̄ ⲙ̄ⲙⲟϥ· ⲁⲩⲱ ⲧⲉ
ⲛⲟⲩ ⲥⲉⲥⲃ̄ⲧⲱⲧ' ⲉⲩϭⲱϣⲧ̄ ⲉ ⲃⲟⲗ

22 [ϣⲁⲛ]ⲧ ⲛ̄ⲭⲓⲡⲟⲩⲱ ⲛⲁⲩ· ⲡⲭⲓⲗⲓⲁⲣ
[ⲭⲟⲥ] ϭⲉ ⲁϥⲕⲁ ⲡ[ϩⲣ̄ϣⲓ]ⲣⲉ ⲉ ⲃⲟⲗ
[ⲉ ⲁϥⲡⲁⲣⲁⲅⲅⲓⲗⲉ ⲛⲁϥ ϫⲉ ⲙ̄ⲡⲣ̄ ϫⲟⲟⲥ]
[ⲉ ⲗⲁⲁⲩ ϫⲉ ⲁⲕⲧⲁⲙⲟⲓ ⲉ ⲛⲁⲓ̈]²

Fol. 102 b
[ⲣ̄]

23 [ⲁϥⲙⲟⲩⲧⲉ ⲇⲉ ⲉ ⲥ]ⲛⲁⲩ ⲛ̄ ⲛ [ϩⲉⲕ]
[ⲁⲧⲟⲛⲧⲁⲣⲭ]ⲟⲥ ⲡⲉϫⲁϥ ϫⲉ ⲥ[ⲉⲃ]
▓▓[ⲙ]ⲁⲧⲟⲓ³ ⲉ ⲧ'ⲣⲉ ⲩ ⲃ[ⲱⲕ]
[ϣ]ⲁ ⲧⲕ[ⲁⲓⲥ]ⲁⲣⲓⲁ ⲁⲩⲱ ϣⲉ [ϩⲣ̄ⲡ]
[ⲡ]ⲉⲩⲥ ⲁⲩ̄ ϣⲛⲧ' ⲛ̄ϥⲁⲉⲓⲙⲉⲣ[ⲉϩ]

24 [ϫⲓ]ⲛ ϫⲡ̄ ϣⲟⲙⲧⲉ⁴ ⲛ̄ ⲧⲉⲩϣⲏ [ⲁⲩ]
ⲱ ⲉ ⲥⲟⲃⲧⲉ ⲛ̄ ϩⲉⲛⲧⲃ̄ⲛⲟⲟⲩⲉ·
ϫⲉ ⲛⲁⲥ ⲉⲩⲉⲧⲁⲗⲉ ⲡⲁⲩⲗⲟⲥ ⲛ̄ⲥⲉ
ϫⲟⲟⲩϥ⁵ ⲉ ⲣⲁⲧϥ̄ ⲙ̄ ⲫⲏⲅⲉⲙⲱⲛ ⲫⲏ

25 ⲗⲓⲝ⁶· ⲉⲁϥⲥϩⲁⲓ̈ ⲛ̄ ⲟⲩⲉⲡⲓⲥⲧⲟⲗⲏ

26 ⲙ̄ ⲡⲉⲓ̈ ⲧⲩⲡⲟⲥ· ⲛⲕⲗⲁⲩⲇⲁⲟⲥ (sic) ⲗⲩ
ⲥⲓⲁⲥ ⲉϥⲥϩⲁⲓ̈ ⲙ̄ ⲫⲏⲗⲓⲝ ⲡⲉ ⲕⲣⲁⲧⲓⲥ

27 ⲧⲟⲥ ⲛ̄ ϩⲏⲅⲉⲙⲱⲛ· ⲭⲁⲓⲣⲁⲓ⁷· ⲡⲉⲓ̈
ⲣⲱⲙⲉ ⲁⲩϭⲟⲡϥ̄ ⲛ̄ϭⲓ ⲛ̄ⲓ̈ⲟⲩⲇⲁⲓ̈ ⲁⲩ
ⲟⲩⲱϣ⁸ ⲉ ϩⲟⲧⲃⲉϥ ⲁⲉⲓ⁹ ⲉ ϩⲣⲁⲓ̈ ⲉ
ϫⲱϥ ⲛⲙ̄ ⲡⲉⲥⲧⲣⲁⲧⲉⲩⲙⲁ (sic)· ⲛ̄ ⲧⲉ
ⲣ ⲓⲉⲓⲙⲉ ϫⲉ ⲟⲩϩⲣⲱⲙⲁⲓⲟⲥ ⲡⲉ·

---

¹ H ⲛ̄ϭⲓϩⲟⲧⲟ.

² See Balestri, *Fragmenta*, p. 324. H's text is identical except that it has ⲉⲁϥⲡⲁⲣⲁⲅⲅⲉⲓⲗⲉ.

³ H ⲡⲉϫⲁϥ ϫⲉ ⲥⲉⲃⲧⲉ ϣⲏⲧ ⲙ̄ⲙⲁⲧⲟⲓ.

⁴ Sic. H ϫⲡ̄ϣⲟⲙⲧⲉ.   ⁵ H ⲛ̄ⲥⲉⲭⲓⲧϥ̄.

⁶ H ⲙ̄ⲫⲩⲗⲓⲝ ⲡⲣ̄ⲛ̄ϩⲏⲅⲉⲙⲱⲛ.   ⁷ H ⲭⲁⲓⲣⲉⲧⲉ, χαίρειν.

⁸ H ⲉⲩⲟⲩⲱϣ.   ⁹ H ⲁⲓⲉⲓ.

28 ⲁⲓⲧⲟϫⲟⲩ· ⲉⲁⲓⲟⲩⲱϣ ⲇⲉ ⲉⲥⲟⲩⲛ̄
ⲧⲗⲟⲉⲓϭⲉ ⲉⲧ ⲟⲩⲉⲛⲧⲁⲗⲓ¹ ⲛⲁⲩ ⲉ
ⲧⲃⲏⲏⲧϥ̄· ⲁⲓϫⲓⲧϥ̄ ⲉ ϩⲣⲁⲓ ⲉ ⲡⲉⲩ
29 ⲥⲩⲛϩⲉⲇⲣⲓⲟⲛ· ⲁⲓϭⲛ̄ⲧϥ̄² ⲉⲩⲉⲛ
ⲧⲁⲗⲓ ⲛⲁⲩ ⲉ ⲧⲃⲉ ϩⲉⲛⲍⲏⲧⲏⲙⲁ
ⲛ̄ⲧⲉ ⲡⲉⲩⲛⲟⲙⲟⲥ· ⲉⲙⲙⲛ̄ ⲗⲁⲁⲩ
ⲛ̄ ϩⲁⲡ ⲉ ⲣⲟϥ ⲉϥⲙ̄ⲡϣⲁ ⲙ̄ ⲡⲙⲟⲩ
30 ⲏ ⲙ̄ⲡⲣ̄ⲣⲉ· ⲛ̄ ⲧⲉⲣ ⲟⲩⲧⲁⲙⲟⲉⲓ ⲇⲉ ⲉⲧ
ⲕⲣⲟϥ ϫⲉ ϥⲛⲁϣⲱⲡⲉ ⲉ ϩⲟⲩⲛ ⲉ
ⲡⲉⲓ ⲣⲱⲙⲉ ⲉ ⲃⲟⲗ ϩⲓⲧⲛ̄ ⲛ̄ⲓ̈ⲟⲩⲇⲁⲓ̈
ⲛ̄ⲧⲉⲩⲛⲟⲩ ⲁⲓ̈ⲧⲁⲟⲩⲟϥ³ ϣⲁ ⲣⲟⲕ·
ⲉⲓⲡⲁⲣⲁⲅⲅⲉⲓⲗⲉ (sic)⁴ ⲛ̄ ⲛⲉϥⲕⲁⲧⲏ
ⲅⲟⲣⲟⲥ [ⲉ] ϫⲓ ϩⲁⲡ ϩⲓⲱⲱⲛ ⲙ̄ⲙⲙⲁϥ·
[ⲛ̄ ⲙⲁⲧⲟⲓ ϭ]ⲉ ⲕⲁⲧⲁ ⲡⲉ ⲛⲧ ⲁⲩⲟⲩ
31 ⲉϩⲥⲁϩⲛⲉ ⲙ̄ⲙⲟⲩ ⲛⲁⲩ ⲁⲩⲧⲁⲗⲉ
ⲡⲁⲩⲗⲟⲥ ⲛ̄ ⲧⲉⲩϣⲏ· ⲁⲩϫⲓⲧϥ̄ ⲉ
32 ⲁⲛⲧⲓⲡⲁⲧⲣⲓⲥ· ⲙ̄ ⲡⲉϥⲣⲁ[ⲥⲧ]ⲉ
ⲇⲉ ⲁⲩⲧⲣⲉ [ⲛ̄ϩⲓ]ⲡⲡⲉⲩⲥ ⲃⲱ[ⲕ]
▨▨▨▨▨▨ [ⲉ ⲧⲡⲁⲣⲙ̄]⁵
33 ⲃ[ⲟⲗⲏ]· ⲛ̄ⲧⲟ[ⲟⲩ ϭⲉ ⲛ̄ ⲧⲉⲣ ⲟⲩⲃⲱⲕ ⲉ]
ϩ[ⲟⲩⲛ] ⲉ ⲧⲕⲏ(ⲥⲁ)ⲣⲓⲁ [ⲁⲩϯ ⲧⲉⲡⲓⲥⲧⲟ]
ⲗⲏ [ⲙ̄] ⲫⲏⲅⲉⲙⲱⲛ⁶· ⲁⲩ[ⲡⲁⲣ]
34 ϩⲓⲥⲧⲁ⁷ ⲛⲁϥ ⲙ̄ ⲡⲁⲩⲗⲟⲥ· [ⲛ̄ ⲧⲉⲣ ⲉϥ]
ⲟ[ϣϥ̄ ⲇ]ⲉ ⲛ̄ϭⲓ ⲫⲏⲅⲉⲙⲱ[ⲛ] ⲁϥϣⲓ
ⲛⲉ [ϫⲉ] ⲟⲩ ⲉ ⲃⲟⲗ ⲡⲉ ϩⲛ̄ ⲁϣ ⲛ̄ [ⲉ]
ⲡⲁⲣⲭⲓⲁ⁸· ⲛ̄ ⲧⲉⲣ ⲉϥⲉⲓⲙⲉ ⲇⲉ ϫⲉ ⲟⲩ

Fol. 103 a
[ϥⲅ]

---

¹ ἐνεκάλουν, H ⲉⲧⲟⲩⲉⲩⲕⲁⲗⲉⲓ.
² H ⲁⲓϭⲛ̄ⲧϥ̄ ⲉⲩⲉⲩⲕⲁⲗⲉⲓ.
³ H ⲁⲓⲧⲁⲧⲟϥ.   ⁴ παραγγείλας.
⁵ H ⲃⲱⲕ ⲛ̄ⲙⲙⲁϥ· ⲁⲩⲕⲟⲧⲟⲩ ⲉⲧⲡⲁⲣⲉⲙⲃⲟⲗⲏ· 33 ⲛ̄ⲧⲟⲟⲩ ϭⲉ
ⲛ̄ⲧⲉⲣⲟⲩⲃⲱⲕ ⲉϩⲟⲩⲛ ⲉⲧⲕⲁⲓⲥⲁⲣⲓⲁ ⲁⲩϯ ⲧⲉⲡⲓⲥⲧⲟⲗⲏ ⲙ̄ⲡϩⲏⲅⲉⲙⲱⲛ.
ⲁⲩⲡⲁⲣϩⲓⲥⲧⲁ ⲛⲁϥ ⲙ̄ⲡⲁⲩⲗⲟⲥ.
⁶ τῷ ἡγεμόνι.   ⁷ παρέστησαν.
⁸ ἐκ ποίας ἐπαρχίας ἐστί.

ACTS XXIII. 35—XXIV. 5   255

35 ⲉ ⲃⲟⲗ ⲡⲉ ϩⲛ̅ ⲧⲥⲓⲗⲓⲥⲓⲁ· ⲡⲉϫⲁϥ ϫⲉ
ⲉⲉⲓ ⲉⲥⲱⲧⲙ̅ ⲉ ⲣⲟⲕ ϩⲟⲧⲁⲛ ⲉⲧ
ϣⲁⲛⲉⲓ¹ ⲛ̅ϭⲓ ⲛⲉⲕⲕⲁⲧⲏ[ⲅⲟ]ⲣⲟⲥ²· ⲁϥⲟⲩ
ⲉϩⲥⲁϩⲛⲉ ⲇⲉ ⲉ ⲧⲣⲉ ⲧϩⲁⲣⲉϩ ⲉ ⲣⲟϥ
ϩⲙ̅ ⲡⲉⲡⲣⲁⲓⲧⲱⲣⲓⲟⲛ³ ⲛ̅ ϩⲏⲣⲱ

Chap. ⲇⲏⲥ· ⲙⲛ̅ⲛⲥⲁ ϯⲟⲩ ⲇⲉ ⲛ̅ ϩⲟⲟⲩ ⲁϥⲉⲓ
XXIV. 1 ⲉ ϩⲣⲁⲓ̈ ⲛ̅ϭⲓ ⲁⲛⲁⲛⲓⲁⲥ ⲡⲁⲣⲭⲓⲉ
ⲣⲉⲩⲥ ⲙⲛ̅ ϩⲛ̅ ⲡⲣⲉⲥⲃⲩⲧⲉⲣⲟⲥ
ⲁⲩⲱ ⲟⲩϩⲣⲏⲧⲱⲣ ϫⲉ ⲧⲉⲣⲧⲩⲗⲗⲟⲥ⁴
ⲁⲩⲥⲙ̅ⲙⲉ ⲉ ⲡⲁⲩⲗⲟⲥ ⲙ̅ ⲡϩⲏⲅⲉ

2 ⲙⲱⲛ· ⲛ̅ ⲧⲉⲣ ⲟⲩⲙⲟⲩⲧⲉ ⲇⲉ ⲉ
ⲣⲟϥ ⲁϥⲁⲣⲭⲓ⁵ ⲛ̅ ⲅⲁⲧⲏⲅⲟⲣⲓ⁶ ⲛ̅ϭⲓ ⲧⲉⲣ
ⲧⲩⲗⲗⲟⲥ ⲉϥϫⲱ ⲙ̅ⲙⲟⲥ ϫⲉ ⲉⲩⲛ̅
ⲟⲩⲛⲟϭ ⲛ ⲉⲓⲣⲏⲛⲏ ϣⲟⲟⲡ ⲛⲁⲛ
ⲉ ⲃⲟⲗ ϩⲓ ⲧⲟⲟⲧⲕ̅· ⲁⲩⲱ ϩⲉⲛ ⲡⲉ
ⲧ ⲛⲁⲛⲟⲩϥ ⲙ̅ ⲡⲉⲓ̈ ϩⲉⲑⲛⲟⲥ ⲉ ⲃⲟⲗ

3 ϩⲓⲧⲛ̅ ⲧⲉⲕⲡⲣⲟⲛⲟⲛⲟⲓⲁ (sic)⁷· ⲫⲏ
ⲗⲓⲝ ⲡⲉⲕⲣⲁⲧⲓⲥⲧⲟⲥ⁸· ⲥⲉⲧⲁⲉⲓⲟ (sic)⁹
ⲙ̅ⲙⲟⲛ ⲛ̅ ⲟⲩⲟⲉⲓϣ ⲛⲓⲙ ϩⲙ̅ ⲙⲁ

4 ⲛⲓⲙ ϩⲙ̅¹⁰ ⲛ ⲟⲩⲛⲟϭ ⲛ̅ ϩⲙⲟⲧ· ϫⲉ
ⲛⲁⲥ ⲇⲉ· ⲉⲛⲛⲉⲛ ϯ ϩⲓⲥⲉ ⲛⲁⲕ ⲉⲡⲉ
ϩⲟⲩⲟ ϯⲥⲟⲡⲥ̅ ⲙ̅ⲙⲟⲕ ⲉ ⲧⲣⲉ ⲕⲥⲱ
ⲧⲙ̅ ⲉ ⲣⲟⲛ ϩⲛ̅ ⲟⲩϣⲱ[ⲱⲧ] ⲉ ⲃⲟⲗ ϩⲛ̅

5 ⲧⲉⲕⲙⲛ̅ⲧϩⲁⲕ· ⲁⲛϩⲉ [ⲅⲁⲣ ⲉ ⲡⲉⲓ̈]
ⲣⲱⲙⲉ ⲛ ⲗⲟⲓⲙⲟⲥ ⲉ ⲁϥⲧⲟⲩⲛⲉⲥ¹¹
ⲟⲩⲥⲧⲁⲥⲓⲥ¹² ⲛ ⲓ̈ⲟⲩⲇⲁⲓ̈ ⲧⲏⲣⲟⲩ ⲉⲧ ϩⲛ̅

---

¹ H ⲉⲧϣⲁⲛⲉⲓ ϩⲱⲟⲩ.
² οἱ κατήγοροί σου.   ³ ἐν τῷ πραιτωρίῳ.
⁴ καὶ ῥήτορος Τερτύλλου.   ⁵ H ⲁϥⲁⲣⲭⲉⲓ.
⁶ κατηγορεῖν, H ⲛ̅ⲕⲁⲧⲏⲅⲟⲣⲉⲓ.
⁷ διὰ τῆς σῆς προνοίας.
⁸ κράτιστε Φήλιξ.   ⁹ H ⲥⲉⲧⲁⲓⲟ.
¹⁰ The scribe has run a line through ⲙ; read therefore ϩⲛ̅.
¹¹ H ⲉϥⲧⲟⲩⲛⲉⲥ ⲥⲧⲁⲥⲓⲥ.   ¹² κινοῦντα στάσεις.

ACTS XXIV. 5-11

Fol. 103 b
[ϥβ]

τ[οι]ⲕⲟⲩⲙⲉⲛⲏ ⲉ ⲡⲥⲁϩ¹ ⲡⲉ ⲛ
6 [ϩⲁⲓⲣ]ⲉⲥⲓⲥ [ⲛ̄] ⲛ̄ⲛⲁ[ⲍⲱⲣⲁⲓ]ⲟⲥ· ⲉ ⲁϥ
[ⲡⲉⲓⲣⲁⲍⲉ] ▨▨▨▨▨▨▨▨ ²
8 ▨▨ [ⲛ̄ⲧⲁⲛⲁⲙ]ⲁϩⲧⲉ [ⲙ̄ⲙⲟϥ³ ⲟⲩⲛ̄ϣ]
[ϭⲟⲙ ⲇⲉ ⲟⲛ ⲙ̄]ⲙⲟⲕ ⲉ ⲁⲛ[ⲁⲕⲣⲓⲛⲉ]
ⲙ̄ⲙⲟϥ ⲉ ⲉⲓⲙⲉ ⲉ ⲧⲃⲉ ⲛ[ⲁⲓ̈ ⲧⲏ]
[ⲣⲟⲩ ⲉ]ⲧ ⲛ̄ ⲕⲁⲧⲏⲅⲟⲣⲓ⁴ ⲙ̄[ⲙ]ⲟϥ
9 [ⲛ̄ ϩⲏⲧⲟⲩ]· ⲁⲩⲟⲩⲱϣⲃ̄ ⲇⲉ ϩⲱ[ⲟⲩ ⲛ̄ϭⲓ]
[ⲛ̄ⲓⲟⲩⲇⲁⲓ̈] ⲉⲩϫⲱ ⲙ̄ⲙⲟⲥ ϫ[ⲉⲛⲁⲓ̈]
10 ⲥ[ⲙ]ⲟⲛⲧ ⲛ̄ ⲧⲉⲓ̈ ϩⲉ· ⲁ ⲡϩⲏⲅⲉⲙⲱⲛ
ⲇⲉ ϫⲱⲣⲙ̄ ⲉ ⲡⲁⲩⲗⲟⲥ ⲉ ϣⲁϫⲉ⁵ ⲁϥⲟⲩ
ⲱϣⲃ̄ ⲉϥϫⲱ ⲙ̄ⲙⲟⲥ ϫⲉ ⲉⲓ̈ⲥⲟⲟⲩⲛ⁶
ⲙ̄ⲙⲟⲥ· ϫⲉ ⲉⲓ̈ⲥⲟⲟⲩⲛ ⲙ̄ⲙⲟⲕ⁷ ⲉⲓⲥ
ϩⲁϩ ⲛ̄ⲣⲟⲙⲡⲉ⁸ ⲉⲕⲟ ⲛ̄ ⲣⲉϥϯϩⲁⲡ
ⲉ ⲡⲉⲓ̈ ϩⲉⲑⲛⲟⲥ ϩⲛ̄ ⲟⲩⲙⲡⲟⲛ (sic)⁹
11 ⲛ̄ ϩⲏⲧ' ϯⲛⲁϣⲁϫⲉ ϩⲁⲣⲟⲉⲓ¹⁰· ⲉⲧⲛ̄
[ϭⲟ]ⲙ ⲙ̄ⲙⲟⲕ ⲉ ⲉⲓⲙⲉ ϫⲉ ⲙ̄ⲡⲓ
ⲣ̄ϩⲟⲩⲟ¹¹ ⲉ ⲙⲛ̄ⲧⲛⲟⲟⲩⲥ¹² ⲛ̄ϩⲟⲟⲩ ϫⲓⲛ

¹ πρωτοστάτην τε τῆς τῶν Ναζωραίων αἱρέσεως.

² Η ⲛ̄ⲛ̄ⲡⲁⲍⲱⲣⲁⲓⲟⲥ. 6 ⲉⲁϥⲡⲉⲓⲣⲁⲍⲉ ⲉⲭⲱⲣⲙ̄ ⲙ̄ⲡⲉⲣⲡⲉ· ⲡⲁⲓ ⲛ̄ⲧⲁⲛ-
ⲁⲙⲁϩⲧⲉ ⲙ̄ⲙⲟϥ. ⲟⲩⲛ̄ϣϭⲟⲙ ⲇⲉ ⲟⲛ ⲙ̄ⲙⲟⲕ ⲉⲁⲛⲁⲕⲣⲓⲛⲉ ⲙ̄ⲙⲟϥ.
ⲉⲉⲓⲙⲉ ⲉⲧⲃⲉ ⲛⲁⲓ ⲧⲏⲣⲟⲩ ⲉⲧⲛ̄ⲕⲁⲧⲏⲅⲟⲣⲉⲓ ⲙ̄ⲙⲟϥ ⲛ̄ϩⲏⲧⲟⲩ. 9 ⲁⲩ-
ⲟⲩⲱϣⲃ̄ ⲇⲉ ϩⲱⲟⲩ ⲛ̄ϭⲓⲛ̄ⲓⲟⲩⲇⲁⲓ ⲉⲩϫⲱ ⲙ̄ⲙⲟⲥ. ϫⲉ ⲛⲁⲓ ⲥⲙⲟⲛⲧ̄
ⲛ̄ⲧⲉⲓϩⲉ.

³ The Coptic text has no equivalent for καὶ κατὰ τὸν ἡμέτερον νόμον ἠθελήσαμεν κρίνειν. παρελθὼν δὲ Λυσίας ὁ χιλίαρχος μετὰ πολλῆς βίας ἐκ τῶν χειρῶν ἡμῶν ἀπήγαγε, κελεύσας τοὺς κατηγόρους αὐτοῦ ἔρχεσθαι ἐπὶ σέ, i.e. it omits verse 7 and a part of verse 8.

⁴ ἡμεῖς κατηγοροῦμεν.

⁵ 'The governor having made a sign to Paul to speak, he answered saying.'

⁶ Η ⲡⲉⲓⲥⲟⲟⲩⲛ̄.

⁷ The scribe corrects his mistake by rewriting these words.

⁸ Like the Gr. ἐκ πολλῶν ἐτῶν, Η ⲛ̄ϩⲟⲟⲩ, 'days'.

⁹ Read ⲟⲩⲙⲛ̄ⲧⲟⲛ.   ¹⁰ For ϩⲁⲣⲟⲓ̈.

¹¹ Η ⲙ̄ⲡⲉⲓⲣ̄ ϩⲟⲩⲟ,   ¹² Read ⲙⲛ̄ⲧⲥⲛⲟⲟⲩⲥ.

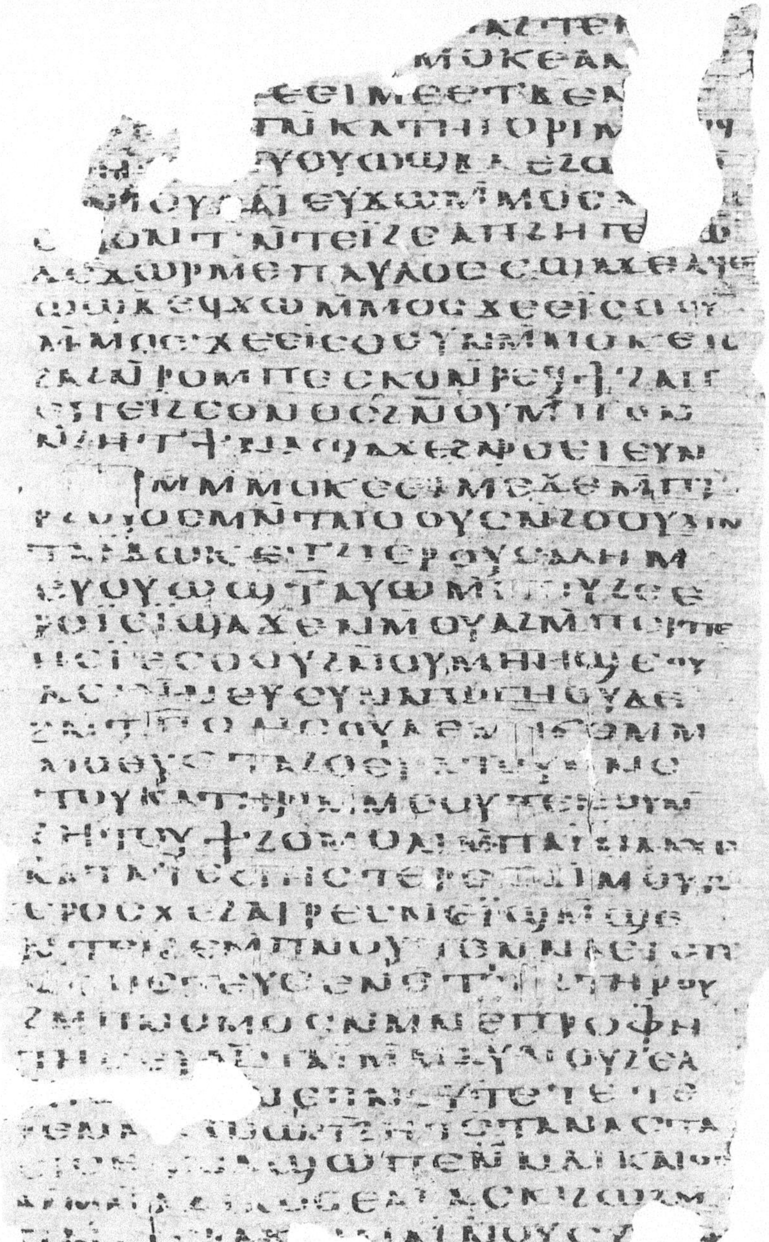

MS. Oriental 7594, Fol. 103 *b* (Acts of the Apostles xxiv. 8–16)

ACTS XXIV. 11—XXVII. 1   257

ⲧⲁⲓⲃⲱⲕ ⲉ ⲧⲣⲓⲉⲣⲟⲩⲥⲁⲗⲏⲙ¹
12 ⲉⲧⲟⲩⲱϣⲧ²· ⲁⲩⲱ ⲙ̄ⲡ ⲟⲩϩⲉ ⲉ
ⲣⲟⲓ ⲉⲓϣⲁϫⲉ ⲛⲙ̄ ⲟⲩⲁ ϩⲙ̄ ⲡⲉⲣⲡⲉ
ⲏ ⲉⲓⲉⲥⲟⲟⲩϩ ⲛ̄ ⲟⲩⲙⲏⲏϣⲉ ⲟⲩ
ⲇⲉ ϩⲛ̄ ⲛⲉⲧⲥⲩⲛⲁⲅⲱⲅⲏ ⲟⲩⲇⲉ
13 ϩⲛ̄ ⲧⲡⲟⲗⲓⲥ· ⲟⲩⲇⲉ ⲙⲛ̄ϭⲟⲙ ⲙ̄
ⲙⲟⲟⲩ ⲉ ⲧⲁϩⲟ ⲉ ⲣⲁⲧⲟⲩ ⲉ ⲛⲉ
ⲧ ⲟⲩⲕⲁⲧⲏⲅⲟⲣⲓ³ ⲙ̄ⲙⲟⲟⲩ ⲧⲉⲛⲟⲩ ⲛ
14 ϩⲏⲧⲟⲩ· ϯϩⲟⲙⲟⲗ[ⲟⲩ]ⲓ ⲙ̄ ⲡⲁⲓ ⲛⲁⲕ ϫⲉ⁴
ⲕⲁⲧⲁ ⲧⲉϩⲓⲏ ⲉⲧ ⲉⲣⲉ [ⲛ]ⲁⲓⲙⲟⲩⲧⲉ
ⲉ ⲣⲟⲥ ϫⲉ ϩⲁⲓⲣⲉⲥ[ⲓⲥ]· ⲛⲉⲓϣⲙ̄ϣⲉ
ⲛ̄ ⲧⲉⲓ ϩⲉ ⲙ̄ ⲡⲛⲟⲩⲧⲉ ⲛ̄ ⲛⲁ ⲉⲓⲟⲧⲉ⁵·
ⲁⲓⲡⲓⲥⲧⲉⲩⲉ⁶ ⲉ ⲛⲉⲧ ⲥⲏϩ ⲧⲏⲣⲟⲩ
ϩⲛ̄ ⲡⲛⲟⲙⲟⲥ ⲛⲙ̄ ⲛⲉⲡⲣⲟⲫⲏ
15 ⲧⲏⲥ· ⲉⲩⲛ̄ⲧⲁⲓ ⲙ̄ⲙⲁⲩ ⲛ̄ ⲟⲩϩⲉⲗ
ⲡⲓⲥ [ⲉ ϩⲟⲩ]ⲛ ⲉ ⲡⲛⲟⲩⲧⲉ⁷ ⲧⲉⲧ ⲉ
ⲣⲉ ⲛ[ⲁⲓ ϭ]ⲱϣⲧ̄ ϩⲏⲧⲥ̄ ⲧⲁⲛⲁⲥⲧⲁ
ⲥⲓⲥ⁸ ⲉⲧ ⲛⲁϣⲱⲡⲉ ⲛ̄ ⲛ̄ⲇⲓⲕⲁⲓⲟⲥ
16 ⲛⲙ̄ ⲛ̄ⲁⲇⲓⲕⲟⲥ· ⲉⲁⲓⲁⲥⲕⲓ⁹ ϩⲱ ϩⲙ̄
ⲡⲁⲓ [ⲉ ⲧ]ⲣⲁ ⲕ[ⲱ ⲛ]ⲁⲓ ⲛⲟⲩⲥⲩ[ⲛⲁⲓⲇⲏ]
ⲥⲓⲥ¹⁰ ⲁϫⲛ̄ ϫ[ⲣⲟⲡ] ⲛ̄ ⲟⲩⲟⲉⲓϣ [ⲛⲓⲙ]

[Four leaves wanting]

Chap.   Fol. 104 a
XXVI. 32 [ⲡⲁⲓ]ⲣⲱⲙⲉ ⲕ▓▓▓▓▓▓▓   [ⲣⲁ]
         [ⲡ̄ⲥⲁ]ⲃⲏⲗ ϫⲉ ⲁϥⲉⲡⲓⲕ[ⲁⲗⲓ ⲕⲁⲓⲥⲁ]
Chap.   ⲣ̄ⲥ̄· [ⲛ̄]ⲧⲉⲣ ⲟⲩⲕⲣⲓⲛⲉ ⲇⲉ [ⲉ ⲧⲣⲉ ⲛⲥϭⲏ]
XXVII. 1 ⲣ [ⲉ] ϩⲓⲧⲁⲗⲓⲁ· ⲁⲩϯ ⲡⲁⲩⲗⲟⲥ [ⲛⲙ̄]

---

¹ For ⲉ ϩⲣⲁⲓ ⲉ ⲧⲣⲓⲉⲣⲟⲩⲥⲁⲗⲏⲙ.   ² Η ⲉⲟⲩⲱϣⲧ̄.
³ κατηγοροῦσί μου; therefore for ⲙ̄ⲙⲟⲟⲩ read ⲙ̄ⲙⲟⲓ.
⁴ Η ϫⲉ ⲛⲁⲕ ⲙ̄ⲡⲁⲓ.   ⁵ τῷ πατρῴῳ Θεῷ.
⁶ πιστεύων.   ⁷ ἐλπίδα ἔχων εἰς τὸν Θεόν.
⁸ Η ⲛ̄ⲧⲁⲛⲁⲥⲧⲁⲥⲓⲥ.   ⁹ ἀσκῶ.   ¹⁰ συνείδησιν.

ϩε[ν ⲕⲟ]ⲟⲧⲉ ⲉⲧⲙⲏⲣ ⲛ ⲟⲩϩⲉⲕⲁ
ⲧ[ⲟⲛ]ⲧⲁⲣⲭⲟⲥ· ⲉ ⲡⲉϥⲣⲁⲛ ⲡⲉ ⲓ̈ⲟⲩ
[ⲗⲓⲟⲥ]· ⲉ ⲃⲟⲗ ϩⲛ ⲧⲉⲥⲡⲓⲣⲏ ⲛⲥⲉ

2 ⲃⲁⲥⲧ'ⲏ· ⲁⲛⲁⲗⲉ ⲇⲉ ⲉⲧϫⲟⲓ̈ ⲛⲧⲉ
[ⲁ]ⲧⲣⲙⲏⲧⲉ[1]· ⲉϥⲛⲁⲣϩⲱⲧ' ⲉⲙ
ⲙⲁ ⲛ ⲧⲁⲥⲓⲁ· ⲁⲛⲕⲱ ⲇⲉ ⲃⲟⲗ ⲁⲩⲱ
[ⲁ]ⲣⲓⲥⲧⲁⲣⲭⲟⲥ ⲁϥⲉⲓ ⲛⲙⲙⲁⲛ· ⲡⲉ
[ⲃⲟ]ⲗ ϩⲛ ⲑⲉⲥⲥⲁⲗⲟⲛⲓⲕⲏ[2] ⲛⲧⲉ

3 [ⲧ]ⲙⲁⲕⲉⲇⲟⲛⲓⲁ· ⲙⲡⲉϥⲣⲁⲥⲧⲉ
[ⲁ]ⲉ ⲁⲛⲙⲟⲟϣⲉ ⲉ ⲥⲓⲇⲱⲛ· ⲓ̈ⲟⲩⲗⲓ
[ⲟ]ⲥ ⲇⲉ ⲁϥⲉⲓⲣⲉ ⲛ ⲟⲩⲙⲛⲧⲙⲁ[ⲓⲣⲱⲙⲉ]
[ⲛⲙ] ⲡⲁⲩⲗⲟⲥ ⲁϥⲕⲁⲁϥ ⲉ ⲃⲱⲕ ⲉ ϩⲟⲩⲛ
[ϣ]ⲁ ⲛⲉϥϣⲃⲉⲉⲣ ⲉⲩϣⲙϣⲏⲧϥ·

4 [ⲁⲛⲕ]ⲱ ⲉ ⲃⲟⲗ ϩⲙ ⲡⲙⲁ ⲉⲧ ⲙⲙⲁⲩ
[ⲁⲛ]ϭⲏⲣ ⲉ ⲧⲟⲩ ⲛ ⲕⲩⲡⲣⲟⲥ ⲉ ⲧⲃⲉ
▓▓▓ⲛⲧⲏⲩ ⲛ̄ⲱⲙⲙⲟ▓▓▓▓▓ⲉ▓

5 ▓▓▓ⲧ ⲁⲩ[ⲱ]▓▓[ⲛ] ⲧⲉⲣ ⲉⲛⲡ̄ ϩⲱⲧ ϩⲛ̄
▓▓▓▓ⲑⲁⲗⲗⲁⲥ ⲛ ⲧϭⲓⲗⲓⲥⲓⲁ ⲛⲙ
[ⲧ]ⲡⲁⲙⲫⲩⲗⲓⲁ ⲁⲛⲉⲓ ⲉ ⲙⲩⲣⲣⲁ ⲛ

6 [ⲧ]ⲗⲩϭⲓⲁ· ⲁⲩⲱ ⲁ ⲡϩⲉⲕⲁⲧⲟⲛⲧⲁⲣⲭ
ⲟⲥ ϭⲉ ⲉⲧϫⲟⲓ̈ ⲛⲧⲉ ⲣ̄ⲁⲕⲟⲧⲉ
[ϩⲛ] ⲡⲙⲁ ⲉⲧ ⲙⲙⲁⲩ ⲉϥⲛⲁⲣ̄ ϩⲱⲧ
ⲉ ⲃⲟⲗ ⲉ ⲧϩⲓⲧⲁⲗⲓⲁ ⲁϥⲧⲁⲗⲉ▓

7 ▓▓▓ⲛ ⲁⲩⲱ ⲛ ⲧⲉⲣ ⲉⲛⲱⲥⲕ̄ ⲛϩⲛ̄ (?)
[ⲉϩⲟ]ⲟⲩ▓▓▓ⲉⲥϭⲏⲣ▓▓▓▓▓
▓▓▓▓▓▓ⲛ̄ ⲧⲉⲣ ⲉⲛⲡⲱϩ▓▓
▓▓▓▓[ⲡ̄]ⲧⲏⲩ ⲕⲱ ⲙ̄ⲙⲟⲛ ⲛ
▓▓▓▓ⲧ▓▓ⲧⲟⲩ ⲛ ⲕⲣⲏⲧⲏ▓▓

8 ▓▓▓[ⲥⲁⲗⲙⲱ]ⲛⲏ ⲙⲟⲅⲓⲥ ⲇⲉ ⲛ▓
▓▓▓▓▓▓ⲛⲉⲓ ⲉⲩ[ⲙⲁ] ⲉⲩ▓
▓▓▓▓▓ⲟϥ ⲇⲉ ⲡⲛ̄▓▓ⲛ▓

---

[1] Η ⲉⲧϫⲟⲓ ⲟⲩⲉⲃⲟⲗ ϩⲛ ⲁⲇⲣⲁⲙⲏⲧⲧⲏ.
[2] Η θεσσαλλονικη.

ACTS XXVII. 8-15.

▬▬▬ⲧ ⲉⲣⲉ ⲟⲩⲡ▬▬▬
▬▬▬▬▬▬▬▬▬▬
9 ▬▬▬▬▬▬▬▬▬▬
▬▬▬▬▬▬ⲡⲉ▬▬
▬▬▬ⲉ ⲧⲃⲉ ⲡⲉ ⲛⲧⲛ̄▬
▬▬▬▬ⲡⲉ ⲁ(?) ⲡⲁⲩⲗⲟⲥ▬
▬ⲭⲏ▬▬ⲁⲩ ⲉϥϫⲱ ⲙ̄ⲙ[ⲟⲥ]
10 [ϫⲉ] ⲛ̄ⲣⲱⲙⲉ ϯⲛⲁⲩ ϫⲉ ⲉⲣ[ⲉ ⲡⲁⲓ̈]
ⲥϭⲏⲣ ⲛⲁϣⲱⲡⲉ ϩⲛ̄ ⲟⲩⲙ▬
ⲛⲙ̄ ⲟⲩⲛⲟϭ ⲛ̄ ⲛⲟⲥⲉ ⲛⲙ̄ ⲟ▬ⲟ(?)
ⲡϫⲟⲓ ⲛⲙ̄ ⲡⲁⲧⲉⲓⲛ ⲁⲗⲗⲁ ⲛⲉⲛ ⲕⲉ
11 ⲯⲩⲭⲏ · ⲡϩⲉⲕⲁⲧⲟⲛⲧⲁⲣⲭⲟⲥ ⲇⲉ
ⲛⲉϥⲥⲱⲧⲙ̄ ⲛ̄ⲥⲁ ⲡⲉⲧ ⲣ̄ ϩⲙ̄ⲙⲉ
ⲛⲙ ⲡⲛⲁⲩⲕⲗⲏⲣⲟⲥ ⲉ ϩⲟⲩ ⲉ ⲛⲉⲧ ⲉ
12 ⲣⲉ ⲡⲁⲩⲗⲟⲥ ϫⲱ ⲙ̄ⲙⲟⲟⲩ · ⲉⲙ ⲡⲗⲓ
ⲙⲏⲛ ⲇⲉ ⲙⲟⲧⲛ̄ ⲁⲛ ⲉ ⲙⲟⲟⲛⲉ ⲉ
ⲣⲟϥ ⲁ ⲡⲉ ϩⲟⲩⲟ ϫⲓ ϣⲟϫⲛⲉ ⲉ [ⲕⲱ]
ⲉ ⲃⲟⲗ ϩⲙ̄ ⲡⲙⲁ ⲉⲧ ⲙ̄ⲙⲁⲩ · ⲉⲛⲁⲩ
ϫⲉ ⲥⲉⲛⲁϣⲧ'ⲁϩⲉ¹ ⲟⲩⲗⲓⲙⲏⲛ▬
ⲫⲟⲓⲛⲓⲝ² ⲛ̄ⲧⲉ ⲧⲉⲕⲣⲏⲧⲏ · ⲛ̄ⲥ[ⲉ]
ⲙⲟⲟⲛⲉ ⲉ ⲣⲟϥ ⲉϥϭⲱϣⲧ ⲉ ⲙ▬
ⲙⲛ̄ⲧ ⲁⲩⲱ ⲉ ⲧⲉⲭⲱⲣⲁ · ⲛ̄ ⲧⲉ[ⲣⲉ]
13 ⲡⲧⲟⲩ ⲣⲏⲥ ⲇⲉ ⲉⲓ ⲉ ⲃⲟⲗ ⲟⲩⲙ [ⲉⲩⲉ]
ϫⲉ ⲁⲡⲉⲩⲧⲱϣ ϣⲱⲡ[ⲉ] · ⲁⲩⲧ▬
ⲟⲩⲛⲟⲩ ⲉ ⲃⲟⲗ ϩⲛ̄ ⲛ̄ ⲁⲗ[ⲁ]ⲥⲟⲥ [ⲁⲩ]
14 ⲕⲁ ⲕⲣⲏⲧⲏ ⲛ̄ⲥⲱⲟⲩ · ⲙⲛ̄ⲛⲥⲁ
ⲟⲩⲕⲟⲩⲓ̈ ⲇⲉ ⲁⲩⲧ'ⲛⲩ ⲛ̄ⲁⲣⲱⲙ [ϩⲓⲟⲧⲉ]
ⲉ ϩⲟⲩⲛ ⲉ ϩⲣⲁⲛ · ⲉϣⲁⲩⲙⲟⲩⲧⲉ ⲉ ⲣ
15 ⲟⲩ ϫⲉ ⲟⲩⲣⲁⲕⲩⲗⲱⲛ³ · ⲛ̄ ⲧⲉⲣ ⲉϥ[ϩ]
ϩⲱⲣⲡ̄ ϫⲉ ⲙ̄ ⲡϫⲟⲉⲓ ⲉⲙⲛ̄ϭⲟⲙ
[ⲙ̄ⲙ]ⲟϥ ⲉ ϯ ⲟⲩⲃⲉ ⲡⲧⲏⲩ ⲁⲛ[ⲣ̄]▬

Fol. 104b
[ⲣⲃ̄]

---

¹ Balestri ⲥⲉⲛⲁϣϭⲙ̄ϭⲟⲙ ⲉⲧⲁϩⲉ ⲟⲩⲗⲓⲙⲏⲛ.
² B ⲫⲏⲛⲓⲝ.   ³ B ⲉⲩⲣⲁⲕⲏⲗⲱⲛ, Gr. εὐρακύλων.

16 ▓▓▓ ⲁⲛⲡⲣⲱⲧ · ⲁⲛⲧⲱⲙⲛ̄[ⲧ] ...
[ⲇⲉ ⲉ] ϩⲟⲩⲛ ⲉⲧⲛⲏⲥⲟⲥ ⲉ[ϣⲁⲩ]ⲙⲟ[ⲩⲧⲉ]
[ⲉ ⲣ]ⲟⲥ ϫⲉ ⲕⲗⲁⲩⲇⲁ · ⲙ[ⲟⲅⲓⲥ ⲁⲛ]
ϭⲙ̄ϭⲟⲙ ⲉ ⲁⲙⲁϩⲧⲉ [ⲙ̄ ⲧⲉⲥⲕ]

17 [ⲁⲫ]ⲏ · [ⲉⲧⲁ]ⲗⲉ ⲉ ⲣⲟⲥ▓▓▓
▓▓▓▓▓▓ ⲉⲧⲙⲟⲩ[ⲣ]▓▓▓
[ⲉⲧⲣ̄ϩⲟⲧⲉ] ϫⲉ ⲙⲏⲡⲱ[ⲥ▓▓▓
▓▓▓▓▓▓▓▓▓▓▓▓▓▓[1]

Fol. 105 a
[ⲣ̄ⲉ̄]

[About ten lines wanting]

21 [ⲛ̄ⲧⲉⲣ] ⲟⲩ[ⲱⲥⲕ̄ ▓▓▓
▓▓▓▓ⲡⲁⲩⲗⲟⲥ ▓▓▓
[ⲉϥϫ]ⲱ ⲙ̄ⲙⲟⲥ ϫⲉ ▓▓▓
▓▓▓ ⲙⲉⲛ ⲉ ⲣⲱⲧⲛ̄ ⲡ[ⲉ]
▓▓▓ ⲉ ⲧⲙ̄ ϭⲱⲟⲩ ⲉ ▓▓▓
▓▓▓ ⲁⲧⲱ ⲉ † ϩⲏⲧ ⲙ̄

22 ▓▓▓ⲡⲉⲓ̈ ⲙ̄ⲕⲁϩ · ⲧⲉⲛⲟⲩ ⲟⲛ [†ϫⲱ]
ⲙ̄ⲙⲟⲥ ⲛⲏⲧⲛ̄ · ϫⲉ ⲧⲱⲕ ⲛ̄ [ϩⲏⲧ]
ⲛⲙ̄ ⲟⲩⲯⲩⲭⲏ ⲅⲁⲣ ⲛⲟⲩⲱⲧ' ⲛⲁ
ϩⲉ ⲉ ⲃⲟⲗ ⲛ̄ ϩⲏⲧ' ⲧⲏⲩⲧⲛ̄ ⲉⲓⲙⲏ

23 ⲧⲓ ⲡϫⲟⲓ ⲙⲁⲧⲁⲁϥ · ⲁϥⲟⲩⲱⲛϩ̄
ⲅⲁⲣ ⲛⲁⲓ̈ ⲉ ⲃⲟⲗ ⲛ̄ ⲧⲉⲓ ⲟⲩϣⲏ ⲛ̄

---

[1] Η 16 ⲁⲛⲧⲱⲙⲛ̄ⲧ ⲇⲉ ⲉϩⲟⲩⲛ ⲉⲧⲛⲏⲥⲟⲥ ⲉϣⲁⲩⲙⲟⲩⲧⲉ ⲉⲣⲟⲥ ϫⲉ ⲕⲗⲁⲩⲇⲁ. ⲙⲟⲅⲓⲥ ⲁⲛϭⲙ̄ϭⲟⲙ ⲉⲁⲙⲁϩⲧⲉ ⲛ̄ⲧⲉⲥⲕⲁⲫⲏ. 17 ⲉⲧⲁⲗⲉ ⲉⲣⲟⲥ ⲉⲧⲉⲓⲣⲉ ⲛ̄ⲣⲉⲛⲃⲟⲏⲑⲉⲓⲁ ⲉⲧⲙⲟⲩⲣ ⲙ̄ⲡϫⲟⲓ. ⲉⲧⲣ̄ϩⲟⲧⲉ ⲙⲏⲡⲱⲥ ⲛ̄ⲥⲉϩⲉ ⲉϩⲣⲁⲓ ⲉⲧⲙⲁ ⲉϥⲟ ⲛ̄ⲣⲱⲛ. ⲁⲩⲡⲉϩ ⲛ̄ⲥⲕⲉⲩⲏ. ⲁⲩⲕⲁⲁⲧ ⲉⲃⲟⲗ. 18 ⲉⲣⲉ ⲡⲭⲓⲙⲱⲛ ⲇⲉ ϣⲟⲟⲡ ⲉϩⲣⲁⲓ ⲉϫⲱⲛ ⲉⲡⲉϩⲟⲩⲟ ⲙ̄ⲡⲉϥⲣⲁⲥⲧⲉ ⲁⲩⲛⲟⲩϫⲉ ⲉⲃⲟⲗ ⲛ̄ⲡⲉⲧⲛ̄ϩⲁⲁⲧ. 19 ⲁⲩⲱ ⲙⲛ̄ⲛ̄ⲥⲁ ⲡⲉϥⲣⲁⲥⲧⲉ ⲁⲩⲛⲉϫ ⲛ̄ⲥⲕⲉⲩⲏ ⲙ̄ⲡϫⲟⲓ ⲛ̄ⲛⲉⲩϭⲓϫ. 20 ⲉⲙⲛ̄ ⲟⲩⲣⲏ ⲇⲉ ⲛ̄[ⲉⲓ] ⲟⲩⲧⲉ ⲙ̄ⲙⲛ̄ ⲥⲓⲟⲩ▓▓▓ ⲛ̄ⲣⲟⲟⲩⲧ. ⲁⲩⲱ ⲉⲣⲉ ⲟⲩⲛⲟϭ ⲛ̄ⲭⲓⲙⲱⲛ ϩⲓϫⲱⲛ. ⲉⲙⲛ̄ ⲗⲁⲁⲧ ⲇⲉ ⲛ̄ϩⲉⲗⲡⲓⲥ ϣⲟⲟⲡ ⲛⲁⲛ ⲉⲧⲣⲉⲛⲟⲩϫⲁⲓ. 21 ⲛ̄ⲧⲉⲣⲟⲩⲱⲥⲕ̄ ⲇⲉ ⲙ̄ⲙⲟⲟⲩ ⲟⲩⲱⲙ. ⲧⲟⲧⲉ ⲡⲁⲩⲗⲟⲥ ⲁϥⲁϩⲉⲣⲁⲧϥ̄ ϩⲛ̄ ⲧⲉⲩⲙⲏⲧⲉ ⲉϥϫⲱ ⲙ̄ⲙⲟⲥ ϫⲉ ⲛ̄ⲣⲱⲙⲉ ⲡⲉϣϣⲉ ⲙⲉⲛ ⲉⲣⲱⲧⲛ̄ ⲡⲉ ⲉⲥⲱⲧⲙ̄ ⲛ̄ⲥⲱⲓ. ⲉⲧⲙ̄ⲕⲱ ⲉⲃⲟⲗ ϩⲛ̄ ⲕⲣⲏⲧⲏ ⲁⲩⲱ ⲉϥ†ϩⲏⲧ ⲙ̄ⲡⲉⲓⲙ̄ⲕⲁϩ ⲙⲛ̄ ⲡⲉⲓⲟⲥⲉ.

ACTS XXVII. 23–31

ϭⲓ ⲡⲁⲅⲅⲉⲗⲟⲥ ⲙ̄ ⲡⲁ ⲛⲟⲩⲧⲉ ⲉ
24 ⲉ ϯϣⲙ̄ϣⲉ ⲛⲁϥ· ⲉϥϫⲱ ⲙ̄ⲙⲟⲥ
ϫⲉ ⲙ̄ⲡⲣ̄ ⲣ̄ ϩⲟⲧⲉ ⲡⲁⲩⲗⲉ· ϩⲁⲡⲥ̄
ⲉ ⲧ'ⲣ ⲟⲩⲧⲁϩⲟⲕ ⲉ ⲣⲁⲧ ⲙ̄ ⲡ'ⲣⲣⲟ·
ⲁⲩⲱ ⲉⲓⲥ ϩⲏⲏⲧⲉ ⲁ ⲡⲛⲟⲩⲧⲉ
ⲭⲁⲣⲓⲍⲉ ⲛⲁⲕ ⲛ̄ ⲟⲩⲟⲛ ⲛⲓⲙ ⲉⲧ'
25 ⲥϭⲏⲣ ⲛⲙ̄ⲙⲁⲕ· ⲉ ⲧⲃⲉ ⲡⲁⲓ̈ ϭⲉ
ⲛ̄ ⲣⲱⲙⲉ ⲙⲁⲣⲉ ⲡⲉⲧⲛ̄ϩⲏⲧ ⲟⲩ
ⲣⲟⲧ'· ϯ' ⲡⲓⲥⲧⲉⲩⲉ ⲅⲁⲣ ⲉ ⲡⲛⲟⲩ
ⲧⲉ ϫⲉ ⲉⲥⲛⲁϣⲱⲡⲉ ⲕⲁⲧⲁ ⲑⲉ
26 ⲛⲧ ⲁⲩϫⲟⲟⲥ ⲛⲁⲓ̈· ϩⲁⲡⲥ̄ ⲉ ⲧⲣⲉ ⲛ
ⲧⲱⲙⲛ̄ⲧ' ⲉ ϩⲟⲩⲛ ⲉⲩ ⲛⲏⲥⲟⲥ·
27 ⲛ̄ ⲧⲉⲣⲉ ⲧ ⲙⲉϩ ⲙⲛ̄ⲧⲁϥⲧⲉ ⲇⲉ
ⲛ̄ ⲟⲩϣⲏ ϣⲱⲡⲉ ⲁⲛⲏⲣϩⲱⲧ ϩⲙ̄[1]

[About ten lines wanting]

Fol. 105 b
[ⲣⲁ]

▓▓▓▓▓▓▓▓ϩⲧⲟⲟⲧⲉ [ⲇⲉ ϣⲱ]
30 [ⲡⲉ]▓▓▓▓ⲛⲉϥ ⲇⲉ ϣⲓⲛⲉ ⲛ[ⲥⲁ]
[ⲡⲱⲧ]▓▓ⲁⲩⲱ ⲁⲩⲭⲁⲗⲁ[2] ⲛ̄ⲧ
▓▓▓▓[ⲧⲉⲑⲁ]ⲗⲁⲥⲥⲁ· ⲁⲩϭⲛ̄ [ⲗⲟⲉⲓϭⲉ]
[ϫ]ⲉ ⲉ[ⲧ]ⲛⲁⲛⲉϫ ϩⲁⲧϭⲁⲗ ϩ[ⲓⲑⲏ]
31 [ⲡⲉ]ϫⲉ ⲡⲁⲩⲗⲟⲥ ⲙ̄ⲡϩⲉⲕⲁⲧⲟⲛ
ⲧⲁⲣⲭⲟⲥ ⲛⲙ̄ ⲙ̄ⲙⲁⲧⲟⲓ̈ ϫⲉ ⲉⲣⲉ
ⲧⲙ̄ ⲛⲁⲓ̈ ϭⲱ ϩⲓ ⲡϫⲟⲓ̈ ⲛ̄ⲧⲱⲧⲛ̄

---

[1] Ⲏ ⲉⲛϩⲣⲱⲧ ϩⲙ̄ ⲡⲁⲧⲣⲓⲁⲥ. ⲛⲉⲣⲉ ⲛ̄ⲛⲉⲉϥ ϫⲱ ⲙ̄ⲙⲟⲥ ϩⲙ̄ ⲧⲡⲁϣⲉ ⲛ̄ⲧⲉⲩϣⲏ. ϫⲉ ⲁⲛϩⲱⲛ ⲉϩⲟⲩⲛ ⲉⲩⲭⲱⲣⲁ. 28 ⲁⲩⲱ ⲛ̄ⲧⲉⲣⲟⲩⲡⲟⲩϫⲉ ⲛ̄ⲧⲃⲟⲗⲓⲥ. ⲁⲩϭⲉ ⲉⲭⲟⲩⲧ ⲛ̄ϩⲡⲱⲧ ⲙ̄ⲙⲟⲟⲩ. ⲛ̄ⲧⲉⲣⲟⲩϭⲱ ⲇⲉ ⲟⲛ ⲛ̄ⲕⲉⲕⲟⲧⲓ ⲁⲩⲡⲟⲩϫ ⲛ̄ⲧⲃⲟⲗⲓⲥ ⲉⲡⲙⲟⲟⲩ. ⲁⲩϭⲉ ⲉⲙⲏⲧⲓ ⲛ̄ϩⲡⲱⲧ. 29 ⲉⲩⲣ̄ϩⲟⲧⲉ ⲙⲏⲡⲟⲧⲉ ⲛ̄ⲥⲉⲧⲱⲙⲛ̄ⲧ ⲉϩⲟⲩⲛ ⲉⲣⲉⲡⲙⲁ ⲉⲧⲡⲁϣⲧ̄ ⲁⲩⲛⲉϫ ϥⲧⲟⲟⲩ ⲛ̄ⲣⲁⲧϭⲁⲗ ϩⲓ ⲡⲁϩⲟⲩ. ⲁⲩϣⲗⲏⲗ ⲉⲧⲣⲉ ϩⲧⲟⲟⲧⲉ ϣⲱⲡⲉ. 30 ⲉⲣⲉ ⲛ̄ⲛⲉⲉϥ ⲇⲉ ϣⲓⲛⲉ ⲛ̄ⲥⲁ ⲡⲱⲧ ⲉ ⲕⲁ ⲡϫⲟⲓ ⲁⲩⲭⲁⲗⲁ ⲉⲧⲕⲁⲧⲟ (ⲉⲧⲉⲥⲕⲁⲫⲏ?) ⲉⲧⲉⲑⲁⲗⲁⲥⲥⲁ. ⲉⲧϭⲉⲛ ⲗⲟⲉⲓϭⲉ ϫⲉ ⲉⲧⲛⲁⲛⲉϫ ϩⲁⲧϭⲁⲗ ϩⲓⲑⲏ.

[2] χαλασάντων.

ACTS XXVII. 32-38

32 ⲛ̄ⲧⲉⲧ`ⲛⲁϣⲟⲩϫⲁⲓ¹· ⲧⲟⲧⲉ [ⲛ̄]
ⲙⲁⲧⲟⲓ ⲁⲩⲥⲱⲗⲡ̄ ⲛ̄ ⲛⲟⲩϩ ⲛ̄
ⲧⲉ ⲥⲕⲁⲫⲏ² ⲁⲩⲕⲁⲁⲥ ⲉ ⲃⲟⲗ ⲉ ⲧ`ⲣⲉ

33 ⲃⲱⲕ· ϣⲁⲛⲧⲉ ϩⲧⲟⲟⲩ ⲇⲉ ϩⲱⲡ
ⲉ ϩⲟⲩⲛ³ ⲛⲉⲣⲉ ⲡⲁⲩⲗⲟⲥ ⲥⲟⲡⲥ̄
ⲙ̄ⲙⲟⲟⲩ ⲧⲏⲣⲟⲩ ⲉ ⲧ`ⲣⲉ ⲧϫⲓ ⲛⲟⲩ
ϩⲣⲉ ⲉϥϫⲱ ⲙ̄ⲙⲟⲥ ϫⲉ ⲉⲓⲥ ⲙⲛ̄
ⲧⲁϥⲧ`ⲉ ⲛ̄ ϩ°ⲟⲩ ⲉ ⲡⲟⲟⲩ ⲁⲧⲉⲧⲛ̄
ⲙⲟⲩⲛ ⲉ ⲃⲟⲗ ⲉⲧⲉⲧⲛ̄ϩⲕⲁⲉⲓⲧ`⁴

34 ⲉⲙ̄ⲛ ⲉⲧⲛ̄ⲟⲩⲉⲙ ⲗⲁⲁⲩ· ⲉ ⲧ`ⲃⲉ
ⲡⲁⲓ ϯ`ⲥⲟⲡ`ⲥ̄ ⲙ̄ⲙⲱⲧⲛ̄ ⲉ ⲧⲣⲉ
ⲧⲛ̄ϫⲓ ⲟⲩϩⲣⲉ· ⲡⲁⲓ ⲅⲁⲣ ⲉϥϣⲟ
ⲟⲡ ϩⲁ ⲑⲏ ⲙ̄ ⲡⲉⲧⲛ̄ⲟⲩϫⲁⲓ· ⲛ̄ⲙ⁵
ⲟⲩϥⲱ ⲅⲁⲣ ⲛ̄ ⲟⲩⲱⲧ` ⲛⲁⲣⲉ ⲉ
ⲃⲟⲗ ϩⲛ̄ ⲧⲉⲧⲛ̄ⲁⲡⲉ ⲁ̄ ⲗⲁⲁⲩ

35 ⲙ̄ⲙⲱⲧⲛ̄⁶· ⲛ̄ ⲧⲉⲣⲉ ϥϫⲉ ⲛⲁⲓ⁷

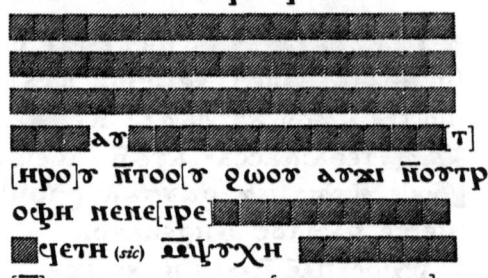

36 ▓▓▓▓ⲁⲩ▓▓▓▓▓▓[ⲧ]
[ⲛⲣⲟ]ⲩ ⲛ̄ⲧⲟⲟ[ⲩ ϩⲱⲟⲩ ⲁⲩϫⲓ ⲛ̄ⲟⲩⲧⲣ]

37 ⲟⲫⲏ ⲛⲉⲛⲉ[ⲓⲣⲉ]▓▓▓▓
▓▓ϥⲉⲧⲏ (sic) ⲙ̄ⲯⲩⲭⲏ▓▓▓

38 [ⲛ̄] ⲧⲉⲣ ⲟⲩⲥⲓ ⲇⲉ ⲁ[ⲩⲧⲣⲉ ⲡϫⲟⲓ]

---

¹ ⲁⲛ has dropped out, for the Greek has ὑμεῖς σωθῆναι οὐ δύνασθε. H ⲛ̄ⲧⲉⲧⲛⲁϣⲟⲩϫⲁⲓ ⲁⲛ.

² τὰ σχοινία τῆς σκάφης.

³ H ϩⲧⲟⲟⲩⲉ ϣⲱⲡⲉ.

⁴ H ⲛ̄ⲧⲉⲧⲛ̄ϩⲕⲁⲉⲓⲧ.   ⁵ H ⲙ̄ⲙⲛ̄.

⁶ H ⲉⲃⲟⲗ ϩⲛ̄ ⲧⲁⲡⲉ ⲛ̄ⲗⲁⲁⲩ ⲙ̄ⲙⲱⲧⲛ̄.

⁷ H ⲡⲁⲓ ⲇⲉ ⲁϥϫⲓ ⲛ̄ⲟⲩⲟⲉⲓⲕ ⲁϥⲉⲩⲭⲁⲣⲓⲥⲧⲟⲩ ⲙ̄ⲡⲛⲟⲩⲧⲉ ⲙ̄ⲡⲉⲙ̄ⲧⲟ ⲉⲃⲟⲗ ⲛ̄ⲟⲩⲟⲛ ⲛⲓⲙ ⲁⲩⲱ ⲁϥⲡⲟϣϥ̄ ⲁϥⲁⲣⲭⲉⲓ ⲛ̄ⲟⲩⲱⲙ. ⲁϥϯ ⲛⲁⲛ ϩⲱⲱⲛ. 36 ⲁⲡⲟⲩⲧⲣⲟⲧ ⲇⲉ ⲛ̄ϩⲏⲧ ⲧⲏⲣⲛ̄. ⲛ̄ⲧⲟⲟⲩ ϩⲱⲟⲩ ⲁⲩϫⲓ ⲛ̄ⲟⲩⲧⲣⲟⲫⲏ. 37 ⲛⲉⲛⲉⲓⲣⲉ ⲧⲏⲣⲛ̄ ⲛⲁϣϥⲉⲧⲁⲥⲉ ⲙ̄ⲯⲩⲭⲏ ϩⲓ ⲡϫⲟⲓ.

ACTS XXVII. 38-41   263

ⲁⲥⲁⲓ· ⲉⲧⲛⲟⲩϫⲉ ⲙ̄ⲡⲉ[ⲥⲟ]ⲩⲟ
39 ⲉ ⲑⲁⲗⲁⲥⲥⲁ¹· ⲛ̄ ⲧⲉⲣⲉ ϩⲧⲟⲟⲩⲉ
ⲇⲉ ϣⲱⲡⲉ ⲡⲙⲁ ⲙⲉⲛ ⲙ̄ⲡⲉ
ⲛⲉϣⲥⲟⲩⲱⲛϥ̄²· ⲟⲩⲕⲟⲗⲡⲟⲥ³
ⲡⲉ ⲛ̄ⲧ ⲁⲩⲉⲓⲟⲣϩ̄ϥ̄ ⲉⲩⲛⲟⲩⲙⲁ
ⲙ̄ⲙⲟⲟⲛⲉ ⲛ̄ ϩⲏⲧϥ̄· ⲁⲩⲱ ⲁⲩϫⲓ
ϣⲟϫⲛⲉ ⲉⲛⲁⲩ ϫⲉ ⲥⲉⲛⲁϣ
ⲥⲙ̄ϭⲟⲙ ⲉ ⲧⲟⲩϫⲉ ⲡϫⲟⲓ ⲉ ϩⲟ̄ (i.e. ⲟⲩ ⲛ)
40 ⲉⲙⲁⲩ⁴· ⲁⲩⲧⲉⲕⲙ̄ ⲛ̄ϩⲁⲧϭⲁⲗ ⲁⲩ
ⲕⲁⲁⲩ ⲉ ⲃⲟⲗ⁵ ⲉⲩⲁϣⲉ ⲉ ⲃⲟⲗ⁶ ϩⲁ
ⲙⲁ ⲁⲩⲕⲁ ϫⲱⲟⲩ ⲉ ⲃⲟⲗ ⲛ̄ⲡϩⲣⲓⲏⲩ·
ⲁⲩⲱ ⲁⲩϥⲓ ⲉ ϩⲣⲁⲓ ⲛ̄ⲧ'ϭⲓⲥⲗⲁⲧⲟ·
ⲁⲩⲣ̄ϩⲱⲧ' ⲙ̄ⲡⲧⲏⲩ ⲉⲧ ⲛ̄ ⲃⲟⲗ
41 ⲉ ϩⲟⲩⲛ ⲉ ⲡⲉⲕⲣⲟ⁷· ⲁⲩⲱ ⲧⲱⲙⲛ̄ⲧ⁸
ϫⲉ ⲉⲩⲙⲁ ⲉϥⲟ ⲛϩⲱⲛϩ ⲛ̄ⲑⲁ

¹ As the Gr. εἰς τὴν θάλασσαν, H ⲉⲡⲙⲟⲟⲩ ⲛ̄ⲑⲁⲗⲁⲥⲥⲁ.
² οὐκ ἐπεγίνωσκον, H ⲙ̄ⲡⲉ ⲛ̄ⲛⲉⲉϥ ⲥⲟⲩⲱⲛϥ̄, 'the sailors knew it not'.
³ κόλπον δέ τινα κατενόουν ἔχοντα αἰγιαλόν.
⁴ H ⲁⲩϫⲓϣⲟϫⲛⲉ ⲛⲁⲩ ϫⲉ ⲉⲡⲉⲥⲉⲡⲁϣⲧⲟⲩϫⲉ ⲡϫⲟⲓ ⲉϩⲟⲩⲛ ⲉⲙⲁⲩ. Our text agrees more closely with the Gr. εἰς ὃν ἐβουλεύοντο, εἰ δύναιντο, ἐξῶσαι τὸ πλοῖον.
⁵ H omits ⲉⲃⲟⲗ.
⁶ H ⲉⲩⲁϣⲉ ϩⲛ̄ ⲑⲁⲗⲁⲥⲥⲁ, εἴων εἰς τὴν θάλασσαν.
⁷ 'They drew up the anchors, they cast off, they weighed out [to sea], at the same time, they released the heads of the steering oars (or the [two] rudders), they hoisted the sail, they sailed by the wind which was from off the sea towards the shore.' ϩⲁⲙⲁ = ἅμα, ⲁⲩⲕⲁ ϫⲱⲟⲩ ⲉ ⲃⲟⲗ = ἀνέντες τὰς ζευκτηρίας, ⲛ̄ⲡϩⲣⲓⲏⲩ = τῶν πηδαλίων, ⲁⲩϥⲓ ⲉ ϩⲣⲁⲓ = ἐπάραντες, ⲛ̄ⲧϭⲓⲥⲗⲁⲧⲟ (H ⲛ̄ⲧϭⲓⲥⲗⲁⲧⲟⲩ) = τὸν ἀρτέμονα, ⲙ̄ⲡⲧⲏⲩ = τῇ πνεούσῃ, and ⲁⲩⲣ̄ϩⲱⲧ ⲉ ϩⲟⲩⲛ ⲉ ⲡⲉⲕⲣⲟ = κατεῖχον εἰς τὸν αἰγιαλόν. There is no Greek for ⲉⲧ ⲛ̄ ⲃⲟⲗ, and the last member of the Coptic version of the verse is a paraphrase.
⁸ H ⲁⲩⲧⲱⲙⲛ̄ⲧ. 'They ran into a place which was a reef (?) (or shoal?) of the seas.'

264 ACTS XXVII. 41—XXVIII. 1

ⲗⲁⲥⲥⲁ[1]· ⲁⲩⲙⲁⲛⲉ ⲡϫⲟⲓ ⲉ ⲣⲟϥ[2]·
ⲁ ⲡⲉϥⲑⲏ ⲙⲉⲛ ϭⲱ ⲉϥⲕⲓⲙ [ⲁⲛ][3]·
ⲡⲉϥⲡⲁϩⲟⲩ ⲇⲉ ⲁϥⲃⲱⲗ[4] ⲉ ⲃⲟⲗ
ϩⲓⲧⲛ̄ ⲡⲉⲛϣⲟⲧ ⲛ̄ ⲡⲧⲏⲩ
ⲉⲧ ⲛ̄ ⲃⲟⲗ ⲉ ϩⲟⲩⲛ ⲉ ⲡⲉⲕⲣⲟ·

42 ⲛ̄ ⲙⲁⲧⲟⲓ ⲇⲉ ⲁⲩϫⲓ ϣⲟϫⲛⲉ
ⲉ ϩⲉⲧⲃ̄ ⲛⲉⲧⲙⲏⲣ[5] ⲙⲏⲡⲱⲥ[6]
ⲛ̄ⲧⲉ ⲟⲩⲁ ⲛⲏⲃⲉ ⲛϥ̄ ⲣ̄ ⲃⲟⲗ[7]·

43 ⲡϩⲉⲕⲁⲧ'ⲟⲛⲧ'ⲁⲣ[ⲭ]ⲟ]ⲥ ⲇ[ⲉ]
ⲉϥⲟⲩⲱϣ ⲉ ⲧⲟⲩϫⲉ ⲡⲁⲩⲗⲟⲥ[8]

Fol. 106 b
[ⲣⲉ]

44 [ⲡⲕⲉⲥⲉ]ⲉⲡⲉ ϩⲟⲉ[ⲓⲛⲉ]
[ϩⲉⲛⲡⲁⲧ]ⲥⲉ ϩⲉⲛⲕ[ⲟⲟⲩⲉ]
ⲁⲁⲩ ⲛ̄ⲧⲉ
ⲉ ⲛ̄ⲧⲁ ⲟⲩⲟⲛ ⲛ[ⲓⲙ]

Chap. [ⲉ ⲡ]ⲕⲣⲟ· ⲁⲩⲱ ⲛ̄ ⲧⲉⲣⲉ ⲛⲁⲩ
XXVIII. 1 ⲟⲩϫ[ⲁⲓ] ⲧⲟⲧ'ⲉ ⲁⲛⲥⲟⲩⲛ̄ ⲧⲛⲏ

[1] ⲡⲣⲱⲡϩ (H ⲡϩⲣⲱⲡϩ) ⲛ̄ⲑⲁⲗⲁⲥⲥⲁ = τόπον διθάλασσον.

[2] 'The ship stuck fast in it', ἐπέκειλαν τὴν ναῦν. For ⲉ ⲣⲟϥ H has ⲉⲙⲁⲩ.

[3] 'Its fore-part remained fast, it moved not.' H ⲁ ⲡⲉϥⲑⲏ ⲙⲉⲛ ⲧⲁϫⲣⲟ. ⲁϥϭⲱ ⲉⲛϥⲕⲓⲙ ⲙ̄ⲙⲟϥ, Gr. καὶ ἡ μὲν πρῶρα ἐρείσασα ἔμεινεν ἀσάλευτος.

[4] 'Its stern broke up through the violence of the wind which was off the sea towards the shore'; Gr. ἡ δὲ πρύμνα ἐλύετο ὑπὸ τῆς βίας. The Greek says nothing about 'the wind which was off the sea towards the shore'.

[5] τοὺς δεσμώτας.   [6] μήτις, H has ⲙⲏⲡⲱⲥ also.

[7] 'Lest one sailor should escape.' H ⲡ̄ⲧⲉⲧⲛ̄ⲛⲏⲃⲉ ⲛ̄ⲥⲉϭⲟϫⲓ, Gr. ἐκκολυμβήσας διαφύγοι.

[8] H ⲡⲁⲩⲗⲟⲥ ⲁϥⲕⲱⲗⲩⲧⲉ ⲙ̄ⲡⲉⲩϣⲟϫⲛⲉ. ⲁϥⲟⲩⲉϩⲥⲁϩⲛⲉ ⲇⲉ ⲛ̄ⲛⲉⲧⲉⲧⲛ̄ϣϭⲟⲙ ⲙ̄ⲙⲟⲟⲩ ⲉⲛⲏⲃⲉ ⲛ̄ⲥⲉϩⲟϫⲟⲩ ⲛ̄ϣⲟⲣⲡ̄ ⲉⲡⲉⲕⲣⲟ. 44 ⲁⲩⲱ ⲡⲕⲉⲥⲉⲉⲡⲉ ϩⲟⲉⲓⲛⲉ ⲙⲉⲛ ϩⲓ ϩⲉⲛⲡⲁⲧⲥⲉ ϩⲉⲛⲕⲟⲟⲩⲉ ϩⲓ ϩⲉⲛϩⲛⲁⲁⲩ ...... [Here there is a break in H.]

ACTS XXVIII. 1-6

ⲥⲟⲥ ϫⲉ ⲙⲉⲗⲓⲧⲏ ⲡⲉ ⲡⲉⲥⲣⲁⲛ

2 ⲛ̅ⲃⲁⲣⲃⲁⲣⲟⲥ¹ ⲇⲉ ⲁⲧⲉⲓⲣⲉ ⲛⲁⲛ ⲛ̅ ⲟⲩ
ⲛⲟϭ ⲙ̅ⲙⲛ̅ⲧⲙⲁⲉⲓ ⲣⲱⲙⲉ· ⲁⲩ
ϫⲉⲣⲟ ⲅⲁⲣ ⲛ̅ ⲟⲩⲕⲱϩⲧ̅ ⲁⲩⲱ ⲁⲩ
ϣⲟⲡⲛ̅ ⲉ ⲣⲟⲟⲩ ⲉ ⲧⲃⲉ ⲡϫⲁϥⲉ

3 ⲧⲛ̅ ⲃⲟⲗ ⲛ̅ⲙ̅ⲙⲉ ⲡϩⲱⲟⲩ· ⲛ̅ ⲧⲉⲣⲉ ⲡⲁⲩ
ⲗⲟⲥ ⲇⲉ ϭⲗ̅ ⲟⲩⲁϣⲏ ⲛ̅ ϭⲗⲙ̅²· ⲁϥ
ⲛⲟϫⲟⲩ ⲉ ⲡⲕⲱϩⲧ̅· ⲁⲩⲱ
ⲉⲡⲕⲱϩⲧ̅ ⲁⲩⲣϥⲱ³ ⲉⲓ ⲉ ⲃⲟⲗ ϩⲛ̅ ⲑⲙ
ⲙⲉ ⲁⲥⲙⲉϩ ⲣⲱⲥ ⲛ̅ ⲧⲉϥϭⲓϫ⁴·

4 ⲛ̅ ⲧⲉⲣⲉ ⲛ̅ⲃⲁⲣⲃⲁⲣⲟⲥ ⲇⲉ ⲛⲁⲩ
ⲉ ⲡⲉⲑⲏⲣⲓⲟⲛ ⲉϥⲁϣⲉ ⲛ̅ⲥⲁ
ⲧ'ⲉϥϭⲓϫ ⲡⲉⲧϫⲱ ⲙ̅ⲙⲟⲥ⁵ ϫⲉ
ⲡⲁⲛⲧⲱⲥ ⲡⲉⲓ̈ ⲣⲱⲙⲉ ⲟⲩⲣⲉϥ
ϩⲱⲧⲃ̅ ⲡⲉ· ϫⲉ ⲛ̅ ⲧⲉⲣ ⲉϥⲟⲩϫⲁⲓ̈
ⲉ ⲃⲟⲗ ϩⲛ̅ ⲑⲁⲗⲁⲥⲥⲁ ⲙ̅ⲡ'ⲉ ⲡⲉϥ

5 [ⲙ̅]ⲡϣⲁ⁶ ⲛⲁⲁϥ ⲉ ⲱⲛϩ̅· ⲛ̅ⲧⲟϥ
[ⲇ]ⲉ ⲛ̅ ⲧⲉⲣ ⲉϥⲛⲟⲩϫⲉ ⲙ̅ ⲡⲉⲑⲏ
ⲣⲓⲟⲛ ⲉ ϩⲣⲁⲓ̈ ⲉ ⲡⲕⲱϩⲧ̅ ⲙ̅ⲡϥ̅ ⲙ̅

6 ⲕⲁϩ ⲗⲁⲁⲩ· ⲛ̅ⲧⲟⲟⲩ ⲇⲉ ⲛⲉⲩϭ
[ⲱ]ϣⲧ̅ ⲛ̅ⲥⲱϥ ⲡⲉ ϩⲱⲥ ⲉϥⲛⲁ
▬▬ⲱϩⲛ̅ ⲛϥ̅ ϩⲉ ⲉ ϩⲣⲁⲓ̈ ϩⲛ̅ ⲟⲩ
▬▬ ⲛ▬ [ⲛ]ϥ̅ⲙⲟⲩ· ⲉⲧⲓ ⲟⲣⲙ̅ ⲇⲉ
[ⲛ̅]ⲥⲱϥ ⲛ̅ ⲟⲩⲛⲟϭ ⲛ̅ ⲕⲟⲟⲩ·
[ⲁ]ⲩⲱ ⲉⲩⲛⲁⲩ ϫⲉ ⲙ̅ ⲡⲉ ⲗⲁⲁⲩ
[ⲙ̅]ⲡⲉ ϩⲟⲟⲩ ⲧⲁϩⲟϥ ⲁⲩⲕⲧⲟⲟⲩ

Fol. 107 a
[ⲣ̅ⲍ̅]

---

¹ οἵ τε βάρβαροι. ⲃ̅ⲃⲁⲣⲃⲁⲣⲟⲥ = ⲛ̅ⲃⲁⲣⲃⲁⲣⲟⲥ.
² H ⲡ̅ϭ̅ⲗ̅ⲙ̅. ³ H ⲁⲩⲣϩⲱ.
⁴ 'It filled its mouth with his hand'; Gr. καθῆψε τῆς χειρὸς αὐτοῦ.
⁵ 'They spake saying'; Gr. ἔλεγον πρὸς ἀλλήλους.
⁶ For ⲙ̅ⲡⲉϥⲙ̅ⲡϣⲁ.

M m

ACTS XXVIII. 7–12

7 ▄▄▄▄▄▄▄▄▄▄▄▄▄▄▄
ⲉ ⲡⲉϥⲣⲁⲛ ⲡ[ⲉ ⲡⲟⲩⲃ]ⲗⲓⲟⲥ [ⲡⲉ ⲛⲧ]
ⲁϥϣⲟⲡⲛ̄ ⲉ ⲣⲟϥ ⲛ(?) [ϣ]ⲟⲙⲛⲧ
ⲛ̄ ϩⲟⲟⲩ ⲁϥⲣ̄ ⲟⲩⲛ[ⲁ ⲉ] ⲣⲟⲛ ⲙ̄

8 ⲙ̄ⲛ̄ⲧⲙⲁⲓ ϣⲙⲙ[ⲟ]¹· ⲁⲥϣⲱⲡⲉ
ⲇⲉ ⲉ ⲧⲣⲉ ⲡⲓⲱⲧ' ⲙ̄ ⲡⲟⲩ[ⲃⲗ]ⲓⲟⲥ
ϩⲙⲟⲙ² ⲁⲩⲱ ⲛϥ̄ϣⲱⲛⲉ ϩⲏⲧϥ̄³
ⲛϥ̄ⲛ̄ⲕⲟⲧⲕ̄· ⲡⲁⲩⲗⲟⲥ ⲁϥⲃⲱⲕ
ⲉ ϩⲟⲩⲛ ϣⲁ ⲣⲟϥ· ⲁϥϣⲗⲏⲗ· ⲁϥ
ⲧⲁⲗⲉ ⲧⲉϥϭⲓϫ⁴ ⲉ ϫⲱϥ· ⲁϥⲧⲁⲗ

9 ϭⲟϥ· ⲛ̄ ⲧⲉⲣⲉ ⲡⲁⲓ ⲇⲉ ϣⲱⲡⲉ
ⲛⲕⲉⲧ ϩⲛ̄ ⲧ'ⲛⲏⲥⲟⲥ ⲉⲧ ϣⲟ
ⲟⲡ⁵ ϩⲛ̄ ϩⲉⲛϣⲱⲛⲉ ⲁⲩϯ ⲡⲉϥ
ⲟⲩⲟⲉⲓ ⲉ ⲣⲟϥ· ⲁϥⲣ̄ ⲡⲁϩⲣⲉ ⲉ ⲣⲟⲟⲩ·

10 ⲛ̄ⲧⲟⲟⲩ ⲇⲉ ⲁⲩⲉⲓⲣⲉ ⲛⲁⲛ ⲛ ⲟⲩ
ⲛⲟϭ⁶ ⲛ̄ ⲧⲁⲉⲓⲟ⁷ ⲁⲩⲱ ⲛ ⲧ'ⲉⲣⲉ̄
ⲛⲟⲩ ⲉ ϭⲱⲟⲩ ⲉ ⲃⲟⲗ ⲁⲩⲧⲁⲗⲟ

11 ⲙ̄ ⲡⲉⲧⲛ̄ ⲣ̄ ⲭⲣⲓⲁ⁸ ⲛⲁϥ· ⲙ̄ⲛ̄ⲥⲁ
ϣⲟⲙⲛ̄ⲧ ⲛⲉⲃⲟⲧ' ⲁⲛⲥϭⲏⲣ
ϩⲓ ⲟⲩϫⲟⲓ ⲛ̄ⲧⲉ ⲣⲁⲕⲟⲧ'ⲉ⁹ ⲉ ⲁϥ
ⲙⲟⲟⲛⲉ ⲉ ⲧⲛⲏⲥⲟⲥ· ⲉⲣⲉ ⲟⲩ
ⲙⲁⲉⲓⲛ ⲙ̄ⲙⲟϥ ⲛ̄ ⲇⲓⲟⲥⲕⲟⲣⲟ[ⲥ]¹⁰

12 ⲁⲩⲱ ⲛ̄ ⲧⲉⲣⲉ ⲛⲙⲟⲟⲛⲉ ⲉ ⲥⲩ[ⲣⲁ]

---

¹ 'He showed kindness to us and love of strangers (hospitality)'; Gr. φιλοφρόνως ἐξένισεν.

² πυρετοῖς.

³ 'And his interior was sick'; Gr. δυσεντερίᾳ συνεχόμενον.

⁴ Η ⲡⲉϥϭⲓϫ.   ⁵ Η ⲡⲕⲉⲥⲉⲉⲡⲉ ⲉⲧϩⲛ̄ ⲧⲛⲏⲥⲟⲥ ⲉⲧϣⲟⲟⲡ.

⁶ Η ⲛ̄ϭⲉⲛⲛⲟϭ.   ⁷ ⲛ̄ⲧⲁⲓⲁ.

⁸ Η ⲉⲕⲱ ⲉⲃⲟⲗ ⲁⲩⲧⲁⲗⲟ ⲡⲉⲧⲛ̄ⲣ̄ⲭⲣⲓⲁ.

⁹ Rakote, the native Egyptian name for Alexandria, is, of course, used here.

¹⁰ παρασήμῳ Διοσκούροις.

ACTS XXVIII. 12-17

ⲕⲟⲧⲥⲁ¹ ⲁⲛⲣ ϣⲟⲙⲛⲧ̄' ⲛ̄ⲣⲟ
13 ⲟⲩ ⲙ̄ⲙⲁⲩ · ⲉ ⲃⲟⲗ ⲇⲉ ϩⲙ̄ ⲡⲙⲁ[ⲁ]
ⲉⲧ ⲙ̄ⲙⲁⲩ ⲁⲛⲥϭⲏⲣ ⲁⲛⲕⲁ
ⲧⲁⲛⲧ'ⲁ² ⲉ ϩⲣⲏϭⲓⲟⲥ³ ⲁⲩⲱ ⲙⲛ̄
ⲛⲥⲁ ⲟⲩϩⲟⲟⲩ ⲁⲩⲧ'[ⲛⲩ ⲣ]ⲏⲥ ⲛⲓ
ϭⲉ ⲁⲛⲉⲓ ⲙ̄ ⲡⲉⲛⲥⲛⲁⲩ ⲉ [ⲡⲟ]
14 ⲧⲓⲟⲗⲟⲥ · ⲁⲛϩⲉ ⲉ ϩⲉⲛⲥ[ⲛⲏⲩ]
ⲙ̄ⲙⲁⲩ ⲁⲩⲥⲉⲡⲥⲱⲡⲛ̄ ⲉ

[illegible]

15 [illegible] ⲥⲱⲧⲙ̄
[illegible] ⲉⲓ ⲉ ⲃⲟⲗ
ⲛ̄ ϣⲟⲙ[ⲛⲧ] [illegible] ϣⲁ ⲁⲡⲡⲓ
ⲟⲥ⁴ ⲫⲟⲣ[ⲟⲥ] ⲉ ⲧⲱⲙⲛ̄ⲧ ⲉ ⲣⲟⲛ ·
ⲛ̄ ⲧⲉⲣⲉ ⲡⲁⲩⲗⲟⲥ ⲇⲉ ⲛⲁⲩ ⲉ
ⲣⲟⲟⲩ ⲁϥ[ⲧⲱ]ⲕ ⲛ̄ϩⲏⲧ ⲁϥⲉⲩⲭⲁⲣⲓ
16 ⲥⲧ'ⲓ⁵ ⲙ̄ ⲡⲛⲟⲩⲧⲉ · ⲛ̄ ⲧⲉⲣⲉ ⲛ̄
ⲃⲱⲕ ϭⲉ ⲉ ϩⲟⲩⲛ ⲉ ϩⲣⲱⲙⲏ ⲁ
ⲡϩⲉⲕⲁⲧⲟⲛⲧⲁⲣⲭⲟⲥ ϯ ⲛ̄ ⲛⲉⲧ
ⲙⲏⲣ ⲉ ⲧⲟⲟⲧ'ϥ̄ ⲙ̄ ⲡⲁⲣⲭⲱⲛ
ⲛ̄ⲙ̄ ⲙⲁⲧⲟⲓ · ⲁϥⲕⲁ ⲡⲁⲩⲗⲟⲥ
ⲉ ⲧ'ⲣⲉ ϥϭⲱ ϩⲁⲣⲓ ϩⲁⲣⲟϥ ⲛ̄ⲙ̄ ⲡⲙⲁ
ⲧⲟⲓ ⲉⲧ ϩⲁⲣⲉϩ ⲉ ⲣⲟϥ⁶ : ⲁⲥϣⲱ
17 ⲡⲉ ⲇⲉ ⲙⲛ̄ⲛⲥⲁ ϣⲟⲙⲛ̄ⲧ ⲛ̄ ϩⲟⲟⲩ

---

¹ Η ⲥⲧⲣⲁⲕⲟⲩⲥⲥⲁ.   ² κατηντήσαμεν.   ³ Ῥήγιον.
⁴ ἄχρις Ἀππίου Φόρου καὶ Τριῶν Ταβερνῶν.
⁵ εὐχαριστήσας, Η ⲉⲩⲭⲁⲣⲓⲥⲧⲉⲓ.
⁶ 'When we had entered Rome the hekatontarchos gave those who were bound into the hand of the archon of the soldiers; and he sent away Paul to remain by himself with the soldier who guarded him.' ⲁ ⲡϩⲉⲕⲁⲧⲟⲛⲧⲁⲣⲭⲟⲥ ϯ ⲛ̄ⲡⲉⲧⲙⲏⲣ ⲉ ⲧⲟⲟⲧ'ϥ̄ ⲙ̄ ⲡⲁⲣⲭⲱⲛ ⲛ̄ⲙ̄ ⲙⲁⲧⲟⲓ = ὁ ἑκατόνταρχος παρέδωκε τοὺς δεσμίους τῷ στρατοπεδάρχῃ; see the readings of the verse given by Prof. Souter.

Fol. 107 b
[ⲣⲏ]

ACTS XXVIII. 17-23

ⲁϥⲙⲟⲧⲉ ⲉⲛⲁⲣⲭⲱⲛ ⲛ̄ ⲓ̈ⲟⲩⲇⲁⲓ̈[1].
ⲡⲉϫⲁϥ ⲛⲁⲩ· ϫⲉ ⲛ̄ⲣⲱⲙⲉ ⲛⲁ ⲥⲛⲏ
ⲩ· ⲁⲛⲟⲕ ⲛ̄ⲧ' ⲁⲓ̈† ⲁⲛ ⲟⲩⲃⲉ ⲡⲗⲁ
ⲟⲥ ⲏ ⲛ̄ⲥⲱⲛⲧ' ⲛ̄ ⲛⲉⲛⲉⲓⲟⲧⲉ[2].
ⲁⲩ† ⲙ̄ⲙⲟⲓ̈ ⲉⲓⲙⲏⲣ ⲉ ⲃⲟⲗ ϩⲛ̄ ⲑⲓ (?)
ⲉⲣⲟⲩⲥⲁⲗⲏⲙ ⲉ ϩⲣⲁⲓ̈ ⲉⲛϭⲓϫ ⲛ

18 ⲛⲉϩⲣⲱⲙⲁⲓⲟⲥ[3]· ⲁⲩⲱ ⲛ̄ ⲧⲉⲣ ⲟⲩ
ⲁⲛⲁⲕⲣⲓⲛⲉ[4] ⲙ̄ⲙⲟⲓ̈ ⲁⲩⲟⲩⲱϣ
ⲉ ⲕⲁⲁⲧ ⲉ ⲃⲟⲗ ϫⲉ ⲙ̄ⲡ ⲟⲩϩⲉ ⲉ
ⲗⲁⲁⲩ ⲛ̄ ⲁⲓ̈ⲧ'ⲓⲁ ⲙ̄ⲙⲟⲩ[5] ϩⲣⲁⲓ̈ ⲛ

19 ϩⲏⲧ'· ⲛ̄ ⲧⲉⲣⲉ ⲛⲓ̈ⲟⲩⲇⲁⲓ̈ ⲇⲉ †
[ⲟ]ⲩⲃⲏⲓ̈ ⲁⲩⲁⲛⲁⲥⲕⲁⲍⲉ[6] ⲙ̄ⲙⲟⲓ̈
ⲉ ⲧ'ⲣⲁ ⲉⲡⲓⲕⲁⲗⲓ[7] ⲙ̄ ⲡⲣ̄ⲣⲟ[8] ϩⲱⲥ
ⲉⲓ̈ ⲛⲁⲕⲁⲧ'ⲏⲅⲟⲣⲓ[9] ⲁⲛ ⲙ̄ ⲡⲁ

20 ϩⲉⲑⲛⲟⲥ· ⲉ ⲧ'ⲃⲉ ⲧⲉⲓ̈ ⲁⲓ̈ⲧⲓ[10] ϭⲉ
ⲁⲓ̈ⲥⲉⲡⲥ̄[ⲱⲡ] ⲧ'ⲏⲩⲧⲛ̄[11] ⲉ ⲛⲁⲩ ⲉ ⲣⲱ
ⲧⲛ̄ ⲁⲩⲱ ⲉ ϣⲁϫⲉ ⲛⲙ̄ⲙⲏⲧⲛ̄·
[ⲁⲓ̈]ⲙⲏⲣ ⲅⲁⲣ ⲛ̄ ⲧⲉⲓ̈ ϩⲁⲗⲩⲥⲓⲥ[12] ⲉ
[ⲧⲃ]ⲉ ⲑⲉⲗⲡⲓⲥ ⲙ̄ ⲡⲓⲥⲣⲁⲏⲗ·

Fol. 108a
[ⲣⲑ]

21 ▓▓▓▓▓▓▓ [13]

[About twelve lines wanting]

23 ▓ϣ▓▓▓▓▓ⲏⲧϥ ⲁⲩ▓

---

[1] ⲉⲛⲁⲣⲭⲱⲛ ⲛ̄ ⲓ̈ⲟⲩⲇⲁⲓ̈ = τοὺς ὄντας τῶν Ἰουδαίων πρώτους. There is no equivalent in the Coptic for συνελθόντων δὲ αὐτῶν.

[2] ἔθεσι τοῖς πατρῴοις. [3] τῶν Ῥωμαίων.
[4] ἀνακρίναντές με. [5] αἰτίαν θανάτου.
[6] ἠναγκάσθην. [7] ἐπικαλέσασθαι.
[8] 'To make an appeal to the Emperor'; Gr. Καίσαρα.
[9] κατηγορῆσαι. [10] διὰ ταύτην οὖν τὴν αἰτίαν.
[11] 'I supplicated'; Gr. παρεκάλεσα.
[12] τὴν ἅλυσιν ταύτην.
[13] H 21 ⲛ̄ⲧⲟⲟⲩ ⲇⲉ ⲡⲉϫⲁⲩ ⲛⲁϥ. ϫⲉ ⲁⲛⲟⲛ ⲟⲩⲧⲉ ⲙ̄ⲡⲛ̄ϫⲓ ⲥϩⲁⲓ ⲉⲧⲃⲏⲏⲧⲕ ⲉⲃⲟⲗ ϩⲛ̄ ϯⲟⲩⲇⲁⲓⲁ. ⲟⲩⲧⲉ ⲙ̄ⲡⲉ ⲟⲩⲁ ⲉⲓ ⲛ̄ⲡⲉⲥⲛⲏⲩ

[ⲁ]ϥϣⲁϫⲉ ⲛⲙⲙⲁⲩ [ⲉϥⲣ̅ⲙ̅ⲛ̅ⲧⲣ[ⲉ]
[ⲛ̅]ⲧⲙ̅ⲛ̅ⲧⲉⲣⲟ ⲙ̅ⲡⲛⲟⲩⲧⲉ· ⲉ
[ϥ]ⲡⲓⲑⲉ¹ ⲙ̅ⲙⲟⲟⲩ ⲉ ⲧ'[ⲃⲉ] ⲓ̅ⲥ̅ ⲁⲩⲱ
ⲉ ⲃⲟⲗ ϩⲙ̅ ⲡⲛⲟⲙⲟ[ⲥ] ⲙ̅ ⲙⲱⲩ̈ⲥⲏⲥ ⲛⲙ̅
[ⲛⲉ]ⲡⲣⲟⲫⲏⲧⲏⲥ ϫⲓⲛ ϩⲧⲟⲟⲧⲉ·

24 ϣⲁ ⲣⲟⲩϩⲉ· ϩⲟⲉⲓⲛⲉ ⲇⲉ ⲁⲩⲡⲓ
ⲑⲉ² ⲉ ⲛⲉⲧϥ̅ϫⲱ ⲙ̅ⲙⲟⲟⲩ· ϩⲉⲛ
ⲕⲟⲟⲩⲉ ⲇⲉ ⲁⲩⲣ̅ ⲁⲧ ⲛⲁϩⲧⲉ³· [ⲁⲩ]

25 ⲉⲓ ⲉ ⲃⲟⲗ ⲉⲛⲥⲉⲧⲏⲧ' ⲁⲛ ⲡ̅
ⲛⲙ̅ ⲛⲉⲩⲉⲣⲏⲩ ⲉⲁ ⲡⲁⲩⲗⲟⲥ ϫⲱ
ⲛⲁⲩ ⲛ̅ ⲟⲩϣⲁϫⲉ ⲛ̅ ⲟⲩⲱⲧ' ϫⲉ
ⲕⲁⲗⲱⲥ ⲁ ⲡⲉⲡⲛ̅ⲁ̅ ⲉⲧ ⲟⲩⲁⲁⲃ
ϣⲁϫⲉ ⲛⲙ̅ ⲛⲉⲧⲛ̅ⲉⲓⲟⲧⲉ
ⲉ ⲃⲟⲗ ϩⲓⲧⲛ̅ ⲏⲥⲁⲉⲓⲁⲥ ⲡⲉⲡ'ⲣⲟ

26 ⲫⲏⲧⲏⲥ ⲉϥϫⲱ ⲙ̅ⲙⲟⲥ ϫⲉ ⲃⲱⲕ
ⲛ̅ ⲛⲁϩⲣⲛ̅ ⲡⲉⲓ̈ ⲗⲁⲟⲥ ⲛ̅ⲅ̅ ϫⲟⲟⲥ
ⲛⲁⲩ ϫⲉ ϩⲛ̅ ⲟⲩⲥⲱⲧ'ⲙ̅ ⲧⲉⲧⲛ̅
ⲁⲥⲱⲧⲙ̅ ⲛ̅ⲧⲉⲧⲛ̅ ⲧⲙ̅ ⲛⲟⲓ̈⁴
ⲁⲩⲱ ϩⲛ̅ ⲟⲩⲛⲁⲩ ⲧ'ⲉⲧⲛ̅ⲛⲁⲩ

27 ⲛ̅ⲧⲉⲧⲛ̅ ⲧⲙ̅ ⲉⲓⲱⲣϩ̅· ⲁϥⲛ̅
ϣⲟⲧ' ⲅⲁⲣ ⲛ̅ϭⲓ ⲡϩⲏⲧ' ⲙ̅ ⲡⲉⲓ̈ ⲗⲁ
ⲟⲥ· ⲁⲩⲱ ⲁⲩϩⲣⲟϣ ⲉ ⲥⲱⲧⲙ̅ ϩⲛ̅
ⲛⲉⲩⲙⲁⲁϫⲉ ⲁⲩⲱ ⲁⲩϣⲧⲁⲙ

[About twelve lines wanting]

ⲛϥ̅ⲧⲁⲙⲟⲛ ⲛϥ̅ϫⲱ ⲛⲟⲩⲡⲉⲑⲟⲟⲩ ⲉⲧⲃⲏⲏⲧⲛ̅. 22 ⲧⲛ̅ⲁⲍⲓⲟⲩ ⲇⲉ ⲙ̅ⲙⲟⲕ
ⲉⲧⲣⲉⲡⲥⲱⲧⲙ̅ ⲉⲛⲉⲧⲕ̅ⲙⲉⲉⲩⲉ ⲉⲣⲟⲟⲩ. ⲉⲧⲃⲉ ⲧⲁⲓϩⲁⲓⲣⲉⲥⲓⲥ ⲅⲁⲣ ⲁⲩⲧⲁⲙⲟⲛ
ϫⲉ ⲥⲉⲁⲛⲧⲓⲗⲉⲅⲉ ϩⲓⲱⲱⲥ ϩⲙ̅ ⲙⲁ ⲛⲓⲙ. 23 ⲁⲩⲧⲁⲥⲥⲉ ⲇⲉ ⲛⲁϥ ⲉⲩϩⲟⲟⲩ.
ⲁⲩⲉⲓ ϣⲁⲣⲟϥ ⲛ̅ϭⲓ ⲟⲩⲙⲏⲏϣⲉ ⲉⲡⲙⲁ ⲉⲧϥ̅ⲛ̅ϩⲏⲧϥ̅. ⲁⲩⲱ ⲁϥϣⲁϫⲉ
ⲛⲙ̅ⲙⲁⲩ ⲉϥⲣ̅ⲙⲛ̅ⲧⲣⲉ ⲛ̅ⲧⲙⲛ̅ⲧⲉⲣⲟ ⲙ̅ⲡⲛⲟⲩⲧⲉ.

¹ πείθων. ² ἐπείθοντο.
³ ἠπίστουν. ⁴ μὴ συνῆτε.

ACTS XXVIII. 30, 31

▓▓ ⲁⲩⲱ (?) ▓▓ [ϣⲟ]ⲡ ⲉ ⲣⲟ[ϥ]
ⲛ̄ ⲟⲩⲟⲛ [ⲛⲓ]ⲙ ⲉⲧ ⲃⲏⲕ ⲉ ϩⲟ[ⲩⲛ]
31 ⲉ ⲣⲟϥ· ⲉϥⲕⲏⲣⲩⲥⲥⲉ ⲛ ⲧⲙⲛ̄ⲧⲉ
[ⲣ]ⲟ ⲙ̄ ⲡⲛ[ⲟⲩ]ⲧⲉ· ⲁⲩⲱ ⲉϥϯ ⲥⲃ[ⲱ]
[ⲉ] ⲧ'ⲃⲉ ⲡ[ⲭⲟ]ⲉⲓⲥ ⲓ̄ⲥ̄ ⲡⲉⲭ̄ⲥ̄ ϩⲛ̄
[ⲡ]ⲁⲣϩⲏⲥⲓⲁ ⲁⲍⲛ̄ ϯⲥⲟ: ✥✥✥✥✥✥✥

ⲛⲉⲡⲣⲁⲝⲓⲥ ⲛⲛⲁ
ⲡⲟⲥⲧⲟⲗⲟⲥ

TRANSCRIPT OF THE COLOPHON WHICH IS
WRITTEN IN CURSIVE GREEK WRITING

[ⲁ ⲡ]ϣⲁϫⲉ ⲙ̄ ⲡϫⲟⲉⲓⲥ ⲁϥϣⲱⲡⲉ ϣⲁ ⲣⲟⲉⲓ ⲉϥ
ϫⲱ ⲙ̄ⲙⲟⲥ· ⲛⲁⲓ̈ ϫⲉ ⲁϫⲓⲥ ⲙ̄ ⲡⲉⲓ̈ ⲗⲁⲟⲥ· ⲉ ⲧⲃⲉ ⲟⲩ
[ⲉ]ⲧⲉⲧⲛ̄ⲡ̄ⲣ ⲛⲟⲃⲉ· ⲧⲉⲧⲛⲟⲩⲉϩ ⲛⲟⲃⲉ ⲉϫⲛ̄ ⲛⲉⲧⲛ̄
ⲛⲟⲃⲉ· ⲧⲉⲧⲛ̄ⲡ̄ⲣ ϭⲱⲛⲧ ⲙ̄ ⲡϫⲟⲉⲓⲥ ⲡⲛⲟⲩⲧⲉ·
ⲡⲉ ⲛⲧ ⲁⲩϫⲧⲁⲙⲓⲉ ⲧⲏⲩⲧⲛ̄· ⲙ̄ⲡ̄ⲣ ⲙⲉⲣⲉ ⲡⲕⲟⲥ
ⲙⲟⲥ· ⲟⲩⲇⲉ ⲛⲉⲧ ϣⲟⲟⲡ ϩⲙ̄ ⲡⲕⲟⲥⲙⲟⲥ· ⲡϣⲟⲩ
[ϣ]ⲟⲩ ⲅⲁⲣ ⲙ̄ ⲡⲕⲟⲥⲙⲟⲥ ⲡⲁ ⲡⲇⲓⲁⲃⲟⲗⲟⲥ
[ⲡ]ⲉ· ⲙⲛ̄ ⲡⲉϥⲃⲱⲗ ⲉ ⲃⲟⲗ· ⲁⲣⲓ ⲡⲙⲉⲉⲩⲉ ϫⲉ ⲁϥϣ

Fol. 109a ⲛ̄ ϩⲧⲏϥ ϩⲁ ⲣⲱⲧⲛ̄ ⲛ̄ϭⲓ ⲡϫⲟⲉⲓⲥ· ⲡⲉ ⲛⲧⲁ[ϥⲧⲁⲙⲓⲉ]
[ⲣⲓⲁ] ⲛ̄ⲕⲁ ⲛⲓⲙ· ϫⲉ ⲕⲁⲁⲥ ⲉϥⲉⲛⲁϩⲙ̄ⲛ ⲉ ⲃⲟⲗ ϩ[ⲛ̄ ⲉ ⲧⲉ]
ⲭⲙⲁⲗⲱⲥⲓⲁ ⲙ̄ ⲡⲉⲓ̈ ⲁⲓⲱⲛ· ⲟⲩⲙⲛⲏϣⲉ [ⲅⲁⲣ]
ⲁ ⲡⲇⲓⲁⲃⲟⲗⲟⲥ ⲉⲡⲓⲟⲩⲙⲓ ⲉ ⲧ'ⲙ̄ ⲕⲁ ⲡⲣⲏ ⲉ [ϣⲁⲓ] (?)
ⲉ ϩⲣⲁⲓ̈ ⲉϫⲛ̄ ⲡⲕⲁϩ· ⲟⲩⲇⲉ ⲉ ⲧ'ⲙ̄ ⲕⲁ ⲡⲕⲁϩ▓▓
ⲡⲟⲥ· ⲉϥⲟⲩⲱϣ ⲉ ⲱⲙ'ⲕ ⲡ̄ⲣ̄ⲣⲱⲙⲉ ⲛ̄▓▓
ⲡⲉⲕⲣⲱⲙⲉ· ⲉϥⲡⲏⲧ' ϩⲛ̄ ⲟⲩⲣⲟⲟⲩⲧⲉ ⲉϥⲟⲩ[ⲱϣ ⲉ]
ⲟⲙⲕⲟⲩ ⲛ̄ⲑⲉ ⲛ̄ ⲟⲩⲙⲟⲟⲩ· ⲁⲩⲱ ⲉ ⲧⲃⲉ [ⲡⲁⲓ̈ ⲁϥϣ]

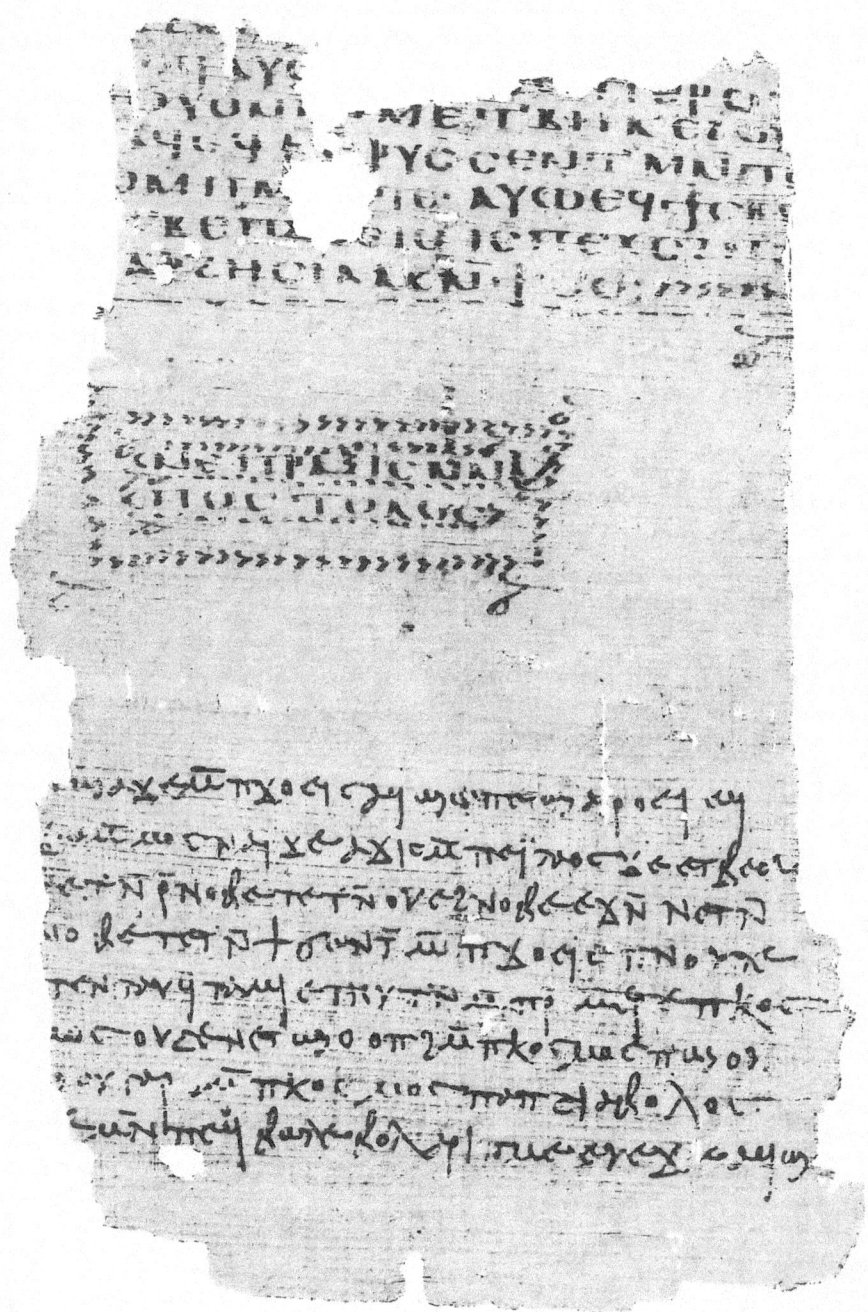

MS. Oriental 7594, Fol. 108b (Acts of the Apostles xxviii. 30, 31)

ⲛ̄ ϩⲧⲏϥ ϩⲁ ⲣⲟⲛ ⲛ̄ϭⲓ ⲡⲛⲟⲩⲧⲉ ⲙ̄ⲧ▒
ⲛⲟⲟⲩ ⲙ̄ ⲡⲉϥϣⲏⲣⲉ ⲉ ⲡⲕⲟⲥⲙⲟⲥ ▒ⲉ▒[ⲛⲁϩ]
ⲙ̄ⲛ ⲉ ⲃⲟⲗ ϩⲛ̄ ⲧⲉⲭⲙⲁⲗⲱⲥⲓⲁ ⲙ̄ ⲙ̄ⲡ▒
ⲧⲉⲗⲟⲥ ⲉϥⲛⲏⲩ ⲱ ⲧⲁⲣⲛⲟⲩ[ⲓ] ⲉⲁⲣⲭⲓⲁ▒
ⲁⲗⲗⲁⲁ[·] ϣⲃ̄ⲡⲧ̄ ⲛ̄ⲛ▒
ⲣⲟⲛ▒
ⲛ̄ϣ▒
ⲧⲱ▒

[About ten lines wanting]

▒ⲉⲧⲙ̄ϩ ⲉ ⲧⲃⲉ ⲛⲉⲉⲓ ⲡⲧⲁⲛⲟⲥ ⲉⲧ ⲛⲁϣⲱⲁⲓ̈ ⲛ̄   Fol. 109 b
▒ⲧⲁⲛ ⲛ̄ ⲛⲉⲟⲩⲟⲉⲓϣ ⲇⲉ ⲉⲧⲛⲁⲕⲱ ⲛⲁⲩ ⲛ̄ ϩⲉⲛ   [ⲣⲓⲃ]
▒ⲥⲃⲟⲟⲩⲉ ⲉⲛ ⲛⲁ ⲡⲛⲟⲩⲧⲉ ⲁⲛ ⲛⲉ ⲉⲩⲛⲁⲁⲑⲉⲧⲓ (?)
▒ⲙ̄ ⲡⲕⲟⲥⲙⲟⲥ ⲙ̄ ⲡⲛⲟⲩⲧⲉ ⲛⲁⲓ ⲉⲧⲉ ⲡⲉⲧⲛⲟⲩⲧⲉ
▒ ⲡⲉ ϩⲏⲧⲟⲩ ⲉⲩϫⲱ ⲙ̄ⲙⲟⲥ ϫⲉ ⲛ̄ⲧⲛⲏⲥⲧⲓⲁ ϣⲟⲟⲡ
▒ⲛ ⲟⲩⲇⲉ ⲙ̄ⲡⲉ ⲡⲛⲟⲩⲧⲉ ⲥⲱⲛⲧ' ⲙ̄ⲙⲟⲥ ⲉⲩⲉⲓⲣⲉ
▒ⲙ̄ⲙⲟⲟⲩ ⲛ̄ϣⲙ̄ⲙⲟ ⲉ ⲧ'ⲇⲓⲁⲑⲏⲕⲏ ⲙ̄ ⲡⲛⲟⲩⲧⲉ
▒ⲉⲩϣⲟϭⲉ ⲙ̄ⲙⲟⲟⲩ ⲛ̄ ⲛⲉⲣⲏⲧ' ⲉⲧⲧⲁⲓ̈ⲏⲩ ⲛⲁⲓ ⲉⲧⲉ
▒ⲛⲥⲉⲙ̄ⲡ̄ϣⲁ ⲛⲟⲩⲟⲉⲓϣ ⲛⲓⲙ ϩⲛ̄ ⲧⲡⲓⲥⲧⲓ[ⲥ]▒
▒ ⲉϫⲣⲏⲓ̈ ⲙ̄ⲡ̄ⲣ ⲧⲣⲉ ⲩⲡⲧⲁⲛⲁϭⲉ ⲙ̄ⲙⲱⲧⲛ̄▒
▒ⲉⲧ' ⲙ̄ⲙⲁⲩ ⲁⲣⲓ ⲡⲙⲉⲉⲩⲉ ϫⲉ ⲁ ⲡϫⲟⲉⲓⲥ▒
▒ⲟⲩ▒ⲛⲏⲥⲧⲓⲁ ϫⲓⲛ ⲧⲁϥⲧⲁⲙⲓⲉ ⲙ̄ ⲡⲛⲧⲉ▒
▒ⲡ̄ⲣⲣⲱⲙⲉ ⲉ ⲧⲃⲉ ⲙ̄ ⲡⲁⲑⲟⲥ ⲙ̄ⲛ ⲛⲉⲡ▒
▒▒ⲃⲉ ⲧⲏⲩⲧⲛ̄ ϫ▒
▒[ⲡⲟⲛ]ⲏⲣⲟⲥ ▒
▒ⲛ̄ⲧⲙ̄ ▒
▒ⲱⲡ (?) ⲕ▒

[About ten lines wanting (?)]

[ⲧⲁⲡⲟⲕⲁⲗⲩⲯⲓⲥ ⲛ̄ ⲓ̈ⲱ︤ⲁⲛⲛⲏⲥ︥]

(Brit. Mus. MS. Orient. 6803)

Fol. 1 a Chap. I. 8 ⬛ⲧⲉ ⲛⲉϥϣⲟⲟⲡ ⲡⲉⲧ ⲛ[ⲁϣⲱⲡⲉ] [ⲡⲡⲁ
[ⲁ̄]   9 ⲛⲧⲱ]ⲕⲣⲁⲧⲱⲣ· ⲁⲛⲟⲕ ⲡ︤ⲱ︥ ⲓⲱϩⲁⲛ
                      [ⲛ]ⲏⲥ ⲡⲉⲧⲛⲥⲟⲛ· ⲡⲉⲧⲛϣⲃⲏⲣ
                      ⲕⲟⲓⲛⲟⲛⲟⲥ ϩⲛ ⲧⲉⲑⲗⲓⲯⲓⲥ· ⲁⲩⲱ
                      ⲧⲙⲛⲧⲉⲣⲟ ⲙⲛ ⲟⲩⲡⲟⲙⲟⲛⲏ ⲙ ⲡ︤ⲛ︥
                      ϫⲟⲉⲓⲥ ⲓ︤ⲥ︥ ⲡⲉⲭ︤ⲣ︤ⲥ︥· ⲁⲓϣⲱⲡⲉ ϩⲛ ⲧⲏⲛ
                      ⲥⲟⲥ ⲉⲧⲟⲩⲙⲟⲩⲧⲉ ⲉ ⲣⲟⲥ ϫⲉ ⲡⲁⲧⲙⲟⲥ
                      ⲉ ⲧⲃⲉ ⲡϣⲁϫⲉ ⲙ ⲡⲛⲟⲩⲧⲉ· ⲁⲩⲱ ⲉ ⲧⲃⲉ
                      ⲧⲙⲛⲧⲙⲛⲧⲣⲉ ⲛ ⲓ︤ⲥ︥ ⲡⲉⲭ︤ⲣ︤ⲥ︥
                  10 ⲁⲓϣⲱⲡⲉ ϩⲙ ⲡⲉⲡ︤ⲛ︤ⲁ︥· ⲙ ⲡⲉϩⲟⲟⲩ
                      ⲛ ⲧⲕⲩⲣⲓⲁⲕⲏ· ⲁⲩⲱ ⲁⲓⲥⲱⲧⲙ ⲉⲩ
                      ⲥⲙⲏ ϩⲓ ⲡⲁϩⲟⲩ ⲙⲙⲟⲓ ⲛⲑⲉ ⲛ ⲟⲩ
                  11 ⲥⲁⲗⲡⲓⲅ︦ⲝ︦· ⲉⲥϫⲱ ⲙⲙⲟⲥ ϫⲉ ⲛⲉ
                      ⲧ ⲉⲕⲛⲁⲩ ⲉ ⲣⲟⲟⲩ ⲙⲛ ⲛⲉⲧ ⲉⲕⲛⲁⲛⲁⲩ
                      ⲉ ⲣⲟⲟⲩ· ⲥϩⲁⲓ ⲥⲟⲩ ⲉⲩϫⲱⲱⲙⲉ ⲛⲅ ϫⲟ
                      ⲟⲩ ⲥⲟⲩ ⲉ ⲧⲥⲁϣϥⲉ ⲛⲉⲕⲕⲗⲏⲥⲓⲁ ⲉⲧ
                      ϩⲛ ⲉⲫⲉⲥⲟⲥ· ⲁⲩⲱ ⲥⲙⲩⲣⲛⲁ· ⲙⲛ ⲡⲣ︤
                      ⲅⲁⲙⲟⲥ· ⲁⲩⲱ ⲑⲉⲁⲧⲓⲣⲁ ⲙⲛ ⲥⲁⲣⲇⲓⲥ·
                      ⲙⲛ ⲫⲓⲗⲁⲇⲉⲗⲫⲓⲁ ⲙⲛ ⲗⲁⲟⲇⲟⲕⲓⲁ
                  12 ⲁⲩⲱ ⲁⲓⲕⲧⲟⲓ ⲉ ⲛⲁⲩ ⲉ ⲧⲉⲥⲙⲏ ⲙ ⲡⲉⲧ
                      ϣⲁϫⲉ ⲛⲙⲙⲁⲓ· ⲛ ⲧⲉⲣ ⲉⲓⲕⲧⲟⲓ ⲇⲉ
                      ⲁⲓⲛⲁⲩ ⲉ ⲥⲁϣϥⲉ ⲛ ⲗⲩⲭⲛⲓⲁ ⲛ ⲛ
                  13 ⲟⲩⲃ· ⲉⲣⲉ ⲡⲉⲓⲛⲉ ⲛ ⲟⲩϣⲏⲣⲉ ⲛ ⲣⲱ
                      ⲙⲉ ϩⲛ ⲧⲙⲏⲧⲉ ⲛⲉ ⲛⲗⲩⲭⲛⲓⲁ·
                      ⲉϥϭⲟⲟⲗⲉ ⲛ ⲟⲩϣⲧⲟ· ⲉϥⲙⲏⲣ ⲉ ⲡⲉ
                      ⲥⲏⲧ ⲉ ⲛⲉϥⲕⲉⲓⲃⲉ ⲛ ⲟⲩⲙⲟϫϩ ⲛ ⲛⲟⲩⲃ

14 [ερε τεϥαπε] ουοβϣ̄ μ̄ πεϥϥω
ν̄θε ν̄ ουσορτ ν̄ ουοβϣ̄· αυω νε[ϥ]
ν̄ουχιων· ερε νεϥβαλ ο ν̄θε ν̄ ουϣ[αϩ]

15 ν̄ κωϩτ· ερε νεϥουρηητε εινε ν̄ [ου]
ϩομν̄τ ν̄ βαρωτ εϥποσε ϩν̄ ουϩρω·
ερε τεϥσμη ο ν̄θε μ̄ πεϩροου ν̄ ϩ

16 ενμοου εναϣωου· εουν̄ σαϣϥ
ν̄ σιου ϩν̄ τεϥσιχ ν̄ ουναμ· ερε
ουσηϥε νητ ε βολ ϩν̄ τεϥταπρο
εστημ μ̄ φο σνατ· ερε πεϥϩο ο
ν̄θε μ̄ πρη ε τρ ουοειν ϩν̄ τεϥ

17 σομ· ν̄ τερ εινατ ⳇε ε ροϥ· αιϩε
ϩα νεϥ ουρηητε ν̄θε ν̄ νετ
μοοντ· αυω αϥταλε τεϥσιχ
ν̄ ουναμ ε ϩραι ε χωι· εϥχω
μμος χε μ̄πρ ρ ϩοτε ανοκ πε

18 πϣορπ αυω πϩαε· πετ ονϩ
αυω αιμου· αυω εις ϩηητε †
ονϩ ϣα ενεϩ ν̄ ενεϩ· αυω ερε
ν̄ϣοϣτ ν̄τοοτ μ̄ πμου μν̄ αμν̄τ·

19 Ϲϩαι σε ν̄ νε ν̄τ ακνατ ε ροου
μν̄ νετ ϣοοπ· αυω νετ ναϣω

20 πε μν̄ν̄σα ναι· πμη̄στυ
ριον μ̄ πσαϣϥ ν̄ σιου ν̄τ ακνατ
ε ροου ϩν̄ τα ουναμ· μν̄ τϲαϣϥε
ν̄λυχνια ν̄ νουβ· πσαϣϥ ν̄[σιου]
πσαϣϥ ναγγελος νε ν̄ τϲαϣϥε
ν̄εκκλησια· αυω τϲαϣϥε ν̄λυ
χνια τϲαϣϥε ν̄εκκλησια νε·

Chap. II.1 Ϲϩαι μ̄ παγγελος ν̄ τεκκλησια
ετ ϩν̄ εφεσος¹ ⳇε ναι νετ εϥ
χω μμοου ν̄σι πχοεις· πετ α
μαϩτε μ̄ πσαϣϥ ν̄ σιου ϩν̄ τεϥ

ϭⲓϫ ⲛ ⲟⲩⲛⲁⲙ· ⲡⲉⲧ ⲙⲟⲟϣⲉ ϧⲛ ⲧⲙⲏ
ⲛⲧⲉ ⲛ ⲧⲥⲁϣϥⲉ ⲛⲗⲩⲭⲛⲓⲁ ⲛ ⲛⲟⲩⲃ·

2 Ⲧⲥⲟⲟⲩⲛ ⲛ ⲛⲉⲕϩⲃⲏⲩⲉ· ⲙⲛ ⲡⲉⲕ
ϩⲓⲥⲉ ⲙⲛ ⲧⲉⲕϩⲩⲡⲟⲙⲟⲛⲏ·
ⲁⲩⲱ ϫⲉ ⲙⲛϣϭⲟⲙ ⲉ ϥⲓ ϩⲁ ⲛⲉⲑⲟⲟⲩ·
ⲁⲩⲱ ⲁⲕⲡⲉⲓⲣⲁⲍⲉ ⲛ ⲛⲉⲧ ϫⲱ ⲙ
ⲙⲟⲥ ϫⲉ ⲁⲛⲟⲛ ϩⲉⲛⲁⲡⲟⲥⲧⲟⲗⲟⲥ
ⲛ ϩⲟⲓⲛⲉ ⲁⲛ ⲛⲉ· ⲁⲩⲱ ⲁⲕϩⲉ ⲉ ⲣⲟ

3 ⲟⲩ ⲉ ϩⲉⲛⲛⲟⲩϫ ⲛⲉ· ⲁⲩⲱ ⲟⲩⲛⲧⲁⲕ
ⲙⲙⲁⲩ ⲛ ⲟⲩϩⲩⲡⲟⲙⲟⲛⲏ· ⲁⲩⲱ
ⲁⲕϥⲓ ⲉ ⲣⲟⲕ ⲉ ⲧⲃⲉ ⲡⲁ ⲣⲁⲛ· ⲙⲡⲉ ⲕ

4 ϩⲓⲥⲉ· ⲁⲗⲗⲁ ⲟⲩⲛⲧⲁⲓ ϩⲉⲛⲕⲟⲩⲓ ⲉ
ⲣⲟⲕ ϫⲉ ⲁⲕⲕⲱ ⲛⲥⲱⲕ ⲛⲧⲉⲕⲁ[ⲅⲁ]

5 ⲡⲏ ⲛ ϣⲟⲣⲡ· ⲁⲣⲓ ⲡⲙⲉⲉⲩⲉ ϭⲉ ϫⲉ
ⲛⲧⲁⲕϩⲉ ⲉ ⲃⲟⲗ ⲧⲱⲛ ⲛⲅ ⲙⲉⲧⲁⲛⲟⲓ
ⲛⲅ ⲉⲓⲣⲉ ⲛ ⲛⲉⲕϩⲃⲏⲩⲉ ⲛ ϣⲟⲣⲡ·

Ⲉϣⲱⲡⲉ ⲙⲙⲟⲛ ϯⲛⲏⲩ ⲛⲁⲕ ⲧⲁⲕⲓⲙ(?)
ⲉ ⲧⲉⲕⲗⲩⲭⲛⲓⲁ ⲉ ⲃⲟⲗ ϩⲙ ⲡⲉⲥⲙⲁ ⲉⲕ

6 ⲧⲙ ⲙⲉⲧⲁⲛⲟⲓ· ⲁⲗⲗⲁ ⲟⲩⲛⲧⲁⲕ ⲡⲁⲓ
ⲙⲙⲁⲩ ϫⲉ ⲉⲕⲙⲟⲥⲧⲉ ⲛ ⲛⲉϩⲃⲏⲩⲉ ⲛ̄ⲛ̄ⲓ̄
ⲕⲟⲗⲁⲓⲧⲏⲥ· ⲛⲁⲓ ϩⲱ ⲉ ϯⲙⲟⲥⲧⲉ ⲙⲙⲟⲟⲩ·

7 ⲡⲉⲧⲉ ⲟⲩⲛⲧⲁϥ ⲙⲁⲁϫⲉ ⲙⲙⲁⲩ ⲙⲁⲣⲉϥ
ⲥⲱⲧⲙ· ϫⲉ ⲟⲩⲛ ⲉⲧ ⲉⲣⲉ ⲡⲉⲡ̄ⲛ̄ⲁ̄ ϫⲱ
ⲙⲙⲟⲟⲩ ⲛ ⲛⲉⲕⲕⲗⲏⲥⲓⲁ· ⲡⲉⲧ ⲛⲁ
ϫⲣⲟ ϯⲛⲁϯ ⲛⲁϥ ⲉ ⲧⲣⲉ ϥⲟⲩⲱⲙ ⲉ ⲃⲟⲗ
ϩⲙ ⲡϣⲏⲛ ⲙ ⲡⲱⲛϩ· ⲡⲁⲓ ⲉⲧ ⲛ ⲧ
ⲙⲏⲧⲉ ⲙ ⲡⲡⲁⲣⲁⲇⲓⲥⲟⲥ ⲙ ⲡⲁ ⲛⲟⲩⲧⲉ·

8 Ⲥϩⲁⲓ ⲙ ⲡⲁⲅⲅⲉⲗⲟⲥ ⲛ ⲧⲉⲕⲕⲗⲏⲥⲓⲁ
ⲉⲧ ϩⲛ ⲥⲙⲩⲣⲛⲁ· ϫⲉ ⲛⲁⲓ ⲛⲉⲧ ϥ̄
ϫⲱ ⲙ̄ⲙⲟⲟⲩ ⲛϭⲓ ⲡϣⲟⲣⲡ ⲁⲩⲱ
ⲡϩⲁⲛ· ⲡⲉ ⲛⲧ ⲁϥⲙⲟⲩ ⲁⲩⲱ ⲁϥ

9 ⲱⲛϩ· ϯⲥⲟⲟⲩⲛ ⲧⲉⲕⲑⲗⲓⲯⲓⲥ
ⲙⲛ ⲧⲉⲕⲙⲛⲧϩⲏⲕⲉ· ⲁⲗⲗⲁ ⲛⲧⲕ

ⲟⲩⲣⲙⲙⲁⲟ· ⲁⲩⲱ ⲧⲙⲛⲧⲣⲉϥϫⲓⲟⲩ
ⲁⲛ ⲛⲁⲓ ⲉⲧ ϫⲱ ⲙⲙⲟⲥ· ϫⲉ ⲁⲛⲟⲛ
ϩⲉⲛⲓⲟⲩⲇⲁⲓ ⲛ ϩⲟⲓⲛⲉ ⲁⲛ ⲛⲉ·
ⲁⲗⲗⲁ ⲧⲥⲩⲛⲁⲅⲱⲅⲏ ⲙ ⲡⲥⲁⲧⲁ

10 ⲛⲁⲥ ⲧⲉ· ⲙⲡⲣ ⲣ ϩⲟⲧⲉ ⲗⲁⲁⲧ ϩⲛ
ⲧⲟⲧ ⲛ ⲛⲉⲧ ⲉⲛⲛⲁϣⲟⲡⲟⲩ· ⲉⲓⲥ ϩⲏ
ⲏⲧⲉ ⲡⲇⲓⲁⲃⲟⲗⲟⲥ ⲛⲁⲛⲉϫ ϩⲟⲓ
ⲛⲉ ⲛ ϩⲏⲧ ⲧⲏⲩⲧⲛ ⲉ ⲡⲉϣⲧⲉⲕⲟ·
ϫⲉ ⲛⲁⲥ ⲉⲧⲉⲡⲉⲓⲣⲁⲍⲉ ⲙⲙⲱⲧⲛ·
ⲁⲩⲱ ⲟⲩⲛ ⲧⲏⲧⲛ ⲙⲙⲁⲩ ⲛ ⲟⲩⲑⲗⲓ
ⲯⲓⲥ ⲙ ⲙⲛⲧ ⲛ ϩⲟⲟⲩ· ϣⲱⲡⲉ ⲛ̄ ⲡⲓⲥ
ⲧⲟⲥ ϣⲁ ϩⲣⲁⲓ ⲉ ⲡⲙⲟⲩ· ⲁⲩⲱ ϯⲛⲁϯ

Fol. 3 a
[ⲍ̄]

11 ⲛⲁⲕ ⲙ ⲡⲉⲕⲗⲟⲙ ⲙ ⲡⲱⲛϩ· ⲡⲉⲧⲉ
ⲟⲩⲛⲧⲁϥ ⲙⲁⲁϫⲉ ⲙⲙⲁⲩ ⲉ ⲥⲱⲧⲙ
ⲙⲁⲣⲉϥ ⲥⲱⲧⲙ· ϫⲉ ⲟⲩ ⲡⲉⲧ ⲉⲣⲉ ⲡⲉ
ⲡⲛ̄ⲁ̄ ϫⲱ ⲙⲙⲟϥ ⲛ ⲛⲉⲕⲕⲗⲏⲥⲓⲁ·
ⲡⲉⲧ ⲛⲁϫⲣⲟ ⲛⲛⲉ ⲧϫⲓⲧϥ ⲛ ϭⲟⲛⲥ
ⲉ ⲃⲟⲗ ϩⲓⲧⲙ̄ ⲡⲙⲟⲩ ⲙ ⲙⲉϩ ⲥⲛⲁⲩ·

12 ⲥϩⲁⲓ ⲙ ⲡⲁⲅⲅⲉⲗⲟⲥ ⲛ ⲧⲉⲕⲕⲗⲏⲥⲓⲁ
ⲉⲧ ϩⲛ̄ ⲡⲉⲣⲅⲁⲙⲟⲥ· ϫⲉ ⲛⲁⲓ ⲛⲉⲧ ϥ̄
ϫⲱ ⲙⲙⲟⲟⲩ ⲛϭⲓ ⲡⲉⲧⲉ ⲟⲩⲛⲧⲁϥ
ⲙⲙⲁⲩ ⲛ ⲧⲥⲏϥⲉ ⲉⲧ ⲧⲏⲙ ⲉ ⲡⲣⲟ ⲥⲛⲁⲩ·

13 ϯⲥⲟⲟⲩⲛ ϫⲉ ⲉⲕⲟⲩⲏⲏϩ ⲧⲱⲛ ⲡⲙⲁ
ⲉⲧ ⲉⲣⲉ ⲡⲉⲑⲣⲟⲛⲟⲥ ⲙ ⲡⲥⲁⲧⲁⲛⲁⲥ ⲛ ϩⲏ
ⲧϥ· ⲁⲩⲱ ⲁⲕⲁⲙⲁϩⲧⲉ ⲙ ⲡⲁ ⲣⲁⲛ
ⲙⲡⲉ ⲕⲁⲣⲛⲁ ⲛ ⲧⲁ ⲡⲓⲥⲧ̄ⲥ̄· ⲁⲩⲱ ⲁⲕ
ⲁϩⲉ ⲣⲁⲧⲕ ϩⲛ ⲛⲉϩⲟⲟⲩ ⲛⲧⲁⲩⲙⲟ
ⲟⲩⲧ ⲙ ⲡⲁ ⲙⲛⲧⲣⲉ ⲙ ⲡⲓⲥⲧⲟⲥ ϩⲁ
ⲧⲉ ⲧⲏⲩⲧⲛ· ⲡⲙⲁ ⲉⲧ ⲉⲣⲉ ⲡⲉⲑⲣⲟ
ⲛⲟⲥ ⲙ ⲡⲥⲁⲧⲁⲛⲁⲥ ⲟⲩⲏϩ ⲛ ϩⲏⲧϥ

14 ⲁⲩⲱ ⲟⲩⲛⲧⲁⲓ ϩⲉⲛⲕⲟⲩⲓ ⲉ ⲣⲟⲕ ϫⲉ
ⲟⲩⲛⲧⲁⲕ ϩⲟⲓⲛⲉ ⲉⲧ ⲁⲙⲁϩⲧⲉ ⲛ ⲧⲉ
ⲥⲃⲱ ⲛ ⲃⲁⲗⲁϩⲁⲙ ⲡⲁⲓ ⲛⲧⲁϥ

Fol. 3 b
H̄

ⲧⲥⲁⲃⲉ ⲃⲁⲗⲁⲕ ⲉ ⲛⲉⲝ ⲥⲕⲁⲛⲇⲁⲗⲟⲛ
ⲙ̄ ⲡ ⲙ̄ⲧⲟ ⲉ ⲃⲟⲗ ⲛ [ⲛ]ϣⲏⲣⲉ ⲙ̄ ⲡⲓⲥⲏⲗ
ⲉ ⲧⲣⲉ ⲧⲟⲧⲙ̄ ϣⲱⲧ ⲛ ⲉⲓⲇⲱⲗⲟⲛ·

15 ⲁⲩⲱ ⲛⲥⲉⲡⲟⲣⲛⲉⲧⲉ· ⲧⲁⲓ ⲧⲉ ⲧⲉⲕϩⲉ ϩⲱ̄
ⲉⲟⲩⲛⲧⲁⲕ ϩⲟⲓⲛⲉ ⲉⲧⲁⲙⲁϩⲧⲉ ⲛ ⲧⲉⲥⲃⲱ̄

16 ⲛ ⲛⲓⲕⲟⲗⲁⲓⲧⲏⲥ· ⲙⲉⲧⲁⲛⲟⲓ ϭⲉ ⲉϣⲱ
ⲡⲉ ⲙ̄ⲙⲟⲛ ϯⲛⲏⲩ ⲛⲁⲕ ϩⲛ ⲟⲩϭⲉⲡⲏ
ⲧⲁⲙⲓϣⲉ ⲛⲙ̄ⲙⲁⲕ ϩⲛ ⲧⲥⲏϥⲉ ⲛ ⲧⲁ

17 ⲧⲁⲡⲣⲟ· ⲡⲉⲧⲉ ⲟⲩⲛⲧⲁϥ ⲙⲁⲁϫⲉ ⲙ̄
ⲙⲁⲩ ⲉ ⲥⲱⲧⲙ̄ ⲙⲁⲣⲉϥⲥⲱⲧⲙ̄· ϫⲉ ⲉⲣⲉ
ⲡⲉⲡ̄ⲛ̄ⲁ̄ ϫⲱ ⲙ̄ⲙⲟⲥ ϫⲉ ⲟⲩ ⲛ ⲛⲉⲕ
ⲕⲗⲏⲥⲓⲁ· ⲡⲉⲧ ⲛⲁϫⲣⲟ ϯⲛⲁϯ ⲛⲁϥ
ⲉ ⲧⲣⲉ ϥⲟⲩⲱⲙ ⲉ ⲃⲟⲗ ϩⲙ ⲡⲙⲁⲛⲛⲁ
ⲉⲧ ϩⲏⲡ· ⲁⲩⲱ ϯⲛⲁϯ ⲛⲁϥ ⲛ ⲟⲩ
ⲯⲧϥⲟⲥ ⲉⲥⲟⲩⲟⲃϣ ⲉⲣⲉ ⲟⲩⲣⲁⲛ ⲛ ⲃⲣⲣⲉ
ⲥⲏϩ ⲉ ⲣⲟⲥ ⲉ ⲙⲛ ⲗⲁⲁⲩ ⲥⲟⲟⲩⲛ ⲙ̄ⲙⲟϥ
ⲉⲓⲙⲏⲧⲉⲓ ⲡⲉⲧ ⲛⲁϫⲓⲧϥ·

18 Ⲥϩⲁⲓ ⲙ̄ ⲡⲁⲅⲅⲉⲗⲟⲥ ⲛ ⲧⲉⲕⲕⲗⲏⲥⲓⲁ
ⲉⲧ ϩⲛ ⲑⲩⲁⲧⲉⲓⲣⲁ· ϫⲉ ⲛⲁⲓ ⲛⲉⲧ ⲉϥ
ϫⲱ ⲙ̄ⲙⲟⲟⲩ ⲛϭⲓ ⲡϣⲏⲣⲉ ⲙ̄ ⲡⲛⲟⲩ
ⲧⲉ· ⲡⲉⲧ ⲉⲣⲉ ⲛⲉϥⲃⲁⲗ ⲟ ⲛⲑⲉ ⲛ ⲟⲩ
ϣⲁϩ ⲛ ⲕⲱϩⲧ̄· ⲉⲣⲉ ⲛⲉϥⲟⲩⲣⲏⲏⲧⲉ

19 ⲟ ⲛⲑⲉ ⲛ ⲟⲩϩⲟⲙⲛⲧ ⲛ ⲃⲁⲣⲱⲧ· ϯ
ⲥⲟⲟⲩⲛ ⲛ ⲛⲉⲕϩⲃⲏⲩⲉ ⲙⲛ ⲧⲉⲕ ⲁ
ⲅⲁⲡⲏ ⲙⲛ ⲧⲉⲕⲡⲓⲥⲧⲓⲥ· ⲁⲩⲱ
ⲧⲉⲕⲇⲓⲁⲕⲟⲛⲓⲁ ⲙⲛ ⲧⲉⲕϩⲩⲡⲟⲙⲟⲛⲏ·

Fol. 4 a
Θ̄

Ⲁⲩⲱ ⲛⲉⲕϩⲃⲏⲩⲉ ⲛ ϩⲁⲉⲧ ⲛⲁⲁⲁⲩ ⲉ ⲛⲉⲕ
20 ϣⲟⲣⲡ· ⲁⲗⲗⲁ ⲟⲩⲛⲧⲁⲓ ⲉ ⲣⲟⲕ ϫⲉ
ⲁⲕⲕⲱ ⲛ ⲧⲉⲥϩⲓⲙⲉ ϫⲉ ⲉⲓⲉⲍⲁⲃⲉⲗ ⲧⲁⲓ
ⲉⲧ ϫⲱ ⲙ̄ⲙⲟⲥ ⲉ ⲣⲟⲥ ϫⲉ ⲁⲛⲅ ⲟⲩⲡⲣⲟ
ⲫⲩⲧⲏⲥ· ⲉⲥϯⲥⲃⲱ ⲁⲩⲱ ⲉⲥⲡⲗⲁⲛⲁ ⲛ
ⲛⲁ ϩⲙϩⲁⲗ· ⲉ ⲧⲣⲉ ⲩⲡⲟⲣⲛⲉⲧⲉ· ⲁⲩⲱ
ⲛⲥⲉⲟⲩⲉⲙ ϣⲱⲱⲧ ⲛ ⲉⲓⲇⲱⲗⲟⲛ·

21 ⲁⲓϯ ⲇⲉ ⲛⲁⲥ ⲛ ⲟⲩⲟⲩⲟⲉⲓϣ ϫⲉ ⲉⲥⲉⲙⲉ
22 ⲧⲁⲛⲟⲓ ⲉ ⲃⲟⲗ ϩⲛ ⲧⲉⲥⲡⲟⲣⲛⲓⲁ · ⲉⲓⲥ ϩⲏ
   ⲛⲧⲉ ϯⲛⲁⲛⲟⲩϫ ⲙⲙⲟⲥ ⲉ ϩⲣⲁⲓ
   ⲉⲧϣⲱⲛⲉ · ⲁⲩⲱ ⲛⲉⲧ ⲟ ⲛ ⲛⲟⲉⲓⲛ
   ⲛⲙⲙⲁⲥ ⲉⲧⲛⲟϭ ⲛ ⲑⲗⲓⲯⲓⲥ · ⲉϣⲱ
   ⲡⲉ ⲇⲉ ⲉⲥ ⲧⲙ ⲙⲉⲧⲁⲛⲟⲓ ⲉ ⲃⲟⲗ ϩⲛ
23 ⲛⲉⲥϩⲃⲏⲧⲉ · ϯⲛⲁⲙⲟⲟⲩⲧ ⲛ ⲛⲉⲥ
   ⲕⲉ ϣⲏⲣⲉ ϩⲛ ⲟⲩⲙⲟⲩ · ⲁⲩⲱ ⲥⲉ
   ⲛⲁⲉⲓⲙⲉ ⲛϭⲓ ⲛⲉⲕⲕⲗⲏⲥⲓⲁ ⲧⲏ
   ⲣⲟⲩ · ϫⲉ ⲁⲛⲟⲕ ⲡⲉⲧ ϩⲟⲧϩⲉⲧ
   ⲛ ⲉⲛϭⲗⲟⲟⲧⲉ ⲙⲛ ⲛϩⲏⲧ · ⲁⲩⲱ
   ϯⲛⲁϯ ⲛⲏⲧⲛ ⲡⲟⲩⲁ ⲡⲟⲩⲁ ⲕⲁⲧⲁ
24 ⲛⲉϥϩⲃⲏⲧⲉ · ϯϫⲱ ⲇⲉ ⲙⲙⲟⲥ ⲛⲏ
   ⲧⲛ ⲡ ⲕⲉ ⲥⲉⲡⲏ ⲉⲧ ϩⲛ ⲑⲉⲓⲁⲧⲉⲓⲣⲁ
   ⲛⲉⲧⲉ ⲙⲛ ⲧⲟⲩ ⲧⲉⲓ ⲥⲃⲱ ⲙⲙⲁⲁⲩ ·
   ⲁⲩⲱ ⲙⲡ ⲟⲩⲥⲟⲟⲩⲛ ⲛ ⲛⲉⲑ[ⲏⲡ ⲙ]
   ⲡⲥⲁⲧⲁⲛⲁⲥ · ⲛⲑⲉ ⲉⲧⲟⲩϫⲱ ⲙⲙⲟⲥ (?) ·
   ⲛ ϯⲛⲁⲧⲁⲗⲉ ⲕⲉ ϩⲣⲱϣⲉ · ⲉϫⲛ̅ ⲧⲏⲩⲧⲛ
25 ⲡⲗⲏⲛ ⲡⲉⲧ ⲛ ⲧⲏⲩⲧⲛ ⲁⲙⲁϩⲧⲉ ⲙⲙⲟϥ
26 ϣⲁⲛ ϯⲉⲓ · ⲁⲩⲱ ⲡⲉⲧ ⲛⲁϫⲣⲟ ⲛⲉϥϩⲁ
   ⲣⲉϩ ⲉ ⲛⲁ ϩⲃⲏⲧⲉ ϣⲁ ⲃⲟⲗ · ϯⲛⲁϯ ⲛⲁϥ
   ⲛ ⲧⲉϫⲟⲩⲥⲓⲁ ⲉϫⲛ ⲛϩⲉⲑⲛⲟⲥ ⲧⲏⲣⲟⲩ ·
27 ⲛⲉϥⲙⲟⲟⲛⲉ ⲙⲙⲟⲟⲩ ϩⲛ ⲟⲩϭⲉⲣⲱⲃ ⲙ
   ⲡⲉⲛⲓⲡⲉ · ⲁⲩⲱ ⲛⲉϥⲟⲩⲟϣϥⲟⲩ ⲛⲑⲉ
   ⲉϣⲁⲩⲟⲩⲱϭⲡ ⲛ ⲛⲉⲥⲕⲉⲩⲏ ⲙ ⲡⲕⲉ
   ⲣⲁⲙⲉⲩⲥ ⲛⲥⲉ ⲟⲩⲱϣϥⲟⲩ ⲕⲁⲧⲁ ⲑⲉ ϩⲱ̅
   ⲛⲧⲁⲓϫⲓⲧⲥ ⲉ ⲃⲟⲗ ϩⲓⲧⲙ ⲡⲁ ⲓⲱⲧ ·
28 ⲁⲩⲱ ϯⲛⲁϯ ⲛⲁϥ ⲙ ⲡⲥⲟ (sic) ⲛ ϩⲧⲟⲟⲩⲉ ·
29 ⲡⲉⲧⲉ ⲟⲩⲛⲧⲁϥ ⲙⲁⲁϫⲉ ⲙⲙⲁⲩ ⲉ ⲥⲱ
   ⲧⲙ ⲙⲁⲣⲉϥⲥⲱⲧⲙ · ϫⲉ ⲉⲣⲉ ⲡⲉⲡⲛ̅ⲁ̅
   ϫⲱ ⲙⲙⲟⲥ ϫⲉ ⲟⲩ ⲛ ⲛⲉⲕⲕⲗⲏⲥⲓⲁ ·

Chap. III. 1 ⲉ̅ ϩⲣⲁⲓ ⲙ ⲡⲁⲅⲅⲉⲗⲟⲥ ⲛ ⲧⲉⲕⲕⲗⲏⲥⲓⲁ
   ⲉⲧ ϩⲛ ⲥⲁⲣⲇⲓⲥ · ϫⲉ ⲛⲁⲓ ⲡⲉⲧ ⲉϥ

Fol. 4 b
ⲓ̅

ϫⲱ ⲙⲙⲟⲟⲩ ⲛϭⲓ ⲡⲉⲧⲉ ⲟⲩⲛⲧϥ̄ ⲡⲥⲁ
ϣϥ ⲙ ⲡⲛ̄ⲁ̄ ⲛⲧⲉ ⲡⲛⲟⲩⲧⲉ· ⲁⲩⲱ ⲡ
ⲥⲁϣϥ̄ ⲛ ⲥⲓⲟⲩ· †ⲥⲟⲟⲩⲛ ⲛ ⲛⲉⲕϩ
ⲃⲏⲧⲉ ϫⲉ ⲟⲩⲛⲧⲁⲕ ⲟⲩⲣⲁⲛ ⲙⲙⲁⲩ

2 ϫⲉ ⲉⲕⲟⲛϩ ⲉⲕⲙⲟⲟⲩⲧ· ϣⲱⲡⲉ ⲉⲕ
ⲣⲟⲉⲓⲥ ⲛⲅ ⲧⲁϫⲣⲉ ⲡ ⲕⲉ ⲥⲉⲡⲏ ⲛⲁⲓ
ⲉⲛⲉⲩⲛⲁⲙⲟⲩ ⲡⲉ· ⲙⲡ ⲉⲓϩⲉ ⲅⲁⲣ ⲉ
ⲛⲉⲕϩⲃⲏⲧⲉ ⲉⲩϫⲏⲕ ⲉ ⲃⲟⲗ ⲙ ⲡ ⲛ̄ⲧ̄

3 ⲧⲟ ⲉ ⲃⲟⲗ ⲙ ⲡⲁ ⲛⲟⲩⲧⲉ· ⲁⲣⲓ ⲡⲙⲉⲉⲧⲉ
ϭⲉ ϫⲉ ⲛⲧⲁⲕϫⲓ ⲁⲩⲱ ⲛⲧⲁⲕⲥⲱⲧⲙ
ⲛ̄ ⲁϣ ⲛ ϩⲉ· ⲛ̄ⲅ̄ ϩⲁⲣⲉϩ ⲛⲅ ⲙⲉⲧⲁⲛⲟⲓ·
ⲉϣⲱⲡⲉ ⲇⲉ ⲉⲕϣⲁⲛ ⲧⲙ ⲣⲟⲉⲓⲥ· †ⲛⲏⲩ
ⲉ ϫⲱⲕ ⲛⲑⲉ ⲛ ⲟⲩⲣⲉϥϫⲓⲟⲩⲉ· ⲁⲩⲱ ⲛⲅ
ⲛⲁϣⲉⲓⲙⲉ ⲁⲛ ϫⲉ ⲉⲓⲛⲏⲩ ⲛ ⲁϣ ⲛ ϩⲉ

4 ⲉ ϩⲣⲁⲓ ⲉ ϫⲱⲕ· ⲁⲗⲗⲁ ⲟⲩⲛⲧⲛ̄ ⲟⲩϭⲟⲡ
ⲛ ⲣⲱⲙⲉ ϩⲛ ⲥⲁⲣⲇⲓⲥ ⲙⲡ ⲟⲩⲧⲱⲗⲙ
ⲛ ⲛⲉⲩϩⲟⲓⲧⲉ· ⲁⲩⲱ ⲥⲉⲛⲁⲙⲟⲟϣⲉ ⲛⲙ
ⲙⲁⲓ ϩⲛ ϩⲉⲛϩⲃⲥⲱ ⲉⲩⲟⲩⲟⲃϣ̄ ϫⲉ ⲥⲉⲙ

5 ⲡϣⲁ· ⲡⲉⲧ ⲛⲁϫⲣⲟ †ⲛⲁ† ϩⲓⲱⲱϥ
ⲛ ⲧⲉⲓ ϩⲉ ⲛ ϩⲉⲛϩⲃⲥⲱ ⲉⲩⲟⲩⲟⲃϣ̄·
ⲁⲩⲱ ⲛ †ⲛⲁϥⲉⲧ ⲡⲉϥⲣⲁⲛ ⲉ ⲃⲟⲗ
ⲁⲛ ϩⲙ ⲡϫⲱⲱⲙⲉ ⲙ ⲡⲱⲛϩ·
ⲁⲩⲱ †ⲛⲁϩⲟⲙⲟⲗⲟⲅⲉⲓ ⲙ ⲡⲉϥⲣⲁⲛ
ⲙ ⲡ ⲙⲧⲟ ⲉ ⲃⲟⲗ ⲙ ⲡⲁ ⲓⲱⲧ· ⲁⲩⲱ

6 ⲙ ⲡ ⲙⲧⲟ ⲉ ⲃⲟⲗ ⲛ ⲛⲉϥⲁⲅⲅⲉⲗⲟⲥ· ⲡⲉ
ⲧⲉ ⲟⲩⲛ ⲙⲁⲁϫⲉ ⲙⲙⲟϥ· ⲙⲁⲣⲉϥⲥⲱ
ⲧⲙ· ϫⲉ ⲟⲩ ⲡⲉⲧ ⲉⲣⲉ ⲡⲉⲡ̄ⲛ̄ⲁ̄ ϫⲱ
ⲙⲙⲟϥ ⲛ ⲛⲉⲕⲕⲗⲏⲥⲓⲁ·

7 Ⲥϩⲁⲓ ⲙ ⲡⲁⲅⲅⲉⲗⲟⲥ ⲛ ⲧⲉⲕⲕⲗⲏⲥⲓⲁ
ⲉⲧ ϩⲛ ⲫⲓⲗⲁⲇⲉⲗⲫⲓⲁ· ϫⲉ ⲛⲁⲓ
ⲛⲉⲧ ⲉϥϫⲱ ⲙⲙⲟⲟⲩ ⲛϭⲓ ⲡⲛⲉⲧⲟⲩⲁ
ⲁⲃ ⲡⲙⲉ· ⲡⲉⲧⲉ ⲟⲩⲛⲧⲁϥ ⲡϣⲟϣⲧ
ⲛ ⲇⲁⲩⲉⲓⲇ· ⲉϥϣⲁⲛⲟⲩⲱⲛ ⲙⲛ

REVELATION III. 7-13

ⲗⲁⲁⲧ ⲛⲁϣϣⲟⲧⲙ̅· ⲉϥϣⲁⲛ

8 ϣⲧⲙ̅ ⲙⲛ ⲗⲁⲁⲧ ⲛⲁϣⲟⲧⲱⲛ· ✝
ⲥⲟⲟⲧⲛ ⲛ ⲛⲉⲕϩⲃⲏⲧⲉ· ⲉⲓⲥ ϩⲏⲧⲉ
ⲉⲓⲥ ϩⲏⲧⲉ (sic) ⲁⲓ✝ ⲙⲡⲉⲙ ⲙⲧⲟ ⲉ ⲃⲟⲗ ⲛ ⲟⲩⲣⲟ Fol. 5 b
ⲉϥⲟⲩⲱⲛ· ⲉⲙⲛ ⲗⲁⲁⲧ ⲛⲁⲉϣⲙ̅ϭⲟⲙ ⲉ   ⲓ̅ⲃ̅
ϣⲧⲙ̅ ⲙⲙⲟϥ· ϫⲉ ⲟⲩⲕⲟⲩⲓ̈ ⲧⲉ ⲧⲉⲕϭⲙ̅
ⲁⲩⲱ ⲁⲕϩⲁⲣⲉϩ ⲉ ⲡⲁ ϣⲁϫⲉ· ⲙⲛ ⲉⲕⲁⲣⲛⲁ

9 ⲙ ⲡⲁ ⲣⲁⲛ· ⲉⲓⲥ ϩⲏⲧⲉ ⲁⲓ✝ ϩⲟⲓⲛⲉ ⲉ ⲃⲟⲗ
ϩⲛ ⲧⲥⲩⲛⲁⲅⲱⲅⲏ ⲙ ⲡⲥⲁⲧⲁⲛⲁⲥ·
ⲛⲁⲓ ⲉⲧ ϫⲱ ⲙⲙⲟⲥ ϫⲉ ⲁⲛⲟⲛ ϩⲉⲛⲓⲟⲩ
ⲇⲁⲓ ⲛ ϩⲟⲓⲛⲉ ⲁⲛ ⲛⲉ· ⲁⲗⲗⲁ ⲉⲧϫⲓ ϭⲟⲗ·
ⲉⲓⲥ ϩⲏⲧⲉ ✝ⲛⲁ ⲧⲣⲉ ⲧⲉⲓ ⲛⲥⲉⲟⲩⲱϣⲧ
ⲙ ⲡ ⲙⲧⲟ ⲉ ⲃⲟⲗ ⲛ ⲛⲉⲕ ⲟⲩⲣⲏⲏⲧⲉ·
ⲁⲩⲱ ⲛⲥ ⲉⲓⲙⲉ ϫⲉ ⲁⲛⲟⲕ ⲁⲓⲙⲉⲣⲓⲧⲕ·

10 ϫⲉ ⲁⲕϩⲁⲣⲉϩ ⲉ ⲡϣⲁϫⲉ ⲛ ⲧⲁϩⲩⲡⲟ
ⲙⲟⲛⲏ· ⲁⲩⲱ ⲁⲛⲟⲕ ϩⲱ̅ ✝ⲛⲁϩⲁⲣⲉϩ
ⲉ ⲣⲟⲕ ⲉ ⲃⲟⲗ ϩⲛ ⲧⲉⲩⲛⲟⲩ ⲙ ⲡⲡⲓ̈ⲣⲁⲥ
ⲙⲟⲥ· ⲉⲧ ⲛⲏⲩ ⲉ ϩⲣⲁⲓ ⲉϫⲛ ⲧⲟⲓⲕⲟⲩ
ⲙⲉⲛⲏ ⲧⲏⲣⲥ̀· ⲉ ⲡⲉⲓⲣⲁⲍⲉ ⲛ ⲛⲉⲧ ⲟⲩⲏ

11 ⲛϩ ϩⲣⲁⲓ ϩⲓϫⲉⲙ ⲡⲕⲁϩ· ✝ⲛⲏⲩ ⲧⲁ
ⲭⲏ ⲁⲙⲁϩⲧⲉ ⲙ ⲡⲉⲧ ⲛ ⲧⲟⲟⲧⲕ ϫⲉ

12 ⲕⲁⲥ ⲛⲛⲉ ⲗⲁⲁⲧ ϫⲉ ⲉ ⲃⲟⲗ· ⲡⲉⲧ ⲛⲁ
ϫⲣⲟ ✝ⲛⲁⲁϥ ⲛ ⲟⲩⲥⲧⲩⲗⲗⲟⲥ ϩⲣⲁⲓ ϩⲙ
ⲡⲉⲣⲡⲉ ⲙ ⲡⲁ ⲛⲟⲩⲧⲉ· ⲛⲉϥ ⲧⲙ ⲉⲓ
ⲉ ⲃⲟⲗ ϭⲉ· ⲁⲩⲱ ✝ⲛⲁⲥϩⲁⲓ ⲉ ϩⲣⲁⲓ ⲉ
ϫⲱϥ ⲙ ⲡⲣⲁⲛ ⲙ ⲡⲁ ⲛⲟⲩⲧⲉ· ⲙⲛ
ⲡⲣⲁⲛ ⲛ ⲧⲡⲟⲗⲓⲥ ⲙ ⲡⲁ ⲛⲟⲩⲧⲉ ⲑⲓⲉ
ⲗ̅ⲏ̅ⲙ̅ ⲛ ⲃⲣⲣⲉ ⲉⲧ ⲛⲏⲩ ⲉ ⲃⲟⲗ ϩⲛ ⲧⲡⲉ·
ⲉ ⲃⲟⲗ ϩⲓⲧⲙ ⲡⲁ ⲛⲟⲩⲧⲉ· ⲁⲩⲱ·

13 ⲡⲁ ⲣⲁⲛ ⲛ ⲃⲣⲣⲉ· ⲡⲉⲧⲉ ⲟⲩⲛⲧϥ̄ ⲙⲁⲁϫⲉ   Fol. 6 a
ⲙⲙⲁⲩ ⲙⲁⲣⲉϥⲥⲱⲧⲙ ϫⲉ ⲟⲩ ⲡⲉⲧ ⲉⲣⲉ   ⲓ̅ⲅ̅
ⲡⲉ ⲡⲛ̅ⲁ̅ ϫⲱ ⲙⲙⲟϥ ⲛ ⲛⲉⲕⲕⲗⲏⲥⲓⲁ·

14 Ⲥϩⲁⲓ ⲙ̄ ⲡⲁⲅⲅⲉⲗⲟⲥ ⲛ ⲧⲉⲕⲕⲗⲏⲥⲓⲁ
ⲉⲧ ϩⲛ ⲗⲁⲟⲇⲟⲕⲓⲁ · ϫⲉ ⲛⲁⲓ ⲛⲉⲧ ⲉϥ
ϫⲱ ⲙ̄ⲙⲟⲟⲩ ⲛϭⲓ ⲡϩⲁⲙⲏⲛ ⲡⲙⲛ
ⲧⲣⲉ ⲙ̄ ⲡⲓⲥⲧⲟⲥ ⲙ̄ ⲙⲉ · ⲡⲉ ϩⲟⲩⲉⲓⲧⲉ
15 ⲙ̄ ⲡⲥⲱⲛⲧ ⲙ̄ ⲡⲛⲟⲩⲧⲉ · ϯⲥⲟⲟⲩⲛ
ⲛ̄ ⲛⲉⲕϩⲃⲏⲧⲉ · ϫⲉ ⲟⲩⲇⲉ ⲛⲅ̄ ⲟⲣϣ
ⲁⲛ · ⲟⲩⲇⲉ ⲛⲅ̄ ϩⲙⲙ ⲁⲛ · ⲛⲁⲛⲟⲩⲥ
16 ⲉⲛ ⲉⲕⲟⲣϣ̄ ⲡⲉ · ⲏ ⲉⲕϩⲙⲙ · ϫⲉ ⲛⲧ
ⲕ ⲟⲩⲙⲟⲧ ⲛ ⲥⲗϩⲟ · ⲟⲩⲇⲉ ⲛⲅ̄ ⲟⲣϣ
ⲁⲛ ⲟⲩⲇⲉ ⲛⲅ̄ ϩⲙⲙ ⲁⲛ · ϯⲛⲁⲕⲁ ⲃⲟⲗ
17 ⲙ̄ⲙⲟⲕ ⲉ ⲃⲟⲗ ϩⲛ ⲧⲁ ⲧⲁⲡⲣⲟ · ϫⲉ
ⲕϫⲱ ⲙ̄ⲙⲟⲥ ϫⲉ ⲁⲛⲅ̄ ⲟⲩⲣⲙⲙⲁⲟ ·
ⲁⲩⲱ ⲁⲓⲣ ⲣⲙⲙⲁⲟ · ⲁⲩⲱ ⲛ ϯⲣⲭ
ⲣⲓⲁ ⲁⲛ ⲛ̄ ⲗⲁⲁⲩ · ⲉⲛⲅ̄ ⲥⲟⲟⲩⲛ ⲁⲛ
ϫⲉ ⲛⲧⲟⲕ ⲡⲉ ⲡⲧⲁⲗⲧⲓⲡⲟⲣⲟⲥ · ⲛ ⲉⲃⲓ
ⲏⲛ ⲁⲩⲱ ⲛ̄ ϩⲏⲕⲉ · ⲁⲩⲱ ⲛ̄ ⲃⲗⲗⲉ
18 ⲉⲕⲕⲏ ⲕⲁ ϩⲏⲧ · ϯϫⲓ ϣⲟϫⲛⲉ
ⲛⲁⲕ ⲉ ϣⲉⲡ ⲟⲩⲛⲟⲩⲃ ⲛ ⲧⲟⲟⲧ ⲉϥ
ⲡⲟⲥⲉ ϩⲛ ⲟⲩⲣⲱϩⲧ¹ · ϫⲉ ⲉⲕⲁⲥ ⲉ
ⲕⲉⲣ ⲣⲙⲙⲁⲟ · ⲁⲩⲱ ϩⲉⲛϩⲟⲓⲧⲉ
ⲛ̄ ⲟⲩⲟⲃϣ̄ · ϫⲉ ⲉⲕⲉⲧⲁⲁⲩ ϩⲓⲱⲛ ·
ⲛⲉϥ ⲧⲙ ⲟⲩⲱⲛϩ ⲉ ⲃⲟⲗ ⲛϭⲓ ⲡ
ϣⲓⲡⲉ ⲙ̄ ⲡⲉⲕⲕⲱ ⲕⲁ ϩⲏⲧ ·
Ⲁⲩⲱ ⲟⲩⲡⲁϩⲣⲉ ⲉ ϯ ⲉ ⲛⲉⲕⲃⲁⲗ ϫⲉ ⲉⲕⲉ
19 ⲛⲁⲩ ⲉ ⲃⲟⲗ · ⲁⲛⲟⲕ ⲅⲁⲣ ⲛⲉ ϯⲙⲉ ⲙ̄ⲙⲟⲟⲩ
ϣⲁⲓϫⲡⲓⲟⲟⲩ ⲧⲁϯⲥⲃⲱ ⲛⲁⲩ · ⲕⲱϩ ⲇⲉ
20 ⲁⲩⲱ ⲛⲅ̄ ⲙⲉⲧⲁⲛⲟⲓ · ⲉⲓⲥ ϩⲏⲏⲧⲉ ϯⲁϩ
ⲉ ⲣⲁⲧ ϩⲓⲣⲙ ⲡⲣⲟ ⲁⲩⲱ ϯⲧⲱϩⲙ · ⲉⲣϣⲁ̄
ⲟⲩⲁ ⲥⲱⲧⲙ ⲉ ⲧⲁ ⲥⲙⲏ · ⲛⲉϥⲟⲩⲱⲛ ⲙ̄ ⲡ
ⲣⲟ · ϯⲛⲁⲃⲱⲕ ⲉ ϩⲟⲩⲛ ϣⲁ ⲣⲟϥ ⲧⲁⲟⲩ
ⲱⲙ ⲛⲙⲙⲁϥ · ⲁⲩⲱ ⲛⲧⲟϥ ⲛⲙⲙⲁⲓ ·
21 ⲡⲉⲧ ⲛⲁϫⲣⲟ ϯⲛⲁϯ ⲛⲁϥ ⲉ ⲧⲣⲉ ϥϩⲙⲟ

Fol. 6 b
ⲓⲃ̄

¹ Originally ⲟⲩⲥⲣⲱϩⲧ.

REVELATION III. 21—IV. 6

ⲟⲥ ϩⲓⲧⲟⲩⲱ ϩⲓ ⲡⲁ ⲑⲣⲟⲛⲟⲥ· ⲛ̄ⲑⲉ
ϩⲱ ⲧⲁⲓϫⲣⲟ ⲁⲓϩⲙⲟⲟⲥ ϩⲓⲧⲟⲩ ⲛ̄ⲙ

22 ⲡⲁ ⲉⲓⲱⲧ ϩⲓ ⲡⲉϥⲑⲣⲟⲛⲟⲥ· ⲡⲉⲧⲉ
ⲟⲩⲛⲧϥ̄ ⲙⲁⲁϫⲉ ⲙⲙⲁⲩ ⲙⲁⲣⲉϥ
ⲥⲱⲧⲙ̄· ϫⲉ ⲟⲩ ⲡⲉⲧ ⲉⲣⲉ ⲡⲉⲡⲛ̄ⲁ̄ ϫⲱ
ⲙⲙⲟⲟⲩ ⲛ̄ ⲛⲉⲕⲕⲗⲏⲥⲓⲁ:—

Chap. IV. 1 **Ⲙ**ⲛ̄ⲛⲥⲁ ⲛⲁⲓ· ⲁⲓⲛⲁⲩ ⲉⲧⲣⲟ ⲉϥⲟⲩ
ⲏⲛ ϩⲣⲁⲓ ϩⲛ̄ ⲧⲡⲉ· ⲁⲩⲱ ⲧϣⲟⲣⲡ
ⲛ̄ ⲥⲙⲏ ⲛ̄ⲧ ⲁⲓⲥⲱⲧⲙ ⲉ ⲣⲟⲥ· ⲛ̄ⲑⲉ
ⲛ̄ ⲟⲩⲥⲁⲗⲡⲓⲅⲝ· ⲉⲥϣⲁϫⲉ ⲛⲙⲙⲁⲓ
ⲉⲥϫⲱ ⲙⲙⲟⲥ· ϫⲉ ⲁⲙⲟⲩ ⲉ ϩⲣⲁⲓ ⲉ ⲡⲉⲓ
ⲙⲁ ⲧⲁⲧⲥⲁⲃⲟⲕ ⲉ ⲛⲉⲧ ⲛⲁϣⲱⲡⲉ

2 ⲙⲛ̄ⲛⲥⲁ ⲛⲁⲓ· ⲛ̄ ⲧⲉⲩⲛⲟⲩ ⲁⲓϣⲱ
ⲡⲉ ϩⲙ̄ ⲡⲉⲡⲛ̄ⲁ̄· ⲁⲩⲱ ⲉⲓⲥ ϩⲏⲏⲧⲉ
ⲛⲉ ⲟⲩⲛ ⲟⲩⲑⲣⲟⲛⲟⲥ ⲕⲏ ⲉ ϩⲣⲁⲓ ϩⲛ̄
ⲧⲡⲉ· ⲉⲣⲉ ⲟⲩⲁ ϩⲙⲟⲟⲥ ϩⲓ ⲡⲉⲑⲣⲟⲛⲟⲥ·

3 ⲁⲩⲱ ⲡⲉⲧ ϩⲙⲟⲟⲥ ϩⲓ ⲡⲉⲑⲣⲟⲛⲟⲥ
ⲉϥⲉⲓⲛⲉ ⲛ̄ ⲑⲟⲣⲁⲥⲓⲥ ⲛ̄ ⲟⲩⲱⲛⲉ ⲛ̄ ⲓⲁⲥⲡⲓⲥ
ⲁⲩⲱ ⲛ̄ ⲥⲁⲣⲇⲓⲛⲟⲥ· ⲉⲣⲉ ⲟⲩⲟⲉⲓⲛ ⲕⲱⲧⲉ
ⲉ ⲡⲉϥⲑⲣⲟⲛⲟⲥ· ⲉϥⲟ ⲙ̄ ⲡⲉⲓⲛⲉ ⲛ̄ ⲟⲩ

Fol. 7 a
ⲓⲉ̄

4 ⲥⲁⲣⲇⲓⲟⲛ· ⲁⲩⲱ ⲉⲣⲉ ϫⲟⲩⲧ ⲁϥⲧⲉ ⲛ̄
ⲑⲣⲟⲛⲟⲥ ⲙ̄ ⲡⲕⲱⲧⲉ ⲙ̄ ⲡⲉⲑⲣⲟⲛⲟⲥ·
ⲉⲣⲉ ϩⲉⲛⲡⲣⲉⲥⲃⲩⲧⲉⲣⲟⲥ ϩⲙⲟⲟⲥ ϩⲓ ⲡⲁ
ⲟⲩⲧ ⲁϥⲧⲉ ⲛ̄ⲑⲣⲟⲛⲟⲥ· ⲉⲩϭⲟⲟⲗⲉ ⲛ̄ ϩⲉⲛ
ϩⲟⲓⲧⲉ ⲛ̄ ⲟⲩⲟⲃϣ̄· ⲉⲣⲉ ϩⲉⲛ ⲕⲗⲟⲙ

5 ⲛ̄ ⲛⲟⲩⲃ ϩⲓϫⲛ̄ ⲛⲉⲩⲁⲡⲏⲧⲉ· ⲁⲩⲱ
ⲛⲉⲩⲛⲏⲩ ⲉ ⲃⲟⲗ ϩⲙ̄ ⲡⲉⲑⲣⲟⲛⲟⲥ ⲛ̄ϭⲓ
ϩⲉⲛⲉⲃⲣⲏϭⲉ· ⲙⲛ̄ ϩⲉⲛⲥⲙⲏ· ⲙⲛ̄
ϩⲉⲛ ϩⲣⲟⲩⲃⲃⲁⲓ· ⲉⲣⲉ ⲥⲁϣϥ ⲛ̄ ⲗ
ⲁⲙⲡⲁⲥ ⲛ̄ ⲕⲱϩⲧ ⲙⲟⲩϩ ⲙ̄ ⲡ ⲙ̄
ⲧⲟ ⲉ ⲃⲟⲗ ⲙ̄ ⲡⲉⲑⲣⲟⲛⲟⲥ· ⲉⲧⲉ ⲛⲁⲓ ⲛⲉ
ⲡⲥⲁϣϥ ⲙ̄ ⲡⲛ̄ⲁ̄ ⲛ̄ⲧⲉ ⲡⲛⲟⲩⲧⲉ·

6 Ⲁⲩⲱ ⲙ̄ ⲡ ⲙ̄ⲧⲟ ⲉ ⲃⲟⲗ ⲙ̄ ⲡⲉⲑⲣⲟⲛⲟⲥ·

o o

ⲛⲉ ⲟⲧⲛ ⲟⲧⲑⲁⲗⲗⲁⲥⲥⲁ ⲛⲁⲃⲁϭⲛ
ⲉⲓⲛ· ⲉⲥⲉⲓⲛⲉ ⲛ ⲟⲧⲕⲣⲧⲥⲧⲁⲗⲟⲥ·
ⲁⲩⲱ ⲛ ⲧⲙⲏⲛⲧⲉ ⲙ ⲡⲉⲑⲣⲟⲛⲟⲥ
ⲙⲛ ⲡⲉϥⲕⲱⲧⲉ· ⲛⲉⲧ ⲛ ϥⲧⲟⲟⲩ
ⲛ ⲍⲱⲟⲛ ⲉⲩⲙⲉϩ ⲛⲃⲁⲗ ϩⲓ ⲑⲏ

7 ⲁⲩⲱ ϩⲓ ⲡⲁϩⲟⲩ· ⲡϣⲟⲣⲡ ⲛ ⲍⲱ
ⲟⲛ ⲉϥⲉⲓⲛⲉ ⲛ ⲟⲩⲙⲟⲩⲓ· ⲡⲙⲉϩ
ⲥⲛⲁⲩ ⲛ ⲍⲱⲟⲛ ⲉϥⲉⲓⲛⲉ ⲛ ⲟⲩⲙⲁⲥⲉ·
ⲡⲙⲉϩ ϣⲟⲙⲛⲧ ⲛ ⲍⲱⲟⲛ ⲉϥⲟ
ⲛ ϩⲟ ⲛ ⲣⲱⲙⲉ· ⲡⲙⲉϩ ϥⲧⲟⲟⲩⲉ
ⲛ ⲍⲱⲟⲛ ⲉϥⲉⲓⲛⲉ ⲛ ⲟⲩⲁⲓⲧⲟⲥ ⲉϥϩⲏⲗ·

8 ⲁⲩⲱ ⲡⲉ ϥⲧⲟⲟⲩ ⲛ ⲍⲱⲟⲛ· ⲛⲉⲧⲉ ⲡⲟⲩⲁ
ⲡⲟⲩⲁ ⲙⲙⲟⲟⲩ ⲥⲟⲟⲩ ⲛ ⲧⲛϩ· ⲭⲓⲛ ⲛⲉⲩ
ⲉⲓⲃ ⲙ ⲡⲉⲧⲕⲱⲧⲉ· ⲉⲩⲙⲉϩ ⲛ ⲃⲁⲗ ⲙ ⲡ
ⲉⲩϩⲟⲧⲛ· ⲁⲩⲱ ⲙ ⲉⲧⲕⲁ ⲧⲟⲟⲧⲟⲩ ⲉ ⲃⲟⲗ
ⲙ ⲡⲉϩⲟⲟⲩ ⲙⲛ ⲧⲉⲩϣⲏ· ⲉⲩⲭⲱ ⲙ
ⲙⲟⲥ· ϫⲉ ϥⲟⲩⲁⲁⲃ· ϥⲟⲩ[ⲁ]ⲁⲃ· ϥⲟⲩⲁⲁⲃ·
ⲡϫⲟⲉⲓⲥ ⲡⲛⲟⲩⲧⲉ ⲡⲡⲁⲛⲧⲱⲕⲣⲁ
ⲧⲱⲣ· ⲡⲉⲧ ϣⲟⲟⲡ· ⲁⲩⲱ ⲡⲉⲧⲉ ⲛⲉϥ

9 ϣⲟⲟⲡ· ⲁⲩⲱ ⲡⲉⲧ ⲛⲏⲩ· ⲁⲩⲱ ⲉⲣ
ϣⲁⲛ ⲛⲍⲱⲟⲛ † ⲙ ⲡⲉⲟⲟⲩ ⲙⲛ ⲡⲧⲁⲓ
ⲟ ⲙⲛ ⲧⲉⲩⲭⲁⲣⲓⲥⲧⲁ· ⲙ ⲡⲉⲧ ϩⲙⲟ
ⲟⲥ ϩⲓϫⲙ ⲡⲉⲑⲣⲟⲛⲟⲥ ⲉⲧ ⲟⲛϩ ϣⲁ ⲛⲓ

10 ⲉⲛⲉϩ· ϣⲁⲩⲡⲁϩⲧⲟⲩ ⲛϭⲓ ⲡϫⲟⲩ
ⲧ ⲁϥⲧⲉ ⲙ ⲡⲣⲉⲥⲃⲩⲧⲉⲣⲟⲥ· ⲙ ⲡ ⲙⲧⲟ
ⲉ ⲃⲟⲗ ⲙ ⲡⲉⲧ ϩⲙⲟⲟⲥ ϩⲓ ⲡⲉⲑⲣⲟⲛⲟⲥ·
ⲛ ⲥⲉⲟⲩⲱϣⲧ ⲙ ⲡⲉⲧ ⲟⲛϩ ϣⲁ ⲛⲓ
ⲉⲛⲉϩ ⲛ ⲉⲛⲉϩ· ⲁⲩⲱ ⲛⲥⲉⲛⲟⲩϫ
ⲛ ⲛⲉⲧⲕⲗⲟⲙ ⲙ ⲡ ⲙⲧⲟ ⲉ ⲃⲟⲗ ⲙ
ⲡⲉⲧ ϩⲙⲟⲟⲥ ϩⲓ ⲡⲉⲑⲣⲟⲛⲟⲥ· ⲉⲩⲭⲱ

11 ⲙⲙⲟⲥ ϫⲉ ⲕⲙⲡϣⲁ ⲡⲭ̅ⲥ̅ ⲡⲉⲛ
ⲛⲟⲩⲧⲉ· ⲛϫⲓ ⲙ ⲡⲉⲟⲟⲩ ⲙⲛ ⲡⲧⲁⲓ
ⲟ ⲙⲛ ⲧϭⲟⲙ· ϫⲉ ⲛⲧⲟⲕ ⲁⲕⲥⲛ̅ⲧ̅

REVELATION IV. 11—V. 7

ⲛ ⲕⲁ ⲛⲓⲙ· ⲁⲩⲱ ⲉⲩϣⲟⲟⲡ· ⲁⲩⲱ
ⲛⲧⲁⲩⲥⲱⲛⲧ ⲉ ⲧⲃⲉ ⲡⲉⲕⲟⲩⲱϣ·

Chap. V. 1 ⲁⲩⲱ ⲁⲓⲛⲁⲩ ⲉⲩϫⲱⲱⲙⲉ ϩⲛ ⲧⲟⲩ
ⲛⲁⲙ ⲙ ⲡⲉⲧ ϩⲙⲟⲟⲥ ϩⲓ ⲡⲉⲑⲣⲟⲛⲟⲥ
ⲉϥⲥⲏϩ ϩⲓ ⲟⲩⲛ ⲁⲩⲱ ϩⲓ ⲡⲁϩⲟⲩ ⲉϥⲧⲟⲃⲉ   Fol. 8 a

2 ⲛ ⲥⲁϣϥⲉ ⲛ ⲥⲫⲣⲁⲅⲓⲥ· ⲁⲩⲱ ⲁⲓⲛⲁⲩ
ⲉⲩⲁⲅⲅⲉⲗⲟⲥ ⲉϥϫⲙϭⲟⲙ ⲉϥⲕⲏⲣⲓⲥⲥⲉ
ⲛ ϫⲟⲩ ⲛ ⲥⲟⲡ ϩⲛ ⲟⲩⲛⲟϭ ⲛ ⲥⲙⲏ· ϫⲉ
ⲛⲓⲙ ⲡⲉⲧ ⲙⲡϣⲁ ⲛ ⲟⲩⲱⲛ ⲙ ⲡϫⲱ
ⲱⲙⲉ· ⲁⲩⲱ ⲉ ⲃⲱⲗ ⲉ ⲃⲟⲗ ⲛ ⲛⲉϥⲥⲫⲣⲁ

3 ⲅⲓⲥ· ⲁⲩⲱ ⲙⲡⲉ ⲗⲁⲁⲩ ⲉϣϭⲙϭⲟⲙ
ⲟⲩⲇⲉ ϩⲛ ⲧⲡⲉ· ⲟⲩⲇⲉ ϩⲓϫⲙ ⲡⲕⲁϩ·
ⲟⲩⲇⲉ ϩⲁ ⲡⲉⲥⲏⲧ ⲙ ⲡⲕⲁϩ ⲉ ⲟⲩⲱⲛ

4 ⲙ ⲡϫⲱⲱⲙⲉ ⲏ ⲉ ⲛⲁⲩ ⲉ ⲣⲟϥ· ⲁⲛⲟⲕ
ⲇⲉ ⲁⲓⲣⲓⲙⲉ ⲉⲙⲁⲧⲉ· ϫⲉ ⲙⲡ ⲟⲩϩⲉ
ⲉ ⲗⲁⲁⲩ ⲉϥⲙⲡϣⲁ ⲛ ⲟⲩⲱⲛ ⲙ ⲡ

5 ϫⲱⲱⲙⲉ ⲏ ⲉ ⲛⲁⲩ ⲉ ⲣⲟϥ· ⲡⲉϫⲉ
ⲟⲩⲁ ⲛⲁⲓ ⲉ ⲃⲟⲗ ϩⲛ ⲛⲉⲡⲣⲉⲥⲃⲩⲧⲉⲣⲟⲥ
ϫⲉ ⲙⲡⲣ ⲣⲓⲙⲉ· ⲉⲓⲥ ϩⲏⲏⲧⲉ ⲁϥϫⲣⲟ
ⲛϭⲉ (sic) ⲡⲙⲟⲩⲓ ⲉ ⲃⲟⲗ ϩⲛ ⲧⲉ ⲫⲩⲗⲏ
ⲛ ⲓⲟⲩⲇⲁ ⲧⲛⲟⲩⲛⲉ ⲛ ⲇⲁⲩⲉⲓⲇ·

6 Ⲉⲧⲣⲉϥ ⲟⲩⲱⲛ ⲙ ⲡϫⲱⲱⲙⲉ ⲙⲛ
ⲧⲉϥⲥⲁϣϥⲉ ⲛ ⲥⲫⲣⲁⲅⲓⲥ· ⲁⲩⲱ
ⲁⲓⲛⲁⲩ ⲛ ⲧⲙⲏⲧⲉ ⲙ ⲡⲉⲑⲣⲟⲛⲟⲥ
ⲙⲛ ⲡⲉϥⲧⲟⲟⲩ ⲛ ⲍⲱⲟⲛ· ⲁⲩⲱ
ⲛ ⲧⲙⲏⲧⲉ ⲛ ⲛⲉⲡⲣⲉⲥⲃⲩⲧⲉⲣⲟⲥ ⲉⲩ
ϩⲓⲉⲓⲃ· ⲉϥⲁϩⲉ ⲣⲁⲧϥ ⲉ ⲁⲩⲕⲟⲛⲥϥ·
ⲉ ⲟⲩⲛⲧϥ ⲥⲁϣϥ ⲛ ⲧⲁⲡ ⲁⲩⲱ ⲥⲁϣϥ
ⲛ ⲃⲁⲗ· ⲉⲧⲉ ⲛⲁⲓ ⲛⲉ ⲡⲥⲁϣϥ ⲙ ⲡⲛⲁ
ⲙ ⲡⲛⲟⲩⲧⲉ· ⲉⲧ ⲟⲩϫⲟⲟⲩ ⲙⲙⲟⲟⲩ
ⲉ ⲃⲟⲗ ⲉϫⲙ ⲡⲕⲁϩ ⲧⲏⲣϥ:

7 Ⲁⲩⲱ ⲁϥⲉⲓ· ⲁϥϫⲓ ⲙ ⲡϫⲱⲱⲙⲉ· ⲉ ⲃⲟⲗ   Fol. 8 b
ϩⲛ ⲧⲟⲩⲛⲁⲙ· ⲙ ⲡⲉⲧ ϩⲙⲟⲟⲥ ϩⲓ ⲡⲉⲑⲣⲟ

8 ⲛⲟⲥ· ⲁⲩⲱ ⲛ ⲧⲉⲣ ⲉϥϫⲓⲧϥ· ⲁⲩⲡⲁϩ
ⲧⲟⲩ ⲛϭⲓ ⲡⲉϥⲧⲟⲟⲩ ⲛ ⲍⲱⲟⲛ· ⲙⲛ ⲡ
ϫⲟⲩⲧ ⲁϥⲧⲉ ⲙ ⲡⲣⲉⲥⲃⲩⲧⲉⲣⲟⲥ· ⲙ ⲡ
ⲙⲧⲟ ⲉ ⲃⲟⲗ ⲙ ⲡⲉϩⲓⲉⲓⲃ· ⲉⲟⲩⲛ ⲛⲓⲑⲁ
ⲣⲁ ⲛⲧⲙ ⲡⲟⲩⲁ ⲡⲟⲩⲁ ⲙⲛ ϩⲉⲛⲫⲓⲁ
ⲗⲏ ⲛ ⲛⲟⲩⲃ· ⲉⲩⲙⲉϩ ⲛ ϣⲟⲩϩⲏⲛⲉ
ⲉⲧⲉ ⲛⲁⲓ ⲡⲉ ⲛⲉϣⲗⲏⲗ ⲛ ⲛⲉⲧ ⲟⲩⲁⲁⲃ·

9 ⲁⲩⲱ ⲁⲩϫⲱ ⲛ ⲟⲩϫⲱ ⲛ ⲃⲣⲣⲉ ⲉⲩ
ϫⲱ ⲙⲙⲟⲥ· ϫⲉ ⲕⲙⲡϣⲁ ⲛϫⲓ
ⲙ ⲡϫⲱⲱⲙⲉ· ⲁⲩⲱ ⲉ ⲟⲩⲱⲛ ⲛ ⲛ
ⲉϥⲥⲫⲣⲁⲅⲓⲥ· ϫⲉ ⲁⲩⲕⲟⲛⲥⲕ· ⲁⲩⲱ
ⲁⲕϣⲟⲡⲛ ⲡⲉⲛⲛⲟⲩⲧⲉ ϩⲣⲁⲓ ϩⲙ
ⲡⲉⲕⲥⲛⲟϥ· ⲉ ⲃⲟⲗ ϩⲛ ⲫⲩⲗⲏ ⲛⲓ

10 ⲙ ϩⲓ ⲁⲥⲡⲉ· ϩⲓ ⲗⲁⲟⲥ· ϩⲓ ϩⲉⲑⲛⲟⲥ· ⲁⲕ
ⲉⲓⲣⲉ ⲙⲙⲟⲛ ⲛ ⲟⲩⲙⲛⲧⲉⲣⲟ ⲙ ⲡⲉⲛ
ⲛⲟⲩⲧⲉ· ⲁⲩⲱ ⲛ ⲟⲩⲏⲏⲃ· ⲁⲩⲱ ⲥⲉ

11 ⲛⲁⲣⲣⲣⲟ ⲉ ϩⲣⲁⲓ ⲉϫⲙ ⲡⲕⲁϩ· ⲁⲓⲛⲁⲩ
ⲁⲩⲱ ⲁⲓⲥⲱⲧⲙ ⲉⲧⲉⲥⲙⲏ ⲛϩⲉ ⲛ ϩⲉⲛ
ⲁⲅⲅⲉⲗⲟⲥ ⲉⲛⲁϣⲱⲟⲩ· ⲙ ⲡⲕⲱⲧⲉ
ⲙ ⲡⲉⲑⲣⲟⲛⲟⲥ ⲙⲛ ⲛⲉⲡⲣⲉⲥⲃⲩⲧⲉ
ⲣⲟⲥ· ⲙⲛ ⲛⲍⲱⲟⲛ· ⲉⲣⲉ ⲧⲉⲩⲏⲡⲉ
ⲉⲓⲣⲉ ⲛ ϩⲉⲛⲧⲃⲁ ⲛ ⲧⲃⲁ ⲙⲛ ϩⲉⲛ

12 ϣⲟ ⲛ ϣⲟ· ⲉⲩϫⲱ ⲙⲙⲟⲥ ϩⲛ ⲟⲩ
ⲛⲟϭ ⲛⲥⲙⲏ· ϫⲉ ϥⲙⲡϣⲁ ⲛϭⲓ ⲡⲉ
ϩⲓⲉⲓⲃ ⲛⲧⲁⲩⲕⲟⲛⲥϥ· ⲉ ⲧⲣⲉ ϥϫⲓ ⲛ ⲧⲙ
ⲧⲛⲟϭ· ⲙⲛ ⲧⲙⲛⲧⲣⲙⲙⲁⲟ· ⲙⲛ ⲧⲥⲟⲫⲓⲁ·
ⲁⲩⲱ ⲡⲁⲙⲁϩⲧⲉ· ⲙⲛ ⲡⲧⲁⲓⲟ· ⲙⲛ ⲡⲉ

13 ⲟⲟⲩ· ⲙⲛ ⲡⲉⲥⲙⲟⲩ· ⲁⲩⲱ ⲥⲱⲛⲧ ⲛⲓⲙ
ϩⲛ ⲧⲡⲉ· ⲁⲩⲱ ϩⲓϫⲙ ⲡⲕⲁϩ· ⲁⲩⲱ
ϩⲁ ⲡⲉⲥⲏⲧ ⲙ ⲡⲕⲁϩ· ⲁⲩⲱ ⲑⲁⲗ
ⲗⲁⲥⲥⲁ· ⲙⲛ ⲛⲉⲧ ⲛ ϩⲏⲧⲟⲩ ⲧⲏⲣⲟⲩ·
ⲁⲓⲥⲱⲧⲙ ⲉ ⲣⲟⲟⲩ ⲉⲩϫⲱ ⲙⲙⲟⲥ ϫⲉ
ⲡⲉⲥⲙⲟⲩ ⲙ ⲡⲉⲧ ϩⲙⲟⲟⲥ ϩⲓ ⲡⲉⲑⲣⲟ

REVELATION V. 13—VI. 6   285

ⲛⲟⲥ· ⲙⲛ ⲡⲉϩⲓⲉⲓⲃ· ⲁⲩⲱ ⲡⲧⲁⲓⲟ·
ⲙⲛ ⲡⲉⲟⲟⲩ· ⲙⲛ̄ ⲡⲁⲙⲁϩⲧⲉ· ϣⲁ
14 ⲛⲓⲉⲛⲉϩ ⲛ ⲉⲛⲉϩ· ⲁⲩⲱ ⲡⲉϥⲧⲟⲟⲩ
ⲛ ⲍⲱⲟⲛ ⲛⲉⲧϫⲱ ⲙⲙⲟⲥ ϫⲉ ϩⲁ
ⲙⲏⲛ· ⲁⲩⲱ ⲛⲉ ⲡⲣⲉⲥⲃⲉⲧⲉⲣⲟⲥ

Chap.   ⲁⲩⲡⲁϩⲧⲟⲩ ⲁⲩⲟⲩⲱϣⲧ̄· ⲁⲩⲱ
VI. 1   ⲁⲓⲛⲁⲩ ⲛ ⲧⲉⲣⲉ ϥⲟⲩⲱⲛ ⲛϭⲓ
ⲡⲉϩⲓⲉⲓⲃ· ⲛ ⲟⲩⲉⲓ ⲉⲛ ⲛⲉⲥϥⲣⲁⲅⲓⲥ· ⲁⲓ
ⲥⲱⲧⲙ̄ ⲉ ⲟⲩⲁ ⲙ ⲡⲉϥⲧⲟⲟⲩ ⲛ̄ ⲍⲱⲟⲛ
ⲛⲑⲉ ⲛ ⲟⲩⲥⲙⲏ ⲛ ϩⲣⲟⲩ ⲙⲡⲉ ⲉϥ
2 ϫⲱ ⲙⲙⲟⲥ ϫⲉ ⲁⲙⲟⲩ· ⲁⲓⲛⲁⲩ ⲁⲩⲱ
ⲉⲓⲥ ⲟⲩϩⲧⲟ ⲉϥⲟⲩⲟⲃϣ· ⲉⲣⲉ ⲟⲩⲡⲓⲧⲉ
ⲛ ⲧⲟⲟⲧϥ· ⲙ ⲡⲉⲧ ⲧⲁⲗⲏⲧ ⲉ ⲣⲟϥ· ⲁⲩⲱ
ⲁⲩϯ ⲛⲁϥ ⲛ ⲟⲩⲕⲗⲟⲙ· ⲁϥⲉⲓ ⲉ ⲃⲟⲗ
3 ⲉϥϫⲣⲁⲉⲓⲧ ⲁⲩⲱ ⲁϥϫⲣⲟ· ⲛ ⲧⲉⲣ
ϥⲟⲩⲱⲛ ⲇⲉ ⲛ ⲧⲙⲉϩ ⲥⲛⲧⲉ:
ⲛ ⲥϥⲣⲁⲅⲓⲥ· ⲁⲓⲥⲱⲧⲙ ⲉ ⲡⲙⲉϩ ⲥⲛⲁⲩ   Fol. 9 b
ⲛ ⲍⲱⲟⲛ ⲉϥϫⲱ ⲙⲙⲟⲥ̀ ϫⲉ ⲁⲙⲟⲩ·   ⲕ̄
4 ⲁⲩⲱ ⲁϥⲉⲓ ⲉ ⲃⲟⲗ ⲛϭⲓ ⲟⲩϩⲧⲟ ⲉϥⲧⲣⲉϣ
ⲣⲱϣ· ⲁⲩⲱ ⲡⲉⲧ ⲧⲁⲗⲏⲧ ⲉ ⲣⲟϥ ⲁⲩ
ϯ ⲛⲁϥ· ⲉ ⲧⲣⲉ ϥϥⲓ ⲛ ϯⲣⲏⲛⲏ ⲉ ⲃⲟⲗ ϩⲓ
ϫⲙ̄ ⲡⲕⲁϩ· ϫⲉ ⲛⲁⲥ ⲉⲩⲉϩⲱⲧⲃ ⲛ
ⲛⲉⲧⲉⲣⲏⲧ· ⲁⲩⲱ ⲁⲩϯ ⲛⲁϥ ⲛ ⲟⲩⲛ
5 ⲟϭ ⲛ ⲥⲏϥⲉ· ⲛ ⲧⲉⲣⲉ ϥⲟⲩⲱⲛ ⲇⲉ ⲛ
ⲧⲙⲉϩ ϣⲟⲙⲧⲉ ⲛ ⲥϥⲣⲁⲅⲓⲥ· ⲁⲓⲥⲱ
ⲧⲙ ⲉ ⲡⲙⲉϩ ϣⲟⲙⲛⲧ ⲛ ⲍⲱⲟⲛ ⲉϥ
ϫⲱ ⲙⲙⲟⲥ ϫⲉ ⲁⲙⲟⲩ· ⲁⲩⲱ ⲉⲓⲥ
ⲟⲩϩⲧⲟ ⲛ ⲕⲁⲙⲏ ⲁⲩⲱ ⲡⲉⲧ ⲧⲁⲗⲏⲧ
ⲉ ⲣⲟϥ ⲉ ⲟⲩⲛ ⲟⲩⲙⲁϣⲉ ϩⲛ ⲧⲉϥϭⲓϫ·
6 ⲁⲓⲥⲱⲧⲙ ⲉⲩⲥⲙⲏ ⲛ ⲧⲙⲏⲧⲉ
ⲙ ⲡⲉϥⲧⲟⲟⲩ ⲛ ⲍⲱⲟⲛ· ϫⲉ ⲟⲩϭⲁ
ⲡⲓϫⲉ ⲛ ⲥⲟⲩⲟ ϩⲁ ⲟⲩⲥⲁⲧⲉⲉⲣⲉ·
ⲁⲩⲱ ϣⲟⲙⲧⲉ ⲛ ϭⲁⲡⲓϫⲉ ⲛ ⲉⲓ

ⲱⲧ ϩⲁ ⲟⲩⲥⲁⲧⲉⲉⲣⲉ· ⲡⲛⲉϩ ⲇⲉ
ⲛⲧⲟϥ ⲙⲛ ⲡⲏⲣⲡ· ⲙⲡⲣ ⲧⲁⲕⲟ

7 ⲟⲩ· ⲛ ⲧⲉⲣⲉ ϥⲟⲩⲱⲛ ⲇⲉ ⲛ ⲧⲙⲉ
ϩ ϥⲧⲟⲉ ⲛ ⲥⲫⲣⲁⲅⲓⲥ· ⲁⲓⲥⲱⲧⲙ
ⲉ ⲧⲉⲥⲙⲏ ⲙ ⲡⲙⲉϩ ϥⲧⲟⲟⲩ ⲛ ⲍⲟ

8 ⲟⲛ (sic) ⲉⲥϫⲱ ⲙⲙⲟⲥ ϫⲉ ⲁⲙⲟⲩ· ⲁⲩ
ⲱ ⲉⲓⲥ ⲟⲩϩⲧⲟ ⲉϥⲟⲩⲉⲧⲱⲧ· ⲁⲩⲱ
ⲡⲉⲧ ⲧⲁⲗⲉ ⲉ ⲣⲟϥ ⲉ ⲡⲉϥⲣⲁⲛ ⲡⲉ
ⲡⲙⲟⲩ ⲉⲣⲉ ⲁⲙⲛⲧⲉ ⲟⲩⲏϩ ⲛⲥⲱϥ·
ⲁⲩϯ ⲛⲁϥ ⲛ ⲟⲩⲉϩⲟⲩⲥⲓⲁ ⲉϫⲙ ⲡⲟⲩⲁ
ⲛ ϥⲧⲟⲟⲩ ⲙ ⲡⲕⲁϩ· ⲉ ⲙⲟⲟⲩⲧⲟⲩ
ϩⲛ ⲧⲥⲏϥⲉ ⲙⲛ ⲡϩⲉⲃⲱⲛ ⲙⲛ ⲡ
ⲙⲟⲩ· ⲙⲛ ⲛⲉⲑⲩⲣⲓⲟⲛ ⲙ ⲡⲕⲁϩ·

9 ⲛ ⲧⲉⲣⲉ ϥⲟⲩⲱⲛ ⲇⲉ ⲛ ⲧⲙⲉϩ ϯ ⲛ ⲥⲫ
ⲣⲁⲅⲓⲥ· ⲁⲓⲛⲁⲩ ϩⲁ ⲡⲉⲥⲏⲧ ⲙ ⲡⲉ
ⲑⲩⲥⲓⲁⲥⲧⲏⲣⲓⲟⲛ ⲉ ⲛⲉⲯⲩⲭⲟⲟⲩ ⲉⲛ
ⲉⲡⲣⲱⲙⲉ ⲛⲧ ⲁⲩϩⲟⲧⲃⲟⲩ ⲉ ⲧⲃⲉ ⲡ
ϣⲁϫⲉ ⲙ ⲡⲛⲟⲩⲧⲉ· ⲙⲛ ⲧⲙⲛⲧⲙⲛ

10 ⲧⲣⲉ ⲉⲛⲉ ⲟⲩⲛⲧⲁⲩⲥ· ⲁⲩⲱ ⲁⲩⲁϣ
ⲕⲁⲕ ⲉ ⲃⲟⲗ ϩⲛ ⲟⲩⲛⲟϭ ⲛ ⲥⲙⲏ ⲉⲩ
ϫⲱ ⲙⲙⲟⲥ· ϫⲉ ϣⲁⲛⲧⲉ ⲟⲩ ϣⲱ
ⲡⲉ ⲡϫⲟⲉⲓⲥ ⲡⲡⲉⲧⲟⲩⲁⲁⲃ ⲙ ⲙⲉ
ⲉ ⲛⲅ ⲕⲣⲓⲛⲉ ⲁⲛ· ⲁⲩⲱ ⲛⲅ ϫⲓ ⲁⲛ
ⲙ ⲡⲉⲕⲃⲁ· ⲙ ⲡⲉⲛⲥⲛⲟϥ ⲉ ⲃⲟⲗ
ϩⲛ ⲛⲉⲧ ⲟⲩⲏϩ ϩⲓϫⲙ ⲡⲕⲁϩ·

11 ⲩⲱ ⲁⲩϯ ⲛⲁⲩ ⲡⲟⲩⲁ ⲡⲟⲩⲁ ⲛ ⲟⲩ
ⲥⲧⲟⲗⲏ ⲛ ⲟⲩⲱⲃϣ· ⲁⲩⲱ ⲁⲩ
ϫⲟⲟⲥ ⲛⲁⲩ ϫⲉ ⲛⲁⲥ ⲉⲧⲉⲙⲧⲟⲛ
ⲙⲙⲟⲟⲩ ⲛ ⲕⲉ ⲕⲟⲩⲓ ⲛ ⲟⲩⲟⲉⲓϣ·
ϣⲁⲛⲧ ⲟⲩϫⲱⲕ ⲉ ⲃⲟⲗ ⲛϭⲓ ⲛⲉⲩ ⲕⲉ
ⲥⲛⲏⲩ ⲛⲉⲧϣⲃⲏⲣ ϩⲙϩⲁⲗ· ⲛⲁⲓ
ⲉⲧⲟⲩⲛⲁⲙⲟⲟⲩⲧⲟⲩ ϩⲱⲟⲩ ⲛ ⲧⲉⲩϩⲉ·

12 ⲩⲱ ⲁⲓⲛⲁⲩ ⲛ ⲧⲉⲣⲉ ϥⲟⲩⲱⲛ ⲛ ⲧ

REVELATION VI. 12—VII. 2

ⲙⲉϩ ⲥⲟ ⲉⲛ ⲥⲫⲣⲁⲅⲓⲥ· ⲁⲩⲛⲟϭ ⲛ ⲕⲙ
ⲧⲟ ϣⲱⲡⲉ·
ⲡⲣⲏ ⲁϥⲙⲟⲙ ⲛⲑⲉ ⲛ ⲟⲩϭⲟⲟⲩⲛⲉ· ⲁⲩⲱ   Fol. 10b

13 ⲡⲟⲟϩ ⲁϥⲣ ⲥⲛⲟϥ· ⲛⲥⲓⲟⲩ ⲛ ⲧⲡⲉ· ⲁⲩϩⲉ
 ⲉ ϩⲣⲁⲓ ⲉϫⲙ ⲡⲕⲁϩ ⲛⲑⲉ ⲛ ⲟⲩⲃⲱ ⲛ ⲕⲛ
 ⲧⲉ ⲉⲥⲛⲟⲩϫ ⲉ ⲃⲟⲗ ⲛ ⲛⲉⲥϭⲱⲃⲉ ⲉⲣⲉ ⲟⲩ

14 ⲛⲟϭ ⲛ ⲧⲏⲩ ⲕⲙ ⲉ ⲣⲟⲥ· ⲧⲡⲉ ⲁⲥⲥⲱⲗ ⲛⲑⲉ
 ⲛ ⲟⲩϫⲱⲱⲙⲉ ⲉϥϭⲏⲗ· ⲧⲟⲟⲩ ⲛⲙ
 ϩⲓ ⲛⲏⲥⲟⲥ ⲛⲙ· ⲁⲩⲕⲓⲙ ⲉ ⲃⲟⲗ ϩⲛ

15 ⲛⲉⲩⲙⲁ· ⲁⲩⲱ ⲛⲣⲣⲱⲟⲩ ⲙ ⲡⲕⲁϩ
 ⲙⲛ ⲛ ⲛⲟϭ ⲙⲛ ⲛ ⲭⲓⲗⲓⲁⲣⲭⲟⲥ· ⲙⲛ
 ⲛⲣⲙⲙⲁⲟ ⲙⲛ ⲛϫⲱⲱⲣⲉ· ⲁⲩⲱ
 ϩⲙϩⲁⲗ ⲛⲙ ϩⲓ ⲣⲙϩⲉ· ⲁⲩϩⲟⲡⲟⲩ
 ϩⲛ ⲛⲉⲥⲡⲩⲗⲁⲓⲟⲛ· ⲙⲛ ⲛⲥⲓⲃⲧ̄ ⲛ

16 ⲉⲛⲧⲟⲩⲉⲓⲏ (sic) ⲉⲩϫⲱ ⲙⲙⲟⲥ· ⲛ ⲉⲛ
 ⲧⲟⲟⲩ ⲙⲛ ⲛ ⲥⲓⲃⲧ̄· ϫⲉ ϩⲉ ⲉ ϩⲣⲁⲓ ⲉ ϫⲱⲛ
 ⲛⲧⲉⲧⲛ ϩⲟⲡⲛ· ⲙ ⲡ ⲙⲧⲟ ⲉ ⲃⲟⲗ
 ⲙ ⲡⲉⲧ ϩⲙⲟⲟⲥ ϩⲓ ⲡⲉⲑⲣⲟⲛⲟⲥ· ⲁⲩⲱ ⲉ

17 ⲃⲟⲗ ϩⲛ ⲧⲟⲣⲅⲏ ⲙ ⲡⲉϩⲓⲉⲓⲃ· ϫⲉ ⲁϥ
 ⲉⲓ ⲛϭⲓ ⲡⲛⲟϭ ⲛ ϩⲟⲟⲩ ⲛ ⲧⲉϥⲟⲣⲅⲏ·
 ⲛⲙ ⲡⲉⲧ ⲛⲁϣⲁϩⲉ ⲣⲁⲧϥ :⸗

Chap. **Ⲡ**ⲛⲛⲥⲁ ⲛⲁⲓ ⲁⲓⲛⲁⲩ ⲉ ϥⲧⲟⲟⲩ ⲛ ⲁⲅ
VII. 1 ⲅⲉⲗⲟⲥ ⲉⲩⲁϩⲉ ⲣⲁⲧⲟⲩ ⲉ ⲡⲉϥⲧⲟⲟⲩ ⲛ
 ⲕⲟⲟϩ ⲙ ⲡⲕⲁϩ· ⲉⲧⲁⲙⲁϩⲧⲉ ⲙ ⲡⲉ
 ϥⲧⲟⲟⲩ ⲛ ⲧⲏⲩ ⲙ ⲡⲕⲁϩ· ϫⲉ ⲛⲛⲉ
 ⲧⲏⲩ ⲛⲓϥⲉ ⲉϫⲙ ⲡⲕⲁϩ· ⲏ ⲉϫⲛ
 ⲑⲁⲗⲁⲥⲥⲁ· ⲏ ⲉϫⲛ ⲗⲁⲁⲩ ⲛ ϣⲏⲛ·

2 Ⲁⲩⲱ ⲁⲓⲛⲁⲩ ⲉ ⲕⲉ ⲁⲅⲅⲉⲗⲟⲥ ⲉϥⲛⲏⲩ   Fol. 11a
 ⲉ ⲃⲟⲗ ϩⲛ ⲙ ⲙⲁ ⲛ ϣⲁ ⲙ ⲡⲣⲏ·
 ⲉ ⲟⲩⲛ ⲟⲩⲥⲫⲣⲁⲅⲓⲥ ⲛ ⲧⲟⲟⲧϥ ⲛⲧⲉ
 ⲡⲛⲟⲩⲧⲉ ⲉⲧ ⲟⲛϩ· ⲁϥϫⲓϣⲕⲁⲕ
 ⲉ ⲃⲟⲗ ϩⲛ ⲟⲩⲛⲟϭ ⲛ ⲥⲙⲛ ⲉ ⲡⲉϥⲧⲟⲟⲩ
 ⲛ ⲁⲅⲅⲉⲗⲟⲥ· ⲛⲉ ⲛⲧ ⲁⲩⲧⲁⲁⲥ ⲛⲁⲩ ⲉ ⲧⲁ

3 ⲕⲉ ⲡⲕⲁϩ ⲙⲛ ⲑⲁⲗⲗⲁⲥⲥⲁ· ⲉϥϫⲱ
ⲙⲙⲟⲥ ϫⲉ ⲙⲡⲣ ⲧⲁⲕⲉ ⲡⲕⲁϩ· ⲙⲛ
ⲑⲁⲗⲗⲁⲥⲥⲁ ⲙⲛ ⲛ ϣⲏⲛ· ϣⲁⲛⲧ ⲛ
ⲧⲱⲱⲃⲉ ⲛ ⲉⲛϩⲙϩⲁⲗ ⲙ ⲡⲉⲛⲛⲟⲩⲧⲉ
4 ⲉ ϩⲣⲁⲓ ⲉϫⲛ ⲧⲉⲩⲧⲉϩⲛⲉ· ⲁⲩⲱ ⲁⲓⲥⲱ
ⲧⲙ ⲉ ⲧⲏⲡⲉ ⲛⲛⲉ ⲛⲧⲁⲥⲫⲣⲁⲅⲓⲍⲉ
ⲙⲙⲟⲟⲩ· ⲙⲛⲧ ⲁϥⲧⲉ ⲛ ⲧⲃⲁ· ⲙⲛ
ϥⲧⲟⲟⲩ ⲛ ϣⲟ ⲉ ⲃⲟⲗ ϩⲛ ⲫⲩⲗⲏ ⲛⲓⲙ
ⲛ ⲉⲛϣⲏⲣⲉ ⲙ ⲡⲉⲓⲏⲗ:

5 Ⲉⲃⲟⲗ ϩⲛ ⲧⲉⲫⲩⲗⲏ ⲛ ⲓⲟⲩⲇⲁ
ⲙⲛⲧ ⲥⲛⲟⲟⲩⲥ ⲛ ϣⲟ ⲉⲩⲧⲟⲟⲃⲉ·
Ⲉⲃⲟⲗ ϩⲛ ⲧⲉⲫⲩⲗⲏ ⲛ ϩⲣⲟⲩⲃⲏⲛ
ⲙⲛⲧ ⲥⲛⲟⲟⲩⲥ ⲛ ϣⲟ· ⲉ ⲃⲟⲗ ϩⲛ
ⲧⲉⲫⲩⲗⲏ ⲛ ⲅⲁⲇ ⲙⲛⲧ ⲥⲛⲟⲟⲩⲥ ⲛ ϣⲟ·
6 Ⲉⲃⲟⲗ ϩⲛ ⲫⲩⲗⲏ ⲛ ⲁⲥⲏⲣ· ⲙⲛⲧ ⲥⲛⲟ
ⲟⲩⲥ ⲛ ϣⲟ· Ⲉⲃⲟⲗ ϩⲛ ⲧⲉⲫⲩⲗⲏ
ⲛ ⲉⲫⲑⲁⲗⲉⲓⲙ ⲙⲛⲧ ⲥⲛⲟⲟⲩⲥ ⲛ ϣⲟ·
Ⲉⲃⲟⲗ ϩⲛ ⲧⲉⲫⲩⲗⲏ ⲙ ⲙⲁⲛⲁⲥ
ⲥⲏ ⲙⲛⲧ ⲥⲛⲟⲟⲩⲥ ⲛ ϣⲟ::
7 Ⲉⲃⲟⲗ ϩⲛ ⲧⲉⲫⲩⲗⲏ ⲛ ⲥⲩⲙⲉⲱⲛ ⲙⲛ
ⲧ ⲥⲛⲟⲟⲩⲥ ⲛ ϣⲟ· Ⲉⲃⲟⲗ ϩⲛ ⲧⲉⲫⲩ
ⲗⲏ ⲛ ⲗⲉⲩⲉⲓ ⲙⲛⲧ ⲥⲛⲟⲟⲩⲥ ⲛ ϣⲟ:
8 Ⲉⲃⲟⲗ ϩⲛ ⲧⲉⲫⲩⲗⲏ ⲛ ⲓⲥⲥⲁⲭⲁⲣ ⲙⲛ
ⲧ ⲥⲛⲟⲟⲩⲥ ⲛ ϣⲟ· Ⲉⲃⲟⲗ ϩⲛ ⲧⲉⲫⲩ
ⲗⲏ ⲛ ⲍⲁⲃⲟⲩⲗⲟⲛ ⲙⲛⲧ ⲥⲛⲟⲟⲩⲥ ⲛ ϣⲟ·
Ⲉⲃⲟⲗ ϩⲛ ⲧⲉⲫⲩⲗⲏ ⲛ ⲓⲱⲥⲏⲫ ⲙⲛ
ⲧ ⲥⲛⲟⲟⲩⲥ ⲛ ϣⲟ· Ⲉⲃⲟⲗ ϩⲛ ⲧⲉⲫⲩ
ⲗⲏ ⲛ ⲃⲉⲛⲓⲁⲙⲓⲛ ⲙⲛⲧ ⲥⲛⲟⲟⲩⲥ ⲛ ϣⲟ ⲉⲩ
9 ⲧⲟⲟⲃⲉ· ⲙⲛⲛⲥⲁ ⲛⲁⲓ ⲇⲉ ⲁⲓⲛⲁⲩ ⲁⲩⲱ
ⲉⲓⲥ ⲟⲩⲛⲟϭ ⲙ ⲙⲏⲏϣⲉ ⲉⲛⲁϣⲱϥ·
ⲉⲙⲛ ⲗⲁⲁⲩ ⲛⲁⲉϣϭⲙϭⲟⲙ ⲉⲟⲡϥ ⲉⲃⲗ

ϩⲛ ϩⲉⲑⲛⲟⲥ ⲛⲓⲙ· ϩⲓ ⲫⲩⲗⲏ· ϩⲓ ⲁⲥ
ⲡⲉ· ⲉⲧⲁϩⲉ ⲣⲁⲧⲟⲩ ⲙ ⲡ ⲙⲧⲟ ⲉ ⲃⲟⲗ ⲙ
ⲡⲉⲑⲣⲟⲛⲟⲥ· ⲙⲛ [ⲙ] ⲡ ⲙⲧⲟ ⲉ ⲃⲟⲗ ⲙ ⲡⲉ
ϩⲓⲉⲓⲃ· ⲉⲧϭⲟⲟⲗⲉ ⲛ ϩⲉⲛⲥⲧⲟⲗⲏ ⲛ ⲟⲩ
10 ⲱⲃϣ· ⲉⲣⲉ ϩⲉⲛⲃⲁϩ ⲛ ⲛⲉⲩϭⲓϫ· ⲉⲩ
ⲁϣⲕⲁⲕ ⲉ ⲃⲟⲗ ϩⲛ ⲟⲩⲛⲟϭ ⲛ ⲥⲙⲏ
ⲉⲩϫⲱ ⲙⲙⲟⲥ· ϫⲉ ⲡⲟⲩϫⲁⲓ ⲙ ⲡ
ⲉⲛⲛⲟⲩⲧⲉ ⲉⲧ ϩⲙⲟⲟⲥ ϩⲓ ⲡⲉⲑⲣⲟⲛⲟⲥ
11 ⲙⲛ ⲡⲉϩⲓⲉⲓⲃ· ⲁⲩⲱ ⲛⲁⲅⲅⲉⲗⲟⲥ
ⲧⲏⲣⲟⲩ ⲛⲉⲧⲁϩⲉ ⲣⲁⲧⲟⲩ ⲙ ⲡⲕⲱ
ⲧⲉ ⲙ ⲡⲉⲑⲣⲟⲛⲟⲥ· ⲙⲛ ⲛⲉⲡⲣⲉⲥⲃⲩ
ⲧⲉⲣⲟⲥ ⲙⲛ ⲡⲉ ϥⲧⲟⲟⲩ ⲛ ⲍⲱⲟⲛ· ⲁⲩⲱ
ⲁⲩⲡⲁϩⲧⲟⲩ ⲉϫⲙ ⲡⲉⲩϩⲟ· ⲙ ⲡ ⲙⲧⲟ
ⲉ ⲃⲟⲗ ⲙ ⲡⲉⲑⲣⲟⲛⲟⲥ ⲁⲩⲟⲩⲱϣⲧ
12 ⲙ ⲡⲛⲟⲩⲧⲉ ⲉⲩϫⲱ ϫⲉ ϩⲁⲙⲏⲛ
ⲡⲉⲥⲙⲟⲩ ⲙⲛ ⲡⲉⲟⲟⲩ ⲙⲛ ⲧⲥⲟ
ⲫⲓⲁ· ⲁⲩⲱ ⲧⲉⲩⲭⲁⲣⲓⲥⲧⲉⲓⲁ ⲙⲛ
ⲡⲧⲁⲓⲟ ⲙⲛ ⲧϭⲟⲙ· ⲙⲛ ⲡⲁⲙⲁϩⲧⲉ
ⲙ ⲡⲉⲛⲛⲟⲩⲧⲉ ϣⲁ ⲉⲛⲉϩ ⲛⲉⲛⲉϩ ϩⲁⲙⲏⲛ·
13 Ⲁϥⲟⲩⲱϣⲃ ⲛϭⲓ ⲟⲩⲁ ⲉ ⲃⲟⲗ ϩⲛ ⲛⲉⲡⲣⲉⲥ
ⲃⲉⲧⲉⲣⲟⲥ ⲉϥϫⲱ ⲙⲙⲟⲥ ⲛⲁⲓ ϫⲉ ⲛⲓⲙ ⲛⲉ
ⲛⲁⲓ ⲉⲧ ϭⲟⲟⲗⲉ ⲛ ⲛⲉⲓ ⲥⲧⲟⲗⲏ ⲛ ⲟⲩⲱⲃϣ·
14 ⲁⲩⲱ ⲛⲧⲁⲉⲓ ⲉ ⲃⲟⲗ ⲧⲱⲛ· ⲡⲉϫⲁⲓ
ⲛⲁⲓ ϫⲉ ⲡⲭ̅ⲥ̅ ⲛⲧⲟⲕ ⲉⲧ ⲥⲟⲟⲩⲛ· ⲡⲉ
ϫⲁϥ ⲛⲁⲓ· ϫⲉ ⲛⲁⲓ ⲛⲉⲧ ⲛⲏⲩ ⲉ ⲃⲟⲗ
ϩⲛ ⲧⲛⲟϭ ⲛ ⲑⲗⲓⲯⲓⲥ· ⲉ ⲁⲩⲉⲓⲱ ⲛ ⲛⲉⲩ
ⲥⲧⲟⲗⲏ ⲁⲩⲧⲃⲃⲟⲟⲩ ϩⲙ ⲡⲉⲥⲛⲟϥ
15 ⲙ ⲡⲉϩⲓⲉⲓⲃ· ⲉ ⲧⲃⲉ ⲡⲁⲓ ⲥⲉ ⲙ ⲡ ⲙⲧⲟ
ⲉ ⲃⲟⲗ ⲙ ⲡⲉⲑⲣⲟⲛⲟⲥ ⲙ ⲡⲛⲟⲩⲧⲉ ⲉⲩ
ϣⲙϣⲉ ⲛⲁϥ· ⲙ ⲡⲉϩⲟⲟⲩ ⲙⲛ ⲧⲉⲩ
ϣⲏ ϩⲙ ⲡⲉϥⲣⲡⲉ· ⲁⲩⲱ ⲡⲉⲧϩⲙⲟ
ⲟⲥ ϩⲓ ⲡⲉϥⲑⲣⲟⲛⲟⲥ ϥⲛⲁⲣϩⲁⲓⲃⲉⲥ ⲉ ⲣⲟⲟⲩ·
16 ⲛⲥⲉⲛⲁϩⲕⲟ ⲁⲛ· ⲟⲩⲇⲉ ⲛⲥⲉⲛⲁⲉⲓⲃⲉ

Fol. 12 a
ⲕ̅ⲉ̅

ⲁⲛ ϫⲓⲛ ⲛⲧⲉⲛⲟⲩ· ⲁⲩⲱ ⲡⲣⲏ ⲙⲛ
ⲕⲁⲩⲙⲁ ⲛⲓⲙ ⲛⲁϩⲉ ⲁⲛ ⲉ ϩⲣⲁⲓ ⲉ ϫⲱ
17 ⲟⲩ· ϫⲉ ⲡⲉϩⲓⲉⲓⲃ ⲉⲧ ⲛ ⲧⲙⲏⲧⲉ
ⲙ ⲡⲉⲑⲣⲟⲛⲟⲥ· ⲛⲁⲙⲟⲟϣⲉ ⲛⲙⲙⲁⲩ
ⲛϥϫⲙⲟⲟⲛⲉ ⲙⲙⲟⲟⲩ· ⲁⲩⲱ ⲛⲉϥϫⲓ
ⲙⲟⲉⲓⲧ ϩⲏⲧⲟⲩ ⲉ ϩⲣⲁⲓ ⲉϫⲛ ⲙ ⲡⲧⲅⲏ
ⲙ ⲙⲟⲟⲩ ⲛ ⲱⲛϩ· ⲛⲧⲉ ⲡⲛⲟⲩⲧⲉ
ϥⲱⲧⲉ ⲛ ⲣⲙⲉⲓⲏ ⲛⲓⲙ ⲉ ⲃⲟⲗ ϩⲛ ⲛⲉⲩⲃⲁⲗ

Chap. Η ⲧⲉⲣ ⲉϥⲟⲩⲱⲛ ⲛ ⲧⲙⲉϩ ⲥⲁϣϥⲉ ⲛ ⲥⲫ
VIII. 1 ⲣⲁⲅⲓⲥ· ⲁⲩⲕⲁⲣⲱⲟⲩ ϩⲣⲁⲓ ϩⲛ ⲧⲡⲉ
2 ⲛⲁⲩ ⲅⲓⲥ ⲟⲩⲛⲟⲩ· ⲁⲩⲱ ⲁⲓⲛⲁⲩ ⲉ ⲡⲥⲁ
ϣϥ ⲛⲁⲅⲅⲉⲗⲟⲥ ⲉⲧ ⲙ ⲡ ⲙⲧⲟ ⲉ ⲃⲟⲗ ⲙ̄
ⲡⲛⲟⲩⲧⲉ ⲉⲧ ⲁϩⲉ ⲣⲁⲧⲟⲩ· ⲁⲩϯ ⲛⲁⲩ
3 ⲛ ⲥⲁϣϥⲉ ⲛ ⲥⲁⲗⲡⲓⲅⲝ· ⲁⲩⲱ ⲁϥⲉⲓ ⲛϭⲓ
ⲕⲉ ⲁⲅⲅⲉⲗⲟⲥ ⲁϥⲁϩⲉ ⲣⲁⲧϥ ⲉϫⲙ ⲡⲉⲑⲩ
ⲥⲓⲁⲥⲧⲏⲣⲓⲟⲛ· ⲉ ⲟⲩⲛ ⲟⲩϣⲟⲩⲣⲏ ⲛ
ⲛⲟⲩⲃ ⲛ ⲧⲟⲟⲧϥ· ⲁⲩϯ ⲛⲁϥ ⲛ ϩⲉⲛ
ϣⲟⲩϩⲛⲛⲉ ⲉⲛⲁϣⲱⲟⲩ· ϫⲉ ⲛⲁⲥ
ⲉϥⲉϯ ⲉ ϩⲣⲁⲓ ⲙⲛ ⲛⲉϣⲗⲏⲗ ⲛⲛⲉⲧ ⲟ̄
ⲁⲁⲃ ⲧⲏⲣⲟⲩ ⲉϫⲙ ⲡⲉⲑⲩⲥⲓⲁⲥⲧⲏ
ⲣⲓⲟⲛ ⲛ ⲛⲟⲩⲃ ⲉⲧ ⲙ ⲡ ⲙⲧⲟ ⲉ ⲃⲟⲗ
4 ⲙ ⲡⲉⲑⲣⲟⲛⲟⲥ· ⲁⲩⲱ ⲁϥϫⲓⲥⲉ ⲉ ϩⲣⲁⲓ
ⲛϭⲓ ⲡⲕⲁⲡⲛⲟⲥ ⲛⲉⲛϣⲟⲩϩⲛⲛⲉ
ⲙⲛ̄ ⲛⲉϣⲗⲏⲗ ⲛ ⲛⲉⲧⲟⲩⲁⲁⲃ·
ⲉ ⲃⲟⲗ ϩⲛ ⲧϭⲓϫ ⲙ ⲡⲁⲅⲅⲉⲗⲟⲥ ⲙ ⲡ ⲙ̄ⲧ̄
5 ⲧⲟ ⲉ ⲃⲟⲗ ⲙ ⲡⲛⲟⲩⲧⲉ· ⲁⲩⲱ ⲁ ⲡⲁⲅ
ⲅⲉⲗⲟⲥ ϫⲓ ⲛ ⲧϣⲟⲩⲣⲏ ⲁϥⲙⲁϩⲥ ⲛ
ⲕⲱϩⲧ ⲉ ⲃⲟⲗ ϩⲙ ⲡⲉⲑⲩⲥⲓⲁⲥⲧⲏⲣⲓⲟⲛ
ⲁⲩⲱ ⲁϥⲛⲟϫϥ ⲉ ϩⲣⲁⲓ ⲉϫⲙ ⲡⲕⲁϩ
ⲁⲩϣⲱⲡⲉ ⲛϭⲓ ϩⲉⲛϩⲣⲟⲩ ⲙ ⲡⲉ·
ⲙⲛ ϩⲉⲛⲥⲙⲏ· ⲙⲛ ϩⲉⲛⲉⲃⲣⲏϭⲉ·
6 ⲙⲛ ⲟⲩⲕⲙⲧⲟ· ⲁⲩⲱ ⲡⲥⲁϣϥ
ⲛⲁⲅⲅⲉⲗⲟⲥ ⲉⲧ ⲉⲣⲉ ⲧⲥⲁϣϥⲉ ⲛⲥⲁⲗⲡⲓⲅⲝ

REVELATION VIII. 6-13

ⲛ̄ ⲧⲟⲟⲧⲟⲩ· ⲁⲩⲥⲃ̄ⲧⲱⲧⲟⲩ ⲉ ⲧⲣⲉ ⲩⲥⲁⲗⲡⲓⲍⲉ·

7 Ⲡϣⲟⲣⲡ ⲛ̄ ⲁⲅⲅⲉⲗⲟⲥ ⲁϥⲥⲁⲗⲡⲓⲍⲉ· ⲁⲩⲱ ⲁϥϣⲱⲡⲉ· ⲛ̄ϭⲓ ⲟⲩⲁⲗⲁⲙⲡⲉ ⲙⲛ̄ ⲟⲩⲕⲱ̄ϩⲧ· ⲉⲩⲧⲏϩ ⲙⲛ̄ ⲟⲩⲥⲛⲟϥ· ⲁⲩⲛⲟϫⲩ ⲉ ϩⲣⲁⲓ ⲉϫⲙ̄ ⲡⲕⲁϩ· ⲁⲩⲱ ⲡⲟⲩ ⲛ̄ ϣⲟⲙⲛ̄[ⲧ]

8 ⲙ̄ ⲡⲕⲁϩ ⲁϥⲣⲱⲕϩ· Ⲁϥⲥⲁⲗⲡⲓⲍⲉ ⲛ̄ϭⲓ ⲡⲙⲉϩ ⲥⲛⲁⲩ ⲛ̄ ⲁⲅⲅⲉⲗⲟⲥ· ⲁⲩⲱ ⲛⲑⲉ ⲛ̄ ⲟⲩⲛⲟϭ ⲛ̄ ⲧⲟⲟⲩ· ⲉϥϫⲉⲣⲟ ϩⲛ̄ ⲟⲩⲕⲱ̄ϩⲧ· ⲁⲩⲛⲟϫⲩ ⲉ ϩⲣⲁⲓ ⲉ ⲑⲁⲗⲁⲥⲥⲁ· ⲁⲩⲱ ⲡⲟⲩ ⲛ̄ ϣⲟⲙⲛ̄ⲧ ⲛ̄ ⲑⲁⲗⲁⲥⲥⲁ

9 ⲁϥⲣ̄ ⲥⲛⲟϥ· ⲁⲩⲱ ⲁⲩⲙⲟⲩ ⲛ̄ϭⲓ ⲡⲟⲩ ⲛ̄ ϣⲟⲙⲛ̄ⲧ ⲛ̄ⲉⲛⲥⲱⲛ̄ⲧ ⲛ̄ ⲑⲁⲗⲁⲥⲥⲁ ⲉⲧⲉ ⲟⲩⲛ ⲯⲩⲭⲏ ⲛ̄ ϩⲏⲧⲟⲩ· ⲁⲩⲱ ⲡⲟⲩ ⲛ̄ ϣⲟⲙⲛ̄ⲧ ⲛ̄ ⲛⲉⲭⲏⲧ ⲁϥⲧⲁⲕⲟ·

10 Ⲡⲙⲉϩ ϣⲟⲙⲛ̄ⲧ ⲛ̄ ⲁⲅⲅⲉⲗⲟⲥ ⲁϥⲥⲁⲗⲡⲓⲍⲉ· ⲁⲩⲱ ⲁϥϩⲉ ⲉ ⲃⲟⲗ ϩⲛ̄ ⲧⲡⲉ ⲛ̄ϭⲓ ⲟⲩⲛⲟϭ ⲛ̄ ⲥⲓⲟⲩ· ⲉϥϫⲉⲣⲟ ⲛⲑⲉ ⲛ̄ ⲟⲩ ⲗⲁⲙⲡⲁⲥ· ⲁϥⲉⲓ ⲉ ϩⲣⲁⲓ ⲉϫⲙ̄ ⲡⲟⲩ ⲛ̄ ϣⲟ ⲙⲛ̄ⲧ ⲛ̄ ⲛⲉⲓⲉⲣⲱⲟⲩ· ⲙⲛ̄ ⲛ̄ ⲡⲩⲅⲏ

11 ⲛ̄ⲙⲙⲟⲟⲩ· ⲡⲣⲁⲛ ⲙ̄ ⲡⲥⲓⲟⲩ ⲉⲧ ⲙ̄ ⲙⲁⲩ ⲡⲉ ⲁⲯⲓⲛⲑⲓⲟⲛ· ⲁⲩⲱ ⲡⲟⲩ ⲛ̄ ϣⲟⲙⲛ̄ⲧ ⲛ̄ⲙⲙⲟⲟⲩ ⲁⲩⲥⲓϣⲉ· ⲁⲩⲱ ⲟⲩⲙⲏⲏϣⲉ ⲛ̄ ⲣⲱⲙⲉ ⲁⲩⲙⲟⲩ ⲉ ⲃⲟⲗ ϩⲛ̄ ⲙⲙⲟⲟⲩ ϫⲉ ⲁⲩⲥⲓϣⲉ·

12 Ⲡⲙⲉϩ ϥⲧⲟⲟⲩ ⲛ̄ ⲁⲅⲅⲉⲗⲟⲥ ⲁϥⲥⲁⲗ ⲡⲓⲍⲉ· ⲁⲩⲱ ⲡⲟⲩ ⲛ̄ ϣⲟⲙⲛ̄ⲧ ⲙ̄ ⲡⲣⲏ ⲁϥϣⲱⲱϭⲉ· ⲙⲛ̄ ⲡⲟⲩ ⲛ̄ ϣⲟⲙⲛ̄ⲧ ⲙ̄ ⲡⲟⲟϩ ⲙⲛ̄ ⲡⲟⲩ ⲛ̄ ϣⲟⲙⲛ̄ⲧ ⲛ̄ⲉⲛⲥⲓⲟⲩ· ϫⲉ ⲕⲁⲥ ⲉϥⲉⲣⲕⲁⲕⲉ ⲛ̄ϭⲓ ⲡⲟⲩ ⲛ̄ ϣⲟⲙⲛ̄ⲧ· ⲁⲩⲱ ⲡⲉϩⲟⲟⲩ ⲛⲉϥ ⲧⲙ̄ ⲣ̄ ⲟⲩⲟⲉⲓⲛ· ⲙ̄ⲡⲉϥ ⲟⲩ ⲛ̄ ϣⲟⲙⲛ̄ⲧ· ⲙⲛ̄ ⲧⲉⲩϣⲏ ⲟⲛ ⲛ̄ⲧϩⲉ·

13 Ⲁⲓⲛⲁⲩ ⲁⲩⲱ ⲁⲓⲥⲱⲧⲙ̄ ⲉⲧⲁⲓⲧⲟⲥ ⲉϥϩⲏⲗ ϩⲛ̄ ⲧⲙⲏⲛⲧⲉ ⲛ̄ ⲧⲡⲉ· ⲉϥϫⲱ ⲙⲙⲟⲥ

Fol. 13 b
ⲕⲏ̄

ϩⲛ ⲟⲩⲛⲟϭ ⲛ ⲥⲙⲏ· ϫⲉ ⲟⲩⲟⲓ ⲛ ϣⲟⲙ
ⲛⲧ ⲛ ⲥⲟⲡ· ⲟⲩⲟⲓ ⲛ ⲛⲉⲧ ⲟⲩⲏϩ
ϩⲓϫⲙ ⲡⲕⲁϩ· ⲉ ⲃⲟⲗ ϩⲙ ⲡⲕⲉ ⲥⲉⲡⲏ
ⲛ ϩⲣⲟⲟⲩ ⲛ ⲁⲅⲅⲉⲗⲟⲥ ⲛⲁⲓ ⲉⲧ ⲛⲁⲥⲁⲗ

Chap. IX. 1 ⲡⲓⲍⲉ· ⲡⲙⲉϩ ϯⲟⲩ ⲛ ⲁⲅⲅⲉⲗⲟⲥ ⲁϥ
ⲥⲁⲗⲡⲓⲍⲉ· ⲁⲩⲱ ⲁⲓⲛⲁⲩ ⲉⲩⲥⲓⲟⲩ ⲁϥ
ϩⲉ ⲉ ⲃⲟⲗ ϩⲛ ⲧⲡⲉ ⲉ ϩⲣⲁⲓ ⲉϫⲙ ⲡⲕⲁϩ·
ⲁⲩⲱ ⲁⲩϯ ⲛⲁϥ ⲙ ⲡϣⲟϣⲧ ⲛ ⲧϣⲱ

2 ⲧⲉ ⲙ ⲡⲛⲟⲩⲛ· ⲁⲩⲱ ⲛ ⲧⲉⲣ ⲉϥⲟⲩ
ⲱⲛ ⲛ ⲧϣⲱⲧⲉ ⲙ ⲡⲛⲟⲩⲛ· ⲁϥⲉⲓ
ⲉ ϩⲣⲁⲓ ϩⲛ ⲧϣⲱⲧⲉ ⲛϭⲓ ⲟⲩⲕⲁⲡ
ⲛⲟⲥ· ⲛⲑⲉ ⲛ ⲟⲩⲕⲁⲡⲛⲟⲥ ⲛ ϩⲣⲱ
ⲛⲟϭ· ⲁϥⲣⲕⲁⲕⲉ ⲛϭⲓ ⲡⲓⲣⲏ ⲙⲛ
ⲡⲁⲏⲣ ⲉ ⲃⲟⲗ ϩⲙ ⲡⲕⲁⲡⲛⲟⲥ ⲛ ⲧ

3 ϣⲱⲧⲉ· ⲁⲩⲱ ⲁ ϩⲉⲛϣϫⲉ ⲉⲓ ⲉ
ϩⲣⲁⲓ ⲉϫⲙ ⲡⲕⲁϩ· ⲁⲩϯ ⲛⲁⲩ ⲛ ⲟⲩ ⲉϧⲟⲩ
ⲥⲓⲁ ⲛⲑⲉ ⲉⲧⲉ ⲟⲩⲛⲧⲁⲩ ⲉϧⲟⲩ
ⲥⲓⲁ ⲙⲙⲁⲩ ⲛϭⲓ ⲛ ⲟⲩⲱϩⲉ ⲙ ⲡⲕ

4 ⲁϩ· ⲁⲩϫⲟⲟⲥ ⲛⲁⲩ ϫⲉ ⲕⲁⲥ ⲛⲛⲉⲧ

Fol. 14a
ⲕⲑ
ⲧⲁⲕⲉ ⲡⲉⲭⲟⲣⲧⲟⲥ ⲙ ⲡⲕⲁϩ· ⲁⲩⲱ ϣⲏⲛ
ⲛⲓⲙ ⲉⲓⲙⲏⲧⲉⲓ ⲛⲣⲱⲙⲉ· ⲉⲧⲉ ⲙⲛⲧⲁⲩ
ⲙⲙⲁⲩ ⲛ ⲧⲉⲥⲫⲣⲁⲅⲓⲥ ⲙ ⲡⲛⲟⲩⲧⲉ ⲉϫⲛ

5 ⲧⲉⲩⲧⲉϩⲛⲉ· ⲁⲩⲱ ⲙⲡ ⲟⲩⲧⲁⲁⲥ ⲛⲁⲩ
ⲉ ⲧⲣⲉ ⲧⲙⲟⲟⲩⲧⲟⲩ· ⲁⲗⲗⲁ ϫⲉ ⲉⲩⲉⲃⲁ
ⲥⲁⲛⲓⲍⲉ ⲙⲙⲟⲟⲩ ⲛ ϯⲟⲩ ⲛⲉⲃⲟⲧ :—
ⲁⲩⲱ ⲡⲉⲩⲧⲕⲁⲥ ⲉϥⲟ ⲛⲑⲉ ⲙ ⲡⲉⲧⲕⲁⲥ
ⲛⲉⲛⲟⲩⲱϩⲉ ⲉⲩϣⲁⲛϫⲉⲕ ⲟⲩⲣⲱⲙⲉ·

6 ϩⲣⲁⲓ ⲇⲉ ϩⲛ ⲛⲉϩⲟⲟⲩ ⲉⲧ ⲙⲙⲁⲩ ⲛ
ⲣⲱⲙⲉ ⲛⲁϣⲓⲛⲉ ⲛⲥⲁ ⲡⲙⲟⲩ
ⲛⲥⲉ ⲧⲙ ϩⲉ ⲉ ⲣⲟϥ· ⲛⲥⲉⲉⲡⲉⲑⲩⲙⲉⲓ
ⲉⲡⲙⲟⲩ· ⲁⲩⲱ ⲛⲧⲉ ⲡⲙⲟⲩ ⲡⲱⲧ

7 ⲛⲉϥⲕⲁⲁⲧ· ⲡⲉⲓⲛⲉ ⲇⲉ ⲛ ⲛⲉϣϫⲏ(?)ⲩ
ⲉϥⲟ ⲙ ⲡⲉⲓⲛⲉ ⲛ ϩⲉⲛϩⲧⲱⲱⲣ ⲉⲩ

ⲥⲃ̄ⲧⲱⲧ ⲉ ⲡⲡⲟⲗⲩⲙⲟⲥ · ⲉⲩϫⲉ ⲉⲣⲉ
ϩⲉⲛⲕⲗⲟⲙ ⲛ̄ ⲛⲟⲩⲃ ϩⲓϫⲛ ⲛⲉⲧⲁ
ⲡⲏⲧⲉ · ⲉⲣⲉ ⲛⲉⲩϩⲟ ⲟ ⲛⲑⲉ ⲛ̄ ϩⲉⲛ

8 ϩⲟ ⲛ̄ ⲣⲱⲙⲉ · ⲉⲣⲛ ϩⲉⲛϥⲱ ϩⲓ ϫⲱ
ⲟⲩ ⲛⲑⲉ ⲙ̄ ⲡϥⲱ ⲛ̄ ⲛⲉⲥϩⲓⲟⲟⲙⲉ · ⲉⲣⲉ

9 ⲛⲉⲩⲟⲃϩⲉ ⲟ ⲛⲑⲉ ⲛⲛⲁ ⲛⲉⲓ ⲙⲟⲩⲓ · ⲉⲣⲛ
ϩⲉⲛϩⲱⲕ ϩⲓⲱⲟⲩ ⲛⲑⲉ ⲛ̄ ϩⲉⲛϩ
ⲱⲕ ⲙ̄ ⲡⲉⲛⲓⲡⲉ · ⲉⲣⲉ ⲡⲉϩⲣⲟⲟⲩ
ⲛ̄ ⲛⲉⲩⲧⲛ̄ϩ ⲟ ⲛⲑⲉ ⲙ̄ ⲡⲉϩⲣⲟⲟⲩ ⲛ̄ ϩⲉⲛ
ϩⲁⲣⲙⲁ · ⲙⲛ̄ ϩⲉⲛϩⲧⲱⲱⲣ ⲉⲛⲁ
ϣⲱⲟⲩ ⲉⲧⲡⲏⲧ ⲉⲡⲡⲟⲗⲩⲙⲟⲥ ⁙

10 ⲉⲟⲩⲛ ϩⲉⲛⲥⲁⲧ̄ (sic) ⲙⲙⲟⲟⲩ ⲉⲩⲟ ⲛⲑⲉ ⲛⲛⲁ ⲛⲓ
ⲟⲩⲱϩⲉ · ⲁⲩⲱ ϩⲉⲛⲉⲓⲃ · ϩⲛ ⲛⲉⲩⲥⲁⲧ
ⲧⲉⲧⲉϩⲟⲩⲥⲓⲁ ⲇⲉ ⲉ ⲙⲟⲩⲕϩ ⲛⲉⲛⲣⲱⲙⲉ

11 ⲛ̄ ϯⲟⲩ ⲛ̄ ⲉⲃⲟⲧ · ⲟⲩⲛⲧⲁⲩ ⲙ̄ⲙⲁⲩ ⲙ̄ ⲡ
ⲉⲧⲣⲣⲟ ⲡⲁⲅⲅⲉⲗⲟⲥ ⲙ̄ ⲡⲛⲟⲩⲛ · ⲉ ⲡⲉϥⲣⲁⲛ
ⲙ̄ ⲙⲛ̄ⲧϩⲉⲃⲣⲁⲓⲟⲥ ⲡⲉ ⲃⲁⲧⲧⲱⲛ ⲙ̄ ⲙⲛ̄

12 ⲧⲟⲩⲉⲉⲓⲛⲓⲛ ⲇⲉ ϫⲉ ⲡⲉⲧⲧⲁⲕⲟ · ⲉⲓⲥ ⲟⲩ
ⲟⲓ ⲁϥⲟⲩⲉⲓ ⲛⲉ ⲉⲓⲥ ϩⲏⲏⲧⲉ ⲥⲉⲛⲏⲩ ⲛ̄ϭⲓ
ⲕⲉ ⲟⲩⲟⲓ ⲥⲛⲁⲩ ⁙═══════

13 Ⲙⲛ̄ⲛⲥⲁ ⲛⲁⲓ · ⲁ ⲡⲙⲉϩ ⲥⲟⲟⲩ ⲛ̄ ⲁⲅ
ⲅⲉⲗⲟⲥ ⲥⲁⲗⲡⲓⲍⲉ · ⲁⲩⲱ ⲁⲓⲥⲱ
ⲧⲙ̄ ⲉⲩⲥⲙⲏ ⲉ ⲃⲟⲗ ϩⲛ ⲛ̄ ⲧⲁⲡ
ⲙ̄ ⲡⲉⲑⲩⲥⲓⲁⲥⲧⲏⲣⲓⲟⲛ ⲛ̄ ⲛⲟⲩⲃ ⲉ

14 ⲧ ⲙ̄ ⲡ ⲙⲧⲟ ⲉ ⲃⲟⲗ ⲙ̄ ⲡⲛⲟⲩⲧⲉ ⲉⲥϫⲱ
ⲙ̄ⲙⲟⲥ · ⲙ̄ ⲡⲙⲉϩ ⲥⲟⲟⲩ ⲛ̄ ⲁⲅⲅⲉⲗⲟⲥ
ⲉⲧ ⲉⲣⲉ ⲧⲥⲁⲗⲡⲓⲅⲝ ⲛ̄ ⲧⲟⲟⲧϥ · ϫⲉ ⲃⲱⲗ
ⲉ ⲃⲟⲗ ⲙ̄ ⲡⲉϥⲧⲟⲟⲩ ⲛ̄ ⲁⲅⲅⲉⲗⲟⲥ ⲉⲧ ⲙ̄
ⲏⲣ ϩⲓϫⲙ ⲡⲛⲟϭ ⲛ̄ ⲉⲓⲉⲣⲟ ⲡⲉⲩⲫⲣⲁ

15 ⲧⲏⲥ · ⲁⲩⲱ ⲁⲩⲃⲱⲗ ⲙ̄ ⲡⲉϥⲧⲟⲟⲩ
ⲛ̄ ⲁⲅⲅⲉⲗⲟⲥ · ⲛⲁⲓ ⲉⲧ ⲥⲃ̄ⲧⲱⲧ ⲉⲧⲉⲩ
ⲛⲟⲩ ⲙⲛ ⲡⲉϩⲟⲟⲩ · ⲙⲛ ⲡⲉⲃⲟⲧ ⲙⲛ
ⲧⲉⲣⲟⲙⲡⲉ · ϫⲉ ⲛⲁⲥ ⲉⲧⲉⲙⲟ[ⲩ]ⲟⲩⲧ ·

16 ⲙ̄ⲡⲟⲧ ⲛ̄ϣⲟⲙⲛ̄ⲧ ⲛ̄ⲉⲛⲣⲱⲙⲉ· ⲁⲩⲱ
ⲧⲏⲡⲉ ⲛ̄ⲛⲉⲥⲧⲣⲁⲧⲉⲩⲙⲁ ⲛ̄ⲛⲉϩⲧⲱ
ⲱⲣ ⲡⲉ ⲧⲃⲁ ⲛ̄ⲧⲃⲁ· ⲛ̄ⲥⲉⲡ ⲥⲛⲁⲩ·

17 ⲁⲓⲥⲱⲧⲙ ⲉ ⲧⲉⲩⲏⲡⲉ· ⲁⲩⲱ ⲧⲁⲓ
ⲧⲉ ⲛ̄ⲧ ⲁⲓⲛⲁⲩ ⲉ ⲡⲉⲓⲛⲉ ⲛ̄ⲛⲉϩⲧⲱⲱⲣ
ⲙⲛ̄ ⲛⲉⲧⲁⲗⲉ ⲉ ⲣⲟⲟⲩ· ⲉⲩⲛ̄ ϩⲉⲛϧⲱⲕ
ϩⲓⲱⲟⲩ ⲛ̄ⲁⲧⲁⲁⲛ ⲛ̄ⲕⲱϩⲧ· ϩⲓ ϩⲩⲁ
ⲕⲓⲛⲑⲩⲛⲟⲛ· ϩⲓ ⲑⲏⲛ· ⲉⲣⲉ ⲛ̄ⲁⲡⲉⲧⲉ
ⲛ̄ ⲛⲉϩⲧⲱⲱⲣ ⲟ ⲛ̄ⲑⲉ ⲛ̄ ⲛ̄ⲁⲡⲏⲧⲉ
ⲛ̄ ⲙ̄ⲙⲟⲩⲓ̈· ⲉϥⲛⲏⲩ ⲉ ⲃⲟⲗ ϩⲛ̄ ⲣⲱⲟⲩ
ⲛ̄ϭⲓ ⲟⲩⲕⲱϩⲧ· ⲙⲛ̄ ⲟⲩⲕⲁⲡⲛⲟⲥ· ⲙⲛ̄

18 ⲟⲩⲑⲏⲛ· ⲉ ⲃⲟⲗ ϩⲛ̄ ⲧⲉⲓ ϣⲟⲙ̄ⲧⲉ ⲙ̄ ⲡ
ⲗⲩⲅⲏ ⲁⲩⲙⲟⲩ ⲛ̄ϭⲓ ⲡⲟⲧ ⲛ̄ ϣⲟⲙⲛ̄ⲧ
ⲛ̄ⲉⲛⲣⲱⲙⲉ· ϩⲙ̄ ⲡⲕⲱϩⲧ· ⲙⲛ̄ ⲡⲕⲁⲡ
ⲛⲟⲥ· ⲙⲛ̄ ⲡⲉⲑⲏⲛ ⲉⲧ ⲛⲏⲩ ⲉ ⲃⲟⲗ

19 ϩⲛ̄ ⲣⲱⲟⲩ· ⲉⲣⲉ ⲧⲉⲝⲟⲩⲥⲓⲁ ⲅⲁⲣ ⲛ̄ ⲛⲉ
ϩⲧⲱⲱⲣ ϩⲛ̄ ⲣⲱⲟⲩ ⲙⲛ̄ ⲛⲉⲩⲥⲁⲧ
ⲛⲉⲩⲥⲁⲧ ⲅⲁⲣ ⲉⲩⲟ ⲛ̄ⲑⲉ ⲛ̄ ϩⲉⲛϩⲟϥ·
ⲉⲣⲉ ϩⲉⲛⲁⲡⲏⲧⲉ ⲙ̄ⲙⲟⲟⲩ· ⲁⲩⲱ ϩⲣⲁⲓ

20 ⲛ̄ϩⲏⲧⲟⲩ ⲉⲩϫⲓⲛϭⲟⲛⲥ· ⲡ ⲕⲉ ⲥⲉ
ⲡⲏ ⲇⲉ ⲛ̄ⲉⲛⲣⲱⲙⲉ ⲉⲧⲉ ⲙ̄ⲡⲟⲩⲙⲟⲩ
ϩⲛ̄ ⲛⲉⲡⲗⲩⲅⲏ ⲙⲛ̄ ⲟⲩⲙⲉⲧⲁⲛⲟⲓ
ⲟⲛ ⲉ ⲃⲟⲗ ϩⲛ̄ ⲛⲉϩⲃⲏⲩⲉ ⲛ̄ ⲛⲉⲩϭⲓϫ·
ⲉ ⲧⲙ̄ ⲧⲣⲉ ⲧⲟⲩⲱϣⲧ ⲛ̄ⲉⲛⲇⲁⲓⲙⲱ
ⲛⲓⲟⲛ ⲛ̄ ⲛⲟⲩⲃ ⲙⲛ̄ ⲛ̄ ϩⲁⲧ· ⲙⲛ̄ ⲛ̄
ϩⲟⲙⲛ̄ⲧ ⲙⲛ̄ ⲛ̄ ⲱⲛⲉ· ⲛⲁⲓ ⲉⲧⲉ ⲙⲛ̄
ϭⲟⲙ ⲙ̄ⲙⲟⲟⲩ ⲉ ⲛⲁⲩ ⲉ ⲃⲟⲗ· ⲙⲛ̄ ⲛ̄
ϣⲉ ⲛⲁⲓ ⲉⲧⲉ ⲙⲛ̄ϭⲟⲙ ⲙ̄ⲙⲟⲟⲩ ⲉⲥⲱ

21 ⲧⲙ̄ ⲏ ⲉ ⲙⲟⲟϣⲉ· ⲟⲩⲇⲉ ⲙ̄ⲡ ⲟⲩⲙⲉ

Chap. X. 1 ⲉ ⲃⲟⲗ ϩⲛ̄ ⲛⲉⲩϩⲱⲧⲃ· ⲙⲛ̄ ⲛⲉⲩϩⲓⲕ·
ⲙⲛ̄ ⲛⲉⲩⲡⲟⲣⲛⲓⲁ· ⲁⲓⲛⲁⲩ ⲉ ⲕⲉ ⲁⲅ
ⲅⲉⲗⲟⲥ ⲉϥϫⲙ̄ϭⲟⲙ ⲉϥⲛⲏⲩ ⲉ ⲃⲟⲗ ϩⲛ̄ ⲧⲡⲉ·
ⲉⲣⲉ ⲟⲩⲕⲗⲟⲟⲗⲉ ϩⲓⲱϥ· ⲉⲣⲉ ⲟⲩⲟⲉⲓⲛ ϩⲓϫⲛ

REVELATION X. 1-8

ⲧⲉϥⲁⲡⲉ· ⲉⲣⲉ ⲡⲉϥϩⲟ ⲟ ⲛⲑⲉ ⲙ̄ ⲡⲣⲏ· ⲉ
ⲣⲉ ⲛⲉϥⲟⲩⲣⲏⲧⲉ ⲟ ⲛⲑⲉ ⲛ̄ ϩⲉⲛⲥⲧⲩⲗ

2 ⲗⲟⲥ ⲛ̄ ⲕⲱϩⲧ· ⲉⲩⲛ̄ ⲟⲩϫⲱⲱⲙⲉ ⲉϥ
ⲡⲟⲣϣ ⲉ ⲃⲟⲗ ϩⲛ̄ ⲧⲉϥϭⲓϫ· ⲁⲩⲱ ⲁϥⲕⲱ
ⲛ̄ⲧⲉϥⲟⲩⲣⲏⲧⲉ ⲛ̄ ⲟⲩⲛⲁⲙ ϩⲛ̄ ⲑⲁⲗ
ⲗⲁⲥⲥⲁ· ⲁⲩⲱ ⲧⲉϥϩⲃⲟⲩⲣ ϩⲓ ⲡⲉⲕⲣⲟ

3 ⲁϥⲁϣⲕⲁⲕ ⲉ ⲃⲟⲗ ϩⲛ̄ ⲟⲩⲛⲟϭ ⲛ̄ ⲥⲙⲏ
ⲛⲑⲉ ⲛ̄ ⲟⲩⲙⲟⲩⲓ ⲉϥϩⲣⲙ̄ⲙⲉ· ⲛ̄ ⲧⲉ
ⲣ ⲉϥⲁϣⲕⲁⲕ ⲇⲉ ⲉ ⲃⲟⲗ ⲁⲩϣⲁϫⲉ
ⲛ̄ϭⲓ ⲧⲥⲁϣϥⲉ ⲛ̄ ϩⲣⲟⲩⲃⲃⲁⲓ ϩⲛ̄

4 ⲛⲉⲩⲁⲥⲡⲉ· ⲁⲩⲱ ⲛ̄ ⲧⲉⲣ ⲟⲩϣⲁϫⲉ
ⲛ̄ϭⲓ ⲧⲥⲁϣϥⲉ ⲛ̄ ϩⲣⲟⲩⲃⲃⲁⲓ ϩⲛ̄
ⲛⲉⲩⲁⲥⲡⲉ· ⲁⲓⲉⲓ ⲇⲉ ⲉⲓⲛⲁⲥⲉϩ ⲛⲉ ⲛ̄
ⲧ ⲁⲩϫⲟⲟⲩ ⲛ̄ϭⲓ ⲧⲥⲁϣϥⲉ ⲛ̄ ϩⲣⲟⲩⲃ
ⲃⲁⲓ· ⲁⲓⲥⲱⲧⲙ̄ ⲉⲩⲥⲙⲏ ⲉ ⲃⲟⲗ
ϩⲛ̄ ⲧⲡⲉ ⲉⲥϫⲱ ⲙ̄ⲙⲟⲥ ϫⲉ ⲧⲱϩ
ⲃⲉ ⲉⲣⲛ̄ ⲛⲉ ⲛ̄ⲧⲁⲩϫⲟⲟⲩ ⲛ̄ϭⲓ ⲛⲉϩ

5 ⲣⲟⲩⲃⲃⲁⲓ ⲛⲅ̄ ⲧⲙ̄ ⲥⲁϩⲟⲩ· ⲁⲩⲱ
ⲡⲁⲅⲅⲉⲗⲟⲥ ⲛ̄ⲧ ⲁⲓⲛⲁⲩ ⲉⲣⲟϥ ⲉϥⲁϩ
ⲉ ⲣⲁⲧϥ ϩⲓϫⲛ̄ ⲑⲁⲗⲗⲁⲥⲥⲁ ⲙⲛ̄
ⲡⲉⲕⲣⲟ· ⲁϥϥⲓ ⲛ̄ⲧⲉϥϭⲓϫ ⲛ̄ⲟⲩ

6 ⲛⲁⲙ ⲉ ϩⲣⲁⲓ ⲉ ⲧⲡⲉ· ⲁⲩⲱ ⲁϥⲱⲣⲕ
ⲙ̄ ⲡⲉⲧⲟⲛϩ ϣⲁ ⲛⲓⲉⲛⲉϩ ⲛ̄ ⲉⲛⲉϩ ϩⲁⲙⲏⲛ·
ⲡⲉ ⲛ̄ⲧⲁϥⲥⲱⲛⲧ ⲛ̄ⲧⲡⲉ ⲙⲛ̄ ⲛⲉⲧ ⲛ̄
ϩⲏⲧⲥ· ⲁⲩⲱ ⲡⲕⲁϩ ⲙⲛ̄ ⲛⲉⲧ ⲛ̄ ϩⲏⲧϥ·
ⲁⲩⲱ ⲑⲁⲗⲗⲁⲥⲥⲁ ⲙⲛ̄ ⲛⲉⲧ ⲛ̄ ϩⲏⲧⲥ·

7 ϫⲉ ⲙⲛ̄ ϭⲉ ⲟⲩⲟⲉⲓϣ ϭⲉ ⲛⲁϣⲱⲡⲉ· ⲁⲗ
ⲗⲁ ϩⲣⲁⲓ ϩⲛ̄ ⲛⲉϩⲟⲟⲩ ⲛ̄ ⲧⲉⲥⲙⲏ· ⲙ̄
ⲡⲙⲉϩ ⲥⲁϣϥ ⲛ̄ ⲁⲅⲅⲉⲗⲟⲥ· ⲉϥϣⲁⲛⲛⲟⲩ
ⲉ ⲥⲁⲗⲡⲓⲍⲉ ϥⲛⲁ ϫⲱⲕ ⲉ ⲃⲟⲗ ⲛ̄ϭⲓ ⲡ
ⲙⲩⲥⲧⲩⲣⲓⲟⲛ ⲙ̄ ⲡⲛⲟⲩⲧⲉ· ⲛⲑⲉ ⲛ̄
ⲧⲁϥ ⲉⲧⲁⲅⲅⲉⲗⲓⲍⲉ ⲛ̄ ⲛⲉϥϩⲙ̄ϩⲁⲗ

8 ⲙⲛ̄ ⲛⲉⲡⲣⲟⲫⲩⲧⲏⲥ· ⲁⲩⲱ ⲧⲉⲥⲙⲏ

ⲛⲧ ⲁⲓⲥⲱⲧⲙ ⲉⲣⲟⲥ ⲉⲥϣⲁϫⲉ ⲛⲙ
ⲙⲁⲓ ⲉ ⲃⲟⲗ ϩⲛ ⲧⲡⲉ· ⲡⲉϫⲁϥ ⲟⲛ ⲛⲁⲓ
ϫⲉ ⲃⲱⲕ ⲛⲅ ϫⲓ ⲙ ⲡϫⲱⲱⲙⲉ ⲉⲧ
ⲡⲟⲣϣ ⲉ ⲃⲟⲗ ϩⲛ ⲧϭⲓϫ ⲙ ⲡⲁⲅⲅⲉ
ⲗⲟⲥ ⲡⲁⲓ ⲉⲧ ⲁϩⲉ ⲣⲁⲧϥ ϩⲓϫⲛ ⲑⲁⲗ

9 ⲗⲁⲥⲥⲁ ⲙⲛ ⲡⲕⲣⲟ· ⲁⲓⲃⲱⲕ ϣⲁ
ⲡⲁⲅⲅⲉⲗⲟⲥ ⲡⲉϫⲁϥ ⲛⲁⲓ ϫⲉ ⲙⲁ
ⲛⲁⲓ ⲙ ⲡϫⲱⲱⲙⲉ· ⲡⲉϫⲁϥ ⲛⲁⲓ
ϫⲉ ϫⲓⲧϥ ⲛⲅ ⲟⲧⲟⲙϥ· ⲁⲩⲱ ϥⲛⲁ
ϣⲱⲡⲉ ⲉϥⲥⲁϣⲉ ⲛ ϩⲏⲧⲕ· ⲁⲗⲗⲁ
ϥⲛⲁϩⲗⲟϭ ϩⲛ ⲧⲉⲕ ⲧⲁⲡⲣⲟ ⲛⲑⲉ

10 ⲛ ⲟⲩⲉⲃⲓⲱ· ⲁⲓϫⲓ ⲙ ⲡϫⲱⲱⲙⲉ ⲉ ⲃⲟⲗ
ϩⲛ ⲧϭⲓϫ ⲙ ⲡⲁⲅⲅⲉⲗⲟⲥ ⲁⲓⲟⲧⲟⲙϥ·
ⲁⲩⲱ ⲛⲉϥϩⲟⲗϭ ⲡⲉ ⲛⲑⲉ ⲛ ⲟⲩⲉⲃⲓⲱ
ϩⲛ ⲧⲁ ⲧⲁⲡⲣⲟ:———

Fol. 16b

ⲗ̅ⲁ̅

ⲛ ⲧⲉⲣ ⲉⲓⲟⲧⲟⲙϥ ⲇⲉ ⲁϥⲥⲓϣⲉ ⲛ ϩⲏⲧ·

11 ⲡⲉϫⲁϥ ⲛⲁⲓ ϫⲉ ϩⲁⲡⲥ ⲟⲛ ⲡⲉ ⲉ ⲧⲣⲉ ⲕ
ⲡⲣⲟⲫⲏⲧⲉⲩⲉ ⲉϫⲛ ⲛⲗⲁⲟⲥ· ⲙⲛ ⲛ ϩⲉ
ⲑⲛⲟⲥ ⲙⲛ ϩⲉⲛⲁⲥⲡⲉ· ⲙⲛ ϩⲉⲛⲣⲣⲱ

Chap.
XI. 1

ⲟⲩ ⲉⲛⲁϣⲱⲟⲩ· ⲁⲩⲱ ⲁⲩϯ ⲛⲁⲓ
ⲛ ⲟⲩⲕⲁϣ ⲉϥⲉⲓⲛⲉ ⲛ ⲟⲩϭⲉⲣⲱⲃ ⲉⲩ
ϫⲱ ⲙⲙⲟⲥ· ϫⲉ ⲧⲱⲟⲩⲛ ⲛⲅ ϣⲓ ⲡⲣ̅
ⲡⲉ ⲙ ⲡⲛⲟⲩⲧⲉ ⲙⲛ ⲡⲉⲑⲩⲥⲓⲁⲥⲧⲏ
ⲣⲓⲟⲛ· ⲙⲛ ⲛⲉⲧⲟⲩⲱϣⲧ ϩⲣⲁⲓ ⲛ

2 ϩⲏⲧϥ· ⲁⲩⲱ ⲧⲁⲩⲗⲏ ⲉⲧ ϩⲓ ⲃⲟⲗ ⲙ
ⲡⲣⲡⲉ ⲕⲁⲁⲥ ⲉ ⲡⲁϩⲟⲩ ⲛⲅ ⲧⲙ ϣⲓ
ⲧⲥ ϫⲉ ⲛⲧⲁⲩⲧⲁⲁⲥ ⲛⲉ ⲛ ϩⲉⲑⲛⲟⲥ·
ⲁⲩⲱ ⲥⲉⲛⲁϩⲱⲙ ⲛ ⲧⲡⲟⲗⲓⲥ ⲉⲧⲟⲩ

3 ⲁⲁⲃ ⲛ ϩⲙⲉ ⲥⲛⲟⲟⲩⲥ ⲛ ⲉⲃⲟⲧ· ⲁⲩⲱ
ϯⲛⲁⲧⲁⲁⲥ ⲙ ⲡⲁⲙⲛⲧⲣⲉ ⲥⲛⲁⲩ ⲉⲧ
ⲣⲉⲩⲡⲣⲟⲫⲏⲧⲉⲩⲉ ⲙ ⲙⲛⲧⲥⲛⲟ
ⲟⲩⲥ ⲛ ϣⲉ· ⲙⲛ ⲥⲉ ⲛ ϩⲟⲟⲩ· ⲉⲣⲉ ϩⲉⲛ

4 ϭⲟⲟⲩⲛⲉ ϩⲓⲱⲟⲩ· ⲛⲁⲓ ⲛⲉ ⲧⲃⲱ

ⲛ ϫⲟⲉⲓⲧ ⲥⲛⲧⲉ ⲙⲛ ⲧⲗⲩⲭⲛⲓⲁ
ⲥⲛⲧⲉ· ⲉⲧ ⲁϩⲉ ⲣⲁⲧⲟⲩ· ⲙ ⲡ ⲙⲧⲟ

5 ⲉ ⲃⲟⲗ· ⲙ ⲡⲭ̅ⲥ̅ ⲙ ⲡⲕⲁϩ· ⲡⲉⲧ
ⲛⲁⲟⲩⲱϣ ⲉϫⲓⲧⲟⲩ ⲛ ϭⲟⲛⲥ· ⲟⲩ
ⲕⲱϩⲧ ⲡⲉⲧ ⲛⲏⲩ ⲉ ⲃⲟⲗ ϩⲛ ⲧⲉⲩ
ⲧⲁⲡⲣⲟ ⲛⲉϥⲟⲩⲱⲙ ⲛ ⲛⲉⲩϫⲁ
ϫⲉ· ⲡⲉⲧⲛⲁⲟⲩⲱϣ
ⲉϫⲓⲧⲟⲩ ⲛ ϭⲟⲛⲥ· ⲧⲁⲓ ⲧⲉ ⲑⲉ ⲉⲧⲟⲩⲛⲁ

6 ⲙⲟⲟⲩⲧϥ· ⲛⲁⲓ ⲟⲩⲛⲧⲁⲩ ⲉϫⲟⲩⲥⲓⲁ
ⲙⲙⲁⲩ ⲉⲥⲉϣⲧ ⲧⲡⲉ ϫⲉ ⲛⲛⲉⲥϩⲱⲟⲩ
ⲛⲛⲉϩⲟⲟⲩ ⲧⲏⲣⲟⲩ ⲛⲧⲉⲡⲣⲟⲫⲏ
ⲧⲓⲁ· ⲁⲩⲱ ⲟⲩⲛⲧⲟⲩ ⲉϩⲟⲩⲥⲓⲁ ⲉⲕⲧⲉ
ⲙⲙⲟⲟⲩ ⲉⲩⲥⲛⲟϥ· ⲁⲩⲱ ⲉⲡⲁⲧⲁⲥⲥⲉ
ⲙ ⲡⲕⲁϩ· ϩⲙ ⲡⲗⲩⲅⲏ ⲛⲓⲙ ⲛⲧⲁⲡⲉ̅

7 ⲛ ⲥⲟⲡ ⲉⲧⲟⲩⲛⲁⲟⲩⲁϣ̅ⲥ̅· ⲉⲩϣⲁⲛ
ϫⲱⲕ ⲉ ⲃⲟⲗ ⲛ ⲧⲉⲩⲙⲛⲧⲙⲉⲛⲧⲣⲉ·
ⲧⲟⲧⲉ ⲡⲉⲑⲩⲣⲓⲟⲛ ⲉⲧ ⲛⲏⲩ ⲉ ϩⲣⲁⲓ ϩⲙ
ⲡⲛⲟⲩⲛ· ϥⲛⲁⲙⲓϣⲉ ⲛⲙⲙⲁⲩ

8 ⲛⲉϥϫⲣⲟ ⲉ ⲣⲟⲟⲩ ⲛϥ̅ⲙⲟⲟⲩⲧⲟⲩ· ⲛⲧⲉ
ⲛⲉⲩⲥⲱⲙⲁ ϣⲱⲡⲉ ⲉⲧⲛⲏϫ ⲉ ⲃⲟⲗ
ϩⲛ ⲛⲉ ⲡⲗⲁⲧⲉⲓⲁ ⲛ ⲧⲛⲟϭ ⲙ ⲡⲟⲗⲓⲥ·
ⲉⲧⲟⲩⲙⲟⲩⲧⲉ ⲉ ⲣⲟⲥ ⲡⲛⲉⲩⲙⲁⲧⲓⲕⲏ̅ⲥ̅
ϫⲉ ⲥⲟⲇⲟⲙⲁ· ⲁⲩⲱ ⲕⲏⲙⲉ· ⲡⲙⲁ
ⲟⲛ ⲛⲧ ⲁⲩⲥ̅ⲧ̅ⲟⲩ ⲙ̅ⲡⲉⲩⲭ̅ⲥ̅ ⲛ ϩⲏⲧϥ·

9 Ⲁⲩⲱ ⲉ ⲃⲟⲗ ϩⲛ ⲛⲗⲁⲟⲥ· ⲙⲛ ⲛⲉⲫⲩ
ⲗⲏ ⲙⲛ ⲛⲁⲥⲡⲉ ⲙⲛ ⲛϩⲉⲑⲛⲟⲥ· ⲥⲉ
ⲛⲁⲛⲁⲩ ⲛϭⲓ ⲛ ϩⲉⲑⲛⲟⲥ ⲉ ⲡⲉⲧⲣϩⲱ
ⲧⲃ ⲛ ϣⲟⲙⲛⲧ ⲛ ϩⲟⲟⲩ ⲟⲩϭⲟⲥ· ⲛⲥⲉ
ⲧⲙ ⲕⲁ ⲗⲁⲁⲩ ⲉ ⲧⲙⲥ ⲛⲉⲩⲥⲱⲙⲁ ϩⲛ

10 ⲛ ⲧⲁⲫⲟⲥ· ⲁⲩⲱ ⲛⲉⲧⲟⲩⲏⲏϩ ϩⲓϫⲙ
ⲡⲕⲁϩ ⲥⲉⲛⲁⲣⲁϣⲉ ⲙⲙⲟⲟⲩ ⲛⲥⲉⲟⲩ
ⲛⲟϥ· ⲛⲥⲉϫⲟⲟⲩ ⲛ ϩⲉⲛ ⲇⲱⲣⲟⲛ
ⲛ ⲛⲉⲩⲉⲣⲏⲩ· ϫⲉ ⲡⲉⲡⲣⲟⲫⲩⲧⲏⲥ ⲥ

ⲛⲁⲩ ⲁⲩⲃⲁⲍⲁⲛⲓⲍⲉ (sic) ⲛ ⲛⲉⲧ ⲟⲩⲏⲏϩ

11 ϩⲓϫⲙ ⲡⲕⲁϩ · ⲙⲛⲛⲥⲁ ⲡϣⲟⲙⲛⲧ
ⲇⲉ ⲛϩⲟⲟⲩ ⲟⲩϭⲁⲥ · ⲁⲩ ⲡⲛⲁ̄ ⲛ ⲱⲛϩ
ⲉⲓ ⲉ ⲃⲟⲗ ϩⲓⲧⲙ ⲡⲛⲟⲩⲧⲉ ⲁϥⲃⲱⲕ ⲉ
ϩⲟⲩⲛ ⲉ ⲣⲟⲟⲩ · ⲁⲩⲁϩⲉ ⲣⲁⲧⲟⲩ ⲉϫⲛ
ⲛⲉⲧ ⲟⲩⲣⲏⲧⲉ · ⲁⲩⲛⲟϭ ⲛ ϩⲟⲧⲉ ϩⲉ ⲉ

12 ϩⲣⲁⲓ ⲉϫⲛ ⲛⲉⲧ ⲛⲁⲩ ⲉ ⲣⲟⲟⲩ · ⲁⲓⲥⲱ
ⲧⲙ ⲉⲧⲛⲟϭ ⲛ ⲥⲙⲏ ⲉ ⲃⲟⲗ ϩⲛ ⲧⲡⲉ ⲉⲥ
ϫⲱ ⲙⲙⲟⲥ ⲛⲁⲩ ϫⲉ ⲁⲙⲏⲓⲧⲛ ⲉ ϩ
ⲣⲁⲓ ⲉ ⲡⲉⲓ ⲙⲁ · ⲁⲩⲱ ⲁⲩⲃⲱⲕ ⲉ
ϩⲣⲁⲓ ⲉ ⲧⲡⲉ ϩⲛ ⲟⲩⲕⲗⲟⲟⲗⲉ ⲉⲩϭⲱ

13 ϣⲧ ⲉ ⲣⲟⲟⲩ ⲛϭⲓ ⲛⲉⲩϫⲁϫⲉ · ϩⲙ
ⲡⲉϩⲟⲟⲩ ⲇⲉ ⲉⲧ ⲙⲙⲁⲩ · ⲁⲩⲛⲟϭ
ⲛ ⲕⲙⲧⲟ ϣⲱⲡⲉ · ⲁⲩⲱ ⲡⲟⲩ ⲛ
ⲙⲛⲧ ⲛ ⲧⲡⲟⲗⲓⲥ ⲁϥϩⲉ · ⲁⲩⲱ ⲁⲩ
ⲙⲟⲩ ϩⲙ ⲡⲕⲙⲧⲟ ⲛϭⲓ ⲥⲁϣϥ
ⲛ ϣⲟ ⲛⲣⲱⲙⲉ · ⲁⲩⲱ ⲡ ⲕⲉ ⲥⲉⲡⲏ
ⲁⲩⲣϩⲟⲧⲉ ⲁⲩϯ ⲉⲟⲟⲩ ⲙ ⲡⲛⲟⲩⲧⲉ

14 ⲛ ⲧⲡⲉ · ⲁϥⲃⲱⲕ ⲛϭⲓ ⲡⲙⲉϩ
ⲥⲛⲁⲩ ⲛ ⲟⲩⲟⲓ · ⲉⲓⲥ ϩⲏⲏⲧⲉ ⲉϥⲛⲏⲩ
ϩⲛ ⲟⲩϭⲉⲡⲏ ⲛϭⲓ ⲡⲙⲉϩ ϣⲟⲙⲛⲧ

15 ⲛ ⲟⲩⲟⲓ · ⲁ ⲡⲙⲉϩ ⲥⲁϣϥ ⲛ ⲁⲅ
ⲅⲉⲗⲟⲥ · ⲥⲁⲗⲡⲓⲍⲉ · ⲁⲩⲱ ⲁⲩϣⲱ
ⲡⲉ ⲛϭⲓ ϩⲉⲛⲛⲟϭ ⲛ ⲥⲙⲏ ϩⲣⲁⲓ ϩⲛ ⲧⲡⲉ
ⲉⲩϫⲱ ⲙⲙⲟⲥ · ϫⲉ ⲁ ⲧⲙⲛⲧⲉⲣⲟ ⲙ ⲡ
ⲕⲟⲥⲙⲟⲥ ⲣ ⲧⲁ ⲡⲭ̄ⲥ̄ · ⲙⲛ ⲡⲉϥⲭⲣ̄ⲥ̄ · ⲁⲩⲱ

16 ϥⲛⲁⲣⲣⲣⲟ ϣⲁ ⲉⲛⲉϩ ⲛ ⲉⲛⲉϩ · ⲁⲩⲱ ⲡ
ϫⲟⲩⲧ ⲁϥⲧⲉ ⲙ ⲡⲣⲉⲥⲃⲉⲧⲉⲣⲟⲥ ⲉⲧ ϩⲙⲟⲟⲥ
ϩⲓ ⲛⲉⲧⲑⲣⲟⲛⲟⲥ · ⲙ ⲡ ⲙⲧⲟ ⲉ ⲃⲟⲗ ⲙ ⲡ
ⲛⲟⲩⲧⲉ · ⲁⲩⲡⲁϩⲧⲟⲩ ⲉϫⲛ ⲛⲉⲩϩⲟ

17 ⲁⲩⲟⲩⲱϣⲧ ⲙ ⲡⲛⲟⲩⲧⲉ · ⲉⲩϫⲱ ⲙⲙⲟⲥ ·
ϫⲉ ⲧⲛⲉⲩⲭⲁⲣⲓⲥⲧⲟⲩ ⲛⲁⲕ ⲡⲭ̄ⲥ̄
ⲡⲛⲟⲩⲧⲉ ⲡⲡⲁⲛⲧⲱⲕⲣⲁⲧⲱⲣ

REVELATION XI. 17—XII. 4

ⲡⲉⲧ ϣⲟⲟⲡ· ⲁⲩⲱ ⲡⲉⲧⲉ ⲛⲉϥϣⲟⲟⲡ
ϫⲉ ⲁⲕϫⲓ ⲛⲧⲉⲕⲛⲟϭ ⲛ ϭⲟⲙ· ⲁⲩⲱ
18 ⲁⲕⲣⲣⲣⲟ· ⲁⲩⲛⲟⲩϭⲥ ⲛϭⲓ ⲛ ϩⲉⲑⲛⲟ̅ⲥ̅·
ⲁⲩⲱ ⲁⲥⲉⲓ ⲛϭⲓ ⲧⲉⲕⲟⲣⲅⲏ· ⲙⲛ ⲡⲉ
ⲟⲩⲟⲉⲓϣ ⲉ ⲕⲣⲓⲛⲉ ⲛ ⲛⲉⲧ ⲟⲛϩ· ⲙⲛ
ⲛⲉⲧ ⲙⲟⲟⲩⲧ· ⲁⲩⲱ ⲉϯ ⲙ ⲡⲃⲉ
ⲕⲉ ⲛ ⲛⲉⲕϩⲙϩⲁⲗ· ⲙⲛ ⲛⲓⲡⲣⲟ
ⲫⲩⲧⲏⲥ· ⲙⲛ ⲛⲉⲕ ⲡⲉⲧⲟⲩⲁⲁⲃ·
ⲁⲩⲱ ⲛⲉⲧ ⲣ ϩⲟⲧⲉ ϩⲏⲧϥ· ⲙ ⲡⲉⲕ
ⲣⲁⲛ· ⲛⲕⲟⲩⲓ ⲙⲛ ⲛⲛⲟϭ· ⲁⲩⲱ ⲉⲧⲁ
19 ⲕⲟ ⲛⲛⲉ ⲛⲧ ⲁⲩⲧⲁⲕⲉ ⲡⲕⲁϩ· ⲁⲩⲱ
ⲁϥⲟⲩⲱⲛ ⲛϭⲓ ⲡⲣⲡⲉ ⲙ ⲡⲛⲟⲩⲧⲉ
ⲉ ⲃⲟⲗ ϩⲛ ⲧⲡⲉ· ⲁⲩⲱ ⲁⲥⲟⲩⲱⲛϩ ⲉ
ⲃⲟⲗ ⲛϭⲓ ⲧϭⲓⲃⲟⲩⲟⲥ ⲛ ⲧⲁⲓⲁⲑⲏⲕⲏ
ⲙ ⲡϫⲟⲉⲓⲥ ϩⲙ ⲡⲉⲣⲡⲉ· ⲁⲩⲱ ⲁⲩ
ϣⲱⲡⲉ ⲛϭⲓ ϩⲉⲛⲉⲃⲣⲏϭⲉ· ⲙⲛ ϩⲉⲛ
ⲥⲙⲏ· ⲙⲛ ϩⲉⲛ ϩⲣⲟⲩⲃⲃⲁⲓ:⸺
ⲙⲛ ϩⲉⲛⲕⲙⲧⲟ· ⲙⲛ ⲟⲩⲛⲟϭ ⲛⲁ

Fol. 18 b
ⲗ̅ⲏ̅

Chap. XII. 1
ⲗⲁⲙⲡⲉ· ⲁⲩⲱ ⲟⲩⲛⲟϭ ⲙ ⲙⲁⲉⲓⲛ·
ⲁϥⲟⲩⲱⲛϩ ⲉ ⲃⲟⲗ ϩⲛ ⲧⲡⲉ:
ⲟⲩⲥϩⲓⲙⲉ ⲉⲥϭⲟⲟⲗⲉ ⲙ ⲡⲣⲏ· ⲉⲣⲉ ⲡⲟ
ⲟϩ ϩⲁ ⲡⲉⲥⲏⲧ ⲛⲛⲉⲥ ⲟⲩⲣⲏⲏ
ⲧⲉ ⲉⲣⲉ ⲙⲛⲧⲥⲛⲟⲟⲩⲥ ⲛ ⲥⲓⲟⲩ ⲟ
ⲛ ⲟⲩⲕⲗⲟⲙ ⲉϫⲛ ⲧⲉⲥⲁⲡⲏ· ⲁⲩ
2 ⲱ ⲉⲥⲉⲉⲧ ⲉⲥϯ ⲛⲁⲁⲕⲉ· ⲉⲥⲁϣⲕⲁⲕ
3 ⲉ ⲃⲟⲗ ⲉⲥϯ ⲛⲁⲁⲕⲉ ⲉⲙⲓⲥⲉ· ⲁϥⲟⲩ
ⲱⲛϩ ⲉ ⲃⲟⲗ ⲛϭⲓ ⲟⲩⲙⲁⲉⲓⲛ ϩⲛ
ⲧⲡⲉ· ⲁⲩⲱ ⲉⲓⲥ ⲟⲩⲛⲟϭ ⲛ ⲇⲣⲁ
ⲕⲱⲛ ⲉϥⲧⲣⲉϣⲣⲱϣ· ⲉⲩⲛ ⲥⲁ
ϣϥ ⲉⲛⲁⲡⲏ ⲙⲙⲟϥ· ⲙⲛ ⲙⲛⲧ
ⲛ ⲧⲁⲡ· ⲁⲩⲱ ⲥⲁϣϥ ⲉⲛϣⲣⲏⲡⲉ
ϩⲓϫⲛ ⲛⲉϥⲁⲡⲏⲧⲉ· ⲁⲩⲱ ⲡⲉϥ
4 ⲥⲁⲧ ⲁϥⲥⲱⲕ· ⲙ ⲡⲟⲩ ⲛ ϣⲟⲙⲛⲧ

ⲛ̄ⲉⲛⲥⲓⲟⲩ ⲛ̄ ⲧⲡⲉ· ⲁϥⲛⲟϫⲟⲩ ⲉ ϩⲣⲁⲓ
ⲉϫⲙ̄ ⲡⲕⲁϩ· ⲁⲩⲱ ⲡⲉⲇⲣⲁⲕⲱⲛ
ⲁϥⲁϩⲉ ⲣⲁⲧϥ· ⲙ̄ ⲡ ⲙ̄ⲧⲟ ⲉ ⲃⲟⲗ ⲛ̄ⲧⲉ
ⲥϩⲓⲙⲉ ⲧⲁⲓ ⲉⲧⲛⲁⲙⲓⲥⲉ· ϫⲉ ⲛⲁⲥ
ⲉⲥϣⲁⲛϫⲡⲉ ⲡⲉⲥϣⲏⲣⲉ ⲉϥⲉⲟⲩ

5 ⲟⲙϥ· ⲁⲩⲱ ⲁⲥⲙⲓⲥⲉ ⲛ̄ ⲟⲩϣⲣ (sic)
ϩⲟⲟⲩⲧ ⲡⲁⲓ ⲉⲧ ⲛⲁⲙⲟⲟⲛⲉ ⲛ̄ ⲉⲛ
ϩⲉⲑⲛⲟⲥ ⲧⲏⲣⲟⲩ ϩⲛ̄ ⲟⲩϭⲉⲣⲱⲃ
ⲙ̄ ⲡⲉⲛⲓⲡⲉ· ⲁⲩⲱ ⲁⲩⲧⲱⲣⲡ
ⲙ̄ ⲡⲉⲥϣⲏⲣⲉ ϣⲁ ⲡⲛⲟⲩⲧⲉ· ⲁⲩⲱ ϣⲁ

6 ⲧⲉϥⲑⲣⲟⲛⲟⲥ· ⲧⲉⲥϩⲓⲙⲉ ⲇⲉ ⲁⲥⲡⲱⲧ
ⲉ ϩⲣⲁⲓ ⲉ ⲧⲉⲣⲏⲙⲟⲥ· ⲉⲧⲙⲁ ⲉ ⲁⲩⲥⲃⲧⲱⲧ
ⲛⲁⲥ· ⲉ ⲃⲟⲗ ϩⲓⲧⲙ̄ ⲡⲛⲟⲩⲧⲉ· ϫⲉ ⲉⲧⲉⲥⲁ
ⲛⲟⲩϣⲥ· ⲛ̄ ϩⲏⲧϥ· ⲙ̄ ⲙⲛ̄ⲧⲥⲛⲟⲟⲩⲥ

7 ⲛ̄ ϣⲉ ⲙⲛ̄ ⲥⲉ ⲛ̄ ϩⲟⲟⲩ· ⲁⲩⲱ ⲁϥϣⲱ
ⲡⲉ ⲛ̄ϭⲓ ⲟⲩⲡⲟⲗⲩⲙⲟⲥ ϩⲣⲁⲓ ϩⲛ̄ ⲧⲡⲉ·
ⲙⲓⲭⲁⲏⲗ· ⲙⲛ̄ ⲛⲉϥⲁⲅⲅⲉⲗⲟⲥ ⲉⲧⲙⲓ
ϣⲉ ⲙⲛ̄ ⲧⲉⲇⲣⲁⲕⲱⲛ· ⲁⲩⲱ ⲡⲉ
ⲇⲣⲁⲕⲱⲛ ⲙⲛ̄ ⲛⲉϥⲁⲅⲅⲉⲗⲟⲥ ⲉⲧ

8 ⲙⲓϣⲉ· ⲁⲩⲱ ⲙⲡ ⲟⲩⲉϣϭⲙϭⲟⲙ·
ⲟⲩⲇⲉ ⲙ̄ⲡⲟⲩϭⲛ̄ ⲡⲉⲧⲙⲁ ϩⲛ̄ ⲧⲡⲉ·

9 ⲁⲩⲛⲟⲩϫ ⲙ̄ ⲡⲉⲇⲣⲁⲕⲱⲛ ⲛⲟϭ
ⲡϩⲟϥ ⲛ̄ ⲁⲣⲭⲁⲓⲟⲥ· ⲡⲉⲧⲟⲩⲙⲟⲩ
ⲧⲉ ⲉⲣⲟϥ ϫⲉ ⲡⲇⲓⲁⲃⲟⲗⲟⲥ· ⲁⲩⲱ ⲡ
ⲥⲁⲧⲁⲛⲁⲥ ⲡⲉⲧ ⲡⲗⲁⲛⲁ ⲛ̄ⲧⲟⲓ
ⲕⲟⲩⲙⲉⲛⲏ ⲧⲏⲣⲥ· ⲁⲩⲛⲟϫϥ
ⲉ ϩⲣⲁⲓ ⲉϫⲙ̄ ⲡⲕⲁϩ· ⲁⲩⲱ ⲛⲉϥ
ⲁⲅⲅⲉⲗⲟⲥ ⲁⲩⲛⲟϫⲟⲩ ⲛⲙⲙⲁϥ·

10 ⲁⲓⲥⲱⲧⲙ ⲉⲩⲛⲟϭ ⲛ̄ ⲥⲙⲏ ⲉ ⲃⲟⲗ
ϩⲛ̄ ⲧⲡⲉ· ⲉⲥϫⲱ ⲙ̄ⲙⲟⲥ ϫⲉ ⲧⲉ
ⲛⲟⲩ ⲁϥϣⲱⲡⲉ ⲛ̄ϭⲓ ⲡⲟⲩϫⲁⲓ
ⲙⲛ̄ ⲧϭⲟⲙ· ⲁⲩⲱ ⲧⲙⲛ̄ⲧⲉⲣⲟ
ⲙ̄ ⲡⲉⲛⲛⲟⲩⲧⲉ· ⲁⲩⲱ ⲧⲉϩⲟⲩⲥⲓⲁ

ⲙ ⲡⲉϥⲭⲣ̄ⲥ̄· ϫⲉ ⲁⲩⲛⲟⲩϫ ⲉⲡⲉ
ⲥⲏⲧ ⲙ̄ ⲡⲕⲁⲧⲏⲅⲟⲣⲟⲥ ⲛ ⲛⲉⲛⲥⲛⲏⲩ
ⲡⲉⲧ ⲕⲁⲧⲏⲅⲟⲣⲉⲓ ⲙⲙⲟⲟⲩ ⲙ̄ ⲡ̄ ⲙⲧⲟ ⲉ
ⲃⲟⲗ ⲙ ⲡⲛⲟⲩⲧⲉ· ⲙ ⲡⲉϩⲟⲟⲩ ⲙⲛ ⲧⲉⲩ

11 ϣⲏ· ⲁⲩⲱ ⲛⲧⲟϥ ⲁϥϫⲣⲟ ⲉ ⲣⲟϥ ⲉ ⲧⲃⲉ
ⲡⲉⲥⲛⲟϥ ⲙ ⲡⲉϩⲓⲉⲓⲃ· ⲁⲩⲱ ⲉ ⲧⲃⲉ ⲡ
ϣⲁϫⲉ ⲛⲧⲉⲩⲙⲛⲧⲙⲛⲧⲣⲉ· ⲙⲛ ⲟⲩ
ⲙⲉⲣⲉ ⲧⲉⲩⲯⲩⲭⲏ ϣⲁ ϩⲣⲁⲓ ⲉ ⲡⲙⲟⲩ :⸗

12 Ⲉⲧⲃⲉ ⲡⲁⲓ ⲉⲩⲫⲣⲁⲛⲉ ⲙ ⲡⲏⲧⲉ· ⲙⲛ
ⲛⲉⲧⲟⲩⲏϩ ⲛ ϩⲏⲧⲟⲩ· ⲟⲩⲟⲓ
ⲙ ⲡⲕⲁϩ· ⲙⲛ ⲑⲁⲗⲗⲁⲥⲥⲁ ϫⲉ ⲁ
ⲡⲇⲓⲁⲃⲟⲗⲟⲥ ⲉⲓ ⲉⲡⲉⲥⲛⲧ ϣⲁ ⲣⲱⲧⲛ
ⲙⲛ ⲟⲩⲛⲟϭ ⲛ ϭⲱⲛⲧ· ⲉϥⲥⲟⲟⲩⲛ
ϫⲉ ⲕⲉ ⲕⲟⲩⲓ ⲛ ⲟⲩⲟⲉⲓϣ ⲡⲉⲧⲉ ⲟⲩⲛ

13 ⲧⲁϥⲥϥ̄· ⲛ ⲧⲉⲣ ⲉϥⲛⲁⲩ ϫⲉ ⲛϭⲓ
ⲡⲉⲇⲣⲁⲕⲱⲛ· ϫⲉ ⲁⲩⲛⲟϫϥ ⲉ ⲡⲉ
ⲥⲏⲧ ⲉϫⲙ ⲡⲕⲁϩ· ⲁϥⲡⲱⲧ
ⲛⲥⲁ ⲧⲉⲥϩⲓⲙⲉ ⲛⲧ ⲁⲥϫⲡⲉ ⲡϣⲣ̄

14 ϩⲟⲟⲩⲧ· ⲁⲩⲱ ⲁⲩϯ ⲛ ⲧⲉⲥϩⲓⲙⲉ
ⲛ ⲧⲛ̄ϩ ⲥⲛⲁⲩ ⲛ ⲁⲉⲓⲧⲟⲥ̄· ϫⲉ ⲕⲁⲥ
ⲉⲥⲉϩⲱⲗ ⲉ ⲃⲟⲗ ⲉ ⲧⲉⲣⲏⲙⲟⲥ· ⲉ ⲡⲉⲥⲙⲁ
ⲉⲧ ⲟⲩⲛⲁⲥⲁⲛⲟⲩϣⲥ ⲛ ϩⲏⲧϥ ⲛ ⲟⲩ
ⲟⲉⲓϣ· ⲙⲛ ϩⲉⲛⲟⲩⲟⲉⲓϣ· ⲙⲛ ⲧ
ⲡⲁϣⲉ ⲛ ⲟⲩⲟⲉⲓϣ· ⲙ ⲡ ⲙⲧⲟ ⲉ ⲃⲟⲗ ⲙ

15 ⲡϩⲟϥ· ⲁⲩⲱ ⲡϩⲟϥ· ⲁϥⲛⲟⲩϫ
ⲛ ⲟⲩⲙⲟⲟⲩ ⲉ ⲃⲟⲗ ϩⲛ ⲣⲱϥ· ⲛⲑⲉ
ⲛ ⲟⲩⲉⲣⲟ ϩⲓ ⲡⲁϩⲟⲩ ⲛ ⲧⲉⲥϩⲓⲙⲉ·
ϫⲉ ⲕⲁⲥ ⲉϥⲉ ⲧⲣⲉ ⲥⲱⲙⲥ̄· ⲁⲩⲱ̄·

16 ⲁ ⲡⲕⲁϩ ⲃⲟⲏⲑⲉⲓ ⲉ ⲧⲉⲥϩⲓⲙⲉ̄· ⲁⲩⲱ ⲁ ⲡ
ⲕⲁϩ ⲟⲩⲱⲛ ⲛ ⲣⲱϥ ⲁϥⲱⲙⲛ̄ ⲙ̄ ⲡⲉⲓ ⲉ
ⲣⲟ· ⲉⲧ ⲉⲣⲉ ⲡⲉⲇⲣⲁⲕⲱⲛ ⲛⲟⲩϫ ⲙⲙⲟϥ

17 ⲉ ⲃⲟⲗ ϩⲛ ⲧⲉϥⲧⲁⲡⲣⲟ· ⲁ ⲡⲉⲇⲣⲁⲕⲱⲛ
ϭⲱⲛⲧ ⲉ ⲧⲉⲥϩⲓⲙⲉ· ⲁϥⲃⲱⲕ ⲉ ⲉⲓⲣⲉ

REVELATION XII. 17—XIII. 7

Chap. XIII. 1

Ⲁⲛ ⲟⲩⲡⲟⲗⲉⲙⲟⲥ ⲙⲛ ⲡ ⲕⲉ ⲥⲉⲡⲏ ⲙ̄ ⲡⲉ
ⲥⲡⲉⲣⲙⲁ ⲛⲁⲓ ⲉⲧ ϩⲁⲣⲉϩ ⲉⲛⲉⲛⲧⲟⲗⲏ
ⲙ̄ ⲡⲛⲟⲩⲧⲉ · ⲙⲛ ⲧⲙⲛⲧⲙⲛⲧⲣⲉ ⲛ ⲓ̄ⲥ̄ ·
ⲧⲱ ⲁⲓⲁϩⲉ ⲣⲁⲧ ϩⲓϫⲙ ⲡϣⲱ ⲛ ⲑⲁⲗ
ⲗⲁⲥⲥⲁ · ⲁⲓⲛⲁⲩ ⲉⲩⲑⲩⲣⲓⲟⲛ ⲉϥⲛⲏⲩ
ⲉ ϩⲣⲁⲓ ϩⲛ ⲑⲁⲗⲗⲁⲥⲥⲁ · ⲉⲧⲛ ⲙⲛⲧ
ⲛ ⲧⲁⲡ ⲙⲙⲟϥ · ⲁⲩⲱ ⲥⲁϣϥⲉ ⲛ ⲁⲡⲛ ·
ⲉⲣⲉ ⲙⲛⲧⲉ ⲛ ϭⲣⲏⲡⲉ ϩⲓϫⲛ ⲛⲉϥ ⲁ
ⲡⲛⲧⲉ · ⲉϥⲥⲏϩ ⲉϫⲛ ⲛⲉϥ ⲁⲡⲛⲧⲉ

2 ⲛϭⲓ ⲟⲩⲣⲁⲛ ⲛ ϫⲓⲟⲩⲁ · ⲁⲩⲱ ⲡⲉ
ⲑⲩⲣⲓⲟⲛ ⲛⲧ ⲁⲓⲛⲁⲩ ⲉ ⲣⲟϥ ⲉϥⲉⲓⲛⲉ
ⲛ ⲟⲩⲡⲁⲣⲇⲁⲗⲓⲥ · ⲉⲣⲉ ⲛⲉϥⲟⲩⲣⲏⲛⲧⲉ
ⲟ ⲛⲑⲉ ⲛ ⲛⲁ ⲛ ⲉⲓⲁⲣⲍ · ⲉⲣⲉ ⲣⲱϥ ⲟ
ⲛⲑⲉ ⲛ ⲣⲱϥ ⲛ ⲟⲩⲙⲟⲩⲓ̈ · ⲁⲩⲱ ⲡⲉ
ⲇⲣⲁⲕⲱⲛ ⲁϥϯ ⲛⲁϥ ⲛⲧⲉϥϭⲟⲙ
ⲙⲛ ⲡⲉϥⲑⲣⲟⲛⲟⲥ ⲙⲛ ⲟⲩⲛⲟϭ ⲛ ⲉ

3 ⲍⲟⲩⲥⲓⲁ · ⲁⲩⲱ ⲟⲩⲉⲓⲉ ⲉ ⲃⲟⲗ ϩⲛ
ⲛⲉϥⲁⲡⲏⲧⲉ · ⲉϣϫⲉ ⲛⲧⲁⲩϩⲟⲧⲃⲉⲥ
ⲉ ⲡⲙⲟⲩ · ⲁⲩⲱ ⲧⲉ ⲡⲗⲏⲅⲏ ⲙ ⲡⲉϥ
ⲙⲟⲩ ⲁⲩⲧⲁⲗϭⲟⲥ · ⲁ ⲡⲕⲁϩ ⲧⲏⲣϥ
ⲣ ϣⲡⲏⲣⲉ ϩⲓ ⲡⲁϩⲟⲩ ⲙ ⲡⲉⲑⲩⲣⲓⲟⲛ ·

Fol. 20 b
ⲕⲃ̄

4 ⲁⲩⲱ ⲁⲩⲟⲩⲱϣⲧ̄ ⲙ ⲡⲉⲇⲣⲁⲕⲱⲛ ϫⲉ
ⲁϥϯ ⲛⲧⲉϩⲟⲩⲥⲓⲁ ⲙ ⲡⲉⲑⲩⲣⲓⲟⲛ · ⲁⲩⲱ ⲁⲩ
ⲟⲩⲱϣⲧ̄ ⲙ ⲡⲉⲑⲩⲣⲓⲟⲛ ⲉⲩϫⲱ ⲙⲙⲟⲥ ·
ϫⲉ ⲛⲓⲙ ⲡⲉⲧ ⲧⲏⲧⲱⲛ ⲉ ⲣⲟϥ · ⲏ ⲛⲓⲙ
ⲡⲉⲧⲉ ⲟⲩⲛ ϭⲟⲙ ⲙⲙⲟϥ ⲉ ⲙⲓϣⲉ ⲛⲙ

5 ⲙⲁϥ · ⲁⲩϯ ⲇⲉ ⲛⲁϥ ⲛ ⲟⲩⲧⲁⲡⲣⲟ ⲉⲥ
ϫⲉ ⲛⲟϭ ⲛ ϣⲁϫⲉ · ⲁⲩⲱ ⲉⲥϫⲓⲟⲩⲁ · ⲁⲩ
ⲧⲁⲁⲥ ⲇⲉ ⲛⲁϥ ⲉ ⲧⲣⲉ ϥⲙⲓϣⲉ ⲛ ϩⲙⲉ ⲥⲛⲟ

6 ⲟⲩⲥ ⲛ ⲉⲃⲟ̄ⲧ · ⲁϥⲟⲩⲱⲛ ⲛ ⲣⲱϥ ⲉ
ϫⲓⲟⲩⲁ ⲉ ⲡⲣⲁⲛ ⲙ ⲡⲛⲟⲩⲧⲉ · ⲙⲛ ⲧⲉϥ
ⲥⲕⲩⲛⲏ · ⲙⲛ ⲛⲉⲧ ⲟⲩⲏϩ ϩⲛ ⲧⲡⲉ ·

7 ⲁⲩⲱ ⲁⲩϯ ⲛⲁϥ ⲛⲧⲉϩⲟⲩⲥⲓⲁ ⲉϫⲛ

ⲫⲩⲗⲏ ⲛⲓⲙ ϩⲓ ⲗⲁⲟⲥ ϩⲓ ⲁⲥⲡⲉ ϩⲓ
8 ϩⲉⲑⲛⲟⲥ· ⲁⲩⲱ ⲥⲉⲛⲁⲟⲩⲱϣⲧ
ⲛⲁϥ ⲛϭⲓ ⲟⲩⲟⲛ ⲛⲓⲙ ⲉⲧ ⲟⲩⲏϩ
ϩⲓϫⲙ ⲡⲕⲁϩ· ⲛⲉⲧⲉ ⲙ ⲡⲉⲩ
ⲣⲁⲛ ⲥⲏϩ ⲁⲛ ⲉ ⲡϫⲱⲱⲙⲉ ⲙ ⲡⲱ
ⲛϩ ⲙ ⲡⲉϩⲓⲉⲓⲃ· ⲛⲧⲁⲩⲕⲟⲛⲥϥ
ϫⲓⲛ ⲛ ⲧⲕⲁⲧⲁⲃⲟⲗⲏ ⲙ ⲡⲕⲟⲥⲙⲟⲥ·
9 ⲡⲉⲧⲉ ⲟⲩⲛⲧϥ ⲙⲁⲁϫⲉ ⲙⲁⲣⲉϥ
10 ⲥⲱⲧⲙ· ⲡⲉⲧ ⲁⲓⲭⲙⲁⲗⲱⲧⲓⲍⲉ
ⲥⲉⲛⲁϥⲓⲧϥ ⲉ ⲧⲁⲓⲭⲙⲁⲗⲱⲥⲓⲁ·
ⲡⲉⲧ ⲛⲁϩⲱⲧⲃ ϩⲛ ⲟⲩⲥⲏϥⲉ ⲥⲉⲛⲁ
ϩⲟⲧⲃⲉϥ ϩⲛ ⲧⲥⲏϥⲉ· ⲡⲁⲓ ⲡⲉ ⲡ
ⲙⲁⲛⲟⲩⲡⲟⲙⲟⲛⲏ· ⲙⲛ ⲧⲡⲓⲥⲧⲉ̄ ·
11 ⲛ ⲛⲉⲧⲟⲩⲁⲁⲃ· ⲁⲓⲛⲁⲩ ⲉ ⲕⲉ
ⲑⲩⲣⲓⲟⲛ ⲉϥⲛⲏⲩ ⲉ ϩⲣⲁⲓ ϩⲛ ⲑⲁⲗⲗⲁⲥⲥⲁ   Fol. 21 a
ⲉⲩⲛ ⲧⲁⲡ ⲥⲛⲁⲩ ⲙⲙⲟϥ ⲛⲑⲉ ⲙ ⲡⲉϩⲓ
ⲉⲓⲃⲉ· ⲉϥϣⲁϫⲉ ⲛⲑⲉ ⲙ ⲡⲉⲇⲣⲁⲕⲱⲛ·
12 ⲉϥⲉⲓⲣⲉ ⲛ ⲧⲉⲝⲟⲩⲥⲓⲁ ⲙ ⲡⲉⲑⲩⲣⲓⲟⲛ ⲛ
ϣⲟⲣⲡ· ⲙ ⲡⲉϥⲙⲧⲟ ⲉ ⲃⲟⲗ· ⲁⲩⲱ ⲁϥ
ⲧⲣⲉ ⲡⲕⲁϩ ⲙⲛ ⲛⲉⲧ ⲟⲩⲏϩ ϩⲛ ϩⲛ
ⲧϥ ⲟⲩⲱϣⲧ ⲙ ⲡⲉⲑⲩⲣⲓⲟⲛ ⲛ ϣⲟⲣⲡ
ⲡⲁⲓ ⲛⲧ ⲁⲩⲧⲁⲗϭⲉ ⲧⲉ ⲡⲗⲩⲅⲏ ⲙ ⲡ
13 ⲉϥⲙⲟⲩ· ⲁⲩⲱ ϥⲛⲁⲉⲓⲣⲉ ⲛ ϩⲉⲛⲛⲟϭ
ⲙ ⲙⲁⲉⲓⲛ ϩⲱⲥ ϫⲉ ⲛϥⲧⲣⲉ ⲡⲕⲱ
ϩⲧ ⲉⲓ ⲉ ⲃⲟⲗ ϩⲛ ⲧⲡⲉ ⲉϫⲙ ⲡⲕⲁϩ
14 ⲙ ⲡ ⲙⲧⲟ ⲉ ⲃⲟⲗ ⲛⲉⲛⲣⲱⲙⲉ· ⲛⲉϥ
ⲡⲗⲁⲛⲁ ⲛ ⲛⲉⲧ ⲟⲩⲏϩ ϩⲓϫⲙ
ⲡⲕⲁϩ· ⲉ ⲧⲃⲉ ⲙ ⲙⲁⲉⲓⲛ ⲛⲧⲁⲩ
ⲧⲁⲁⲩ ⲛⲁϥ ⲉⲁⲁⲩ ⲙ ⲡ ⲙⲧⲟ ⲉ ⲃⲟⲗ
ⲙ ⲡⲉⲑⲩⲣⲓⲟⲛ· ⲉϥϫⲱ ⲙⲙⲟⲥ ⲛ
ⲛⲉⲧ ⲟⲩⲏϩ ϩⲣⲁⲓ ϩⲓϫⲙ ⲡⲕⲁϩ
ϫⲉ ⲧⲁⲙⲓⲟ ⲛ ⲟⲩϩⲓⲕⲱⲛ ⲙ ⲡⲉ
ⲑⲩⲣⲓⲟⲛ· ⲉⲧ ⲉⲣⲉ ⲧⲉⲡⲗⲩⲅⲏ ⲛ ⲧ

REVELATION XIII. 14—XIV. 3

ⲥⲛϥⲉ ϩⲓⲱⲱϥ· ⲁⲩⲱ ⲁϥⲱⲛϩ·
15 ⲁⲩⲱ ⲁⲩϯ ⲛⲁϥ ⲉ ⲧⲣⲉ ϥϯ ⲡⲛ̄ⲁ̄ ⲛ ⲑⲓ
ⲕⲱⲛ ⲙ ⲡⲉⲑⲩⲣⲓⲟⲛ· ϫⲉ ⲕⲁⲥ
ⲉⲥⲉϣⲁϫⲉ ⲛϭⲓ ⲧϩⲓⲕⲱⲛ ⲙ ⲡⲉ
ⲑⲩⲣⲓⲟⲛ· ⲁⲩⲱ ϥⲛⲁⲙⲙⲛⲧⲥ ϫⲉ
ⲕⲁⲥ ⲛⲉⲧ ⲉⲛⲥⲉⲛⲁⲟⲩⲱϣⲧ ⲁⲛ
ⲙ ⲡⲉⲑⲩⲣⲓⲟⲛ ⲉⲩⲉⲙⲟⲟⲩⲧⲟⲩ:

Fol. 21b
ⲙ̄ⲃ̄

16 ⲁⲩⲱ ϥⲛⲁⲧⲁⲁⲥ ⲛ ⲟⲩⲟⲛ ⲛⲓⲙ ⲛ ⲕⲟⲩⲓ
ⲙⲛ ⲛ ⲛⲟϭ· ⲛ ⲣⲙⲙⲁⲟ ⲙⲛ ⲛϩⲏⲕⲉ
ⲛⲣⲙϩⲉ ⲙⲛ ⲛ ϩⲙϩⲁⲗ· ϫⲉ ⲕⲁⲥ ⲉⲩⲉϯ
ⲛⲁⲩ ⲛ ϩⲉⲛⲥϩⲁⲓ ⲉϫⲛ ⲧⲉⲩϭⲓϫ ⲛ ⲟⲩ
17 ⲛⲁⲙ· ⲏ ⲉϫⲛ ⲧⲉⲩⲧⲉϩⲛⲉ· ϫⲉ ⲛⲛⲉ ⲗⲁ
ⲁⲩ ⲉϣϭⲙϭⲟⲙ ⲉ ϣⲱⲡ ⲏ ⲉ ϯ ⲉ ⲃⲟⲗ· ⲉⲓ
ⲙⲏⲧⲉⲓ ⲡⲉⲧⲉ ⲟⲩⲛⲧⲁϥ ⲡⲉⲥϩⲁⲓ· ⲙ ⲡⲉ
18 ⲑⲩⲣⲓⲟⲛ· ⲏ ⲡⲉϥⲣⲁⲛ· ⲡⲁⲓ ⲡⲉ ⲡ
ⲙⲛⲧⲥⲟⲫⲓⲁ· ⲡⲉⲧⲉ ⲟⲩⲛ ϩⲏⲧ
ⲙⲙⲟϥ· ⲙⲁⲣⲉϥⲉⲡ ⲧⲏⲡⲉ· ⲙ ⲡⲣⲁⲛ
ⲙ ⲡⲉⲑⲩⲣⲓⲟⲛ· ⲧⲏⲡⲉ ⲅⲁⲣ ⲛ ⲟⲩⲣⲱ
ⲙⲉ ⲧⲉ ⲉⲥⲉⲓⲣⲉ ⲛ ⲥⲉⲩ ϣⲉ ⲥⲉⲧⲁ ⲥⲉ· ⲭ︦ⲝ︦ⲋ︦.

Chap.
XIV. 1
ⲓⲛⲁⲩ ⲁⲩⲱ ⲉⲓⲥ ⲟⲩϩⲓⲉⲓⲃⲉ ϥⲁϩ
ⲉ ⲣⲁⲧϥ ϩⲓϫⲙ ⲡⲧⲟⲟⲩ ⲛ ⲥⲓⲱⲛ·
ⲁⲩⲱ ⲙⲛⲧⲁϥⲧⲉ ⲛ ⲧⲃⲁ ⲙⲛ ϥⲧⲟ
ⲟⲩ ⲛ ϣⲟ ⲉⲧⲛⲙⲙⲁϥ· ⲉⲩⲛⲧⲁϥ
ⲙⲙⲁⲩ ⲙ ⲡⲉϥⲣⲁⲛ ⲙⲛ ⲡⲣⲁⲛ ⲙ
ⲡⲉϥⲉⲓⲱⲧ· ⲉϥⲥⲏϩ ⲉ ϩⲣⲁⲓ ⲉϫⲛ
2 ⲧⲉⲩⲧⲉϩⲛⲉ· ⲁⲩⲱ ⲁⲓⲥⲱⲧⲙ ⲉⲩ
ⲥⲙⲏ ⲉ ⲃⲟⲗ ϩⲛ ⲧⲡⲉ ⲛⲑⲉ ⲙ ⲡⲉϩⲣⲟ
ⲟⲩ ⲛ ϩⲉⲛⲙⲟⲟⲩ ⲉⲛⲁϣⲱⲟⲩⲧ· ⲁⲩⲱ
ⲛⲑⲉ ⲛ ⲧⲉⲥⲙⲏ· ⲛ ϩⲉⲛⲛⲟϭ ⲛ ϩⲣⲟⲩⲃ
ⲃⲁⲓ· ⲁⲩⲱ ⲧⲉⲥⲙⲏ ⲛⲧ ⲁⲓⲥⲱⲧⲙ
ⲉ ⲣⲟⲥ ⲉⲥⲟ ⲛⲑⲉ ⲛ ϩⲉⲛ ⲥⲓⲑⲁⲣⲟⲇⲟⲥ
3 ⲉⲩⲥⲓⲑⲁⲣⲓⲍⲉ ⲛ ⲛⲉⲧⲕⲓⲑⲁⲣⲁ· ⲁⲩ
ⲱ ⲉⲩϫⲱ ⲛ ⲟⲩϫⲱ ⲛ ⲃⲣⲣⲉ

ⲙ ⲡ ⲙⲧⲟ ⲉ ⲃⲟⲗ ⲙ ⲡⲉⲑⲣⲟⲛⲟⲥ·
ⲙⲛ ⲡ ϥⲧⲟ ⲉ ⲃⲟⲗ· ⲙ ⲡⲉϥⲧⲟⲟⲩ ⲛ ⳓⲱⲟⲛ·
ⲙⲛ ⲛⲉⲡⲣⲉⲥⲃⲉⲧⲉⲣⲟⲥ· ⲁⲩⲱ ⲛⲉ ⲙⲛ
ϣϭⲟⲙ ⲛ ⲗⲁⲁⲩ ⲉ ⲉⲓⲙⲉ ⲧⲱⲇⲏ· ⲉⲓⲙⲏ
ⲧⲉⲓ ⲡⲙⲛⲧⲁϥⲧⲉ ⲛ ⲧⲃⲁ· ⲙⲛ ⲡⲉϥⲧⲟ
ⲟⲩ ⲛ ϣⲟ· ⲛⲉ ⲛⲧⲁⲩϣⲟⲡⲟⲩ ⲉ ⲃⲟⲗ

4 ϩⲙ ⲡⲕⲁϩ· ⲛⲁⲓ ⲉⲧⲉ ⲙⲛ ⲟⲩⲧⲱⲗⲙ̄
ⲙⲛ ⲥϩⲓⲙⲉ· ⲉ ϩⲉⲛ ⲡⲁⲣⲑⲉⲛⲟⲥ ⲅⲁⲣ ⲛⲉ
ⲛⲁⲓ ⲉⲧ ⲙⲟⲟϣⲉ ⲙⲛ ⲡⲉϩⲓⲉⲓⲃ ⲉ
ⲡⲙⲁ ⲉⲧ ⲉϥⲛⲁ[ⲉⲓ] ⲉ ⲣⲟϥ· ⲛⲁⲓ ⲛⲉ ⲛⲧ ⲁⲩ
ϣⲟⲡⲟⲩ ⲉ ⲃⲟⲗ ϩⲛ ⲛ ⲣⲱⲙⲉ· ⲛⲟⲩⲁ
ⲡⲁⲣⲭⲏ ⲙ ⲡⲛⲟⲩⲧⲉ· ⲙⲛ ⲡⲉϩⲓ

5 ⲉⲓⲃ· ⲁⲩⲱ ⲙⲛ ⲟⲩϭⲉ ⲉ ϭⲟⲗ ϩⲛ
ⲧⲉⲩⲧⲁⲡⲣⲟ· ϩⲉⲛ ⲁⲧ ⲛⲟⲃⲉ ⲅⲁⲣ ⲛⲉ·

6 Ⲁⲓⲛⲁⲩ ⲉⲧⲁⲅⲅⲉⲗⲟⲥ ⲉϥϩⲏⲗ ϩⲛ
ⲧⲙⲏⲛⲧⲉ ⲛ ⲧⲡⲉ· ⲉⲟⲩⲛ ⲟⲩⲉⲧⲁⲅ
ⲅⲉⲗⲓⲟⲛ ⲛ ⲧⲟⲟⲧϥ ⲛ ϣⲁ ⲉⲛⲉϩ
ⲉ ⲧⲁϣⲉⲟⲉⲓϣ ⲛ ⲛⲉⲧ ϩⲙⲟⲟⲥ ⲉ ϩⲣⲁⲓ
ⲉϫⲙ ⲡⲕⲁϩ· ⲁⲩⲱ ⲉϫⲛ ⲛϩⲉ
ⲑⲛⲟⲥ ⲛⲓⲙ ϩⲓ ⲫⲩⲗⲏ ϩⲓ ⲁⲥⲡⲉ ϩⲓ

7 ⲗⲁⲟⲥ· ⲉϥϫⲱ ⲙⲙⲟⲥ ϩⲛ ⲟⲩⲛⲟϭ
ⲛ ⲥⲙⲏ· ϫⲉ ⲁⲣⲓ ϩⲟⲧⲉ ϩⲏⲧϥ ⲙ ⲡ
ⲛⲟⲩⲧⲉ ⲛⲧⲉⲧⲛ† ⲉⲟⲟⲩ ⲛⲁϥ ϫⲉ ⲁⲥ
ⲉⲓ ⲛϭⲓ ⲧⲉⲩⲛⲟⲩ ⲛ ⲧⲉϥⲕⲣⲓⲥⲓⲥ· ⲁⲩⲱ
ⲧⲉⲧⲛⲟⲩⲱϣⲧ ⲙ ⲡⲉ ⲛⲧ ⲁϥⲧⲁ
ⲙⲓⲉ ⲧⲡⲉ ⲙⲛ ⲡⲕⲁϩ· ⲙⲛ ⲑⲁⲗ
ⲗⲁⲥⲥⲁ· ⲙⲛ ⲛⲡⲩⲅⲏ ⲛⲙⲙⲟⲟⲩ·

8 Ⲁ ⲕⲉ ⲁⲅⲅⲉⲗⲟⲥ· ⲙ ⲙⲉϩ ⲥⲛⲁⲩ ⲟⲩⲁϩϥ
ⲛⲥⲱϥ ⲉϥϫⲱ ⲙⲙⲟⲥ· ϫⲉ ⲁⲥϩⲉ ⲁⲥϩⲉ
ⲛϭⲓ ⲧⲛⲟϭ ⲛ ⲃⲁⲃⲩⲗⲱⲛ· ⲁⲩⲱ ⲁⲛϩⲉ
ⲑⲛⲟⲥ ⲧⲏⲣⲟⲩ ϩⲉϩ ⲙ ⲡⲏⲣⲡ ⲙ ⲡϣⲱ

9 ⲛⲧ ⲛ ⲧⲉⲥⲡⲟⲣⲛⲓⲁ· ⲁ ⲕⲉ ⲙⲉϩ ϣⲟ
ⲙⲛⲧ ⲛ ⲁⲅⲅⲉⲗⲟⲥ ⲟⲩⲁϩϥ ⲛⲥⲱⲟⲩ ⲉϥϫⲱ̀

ⲙⲙⲟⲥ ϩⲛ ⲟⲩⲛⲟϭ ⲛ ⲥⲙⲏ· ϫⲉ ⲡⲉⲧ
ⲛⲁⲟⲩⲱϣⲧ ⲙ ⲡⲉⲑⲩⲣⲓⲟⲛ ⲏ ⲧⲉϥϩⲓ
ⲕⲱⲛ· ⲁⲩⲱ ⲛⲉϥϫⲓ ⲛⲉϥⲥϩⲁⲓ ⲉϫⲛ
10 ⲧⲉϥⲧⲉϩⲛⲉ· ⲏ ⲉϫⲛ ⲧⲉϥϭⲓϫ· ⲛⲧⲟϥ̂
ϩⲱϥ ⲟⲛ ϥⲛⲁⲥⲱ ⲉ ⲃⲟⲗ ϩⲙ ⲡⲏⲣⲡ
ⲙ ⲡϭⲱⲛⲧ ⲙ ⲡⲛⲟⲩⲧⲉ· ⲡⲁⲓ ⲉⲧⲕⲩ
ⲣⲁ ⲛ ⲁⲕⲣⲁⲧⲟⲛ ϩⲙ ⲡϫⲱ ⲛ ⲧⲉϥⲟⲣ
ⲅⲏ· ⲁⲩⲱ ⲥⲉⲛⲁⲃⲁⲥⲁⲛⲓⲍⲉ ⲙⲙⲟ
ⲟⲩ ϩⲛ ⲟⲩⲕⲱϩⲧ ⲙⲛ ⲟⲩⲑⲏⲛ·
ⲙ ⲡ ⲙⲧⲟ ⲉ ⲃⲟⲗ ⲛ ⲛⲁⲅⲅⲉⲗⲟⲥ ⲉⲧ ⲟⲩ
ⲁⲁⲃ· ⲙ ⲡ ⲙⲧⲟ ⲉ ⲃⲟⲗ ⲙ ⲡⲉϩⲓⲉⲓⲃ·
11 ⲁⲩⲱ ⲡⲕⲁⲡⲛⲟⲥ ⲛ ⲧⲉⲩⲃⲁⲥⲁⲛⲟⲥ
ⲛⲁϫⲓⲥⲉ ⲉ ϩⲣⲁⲓ ϣⲁ ⲉⲛⲉϩ ⲛ ⲉⲛⲉϩ·
ⲛⲥⲉ ⲧⲙ ϫⲓ ⲙⲧⲟⲛ· ⲙ ⲡⲉϩⲟⲟⲩ·
ⲙⲛ ⲧⲉⲩϣⲏ ⲛϭⲓ ⲛⲉⲧ ⲛⲁⲟⲩⲱ
ϣⲧ ⲙ ⲡⲉⲑⲩⲣⲓⲟⲛ· ⲙⲛ ⲧⲉϥϩⲓ
ⲕⲱⲛ· ⲙⲛ ⲡⲉⲧ ⲛⲁϫⲓ̈ ⲙ ⲡⲙⲁⲉⲓⲛ
12 ⲙ ⲡⲉϥⲣⲁⲛ· ⲡⲁⲓ ⲡⲉ ⲡⲙⲁ ⲛ ⲟⲩ
ⲡⲟⲙⲟⲛⲏ ⲛ ⲛⲉⲧ ⲟⲩⲁⲁⲃ· ⲛⲉⲧ
ϩⲁⲣⲉϩ ⲉⲛⲉⲛⲧⲟⲗⲏ ⲙ ⲡⲛⲟⲩⲧⲉ
13 ⲙⲛ ⲧⲡⲓⲥⲧⲓⲥ ⲛ ⲓ̅ⲥ̅· ⲁⲓⲥⲱⲧⲙ ⲉⲩ
ⲥⲙⲏ ⲉ ⲃⲟⲗ ϩⲛ ⲧⲡⲉ ⲉⲥϫⲱ ⲙ̅ⲙⲟⲥ· ϫⲉ
ⲥϩⲁⲓ ϫⲉ ⲛⲁⲓⲁⲧⲟⲩ ⲛ ⲛⲉⲧ ⲛⲁⲙⲟⲩ ϫⲓⲛ
ⲛⲧⲉⲛⲟⲩ ϩⲙ ⲡⲭ̅ⲥ̅· ⲥⲉ ⲡⲉϫⲁϥ ⲛϭⲓ ⲡⲉ
ⲡ̅ⲛ̅ⲁ̅· ϫⲉ ⲛⲁⲥ ⲉⲧⲉⲙⲧⲟⲛ ⲙⲙⲟⲟⲩ
ⲉ ⲃⲟⲗ ϩⲛ ⲛⲉⲩϩⲓⲥⲉ· ⲛⲉⲩϩⲃⲏⲩⲉ ⲅⲁⲣ
14 ⲛⲁⲟⲩⲁϩⲟⲩ ⲛⲥⲱⲟⲩ· ⲁⲓⲛⲁⲩ ⲁⲩⲱ ⲉⲓⲥ
ⲟⲩⲕⲗⲟⲟⲗⲉ ⲉⲥⲟⲩⲟⲃϣ̅· ⲁⲩⲱ ⲉϥϩⲙⲟⲟⲥ
ϩⲓϫⲛ ⲧⲉⲕⲗⲟⲟⲗⲉ· ⲛϭⲓ ⲡⲉⲓⲛⲉ ⲛ ⲟⲩ
ϣⲏⲣⲉ ⲛ ⲣⲱⲙⲉ· ⲉⲟⲩⲛ ⲟⲩⲕⲗⲟⲙ
ⲛ ⲛⲟⲩⲃ ϩⲓϫⲛ ⲧⲉϥⲁⲡⲏ· ⲉⲧⲛ ⲟⲩⲟ
15 ϩⲥ ⲉϥⲧⲏⲙ ϩⲛ ⲧⲉϥϭⲓϫ· ⲁⲩⲱ ⲕⲉ
ⲁⲅⲅⲉⲗⲟⲥ ⲁϥⲉⲓ ⲉ ⲃⲟⲗ ϩⲙ ⲡⲣⲡⲉ ⲉϥⲁϣ

ⲕⲁⲕ ⲉ ⲃⲟⲗ ϩⲛ ⲟⲩⲛⲟϭ ⲛ ⲥⲙⲏ· ⲉⲡⲧ̄
ϩⲙⲟⲟⲥ ⲉϫⲛ ⲧⲉⲕⲗⲟⲟⲗⲉ· ϫⲉ ⲙⲁ
ϫⲟⲟⲧ ⲙ ⲡⲉⲕⲟϩⲥ ⲛⲧ ⲱϩⲥ· ϫⲉ ⲁⲥ
ⲉⲓ ⲛϭⲓ ⲧⲏⲩⲛⲟⲩ ⲙ ⲡⲱϩⲥ· ϫⲉ
ⲁϥϣⲟⲟⲩⲉ ⲛϭⲓ ⲱϩⲥ ⲙ ⲡⲕⲁϩ·

16 ⲁⲩⲱ ⲁϥⲛⲟⲩϫ ⲛϭⲓ ⲡⲉⲧϩⲙⲟⲟⲥ
ⲉϫⲛ ⲧⲉⲕⲗⲟⲟⲗⲉ· ⲙ ⲡⲉϥⲟϩⲥ ⲉ

17 ϩⲣⲁⲓ ⲉϫⲙ ⲡⲕⲁϩ· ⲁ ⲕⲉ ⲁⲅⲅⲉⲗⲟ̅ⲥ̅
ⲉⲓ ⲉ ⲃⲟⲗ ϩⲙ ⲡⲣⲡⲉ· ⲉⲧ ϩⲛ ⲧⲙⲏⲧⲉ·
ⲉⲩⲛ ⲟⲩϩⲁⲗⲕⲟⲩ ⲛⲧⲟⲟⲧϥ ⲉⲥⲧⲏⲙ·

18 ⲁ ⲕⲉ ⲁⲅⲅⲉⲗⲟⲥ ⲉⲓ ⲉ ⲃⲟⲗ ϩⲙ ⲡⲉⲑⲩⲥⲓ
ⲁⲥⲧⲩⲣⲓⲟⲛ· ⲉⲩⲛⲧⲁϥ ⲧⲉϩⲟⲩⲥⲓⲁ
ⲙ ⲡⲕⲱϩⲧ· ⲁϥⲙⲟⲧⲉ ϩⲛ ⲟⲩ
ⲛⲟϭ ⲛ ⲥⲙⲏ ⲉ ⲡⲉⲧ ⲉⲣⲉ ⲑ[ϩ]ⲁⲗⲕⲟⲩ
ⲛ ⲧⲟⲟⲧϥ꞉
ⲉⲥⲧⲏⲙ̅ ⲉϥϫⲱ ⲙ̅ⲙⲟ̅ⲥ̅· ϫⲉ ⲙⲁ ϫⲟⲟⲩ
ⲛⲧⲉⲕϩⲁⲗⲕⲟⲩ ⲛⲧ ϫⲱⲱⲗⲉ· ⲛⲛⲉⲥ
ⲙⲁϩ ⲛ ⲧⲃⲱ ⲛ ⲉⲗⲟⲟⲗⲉ· ⲙ ⲡⲕⲁϩ· ϫⲉ ⲁⲩ

19 ⲡⲱϩ ⲛϭⲓ ⲛⲉⲥ ⲉⲗⲟⲟⲗⲉ· ⲁⲩⲱ ⲁ ⲡⲁⲅⲅⲉ
ⲗⲟⲥ ⲛⲟⲩϫ ⲛⲧⲉϥϩⲁⲗⲕⲟⲩ ⲉ ϩⲣⲁⲓ ⲉϫⲙ
ⲡⲕⲁϩ· ⲁϥϫⲱⲱⲗⲉ ⲛ ⲧⲃⲱ ⲛ ⲉⲗⲟⲟⲗⲉ
ⲙ ⲡⲕⲁϩ· ⲁⲩⲱ ⲁϥⲛⲟⲩϫ ⲉ ⲧⲉϩⲣⲱⲧ

20 ⲛⲟϭ ⲙ ⲡϭⲱⲛⲧ ⲙ ⲡⲛⲟⲩⲧⲉ· ⲁⲩϩⲱⲙ
ⲛ ⲧⲉϩⲣⲱⲧ ⲡⲃⲟⲗ ⲛ ⲧⲡⲟⲗⲓⲥ· ⲁⲩⲱ
ⲁ ⲡⲉⲥⲛⲟϥ ⲉⲓ ⲉ ⲃⲟⲗ ϩⲛ ⲧⲉϩⲣⲱⲧ· ϣⲁ ϩⲣⲁⲓ
ⲉ ⲛⲉⲭⲁⲗⲓⲛⲟⲥ ⲛ ⲛⲉϩⲧⲱⲱⲣ· ⲛⲁⲙⲛ
ⲧⲁⲥⲉ ⲛϣⲉ ⲛⲥⲧⲁⲇⲓⲟⲛ· ⲁⲓⲛⲁⲩ ⲉ ⲕⲉ

Chap.
XV. 1 ⲛⲟϭ ⲙ ⲙⲁⲉⲓⲛ ⲛ ϣⲡⲏⲣⲉ ϩⲛ ⲧⲡⲉ·
ⲥⲁϣϥ ⲛ ⲁⲅⲅⲉⲗⲟⲥ· ⲉⲣⲉ ⲥⲁϣϥⲉ ⲙ ⲡⲗⲩ
ⲅⲏ ⲛ ⲧⲟⲟⲧⲟⲩ ⲛ ϩⲁⲏ· ϫⲉ ϩⲣⲁⲓ ⲛ
ϩⲏⲧⲟⲩ· ⲛⲧⲁϥϫⲱⲕ ⲉ ⲃⲟⲗ ⲛϭⲓ ⲡϭⲱ

2 ⲛⲧ ⲙ ⲡⲛⲟⲩⲧⲉ· ⲁⲓⲛⲁⲩ ⲛⲑⲉ ⲛ ⲟⲩ
ⲑⲁⲗⲗⲁⲥⲥⲁ ⲛ ⲁⲃⲁϭⲏⲉⲓⲛ· ⲉⲥⲧⲏϩ ⲙⲡ̅

ⲟⲩⲕⲱϩⲧ· ⲁⲩⲱ ⲛⲉⲧ ⲛⲁϫⲣⲟ ⲉ ⲃⲟⲗ
ϩⲙ ⲡⲉⲑⲩⲣⲓⲟⲛ ⲙⲛ ⲧⲉϥϩⲓⲕⲱⲛ
ⲙⲛ ⲧⲏⲡⲉ ⲙ ⲡⲉϥⲣⲁⲛ· ⲛⲉⲧⲁϩⲉ
ⲣⲁⲧⲟⲩ ⲉϫⲛ ⲟⲩⲑⲁⲗⲗⲁⲥⲥⲁ ⲛ ⲁⲃⲁ
ϭⲛⲉⲓⲛ· ⲉⲣⲉ ϩⲉⲛⲕⲓⲑⲁⲣⲁ ⲛⲧⲟⲟⲧⲟⲩ

3 ⲛⲧⲉ ⲡⲛⲟⲩⲧⲉ· ⲉⲩϫⲱ ⲛ ⲧⲱⲇⲏ ⲙ
ⲙⲱⲩⲥⲏⲥ· ⲡϩⲙϩⲁⲗ ⲙ ⲡⲛⲟⲩⲧⲉ·
ⲙⲛ ⲧⲱⲇⲏ ⲙ ⲡⲉϩⲓⲉⲓⲃ· ⲉⲩϫⲱ
ⲙⲙⲟⲥ· ϫⲉ ϩⲉⲛⲛⲟϭ· ⲁⲩⲱ ϩⲉⲛ
ϣⲡⲏⲣⲉ ⲛⲉ ⲛⲉⲕϩⲃⲏⲩⲉ ⲡⲭ̅ⲥ̅·
ⲡⲛⲟⲩⲧⲉ ⲡⲡⲁⲛⲧⲱⲕⲣⲁⲧⲱⲣ·
ϩⲉⲛⲇⲓⲕⲁⲓⲟⲥⲩⲛⲏ ⲁⲩⲱ ϩⲉⲛⲙⲉ
ⲛⲉ ⲛⲉⲕϩⲃⲏⲩⲉ· ⲙⲛ ⲛⲉⲕϩⲓⲟⲟⲧⲉ

4 ⲛ ⲛⲁⲓ ⲁⲓⲱⲛ· ⲛⲓⲙ ⲡⲉⲧⲉ ⲛⲉϥⲣϩⲟ
ⲧⲉ ϩⲏⲧⲕ ⲡⲭ̅ⲥ̅· ⲁⲩⲱ ⲛⲉϥϯ ⲉⲟⲟⲩ
ⲙ ⲡⲉⲕⲣⲁⲛ· ϫⲉ ⲛⲧⲟⲕ ⲙⲁⲩⲁⲁⲕ
ⲡⲉ ⲡⲉⲧ ⲟⲩⲁⲁⲃ· ⲁⲩⲱ ⲡⲇⲓⲕⲁⲓⲟⲥ
ϫⲉ ⲛ ϩⲉⲑⲛⲟⲥ ⲧⲏⲣⲟⲩ ⲛⲏⲩ ⲛⲥⲉⲟⲩ
ⲱϣⲧ ⲙ ⲡⲉⲕ ⲙⲧⲟ ⲉ ⲃⲟⲗ· ϫⲉ ⲁ ⲛⲉⲕ

5 ⲇⲓⲕⲁⲓⲱⲙⲁ ⲟⲩⲱⲛϩ ⲉ ⲃⲟⲗ· ⲙⲛⲛ
ⲥⲁ ⲛⲁⲓ· ⲁϥⲟⲩⲱⲛ ⲛϭⲓ ⲡⲣⲡⲉ ⲛ
ⲧⲉⲥⲕⲩⲛⲏ· ⲙ ⲡⲙⲛⲧⲣⲉ ⲛ ⲧⲡⲉ·

6 ⲁⲩⲱ ⲁⲩⲉⲓ ⲉ ⲃⲟⲗ· ⲛϭⲓ ⲡⲥⲁϣϥ ⲛ ⲁⲅ
ⲅⲉⲗⲟⲥ ⲉⲧ ⲉⲣⲉ ⲧⲥⲁϣϥⲉ ⲙ ⲡⲗⲩⲅⲏ
ⲛ ⲧⲟⲟⲧⲟⲩ· ⲉ ⲃⲟⲗ ϩⲙ ⲡⲣⲡⲉ ⲉⲣⲉ
ϩⲉⲛ ϩⲃⲥⲱ ϩⲓⲱⲟⲩ ⲉⲩⲟⲩⲟⲃϣ ⲉⲩ
ⲧⲃⲃⲏⲩ· ⲉⲩⲙⲏⲣ ⲉϫⲛ ⲧⲉⲩⲙⲉⲥ
ⲧ ⲛ ϩⲏⲧ ⲛ ⲟⲩⲙⲟϫϩ ⲛ ⲛⲟⲩⲃ·

7 ⲁⲩⲱ ⲟⲩⲁ ⲉ ⲃⲟⲗ ϩⲙ ⲡⲉϥⲧⲟⲟⲩ ⲛ ⲍⲱ
ⲟⲛ· ⲁϥϯ ⲙ ⲡⲥⲁϣϥ ⲛ ⲁⲅⲅⲉⲗⲟⲥ
ⲛ ⲥⲁϣϥⲉ ⲙ ⲫⲓⲁⲗⲏ ⲛ ⲛⲟⲩⲃ ⲉⲩ
ⲙⲉϩ ⲉ ⲃⲟⲗ· ϩⲙ ⲡϭⲱⲛⲧ ⲙ ⲡⲛⲟⲩ
ⲧⲉ ⲉⲧ ⲟⲛϩ· ϣⲁ ⲛⲓⲉⲛⲉϩ ⲛ ⲉⲛⲉϩ·

REVELATION XV. 8—XVI. 7   309

8 Ⲁⲩⲱ ⲁ ⲡⲉⲣⲡⲉ ⲙⲟⲩϩ ⲉ ⲃⲟⲗ ϩⲙ ⲡ
ⲕⲁⲡⲛⲟⲥ ⲙ ⲡⲉⲟⲟⲩ ⲙ ⲡⲛⲟⲩⲧⲉ·
ⲙⲛ ⲡⲉ ⲉ ⲃⲟⲗ ϩⲛ ⲧⲉϥϭⲟⲙ· ⲁⲩⲱ
ⲙ ⲡⲉ ⲗⲁⲁⲩ ⲉϣϭⲙϭⲟⲙ ⲉ ⲃⲱⲕ   Fol. 24 b
ⲉ ϩⲟⲩⲛ ⲉ ⲡⲣⲡⲉ· ϣⲁⲛⲧⲟⲩϫⲱⲕ ⲉ   ⲛ̄
ⲃⲟⲗ ⲛϭⲓ ⲧⲥⲁϣϥⲉ ⲙ ⲡⲗⲩⲅⲏ· ⲙ ⲡⲥⲁ

Chap.   ϣϥ ⲛ ⲁⲅⲅⲉⲗⲟⲥ· ⲁⲓⲥⲱⲧⲙ ⲉⲩⲛⲟϭ
XVI. 1   ⲛ ⲥⲙⲏ ⲉ ⲃⲟⲗ ϩⲛ ⲧⲡⲉ· ⲉⲥϫⲱ ⲙⲙⲟⲥ ⲛ
         ⲛⲁⲅⲅⲉⲗⲟⲥ· ϫⲉ ⲡⲱϩⲧ ⲛ ⲛⲉⲫⲓⲁ

2 ⲗⲏ ⲙ ⲡϭⲱⲛⲧ ⲙ ⲡⲛⲟⲩⲧⲉ· ⲁϥⲃⲱⲕ
ⲛϭⲓ ⲡϣⲟⲣⲡ· ⲁϥⲡⲱϩⲧ ⲛ ⲧⲉϥⲫⲓⲁ
ⲗⲏ· ⲉ ϩⲣⲁⲓ ⲉϫⲙ ⲡⲕⲁϩ· ⲁⲩⲱ ⲁϥϣⲱ
ⲡⲉ ⲛϭⲓ ⲟⲩⲥⲁϣ ⲙ ⲡⲟⲛⲏⲣⲟⲛ· ⲉϥϩⲟⲟⲩ
ⲉϫⲛ ⲛⲉⲧⲉ ⲟⲩⲛⲧⲁⲩ ⲡⲙⲁⲉⲓⲛ ⲙ ⲡⲉ
ⲑⲩⲣⲓⲟⲛ ⲙⲛ ⲛⲉⲧ ⲟⲩⲱϣⲧ ⲛⲧⲉϥϩⲣ

3 ⲕⲱⲛ· ⲁ ⲡⲙⲉϩ ⲥⲛⲁⲩ ⲡⲱϩⲧ ⲛ
ⲧⲉϥⲫⲓⲁⲗⲏ ⲉ ϩⲣⲁⲓ ⲉϫⲛ ⲑⲁⲗⲗⲁⲥ
ⲥⲁ ⲁⲥⲣ ⲥⲛⲟϥ ⲛⲑⲉ ⲙ ⲡⲁ ⲡⲉⲧ ⲙⲟⲟⲩⲧ·
Ⲁⲩⲱ ⲁⲩⲙⲟⲩ ⲛϭⲓ ⲯⲩⲭⲏ ⲛⲓⲙ ⲉⲧ ⲟ

4 ⲛϩ ϩⲛ ⲑⲁⲗⲗⲁⲥⲥⲁ· ⲁ ⲡⲙⲉϩ ϣⲟ
ⲙⲛⲧ ⲡⲱϩⲧ ⲛⲧⲉϥⲫⲓⲁⲗⲏ ⲉϫⲛ
ⲛⲉⲓⲉⲣⲱⲟⲩ· ⲙⲛ ⲛ ⲡⲩⲅⲏ ⲛⲙⲙⲟⲟⲩ·

5 Ⲁⲩⲱ ⲁⲩⲣ ⲥⲛⲟϥ· ⲁⲓⲥⲱⲧⲙ ⲉ ⲡⲁⲅ
ⲅⲉⲗⲟⲥ ⲛⲙⲙⲟⲟⲩ ⲉϥϫⲱ ⲙⲙⲟⲥ·
ϫⲉ ⲛⲧⲕ ⲟⲩⲇⲓⲕⲁⲓⲟⲥ ⲡⲉⲧ ϣⲟⲟⲡ
ⲁⲩⲱ ⲡⲉⲧⲉ ⲛⲉϥϣⲟⲟⲡ· ⲡ ⲡⲉⲧⲟⲩ

6 ⲁⲁⲃ· ϫⲉ ⲁⲕⲕⲣⲓⲛⲉ ⲛ ⲛⲁⲓ· ϫⲉ ⲁⲩ
ⲡⲱϩⲧ ⲉ ⲃⲟⲗ ⲙ ⲡⲉⲥⲛⲟϥ ⲛ ⲛⲉⲡⲣⲟ
ⲫⲩⲧⲏⲥ· ⲁⲩⲱ ⲁⲕϯ ⲛⲁⲩ ⲛ ⲟⲩ
ⲥⲛⲟϥ ⲉ ⲥⲟⲟϥ· ϫⲉ ⲥⲉⲙⲡϣⲁ·

7 Ⲁⲓⲥⲱⲧⲙ ⲉ ⲡⲉⲑⲩⲥⲓⲁⲥⲧⲏⲣⲓⲟⲛ ⲉϥϫⲱ   Fol. 25 a
ⲙⲙⲟⲥ· ϫⲉ ⲡϫⲟⲉⲓⲥ ⲡⲛⲟⲩⲧⲉ ⲡⲡⲁⲛ   ⲛ̄ⲁ
ⲧⲱⲕⲣⲁⲧⲱⲣ· ϩⲉⲛ ⲙⲉ ⲛⲉ· ⲁⲩⲱ ϩⲉⲛ

ⲇⲓⲕⲁⲓⲟⲥⲧⲛⲏ ⲛⲉ ⲛⲉⲕϩⲁⲡ·

8 Ⲁ ⲡⲙⲉϩ ϥⲧⲟⲟⲩ ⲛ ⲁⲅⲅⲉⲗⲟⲥ ⲡⲱϩⲧ
ⲛ ⲧⲉϥⲫⲓⲁⲗⲏ ⲉϫⲙ ⲡⲣⲏ· ⲁⲩⲱ ⲁⲩ
ϯ ⲛⲁϥ ⲉ ⲧⲣⲉ ϥϣⲱⲃϩ ⲛ ⲉⲛⲣⲱⲙⲉ
9 ϩⲛ ⲟⲩⲕⲱϩⲧ· ⲁⲩⲱ ⲁⲩϣⲱⲃϩ
ⲛϭⲓ ⲛⲣⲱⲙⲉ ϩⲛ ⲟⲩⲛⲟϭ ⲛ ⲕⲁⲩⲙⲁ·
ⲁⲩϫⲓⲟⲩⲁ ⲉ ⲡⲣⲁⲛ ⲙ ⲡⲛⲟⲩⲧⲉ ⲡⲉⲧⲉ
ⲟⲩⲛⲧϥ ⲧⲉϫⲟⲩⲥⲓⲁ ⲛ ⲛⲉⲡⲗⲏⲅⲏ ⲧⲏ
ⲣⲟⲩ· ⲁⲩⲱ ⲙⲡ ⲟⲩⲙⲉⲧⲁⲛⲟⲓ ⲉⲧⲣ︤ⲩ︥

10 ϯ ⲉⲟⲟⲩ ⲛⲁϥ· Ⲁ ⲡⲙⲉϩ ϯⲟⲩ
ⲡⲱϩⲧ ⲛ ⲧⲉϥⲫⲓⲁⲗⲏ ⲉ ϩⲣⲁⲓ ⲉϫⲙ
ⲡⲉⲑⲣⲟⲛⲟⲥ ⲙ ⲡⲉⲑⲩⲣⲓⲟⲛ· ⲁⲩⲱ
ⲁ ⲧⲉϥⲙⲛⲧⲉⲣⲟ ϣⲱⲡⲉ ⲛ ⲕⲁⲕⲉ·
ⲁⲩⲱ ⲛⲉⲩⲟⲩⲟϭⲟⲩⲉϭ ⲡⲉ ⲛ ⲛⲉⲩ

11 ⲗⲁⲥ ⲉ ⲃⲟⲗ ϩⲙ ⲡⲉⲙⲕⲁϩ· ⲁⲩⲱ ⲛ︤ⲩ︥
ϫⲓⲟⲩⲁ ⲡⲉ ⲉ ⲡⲛⲟⲩⲧⲉ ⲛ ⲧⲡⲉ ⲉ ⲃⲟⲗ
ϩⲛ ⲛⲉⲩⲧⲕⲁⲥ· ⲙⲛ ⲛⲉⲩⲥⲁϣ ⲁⲩⲱ
ⲙⲡ ⲟⲩⲙⲉⲧⲁⲛⲟⲓ ⲉ ⲃⲟⲗ ϩⲛ ⲛⲉⲩ

12 ϩⲃⲏⲩⲉ· Ⲁ ⲡⲙⲉϩ ⲥⲟⲟⲩ ⲡⲱ
ϩⲧ ⲛ ⲧⲉϥⲫⲓⲁⲗⲏ ⲉϫⲙ ⲡⲉⲓⲉⲣⲟ
ⲛⲟϭ ⲡⲉⲧⲉⲫⲣⲁⲧⲏⲥ· ⲁⲩⲱ ⲁϥϣⲟ
ⲟⲩⲉ ⲛϭⲓ ⲡⲉϥⲙⲟⲟⲩ· ϫⲉ ⲕⲁⲥ ⲁⲥ ⲉⲧⲉ
ⲥⲟⲃⲧⲉ ⲛ ⲧⲉϩⲓⲏ ⲛ ⲛⲉⲓⲉⲣⲱⲟⲩ ⲉ
ⲃⲟⲗ ϩⲛ ⲙ ⲙⲁⲛϣⲁ ⲙ ⲡⲣⲏ:

13 Ⲁⲓⲛⲁⲩ ⲉⲧⲛⲏⲩ ⲉ ⲃⲟⲗ ϩⲛ ⲣⲱϥ ⲙ ⲡⲉ
ⲇⲣⲁⲕⲱⲛ· ⲙⲛ ⲡⲉⲑⲩⲣⲓⲟⲛ· ⲙⲛ ⲣⲱϥ
ⲙ ⲡⲉⲡⲣⲟⲫⲩⲧⲏⲥ ⲛ ⲛⲟⲩϫ· ⲛϭⲓ ϣⲟ
ⲙⲛⲧ ⲙ ⲡ︤ⲛ︦ⲁ︥· ⲛ ⲁⲕⲁⲑⲁⲣⲧⲟⲛ ⲛⲑⲉ ⲛ

14 ϩⲉⲛⲕⲣⲟⲩⲣ· ϩⲉⲛⲡ︤ⲛ︦ⲁ︥ ⲅⲁⲣ ⲛ ⲇⲁⲓⲙⲟ
ⲛⲓⲟⲛ ⲛⲉ· ⲉⲩⲉⲓⲣⲉ ⲛ ϩⲉⲛⲙⲁⲉⲓⲛ· ⲉ ⲧⲣⲉ ⲩ
ⲉⲓⲛⲉ ⲉ ⲃⲟⲗ ⲛ ⲛⲉⲣⲣⲱⲟⲩ· ⲛ ⲧⲟⲓⲕⲟⲩⲙⲉ
ⲛⲏ ⲧⲏⲣⲥ· ⲉ ⲥⲟⲟⲩϩⲟⲩ ⲉ ϩⲟⲩⲛ ⲉ ⲡⲡⲟ
ⲗⲉⲙⲟⲥ· ⲙ ⲡⲛⲟϭ ⲛ ϩⲟⲟⲩ ⲛⲧⲉ ⲡⲛⲟⲩⲧⲉ

15 ⲡⲡⲁⲛⲧⲱⲕⲣⲁⲧⲱⲣ· ⲉⲓⲥ ϩⲏⲏⲧⲉ ϯ
ⲛⲏⲩ ⲛⲑⲉ ⲛ ⲟⲩⲣⲉϥϫⲓⲟⲩⲉ· ⲛⲁⲓⲁ
ⲧϥ ⲙ ⲡⲉⲧ ⲣⲟⲉⲓⲥ ⲁⲩⲱ ⲉⲧϩⲁⲣⲉϩⲉϥ¹
ⲉ ⲛⲉϥϩⲟⲓⲧⲉ ϫⲉ ⲛⲛϥ
ⲙⲟⲟϣⲉ ⲉϥⲕⲏ ⲕⲁϩⲏⲩ· ⲛⲥⲉⲛⲁⲩ

16 ⲉ ⲡⲉϥϣⲓⲡⲉ· ⲁⲩⲱ ⲁϥⲥⲟⲟⲩϩⲟⲩ
ⲉ ϩⲟⲩⲛ ⲉ ⲡⲡⲟⲗⲙⲟⲥ ⲉⲧ ⲟⲩⲙⲟⲩⲧⲉ
ⲉ ⲣⲟϥ ⲙ ⲙⲛⲧϩⲉⲃⲣⲁⲓⲟⲥ· ϫⲉ ⲁⲣⲙⲁ

17 ⲕⲉⲇⲱⲛ· Ⲁ̅ ⲡⲙⲉϩ ⲥⲁϣϥ
ⲡⲱϩⲧ̅ ⲛ ⲧⲉϥⲫⲓⲁⲗⲏ ⲉϫⲙ ⲡⲁⲏⲣ·
ⲁⲩⲱ ⲁⲩⲛⲟϭ ⲛ ⲥⲙⲏ ⲉⲓ ⲉ ⲃⲟⲗ ϩⲙ
ⲡⲣⲡⲉ ϩⲓⲧⲙ ⲡⲉⲑⲣⲟⲛⲟⲥ ⲉⲥϫⲱ

18 ⲙⲙⲟⲥ ϫⲉ ⲁⲥϣⲱⲡⲉ· ⲁⲩϣⲱⲡⲉ
ⲛϭⲓ ϩⲉⲛⲉⲃⲣⲏϭⲉ ⲙⲛ ϩⲉⲛⲥⲙⲏ· ⲙⲛ
ϩⲉⲛϩⲣⲟⲩⲃⲃⲁⲓ· ⲙⲛ ⲟⲩⲛⲟϭ ⲛ ⲕⲙ
ⲧⲟ· ⲉⲧⲉ ⲙⲡⲉ ⲟⲩⲟⲛ ⲛⲧⲉϥϩⲉ ϣⲱ
ⲡⲉ ϫⲓⲛ ⲛⲧⲁⲩϫⲡ ⲉ ⲣⲱⲙⲉ ϩⲓϫⲙ
ⲡⲕⲁϩ· ⲟⲩⲛⲟϭ ⲛ ⲕⲙⲧⲟ ⲛ ϯϭⲟⲧ·

19 ⲧⲛⲟϭ ⲙ ⲡⲟⲗⲓⲥ ⲁⲥⲣ ϣⲟⲙⲛⲧ ⲟⲩⲱⲛ·
ⲙⲛ ⲙⲡⲟⲗⲓⲥ ⲛ ⲉⲛϩⲉⲑⲛⲟⲥ ⲁⲩϩⲉ· ⲁⲩⲱ
ⲧⲃⲁⲃⲩⲗⲱⲛ ⲛⲟϭ ⲁⲩⲣ ⲡⲉⲥ ⲙⲉⲉⲩⲉ ⲙ ⲡ ⲛ̅ⲧ̅
ⲧⲟ ⲉ ⲃⲟⲗ ⲙ ⲡⲛⲟⲩⲧⲉ· ⲉ ϯ ⲛⲁⲥ ⲙ ⲡ
ϫⲱ ⲙ ⲡⲏⲣⲡ· ⲙ ⲡϭⲱⲛⲧ ⲛ ⲧⲉϥⲟⲣⲅⲏ̅·

20 ⲁⲩⲱ ⲛⲏⲥⲟⲥ ⲛⲓⲙ ϩⲓ ⲧⲟⲟⲩ ⲙⲡⲟⲩϩⲉ

21 ⲉ ⲣⲟⲟⲩ· ⲟⲩⲛⲟϭ ⲛ ⲁⲗⲁⲙⲡⲉ ⲉϥⲛⲁⲣ
ⲟⲩϭⲓⲥ ϭⲉ ⲛ ϭⲱⲣ ⲛ ϩⲣⲏϣⲉ· ⲁϥϩⲣⲟⲟⲩ
ⲉ ⲃⲟⲗ ϩⲛ ⲧⲡⲉ· ⲉ ϩⲣⲁⲓ ⲉϫⲛ ⲛⲣⲱⲙⲉ· ⲁⲩⲱ
ⲁⲛ ⲣⲱⲙⲉ ϫⲓⲟⲩⲁ ⲉ ⲡⲛⲟⲩⲧⲉ· ⲉ ⲃⲟⲗ ϩⲛ
ⲧⲉⲡⲗⲩⲅⲏ ⲛ ⲧⲉⲭⲁⲗⲁⲍⲁ· ϫⲉ ⲟⲩ

Chap. ⲛⲟϭ ⲉⲙⲁⲧⲉ ⲧⲉ ⲧⲉⲥⲡⲗⲩⲅⲏ· ⲁϥⲉⲓ ⲛϭⲓ
XVII. 1 ⲟⲩⲁ ⲉ ⲃⲟⲗ ϩⲙ ⲡⲥⲁϣϥ ⲛⲁⲅⲅⲉⲗⲟⲥ

---

¹ ⲁⲩⲱ ⲉⲧϩⲁⲣⲉϩⲉϥ is written in the margin.

ετε ογητογ τςαϣϥε ⲙ̄ ⲫⲓⲁⲗⲏ ⲁϥ
ϣⲁϫⲉ ⲛⲙ̄ⲙⲁⲓ ⲉϥϫⲱ ⲙ̄ⲙⲟⲥ·
ϫⲉ ⲁⲙⲟⲩ ⲛ̄ⲧⲁⲧⲥⲁⲃⲟⲕ ⲉ ⲡϩⲁⲡ ⲛ̄
ⲧⲛⲟϭ ⲙ̄ ⲡⲟⲣⲛⲏ· ⲧⲉⲧ ϩⲙⲟⲟⲥ ⲉ
ϩⲣⲁⲓ ⲉϫⲛ̄ ϩⲉⲛⲙⲟⲟⲩ ⲉ ⲛⲁϣⲱⲟⲩ·
2 ⲧⲁⲓ ⲛ̄ⲧⲁⲩⲡⲟⲣⲛⲉⲩⲉ ⲛⲙ̄ⲙⲁⲥ ⲛ̄ϭⲓ ⲛ̄
ⲣⲣⲱⲟⲩ ⲙ̄ ⲡⲕⲁϩ· ⲁⲩⲱ ⲁⲩϯϩⲉ
ⲛ̄ϭⲓ ⲛⲉⲧ ⲟⲩⲏϩ ϩⲓϫⲙ̄ ⲡⲕⲁϩ
ⲉ ⲃⲟⲗ ϩⲙ̄ ⲡⲏⲣⲡ ⲛ̄ ⲧⲉⲥⲡⲟⲣⲛⲓⲁ·
3 ⲁϥϫⲓⲧ ϩⲙ̄ ⲡⲉⲡ︤ⲛ︦ⲁ︥ ⲉ ⲃⲟⲗ ⲉ ⲧⲉⲣⲩ
ⲙⲟⲥ· ⲁⲩⲱ ⲁⲓⲛⲁⲩ ⲉⲧⲉⲥϩⲓⲙⲉ ⲉⲥⲧⲁ
ⲗⲏⲧ ⲉⲧⲟⲩⲧⲣⲓⲟⲛ ⲛ̄ ⲕⲟⲕⲕⲟⲥ· ⲉϥ
ⲙⲉϩ ⲛ̄ ⲣⲁⲛ ⲛ̄ ⲟⲩⲁ· ⲉ ⲟⲩⲛ ⲥⲁϣϥⲉ
ⲛ̄ ⲁⲡⲏ ⲙ̄ⲙⲟϥ ⲙ︤ⲛ︥ ⲙⲏⲧ ⲛ̄ ⲧⲁⲡ·
4 ⲁⲩⲱ ⲧⲉⲥϩⲓⲙⲉ ⲛⲉⲥϭⲟⲟⲗⲉ ⲛ̄ϫⲏϭⲉ ϩⲓ ⲕ
ⲟⲕⲕⲟⲥ· ϩⲓ ⲛⲟⲩⲃ· ϩⲓ ⲉⲛⲉ ⲙ̄ ⲙⲉ· ϩⲓ ⲙⲁⲣ
ⲅⲁⲣⲓⲧⲏⲥ· ⲉⲩⲛ ⲟⲩϫⲱ ⲛ̄ ⲛⲟⲩⲃ ϩⲛ̄ ⲧⲉⲥ
ϭⲓϫ ⲉϥⲙⲉϩ ⲛ̄ ⲃⲟⲧⲉ ⲙⲛ̄ ⲛ̄ ⲁⲕⲁⲑⲁⲣⲥⲓⲁ
ⲛ̄ⲧⲉ ⲧⲉⲥⲡⲟⲣⲛⲓⲁ· ⲙⲛ̄ ⲛⲁⲡⲕⲁϩ· ⲉⲩ
5 ⲛ̄ ⲟⲩⲣⲁⲛ ⲙ̄ ⲙⲛ̄ⲥⲧⲩⲣⲓⲟⲛ ⲥⲏϩ ⲉϫⲛ̄
ⲧⲉⲥⲧⲉϩⲛⲉ· ϫⲉ ⲧⲃⲁⲃⲩⲗⲱⲛ ⲛⲟϭ
ⲧⲙⲁⲁⲩ ⲛ̄ ⲙ̄ ⲡⲟⲣⲛⲟⲥ· ⲙⲛ̄ ⲛ̄ ⲃⲟⲧⲉ
6 ⲙ̄ ⲡⲕⲁϩ· ⲁⲩⲱ ⲁⲓⲛⲁⲩ ⲉ ⲧⲉⲥϩⲓⲙⲉ
ⲉⲥⲧⲁϩⲉ ⲉ ⲃⲟⲗ ϩⲙ̄ ⲡⲉⲥⲛⲟϥ ⲛ̄ ⲛⲉⲧ ⲟⲩ
ⲁⲁⲃ· ⲙⲛ̄ ⲡⲉⲥⲛⲟϥ ⲛ̄ ⲙ̄ⲙⲛ̄ⲧⲣⲉ ⲛ̄ ⲓ︤ⲥ︥
ⲁⲩⲱ ⲛ̄ ⲧⲉⲣ ⲓⲛⲁⲩ ⲉ ⲣⲟⲥ· ⲁⲓϣⲡⲏⲣⲉ·
7 ⲡⲉϫⲁϥ ⲛⲁⲓ ⲛ̄ϭⲓ ⲡⲁⲅⲅⲉⲗⲟⲥ ϫⲉ
ⲁϩⲣⲟⲕ ⲕⲣ ϣⲡⲏⲣⲉ· ⲁⲛⲟⲕ ⲡⲉⲧ ⲛⲁ
ⲧⲁⲙⲟⲕ ⲉ ⲡⲙⲛ̄ⲥⲧⲩⲣⲓⲟⲛ ⲛ̄ ⲧⲉⲥϩⲓ
ⲙⲉ· ⲙⲛ̄ ⲡⲉⲑⲩⲣⲓⲟⲛ ⲉⲧ ϥⲓ ϩⲁⲣⲟⲥ·
ⲉⲧ ⲉⲣⲉ ⲧⲥⲁϣϥⲉ ⲛ̄ⲁⲡⲏ ⲙ̄ⲙⲟϥ ⲙⲛ̄
8 ⲡⲙⲏⲧ ⲛ̄ ⲧⲁⲡ· ⲡⲉⲑⲩⲣⲓⲟⲛ ⲛ̄ⲧ
ⲁⲕⲛⲁⲩ ⲉ ⲣⲟϥ· ⲛⲉϥϣⲟⲟⲡ ⲡⲉ· ⲁⲩⲱ

ⲛⲉϥϣⲟⲟⲡ ⲁⲛ· ⲁⲩⲱ ϥⲛⲏⲧ ⲉ ϩⲣⲁⲓ
ϩⲙ ⲡⲛⲟⲩⲛ· ⲛⲉϥⲃⲱⲕ ⲉ ⲡⲧⲁⲕⲟ·
ⲁⲩⲱ ⲛⲥⲉ ⲣ ϣⲡⲏⲣⲉ· ⲛϭⲓ ⲛⲉⲧ ⲟⲩ
ⲏϩ ϩⲓϫⲙ ⲡⲕⲁϩ· ⲛⲁⲓ ⲉⲧⲉ
ⲛ ⲡⲉⲧⲣⲁⲛ ⲥⲏϩ ⲁⲛ ⲉ ⲡϫⲱⲱⲙⲉ
ⲙ ⲡⲱⲛϩ· ϫⲓⲛ ⲛ ⲧⲕⲁⲧⲁⲃⲟⲗⲏ
ⲙ ⲡⲕⲟⲥⲙⲟⲥ· ⲉⲩⲛⲁⲩ ⲉ ⲡⲉⲑⲩⲣⲓⲟⲛ ϫⲉ
ⲛⲉϥϣⲟⲟⲡ ⲡⲉ· ⲁⲩⲱ ⲛⲉϥϣⲟⲟⲡ ⲁⲛ·

Fol. 27 a
ⲡⲉ

9 ⲁⲩⲱ ϥⲛⲁϣⲱⲡⲉ· ⲡⲁⲓ ⲡⲉ ⲡⲙⲁ
ⲙ ϩⲏⲧ ⲉⲧⲉ ⲟⲩⲛⲧϥ ⲧⲥⲟⲫⲓⲁ· ⲁⲩⲱ
ⲧⲥⲁϣϥⲉ ⲛⲁⲡⲉ ⲥⲁϣϥ ⲛ ⲧⲟⲟⲩ ⲛⲉ ⲉ
ⲧⲉⲣⲉ ⲧⲉⲥϩⲓⲙⲉ ϩⲙⲟⲟⲥ ⲉ ϩⲣⲁⲓ ⲉ ϫⲱ
10 ⲟⲩ· ⲁⲩⲱ ⲥⲁϣϥ ⲛ ⲣⲣⲟ ⲛⲉ· ⲡϯⲟⲩ
ⲁⲩϩⲉ ⲡⲟⲩⲁ ϣⲟⲟⲡ ⲡ ⲕⲉ ⲟⲩⲁ ⲙⲡⲁ ⲧϥ
ⲉⲓ· ⲁⲩⲱ ⲉϥϣⲁⲛⲉⲓ ϥⲛⲁϭⲱ ⲛ ⲟⲩⲕⲟⲩⲓ
11 ⲁⲩⲱ ⲡⲉⲑⲩⲣⲓⲟⲛ ⲉⲧⲉ ⲛⲉϥϣⲟⲟⲡ ⲡⲉ·
ⲁⲩⲱ ⲧⲉⲛⲟⲩ ⲛⲉϥϣⲟⲟⲡ ⲁⲛ· ⲛⲧϥ
ⲡⲉ ⲡⲙⲉϩ ϣⲙⲟⲩⲛ· ⲟⲩⲁ ⲉ ⲃⲟⲗ
ϩⲙ ⲡⲥⲁϣϥ ⲁⲩⲱ ⲉϥⲛⲁ ⲉ ⲡⲧⲁⲕⲟ·
12 ⲁⲩⲱ ⲡⲙⲛⲧ ⲛ ⲧⲁⲡ ⲛⲧⲁⲕⲛⲁⲩ
ⲉ ⲣⲟⲟⲩ ⲡⲙⲛⲧ ⲛ ⲣⲣⲟ ⲛⲉ· ⲙⲡⲁ ⲧⲟⲩ
ϫⲓ ⲛ ⲧⲙⲛⲧⲉⲣⲟ· ⲁⲗⲗⲁ ⲉⲩⲛⲁϫⲓ
14 ⲟⲩⲉⲝⲟⲩⲥⲓⲁ ⲙ ⲡⲉⲑⲩⲣⲓⲟⲛ·[1] ⲛⲁⲓ ⲥⲉ
ⲛⲁⲙⲓϣⲉ ⲙⲛ ⲡⲉϩⲓⲉⲓⲃ ⲛⲧⲉ ⲡⲉ
ϩⲓⲉⲓⲃ ϫⲣⲟ ⲉ ⲣⲟⲟⲩ· ϫⲉ ⲡⲭ̅ⲥ̅ ⲛⲉⲛ
ϫⲟⲉⲓⲥ ⲡⲉ· ⲁⲩⲱ ⲡⲣⲣⲟ ⲛⲛⲉⲣⲣⲱⲟⲩ ⲡⲉ·
ⲁⲩⲱ ⲛⲉⲧ ⲛⲙⲙⲁϥ ⲛⲉⲧⲧⲁϩⲙ
15 ⲁⲩⲱ ⲛⲉⲧⲥⲟⲧⲡ ⲙ ⲡⲓⲥⲧⲟⲥ· ⲁⲩⲱ
ⲡⲉϫⲁϥ ⲛⲁⲓ ϫⲉ ⲙⲙⲟⲩ ⲛⲉⲓⲟⲟⲧⲉ
ⲛⲧⲁⲕⲛⲁⲩ ⲉ ⲣⲟⲟⲩ· ⲉⲣⲉ ⲧⲡⲟⲗⲓⲥ ϩⲙⲟ
ⲟⲥ ϩⲓ ϫⲱⲟⲩ· ⲛ ⲗⲁⲟⲥ ⲛⲉ· ⲙⲛ ⲛ

---

[1] Verse 13 is omitted.

ⲫⲩⲗⲏ· ⲙⲛ ⲛⲁⲥⲡⲉ:

Fol. 27 b
ⲡⲋ̄

16 ⲁⲩⲱ ⲡⲙⲛⲧ ⲛ ⲧⲁⲡ ⲛⲧⲁⲕⲛⲁⲩ ⲉ ⲣⲟⲟⲩ
ⲙⲛ ⲡⲉⲑⲩⲣⲓⲟⲛ· ⲛⲁⲓ ⲥⲉⲛⲁⲙⲉⲥⲧⲉ ⲧ
ⲡⲟⲣⲛⲏ ⲛⲥⲉⲁⲁⲥ ⲛ ϫⲁⲓⲉ· ⲉⲥⲕⲏ ⲕⲁ
ϩⲏⲩ· ⲛⲥⲉⲟⲩⲱⲙ ⲛ ⲛⲉⲥⲥⲁⲣⲝ· ⲁⲩⲱ
ⲛⲥⲉⲣⲱⲕϩ ⲙⲙⲟⲥ ϩⲛ ⲟⲩⲕⲱϩⲧ·

17 ⲡⲛⲟⲩⲧⲉ ⲅⲁⲣ ⲁϥⲧⲁⲁⲥ ⲉ ⲡⲉⲩϩⲏⲧ·
ⲉ ⲧⲣⲉ ⲩⲉⲓⲣⲉ ⲙ ⲡⲉϥⲟⲩⲱϣ· ⲁⲩⲱ
ⲛⲥⲉⲣ ⲟⲩⲅⲛⲱⲙⲏ ⲛ ⲟⲩⲱⲧ· ⲛⲥⲉϯ
ⲛⲧⲉⲩⲙⲛⲧⲉⲣⲟ· ⲙ ⲡⲉⲑⲩⲣⲓⲟⲛ ϣⲁⲛ
ⲧⲟⲩϫⲱⲕ ⲉ ⲃⲟⲗ ⲛϭⲓ ⲛ ϣⲁϫⲉ

18 ⲙ ⲡⲛⲟⲩⲧⲉ· ⲁⲩⲱ ⲧⲉⲥϩⲓⲙⲉ ⲛ
ⲧ ⲁⲕⲛⲁⲩ ⲉ ⲣⲟⲥ· ⲧⲉ ⲧⲛⲟϭ ⲙ̄ ⲡⲟⲗⲓⲥ
ⲉⲣⲉ ⲧⲙⲛⲧⲣⲙⲙⲁⲟ ⲛ ϩⲏⲧⲥ·

Chap.
XVIII.
ⲛⲛⲣⲣⲱⲟⲩ ⲙ ⲡⲕⲁϩ· ⲙⲛⲛⲥⲁ

1 ⲛⲁⲓ ⲁⲓⲛⲁⲩ ⲉ ⲕⲉ ⲁⲅⲅⲉⲗⲟⲥ ⲉϥⲛⲏⲩ
ⲉ ⲃⲟⲗ ϩⲛ ⲧⲡⲉ· ⲉⲩⲛⲧⲁϥ ⲟⲩⲛⲟϭ
ⲛ ⲉⲝⲟⲩⲥⲓⲁ· ⲁⲩⲱ ⲡⲕⲁϩ ⲁϥⲣ ⲟⲩⲟ

2 ⲉⲓⲛ ⲉ ⲃⲟⲗ ϩⲙ ⲡⲉϥⲉⲟⲟⲩ· ⲁϥⲁϣ
ⲕⲁⲕ ⲉ ⲃⲟⲗ ϩⲛ ⲟⲩⲛⲟϭ ⲛ ⲥⲙⲏ ϫⲉ
ⲁⲥϩⲉ ⲛϭⲓ ⲃⲁⲃⲩⲗⲱⲛ ⲛⲟϭ· ⲁⲩⲱ
ⲁⲥϣⲱⲡⲉ ⲙ ⲙⲁ ⲛ ⲟⲩⲱϩ ⲛ ⲉⲛ
ⲇⲁⲓⲙⲱⲛⲓⲟⲛ· ϩⲓ ⲡⲛ̄ⲁ̄ ⲛⲓⲙ ⲛⲁ
ⲕⲁⲑⲁⲣⲧⲟⲛ· ⲁⲩⲱ ⲙ ⲙⲁ ⲛ ϣⲱ
ⲡⲉ ⲛⲉⲑⲩⲣⲓⲟⲛ ⲛⲓⲙ ϩⲓ ϩⲁⲗⲏⲧ

3 ⲛⲓⲙ· ϩⲓ ⲁⲕⲁⲑⲁⲣⲧⲟⲛ ⲉⲧⲃⲏⲧ·[1]
ϫⲉ ⲉ ⲃⲟⲗ ϩⲙ ⲡⲏⲣⲡ ⲙ ⲡϭⲱⲛⲧ
ⲛ ⲧⲉⲥⲡⲟⲣⲛⲓⲁ:

Fol. 28 a
[ⲡ̄ⲍ̄]

ⲁⲩϩⲉ ⲛϭⲓ ⲛ̄ϩⲉⲑⲛⲟⲥ ⲧⲏⲣⲟⲩ·
ⲁⲩⲱ ⲛⲣⲣⲱⲟⲩ ⲙ ⲡⲕⲁϩ ⲁⲩⲡⲟⲣⲛ
ⲉⲩⲉ ⲛⲙⲙⲁⲥ· ⲁⲩⲱ ⲛⲉⲙⲡⲟⲣⲟⲥ ⲙ

---

[1] See Professor Souter's text: ὅτι ἐκ τοῦ οἴνου τοῦ θυμοῦ τῆς πορνείας αὐτῆς πέπτωκαν πάντα τὰ ἔθνη.

ⲡⲕⲁϩ ⲁⲩⲣⲙⲙⲁⲟ ⲉ ⲃⲟⲗ· ϩⲛ ⲧϭⲟⲙ

4 ⲙ ⲡⲉⲥϫⲏⲣ· ⲁⲩⲱ ⲁⲓⲥⲱⲧⲙ ⲉ ⲕⲉ ⲥⲙⲏ ⲉ ⲃⲟⲗ ϩⲛ ⲧⲡⲉ· ⲉⲥϫⲱ ⲙⲙⲟⲥ ϫⲉ ⲡⲁ ⲗⲁⲟⲥ ⲁⲙⲟⲩ ⲉ ⲃⲟⲗ ⲛ ϩⲏⲧⲉ̀· ϫⲉ ⲛⲛⲉ ⲧⲉⲧⲛⲕⲟⲓⲛⲟⲛⲉⲓ ⲛⲉⲥⲛⲟⲃⲉ· ⲁⲩⲱ ⲛⲛⲉ ⲧⲏⲍⲓ ⲉ ⲃⲟⲗ ϩⲛ ⲛⲉⲥⲡⲗⲩⲅⲏ·

5 ϫⲉ ⲁ ⲛⲉⲥⲛⲟⲃⲉ ϫⲓⲥⲉ ϣⲁ ϩⲣⲁⲓ ⲉ ⲧⲡⲉ· ⲁⲩⲱ ⲁ ⲡⲛⲟⲩⲧⲉ ⲣ ⲡⲙⲉⲉⲩⲉ ⲛ ⲛⲉⲥ

6 ϫⲓⲛϭⲟⲛⲥ· ⲧⲱⲱⲃⲉ ⲛⲁⲥ ⲕⲁⲧⲁ ⲛⲉ ⲛⲧ ⲁⲥⲁⲁⲩ· ⲁⲩⲱ ⲛⲉⲥϩⲃⲏⲩⲉ ⲛⲧⲉⲧⲛⲧⲟⲟⲃⲟⲩ ⲛⲁⲥ· ⲛⲥⲉⲡ ⲥⲛⲁⲩ ϩⲙ ⲡⲉⲥϫⲱ ⲛⲧⲁⲥ ⲕⲉⲣⲁ ⲙⲙⲟϥ

7 ⲕⲉⲣⲁ ⲛⲁⲥ ⲛ ⲥⲛⲁⲩ· ⲛⲉⲥϣⲟⲩϣⲟ̅ ⲙⲛ ⲛⲉⲥϫⲏⲣ· ⲛⲧⲁⲥϣⲱⲡⲉ ⲛ ϩⲛ ⲧⲟⲩ ϯ ⲉ ⲣⲟⲟⲩ ⲛⲁⲥ ⲛ ⲃⲁⲍⲁⲛⲟⲥ ⲁⲩⲱ ⲛ ϩⲏⲃⲉ· ϫⲉ ⲉⲥϫⲱ ⲙⲙⲟⲥ̀ ϩⲙ ⲡⲉⲥϩⲏⲧ· ϫⲉ ⲁⲛⲟⲕ ϯⲛⲁ ϩⲙⲟⲟⲥ ⲁⲛ ⲉⲓⲟ ⲛ ⲭⲏⲣⲁ· ⲟⲩⲇⲉ

8 ⲛ ϯⲛⲁⲛⲁⲩ ⲁⲛ ⲉ ϩⲏⲃⲉ· ⲉ ⲧⲃⲉ ⲡⲁⲓ ϩⲛ ⲟⲩϩⲟⲟⲩ ⲛ ⲟⲩⲱⲧ ⲥⲉⲛⲏⲩ ⲛ ϭⲓ ⲛⲉⲥⲡⲗⲩⲅⲏ ⲧⲏⲣⲟⲩ· ⲡⲙⲟⲩ· Ⲁⲩⲱ ⲡϩⲏⲃⲉ· ⲙⲛ ⲡϩⲉⲃⲱⲛ· ⲁⲩⲱ ⲛⲥⲉⲣⲟⲕϩⲥ ϩⲛ ⲟⲩⲕⲱϩⲧ· ϫⲉ ⲟⲩ ϫⲱⲱⲣⲉ ⲡⲉ ⲡⲭ̅ⲥ̅ ⲡⲛⲟⲩⲧⲉ

9 ⲉⲧ ⲕⲣⲓⲛⲉ ⲙⲙⲟⲥ̀· ⲁⲩⲱ ⲛ ⲣⲣⲱⲟⲩ ⲙ ⲡ ⲕⲁϩ ⲥⲉⲛⲁⲣⲓⲙⲉ ⲛⲥⲉⲛⲉϩⲡⲉ ⲉ ϩⲣⲁⲓ ⲉ ϫⲱⲥ· ⲛⲁⲓ ⲛⲧ ⲁⲩⲡⲟⲣⲛⲉⲩⲉ· ⲁⲩⲱ ⲁⲩ ϫⲏⲣ ⲛⲙⲙⲁⲥ· ⲉⲩϣⲁⲛⲛⲁⲩ ⲉ ⲡⲕⲁⲡ

10 ⲛⲟⲥ ⲙ ⲡⲉⲥⲣⲱⲕϩ ⲉⲩⲁϩⲉ ⲣⲁⲧⲟⲩ ⲙ ⲡⲟⲩⲉ· ⲉ ⲧⲃⲉ ⲑⲟⲧⲉ ⲛ ⲧⲉⲥ ⲃⲁⲍⲁⲛⲟⲥ ⲉⲩϫⲱ ⲙⲙⲟⲥ· ϫⲉ ⲟⲩⲟⲓ ⲟⲩⲟⲓ ⲛ ⲧⲛⲟϭ ⲙ ⲡⲟⲗⲓⲥ ⲧⲃⲁⲃⲩⲗⲱⲛ· ⲧⲡⲟⲗⲓⲥ ⲉⲧ ⲧⲁϫⲣⲏⲩ· ϫⲉ ϩⲛ ⲟⲩⲟⲩⲛⲟⲩ

Fol. 28 b
ⲛ̅ⲏ̅

11 ⲛ ⲟⲩⲱⲧ ⲁϥⲉⲓ ⲛϭⲓ ⲡⲉⲥϩⲁⲡ· ⲛ ⲡ̄ⲡ̄
ⲡⲟⲣⲟⲥ· ⲙ ⲡⲕⲁϩ· ⲥⲉⲛⲁⲣⲓⲙⲉ ⲛⲥⲉⲣ
ϩⲏⲃⲉ· ⲉ ϩⲣⲁⲓ ⲉ ϫⲱⲥ· ϫⲉ ⲙⲛ ⲗⲁⲁⲩ
12 ϭⲉ ϣⲟⲟⲡ ⲙ ⲡⲉⲧⲁⲧⲁⲁⲛ· ⲟⲩⲧⲁ
÷ⲁⲛ ⲛ ⲛⲟⲩⲃ ϩⲓ ϩⲁⲧ· ϩⲓ ⲉⲛⲉ ⲙ ⲙⲉ
÷ϩⲓ ⲙⲁⲣⲅⲁⲣⲓⲧⲏⲥ· ϩⲓ ϣⲛ̄ⲥ̄· ϩⲓ ϫⲏϭⲉ·
÷ϩⲓ ⲥⲓⲣⲓⲕⲟⲛ· ϩⲓ ⲕⲟⲕⲕⲟⲥ· ϩⲓ ϣⲉ
÷ⲛ ⲑⲓⲛⲟⲛ· ϩⲓ ⲥⲕⲉⲟⲥ ⲛⲓⲙ ⲛ ⲉⲗⲉ
÷ⲫⲁⲛⲧⲓⲛⲟⲛ· ϩⲓ ⲥⲕⲉⲟⲥ ⲛⲓⲙ
÷ⲛ ϣⲉ ⲉϥⲧⲁⲓⲏⲩ· ϩⲓ ϩⲟⲙⲛ̄ⲧ·
÷ϩⲓ ⲡⲉⲛⲓⲡⲉ· ϩⲓ ⲙⲁⲣⲙⲁⲣⲟⲛ
13 ÷ϩⲓ ϭⲓⲛⲛⲁⲙⲱⲙⲟⲛ· ϩⲓ ⲁⲙⲱⲙⲟⲛ·
÷ϩⲓ ϣⲟⲩϩⲏⲛⲉ· ϩⲓ ⲥⲧⲟⲓ· ϩⲓ ⲗⲓⲃⲁⲛⲟⲥ·
÷ϩⲓ ⲏⲣⲡ· ϩⲓ ⲛⲉϩ· ϩⲓ ⲥⲁⲙⲓⲧ·
÷ϩⲓ ⲧⲃⲛⲏ· ϩⲓ ⲉⲥⲟⲟⲩ· ϩⲓ ϩⲧⲟ· ϩⲓ ⲙⲁⲥ
÷ⲡⲟⲣⲕ· ϩⲓ ϭⲁⲙⲟⲩⲗ· ϩⲓ ⲃ̄ϩϭⲟⲟⲩ̄·
14 ÷ϩⲓ ϩⲙϩⲁⲗ· ⲁⲩⲱ ⲧⲟⲡⲟⲣⲁ ⲛ
ⲧⲟⲩⲡⲉⲑⲩⲙⲓⲁ ⲛⲧⲟⲩⲯⲩⲭⲏ
ⲁⲥⲃⲱⲕ̄· ⲁⲩⲱ ⲛ ⲟⲩⲛⲟϭ ⲛ ⲧⲣⲩⲫⲏ
ⲉⲧ ⲛⲁϣⲱⲟⲩ ⲁⲩⲧⲁⲕⲟ· ⲁⲩⲱ ⲛⲥⲉ
15 ⲛⲁϩⲉ ⲉ ⲣⲟⲟⲩ ⲁⲛ· ⲛⲉⲙⲡⲟⲣⲟⲥ ⲛⲁⲓ
ⲛⲧ ⲁⲩⲣⲣⲙⲙⲁⲟ ⲛ ϩⲏⲧⲥ ⲥⲉⲛⲁⲁϩⲉ
ⲣⲁⲧⲟⲩ ⲙ ⲡⲟⲩⲉ· ⲉ ⲧⲃⲉ ⲑⲟⲧⲉ ⲛ ⲧⲉⲥⲃⲁ
16 ⲍⲁⲛⲟⲥ ⲉⲩⲣⲓⲙⲉ ⲁⲩⲱ ⲉⲩⲣϩⲃⲃⲉ· ⲉⲩ
ϫⲱ ⲙⲙⲟⲥ· ϫⲉ ⲟⲩⲟⲓ ⲟⲩⲟⲓ ⲛ ⲧⲛⲟϭ
ⲙ ⲡⲟⲗⲓⲥ· ⲧ ⲉⲧ ϭⲟⲟⲗⲉ ⲛ ϣⲛ̄ⲥ̄ ϩⲓ
ϫⲏϭⲉ ϩⲓ ⲕⲟⲕⲕⲟⲥ· ϩⲓ ⲛⲟⲩⲃ ϩⲓ ⲉ
17 ⲛⲉ ⲙ ⲙⲉ· ϩⲓ ⲙⲁⲣⲅⲁⲣⲓⲧⲏⲥ· ϫⲉ ϩⲛ
ⲟⲩⲛⲟⲩ ⲛ ⲟⲩⲱⲧ ⲁⲥϣⲱϥ ⲛϭⲓ †
ⲛⲟϭ ⲙ ⲙⲛⲧⲣⲙⲙⲁⲟ· ⲁⲩⲱ ⲣⲉϥ
ⲣ ϩⲙⲙⲉ ⲛⲓⲙ· ⲙⲛ ⲛⲉⲧ ⲥϭⲏⲣ ϩⲛ
ⲛⲉⲓⲉⲣⲱⲟⲩ· ⲙⲛ ⲛⲛⲉϥ· ⲙⲛ ⲛⲉ
ⲧ ⲣ ϩⲱⲃ ϩⲛ ⲑⲁⲗⲗⲁⲥⲥⲁ· ⲁⲩⲁϩ

18 ⲉ ⲣⲁⲧⲟⲩ ⲙ ⲡⲟϭⲉ· ⲁⲩⲁϣⲕⲁⲕ ⲉ ⲃⲟⲗ
ⲉⲩⲛⲁⲩ ⲉ ⲡⲕⲁⲡⲛⲟⲥ ⲙ ⲡⲉⲥⲣⲱ
ⲕϩ ⲉⲩϫⲱ ⲙⲙⲟⲥ· ϫⲉ ⲛⲓⲙ ⲡ ⲉⲧ
ⲧⲛⲧⲱⲛ· ⲉ ⲧⲉⲓ ⲡⲟⲗⲓⲥ ⲛⲟϭ· ⲧⲁⲓ ⲛ
ⲧ ⲁⲩⲣⲣⲙⲙⲁⲟ ⲛ ϩⲏⲧⲥ ⲛϭⲓ ⲛⲁ

19 ⲣⲭⲱⲛ ⲧⲏⲣⲟⲩ· ⲁⲩⲱ ⲛⲉⲩⲛⲉϫ
ⲉⲓⲧⲛ ⲉϫⲛ ⲛⲉⲩⲁⲡⲏⲧⲉ ⲉⲩϫⲓ
ϣⲕⲁⲕ ⲉ ⲃⲟⲗ ⲉⲩⲣⲓⲙⲉ· ⲉⲩⲣ ϩⲏⲃⲉ
ⲉⲩϫⲱ ⲙⲙⲟⲥ· ϫⲉ ⲟⲩⲟⲓ ⲟⲩⲟⲓ ⲛ
ⲧⲛⲟϭ ⲙ ⲡⲟⲗⲓⲥ· ⲧⲁⲓ ⲛⲧⲁⲩⲣⲣⲙ
ⲙⲁⲟ ⲛ ϩⲏⲧⲥ ⲛϭⲓ ⲛⲉⲧ ⲉⲩⲛⲧⲁⲩ
ⲛⲉϫⲏⲩ ϩⲛ ⲑⲁⲗⲗⲁⲥⲥⲁ ·:·————
ⲉ ⲃⲟⲗ ϩⲛ ⲧⲉⲥⲙⲛⲧⲣⲙⲙⲁⲟ· ϫⲉ ϩⲛ   Fol. 29 b
ⲟⲩⲟⲩⲛⲟⲩ ⲛ ⲟⲩⲱⲧ ⲁⲥⲣϫⲁⲓⲉ :====   ⲍ̄

20 Ⲉⲩⲫⲣⲁⲛⲉ ⲧⲡⲉ ⲉ ϩⲣⲁⲓ ⲉ ϫⲱⲥ· ⲁⲩⲱ ⲛⲉⲧ ⲟⲩ
ⲁⲁⲃ· ⲟⲩⲱ ⲛ̄ⲁⲡⲟⲥⲧⲟⲗⲟⲥ ⲙⲛ ⲛⲉⲡⲣⲟ
ⲫⲩⲧⲏⲥ· ϫⲉ ⲁ ⲡⲛⲟⲩⲧⲉ ⲕⲣⲓⲛⲉ ⲙ ⲡⲉⲧⲛ̄

21 ϩⲁⲡ ⲉ ⲃⲟⲗ ⲛ ϩⲏⲧⲥ· ⲁⲩⲱ ⲟⲩⲁⲅⲅⲉ
ⲗⲟⲥ ⲛ ϫⲱⲱⲣⲉ· ⲁϥϥⲓ ⲛ ⲟⲩⲛⲟϭ ⲛ ⲱⲛⲉ
ⲛⲑⲉ ⲛ ⲟⲩⲱⲛⲉ ⲛ ⲛⲟⲩⲧ· ⲁϥⲛⲟϫϥ ⲉ
ϩⲣⲁⲓ ⲉ ⲑⲁⲗⲗⲁⲥⲥⲁ ⲉϥϫⲱ ⲙⲙⲟⲥ· ϫⲉ
ⲧⲁⲓ ⲧⲉ ⲑⲉ ⲉⲧⲟⲩⲛⲁⲧⲁⲩⲟ ⲉ ϩⲣⲁⲓ ϩⲛ ⲟⲩ
ⲥϣⲛⲉ ⲛ ⲧⲃⲁⲃⲩⲗⲱⲛ ⲧⲛⲟϭ ⲙ ⲡⲟⲗⲓⲥ

22 ⲛⲥⲉ ⲧⲙ ϭⲉ ⲉ ⲣⲟⲥ· ⲁⲩⲱ ⲛ ϭⲓⲑⲁⲣⲟⲧⲟⲥ
ϩⲓ ⲙⲟⲩⲥⲓⲕⲟⲛ· ϩⲓ ⲣⲉϥϫⲱ ϩⲓ ⲥⲁⲗⲡⲓ
ⲅⲝ ⲛ ⲛⲉⲧⲥⲱⲧⲙ ⲉ ⲣⲟⲟⲩ ⲛ ϩⲏⲧⲉ ϫⲓⲛ
ⲛ ⲧⲉⲛⲟⲩ· ⲁⲩⲱ ⲧⲉⲭⲛⲓⲧⲏⲥ ⲛⲓⲙ
ⲛ ⲧⲉⲭⲛⲏ ⲛⲓⲙ· ⲛⲛⲉ ϭⲛⲧⲟⲩ ⲛ
ϩⲏⲧⲉ ϫⲓⲛ ⲛ ⲧⲉⲛⲟⲩ· ⲁⲩⲱ ⲛⲛⲉ ⲩ
ⲥⲱⲧⲙ ϩⲣⲟⲟⲩ ⲙ ⲙⲁⲭⲁⲛⲏ ⲛ ϩⲏⲧⲉ
ϫⲓⲛ ⲛ ⲧⲉⲛⲟⲩ· ⲟⲩⲇⲉ ⲥⲙⲏ ⲙ ⲡ

23 ⲁⲧϣⲉⲗⲉⲉⲧ ϩⲓ ϣⲉⲗⲉⲉⲧ· ⲟⲩⲇⲉ
ⲛ ⲛⲉⲩϫⲉⲣⲉ ϩⲏⲃⲥ ⲛ ϩⲏⲧⲉ ϫⲓⲛ ⲛ

ⲧⲉⲛⲟⲩ· ⲛ̄ ⲛⲟϭ ⲛ̄ⲧⲉ ⲡⲕⲁϩ ⲛⲉⲧⲟ
ⲛⲉ ϣⲱⲧ ⲛⲉ· ϫⲉ ϩⲣⲁⲓ ϩⲛ ⲛⲟⲩ
ⲙⲛ̄ⲧⲣⲉϥⲣⲡⲁϩⲣⲉ· ⲁⲩⲡⲗⲁⲛⲁ ⲛ̄ϭⲓ

24 ⲛϩⲉⲑⲛⲟⲥ ⲧⲏⲣⲟⲩ· ⲁⲩⲱ ⲛ̄ⲧⲁⲩϭⲉ
ⲉ ⲡⲉⲥⲛⲟϥ ⲛ̄ⲛⲉⲡⲣⲟⲫⲏⲧⲏⲥ ⲛ ϩⲏ
ⲧⲥ ⲙⲛ ⲡⲁ ⲛⲉⲧ ⲟⲩⲁⲁⲃ ∴ ∴

ⲙⲛ ⲟⲩⲟⲛ ⲛⲓⲙ ⲛⲧ ⲁⲩϩⲟⲧⲃⲟⲩ ϩⲓϫⲙ
ⲡⲕⲁϩ· ⲙⲛⲛⲥⲁ ⲛⲁⲓ ⲁⲓⲥⲱⲧⲙ

XIX. 1 ⲉⲩⲛⲟϭ ⲛ̄ ⲥⲙⲏ· ⲛⲑⲉ ⲛ̄ ⲟⲩⲙⲏⲏϣⲉ ⲉ
ⲛⲁϣⲱϥ ϩⲛ ⲧⲡⲉ· ⲉⲩϫⲱ ⲙ̄ⲙⲟⲥ
ϫⲉ ⲁⲗⲗⲏⲗⲟⲩⲓⲁ· ⲡⲟⲩϫⲁⲓ ⲙ[ⲛ̄] ⲡⲉⲟ

2 ⲟⲩ ⲙⲛ ⲧϭⲟⲙ ⲙ ⲡⲉⲛⲛⲟⲩⲧⲉ· ϫⲉ ϩⲉⲛⲙⲉ
ⲛⲉ ⲁⲩⲱ ϩⲉⲛⲇⲓⲕⲁⲓⲟⲥⲩⲛⲏ ⲛⲉ ⲛⲉⲕ
ϩⲁⲡ· ϫⲉ ⲁⲕⲕⲣⲓⲛⲉ ⲛ̄ ⲧⲡⲟⲣⲛⲏ ⲧⲁⲓ
ⲛⲧ ⲁⲥⲧⲁⲕⲉ ⲡⲕⲁϩ ϩⲛ ⲧⲉⲥⲡⲟⲣⲛⲓⲁ·
ⲁⲩⲱ ⲁϥϫⲓ ⲙ ⲡⲉⲕⲃⲁ ⲙ ⲡⲉⲥⲛⲟϥ
ⲛ̄ ⲛⲉϥϩⲙ̄ϩⲁⲗ ⲉ ⲃⲟⲗ ϩⲛ ⲛⲉⲥϭⲓϫ·

3 ⲁⲩⲱ ⲡⲉϫⲁⲩ ⲙ ⲡⲙⲉϩ ⲥⲛ̄ ⲥⲛⲁⲩ ϫⲉ
ⲁⲗⲗⲏⲗⲟⲩⲓⲁ· ⲁⲩⲱ ⲡⲉⲥⲕⲁⲡ
ⲛⲟⲥ ⲛⲏⲩ ⲉ ϩⲣⲁⲓ ϣⲁ ⲉⲛⲉϩ ⲛ ⲉⲛⲉϩ·

4 ⲁⲩⲱ ⲡϫⲟⲩⲧⲁϥⲧⲉ ⲙ ⲡⲣⲉⲥⲃⲩⲧⲉ
ⲣⲟⲥ ⲁⲩⲡⲁϩⲧⲟⲩ ⲙⲛ ⲡⲉϥⲧⲟⲟⲩ
ⲛ̄ ⲍⲱⲟⲛ ⲁⲩⲟⲩⲱϣⲧ ⲙ ⲡⲛⲟⲩⲧⲉ
ⲉⲧ ϩⲙⲟⲟⲥ ϩⲓ ⲡⲉⲑⲣⲟⲛⲟⲥ ⲉⲩϫⲱ ⲙ
ⲙⲟⲥ ϫⲉ ϩⲁⲙⲏⲛ ⲁⲗⲗⲏⲗⲟⲩⲓⲁ·

5 ⲁⲩⲱ ⲁ ϩⲉⲛⲥⲙⲏ ⲉⲓ ⲉ ⲃⲟⲗ ϩⲙ ⲡⲉⲑⲣⲟ
ⲛⲟⲥ ⲉⲩϫⲱ ⲙ̄ⲙⲟⲥ· ϫⲉ ⲥⲙⲟⲩ ⲉ ⲡ
ⲛⲟⲩⲧⲉ ⲛⲉϥϩⲙ̄ϩⲁⲗ ⲧⲏⲣⲟⲩ ⲉⲧ ⲣ
ϩⲟⲧⲉ ϩⲏⲧϥ ⲛ ⲕⲟⲩⲓ ⲙⲛ ⲛ ⲛⲟϭ·

6 ⲁⲩⲱ ⲁⲓⲥⲱⲧⲙ ⲉⲩⲥⲙⲏ ⲛⲑⲉ ⲛ ⲟⲩ
ⲛⲟϭ ⲙ ⲙⲏⲏϣⲉ· ⲁⲩⲱ ⲛⲑⲉ ⲙ ⲡⲉ
ϩⲣⲟⲟⲩ ⲛ ϩⲉⲛⲙⲟⲟⲩⲉ ⲉⲛⲁϣⲱⲟⲩ·
ⲁⲩⲱ ⲛⲑⲉ ⲛ ⲧⲉⲥⲙⲏ ⲛ ϩⲉⲛⲛⲟϭ ⲛ ϩⲣⲟⲩⲃ

MS. Oriental 6803, Fol. 30 b (Revelation xix. 6–11)

REVELATION XIX. 6–12

ⲛⲁⲓ ⲉⲛⲁϣⲱⲟⲩ ⲉⲧϫⲱ ⲙⲙⲟⲥ ϫⲉ
ⲁⲗⲗⲏⲗⲟⲩⲓⲁ· ϫⲉ ⲁϥⲣⲣⲟ ϣⲁ ⲉⲛⲉϩ
ⲛ ⲉⲛⲉϩ ⲛϭⲓ ⲡⲭ̅ⲥ̅ ⲡⲉⲛⲛⲟⲩⲧⲉ·

7 ⲡⲡⲁⲛⲧⲱⲕⲣⲁⲧⲱⲣ· ⲙⲁⲣⲛⲣⲁϣⲉ
ⲛⲧⲉⲛϯⲗⲏⲗ· ⲛⲧⲉⲛϯⲉⲟⲟⲩ ⲛⲁϥ ϫⲉ
ⲁϥⲉⲓ ⲛϭⲓ ⲡⲅⲁⲙⲟⲥ ⲙ ⲡⲉϩⲓⲉⲓⲃ· ⲁⲩⲱ

8 ⲧⲉϥϣⲉⲗⲉⲉⲧ ⲁⲥⲥⲟⲃⲧⲉ ⲙⲙⲟⲥ· ⲁⲩⲱ ⲁⲩ
ϯ ⲛⲁⲥ ⲉ ⲧⲣⲉ ⲥϭⲟⲟⲗⲉⲥ ⲛ ⲟⲩϣⲛ̅ⲥ̅ ⲉϥⲟⲩ
ⲟⲃϣ ⲉ ⲛⲁⲛⲟⲩϥ ⲉϥⲟⲩⲁⲁⲃ· ⲡϣⲛ̅ⲥ̅
ⲅⲁⲣ ⲡⲉ ⲛⲁⲓⲕⲁⲓⲱⲙⲁ ⲛ ⲛⲉⲧ ⲟⲩⲁⲃ·

9 Ⲁⲩⲱ ⲡⲉϫⲁϥ ⲛⲁⲓ ϫⲉ ⲥϩⲁⲓ· ϫⲉ
ⲛⲁⲓⲁⲧⲟⲩ· ⲛ ⲛⲉ ⲛⲧⲁⲩⲧⲁϩⲙⲟⲩ
ⲉ ⲡⲁⲓⲡⲛⲟⲛ ⲛ ⲧϣⲉⲗⲉⲉⲧ ⲙ ⲡⲉ
ϩⲓⲉⲓⲃ· ⲡⲉϫⲁϥ ⲛⲁⲓ ϫⲉ ϩⲉⲛⲙⲉ
ⲛⲉ ⲛⲉⲓ ϣⲁϫⲉ ⲛⲧ ⲁⲓϫⲟⲟⲩ· ⲁⲩ
ⲱ

10 ⲛⲁ ⲡⲛⲟⲩⲧⲉ ⲛⲉ· ⲁⲩⲱ ⲁⲓⲡⲁϩⲧ
ⲙ ⲡ ⲙⲧⲟ ⲉ ⲃⲟⲗ ⲛ ⲛⲉϥⲟⲩⲣⲏⲧⲉ
ⲉ ⲧⲣⲁ ⲟⲩⲱϣⲧ ⲛⲁϥ· ⲁⲩⲱ ⲡⲉϫⲁϥ
ⲛⲁⲓ ϫⲉ ⲙⲡⲱⲣ (sic) ϭⲱϣⲧ ⲉ ⲃⲟⲗ ϫⲉ
ⲁⲛⲅ ⲡⲉⲕϣⲃⲏⲣ ϩⲙϩⲁⲗ· ⲙⲛ ⲛⲉⲕ
ⲕⲉ ⲥⲛⲏⲩ· ⲛⲁⲓ ⲉⲛⲉⲟⲩⲛⲧⲁⲩ ⲧⲙⲛ
ⲧⲙⲛⲧⲣⲉ ⲛ ⲓ̅ⲥ̅ ⲡⲉⲭ̅ⲥ̅· ⲟⲩⲱϣⲧ ⲙ
ⲡⲛⲟⲩⲧⲉ· ⲧⲙⲛⲧⲙⲛⲧⲣⲉ ⲅⲁⲣ
ⲛ ⲓ̅ⲥ̅ ⲡⲉ ⲡⲉⲡⲛ̅ⲁ̅ ⲛⲧⲉ ⲡⲣⲟⲫⲩⲧⲓⲁ·

11 Ⲁⲓⲛⲁⲩ ⲉ ⲧⲡⲉ ⲉⲥⲟⲩⲏⲛ· ⲁⲩⲱ ⲉⲓⲥ
ⲟⲩϩⲧⲟ ⲛ ⲟⲩⲟⲃϣ̅· ⲉⲩⲙⲟⲩⲧⲉ ⲉ ⲡ ⲉⲧ ⲧⲁ
ⲗⲉ ⲉ ⲣⲟϥ ϫⲉ ⲡⲡⲓⲥⲧⲟⲥ· ⲁⲩⲱ ⲡⲙⲉ· ⲉϥ
ⲛⲁⲕⲣⲓⲛⲉ· ⲁⲩⲱ ⲛⲉϥⲙⲓϣⲉ ϩⲛ ⲟⲩ

12 ⲇⲓⲕⲁⲓⲟⲥⲩⲛⲏ· ⲛⲉϥⲃⲁⲗ ⲇⲉ ⲉⲩⲟ
ⲛⲑⲉ ⲛ ⲟⲩϣⲁϩ ⲛ ⲕⲱϩⲧ· ⲉⲧⲛ ⲟⲩⲙⲏ
ⲛϣⲉ ⲛ ϭⲣⲏⲡⲉ ϩⲓϫⲛ ⲧⲉϥ ⲁⲡⲛ· ⲉⲩ
ⲛⲧⲁϥ ⲟⲩⲣⲁⲛ ⲉϥⲥⲏϩ· ⲉ ⲙⲛ ⲗⲁⲁⲩ
ⲥⲟⲟⲩⲛ ⲙⲙⲟϥ· ⲉⲓⲙⲏⲧⲉ ⲛⲧⲟϥ·

Fol. 31 a
ⲥ̅ⲅ̅

13 ⲉϥϭⲟⲟⲗⲉ ⲛ ⲟⲩϩⲟⲓⲧⲉ ⲉϥϫⲏϭ ϩⲛ ⲟⲩ
ⲥⲛⲟϥ · ⲁⲩⲱ ⲁⲩⲙⲟⲩⲧⲉ ⲉ ⲡⲉϥⲣⲁⲛ
14 ϫⲉ ⲡϣⲁϫⲉ ⲙ ⲡⲛⲟⲩⲧⲉ · ⲁⲩⲱ
ⲡⲉϥⲥⲧⲣⲁⲧⲉⲩⲙⲁ ⲉⲧ ϩⲛ ⲧⲡⲉ · ⲛⲉⲩ
ⲟⲩⲏϩ ⲛⲥⲱϥ ⲡⲉ ⲉⲩⲧⲁⲗⲏⲩ
ⲉ ϩⲉⲛϩⲧⲟ ⲛ ⲟⲩⲟⲃϣ · ⲉⲩϭⲟⲟⲗⲉ ⲛ ϩⲉⲛ
ϣⲛⲥ̄ ⲉⲩⲟⲩⲟⲃϣ̄ · ⲁⲩⲱ ⲉⲩⲧⲃ̄ⲃⲏⲩ ·
15 ⲁⲩⲱ ⲛⲉⲩ ⲛ ⲟⲩⲥⲏϥⲉ · ⲉⲥⲧⲏⲙ ⲛⲏⲩ
ⲉ ⲃⲟⲗ ϩⲛ ⲣⲱϥ · ϫⲉ ⲕⲁⲥ ϩⲣⲁⲓ ⲛ ϩⲏⲧⲥ
ⲉϥⲉⲡⲁⲧⲁⲥⲥⲉ · ⲛ ⲉⲛϩⲉⲑⲛⲟⲥ ⲧⲏⲣⲟⲩ ·
Ⲁⲩⲱ ⲛⲧⲟϥ ⲡ ⲉⲧ ⲛⲁⲙⲟⲟⲛⲉ ⲙ
ⲙⲟⲟⲩ ϩⲛ ⲟⲩϭⲉⲣⲱⲃ ⲙ ⲡⲉⲛⲓⲡⲉ ·
Ⲁⲩⲱ ⲛⲧⲟϥ ⲡ ⲉⲧ ⲛⲁϩⲱⲙ ⲛ ⲧⲉ
ϩⲣⲱⲧ · ⲙ ⲡⲏⲣⲡ ⲛ ⲧⲟⲣⲅⲏ ⲙ ⲡϭⲱ
ⲛⲧ ⲙ ⲡⲛⲟⲩⲧⲉ · ⲡⲡⲁⲛⲧⲱⲕⲣⲁ
16 ⲧⲱⲣ · ⲉⲧⲓ ⲟⲩⲣⲁⲛ ⲉϥⲥⲏϩ ⲉϫⲙ
ⲡⲉϥϩⲟⲓⲧⲉ ⲙⲛ ⲡⲉϥⲙⲉⲣⲟⲥ · ϫⲉ
ⲡⲣⲣⲟ ⲛ ⲛⲉⲣⲣⲱⲟⲩ ⲡⲉ · ⲁⲩⲱ ⲡⲭ̄ⲥ̄
17 ⲛ ⲉⲛϫⲓⲥⲟⲟⲩⲉ · ⲁⲩⲱ ⲁⲓⲛⲁⲩ
Ⲉ ⲕⲉ ⲁⲅⲅⲉⲗⲟⲥ ⲉϥⲁϩⲉ ⲣⲁⲧϥ ⲉϫⲙ ⲡⲣⲏ ·
ⲉϥⲁϣⲕⲁⲕ ⲉ ⲃⲟⲗ ϩⲛ ⲟⲩⲛⲟϭ ⲛ ⲥⲙⲏ
ⲉϥϫⲱ ⲙⲙⲟⲥ · ⲉⲛϩⲁⲗⲁⲁⲧⲉ ⲉⲧϩⲏⲗ
ⲛ ⲧⲙⲏⲛⲧⲉ ⲛ ⲧⲡⲉ · ϫⲉ ⲁⲙⲏⲓⲧⲛ
ⲥⲱⲟⲩϩ ⲉ ϩⲟⲩⲛ ⲉ ⲡⲁⲓⲡⲛⲟⲛ ⲛⲟϭ
18 ⲛⲧⲉ ⲡⲛⲟⲩⲧⲉ · ϫⲉ ⲉⲧⲉⲧⲛⲁⲟⲩⲱⲙ
ⲛ ⲉⲛⲥⲁⲣⲝ ⲛ ⲛⲉⲣⲣⲱⲟⲩ · ⲙⲛ ⲛ ⲭⲓⲗⲓ
ⲁⲣⲭⲟⲥ · ⲙⲛ ⲛ ϫⲱⲱⲣⲉ · ⲙⲛ ⲛⲉϩⲧⲱ
ⲱⲣ · ⲙⲛ ⲛⲉⲧⲁⲗⲉ ⲉ ⲣⲟⲟⲩ · ⲙⲛ ⲛ ϩⲙϩⲁⲗ
ⲙⲛ ⲛ ⲣⲙϩⲉ · ⲙⲛ ⲛ ⲕⲟⲩⲓ ⲙⲛ ⲛ ⲛⲟϭ ·
19 Ⲁⲩⲱ ⲁⲓⲛⲁⲩ ⲉ ⲡⲉⲑⲩⲣⲓⲟⲛ · ⲙⲛ ⲛⲉϥ
ⲉⲣⲱⲟⲩ · ⲙⲛ ⲡⲉϥⲥⲧⲣⲁⲧⲉⲩⲙⲁ · ⲉ ⲁⲩ
ⲥⲱⲟⲩϩ ⲉ ⲉⲓⲣⲉ · ⲛ ⲟⲩⲡⲟⲗⲩⲙⲟⲥ · ⲙⲛ
ⲡ ⲉⲧ ⲧⲁⲗⲏⲩ ⲉ ⲡⲉϩⲧⲟ ⲛ ⲟⲩⲟⲃϣ̄ · ⲙⲛ

REVELATION XIX. 20—XX. 4

20 ⲡⲉϥⲥⲧⲣⲁⲧⲉⲩⲙⲁ· ⲁⲩⲱ ⲁϥϭⲱ
ⲡⲉ ⲙ ⲡⲉⲑⲩⲣⲓⲟⲛ· ⲙⲛ ⲡⲉⲧ ⲛ
ⲙⲙⲁϥ· ⲙⲛ ⲡⲉⲡⲣⲟⲫⲩⲧⲏⲥ
ⲛ ⲛⲟⲩϫ ⲉⲧ ⲛⲙⲙⲁϥ· ⲙⲛ ⲡⲉ ⲛ̅
ⲧⲁϥⲉⲓⲣⲉ ⲛⲙ ⲙⲁⲉⲓⲛ ⲙⲡⲉϥⲙⲧⲟ
ⲉ ⲃⲟⲗ· ⲛⲁⲓ ⲛⲧ ⲁϥⲡⲗⲁⲛⲁ ⲛ ϩⲏ
ⲧⲟⲩ ⲛ ⲛⲉ ⲛⲧ ⲁⲩϫⲓ ⲙ ⲡⲉⲥϩⲁⲓ ⲙ
ⲡⲉⲑⲩⲣⲓⲟⲛ· ⲙⲛ ⲛⲉ ⲛⲧ ⲁⲩⲟⲩⲱ
ϣⲧ ⲛⲧⲉϥϩⲓⲕⲱⲛ· ⲁⲩⲛⲟϫⲟⲩ
ⲙ ⲡⲉⲥⲛⲁⲩ ⲉⲧⲟⲛϩ ⲉ ϩⲣⲁⲓ ⲉ ⲧⲗⲩⲙ
ⲛⲏ ⲛ ⲥⲁⲧⲉ· ⲉⲧ ϫⲉⲣⲟ ϩⲛ ⲟⲩⲑⲏⲛ·
21 Ⲁⲩⲱ ⲡ ⲕⲉ ⲥⲉⲡⲏ ⲁⲩⲙⲟⲩ ϩⲛ ⲧⲥⲏ
ϥⲉ ⲙ ⲡⲉⲧ ⲧⲁⲗⲉ ⲉ ⲡⲉϩⲧⲟ· ⲧⲁⲓ
ⲛⲧ ⲁⲥⲉⲓ ⲉ ⲃⲟⲗ ϩⲛ ⲧⲉϥ ⲧⲁⲡⲣⲟ·
Ⲁⲩⲱ ⲛ ϩⲁⲗⲁⲁⲧⲉ ⲧⲏⲣⲟⲩ· ⲁⲩⲥⲉⲓ ⲉ ⲃⲟⲗ   Fol. 32 a
Chap. ϩⲛ ⲛⲉⲧⲥⲁⲣⲝ· Ⲁⲓⲛⲁⲩ ⲉⲧⲁⲅⲅⲉ   ⲝ̅ⲉ̅
XX. 1 ⲗⲟⲥ ⲉϥⲛⲏⲩ ⲉ ⲃⲟⲗ ϩⲛ ⲧⲡⲉ· ⲉⲣⲉ ⲛ ϣⲟ
ϣⲧ ⲙ ⲡⲛⲟⲩⲛ ⲛ ⲛ ⲧⲟⲟⲧϥ· ⲙⲛ ⲟⲩ
2 ⲛⲟϭ ⲛ ϩⲁⲗⲧⲥⲓⲥ ϩⲛ ⲧⲉϥϭⲓϫ· ⲁⲩⲱ
Ⲁϥⲁⲙⲁϩⲧⲉ ⲙ ⲡⲉ ϩⲣⲁⲕⲱⲛ ⲡ ϩⲟϥ
ⲛ ⲁⲣⲭⲁⲓⲟⲥ· ⲉⲧⲉ ⲡⲁⲓ ⲡⲉ ⲡⲇⲓⲁⲃⲟ
ⲗⲟⲥ ⲡⲥⲁⲧⲁⲛⲁⲥ· ⲁⲩⲱ ⲁϥⲙⲟⲣϥ ⲛ
3 ϣⲟ ⲛ ⲣⲟⲙⲡⲉ· ⲁϥⲛⲟϫϥ ⲉ ⲡⲉⲥⲏⲧ
ⲉ ⲡⲛⲟⲩⲛ ⲁϥϣⲧⲁⲙ ⲉ ⲣⲱϥ· ⲁⲩⲱ
ⲁϥⲧⲱⲱⲃⲉ ⲉ ⲣⲱϥ· ϫⲉ ⲛⲛⲉ ϥⲡⲗⲁ
ⲛⲁ ϭⲉ ⲛⲉⲛϩⲉⲑⲛⲟⲥ· ϣⲁ ⲛⲧⲉ ⲧϣⲟ
ⲛ ⲣⲟⲙⲡⲉ ϫⲱⲕ ⲉ ⲃⲟⲗ· ⲙⲛⲛⲥⲁ
ⲛⲁⲓ ⲥⲉⲛⲁⲃⲟⲗϥ ⲉ ⲃⲟⲗ ⲛ ⲕⲉ ⲕⲟⲩⲓ
4 ⲛ ⲟⲩⲟⲉⲓϣ· ⲙⲛⲛⲥⲁ ⲛⲁⲓ ⲁⲓⲛⲁⲩ
ⲉ ϩⲉⲛⲑⲣⲟⲛⲟⲥ· ⲁⲩⲱ ⲁⲩⲙⲟⲟⲥ
ϩⲓϫⲱⲟⲩ ⲁⲩϯ ⲛⲁⲩ ⲛ ⲟⲩϩⲁⲡ· ⲁⲩⲱ
Ⲁⲓⲛⲁⲩ ⲉ ⲧⲉϥⲯⲩⲭⲏ ⲛ ⲛⲉ ⲛⲧ ⲁⲩⲙⲟ
ⲟⲩⲧⲟⲩ ⲉ ⲧⲃⲉ ⲙⲛⲧⲙⲛⲧⲣⲉ ⲛ ⲓ̅ⲥ̅·

ⲧ ϥ

ⲁⲩⲱ ⲉ ⲧⲃⲉ ⲡϣⲁϫⲉ ⲙ ⲡⲛⲟⲩⲧⲉ·
ⲁⲩⲱ ⲛⲉⲧⲉ ⲙⲡ ⲟⲩⲱϣⲧ ⲙ ⲡⲉ
ⲑⲩⲣⲓⲟⲛ ⲙⲛ ⲧⲉϥϩⲓⲕⲱⲛ· ⲁⲩⲱ
ⲛⲉⲧⲉ ⲙⲡ ⲟⲩϫⲓ ⲙ ⲡⲉϥⲙⲁⲉⲓⲛ
ⲉϫⲛ ⲧⲉⲩⲧⲉϩⲛⲉ· ⲏ ⲉϫⲛ ⲛⲉⲧϭⲓϫ·
ⲁⲩⲱⲛϩ ⲁⲩⲱ ⲁⲩⲣⲣⲣⲟ ⲙⲛ ⲡⲉⲭ︤ⲣ︦ⲥ︥

5 ⲛ ϣⲟ ⲛ ⲣⲟⲙⲡⲉ· ⲡ ⲕⲉ ⲥⲉⲉⲡⲏ ⲇⲉ
ⲛ ⲛⲉⲧ ⲙⲟⲟⲩⲧ ⲙⲡⲟⲩⲱⲛϩ ϣⲁⲛ
ⲧ ⲟⲩϫⲱⲕ ⲉ ⲃⲟⲗ ⲛϭⲓ ⲧϣⲟ ⲛ ⲣⲟⲙⲡⲉ·

6 ⲧⲁⲓ ⲧⲉ ⲧϣⲟⲣⲡ ⲛ ⲁⲛⲁⲥⲧⲁⲥⲓⲥ· ⲛⲁⲓⲁ
ⲧϥ ⲁⲩⲱ ϥⲟⲩⲁⲁⲃ ⲛϭⲓ ⲡⲉⲧⲉ ⲟⲩⲛⲧϥ
ⲟⲩⲙⲉⲣⲟⲥ ϩⲛ ⲧϣⲟⲣⲡ ⲛ ⲁⲛⲁⲥⲧⲁⲥⲓⲥ·
ϫⲉ ⲙⲛ ⲧⲉ ⲡⲙⲉϩ ⲥⲛⲁⲩ ⲙ ⲙⲟⲩ ⲉϫⲟⲩ
ⲥⲓⲁ ⲉ ϩⲣⲁⲓ ⲉϫⲙ ⲡⲁⲓ· ⲁⲗⲗⲁ ⲉⲧⲛⲁ
ϣⲱⲡⲉ ⲛ ⲟⲩⲏⲏⲃ ⲙ ⲡⲛⲟⲩⲧⲉ ⲙⲛ
ⲡⲉϥ ⲭ︤ⲣ︦ⲥ︥· ⲁⲩⲱ ⲥⲉⲛⲁⲣⲣⲣⲟ ⲛⲙⲙ

7 ⲁϥ ⲛ ⲧϣⲟ ⲛ ⲣⲟⲙⲡⲉ· ϩⲟⲧⲁⲛ ⲇⲉ ⲉⲩ
ϣⲁⲛϫⲱⲕ ⲉ ⲃⲟⲗ ⲛϭⲓ ⲧϣⲟ ⲛ ⲣⲟⲙⲡⲉ·
ⲥⲉⲛⲁⲃⲱⲗ ⲉ ⲃⲟⲗ ⲙ ⲡⲥⲁⲧⲁⲛⲁⲥ ϩⲛ

8 ϩⲉⲛⲙⲣⲣⲉ· ⲛϥⲉⲓ ⲉ ⲃⲟⲗ ⲉ ⲡⲗⲁⲛⲁ ⲛ
ⲧⲟⲓⲕⲟⲩⲙⲉⲛⲏ· ⲉⲥⲟⲩⲟϩ ⲉ ϩⲟⲩⲛ ⲛ
ⲛⲧⲱⲩ ⲙⲛ ⲙⲁⲅⲱⲅ· ⲉ ⲃⲟⲗ ϩⲙ
ⲡⲉϥⲧⲟⲟⲩ ⲛ ⲕⲟⲟϩ ⲙ ⲡⲕⲁϩ·
ⲉ ϩⲟⲩⲛ ⲉ ⲡⲡⲟⲗⲙⲟⲥ· ⲉⲩⲟ ⲛⲑⲉ ⲙ

9 ⲡϣⲱ ⲛ ⲑⲁⲗⲗⲁⲥⲥⲁ· ⲁⲩⲱ ⲁⲩⲉⲓ
ⲉ ϩⲣⲁⲓ ⲉϫⲙ ⲡⲡⲱϣⲥ ⲙ ⲡⲕⲁϩ·
ⲁⲩⲕⲱⲧⲉ ⲉ ⲧⲡⲁⲣⲉⲙⲃⲟⲗⲏ ⲛ ⲛⲉ
ⲧ ⲟⲩⲁⲁⲃ· ⲙⲛ ⲧⲡⲟⲗⲓⲥ ⲙ ⲡⲙⲉⲣⲓⲧ·
ⲁⲩⲕⲱϩⲧ ⲉⲓ ⲉ ⲃⲟⲗ ϩⲛ ⲧⲡⲉ ⲉ ⲃⲟⲗ ϩⲓ
ⲧⲙ ⲡⲛⲟⲩⲧⲉ· ⲁⲩⲱ ⲁϥⲟⲩⲟⲙⲟⲩ·

10 ⲡⲇⲓⲁⲃⲟⲗⲟⲥ ⲇⲉ ⲉⲧ ⲡⲗⲁⲛⲁ ⲙⲙⲟ
ⲟⲩ· ⲁⲩⲛⲟϫϥ ⲉ ⲧⲗⲓⲙⲛⲏ ⲛ ⲕⲱ
ϩⲧ ϩⲓ ⲑⲏⲛ· ⲡⲙⲁ ⲛⲧ ⲁⲩⲛⲟⲩϫ

ⲙ̄ ⲡⲉⲑⲩⲣⲓⲟⲛ ⲉ ⲣⲟϥ· ⲙⲛ ⲡⲉ ⲡⲣⲟⲫⲏ
ⲧⲏⲥ ⲛ̄ ⲛⲟⲩϫ· ⲁⲩⲱ ⲥⲉⲛⲁⲃⲁⲥⲁ
ⲛⲓⲍⲉ ⲙ̄ⲙⲟⲟⲩ· ⲛ̄ⲧⲉⲩϣⲏ ⲙⲛ ⲡⲉϩⲟⲟⲩ·
ⲛ̄ⲥⲉ ⲧⲙ̄ ϫⲓ ⲙ̄ⲧⲟⲛ ϣⲁ ⲉⲛⲉϩ ⲛ̄ ⲉⲛⲉϩ·

11 Ⲁⲓⲛⲁⲩ ⲉⲧⲛⲟϭ ⲛ̄ ⲑⲣⲟⲛⲟⲥ ⲉϥⲟⲩⲟⲃϣ̄·
ⲁⲩⲱ ⲡⲉⲧ ϩⲙⲟⲟⲥ ϩⲓ ϫⲱϥ· ⲁ ⲡⲕⲁϩ
ⲡⲱⲧ ⲙⲛ ⲧⲡⲉ ϩⲁ ⲧⲉϥϩⲏ· ⲁⲩⲱ

12 ⲙ̄ⲡ ⲟⲩϩⲉ ⲉ ⲙⲁ ⲛⲁⲩ· ⲁⲩⲱ ⲁⲓⲛⲁⲩ
ⲉ ⲛⲉⲧ ⲙⲟⲟⲩⲧ· ⲛ̄ ⲛⲟϭ ⲙⲛ ⲛ̄ ⲕⲟⲩⲓ·
ⲉⲩⲁϩⲉ ⲣⲁⲧⲟⲩ ⲙ̄ ⲡ ⲙ̄ⲧⲟ ⲉ ⲃⲟⲗ ⲙ̄ ⲡⲉ
ⲑⲣⲟⲛⲟⲥ· ⲁⲩⲡⲉⲣϣ ϩⲉⲛϫⲱⲱⲙⲉ ⲉ ⲃⲟⲗ·
ⲁⲩⲱ ⲁⲩⲟⲩⲱⲛ ⲛ̄ ⲕⲉ ϫⲱⲱⲙⲉ ⲉ ⲡⲁ
ⲡⲱⲛϩ ⲡⲉ· ⲁⲩⲕⲣⲓⲛⲉ ⲛ̄ ⲛⲉⲧ ⲙⲟ
ⲟⲩⲧ ⲉ ⲃⲟⲗ ϩⲛ ⲛⲉⲧ ⲥⲏϩ ⲉⲛϫⲱⲱⲙⲉ

13 ⲕⲁⲧⲁ ⲛⲉⲩϩⲃⲏⲩⲉ· ⲁ ⲑⲁⲗⲗⲁⲥⲥⲁ ϯ
ⲛ̄ ⲛⲉⲧ ⲙⲟⲟⲩⲧ ⲉⲧ ⲛ̄ ϩⲏⲧⲥ· ⲁⲩⲱ
ⲡⲛⲟⲩⲛ ⲙⲛ ⲁⲙⲛⲧⲉ· ⲁⲩϯ ⲛ̄ ⲛⲉⲧ
ⲙⲟⲟⲩⲧ ⲉⲧ ⲛ̄ ϩⲏⲧⲟⲩ· ⲁⲩⲱ ⲁⲩⲕⲣⲓ
ⲛⲉ ⲙ̄ ⲡⲟⲩⲁ ⲡⲟⲩⲁ ⲕⲁⲧⲁ ⲛⲉⲩϩⲃⲏⲩⲉ·

14 Ⲁⲩⲱ ⲡⲛⲟⲩⲛ ⲙⲛ ⲁⲙⲛⲧⲉ ⲁⲩ
ⲛⲟϫⲟⲩ ⲉ ϩⲣⲁⲓ ⲉ ⲧⲗⲓⲙⲛⲏ ⲛ̄ ⲥⲁⲧⲉ·
ⲡⲁⲓ ⲡⲉ ⲡⲙⲟⲩ ⲙ̄ ⲙⲉϩ ⲥⲛⲁⲩ ⲉⲧⲉ ⲧ
ⲗⲓⲙⲛⲏ ⲧⲉ ⲛ̄ ⲥⲁⲧⲉ· ⲁⲩⲱ ⲡⲉⲧⲉ
ⲙ̄ⲡ ⲟⲩϩⲉ ⲉ ⲣⲟϥ ⲉϥⲥⲏϩ ϩⲙ ⲡϫⲱⲱ
ⲙⲉ ⲙ̄ ⲡⲱⲛϩ· ⲁⲩⲛⲟϫⲟⲩ ⲉ ⲧⲗⲓⲙ
ⲛⲏ ⲛ̄ ⲥⲁⲧⲉ· ⲁⲩⲱ ⲁⲓⲛⲁⲩ ⲉⲧⲡⲉ

XXI. 1 ⲛ̄ ⲃⲣ̄ⲣⲉ ⲙⲛ ⲟⲩⲕⲁϩ ⲛ̄ ⲃⲣ̄ⲣⲉ· ⲧϣⲟⲣⲡ
ⲅⲁⲣ ⲙ̄ ⲡⲉ· ⲙⲛ ⲡϣⲟⲣⲡ ⲛ̄ ⲕⲁϩ ⲁⲩ
ⲟⲩⲉⲓ ⲛⲉ· ⲁⲩⲱ ⲑⲁⲗⲗⲁⲥⲥⲁ ⲛⲉⲥ

2 ϣⲟⲟⲡ ⲁⲛ ϭⲉ· ⲁⲩⲱ ⲁⲓⲛⲁⲩ ⲉ ⲧⲡⲟⲗⲓⲥ
ⲉⲧ ⲟⲩⲁⲁⲃ· ⲑⲓⲉⲣⲟⲩⲥⲁⲗⲏⲙ ⲛ̄ ⲃⲣ̄ⲣⲉ·
ⲉⲥⲛⲏⲩ ⲉ ⲡⲉⲥⲏⲧ ⲉ ⲃⲟⲗ ϩⲛ ⲧⲡⲉ· ⲉ ⲃⲟⲗ
ϩⲓⲧⲙ ⲡⲛⲟⲩⲧⲉ· ⲉⲥⲥⲃ̄ⲧⲱⲧ ⲛ̄ ⲑⲉ ⲛ̄ ⲟⲩ

3 ϣⲉⲗⲉⲉⲧ ⲉⲥⲧⲁⲙⲏⲧ ⲙ ⲡⲉⲥⲣⲁⲓ· ⲁⲓ
ⲥⲱⲧⲙ ⲉⲧⲛⲟϭ ⲛ ⲥⲙⲛ ⲉ ⲃⲟⲗ ϩⲛ ⲧⲡⲉ
ⲉⲥϫⲱ ⲙⲙⲟⲥ· ϫⲉ ⲉⲓⲥ ⲧⲉⲥⲕⲩⲛⲏ ⲙ
ⲡⲛⲟⲩⲧⲉ ⲙⲛ ⲛⲣⲱⲙⲉ· ⲁⲩⲱ ϥⲛⲁ
ⲟⲩⲱϩ ⲛⲙⲙⲁⲩ· ⲛⲥⲉϣⲱⲡⲉ ⲛⲁϥ
ⲛ ⲗⲁⲟⲥ· ⲁⲩⲱ ⲛⲧⲟϥ ⲡϫⲟⲉⲓⲥ ⲛⲉϥ

4 ϣⲱⲡⲉ ⲛⲁⲩ ⲛ ⲛⲟⲩⲧⲉ· ⲛⲉϥϥⲱ
ⲧⲉ ⲛ ⲣⲙⲉⲓⲏ ⲛⲓⲙ ⲉ ⲃⲟⲗ ϩⲛ ⲛⲉⲩ
ⲃⲁⲗ· ⲁⲩⲱ ⲙⲛ ⲙⲟⲩ ϭⲉ ⲛⲁϣⲱⲡⲉ
ⲟⲩⲇⲉ ϩⲏⲃⲉ· ⲟⲩⲇⲉ ⲙⲛ ⲁϣⲕⲁⲕ
ⲟⲩⲇⲉ ⲙⲛ ϩⲓⲥⲉ ⲛⲁϣⲱⲡⲉ ϫⲓⲛ ⲛ
ⲧⲉⲛⲟⲩ· ϫⲉ ⲁⲛϣⲟⲣⲡ ⲟⲩⲉⲓ ⲛⲉ·

5 ⲁⲩⲱ ⲡⲉϫⲁϥ ⲛϭⲓ ⲡⲉⲧϩⲙⲟⲟⲥ
ϩⲓ ⲡⲉⲑⲣⲟⲛⲟⲥ· ϫⲉ ⲉⲓⲥ ϩⲏⲏⲧⲉ
ϯ ⲛⲁⲧⲁⲙⲓⲉ ⲛ ⲕⲁⲛⲓ ⲙⲛ ⲃⲣⲣⲉ·
ⲁⲩⲱ ⲡⲉϫⲁϥ ⲛⲁⲓ ϫⲉ ⲥϩⲁⲓ ϫⲉ
ⲛⲉⲓ ϣⲁϫⲉ ⲛⲧ ⲁⲓϫⲟⲟⲩ ⲥⲉⲛϩⲟⲧ

6 ⲁⲩⲱ ϩⲉⲛⲙⲉ ⲛⲉ· ⲡⲉϫⲁϥ ⲛⲁⲓ
ϫⲉ ⲁⲓϣⲱⲡⲉ ⲛ ⲁⲗⲫⲁ ⲁⲩⲱ ⲛ ⲱ̄
ⲡⲉ ϩⲟⲩⲉⲓⲧⲉ ⲁⲩⲱ ⲡϫⲱⲕ· ⲁⲛⲕ̄
ϯⲛⲁϯ ⲙ ⲡⲉⲧ ⲟⲃⲉ ⲉ ⲃⲟⲗ ϩⲛ ⲧⲡⲩ
ⲅⲏ ⲙ ⲡⲙⲟⲟⲩ ⲙ ⲡⲱⲛϩ ⲛ ϫ
ⲓⲛϫⲏ:

7 ⲡ ⲉⲧ ⲛⲁϫⲣⲟϥ ⲛⲁⲕⲗⲏⲣⲟⲛⲟⲙⲓ
ⲛ ⲛⲁⲓ· ⲁⲩⲱ ϯⲛⲁϣⲱⲡⲉ ⲛⲁϥ
ⲛ ⲛⲟⲩⲧⲉ· ⲛⲉϥϣⲱⲡⲉ ⲛⲁⲓ ⲛ ϣⲏ

8 ⲣⲉ· ⲛ ϭⲁⲃ ϩⲏⲧ ⲇⲉ ⲛⲧⲟⲟⲩ· ⲙⲛ ⲛⲁ
ⲡⲓⲥⲧⲟⲥ· ⲁⲩⲱ ⲙⲛ ⲛⲉⲧ ⲃⲏⲧ ∴
ⲁⲩⲱ ⲛ ⲣⲉϥϩⲱⲧⲃ ⲙⲛ ⲛ ⲡⲟⲣⲛⲟⲥ·
ⲙⲛ ⲛⲉⲫⲁⲣⲙⲁⲅⲟⲥ· ⲁⲩⲱ ⲛ ⲣϥ
ϣⲙϣⲉ ⲉⲓⲇⲱⲗⲟⲛ· ⲙⲛ ⲣⲉϥϫⲓ
ϭⲟⲗ ⲛⲓⲙ· ⲉⲣⲉ ⲧⲉⲩⲧⲟⲉ ⲛⲁϣⲱⲡⲉ
ϩⲛ ⲧⲗⲩⲙⲛⲏ ⲉⲧ ϫⲉⲣⲟ ϩⲛ ⲟⲩ

ⲕⲱϩⲧ ⲙⲛ ⲟⲑⲏⲛ· ⲉⲧⲉ ⲡⲁⲓ
9 ⲡⲉ ⲡⲙⲟⲩ ⲙ ⲙⲉϩ ⲥⲛⲁⲩ· ⲁⲩⲱ
ⲁϥⲉⲓ ⲛϭⲓ ⲕⲉ ⲟⲩⲁ ⲉⲃⲟⲗ ϩⲙ ⲡⲥⲁ
ϣϥ ⲛⲁⲅⲅⲉⲗⲟⲥ· ⲉⲧⲉ ⲟⲩⲛⲧⲟⲩ
ⲧⲥⲁϣϥⲉ ⲙ ⲫⲓⲁⲗⲏ ⲉⲧ ⲙⲉϩ ⲛ ⲕⲉ
ⲡⲗⲩⲅⲏ ⲛ ϩⲁⲏ· ⲁϥϣⲁϫⲉ ⲛⲙ
ⲙⲁⲓ ⲉϥϫⲱ ⲙⲙⲟⲥ· ϫⲉ ⲁⲙⲟⲩ ⲧⲁ
ⲧⲥⲁⲃⲟⲕ ⲉ ⲧϣⲉⲗⲉⲉⲧ ⲧϩⲓⲙ[ⲉ] ⲙ ⲡⲉ
10 ϩⲓⲉⲓⲃ· ⲁⲩⲱ ⲁϥϫⲓⲧ ϩⲙ ⲡⲉ
ⲡ︤ⲛ︦ⲁ︥ ⲉϫⲛ ⲟⲩⲧⲟⲟⲩ ⲛⲟϭ ⲉϥϫⲟⲥⲉ·
ⲁϥⲧⲥⲁⲃⲟⲓ ⲉ ⲧⲡⲟⲗⲓⲥ ⲉⲧ ⲟⲩⲁⲁⲃ
ⲑⲓⲉⲗ︤ⲏ︦ⲙ︥· ⲉⲥⲛⲏⲩ ⲉ ⲡⲉⲥⲏⲧ ⲉ ⲃⲟⲗ
ϩⲛ ⲧⲡⲉ· ⲉ ⲃⲟⲗ ϩⲓⲧⲙ ⲡⲛⲟⲩⲧⲉ·
11 ⲉ ⲟⲩⲛⲧⲁⲥ ⲙⲙⲁⲩ ⲙ ⲡⲉⲟⲟⲩ
ⲙ ⲡⲛⲟⲩⲧⲉ· ⲉⲣⲉ ⲡⲉⲥⲟⲩⲟⲉⲓⲛ ⲉϥ
ⲉⲓⲛⲉ ⲛ ⲟⲩⲱⲛⲉ ⲙ ⲙⲉ· ⲉϥⲧⲁⲓ
ⲏⲩ ⲛⲑⲉ ⲛ ⲟⲩⲱⲛⲉ ⲛ ⲓⲁⲥⲡⲓⲥ:
12 ⲉϥⲉⲓⲛⲉ ⲛ ⲟⲩⲕⲣⲩⲥⲧⲁⲗⲟⲥ· ⲉⲩⲛ ⲟⲩ
ⲥⲟⲃⲧ ⲙⲙⲟⲥ ⲉϥϫⲟⲥⲉ· ⲉⲩⲛ ⲙⲛ
ⲧⲥⲛⲟⲟⲩⲥ ⲙ ⲡⲩⲗⲱⲛ ⲙⲙⲟⲥ· ⲉⲣⲉ
ⲙⲛⲧⲥⲛⲟⲟⲩⲥ ⲛⲁⲅⲅⲉⲗⲟⲥ ϩⲓϫⲛ
ⲙ ⲡⲩⲗⲱⲛ· ⲉⲣⲉ ϩⲉⲛⲣⲁⲛ ⲥⲏϩ ⲉ
ⲣⲟⲥ ⲕⲁⲧⲁ ⲛ ⲣⲁⲛ ⲛ ⲧⲙⲛⲧⲥⲛⲟⲟⲩⲥ
ⲙ ⲫⲩⲗⲏ ⲛⲉⲛϣⲏⲣⲉ ⲙ ⲡⲉⲓⲏⲗ
13 ⲉⲣⲉ ϣⲟⲙⲛⲧ ⲙ ⲡⲩⲗⲱⲛ ϭⲱϣ︤ⲧ︥
ⲉ ⲡⲉⲓⲉⲃ︤ⲧ︥· ⲁⲩⲱ ϣⲟⲙⲛⲧ ⲙ ⲡⲩ
ⲗⲱⲛ ⲉ ⲡⲙϩⲓ︤ⲧ︥· ⲁⲩⲱ ϣⲟⲙⲛⲧ
ⲉ ⲡⲉⲙⲛ︤ⲧ︥· ⲁⲩⲱ ϣⲟⲙⲛⲧ ⲉ ⲡⲣⲏⲥ·
14 ⲉϫⲛ ⲙⲛⲧⲥⲛⲟⲟⲩⲥ ⲛ ⲥⲛⲧⲉ ⲙ ⲡⲥⲟ
ⲃⲧ ⲛ ⲧⲡⲟⲗⲓⲥ· ⲉⲩⲥⲏϩ ⲉ ⲣⲟⲟⲩ·
ⲛϭⲓ ⲛ ⲣⲁⲛ ⲙ ⲡⲙⲛⲧⲥⲛⲟⲟⲩⲥ
15 ⲛ ⲁⲡⲟⲥⲧⲟⲗⲟⲥ· ⲙ ⲡⲉϩⲓⲉⲓⲃ· ⲁⲩⲱ
ⲡⲉⲧ ϣⲁϫⲉ ⲛⲙⲙⲁⲓ· ⲛⲉⲩ ⲛ ⲟⲩ

Fol. 34 b
ⲋ̄

ⲕⲁϣ ⲛ ⲛⲟⲧϥ ⲛ ⲧⲟⲟⲧϥ ⲛ ϣⲓ
ϫⲉ ⲛⲁⲥ ⲉϥϣⲓ ⲛ ⲧⲡⲟⲗⲓⲥ ⲙⲛ
ⲛⲉⲥⲡⲩⲗⲱⲛ· ⲙⲛ ⲡⲉⲥⲥⲟⲃⲧ·

16 ⲁⲩⲱ ⲧⲡⲟⲗⲓⲥ ⲛⲉⲥⲟ ⲛ ⲧⲉⲧⲣⲁⲅⲟ
ⲛⲟⲛ· ⲉⲣⲉ ⲧⲉⲥϣⲓⲏ ϣⲏϣ ⲙⲛ
ⲡⲉⲥⲟⲩⲱϣⲥ· ⲁⲩⲱ ⲁϥϣⲓ ⲧ
ⲡⲟⲗⲓⲥ ⲙ ⲡⲕⲁϣ ϣⲁ ⲙⲛⲧⲥⲛⲟ
ⲟⲧⲥ ⲛ ϣⲉ (sic) ⲛ ⲥⲧⲁⲇⲓⲟⲛ ⲛ ϣⲓⲏ·
ⲁⲩⲱ ⲡⲉⲥⲟⲩⲱϣⲥ ⲙⲛ ⲡⲉⲥ ϫⲓⲥⲉ

17 ⲉⲩϣⲏϣ ⲙⲛ ⲛⲉⲩⲉⲣⲏⲩ· ⲁⲩⲱ
ⲁϥϣⲓ ⲡⲉⲥⲥⲟⲃⲧ ⲛ ϣⲉ ϩⲙⲉ ⲧⲁϥ
ⲧⲉ ⲙ ⲙⲁϩⲉ· ⲙ ⲡϣⲓ ⲛ ⲟⲩⲣⲱⲙⲉ ⲉⲧⲉ

18 ⲡⲁⲓ ⲡⲉ ⲟⲩⲁⲅⲅⲉⲗⲟⲥ· ⲁⲩⲱ ⲡⲉⲥ
ⲥⲟⲃⲧⲉ ϥⲕⲏⲧ ⲛ ⲓⲁⲥⲡⲓⲥ· ⲁⲩⲱ
ⲧⲡⲟⲗⲓⲥ ⲉⲥⲕⲏⲧ ⲛ ⲛⲟⲩⲃ ⲉ ⲛⲁⲛⲟⲩϥ
ⲉϥⲉⲓⲛⲉ ⲛ ⲟⲩⲁⲃⲁϭⲏⲉⲓⲛ ⲉϥⲟⲩⲁ

19 ⲁⲃ· ⲛ ⲥⲛⲧⲉ ⲙ ⲡⲥⲟⲃⲧ ⲛ ⲧⲡⲟⲗⲓⲥ
ⲉⲩⲧⲁⲙⲓⲏⲧ ϩⲓ ⲉⲛⲉ ⲙ ⲙⲉ ⲛⲓⲙ·
ⲧϣⲟⲣⲡ ⲛ ⲥⲛⲧⲉ ⲉⲥⲉⲓⲛⲉ ⲛ ⲓⲁⲥⲡⲓⲥ·
ⲧⲙⲉϩ ⲥⲛⲧⲉ ⲛ ⲥⲁⲡⲡⲓⲣⲟⲥ·
ⲧⲙⲉϩ ϣⲟⲙⲧⲉ ⲛ ⲭⲁⲣⲭⲏⲇⲓⲟⲛ·
ⲧⲙⲉϩ ϥⲧⲟⲉ ⲛ ⲥⲙⲁⲣⲁⲅⲇⲟⲥ·

20 ⲧⲙⲉϩ ϯⲉ ⲛ ⲥⲁⲣⲇⲟⲛⲓⲝ·
ⲧⲙⲉϩ ⲥⲟ ⲛ ⲥⲁⲣⲇⲓⲟⲛ·
ⲧⲙⲉϩ ⲥⲁϣϥⲉ ⲛ ⲭⲣⲩⲥⲟⲗⲓⲛⲑⲟⲥ·
ⲧⲙⲉϩ ϣⲙⲟⲩⲛⲉ ⲛ ⲃⲩⲣⲩⲗⲗⲟⲥ·
ⲧⲙⲉϩ ⲯⲓⲧⲉ ⲛ ⲧⲟⲡⲁⲇⲓⲟⲛ·
ⲧⲙⲉϩ ⲙⲏⲧⲉ ⲛ ⲭⲣⲩⲥⲟⲡⲣⲁⲥⲟⲥ·
ⲧⲙⲉϩ ⲙⲛⲧⲟⲩⲉ ⲛ ϩⲩⲁⲕⲓⲛⲑⲓⲛⲟⲛ·
ⲧⲙⲉϩ ⲙⲛⲧⲥⲛⲟⲟⲩⲥ ⲛ ⲁⲙⲉⲑⲩⲥⲧⲟⲥ·

21 ⲁⲩⲱ ⲡⲙⲛⲧⲥⲛⲟⲟⲩⲥ ⲙ ⲡⲩⲗⲱⲛ
ⲛⲉⲧⲟ ⲙ ⲙⲛⲧⲥⲛⲟⲟⲩⲥ ⲙ ⲙⲁⲣⲅⲁ
ⲣⲓⲧⲏⲥ· ⲉⲣⲉ ⲡⲟⲩⲁ ⲡⲟⲩⲁ ⲛ ⲙ...

ⲡⲩⲗⲱⲛ ϣⲟⲟⲡ ⲉ ⲃⲟⲗ ϧⲛ ⲟⲩ
ⲙⲁⲣⲅⲁⲣⲓⲧⲏⲥ ⲛ ⲟⲩⲱⲧ· ⲁⲩⲱ
ⲧⲉⲡⲗⲁⲧⲓⲁ ⲛ ⲧⲡⲟⲗⲓⲥ· ⲉⲥⲟ ⲛ ⲛⲟⲩⲃ
[ⲉϥ]ⲟⲩⲁⲁⲃ· ⲛⲑⲉ ⲛ ⲟⲩⲁⲃⲁⲥⲛⲉⲓⲛ
ⲉϥⲧⲃⲃⲏⲩ :

22 Ⲙⲡ ⲓⲛⲁⲩ ⲇⲉ ⲉⲣⲡⲉ ⲛ ϩⲏⲧⲥ· ⲡⲭ̄ⲥ̄
ⲅⲁⲣ ⲡⲛⲟⲩⲧⲉ· ⲡⲉ ⲡⲉⲥⲣⲡⲉ ⲙⲛ ⲡⲉ

23 ϩⲓⲉⲓⲃ· ⲁⲩⲱ ⲧⲡⲟⲗⲓⲥ ⲛⲉⲥⲣ ⲭⲣⲓⲁ
ⲁⲛ ⲙ ⲡⲣⲏ ⲙⲛ ⲡⲟⲟϩ ⲉ ⲧⲣⲉ ⲩⲣ ⲟⲩ
ⲟⲉⲓⲛ ⲉ ⲣⲟⲥ· ⲡⲉⲟⲟⲩ ⲅⲁⲣ ⲙ ⲡⲛⲟⲩⲧⲉ
ⲣ ⲟⲩⲟⲉⲓⲛ ⲉ ⲣⲟⲥ· ⲁⲩⲱ ⲡⲉⲥϩⲏⲃ̄ⲥ̄

24 ⲡⲉ ⲡⲉϩⲓⲉⲓⲃ· ⲁⲩⲱ ⲛ ϩⲉⲑⲛⲟⲥ
ⲛⲁⲙⲟⲟϣⲉ ⲉ ⲃⲟⲗ ϩⲓⲧⲙ ⲡⲉⲥⲟⲩⲟ
ⲉⲓⲛ· ⲙⲛ ⲛⲣⲣⲱⲟⲩ ⲙ ⲡⲛⲁϩ
ⲉⲧⲉⲓⲛⲉ ⲙ ⲡⲉⲧⲉⲟⲟⲩ ⲉϩⲟⲩⲛ ⲉ ⲣⲟⲥ·

25 Ⲁⲩⲱ ⲥⲉⲛⲁϣⲟⲧⲙ ⲁⲛ ⲛ ⲛⲉⲥⲡⲩ
ⲗⲱⲛ ⲙ ⲡⲉϩⲟⲟⲩ ⲙⲛ ⲧⲉⲩϣⲏ·
ⲙⲛ ⲟⲩϣⲏ ⲅⲁⲣ ⲛⲁϣⲱⲡⲉ ⲙⲙⲁⲩ·

26 ⲥⲉⲛⲁϫⲓ ⲉ ϩⲟⲩⲛ ⲙ ⲡⲉⲟⲟⲩ ⲙⲛ

27 ⲡⲧⲁⲓⲟ ⲛ ⲉⲛϩⲉⲑⲛⲟⲥ· ⲁⲩⲱ ⲛ
ⲛⲉⲩⲃⲱⲛ ⲉ ϩⲟⲩⲛ ⲉ ⲣⲟⲥ ⲛϭⲓ ⲟⲩⲟⲛ
ⲛⲓⲙ ⲉⲧ ϫⲁϩⲙ ⲙⲛ ⲛⲉⲧ ⲉⲓⲣⲉ ⲛ ⲉⲛ
ⲃⲟⲧⲉ· ⲙⲛ ⲛ ⲣⲉϥϫⲓϭⲟⲗ· ⲉⲓⲙⲏ
ⲧⲉⲓ ⲛⲉⲧ ⲥⲏϩ ϩⲙ ⲡϫⲱⲙⲉ

Chap. ⲙ ⲡⲉϩⲓⲉⲓⲃ· ⲁϥⲥⲁⲃⲟⲓ ⲉⲧⲉⲓⲉⲣⲟ
XXII. 1 ⲙ ⲙⲟⲟⲩ ⲉϥⲟⲛϩ ⲉϥⲟⲩⲟⲃϣ ⲛⲑⲉ
ⲛ ⲟⲩⲕⲣⲩⲥⲧⲁⲗⲟⲥ· ⲉϥⲛⲏⲩ ⲉ ⲃⲟⲗ
ϩⲙ ⲡⲉⲑⲣⲟⲛⲟⲥ ⲙ ⲡⲛⲟⲩⲧⲉ ⲙⲛ

2 ⲡⲉϩⲓⲉⲓⲃ· ⲉⲧ ⲛ ⲧⲙⲏⲧⲉ ⲛ ⲧⲉ
ⲡⲗⲁⲧⲉⲓⲁ ⲛ ⲧⲡⲟⲗⲓⲥ· ⲉⲣⲉ ⲟⲩϣⲏⲛ
ⲛ ⲱⲛϩ ϩⲓ ⲡⲉⲓⲥⲁ ⲙⲛ ⲡⲁⲓ· ⲙⲡⲓ
ⲉⲣⲟ ⲉϥⲉⲓⲣⲉ ⲙ ⲙⲛⲧⲥⲛⲟⲟⲩⲥ ⲛ [ⲕⲁⲣ]
ⲡⲟⲥ ∴ :————

Fol. 36a
ⲟⲉ̄

ⲉϥϯ ⲙ ⲡⲉϥⲕⲁⲣⲡⲟⲥ̄ ⲟⲣⲉ ⲉⲃⲟⲧ· ⲉⲣⲉ
ⲛⲉϥϭⲱⲱⲃⲉ ϣⲟⲟⲡ ⲉⲩⲑⲉⲣⲁⲡⲓⲁ
3 ⲛ ⲉⲛϩⲉⲑⲛⲟⲥ· ⲁⲩⲱ ⲙⲛ ⲗⲁⲁⲩ
ⲛ ⲃⲟⲧⲉ ⲛⲁϣⲱⲡⲉ ϫⲓⲛ ⲛ ⲧⲉⲛⲟⲩ·
ⲛⲁϣⲱⲡⲉ ⲇⲉ ϩⲣⲁⲓ ⲛ ϩⲏⲧⲥ· ⲛϭⲓ
ⲡⲉⲑⲣⲟⲛⲟⲥ ⲙ ⲡⲛⲟⲩⲧⲉ ⲙⲛ ⲡⲉϩⲓ
ⲉⲓⲃ· ⲁⲩⲱ ⲛⲉϥϩⲙϩⲁⲗ ⲛⲁϣⲙϣⲉ
4 ⲛⲁϥ· ⲛⲥⲉⲛⲁⲩ ⲉ ⲡⲉϥϩⲟ ⲉⲣⲉ ⲡⲉϥ
5 ⲣⲁⲛ ⲥⲏϩ ⲉϫⲛ ⲧⲉⲩⲧⲉϩⲛⲉ· ⲛⲧⲉ ⲧⲙ
ⲟⲩϣⲏ ϭⲉ ϣⲱⲡⲉ· ⲛⲥⲉ ⲧⲙ ⲣ ⲭⲣⲓⲁ
ϭⲉ ⲙ ⲡⲟⲩⲟⲉⲓⲛ ⲛ ⲉⲛϩⲏⲃⲥ ⲙⲛ ⲡⲟⲩ
ⲟⲉⲓⲛ ⲙ ⲡⲣⲏ· ϫⲉ ⲡⲭⲥ̄ ⲡⲛⲟⲩ
ⲧⲉ ⲡⲉⲧ ⲛⲁⲣ ⲟⲩⲟⲉⲓⲛ ⲉ ⲣⲟⲟⲩ· ⲁⲩⲱ
6 ⲛⲥⲉⲣⲣⲣⲟ ϣⲁ ⲉⲛⲉϩ ⲛ ⲉⲛⲉϩ· ⲡⲉ
ϫⲁϥ ⲛⲁⲓ ϫⲉ ⲛⲉⲓ ϣⲁϫⲉ ⲥⲙⲟⲛⲧ
ⲁⲩⲱ ϩⲉⲛⲙⲉ ⲛⲉ· ⲁⲩⲱ ⲡⲭⲥ̄ ⲡ
ⲛⲟⲩⲧⲉ ⲛ ⲛⲉⲡⲛ̄ⲁ̄ ⲛ ⲛⲉⲡⲣⲟⲫⲩ
ⲧⲏⲥ ⲁϥⲧⲁⲩⲟ ⲙⲙⲟⲓ ⲡⲉϥ
ⲁⲅⲅⲉⲗⲟⲥ· ⲉⲧⲥⲁⲃⲉ ⲛⲉϥϩⲙ
ϩⲁⲗ ⲉ ⲛⲉⲧ ⲛⲁϣⲱⲡⲉ ϩⲛ ⲟⲩ
7 ϭⲉⲡⲏ· ⲉⲓⲥ ϩⲏⲏⲡⲉ ϯⲛⲏⲩ ⲧⲁⲭⲏ
ⲛⲁⲓⲁⲧϥ ⲙ ⲡⲉ ϩⲁⲣⲉϩ ⲛ ϣⲁ
ϫⲉ ⲛ ⲧⲉⲓ ⲡⲣⲟⲫⲩⲧⲓⲁ ⲙ ⲡⲉⲓ ϫⲱ
8 ⲱⲙⲉ· ⲁⲛⲟⲕ ϩⲱ̄ ⲓⲱϩⲁⲛⲛⲏⲥ
ⲡⲉⲧ ⲥⲱⲧⲙ· ⲁⲩⲱ ⲉⲧ ⲛⲁⲩ ⲉ ⲛⲁⲓ
ⲛ ⲧⲉⲣ ⲉⲓⲥⲱⲧⲙ· ⲁⲩⲱ ⲁⲓⲛⲁⲩ
ⲉ ⲣⲟⲟⲩ:——————

Fol. 36b
ⲟⲏ̄

ⲁⲓⲡⲁϩⲧ ⲉ ⲧⲣⲁ ⲟⲩⲱϣⲧ̄ ⲙ ⲡ ⲙⲧⲟ
ⲉ ⲃⲟⲗ ⲛ ⲛⲟⲩⲣⲏⲧⲉ ⲙ ⲡⲁⲅⲅⲉⲗⲟⲥ
9 ⲉⲧ ⲧⲥⲁⲃⲟ ⲙⲙⲟⲓ ⲉ ⲛⲁⲓ· ⲁⲩⲱ ⲡⲉ
ϫⲁϥ ⲛⲁⲓ· ϫⲉ ⲙⲡⲱⲣ ⲁⲛⲅ ⲡⲉⲕϣ
ⲃⲏⲣ ϩⲙϩⲁⲗ· ⲙⲛ ⲛⲉⲕ ⲕⲉ ⲥⲛⲏⲩ
ⲛⲉⲡⲣⲟⲫⲩⲧⲏⲥ· ⲙⲛ ⲛⲉⲧ ϩⲁⲣⲉϩ

ⲉⲛϣⲁϫⲉ ⲙ̄ ⲡⲉⲓϫⲱⲱⲙⲉ· ⲟⲩ

10 ⲱϣⲧ̄ ⲙ̄ ⲡⲛⲟⲩⲧⲉ· ⲁⲩⲱ ⲡⲉϫⲁϥ
ⲛⲁⲓ ϫⲉ ⲙ̄ⲡⲣ̄ ⲧⲱⲱⲃⲉ ⲛⲉⲛϣⲁ
ϫⲉ ⲛ̄ ⲧⲉⲓ ⲡⲣⲟⲫⲩⲧⲓⲁ ⲙ̄ ⲡⲉⲓ
ϫⲱⲱⲙⲉ ϫⲉ ⲡⲉⲟⲩⲟⲉⲓϣ ⲅⲁⲣ

11 ϩⲱⲛ ⲉ ϩⲟⲩⲛ· ⲡⲉⲧ ϫⲓⲛϭⲟⲛⲥ̀
ⲙⲁⲣⲉϥϫⲓⲛϭⲟⲛ ⲟⲛ· ⲁⲩⲱ ⲡⲧ̄
ϫⲁϩⲙ̄ ⲙⲁⲣⲉϥϫⲱϩⲙ̄ ⲟⲛ· ⲁⲩⲱ
ⲡⲇⲓⲕⲁⲓⲟⲥ ⲙⲁⲣⲉϥ ⲣ̄ ⲇⲓⲕⲁⲓⲟ
ⲥⲩⲛⲏ ⲟⲛ· ⲁⲩⲱ ⲡⲉⲧ ⲟⲩⲁⲁⲃ

12 ⲙⲁⲣⲉϥⲧⲃ̄ⲃⲟϥ ⲟⲛ· ⲉⲓⲥ ϩⲏⲏⲧⲉ
ϯⲛⲏⲩ ϩⲛ̄ ⲟⲩϭⲉⲡⲏ· ⲁⲩⲱ ⲡⲃⲉⲕⲉ
ⲛⲙ̄ⲙⲁⲓ ⲉϯ ⲙ̄ⲡⲟⲩⲁ ⲡⲟⲩⲁ ⲕⲁ

13 ⲧⲁ ⲛⲉϥϩⲃⲏⲩⲉ· ⲁⲛⲟⲕ ⲡⲉ ⲁⲗⲫⲁ
ⲁⲩⲱ ⲱ̄· ⲡϣⲟⲣⲡ ⲁⲩⲱ ⲡϩⲁⲏ·

14 ⲧⲁⲣⲭⲏ ⲁⲩⲱ ⲡϫⲱⲕ· ⲛⲁⲓⲁⲧⲟⲩ̄
ⲛ ⲛⲉ ⲛⲧ ⲁⲩⲧⲃ̄ⲃⲟ ⲛ ⲛⲉⲩⲥⲧⲟⲗⲏ
ϫⲉ ⲉⲣⲉ ⲧⲉⲧⲉϩⲟⲩⲥⲓⲁ ⲛⲁϣⲱⲡⲉ
ⲉ ϩⲟⲩⲛ ⲉ ⲡϣⲏⲛ ⲙ̄ ⲡⲱⲛϩ· ⲁⲩⲱ
ⲛⲥⲉⲃⲱⲕ ⲉ ϩⲟⲩⲛ ϩⲓⲧⲛ̄ ⲙ̄ ⲡⲩⲗⲏ

15 ⲉ ϩⲟⲩⲛ ⲉ ⲧⲡⲟⲗⲓⲥ· ⲥⲉⲛⲁⲛⲟⲩϫ
▓▓ ⲛⲉⲩϩⲟⲟⲣ· ⲙⲛ ⲛⲉⲫⲁⲣⲙⲁⲕ ▓▓

[End of Fol. 36 b]

[Six and a half verses wanting. The following is from Goussen,
Studia Theologica, Leipzig, 1895; and see Delaporte, *Apocalypse*,
Paris, 1906]

15 ⲥⲉⲛⲁⲛⲟⲩϫⲉ ⲇⲉ ⲉ ⲃⲟⲗ ⲛ̄ⲛⲉⲩϩⲟⲟⲣ ⲛⲙ̄
ⲛⲉⲫⲁⲣⲙⲁⲕⲟⲥ ⲛⲙ̄ ⲙ̄ ⲡⲟⲣⲛⲟⲥ ⲛⲙ̄ ϥ̄ⲣⲉϥ
ϩⲱⲧⲃ̄ ⲛⲙ̄ ϥ̄ⲣⲉϥϣⲙ̄ϣⲉ ⲉⲓⲇⲱⲗⲟⲛ ⲛⲙ̄
ⲟⲩⲟⲛ ⲛⲓⲙ ⲉⲧⲉⲓⲣⲉ ⲁⲩⲱ ⲉⲧⲙⲉ ⲙ̄ⲡϭⲟⲗ·

16 ⲁⲛⲟⲕ ⲓⲥ̄ ⲁⲓ̈ⲧⲛ̄ⲛⲟⲟⲩ ⲙ̄ⲡⲁⲅⲅⲉⲗⲟⲥ
ⲉⲧⲣⲉϥⲣ̄ⲙⲛ̄ⲧⲣⲉ ⲛⲏⲧⲛ̄ ϩⲛ̄ ⲛⲁⲓ ϩⲛ̄ ⲛⲉ

ⲕⲕⲗⲏⲥⲓⲁ· ⲁⲛⲟⲕ ⲡⲉ ⲧⲛⲟⲩⲛⲉ ⲁⲩⲱ
ⲡⲅⲉⲛⲟⲥ ⲛ̄ⲇⲁⲩⲉⲓⲇ ⲁⲩⲱ ⲡⲥⲓⲟⲩ ⲙ̄ⲡⲛⲁⲩ
ⲛ̄ϩⲧⲟⲟⲩⲉ ⲉⲧⲟ ⲛ̄ⲟⲩⲟⲉⲓⲛ·

17 ⲁⲩⲱ ⲡⲉⲡⲛ̅ⲁ̅ ⲛⲙ̄ ⲧϣⲉⲗⲉⲉⲧ ⲥⲉϫⲱ ⲙ̄ⲙⲟⲥ
ϫⲉ ⲁⲙⲟⲩ· ⲁⲩⲱ ⲡⲉⲧⲥⲱⲧⲙ̄ ⲙⲁⲣⲉϥϫⲟⲟⲥ
ϫⲉ ⲁⲙⲟⲩ ⲡⲉⲧⲟⲃⲉ ⲙⲁⲣⲉϥⲉⲓ ⲁⲩⲱ ⲡⲉⲧ
ⲟⲩⲱϣ ⲙⲁⲣⲉϥϫⲓ ⲙⲟⲟⲩ ⲛ̄ⲱⲛϩ̄ ⲛ̄ϫⲓⲛϫⲏ.

18 †ⲣ̄ⲙⲛ̄ⲧⲣⲉ ⲁⲛⲟⲕ ⲛ̄ⲟⲩⲟⲛ ⲛⲓⲙ ⲉⲧⲥⲱⲧⲙ̄
ⲉⲛϣⲁϫⲉ ⲛ̄ⲧⲉⲓ̈ⲡⲣⲟⲫⲏⲧⲓⲁ ⲙ̄ⲡⲉⲓ̈ϫⲱⲱⲙⲉ
ϫⲉ ⲡⲉⲧⲛⲁⲟⲩⲱϩ ⲉϩⲣⲁⲓ̈ ⲉϫⲱϥ ⲡⲛⲟⲩⲧⲉ
ⲛⲁⲟⲩⲱϩ ⲉϩⲣⲁⲓ̈ ⲉϫⲱϥ ⲛ̄ⲛⲉⲡⲗⲏⲅⲏ
ⲉⲧⲥⲏϩ ⲉⲡⲉⲓ̈ϫⲱⲱⲙⲉ·

19 ⲁⲩⲱ ⲡⲉⲧⲛⲁϥⲓ ⲉⲃⲟⲗϩⲛ̄ ⲛ̄ϣⲁϫⲉ ⲙ̄ⲡϫⲱⲱⲙⲉ
ⲛ̄ⲧⲉⲓ̈ⲡⲣⲟⲫⲏⲧⲉⲓⲁ ⲡⲛⲟⲩⲧⲉ ⲛⲁϥⲓ ⲡⲉϥ
ⲙⲉⲣⲟⲥ ⲉⲃⲟⲗϩⲙ̄ ⲡϣⲏⲛ ⲙ̄ⲡⲱⲛϩ̄ ⲁⲩⲱ
ⲉⲃⲟⲗϩⲛ̄ ⲧⲡⲟⲗⲓⲥ ⲉⲧⲟⲩⲁⲁⲃ' ⲛⲁⲓ̈
ⲉⲧⲥⲏⲏϩ ⲉⲡⲉⲓϫⲱⲱⲙⲉ

20 ⲡⲉϫⲁϥ ⲛ̄ϭⲓ ⲡⲉⲧⲣ̄ⲙⲛ̄ⲧⲣⲉ ϫⲉ ⲛⲁⲓ̈ ϣⲱⲡⲉ
†ⲛⲏⲩ ϩⲛ̄ ⲟⲩϭⲉⲡⲏ ⲁⲙⲟⲩ ⲡϫⲟⲉⲓⲥ ⲓ̅ⲥ̅

21 ⲧⲉⲭⲁⲣⲓⲥ ⲙ̄ⲡⲉⲛϫⲟⲉⲓⲥ ⲓ̅ⲥ̅ ⲛⲙ̄ ⲛⲉⲧⲟⲩⲁⲁⲃ
ⲧⲏⲣⲟⲩ ϩⲁⲙⲏⲛ·

· · · · · · · · · · · · · · · · · ·

ⲧⲁⲡⲟⲕⲁⲗⲩⲯⲓⲥ ⲛ̄ⲓ̈ⲱϩⲁⲛⲛⲏⲥ

· · · · · · · · · · · · · · · ·

COPTIC FORMS OF GREEK WORDS

ⲁⲅⲁⲑⲟⲛ 12, 78, 93.
ⲁⲅⲁⲡⲏ 274, 276.
ⲁⲅⲅⲉⲗⲓ 159.
ⲁⲅⲅⲉⲗⲟⲥ 101, 105, 107, 146, 152, 156, 157, 160, 165, 175, 178, 183, 185, 187, 188, 189, 250, 251, 261, 273, 274, 275, 276, 278, 280, 283, 284, 287, 288, 289, 290, 291, 292, 293, 294, 295, 296, 298, 300, 305, 306, 307, 308, 309, 310, 311, 312, 314, 317, 320, 321, 325, 326, 328, 329.
ⲁⲅⲟⲣⲁ 210, 216.
ⲁⲅⲟⲣⲟⲥ 230.
ⲁⲅⲣⲁⲧⲟⲛ 306.
ⲁⲅⲣⲓⲟⲛ 19.
ⲁⲇⲓⲕⲓⲁ 60.
ⲁⲇⲓⲕⲟⲥ 60, 257.
ⲁⲉⲓⲧⲟⲥ 301.
ⲁⲉⲧⲟⲥ 83, 101.
ⲁⲏⲣ 292, 311.
ⲁⲓⲧⲓ, ⲁⲓ̈ⲧⲓ̈ 135, 159, 168, 189, 193, 268.
ⲁⲓⲧⲓⲁ 268.
ⲁⲓⲧⲟⲥ 282, 291.
ⲁⲓⲭⲙⲁⲗⲱⲥⲓⲁ 82, 105, 303.
ⲁⲓⲭⲙⲁⲗⲱⲧⲓ̈ⲍⲉ 303.
ⲁⲓⲱⲛ 308.
ⲁⲕⲁⲑⲁⲣⲥⲓⲁ 312.

ⲁⲕⲁⲑⲁⲣⲧⲟⲛ 145, 162, 176, 183, 225, 310, 314.
ⲁⲕⲁⲑⲁⲣⲧⲟⲥ 179.
ⲁⲗⲗⲁ 6, 16, 18, 34, 35, 36, 46, 48, 49, 60, 62, 71, 72, 89, 90, 93, 94, 122, 123, 128, 139, 142, 143, 145, 153, 158, 159, 164, 168, 177, 180, 193, 203, 204, 213, 220, 222, 228, 234, 238, 240, 259, 271, 274, 275, 276, 278, 279, 292, 296, 313, 322.
ⲁⲗⲗⲟⲫⲩⲗⲟⲥ 178.
ⲁⲗⲫⲁ 324, 329.
ⲁⲙⲉⲑⲩⲥⲧⲟⲥ 326.
ⲁⲙⲱⲙⲟⲛ 316.
ⲁⲛⲁⲅⲅⲁⲓⲟⲥ 178.
ⲁⲛⲁⲅⲓⲛⲱⲥⲕⲟⲛⲧⲓ 113.
ⲁⲛⲁⲅⲕⲁⲍⲉ 2, 268.
ⲁⲛⲁⲅⲕⲁⲓⲟⲛ 196.
ⲁⲛⲁⲑⲉⲙⲁ 42.
ⲁⲛⲁⲕⲣⲓⲛⲉ 138, 189, 256, 268.
ⲁⲛⲁⲗⲁⲃⲃⲁⲛⲉ 122.
ⲁⲛⲁⲥⲧⲁⲥⲓⲥ 125, 130, 137, 142, 216, 250, 257, 322, 356.
ⲁⲛⲁⲥⲧⲁⲧⲟⲩ 214.
ⲁⲡⲉⲭⲉ 221.
ⲁⲛⲟⲩⲡⲁⲧⲟⲥ 191, 192, 221, 230.
ⲁⲛⲟⲙⲉⲓ 99.

ⲁⲛⲟⲙⲓ 21.
ⲁⲛⲟⲙⲓⲁ 99.
ⲁⲛⲧⲓⲗⲓⲃⲁⲛⲟⲥ 31.
ⲁⲛⲧⲓⲗⲟⲅⲓⲁ 107, 108.
ⲁⲍⲓⲟⲩ 207.
ⲁⲡⲁⲣⲭⲏ 34, 35, 36, 56, 75, 77, 305.
ⲁⲡⲓⲗⲉ 140.
ⲁⲡⲓⲗⲏ 168.
ⲁⲡⲓⲥⲧⲟⲥ 324.
ⲁⲡⲟⲑⲏⲕⲉ 79.
ⲁⲡⲟⲕⲁⲗⲩⲯⲓⲥ 330.
ⲁⲡⲟⲕⲣⲁⲫⲏ 149.
ⲁⲡⲟⲗⲟⲅⲓⲁ 243.
ⲁⲡⲟⲗⲟⲅⲓⲍⲉ 229.
ⲁⲡⲟⲣ 146.
ⲁⲡⲟⲣⲓ 127, 177.
ⲁⲡⲟⲥⲧⲟⲗⲟⲥ 122, 126, 127, 132, 142, 143, 144, 146, 147, 148, 149, 151, 162, 163, 164, 171, 182, 192, 198, 199, 201, 202, 204, 205, 208, 270, 274, 317, 325; ⲙⲛ̄ⲧⲁⲡⲟⲥⲧⲟⲗⲟⲥ 125.
ⲁⲡⲟⲧⲁⲥ 222.
ⲁⲣⲁ 184, 189.
ⲁⲣⲏⲟⲡⲏⲅⲓⲧⲏⲥ 219.
ⲁⲣⲓⲟⲛ ⲡⲁⲅⲟⲥ 216, 217.
ⲁⲣⲛⲁ 135, 139, 157, 275, 279.
ⲁⲣⲝ 302.
ⲁⲣⲭⲁⲓⲟⲛ 204.
ⲁⲣⲭⲁⲓⲟⲥ 239, 300, 321.
ⲁⲣⲭⲏ 55, 56, 110, 111, 184, 305, 329.
ⲁⲣⲭⲏⲅⲟⲥ 110, 135, 147, 167.
ⲁⲣⲭⲓ 122, 125, 126, 180, 182, 223, 255.
ⲁⲣⲭⲓⲉⲣⲉⲩⲥ 138, 140, 145, 146, 152, 168, 171, 225, 244, 249, 251, 255.
ⲁⲣⲭⲓⲉⲣⲉⲩⲥ 169.
ⲁⲣⲭⲓⲥⲧⲛⲁⲅⲱⲅⲟⲥ 192, 220, 221.
ⲁⲣⲭⲱⲛ 9, 45, 55, 88, 105, 107, 110, 136, 137, 138, 141, 156, 157, 194, 198, 210, 214, 229, 249, 267, 268, 317.
ⲁⲥⲉⲃⲏⲥ 73.
ⲁⲥⲡⲁⲍⲉ 222, 230, 237, 239.
ⲁⲥⲭⲏⲙⲟⲛⲉⲓ 73.
ⲁⲥⲭⲏⲙⲟⲥⲩⲛⲏ 67.
ⲁⲩⲗⲏ 296.
ⲁⲩⲍⲁⲛⲉ 151, 154, 190, 227.
ⲁⲯⲓⲛⲑⲓⲟⲛ 291.

ⲃⲁⲍⲁⲛⲓⲍⲉ 298.
ⲃⲁⲍⲁⲛⲟⲥ 315, 316.
ⲃⲁⲡⲧⲓⲍⲉ 122, 167, 184, 224.
ⲃⲁⲡⲧⲓⲥⲙⲁ 125, 131, 132, 163, 164, 166, 167, 170, 180, 181, 182, 193, 212, 220, 223, 224, 246, 265.
ⲃⲁⲣⲟⲥ 205.
ⲃⲁⲥⲁⲛⲓⲍⲉ 248, 292, 306, 323.
ⲃⲁⲥⲁⲛⲟⲥ 306.
ⲃⲁⲧⲟⲥ 109, 156, 157.
ⲃⲏⲙⲁ 189, 221.
ⲃⲟⲏⲑⲉⲓ 65, 104, 301.
ⲃⲟⲏⲑⲓ 80, 81, 208.
ⲃⲟⲏⲑⲟⲥ 108, 111.
ⲃⲟⲩⲛⲧⲓ 24.
ⲃⲟⲩⲛⲟⲥ 109.
ⲃⲩⲣⲩⲗⲗⲟⲥ 326.

ⲅⲁⲙⲟⲥ 319.
ⲅⲁⲣ 3, 4, 9, 16, 23, 27, 29, 33, 34, 39, 40, 46, 52, 82, 88, 96,

COPTIC FORMS OF GREEK WORDS

98, 99, 104, 112, 125, 128, 129, 131, 132, 136, 137, 139, 140, 141, 142, 147, 148, 152, 157, 158, 162, 164, 167, 169, 170, 180, 181, 187, 193, 194, 195, 196, 204, 205, 208, 212, 215, 216, 217, 219, 221, 223, 227, 229, 230, 232, 233, 234, 240, 242, 247, 248, 249, 250, 252, 253, 255, 261, 262, 265, 268, 269, 270, 278, 294, 304, 305, 306, 310, 314, 319, 323, 327, 329.

ⲅⲁⲧⲏⲅⲟⲣⲓ 255.

ⲅⲉⲛⲉⲁ 5, 7, 17, 66, 67, 90, 100, 102, 132, 166, 195, 204.

ⲅⲉⲛⲛⲙⲁ 44, 51, 63, 109.

ⲅⲉⲛⲛⲏⲙⲁ 43, 63, 77, 78, 79, 82, 92, 101, 102.

ⲅⲉⲛⲟⲥ 138, 143, 154, 155, 194, 218, 219, 222, 223, 329.

ⲅⲛⲱⲙⲏ 314.

ⲅⲣⲁⲙⲙⲁⲧⲉⲩⲥ 61, 88, 99, 137, 152, 229, 250.

ⲅⲣⲁⲫⲏ 24, 124, 166, 167, 196, 213, 215, 223.

ⲅⲣⲁⲯⲁⲛⲧⲓ 113.

ⲇⲁⲓⲙⲟⲛⲓⲟⲛ 102, 310.

ⲇⲁⲓⲙⲱⲛⲓⲟⲛ 294, 314.

ⲇⲉ 130, 135, 136, 137, 142, 144, 145, 146, 149, 151, 153, 155, 156, 162, 163, 164, 168, 170, 172, 173, 174, 175, 177, 178, 182, 183, 184, 185, 186, 187, 188, 190, 191, 195, 197, 199, 200, 202, 203, 206, 207, 210, 211, 212, 213, 214, 215, 220, 221, 223, 225, 227, 229,

230, 232, 233, 236, 237, 239, 240, 242, 244, 245, 246, 249, 250, 251, 252, 254, 255, 257, 259, 262, 264, 265, 266, 267, 269, 272, 273, 277, 283, 285, 286, 288, 292, 293, 294, 295, 302, 303, 322, 327.

ⲇⲉⲙⲟⲥ 229.

ⲇⲉⲩⲧⲉⲣⲟⲛⲟⲙⲓⲟⲛ 55.

ⲇⲏⲙⲟⲥⲓⲁ 213, 233.

ⲇⲓⲁⲃⲟⲗⲟⲥ 180, 191, 270, 275, 300, 301, 321.

ⲇⲓⲁⲑⲏⲕⲏ 6, 15, 17, 20, 21, 25, 52, 87, 88, 89, 90, 91, 96, 97, 98, 99, 108, 137, 153, 271.

ⲇⲓⲁⲑⲩⲕⲏ 299.

ⲇⲓⲁⲕⲟⲛⲓ 150, 227.

ⲇⲓⲁⲕⲟⲛⲓⲁ 124, 150, 186, 190, 234, 239, 276.

ⲇⲓⲁⲕⲟⲛⲟⲥ 213.

ⲇⲓⲁⲕⲣⲓⲛⲉ 108, 183.

ⲇⲓⲁⲧⲁⲅⲏ 160.

ⲇⲓⲇⲁⲥⲕⲁⲗⲟⲥ 148.

ⲇⲓⲕⲁⲓⲟⲛ 74, 116.

ⲇⲓⲕⲁⲓⲟⲥ 73, 100, 135, 160, 177, 257, 308, 309.

ⲇⲓⲕⲁⲓⲟⲥⲩⲛⲏ 109, 110, 180, 191, 218, 308, 310, 318, 319, 329.

ⲇⲓⲕⲁⲓⲱⲙⲁ 6, 10, 11, 14, 15, 17, 26, 27, 55, 83, 93, 94, 108, 308, 319.

ⲇⲓⲡⲛⲟⲛ 319, 320.

ⲇⲓⲱⲅⲙⲟⲥ 161, 197.

ⲇⲓⲱⲕⲉ 92, 244.

ⲇⲟⲅⲙⲁ 208.

ⲇⲟⲥⲓ (= ⲇⲟⲕⲓ) 204, 205, 206.

ⲇⲣⲁⲕⲱⲛ 104, 299, 301, 302, 303, 310, 321.

384 COPTIC FORMS OF GREEK WORDS

ⲁⲣⲟⲙⲟⲥ 193, 234.
ⲁⲩⲛⲁⲥⲧⲏⲥ 165.
ⲁⲩⲛⲁⲥⲧⲟⲥ 155.
ⲇⲱⲣⲉⲁ 131, 164, 181, 184.
ⲇⲱⲣⲟⲛ 35, 52, 297.

ⲉⲓⲇⲱⲗⲟⲛ 92, 102, 216, 276, 324, 329.
ⲉⲓⲙⲏⲧⲉ 319.
ⲉⲓⲙⲏⲧⲉⲓ 305, 327.
ⲉⲓⲙⲏⲧⲓ 201, 217, 276, 292.
ⲉⲓⲡⲓ ⲇⲏ 205.
ⲉⲓⲣⲏⲛⲏ 113, 156, 177, 180, 189, 206, 212, 255, 285.
ⲉⲓⲣⲏⲛⲓⲕⲉ 66, 67.
ⲉⲓⲥ 144, 160, 167, 179, 187, 191, 193, 234, 256, 261, 262, 273, 277, 279, 281, 285, 286, 288, 293, 306, 319, 324, 326.
ⲉⲕⲕⲗⲏⲥⲓⲁ 66, 67, 144, 157, 161, 162, 172, 185, 186, 187, 190, 200, 201, 202, 204, 207, 208, 222, 233, 235, 272, 273, 274, 275, 276, 277, 278, 279, 280, 281, 289, 309.
ⲉⲕⲕⲗⲩⲥⲓⲁ 274.
ⲉⲕⲗⲏⲥⲓⲁ 66, 99.
ⲉⲕⲥⲧⲁⲥⲓⲥ 176.
ⲉⲕⲧⲁⲥⲓⲥ 241.
ⲉⲗⲡⲓⲥ 210, 230, 268.
ⲉⲛⲅⲁⲗⲓ 254.
ⲉⲛⲧⲟⲗⲏ 10, 11, 17, 20, 26, 27, 29, 30, 31, 32, 40, 45, 55, 59, 78, 83, 92, 93, 94, 215, 244, 302, 306.
ⲉⲍⲟⲙⲟⲗⲟⲅⲏⲥⲓⲥ 117.
ⲉⲍⲟⲙⲟⲗⲟⲅⲓ 226.
ⲉⲍⲟⲣⲕⲓⲥⲧⲏⲥ 225.
ⲉⲍⲟⲩⲥⲓⲁ 123, 143, 164, 169, 277, 286, 292, 293, 294, 297, 300, 302, 303, 307, 310, 313, 314, 327, 329.
ⲉⲍⲧⲁⲥⲓⲥ 182.
ⲉⲡⲁⲣⲭⲓⲁ 254.
ⲉⲡⲉⲟⲩⲙⲉⲓ 292.
ⲉⲡⲉⲓⲟⲩⲙⲉⲓ 44.
ⲉⲡⲉⲓⲟⲩⲙⲓ 19, 37, 44.
ⲉⲡⲉⲓⲟⲩⲙⲓⲁⲛ 23.
ⲉⲡⲉⲓⲕⲁⲗⲉⲓ 34, 115.
ⲉⲡⲉⲓⲕⲁⲗⲓ 43, 109, 204.
ⲉⲡⲉⲕⲁⲗⲉⲓ 53, 76.
ⲉⲡⲓⲃⲟⲩⲗⲏ 233.
ⲉⲡⲓ ⲇⲉ 196.
ⲉⲡⲓ ⲇⲏ 199.
ⲉⲡⲓⲟⲩⲙⲓ 235, 270.
ⲉⲡⲓⲟⲩⲙⲓⲁ 37.
ⲉⲡⲓⲕⲁⲗⲓ 38, 161, 169, 171, 246, 257, 268.
ⲉⲡⲓⲕⲟⲩⲣⲓⲟⲥ 216.
ⲉⲡⲓⲥⲕⲟⲡⲟⲥ 125, 235.
ⲉⲡⲓⲥⲧⲟⲗⲏ 168, 205, 206, 253, 254.
ⲉⲣⲅⲁⲥⲓⲁ 227, 228.
ⲉⲣⲉⲥⲓⲥ 145.
ⲉⲣⲏⲙⲟⲥ 1, 2, 4, 12, 20, 28, 87, 101, 107, 111, 156, 157, 158, 165, 193, 301.
ⲉⲣⲑⲱⲣⲁ 1, 2, 28, 157.
ⲉⲣⲑⲙⲟⲥ 300, 312.
ⲉⲧⲓ 130.
ⲉⲩⲁⲅⲅⲉⲗⲉⲓⲍⲉ 165.
ⲉⲩⲁⲅⲅⲉⲗⲓⲍⲉ 163, 167, 180, 194, 198, 206, 216, 295.
ⲉⲩⲁⲅⲅⲉⲗⲓⲟⲛ 122, 202, 234, 305.
ⲉⲩⲫⲣⲁⲛⲉ 34, 35, 37, 44, 50, 51, 70, 93, 105, 109, 130, 158, 301, 317.

COPTIC FORMS OF GREEK WORDS

ⲉⲩⲭⲁⲣⲓⲥⲧⲉⲓⲁ 287.
ⲉⲩⲭⲁⲣⲓⲥⲧⲓ 267.
ⲉⲩⲭⲁⲣⲓⲥϯⲁ 282.
ⲉⲩⲭⲁⲣⲓⲥⲧⲟⲩ 298.
ⲉⲭⲙⲁⲗⲱⲥⲓⲁ 270, 271.

ⲍⲏⲧⲏⲙⲁ 202, 221, 254.
ⲍⲏⲧⲏⲥⲓⲥ 201, 202.
ⲍⲱⲟⲛ 282, 283, 284, 285, 286, 308, 318.

ⲏⲅⲉⲙⲱⲛ 253, 254.

ⲑⲁⲗⲁⲥⲥⲁ 93, 175, 179, 199, 215, 261, 263, 264.
ⲑⲁⲗⲗⲁⲥⲁ 111.
ⲑⲁⲗⲗⲁⲥⲥⲁ 1, 2, 28, 31, 33, 110, 114, 115, 116, 117, 141, 282, 284, 288, 291, 295, 296, 301, 302, 303, 305, 307, 308, 309, 316, 317, 322, 323.
ⲑⲁⲗⲡⲉⲓ 62.
ⲑⲉⲁⲧⲣⲟⲛ 228, 229.
ⲑⲉⲣⲁⲡⲓⲁ 328.
ⲑⲏⲣⲓⲟⲛ 19, 80, 103, 182, 183, 265.
ⲑⲓⲛⲟⲛ 316.
ⲑⲗⲓⲯⲉⲓⲥ 76, 84, 85, 97, 116.
ⲑⲗⲓⲯⲓⲥ 154, 161, 184, 200, 234, 272, 274, 275, 277, 289.
ⲑⲣⲟⲛⲟⲥ 118, 130, 159, 275, 281, 282, 283, 284, 287, 289, 290, 298, 300, 302, 303, 310, 311, 318, 321, 323, 324, 328.
ⲑⲩⲣⲓⲟⲛ 286, 297, 302, 303, 304, 306, 308, 309, 310, 312, 313, 314, 320, 321, 322, 323.
ⲑⲩⲥⲓⲁ 33, 34, 48, 56, 102, 104, 109, 116, 117, 158, 199, 240.

ⲑⲩⲥⲓⲁⲥⲧⲏⲣⲓⲟⲛ 38, 52, 76, 108, 286, 290, 293, 296, 309.
ⲑⲩⲥⲓⲁⲥⲧⲩⲣⲓⲟⲛ 307.

ⲓⲁⲥⲡⲓⲥ 281, 325, 326.
ⲓ̈ⲇⲱⲗⲟⲛ 158, 204, 206, 240.
ⲓⲕⲱⲛ 304.

ⲕⲁⲑⲏⲥⲓ 223.
ⲕⲁⲑⲓⲥⲧⲁ 51, 55, 156, 215.
ⲕⲁⲓ 113.
ⲕⲁⲓ ⲡⲉⲣ 218.
ⲕⲁⲗⲱⲥ 179, 269.
ⲕⲁⲛⲓ 324.
ⲕⲁⲡⲛⲟⲥ 290, 292, 294, 306, 309, 315, 317.
ⲕⲁⲣⲡⲟⲥ 17, 30, 75, 130, 200, 327.
ⲕⲁⲧⲁ 1, 5, 10, 11, 36, 46, 47, 51, 52, 54, 57, 70, 90, 101, 118, 126, 159, 162, 193, 194, 197, 200, 204, 207, 213, 220, 234, 245, 249, 254, 257, 277, 315, 323, 325, 329.
ⲕⲁⲧⲁⲃⲟⲗⲏ 303, 313.
ⲕⲁⲧⲁⲑⲉ 5, 7, 11, 14, 15, 17, 25, 32, 37, 45, 47, 50, 56, 57, 93, 95, 112, 118, 129, 132, 158, 159, 186, 203, 243, 261.
ⲕⲁⲧⲁⲛⲧⲁ 207, 237, 267.
ⲕⲁⲧⲁⲥⲧⲉⲓⲗⲉ 229.
ⲕⲁⲧⲁⲫⲣⲟⲛⲓⲧⲏⲥ 195.
ⲕⲁⲧⲏⲅⲟⲣⲉⲓ 301.
ⲕⲁⲧⲏⲅⲟⲣⲓ 256, 257, 268.
ⲕⲁⲧⲏⲅⲟⲣⲟⲥ 254, 255, 301.
ⲕⲁⲩⲙⲁ 101, 290, 310.
ⲕⲁⲥⲓⲁ (= ⲕⲁⲕⲓⲁ) 97, 114, 115, 119, 164.
ⲕⲉⲗⲉⲩⲓⲛ 58.

ⲕⲉⲣⲁ 315.
ⲕⲉⲣⲁⲙⲉⲩⲥ 277.
ⲕⲏⲣⲩⲅⲙⲁ 118.
ⲕⲏⲣⲩⲥⲥⲉ 114, 118, 162, 170, 193, 204, 225, 234, 270.
ⲕⲏⲧⲟⲥ 116, 117.
ⲕⲓⲑⲁⲣⲁ 284, 304, 308.
ⲕⲗⲏⲣⲟⲛⲟⲙⲉⲓ 4, 5, 110.
ⲕⲗⲏⲣⲟⲛⲟⲙⲓ 1, 11, 14, 15, 20, 23, 26, 29, 31, 32, 33, 39, 45, 52, 54, 69, 75, 79, 86, 88, 92, 94, 95, 97, 106, 324.
ⲕⲗⲏⲣⲟⲛⲟⲙⲓⲁ 3, 4, 10, 24, 34, 35, 54, 60, 96, 101, 107, 153, 193, 235.
ⲕⲗⲏⲣⲟⲥ 4, 25, 33, 35, 44, 45, 56, 57, 60, 70, 75, 115, 124, 126, 164.
ⲕⲗⲩⲡⲧⲟⲛ 6, 16, 19, 34.
ⲕⲟⲓⲛⲟⲛⲉⲓ 315.
ⲕⲟⲓⲛⲟⲛⲟⲥ 272.
ⲕⲟⲓⲛⲱⲛⲓⲁ 132.
ⲕⲟⲓⲧⲱⲛ 189.
ⲕⲟⲕⲕⲟⲥ 312, 316.
ⲕⲟⲗⲁⲍⲉ 140.
ⲕⲟⲗⲡⲟⲥ 263.
ⲕⲟⲗⲱⲛⲓⲁ 209.
ⲕⲟⲥⲙⲟⲥ 53, 217, 270, 271, 298, 303, 313.
ⲕⲣⲁⲧⲓⲥⲧⲟⲥ 253, 255.
ⲕⲣⲓⲛⲉ 104, 135, 140, 153, 177, 194, 196, 204, 208, 209, 218, 233, 240, 249, 257, 286, 299, 309, 315, 317, 318, 319, 323.
ⲕⲣⲓⲥⲓⲥ 305.
ⲕⲣⲓⲧⲏⲥ 54, 60, 73, 99, 166, 181, 193.
ⲕⲣⲩⲥⲧⲁⲗⲗⲟⲥ 327.
ⲕⲣⲩⲥⲧⲁⲗⲟⲥ 282, 325.

ⲕⲩⲣⲁ 306.
ⲕⲩⲣⲓⲁⲕⲏ 272.
ⲕⲩⲣⲓⲥⲍⲉ 283.
ⲕⲩⲣⲩⲥⲥⲉ 180.
ⲕⲱⲗⲩ 167, 181, 184, 208.

ⲗⲁⲙⲡⲁⲥ 231, 281, 291.
ⲗⲁⲟⲥ 3, 5, 10, 16, 21, 23, 24, 26, 41, 43, 51, 53, 54, 55, 56, 61, 89, 96, 100, 101, 104, 105, 106, 107, 108, 110, 111, 115, 133, 134, 136, 137, 138, 140, 141, 145, 146, 147, 148, 149, 151, 155, 157, 160, 175, 180, 181, 187, 188, 192, 193, 194, 203, 221, 224, 241, 242, 243, 249, 268, 269, 270, 284, 296, 299, 303, 305, 313, 315, 324.
ⲗⲓⲃⲁⲛⲟⲥ 316.
ⲗⲓⲃⲉⲣⲧⲓⲛⲟⲥ 151.
ⲗⲓⲙⲏⲛ 259.
ⲗⲟⲅⲟⲥ 122, 230.
ⲗⲟⲅⲱⲥ 221.
ⲗⲟⲓⲙⲟⲥ 255.
ⲗⲩⲙⲏⲛ 324; ⲗⲓⲙⲏⲛ 322, 323.
ⲗⲩⲡⲉⲓ 46, 119.
ⲗⲩⲭⲛⲓⲁ 272, 273, 274, 297.

ⲙⲁⲅⲟⲥ 163, 191.
ⲙⲁⲑⲏⲧⲏⲥ 150, 151, 168, 169, 170, 171, 186, 197, 200, 201, 203, 207, 222, 223, 229, 230, 235, 236, 239, 246.
ⲙⲁⲕⲁⲣⲓⲟⲥ 236.
ⲙⲁⲣⲅⲁⲣⲓⲧⲏⲥ 313, 316, 326, 327.
ⲙⲁⲣⲙⲁⲣⲟⲛ 316.

ⲙⲁⲥⲧⲓⲅⲍ 247.
ⲙⲁⲥⲧⲓⲅⲟⲩ 73.
ⲙⲁⲭⲁⲛⲏ 317.
ⲙⲉⲅⲓⲥⲧⲁⲛⲟⲥ 118.
ⲙⲉⲗⲉⲧⲁ 141.
ⲙⲉⲛ 168; ϩⲟⲧⲓ ⲙⲉⲛ ⲅⲁⲣ 139.
ⲙⲉⲣⲓⲥ 23, 25, 35, 44, 56, 57, 101, 164, 209.
ⲙⲉⲣⲟⲥ 143, 320, 322, 330.
ⲙⲉⲧⲁⲛⲟⲓ 131, 136, 164, 218, 274, 276, 277, 278, 280, 294, 310.
ⲙⲉⲧⲁⲛⲟⲓⲁ 148, 184, 193, 224, 234.
ⲙⲏⲡⲟⲧⲉ 13, 24, 71.
ⲙⲏⲡⲱⲥ 147, 149, 251, 264.
ⲙⲏⲣⲟⲥ 85.
ⲙⲏⲥⲧⲩⲣⲓⲟⲛ 273, 295, 312.
ⲙⲏⲧⲓ 181.
ⲙⲟⲅⲓⲥ 258.
ⲙⲟⲛⲟⲕⲉⲣⲱⲧⲟⲥ 109.
ⲙⲟⲛⲟⲛ 228, 238.
ⲙⲟⲩⲥⲓⲕⲟⲛ 317.
ⲙⲟⲭⲗⲟⲥ 117.
ⲙⲡⲟⲣⲟⲥ 314, 316.

ⲛⲁⲩⲕⲗⲏⲣⲟⲥ 259.
ⲛⲏⲥⲟⲥ 260, 261, 266, 272, 287, 311.
ⲛⲏⲥⲧⲉⲩⲉ 119, 179, 190.
ⲛⲏⲥⲧⲓⲁ 118, 201, 271.
ⲛⲟⲓ 166, 169, 269.
ⲛⲟⲙⲟⲥ 54, 70, 85, 90, 91, 93, 96, 98, 99, 105, 106, 107, 108, 149, 152, 160, 191, 192, 195, 239, 240, 241, 243, 245, 249, 254, 257, 269, 271.

ⲟⲓⲕⲟⲩⲙⲉⲛⲏ 186, 214, 218, 228, 256, 279, 300, 310, 322.
ⲟⲡⲟⲣⲁ 316.
ⲟⲣⲁⲥⲓⲥ 281.
ⲟⲣⲅⲏ 22, 90, 91, 102, 103, 108, 119, 287, 299, 306, 311, 320.
ⲟⲣⲫⲁⲛⲟⲥ 27, 44, 50, 71, 72.
ⲟⲩⲇⲉ 5, 8, 9, 19, 27, 35, 39, 41, 44, 51, 54, 55, 56, 62, 68, 70, 82, 91, 93, 95, 119, 121, 130, 134, 164, 169, 203, 217, 250, 251, 253, 257, 270, 271, 280, 283, 289, 294, 300, 315, 317, 324.
ⲟⲩⲇⲓⲕⲁⲓⲟⲛ 140.
ⲟⲩⲡⲉⲑⲩⲙⲓⲁ 316.
ⲟⲩⲣⲁⲕⲧⲗⲱⲛ 259.
ⲟⲩⲧⲉ 1, 6, 18, 28, 50, 112, 130, 139.
ⲟⲩⲭ ⲟⲧⲓ 16.

ⲡⲁⲑⲟⲥ 271.
ⲡⲁⲓⲇⲉⲩⲉ 155, 243.
ⲡⲁⲛⲧⲱⲕⲣⲁⲧⲱⲣ 272, 282, 298, 308, 309, 311, 319, 320.
ⲡⲁⲛⲧⲱⲥ 205, 240.
ⲡⲁⲣⲁ 16, 26, 53, 249.
ⲡⲁⲣⲁⲃⲁ 2, 21, 30, 126.
ⲡⲁⲣⲁⲃⲟⲗⲏ 82.
ⲡⲁⲣⲁⲅⲅⲉⲓⲗⲉ 122, 147, 149, 181, 211, 218, 253, 254.
ⲡⲁⲣⲁⲅⲅⲉⲗⲉⲓ 250.
ⲡⲁⲣⲁⲅⲅⲉⲗⲓⲁ 147, 211.
ⲡⲁⲣⲁⲅⲉ 3, 4, 5.
ⲡⲁⲣⲁⲇⲓⲇⲟⲩ 103.
ⲡⲁⲣⲁⲇⲓⲥⲟⲥ 274.
ⲡⲁⲣⲁⲓ 89.
ⲡⲁⲣⲁⲕⲁⲗⲓ 213.
ⲡⲁⲣⲁⲛⲅⲉⲓⲗⲉ 140.

παρανομος 41, 221.
παρδαλις 302.
παρεμβολη 5, 67, 68, 88, 242, 251, 252, 254, 322.
παρθενος 64, 65, 103, 237, 305.
παρϩαλια 110.
παρϩησια 130, 139, 142, 197, 223, 270.
παρϩησιαζε 171, 172, 224.
παρϩιστα 254.
πατασσε 59, 104, 189, 297, 320.
πατρια 89, 137.
πατριαρχης 130, 153.
πειθε 41.
πειραζε 13, 108, 256, 274, 275, 279.
πειρασμος 18, 23, 87.
πεισε 49.
πεντηκοστη 126, 233; πⲛ̄-τηκοστη 122.
περτερος 226.
πετρα 101.
πηϭη 109.
πιθε 149, 189, 196, 200, 220, 221, 224, 238, 269.
πικρια 164.
πιραζε 144, 196, 203.
πιρασμος 13, 233, 279.
πιστευε 23, 86, 118, 132, 137, 142, 145, 163, 171, 174, 181, 184, 185, 192, 195, 197, 201, 202, 203, 212, 214, 215, 219, 220, 224, 226, 239, 240, 257, 261.
πιστη 207, 209.
πιστις 135, 150, 151, 185, 191, 198, 200, 201, 203, 208, 219, 234, 271, 276, 303, 306.
πιϲ†ⲥ 275.
πιστος 17, 100, 181, 275, 280, 313, 319, 324.
πλανα 32, 40, 94, 276, 300, 303, 318, 321, 322.
πλαζ 9, 20, 21, 22, 24, 25, 85, 90.
πλατεια 297, 327.
πλατια 145.
πληϭη 330.
πλην 26, 36, 38, 234, 277.
πληϲϲε 192.
πλ̄ⲩⲧⲏ 294, 297, 302, 303, 307, 308, 309, 310, 311, 315.
πⲛⲁ̄ 112, 123, 124, 126, 128, 131, 136, 141, 142, 143, 144, 145, 148, 150, 160, 161, 162, 164, 166, 167, 170, 171, 181, 183, 184, 186, 190, 191, 203, 205, 208, 210, 215, 223, 224, 225, 226, 227, 234, 235, 237, 250, 257, 269, 272, 274, 275, 276, 277, 280, 281, 283, 298, 304, 306, 310, 312, 314, 319, 325, 328, 330.
πνευματικοι 297.
πνευματικος 297.
πνοη 217.
ποντος 218.
πολει 114.
πολεις 42, 57, 59, 118, 120, 121.
πολειτης 243.
πολεμος 3, 4, 5, 61, 62, 70, 302, 310.
πολις 12, 36, 37, 41, 42, 43, 44, 45, 48, 49, 50, 51, 52, 53

COPTIC FORMS OF GREEK WORDS

56, 58, 59, 64, 65, 71, 74, 77, 78, 84, 85, 96, 111, 141, 145, 161, 162, 168, 176, 182, 188, 196, 197, 198, 199, 200, 204, 207, 208, 209, 210, 213, 216, 221, 228, 229, 234, 237, 241, 242, 257, 279, 296, 297, 298, 307, 311, 313, 314, 315, 316, 317, 322, 323, 325, 326, 327, 329, 330.

ⲡⲟⲗⲓⲧⲉⲧⲉ 249.
ⲡⲟⲗⲓⲧⲓⲁ 248.
ⲡⲟⲗⲧⲙⲟⲥ 293, 300, 311, 320, 322.
ⲡⲟⲛⲏⲣⲉⲧⲉ 46.
ⲡⲟⲛⲏⲣⲓⲁ 98, 173.
ⲡⲟⲛⲏⲣⲟⲛ 22, 52, 67, 99, 143, 225, 226, 309.
ⲡⲟⲛⲏⲣⲟⲥ 40, 53, 54, 60, 64, 65, 70, 271.
ⲡⲟⲣⲛⲉⲧⲉ 276, 312, 314, 315.
ⲡⲟⲣⲛⲏ 66, 68, 312, 314, 318.
ⲡⲟⲣⲛⲓⲁ 64, 204, 206, 240, 277, 294, 305, 312, 314, 318.
ⲡⲟⲣⲛⲟⲥ 68, 312, 324, 329.
ⲡⲟⲣⲟⲩⲥⲙⲟⲥ 207.
ⲡⲟⲣⲫⲩⲣⲓⲱⲛ 42.
ⲡⲣⲁⲓⲧⲱⲣⲓⲟⲛ 255.
ⲡⲣⲁⲝⲉⲓⲥ 122.
ⲡⲣⲁⲝⲓⲥ 270.
ⲡⲣⲉⲥⲃⲉⲧⲉⲣⲟⲥ 283, 285, 289, 298, 305, 318.
ⲡⲣⲉⲥⲃⲩⲧⲉⲣⲟⲥ 99, 137, 138, 140, 152, 186, 200, 201, 202, 204, 205, 208, 233, 239, 244, 251, 255, 281, 282, 283, 284, 289.
ⲡⲣⲟⲇⲟⲧⲏⲥ 160.
ⲡⲣⲟⲛⲟⲛⲟⲓⲁ 255.
ⲡⲣⲟⲥⲇⲟⲥⲓⲁ 188.
ⲡⲣⲟⲥⲉⲭⲉ 163, 222, 235.
ⲡⲣⲟⲥⲏⲗⲩⲧⲟⲥ 7, 27, 37, 50, 71, 72, 82, 88, 96, 151, 196.
ⲡⲣⲟⲥⲕⲁⲣⲧⲉⲣⲓ 124, 132, 133, 163, 175.
ⲡⲣⲟⲥⲧⲁⲥⲙⲁ 44.
ⲡⲣⲟⲧⲣⲟⲡⲉ 223.
ⲡⲣⲟⲫⲏⲧⲉⲓⲁ 330.
ⲡⲣⲟⲫⲏⲧⲉⲧⲉ 128, 224, 237.
ⲡⲣⲟⲫⲏⲧⲏⲥ 39, 40, 112, 128, 130, 136, 137, 157, 158, 159, 160, 166, 167, 181, 186, 190, 191, 192, 193, 194, 195, 203, 206, 209, 238, 257, 269, 276, 309.
ⲡⲣⲟⲫⲏⲧⲓⲁ 330.
ⲡⲣⲟⲫⲩⲧⲉⲧⲉ 296.
ⲡⲣⲟⲫⲩⲧⲏⲥ 295, 297, 299, 310, 317, 318, 321, 323, 328.
ⲡⲣⲟⲫⲩⲧⲓⲁ 297, 319, 328, 329.
ⲡⲩⲅⲏ 290, 291, 305, 309, 324.
ⲡⲩⲗⲏ 7, 35, 65, 134, 171, 187, 209, 329.
ⲡⲩⲗⲱⲛ 325, 326, 327.

ⲥⲁⲇⲇⲟⲩⲕⲁⲓⲟⲥ 145.
ⲥⲁⲗⲡⲓⲥⲍ 272, 281, 290, 293, 317.
ⲥⲁⲗⲡⲓⲍⲉ 290, 291, 292, 293, 295, 298.
ⲥⲁⲙⲓⲧ (σεμίδαλιν?) 316.
ⲥⲁⲛⲇⲁⲗⲓⲟⲛ 187.
ⲥⲁⲡⲡⲓⲣⲟⲥ 326.
ⲥⲁⲣⲕⲓⲛⲟⲥ 281.
ⲥⲁⲣⲕⲓⲟⲛ 281, 326.
ⲥⲁⲣⲇⲟⲛⲓⲍ 326.

340 COPTIC FORMS OF GREEK WORDS

ⲥⲁⲣⲝ 9, 84, 128, 130, 314, 320, 321.
ⲥⲁⲧⲉⲉⲣⲉ 66, 285, 286.
ⲥⲓⲕⲉⲣⲁ 88.
ⲥⲓⲕⲗⲟⲥ 64.
ⲥⲓⲙⲓⲅⲓⲛⲑⲉⲓⲛⲟⲛ 225.
ⲥⲓⲣⲓⲕⲟⲛ 316.
ⲥⲕⲁⲛⲇⲁⲗⲟⲛ 296.
ⲥⲕⲁⲫⲏ 262.
ⲥⲕⲉⲟⲥ 316.
ⲥⲕⲉⲡⲁⲥⲧⲏⲥ 104.
ⲥⲕⲉⲩⲏ 62, 114, 277.
ⲥⲕⲉⲩⲟⲥ 170, 176, 182.
ⲥⲕⲏⲛⲏ 25, 50, 120, 158, 159, 203, 219.
ⲥⲕⲏⲛⲟⲡⲏⲅⲓⲁ 51.
ⲥⲕⲛⲓⲡⲏ 111.
ⲥⲕⲩⲧⲏ 302, 308, 324.
ⲥⲙⲁⲣⲁⲅⲇⲟⲥ 326.
ⲥⲟⲩⲇⲁⲣⲓⲟⲛ 225.
ⲥⲟⲫⲓⲁ 150, 151, 154, 155, 284, 289, 304, 313.
ⲥⲡⲉⲣⲙⲁ 26, 29, 83, 85, 92, 94, 98, 112, 137, 153, 174, 193, 302.
ⲥⲡⲓⲣⲏ 241, 258.
ⲥⲡⲩⲗⲁⲓⲟⲛ 287.
ⲥⲧⲁⲇⲓⲟⲛ 307, 326.
ⲥⲧⲁⲥⲓⲥ 201, 250, 251, 255.
ⲥⲧⲁⲩ 131, 138, 297.
ⲥⲧⲉⲣⲉⲱⲙⲁ 111.
ⲥⲧⲏⲗⲏ 16, 33.
ⲥⲧⲟⲁ 134, 145.
ⲥⲧⲟⲓ̈ⲕⲟⲥ 216.
ⲥⲧⲟⲗⲏ 286, 289, 329.
ⲥⲧⲣⲁⲧⲉⲩⲙⲁ 251, 253, 294, 320, 321.
ⲥⲧⲣⲁⲧⲏⲅⲟⲥ 137, 146, 147, 210, 211, 212, 213.
ⲥⲧⲣⲁⲧⲓⲁ 158.
ⲥⲧⲩⲗⲗⲟⲥ 279, 295.
ⲥⲧⲙⲉⲫⲱⲛⲓ 203.
ⲥⲩⲛⲁⲅⲱⲅⲏ 9, 107, 118, 170, 191, 192, 196, 197, 204, 213, 215, 216, 219, 220, 222, 223, 224, 246, 257, 275, 279.
ⲥⲩⲛⲁⲓⲇⲏⲥⲓⲥ 257.
ⲥⲩⲛⲅⲉⲛⲏⲥ 178.
ⲥⲩⲛⲅⲉⲛⲓⲁ 152, 154.
ⲥⲩⲛⲉⲩⲇⲟⲅⲓ 161, 246.
ⲥⲩⲛϩⲉⲇⲣⲓⲟⲛ 139, 146, 147, 148, 149, 151, 152, 249, 250, 252, 254.
ⲥⲩⲣⲉ 200.
ⲥⲫⲣⲁⲅⲓⲍⲉ 288.
ⲥⲫⲣⲁⲅⲓⲥ 283, 284, 285, 286, 287, 290, 292.
ⲥⲭⲉⲇⲟⲛ 196, 228.
ⲥⲭⲟⲗⲏ 225.
ⲥⲱⲙⲁ 67, 174, 225, 297.
ⲥⲱⲛⲏ (= ⲍⲱⲛⲏ) 67.
ⲥⲱⲧⲏⲣ 147, 193.

ⲧⲁⲗⲧⲡⲟⲣⲟⲥ 280.
ⲧⲁⲙⲓⲟⲛ 103.
ⲧⲁⲫⲟⲥ 154, 194, 297.
ⲧⲁⲭⲏ 279, 328.
ⲧⲉⲗⲟⲥ 68.
ⲧⲉⲧⲣⲁⲅⲟⲛⲟⲛ 326.
ⲧⲉⲧⲣⲁⲣⲭⲏⲥ 190.
ⲧⲉⲩⲧⲉⲣⲟⲛⲟⲙⲓⲟⲛ 113.
ⲧⲉⲭⲛⲏ 218, 219, 317.
ⲧⲉⲭⲛⲓⲧⲏⲥ 227, 230, 317.
ⲧⲓⲙⲱⲣⲓ 244.
ⲧⲟⲩⲙⲁ 214.
ⲧⲟⲗⲙⲁ 145.
ⲧⲟⲡⲁⲇⲓⲟⲛ 326.
ⲧⲟⲡⲟⲥ 241.

COPTIC FORMS OF GREEK WORDS

ⲧⲟⲧⲉ 138, 164, 181, 238, 249, 262.
ⲧⲣⲁⲡⲉⲍⲁ 150, 212.
ⲧⲣⲟⲫⲏ 133, 200, 262.
ⲧⲣⲩⲫⲏ 316.
ⲧⲩⲡⲟⲥ 159, 253.
ⲧⲩⲣⲁⲛⲛⲟⲥ 149, 225.

ⲩⲡⲟⲙⲟⲛⲏ 272, 303, 306.

ⲫⲁⲣⲓⲥⲥⲁⲓⲟⲥ 148.
ⲫⲁⲣⲙⲁⲕⲟⲥ 329.
ⲫⲓⲁⲗⲏ 284, 308, 309, 310, 311, 312, 325.
ⲫⲓⲗⲟⲥⲟⲫⲟⲥ 216.
ⲫⲟⲓⲛⲓⲕⲏ 111.
ⲫⲟⲓⲛⲓⲝ 259.
ⲫⲩⲗⲏ 9, 25, 34, 51, 52, 56, 88, 89, 99, 107, 193, 284, 288, 297, 303, 305, 314, 325.
ⲫⲩⲗⲗⲏ 283, 288.

ⲭⲁⲓⲣⲁⲓ 253.
ⲭⲁⲓⲣⲁⲓⲧⲁ 205.
ⲭⲁⲗⲁ 171, 176, 182, 261.
ⲭⲁⲗⲁⲍⲁ 311.
ⲭⲁⲗⲓⲛⲟⲥ 307.
ⲭⲁⲣⲓⲍⲉ 261.
ⲭⲁⲣⲓⲥ 67, 133, 142, 151, 154, 159, 185, 196, 198, 201, 203, 207, 234, 330.
ⲭⲁⲣⲭⲏⲁⲓⲟⲛ 326.
ⲭⲉⲓⲙⲁⲣⲣⲁⲥ 23.
ⲭⲏⲣⲁ 27, 44, 50, 51, 71, 72, 150, 173, 174, 315.
ⲭⲓⲗⲓⲁⲣⲭⲟⲥ 241, 242, 248, 251, 252, 253, 287, 320.
ⲭⲓⲙⲁⲣⲁⲥ 25.
ⲭⲓⲱⲛ 273.

ⲭⲟⲓⲗⲓⲁ 78.
ⲭⲟⲗⲏ 89, 104, 164.
ⲭⲟⲣⲧⲟⲥ 100, 292.
ⲭⲣⲏⲙⲁ 143, 164, 166, 248.
ⲭⲣⲓⲁ 132, 142, 150, 235, 266, 280, 327, 328.
ⲭⲣⲓⲥⲧⲓⲁⲛⲟⲥ 186, 209.
ⲭⲣⲟⲛⲟⲥ 123.
ⲭⲣⲩⲥⲟⲗⲓⲛⲑⲟⲥ 326.
ⲭⲣⲩⲥⲟⲡⲣⲁⲥⲟⲥ 326.
ⲭⲱⲣⲁ 115, 162, 180, 189, 197, 208, 222, 259.

ⲯⲁⲗⲙⲟⲥ 125, 194, 195.
ⲯⲩⲫⲟⲥ 276.
ⲯⲩⲭⲏ 12, 26, 27, 30, 36, 37, 38, 40, 44, 57, 58, 59, 61, 65, 69, 70, 86, 92, 93, 116, 117, 120, 130, 132, 136, 142, 154, 197, 200, 205, 232, 234, 259, 260, 262, 291, 301, 309, 316, 321; plur. ⲯⲩⲭⲏⲁⲁⲩ 50, ⲯⲩⲭⲟⲟⲩ 286.
ⲯⲱⲣⲁ 80.

ⲱ 329.
ⲱⲇⲏ 97, 98, 99, 100, 105, 308.

ϩⲁⲓⲣⲉⲥⲓⲥ 256, 257.
ϩⲁⲗⲩⲥⲓ 242.
ϩⲁⲗⲩⲥⲓⲥ 187, 268, 321.
ϩⲁⲡⲗⲟⲩⲥ 133.
ϩⲁⲣⲙⲁ 28, 166, 167, 293.
ϩⲉⲃⲇⲟⲙⲁⲍⲁⲥ 50.
ϩⲉⲑⲛⲟⲥ 4, 13, 16, 17, 18, 19, 21, 26, 31, 33, 39, 41, 45, 55, 57, 76, 77, 78, 81, 82, 83, 86, 89, 91, 95, 100, 101, 102, 103, 105, 109, 126, 141, 153,

159, 163, 170, 177, 180, 181, 182, 184, 193, 196, 197, 198, 201, 202, 203, 204, 205, 217, 220, 238, 239, 240, 246, 247, 255, 256, 268, 277, 284, 288, 296, 297, 299, 300, 302, 303, 305, 306, 311, 314, 318, 320, 321, 327, 328.

ϩⲉⲕⲁⲧⲟⲛⲧⲁⲣⲭⲟⲥ 174, 197, 241, 242, 247, 248, 252, 253, 258, 259, 261, 264, 267.

ϩⲉⲗⲗⲏⲛ 220, 221, 234.

ϩⲉⲗⲡⲓⲥ 130, 257.

ϩⲉⲣⲉⲥⲓⲥ 202.

ϩⲏⲅⲉⲙⲱⲛ 253, 255, 256.

ϩⲓⲇⲓⲱⲧⲏⲥ 139.

ϩⲓⲕⲱⲛ 303, 304, 306, 308, 309, 321, 322.

ϩⲓⲡⲡⲉⲩⲥ 253, 254.

ϩⲟⲙⲟⲗⲟⲅⲉⲓ 278.

ϩⲟⲙⲟⲗⲟⲅⲓ 154, 257.

ϩⲟⲙⲟⲗⲟⲅⲓⲁ 36.

ϩⲟⲣⲁⲥⲓⲥ 128.

ϩⲟⲣⲟⲙⲁ 77, 87, 156, 169,
175, 177, 182, 187, 208, 220.

ϩⲟⲧⲁⲛ 255, 322.

ϩⲟⲧⲓ ⲙⲉⲛ ⲅⲁⲣ 139.

ϩⲣⲏⲧⲱⲣ 255.

ϩⲩⲁⲕⲓⲛⲑⲓⲛⲟⲛ 326.

ϩⲩⲁⲕⲓⲛⲑⲟⲛⲟⲛ 294.

ϩⲩⲗⲟⲥ 117.

ϩⲩⲡⲁⲣⲭⲟⲛⲧⲁ 132.

ϩⲩⲡⲏⲣⲉⲧⲏⲥ 146, 147.

ϩⲩⲡⲟⲙⲟⲛⲏ 274, 276, 279.

ϩⲩⲡⲟⲡⲟⲇⲓⲟⲛ 131, 159.

ϩⲩⲡⲟⲧⲁⲧⲏ 129.

ϩⲱⲥ 134, 268 ; ϩⲱⲥ ⲇⲉ 303.

ϩⲱⲥⲧⲉ 80, 84, 124, 145, 197, 207, 211, 225, 226.

ϭⲓⲃⲟⲗⲟⲥ 299.

ϭⲓⲃⲱⲧⲟⲥ 24, 25, 96, 98, 99.

ϭⲓⲑⲁⲣⲓⲍⲉ 304.

ϭⲓⲑⲁⲣⲟⲇⲟⲥ 304.

ϭⲓⲑⲁⲣⲟⲧⲟⲥ 317.

ϭⲓⲛⲁⲑⲛⲉⲧⲉ 114, 228, 230.

ϭⲓⲛⲛⲁⲙⲟⲙⲟⲛ 316.

NAMES OF PERSONS, COUNTRIES, ETC.

ⲁⲁⲣⲱⲛ 22, 25, 106, 158.
ⲁⲃⲁⲣⲓⲛ 106.
ⲁⲃⲓⲣⲱⲛ 28.
ⲁⲃⲣⲁϩⲁⲙ 12, 23, 89, 94, 112, 137, 152, 154, 194.
ⲁⲅⲁⲃⲟⲥ 186, 238.
ⲁⲅⲣⲓⲡⲡⲁⲥ 186, 187.
ⲁⲅⲣⲓⲡⲡⲟⲥ 188.
ⲁⲇⲁⲙ 101.
ⲁⲇⲁⲙⲁ 90.
ⲁⲉⲣⲙⲱⲛ 5.
ⲁⲍⲱⲧⲟⲥ 167.
ⲁⲑⲏⲛⲁⲓⲟⲥ 216, 217.
ⲁⲑⲏⲛⲁⲓⲥ 215.
ⲁⲑⲏⲛⲁⲥ 219.
ⲁⲓⲗⲱⲛ 4.
ⲁⲓⲛⲁⲓⲁⲥ 172.
ⲁⲕⲉⲗⲇⲁⲙⲁⲭ 125.
ⲁⲕⲗⲇⲁⲙⲁ 125.
ⲁⲕⲩⲗⲁⲥ 219, 223.
ⲁⲗⲁⲥⲟⲥ 259.
ⲁⲗⲉⲝⲁⲛⲇⲣⲟⲥ 229.
ⲁⲗⲉⲝⲁⲛⲇⲣⲉⲩⲥ 222.
ⲁⲗⲉⲝⲁⲛⲇⲣⲟⲥ 138, 151, 229.
ⲁⲗⲫⲁⲓⲟⲥ 124.
ⲁⲙⲁⲑⲉⲓ 114.
ⲁⲙⲁⲗⲏⲕ 75.
ⲁⲙⲛⲧ 273.
ⲁⲙⲛ̄ⲧⲉ 113.
ⲁⲙⲟⲣⲣⲁⲓⲟⲥ 2, 15, 75.
ⲁⲙⲫⲓⲡⲟⲗⲓⲥ 213.
ⲁⲛⲁⲛⲓⲁ 143.
ⲁⲛⲁⲛⲓⲁⲥ 143.

ⲁⲛⲁⲛⲓⲁⲥ (ⲁⲣⲭⲓⲉⲣⲉⲩⲥ) 249, 255.
ⲁⲛⲁⲛⲓⲁⲥ (ϩⲛ̄ ⲇⲁⲙⲁⲥⲕⲟⲥ) 169, 170, 245.
ⲁⲛⲇⲣⲉⲁⲥ 123.
ⲁⲛⲛⲁⲥ 138.
ⲁⲛⲧⲓⲗⲓⲃⲁⲛⲟⲥ 31.
ⲁⲛⲧⲓⲟⲭⲓⲁ 185, 186, 190, 192, 200, 201, 204, 205, 206, 222.
ⲁⲡⲟⲗⲗⲱ 222, 223.
ⲁⲡⲟⲗⲗⲱⲛⲓⲁ 213.
ⲁⲡⲡⲓⲟⲥ ⲫⲟⲣⲟⲥ 267.
ⲁⲣⲁⲃⲁ 4, 5.
ⲁⲣⲁⲃⲟⲥ 127.
ⲁⲣⲁⲃⲱⲑ (ⲛ̄ⲧⲉ ⲙⲱⲁⲃ) 111, 112.
ⲁⲣⲏⲟⲡⲏⲅⲓⲧⲏⲥ 219.
ⲁⲣⲓⲟⲛⲡⲁⲅⲟⲥ 216, 217.
ⲁⲣⲓⲥⲧⲁⲣⲭⲟⲥ 229, 231, 258.
ⲁⲣⲙⲁⲛⲉⲇⲱⲛ 311.
ⲁⲣⲧⲉⲙⲓⲥ 227, 228, 229, 230.
ⲁⲥⲏⲇⲱⲑ 5.
ⲁⲥⲏⲣ 110, 288.
ⲁⲥⲓⲁ 127, 151, 205, 225, 227, 228, 233, 240, 258.
ⲁⲥⲟⲥ 232.
ⲁⲧⲣⲙ̄ⲧⲏⲧⲉ 258.
ⲁⲧⲧⲁⲗⲓⲁ 201.
ⲁⲭⲁⲓⲁ 221, 223, 227.

ⲃⲁⲃⲩⲗⲱⲛ 159, 305, 311, 312, 314, 315, 317.

NAMES OF PERSONS, COUNTRIES, ETC.

ⲃⲁⲗⲁⲕ 276.
ⲃⲁⲗⲁϩⲁⲙ 275.
ⲃⲁⲣⲑⲟⲗⲟⲙⲁⲓⲟⲥ 124.
ⲃⲁⲣ ⲓⲏⲥⲟⲩⲥ 191.
ⲃⲁⲣⲛⲁⲃⲁⲥ 143, 171, 185, 186, 190, 191, 196, 197, 199, 200, 201, 203, 205, 206, 207.
ⲃⲁⲣⲥⲁⲃⲃⲁⲥ 205.
ⲃⲁⲥⲁⲛ 88, 110.
ⲃⲉⲛⲓⲁⲙⲉⲓⲛ 108.
ⲃⲉⲛⲓⲁⲙⲓⲛ 193, 288.
ⲃⲉⲣⲟⲓⲁ 214, 231.
ⲃⲏⲣⲱⲑⲁ 25.
ⲃⲗⲁⲥⲧⲟⲥ 189.

ⲅⲁⲇ 88, 288.
ⲅⲁⲇⲅⲁⲇ 25.
ⲅⲁⲉⲓⲟⲥ 228.
ⲅⲁⲍⲁ 165.
ⲅⲁⲓ 112.
ⲅⲁⲓⲃⲁⲗ 32.
ⲅⲁⲓⲟⲥ 231.
ⲅⲁⲗⲁⲁⲇ 111.
ⲅⲁⲗⲁⲧⲓⲁ 208, 222.
ⲅⲁⲗⲓⲗⲁⲓⲁ 208.
ⲅⲁⲗⲓⲗⲉⲁ 172, 180, 194.
ⲅⲁⲗⲓⲗⲉⲟⲥ 123, 127, 149.
ⲅⲁⲗⲗⲓⲱⲛ 221, 222.
ⲅⲁⲙⲁⲗⲓⲏⲗ 148, 243.
ⲅⲁⲣⲓⲍⲉⲓⲛ 32.
ⲅⲁⲥⲓⲱⲛ ⲅⲁⲃⲉⲣ 4.
ⲅⲉⲣⲅⲉⲥⲁⲓⲟⲥ 15.
ⲅⲟⲗⲅⲟⲗ 33.
ⲅⲟⲙⲟⲣⲣⲁ 90, 104.
ⲅⲟⲣⲓⲛⲑⲟⲥ 219.

ⲇⲁⲑⲁⲛ 28.
ⲇⲁⲙⲁⲣⲓⲥ 219.

ⲇⲁⲙⲁⲥⲕⲟⲥ 168, 170, 171, 244, 245.
ⲇⲁⲛ 110, 111.
ⲇⲁⲧⲉⲓⲁ 124, 131, 159, 193, 195, 203, 283, 330.
ⲇⲉⲣⲃⲁⲓⲟⲥ 231.
ⲇⲉⲣⲃⲉⲟⲥ 231.
ⲇⲏⲙⲏⲧⲣⲓⲟⲥ 227, 230.
ⲇⲓⲙⲱⲣ 150.
ⲇⲓⲟⲛⲧⲥⲓⲟⲥ 219.
ⲇⲓⲟⲥⲕⲟⲣⲟⲥ 266.
ⲇⲟⲣⲕⲁⲥ 173.

ⲉⲓⲇⲁⲓ̈ 222.
ⲉⲓⲥⲥⲁⲭⲁⲣ 109.
ⲉⲗⲁⲙⲓⲧⲏⲥ 127.
ⲉⲗⲉⲁⲍⲁⲣ 25.
ⲉⲗⲓⲁⲃ 28.
ⲉⲗⲗⲁⲥ 230.
ⲉⲗⲩⲙⲁⲥ 191.
ⲉⲙⲙⲱⲣ 154.
ⲉⲙⲙⲙⲱⲣ 154.
ⲉⲙⲛⲧ 110.
ⲉⲡⲓⲕⲟⲧⲣⲓⲟⲥ 216.
ⲉⲣⲁⲥⲧⲟⲥ 227.
ⲉⲣⲙⲉⲉⲧⲉ ⲛ̄ⲧⲉⲡⲉⲓⲟⲩⲙⲁⲛ 23.
ⲉⲣⲩⲑⲣⲁ ⲑⲁⲗⲗⲁⲥⲥⲁ 1, 2, 28, 157.
ⲉⲧⲣⲁⲕⲏⲗⲱⲛ 259.
ⲉⲩⲧⲩⲭⲱⲥ 232.
ⲉⲩⲫⲣⲁⲧⲏⲥ 31, 293.
ⲉⲩϩⲁⲓⲟⲥ 15.
ⲉⲫⲉⲥⲟⲥ 231, 272, 273.
ⲉⲫⲉⲥⲥⲟⲥ 222, 223, 228, 229, 233, 241.
ⲉⲫⲣⲁⲓⲙ 109, 111.

ⲍⲁⲃⲟⲩⲗⲟⲛ 288.

NAMES OF PERSONS, COUNTRIES, ETC. 345

ⲍⲁⲣⲉⲁ 5.
ⲍⲉⲧⲥ 199, 229, 230.
ⲍⲏⲗⲱⲧⲏⲥ 124.

ⲏⲥⲁⲉⲓⲁⲥ 166, 269.
ⲏⲥⲁⲧ 3, 4.
ⲏⲧⲁⲗⲓⲁ 219.

ⲑⲁⲣⲥⲉⲓⲥ 114.
ⲑⲁⲣⲥⲟⲥ 232.
ⲑⲉⲁⲧⲓⲣⲁ 272.
ⲑⲉⲟⲫⲓⲗⲉ 122.
ⲑⲉⲥⲥⲁⲗⲟⲛⲓⲕⲏ 213, 215, 231, 258.
ⲑⲉⲩⲇⲁⲥ 148.
ⲑⲓⲁⲧⲉⲓⲣⲁ 276.
ⲑⲩⲁⲧⲓⲣⲁ 209.
ⲑⲱⲙⲁⲥ 123.

ⲓⲁⲕⲉⲓⲙ 25.
ⲓⲁⲕⲕⲱⲃⲟⲥ 189, 203, 239.
ⲓⲁⲕⲕⲱⲃⲟⲥ (ⲡϣⲏⲣⲉ ⲛ̄ ⲁⲗ-ⲫⲁⲓⲟⲥ) 124.
ⲓⲁⲕⲕⲱⲃⲟⲥ (ⲡⲥⲟⲛ ⲛ̄ⲓⲱⲁⲛⲛⲏⲥ) 186.
ⲓⲁⲕⲱⲃ 12, 23, 89, 95, 101, 107, 108, 111, 112, 153, 154, 157, 159.
ⲓⲁⲕⲱⲃⲟⲥ 123.
ⲓⲁⲥⲱⲛ 214.
ⲓⲉⲃⲟⲩⲥⲁⲓⲟⲥ 15.
ⲓⲉⲗⲏ̄ⲙ 325.
ⲓⲉⲣⲟⲩⲥⲁⲗⲏⲙ 122, 123, 124, 126, 128, 137, 139, 145, 147, 151, 161, 162, 165, 166, 168, 169, 170, 171, 172, 180, 182, 186, 190, 192, 194, 201, 202, 206, 208, 227, 233, 234, 238,

239, 241, 244, 246, 247, 251, 257, 258.
ⲓⲉⲥⲥⲁⲓ 195.
ⲓⲏ̄ⲗ 141, 148, 155, 157, 158.
ⲓⲏⲥⲟⲩⲥ 95, 97, 98, 112.
ⲓⲏⲥⲟⲩ (ⲙⲁⲧⲟⲥ) 191.
ⲓⲗⲏ̄ⲙ 190.
ⲓ̈ⲟⲡⲏ 114.
ⲓ̈ⲟⲡⲡⲏ 173, 174, 175, 176, 178, 179.
ⲓⲟⲣⲇⲁⲛⲏⲥ 5, 29, 32, 33, 35, 95, 96, 106, 112.
ⲓ̈ⲟⲩⲇⲁ 107, 283, 288.
ⲓ̈ⲟⲩⲇⲁⲓ 126, 127, 128, 170, 171, 177, 178, 180, 186, 191, 192, 196, 197, 198, 200, 207, 208, 210, 213, 214, 215, 216, 219, 220, 221, 222, 223, 225, 226, 229, 231, 233, 234, 238, 240, 243, 248, 253, 254, 255, 256, 268, 275.
ⲓ̈ⲟⲩⲇⲁⲓⲁ 182.
ⲓ̈ⲟⲩⲇⲁⲥ 124, 125, 126.
ⲓ̈ⲟⲩⲇⲁⲥ, the rebel, 149.
ⲓ̈ⲟⲩⲇⲁⲥ ⲃⲁⲣⲛⲁⲃⲁⲥ 205, 206.
ⲓ̈ⲟⲩⲇⲁⲥ (ⲡϣⲏⲣⲉ ⲛ̄ⲓⲁⲕⲕⲱⲃⲟⲥ) 124.
ⲓ̈ⲟⲩⲗⲓⲟⲥ 258.
ⲓ̈ⲟⲩⲥⲧⲟⲥ 125.
ⲓ̈ⲥⲁⲁⲕ 95, 157.
ⲓ̈ⲥⲁⲕ 12, 23, 89, 112, 153.
ⲓⲥⲣⲁⲏⲗ 4, 5, 11, 12, 25, 26, 28, 41, 53, 56, 57, 73, 74, 87, 95, 96, 97, 98, 101, 105, 106, 107, 108, 111, 112, 113, 123, 138, 148, 192, 193, 241, 288.
ⲓⲥⲥⲁⲭⲁⲣ 288.
ⲓⲧⲁⲗⲓⲕⲏ 174.

346 NAMES OF PERSONS, COUNTRIES, ETC.

ⲓⲱⲏⲗ 128.
ⲓⲱⲛⲁ 120.
ⲓⲱⲛⲁⲥ 114, 116, 118.
ⲓⲱⲥⲏⲥ 142.
ⲓⲱⲥⲏⲥ ⲃⲁⲣⲥⲁⲃⲃⲁⲥ 125.
ⲓⲱⲥⲏⲫ 109, 153, 154, 155, 288.
ⲓⲱϩⲁⲛⲛⲏⲥ 122, 123, 125, 138, 139, 140, 163, 180, 191, 192, 193, 223, 224.
ⲓⲱϩⲁⲛⲛⲏⲥ, writer of the Apocalypse, 272, 328, 330.
ⲓⲱϩⲁⲛⲛⲏⲥ ⲙⲁⲣⲕⲟⲥ 188, 190, 207.

ⲕⲁⲇⲉⲥ ⲃⲁⲣⲛⲏ 5, 23.
ⲕⲁⲁⲏⲥ 2, 107.
ⲕⲁⲓⲥⲁⲣⲓⲁ 253.
ⲕⲁⲓⲥⲁⲣ 257.
ⲕⲁⲓⲫⲁⲥ 138.
ⲕⲁⲛⲁⲁⲛ 165.
ⲕⲁⲡⲡⲁⲇⲟⲕⲓⲁ 127.
ⲕⲉⲗⲧⲕⲓⲁ 151.
ⲕⲉⲥⲁⲣⲓⲁ 183, 222, 237, 239.
ⲕⲏⲙⲉ 6, 12, 14, 16, 18, 23, 24, 27, 28, 29, 49, 71, 75, 80, 89, 91, 113, 127, 154, 155, 157, 158.
ⲕⲏⲥⲁⲣⲓⲁ 168, 172, 174, 178, 189, 254.
ⲕⲗⲁⲩⲇⲁ 260.
ⲕⲗⲁⲩⲇⲁⲟⲥ ⲗⲩⲥⲓⲁⲥ 253.
ⲕⲗⲁⲩⲇⲓⲟⲥ 186, 219.
ⲕⲟⲗⲱⲛⲓⲁ 209.
ⲕⲟⲣⲓⲛⲑⲓⲟⲥ 220, 223.
ⲕⲟⲣⲛⲏⲗⲓⲟⲥ 174, 175, 177, 178, 179.
ⲕⲣⲏⲧⲏ 258, 259, 260.
ⲕⲣⲏⲧⲏⲥ 127.

ⲕⲣⲓⲥⲡⲟⲥ 220.
ⲕⲩⲡⲣⲓⲟⲥ 143, 184.
ⲕⲩⲡⲣⲟⲥ 190, 207, 236, 258.
ⲕⲩⲣⲏⲛⲁⲓⲟⲥ 151, 183, 190.
ⲕⲩⲣⲏⲛⲏ 127.
ⲕⲱ 236.
ⲕⲱϩⲧ 23.

ⲗⲁⲟⲇⲟⲕⲓⲁ 272, 280.
ⲗⲉⲩⲉⲓ 25, 118, 288.
ⲗⲉⲩⲉⲓⲧⲏⲥ 25, 35, 37, 44, 50, 54, 57, 98, 143.
ⲗⲓⲃⲉⲣⲧⲓⲛⲟⲥ 151.
ⲗⲟⲩⲕⲓⲟⲥ 190.
ⲗⲟⲩⲥⲓⲟⲥ 190.
ⲗⲩⲃⲏ 127.
ⲗⲩⲇⲓⲁ 209, 213.
ⲗⲩⲕⲁⲟⲛⲓⲁ 198.
ⲗⲩⲥⲓⲁⲥ 253.
ⲗⲩⲥⲧⲣⲁ 198, 207.
ⲗⲩⲥⲧⲣⲟⲥ 200.
ⲗⲩⲥⲓⲁ 258.
ⲗⲱⲧ 4.

ⲙⲁⲅⲟⲥ 191.
ⲙⲁⲇⲓⲁⲙ 156.
ⲙⲁⲑⲁⲓⲟⲥ 124.
ⲙⲁⲕⲉⲇⲟⲛⲓⲁ 208, 209, 220, 227, 230, 231, 258.
ⲙⲁⲕⲉⲇⲱⲛ 208, 229.
ⲙⲁⲛⲁⲏⲛ 190.
ⲙⲁⲛⲁⲥⲥⲏ 88, 109, 111, 288.
ⲙⲁⲣⲓⲁ 188.
ⲙⲁⲣⲓϩⲁⲙ 71, 124.
ⲙⲁⲣⲕⲟⲥ 188, 190, 207.
ⲙⲁⲧⲓⲁⲥ 125, 126.
ⲙⲉⲗⲓⲧⲏ 265.
ⲙⲉⲥⲁⲇⲉ 25.
ⲙⲉⲥⲟⲡⲟⲇⲁⲙⲓⲁ 127.

NAMES OF PERSONS, COUNTRIES, ETC. 347

ⲙⲉⲥⲟⲡⲟⲧⲁⲙⲓⲁ 152.
ⲙⲏⲇⲟⲥ 127.
ⲙⲓⲗⲏⲧⲟⲥ 233.
ⲙⲓⲧⲩⲗⲏⲛⲏ 232.
ⲙⲓⲭⲁⲏⲗ 300.
ⲙⲟⲗⲟⲕ 158.
ⲙⲩⲣⲣⲁ 236, 258.
ⲙⲩⲥⲓⲁ 208.
ⲙⲱⲁⲃ 4, 5, 106, 111, 112.
ⲙⲱⲁⲃⲓⲧⲏⲥ 4.
ⲙⲱⲩⲥⲏⲥ 5, 11, 87, 95, 97, 105, 107, 111, 112, 113, 151, 152, 155, 156, 157, 158, 159, 195, 201, 202, 204, 239.

ⲛⲁⲃⲁⲩ 106, 111.
ⲛⲁⲍⲁⲣⲉⲧ 180.
ⲛⲁⲍⲱⲣⲁⲓⲟⲥ 138, 152, 244, 256.
ⲛⲁⲩⲏ 98, 112.
ⲛⲉⲁⲡⲟⲗⲓⲥ 209.
ⲛⲉⲓⲕⲁⲛⲱⲣ 150.
ⲛⲉⲓⲕⲱⲗⲁⲟⲥ 150.
ⲛⲉⲫⲑⲁⲗⲉⲓⲙ 110, 111.
ⲛⲉⲫⲑⲁⲗⲉⲓⲙ 288.
ⲛⲓⲅⲉⲣ 190.
ⲛⲓⲕⲁⲛⲱⲣ 150.
ⲛⲓⲕⲟⲗⲁⲓⲧⲏⲥ 274, 276.
ⲛⲓⲕⲟⲗⲁⲟⲥ 150.
ⲛⲓⲛⲉⲩⲏ 114, 118.
ⲛ̅ⲁⲥⲱⲛ 239.

ⲟⲙⲙⲉⲓⲛ 4.
ⲟⲩⲇⲁⲓ 172, 225.
ⲟⲩⲇⲁⲓⲁ 123, 162, 180, 186, 189, 201, 238, 268.
ⲟⲩⲉⲉⲓⲉⲛⲓⲛ 172, 185, 207, 208, 234, 242.
ⲟⲩⲉⲓⲉⲛⲓⲛ 150, 225.

ⲟⲩⲉⲓⲉⲛⲓⲛ 241.
ⲟⲩⲣⲁⲕⲧⲗⲱⲛ 259.

ⲡⲁⲙⲫⲩⲗⲓⲁ 127, 192, 201, 258.
ⲡⲁⲛⲫⲩⲗⲓⲁ 207.
ⲡⲁⲣⲁⲇⲓⲥⲟⲥ 274.
ⲡⲁⲣⲑⲟⲥ 127.
ⲡⲁⲣⲙⲉⲛⲁⲥ 150.
ⲡⲁⲧⲁⲣⲁ 236.
ⲡⲁⲧⲙⲟⲥ 272.
ⲡⲁⲧⲣⲓⲁⲥ 261.
ⲡⲁⲩⲗⲟⲥ 191, 192, 196, 197, 198, 199, 200, 201, 203, 205, 206, 207, 208, 209, 210, 211, 212, 213, 214, 215, 217, 220, 221, 222, 223, 224, 225, 227, 229, 230, 231, 232, 233, 236, 237, 238, 241, 242, 243, 249, 250, 251, 252, 253, 254, 255, 256, 257, 259, 260, 264, 266, 267.
ⲡⲁⲫⲟⲥ 191.
ⲡⲉⲓⲁ ⲛ̅ⲍⲁⲣⲉⲇ 4, 5.
ⲡⲉⲓⲣⲁⲍⲉ (sic) 108.
ⲡⲉⲓⲣⲁⲥⲙⲟⲥ 23.
ⲡⲉⲛⲧⲏⲕⲟⲥⲧⲏ 122, 126, 233.
ⲡⲉⲣⲅⲁⲙⲟⲥ 275.
ⲡⲉⲣⲅⲏ 192, 201.
ⲡⲉⲧⲣⲟⲥ 123, 124, 127, 131, 138, 140, 143, 144, 147, 163, 172, 173, 174, 175, 178, 179, 181, 182, 186, 187, 188, 201.
ⲡⲓⲗⲁⲧⲟⲥ 194.
ⲡⲓⲣⲁⲥⲙⲟⲥ 13.
ⲡⲓⲥⲓⲇⲓⲁ 192, 201.
ⲡⲟⲛⲧⲓⲕⲟⲥ 219.
ⲡⲟⲛⲧⲓⲟⲥ 141.
ⲡⲟⲛⲧⲟⲥ 127.

348 NAMES OF PERSONS, COUNTRIES, ETC.

ⲡⲟⲧⲓⲟⲗⲟⲧⲥ 267.
ⲡⲟⲩⲃⲗⲓⲟⲥ 266.
ⲡⲣⲥⲁⲙⲟⲥ 272.
ⲡⲣⲓⲥⲕⲓⲗⲗⲁ 219, 222, 223.
ⲡⲣⲓⲥϭⲓⲗⲗⲁ 219.
ⲡⲣⲟⲭⲟⲣⲟⲥ 150.
ⲡⲣⲟⲭⲱⲣⲟⲥ 150.
ⲡⲧⲟⲗⲉⲙⲁⲉⲓⲥ 237.
ⲡⲧⲣⲥⲓⲟⲥ 239.
ⲡⲧⲣⲣⲁ 231.

ⲣⲁⲕⲟⲧⲉ 258, 266.
ⲣⲉⲫⲁⲛ 158.
ⲣⲣⲁⲫⲉⲓⲛ 4.
ⲣⲣⲱⲙⲏ 267.

ⲥⲁⲃⲟⲩⲗⲱⲛ 109.
ⲥⲁⲇⲇⲟⲩⲕⲁⲓⲟⲥ 137, 145, 250.
ⲥⲁⲗⲁⲙⲓⲛⲁ 190.
ⲥⲁⲗⲙⲱⲛⲏ 258.
ⲥⲁⲙⲁⲣⲓⲁ 123, 162, 163, 172, 202.
ⲥⲁⲙⲁⲣⲓⲧⲏⲥ 165.
ⲥⲁⲙⲟⲑⲣⲁⲕⲏ 209.
ⲥⲁⲙⲟⲩⲏⲗ 193.
ⲥⲁⲟⲩⲗ 193.
ⲥⲁⲡⲡⲓⲣⲁ 143.
ⲥⲁⲣⲇⲓⲥ 272, 278.
ⲥⲁⲣⲱⲛⲁ 173.
ⲥⲁⲧⲁⲛⲁⲥ 143, 275, 277, 321, 322.
ⲥⲁⲩⲗⲟⲥ 161, 168, 169, 171, 185, 186, 190, 191.
ⲥⲉⲃⲁⲥⲧⲏ 258.
ⲥⲉⲃⲱⲉⲓⲛ 90.
ⲥⲉⲃⲱⲛ 88.
ⲥⲉⲕⲟⲩⲛⲇⲟⲥ 231.
ⲥⲉⲗⲉⲩⲕⲓⲁ 190.

ⲥⲉⲣⲅⲓⲟⲥ ⲡⲁⲩⲗⲟⲥ 191.
ⲥⲏⲥⲱⲣ 112.
ⲥⲏⲓⲣ 2, 3, 4, 5, 107.
ⲥⲏⲱⲛ 5, 88, 95.
ⲥⲓⲁⲱⲛ 189, 258.
ⲥⲓⲗⲁⲥ 205, 206, 207, 210, 212, 214, 215, 220.
ⲥⲓⲙⲱⲛ ⲍⲏⲗⲱⲧⲏⲥ 124.
ⲥⲓⲙⲱⲛ ⲡⲃⲁⲕϣⲁⲁⲣ 174, 175, 179.
ⲥⲓⲙⲱⲛ ⲡⲉⲧⲣⲟⲥ 175, 177, 179, 183.
ⲥⲓⲙⲱⲛ ⲡⲣⲉϥⲡⲣϩⲓⲕ 163, 164.
ⲥⲓⲛⲁ 107, 156, 158.
ⲥⲕⲉⲧⲁ 225.
ⲥⲙⲩⲣⲛⲁ 272, 274.
ⲥⲟⲇⲟⲙⲁ 90.
ⲥⲟⲗⲟⲙⲱⲛ 145, 159.
ⲥⲧⲉⲫⲁⲛⲟⲥ 150, 151, 161, 162, 184.
ⲥⲧⲟⲓⲕⲟⲥ 216.
ⲥⲧⲙⲉⲱⲛ 203, 288.
ⲥⲧⲙⲉⲱⲛ ⲛⲓⲅⲉⲣ 190.
ⲥⲧⲣⲁⲕⲟⲩⲥⲁ 266.
ⲥⲧⲣⲓⲁ 205, 207, 231, 236.
ⲥⲧⲩⲭⲉⲙ 154.
ⲥⲱⲥⲑⲉⲛⲟⲥ 221.
ⲥⲱⲥⲓⲡⲁⲧⲣⲟⲥ 231.

ⲧⲁⲃⲓⲑⲁ 173, 174.
ⲧⲁⲣⲥⲟⲥ 172, 185, 243.
ⲧⲉⲃⲁⲑⲁ 25.
ⲧⲉⲣⲃⲏ 198, 207, 209.
ⲧⲉⲣⲧⲩⲗⲗⲟⲥ 255.
ⲧⲓⲙⲟⲑⲉⲟⲥ 220, 227, 231.
ⲧⲓⲙⲱⲑⲉⲟⲥ 207, 215.
ⲧⲓⲙⲱⲛ 150.
ⲧⲓⲧⲟⲥ 220.

NAMES OF PERSONS, COUNTRIES, ETC.

ⲧⲟⲟⲧ ⲙ̄ⲡ̄ϫⲟⲉⲓⲧ 123.
ⲧⲟⲟⲧ ⲛ̄ⲥⲓⲛⲁ 156, 158.
ⲧⲟⲣⲅⲁⲥ 173, 174.
ⲧⲣⲟⲫⲓⲙⲟⲥ 231, 241.
ⲧⲣⲱⲁⲥ 208, 209, 231.
ⲧⲧⲁⲁⲧⲗⲉⲁ (sic) 201.
ⲧⲩⲣⲟⲥ 187, 236, 237.
ⲧⲩⲭⲓⲕⲟⲥ 231.

ⲫⲁⲣⲁⲱ 14, 16, 18, 28, 87, 113, 154, 155.
ⲫⲁⲣⲓⲥⲥⲁⲓⲟⲥ 148, 202, 250.
ⲫⲁⲣⲣⲁⲛ 107.
ⲫⲁⲥⲕⲁ 111.
ⲫⲉⲣⲉⲍⲁⲓⲟⲥ 15.
ⲫⲏⲗⲓⲝ 253, 255.
ⲫⲓⲗⲁⲇⲉⲗⲫⲓⲁ 272, 278.
ⲫⲓⲗⲓⲡⲡⲟⲥ 123, 150, 162, 163, 165, 166, 167, 209, 231.
ⲫⲓⲗⲓⲡⲡⲟⲥ ⲡⲣⲉϥⲧⲁϣⲉⲟⲉⲓϣ 237.
ⲫⲟⲅⲱⲣ 112.
ⲫⲟⲓⲛⲓⲕⲏ 111, 184, 202, 236.
ⲫⲟⲓⲛⲓⲝ 259.
ⲫⲣⲩⲅⲓⲁ 127, 208.
ⲫⲩⲗⲓⲝ 253.

ⲭⲁⲗⲇⲁⲓⲟⲥ 153.
ⲭⲁⲛⲁⲁⲛ 32, 106, 154, 193.
ⲭⲁⲛⲁⲛⲁⲓⲟⲥ 15.
ⲭⲁⲣⲣⲁⲛ 152, 153.
ⲭⲉⲧⲧⲁⲓⲟⲥ 15.
ⲭⲟⲣⲣⲁⲓⲟⲥ 4.
ⲭⲣⲏⲥⲧⲓⲟⲛⲟⲥ 186, 209.

ⲭⲱⲣⲏⲃ 6, 20, 87.
ⲱⲧ 88, 98.
ⲱⲣ 106.

ϩⲉⲃⲣⲁⲓⲁ 46.
ϩⲉⲃⲣⲁⲓⲟⲥ 46, 150.
ϩⲉⲗⲗⲏⲛ 197, 214, 215, 220, 221, 234.
ϩⲉⲣⲙⲁ 2.
ϩⲉⲣⲙⲏⲥ 199.
ϩⲏⲣⲏⲇⲏⲥ 141.
ϩⲏⲣⲱⲇⲏⲥ 189, 190, 255.
ϩⲓⲉⲣⲓⲭⲱ 106, 111, 112.
ϩⲓⲉⲣⲟⲩⲥⲁⲗⲏⲙ 183, 185.
ϩⲓⲕⲟⲛⲓⲟⲥ 197, 200, 207.
ϩⲓⲧⲁⲗⲓⲁ 257, 258.
ϩⲓⲧⲁⲗⲓⲕⲏ 174.
ϩⲙ̄ⲛⲁⲕⲉⲓⲙ 4.
ϩⲣⲉⲫⲁⲛ 158.
ϩⲣⲏⲥⲓⲟⲥ 267.
ϩⲣⲟⲇⲏ 108.
ϩⲣⲟⲇⲟⲥ 236.
ϩⲣⲟⲩⲃⲏⲛ 28, 88, 107, 288.
ϩⲣⲱⲇⲏ 188.
ϩⲣⲱⲙⲁⲓⲟⲓ 247, 248.
ϩⲣⲱⲙⲁⲓⲟⲥ 127, 210, 213, 253.
ϩⲣⲱⲙⲏ 219.

ⲥⲓⲗⲓⲥⲓⲁ 151, 205, 207, 243, 255, 258.
ⲥⲓⲥ 193.
ⲥⲟⲟⲩϣ 165.
ⲥⲱϣ 165.

www.ingramcontent.com/pod-product-compliance
Lightning Source LLC
Chambersburg PA
CBHW071434300426
44114CB00013B/1424